Medizinische Klassifikationssysteme

OPS Version 2018

Band I: Systematisches Verzeichnis

Operationen- und Prozedurenschlüssel
Internationale Klassifikation der Prozeduren in der Medizin (OPS)

Herausgegeben vom
Deutschen Institut für Medizinische Dokumentation und Information (DIMDI)
im Auftrag des Bundesministeriums für Gesundheit (BMG)
unter Beteiligung der Arbeitsgruppe OPS des
Kuratoriums für Fragen der Klassifikation im Gesundheitswesen (KKG)

Deutsche Krankenhaus Verlagsgesellschaft mbH

Impressum

OPS
Systematisches Verzeichnis
Version 2018

Operationen- und Prozedurenschlüssel
Internationale Klassifikation der Prozeduren in der Medizin (OPS)

Stand: 18. Oktober 2017

Herausgegeben vom Deutschen Institut für Medizinische Dokumentation und Information (DIMDI) im Auftrag des Bundesministeriums für Gesundheit (BMG).

Der Druck erfolgt unter Verwendung der maschinenlesbaren Fassung des Deutschen Instituts für Medizinische Dokumentation und Information (DIMDI).

Bibliographische Informationen der Deutschen Bibliothek
Die Deutsche Nationalbibliothek verzeichnet diese Publikation in der Deutschen Nationalbibliografie; detaillierte bibliografische Daten sind im Internet unter http://dnb.d-nb.de abrufbar.

ISBN: 978-3-946866-08-4

Verlag:
Deutsche Krankenhaus Verlagsgesellschaft mbH
Hansaallee 201, 40549 Düsseldorf
Fax +49 211 17 92 35-20
www.DKVG.de • info@DKVG.de

Nachdruck – auch auszugsweise – verboten.

Inhaltsverzeichnis

Vorwort und Nutzungshinweise der Deutschen Krankenhaus Verlagsgesellschaft		5
Was ist neu im OPS Version 2018?		6
Hinweise für die Benutzung		13
Abkürzungsverzeichnis		18
SYSTEMATISCHES VERZEICHNIS		23
1	**DIAGNOSTISCHE MASSNAHMEN**	**25**
1-10...1-10	Klinische Untersuchung	25
1-20...1-33	Untersuchung einzelner Körpersysteme	25
1-40...1-49	Biopsie ohne Inzision	32
1-50...1-58	Biopsie durch Inzision	42
1-61...1-69	Diagnostische Endoskopie	49
1-70...1-79	Funktionstests	55
1-84...1-85	Explorative diagnostische Maßnahmen	58
1-90...1-99	Andere diagnostische Maßnahmen	59
3	**BILDGEBENDE DIAGNOSTIK**	**67**
3-03...3-05	Ultraschalluntersuchungen	67
3-10...3-13	Projektionsradiographie	69
3-20...3-26	Computertomographie (CT)	70
3-30...3-31	Optische Verfahren	71
3-60...3-69	Darstellung des Gefäßsystems	72
3-70...3-76	Nuklearmedizinische diagnostische Verfahren	73
3-80...3-84	Magnetresonanztomographie (MRT)	76
3-90...3-90	Andere bildgebende Verfahren	78
3-99...3-99	Zusatzinformationen zu bildgebenden Verfahren	78
5	**OPERATIONEN**	**79**
5-01...5-05	Operationen am Nervensystem	79
5-06...5-07	Operationen an endokrinen Drüsen	104
5-08...5-16	Operationen an den Augen	108
5-18...5-20	Operationen an den Ohren	126
5-21...5-22	Operationen an Nase und Nasennebenhöhlen	132
5-23...5-28	Operationen an Mundhöhle und Gesicht	137
5-29...5-31	Operationen an Pharynx, Larynx und Trachea	148
5-32...5-34	Operationen an Lunge und Bronchus	154
5-35...5-37	Operationen am Herzen	167
5-38...5-39	Operationen an den Blutgefäßen	183
5-40...5-41	Operationen am hämatopoetischen und Lymphgefäßsystem	198
5-42...5-54	Operationen am Verdauungstrakt	207
5-55...5-59	Operationen an den Harnorganen	248
5-60...5-64	Operationen an den männlichen Geschlechtsorganen	266
5-65...5-71	Operationen an den weiblichen Geschlechtsorganen	274
5-72...5-75	Geburtshilfliche Operationen	289
5-76...5-77	Operationen an Kiefer- und Gesichtsschädelknochen	294
5-78...5-86	Operationen an den Bewegungsorganen	303
5-87...5-88	Operationen an der Mamma	368
5-89...5-92	Operationen an Haut und Unterhaut	372
5-93...5-99	Zusatzinformationen zu Operationen	386

6	**MEDIKAMENTE**	**391**
6-00...6-00	Applikation von Medikamenten	391
8	**NICHT OPERATIVE THERAPEUTISCHE MASSNAHMEN**	**425**
8-01...8-02	Applikation von Medikamenten und Nahrung und therapeutische Injektion	425
8-03...8-03	Immuntherapie	427
8-10...8-11	Entfernung von Fremdmaterial und Konkrementen	427
8-12...8-13	Manipulationen an Verdauungstrakt und Harntrakt	429
8-14...8-17	Therapeutische Katheterisierung, Aspiration, Punktion und Spülung	431
8-19...8-19	Verbände	436
8-20...8-22	Geschlossene Reposition und Korrektur von Deformitäten	438
8-31...8-39	Immobilisation und spezielle Lagerung	440
8-40...8-41	Knochenextension und andere Extensionsverfahren	441
8-50...8-51	Tamponade von Blutungen und Manipulation an Fetus oder Uterus	442
8-52...8-54	Strahlentherapie, nuklearmedizinische Therapie und Chemotherapie	443
8-55...8-60	Frührehabilitative und physikalische Therapie	456
8-63...8-66	Elektrostimulation, Elektrotherapie und Dauer der Behandlung durch fokussierten Ultraschall	462
8-70...8-72	Maßnahmen für das Atmungssystem	465
8-77...8-77	Maßnahmen im Rahmen der Reanimation	466
8-80...8-85	Maßnahmen für den Blutkreislauf	466
8-86...8-86	Therapie mit besonderen Zellen und Blutbestandteilen	512
8-90...8-91	Anästhesie und Schmerztherapie	513
8-92...8-93	Patientenmonitoring	517
8-97...8-98	Komplexbehandlung	519
8-99...8-99	Zusatzinformationen zu nicht operativen therapeutischen Maßnahmen	540
9	**ERGÄNZENDE MASSNAHMEN**	**541**
9-20...9-20	Pflege und Versorgung von Patienten	541
9-26...9-28	Geburtsbegleitende Maßnahmen und Behandlung wegen Infertilität	544
9-31...9-32	Phoniatrische und pädaudiologische Therapie	546
9-40...9-41	Psychosoziale, psychosomatische, neuropsychologische und psychotherapeutische Therapie	546
9-50...9-51	Präventive und ergänzende kommunikative Maßnahmen	551
9-60...9-64	Behandlung bei psychischen und psychosomatischen Störungen und Verhaltensstörungen bei Erwachsenen	554
9-65...9-69	Behandlung bei psychischen und psychosomatischen Störungen und Verhaltensstörungen bei Kindern und Jugendlichen	570
9-70...9-70	Andere Behandlung bei psychischen und psychosomatischen Störungen und Verhaltensstörungen bei Erwachsenen	582
9-80...9-80	Andere Behandlung bei psychischen und psychosomatischen Störungen und Verhaltensstörungen bei Kindern und Jugendlichen	585
9-98...9-99	Andere ergänzende Maßnahmen und Informationen	588
Anhang		**591**
Berechnung der Aufwandspunkte für die Intensivmedizinische Komplexbehandlung bei Erwachsenen (SAPS, TISS)		592
Berechnung der Aufwandspunkte für die Intensivmedizinische Komplexbehandlung im Kindesalter (8-98d)		594
Tabellen der anrechenbaren Therapieeinheiten für Psychiatrie und Psychosomatik (Therapieeinheiten Psych)		597
Pflegekomplexmaßnahmen-Scores für Erwachsene (PKMS-E), Kinder und Jugendliche (PKMS-J), Kleinkinder (PKMS-K) und Frühgeborene, Neugeborene und Säuglinge (PKMS-F)		599
Alphabetisches Register unter anatomisch-funktionellen Gesichtspunkten		**639**

Vorwort und Nutzungshinweise der Deutschen Krankenhaus Verlagsgesellschaft

Die Medizinischen Klassifikationssysteme ICD-10-GM (Diagnosen) und OPS (Prozeduren) stellen zusammen mit den Deutschen Kodierrichtlinien (DKR) die Basis für die Verschlüsselung der Fallpauschalen des G-DRG-Fallpauschalenkatalogs 2018 dar.

Die vorliegende Sonderausgabe des Systematischen Verzeichnisses des OPS Version 2018 basiert auf den vom Deutschen Institut für Medizinische Dokumentation und Information (DIMDI) veröffentlichten Datenbeständen in der Version vom 18. Oktober 2017.

Bei der Erstellung dieser Druckversion wurde größtmögliche Sorgfalt aufgewendet, um für den Anwender die Benutzerfreundlichkeit bestmöglich zu gestalten. Für Schäden, die durch Fehler bei der Erstellung entstanden sind, wird jegliche Haftung ausgeschlossen.

Zur Verbesserung der Benutzerfreundlichkeit und zur Vereinfachung des Auffindens von Kodes aus dem Systematischen Verzeichnis des OPS Version 2018 ist die vorliegende Sonderauflage um ein **alphabetisches Register unter anatomisch-funktionellen Gesichtspunkten** ergänzt worden. Zusätzlich zu diesem Systematischen Verzeichnis des OPS 2018 ist das Alphabetische Verzeichnis des DIMDI ebenfalls als Sonderauflage bei der Deutschen Krankenhaus Verlagsgesellschaft erhältlich.

Im Vergleich zur Version 2017 eingeführte **Neuerungen sowie wesentliche textliche und inhaltliche Änderungen sind durch Unterstreichung hervorgehoben**. Entfallene Kodes und Änderungen infolge der neuen Rechtschreibung sind nicht gesondert kenntlich gemacht.

Die Deutsche Krankenhaus Verlagsgesellschaft stellt den Krankenhäusern mit ihrer Reihe **Medizinische Klassifikationssysteme** (ICD-10-GM und OPS), der **G-DRG Gesamtausgabe** (Fallpauschalen-Katalog, Kodierrichtlinien und G-DRG Definitionshandbuch) sowie diversen **Kommentierungen** alle grundlegenden Regelwerke und Hintergrundinformationen zum aktuellen Entgeltsystem zur Verfügung. Wir hoffen, den Anwendern durch diese umfassende Zusammenstellung eine wertvolle Hilfestellung für ihre praktische Tätigkeit im Krankenhaus anbieten zu können.

Düsseldorf, im November 2017

Deutsche Krankenhaus Verlagsgesellschaft mbH

Was ist neu im OPS Version 2018?

Für die Version 2018 wurden 324 Vorschläge zur Anpassung des OPS an die Erfordernisse der Entgeltsysteme und der externen Qualitätssicherung von Vertretern der Fachgesellschaften und Verbände und von Einzelpersonen eingereicht und bearbeitet. Hinzu kamen im diesjährigen Revisionsverfahren 25 Anträge aus dem NUB-Verfahren.

Die meisten Änderungen und Ergänzungen im amtlichen OPS Version 2018 sind mit den Selbstverwaltungspartnern im Rahmen der Arbeitsgruppe OPS des Kuratoriums für Fragen der Klassifikation im Gesundheitswesen (KKG) abgestimmt. Dazu fanden seit der letzten Revision des OPS 9 Beratungen der Arbeitsgruppe statt.

Darüber hinaus wurden weitere Anpassungen notwendig, die sich aus dem Kalkulationsverfahren ergeben haben und die dem DIMDI vom Institut für das Entgeltsystem im Krankenhaus (InEK) mitgeteilt worden sind.

Alle Änderungen und Ergänzungen dienen - soweit sie über Fehlerkorrekturen hinausgehen - der Weiterentwicklung der Entgeltsysteme für die stationäre und ambulante Versorgung und der externen Qualitätssicherung.

Wir möchten uns bei den Mitgliedern der Arbeitsgruppe OPS des KKG und bei den Vertretern der verschiedenen Fachgesellschaften und des InEK für die Beratung und fachliche Unterstützung ausdrücklich bedanken.

Auf den folgenden Seiten erhalten Sie einen Überblick über die wichtigsten Neuerungen in der Version 2018 des OPS.

Allgemeine Änderungen

Es erfolgten Textkorrekturen im gesamten OPS. Außerdem wurden viele Hinweise, Inklusiva und Exklusiva ergänzt bzw. angepasst, um die Inhalte einzelner Klassen oder auch ganzer Gruppen präziser zu definieren und damit eine korrekte Verschlüsselung zu unterstützen. Hier sei insbesondere auf die Hinweise zur zusätzlichen Kodierung einer spezifischen Scheidenstumpffixation im Rahmen einer Vorder- und/oder Hinterwandplastik verwiesen.

Inhaltliche Änderungen oder Ergänzungen im amtlichen OPS Version 2018

In der folgenden Darstellung kann nicht jede Änderung oder Ergänzung im Detail beschrieben werden. Hier werden nur Hinweise auf die wichtigsten geänderten Stellen gegeben. Alle Änderungen im Detail können der Aktualisierungsliste entnommen werden, die an gewohnter Stelle auf den Webseiten des DIMDI zu finden ist: www.dimdi.de – Klassifikationen, Terminologien, Standards – Downloadcenter – OPS – Version 2018.
Die Reihenfolge der hier aufgeführten Änderungen orientiert sich an der Systematik des OPS.

KAPITEL 1: DIAGNOSTISCHE MASSNAHMEN

Diagnostische Endoskopie der Gallen- und Pankreaswege

- Streichung der Kodes 1-643.0, 1-643.1, 1-644.0 und 1-644.1 für die diagnostische direkte Endoskopie der Gallenwege und des Pankreasganges mit modular bzw. nicht modular aufgebautem Cholangioskop
- Einführung neuer Kodes für die Cholangioskopie der Gallenwege distal bzw. proximal der Hepatikusgabel (1-643.2, 1-643.3)

Diagnostische Endoskopie durch Inzision und intraoperativ

- Streichung des Kodes 1-695.40 für die perkutane diagnostische Endoskopie der Gallenwege durch Inzision und intraoperativ
- Unterteilung des Kodes für die perkutan-transhepatische diagnostische Endoskopie der Gallenwege durch Inzision und intraoperativ nach der Größe des verwendeten Cholangioskops (Streichung des Kodes 1-695.41 sowie Einführung der neuen Kodes 1-695.43 und 1-695.44)

Zusatzinformationen zu diagnostischen Maßnahmen

- Unterteilung des Zusatzkodes für die diagnostische Anwendung eines flexiblen Ureterorenoskops nach der Art des verwendeten Ureterorenoskops (1-999.2 ff.)

KAPITEL 3: BILDGEBENDE DIAGNOSTIK

Endosonographie

- Unterteilung des Kodes für die Endosonographie der Blutgefäße nach der Lokalisation (3-05e ff.)

Optische laserbasierte Verfahren

- Ergänzung der Lokalisationen für die optische Kohärenztomographie [OCT] um die Lokalisation periphere Gefäße (3-300.3)

KAPITEL 5: OPERATIONEN

Operationen am Nervensystem

- Unterteilung der Kodes für die Rekonstruktion des (Hirn- und) Gesichtsschädels mit nicht resorbierbarem, mikroporösem Material mit fibrovaskulärer Integration nach der Anzahl der Regionen (5-020.6b bis 5-020.6e)
- Unterteilung des Kodes für die Rekonstruktion des Hirnschädels ohne Beteiligung des Gesichtsschädels mit nicht resorbierbarem mikroporösem Material mit fibrovaskulärer Integration nach der Größe/Komplexität des Defekts (5-020.74, 5-020.75)
- Ergänzung des Zusatzkennzeichens für die Seitenangabe bei den Kodes für einen extra-intrakraniellen Bypass ohne/mit Interponat (5-027.0, 5-027.1)
- Einführung eines neuen Kodes für die perkutane Implantation oder den perkutanen Wechsel einer permanenten Elektrode zur epiduralen Stimulation mit einem extrakorporalen Neurostimulator (5-039.39)
- Einführung neuer Kodes für die Implantation eines Neurostimulators zur Stimulation von Spinalganglien ohne Implantation einer Neurostimulationselektrode, unterteilt nach Ein- und Mehrkanalstimulator (5-039.q ff.)
- Einführung eines neuen Kodes für die perkutane Implantation oder den perkutanen Wechsel einer Elektrode zur Stimulation des peripheren Nervensystems mit einem extrakorporalen Neurostimulator (5-059.88)
- Weitere Unterteilung der Kodes für die Implantation oder den Wechsel eines Neurostimulators zur Stimulation des peripheren Nervensystems mit oder ohne Implantation oder Wechsel einer Neurostimulationselektrode nach der Art der Energiezufuhr (5-059.cc, 5-059.cd, 5-059.dc, 5-059.dd, 5-059.g3, 5-059.g4)

Operationen an der Nase

- Einführung eines neuen Kodes für das endonasale Clippen einer Arterie zur operativen Behandlung einer Nasenblutung (5-210.6)

Operationen an Mundhöhle und Gesicht

- Weitere Unterteilung der Kodes für die Parotidektomie in ohne und mit Entfernung von erkranktem Gewebe im oberen Parapharyngeal- und/oder Infratemporalraum (5-262.0 ff., 5-262.1 ff., 5-262.2 ff.)
- Einführung neuer Kodes für die Entfernung von erkranktem Gewebe im oberen Parapharyngeal- und/oder Infratemporalraum mit Verlagerung der Glandula parotis, unterteilt in ohne und mit intraoperativem Fazialismonitoring (5-269.4 ff.)

Operationen an Pharynx, Larynx und Trachea

- Einführung neuer Kodes für die krikotracheale Resektion, unterteilt nach der Art des Verfahrens (5-314.3 ff.)
- Einführung eines neuen Kodes für die plastische laryngotracheale Rekonstruktion mit Rippenknorpel (5-319.c)

Operationen an Lunge und Bronchus

- Streichung der bisherigen Unterteilung in ohne und mit normothermer Organkonservierung der Kodes für die Lungentransplantation (5-335.22 bis 5-335.25, 5-335.32 bis 5-335.35) und Einführung neuer Kodes für die komplette und partielle Lungentransplantation (5-335.20, 5-335.21, 5-335.30, 5-335.31). Es sollen zukünftig die neuen Zusatzkodes für die Art der Konservierung von Organtransplantaten verwendet werden (5-939 ff.).
- Einführung eines neuen Kodes für die bronchoskopische Dilatation eines Bronchus mit Einlegen oder Wechsel eines Bifurkationsstents (5-339.06)

Operationen am Herzen

- Einführung neuer Kodes für die Anuloplastik mit Implantat sowie für die Taschenrekonstruktion der Aortenklappe (5-353.6, 5-353.7)
- Unterteilung des Kodes für die endovaskuläre Implantation eines Aortenklappenersatzes nach der Art des Implantats (5-35a.03, 5-35a.04)
- Verschiebung und neue Unterteilung der Kodes für die Mitralklappenanuloplastik (5-35a.43 bis 5-35a.4x)
- Streichung der bisherigen Unterteilung in ohne und mit normothermer und pulsatiler Organkonservierung der Kodes für die Herztransplantation (5-375.0 ff., 5-375.1 ff., 5-375.3 ff.). Es sollen zukünftig die neuen Zusatzkodes für die Art der Konservierung von Organtransplantaten verwendet werden (5-939 ff.).
- Unterteilung der Kodes für die offene Implantation und Entfernung einer herzunterstützenden univentrikulären extrakorporalen Pumpe nach der Art des Zuganges (5-376.2 ff.)
- Unterteilung der Kodes für die Implantation, den Wechsel oder die Revision eines myokardmodulierenden Systems [CCM] in mit und ohne Vorhofelektrode (5-379.8 ff.)
- Einführung eines neuen Kodes für die plastische Rekonstruktion des Myokardes mit myokardialem Verankerungssystem im Rahmen eines Hybrideingriffes (5-37a.1)

Operationen an den Blutgefäßen

- Ergänzung des Zusatzkennzeichens für die Seitenangabe bei den Kodes für die Implantation einer iliakalen Stent-Prothese in Arterien des Beckens mit einem Seitenarm (5-38a.41) und die Implantation einer Stent-Prothese in Arterien des Beckens mit Versorgung eines Gefäßabganges in Chimney-Technik (5-38a.42)
- Unterteilung des Kodes für die Implantation von iliakalen Stent-Prothesen in Arterien des Beckens ohne Seitenarm nach der Anzahl der verwendeten Stent-Prothesen (5-38a.43 bis 5-38a.45)
- Einführung eines neuen Zusatzkodes für die Verwendung eines extraluminalen adaptierbaren Anastomosenstabilisators (5-392.8)
- Streichung des Zusatzkennzeichens für die Seitenangabe bei dem Kode für das Anlegen eines Shuntes/Bypasses zwischen A. carotis und A. carotis (5-393.01)

Operationen am Verdauungstrakt

- Einführung neuer Kodes für die Freilegung und Entfernung einer eingewachsenen PEG-Halteplatte, unterteilt nach der Art des Zuganges (5-431.3 ff.)
- Einführung neuer Kodes für die Magenplikatur, unterteilt nach der Art des Zuganges (5-448.f ff.)
- Unterteilung des Kodes für endoskopische Exzision an den Gallengängen nach der Lokalisation (5-513.3 ff.)
- Einführung neuer Zusatzkodes für die therapeutische direkte Endoskopie der Gallenwege [duktale Endoskopie], unterteilt nach der Lokalisation (5-513.q ff.)
- Einführung neuer Zusatzkodes für die therapeutische perkutan-transhepatische Endoskopie der Gallenwege, unterteilt nach der Art des verwendeten Cholangioskops (5-514.u ff.)

- Einführung neuer Kodes für die lokale Destruktion am Pankreas durch Radiofrequenzablation, unterteilt nach der Art des Zuganges (5-521.4 ff.)
- Einführung eines neuen Zusatzkodes für die therapeutische Endoskopie des Pankreasganges [duktale Endoskopie] (5-526.j)
- Einführung neuer Kodes für den laparoskopischen Verschluss einer Hernia inguinalis ohne plastischen Bruchpfortenverschluss, unterteilt nach der Art der Verfahrens (5-530.9 ff.)
- Einführung eines neuen Zusatzkodes für die Verwendung von auf ein Kauterisierungssystem vorgeladenen selbstexpandierenden Prothesen/Stents (5-549.a)

Operationen an den Harnorganen und männlichen Geschlechtsorganen

- Streichung der bisherigen Unterteilung in ohne und mit hypothermer und pulsatiler Organkonservierung der Kodes für die Nierentransplantation (5-555.1 ff., 5-555.7 ff.). Es sollen zukünftig die neuen Zusatzkodes für die Art der Konservierung von Organtransplantaten verwendet werden (5-939 ff.).
- Unterteilung des Kodes für die transurethrale Destruktion von Prostatagewebe durch Hitze nach der Art des Verfahrens (5-601.3 ff.)
- Einführung neuer Kodes für die transurethrale Thulium-Laser-Enukleation und Thulium-Laser-Resektion an der Prostata (5-601.72, 5-601.73)
- Einführung eines neuen Kodes für die transurethrale Destruktion von Prostatagewebe durch Magnetresonanz-gesteuerten Ultraschall (5-601.a)

Operationen an den weiblichen Geschlechtsorganen

- Unterteilung des Kodes für die Destruktion am Uterus durch Radiofrequenzablation in ohne und mit intrauteriner Ultraschallführung (5-681.67, 5-681.68)
- Einführung neuer Kodes für die Uterusexstirpation bei einer Lebendspenderin zur Transplantation, unterteilt nach der Art des Zuganges (5-683.4 ff.)
- Einführung eines neuen Kodes für die Uterustransplantation (5-699.0)

Operationen an den Bewegungsorganen

- Einführung neuer Kodes für die endoskopische autogene oder allogene Transplantation von Spongiosa oder eines kortikospongiösen Spanes, unterteilt nach der Lokalisation (5-784.c ff. bis 5-784.f ff)
- Einführung neuer Kodes für die Osteotomie am distalen und proximalen Os metatarsale I, für die Doppelosteotomie am Os metatarsale I und für die mehrdimensionale Osteotomie am Os metatarsale I, jeweils als Reoperation bei Rezidiv (5-788.5f, 5-788.5g, 5-788.5h, 5-788.5j)
- Einführung neuer Kodes für die offene und die arthroskopische obere Kapselplastik des Schultergelenkes (5-805.b, 5-814.e)
- Einführung neuer Kodes für die offene Arthrodese an Fußwurzel und/oder Mittelfuß als Reoperation bei Rezidiv, unterteilt nach der Anzahl der Gelenkfächer (5-808.a9 bis 5-808.ad)
- Einführung neuer Kodes für die offene Arthrodese an einem Gelenkfach bzw. an zwei oder mehr Gelenkfächern an Fußwurzel und/oder Mittelfuß als Reoperation bei Rezidiv mittels eines kortikospongiösen Spanes (5-808.ae, 5-808.af). Diese Kodes sind im Geltungsbereich des G-DRG-Systems (§ 17b KHG) nicht zu verwenden. Dafür sind bei einer Reoperation bei Rezidiv an einem oder mehreren Gelenkfächern mittels eines kortikospongiösen Spanes ein Kode aus 5-808.a9 bis 5-808.ad und ein Kode aus 5-784 ff. zu verwenden.
- Einführung eines neuen Kodes für die offene Arthrodese am Großzehengrundgelenk als Reoperation bei Rezidiv (5-808.b7)
- Einführung eines neuen Kodes für die offene Arthrodese am Großzehengrundgelenk als Reoperation bei Rezidiv mittels eines kortikospongiösen Spanes (5-808.b8). Dieser Kode ist im Geltungsbereich des G-DRG-Systems (§ 17b KHG) nicht zu verwenden. Dafür sind bei einer Reoperation bei Rezidiv am Großzehengrundgelenk mittels eines kortikospongiösen Spanes der Kode 5-808.b7 und ein Kode aus 5-784 ff. zu verwenden.
- Einführung neuer Kodes für die perkutane temporäre Fixation eines Gelenkes, unterteilt nach der Lokalisation (5-809.4 ff.)
- Streichung der Kodes für die arthroskopische subchondrale Spongiosaplastik (5-812.4 ff.)
- Einführung neuer Kodes für die arthroskopische Augmentation des vorderen und des hinteren Kreuzbandes (5-813.j, 5-813.k)
- Unterteilung des Zusatzkodes für die Implantation einer modularen Endoprothese oder den (Teil-)Wechsel in eine modulare Endoprothese bei knöcherner Defektsituation und ggf. Knochen(teil)ersatz nach Art der verwendeten Pfannen- und/oder Schaftkomponente (5-829.k fff.)
- Einführung eines neuen Kodes für die Rekonstruktion eines knöchernen Glenoiddefektes (5-829.r)

Was ist neu im OPS Version 2018?

Zusatzinformationen zu Operationen

- Unterteilung der Zusatzkodes für die Art des verwendeten Materials für Gewebeersatz und Gewebeverstärkung nach der Größe der Fläche des verwendeten Materials (5-932 ff.). In diesem Zusammenhang war eine Umwandlung der bisher 6-stelligen Kodes für die Verwendung von nicht resorbierbarem Material (5-932.0 ff.) in neue 5-Steller notwendig (5-932.4 ff., 5-932.5 ff., 5-932.6 ff., 5-932.7 ff.).
- Unterteilung des Zusatzkodes für die Verwendung von Membranen oder sonstigen Materialien zur Prophylaxe von Adhäsionen in nicht resorbierbar und (teil-)resorbierbar (5-933 ff.)
- Einführung neuer Zusatzkodes für die Art der Beschichtung von Gefäßprothesen (5-938 ff.)
- Einführung neuer Zusatzkodes für die Art der Konservierung von Organtransplantaten (5 939 ff.)
- Einführung neuer Zusatzkodes für die Verwendung von Thulium- und Holmium-Laser (5-985.8, 5-985.9)
- Einführung eines neuen Zusatzkodes für die Anwendung eines Roboterarm-gestützten chirurgischen Assistenzsystems (5-987.1)
- Unterteilung des Zusatzkodes für die Anwendung eines Navigationssystems nach der Art des Verfahrens (5-988 ff.)
- Unterteilung des Zusatzkodes für die Anwendung eines flexiblen Ureterorenoskops nach der Art des verwendeten Ureterorenoskops (5-98b ff.)
- Einführung eines neuen Zusatzkodes für die Anwendung eines endoskopischen Nahtsystems (5-98c.5)

KAPITEL 6: MEDIKAMENTE

- Streichung der Kodes für die parenterale Gabe des Wirkstoffs/Medikaments Catumaxomab (6-005.1 ff.)
- Einführung von Dosisklassen für die Wirkstoffe/Medikamente Eltrombopag, oral (6-006.0 ff.), Brentuximabvedotin, parenteral (6-006.b ff.), Aflibercept, intravenös (6-007.3 ff.), Enzalutamid, oral (6-007.6 ff.), Ibrutinib, oral (6-007.e ff.), Obinutuzumab, parenteral (6-007.j ff.), Ramucirumab, parenteral (6-007.m ff.)
- Einführung neuer Kodes für bestimmte Wirkstoffe/Medikamente (6-009.9 bis 6-009.n)

KAPITEL 8: NICHT OPERATIVE THERAPEUTISCHE MASSNAHMEN

Verbände

- Einführung neuer Kodes für das Anlegen eines Okklusivverbandes mit enzymatischem Wunddebridement bei Verbrennungen, unterteilt nach der Größe der betroffenen Körperoberfläche (8-191.7 ff.)

Chemotherapie

- Unterteilung des Kodes für die perkutane geschlossene Organperfusion der Leber mit Chemotherapeutika in ohne und mit externem Blutfilter (8-549.0 ff.)

Elektrostimulation

- Einführung eines neuen Kodes für das Anlegen oder den Wechsel eines extrakorporalen Neurostimulators (8-631.5)

Therapeutische Katheterisierung und Kanüleneinlage in Gefäße

- Überarbeitung des Bereiches „Ablative Maßnahmen bei Herzrhythmusstörungen" (8-835 ff.):
    - Umwandlung des Kodes für die Anwendung dreidimensionaler, elektroanatomischer Mappingverfahren in einen Zusatzkode und Streichung der bisherigen Unterteilung nach der Lokalisation (8-835.8)
    - Umwandlung des Kodes für die Verwendung eines Drahtgeflechtkatheters bei Radiofrequenzablation in einen Zusatzkode (8-835.9)
    - Streichung der Kodes für die gekühlte Radiofrequenzablation mit Messung des Anpressdruckes (8-835.c ff.)

- Streichung der Kodes für die Ablation mit Hilfe dreidimensionaler elektroanatomischer Mappingverfahren mit Messung des Anpressdruckes (8-835.d ff.)
- Umwandlung des Kodes für die Anwendung einer endovaskulären endoskopischen Steuerung bei einer Laserablation in einen Zusatzkode (8-835.e)
- Umwandlung des Kodes für die Anwendung rotordetektierender, elektroanatomischer Mappingverfahren in einen Zusatzkode und Streichung der bisherigen Unterteilung nach der Lokalisation (8-835.g)
- Einführung eines neuen Zusatzkodes für die Messung des Anpressdruckes (8-835.h)
- Einführung eines neuen Zusatzkodes für die Anwendung hochauflösender, multipolarer, dreidimensionaler, elektroanatomischer Kontaktmappingverfahren (8-835.j)
- Unterteilung des Kodes für die perkutane Einführung eines Antiembolie-Schirmes in nicht integriert und integriert in zentralen Venenkatheter (8-839.1 ff.)
- Unterteilung des Kodes für die Rekanalisation eines Koronargefäßes mit retrograder Sondierung über die Kollateralgefäße in ohne und mit Externalisation (8-839.92, 8-839.93)
- Einführung eines neuen Zusatzkodes für die Verwendung von Biolimus-A9-freisetzenden Stents oder OPD-Systemen ohne Polymer (8-83b.0f)
- Einführung eines neuen Zusatzkodes für die Verwendung von röntgendichten medikamentenbeladenen Partikeln zur selektiven Embolisation (8-83b.14)
- Einführung eines neuen Zusatzkodes für die Verwendung von Triiodophenol-(Lactid-Co-Glykolid-)Acrylat zur selektiven Embolisation (8-83b.24)
- Einführung eines neuen Zusatzkodes für die Verwendung von besonders kleinen Metallspiralen zur selektiven Embolisation (8-83b.3b)
- Einführung neuer Zusatzkodes für die Art der verwendeten bioresorbierbaren Stents (8-83b.m ff.)
- Einführung neuer Zusatzkodes für die Menge der Flüssigkeiten zur selektiven Embolisation (8-83b.n ff.)
- Einführung neuer Kodes für die endovaskuläre Anlage einer AV-Fistel durch Gleichstrom und mit nahtlosem Nitinolkoppler, unterteilt nach der Lokalisation (8-83c.d ff., 8-83c.e ff.)

(Perkutan-)transluminale Stentimplantation

- Einführung neuer Kodes für die (perkutan-)transluminale Implantation von aus Einzeldrähten verwobenen Nitinolstents, unterteilt nach der Anzahl und der Lokalisation (8-84d ff.)

Komplexbehandlung

- Umfangreiche Überarbeitung der Mindestmerkmale des Kodes für die aufwendige intensivmedizinische Komplexbehandlung (8-98f ff.)

KAPITEL 9: ERGÄNZENDE MASSNAHMEN

Pflege und Versorgung von Patienten

- Einschränkung der Anwendung der Kodes für die hochaufwendige Pflege von Kindern und Jugendlichen, von Kleinkindern sowie von Frühgeborenen, Neugeborenen und Säuglingen auf den Geltungsbereich des § 17b KHG (9-201 ff., 9-202 ff., 9-203 ff.)

Präventive Maßnahmen

- Einführung neuer Kodes für die präventive familienzentrierte multimodale Komplexbehandlung bei Frühgeborenen, Neugeborenen und Säuglingen, unterteilt nach der Dauer (9-502 ff.)

Behandlung bei psychischen und psychosomatischen Störungen und Verhaltensstörungen bei Erwachsenen

- Konkretisierung der Mindestmerkmale der Kodes für die Intensivbehandlung (9-61 ff.)
- Streichung des Zusatzkodes für die Betreuung in der Kleinstgruppe (9-640.1 ff.)
- Streichung der Zusatzkodes für den erhöhten Aufwand bei drohender oder bestehender psychosozialer Notlage (9-646 ff.)
- Streichung der Zusatzkodes für den erhöhten therapieprozessorientierten patientenbezogenen Supervisionsaufwand (9-648 ff.)

Behandlung bei psychischen und psychosomatischen Störungen und Verhaltensstörungen bei Kindern und Jugendlichen

- Zusammenlegung der Kodes für die psychiatrisch-psychosomatische Regelbehandlung bei Kindern und bei Jugendlichen (9-656) und Streichung des Kodes für die psychiatrisch-psychosomatische Regelbehandlung bei Jugendlichen (9-666)
- Streichung der Zusatzkodes für die kriseninterventionelle Behandlung (9-690 ff.)
- Streichung der Zusatzkodes für den indizierten komplexen Entlassungsaufwand (9-692 ff.)
- Konkretisierung der Mindestmerkmale der Kodes für den erhöhten Betreuungsaufwand (9-693 ff.)
- Streichung der Zusatzkodes für den erhöhten therapieprozessorientierten patientenbezogenen Supervisionsaufwand (9-695 ff.)

Andere Behandlung bei psychischen und psychosomatischen Störungen und Verhaltensstörungen bei Erwachsenen

- Einführung neuer Kodes für die stationsäquivalente psychiatrische Behandlung bei Erwachsenen (9-701 ff.)

Andere Behandlung bei psychischen und psychosomatischen Störungen und Verhaltensstörungen bei Kindern und Jugendlichen

- Einführung neuer Kodes für die stationsäquivalente psychiatrische Behandlung bei Kindern und Jugendlichen (9-801 ff.)

Hinweise für die Benutzung

Anwendungsbereich

Zur Erfüllung der Vorgaben des § 301 und des § 295 Abs. 2 SGB V sind allein die Kodes des hier vorliegenden Operationen- und Prozedurenschlüssels (OPS) zugrunde zu legen. Diese Kodes bilden auch die Grundlage für die Zuordnung der Fallgruppen im G-DRG-System (German Diagnosis Related Groups) und im PEPP-Entgeltsystem (Pauschalierende Entgelte Psychiatrie und Psychosomatik).

Die nachfolgenden Hinweise für die Benutzung des OPS wurden so weit als möglich mit den Allgemeinen und Speziellen Kodierrichtlinien abgestimmt. Sofern zwischen diesen Benutzungshinweisen zum OPS einerseits und den Deutschen Kodierrichtlinien (DKR) und den Deutschen Kodierrichtlinien für die Psychiatrie/Psychosomatik (DKR-Psych) andererseits in einzelnen Fällen Abweichungen bestehen, sind für die Ermittlung der Fallgruppen die DKR bzw. DKR-Psych maßgeblich.

Über die Operationen- und Prozedurenkodierung nach § 301 SGB V hinaus können Krankenhäuser andere (z.b. umfangreichere) Operationenschlüssel in eigener Verantwortung einsetzen.

Zusatzkennzeichen für die Seitenangabe

Seit dem OPS Version 2005 sind für die Seitenangabe die gleichen Zusatzkennzeichen wie in der ICD-10-GM anzuwenden:

- R für rechts
- L für links
- B für beidseitig

Diese Zusatzkennzeichen sind für Prozeduren an paarigen Organen oder Körperteilen (Augen, Ohren, Nieren, Extremitäten etc.) verpflichtend. Alle Schlüsselnummern, die mit einem Zusatzkennzeichen versehen werden müssen, sind im Druck besonders gekennzeichnet (in den Referenzausgaben (PDF) des DIMDI mit einem Doppelpfeil).

Berechnung von Aufwandspunkten und Therapieeinheiten

Im Anhang finden Sie Tabellen und Hinweise zur Berechnung von Aufwandspunkten und Therapieeinheiten für folgende Bereiche:

- Aufwandspunkte für die intensivmedizinische Komplexbehandlung (Basisprozedur) für Erwachsene (SAPS, TISS) (Kode 8-980) und für Kinder (Kode 8-98d)
- Therapieeinheiten für die Behandlung bei psychischen und psychosomatischen Störungen pro Patient für Erwachsene sowie für Kinder und Jugendliche (Therapeieinheiten Psych) (Kodes 9 649 ff. für die Behandlungsbereiche 9-60 bis 9-63 sowie 9-696 ff. für die Bereiche 9-65 bis 9 68)
- Aufwandspunkte für die hochaufwendige Pflege von Patienten (Pflegekomplexmaßnahmen-Scores PKMS) (Kodes unter 9-20)

Aufbau und Kodestruktur

Der Operationen- und Prozedurenschlüssel ist ein überwiegend numerischer, hierarchisch strukturierter Schlüssel. Er weist überwiegend einen 5-stelligen Differenzierungsgrad auf, bezogen auf die International Classification of Procedures in Medicine (ICPM) der WHO. Einige Kodes sind jedoch nur 4-stellig differenziert.

Es gibt folgende Hierarchieebenen:

- Kapitel
- Bereich
- 3-Steller
- 4-Steller
- 5-Steller
- 6-Steller

3-Steller-Klassen werden auch als Kategorien, 4- bis 6-Steller als (Sub)kategorien bezeichnet. (siehe dazu auch die Abschnitte "Klassenattribute: Ein- und Ausschlussbemerkungen und Hinweise" sowie "Verwendete Begriffe und Symbole")

OPS Version 2018

Hinweise für die Benutzung

In einigen Kodebereichen wird eine alphanumerische Gliederungsstruktur verwendet, da die zur Verfügung stehenden 10 numerischen Untergliederungen für die erforderlichen Inhalte nicht ausreichend waren. Die alphanumerischen Notationen finden sich in der 4., 5. und 6. Stelle der Systematik.

Eine alphanumerische Angabe wurde ebenfalls für die Bezeichnung der Resteklassen "Sonstige Operationen" und "Nicht näher bezeichnete Operationen" gewählt. Dadurch war es möglich, zwei weitere numerische Positionen für fachspezifische Inhalte zu gewinnen. Die Position "x" beinhaltet dabei sonstige Operationen, die Position "y" nicht näher bezeichnete Operationen. Der 4-stellige Kode "Andere Operationen ..." ist als Platzhalter für spätere Erweiterungen durch Neuentwicklungen und bisher nicht berücksichtigte Operationen gedacht.

Die Textbeschreibung auf der 5. und 6. Gliederungsstelle wurde aus Gründen der Übersichtlichkeit verkürzt angegeben und enthält nur die wesentlichen Unterscheidungsmerkmale gegenüber der zugehörigen Textbeschreibung der jeweils übergeordneten Gliederungsstelle.

Endständige Kodierung

Es ist so spezifisch wie möglich zu verschlüsseln. Das bedeutet:

1. Zunächst wird für die dokumentierte Prozedur die passende Kategorie im OPS aufgesucht.
2. Zum Kodieren dürfen nur die endständigen (terminalen) Schlüsselnummern/Kodes einer Kategorie verwendet werden. Endständige Kodes sind solche, die keine Subkodes enthalten.
3. Von den endständigen Kodes ist derjenige zu wählen, der für die dokumentierte Prozedur als der spezifischste Kode angesehen wird.
4. Die Resteklasse "Sonstige" soll nur dann verwendet werden, wenn eine spezifische Prozedur dokumentiert ist, aber keiner der spezifischen Kodes der übergeordneten Kategorie passt.
5. Die Resteklasse "N.n.bez." (Nicht näher bezeichnet) soll nur dann verwendet werden, wenn die dokumentierte Prozedur keine hinreichende Information für eine Zuordnung zu einer der spezifischeren Schlüsselnummern der übergeordneten Kategorie aufweist.

Reihenfolge und Besetzung der Kodes

Im vorliegenden Schlüssel sind nicht alle 4-stelligen Kodepositionen besetzt. Auf ein "Aufrücken" der nachfolgenden Kodes wurde aus Gründen der Vergleichbarkeit mit der ICPM der WHO verzichtet. Die freien Kodes stehen für ggf. später erforderliche Erweiterungen zur Verfügung.

Topographische Gliederung

Der Operationen- und Prozedurenschlüssel weist in Kapitel 5 Operationen eine topographisch-anatomische Gliederung auf. Auf eine fachgebietsbezogene Gliederung wurde verzichtet. Dies bedeutet, dass Eingriffe, die von mehreren Fachgebieten durchgeführt werden, unter dem jeweiligen Organkapitel zu finden sind. So wurden z.B. die kinderchirurgischen Prozeduren in die jeweiligen organbezogenen Kapitel integriert.

Abweichend von Kapitel 5 Operationen sind die Kapitel 1, 3, 6, 8 und 9 des Operationen- und Prozedurenschlüssels nach dem Verfahren strukturiert.

Mehrfachkodierung

In einigen Bereichen ist eine Kodierung von Operationen mit mehreren Kodes vorgesehen. Dies ist insbesondere für die Abbildung komplexer Eingriffe erforderlich. In diesen Fällen gibt es oft, aber nicht in jedem Fall einen Hinweis beim Kode der leitenden Operation, der auf die gesonderte Kodierung von durchgeführten Teilmaßnahmen eines komplexen Eingriffes verweist.

Sofern mehrere Kodes zur vollständigen Dokumentation eines komplexen Eingriffes erforderlich sind, ist der inhaltlich leitende Eingriff an erster Stelle zu dokumentieren.

Eingeschränkte Gültigkeit von Kodes

Bestimmte Kodes in den Kapiteln 1 und 8 des Operationen- und Prozedurenschlüssels bilden für ein spezifisches Patientenklientel bzw. für eine spezifische Altersgruppe ein Unterscheidungskriterium für die Zuordnung zu unterschiedlichen Fallgruppen in Entgeltsystemen. Diese Kodes sind deshalb mit einem Hinweis auf ihre eingeschränkte Anwendung versehen. Eine breite Anwendung dieser Kodes für den gesamten Krankenhausbereich hätte eine Überdokumentation zur Folge, die nicht sinnvoll ist.

Zusatzkodes

Der Operationen- und Prozedurenschlüssel sieht vor, weitere ergänzende Angaben zu einer Operation oder Maßnahme zusätzlich zu kodieren.

Diese Zusatzkodes sind ergänzend zu verwenden, sofern die Information nicht schon im Kode selbst enthalten ist. Zusatzkodes sind sekundäre Kodes und dürfen nicht selbständig, sondern nur zusätzlich zu einem primären Kode benutzt werden. Sie sind also nur in Kombination mit dem durchgeführten, inhaltlich leitenden Eingriff zulässig. Zusatzkodes sind durch die Verwendung von Begriffen wie „Zusatzkode", „Zusatzkodierung", „Zusatzinformation" o.Ä. im Klassentitel oder im Hinweis zu erkennen.

Zusatzinformationen

Zusatzkodes können außer als Einzelkodes in Form von speziellen Bereichen (z.B. am Ende des Kapitels 5: Zusatzinformationen zu Operationen (5-93 bis 5-99)) vorhanden sein.

Einmalkodes

Einmalkodes sind Kodes, die gemäß Hinweis zum jeweiligen Kode nur einmal pro stationären Aufenthalt anzugeben sind.

Klassenattribute: Ein- und Ausschlussbemerkungen und Hinweise

Zur korrekten Anwendung des Schlüssels wurden Hinweise, Einschluss- und Ausschlussbemerkungen formuliert. Diese Klassenattribute kann es auf jeder Hierarchieebene geben: nach Kapitelüberschriften, nach Bereichsüberschriften und nach Klassentiteln von Kategorien und Subkategorien.

Beim Kodieren ist daher für jeden Kode/jede Kategorie jeweils bis zur höchstmöglichen Hierarchieebene zu prüfen, ob sich dort Ein- und Ausschlussbemerkungen und Hinweise finden, die auf den Kode/die Kategorie anzuwenden sind.

Folgende Begriffe und Symbole werden dafür verwendet:

Einschlussbemerkungen ("Inkl.:")

Die Einschlussbemerkungen eines Kodes dienen der näheren Beschreibung des Inhaltes des Kodes oder geben Beispiele für Maßnahmen, die diesem Kode zugeordnet sind.

Ausschlussbemerkungen ("Exkl.:")

Die Ausschlussbemerkungen eines Kodes dienen der Abgrenzung des Inhaltes des Kodes und nennen Maßnahmen, die einem oder mehreren **anderen** Kode zuzuordnen sind; der oder die zutreffenden anderen Kodes sind jeweils angegeben.

Beispiel:

5-784 Knochentransplantation und -transposition

Exkl.: Knorpeltransplantation (5-801.b ff., 5-812.9 ff.)

Eine als Ausschluss genannte Maßnahme ist eine - gegenüber der im Kode selbst klassifizierten Maßnahme - abgrenzbare und andersartige Maßnahme, die folglich auch anders klassifiziert wird. Werden beide Maßnahmen am Patienten durchgeführt, können auch beide Kodes nebeneinander verwendet werden.

Beispiel:

Bei einem Patienten wurde eine offene autogene Spongiosa-Transplantation und eine offene Knorpeltransplantation durchgeführt. Dann sind ein Kode aus 5-784.0 ff. und ein Kode aus 5-801.b ff. anzugeben.

Wenn eine Ausschlussbemerkung keine Kodeangabe enthält, ist die Maßnahme nicht zu kodieren.

Beispiel:

1-334 Urodynamische Untersuchung

Exkl.: Uroflowmetrie

Ausschlussbemerkungen werden i.d.R. nicht angegeben, wenn der auszuschließende Inhalt in der unmittelbar nachfolgenden Kodeliste enthalten ist.

Hinweise ("Hinw.:")
Die aufgeführten Hinweise haben z.b. folgende Funktion:

- Anmerkung zur gesonderten Kodierung von Teilkomponenten einer komplexen Operation (siehe Abschnitt Mehrfachkodierung)
- Anmerkung zur zusätzlichen Kodierung von ergänzenden Angaben einer Operation (siehe Abschnitte Zusatzkodes und Zusatzinformationen)
- Hinweis auf die gesonderte Kodierung des Zuganges
- Hinweis, wann dieser Kode verwendet werden kann
- Hinweis, dass der Kode nur einmal pro stationären Aufenthalt anzugeben ist (siehe Abschnitt Einmalkodes)

und folgende ("ff.")
In den Ausschlussbemerkungen und Hinweisen kann auf einzelne Kodes oder Kodegruppen verwiesen werden. Das "ff." wird verwandt, um alle untergeordneten Kodes des jeweiligen Schlüssels zu bezeichnen. So bedeutet 1-212 ff. alle endständigen Kodes unter 1-212, also 1-212.0 bis 1-212.y. Das "ff." kann ab den vierstelligen Kodes abwärts angewendet werden.

Listen
Listen wurden eingeführt, um für einen oder mehrere Kodes geltende, einheitliche Untergliederungen in der 6. Stelle aus Gründen der Übersicht zusammenzufassen. Listen werden z.B. in folgenden Bereichen verwendet:

- Lokalisationsangaben für die Bezeichnung der Blutgefäße
- Bezeichnungen von Knochen und Gelenken
- Angaben zu Zugängen und Verfahren

Wird in den Listen mit Lokalisationsangaben ein "und" verwendet, ist dies immer sowohl im Sinne von "und" als auch im Sinne von "oder" zu verstehen. (s.a. Verwendung von "und")

Auf die Gültigkeit einer Liste für einen Kode wird jeweils durch einen Hinweis aufmerksam gemacht. Listen gelten generell nur für die im Kode ausgewiesenen spezifischen Kodepositionen, nicht jedoch für die Resteklasse ".y   Nicht näher bezeichnet".

An einigen Stellen ist darauf zu achten, dass nicht jede Listenposition mit jedem 5-Steller kombinierbar ist.

Verwendete Begriffe und Symbole
Folgende Begriffe und Symbole werden verwendet:

Doppelstern **
Ein Doppelstern (**) links neben dem jeweiligen Kode kennzeichnet 5-Steller, bei denen für die Kodierung eine 6-stellige Untergliederung zu benutzen ist, die durch die Kombination des 5-Stellers mit einer Liste entsteht.

Runde Klammern ( )
Runde Klammern innerhalb einer Prozedurenbezeichnung (Klassentitel) enthalten ergänzende Bezeichnungen oder Erläuterungen zu dieser Prozedurenbezeichnung. Diese Angaben können vorliegen, aber auch fehlen, ohne dass die Verschlüsselung dadurch beeinflusst wird.

Runde Klammern nicht innerhalb einer Prozedurenbezeichnung enthalten ergänzende Angaben wie Erläuterungen oder Beispiele.

Runde Klammern umschließen Angaben von Kodes oder Kodebereichen in Hinweisen und Exklusiva.

Eckige Klammern [ ]
Eckige Klammern enthalten Synonyme, alternative Formulierungen, andere Schreibweisen und Abkürzungen zu einer Bezeichnung.

Eckige Klammern umschließen Angaben zu den gültigen 6. Stellen bei postkombinierten Kodes.

Verwendung von "und"

Der Begriff "und" wird in folgenden Fällen im Sinne von "und/oder" verwendet:

- bei 3- und 4-stelligen Kodes, z.B. bei der Aufzählung von Prozeduren wie "Inzision, Exzision und Destruktion ..." oder von Lokalisationen wie "... Naht eines Nerven und Nervenplexus"
- bei nicht endständigen 5-stelligen Kodes, deren Klassentitel ausschließlich Lokalisationsangaben ohne weiteren Zusatz enthält und die ihre 6. Stelle über eine Lokalisationsliste erhalten (Bsp. 5-380.1 ** Arterien Schulter und Oberarm)
- bei endständigen 5-stelligen Kodes, deren Klassentitel ausschließlich Lokalisationsangaben ohne weiteren Zusatz enthält (Bsp. 1-502.2 Oberarm und Ellenbogen)
- in den Lokalisationslisten für die 6. Stellen (z.b. Liste unter 5-89)

Bei nicht endständigen 5-stelligen Kodes mit Lokalisationsangaben, die ihre 6. Stelle nicht über eine Lokalisationsliste erhalten, sondern z.b. über eine Zugangsliste, wird "und" also ausschließlich im Sinne von "und" verwendet. Dasselbe gilt für endständige und nicht endständige 5-stellige Kodes, deren Klassentitel außer Lokalisationsangaben weitere Zusätze enthält, hier ist das "und" tatsächlich als kumulatives "und" zu verstehen. (Bsp. 5-016.4 Schädelbasis und Hirnhäute, Tumorgewebe; 5- 455.9** Resektion des Colon ascendens mit Coecum und rechter Flexur und Colon transversum [Hemikolektomie rechts mit Transversumresektion])

Verwendete Schreibweisen

Die Nomenklatur im vorliegenden Schlüssel lehnt sich an die deutsche Fassung der ICD-10 an. Entsprechend werden Prozedurenbezeichnungen sowie Fachbezeichnungen der Anatomie in der Regel in deutscher Schreibweise angegeben. Sofern es sich um Fachbezeichnungen aus mehreren Wörtern oder um lateinische Termini technici handelt, wurde die lateinische Schreibweise verwendet. Trivialbezeichnungen sind in deutscher Schreibweise angegeben. Deutsch-lateinische Mischformen wurden nach Möglichkeit vermieden. Grundsätzlich wurde die im medizinischen Duden verwendete Schreibweise übernommen.

Abkürzungsverzeichnis

3D	Dreidimensional
4D	Vierdimensional
A.	Arteria
Aa.	Arteriae
ADI	Autism Diagnostic Interview
ADOS	Autism Diagnostic Observation Schedule
AEP	Akustisch evozierte Potentiale
ALL	Akute lymphatische Leukämie
AMDP	Arbeitsgemeinschaft für Methodik und Dokumentation in der Psychiatrie
AML	Akute myeloische Leukämie
APD	Ambulatory peritoneal dialysis
AV	Atrio-ventrikular
AV	Arterio-venös
BASDAI	Bath Ankylosing Spondylitis Disease Activity Index
BASFI	Bath Ankylosing Spondylitis Functional Index
BERA	Brainstem electric response audiometry
BIS	Bispektraler Index
BSS	Beeinträchtigungs-Schwere-Score
BWS	Brustwirbelsäule
CAD	Computer assisted design
CAM	Computer assisted manufacture
CAPD	Continuous ambulatory peritoneal dialysis
CAVH	Continuous arteriovenous hemofiltration
CAVHDF	Continuous arteriovenous hemodiafiltration
CCM	Cardiac Contractility Modulation
CERA	Spät-akustisch evozierte Potentiale
CIONM	Kontinuierliches intraoperatives Neuromonitoring
CLL	Chronische lymphatische Leukämie
CMV	Zytomegalie-Virus
CNP	Continuous negative pressure
CO	Kohlenmonoxid
CO_2	Kohlendioxid
CP-Stent	Cheatham-Platinum-Stent
CPM	Continuous passive motion (Motorschienenbehandlung)
CPAP	Continuous positive airway pressure
CPPV	Continuous positive pressure ventilation
CT	Computertomographie
CTC	Circulating tumor cells
CUP	Cancer of Unknown Primary
cVEMP	Zervikale vestibulär evozierte myogene Potentiale
CVVH	Continuous venovenous hemofiltration
CVVHD	Continuous venovenous hemodialysis
CVVHDF	Continuous venovenous hemodiafiltration
DACI	Direct Acoustic Cochlear Implant
DAS 28	Disease activity score 28
DDG	Deutsche Diabetes-Gesellschaft
DFPP	Doppelfiltrationsplasmapherese
DIEP	Deep inferior epigastric perforator
DIPI	Direkte intraperitoneale Insemination
DISYPS	Diagnostiksystem für psychische Störungen im Kindes- und Jugendalter
DOTA	1,4,7,10-Tetraazacyclododecane-1,4,7,10-tetraacetic acid

DSA	Digitale Subtraktionsangiographie
EBT	Elektronenstrahltomographie
ECCE	Extrakapsuläre Extraktion der Linse
ECCO2R	Veno-venöse extrakorporale CO_2-Reduzierung
ECLS	Extracorporeal Live Support
ECMES	Embrochage centro-medullaire élastique Stable
ECMO	Extrakorporale Membranoxygenation
EDTA	Ethylene diamine tetraacetic acid (Ethylendiamintetraessigsäure)
EEG	Elektroenzephalographie
EFTR	Endoscopic full thickness resection
EKG	Elektrokardiographie
EKT	Elektrokonvulsionstherapie
EMG	Elektromyographie
EOG	Elektrookulographie
ePTFE	Expandiertes Polytetrafluoroethylen
ERC	Endoskopische retrograde Cholangiographie
ERCP	Endoskopische retrograde Cholangio-Pankreatikographie
ERG	Elektroretinographie
ERP	Endoskopische retrograde Pankreatikographie
ESD	Endoskopische submukosale Dissektion
ESIN	Elastisch stabile intramedulläre Nagelung
ESWL	Extrakorporale Stoßwellenlithotripsie
ET	Embryotransfer
EVLT	Endovenöse Lasertherapie
EXIT	Ex utero intrapartum treatment
Exkl.	Exklusive
FACS	Fluorescence-activated cell sorting
FAEP	Früh-akustisch evozierte Potentiale
FEIBA	Faktor-VIII-Inhibitor-Bypass-Aktivität
FFbH	Funktionsfragebogen Hannover
FFRmyo	Fraktionelle myokardiale Flussreserve
FIRM	Focal Impulse and Rotor Modulation
FISH	Fluorescent in situ hybridization (Fluoreszenz-in-situ-Hybridisierung)
FSSEP	Früh-somatosensorisch evozierte Potentiale
g	Gramm
GAF	Global Assessment of Functioning
G-DRG	German Diagnosis Related Groups
GBA	Geriatrisches Basisassessment
GBq	Gigabecquerel
GIFT	Intratubärer Gametentransfer
GvHD	Graft-versus-Host-Disease
Gy	Gray
HAART	Hochaktive antiretrovirale Therapie
HBO	Hyperbare Oxygenation
HDR	High-dose-rate
HER2-neu	Human epidermal growth factor receptor 2
HFJV	High frequency jet ventilation
HFNC	High flow nasal cannula
HFOV	High frequency oscillatory ventilation
HFV	High frequency ventilation
HIFU	Hochintensiver fokussierter Ultraschall
HIPEC	Hypertherme intraperitoneale Chemotherapie
HI-Virus	Humanes Immundefizienz-Virus

Abkürzungsverzeichnis

Hinw.	Hinweis
HITOC	Hypertherme intrathorakale Chemotherapie
HLA	Humanes Leukozyten Antigen
HNO	Hals Nasen Ohren
HWS	Halswirbelsäule
IBZM	[^{123}I]-3-Jodo-6-methoxybenzamin
ICA	Immunhistochemische Analyse
ICD	Implantierbarer Kardioverter/Defibrillator
ICD-10-GM	Internationale statistische Klassifikation der Krankheiten und verwandter Gesundheitsprobleme, 10. Revision - German Modification -
ICE	Intrakardiale Echokardiographie
ICH	Immunhistochemische Analyse
IE	Internationale Einheiten
IGRT	Image-guided radiotherapy
IMA	Arteria mammaria interna
IMV	Intermittent mandatory ventilation
Inkl.	Inklusive
IONM	Nicht kontinuierliches intraoperatives Neuromonitoring
IPD	Intermittent peritoneal dialysis
IPOM	Intraperitoneales Onlay-Mesh
IPPV	Intermittent positive pressure ventilation
IUD	Intrauterine device
IVF	In-vitro-Fertilisation
IVUS	Intravaskulärer Ultraschall der Koronargefäße
KEP	Kognitiv evozierte Potentiale
K-SADS	Schedule for Affective Disorders and Schizophrenia for School-Age Children
KHG	Krankenhausfinanzierungsgesetz
KHK	Koronare Herzkrankheit
KTP-Laser	Kalium-Titanyl-Phosphat-Laser
L-Dopa	L-3,4-Dihydroxyphenylalanin
LBO-Laser	Lithium-Triborat-Laser
LDL	Low density lipoproteins
LEER	Laterale erweiterte endopelvine Resektion
Lig.	Ligament
LWS	Lendenwirbelsäule
M.	Musculus
mg	Milligramm
Mm.	Musculi
MAPCA	Multiple major aortopulmonary collateral artery
MBS	Mehrdimensionale Bereichsdiagnostik der Sozialpädiatrie
MDS	Myelodysplastisches Syndrom
MEG	Magnetenzephalographie
MEP	Motorisch evozierte Potentiale
MeV	Megaelektronenvolt
MIBG	Metaiodobenzylguanidin
MLC	Multi-leaf collimator
MPFL	Mediales patellofemorales Ligament
MRCP	Magnetresonanz-Cholangiopankreatikographie
MRD	Minimal residual disease (Resttumorlast)
MRgFUS	Magnetresonanz-gesteuerter fokussierter Ultraschall
MRT	Magnetresonanztomographie
MSLT	Multipler Schlaflatenztest
MTX	Metothrexat

MWT	Multipler Wachbleibetest
N.	Nervus
NAVA	Neurally Adjusted Ventilatory Assist
NHL	Non-Hodgkin-Lymphom
NK-Zellen	Natural-Killer-Zellen
N.n.bez.	Nicht näher bezeichnet
Nn.	Nervi
NOTES	Natural Orifice Transluminal Endoscopic Surgery
NRS	Numeric Rating Scale
NRS	Nutritional Risk Screening
NSM	Nipple sparing mastectomy
nTMS	Navigierte transkranielle Magnetstimulation
OAE	Otoakustische Emissionen
OCT	Optische Kohärenztomographie
OP	Operation
OPD	Operationalisierte psychodynamische Diagnostik
OPD	Ostium Protection Device
oVEMP	Okuläre vestibulär evozierte myogene Potentiale
PBA	Palliativmedizinisches Basisassessment
PCA	Patientengesteuerte Analgesie
PCR	Polymerase Chain Reaction (Polymerase-Kettenreaktion)
PDT	Photodynamische Therapie
PE	Probeexzision
PECLA	Pumpless extracorporeal lung assist
PEG	Perkutan-endoskopische Gastrostomie
PEG	Polyethylenglykol
PEJ	Perkutan-endoskopische Jejunostomie
PEPP	Pauschalierende Entgelte Psychiatrie und Psychosomatik
PES	Pharyngeale elektrische Stimulation
pESS	Powered endoscopic sinonasal surgery
PET	Positronenemissionstomographie
PICC	Peripher eingeführter zentralvenöser Katheter
PKMS-E	Pflegekomplexmaßnahmen-Score für Erwachsene
PKMS-J	Pflegekomplexmaßnahmen-Score für Kinder und Jugendliche
PKMS-K	Pflegekomplexmaßnahmen-Score für Kleinkinder
PMR	Percutaneous transluminal transmyocardial laser revascularization
POCS	Perorale Cholangioskopie
POPS	Perorale Pankreatikoskopie
PSAP	Posteriore sagittale Anoproktoplastik
PSARP	Posteriore sagittale Anorektoplastik
PSMA	Prostataspezifisches Membranantigen
Psy-BaDo	Basisdokumentation in der Psychotherapie
PTC	Perkutane transhepatische Cholangiographie
PTCA	Perkutane transluminale Koronarangioplastie
PTFE	Polytetrafluorethylen
PUVA	Photochemotherapie (Psoralen plus UV-A)
PVDF	Polyvinylidenfluorid
R.	Ramus, Ast
RNA	Ribonukleinsäure
rh-TSH	Rekombinantes Thyreotropin
RSV	Respiratory syncytial virus
rTMS	Repetitive transkranielle Magnetstimulation
SAPS	Simplified acute physiology score

S-CPPV	Synchronized continuous positive pressure ventilation
SCN1A	Sodium Channel Neuronal Typ 1 Alpha
SeHCA-Test	Selen-Homotaurocholsäure-Test
SEP	Somatisch evozierte Potentiale
sFlt-1	Lösliche, FMS-ähnliche Tyrosinkinase 1
S-IPPV	Synchronized intermittent positive pressure ventilation
SIEP	Superficial inferior epigastric perforator
SIRT	Selektive intravaskuläre Radionuklidtherapie
SIS	Small Intestinal Submucosa
SLNE	Sentinel-Lymphonodektomie
SPECT	Single-Photon-Emissionscomputertomographie
SSEP	Somatosensorisch evozierte Potentiale
SSM	Skin sparing mastectomy
STEP	Serielle transverse Enteroplastie
SUP	Selektive Ultraviolettphototherapie
sup.	superior
SZT	Stammzelltherapie
TAPP	Transabdominal präperitoneal
TDI	Tissue Doppler Imaging
TE	Transfusionseinheit
TE	Therapieeinheit
TEA	Thrombendarteriektomie
TEE	Transösophageale Echokardiographie
TEN	Titanic elastic nail
TENS	Transkutane elektrische Nervenstimulation
TEP	Endoskopisch total extraperitoneal
TFCC	Triangular Fibrocartilage Complex
TFG	Transfusionsgesetz
TGA	Transposition der großen Arterien
TIA	Transitorische ischämische Attacke
TIPP	Transinguinal präperitoneal
TIPS	Transjugular intrahepatic portosystemic shunt
TISS	Therapeutic Intervention Scoring System
TMLR	Transmyokardiale Laserrevaskularisation
TMMR	Totale mesometriale Resektion des Uterus
TOT	Trans Obturator Tape (Transobturatorisches Band)
TRAM	Transversaler Rectus-abdominis-Muskellappen
TRUS	Transrektale Ultraschallbildgebung
TUNA	Transurethrale Nadelablation
TVT	Tension free vaginal tape
TVT-O	Tension free vaginal tape Obturator (TVT-Obturator)
V.	Vena
VAS	Visual analogue Scale
VCV	Varicella-Zoster-Virus
Vv.	Venae
VEMP	Vestibulär evozierte myogene Potentiale
VEP	Visuell evozierte Potentiale
VEPTR	Vertikale expandierbare prothetische Titanrippe
VHI	Voice Handicap Index
VLAP	Visuell kontrollierte laserunterstützte Resektion
WPW	Wolff-Parkinson-White
YAG-Laser	Yttrium-Aluminium-Granat-Laser
ZIFT	Intratubärer Zygotentransfer
ZNS	Zentrales Nervensystem

OPS

Version 2018

Systematisches Verzeichnis

Kapitel 1:

Diagnostische Maßnahmen

Klinische Untersuchung
(1-10...1-10)

1-10 Klinische Untersuchung

1-100 **Klinische Untersuchung in Allgemeinanästhesie**
Hinw.: Die Allgemeinanästhesie ist im Kode enthalten
Dieser Kode ist nur dann zu verwenden, wenn die Untersuchung unter Anästhesie als selbständige Maßnahme durchgeführt wird. Erfolgt in der gleichen Sitzung ein invasiver oder operativer Eingriff, der eine Anästhesie erfordert, ist die Untersuchung nicht gesondert zu kodieren

Untersuchung einzelner Körpersysteme
(1-20...1-33)

Hinw.: Das Anästhesieverfahren bei einer diagnostischen Maßnahme kann zusätzlich kodiert werden, sofern die diagnostische Maßnahme üblicherweise ohne Allgemeinanästhesie durchgeführt wird (8-90)

1-20 Neurologische Untersuchungen
Hinw.: Das neurologische Monitoring ist gesondert zu kodieren (8-92)

1-202 **Diagnostik zur Feststellung des irreversiblen Hirnfunktionsausfalls**
Hinw.: Diese Kodes sind nur zu verwenden bei Diagnostik nach der jeweils gültigen Fortschreibung der Richtlinie der Bundesärztekammer zur Feststellung des irreversiblen Hirnfunktionsausfalls (siehe im Zusammenhang mit einer Organspende auch § 5 und § 16 Abs. 1 Satz 1 Nr. 1 Transplantationsgesetz)
Die durchgeführten Einzelmaßnahmen sind nicht gesondert zu kodieren

1-202.0 Bei einem potenziellen Organspender
Hinw.: Als Datum der Leistungserbringung ist das Datum anzugeben, an welchem mit der Diagnostik des irreversiblen Hirnfunktionsausfalls begonnen wurde
Nicht angegeben werden dürfen diese Kodes, wenn der Patient zu Lebzeiten einer möglichen Organspende widersprochen hat oder medizinische Kontraindikationen für eine Organspende vorliegen

.00 Ohne Feststellung des irreversiblen Hirnfunktionsausfalls
.01 Mit Feststellung des irreversiblen Hirnfunktionsausfalls

1-202.1 Bei sonstigen Patienten

1-203 Invasive Funktionsdiagnostik des Nervensystems
Exkl.: Invasive präoperative Video-EEG-Intensivdiagnostik bei Epilepsie (1-211)
Hinw.: Der Zugang ist gesondert zu kodieren (5-010 ff., 5-011 ff., 5-030 ff., 5-031 ff., 5-032 ff.)

1-203.0 Mit Stimulationselektroden, zerebral
1-203.1 Mit Stimulationselektroden, spinal
1-203.2 Mit pharmakologischer Testung
1-203.x Sonstige
1-203.y N.n.bez.

1-204 Untersuchung des Liquorsystems
1-204.0 Messung des Hirndruckes

Kapitel 1: Diagnostische Maßnahmen

1-204.1 Messung des lumbalen Liquordruckes
1-204.2 Lumbale Liquorpunktion zur Liquorentnahme
1-204.3 Subokzipitale Liquorpunktion zur Liquorentnahme
1-204.4 Fontanellenpunktion zur Liquorentnahme
1-204.5 Liquorentnahme aus einem liegenden Katheter
1-204.6 Infusionstest
1-204.7 Pharmakologischer Test
1-204.x Sonstige
1-204.y N.n.bez.

1-205 Elektromyographie (EMG)
Inkl.: Ausführliches Nadel-EMG
Neuromuskuläre Frequenzbelastung
Einzelfaser-EMG
Makro-EMG
Mehrkanalige EMG-Ableitung

1-206 Neurographie

1-207 Elektroenzephalographie (EEG)

1-207.0 Routine-EEG (10/20 Elektroden)
Inkl.: Provokationsmethoden
1-207.1 Schlaf-EEG (10/20 Elektroden)
1-207.2 Video-EEG (10/20 Elektroden)
Exkl.: Video-EEG im Rahmen der präoperativen und intraoperativen Epilepsiediagnostik
(1-210, 1-211, 1-212 ff.)
Hinw.: Dauer mindestens 24 Stunden
1-207.3 Mobiles Kassetten-EEG (10/20 Elektroden)
Hinw.: Dauer mindestens 4 Stunden
1-207.x Sonstige
1-207.y N.n.bez.

1-208 Registrierung evozierter Potentiale

1-208.0 Akustisch [AEP]
1-208.1 Früh-akustisch [FAEP/BERA]
1-208.2 Somatosensorisch [SSEP]
1-208.3 Früh-somatosensorisch [FSSEP]
1-208.4 Motorisch [MEP]
1-208.5 Spät-akustisch [CERA]
1-208.6 Visuell [VEP]
1-208.7 Kognitiv [KEP]
1-208.8 Otoakustische Emissionen [OAE]
1-208.9 Vestibulär myogen [VEMP]
Inkl.: Zervikale vestibulär evozierte myogene Potentiale [cVEMP]
Okuläre vestibulär evozierte myogene Potentiale [oVEMP]
1-208.x Sonstige
1-208.y N.n.bez.

1-209 Komplexe Diagnostik bei Spina bifida
Inkl.: Sozialanamnese, Schul- und Arbeitsplatzanamnese, neuropsychologische und psychiatrische
Diagnostik
Hinw.: Mit diesem Kode ist die multidisziplinäre somatische (Pädiatrie, Neurochirurgie,
Orthopädie, Ophthalmologie, Urologie), psychologische und psychosoziale Diagnostik bei
Patienten mit Spina bifida zu kodieren
Die bildgebende Diagnostik (3-05), invasive funktionelle Diagnostik (Kap.1) und EEG-
Diagnostik (1-207 ff.) sind gesondert zu kodieren

1-20a	**Andere neurophysiologische Untersuchungen**
1-20a.2	Neurologische Untersuchung bei Bewegungsstörungen
.20	Untersuchung der Pharmakosensitivität mit quantitativer Testung
.21	Untersuchung der operativen Behandelbarkeit von Bewegungsstörungen

Hinw.: Die bildgebende Diagnostik ist gesondert zu kodieren (Kap. 3)
Mindestmerkmale:
- quantitative Testung mit pharmakologischer Stimulation (ggf. mehrfach)
- neuropsychologische und psychiatrische Untersuchung
- Untersuchung auf den Ebenen Struktur, Funktion, Aktivität, Partizipation, sozialer Kontext
- Beratung bezüglich eines lebensverändernden Eingriffs

1-20a.3	Neurophysiologische Diagnostik bei Schwindelsyndromen
.30	Elektro- und/oder Video-Nystagmographie
.31	Video-Kopfimpulstest
.32	Bestimmung der subjektiven visuellen Vertikalen
.33	Posturographie
1-20b	**Magnetenzephalographie (MEG)**
1-20b.0	Zur Lokalisation epileptischer Foci
1-20b.1	Zur Lokalisation funktioneller Hirnareale
1-20b.x	Sonstige
1-20b.y	N.n.bez.
1-20c	**Navigierte transkranielle Magnetstimulation (nTMS)**
1-20c.0	Zur Identifizierung von Hirnarealen für die Motorik (Motormapping)
1-20c.1	Zur Identifizierung von Hirnarealen für die Sprache (Speechmapping)
1-20c.x	Sonstige
1-20c.y	N.n.bez.

1-21 Epilepsiediagnostik

1-210 **Nicht invasive Video-EEG-Intensivdiagnostik zur Klärung eines Verdachts auf Epilepsie oder einer epilepsiechirurgischen Operationsindikation**
Hinw.: Dieser Kode umfasst:
- das Anbringen von dichtgesetzten Oberflächenelektroden und das ggf. durchgeführte Einbringen von Sphenoidalelektroden,
- das Video-EEG-Intensivmonitoring für i.d.R. mindestens 3 Tage,
- die Begleitung, Dokumentation und Auswertung (Medizin, MTA, Medizintechnik, Medizinphysik),
- die psychosoziale Betreuung des Patienten während des diagnostischen Prozesses
Für die Durchführung gelten die Qualitätsstandards der Arbeitsgemeinschaft für präoperative Epilepsiediagnostik und operative Epilepsietherapie
Der Kode kann auch angewendet werden, wenn als Ergebnis der Video-EEG-Intensivdiagnostik im Sinne einer differenzialdiagnostischen Klärung nicht epileptische Anfälle diagnostiziert werden

1-211 **Invasive Video-EEG-Intensivdiagnostik bei Epilepsie zur Klärung einer epilepsiechirurgischen Operationsindikation**
Hinw.: Dieser Kode umfasst:
- die Ableitung mit epiduralen, subduralen oder Foramen-ovale-Elektroden oder Tiefenelektroden
- die ggf. durchgeführte kortikale Stimulation bei subduralen Plattenelektroden
- das Video-EEG-Intensivmonitoring für i.d.R. mindestens 3 Tage
- die Begleitung, Dokumentation und Auswertung
- die psychosoziale Betreuung des Patienten während des diagnostischen Prozesses
Für die Durchführung gelten die Qualitätsstandards der Arbeitsgemeinschaft für präoperative Epilepsiediagnostik und operative Epilepsietherapie
Die Implantation der Elektroden ist gesondert zu kodieren (5-014.9 ff., 5-028.20, 5-028.21)
Der Zugang ist gesondert zu kodieren (5-010 ff., 5-011 ff.)

Kapitel 1: Diagnostische Maßnahmen

1-212 Invasive intraoperative Epilepsiediagnostik
Inkl.: Video-EEG
Hinw.: Für die Durchführung gelten die Qualitätsstandards der Arbeitsgemeinschaft für präoperative Epilepsiediagnostik und operative Epilepsietherapie

1-212.0 Elektrokortikographie

1-212.1 Elektrostimulation in Allgemeinanästhesie

1-212.2 Elektrostimulation im Wachzustand

1-212.3 Evozierte Potentiale

1-212.x Sonstige

1-212.y N.n.bez.

1-213 Syndromdiagnose bei komplizierten Epilepsien
Inkl.: Sozialanamnese, Arbeitsplatzanamnese, neuropsychologische und psychiatrische Diagnostik
Exkl.: EEG-Diagnostik (1-207 ff.)
Hinw.: Mindestmerkmale:
Diagnostik über mindestens 14 Tage
Standardisiertes multidisziplinäres Assessment in mindestens 3 Problemfeldern (Medikamentensynopse mit Nebenwirkungsprofilen und Resistenzprüfung, berufliche und soziale Defizite durch die Epilepsie, neuropsychologische Funktionsstörungen, psychiatrisch relevante Persönlichkeits- und Verhaltensstörungen inklusive epilepsiebezogene psychiatrische Erkrankungen)

1-22 Untersuchungen der Augen

1-220 Messung des Augeninnendruckes

1-220.0 Tages- und Nachtdruckmessung über 24 Stunden

1-24 Untersuchungen im HNO-Bereich
Exkl.: Kardiorespiratorische Polysomnographie (1-790)

1-242 Audiometrie
Inkl.: Pädaudiometrie
Exkl.: Registrierung evozierter Potentiale (1-208 ff.)

1-243 Phoniatrie

1-245 Rhinomanometrie

1-247 Olfaktometrie und Gustometrie
Exkl.: Registrierung evozierter Potentiale (1-208 ff.)

1-26 Untersuchungen der elektrophysiologischen Aktivität des Herzens

1-265 Elektrophysiologische Untersuchung des Herzens, kathetergestützt
Hinw.: Entsprechend deutschen und internationalen Leitlinien erfolgt die Definition hier anhand der vorliegenden Diagnose

1-265.0 Bei Störungen der Sinusknotenfunktion

1-265.1 Bei Störungen der AV-Überleitung

1-265.3 Bei intraventrikulären Leitungsstörungen (faszikuläre Blockierungen)

1-265.4 Bei Tachykardien mit schmalem QRS-Komplex oder atrialen Tachykardien

1-265.5 Bei WPW-Syndrom

1-265.6 Bei Tachykardien mit breitem QRS-Komplex

1-265.7 Bei nicht anhaltenden Kammertachykardien und/oder ventrikulären Extrasystolen

1-265.8 Bei Synkopen unklarer Genese

1-265.9 Bei Zustand nach Herz-Kreislauf-Stillstand

1-265.a Nach kurativer Therapie eines angeborenen Herzfehlers

1-265.b Nach palliativer Therapie eines angeborenen Herzfehlers

1-265.d Bei Zustand nach Herztransplantation

Kapitel 1: Diagnostische Maßnahmen

1-265.e	Bei Vorhofflimmern
1-265.f	Bei Vorhofflattern
1-265.x	Sonstige
1-265.y	N.n.bez.

1-266 Elektrophysiologische Untersuchung des Herzens, nicht kathetergestützt

1-266.0 Bei implantiertem Schrittmacher
Inkl.: Induktion von Vorhofflimmern zur Testung des "mode-switch"
Reprogrammierung eines permanenten Schrittmachers
Messung des Lungenwassers ggf. mit Programmierung der Flüssigkeitsschwelle

1-266.1 Bei implantiertem Kardioverter/Defibrillator (ICD)
Inkl.: Zur Bestimmung der Defibrillationsschwelle
Messung des Lungenwassers ggf. mit Programmierung der Flüssigkeitsschwelle

1-266.2 Kipptisch-Untersuchung zur Abklärung von Synkopen

1-266.3 Medikamentöser Provokationstest (zur Erkennung von Arrhythmien)

1-266.x Sonstige

1-266.y N.n.bez.

1-268 Kardiales Mapping

1-268.0 Rechter Vorhof

1-268.1 Linker Vorhof

1-268.2 Gemeinsamer Vorhof

1-268.3 Rechter Ventrikel

1-268.4 Linker Ventrikel

1-268.5 Funktionell/morphologisch univentrikuläres Herz

1-268.x Sonstige

1-268.y N.n.bez.

1-269 Magnetokardiographie

1-27 Diagnostische Katheteruntersuchung an Herz und Kreislauf

Exkl.: Elektrophysiologische Untersuchung des Herzens, kathetergestützt (1-265 ff.)

1-273 Rechtsherz-Katheteruntersuchung
Inkl.: Katheteruntersuchung von A. pulmonalis, rechtem Ventrikel, rechtem Vorhof und V. cava
Druckmessung, Druckgradientenbestimmung, Messung des Herzzeitvolumens, Bestimmung des pulmonalen Gefäßwiderstandes und Messung unter Belastung
Hinw.: Bei einer kombinierten Links- und Rechtsherz-Katheteruntersuchung ist jeweils ein Kode für die Rechtsherz-Katheteruntersuchung und ein Kode für die Linksherz-Katheteruntersuchung anzugeben

1-273.1 Oxymetrie

1-273.2 Druckmessung mit Messung des Shuntvolumens

1-273.5 Messung der pulmonalen Flussreserve

1-273.6 Messung des Lungenwassers

1-273.x Sonstige

1-273.y N.n.bez.

1-274 Transseptale Linksherz-Katheteruntersuchung
Inkl.: Katheteruntersuchung von Aorta, linkem Ventrikel, linkem Vorhof und Pulmonalvenen
Punktion des Vorhofseptums

1-274.0 Druckmessung
Inkl.: Druckgradientenbestimmung

1-274.1 Oxymetrie

1-274.2 Druckmessung mit Messung des Shuntvolumens

1-274.3 Sondierung des Vorhofseptums

Kapitel 1: Diagnostische Maßnahmen

1-274.4	Sondierung des Ventrikelseptums
1-274.x	Sonstige
1-274.y	N.n.bez.
1-275	**Transarterielle Linksherz-Katheteruntersuchung**
	Hinw.: Bei einer kombinierten Links- und Rechtsherz-Katheteruntersuchung ist jeweils ein Kode für die Rechtsherz-Katheteruntersuchung und ein Kode für die Linksherz-Katheteruntersuchung anzugeben
1-275.0	Koronarangiographie ohne weitere Maßnahmen
1-275.1	Koronarangiographie und Druckmessung im linken Ventrikel
1-275.2	Koronarangiographie, Druckmessung und Ventrikulographie im linken Ventrikel
1-275.3	Koronarangiographie, Druckmessung und Ventrikulographie im linken Ventrikel, Druckmessung in der Aorta und Aortenbogendarstellung
1-275.4	Koronarangiographie, Druckmessung in der Aorta und Aortenbogendarstellung
1-275.5	Koronarangiographie von Bypassgefäßen
1-275.6	Ventrikulographie mit Druckmessung im linken Ventrikel und Aortenbogendarstellung
1-275.x	Sonstige
1-275.y	N.n.bez.
1-276	**Angiokardiographie als selbständige Maßnahme**
1-276.0	Pulmonalisangiographie
1-276.1	Aortographie
1-276.2	Ventrikulographie
	.20 Rechter Ventrikel
	.21 Linker Ventrikel
	.22 Rechter und linker Ventrikel
1-276.x	Sonstige
1-276.y	N.n.bez.
1-277	**Herzkatheteruntersuchung bei funktionell/morphologisch univentrikulärem Herzen**
1-277.0	Ohne Duktusabhängigkeit
1-277.1	Mit duktusabhängigem Blutfluss im Lungenkreislauf
1-277.2	Mit duktusabhängigem Blutfluss im Körperkreislauf
1-277.x	Sonstige
1-277.y	N.n.bez.
1-279	**Andere diagnostische Katheteruntersuchung an Herz und Gefäßen**
1-279.0	Bestimmung des Herzvolumens und der Austreibungsfraktion
1-279.1	Quantitative regionale Funktionsanalyse
1-279.2	Densitometrie des Ventrikels
1-279.3	Densitometrie des Myokardes
1-279.4	Densitometrie der großen Gefäße
1-279.5	Intrakardiale Kontraktionsanalyse
	.50 Im dreidimensionalen System
	.51 Mit einem Druck und Kontraktilität messenden Dopplerdraht (DPDT)
	.5x Sonstige
1-279.6	Sondierung des Ductus arteriosus Botalli
1-279.7	Sondierung eines operativ angelegten Shuntes
1-279.8	Sondierung von Kollateralgefäßen
1-279.9	Angioskopie
	Hinw.: Eine durchgeführte Biopsie ist gesondert zu kodieren (1-497 ff.)
1-279.a	Koronarangiographie mit intrakoronarer Druckmessung
	Inkl.: Bestimmung der fraktionellen myokardialen Flussreserve (FFRmyo)

1-279.b	Messung des Lebervenenverschlussdruckes
1-279.x	Sonstige
1-279.y	N.n.bez.

1-31 Funktionsuntersuchungen des Verdauungstraktes
Exkl.: Diagnostische Endoskopie des Verdauungstraktes (1-63, 1-64, 1-65)

1-313	Ösophagusmanometrie
1-314	Manometrie der Gallen- und Pankreasgänge
	Inkl.: Papillenmanometrie
1-315	Anorektale Manometrie
1-316	pH-Metrie des Ösophagus
1-316.0	Einfach
1-316.1	Langzeit-pH-Metrie
	.10 Ohne Langzeit-Impedanzmessung
	.11 Mit Langzeit-Impedanzmessung
1-316.x	Sonstige
1-316.y	N.n.bez.
1-317	pH-Metrie des Magens
1-317.0	Einfach
1-317.1	Langzeit-pH-Metrie
1-317.x	Sonstige
1-317.y	N.n.bez.
1-318	Dünndarmmanometrie
1-319	Dickdarmmanometrie
	Inkl.: Barostat
	Exkl.: Anorektale Manometrie

1-33 Untersuchung des Harntraktes

1-334	Urodynamische Untersuchung
	Exkl.: Uroflowmetrie
1-334.0	Urodynamische Untersuchung mit gleichzeitiger Anwendung elektrophysiologischer Methoden
1-334.1	Blasendruckmessung
	Inkl.: Langzeitdruckmessung
1-334.2	Video-Urodynamik
1-334.x	Sonstige
1-334.y	N.n.bez.
1-335	Messung des Urethradruckprofils
1-336	Harnröhrenkalibrierung

Biopsie ohne Inzision
(1-40...1-49)

Inkl.: Perkutane (Fein-)Nadelbiopsie, Stanzbiopsie [Punchbiopsie], durch bildgebende Verfahren gesteuerte perkutane Biopsie, endoskopische Biopsie, endosonographische Biopsie, arthroskopische Biopsie, Saugbiopsie

Exkl.: Biopsie durch Inzision, intraoperative Biopsie, Biopsie bei diagnostischer Endoskopie durch Inzision und intraoperativ (1-50 bis 1-58)

Hinw.: Das Anästhesieverfahren bei einer diagnostischen Maßnahme kann zusätzlich kodiert werden, sofern die diagnostische Maßnahme üblicherweise ohne Allgemeinanästhesie durchgeführt wird (8-90)

1-40 Biopsie ohne Inzision an Nervensystem und endokrinen Organen

1-401 **Perkutane Biopsie an intrakraniellem Gewebe mit Steuerung durch bildgebende Verfahren**
1-401.0 Großhirn
1-401.1 Stammganglien
1-401.2 Hirnstamm
1-401.3 Kleinhirn
1-401.4 Hirnnerven und Ganglien, intrakraniell
1-401.5 Hirnhäute
1-401.x Sonstige
1-401.y N.n.bez.

1-404 **Perkutane (Nadel-)Biopsie an intraspinalem Gewebe**
1-404.0 Rückenmark
1-404.1 Rückenmarknerven und Spinalganglien, intraspinal
1-404.2 Rückenmarkhäute
1-404.x Sonstige
1-404.y N.n.bez.

1-405 **Perkutane (Nadel-)Biopsie an peripheren Nerven**
1-405.0 ↔ Hirnnerven, extrakraniell
1-405.1 ↔ Plexus brachialis
1-405.2 ↔ Nerven Schulter
1-405.3 ↔ Nerven Arm
1-405.4 ↔ Nerven Hand
1-405.5   Nerven Rumpf
1-405.6 ↔ Plexus lumbosacralis
1-405.7 ↔ Nerven Leiste und Beckenboden
1-405.8 ↔ Nerven Bein
1-405.9 ↔ Nerven Fuß
1-405.x ↔ Sonstige
1-405.y   N.n.bez.

1-406 **Perkutane (Nadel-)Biopsie an endokrinen Organen**
Exkl.: Perkutane (Nadel-)Biopsie des Pankreas (1-441.2)
Perkutane (Nadel-)Biopsie am Hoden (1-463.4)
Perkutane (Nadel-)Biopsie am Ovar (1-470.0)

1-406.0 Hypophyse
1-406.1 Corpus pineale
1-406.2 Schilddrüse
1-406.3 ↔ Nebenschilddrüsen
1-406.5 ↔ Nebenniere

Kapitel 1: Diagnostische Maßnahmen

1-406.x ↔	Sonstige
1-406.y	N.n.bez.
1-407	**Perkutane Biopsie an endokrinen Organen mit Steuerung durch bildgebende Verfahren**
	Exkl.: Perkutane (Nadel-)Biopsie des Pankreas (1-442.2)
	Perkutane (Nadel-)Biopsie am Hoden (1-465.4)
	Perkutane (Nadel-)Biopsie am Ovar (1-474.0)
1-407.0	Hypophyse
1-407.1	Corpus pineale
1-407.2	Schilddrüse
1-407.3 ↔	Nebenschilddrüsen
1-407.5 ↔	Nebenniere
1-407.x ↔	Sonstige
1-407.y	N.n.bez.
1-408	**Endosonographische Biopsie an endokrinen Organen**
1-408.0 ↔	Nebenniere
	Hinw.: Eine Endosonographie ist gesondert zu kodieren (3-05a)
1-408.x ↔	Sonstige
1-408.y	N.n.bez.
1-41	**Biopsie ohne Inzision an Auge, Ohr, Nase und Haut von Gesicht und Kopf**
	Inkl.: Endoskopische Biopsie
1-410 ↔	**Biopsie ohne Inzision an der Ohrmuschel**
1-411 ↔	**Biopsie ohne Inzision am äußeren Gehörgang durch Otoskopie**
1-412	**Biopsie ohne Inzision an Augenlid und Augenbraue**
1-412.0 ↔	Augenlid
1-412.1 ↔	Augenbraue
1-413	**Biopsie ohne Inzision an Konjunktiva und Kornea**
1-413.0 ↔	Konjunktiva
1-413.1 ↔	Kornea
1-414	**Biopsie ohne Inzision an der Nase**
1-414.0	Naseninnenraum
1-414.1	Nasennebenhöhlen
1-414.x	Sonstige
1-414.y	N.n.bez.
1-415	**Biopsie ohne Inzision an der Gesichtshaut**
	Inkl.: Kopfhaut
1-42	**Biopsie ohne Inzision an Mund, Mundhöhle, Larynx, Pharynx und blutbildenden Organen**
	Inkl.: Endoskopische Biopsie
1-420	**Biopsie ohne Inzision an Mund und Mundhöhle**
1-420.0	Lippe
1-420.1	Zunge
1-420.2	Gaumen
1-420.3	Gingiva
1-420.4	Alveolarkamm
1-420.5	Wangenschleimhaut
1-420.6	Mundboden
1-420.7 ↔	Speicheldrüse und Speicheldrüsenausführungsgang

1-420.x ↔ Sonstige
1-420.y N.n.bez.

1-421 Biopsie ohne Inzision am Larynx
1-421.0 Supraglottis
1-421.1 Glottis
1-421.2 Subglottis
1-421.x Sonstige
1-421.y N.n.bez.

1-422 Biopsie ohne Inzision am Pharynx
1-422.0 Oropharynx
    .00   Uvula
    .01 ↔ Tonsillen
    .0x ↔ Sonstige
1-422.1 Hypopharynx
1-422.2 Nasopharynx
1-422.x Sonstige
1-422.y N.n.bez.

1-424 Biopsie ohne Inzision am Knochenmark
Inkl.: Stanzbiopsie

1-425 (Perkutane) (Nadel-)Biopsie an Lymphknoten, Milz und Thymus
1-425.0 ↔ Lymphknoten, zervikal
1-425.1 ↔ Lymphknoten, supraklavikulär (Virchow-Drüse)
1-425.2 ↔ Lymphknoten, axillär
1-425.3   Lymphknoten, mediastinal
1-425.4   Lymphknoten, paraaortal
1-425.5 ↔ Lymphknoten, iliakal
1-425.6 ↔ Lymphknoten, pelvin
1-425.7 ↔ Lymphknoten, inguinal
1-425.8   Milz
1-425.9   Thymus
1-425.x ↔ Sonstige
1-425.y   N.n.bez.

1-426 (Perkutane) Biopsie an Lymphknoten, Milz und Thymus mit Steuerung durch bildgebende Verfahren
Hinw.: Eine Endosonographie ist gesondert zu kodieren
1-426.0 ↔ Lymphknoten, zervikal
1-426.1 ↔ Lymphknoten, supraklavikulär (Virchow-Drüse)
1-426.2 ↔ Lymphknoten, axillär
1-426.3   Lymphknoten, mediastinal
1-426.4   Lymphknoten, paraaortal
1-426.5 ↔ Lymphknoten, iliakal
1-426.6 ↔ Lymphknoten, pelvin
1-426.7 ↔ Lymphknoten, inguinal
1-426.8   Milz
1-426.9   Thymus
1-426.x ↔ Sonstige
1-426.y   N.n.bez.

1-43 Biopsie ohne Inzision an respiratorischen Organen
Inkl.: Endoskopische Biopsie
Hinw.: Eine Endoskopie ist gesondert zu kodieren
Eine Endosonographie ist gesondert zu kodieren

1-430 Endoskopische Biopsie an respiratorischen Organen
Hinw.: Die nachfolgenden Kodes umfassen die Entnahme von 1 bis 5 Biopsien
Die Entnahme von mehr als 5 Biopsien ist mit dem Kode Stufenbiopsie zu kodieren

1-430.0 Trachea
Inkl.: Kryobiopsie

1-430.1 ↔ Bronchus
Inkl.: Endoskopische Biopsie mittels Schlingenabtragung
Kryobiopsie

1-430.2 ↔ Lunge

1-430.3 Stufenbiopsie

1-430.x ↔ Sonstige

1-430.y N.n.bez.

1-431 Perkutane (Nadel-)Biopsie an respiratorischen Organen
1-431.0 ↔ Lunge
1-431.1 ↔ Pleura
1-431.2 Zwerchfell
1-431.x ↔ Sonstige
1-431.y N.n.bez.

1-432 Perkutane Biopsie an respiratorischen Organen mit Steuerung durch bildgebende Verfahren
Exkl.: Endoskopische Biopsie an respiratorischen Organen (1-430 ff.)

1-432.0 Lunge
.00 ↔ Durch Feinnadelaspiration
.01 ↔ Durch Stanzbiopsie ohne Clip-Markierung der Biopsieregion
.02 ↔ Durch Stanzbiopsie mit Clip-Markierung der Biopsieregion
.0x ↔ Sonstige

1-432.1 ↔ Pleura
1-432.2 Zwerchfell
1-432.x ↔ Sonstige
1-432.y N.n.bez.

1-44 Biopsie ohne Inzision an den Verdauungsorganen
Inkl.: Biopsie an hepatobiliärem System und Pankreas
Endoskopische Biopsie
Hinw.: Eine Endoskopie ist gesondert zu kodieren

1-440 Endoskopische Biopsie an oberem Verdauungstrakt, Gallengängen und Pankreas
Hinw.: Die Entnahme von mehr als 5 Biopsien ist mit dem Kode Stufenbiopsie zu kodieren

1-440.6 Gallengänge
1-440.7 Sphincter Oddi und Papilla duodeni major
1-440.8 Pankreas
1-440.9 Stufenbiopsie am oberen Verdauungstrakt
1-440.a 1 bis 5 Biopsien am oberen Verdauungstrakt
1-440.x Sonstige
1-440.y N.n.bez.

1-441 Perkutane (Nadel-)Biopsie an hepatobiliärem System und Pankreas
1-441.0 Leber
1-441.1 Gallenblase
1-441.2 Pankreas

Kapitel 1: Diagnostische Maßnahmen

1-442 Perkutane Biopsie an hepatobiliärem System und Pankreas mit Steuerung durch bildgebende Verfahren
Exkl.: Endoskopische Biopsie an Gallengängen und Pankreas (1-440 ff.)
1-442.0 Leber
1-442.1 Gallenblase
1-442.2 Pankreas
1-442.3 Gallengänge
1-442.4 Sphincter Oddi und Papilla duodeni major
1-442.x Sonstige
1-442.y N.n.bez.

1-444 Endoskopische Biopsie am unteren Verdauungstrakt
Hinw.: Die Entnahme von mehr als 5 Biopsien ist mit dem Kode Stufenbiopsie zu kodieren
1-444.6 Stufenbiopsie
1-444.7 1 bis 5 Biopsien
1-444.x Sonstige
1-444.y N.n.bez.

1-445 Endosonographische Feinnadelpunktion am oberen Verdauungstrakt
Hinw.: Eine Endosonographie ist gesondert zu kodieren (3-051, 3-053, 3-054)

1-446 Endosonographische Feinnadelpunktion am unteren Verdauungstrakt
Hinw.: Eine Endosonographie ist gesondert zu kodieren (3-057, 3-058)

1-447 Endosonographische Feinnadelpunktion am Pankreas
Hinw.: Eine Endosonographie ist gesondert zu kodieren (3-056)

1-448 Endosonographische Feinnadelpunktion am hepatobiliären System
Hinw.: Eine Endosonographie ist gesondert zu kodieren (3-055, 3-05x)
1-448.0 Leber
1-448.1 Gallengänge
1-448.x Sonstige
1-448.y N.n.bez.

1-449 Andere Biopsie ohne Inzision an anderen Verdauungsorganen
1-449.0 Analkanal
1-449.1 Analrand
1-449.2 Perianalregion
1-449.x Sonstige
1-449.y N.n.bez.

1-46 **Biopsie ohne Inzision an Harnorganen und männlichen Geschlechtsorganen**
Inkl.: Endoskopische Biopsie
Biopsie bei diagnostischer Endoskopie über ein Stoma
Hinw.: Eine Endoskopie ist gesondert zu kodieren

1-460 Transurethrale Biopsie an Harnorganen und Prostata
Hinw.: Die nachfolgenden Kodes umfassen die Entnahme von 1 bis 5 Biopsien
Die Entnahme von mehr als 5 Biopsien ist mit dem Kode Stufenbiopsie zu kodieren
1-460.0 ↔ Nierenbecken
1-460.1 ↔ Ureter
1-460.2 Harnblase
1-460.3 Urethra
1-460.4 Prostata
1-460.5 Stufenbiopsie
1-460.x ↔ Sonstige
1-460.y N.n.bez.

1-461 Perkutan-nephroskopische Biopsie an Harnorganen
1-461.0 ↔ Nierenbecken
1-461.1 ↔ Ureter
1-461.x ↔ Sonstige
1-461.y N.n.bez.

1-462 Perkutan-zystoskopische Biopsie an Harnorganen und Prostata
1-462.0 ↔ Nierenbecken
1-462.1 ↔ Ureter
1-462.2 Harnblase
1-462.3 Urethra
1-462.4 Prostata
1-462.x ↔ Sonstige
1-462.y N.n.bez.

1-463 Perkutane (Nadel-)Biopsie an Harnorganen und männlichen Geschlechtsorganen
1-463.0 ↔ Niere
1-463.1 Prostata
1-463.2 ↔ Vesiculae seminales
1-463.3 Penis
1-463.4 ↔ Hoden
1-463.5 ↔ Epididymis
1-463.6 ↔ Ductus deferens
1-463.7 ↔ Funiculus spermaticus
1-463.8 Skrotum
1-463.9 Perineum
1-463.x ↔ Sonstige
1-463.y N.n.bez.

1-464 Transrektale Biopsie an männlichen Geschlechtsorganen
1-464.0 Stanzbiopsie der Prostata
    .00 Weniger als 20 Zylinder
    .01 20 oder mehr Zylinder
    Inkl.: Extensive Prostatastanzbiopsie
1-464.1 Saugbiopsie der Prostata
1-464.2 ↔ Vesiculae seminales
1-464.x ↔ Sonstige
1-464.y N.n.bez.

1-465 Perkutane Biopsie an Harnorganen und männlichen Geschlechtsorganen mit Steuerung durch bildgebende Verfahren
Hinw.: Die nachfolgenden Kodes umfassen die Entnahme von 1 bis 5 Biopsien
      Die Entnahme von mehr als 5 Biopsien ist mit dem Kode Stufenbiopsie zu kodieren
1-465.0 ↔ Niere
1-465.1 Prostata
1-465.2 ↔ Vesiculae seminales
1-465.3 Penis
1-465.4 ↔ Hoden
1-465.5 ↔ Epididymis
1-465.6 ↔ Ductus deferens
1-465.7 ↔ Funiculus spermaticus
1-465.8 Stufenbiopsie

1-465.x ↔ Sonstige
1-465.y   N.n.bez.

1-47 Biopsie ohne Inzision an weiblichen Geschlechtsorganen
Inkl.: Biopsie ohne Inzision am graviden Uterus

1-470   (Perkutane) (Nadel-)Biopsie an weiblichen Geschlechtsorganen
1-470.0 ↔ Ovar
1-470.1 ↔ Tuba(e) uterina(e)
1-470.2   Uterus
1-470.3 ↔ Ligamente des Uterus
1-470.4   Vagina
1-470.5   Vulva
           Exkl.: Exzision von erkranktem Gewebe der Vulva (5-712.0)
1-470.6   Perineum
           Exkl.: Exzision an der Vulva unter Mitnahme der Haut des Perineums (5-712.0)
1-470.x ↔ Sonstige
1-470.y   N.n.bez.

1-471   Biopsie ohne Inzision am Endometrium
1-471.0   Diagnostische Mikroküretttage (Strichkürettage)
1-471.1   Diagnostische Aspirationskürettage
1-471.2   Diagnostische fraktionierte Kürettage
1-471.x   Sonstige
1-471.y   N.n.bez.

1-472   Biopsie ohne Inzision an der Cervix uteri
1-472.0   Zervixabrasio
1-472.x   Sonstige
1-472.y   N.n.bez.

1-473   Biopsie ohne Inzision am graviden Uterus mit Steuerung durch bildgebende Verfahren
1-473.0   Chorionzotten, perkutan
1-473.1   Chorionzotten, transvaginal
1-473.2   Fetus
1-473.3   Nabelschnurgefäße [Chordozentese]
1-473.x   Sonstige
1-473.y   N.n.bez.

1-474   (Perkutane) Biopsie an weiblichen Geschlechtsorganen mit Steuerung durch bildgebende Verfahren
           Hinw.: Eine durchgeführte diagnostische Kolposkopie ist gesondert zu kodieren (1-671)
1-474.0 ↔ Ovar
1-474.1 ↔ Tuba(e) uterina(e)
1-474.2   Uterus
1-474.3 ↔ Ligamente des Uterus
1-474.4   Vagina
1-474.5   Vulva
           Exkl.: Exzision von erkranktem Gewebe der Vulva (5-712.0)
1-474.6   Perineum
           Exkl.: Exzision an der Vulva unter Mitnahme der Haut des Perineums (5-712.0)
1-474.x ↔ Sonstige
1-474.y   N.n.bez.

1-48 Biopsie ohne Inzision an Knochen und Gelenken
Inkl.: Biopsie ohne Inzision an Schleimbeuteln
Exkl.: Biopsie ohne Inzision am Knochenmark (1-424)

1-480 Perkutane (Nadel-)Biopsie an Knochen
1-480.0 Skapula, Klavikula, Rippen und Sternum
1-480.1 ↔ Humerus
1-480.2 ↔ Radius und Ulna
1-480.3 ↔ Karpale, Metakarpale und Phalangen Hand
1-480.4 Wirbelsäule
1-480.5 Becken
1-480.6 ↔ Femur und Patella
1-480.7 ↔ Tibia und Fibula
1-480.8 ↔ Tarsale, Metatarsale und Phalangen Fuß
1-480.x ↔ Sonstige
1-480.y N.n.bez.

1-481 Biopsie ohne Inzision an Knochen mit Steuerung durch bildgebende Verfahren
1-481.0 Skapula, Klavikula, Rippen und Sternum
1-481.1 ↔ Humerus
1-481.2 ↔ Radius und Ulna
1-481.3 ↔ Karpale, Metakarpale und Phalangen Hand
1-481.4 Wirbelsäule
1-481.5 Becken
1-481.6 ↔ Femur und Patella
1-481.7 ↔ Tibia und Fibula
1-481.8 ↔ Tarsale, Metatarsale und Phalangen Fuß
1-481.x ↔ Sonstige
1-481.y N.n.bez.

1-482 Arthroskopische Biopsie an Gelenken
Hinw.: Die Arthroskopie ist gesondert zu kodieren (1-697 ff.)
1-482.0 ↔ Kiefergelenk
1-482.1 ↔ Schultergelenk
1-482.2 ↔ Akromioklavikulargelenk
1-482.3 ↔ Sternoklavikulargelenk
1-482.4 ↔ Ellenbogengelenk
1-482.5 ↔ Handgelenk
1-482.6 ↔ Hüftgelenk
1-482.7 ↔ Kniegelenk
1-482.8 ↔ Oberes Sprunggelenk
1-482.9 ↔ Sonstige Gelenke am Fuß
1-482.a ↔ Fingergelenk
1-482.x ↔ Sonstige
1-482.y N.n.bez.

1-483 Perkutane (Nadel-)Biopsie an Gelenken und Schleimbeuteln
1-483.0 ↔ Kiefergelenk
1-483.1 ↔ Gelenke des Schultergürtels
1-483.2 ↔ Ellenbogengelenk

Kapitel 1: Diagnostische Maßnahmen

1-483.3 ↔ Handgelenk
1-483.4 ↔ Thorakales Gelenk
1-483.5 ↔ Gelenk an der Wirbelsäule
1-483.6 ↔ Hüftgelenk
1-483.7 ↔ Kniegelenk
1-483.8 ↔ Oberes Sprunggelenk
1-483.9 ↔ Sonstige Gelenke am Fuß
1-483.a   Schleimbeutel
1-483.b ↔ Fingergelenk
1-483.x ↔ Sonstige
1-483.y   N.n.bez.

1-484   **Perkutane Biopsie an Gelenken und Schleimbeuteln mit Steuerung durch bildgebende Verfahren**

1-484.0 ↔ Kiefergelenk
1-484.1 ↔ Gelenke des Schultergürtels
1-484.2 ↔ Ellenbogengelenk
1-484.3 ↔ Handgelenk
1-484.4 ↔ Thorakales Gelenk
1-484.5 ↔ Gelenk an der Wirbelsäule
1-484.6 ↔ Hüftgelenk
1-484.7 ↔ Kniegelenk
1-484.8 ↔ Oberes Sprunggelenk
1-484.9 ↔ Sonstige Gelenke am Fuß
1-484.a   Schleimbeutel
1-484.b ↔ Fingergelenk
1-484.x ↔ Sonstige
1-484.y   N.n.bez.

1-49   Biopsie ohne Inzision an anderen Organen und Geweben

Inkl.:   Biopsie ohne Inzision an Peritoneum und Retroperitoneum
Exkl.:   Biopsie ohne Inzision am männlichen Perineum (1-463.9)
           Biopsie ohne Inzision am weiblichen Perineum (1-470.6)

1-490   **Biopsie ohne Inzision an Haut und Unterhaut**
Inkl.:   Biopsie an der Haut durch Inzision

1-490.0   Hals
1-490.1 ↔ Schulterregion
1-490.2 ↔ Oberarm und Ellenbogen
1-490.3 ↔ Unterarm und Hand
1-490.4   Rumpf
1-490.5 ↔ Oberschenkel
1-490.6 ↔ Unterschenkel
1-490.7 ↔ Fuß
1-490.x ↔ Sonstige
1-490.y   N.n.bez.

1-491   **Perkutane (Nadel-)Biopsie an Muskeln und Weichteilen**

1-491.0   Hals
1-491.1 ↔ Schulterregion

1-491.2 ↔ Oberarm und Ellenbogen
1-491.3 ↔ Unterarm und Hand
1-491.4   Rumpf
1-491.5 ↔ Oberschenkel
1-491.6 ↔ Unterschenkel
1-491.7 ↔ Fuß
1-491.x ↔ Sonstige
1-491.y   N.n.bez.

1-492   Perkutane Biopsie an Muskeln und Weichteilen mit Steuerung durch bildgebende Verfahren
1-492.0   Hals
1-492.1 ↔ Schulterregion
1-492.2 ↔ Oberarm und Ellenbogen
1-492.3 ↔ Unterarm und Hand
1-492.4   Rumpf
1-492.5 ↔ Oberschenkel
1-492.6 ↔ Unterschenkel
1-492.7 ↔ Fuß
1-492.x ↔ Sonstige
1-492.y   N.n.bez.

1-493   Perkutane (Nadel-)Biopsie an anderen Organen und Geweben
    Exkl.: Biopsie ohne Inzision an Lymphknoten, Milz und Thymus (1-425 ff.)
            Biopsie ohne Inzision am männlichen Perineum (1-463.9)
            Biopsie ohne Inzision am weiblichen Perineum (1-470.6)

1-493.0   Myokard
1-493.1   Perikard
1-493.2   Mediastinum
1-493.3   Mamma
    .30 ↔ Durch Feinnadelaspiration
    .31 ↔ Durch Stanzbiopsie ohne Clip-Markierung der Biopsieregion
    .32 ↔ Durch Stanzbiopsie mit Clip-Markierung der Biopsieregion
    .3x ↔ Sonstige
1-493.4   Brustwand
1-493.5   Bauchwand
    Inkl.: Nabel
1-493.6   Peritoneum
1-493.7   Beckenperitoneum
1-493.8   Retroperitoneales Gewebe
1-493.9   Perivesikales Gewebe
1-493.a   Periprostatisches Gewebe
1-493.b   Lymphozele
1-493.c ↔ Urozele
1-493.x ↔ Sonstige
1-493.y   N.n.bez.

Kapitel 1: Diagnostische Maßnahmen

1-494 **(Perkutane) Biopsie an anderen Organen und Geweben mit Steuerung durch bildgebende Verfahren**
Exkl.: Biopsie ohne Inzision an Lymphknoten, Milz und Thymus (1-426 ff.)
Hinw.: Das bildgebende Verfahren (z.B. Endosonographie) ist gesondert zu kodieren (Kap. 3)

1-494.0 Myokard
Exkl.: Transvenöse und transarterielle Biopsie (1-497 ff.)

1-494.1 Perikard

1-494.2 Mediastinum

1-494.3 Mamma
.30 ↔ Durch Feinnadelaspiration
.31 ↔ Durch Stanzbiopsie ohne Clip-Markierung der Biopsieregion
.32 ↔ Durch Stanzbiopsie mit Clip-Markierung der Biopsieregion
.3x ↔ Sonstige

1-494.4 Brustwand

1-494.5 Bauchwand
Inkl.: Nabel

1-494.6 Peritoneum

1-494.7 Beckenperitoneum

1-494.8 Retroperitoneales Gewebe

1-494.9 Perivesikales Gewebe

1-494.a Periprostatisches Gewebe

1-494.b Lymphozele

1-494.c ↔ Urozele

1-494.x ↔ Sonstige

1-494.y N.n.bez.

1-497 **Transvenöse oder transarterielle Biopsie**

1-497.0 Endokard

1-497.1 Endomyokard

1-497.2 Myokard

1-497.3 Leber

1-497.x Sonstige

1-497.y N.n.bez.

Biopsie durch Inzision (1-50...1-58)

Inkl.: Intraoperative Biopsie, Biopsie bei diagnostischer Endoskopie durch Inzision und intraoperativ
Exkl.: Biopsie ohne Inzision (1-40 bis 1-49)
Arthroskopische Biopsie (1-482 ff.)
Biopsie bei Staging-Laparotomie zur Diagnostik lymphatischer Systemerkrankungen (5-401.6)
Biopsie bei Staging-Laparoskopie zur Diagnostik lymphatischer Systemerkrankungen (5-401.b)
Hinw.: Die Bezeichnung "durch Inzision" bezieht sich auf die Art des Zuganges
Das Anästhesieverfahren bei einer diagnostischen Maßnahme kann zusätzlich kodiert werden, sofern die diagnostische Maßnahme üblicherweise ohne Allgemeinanästhesie durchgeführt wird (8-90)

1-50 **Biopsie an Mamma, Knochen und Muskeln durch Inzision**

1-501 ↔ **Biopsie der Mamma durch Inzision**
Exkl.: Exzisionsbiopsie der Mamma (5-870.9 ff.)

1-502	**Biopsie an Muskeln und Weichteilen durch Inzision**
1-502.0	Hals
1-502.1 ↔	Schulterregion
1-502.2 ↔	Oberarm und Ellenbogen
1-502.3 ↔	Unterarm und Hand
1-502.4	Rumpf
1-502.5 ↔	Oberschenkel
1-502.6 ↔	Unterschenkel
1-502.7 ↔	Fuß
1-502.x ↔	Sonstige
1-502.y	N.n.bez.

1-503 **Biopsie an Knochen durch Inzision**
Exkl.: Biopsie an Schädelknochen durch Inzision (1-510 ff.)

1-503.0	Skapula, Klavikula, Rippen und Sternum
1-503.1 ↔	Humerus
1-503.2 ↔	Radius und Ulna
1-503.3 ↔	Karpale, Metakarpale und Phalangen Hand
1-503.4	Wirbelsäule
1-503.5	Becken
1-503.6 ↔	Femur und Patella
1-503.7 ↔	Tibia und Fibula
1-503.8 ↔	Tarsale, Metatarsale und Phalangen Fuß
1-503.y	N.n.bez.

1-504	**Biopsie an Gelenken und Schleimbeuteln durch Inzision**
1-504.0 ↔	Kiefergelenk
1-504.1 ↔	Gelenke des Schultergürtels
1-504.2 ↔	Ellenbogengelenk
1-504.3 ↔	Handgelenk
1-504.4 ↔	Thorakales Gelenk
1-504.5 ↔	Gelenk an der Wirbelsäule
1-504.6 ↔	Hüftgelenk
1-504.7 ↔	Kniegelenk
1-504.8 ↔	Oberes Sprunggelenk
1-504.9 ↔	Sonstige Gelenke am Fuß
1-504.a	Schleimbeutel
1-504.b ↔	Fingergelenk
1-504.c ↔	Sonstige Gelenke an der Hand
1-504.x ↔	Sonstige
1-504.y	N.n.bez.

1-51 **Biopsie an Nervengewebe, Hypophyse, Corpus pineale durch Inzision und Trepanation von Schädelknochen**
Inkl.: Stereotaktische Biopsie an intrakraniellem Gewebe

1-510 **Biopsie an intrakraniellem Gewebe durch Inzision und Trepanation von Schädelknochen**
Hinw.: Der Zugang ist gesondert zu kodieren (5-010 ff., 5-011 ff.)

1-510.0	Großhirn
1-510.1	Stammganglien

1-510.2	Hirnstamm
1-510.3	Kleinhirn
1-510.4	Intrakranielle Teile von Hirnnerven und Ganglien
1-510.5	Intrakranielle Blutgefäße
1-510.6	Hirnhäute
1-510.7	Kalotte
1-510.8	Schädelbasis
1-510.9	Gesichtsschädel
1-510.x	Sonstige
1-510.y	N.n.bez.

1-511 Stereotaktische Biopsie an intrakraniellem Gewebe
Hinw.: Der Zugang ist hier nicht gesondert zu kodieren

1-511.0 Großhirn
.00 1 bis 5 Entnahmestellen
.01 Mehr als 5 Entnahmestellen

1-511.1	Stammganglien
1-511.2	Hirnstamm
1-511.3	Kleinhirn
1-511.4	Intrakranielle Teile von Hirnnerven und Ganglien
1-511.5	Intrakranielle Blutgefäße
1-511.6	Hirnhäute
1-511.x	Sonstige
1-511.y	N.n.bez.

1-512 Biopsie an intraspinalem Gewebe durch Inzision

1-512.0	Rückenmark
1-512.1	Intraspinale Teile von Rückenmarknerven und Spinalganglien
1-512.2	Rückenmarkhäute
1-512.3	Diagnostische Eröffnung des Rückenmarkkanals
1-512.x	Sonstige
1-512.y	N.n.bez.

1-513 Biopsie an peripheren Nerven durch Inzision

1-513.0 ↔	Hirnnerven, extrakraniell
1-513.1 ↔	Plexus brachialis
1-513.2 ↔	Nerven Schulter
1-513.3 ↔	Nerven Arm
1-513.4 ↔	Nerven Hand
1-513.5	Nerven Rumpf
1-513.6 ↔	Plexus lumbosacralis
1-513.7 ↔	Nerven Leiste und Beckenboden
1-513.8 ↔	Nerven Bein
1-513.9 ↔	Nerven Fuß
1-513.x ↔	Sonstige
1-513.y	N.n.bez.

1-514 Biopsie an Hypophyse und Corpus pineale durch Inzision

1-514.0	Hypophyse transseptal/transsphenoidal
1-514.1	Corpus pineale transseptal/transsphenoidal

1-515	Stereotaktische Biopsie an Hypophyse und Corpus pineale
1-515.0	Hypophyse
1-515.1	Corpus pineale

1-52 Biopsie an Augen und Augenanhangsgebilden durch Inzision

1-520 ↔	Biopsie am Augenlid durch Inzision
1-522 ↔	Biopsie an Tränendrüse und Tränendrüsenausführungsgang durch Inzision
1-529	Biopsie an anderen Teilen des Auges durch Inzision
1-529.0 ↔	Iris
1-529.1 ↔	Corpus ciliare
1-529.2 ↔	Sklera
1-529.3 ↔	Linse
1-529.4 ↔	Retina
1-529.5 ↔	Choroidea
1-529.6 ↔	Augenmuskel oder Augenmuskelsehne
1-529.7 ↔	Orbita
1-529.8 ↔	Tränenwege
1-529.x ↔	Sonstige
1-529.y	N.n.bez.

1-53 Biopsie an Ohr und Nase durch Inzision

1-531 ↔	Biopsie am äußeren Gehörgang durch Inzision
1-532	Biopsie an anderen Teilen des Ohres durch Inzision
1-532.0 ↔	Mittelohr
1-532.1 ↔	Innenohr
1-532.x ↔	Sonstige
1-532.y	N.n.bez.
1-537	Biopsie am Naseninnenraum durch Inzision
1-538 ↔	Biopsie an den Nasennebenhöhlen durch Inzision
1-539	Biopsie an anderen Teilen der Nase durch Inzision

1-54 Biopsie an Mund, Mundhöhle und Pharynx durch Inzision

1-542 ↔	Biopsie an Speicheldrüse und Speicheldrüsenausführungsgang durch Inzision
1-545	Biopsie an anderen Strukturen des Mundes und der Mundhöhle durch Inzision *Exkl.:* Biopsie an der Mundschleimhaut (1-420 ff.)
1-545.1	Alveolarkamm
1-545.3	Mundboden
1-545.x	Sonstige
1-545.y	N.n.bez.
1-546	Biopsie am Oropharynx durch Inzision
1-547	Biopsie am Hypopharynx durch Inzision
1-548	Biopsie am Nasopharynx durch Inzision
1-549	Biopsie am Larynx durch Inzision
1-549.0	Supraglottis
1-549.1	Glottis

1-549.2 Subglottis
1-549.x Sonstige
1-549.y N.n.bez.

1-55 Biopsie an anderen Verdauungsorganen, Zwerchfell und (Retro-)Peritoneum durch Inzision

1-550 Biopsie am Zwerchfell durch Inzision

1-551 Biopsie an der Leber durch Inzision
Exkl.: Biopsie an der Leber bei Staging-Laparotomie (5-401.6)
Biopsie an der Leber bei Staging-Laparoskopie (5-401.b)

1-551.0 Durch Exzision
1-551.1 Nadelbiopsie
1-551.x Sonstige
1-551.y N.n.bez.

1-552 Biopsie an Gallenblase und Gallengängen durch Inzision
1-552.0 Gallenblase
1-552.1 Gallengänge
1-552.2 Sphincter Oddi und Papilla duodeni major

1-553 Biopsie am Pankreas durch Inzision

1-554 Biopsie am Magen durch Inzision

1-555 Biopsie am Dünndarm durch Inzision
1-555.0 Duodenum
1-555.1 Ileum
 Inkl.: Meckel-Divertikel
1-555.2 Jejunum

1-556 Biopsie am Kolon durch Inzision
1-556.0 Colon ascendens
1-556.1 Colon transversum
1-556.2 Colon descendens
1-556.3 Colon sigmoideum

1-557 Biopsie an Rektum und perirektalem Gewebe durch Inzision
1-557.0 Rektum
1-557.1 Perirektales Gewebe

1-559 Biopsie an anderen Verdauungsorganen, Peritoneum und retroperitonealem Gewebe durch Inzision
1-559.0 Ösophagus
1-559.1 Darm, n.n.bez.
1-559.2 Mesenterium
1-559.3 Omentum
1-559.4 Peritoneum
1-559.5 Retroperitoneales Gewebe
 Exkl.: Retroperitoneale Lymphadenektomie (5-404.d, 5-404.e)
1-559.x Sonstige
1-559.y N.n.bez.

1-56 Biopsie an Harnwegen und männlichen Geschlechtsorganen durch Inzision

1-560 Biopsie an Niere und perirenalem Gewebe durch Inzision
1-560.0 ↔ Niere
1-560.1 ↔ Perirenales Gewebe

1-561 Biopsie an Urethra und periurethralem Gewebe durch Inzision
1-561.0 Urethra
1-561.1 Periurethrales Gewebe

1-562 Biopsie an anderen Harnorganen durch Inzision
Exkl.: Endoskopische Biopsie (1-46)
1-562.0 ↔ Ureter
1-562.1 ↔ Periureterales Gewebe
1-562.2 Harnblase
1-562.3 Perivesikales Gewebe
1-562.x Sonstige
1-562.y N.n.bez.

1-563 Biopsie an Prostata und periprostatischem Gewebe durch Inzision
1-563.0 Prostata
1-563.1 Periprostatisches Gewebe

1-564 Biopsie am Penis durch Inzision
Exkl.: Biopsie an der Haut des Penis (1-463.3)
1-564.0 Glans penis
1-564.1 Penisschaft
1-564.y N.n.bez.

1-565 ↔ Biopsie am Hoden durch Inzision

1-566 Biopsie am männlichen Perineum durch Inzision
Exkl.: Biopsie an der Haut des Perineums beim Mann (1-463.9)

1-569 Biopsie an anderen männlichen Geschlechtsorganen durch Inzision
1-569.0 ↔ Epididymis
1-569.1 ↔ Ductus deferens
1-569.2 ↔ Vesiculae seminales
1-569.3 ↔ Funiculus spermaticus
1-569.y N.n.bez.

1-57 Biopsie an weiblichen Geschlechtsorganen durch Inzision

1-570 Biopsie an Ovar, Tuba(e) uterina(e) und Ligamenten des Uterus durch Inzision
1-570.0 ↔ Ovar
1-570.1 ↔ Tuba(e) uterina(e)
1-570.2 ↔ Ligamente des Uterus

1-571 Biopsie an Uterus und Cervix uteri durch Inzision
Exkl.: Endoskopische Biopsie (1-47)
1-571.0 Corpus uteri
1-571.1 Cervix uteri

1-572 Biopsie an der Vagina durch Inzision

1-574 Biopsie am weiblichen Perineum durch Inzision
Exkl.: Biopsie an der Haut des Perineums bei der Frau (1-470.6, 1-474.6)

1-579 **Biopsie an anderen weiblichen Geschlechtsorganen durch Inzision**
1-579.0 Vaginale Biopsie des Douglasraumes
1-579.x Sonstige
1-579.y N.n.bez.

1-58 Biopsie an anderen Organen durch Inzision

1-580 **Biopsie an Herz und Perikard durch Inzision**
1-580.0 Herz
1-580.1 Perikard

1-581 **Biopsie am Mediastinum und anderen intrathorakalen Organen durch Inzision**
1-581.0 Mediastinum
 Exkl.: Biopsie an mediastinalen Lymphknoten durch Inzision (1-586.3)
1-581.1 Thymus
1-581.2 ↔ Bronchus
1-581.3 ↔ Lunge
1-581.4 ↔ Pleura
1-581.x ↔ Sonstige
1-581.y N.n.bez.

1-582 **Biopsie an Schilddrüse und Nebenschilddrüsen durch Inzision**
1-582.0 Schilddrüse
1-582.1 ↔ Nebenschilddrüsen

1-583 **Biopsie an anderen Organen des Halses durch Inzision**

1-584 ↔ **Biopsie an der Nebenniere durch Inzision**

1-585 **Biopsie an anderen intraabdominalen Organen durch Inzision**
1-585.0 Milz
1-585.x Sonstige
1-585.y N.n.bez.

1-586 **Biopsie an Lymphknoten durch Inzision**
 Exkl.: Biopsie an Lymphknoten bei Staging-Laparotomie (5-401.6)
 Biopsie an Lymphknoten bei Staging-Laparoskopie (5-401.b)
1-586.0 ↔ Zervikal
1-586.1 ↔ Supraklavikulär
1-586.2 ↔ Axillär
1-586.3 Mediastinal
1-586.4 Paraaortal
1-586.5 ↔ Iliakal
1-586.6 ↔ Inguinal
1-586.7 ↔ Pelvin
1-586.x ↔ Sonstige
1-586.y N.n.bez.

1-587 **Biopsie an Blutgefäßen durch Inzision**
 Exkl.: Biopsie an intrakraniellen Blutgefäßen durch Inzision (1-510.5)
1-587.0 ↔ Gefäße Kopf und Hals, extrakraniell
1-587.1 ↔ Gefäße von Schulter, Arm und Hand
1-587.2 Thorakale Gefäße
1-587.3 Abdominale Gefäße
1-587.4 Viszerale Gefäße

1-587.5 ↔ Gefäße Oberschenkel
1-587.6 ↔ Gefäße Unterschenkel und Fuß
1-587.x ↔ Sonstige
1-587.y   N.n.bez.

1-589   Biopsie an anderen Organen und Geweben durch Inzision
Exkl.: Biopsie an der Haut (1-490 ff.)
1-589.0   Brustwand
1-589.1   Bauchwand
           Inkl.: Nabel
1-589.x   Sonstige
1-589.y   N.n.bez.

Diagnostische Endoskopie (1-61...1-69)

Inkl.: Foto- und Videodokumentation
Exkl.: Endoskopische Fremdkörperentfernung (8-100 ff.)
Hinw.: Eine durchgeführte endoskopische Biopsie ist gesondert zu kodieren (1-40 bis 1-49)
          Das Anästhesieverfahren bei einer diagnostischen Maßnahme kann zusätzlich kodiert werden, sofern die diagnostische Maßnahme üblicherweise ohne Allgemeinanästhesie durchgeführt wird (8-90)

1-61   Diagnostische Endoskopie der oberen Atemwege
Hinw.: Eine durchgeführte endoskopische Biopsie ist gesondert zu kodieren
          (1-414 ff., 1-421 ff., 1-422 ff.)

1-610   Diagnostische Laryngoskopie
1-610.0   Direkt
1-610.1   Indirekt
1-610.2   Mikrolaryngoskopie
1-610.x   Sonstige
1-610.y   N.n.bez.

1-611   Diagnostische Pharyngoskopie
1-611.0   Direkt
1-611.1   Indirekt
1-611.x   Sonstige
1-611.y   N.n.bez.

1-612   Diagnostische Rhinoskopie

1-613   Evaluation des Schluckens mit flexiblem Endoskop
Exkl.: Diagnostische Laryngoskopie (1-610 ff.)
          Diagnostische Pharyngoskopie (1-611 ff.)
          Frührehabilitationsassessment von Patienten mit Kopf-Hals-Tumoren (1-775 ff.)

1-62   Diagnostische Tracheobronchoskopie
Hinw.: Eine durchgeführte endoskopische Biopsie ist gesondert zu kodieren (1-430 ff.)

1-620   Diagnostische Tracheobronchoskopie
           Inkl.: Über ein Stoma
1-620.0   Mit flexiblem Instrument
           .00   Ohne weitere Maßnahmen
           .01   Mit bronchoalveolärer Lavage
           .02   Mit Alveoloskopie
           .03   Mit katheterbasierter Luftstrommessung
           .0x   Sonstige

Kapitel 1: Diagnostische Maßnahmen

1-620.1	Mit starrem Instrument
.10	Ohne weitere Maßnahmen
.11	Mit katheterbasierter Luftstrommessung
.1x	Sonstige

1-620.2 Mit Autofluoreszenzlicht

1-620.x Sonstige

1-620.y N.n.bez.

1-63 Diagnostische Endoskopie des oberen Verdauungstraktes

Hinw.: Eine durchgeführte endoskopische Biopsie ist gesondert zu kodieren (1-440.9, 1-440.a)
Die Chromoendoskopie des oberen Verdauungstraktes ist gesondert zu kodieren (1-63b)

1-630 Diagnostische Ösophagoskopie

1-630.0 Mit flexiblem Instrument

1-630.1 Mit starrem Instrument

1-630.x Sonstige

1-630.y N.n.bez.

1-631 Diagnostische Ösophagogastroskopie

1-631.0 Bei normalem Situs
Inkl.: Bei axialer Gleithernie
Hinw.: Mit diesem Kode ist die diagnostische Ösophagogastroskopie bei normaler makroskopisch-anatomischer Lage zu kodieren

1-631.1 Bei Anastomosen an Ösophagus und/oder Magen

1-631.x Sonstige
Inkl.: Bei Lageanomalie

1-631.y N.n.bez.

1-632 Diagnostische Ösophagogastroduodenoskopie

1-632.0 Bei normalem Situs
Inkl.: Bei axialer Gleithernie
Hinw.: Mit diesem Kode ist die diagnostische Ösophagogastroduodenoskopie bei normaler makroskopisch-anatomischer Lage zu kodieren

1-632.1 Bei Anastomosen an Ösophagus, Magen und/oder Duodenum

1-632.x Sonstige
Inkl.: Bei Lageanomalie

1-632.y N.n.bez.

1-635 Diagnostische Jejunoskopie

1-635.0 Bei normalem Situs
Inkl.: Bei axialer Gleithernie
Hinw.: Mit diesem Kode ist die diagnostische Jejunoskopie bei normaler makroskopisch-anatomischer Lage zu kodieren

1-635.1 Bei Anastomosen an Ösophagus, Magen und/oder Dünndarm

1-635.x Sonstige
Inkl.: Bei Lageanomalie

1-635.y N.n.bez.

1-636 Diagnostische Intestinoskopie (Endoskopie des tiefen Jejunums und Ileums)
Hinw.: Diese Kodes sind zu verwenden, wenn die Untersuchung peroral vorgenommen wird

1-636.0 Einfach (durch Push-Technik)

1-636.1 Durch Push-and-pull-back-Technik
Inkl.: Single-Ballon-Enteroskopie
Doppel-Ballon-Enteroskopie

1-636.x Sonstige

1-638	**Diagnostische Endoskopie des oberen Verdauungstraktes über ein Stoma**
1-638.0	Diagnostische Ösophagoskopie
1-638.1	Diagnostische Ösophagogastroduodenoskopie
1-638.2	Diagnostische Gastroskopie
1-638.3	Diagnostische Duodenoskopie
1-638.4	Diagnostische Jejunoskopie
1-638.x	Sonstige
1-638.y	N.n.bez.
1-63a	**Kapselendoskopie des Dünndarms**
1-63b	**Chromoendoskopie des oberen Verdauungstraktes** *Hinw.:* Dieser Kode ist ein Zusatzkode. Er kann zusätzlich zu anderen Kodes aus dem Bereich 1-63 Diagnostische Endoskopie des oberen Verdauungstraktes angegeben werden

1-64   **Diagnostische Endoskopie der Gallen- und Pankreaswege**
Exkl.: Endoskopische Operationen an Gallengängen (5-513 ff.) und am Pankreasgang (5-526 ff.)
Hinw.: Eine durchgeführte endoskopische Biopsie ist gesondert zu kodieren
(1-440.6, 1-440.7, 1-440.8, 1-440.x)

1-640	**Diagnostische retrograde Darstellung der Gallenwege** *Inkl.:* Darstellung der Gallenwege (ERC) *Exkl.:* Darstellung der Gallenwege mit Papillotomie (5-513.1)
1-641	**Diagnostische retrograde Darstellung der Pankreaswege** *Inkl.:* Darstellung der Pankreaswege (ERP) *Exkl.:* Darstellung der Pankreaswege mit Papillotomie (5-526.1)
1-642	**Diagnostische retrograde Darstellung der Gallen- und Pankreaswege** *Inkl.:* Darstellung der Gallen- und Pankreaswege (ERCP) *Exkl.:* Darstellung der Gallenwege mit Papillotomie (5-513.1) Darstellung der Pankreaswege mit Papillotomie (5-526.1)
1-643	**Diagnostische direkte Endoskopie der Gallenwege [duktale Endoskopie] [POCS]**
1-643.2	Cholangioskopie der Gallenwege distal der Hepatikusgabel *Inkl.:* Cholangioskopie der extrahepatischen Gallenwege
1-643.3	Cholangioskopie der Gallenwege proximal der Hepatikusgabel *Inkl.:* Cholangioskopie der intrahepatischen Gallenwege
1-644	**Diagnostische direkte Endoskopie des Pankreasganges [duktale Endoskopie] [POPS]**
1-645	**Zugang durch retrograde Endoskopie** *Hinw.:* Dieser Kode ist ein Zusatzkode. Er ist nur anzugeben, wenn eine retrograde Endoskopie als Zugang für eines der unter 1-640 bis 1-644 aufgeführten Verfahren eingesetzt wurde Mit diesem Kode soll ausschließlich die aufgrund von Voroperationen (z.B. nach partieller Pankreatoduodenektomie, bei Roux-Y-Anastomose nach totaler oder partieller Gastrektomie) retrograd (von weiter aboral gelegenen Darmabschnitten in Richtung weiter oral gelegener Darmabschnitte) durchgeführte Endoskopie zur diagnostischen Untersuchung der Gallen- oder Pankreaswege verschlüsselt werden
1-646	**Diagnostische Endoskopie der Gallen- und Pankreaswege bei anatomischer Besonderheit** *Hinw.:* Dieser Kode ist ein Zusatzkode. Er ist nur anzugeben, wenn bei Durchführung einer der unter 1-640 bis 1-642 aufgeführten Verfahren eine der folgenden Besonderheiten vorlag: • Lage der Papilla Vateri am Rand oder innerhalb eines Duodenaldivertikels oder • Pancreas divisum mit Erfordernis der Kanülierung der Papilla minor oder • Stenosierende Neubildung der Papilla Vateri bei erstmaliger, erfolgreicher Kanülierung

1-65 Diagnostische Endoskopie des unteren Verdauungstraktes
Hinw.: Eine durchgeführte endoskopische Biopsie ist gesondert zu kodieren (1-444 ff.)
Die Chromoendoskopie des unteren Verdauungstraktes ist gesondert zu kodieren (1-655)

1-650 Diagnostische Koloskopie
Hinw.: Eine (Ileo-)Koloskopie durch Push-and-pull-back-Technik ist gesondert zu kodieren (1-657)

1-650.0 Partiell

1-650.1 Total, bis Zäkum

1-650.2 Total, mit Ileoskopie

1-650.x Sonstige

1-650.y N.n.bez.

1-651 Diagnostische Sigmoideoskopie

1-652 Diagnostische Endoskopie des Darmes über ein Stoma

1-652.0 Ileoskopie

1-652.1 Koloskopie

1-652.2 Sigmoideoskopie

1-652.3 Proktoskopie

1-652.4 Rektoskopie

1-652.x Sonstige

1-652.y N.n.bez.

1-653 Diagnostische Proktoskopie

1-654 Diagnostische Rektoskopie
Inkl.: Pouchoskopie

1-654.0 Mit flexiblem Instrument

1-654.1 Mit starrem Instrument

1-654.x Sonstige

1-654.y N.n.bez.

1-655 Chromoendoskopie des unteren Verdauungstraktes
Hinw.: Dieser Kode ist ein Zusatzkode. Er kann zusätzlich zu anderen Kodes aus dem Bereich 1-65 Diagnostische Endoskopie des unteren Verdauungstraktes angegeben werden

1-656 Kapselendoskopie des Kolons

1-657 (Ileo-)Koloskopie durch Push-and-pull-back-Technik
Inkl.: Single-Ballon-Enteroskopie
Doppel-Ballon-Enteroskopie
Hinw.: Dieser Kode ist ein Zusatzkode. Er kann zusätzlich zu anderen Kodes aus dem Bereich 1-65 Diagnostische Endoskopie des unteren Verdauungstraktes angegeben werden

1-66 Diagnostische Endoskopie der Harnwege
Hinw.: Eine durchgeführte endoskopische Biopsie ist gesondert zu kodieren (1-46)

1-660 Diagnostische Urethroskopie

1-661 Diagnostische Urethrozystoskopie

1-663 Diagnostische Urethrozystoskopie einer augmentierten Harnblase

1-663.0 Ohne künstlichen Sphinkter

1-663.1 Mit künstlichem Sphinkter

1-663.y N.n.bez.

1-665 Diagnostische Ureterorenoskopie
Hinw.: Die Anwendung eines flexiblen Ureterorenoskops ist gesondert zu kodieren (1-999.2 ff.)

1-666	**Diagnostische Endoskopie einer Harnableitung**
1-666.0	Darmreservoir
1-666.1	Ersatzblase
1-666.2	Conduit
1-666.x	Sonstige
1-666.y	N.n.bez.

1-668 **Diagnostische Endoskopie der Harnwege über ein Stoma**
Hinw.: Die Anwendung eines flexiblen Ureterorenoskops ist gesondert zu kodieren (1-999.2 ff.)

1-668.0	Diagnostische Urethroskopie
1-668.1	Diagnostische Urethrozystoskopie
1-668.2 ↔	Diagnostische Ureterorenoskopie
1-668.x ↔	Sonstige
1-668.y	N.n.bez.

1-67 Diagnostische Endoskopie der weiblichen Geschlechtsorgane
Hinw.: Eine durchgeführte endoskopische Biopsie ist gesondert zu kodieren (1-47)

1-670	**Diagnostische Vaginoskopie**
1-671	**Diagnostische Kolposkopie**
1-672	**Diagnostische Hysteroskopie**
1-673	**Diagnostische Hysterosalpingoskopie**
1-674	**Diagnostische Embryofetoskopie**

1-68 Andere diagnostische Endoskopie

1-681 ↔	**Diagnostische Endoskopie der Tränenwege**
1-682 ↔	**Diagnostische Endoskopie der Milchgänge**
1-683 ↔	**Diagnostische Sialendoskopie der Glandula submandibularis oder der Glandula parotis**

1-69 Diagnostische Endoskopie durch Inzision und intraoperativ
Exkl.: Diagnostische Angioskopie (1-279.9)
Hinw.: Die Bezeichnung "durch Inzision" bezieht sich auf die Art des Zuganges
Eine durchgeführte Biopsie ist gesondert zu kodieren (1-50 bis 1-58)

1-690 **Diagnostische Bronchoskopie und Tracheoskopie durch Inzision und intraoperativ**

1-690.0	Bronchoskopie
1-690.1	Tracheoskopie

1-691 **Diagnostische Thorakoskopie und Mediastinoskopie**

1-691.0	Thorakoskopie
1-691.1	Mediastinoskopie

1-693 **Diagnostische Endoskopie der Harnwege durch Inzision und intraoperativ**
Hinw.: Die Anwendung eines flexiblen Ureterorenoskops ist gesondert zu kodieren (1-999.2 ff.)

1-693.0 ↔	Pyeloskopie
1-693.1 ↔	Ureterorenoskopie
1-693.2	Zystoskopie
1-693.x ↔	Sonstige
1-693.y	N.n.bez.

Kapitel 1: Diagnostische Maßnahmen

1-694 **Diagnostische Laparoskopie (Peritoneoskopie)**
Inkl.: Diagnostische Pelviskopie
Diagnostische Laparoskopie mittels eines Ballonsystems
Exkl.: Staging-Laparoskopie (5-401.b)

1-695 **Diagnostische Endoskopie des Verdauungstraktes durch Inzision und intraoperativ**

1-695.0 Magen

1-695.1 Dünndarm

1-695.2 Dickdarm

1-695.4 Gallenwege
.42 Durch Inzision der Gallenwege, der Gallenblase oder über den Zystikusstumpf
.43 Perkutan-transhepatisch mit normalkalibrigem Cholangioskop
Hinw.: Der Außendurchmesser eines normalkalibrigen Cholangioskops beträgt mehr als 4 mm
.44 Perkutan-transhepatisch mit kleinkalibrigem Cholangioskop
Hinw.: Der Außendurchmesser eines kleinkalibrigen Cholangioskops beträgt 4 mm oder weniger

1-695.x Sonstige

1-695.y N.n.bez.

1-696 **Diagnostische Endoskopie des Douglasraumes (Kuldoskopie)**

1-697 **Diagnostische Arthroskopie**
Inkl.: Diagnostische Endoskopie periartikulär
Exkl.: Therapeutische arthroskopische Gelenkspülung (5-810.0 ff., 5-810.1 ff.)
Therapeutische Spülung eines Gelenkes (8-178 ff.)
Hinw.: Die Gelenkspülung im Rahmen der diagnostischen Arthroskopie ist im Kode enthalten

1-697.0 ↔ Kiefergelenk

1-697.1 ↔ Schultergelenk

1-697.2 ↔ Ellenbogengelenk

1-697.3 ↔ Handgelenk

1-697.4 ↔ Thorakales Gelenk

1-697.5 ↔ Gelenk an der Wirbelsäule

1-697.6 ↔ Hüftgelenk

1-697.7 ↔ Kniegelenk

1-697.8 ↔ Oberes Sprunggelenk

1-697.9 ↔ Sonstige Gelenke am Fuß

1-697.a ↔ Fingergelenk

1-697.b ↔ Sonstige Gelenke an der Hand

1-697.x ↔ Sonstige

1-697.y N.n.bez.

1-698 **Diagnostische Endoskopie durch Punktion, Inzision und intraoperativ am Zentralnervensystem**
Inkl.: Bohrlochtrepanation

1-698.0 Intrakranielle diagnostische Endoskopie

1-698.1 Intraspinale diagnostische Endoskopie

1-698.x Sonstige

1-698.y N.n.bez.

1-699 **Andere diagnostische Endoskopie durch Punktion, Inzision und intraoperativ**

1-699.0 Endoskopie der Nasennebenhöhlen

1-699.2 Amnioskopie

1-699.x Sonstige

1-699.y N.n.bez.

Funktionstests
(1-70...1-79)

1-70 Provokationstestung

1-700 Spezifische allergologische Provokationstestung
Inkl.: Kutane, orale, nasale, bronchiale, subkutane oder intravenöse allergologische Provokationstestung
Allergologische Provokationstestung durch Stichprovokation
Hinw.: Die Anwendung dieses Kodes setzt die kontinuierliche ärztliche Überwachung in Notfallbereitschaft voraus

1-71 Pneumologische Funktionsuntersuchungen

1-710 Ganzkörperplethysmographie
Inkl.: Untersuchung mit Applikation pharmakodynamisch wirksamer Substanzen
Hinw.: Spirometrie und Flussvolumenkurve sind im Kode enthalten

1-711 Bestimmung der CO-Diffusionskapazität
Inkl.: Single-breath- und Steady-state-Verfahren

1-712 Spiroergometrie

1-713 Messung der funktionellen Residualkapazität [FRC] mit der Helium-Verdünnungsmethode

1-714 Messung der bronchialen Reaktivität
Inkl.: Untersuchung unter pharmakologischer Belastung, Kaltluft oder Laufbelastung

1-715 Sechs-Minuten-Gehtest nach Guyatt

1-76 Metabolische Funktionsuntersuchung

1-760 Belastungstest mit Substanzen zum Nachweis einer Stoffwechselstörung
Inkl.: Orale Leucin-, Carnitin-, Phenylpropionsäure-, Glukose-, Laktose- oder Fettbelastung
Intravenöse Pyruvatbelastung
Fastentest
Hinw.: Die Anwendung dieses Kodes setzt die kontinuierliche ärztliche Überwachung in Notfallbereitschaft voraus

1-761 Pankreasfunktionstest mit Aspiration von Duodenalsaft über eine Duodenalsonde
Inkl.: Sekretin-Test

1-762 Leberfunktionstest mit intravenöser Applikation eines C13-markierten Substrates
Inkl.: Intravenöse C13-Methacetin-Applikation
Hinw.: Die Anwendung dieses Kodes setzt die kontinuierliche Messung der $13CO_2$-Abatmung über eine Atemmaske direkt am Patienten voraus

1-77 Palliativmedizinische, geriatrische und frührehabilitative Funktionsuntersuchung

1-770 Multidimensionales geriatrisches Screening und Minimalassessment
Exkl.: Standardisiertes geriatrisches Basisassessment (1-771)
Geriatrische frührehabilitative Komplexbehandlung (8-550 ff.)
Hinw.: Hier soll die Kurzform des Basisassessments kodiert werden
Die Anwendung dieses Kodes setzt die Untersuchung von mindestens drei Bereichen (z.B. Mobilität, Selbsthilfefähigkeit und Kognition) voraus, die mit standardisierten Messverfahren untersucht werden

1-771 Standardisiertes geriatrisches Basisassessment (GBA)
Exkl.: Geriatrische frührehabilitative Komplexbehandlung (8-550 ff.)
Hinw.: Die Anwendung dieses Kodes setzt die Untersuchung von mindestens fünf Bereichen (z.B. Mobilität, Selbsthilfefähigkeit, Stimmung, Ernährung, Kontinenz, Kognition und soziale Situation) voraus, die mit standardisierten Messverfahren untersucht werden

Kapitel 1: Diagnostische Maßnahmen

1-773 **Multidimensionales palliativmedizinisches Screening und Minimalassessment**
Exkl.: Standardisiertes palliativmedizinisches Basisassessment (1-774)
Palliativmedizinische Komplexbehandlung (8-982 ff.)
Spezialisierte stationäre palliativmedizinische Komplexbehandlung (8-98e ff.)
Hinw.: Dieser Kode ist nur einmal pro stationären Aufenthalt anzugeben
Hier soll die Kurzform des Basisassessments kodiert werden
Die Anwendung dieses Kodes setzt die Untersuchung von mindestens drei Bereichen der Palliativversorgung (z.B. Schmerzanamnese, Symptomintensität, Lebensqualität, psychosoziale Belastetheit, Alltagskompetenz) voraus, die mit standardisierten Messverfahren untersucht werden

1-774 **Standardisiertes palliativmedizinisches Basisassessment (PBA)**
Exkl.: Palliativmedizinische Komplexbehandlung (8-982 ff.)
Spezialisierte stationäre palliativmedizinische Komplexbehandlung (8-98e ff.)
Spezialisierte palliativmedizinische Komplexbehandlung durch einen Palliativdienst (8-98h ff.)
Hinw.: Dieser Kode ist nur einmal pro stationären Aufenthalt anzugeben
Die Anwendung dieses Kodes setzt die Untersuchung von mindestens fünf Bereichen der Palliativversorgung (z.B. Schmerzanamnese, Symptomintensität, Lebensqualität, Mobilität, Selbsthilfefähigkeit, Stimmung, Ernährung, soziale Situation, psychosoziale Belastetheit, Alltagskompetenz) voraus, die mit standardisierten Messverfahren untersucht werden

1-775 **Frührehabilitationsassessment von Patienten mit Kopf-Hals-Tumoren**
Inkl.: Wiederholte Erhebung einzelner Assessmentbestandteile je nach Zustand des Patienten
Exkl.: Frührehabilitative Komplexbehandlung von Patienten mit Kopf-Hals-Tumoren (8-553 ff.)
Hinw.: Diese Kodes sind nur einmal pro stationären Aufenthalt anzugeben
Die Durchführung der Evaluation des Schluckens mit flexiblem Endoskop (1-613) ist nicht gesondert zu kodieren
Mindestmerkmale:
- Untersuchung durch ein interdisziplinäres Frührehabilitationsteam, qualifiziert für die Rehabilitation von Patienten mit Sprech-, Sprach- und Schluckstörungen bei Kopf-Hals-Tumoren (z.B. bei Tumoren der Mundhöhle, des Epipharynx, des Oropharynx, des Hypopharynx, des Larynx und zervikalem CUP-Syndrom) unter Behandlungsleitung eines Facharztes für Phoniatrie und Pädaudiologie oder eines Facharztes für Hals-Nasen-Ohren-Heilkunde oder eines Facharztes für Mund-, Kiefer- und Gesichtschirurgie mit Erfahrung im Bereich des frührehabilitativen Managements. Zum Frührehabilitationsteam gehören ein Facharzt der Fachrichtung, die den betreffenden Patienten onkologisch betreut, sowie mindestens ein Logopäde oder Sprachtherapeut oder Klinischer Linguist
- Standardisiertes Frührehabilitationsassessment zur Erfassung und Wertung der Funktionsdefizite in mindestens 2 der folgenden 5 Bereiche:
  - Standardisiertes Assessment der Dysphonie: Stroboskopie, Stimmanalyse und ein subjektiver Bewertungsbogen (z.B. VHI)
  - Standardisiertes Assessment der Dysglossie: Morphologisch-funktioneller Organbefund, Sprechanalyse und Lautbestandsprüfung, Überprüfung des Hirnnervenstatus
  - Standardisiertes Assessment der Dysphagie: Fiberendoskopische Schluckuntersuchung (z.B. nach Langmore 2001) oder Videofluoroskopie, die Durchführung erfolgt interdisziplinär durch 2 Untersucher
  - Standardisiertes Screening des Nutritionsstatus: Nutritional Risk Screening (NRS 2002) nach Kondrup
  - Standardisiertes Assessment des Kauens: Zahnärztliches Konsil zur frühzeitigen kaufunktionellen zahnärztlichen Versorgung
- Die Zeiten beinhalten die Vor- und Nachbereitung des Patienten und die Erstellung eines differenzierten standardisierten Befundberichtes zur Entwicklung eines Frührehabilitationskonzeptes

1-775.0 Dauer mindestens 60 bis 90 Minuten

1-775.1 Dauer mehr als 90 Minuten

Kapitel 1: Diagnostische Maßnahmen

1-79 Physiologische Funktionstests

1-790 **Kardiorespiratorische Polysomnographie**
Hinw.: Dauer mindestens 6 Stunden
Obligate Verfahren: Videomonitoring, 2 x EEG, 3 x EMG, 2 x EOG, Schnarchgeräusch, Bestimmung von Körperposition, oro-nasalem Atemfluss, thorakalen und abdominalen Atemexkursionen, EKG und Pulsoxymetrie (mindestens 14 Kanäle)
Fakultative Verfahren: Ösophagusdruckmessung, Bestimmung des transkutanen Sauerstoff-/Kohlendioxid-Partialdruckes, transkranielle Dopplersonographie, Körpertemperaturmessung, Aktographie, Blutdruckmessung, Tumeszenzmessung

1-791 **Kardiorespiratorische Polygraphie**
Hinw.: Dauer mindestens 6 Stunden
Obligate Verfahren: Schnarchgeräusch, Bestimmung von Körperposition, oro-nasalem Atemfluss, thorakalen und abdominalen Atemexkursionen, EKG und Pulsoxymetrie (mindestens 7 Kanäle)
Fakultative Verfahren: Ösophagusdruckmessung, Bestimmung des transkutanen Sauerstoff-/Kohlendioxid-Partialdruckes, Blutdruckmessung

1-795 **Multipler Schlaflatenztest (MSLT)/multipler Wachbleibetest (MWT)**
Hinw.: Dauer mindestens 4 x 20 Minuten, Videomonitoring, 2 x EEG, 1 x EMG, 2 x EOG, EKG, ggf. Bestimmung des oro-nasalen Atemflusses (mindestens 6 Kanäle)

1-797 **Komplexe endokrinologische Funktionsuntersuchung**
Hinw.: Die Anwendung eines Kodes aus diesem Bereich setzt die kontinuierliche ärztliche Überwachung in Notfallbereitschaft oder einen Zeitaufwand von mehr als 6 Stunden voraus

1-797.0 Ohne invasive Katheteruntersuchung
Inkl.: Durstversuch, Insulin-Basalratenermittlung, Insulinhypoglykämietest, Wachstumshormon-Spontansekretion

1-797.1 Mit invasiver Katheteruntersuchung
Inkl.: Endokrinologische Lokalisationsdiagnostik bei hormoneller Exzessproduktion
Radiologische Diagnostik

1-798 **Instrumentelle 3D-Ganganalyse**

1-798.0 Mit Kinematik
Hinw.: Hierbei ist die Erfassung der Gelenkwinkelverläufe der unteren Extremität in allen 3 Ebenen durchzuführen

1-798.1 Mit Kinetik
Hinw.: Hierbei ist die Erfassung von Bodenreaktionskräften zur Bestimmung von Gelenkkraftmomenten und Gelenkleistungen durchzuführen

1-798.2 Mit Elektromyographie
Hinw.: Hierbei ist die dynamische Erfassung der Muskelaktivität von Muskelgruppen der unteren Extremität beim Gehen durch Oberflächen-Elektromyographie durchzuführen

1-798.x Sonstige

1-798.y N.n.bez.

1-799 **Instrumentelle 3D-Funktionsanalyse der Wirbelsäule**

1-799.0 Kurzzeitmessung
Hinw.: Hierbei sollen mindestens Haltung, Dynamik, Bewegungsumfang und Form der Wirbelsäule erfasst werden

1-799.1 Langzeitmessung
Hinw.: Hierbei ist die Erfassung der Wirbelsäulenfunktion über mindestens 12 Stunden erforderlich
Die erforderliche Kurzzeitmessung ist nicht gesondert zu kodieren

1-799.x Sonstige

1-799.y N.n.bez.

1-79a **Ballon-Okklusionstest einer Arterie**
Inkl.: Ballon-Okklusionstest der A. carotis
Hinw.: Die Ultraschalluntersuchung ist im Kode enthalten

Explorative diagnostische Maßnahmen (1-84...1-85)

1-84 Diagnostische Punktion und Aspiration
Exkl.: (Nadel-)Biopsie (1-40 bis 1-49)

1-840 Diagnostische Punktion an Auge und Augenanhangsgebilden
1-840.0 ↔ Vordere Augenkammer
1-840.1 ↔ Glaskörper
1-840.2 ↔ Orbita
1-840.x ↔ Sonstige
1-840.y N.n.bez.

1-841 Diagnostische Punktion und Aspiration eines intrakraniellen Hohlraumes
Exkl.: Diagnostische Liquorpunktion (1-204.3, 1-204.4, 1-204.5)

1-842 Diagnostische Punktion des Perikardes [Perikardiozentese]
Exkl.: Therapeutische perkutane Punktion des Perikardes (8-152.0)

1-843 ↔ Diagnostische Aspiration aus dem Bronchus

1-844 ↔ Diagnostische perkutane Punktion der Pleurahöhle
Exkl.: Therapeutische perkutane Punktion der Pleurahöhle (8-152.1)
Hinw.: Dieser Kode ist nur einmal pro stationären Aufenthalt anzugeben

1-845 Diagnostische perkutane Punktion und Aspiration der Leber
Inkl.: Punktion einer Zyste

1-846 Diagnostische perkutane Punktion von Harnorganen
Inkl.: Punktion einer Zyste
1-846.0 ↔ Niere
1-846.1 ↔ Nierenbecken
1-846.2 ↔ Ureter
1-846.3 Harnblase
1-846.x ↔ Sonstige
1-846.y N.n.bez.

1-847 Diagnostische perkutane Punktion und Aspiration der männlichen Geschlechtsorgane
1-847.0 ↔ Hoden
1-847.1 ↔ Nebenhoden
1-847.2 ↔ Hydrozele
1-847.3 ↔ Spermatozele
1-847.4 Prostata
1-847.5 ↔ Vesiculae seminales
1-847.x ↔ Sonstige
1-847.y N.n.bez.

1-85 Andere diagnostische Punktion und Aspiration

1-850 Diagnostische perkutane Aspiration einer Zyste, n.n.bez.

1-851 ↔ Diagnostische (perkutane) Punktion des Ovars
Inkl.: Punktion einer Zyste

1-852 Diagnostische Amniozentese [Amnionpunktion]
Exkl.: Therapeutische Amniozentese (5-753 ff.)

1-853　Diagnostische (perkutane) Punktion und Aspiration der Bauchhöhle

1-853.0　Parazentese
　　　　　Inkl.:　Diagnostische Peritoneallavage

1-853.1　Douglaspunktion

1-853.2　Aszitespunktion
　　　　　Exkl.:　Therapeutische Aszitespunktion (8-153)
　　　　　Hinw.:　Dieser Kode ist nur einmal pro stationären Aufenthalt anzugeben

1-853.x　Sonstige

1-853.y　N.n.bez.

1-854　Diagnostische perkutane Punktion eines Gelenkes oder Schleimbeutels

1-854.0　↔　Kiefergelenk

1-854.1　↔　Schultergelenk

1-854.2　↔　Ellenbogengelenk

1-854.3　↔　Handgelenk

1-854.4　↔　Thorakales Gelenk

1-854.5　↔　Gelenk an der Wirbelsäule

1-854.6　↔　Hüftgelenk

1-854.7　↔　Kniegelenk

1-854.8　↔　Oberes Sprunggelenk

1-854.9　↔　Sonstige Gelenke am Fuß

1-854.a　　Schleimbeutel

1-854.x　↔　Sonstige

1-854.y　　N.n.bez.

1-859　Andere diagnostische Punktion und Aspiration

1-859.0　Schilddrüse

1-859.1　Pankreas, perkutan
　　　　　Inkl.:　Punktion einer (Pseudo-)Zyste

1-859.x　Sonstige

1-859.y　N.n.bez.

Andere diagnostische Maßnahmen (1-90...1-99)

1-90　Psychosomatische, psychotherapeutische, (neuro-)psychologische, psychosoziale und testpsychologische Untersuchung

1-900　Psychosomatische und psychotherapeutische Diagnostik
　　　　Hinw.:　Ein Kode aus diesem Bereich ist nur für Leistungen anzugeben, die in Einrichtungen im Geltungsbereich des § 17b KHG erbracht wurden

1-900.0　Einfach
　　　　　Hinw.:　Dauer mindestens 60 Minuten

1-900.1　Komplex
　　　　　Hinw.:　Dauer mindestens 3 Stunden

1-901　(Neuro-)psychologische und psychosoziale Diagnostik
　　　　Inkl.:　Psychologische, psychotherapeutische, psychosoziale und neuropsychologische Verfahren zur Erhebung, Indikationsstellung, Verlaufsbeurteilung und Erfolgskontrolle, ggf. Erhebung biographischer Daten
　　　　Hinw.:　Ein Kode aus diesem Bereich ist nur für Leistungen anzugeben, die in Einrichtungen im Geltungsbereich des § 17b KHG erbracht wurden

Kapitel 1: Diagnostische Maßnahmen

1-901.0 Einfach
Hinw.: Dauer mindestens 60 Minuten

1-901.1 Komplex
Hinw.: Dauer mindestens 3 Stunden

1-902 Testpsychologische Diagnostik
Hinw.: Ein Kode aus diesem Bereich ist nur für Leistungen anzugeben, die in Einrichtungen im Geltungsbereich des § 17b KHG erbracht wurden

1-902.0 Einfach
Hinw.: Dauer mindestens 60 Minuten

1-902.1 Komplex
Hinw.: Dauer mindestens 3 Stunden

1-91 Diagnostik bei chronischen Schmerzzuständen

1-910 Multidisziplinäre algesiologische Diagnostik
Hinw.: Mit diesem Kode ist die standardisierte multidisziplinäre (somatische, psychologische und psychosoziale) Diagnostik bei Patienten mit chronischen Schmerzzuständen zu kodieren, die mindestens drei der nachfolgenden Merkmale aufweisen:
- manifeste oder drohende Beeinträchtigung der Lebensqualität und/oder der Arbeitsfähigkeit
- Fehlschlag einer vorherigen unimodalen Schmerztherapie, eines schmerzbedingten operativen Eingriffs oder einer Entzugsbehandlung
- bestehende(r) Medikamentenabhängigkeit oder -fehlgebrauch
- schmerzunterhaltende psychische Begleiterkrankung
- gravierende somatische Begleiterkrankung

Dieser Kode erfordert:
- die Mitarbeit von mindestens zwei Fachdisziplinen (davon eine psychiatrische, psychosomatische oder psychologisch-psychotherapeutische Disziplin)
- eine psychometrische und physische Funktionstestung mit anschließender Teambesprechung zur Erstellung eines Therapieplanes

Die Anwendung dieses Kodes setzt die Zusatzqualifikation Spezielle Schmerztherapie bei der/dem Verantwortlichen voraus

1-911 Erweiterte apparativ-überwachte interventionelle Schmerzdiagnostik mit standardisierter Erfolgskontrolle
Inkl.: Kontrollierte diagnostische Injektion und Infiltration in Organe und Gewebe unter Anwendung eines bildgebenden Verfahrens oder eines Neurostimulators
Testung von Medikamenten zur Schmerzdiagnostik durch systemische oder regionale Applikation
Hinw.: Dieser Kode umfasst die Dokumentation und Auswertung der erwünschten neurophysiologischen und analgetischen sowie der unerwünschten Wirkungen über einen Zeitraum von mindestens 12 Stunden und die daraus resultierende Erstellung eines schriftlichen Behandlungsplanes

1-912 Neurophysiologische apparative Testverfahren zur Schmerzdiagnostik
Inkl.: Apparative Verfahren wie Schmerzschwellenmessung, somatosensorische Testung oder Funktionsmessung am sympathischen Nervensystem
Alle zur Schmerzdiagnostik geeigneten Methoden unter Einsatz funktioneller bildgebender oder elektrophysiologischer Verfahren

1-92 Medizinische Evaluation zur Transplantation

1-920 Medizinische Evaluation und Entscheidung über die Indikation zur Transplantation
Hinw.: Der Zeitpunkt der Aufnahme auf die Warteliste kann auch nach dem stationären Aufenthalt liegen, in dem die vollständige Evaluation durchgeführt wurde

1-920.0 Vollständige Evaluation, ohne Aufnahme eines Patienten auf eine Warteliste zur Organtransplantation
.00 Nierentransplantation
.01 Herztransplantation
.02 Lungentransplantation
.03 Herz-Lungen-Transplantation
.04 Lebertransplantation
.05 Pankreastransplantation
.06 Dünndarmtransplantation

Kapitel 1: Diagnostische Maßnahmen

1-920.1 Teilweise Evaluation, ohne Aufnahme eines Patienten auf eine Warteliste zur Organtransplantation
Inkl.: Abbruch der Evaluation
.10 Nierentransplantation
.11 Herztransplantation
.12 Lungentransplantation
.13 Herz-Lungen-Transplantation
.14 Lebertransplantation
.15 Pankreastransplantation
.16 Dünndarmtransplantation

1-920.2 Vollständige Evaluation, mit Aufnahme eines Patienten auf eine Warteliste zur Organtransplantation
Hinw.: Ein Kode aus diesem Bereich darf pro geplanter Transplantation nur einmal angegeben werden
.20 Nierentransplantation
.21 Herztransplantation
.22 Lungentransplantation
.23 Herz-Lungen-Transplantation
.24 Lebertransplantation
.25 Pankreastransplantation
.26 Dünndarmtransplantation

1-920.3 Re-Evaluation, mit Aufnahme oder Verbleib eines Patienten auf eine(r) Warteliste zur Organtransplantation
.30 Nierentransplantation
.31 Herztransplantation
.32 Lungentransplantation
.33 Herz-Lungen-Transplantation
.34 Lebertransplantation
.35 Pankreastransplantation
.36 Dünndarmtransplantation

1-920.4 Re-Evaluation, mit Herausnahme eines Patienten aus einer Warteliste zur Organtransplantation
.40 Nierentransplantation
.41 Herztransplantation
.42 Lungentransplantation
.43 Herz-Lungen-Transplantation
.44 Lebertransplantation
.45 Pankreastransplantation
.46 Dünndarmtransplantation

1-920.x Sonstige

1-93 Infektiologisches Monitoring

1-930 **Infektiologisches Monitoring**

1-930.0 Infektiologisch-mikrobiologisches Monitoring bei Immunsuppression
Inkl.: Patienten mit Immunkompromittierung
Hinw.: Monitoring auf Infektionen (z.B. durch M. tuberculosis, nicht tuberkulöse Mykobakterien, Mykoplasmen, Legionellen, Zytomegalie-Virus, Herpes-simplex-Virus, Varicella-Zoster-Virus, Chlamydia pneumoniae, Pneumocystis carinii (jirove-ci), Toxoplasma gondii, Aspergillus und andere Fadenpilze sowie Candida) mit speziellen Methoden (Nukleinsäurenachweis, Antigennachweis, Spezialkulturen) bei Immunsuppression
Das infektiologisch-mikrobiologische Monitoring beinhaltet immer die Untersuchung mehrerer Erreger

1-930.1 Quantitative Virus-Nukleinsäurebestimmung

1-930.3 Bestimmung der HI-Viruslast zur Verlaufsbeurteilung

1-930.4 Genotypische oder phänotypische Resistenzbestimmung von Viren (HI-Viren oder Hepatitis-B-Virus) gegen antiretrovirale Substanzen

Kapitel 1: Diagnostische Maßnahmen

1-94 Komplexe Diagnostik

1-940 **Komplexe Diagnostik bei hämatologischen und onkologischen Erkrankungen bei Kindern und Jugendlichen**
Hinw.: Mindestmerkmale:
- Umfassende Diagnostik im Rahmen der Initial- und Verlaufsdiagnostik einer Erkrankung aus Kapitel II bzw. III der ICD-10-GM
- Alle nachfolgenden Leistungen müssen im Rahmen desselben stationären Aufenthaltes erbracht werden
- Es müssen mindestens eine Untersuchung aus den Bereichen Knochenmarkpunktion, Histologie mit immunhistologischen Spezialfärbungen und Referenzbegutachtung und mindestens drei Untersuchungen mit mindestens zwei der folgenden Verfahren Magnetresonanztomographie [MRT], Positronenemissionstomographie [PET], Computertomographie [CT] und Szintigraphie (außer szintigraphische Teiluntersuchung) erbracht werden. Bei zwei Untersuchungen mit demselben Verfahren (z.B. CT) muss es sich um unterschiedliche Untersuchungsorte handeln
- Dieser Kode ist nur für Patienten mit einem Alter von unter 19 Jahren anzugeben

1-941 **Komplexe Diagnostik bei Leukämien**
Hinw.: Mindestmerkmale:
- Umfassende Diagnostik im Rahmen der Initial- bzw. Rezidivdiagnostik einer Erkrankung aus den Kategorien C90 - C95 und D46 der ICD-10-GM

1-941.0 Komplexe Diagnostik ohne HLA-Typisierung
Hinw.: Mindestmerkmale: Alle nachfolgenden Leistungen müssen im Rahmen desselben stationären Aufenthaltes erbracht werden:
- Knochenmarkpunktion/Knochenmarkaspiration
- Durchführung folgender Zusatzuntersuchungen: Morphologische Beurteilung, Immunphänotypisierung/FACS-Analyse [Fluorescence-activated cell sorting], klassische Zytogenetik, mindestens ein molekularbiologisches Verfahren (z.B. FISH, PCR, Array)

1-941.1 Komplexe Diagnostik mit HLA-Typisierung
Hinw.: Mindestmerkmale: Alle nachfolgenden Leistungen müssen im Rahmen desselben stationären Aufenthaltes erbracht werden:
- Knochenmarkpunktion/Knochenmarkaspiration
- Durchführung folgender Zusatzuntersuchungen: Morphologische Beurteilung, Immunphänotypisierung/FACS-Analyse [Fluorescence-activated cell sorting], klassische Zytogenetik, mindestens ein molekularbiologisches Verfahren (z.B. FISH, PCR, Array)
- Hochauflösende HLA-Typisierung mit Bestimmung von HLA-A, HLA-B, HLA-C, HLA-DR, HLA-DQ

1-942 **Komplexe neuropädiatrische Diagnostik**
Hinw.: Alle nachfolgenden Leistungen müssen im Rahmen desselben stationären Aufenthaltes erbracht werden
Die Kodes sind nur für Patienten bis zur Vollendung des 18. Lebensjahres anzugeben
Alle im OPS einzeln kodierbaren diagnostischen Maßnahmen sind gesondert zu kodieren (z.B. EEG, Muskel-, Nerv- oder Hautbiopsie)
Mindestmerkmale:
- Kranielle Magnetresonanztomographie in Sedierung oder i.v.-Anästhesie
- Lumbalpunktion mit mindestens folgenden Untersuchungen: Zytologie, Mikrobiologie, Liquorkultur, Nachweis von Gesamteiweiß und Glukose im Liquor
- Neurophysiologische Diagnostik (mindestens EEG)

1-942.0 Ohne weitere Maßnahmen

1-942.1 Mit neurometabolischer Labordiagnostik und/oder infektiologischer/autoimmunentzündlicher Labordiagnostik
Hinw.: Zur neurometabolischen Labordiagnostik gehören z.B. die Bestimmung von organischen Säuren, Aminosäuren, Acyl-Carnitine, ultralangkettige Fettsäuren, Guanidinoacetat, Oligosaccharide, Mukopolysaccharide, Neurotransmitter, Abklärung der angeborenen Störung der Glykosylierung
Zur infektiologischen/autoimmunentzündlichen Labordiagnostik gehören z.B. die Untersuchung auf oligoklonale Banden, Zytomegalievirus, Toxoplasmose, Herpes-simplex-Virus, Rubella, Varizella-zoster-Virus, Lues
Es müssen insgesamt mindestens 3 dieser Untersuchungen erfolgen

Kapitel 1: Diagnostische Maßnahmen

1-942.2 Mit erweiterter genetischer Diagnostik
Hinw.: Zur erweiterten genetischen Diagnostik gehören die Untersuchungen zur Abklärung mindestens einer Verdachtsdiagnose wie z.B. DiGeorge-Syndrom, Rett-Syndrom, Angelmann-Syndrom, Fragiles-X-Syndrom, spinale Muskelatrophie, myotone Dystrophie, Mutation des SCN1A-Gens, Prader-Willi-Syndrom, sonstige Mikrodeletionssyndrome

1-942.3 Mit neurometabolischer Labordiagnostik und/oder infektiologischer/autoimmunentzündlicher Labordiagnostik und erweiterter genetischer Diagnostik
Hinw.: Es müssen die Bedingungen von Kode 1-942.1 und von Kode 1-942.2 erfüllt sein

1-943 Komplexe Diagnostik bei Verdacht auf Lungenerkrankungen bei Kindern und Jugendlichen
Hinw.: Alle nachfolgenden Leistungen müssen im Rahmen desselben stationären Aufenthaltes erbracht werden
Die Kodes sind nur für Patienten bis zur Vollendung des 18. Lebensjahres anzugeben
Sedierungen und Anästhesien bei Untersuchungen, die gewöhnlich ohne Sedierung oder Anästhesie durchgeführt werden, sind gesondert zu kodieren (8-90)
Alle im OPS einzeln kodierbaren diagnostischen Maßnahmen sind gesondert zu kodieren (z.B. Lungenbiopsie, Bronchoskopie)
Mindestmerkmale:
• Bronchoskopie
• Bronchoalveoläre Lavage mit Mikrobiologie und Virologie (z.B. Polymerase-Kettenreaktion [PCR] oder Antigen-Nachweis) sowie Zytologie oder Histologie
• Kontinuierliche Messung der Sauerstoffsättigung über mindestens 12 Stunden
• Lungenphysiologische Diagnostik in Abhängigkeit vom Alter des Kindes (z.B. durch Impulsoszillometrie oder durch Ganzkörperplethysmographie und Fluß-Volumen-Kurve)

1-943.0 Ohne weitere Maßnahmen

1-943.1 Mit Lungenbiopsie mit Immunhistochemie oder Elektronenmikroskopie

1-943.2 Mit hochauflösender oder Spiral-Computertomographie

1-943.3 Mit Lungenbiopsie mit Immmunhistochemie oder Elektronenmikroskopie und mit hochauflösender oder Spiral-Computertomographie

1-944 Basisdiagnostik bei unklarem Symptomkomplex bei Neugeborenen und Säuglingen
Hinw.: Alle nachfolgenden Leistungen müssen im Rahmen desselben stationären Aufenthaltes erbracht werden
Sedierungen und Anästhesien bei Untersuchungen, die gewöhnlich ohne Sedierung oder Anästhesie durchgeführt werden, sind gesondert zu kodieren (8-90)
Alle im OPS einzeln kodierbaren diagnostischen Maßnahmen sind gesondert zu kodieren (z.B. EEG, Muskel-, Nerv- oder Hautbiopsie)
Mindestmerkmale:
• Ein ausführliches Konsil von jeweils mindestens 30 Minuten von mindestens 3 Fachdisziplinen (z.B. Humangenetik, Kinderradiologie, Pathologie, Neuropädiatrie, Kinder-Endokrinologie und Diabetologie, Kinderchirurgie, Kinderkardiologie, HNO-Heilkunde, Mund-Kiefer-Gesichtschirurgie, Gynäkologie, Kinder-Orthopädie)
Durchführung von mindestens 4 Untersuchungen aus mindestens 2 der folgenden Bereiche:
• Infektiologische, endokrinologische oder metabolische Untersuchungen inklusive Funktionstests (außer Astrup, Routine-Neugeborenenscreening)
• Stoffwechseldiagnostik (z.B. Bestimmungen von oder mit Enzymen, (Tandem-) Massenspektrometrie, Gaschromatographie, Hochdruck-Flüssigkeitschromatographie, Gelchromatographie oder Dünnschichtchromatographie)
• Röntgenkontrast-, CT- oder MRT-Untersuchung
• Lumbalpunktion mit Zytologie, Mikrobiologie und Serologie und/oder Polymerase-Kettenreaktion [PCR]
• Neuro- oder kardiophysiologische Diagnostik (mindestens EEG oder EKG)
• Organpunktion oder -biopsie mit histopathologischer oder molekulargenetischer Untersuchung (z.B. Nieren-, Leber-, Hirn- oder gastrointestinale Biopsie)

1-944.0 Ohne weitere Maßnahmen

1-944.1 Mit erweiterter molekulargenetischer Diagnostik
Hinw.: Zur erweiterten molekulargenetischer Diagnostik gehören die Untersuchungen zur Abklärung mindestens einer Verdachtsdiagnose auf genetisch verursachte Erkrankungen wie z.B. DiGeorge-Syndrom, Rett-Syndrom, Angelmann-Syndrom, Fragiles-X-Syndrom, spinale Muskelatrophie, myotone Dystrophie, Mutation des SCN1A-Gens, Prader-Willi-Syndrom, sonstige Mikrodeletionssyndrome

Kapitel 1: Diagnostische Maßnahmen

1-944.2   Mit Chromosomenanalyse (Zytogenetische Diagnostik)
          Hinw.: Zur zytogenetischen Diagnostik (Chromosomenanalyse) gehören die Untersuchungen zur Abklärung mindestens einer Verdachtsdiagnose wie z.b. Down-Syndrom

1-944.3   Mit erweiterter molekulargenetischer Diagnostik und Chromosomenanalyse (Zytogenetische Diagnostik)

1-945   Diagnostik bei Verdacht auf Gefährdung von Kindeswohl und Kindergesundheit
          Hinw.: Mit diesem Kode ist die standardisierte und multiprofessionelle (somatische, psychologische und psychosoziale) Diagnostik bei Verdacht auf Kindesmisshandlung, -missbrauch und -vernachlässigung sowie bei Münchhausen-Stellvertreter-Syndrom [Münchhausen syndrome by proxy] zu kodieren
          Alle nachfolgenden Leistungen müssen im Rahmen desselben stationären Aufenthaltes erbracht werden
          Die Kodes sind nur für Patienten bis zur Vollendung des 18. Lebensjahres anzugeben
          Mindestmerkmale:
          • Multiprofessionelles Team (Ärzte, Sozialarbeiter, Psychologen, Fachkräfte für Gesundheits- und Kinderkrankenpflege) unter Leitung eines Facharztes (Facharzt für Kinder- und Jugendmedizin, Kinderchirurgie oder Kinder- und Jugendpsychiatrie)
          • Mehrdimensionale Diagnostik von jeweils mindestens 30 Minuten in mindestens 3 Disziplinen wie Kinder- und Jugendmedizin, Kinderchirurgie, Kinderradiologie, Kinder- und Jugendpsychiatrie, Psychologie und Sozialdienst bzw. solchen mit Expertise für Kinderschutz und/oder für Patienten des Kindes- und Jugendalters (z.B. Rechtsmedizin, Chirurgie, Radiologie, Psychiatrie und Psychotherapie, Gynäkologie, Neurologie und Neurochirurgie, Ophthalmologie, Zahnmedizin und Mund-, Kiefer-, Gesichtschirurgie). Es werden im diagnostischen Einzelkontakt durch die oben genannten Berufsgruppen alle folgenden Leistungen erbracht:
            • Ausführliche ärztliche oder psychologische diagnostische Gespräche (biographische Anamnese, soziale Anamnese, Familienanamnese)
            • Verhaltens- und Interaktionsbeobachtung
            • Strukturierte Befunderhebung und Befunddokumentation unter Verwendung spezifischer Anamnese- und Befundbögen
          • Durchführung von mindestens einer Fallbesprechung mit mindestens 3 Fachdisziplinen zusammen mit einer Fachkraft für Gesundheits- und Kinderkrankenpflege mit Dokumentation
          • Ggf. Kontaktaufnahme mit der Jugendhilfe

1-945.0   Ohne weitere Maßnahmen

1-945.1   Mit Durchführung von mindestens einer spezifisch protokollierten Fallkonferenz
          Hinw.: Die Fallkonferenz findet unter Mitwirkung der einbezogenen Fachdisziplinen sowie einem Vertreter der Jugendhilfe und zumeist der Eltern/Sorgeberechtigten mit einer Dauer von mindestens 30 Minuten und mit Erstellung eines Therapie- und Hilfeplanes statt

1-99   Andere diagnostische Maßnahmen

1-990   Ex-vivo-Zellkultursystem zur prätherapeutischen Chemosensibilitätstestung
          Inkl.: Testung von bis zu 7 Medikamenten
          Hinw.: Bei Testung von mehr als 7 Medikamenten ist der jeweilige Kode erneut anzugeben

1-990.0   Durch Analyse der genomischen DNA-Synthese

1-990.1   Durch Analyse von Parametern des Metabolismus
          Inkl.: ATP-Gehalt oder Aktivität der Atmungskette mit Farbstoffen

1-990.2   Durch Analyse von Parametern der Apoptose
          Inkl.: Anfärben toter oder apoptotischer Zellen oder Messung der Caspasenaktivität

1-990.x   Sonstige

1-991   Molekulares Monitoring der Resttumorlast [MRD]

1-991.0   Molekulargenetische Identifikation und Herstellung von patientenspezifischen Markern für die Bestimmung der Resttumorlast (Minimal Residual Diseases (MRD))
          Inkl.: PCR- und Sequenzanalyse zur Markeridentifikation
                  Sensitivitäts- und Spezifitätstestung
          Hinw.: Dieser Kode ist nur einmal pro stationären Aufenthalt anzugeben

1-991.1 Patientenspezifische molekulargenetische Quantifizierung der Resttumorlast (MRD-Monitoring)
Hinw.: Es sind mindestens 2 quantitative Polymerasekettenreaktionen (PCR) pro Untersuchung der Resttumorlast durchzuführen

1-992 Durchführung von Genmutationsanalysen und Genexpressionsanalysen bei soliden bösartigen Neubildungen
Inkl.: Analysen zur Prognosebestimmung und zur Therapieplanung und -steuerung bei einem malignen Tumor, z.b. PCR- und Sequenzanalyse, FISH, Immunhistochemische Analyse (ICA)
Exkl.: Komplexe neuropädiatrische Diagnostik mit erweiterter genetischer Diagnostik (1-942.2) Basisdiagnostik bei unklarem Symptomkomplex bei Neugeborenen und Säuglingen mit erweiterter genetischer Diagnostik (1-944.1)
Hinw.: Ein Kode aus diesem Bereich ist jeweils nur einmal pro stationären Aufenthalt anzugeben

1-992.0 Analyse von 1 bis 2 genetischen Alterationen
1-992.2 Analyse von 3 bis 12 genetischen Alterationen
1-992.3 Analyse von 13 oder mehr genetischen Alterationen

1-993 Automatisierte Anreicherung mit immunzytochemischer Detektion zirkulierender Tumorzellen [CTC]

1-994 In-vitro-Bestimmung des Genexpressionsprofils mittels RNA aus Monozyten des peripheren Blutes bei Zustand nach Transplantation

1-999 Zusatzinformationen zu diagnostischen Maßnahmen
Hinw.: Die folgenden Positionen sind ausschließlich zur Kodierung von Zusatzinformationen zu diagnostischen Maßnahmen zu benutzen, sofern sie nicht schon im Kode selbst enthalten sind. Sie dürfen nicht als selbständige Kodes benutzt werden und sind nur im Sinne einer Zusatzkodierung zulässig

1-999.0 Anwendung eines bronchopulmonalen elektromagnetischen Navigationssystems
Inkl.: Verwendung eines steuerbaren Katheters

1-999.1 Fluoreszenzgestützte diagnostische Verfahren

1-999.2 Diagnostische Anwendung eines flexiblen Ureterorenoskops
.20 Einmal-Ureterorenoskop
.2x Sonstige

Kapitel 3:

Bildgebende Diagnostik

Ultraschalluntersuchungen
(3-03...3-05)

Hinw.: Die Anwendung von 3D/4D-Technik und die intraoperative Anwendung der Verfahren sind gesondert zu kodieren (3-99)
Die mittels Ultraschalltechnik durchgeführten Prozeduren sind im jeweiligen Kapitel gesondert zu kodieren (z.b. Drainage, Biopsien, Punktionen ...)
Die zusätzliche quantitative Bestimmung von Parametern ist gesondert zu kodieren (3-993)

3-03 **Komplexe differenzialdiagnostische Sonographie mit digitaler Bild- und Videodokumentation**
Hinw.: Der untersuchende Arzt muss Facharzt im jeweiligen Fachgebiet sein

3-030 Komplexe differenzialdiagnostische Sonographie mit Kontrastmittel
Exkl.: Stress-Echokardiographie mit Kontrastmittel (3-031)
Hinw.: Die Durchführung der Kontrastmittel-Sonographie setzt eine vorher durchgeführte Farbdopplersonographie voraus

3-031 Komplexe differenzialdiagnostische transthorakale Stress-Echokardiographie
Inkl.: Ergometrische und pharmakologische Stress-Echokardiographie
Stress-Echokardiographie mit Kontrastmittel

3-032 Komplexe sonographische Erkrankungs- und Fehlbildungsdiagnostik bei Feten
Hinw.: Die Anwendung dieses Kodes setzt das Vorhandensein eines auffälligen Befundes nach Routinediagnostik voraus

3-033 **Komplexe differenzialdiagnostische Sonographie bei Neugeborenen und Kleinkindern**
3-033.0 Sonographie des Körperstammes
Hinw.: Die Anwendung dieses Kodes setzt den Einsatz der Farbdopplersonographie voraus
Die Anwendung dieses Kodes setzt die Untersuchung von mindestens 4 Organen (z.B. Leber, Milz, Pankreas, Gallenwege, Nieren oder Herz) voraus. Die regionalen Lymphknotenstationen gehören zum jeweiligen Organ dazu

3-034 **Komplexe differenzialdiagnostische Sonographie mittels Tissue Doppler Imaging [TDI] und Verformungsanalysen von Gewebe [Speckle Tracking]**
Inkl.: Elastographie von parenchymatösen Organen und Tumoren
High-End-Echokardiographie

3-035 **Komplexe differenzialdiagnostische Sonographie des Gefäßsystems mit quantitativer Auswertung**
Inkl.: B-Flow-Verfahren, Farbdopplersonographie/Farbduplexsonographie, fetomaternale Dopplersonographie

3-036 **Komplexe differenzialdiagnostische Sonographie bei Weichteiltumoren mit quantitativer Vermessung**
Inkl.: Farbdopplersonographie, Sonographie zur postinterventionellen Kontrolle
Hinw.: Die Untersuchung der regionalen Lymphknotenstationen ist für die Anwendung des Kodes zwingend erforderlich

3-05 **Endosonographie**
Inkl.: Duplexsonographie
Hinw.: Es ist das Zielorgan der Untersuchung zu kodieren

3-050 Endosonographie von Mundhöhle und Hypopharynx
3-051 Endosonographie des Ösophagus

3-052	**Transösophageale Echokardiographie [TEE]** *Inkl.:* Untersuchung der großen Gefäße
3-053	**Endosonographie des Magens**
3-054	**Endosonographie des Duodenums**
3-055	**Endosonographie der Gallenwege**
3-056	**Endosonographie des Pankreas**
3-057	**Endosonographie des Kolons**
3-058	**Endosonographie des Rektums**
3-059	**Endosonographie der Bauchhöhle [Laparoskopische Sonographie]**
3-05a	**Endosonographie des Retroperitonealraumes** *Inkl.:* Untersuchung der Nebennieren
3-05b	**Endosonographie der Harnblase und der Urethra**
3-05b.0	Transrektal
3-05b.1	Transurethral
3-05c	**Endosonographie der männlichen Geschlechtsorgane**
3-05c.0	Transrektal
3-05c.1	Transurethral
3-05d	**Endosonographie der weiblichen Geschlechtsorgane**
3-05e	**Endosonographie der Blutgefäße** *Hinw.:* Für die Zuordnung einzelner Gefäße zu den Gruppen siehe auch Liste der Gefäße vor 5-38
3-05e.0 ↔	Gefäße Schulter und Oberarm
3-05e.1 ↔	Gefäße Unterarm
3-05e.2	Aorta
3-05e.3	V. cava
3-05e.4 ↔	Andere Gefäße abdominal und pelvin
3-05e.5	Gefäße viszeral
3-05e.6 ↔	Gefäße Oberschenkel
3-05e.7 ↔	Gefäße Unterschenkel
3-05e.x ↔	Sonstige
3-05f	**Transbronchiale Endosonographie**
3-05g	**Endosonographie des Herzens**
3-05g.0	Intravaskulärer Ultraschall der Koronargefäße [IVUS]
3-05g.1	Intrakoronare Flussmessung
3-05g.2	Intrakardiale Echokardiographie [ICE] *Inkl.:* Flussmessung
3-05g.x	Sonstige
3-05x	**Andere Endosonographie**

Kapitel 3: Bildgebende Diagnostik

Projektionsradiographie
(3-10...3-13)

Hinw.: Die Basisverfahren der Projektionsradiographie sind nicht zu kodieren
Die Anwendung von 3D/4D-Technik und die intraoperative Anwendung der Verfahren sind gesondert zu kodieren (3-99)
Die zusätzliche quantitative Bestimmung von Parametern ist gesondert zu kodieren (3-993)

3-10 Projektionsradiographie mit Spezialverfahren

3-100	Mammographie
3-100.0	Eine oder mehr Ebenen
3-100.1	Präparatradiographie

3-13 Projektionsradiographie mit Kontrastmittelverfahren

Exkl.: Endoskopisch-retrograde Cholangiographie [ERC] (1-640)
Endoskopisch-retrograde Pankreatikographie [ERP] (1-641)
Endoskopisch-retrograde Cholangiopankreatikographie [ERCP] (1-642)

3-130	Myelographie
3-131	Diskographie
3-134	Pharyngographie
3-135	Bronchographie
3-136	Galaktographie
3-137	Ösophagographie
3-138	Gastrographie
3-139	Isolierte Dünndarmdarstellung [Enteroklysma]
3-13a	Kolonkontrastuntersuchung
3-13b	Magen-Darm-Passage (fraktioniert)
3-13c	Cholangiographie
3-13c.0	Intravenös
3-13c.1	Perkutan-transhepatisch [PTC]
3-13c.2	Über T-Drainage
	Exkl.: Intraoperative Cholangiographie über T-Drainage (3-13c.3)
3-13c.3	Durch Zugang im Rahmen einer Laparotomie oder Laparoskopie
	Inkl.: Intraoperative Cholangiographie über T-Drainage
3-13d	**Urographie**
3-13d.0	Intravenös
3-13d.5 ↔	Retrograd
3-13d.6 ↔	Perkutan
3-13e	Miktionszystourethrographie
3-13f	Zystographie
3-13g	Urethrographie
3-13h	Hysterosalpingographie
3-13j	Vasovesikulographie
3-13k	Arthrographie
3-13m	Fistulographie
3-13n	Sinugraphie
3-13p	Projektionsradiographie der Leber mit Kontrastmittel
3-13x	Andere Projektionsradiographie mit Kontrastmittelverfahren

Kapitel 3: Bildgebende Diagnostik

Computertomographie (CT)
(3-20...3-26)

Hinw.: Die Anwendung von 3D/4D-Technik und die intraoperative Anwendung der Verfahren sind gesondert zu kodieren (3-99)
Die zusätzliche quantitative Bestimmung von Parametern ist gesondert zu kodieren (3-993)
Die virtuelle 3D-Rekonstruktionstechnik ist gesondert zu kodieren (3-994)
Die Anwendung eines 3D-Bildwandlers ist gesondert zu kodieren (3-996)

3-20 Computertomographie (CT), nativ
Hinw.: Eine durchgeführte Biopsie ist gesondert zu kodieren (1-40 bis 1-49)

3-200 **Native Computertomographie des Schädels**
Inkl.: Kraniozervikaler Übergang

3-201 **Native Computertomographie des Halses**

3-202 **Native Computertomographie des Thorax**

3-203 **Native Computertomographie von Wirbelsäule und Rückenmark**

3-204 **Native Computertomographie des Herzens**

3-205 **Native Computertomographie des Muskel-Skelett-Systems**
Inkl.: Gelenke

3-206 **Native Computertomographie des Beckens**

3-207 **Native Computertomographie des Abdomens**

3-208 **Native Computertomographie der peripheren Gefäße**

3-20x **Andere native Computertomographie**

3-22 Computertomographie (CT) mit Kontrastmittel
Hinw.: Eine durchgeführte Biopsie ist gesondert zu kodieren (1-40 bis 1-49)
Die in gleicher Sitzung durchgeführte native Computertomographie ist im Kode enthalten

3-220 **Computertomographie des Schädels mit Kontrastmittel**
Inkl.: Kraniozervikaler Übergang

3-221 **Computertomographie des Halses mit Kontrastmittel**

3-222 **Computertomographie des Thorax mit Kontrastmittel**
Inkl.: Computertomographie der A. pulmonalis mit Kontrastmittel

3-223 **Computertomographie von Wirbelsäule und Rückenmark mit Kontrastmittel**

3-224 **Computertomographie des Herzens mit Kontrastmittel**

3-224.0 In Ruhe

3-224.1 Unter physischer Belastung

3-224.2 Unter pharmakologischer Belastung

3-224.3 CT-Koronarangiographie
Hinw.: Diese Kodes setzen die Durchführung der CT-Koronarangiographie mindestens mit einem 64-Schicht-Multidetektorgerät voraus
.30 Ohne Bestimmung der fraktionellen myokardialen Flussreserve [FFRmyo]
.31 Mit Bestimmung der fraktionellen myokardialen Flussreserve [FFRmyo]

3-224.x Sonstige

3-225 **Computertomographie des Abdomens mit Kontrastmittel**

3-226 **Computertomographie des Beckens mit Kontrastmittel**

3-227 **Computertomographie des Muskel-Skelett-Systems mit Kontrastmittel**
Inkl.: Gelenke

3-228 **Computertomographie der peripheren Gefäße mit Kontrastmittel**

3-22x **Andere Computertomographie mit Kontrastmittel**

Kapitel 3: Bildgebende Diagnostik

3-24 Computertomographie (CT), Spezialverfahren
3-240   CT-Ventrikulographie
3-241   CT-Myelographie
3-24x   Andere Computertomographie-Spezialverfahren

3-26 Elektronenstrahltomographie (EBT)
3-260   Elektronenstrahltomographie des Gehirns
3-261   Elektronenstrahltomographie des Herzens
3-262   Elektronenstrahltomographie der peripheren Gefäße
3-26x   Andere Elektronenstrahltomographie

Optische Verfahren (3-30...3-31)

3-30 Optische laserbasierte Verfahren
3-300   Optische Kohärenztomographie [OCT]
3-300.0 ↔ Retina
3-300.1   Koronargefäße
3-300.2   Haut
3-300.3   Periphere Gefäße
3-300.x   Sonstige
3-300.y   N.n.bez.

3-301   Konfokale Mikroskopie
3-301.0   Verdauungstrakt, endoskopisch
    Inkl.: Konfokale Mikroskopie der Papilla duodeni major
3-301.1 ↔ Auge
    Inkl.: Konfokale Hornhautmikroskopie
3-301.2   Haut
    Inkl.: Endothelmikroskopie
3-301.x   Sonstige
3-301.y   N.n.bez.

3-302   3D-Oberflächenvermessung durch Laserscanning

3-30x   Andere laserbasierte Verfahren mit digitaler Bildverarbeitung

3-31 Andere optische Verfahren
3-310   Optische foto- und videogestützte Verfahren zur metrischen Form- und Oberflächendarstellung
    Inkl.: Streifenlichtscan zur metrischen Form- und Oberflächendarstellung
            3D-Oberflächenvermessung des Schädels durch Photogrammetrie
    Exkl.: Zahnmedizinische Abformmethoden

Darstellung des Gefäßsystems
(3-60...3-69)

3-60 Arteriographie
Inkl.: Digitale Subtraktionsangiographie
Exkl.: Koronarangiographie (1-275 ff.)
Ventrikulographie (1-276.2 ff.)

3-600	Arteriographie der intrakraniellen Gefäße
3-601	Arteriographie der Gefäße des Halses
	Inkl.: Extrakranielle hirnversorgende Gefäße
3-602	Arteriographie des Aortenbogens
3-603	Arteriographie der thorakalen Gefäße
3-604	Arteriographie der Gefäße des Abdomens
	Inkl.: Viszerale Gefäße, indirekte Splenoportographie
3-605	Arteriographie der Gefäße des Beckens
3-606 ↔	Arteriographie der Gefäße der oberen Extremitäten
3-607 ↔	Arteriographie der Gefäße der unteren Extremitäten
3-608	Superselektive Arteriographie
3-60a	Arteriographie der Rückenmarkgefäße (Spinale Arteriographie)
3-60x	Andere Arteriographie

3-61 Phlebographie
Inkl.: Digitale Subtraktionsangiographie

3-610	Phlebographie der intrakraniellen Gefäße
3-611	Phlebographie der Gefäße von Hals und Thorax
3-611.0	Obere Hohlvene
3-611.1	Pulmonalvenen
3-611.2	Koronarsinusvenen
3-611.x	Sonstige
3-612	Phlebographie der Gefäße von Abdomen und Becken
3-612.0	Untere Hohlvene
3-612.1	Nierenvene
3-612.2	Milzvene
3-612.3	Mesenterialvenen
3-612.4	Iliakalvenen
3-612.5	Pfortader
3-612.x	Sonstige
3-613 ↔	Phlebographie der Gefäße einer Extremität
3-614 ↔	Phlebographie der Gefäße einer Extremität mit Darstellung des Abflussbereiches
	Hinw.: Ergänzend zu den tiefen Venen am Arm Darstellung der V. subclavia, V. anonyma und V. cava superior sowie zu den tiefen Venen am Bein Darstellung der V. iliaca externa, V. iliaca communis und V. cava inferior
3-615	Kavernosographie
3-61x	Andere Phlebographie

3-62 Lymphographie

3-620	Lymphographie einer Extremität
3-621	Lymphographie von zwei Extremitäten

3-62x　　Andere Lymphographie

3-69　Andere Darstellung des Gefäßsystems
3-690 ↔　Angiographie am Auge

Nuklearmedizinische diagnostische Verfahren (3-70...3-76)

Hinw.: Die Anwendung von 3D/4D-Technik und die intraoperative Anwendung der Verfahren sind gesondert zu kodieren (3-99)
Die zusätzliche quantitative Bestimmung von Parametern ist gesondert zu kodieren (3-993)
Die Dosimetrie zur Therapieplanung ist gesondert zu kodieren (3-995)

3-70　Szintigraphie

3-700	Szintigraphie von Gehirn und Liquorräumen
3-701	Szintigraphie der Schilddrüse
3-702	**Szintigraphie anderer endokriner Organe**
3-702.0	Nebenschilddrüse
3-702.1	Nebenniere
3-702.x	Sonstige
3-703	**Szintigraphie der Lunge**
3-703.0	Perfusionsszintigraphie
3-703.1	Ventilationsszintigraphie
3-703.2	Perfusions- und Ventilationsszintigraphie
3-704	**Radionuklidventrikulographie des Herzens**

Exkl.: Myokardszintigraphie (3-721 ff.)

3-704.0	Radionuklidventrikulographie in Ruhe
3-704.1	Radionuklidventrikulographie unter physischer Belastung
3-704.2	Radionuklidventrikulographie unter pharmakologischer Belastung
3-704.x	Sonstige
3-705	**Szintigraphie des Muskel-Skelett-Systems**

Hinw.: Die Ein-Phasen-Szintigraphie ist die Szintigraphie in der Spät- bzw. Knochenphase
Die Mehr-Phasen-Szintigraphie besteht aus der statischen Szintigraphie in der Frühphase, ggf. mit Perfusionsszintigraphie, und der Szintigraphie in der Spätphase

3-705.0	Ein-Phasen-Szintigraphie
3-705.1	Mehr-Phasen-Szintigraphie
3-706	**Szintigraphie der Nieren**
3-706.0	Statisch
3-706.1	Dynamisch

Inkl.: Clearancebestimmung, Diuresestimulation und ggf. Refluxprüfung

3-707	**Szintigraphie des Gastrointestinaltraktes**
3-707.0	Speicheldrüsen

Inkl.: Bestimmung von Uptake und Exkretion

3-707.1	Ösophagus

Inkl.: Bestimmung der Passagezeit

3-707.2	Magen

Inkl.: Bestimmung der Passagezeit

3-707.3	Intestinum

Inkl.: Intestinale Blutungsdiagnostik

Kapitel 3: Bildgebende Diagnostik

3-707.4	Kolon *Inkl.:* Bestimmung der Kolontransitzeit
3-707.5	Nachweis eines Meckel-Divertikels
3-707.6	Hepatobiliäre Sequenzszintigraphie
3-707.x	Sonstige
3-708	**Szintigraphie der Blutgefäße**
3-708.0	Intraarterielle Applikation *Hinw.:* Mit diesem Kode ist z.B. die Bestimmung des Lungenshunts vor geplanter Radioembolisation von Lebertumoren zu kodieren
3-708.1	Intravenöse Applikation *Inkl.:* Szintigraphie zur <u>Diagnostik des irreversiblen Hirnfunktionsausfalls</u>
3-709	**Szintigraphie des Lymphsystems**
3-709.0	Planare Lymphszintigraphie zur Lokalisationsdiagnostik *Inkl.:* Darstellung des Lymphabflusses aus Tumoren
3-709.x	Sonstige *Inkl.:* Quantitative Bestimmung des Lymphabflusses der Extremitäten
3-70a	**Szintigraphie des hämatopoetischen Systems**
3-70a.0	Knochenmark oder retikuloendotheliales System von Leber und Milz
3-70a.1	Bestimmung der Thrombozytenüberlebenszeit *Inkl.:* Leber-Milz-Szintigraphie mit Bestimmung des Thrombozytenabbaus
3-70a.2	Bestimmung der Erythrozytenüberlebenszeit und des Erythrozytenabbauortes
3-70a.3	Bestimmung des Blutvolumens
3-70a.4	Messungen zur Erythropoese (Ferrokinetik)
3-70a.x	Sonstige
3-70b	**Resorptions- und Exkretionstests mit Radionukliden**
3-70b.0	Radiojod-2-Phasentest
3-70b.1	Schillingtest
3-70b.2	SeHCA-Test
3-70b.3	Messung der Eisenresorption
3-70b.x	Sonstige
3-70c	**Ganzkörper-Szintigraphie zur Lokalisationsdiagnostik**
3-70c.0	Ganzkörper-Szintigraphie mit Radiojod *Hinw.:* Ein Kode aus diesem Bereich ist nur einmal pro Behandlungsfall anzugeben .00 Ohne Gabe von rekombinantem Thyreotropin (rh-TSH) .01 Mit Gabe von rekombinantem Thyreotropin (rh-TSH) *Hinw.:* Dieser Kode ist nur von der Klinik zu verwenden, bei der der Aufwand für die Gabe von rekombinantem Thyreotropin im Rahmen der stationären oder vorstationären Behandlung entstanden ist
3-70c.1	Tumorszintigraphie mit tumorselektiven Substanzen *Hinw.:* Zu den tumorselektiven Substanzen gehören z.B. Antikörper oder rezeptorgerichtete Substanzen
3-70c.2	Ganzkörper-Szintigraphie zur Entzündungsdiagnostik
3-70c.x	Sonstige
3-70d	**Teilkörper-Szintigraphie zur Lokalisationsdiagnostik**
3-70d.0	Teilkörper-Szintigraphie des Herzens mit rezeptorgerichteten Substanzen *Inkl.:* Teilkörper-Szintigraphie mit 123-Jod-Meta-Jod-Benzylguanidin [MIBG]
3-70d.x	Sonstige
3-70x	**Andere Szintigraphien**

3-72 Single-Photon-Emissionscomputertomographie (SPECT)

3-720 **Single-Photon-Emissionscomputertomographie des Gehirns**

Kapitel 3: Bildgebende Diagnostik

3-720.0 Mit Perfusionsmarkern
3-720.1 Mit rezeptorgerichteten Substanzen
    .10   Mit Dopamin-Transporter-Liganden
           Inkl.: SPECT mit Jod-123-Ioflupan
    .11   Mit Dopamin-Rezeptor-Liganden
           Inkl.: SPECT mit 123-Jodbenzamiden (IBZM)
    .1x   Mit sonstigen rezeptorgerichteten Substanzen
3-720.x Sonstige

3-721 Single-Photon-Emissionscomputertomographie des Herzens
Hinw.: Unter Anwendung von Perfusions- oder Vitalitätsmarkern

3-721.0 Myokardszintigraphie in Ruhe
    .00   Ohne EKG-Triggerung
    .01   Mit EKG-Triggerung
3-721.1 Myokardszintigraphie unter physischer Belastung
    .10   Ohne EKG-Triggerung
    .11   Mit EKG-Triggerung
3-721.2 Myokardszintigraphie unter pharmakologischer Belastung
    .20   Ohne EKG-Triggerung
    .21   Mit EKG-Triggerung
3-721.x Sonstige

3-722 Single-Photon-Emissionscomputertomographie der Lunge
3-722.0 Perfusions-Single-Photon-Emissionscomputertomographie
3-722.1 Ventilations-Single-Photon-Emissionscomputertomographie
3-722.2 Perfusions- und Ventilations-Single-Photon-Emissionscomputertomographie

3-724 Teilkörper-Single-Photon-Emissionscomputertomographie ergänzend zur planaren Szintigraphie
Hinw.: Die durchgeführte Szintigraphie ist gesondert zu kodieren (3-70)

3-724.0 Knochen
3-724.1 Herz
    Inkl.: SPECT mit 123-Jod-Meta-Jod-Benzylguanidin [MIBG]
3-724.x Sonstige

3-72x Andere Single-Photon-Emissionscomputertomographie

3-73 Single-Photon-Emissionscomputertomographie mit Computertomographie (SPECT/CT)

3-730 Single-Photon-Emissionscomputertomographie mit Computertomographie (SPECT/CT) des Gehirns

3-731 Single-Photon-Emissionscomputertomographie mit Computertomographie (SPECT/CT) des Herzens

3-732 Single-Photon-Emissionscomputertomographie mit Computertomographie (SPECT/CT) der Lunge
3-732.0 Mit Niedrigdosis-Computertomographie zur Schwächungskorrektur
3-732.1 Mit diagnostischer Computertomographie
3-732.x Sonstige

3-733 Single-Photon-Emissionscomputertomographie mit Computertomographie (SPECT/CT) des Skelettsystems
3-733.0 Mit Niedrigdosis-Computertomographie zur Schwächungskorrektur
3-733.1 Mit diagnostischer Computertomographie
3-733.x Sonstige

3-73x Andere Single-Photon-Emissionscomputertomographie mit Computertomographie (SPECT/CT)

Kapitel 3: Bildgebende Diagnostik

3-74 **Positronenemissionstomographie (PET) mit Vollring-Scanner**
3-740 Positronenemissionstomographie des Gehirns
3-741 Positronenemissionstomographie des Herzens
3-742 Positronenemissionstomographie des gesamten Körperstammes
3-74x Andere Positronenemissionstomographie

3-75 **Positronenemissionstomographie mit Computertomographie (PET/CT)**
3-750 Positronenemissionstomographie mit Computertomographie (PET/CT) des Gehirns
3-751 Positronenemissionstomographie mit Computertomographie (PET/CT) des Herzens
3-752 Positronenemissionstomographie mit Computertomographie (PET/CT) des gesamten Körperstammes
3-752.0 Mit Niedrigdosis-Computertomographie zur Schwächungskorrektur
3-752.1 Mit diagnostischer Computertomographie
3-752.x Sonstige

3-753 Positronenemissionstomographie mit Computertomographie (PET/CT) des ganzen Körpers
3-753.0 Mit Niedrigdosis-Computertomographie zur Schwächungskorrektur
3-753.1 Mit diagnostischer Computertomographie
3-753.x Sonstige

3-754 Positronenemissionstomographie mit Computertomographie (PET/CT) des gesamten Körperstammes und des Kopfes
3-754.0 Mit Niedrigdosis-Computertomographie zur Schwächungskorrektur
    .00 Mit rezeptorgerichteten Peptiden
        Inkl.: DOTA-markierte Somatostatinrezeptorliganden
    .0x Mit sonstigen rezeptorgerichteten Substanzen
3-754.1 Mit diagnostischer Computertomographie
    .10 Mit rezeptorgerichteten Peptiden
        Inkl.: DOTA-markierte Somatostatinrezeptorliganden
    .1x Mit sonstigen rezeptorgerichteten Substanzen
3-754.x Sonstige

3-75x Andere Positronenemissionstomographie mit Computertomographie (PET/CT)

3-76 **Sondenmessungen und Inkorporationsmessungen**
3-760 Sondenmessung im Rahmen der SLNE (Sentinel Lymphnode Extirpation)
3-761 Sondenmessung bei der Parathyreoidektomie
3-762 Sondenmessung zur Tumorlokalisation
3-763 Teilkörper-Inkorporationsmessungen
3-764 Ganzkörpermessungen mit dem Ganzkörper-Inkorporationsmessplatz
3-765 Sondenmessung zur intraoperativen Leckageüberwachung bei isolierter bzw. hyperthermer Extremitätenperfusion

Magnetresonanztomographie (MRT) (3-80...3-84)

Hinw.: Die Anwendung von 3D/4D-Technik und die intraoperative Anwendung der Verfahren sind gesondert zu kodieren (3-99)
Die zusätzliche quantitative Bestimmung von Parametern ist gesondert zu kodieren (3-993)
Die virtuelle 3D-Rekonstruktionstechnik ist gesondert zu kodieren (3-994)

3-80 **Magnetresonanztomographie (MRT), nativ**
Hinw.: Eine durchgeführte Biopsie ist gesondert zu kodieren (1-40 bis 1-49)

Kapitel 3: Bildgebende Diagnostik

3-800 **Native Magnetresonanztomographie des Schädels**
Inkl.: Kraniozervikaler Übergang
Gesichtsschädel
Exkl.: Magnetresonanz-Ventrikulographie (3-840)

3-801 **Native Magnetresonanztomographie des Halses**

3-802 **Native Magnetresonanztomographie von Wirbelsäule und Rückenmark**
Exkl.: Magnetresonanz-Myelographie (3-841)

3-803 **Native Magnetresonanztomographie des Herzens**
3-803.0 In Ruhe
3-803.1 Unter physischer Belastung
3-803.2 Unter pharmakologischer Belastung
3-803.x Sonstige

3-804 **Native Magnetresonanztomographie des Abdomens**

3-805 **Native Magnetresonanztomographie des Beckens**

3-806 **Native Magnetresonanztomographie des Muskel-Skelett-Systems**

3-807 **Native Magnetresonanztomographie der Mamma**

3-808 **Native Magnetresonanztomographie der peripheren Gefäße**

3-809 **Native Magnetresonanztomographie des Thorax**

3-80b **Native Magnetresonanztomographie des Feten**
Hinw.: Die Bestimmung fetaler und feto-pelviner Maße ist im Kode enthalten

3-80x **Andere native Magnetresonanztomographie**

3-82 **Magnetresonanztomographie (MRT) mit Kontrastmittel**
Hinw.: Eine durchgeführte Biopsie ist gesondert zu kodieren (1-40 bis 1-49)
Die in gleicher Sitzung durchgeführte native Magnetresonanztomographie ist im Kode enthalten

3-820 **Magnetresonanztomographie des Schädels mit Kontrastmittel**
Inkl.: Kraniozervikaler Übergang
Gesichtsschädel
Exkl.: Magnetresonanz-Ventrikulographie (3-840)

3-821 **Magnetresonanztomographie des Halses mit Kontrastmittel**

3-822 **Magnetresonanztomographie des Thorax mit Kontrastmittel**

3-823 **Magnetresonanztomographie von Wirbelsäule und Rückenmark mit Kontrastmittel**
Exkl.: Magnetresonanz-Myelographie (3-841)

3-824 **Magnetresonanztomographie des Herzens mit Kontrastmittel**
3-824.0 In Ruhe
3-824.1 Unter physischer Belastung
3-824.2 Unter pharmakologischer Belastung
3-824.x Sonstige

3-825 **Magnetresonanztomographie des Abdomens mit Kontrastmittel**

3-826 **Magnetresonanztomographie des Muskel-Skelett-Systems mit Kontrastmittel**

3-827 **Magnetresonanztomographie der Mamma mit Kontrastmittel**

3-828 **Magnetresonanztomographie der peripheren Gefäße mit Kontrastmittel**

3-82a **Magnetresonanztomographie des Beckens mit Kontrastmittel**

3-82b **Magnetresonanztomographie des Feten mit Kontrastmittel**
Hinw.: Die Bestimmung fetaler und feto-pelviner Maße ist im Kode enthalten

3-82x **Andere Magnetresonanztomographie mit Kontrastmittel**

Kapitel 3: Bildgebende Diagnostik

3-84 Magnetresonanztomographie (MRT), Spezialverfahren
Inkl.: Funktionelle MRT und MR-Spektroskopie

3-840	Magnetresonanz-Ventrikulographie
3-841	Magnetresonanz-Myelographie
3-842	Magnetresonanz-Sialographie
3-843	Magnetresonanz-Cholangiopankreatikographie [MRCP]
3-843.0	Ohne Sekretin-Unterstützung
3-843.1	Mit Sekretin-Unterstützung
3-844	Magnetresonanz-Arthrographie
3-845	Magnetresonanz-Elastographie
3-846	Magnetresonanztomographie der Leber zur Bestimmung des Eisengehaltes
	Hinw.: Ein MRT des Abdomens ist im Kode enthalten
3-84x	Andere Magnetresonanz-Spezialverfahren

Andere bildgebende Verfahren (3-90...3-90)

3-90 Andere bildgebende Verfahren

3-900	Knochendichtemessung (alle Verfahren)
3-901	Elektroimpedanzspektroskopie der Haut
3-902	Radiofrequenzspektroskopie von Brustgewebe

Zusatzinformationen zu bildgebenden Verfahren (3-99...3-99)

3-99 Zusatzinformationen zu bildgebenden Verfahren

Hinw.: Die folgenden Positionen sind ausschließlich zur Kodierung von Zusatzinformationen zur bildgebenden Diagnostik zu benutzen, sofern sie nicht schon im Kode selbst enthalten sind. Sie dürfen nicht als selbständige Kodes benutzt werden und sind nur im Sinne einer Zusatzkodierung zulässig

3-990	Computergestützte Bilddatenanalyse mit 3D-Auswertung
3-991	Computergestützte Bilddatenanalyse mit 4D-Auswertung
3-992	Intraoperative Anwendung der Verfahren
3-993	Quantitative Bestimmung von Parametern
	Hinw.: Unter "quantitativ" ist z.B. die Messung von Organfunktionen, Flussparametern, Volumenfluss oder Widerstandsindices zu verstehen
3-994	Virtuelle 3D-Rekonstruktionstechnik
3-995	Dosimetrie zur Therapieplanung
3-996	Anwendung eines 3D-Bildwandlers
	Hinw.: Dieser Kode kann als Zusatzkode zu einem Kode aus dem Kap. 5 angegeben werden
3-997	Computertechnische Bildfusion verschiedener bildgebender Modalitäten
	Inkl.: PET oder PET/CT mit MRT
3-998	Serieller Vergleich von mehr als zwei PET- oder PET/CT-Untersuchungen

Kapitel 5:

Operationen

Operationen am Nervensystem (5-01...5-05)

Hinw.: Die Anwendung mikrochirurgischer Technik ist, sofern nicht als eigener Kode angegeben, zusätzlich zu kodieren (5-984)
Die Anwendung von Lasertechnik ist, sofern nicht als eigener Kode angegeben, zusätzlich zu kodieren (5-985 ff.)
Die Anwendung von minimalinvasiver Technik ist, sofern nicht als eigener Kode angegeben, zusätzlich zu kodieren (5-986 ff.)
Die Anwendung eines OP-Roboters ist, sofern nicht als eigener Kode angegeben, zusätzlich zu kodieren (5-987 ff.)
Die Anwendung eines Navigationssystems ist, sofern nicht als eigener Kode angegeben, zusätzlich zu kodieren (5-988 ff.)
Die Durchführung der Operation im Rahmen der Versorgung einer Mehrfachverletzung ist zusätzlich zu kodieren (5-981)
Die Durchführung der Operation im Rahmen der Versorgung eines Polytraumas ist zusätzlich zu kodieren (5-982 ff.)
Die Durchführung einer Reoperation ist, sofern nicht als eigener Kode angegeben, zusätzlich zu kodieren (5-983)
Der vorzeitige Abbruch einer Operation ist zusätzlich zu kodieren (5-995)
Die Anwendung fluoreszenzgestützter Resektionsverfahren ist, sofern nicht als eigener Kode angegeben, zusätzlich zu kodieren (5-989)
Die Anwendung eines Endoskopiesystems ist gesondert zu kodieren (5-059.b), wenn der Kode für den Eingriff diese Information nicht enthält

5-01 Inzision (Trepanation) und Exzision an Schädel, Gehirn und Hirnhäuten
Inkl.: Operationen an intrakraniellen Anteilen von Hirnnerven oder intrakraniellen Ganglien
Hinw.: Eine durchgeführte präoperative Epilepsiediagnostik ist gesondert zu kodieren (1-210, 1-211)

5-010 **Schädeleröffnung über die Kalotte**
Exkl.: Kraniotomie und Kraniektomie als selbständiger Eingriff (5-012 ff.)
Stereotaktische Operationen (5-014 ff.)
Hinw.: Diese Kodes sind lediglich zur Angabe des Zuganges im Rahmen einer Operation zu verwenden
Ausgenommen sind stereotaktische Operationen (5-014 ff.)

5-010.0 Kraniotomie (Kalotte)
.00 Kalotte
.01 Kalotte über die Mittellinie
.02 Bifrontal
.03 Temporal
.04 Subokzipital
.0x Sonstige

5-010.1 Kraniektomie (Kalotte)
.10 Kalotte
.11 Kalotte über die Mittellinie
.12 Bifrontal
.13 Temporal
.14 Subokzipital
.1x Sonstige

5-010.2 Bohrlochtrepanation

Kapitel 5: Operationen

5-010.3	Stereotaktisch geführt
5-010.4	Kombinationen
5-010.x	Sonstige
5-010.y	N.n.bez.
5-011	**Zugang durch die Schädelbasis**
	Hinw.: Diese Kodes sind lediglich zur Angabe des Zuganges im Rahmen einer Operation zu verwenden
5-011.0	Transorbital
5-011.1	Transethmoidal
5-011.2	Transsphenoidal
5-011.3	Transoral
5-011.4	Transoral mit Spaltung des weichen Gaumens
5-011.5	Transoral mit Spaltung des weichen und harten Gaumens
5-011.6	Transpyramidal
5-011.7	Le-Fort-I-Osteotomie
5-011.8	Transkondylär
5-011.9	Translabyrinthär
5-011.a	Transmastoidal
5-011.x	Sonstige
5-011.y	N.n.bez.
5-012	**Inzision der Schädelknochen [Kraniotomie und Kraniektomie]**
	Hinw.: Mit einem Kode aus diesem Bereich ist nur die isolierte Kraniotomie oder Kraniektomie zu kodieren. Die Kraniotomie oder Kraniektomie als Zugang im Rahmen einer Operation ist gesondert zum jeweiligen Eingriff zu kodieren (5-010 <u>ff.</u>)
5-012.0	Dekompression
5-012.1	Drainage epiduraler Flüssigkeit
	Inkl.: Drainage einer nicht infektiösen Zyste
5-012.2	Entleerung eines epiduralen Hämatoms
	Inkl.: Drainage
5-012.3	Entleerung eines epiduralen Empyems
	Inkl.: Drainage
5-012.4	Entfernung eines Fremdkörpers aus einem Schädelknochen
	Inkl.: Entfernung eines Fremdkörpers aus dem Epiduralraum
5-012.5	Entfernung von alloplastischem Material aus einem Schädelknochen
5-012.6	Reoperation mit Einbringen einer Drainage
5-012.7	Einlegen eines Medikamententrägers
5-012.8	Entfernung eines Medikamententrägers
	Inkl.: Wechsel eines Medikamententrägers
5-012.x	Sonstige
5-012.y	N.n.bez.
5-013	**Inzision von Gehirn und Hirnhäuten**
	Inkl.: Instillation von Medikamenten
	Exkl.: Stereotaktische Operationen (5-014 ff.)
	Inzision von intrakraniellen Gefäßen (5-025.0)
	Hinw.: Der Zugang ist gesondert zu kodieren (5-010 ff., 5-011 ff.)
5-013.0	Drainage von subduraler Flüssigkeit
	Inkl.: Fensterung oder Entfernung einer Membran
	Drainage einer nicht infektiösen Zyste
5-013.1	Entleerung eines subduralen Hämatoms
	Inkl.: Drainage

5-013.2		Entleerung eines subduralen Empyems
		Inkl.: Drainage
5-013.3		Drainage intrazerebraler Flüssigkeit
		Inkl.: Drainage intrazerebellärer Flüssigkeit
		Drainage einer nicht infektiösen Zyste
5-013.4		Entleerung eines intrazerebralen Hämatoms
		Inkl.: Entleerung eines intrazerebellären Hämatoms
		Drainage
5-013.5		Entleerung eines intrazerebralen Abszesses
		Inkl.: Entleerung eines intrazerebellären Abszesses
		Entleerung einer infektiösen Zyste
5-013.6		Entfernung eines intrazerebralen Fremdkörpers
		Inkl.: Entfernung eines intrazerebellären Fremdkörpers
5-013.7		Leukotomie [Lobotomie] oder Traktotomie
		Inkl.: Ausschaltung epileptogener Herde
	.70	Cingulotomie
	.71	Pallidotomie
	.72	Thalamotomie
	.73	Callosotomie
	.74	Multiple subpiale Transsektionen, unilobulär
	.75	Multiple subpiale Transsektionen, multilobulär
	.76	Multiple Lobotomie
		Inkl.: Hemisphärotomie bzw. funktionelle Hemisphärektomie
	.7x	Sonstige
5-013.8		Debridement einer Kontusion
5-013.x		Sonstige
5-013.y		N.n.bez.

5-014   **Stereotaktische Operationen an Schädel, Gehirn und Hirnhäuten**
Exkl.: Stereotaktische Biopsie an intrakraniellem Gewebe (1-511 ff.)
Hinw.: Der Zugang ist im Kode enthalten
Die stereotaktische Lokalisation ist im Kode enthalten

5-014.0		Entleerung intrakranieller Flüssigkeit
		Inkl.: Entleerung einer nicht infektiösen Zyste
		Exkl.: Stereotaktische Eingriffe am Liquorsystem (5-014.3)
5-014.1		Entleerung eines intrakraniellen Hämatoms
5-014.2		Entleerung eines intrakraniellen Abszesses
		Inkl.: Entleerung einer infektiösen Zyste
5-014.3		Eingriffe am Liquorsystem
5-014.4		Unterbrechung von Bahnsystemen
		Inkl.: Ausschaltung epileptogener Herde
5-014.6		Implantation oder Explantation von radioaktivem Material als selbständiger Eingriff (interstitielle Brachytherapie)
		Hinw.: Die genaue Form der Brachytherapie ist gesondert zu kodieren (8-524 ff., 8-525 ff.)
	.60	Implantation entfernbarer Strahler in einer Ebene
	.61	Implantation entfernbarer Strahler in mehreren Ebenen
	.62	Implantation nicht entfernbarer Strahler in einer Ebene
	.63	Implantation nicht entfernbarer Strahler in mehreren Ebenen
	.64	Explantation von radioaktivem Material
5-014.7		Implantation von Gewebe
5-014.8		Instillation von Medikamenten als selbständiger Eingriff

Kapitel 5: Operationen

5-014.9		Implantation oder Wechsel von intrazerebralen Elektroden
	Inkl.:	Neurophysiologische und klinisch-neurologische Untersuchung und Ersteinstellung Kranielle Zielpunktberechnung und Ventrikulographie
	.90	Implantation von temporären Mikroelektroden zur monolokulären Ableitung und Stimulation
	.92	Implantation oder Wechsel einer permanenten Elektrode zur Dauerstimulation
	.93	Implantation oder Wechsel mehrerer permanenter Elektroden zur Dauerstimulation
	.94	Implantation von temporären Mikroelektroden zur multilokulären Ableitung und Stimulation, 1 bis 5 Elektroden
	.95	Implantation von temporären Mikroelektroden zur multilokulären Ableitung und Stimulation, 6 bis 10 Elektroden
	.96	Implantation von temporären Mikroelektroden zur multilokulären Ableitung und Stimulation, 11 oder mehr Elektroden
	.9x	Sonstige
5-014.a		Implantation oder Wechsel von intrazerebralen Kathetern zur intraventrikulären Infusion
5-014.b		Revision von intrazerebralen Elektroden
	Inkl.:	Neurophysiologische und klinisch-neurologische Untersuchung und Ersteinstellung
	.b0	Eine permanente Elektrode zur Dauerstimulation
	.b1	Mehrere permanente Elektroden zur Dauerstimulation
5-014.c		Revision von intrazerebralen Kathetern zur intraventrikulären Infusion
5-014.d		Instillation von magnetischen Nanopartikeln
	Hinw.:	Die nachfolgende Thermotherapie ist gesondert zu kodieren (8-651)
5-014.x		Sonstige
5-014.y		N.n.bez.

5-015 Exzision und Destruktion von erkranktem intrakraniellem Gewebe
Exkl.: Stereotaktische Operationen (5-014 ff.)
Exzision und Destruktion von intrakraniellen Gefäßen (5-025 ff.)
Exzision und Destruktion von intrakraniellen Anteilen von Hirnnerven und Ganglien (5-017 ff.)
Hinw.: Der Zugang ist gesondert zu kodieren (5-010 ff., 5-011 ff.)

5-015.0		Intrazerebrales Tumorgewebe, hirneigen
5-015.1		Intrazerebrales Tumorgewebe, nicht hirneigen
5-015.2		Intrazerebrales sonstiges erkranktes Gewebe
	Inkl.:	Ausschaltung epileptogener Herde
	.20	Monolobulär
	.21	Multilobulär
5-015.3		Hirnhäute, Tumorgewebe ohne Infiltration von intrakraniellem Gewebe
	Inkl.:	Exzision eines Meningeoms
5-015.4		Hirnhäute, Tumorgewebe mit Präparation von infiltriertem Nachbargewebe
	Inkl.:	Exzision eines Meningeoms
5-015.5		Hirnhäute, sonstiges erkranktes Gewebe
5-015.x		Sonstige
5-015.y		N.n.bez.

5-016 Exzision und Destruktion von erkranktem Gewebe der Schädelknochen
Inkl.: Gleichzeitige Exzision von Schädelknochen und Hirnhäuten
Exkl.: Behandlung einer Impressionsfraktur (5-020.1 ff.)
Exzision von erkranktem Gewebe der Gesichtsschädelknochen (5-770 ff.)
Hinw.: Der Zugang ist gesondert zu kodieren (5-010 ff., 5-011 ff.)

5-016.0		Schädelbasis, Tumorgewebe
	.00	Vordere Schädelgrube
	.01	Mittlere Schädelgrube
	.02	Hintere Schädelgrube
	.03	Kombination mehrerer Schädelgruben
5-016.1		Schädelbasis, sonstiges erkranktes Gewebe
	.10	Vordere Schädelgrube
	.11	Mittlere Schädelgrube
	.12	Hintere Schädelgrube
	.13	Kombination mehrerer Schädelgruben

5-016.2	Kalotte, Tumorgewebe
5-016.3	Kalotte, sonstiges erkranktes Gewebe
	Inkl.: Debridement von infektiösem Gewebe
5-016.4	Schädelbasis und Hirnhäute, Tumorgewebe
	Exkl.: Exision eines Meningeoms (5-015.3, 5-015.4)
	.40 Vordere Schädelgrube
	.41 Mittlere Schädelgrube
	.42 Hintere Schädelgrube
	.43 Kombination mehrerer Schädelgruben
5-016.5	Schädelbasis und Hirnhäute, sonstiges erkranktes Gewebe
	.50 Vordere Schädelgrube
	.51 Mittlere Schädelgrube
	.52 Hintere Schädelgrube
	.53 Kombination mehrerer Schädelgruben
5-016.6	Kalotte und Hirnhäute, Tumorgewebe
	Exkl.: Exision eines Meningeoms (5-015.3, 5-015.4)
5-016.7	Kalotte und Hirnhäute, sonstiges erkranktes Gewebe
	Inkl.: Debridement von infektiösem Gewebe
5-016.x	Sonstige
5-016.y	N.n.bez.

5-017 Inzision, Resektion und Destruktion an intrakraniellen Anteilen von Hirnnerven und Ganglien
Hinw.: Der Zugang ist gesondert zu kodieren (5-010 ff., 5-011 ff.)

5-017.0	Durchtrennung
	Inkl.: Neurotomie
	.00 N. trigeminus
	.01 N. vestibulocochlearis
	.0x Sonstige
5-017.1	Resektion
	Inkl.: Tumorresektion
5-017.2	Destruktion
5-017.x	Sonstige
5-017.y	N.n.bez.

5-018 Mikrovaskuläre Dekompression von intrakraniellen Nerven
Hinw.: Der Zugang ist gesondert zu kodieren (5-010 ff., 5-011 ff.)

5-018.0	Ohne Implantat (Zwischenpolster)
5-018.1	Mit Implantation von autogenem Material
5-018.2	Mit Implantation von alloplastischem Material
5-018.x	Sonstige
5-018.y	N.n.bez.

5-02 Andere Operationen an Schädel, Gehirn und Hirnhäuten
Inkl.: Rekonstruktion, Verschluss und sonstige Operationen an intrakraniellen Blutgefäßen
Hinw.: Der Zugang ist gesondert zu kodieren (5-010 ff., 5-011 ff.)

5-020 Kranioplastik
Hinw.: Die Entnahme eines Knochentransplantates ist gesondert zu kodieren (5-783 ff.)

5-020.0	Eröffnung der Schädelnähte
5-020.1	Behandlung einer Impressionsfraktur
	Exkl.: Reposition einer Stirnhöhlenwandfraktur (5-767 ff.)
	.10 Elevation einer geschlossenen Fraktur
	.11 Elevation einer offenen Fraktur
	.12 Elevation einer offenen Fraktur mit Debridement
	.1x Sonstige

Kapitel 5: Operationen

5-020.2		Schädeldach mit Transposition (mit zuvor entferntem Schädelknochenstück)
5-020.3		Schädeldach mit Transplantation
5-020.4		Schädelbasis
		Exkl.: Rekonstruktion der Stirnhöhlenvorder- und Stirnhöhlenhinterwand (5-225.1, 5-225.2)
5-020.5		Frontoorbital, zur Verlagerung
5-020.6		Rekonstruktion von Hirn- und Gesichtsschädel oder Gesichtsschädel, allein
	.60	Mit Transplantation
	.61	Mit einfachem Implantat (z.B. Knochenzement)
	.65	Rekonstruktion des Gesichtsschädels ohne Beteiligung des Hirnschädels bis zu 2 Regionen mit computerassistiert vorgefertigtem Implantat [CAD-Implantat]
	.66	Rekonstruktion des Gesichtsschädels ohne Beteiligung des Hirnschädels ab 3 Regionen mit computerassistiert vorgefertigtem Implantat [CAD-Implantat]
	.67	Rekonstruktion des Gehirnschädels mit Beteiligung von Orbita, Temporalregion oder frontalem Sinus (bis zu 2 Regionen) mit computerassistiert vorgefertigtem Implantat [CAD-Implantat]
	.68	Rekonstruktion des Gehirnschädels mit Beteiligung multipler Regionen des Gesichtsschädels (ab 3 Regionen) mit computerassistiert vorgefertigtem Implantat [CAD-Implantat]
	.6b	Rekonstruktion des Gesichtsschädels ohne Beteiligung des Hirnschädels bis zu 2 Regionen mit computerassistiert vorgefertigtem Implantat, mit nicht resorbierbarem, mikroporösem Material mit fibrovaskulärer Integration
	.6c	Rekonstruktion des Gesichtsschädels ohne Beteiligung des Hirnschädels ab 3 Regionen mit computerassistiert vorgefertigtem Implantat, mit nicht resorbierbarem, mikroporösem Material mit fibrovaskulärer Integration
	.6d	Rekonstruktion des Gehirnschädels mit Beteiligung von Orbita, Temporalregion oder frontalem Sinus (bis zu 2 Regionen) mit computerassistiert vorgefertigtem Implantat, mit nicht resorbierbarem, mikroporösem Material mit fibrovaskulärer Integration
	.6e	Rekonstruktion des Gehirnschädels mit Beteiligung multipler Regionen des Gesichtsschädels (ab 3 Regionen) mit computerassistiert vorgefertigtem Implantat, mit nicht resorbierbarem, mikroporösem Material mit fibrovaskulärer Integration
5-020.7		Rekonstruktion des Hirnschädels ohne Beteiligung des Gesichtsschädels, mit alloplastischem Material
	.70	Mit einfachem Implantat (z.B. Knochenzement)
	.71	Mit computerassistiert vorgefertigtem Implantat [CAD-Implantat], einfacher Defekt
	.72	Mit computerassistiert vorgefertigtem Implantat [CAD-Implantat], großer oder komplexer Defekt
	.74	Mit computerassistiert vorgefertigtem Implantat [CAD-Implantat], einfacher Defekt, mit nicht resorbierbarem, mikroporösem Material mit fibrovaskulärer Integration
	.75	Mit computerassistiert vorgefertigtem Implantat [CAD-Implantat], großer oder komplexer Defekt, mit nicht resorbierbarem, mikroporösem Material mit fibrovaskulärer Integration
5-020.8		Osteosynthese durch ultraschallgeformtes, resorbierbares Material
		Hinw.: Dieser Kode ist ein Zusatzkode. Die durchgeführten Eingriffe sind gesondert zu kodieren
5-020.x		Sonstige
5-020.y		N.n.bez.

5-021 **Rekonstruktion der Hirnhäute**
Inkl.: Kombinierte Rekonstruktion von Hirnhäuten und Schädelknochen
Verwendung von klebbarem Material zur Durchführung einer Duraplastik
Hinw.: Die Entnahme eines Knochentransplantates ist gesondert zu kodieren (5-783 ff.)

5-021.0	Duraplastik an der Konvexität
5-021.1	Duraplastik, laterobasal
5-021.2	Duraplastik, frontobasal
	Inkl.: Verschluss einer Liquorfistel
5-021.3	Duraplastik am kraniozervikalen Übergang
5-021.4	Duraplastik mit Kranioplastik an der Konvexität
5-021.5	Duraplastik mit Kranioplastik, laterobasal
5-021.6	Duraplastik mit Kranioplastik, frontobasal
	Exkl.: Rekonstruktion der Stirnhöhlenvorder- und Stirnhöhlenhinterwand (5-225.1, 5-225.2)
5-021.7	Duraplastik mit Kranioplastik am kraniozervikalen Übergang
5-021.x	Sonstige
5-021.y	N.n.bez.

Kapitel 5: Operationen

5-022 **Inzision am Liquorsystem**
Exkl.: Stereotaktische Operationen (5-014 ff.)
Therapeutische Punktion des zerebralen Liquorsystems (8-151.4)
Diagnostische Liquorpunktion (1-204.2, 1-204.3, 1-204.4)
Diagnostische Punktion und Aspiration eines intrakraniellen Hohlraumes (1-841)
Hinw.: Die Anwendung eines Endoskopiesystems ist gesondert zu kodieren (5-059.b)

5-022.0 Anlegen einer externen Drainage
.00 Ventrikulär
.01 Zisternal
.02 Subdural
.0x Sonstige

5-022.1 Anlegen eines Reservoirs
.10 Ventrikulär
.11 Zisternal
.12 Subdural
.13 Intrazystisch
.1x Sonstige

5-022.2 Stomien
.20 Ventrikulozisternostomie
.21 Zystozisternostomie
.22 Subdurozisternostomie
.23 Zystoventrikulostomie
.2x Sonstige

5-022.x Sonstige
5-022.y N.n.bez.

5-023 **Anlegen eines Liquorshuntes [Shunt-Implantation]**

5-023.0 Ableitung in den Herzvorhof
Hinw.: Die Implantation eines telemetrischen Shuntsensors ist gesondert zu kodieren (5-023.3)
.00 Ventrikuloatrial
.01 Zisternoatrial
.02 Subduroatrial
.0x Sonstige

5-023.1 Ableitung in den Peritonealraum
Hinw.: Die Implantation eines telemetrischen Shuntsensors ist gesondert zu kodieren (5-023.3)
.10 Ventrikuloperitoneal
.11 Zisternoperitoneal
.12 Subduroperitoneal
.1x Sonstige

5-023.2 Ableitung in den Pleuraspalt
Hinw.: Die Implantation eines telemetrischen Shuntsensors ist gesondert zu kodieren (5-023.3)
.20 Ventrikulopleural
.21 Zisternopleural
.22 Subduropleural
.2x Sonstige

5-023.3 Implantation oder Wechsel eines telemetrischen Shuntsensors
Hinw.: Dieser Kode ist ein Zusatzkode. Er kann auch angegeben werden, wenn der telemetrische Shuntsensor zu einem bestehenden Shuntsystem zusätzlich implantiert wird. In diesen Fällen ist als Primärkode die Revision des zentralen Katheters anzugeben (5-024.1)

5-023.x Sonstige
5-023.y N.n.bez.

5-024 **Revision und Entfernung von Liquorableitungen**

5-024.0 Revision eines Ventils
Inkl.: Wechsel des Ventils
Implantation eines weiteren Ventils

Kapitel 5: Operationen

5-024.1	Revision eines zentralen Katheters
	Inkl.: Wechsel des zentralen Katheters
5-024.2	Revision eines peripheren Katheters
	Inkl.: Wechsel des peripheren Katheters
	Hinw.: Der Zugang ist hier nicht gesondert zu kodieren
5-024.3	Revision, komplett
	Inkl.: Kompletter Wechsel einer Liquorableitung
5-024.4	Probatorisches Abklemmen des peripheren Katheters
	Hinw.: Der Zugang ist hier nicht gesondert zu kodieren
5-024.5	Umwandlung eines Liquorshuntes (oder Hirnwasserableitung) in eine Mehrfachableitung
5-024.6	Entfernung eines Liquorshuntes (oder Hirnwasserableitung)
5-024.7	Entfernung einer externen Drainage
5-024.8	Entfernung eines Reservoirs
5-024.9	Revision einer Pumpe zur Liquorableitung
	Hinw.: Der Zugang ist hier nicht gesondert zu kodieren
5-024.x	Sonstige
5-024.y	N.n.bez.

5-025 **Inzision, Exzision, Destruktion und Verschluss von intrakraniellen Blutgefäßen**
Inkl.: Operationen bei Aneurysmen und arterio-venösen Malformationen

5-025.0	Inzision
	Inkl.: Inzision zur Embolektomie
5-025.1	Exzision einer vaskulären Läsion
5-025.2	Präparation und Resektion
5-025.3	Präparation und Abklippen, intrazerebral
	Hinw.: Die Anzahl der Clips ist gesondert zu kodieren (5-026.4 ff.)
5-025.4	Präparation und Abklippen, extrazerebral
	Hinw.: Die Anzahl der Clips ist gesondert zu kodieren (5-026.4 ff.)
5-025.5	Präparation und Destruktion, intrazerebral
5-025.6	Präparation und Destruktion, extrazerebral
5-025.7	Abklippen
	Hinw.: Die Anzahl der Clips ist gesondert zu kodieren (5-026.4 ff.)
5-025.8	Ligatur
	Inkl.: Obliteration einer Carotis-Sinus-cavernosus-Fistel
5-025.9	Sonstige kombinierte Verfahren
	Hinw.: Die Anzahl der Clips ist gesondert zu kodieren (5-026.4 ff.)
5-025.x	Sonstige
5-025.y	N.n.bez.

5-026 **Rekonstruktion von intrakraniellen Blutgefäßen**
Inkl.: Operationen bei Aneurysmen

5-026.0	Naht (nach Verletzung)
5-026.1	Muskelumscheidung
5-026.2	Umscheidung mit alloplastischem Material
5-026.3	Kombinierte Verfahren
	Hinw.: Die Anzahl der Clips ist gesondert zu kodieren (5-026.4 ff.)
5-026.4	Anzahl der Clips an intrakraniellen Blutgefäßen
	Hinw.: Diese Kodes sind Zusatzkodes. Sie können zusätzlich zu den Kodes 5-025.3, 5-025.4, 5-025.7, 5-025.9 und 5-026.3 angegeben werden
	.40 1 Clip
	.41 2 Clips
	.42 3 Clips
	.43 4 Clips
	.44 5 Clips
	.45 6 oder mehr Clips

5-026.x Sonstige
5-026.y N.n.bez.

5-027 Anlegen eines Bypasses und Transposition von intrakraniellen Blutgefäßen

5-027.0 ↔ Extra-intrakranieller Bypass ohne Interponat [Transposition]
5-027.1 ↔ Extra-intrakranieller Bypass mit Interponat
5-027.2 Intra-intrakranieller Bypass ohne Interponat [Transposition]
5-027.3 Intra-intrakranieller Bypass mit Interponat
5-027.x Sonstige
5-027.y N.n.bez.

5-028 Funktionelle Eingriffe an Schädel, Gehirn und Hirnhäuten
Exkl.: Stereotaktische Operationen (5-014 ff.)
    Leukotomie und Traktotomie (5-013.7 ff.)

5-028.1 Implantation oder Wechsel einer Medikamentenpumpe zur intraventrikulären Infusion
   .10 Vollimplantierbare Medikamentenpumpe mit konstanter Flussrate
   .11 Vollimplantierbare Medikamentenpumpe mit programmierbarem variablen Tagesprofil
   .1x Sonstige

5-028.2 Implantation oder Wechsel einer Neurostimulationselektrode (z.B. Epilepsiechirurgie)
Inkl.: Neurophysiologische und klinisch-neurologische Untersuchung und Ersteinstellung
   .20 Implantation einer temporären Neurostimulationselektrode zur kortikalen Teststimulation
   .21 Implantation oder Wechsel einer permanenten Neurostimulationselektrode zur kortikalen Dauerstimulation
   .23 Implantation oder Wechsel eines Oberflächenelektrodenträgers zur auditorischen Hirnstammstimulation
   .24 Implantation oder Wechsel eines Oberflächenelektrodenträgers und eines Trägers für penetrierende Elektroden zur auditorischen Hirnstamm- oder Mittelhirnstimulation
   .2x Sonstige

5-028.3 Revision eines Neurostimulators zur Hirnstimulation
5-028.4 Revision einer Medikamentenpumpe zur intraventrikulären Infusion
5-028.5 Revision einer permanenten Neurostimulationselektrode zur Dauerstimulation
Inkl.: Neurophysiologische und klinisch-neurologische Untersuchung und Ersteinstellung
5-028.6 Entfernung eines Neurostimulators zur Hirnstimulation oder einer Medikamentenpumpe zur intraventrikulären Infusion
5-028.7 Entfernung einer Neurostimulationselektrode
5-028.8 Entfernung eines intrazerebralen Katheters zur intraventrikulären Infusion
5-028.9 Implantation oder Wechsel eines Neurostimulators zur Hirnstimulation mit Implantation oder Wechsel einer Neurostimulationselektrode
Inkl.: Neurophysiologische und klinisch-neurologische Untersuchung und Ersteinstellung
Exkl.: Wechsel eines Neurostimulators zur Hirnstimulation ohne Wechsel einer Neurostimulationselektrode (5-028.a ff.)
    Implantation eines Neurostimulators zur Hirnstimulation ohne Implantation einer Neurostimulationselektrode (5-028.c ff.)
Hinw.: Die Implantation oder der Wechsel der Neurostimulationselektrode sind gesondert zu kodieren (5-028.2 ff., 5-014.9 ff.)
    Ein Kode aus diesem Bereich ist auch zu verwenden bei zweizeitiger Implantation einer Neurostimulationselektrode und eines Neurostimulators zur Hirnstimulation während desselben stationären Aufenthaltes
   .90 Einkanalstimulator, vollimplantierbar, nicht wiederaufladbar
   .91 Mehrkanalstimulator, vollimplantierbar, nicht wiederaufladbar
   .92 Mehrkanalstimulator, vollimplantierbar, mit wiederaufladbarem Akkumulator

Kapitel 5: Operationen

5-028.a Wechsel eines Neurostimulators zur Hirnstimulation ohne Wechsel einer Neurostimulationselektrode
Inkl.: Neurophysiologische und klinisch-neurologische Untersuchung und Ersteinstellung
Exkl.: Implantation oder Wechsel eines Neurostimulators zur Hirnstimulation mit Implantation oder Wechsel einer Neurostimulationselektrode (5-028.9 ff.)
Implantation eines Neurostimulators zur Hirnstimulation ohne Implantation einer Neurostimulationselektrode (5-028.c ff.)
Hinw.: Der Zugang ist hier nicht gesondert zu kodieren

   .a0 Einkanalstimulator, vollimplantierbar, nicht wiederaufladbar
   .a1 Mehrkanalstimulator, vollimplantierbar, nicht wiederaufladbar
   .a2 Mehrkanalstimulator, vollimplantierbar, mit wiederaufladbarem Akkumulator

5-028.b Implantation eines temporären subduralen Neuroelektrodensystems (Grid)
   .b0 1 bis 5 subdurale Neuroelektrodensysteme mit 1 bis 31 Kontakten pro System
   .b1 6 bis 10 subdurale Neuroelektrodensysteme mit 1 bis 31 Kontakten pro System
   .b2 11 oder mehr subdurale Neuroelektrodensysteme mit 1 bis 31 Kontakten pro System
   .b3 1 subdurales Neuroelektrodensystem mit 32 oder mehr Kontakten pro System
   .b4 2 oder mehr subdurale Neuroelektrodensysteme mit 32 oder mehr Kontakten pro System

5-028.c Implantation eines Neurostimulators zur Hirnstimulation ohne Implantation einer Neurostimulationselektrode
Inkl.: Neurophysiologische und klinisch-neurologische Untersuchung und Ersteinstellung
Exkl.: Implantation oder Wechsel eines Neurostimulators zur Hirnstimulation mit Implantation oder Wechsel einer Neurostimulationselektrode (5-028.9 ff.)
Wechsel eines Neurostimulators zur Hirnstimulation ohne Wechsel einer Neurostimulationselektrode (5-028.a ff.)
Hinw.: Der Zugang ist hier nicht gesondert zu kodieren
Ein Kode aus diesem Bereich ist zu verwenden bei zweizeitiger Implantation einer Neurostimulationselektrode und eines Neurostimulators zur Hirnstimulation für die Implantation des Neurostimulators während des zweiten stationären Aufenthaltes

   .c0 Einkanalstimulator, vollimplantierbar, nicht wiederaufladbar
   .c1 Mehrkanalstimulator, vollimplantierbar, nicht wiederaufladbar
   .c2 Mehrkanalstimulator, vollimplantierbar, mit wiederaufladbarem Akkumulator

5-028.x Sonstige
5-028.y N.n.bez.

5-029 Andere Operationen an Schädel, Gehirn und Hirnhäuten
Exkl.: Stereotaktische Operationen (5-014 ff.)
Leukotomie und Traktotomie (5-013.7 ff.)

5-029.1 Implantation oder Wechsel einer intrakraniellen Messsonde
   .10 Zur Messung des intrakraniellen Druckes oder der Sauerstoffsättigung im Hirngewebe
   .11 Zur kombinierten Messung des intrakraniellen Druckes und der Sauerstoffsättigung im Hirngewebe
   .12 Zur Messung des Gehirngewebestoffwechsels (zerebrale Mikrodialyse)
   .13 Zur Messung des zerebralen Blutflusses (Thermodiffusions-Flussmessung)
   .1x Sonstige

5-029.4 Implantation oder Wechsel einer Neuroprothese
5-029.6 Revision einer intrakraniellen Messsonde
5-029.8 Revision einer Neuroprothese
5-029.b Entfernung einer Neuroprothese
5-029.c Entfernung einer intrakraniellen Messsonde
Hinw.: Dieser Kode ist nicht zu verwenden beim alleinigen Entfernen einer Messsonde ohne operativen Zugang
5-029.d Implantation eines Katheter-Ballon-Systems zur intrazerebralen Brachytherapie
Hinw.: Die Brachytherapie ist gesondert zu kodieren (8-530.c2)
5-029.e Entfernung eines Katheter-Ballon-Systems zur intrazerebralen Brachytherapie
5-029.f Implantation von Knochenankern zur Vorbereitung auf die stereotaktische Einführung von Stimulationselektroden
5-029.g Entfernung von Knochenankern
5-029.x Sonstige
5-029.y N.n.bez.

Kapitel 5: Operationen

5-03 Operationen an Rückenmark, Rückenmarkhäuten und Spinalkanal
Inkl.: Operationen an intraspinalen Teilen von Rückenmarknerven oder spinalen Ganglien
Exkl.: Operationen an der knöchernen Wirbelsäule (5-83)

5-030 Zugang zum kraniozervikalen Übergang und zur Halswirbelsäule
Inkl.: Zervikothorakaler Übergang
Hinw.: Diese Kodes sind auch zur Angabe des Zuganges im Rahmen einer Operation zu verwenden

5-030.0 Kraniozervikaler Übergang, transoral
5-030.1 Kraniozervikaler Übergang, dorsal
5-030.2 Kraniozervikaler Übergang, lateral
5-030.3 HWS, dorsal
    .30 1 Segment
    .31 2 Segmente
    .32 Mehr als 2 Segmente
5-030.4 Laminotomie HWS
    .40 1 Segment
    .41 2 Segmente
    .42 Mehr als 2 Segmente
5-030.5 Hemilaminektomie HWS
    .50 1 Segment
    .51 2 Segmente
    .52 Mehr als 2 Segmente
5-030.6 Laminektomie HWS
    .60 1 Segment
    .61 2 Segmente
    .62 Mehr als 2 Segmente
5-030.7 HWS, ventral
    .70 1 Segment
    .71 2 Segmente
    .72 Mehr als 2 Segmente
5-030.8 HWS, lateral
5-030.x Sonstige
5-030.y N.n.bez.

5-031 Zugang zur Brustwirbelsäule
Inkl.: Thorakolumbaler Übergang
Hinw.: Diese Kodes sind auch zur Angabe des Zuganges im Rahmen einer Operation zu verwenden

5-031.0 BWS, dorsal
    .00 1 Segment
    .01 2 Segmente
    .02 Mehr als 2 Segmente
5-031.1 Laminotomie BWS
    .10 1 Segment
    .11 2 Segmente
    .12 Mehr als 2 Segmente
5-031.2 Hemilaminektomie BWS
    .20 1 Segment
    .21 2 Segmente
    .22 Mehr als 2 Segmente
5-031.3 Laminektomie BWS
    .30 1 Segment
    .31 2 Segmente
    .32 Mehr als 2 Segmente
5-031.4 Obere BWS, ventral mit Sternotomie
5-031.5 BWS, transpleural

Kapitel 5: Operationen

5-031.6	BWS, retropleural	
5-031.7	BWS, dorsolateral	
5-031.8	Kombiniert transpleural-retroperitoneal	
5-031.9	Kombiniert extrapleural-retroperitoneal	
5-031.x	Sonstige	
5-031.y	N.n.bez.	

5-032 Zugang zur Lendenwirbelsäule, zum Os sacrum und zum Os coccygis
Inkl.: Lumbosakraler Übergang
Hinw.: Diese Kodes sind auch zur Angabe des Zuganges im Rahmen einer Operation zu verwenden

5-032.0 LWS, dorsal
    .00 1 Segment
    .01 2 Segmente
    .02 Mehr als 2 Segmente

5-032.1 Flavektomie LWS
    .10 1 Segment
    .11 2 Segmente
    .12 Mehr als 2 Segmente

5-032.2 Laminotomie LWS
    .20 1 Segment
    .21 2 Segmente
    .22 Mehr als 2 Segmente

5-032.3 Hemilaminektomie LWS
    Inkl.: Teil-Hemilaminektomie
    .30 1 Segment
    .31 2 Segmente
    .32 Mehr als 2 Segmente

5-032.4 Laminektomie LWS
    .40 1 Segment
    .41 2 Segmente
    .42 Mehr als 2 Segmente

5-032.5 LWS, transperitoneal
5-032.6 LWS, retroperitoneal
5-032.7 LWS, dorsolateral
5-032.8 Os sacrum und Os coccygis, dorsal
5-032.9 Os sacrum und Os coccygis, ventral
5-032.a Kombiniert pararektal-retroperitoneal
5-032.b Kombiniert thorako-retroperitoneal
5-032.c Transiliakaler Zugang nach Judet
5-032.x Sonstige
5-032.y N.n.bez.

5-033 Inzision des Spinalkanals
Exkl.: Operationen an der knöchernen Wirbelsäule (5-83)
Hinw.: Der Zugang ist gesondert zu kodieren (5-030 ff., 5-031 ff., 5-032 ff.)

5-033.0 Dekompression
5-033.1 Drainage sonstiger epiduraler Flüssigkeit
5-033.2 Entleerung eines epiduralen Hämatoms
5-033.3 Entleerung eines epiduralen Empyems
    Inkl.: Drainage
5-033.4 Entfernung eines Fremdkörpers aus dem Epiduralraum
5-033.x Sonstige
5-033.y N.n.bez.

5-034 **Inzision von Rückenmark und Rückenmarkhäuten**
Hinw.: Der Zugang ist gesondert zu kodieren (5-030 ff., 5-031 ff., 5-032 ff.)

5-034.0 Drainage von subduraler Flüssigkeit
5-034.1 Entleerung eines subduralen Hämatoms
5-034.2 Entleerung eines subduralen Empyems
5-034.3 Drainage von intramedullärer Flüssigkeit
5-034.4 Entleerung eines intramedullären Hämatoms
5-034.5 Entleerung eines intramedullären Abszesses
5-034.6 Entfernung eines intraspinalen Fremdkörpers
5-034.7 Durchtrennung einer Nervenwurzel (Rhizotomie, Radikulotomie)
5-034.x Sonstige
5-034.y N.n.bez.

5-035 **Exzision und Destruktion von erkranktem Gewebe des Rückenmarkes und der Rückenmarkhäute**
Inkl.: Gleichzeitige Exzision von Rückenmarkhäuten und Knochen
Exkl.: Operationen an der knöchernen Wirbelsäule (5-83)
Hinw.: Der Zugang ist gesondert zu kodieren (5-030 ff., 5-031 ff., 5-032 ff.)

5-035.0 Intramedulläres Tumorgewebe
5-035.1 Intramedulläres sonstiges erkranktes Gewebe
5-035.2 Rückenmarkhäute, Tumorgewebe
Inkl.: Epiduraler Tumor
5-035.3 Rückenmarkhäute, sonstiges erkranktes Gewebe
5-035.4 Rückenmarkhäute und Knochen, Tumorgewebe
5-035.5 Rückenmarkhäute und Knochen, sonstiges erkranktes Gewebe
5-035.6 Intraspinale Nervenwurzeln und/oder Ganglien, Tumorgewebe
5-035.7 Intraspinale Nervenwurzeln und/oder Ganglien, sonstiges erkranktes Gewebe
5-035.x Sonstige
5-035.y N.n.bez.

5-036 **Plastische Operationen an Rückenmark und Rückenmarkhäuten**
Exkl.: Rekonstruktion bei Sinus pilonidalis (5-897.1)
Hinw.: Bei gleichzeitiger Korrektur mehrerer kongenitaler Anomalien des Rückenmarkes sind die einzelnen Eingriffe gesondert zu kodieren
Der Zugang ist gesondert zu kodieren (5-030 ff., 5-031 ff., 5-032 ff.)

5-036.0 Verschluss einer spinalen Meningozele (Spina bifida aperta)
5-036.1 Verschluss einer spinalen Meningozystozele
5-036.2 Verschluss einer spinalen Meningomyelozele
Inkl.: Verschluss einer Meningomyelozele mit Lipom
5-036.3 Verschluss einer spinalen Meningomyelozystozele
5-036.4 Verschluss einer Diastematomyelie
5-036.5 Verschluss einer Fistel
5-036.6 Adhäsiolyse (Sekundäreingriff)
5-036.7 Durchtrennung eines Filum terminale
5-036.8 Spinale Duraplastik
Inkl.: Verwendung von klebbarem Material zur Durchführung einer Duraplastik
5-036.x Sonstige
5-036.y N.n.bez.

Kapitel 5: Operationen

5-037 **Operationen an intraspinalen Blutgefäßen**
Inkl.: Operationen bei Aneurysmen und arterio-venösen Malfomationen
Hinw.: Der Zugang ist gesondert zu kodieren (5-030 ff., 5-031 ff., 5-032 ff.)

5-037.0 Präparation und Resektion
5-037.1 Präparation und Destruktion
5-037.2 Ligatur
5-037.x Sonstige
5-037.y N.n.bez.

5-038 **Operationen am spinalen Liquorsystem**
Exkl.: Therapeutische Punktion des spinalen Liquorsystems (8-151.4)
Hinw.: Der Zugang ist gesondert zu kodieren (5-030 ff., 5-031 ff., 5-032 ff.)

5-038.0 Anlegen einer externen Drainage
5-038.1 Anlegen eines Shuntes
5-038.2 Implantation oder Wechsel eines Katheters zur intrathekalen und/oder epiduralen Infusion
Inkl.: Ersteinstellung
Hinw.: Der Zugang ist hier nicht gesondert zu kodieren
    .20 Temporärer Katheter zur Testinfusion
    .21 Permanenter Katheter zur Dauerinfusion
5-038.3 Anlegen eines subkutanen Reservoirs
5-038.4 Implantation oder Wechsel einer Medikamentenpumpe zur intrathekalen und/oder epiduralen Infusion
Inkl.: Ersteinstellung
    .40 Vollimplantierbare Medikamentenpumpe mit konstanter Flussrate
    .41 Vollimplantierbare Medikamentenpumpe mit programmierbarem variablen Tagesprofil
    .4x Sonstige
5-038.5 Revision eines Shuntes
Inkl.: Wechsel eines Shuntes
5-038.6 Revision eines Katheters zur intrathekalen und/oder epiduralen Infusion
5-038.7 Revision eines subkutanen Reservoirs
5-038.8 Revision einer Medikamentenpumpe zur intrathekalen und/oder epiduralen Infusion
Inkl.: Ersteinstellung
5-038.9 Entfernung einer externen Drainage
5-038.a Entfernung eines Shuntes
5-038.b Entfernung eines Katheters zur intrathekalen und/oder epiduralen Infusion
5-038.c Entfernung eines subkutanen Reservoirs
5-038.d Entfernung einer Medikamentenpumpe zur intrathekalen und/oder epiduralen Infusion
5-038.x Sonstige
5-038.y N.n.bez.

5-039 **Andere Operationen an Rückenmark und Rückenmarkstrukturen**
Exkl.: Implantation, Revision und Entfernung einer Medikamentenpumpe (5-038 ff.)
Hinw.: Der Zugang ist gesondert zu kodieren (5-030 ff., 5-031 ff., 5-032 ff.)
    Die Verwendung MRT-fähiger Materialien ist gesondert zu kodieren (5-934 ff.)

5-039.0 Chordotomie, offen chirurgisch
Inkl.: Traktotomie
5-039.1 Chordotomie, perkutan
Inkl.: Traktotomie
5-039.3 Implantation oder Wechsel einer Neurostimulationselektrode zur Rückenmarkstimulation
    .32 Implantation einer temporären Elektrode zur epiduralen Teststimulation
    .33 Implantation mehrerer temporärer Elektroden zur epiduralen Teststimulation
    .34 Implantation oder Wechsel einer permanenten Elektrode zur epiduralen Dauerstimulation, perkutan
    .35 Implantation oder Wechsel mehrerer permanenter Elektroden zur epiduralen Dauerstimulation, perkutan

Kapitel 5: Operationen

.36 Implantation oder Wechsel einer permanenten Elektrode (Plattenelektrode) zur epiduralen Dauerstimulation, offen chirurgisch

.37 Implantation oder Wechsel mehrerer permanenter Elektroden (Plattenelektroden) zur epiduralen Dauerstimulation, offen chirurgisch

.38 Implantation einer temporären Multifunktionselektrode in den Epidural- oder Spinalraum zur gepulsten Radiofrequenzbehandlung, perkutan
Inkl.: Gepulste Radiofrequenzbehandlung an Spinalganglien

.39 Implantation oder Wechsel einer permanenten Elektrode zur epiduralen Stimulation mit einem extrakorporalen Neurostimulator, perkutan

5-039.8 Implantation oder Wechsel einer subduralen Elektrode zur Vorderwurzelstimulation

5-039.a Entfernung von Elektroden
.a2 Eine epidurale Stabelektrode
.a3 Mehrere epidurale Stabelektroden
.a4 Eine epidurale Plattenelektrode
.a5 Mehrere epidurale Plattenelektroden
.a6 Eine subdurale Elektrode
.a7 Mehrere subdurale Elektroden
.a8 Spinalganglion, eine Elektrode
.a9 Spinalganglion, mehrere Elektroden

5-039.b Revision von Neurostimulatoren zur epiduralen Rückenmarkstimulation oder zur Vorderwurzelstimulation

5-039.c Revision von Elektroden
.c0 Eine epidurale Stabelektrode
.c1 Mehrere epidurale Stabelektroden
.c2 Eine epidurale Plattenelektrode
.c3 Mehrere epidurale Plattenelektroden
.c4 Eine subdurale Elektrode
.c5 Mehrere subdurale Elektroden
.c6 Spinalganglion, eine Elektrode
.c7 Spinalganglion, mehrere Elektroden

5-039.d Entfernung von Neurostimulatoren zur epiduralen Rückenmarkstimulation oder zur Vorderwurzelstimulation

5-039.e Implantation oder Wechsel eines Neurostimulators zur epiduralen Rückenmarkstimulation mit Implantation oder Wechsel einer Neurostimulationselektrode
Inkl.: Ersteinstellung
Exkl.: Wechsel eines Neurostimulators zur epiduralen Rückenmarkstimulation ohne Wechsel einer Neurostimulationselektrode (5-039.f ff.)
Implantation eines Neurostimulators zur epiduralen Rückenmarkstimulation ohne Implantation einer Neurostimulationselektrode (5-039.n ff.)
Anlegen oder Wechsel eines extrakorporalen Neurostimulators (8-631.5)
Hinw.: Die Implantation oder der Wechsel der Neurostimulationselektrode zur epiduralen Rückenmarkstimulation sind gesondert zu kodieren (5-039.3 ff.)
Ein Kode aus diesem Bereich ist auch zu verwenden bei zweizeitiger Implantation einer Neurostimulationselektrode und eines Neurostimulators zur epiduralen Rückenmarkstimulation während desselben stationären Aufenthaltes
.e0 Einkanalstimulator, vollimplantierbar, nicht wiederaufladbar
.e1 Mehrkanalstimulator, vollimplantierbar, nicht wiederaufladbar
.e2 Mehrkanalstimulator, vollimplantierbar, mit wiederaufladbarem Akkumulator

5-039.f Wechsel eines Neurostimulators zur epiduralen Rückenmarkstimulation ohne Wechsel einer Neurostimulationselektrode
Inkl.: Ersteinstellung
Exkl.: Implantation oder Wechsel eines Neurostimulators zur epiduralen Rückenmarkstimulation mit Implantation oder Wechsel einer Neurostimulationselektrode (5-039.e ff.)
Implantation eines Neurostimulators zur epiduralen Rückenmarkstimulation ohne Implantation einer Neurostimulationselektrode (5-039.n ff.)
Hinw.: Der Zugang ist hier nicht gesondert zu kodieren
.f0 Einkanalstimulator, vollimplantierbar, nicht wiederaufladbar
.f1 Mehrkanalstimulator, vollimplantierbar, nicht wiederaufladbar
.f2 Mehrkanalstimulator, vollimplantierbar, mit wiederaufladbarem Akkumulator

Kapitel 5: Operationen

5-039.g   Implantation oder Wechsel eines Neurostimulators zur Vorderwurzelstimulation mit Implantation oder Wechsel einer subduralen Elektrode
Inkl.:   Ersteinstellung
Exkl.:   Wechsel eines Neurostimulators zur Vorderwurzelstimulation ohne Wechsel einer subduralen Elektrode (5-039.h)
Implantation eines Neurostimulators zur Vorderwurzelstimulation ohne Implantation einer subduralen Elektrode (5-039.p)
Hinw.:   Die durchgeführte Deafferenzierung ist gesondert zu kodieren (5-034.7)
Die Implantation oder der Wechsel einer subduralen Elektrode zur Vorderwurzelstimulation sind gesondert zu kodieren (5-039.8)
Ein Kode aus diesem Bereich ist auch zu verwenden bei zweizeitiger Implantation einer subduralen Elektrode und eines Neurostimulators zur Vorderwurzelstimulation während desselben stationären Aufenthaltes

5-039.h   Wechsel eines Neurostimulators zur Vorderwurzelstimulation ohne Wechsel einer subduralen Elektrode
Inkl.:   Ersteinstellung
Exkl.:   Implantation oder Wechsel eines Neurostimulators zur Vorderwurzelstimulation mit Implantation oder Wechsel einer subduralen Elektrode (5-039.g)
Implantation eines Neurostimulators zur Vorderwurzelstimulation ohne Implantation einer subduralen Elektrode (5-039.p)
Hinw.:   Die durchgeführte Deafferenzierung ist gesondert zu kodieren (5-034.7)
Der Zugang ist hier nicht gesondert zu kodieren

5-039.j   Implantation oder Wechsel von Neurostimulationselektroden zur Stimulation von Spinalganglien
.j0   Eine Elektrode zur Ganglienstimulation
.j1   Mehrere Elektroden zur Ganglienstimulation

5-039.k   Implantation oder Wechsel eines Neurostimulators zur Stimulation von Spinalganglien mit Implantation oder Wechsel einer Neurostimulationselektrode
Inkl.:   Ersteinstellung
Exkl.:   Wechsel eines Neurostimulators zur Stimulation von Spinalganglien ohne Wechsel einer Neurostimulationselektrode (5-039.m ff.)
<u>Implantation eines Neurostimulators zur Stimulation von Spinalganglien ohne Implantation einer Neurostimulationselektrode (5-039.q ff.)</u>
Hinw.:   Die Implantation oder der Wechsel von Neurostimulationselektroden zur Stimulation von Spinalganglien sind gesondert zu kodieren (5-039.j ff.)
.k0   Einkanalstimulator, vollimplantierbar, nicht wiederaufladbar
.k1   Mehrkanalstimulator, vollimplantierbar, nicht wiederaufladbar

5-039.m   Wechsel eines Neurostimulators zur Stimulation von Spinalganglien ohne Wechsel einer Neurostimulationselektrode
Inkl.:   Ersteinstellung
Exkl.:   Implantation oder Wechsel eines Neurostimulators zur Stimulation von Spinalganglien mit Implantation oder Wechsel einer Neurostimulationselektrode (5-039.k ff.)
<u>Implantation eines Neurostimulators zur Stimulation von Spinalganglien ohne Implantation einer Neurostimulationselektrode (5-039.q ff.)</u>
.m0   Einkanalstimulator, vollimplantierbar, nicht wiederaufladbar
.m1   Mehrkanalstimulator, vollimplantierbar, nicht wiederaufladbar

5-039.n   Implantation eines Neurostimulators zur epiduralen Rückenmarkstimulation ohne Implantation einer Neurostimulationselektrode
Inkl.:   Ersteinstellung
Exkl.:   Implantation oder Wechsel eines Neurostimulators zur epiduralen Rückenmarkstimulation mit Implantation oder Wechsel einer Neurostimulationselektrode (5-039.e ff.)
Wechsel eines Neurostimulators zur epiduralen Rückenmarkstimulation ohne Wechsel einer Neurostimulationselektrode (5-039.f ff.)
Hinw.:   Der Zugang ist hier nicht gesondert zu kodieren
Ein Kode aus diesem Bereich ist zu verwenden bei zweizeitiger Implantation einer Neurostimulationselektrode und eines Neurostimulators zur epiduralen Rückenmarkstimulation für die Implantation des Neurostimulators während des zweiten stationären Aufenthaltes
.n0   Einkanalstimulator, vollimplantierbar, nicht wiederaufladbar
.n1   Mehrkanalstimulator, vollimplantierbar, nicht wiederaufladbar
.n2   Mehrkanalstimulator, vollimplantierbar, mit wiederaufladbare<u>m Akkumulator</u>

5-039.p Implantation eines Neurostimulators zur Vorderwurzelstimulation ohne Implantation einer subduralen Elektrode
Inkl.: Ersteinstellung
Exkl.: Implantation oder Wechsel eines Neurostimulators zur Vorderwurzelstimulation mit Implantation oder Wechsel einer subduralen Elektrode (5-039.g)
Wechsel eines Neurostimulators zur Vorderwurzelstimulation ohne Wechsel einer subduralen Elektrode (5-039.h)
Hinw.: Die durchgeführte Deafferenzierung ist gesondert zu kodieren (5-034.7)
Der Zugang ist hier nicht gesondert zu kodieren
Dieser Kode ist zu verwenden bei zweizeitiger Implantation einer subduralen Elektrode und eines Neurostimulators zur Vorderwurzelstimulation für die Implantation des Neurostimulators während des zweiten stationären Aufenthaltes

5-039.q Implantation eines Neurostimulators zur Stimulation von Spinalganglien ohne Implantation einer Neurostimulationselektrode
Inkl.: Ersteinstellung
Exkl.: Implantation oder Wechsel eines Neurostimulators zur Stimulation von Spinalganglien mit Implantation oder Wechsel einer Neurostimulationselektrode (5-039.k ff.)
Wechsel eines Neurostimulators zur Stimulation von Spinalganglien ohne Wechsel einer Neurostimulationselektrode (5-039.m ff.)
Hinw.: Der Zugang ist hier nicht gesondert zu kodieren
Ein Kode aus diesem Bereich ist zu verwenden bei zweizeitiger Implantation einer Neurostimulationselektrode und eines Neurostimulators zur Stimulation von Spinalganglien für die Implantation des Neurostimulators während des zweiten stationären Aufenthaltes

.q0 Einkanalstimulator, vollimplantierbar, nicht wiederaufladbar
.q1 Mehrkanalstimulator, vollimplantierbar, nicht wiederaufladbar

5-039.x Sonstige
5-039.y N.n.bez.

5-04 Operationen an Nerven und Nervenganglien

Exkl.: Operationen an intrakraniellen Anteilen von Hirnnerven und intrakraniellen Ganglien (5-017 ff.)
Operationen an intraspinalen Anteilen von Rückenmarknerven und intraspinalen Ganglien (5-035.6, 5-035.7)

5-040 Inzision von Nerven
Inkl.: Inzision von Nervenganglien

5-040.0 ↔ Hirnnerven extrakraniell
5-040.1 ↔ Plexus brachialis
5-040.2 ↔ Nerven Schulter
5-040.3 ↔ Nerven Arm
5-040.4 ↔ Nerven Hand
5-040.5   Nerven Rumpf
5-040.6 ↔ Plexus lumbosacralis
5-040.7 ↔ Nerven Leiste und Beckenboden
5-040.8 ↔ Nerven Bein
5-040.9 ↔ Nerven Fuß
5-040.x ↔ Sonstige
5-040.y   N.n.bez.

5-041 Exzision und Destruktion von (erkranktem) Gewebe von Nerven
Inkl.: Exzision und Destruktion an Nervenganglien

5-041.0 ↔ Hirnnerven extrakraniell
5-041.1 ↔ Plexus brachialis
5-041.2 ↔ Nerven Schulter
5-041.3 ↔ Nerven Arm

Kapitel 5: Operationen

5-041.4 ↔ Nerven Hand
5-041.5   Nerven Rumpf
5-041.6 ↔ Plexus lumbosacralis
5-041.7 ↔ Nerven Leiste und Beckenboden
5-041.8 ↔ Nerven Bein
5-041.9 ↔ Nerven Fuß
5-041.x ↔ Sonstige
5-041.y   N.n.bez.

5-042   Exzision eines Nerven zur Transplantation
5-042.0 ↔ N. suralis, freies Transplantat
5-042.1 ↔ Plexus cervicalis, freies Transplantat
5-042.2 ↔ N. suralis, gefäßgestieltes Transplantat
5-042.3 ↔ N. saphenus, gefäßgestieltes Transplantat
5-042.4 ↔ N. obturatorius, gefäßgestieltes Transplantat
5-042.5 ↔ N. spinalis, gefäßgestieltes Transplantat
5-042.x ↔ Sonstige
5-042.y   N.n.bez.

5-043   Sympathektomie
5-043.0   Zervikal
5-043.1   Thorakal
5-043.2   Lumbosakral
5-043.x   Sonstige
5-043.y   N.n.bez.

5-044   Epineurale Naht eines Nerven und Nervenplexus, primär
5-044.0 ↔ Hirnnerven extrakraniell
5-044.1 ↔ Plexus brachialis
5-044.2 ↔ Nerven Schulter
5-044.3 ↔ Nerven Arm
5-044.4 ↔ Nerven Hand
5-044.5   Nerven Rumpf
5-044.6 ↔ Plexus lumbosacralis
5-044.7 ↔ Nerven Leiste und Beckenboden
5-044.8 ↔ Nerven Bein
5-044.9 ↔ Nerven Fuß
5-044.x ↔ Sonstige
5-044.y   N.n.bez.

5-045   Interfaszikuläre Naht eines Nerven und Nervenplexus, primär
5-045.0 ↔ Hirnnerven extrakraniell
5-045.1 ↔ Plexus brachialis
5-045.2 ↔ Nerven Schulter
5-045.3 ↔ Nerven Arm
5-045.4 ↔ Nerven Hand
5-045.5   Nerven Rumpf
5-045.6 ↔ Plexus lumbosacralis
5-045.7 ↔ Nerven Leiste und Beckenboden

5-045.8 ↔ Nerven Bein
5-045.9 ↔ Nerven Fuß
5-045.x ↔ Sonstige
5-045.y   N.n.bez.

5-046   **Epineurale Naht eines Nerven und Nervenplexus, sekundär**

5-046.0 ↔ Hirnnerven extrakraniell
5-046.1 ↔ Plexus brachialis
5-046.2 ↔ Nerven Schulter
5-046.3 ↔ Nerven Arm
5-046.4 ↔ Nerven Hand
5-046.5   Nerven Rumpf
5-046.6 ↔ Plexus lumbosacralis
5-046.7 ↔ Nerven Leiste und Beckenboden
5-046.8 ↔ Nerven Bein
5-046.9 ↔ Nerven Fuß
5-046.x ↔ Sonstige
5-046.y   N.n.bez.

5-047   **Interfaszikuläre Naht eines Nerven und Nervenplexus, sekundär**

5-047.0 ↔ Hirnnerven extrakraniell
5-047.1 ↔ Plexus brachialis
5-047.2 ↔ Nerven Schulter
5-047.3 ↔ Nerven Arm
5-047.4 ↔ Nerven Hand
5-047.5   Nerven Rumpf
5-047.6 ↔ Plexus lumbosacralis
5-047.7 ↔ Nerven Leiste und Beckenboden
5-047.8 ↔ Nerven Bein
5-047.9 ↔ Nerven Fuß
5-047.x ↔ Sonstige
5-047.y   N.n.bez.

5-048   **Epineurale Naht eines Nerven und Nervenplexus mit Transplantation**
Hinw.: Die Entnahme eines Nerventransplantates ist gesondert zu kodieren (5-042 ff.)

5-048.0 ↔ Hirnnerven extrakraniell
5-048.1 ↔ Plexus brachialis
5-048.2 ↔ Nerven Schulter
5-048.3 ↔ Nerven Arm
5-048.4 ↔ Nerven Hand
5-048.5   Nerven Rumpf
5-048.6 ↔ Plexus lumbosacralis
5-048.7 ↔ Nerven Leiste und Beckenboden
5-048.8 ↔ Nerven Bein
5-048.9 ↔ Nerven Fuß
5-048.x ↔ Sonstige
5-048.y   N.n.bez.

Kapitel 5: Operationen

5-049 **Interfaszikuläre Naht eines Nerven und Nervenplexus mit Transplantation**
Hinw.: Die Entnahme eines Nerventransplantates ist gesondert zu kodieren (5-042 ff.)

5-049.0 ↔ Hirnnerven extrakraniell
5-049.1 ↔ Plexus brachialis
5-049.2 ↔ Nerven Schulter
5-049.3 ↔ Nerven Arm
5-049.4 ↔ Nerven Hand
5-049.5   Nerven Rumpf
5-049.6 ↔ Plexus lumbosacralis
5-049.7 ↔ Nerven Leiste und Beckenboden
5-049.8 ↔ Nerven Bein
5-049.9 ↔ Nerven Fuß
5-049.x ↔ Sonstige
5-049.y   N.n.bez.

5-04a **Perkutane Sympathikolyse mit Steuerung durch bildgebende Verfahren**
5-04a.0   Zervikal
5-04a.1   Thorakal
5-04a.2   Lumbosakral

5-05 Andere Operationen an Nerven und Nervenganglien
Exkl.: Operationen an intrakraniellen Anteilen von Hirnnerven und intrakraniellen Ganglien (5-017 ff.)
Operationen an intraspinalen Anteilen von Rückenmarknerven und intraspinalen Ganglien (5-035.6, 5-035.7)

5-050 **Epineurale Naht eines Nerven und Nervenplexus mit Transposition, primär**
Exkl.: Transposition im Rahmen einer Neurolyse und Dekompression (5-057 ff.)

5-050.0 ↔ Hirnnerven extrakraniell
5-050.1 ↔ Plexus brachialis
5-050.2 ↔ Nerven Schulter
5-050.3 ↔ Nerven Arm
5-050.4 ↔ Nerven Hand
5-050.5   Nerven Rumpf
5-050.6 ↔ Plexus lumbosacralis
5-050.7 ↔ Nerven Leiste und Beckenboden
5-050.8 ↔ Nerven Bein
5-050.9 ↔ Nerven Fuß
5-050.x ↔ Sonstige
5-050.y   N.n.bez.

5-051 **Interfaszikuläre Naht eines Nerven und Nervenplexus mit Transposition, primär**
Exkl.: Transposition im Rahmen einer Neurolyse und Dekompression (5-057 ff.)

5-051.0 ↔ Hirnnerven extrakraniell
5-051.1 ↔ Plexus brachialis
5-051.2 ↔ Nerven Schulter
5-051.3 ↔ Nerven Arm
5-051.4 ↔ Nerven Hand
5-051.5   Nerven Rumpf
5-051.6 ↔ Plexus lumbosacralis
5-051.7 ↔ Nerven Leiste und Beckenboden

5-051.8 ↔ Nerven Bein
5-051.9 ↔ Nerven Fuß
5-051.x ↔ Sonstige
5-051.y   N.n.bez.

5-052   Epineurale Naht eines Nerven und Nervenplexus mit Transposition, sekundär
Exkl.: Transposition im Rahmen einer Neurolyse und Dekompression (5-057 ff.)

5-052.0 ↔ Hirnnerven extrakraniell
5-052.1 ↔ Plexus brachialis
5-052.2 ↔ Nerven Schulter
5-052.3 ↔ Nerven Arm
5-052.4 ↔ Nerven Hand
5-052.5   Nerven Rumpf
5-052.6 ↔ Plexus lumbosacralis
5-052.7 ↔ Nerven Leiste und Beckenboden
5-052.8 ↔ Nerven Bein
5-052.9 ↔ Nerven Fuß
5-052.x ↔ Sonstige
5-052.y   N.n.bez.

5-053   Interfaszikuläre Naht eines Nerven und Nervenplexus mit Transposition, sekundär
Exkl.: Transposition im Rahmen einer Neurolyse und Dekompression (5-057 ff.)

5-053.0 ↔ Hirnnerven extrakraniell
5-053.1 ↔ Plexus brachialis
5-053.2 ↔ Nerven Schulter
5-053.3 ↔ Nerven Arm
5-053.4 ↔ Nerven Hand
5-053.5   Nerven Rumpf
5-053.6 ↔ Plexus lumbosacralis
5-053.7 ↔ Nerven Leiste und Beckenboden
5-053.8 ↔ Nerven Bein
5-053.9 ↔ Nerven Fuß
5-053.x ↔ Sonstige
5-053.y   N.n.bez.

5-054   Epineurale Naht eines Nerven und Nervenplexus mit Transplantation und Transposition
Hinw.: Die Entnahme eines Nerventransplantates ist gesondert zu kodieren (5-042 ff.)

5-054.0 ↔ Hirnnerven extrakraniell
5-054.1 ↔ Plexus brachialis
5-054.2 ↔ Nerven Schulter
5-054.3 ↔ Nerven Arm
5-054.4 ↔ Nerven Hand
5-054.5   Nerven Rumpf
5-054.6 ↔ Plexus lumbosacralis
5-054.7 ↔ Nerven Leiste und Beckenboden
5-054.8 ↔ Nerven Bein
5-054.9 ↔ Nerven Fuß
5-054.x ↔ Sonstige
5-054.y   N.n.bez.

Kapitel 5: Operationen

5-055 **Interfaszikuläre Naht eines Nerven und Nervenplexus mit Transplantation und Transposition**
Hinw.: Die Entnahme eines Nerventransplantates ist gesondert zu kodieren (5-042 ff.)

5-055.0 ↔ Hirnnerven extrakraniell
5-055.1 ↔ Plexus brachialis
5-055.2 ↔ Nerven Schulter
5-055.3 ↔ Nerven Arm
5-055.4 ↔ Nerven Hand
5-055.5   Nerven Rumpf
5-055.6 ↔ Plexus lumbosacralis
5-055.7 ↔ Nerven Leiste und Beckenboden
5-055.8 ↔ Nerven Bein
5-055.9 ↔ Nerven Fuß
5-055.x ↔ Sonstige
5-055.y   N.n.bez.

5-056 **Neurolyse und Dekompression eines Nerven**
Inkl.: Neurolyse und Dekompression eines Nervenganglions

5-056.0 ↔ Hirnnerven extrakraniell
5-056.1 ↔ Plexus brachialis
5-056.2 ↔ Nerven Schulter
5-056.3 ↔ Nerven Arm
5-056.4   Nerven Hand
    .40 ↔ Offen chirurgisch
    .41 ↔ Endoskopisch
    .4x ↔ Sonstige
5-056.5   Nerven Rumpf
5-056.6 ↔ Plexus lumbosacralis
5-056.7 ↔ Nerven Leiste und Beckenboden
5-056.8 ↔ Nerven Bein
5-056.9 ↔ Nerven Fuß
5-056.x ↔ Sonstige
5-056.y   N.n.bez.

5-057 **Neurolyse und Dekompression eines Nerven mit Transposition**
Inkl.: Neurolyse und Dekompression eines Nervenganglions mit Transposition

5-057.0 ↔ Hirnnerven extrakraniell
5-057.1 ↔ Plexus brachialis
5-057.2 ↔ Nerven Schulter
5-057.3 ↔ Nerven Arm
5-057.4 ↔ Nerven Hand
5-057.5   Nerven Rumpf
5-057.6 ↔ Plexus lumbosacralis
5-057.7 ↔ Nerven Leiste und Beckenboden
5-057.8 ↔ Nerven Bein
5-057.9 ↔ Nerven Fuß
5-057.x ↔ Sonstige
5-057.y   N.n.bez.

5-058 Andere Rekonstruktion eines Nerven und Nervenplexus

5-058.0 ↔ Hypoglosso-faziale Anastomose
5-058.1 ↔ Akzessorio-faziale Anastomose
5-058.2   Fazio-faziale Anastomose
5-058.3   Interkosto-faszikuläre Anastomose
5-058.4   Rekonstruktion mittels Nervenröhrchen (Nerven-Conduit)
  .40 ↔ Nerven Arm
  .41 ↔ Nerven Hand
  .42 ↔ Nerven Bein
  .43 ↔ Nerven Fuß
  .4x ↔ Sonstige
5-058.x ↔ Sonstige
5-058.y   N.n.bez.

5-059 Andere Operationen an Nerven und Ganglien

5-059.1   Revision eines Neurostimulators zur Stimulation des peripheren Nervensystems
5-059.2   Entfernung eines Neurostimulators zur Stimulation des peripheren Nervensystems
5-059.3   Entfernung eines Nerventransplantates
5-059.5   Implantation einer peripheren Neuroprothese
  .50   Zur Elektrostimulation der motorischen Anteile des N. peronaeus communis
  .5x   Sonstige
5-059.6   Revision einer peripheren Neuroprothese
5-059.7   Entfernung einer peripheren Neuroprothese
5-059.8   Implantation oder Wechsel von Neurostimulationselektroden zur Stimulation des peripheren Nervensystems
  .80   Implantation einer temporären Elektrode zur Teststimulation
  .81   Implantation mehrerer temporärer Elektroden zur Teststimulation
  .82   Implantation oder Wechsel einer permanenten Elektrode
  .83   Implantation oder Wechsel mehrerer permanenter Elektroden
  .84   Implantation oder Wechsel einer Vagusnervstimulator-Elektrode
    Inkl.: Implantation oder Wechsel einer kardialen Vagusnervstimulator-Elektrode
  .85 ↔ Implantation oder Wechsel einer Elektrode für ein System zur Barorezeptoraktivierung
  .86   Implantation oder Wechsel einer Elektrode für ein System zur Hypoglossusnerv-Stimulation
    Inkl.: Implantation oder Wechsel eines interkostalen Drucksensors zur Detektion des Atemsignals
    Hinw.: Die Erst- oder Neueinstellung des Systems ist gesondert zu kodieren (8-631.3)
  .87   Implantation oder Wechsel einer Elektrode für ein System zur Phrenikusnerv-Stimulation
  .88   Implantation oder Wechsel einer Elektrode zur Stimulation mit einem extrakorporalen Neurostimulator, perkutan
5-059.9   Revision von Neurostimulationselektroden zur Stimulation des peripheren Nervensystems
  .90   Eine Elektrode
  .91   Mehrere Elektroden
  .92   Vagusnervstimulator-Elektroden
    Inkl.: Revision einer kardialen Vagusnervstimulator-Elektrode
  .93 ↔ Elektrode für ein System zur Barorezeptoraktivierung
  .94   Elektrode für ein System zur Hypoglossusnerv-Stimulation
    Inkl.: Revision eines interkostalen Drucksensors zur Detektion des Atemsignals
    Hinw.: Die Neueinstellung des Systems ist gesondert zu kodieren (8-631.3)
  .95   Elektrode für ein System zur Phrenikusnerv-Stimulation
5-059.a   Entfernung von Neurostimulationselektroden zur Stimulation des peripheren Nervensystems
  .a0   Eine Elektrode
  .a1   Mehrere Elektroden
  .a2   Vagusnervstimulator-Elektroden
    Inkl.: Entfernung einer kardialen Vagusnervstimulator-Elektrode
  .a3 ↔ Elektrode für ein System zur Barorezeptoraktivierung

Kapitel 5: Operationen

.a4 Elektrode für ein System zur Hypoglossusnerv-Stimulation
 Inkl.: Entfernung eines interkostalen Drucksensors zur Detektion des Atemsignals
.a5 Elektrode für ein System zur Phrenikusnerv-Stimulation

5-059.b Anwendung eines Endoskopiesystems
 Hinw.: Dieser Kode ist ein Zusatzkode für alle Eingriffe am Nervensystem. Die durchgeführten Eingriffe sind gesondert zu kodieren
 Dieser Kode ist nur anzugeben, wenn der Kode für den Eingriff diese Information nicht enthält

5-059.c Implantation oder Wechsel eines Neurostimulators zur Stimulation des peripheren Nervensystems mit Implantation oder Wechsel einer Neurostimulationselektrode
 Inkl.: Ersteinstellung
 Exkl.: Wechsel eines Neurostimulators zur Stimulation des peripheren Nervensystems ohne Wechsel einer Neurostimulationselektrode (5-059.d ff.)
 Implantation eines Neurostimulators zur Stimulation des peripheren Nervensystems ohne Implantation einer Neurostimulationselektrode (5-059.g ff.)
 Anlegen oder Wechsel eines extrakorporalen Neurostimulators (8-631.5)
 Hinw.: Die Implantation oder der Wechsel der Neurostimulationselektrode zur Stimulation des peripheren Nervensystems sind gesondert zu kodieren (5-059.8 ff.)
 Ein Kode aus diesem Bereich ist auch zu verwenden bei zweizeitiger Implantation einer Neurostimulationselektrode und eines Neurostimulators zur Stimulation des peripheren Nervensystems während desselben stationären Aufenthaltes

.c0 Einkanalstimulator, vollimplantierbar, nicht wiederaufladbar
 Exkl.: Implantation oder Wechsel spezieller Neurostimulationssysteme (5-059.c4 bis 5-059.cb)
.c1 Mehrkanalstimulator, vollimplantierbar, nicht wiederaufladbar
 Exkl.: Implantation oder Wechsel spezieller Neurostimulationssysteme (5-059.c4 bis 5-059.cb)
.c4 Kardiales Vagusnervstimulationssystem
 Hinw.: Die Verwendung eines Neurostimulators zur Stimulation des peripheren Nervensystems mit zusätzlicher Mess- und/oder Stimulationsfunktion ist gesondert zu kodieren (5-059.h ff.)
.c6 System zur Barorezeptoraktivierung
.c7 System zur Hypoglossusnerv-Stimulation
 Hinw.: Die Erst- oder Neueinstellung ist bei diesem Verfahren gesondert zu kodieren (8-631.3)
 Die Verwendung eines Neurostimulators zur Stimulation des peripheren Nervensystems mit zusätzlicher Mess- und/oder Stimulationsfunktion ist gesondert zu kodieren (5-059.h ff.)
.c8 Vagusnervstimulationssystem
 Exkl.: Kardiales Vagusnervstimulationssystem (5-059.c4)
 Hinw.: Die Verwendung eines Neurostimulators zur Stimulation des peripheren Nervensystems mit zusätzlicher Mess- und/oder Stimulationsfunktion ist gesondert zu kodieren (5-059.h ff.)
.cb System zur Phrenikusnerv-Stimulation
 Hinw.: Die Erst- oder Neueinstellung ist bei diesem Verfahren gesondert zu kodieren (8-631.4)
.cc Mehrkanalstimulator, vollimplantierbar, mit wiederaufladbarem Akkumulator
 Exkl.: Implantation oder Wechsel spezieller Neurostimulationssysteme (5-059.c4 bis 5-059.cb)
.cd Mehrkanalstimulator, vollimplantierbar, mit induktiver Energieübertragung
 Exkl.: Implantation oder Wechsel spezieller Neurostimulationssysteme (5-059.c4 bis 5-059.cb)

5-059.d Wechsel eines Neurostimulators zur Stimulation des peripheren Nervensystems ohne Wechsel einer Neurostimulationselektrode
 Inkl.: Ersteinstellung
 Exkl.: Implantation oder Wechsel eines Neurostimulators zur Stimulation des peripheren Nervensystems mit Implantation oder Wechsel einer Neurostimulationselektrode (5-059.c ff.)
 Implantation eines Neurostimulators zur Stimulation des peripheren Nervensystems ohne Implantation einer Neurostimulationselektrode (5-059.g ff.)

.d0 Einkanalstimulator, vollimplantierbar, nicht wiederaufladbar
 Exkl.: Wechsel spezieller Neurostimulationssysteme (5-059.d4 bis 5-059.db)
.d1 Mehrkanalstimulator, vollimplantierbar, nicht wiederaufladbar
 Exkl.: Wechsel spezieller Neurostimulationssysteme (5-059.d4 bis 5-059.db)
.d4 Kardiales Vagusnervstimulationssystem
 Hinw.: Die Verwendung eines Neurostimulators zur Stimulation des peripheren Nervensystems mit zusätzlicher Mess- und/oder Stimulationsfunktion ist gesondert zu kodieren (5-059.h ff.)
.d6 System zur Barorezeptoraktivierung

Kapitel 5: Operationen

.d7 System zur Hypoglossusnerv-Stimulation
Hinw.: Die Neueinstellung ist bei diesem Verfahren gesondert zu kodieren (8-631.3)
Die Verwendung eines Neurostimulators zur Stimulation des peripheren Nervensystems mit zusätzlicher Mess- und/oder Stimulationsfunktion ist gesondert zu kodieren (5-059.h ff.)

.d8 Vagusnervstimulationssystem
Exkl.: Kardiales Vagusnervstimulationssystem (5-059.d4)
Hinw.: Die Verwendung eines Neurostimulators zur Stimulation des peripheren Nervensystems mit zusätzlicher Mess- und/oder Stimulationsfunktion ist gesondert zu kodieren (5-059.h ff.)

.db System zur Phrenikusnerv-Stimulation
Hinw.: Die Neueinstellung ist bei diesem Verfahren gesondert zu kodieren (8-631.4)

.dc Mehrkanalstimulator, vollimplantierbar, mit wiederaufladbarem Akkumulator
Exkl.: Wechsel spezieller Neurostimulationssysteme (5-059.d4 bis 5-059.db)

.dd Mehrkanalstimulator, vollimplantierbar, mit induktiver Energieübertragung
Exkl.: Wechsel spezieller Neurostimulationssysteme (5-059.d4 bis 5-059.db)

5-059.e Isolierter Wechsel des Sensors in der rechten Herzkammer bei einem kardialen Vagusnervstimulationssystem

5-059.f Gepulste Radiofrequenzbehandlung an Ganglien
.f0 Durch Radiofrequenzkanüle
.f1 Durch Multifunktionselektrode
.fx Sonstige

5-059.g Implantation eines Neurostimulators zur Stimulation des peripheren Nervensystems ohne Implantation einer Neurostimulationselektrode
Inkl.: Ersteinstellung
Exkl.: Implantation oder Wechsel eines Neurostimulators zur Stimulation des peripheren Nervensystems mit Implantation oder Wechsel einer Neurostimulationselektrode (5-059.c ff.)
Wechsel eines Neurostimulators zur Stimulation des peripheren Nervensystems ohne Wechsel einer Neurostimulationselektrode (5-059.d ff.)
Hinw.: Ein Kode aus diesem Bereich ist zu verwenden bei zweizeitiger Implantation einer Neurostimulationselektrode und eines Neurostimulators zur Stimulation des peripheren Nervensystems für die Implantation des Neurostimulators während des zweiten stationären Aufenthaltes

.g0 Einkanalstimulator, vollimplantierbar, nicht wiederaufladbar
.g1 Mehrkanalstimulator, vollimplantierbar, nicht wiederaufladbar
.g3 Mehrkanalstimulator, vollimplantierbar, mit wiederaufladbarem Akkumulator
.g4 Mehrkanalstimulator, vollimplantierbar, mit induktiver Energieübertragung

5-059.h Verwendung eines Neurostimulators zur Stimulation des peripheren Nervensystems mit zusätzlicher Mess- und/oder Stimulationsfunktion
Hinw.: Diese Kodes sind Zusatzkodes. Die Implantation oder der Wechsel eines Neurostimulators zur Stimulation des peripheren Nervensystems sind gesondert zu kodieren

.h0 Mit Positionierung eines Sensors in der rechten Herzkammer
.h1 Mit automatisierter täglicher Impedanzprüfung
.h2 Mit herzfrequenzgestützter Erkennung zerebraler Anfälle und automatischer Stimulation
.h3 Mit Positionierung eines interkostalen Drucksensors zur Detektion des Atemsignals
.hx Sonstige

5-059.x Sonstige
5-059.y N.n.bez.

Kapitel 5: Operationen

Operationen an endokrinen Drüsen
(5-06...5-07)

Hinw.: Die Anwendung mikrochirurgischer Technik ist, sofern nicht als eigener Kode angegeben, zusätzlich zu kodieren (5-984)
Die Anwendung von Lasertechnik ist, sofern nicht als eigener Kode angegeben, zusätzlich zu kodieren (5-985 ff.)
Die Durchführung der Operation im Rahmen der Versorgung einer Mehrfachverletzung ist zusätzlich zu kodieren (5-981)
Die Durchführung der Operation im Rahmen der Versorgung eines Polytraumas ist zusätzlich zu kodieren (5-982 ff.)
Die Durchführung einer Reoperation ist, sofern nicht als eigener Kode angegeben, zusätzlich zu kodieren (5-983)
Der vorzeitige Abbruch einer Operation ist zusätzlich zu kodieren (5-995)

5-06 **Operationen an Schilddrüse und Nebenschilddrüse**
Hinw.: Eine durchgeführte Neck dissection ist gesondert zu kodieren (5-403 ff.)

5-060 **Inzision im Gebiet der Schilddrüse**
5-060.0 Ohne weitere Maßnahmen
5-060.1 Drainage
5-060.2 Exploration
Inkl.: Biopsie der Schilddrüse
5-060.3 Revision der Operationswunde
5-060.x Sonstige
5-060.y N.n.bez.

5-061 **Hemithyreoidektomie**
Hinw.: Eine durchgeführte Neck dissection ist gesondert zu kodieren (5-403 ff.)
Das Monitoring des N. recurrens ist gesondert zu kodieren (5-069.4 ff.)
5-061.0 Ohne Parathyreoidektomie
5-061.2 Mit Parathyreoidektomie
5-061.x Sonstige
5-061.y N.n.bez.

5-062 **Andere partielle Schilddrüsenresektion**
Hinw.: Das Monitoring des N. recurrens ist gesondert zu kodieren (5-069.4 ff.)
5-062.0 ↔ Exzision von erkranktem Gewebe
5-062.1 ↔ Exzision eines Knotens
5-062.4 Subtotale Resektion, einseitig mit Exzision eines Knotens der Gegenseite
5-062.5 Subtotale Resektion, einseitig mit Hemithyreoidektomie der Gegenseite
5-062.6 ↔ Reexploration mit partieller Resektion
5-062.7 Resektion des Isthmus
5-062.8 ↔ Subtotale Resektion
5-062.x Sonstige
5-062.y N.n.bez.

5-063 **Thyreoidektomie**
Hinw.: Eine durchgeführte Neck dissection ist gesondert zu kodieren (5-403 ff.)
Das Monitoring des N. recurrens ist gesondert zu kodieren (5-069.4 ff.)
5-063.0 Ohne Parathyreoidektomie
5-063.2 Mit Parathyreoidektomie
5-063.4 Reexploration mit Thyreoidektomie
5-063.x Sonstige
5-063.y N.n.bez.

Kapitel 5: Operationen

5-064 Operationen an der Schilddrüse durch Sternotomie
Hinw.: Eine durchgeführte Neck dissection ist gesondert zu kodieren (5-403 ff.)
Das Monitoring des N. recurrens ist gesondert zu kodieren (5-069.4 ff.)

5-064.0 ↔ Exzision von erkranktem Gewebe
5-064.1 ↔ Subtotale Resektion
5-064.2 Hemithyreoidektomie
5-064.3 Thyreoidektomie
5-064.x Sonstige
5-064.y N.n.bez.

5-065 Exzision des Ductus thyreoglossus

5-065.0 Exzision einer medianen Halszyste, ohne Resektion des medialen Zungenbeines
5-065.1 Exzision einer medianen Halszyste, mit Resektion des medialen Zungenbeines
5-065.2 Exzision einer medianen Halsfistel, ohne Resektion des medialen Zungenbeines
5-065.3 Exzision einer medianen Halsfistel, mit Resektion des medialen Zungenbeines
5-065.4 Sekundärer Eingriff, ohne Resektion des medialen Zungenbeines
5-065.5 Sekundärer Eingriff, mit Resektion des medialen Zungenbeines
5-065.x Sonstige
5-065.y N.n.bez.

5-066 Partielle Nebenschilddrüsenresektion
Hinw.: Das Monitoring des N. recurrens ist gesondert zu kodieren (5-069.4 ff.)

5-066.0 ↔ Exzision von erkranktem Gewebe
5-066.1 ↔ Reexploration mit partieller Resektion
5-066.x ↔ Sonstige
5-066.y N.n.bez.

5-067 Parathyreoidektomie
Hinw.: Das Monitoring des N. recurrens ist gesondert zu kodieren (5-069.4 ff.)

5-067.0 Ohne Replantation
5-067.1 Mit Replantation (Autotransplantation)
5-067.y N.n.bez.

5-068 Operationen an der Nebenschilddrüse durch Sternotomie
Hinw.: Das Monitoring des N. recurrens ist gesondert zu kodieren (5-069.4 ff.)

5-068.0 Exzision von erkranktem Gewebe
5-068.1 Parathyreoidektomie ohne Replantation
5-068.2 Parathyreoidektomie mit Replantation (Autotransplantation)
5-068.x Sonstige
5-068.y N.n.bez.

5-069 Andere Operationen an Schilddrüse und Nebenschilddrüsen

5-069.0 Naht (nach Verletzung)
    .00 Schilddrüse
    .01 Nebenschilddrüse
5-069.1 Plastische Rekonstruktion
    .10 Schilddrüse
    .11 Nebenschilddrüse
5-069.2 Exzision einer Zungengrundschilddrüse
    .20 Transoral
    .21 Transzervikal, ohne Resektion des medialen Zungenbeines
    .22 Transzervikal, mit Resektion des medialen Zungenbeines
    .2x Sonstige

Kapitel 5: Operationen

5-069.3 Replantation einer Nebenschilddrüse
.30 Orthotop
.31 Heterotop (z.B. Oberarm)

5-069.4 Monitoring des N. recurrens im Rahmen einer anderen Operation
.40 Nicht kontinuierlich [IONM]
.41 Kontinuierlich [CIONM]

5-069.x Sonstige

5-069.y N.n.bez.

5-07 Operationen an anderen endokrinen Drüsen
Hinw.: Der Zugang ist für die Kodes 5-071 ff. bis 5-073 ff. nach folgender Liste zu kodieren:
- 0 ↔ Offen chirurgisch lumbal
- 1 ↔ Offen chirurgisch abdominal
- 2 ↔ Thorakoabdominal
- 3 ↔ Laparoskopisch
- x ↔ Sonstige

5-070 Exploration der (Umgebung der) Nebenniere

5-070.2 ↔ Offen chirurgisch lumbal

5-070.3 ↔ Offen chirurgisch abdominal

5-070.4 ↔ Thorakoabdominal

5-070.5 ↔ Laparoskopisch

5-070.x ↔ Sonstige

5-070.y N.n.bez.

5-071 Partielle Adrenalektomie
Hinw.: Der Zugang ist in der 6. Stelle nach der Liste vor Kode 5-070 zu kodieren

** 5-071.0 Exzision von erkranktem Gewebe

** 5-071.4 Partielle Adrenalektomie

** 5-071.x Sonstige

5-071.y N.n.bez.

5-072 Adrenalektomie
Hinw.: Der Zugang ist in der 6. Stelle nach der Liste vor Kode 5-070 zu kodieren

** 5-072.0 Ohne Ovariektomie

** 5-072.1 Mit Ovariektomie

** 5-072.2 Rest-Adrenalektomie

** 5-072.x Sonstige

5-072.y N.n.bez.

5-073 Andere Operationen an der Nebenniere
Hinw.: Der Zugang ist in der 6. Stelle für die mit ** gekennzeichneten Kodes nach der Liste vor Kode 5-070 zu kodieren

** 5-073.0 Inzision
Inkl.: Mit Drainage

** 5-073.1 Plastische Rekonstruktion

** 5-073.2 Reimplantation von Nebennierengewebe (Autotransplantation)

5-073.4 Destruktion
.40 Durch Radiofrequenzablation
.41 Durch Mikrowellenablation
.42 Durch irreversible Elektroporation
.4x Sonstige

** 5-073.x Sonstige

5-073.y N.n.bez.

Kapitel 5: Operationen

5-074 **Exzision und Resektion von erkranktem Gewebe des Corpus pineale**
5-074.0 Ohne Präparation von infiltriertem Nachbargewebe
5-074.1 Mit Präparation von infiltriertem Nachbargewebe
5-074.y N.n.bez.

5-075 **Exzision und Resektion von erkranktem Gewebe der Hypophyse**
Hinw.: Der Zugang ist gesondert zu kodieren (5-010 ff., 5-011 ff.)
Die Anwendung eines Endoskopiesystems ist gesondert zu kodieren (5-059.b)
5-075.0 Intrasellär, partiell
5-075.1 Intrasellär, total
5-075.2 Extrasellär
5-075.3 Extrasellär mit Präparation von infiltriertem Nachbargewebe
5-075.4 Kombiniert intra- und extrasellär
5-075.x Sonstige
5-075.y N.n.bez.

5-076 **Andere Operationen an der Hypophyse**

5-077 **Exzision und Resektion des Thymus**
5-077.0 Exzision, durch Mediastinoskopie
5-077.1 Exzision, durch Thorakotomie
5-077.2 Exzision, durch Sternotomie
5-077.3 Exzision, durch kollare Mediastinotomie
5-077.4 Resektion
5-077.5 Exzision, durch Thorakoskopie
5-077.x Sonstige
5-077.y N.n.bez.

5-078 **Andere Operationen am Thymus**
5-078.0 Transplantation
5-078.x Sonstige
5-078.y N.n.bez.

5-079 **Operationen an anderen endokrinen Drüsen**
Exkl.: Operation an Glomus caroticum und anderen Paraganglien (5-398 ff.)
Operationen am Pankreas (5-52)
Operationen am Hoden (5-62)
Operationen am Ovar (5-65)

Operationen an den Augen
(5-08...5-16)

Hinw.: Die Anwendung mikrochirurgischer Technik ist, sofern nicht als eigener Kode angegeben, zusätzlich zu kodieren (5-984)
Die Anwendung von Lasertechnik ist, sofern nicht als eigener Kode angegeben, zusätzlich zu kodieren (5-985 ff.)
Die Anwendung von minimalinvasiver Technik ist, sofern nicht als eigener Kode angegeben, zusätzlich zu kodieren (5-986 ff.)
Die Durchführung der Operation im Rahmen der Versorgung einer Mehrfachverletzung ist zusätzlich zu kodieren (5-981)
Die Durchführung der Operation im Rahmen der Versorgung eines Polytraumas ist zusätzlich zu kodieren (5-982 ff.)
Die Durchführung einer Reoperation ist, sofern nicht als eigener Kode angegeben, zusätzlich zu kodieren (5-983)
Der vorzeitige Abbruch einer Operation ist zusätzlich zu kodieren (5-995)

5-08   Operationen an Tränendrüse und Tränenwegen
Exkl.: Therapeutische Spülung des Auges (8-170)
Hinw.: Eingriffe am Auge ohne näher bezeichnete Lokalisation sind unter (5-16) zu kodieren

5-080   Inzision der Tränendrüse

5-080.0 ↔ Ohne weitere Maßnahmen

5-080.2 ↔ Drainage

5-080.x ↔ Sonstige

5-080.y N.n.bez.

5-081   Exzision von (erkranktem) Gewebe der Tränendrüse

5-081.0 ↔ Partielle Exzision

5-081.1 ↔ Komplette Exzision

5-081.x ↔ Sonstige

5-081.y N.n.bez.

5-082   Andere Operationen an der Tränendrüse

5-082.0 ↔ Refixation

5-082.x ↔ Sonstige

5-082.y N.n.bez.

5-084   Inzision von Tränensack und sonstigen Tränenwegen

5-084.0   Tränensack
  .00 ↔ Ohne weitere Maßnahmen
  .01 ↔ Entfernung eines Fremdkörpers oder Steines
  .02 ↔ Drainage
  .0x ↔ Sonstige

5-084.1   Sonstige Tränenwege
  .10 ↔ Ohne weitere Maßnahmen
  .11 ↔ Entfernung eines Fremdkörpers oder Steines
  .12 ↔ Drainage
  .1x ↔ Sonstige

5-084.y   N.n.bez.

5-085   Exzision von erkranktem Gewebe an Tränensack und sonstigen Tränenwegen

5-085.0 ↔ Tränenpunkt

5-085.1 ↔ Tränenkanal

5-085.2 ↔ Tränensack

5-085.3 ↔ Ductus nasolacrimalis

Kapitel 5: Operationen

5-085.x ↔ Sonstige
5-085.y N.n.bez.

5-086 Rekonstruktion des Tränenkanals und Tränenpunktes

5-086.0 Invertierung des Tränenpunktes
.00 ↔ Durch Thermokauterisation
.01 ↔ Durch Spindel- oder Rautenexzision
.0x ↔ Sonstige

5-086.1 ↔ Erweiterung des Tränenpunktes

5-086.2 ↔ Sonstige Rekonstruktion des Tränenpunktes

5-086.3 Rekonstruktion des Tränenkanals
.30 ↔ Mit Ringintubation
.31 ↔ Mit sonstiger Intubation
.3x ↔ Sonstige

5-086.x ↔ Sonstige
5-086.y N.n.bez.

5-087 Dakryozystorhinostomie

5-087.0 Transkutan
.00 ↔ Ohne Intubation
.01 ↔ Mit Intubation
.0x ↔ Sonstige

5-087.1 ↔ Endonasal
5-087.2 ↔ Canaliculorhinostomie
5-087.x ↔ Sonstige
5-087.y N.n.bez.

5-088 Andere Rekonstruktion der Tränenwege

5-088.0 Konjunktivorhinostomie
.00 ↔ Mit Schleimhautplastik
.01 ↔ Mit Röhrchen
.0x ↔ Sonstige

5-088.1 Konjunktivodakryozystostomie
.10 ↔ Mit Schleimhautplastik
.11 ↔ Mit Röhrchen
.1x ↔ Sonstige

5-088.2 ↔ Rekonstruktion des Ductus nasolacrimalis
5-088.3 ↔ Endoskopische Rekonstruktion
5-088.4 ↔ Stent-Implantation
5-088.x ↔ Sonstige
5-088.y N.n.bez.

5-089 Andere Operationen an den Tränenwegen

5-089.0 Verschluss eines Tränenpunktes
.00 ↔ Temporär
.01 ↔ Permanent

5-089.1 ↔ Wechsel eines Röhrchens
Inkl.: Repositionierung

5-089.2 ↔ Entfernung eines Röhrchens
5-089.3 ↔ Entfernung einer Tränenwegsintubation
5-089.4 ↔ Entfernung eines temporären Verschlusses des Tränenpunktes
5-089.x ↔ Sonstige
5-089.y N.n.bez.

5-09 Operationen an den Augenlidern
Exkl.: Operationen an den Augenlidern bei Verbrennungen (5-92)

5-090 Inzision des (erkrankten) Augenlides
Exkl.: Kanthotomie (5-092.3)
Biopsie am Augenlid durch Inzision (1-520)

5-090.0 ↔ Ohne weitere Maßnahmen
5-090.1 ↔ Kürettage
5-090.2 ↔ Drainage
5-090.3 ↔ Fremdkörperentfernung
5-090.x ↔ Sonstige
5-090.y N.n.bez.

5-091 Exzision und Destruktion von (erkranktem) Gewebe des Augenlides
Hinw.: Unter mikrographischer Chirurgie (histographisch kontrolliert) werden Eingriffe verstanden, bei denen die Exzision des Tumors mit topographischer Markierung und anschließender Aufarbeitung der gesamten Exzidataußenfläche/-grenze erfolgt

5-091.0 Oberflächliche Exzision
.00 ↔ Ohne Beteiligung der Lidkante
.01 ↔ Mit Beteiligung der Lidkante

5-091.1 Oberflächliche Exzision, histographisch kontrolliert (mikrographische Chirurgie)
.10 ↔ Ohne Beteiligung der Lidkante
.11 ↔ Mit Beteiligung der Lidkante

5-091.2 Tiefe Exzision
.20 ↔ Ohne Beteiligung der Lidkante
.21 ↔ Mit Beteiligung der Lidkante

5-091.3 Tiefe Exzision, histographisch kontrolliert (mikrographische Chirurgie)
.30 ↔ Ohne Beteiligung der Lidkante
.31 ↔ Mit Beteiligung der Lidkante

5-091.4 Destruktion
.40 ↔ Durch Thermokoagulation
.41 ↔ Durch Laserkoagulation
.42 ↔ Durch Kryokoagulation
.4x ↔ Sonstige

5-091.x ↔ Sonstige
5-091.y N.n.bez.

5-092 Operationen an Kanthus und Epikanthus

5-092.0 Tarsorrhaphie
.00 ↔ Ohne Lidkantenexzision
.01 ↔ Mit Lidkantenexzision

5-092.1 ↔ Kanthopexie, medial
5-092.2 ↔ Kanthopexie, lateral
5-092.3 ↔ Kanthotomie
5-092.4 Korrekturoperation bei Epikanthus
.40 ↔ Y-V-Plastik
.41 ↔ Doppel-Z-Plastik
.4x ↔ Sonstige

5-092.5 ↔ Eröffnen einer Tarsorrhaphie
5-092.x ↔ Sonstige
5-092.y N.n.bez.

5-093 Korrekturoperation bei Entropium und Ektropium

5-093.0 ↔ Durch Thermokoagulation
5-093.1 ↔ Durch Naht

5-093.2 ↔ Durch horizontale Verkürzung des Augenlides

5-093.3 ↔ Durch Operation an den Lidretraktoren
Hinw.: Die Entnahme eines Faszien-Transplantates ist gesondert zu kodieren (5-852.g)

5-093.4 ↔ Durch Transplantation oder Implantation

5-093.5 ↔ Durch Verschiebe- oder Schwenkplastik

5-093.6 ↔ Durch Reposition einer Lidlamelle

5-093.x ↔ Sonstige

5-093.y N.n.bez.

5-094 Korrekturoperation bei Blepharoptosis

5-094.0 ↔ Tarsusresektion

5-094.1 ↔ Levator-/Aponeurosenfaltung

5-094.2 ↔ Levator-/Aponeurosenresektion

5-094.3 ↔ Levatorreinsertion

5-094.4 ↔ Frontalissuspension

5-094.x ↔ Sonstige

5-094.y N.n.bez.

5-095 Naht des Augenlides
Exkl.: Naht der Augenbraue (5-900.04)

5-095.0 Verschluss oberflächlicher Liddefekte
.00 ↔ Ohne Beteiligung der Lidkante
.01 ↔ Mit Beteiligung der Lidkante

5-095.1 Verschluss tiefer Liddefekte
.10 ↔ Ohne Beteiligung der Lidkante
.11 ↔ Mit Beteiligung der Lidkante

5-095.2 ↔ Naht einer Avulsion

5-095.x ↔ Sonstige

5-095.y N.n.bez.

5-096 Andere Rekonstruktion der Augenlider

5-096.0 Durch Hautlappenplastik
.00 ↔ Mit Hautverschiebung
.01 ↔ Mit Hautschwenkung
.02 ↔ Mit Hautrotation
.0x ↔ Sonstige

5-096.1 Durch Verschiebeplastik der Lidkante
.10 ↔ Mit Kanthotomie
.11 ↔ Mit Bogenverschiebeplastik
.1x ↔ Sonstige

5-096.2 Durch Transplantation
.20 ↔ Haut
.21 ↔ Schleimhaut
.22 ↔ Knorpel
.23 ↔ Schleimhaut und Knorpel, kombiniert
.24 ↔ Alloplastisches Material
.2x ↔ Sonstige

5-096.3 Mit Tarsokonjunktival-Transplantat
.30 ↔ Gestielt
.31 ↔ Frei
.32 ↔ Tarsomarginal
.3x ↔ Sonstige

Kapitel 5: Operationen

5-096.4 Mit Verschiebe- und Rotationsplastik des Lides
.40 ↔ Wangenrotationsplastik
.41 ↔ Schwenklappenplastik
.42 ↔ Oberlidersatz durch Unterlidplastik
.4x ↔ Sonstige

5-096.5 Rekonstruktion des Lidwinkels
.50 ↔ Medial
.51 ↔ Lateral

5-096.6 ↔ Lideröffnung nach Lidrekonstruktion

5-096.x ↔ Sonstige

5-096.y N.n.bez.

5-097 Blepharoplastik

5-097.0 ↔ Hebung der Augenbraue

5-097.1 ↔ Blepharoplastik des Oberlides

5-097.2 ↔ Blepharoplastik des Unterlides

5-097.3 ↔ Entfernung eines Fettgewebeprolapses der Orbita

5-097.4 ↔ Oberflächenbehandlung mit Laser

5-097.x ↔ Sonstige

5-097.y N.n.bez.

5-098 Vertikale Lidverlängerung

5-098.0 Oberlidverlängerung
.00 ↔ Mit Z-Plastik
.01 ↔ Mit Transplantat
.02 ↔ Durch Rezession des Oberlidretraktors
.03 ↔ Durch Ektomie des Müller-Muskels (M. tarsalis sup.)
.0x ↔ Sonstige

5-098.1 ↔ Unterlidverlängerung

5-098.x ↔ Sonstige

5-098.y N.n.bez.

5-099 Andere Operationen am Augenlid

5-099.0 ↔ Fixation von Gewichten am Augenlid

5-099.1 ↔ Entfernung einer Naht

5-099.x ↔ Sonstige

5-099.y N.n.bez.

5-10 Operationen an den Augenmuskeln

Hinw.: Revisionsoperationen sind mit dem Kode für den jeweiligen Eingriff und dem Zusatzkode 5-983 zu kodieren
Kombinierte Operationen an mehreren Augenmuskeln sind unter 5-10k ff. zu kodieren

5-10a Verstärkende Eingriffe an einem geraden Augenmuskel

5-10a.0 ↔ Resektion

5-10a.1 ↔ Faltung

5-10a.2 ↔ Vorlagerung

5-10a.3 ↔ Kombination aus Resektion, Faltung und/oder Vorlagerung

5-10a.x ↔ Sonstige

5-10a.y N.n.bez.

5-10b Schwächende Eingriffe an einem geraden Augenmuskel

5-10b.0 ↔ Einfache Rücklagerung

5-10b.1 ↔ Rücklagerung an Schlingen
5-10b.2 ↔ Tenotomie, Myotomie, Tenektomie und/oder Myektomie
5-10b.3 ↔ Partielle Tenotomie und/oder Myotomie
5-10b.4 ↔ Rücklagerung mit Interponat
5-10b.x ↔ Sonstige
5-10b.y ↔ N.n.bez.

5-10c   Chirurgie der Abrollstrecke (Faden-Operation, Myopexie)
5-10c.0 ↔ Einfach
5-10c.1 ↔ Kombiniert mit weiteren Maßnahmen am selben Muskel
5-10c.y ↔ N.n.bez.

5-10d   Transposition eines geraden Augenmuskels
5-10d.0 ↔ Gesamter Muskel
5-10d.1 ↔ Muskelteil
5-10d.y ↔ N.n.bez.

5-10e   Andere Operationen an den geraden Augenmuskeln
5-10e.0 ↔ Adhäsiolyse
5-10e.1 ↔ Entfernen einer Muskelnaht
5-10e.2 ↔ Absetzen eines Augenmuskels
5-10e.3 ↔ Refixation eines Augenmuskels
5-10e.4 ↔ Operation mit justierbaren Fäden
5-10e.x ↔ Sonstige
5-10e.y ↔ N.n.bez.

5-10f   Verstärkende Eingriffe an einem schrägen Augenmuskel
5-10f.0 ↔ Resektion
5-10f.1 ↔ Faltung
5-10f.2 ↔ Vorlagerung
5-10f.3 ↔ Kombination aus Resektion, Faltung und/oder Vorlagerung
5-10f.x ↔ Sonstige
5-10f.y ↔ N.n.bez.

5-10g   Schwächende Eingriffe an einem schrägen Augenmuskel
5-10g.0 ↔ Einfache Rücklagerung
5-10g.1 ↔ Rücklagerung an Schlingen
5-10g.2 ↔ Tenotomie, Myotomie, Tenektomie und/oder Myektomie
5-10g.3 ↔ Partielle Tenotomie und/oder Myotomie
5-10g.x ↔ Sonstige
5-10g.y ↔ N.n.bez.

5-10h   Transposition eines schrägen Augenmuskels
5-10h.0 ↔ Gesamter Muskel
5-10h.1 ↔ Muskelteil
5-10h.y ↔ N.n.bez.

5-10j   Andere Operationen an den schrägen Augenmuskeln
5-10j.0 ↔ Adhäsiolyse
5-10j.1 ↔ Entfernen einer Muskelnaht
5-10j.2 ↔ Absetzen eines Augenmuskels

Kapitel 5: Operationen

5-10j.3 ↔ Refixation eines Augenmuskels
5-10j.x ↔ Sonstige
5-10j.y N.n.bez.

5-10k Kombinierte Operationen an den Augenmuskeln
Hinw.: Kombinierte Operationen an mehreren Augenmuskeln sind zwingend mit einem Kode aus diesem Bereich zu kodieren
Die Anzahl der operierten Augenmuskel (auch bei Operationen an beiden Augen) ist zu addieren und ein entsprechender Kode zu verwenden

5-10k.0 ↔ Operation an 2 geraden Augenmuskeln
5-10k.1 ↔ Operation an mindestens 3 geraden Augenmuskeln
5-10k.2 ↔ Operation an 2 schrägen Augenmuskeln
5-10k.3 Operation an mindestens 3 schrägen Augenmuskeln
5-10k.4 ↔ Operation an mindestens 2 geraden und mindestens 2 schrägen Augenmuskeln
5-10k.5 ↔ Operation an 1 geraden Augenmuskel und 1 schrägen Augenmuskel
5-10k.6 ↔ Operation an 1 geraden Augenmuskel und 2 schrägen Augenmuskeln
5-10k.7 ↔ Operation an 2 geraden Augenmuskeln und 1 schrägen Augenmuskel
5-10k.8 ↔ Myopexie an 2 geraden Augenmuskeln
5-10k.9 ↔ Myopexie an mindestens 2 geraden Augenmuskeln mit Operation an mindestens 1 weiteren Augenmuskel
5-10k.x ↔ Sonstige

5-10m Andere Operationen an den Augenmuskeln

5-11 Operationen an der Konjunktiva

5-110 Operative Entfernung eines Fremdkörpers aus der Konjunktiva
Exkl.: Entfernung eines Fremdkörpers aus der Konjunktiva ohne Inzision (8-101.2)

5-110.1 ↔ Durch Inzision
5-110.x ↔ Sonstige
5-110.y N.n.bez.

5-112 Exzision und Destruktion von (erkranktem) Gewebe der Konjunktiva
5-112.0 Destruktion
.00 ↔ Durch Thermokoagulation
.01 ↔ Durch Laserkoagulation
.02 ↔ Durch Kryokoagulation
.0x ↔ Sonstige
5-112.1 ↔ Exzision ohne Plastik
5-112.2 ↔ Exzision mit Plastik
5-112.3 ↔ Peritomie
5-112.4 ↔ Periektomie
5-112.x ↔ Sonstige
5-112.y N.n.bez.

5-113 Konjunktivaplastik
5-113.0 Transplantation von Bindehaut oder Stammzellen des Limbus
.00 ↔ Vom ipsilateralen Auge
.01 ↔ Vom kontralateralen Auge
.02 ↔ Allogen
.0x ↔ Sonstige
5-113.1 ↔ Transplantation von Nasenschleimhaut
5-113.2 ↔ Transplantation von Mundschleimhaut

5-113.3 ↔ Tenonplastik
5-113.4 ↔ Transplantation von Amnionmembran
5-113.x ↔ Sonstige
5-113.y N.n.bez.

5-114 Lösung von Adhäsionen zwischen Konjunktiva und Augenlid
5-114.0 ↔ Ohne Bindehautplastik
5-114.1 ↔ Mit Bindehautplastik
5-114.x ↔ Sonstige
5-114.y N.n.bez.

5-115 ↔ Naht der Konjunktiva

5-119 Andere Operationen an der Konjunktiva
5-119.0 ↔ Inzision und Drainage
5-119.1 ↔ Entfernung einer Naht
5-119.x ↔ Sonstige
5-119.y N.n.bez.

5-12 Operationen an der Kornea

5-120 Operative Entfernung eines Fremdkörpers aus der Kornea
Exkl.: Entfernung eines Fremdkörpers aus der Kornea ohne Inzision und ohne Magnet (8-101.1)
Entfernung einer Hornhautnaht (5-129.4)
5-120.0 ↔ Mit Magnet
5-120.1 ↔ Durch Inzision
5-120.2 ↔ Säuberung des Wundbettes
5-120.x ↔ Sonstige
5-120.y N.n.bez.

5-121 Inzision der Kornea
Exkl.: Keratotomie als Refraktionschirurgie (5-126.0)
5-121.0 ↔ Chirurgisch
5-121.1 ↔ Durch Laser
5-121.x ↔ Sonstige
5-121.y N.n.bez.

5-122 Operationen bei Pterygium
5-122.0 ↔ Exzision ohne Plastik
5-122.1 ↔ Exzision mit Bindehautplastik
5-122.2 ↔ Mit phototherapeutischer Keratektomie
5-122.3 ↔ Mit medikamentöser Rezidivprophylaxe
5-122.4 ↔ Exzision mit sonstiger Plastik oder freiem Transplantat
5-122.x ↔ Sonstige
5-122.y N.n.bez.

5-123 Exzision und Destruktion von (erkranktem) Gewebe der Kornea
Hinw.: Die Art der verwendeten Lasertechnik ist gesondert zu kodieren (5-985)
5-123.0 Destruktion
.00 ↔ Durch Thermokoagulation
.01 ↔ Durch Laserkoagulation
.02 ↔ Durch Kryokoagulation
.0x ↔ Sonstige

Kapitel 5: Operationen

5-123.2 Keratektomie
Exkl.: Keratektomie als Refraktionschirurgie (5-126.1)
.20 ↔ Superfiziell
.21 ↔ Mit EDTA
.2x ↔ Sonstige

5-123.3 ↔ Phototherapeutische Keratektomie

5-123.4 ↔ Hornhautentnahme oder Entfernung des Augapfels [Enukleation] zur Hornhautentnahme, postmortal (zur Transplantation)

5-123.x ↔ Sonstige

5-123.y N.n.bez.

5-124 ↔ **Naht der Kornea**

5-125 **Hornhauttransplantation und Keratoprothetik**

5-125.0 Hornhauttransplantation, lamellär
.00 ↔ Anterior
.01 ↔ Posterior

5-125.1 Hornhauttransplantation, perforierend
.10 ↔ Nicht HLA-typisiert
.11 ↔ HLA-typisiert

5-125.2 ↔ Autorotationskeratoplastik

5-125.3 ↔ Austausch-Keratoplastik

5-125.4 Insertion einer Keratoprothese
.40 ↔ Ohne biologische Beschichtung, nicht patientenindividuell
.41 ↔ Mit biologischer Beschichtung, patientenindividuell

5-125.5 ↔ Hornhaut-Retransplantation während desselben stationären Aufenthaltes

5-125.x ↔ Sonstige

5-125.y N.n.bez.

5-126 **Refraktive Keratoplastik und andere Rekonstruktion der Kornea**
Exkl.: Keratektomie aus anderer Indikation (5-123.2)
Hinw.: Die Art der verwendeten Lasertechnik ist gesondert zu kodieren (5-985)

5-126.0 Keratotomie
.00 ↔ Radiär
.01 ↔ Nicht radiär
.0x ↔ Sonstige

5-126.1 ↔ Photorefraktive Keratektomie

5-126.2 ↔ Keratomileusis

5-126.7 ↔ Implantation eines intrastromalen Ringsegmentes

5-126.x ↔ Sonstige

5-126.y N.n.bez.

5-129 **Andere Operationen an der Kornea**

5-129.0 ↔ Tätowierung

5-129.1 ↔ Deckung der Kornea durch Bindehaut

5-129.2 ↔ Deckung der Kornea durch eine Amnionmembran

5-129.3 ↔ Verschluss eines Defektes mit Gewebekleber

5-129.4 ↔ Entfernung einer Hornhautnaht

5-129.5 ↔ Entfernung einer Keratoprothese

5-129.x ↔ Sonstige

5-129.y N.n.bez.

Kapitel 5: Operationen

5-13   Operationen an Iris, Corpus ciliare, vorderer Augenkammer und Sklera

5-130   Operative Entfernung eines Fremdkörpers aus der vorderen Augenkammer
  Exkl.:   Entfernung eines Fremdkörpers aus der Sklera ohne Inzision und ohne Magnet (8-101.0)
       Entfernung eines Fremdkörpers aus der Sklera durch Inzision (5-138.01)
       Entfernung einer Naht (5-139.5)

5-130.0 ↔   Mit Magnet
5-130.1 ↔   Durch Inzision
5-130.x ↔   Sonstige
5-130.y   N.n.bez.

5-131   **Senkung des Augeninnendruckes durch filtrierende Operationen**
5-131.0   Gedeckte Goniotrepanation oder Trabekulektomie
  .00 ↔   Ohne adjuvante medikamentöse Therapie
  .01 ↔   Mit Einbringen von Medikamenten zur Fibrosehemmung
  .0x ↔   Sonstige

5-131.4   Revision einer Sklerafistel
  .40 ↔   Revision eines Sickerkissens
  .41 ↔   Sekundärer Verschluss eines Skleradeckels
  .42 ↔   Öffnen eines Skleradeckelfadens
  .4x ↔   Sonstige

5-131.5 ↔   Lasersklerostomie
5-131.6   Filtrationsoperation mit Implantat
  .60 ↔   Mit Abfluss unter die Bindehaut
  .61 ↔   Mit Abfluss in den Kammerwinkel
  .62 ↔   Mit Abfluss in den suprachoroidalen Raum
  .6x ↔   Sonstige

5-131.7 ↔   Trabekulotomie
  Exkl.:   Intraokulare Laser-Trabekulotomie (5-133.80)
5-131.8 ↔   Goniotomie
5-131.x ↔   Sonstige
5-131.y   N.n.bez.

5-132   **Senkung des Augeninnendruckes durch Operationen am Corpus ciliare**
5-132.1 ↔   Zyklokryotherapie
5-132.2   Zyklophotokoagulation
  .20 ↔   Offen chirurgisch
  .21 ↔   Endoskopisch
  .22 ↔   Transskleral
  .2x ↔   Sonstige

5-132.x ↔   Sonstige
5-132.y   N.n.bez.

5-133   **Senkung des Augeninnendruckes durch Verbesserung der Kammerwasserzirkulation**
5-133.0 ↔   Chirurgische Iridektomie
5-133.3 ↔   Lasertrabekuloplastik
5-133.4 ↔   Gonioplastik oder Iridoplastik durch Laser
5-133.5 ↔   Zyklodialyse
5-133.6 ↔   Laseriridotomie
5-133.7 ↔   Aspiration am Trabekelwerk bei Pseudoexfoliationsglaukom
5-133.8   Intraokulare Trabekulotomie
  .80 ↔   Durch Laser
  .81 ↔   Durch Elektroablation
       Inkl.:   Intraokulare Trabekulotomie mit Trabektom
  .8x ↔   Sonstige

Kapitel 5: Operationen

5-133.9 ↔ Trabekuläre Shunt-Implantation
5-133.x ↔ Sonstige
5-133.y N.n.bez.

5-134 Senkung des Augeninnendruckes durch nicht filtrierende Operationen

5-134.0 Viskokanalostomie
.00 ↔ Ohne Einbringen von Medikamenten zur Fibrosehemmung
.01 ↔ Mit Einbringen von Medikamenten zur Fibrosehemmung

5-134.1 Tiefe Sklerektomie
.10 ↔ Ohne Einbringen von Medikamenten zur Fibrosehemmung
.11 ↔ Mit Einbringen von Medikamenten zur Fibrosehemmung

5-134.2 ↔ Viskokanaloplastik
5-134.x ↔ Sonstige
5-134.y N.n.bez.

5-135 Exzision und Destruktion von erkranktem Gewebe an Iris, Corpus ciliare und Sklera

5-135.0 ↔ Exzision von erkranktem Gewebe der Iris
5-135.1 ↔ Exzision von erkranktem Gewebe des Corpus ciliare
5-135.2 ↔ Exzision von erkranktem Gewebe der Sklera
5-135.3 ↔ Destruktion von erkranktem Gewebe der Iris
5-135.4 ↔ Destruktion von erkranktem Gewebe des Corpus ciliare
5-135.5 ↔ Destruktion von erkranktem Gewebe der Sklera
5-135.x ↔ Sonstige
5-135.y N.n.bez.

5-136 Andere Iridektomie und Iridotomie

5-136.1 ↔ Iridotomie mit Laser
5-136.3 ↔ Exzision der prolabierten Iris
5-136.x ↔ Sonstige
5-136.y N.n.bez.

5-137 Andere Operationen an der Iris

5-137.0 ↔ Pupillenplastik durch Laser
5-137.1 ↔ Iridoplastik, chirurgisch
5-137.2 ↔ Lösung vorderer Synechien (zwischen Iris und Kornea)
5-137.3 ↔ Lösung von Goniosynechien (Augenkammerwinkel)
5-137.4 ↔ Lösung hinterer Synechien (zwischen Iris und Linse)
5-137.5 ↔ Entfernung einer Pupillarmembran
5-137.6 ↔ Operation mit Implantation eines künstlichen Irisdiaphragmas
5-137.7 ↔ Temporäre chirurgische Pupillenerweiterung
5-137.x ↔ Sonstige
5-137.y N.n.bez.

5-138 Operationen an der Sklera

5-138.0 Entfernung eines Fremdkörpers
.00 ↔ Mit Magnet
.01 ↔ Durch Inzision
.0x ↔ Sonstige

5-138.1 Naht der Sklera
.10 ↔ Primäre Naht
.13 ↔ Revision
.1x ↔ Sonstige

5-138.x ↔ Sonstige
5-138.y N.n.bez.

5-139   Andere Operationen an Sklera, vorderer Augenkammer, Iris und Corpus ciliare

5-139.0 ↔ Parazentese
5-139.1   Vorderkammerspülung
   .10 ↔ Ohne weitere Maßnahmen
   .11 ↔ Mit Entfernung von Silikonöl
   .12 ↔ Mit Einbringen von Medikamenten
   .1x ↔ Sonstige
5-139.2 ↔ Einbringen von Gas in die Vorderkammer
5-139.3 ↔ Exzision einer Epitheleinwachsung
5-139.4 ↔ Fixation des Ziliarkörpers
5-139.5 ↔ Entfernung einer Naht
5-139.x ↔ Sonstige
5-139.y   N.n.bez.

5-14   Operationen an der Linse

Hinw.: Die Angabe zur Linsenimplantation ist für die Kodes 5-143 ff. bis 5-146 ff. nach folgender Liste zu kodieren. Es ist jedoch nicht jede Listenposition mit jedem 5-stelligen Kode kombinierbar:

0 ↔ Ohne Implantation einer alloplastischen Linse
5 ↔ Mit Einführung einer kammerwinkelgestützten Vorderkammerlinse
6 ↔ Mit Einführung einer irisfixierten Vorderkammerlinse
7 ↔ Mit Einführung einer sonstigen Vorderkammerlinse
8 ↔ Mit Einführung einer Vorderkammerlinse, n.n.bez.
9 ↔ Mit Einführung mehrerer alloplastischer Linsen
a ↔ Mit Einführung einer kapselfixierten Hinterkammerlinse, monofokale Intraokularlinse
b ↔ Mit Einführung einer sulkusfixierten Hinterkammerlinse, monofokale Intraokularlinse
c ↔ Mit Einführung einer sklerafixierten Hinterkammerlinse, monofokale Intraokularlinse
d ↔ Mit Einführung einer Hinterkammerlinse, n.n.bez., monofokale Intraokularlinse
e ↔ Mit Einführung einer kapselfixierten Hinterkammerlinse, Sonderform der Intraokularlinse
f ↔ Mit Einführung einer sulkusfixierten Hinterkammerlinse, Sonderform der Intraokularlinse
g ↔ Mit Einführung einer sklerafixierten Hinterkammerlinse, Sonderform der Intraokularlinse
h ↔ Mit Einführung einer Hinterkammerlinse, n.n.bez., Sonderform der Intraokularlinse
j ↔ Mit Einführung einer irisfixierten Hinterkammerlinse, monofokale Intraokularlinse
k ↔ Mit Einführung einer irisfixierten Hinterkammerlinse, Sonderform der Intraokularlinse
x ↔ Sonstige

5-140   Entfernung eines Fremdkörpers aus der Augenlinse

5-140.0 ↔ Mit Magnet
5-140.1 ↔ Durch Inzision
5-140.x ↔ Sonstige
5-140.y   N.n.bez.

5-142   Kapsulotomie der Linse

5-142.0 ↔ Laserpolitur der Intraokularlinse
5-142.1 ↔ Kapsulotomie, chirurgisch
5-142.2 ↔ Kapsulotomie durch Laser
5-142.3 ↔ Nachstarabsaugung
5-142.x ↔ Sonstige
5-142.y   N.n.bez.

Kapitel 5: Operationen

5-143 **Intrakapsuläre Extraktion der Linse**
Hinw.: Die Angabe zur Linsenimplantation ist in der 6. Stelle nach der Liste vor 5-140 zu kodieren
Die verwendete Sonderform der Intraokularlinse ist für die 6. Stelle e bis h und k gesondert zu kodieren (5-149.2)

** 5-143.0 Über sklero-kornealen Zugang
[6. Stelle: 0,5-8,a-k,x]

** 5-143.1 Über kornealen Zugang
[6. Stelle: 0,5,a-k,x]

** 5-143.x Sonstige

5-143.y N.n.bez.

5-144 **Extrakapsuläre Extraktion der Linse [ECCE]**
Inkl.: Linsenberechnung, ggf. auch optisch
Hinw.: Eine durchgeführte Iridektomie und eine Spülung sind im Kode enthalten
Eine durchgeführte Vitrektomie ist gesondert zu kodieren (5-158 ff., 5-159 ff.)
Die Angabe der Linsenimplantation ist in der 6. Stelle nach der Liste vor Kode 5-140 zu kodieren
Die verwendete Sonderform der Intraokularlinse ist für die 6. Stelle e bis h und k gesondert zu kodieren (5-149.2 ff.)

** 5-144.2 Linsenkernexpression und/oder -Aspiration über sklero-kornealen Zugang

** 5-144.3 Linsenkernverflüssigung [Phakoemulsifikation] über sklero-kornealen Zugang

** 5-144.4 Linsenkernexpression und/oder -Aspiration über kornealen Zugang

** 5-144.5 Linsenkernverflüssigung [Phakoemulsifikation] über kornealen Zugang

** 5-144.x Sonstige

5-144.y N.n.bez.

5-145 **Andere Linsenextraktionen**
Hinw.: Die Angabe der Linsenimplantation ist in der 6. Stelle nach der Liste vor Kode 5-140 zu kodieren
Die verwendete Sonderform der Intraokularlinse ist für die 6. Stelle e bis h und k gesondert zu kodieren (5-149.2)

** 5-145.0 Über die Pars plana
[6. Stelle: 0,5-8,a-k,x]

** 5-145.1 Entfernung einer luxierten Linse aus der Vorderkammer
[6. Stelle: 0,x]

** 5-145.2 Entfernung einer luxierten Linse aus dem Glaskörper
[6. Stelle: 0,5-8,a-k,x]

** 5-145.x Sonstige

5-145.y N.n.bez.

5-146 **(Sekundäre) Einführung und Wechsel einer alloplastischen Linse**
Hinw.: Die Angabe der Linsenimplantation ist in der 6. Stelle nach der Liste vor Kode 5-140 zu kodieren
Die verwendete Sonderform der Intraokularlinse ist für die 6. Stelle e bis h und k gesondert zu kodieren (5-149.2)

** 5-146.0 Sekundäre Einführung bei aphakem Auge
[6. Stelle: 0,5-8,a-k,x]

** 5-146.1 Einführung bei phakem Auge
[6. Stelle: 0,5-8,a-k,x]

** 5-146.2 Wechsel
[6. Stelle: 0,5-8,a-k,x]

** 5-146.x Sonstige

5-146.y N.n.bez.

5-147 **Revision und Entfernung einer alloplastischen Linse**

5-147.0 ↔ Revision einer Vorderkammerlinse

5-147.1 ↔ Revision einer Hinterkammerlinse

5-147.2 ↔ Entfernung einer Vorderkammerlinse
5-147.3 ↔ Entfernung einer Hinterkammerlinse
5-147.x ↔ Sonstige
5-147.y   N.n.bez.

5-149 Andere Operationen an der Linse
5-149.0 ↔ Einführung eines Kapselspannringes
5-149.1 ↔ Verschluss eines Defektes mit Gewebekleber
5-149.2   Sonderform der Intraokularlinse
Hinw.: Diese Kodes sind Zusatzkodes. Die durchgeführte Operation ist gesondert zu kodieren
.20 ↔ Multifokale Intraokularlinse
.21 ↔ Torische Intraokularlinse
.22 ↔ Akkommodative Intraokularlinse
.23 ↔ Irisprint-Intraokularlinse, patientenindividuell
.2x ↔ Sonstige
5-149.x ↔ Sonstige
5-149.y   N.n.bez.

5-15   Operationen an Retina, Choroidea und Corpus vitreum

5-150 Entfernung eines Fremdkörpers aus dem hinteren Augenabschnitt
5-150.0 ↔ Mit Magnet, transskleral
5-150.1 ↔ Durch Inzision, transskleral
5-150.2 ↔ Transpupillar
5-150.x ↔ Sonstige
5-150.y   N.n.bez.

5-152 Fixation der Netzhaut durch eindellende Operationen
Hinw.: Weitere Maßnahmen zur Fixation der Netzhaut sind gesondert zu kodieren
5-152.0 ↔ Durch permanente Plombe
5-152.1 ↔ Durch temporäre Plombe
5-152.2 ↔ Durch Cerclage
5-152.x ↔ Sonstige
5-152.y   N.n.bez.

5-153 Revision, Wechsel und Entfernung einer Cerclage oder Plombe, die zur Fixation der Netzhaut angelegt wurde
5-153.0 ↔ Revision
5-153.1 ↔ Wechsel
5-153.2 ↔ Entfernung
Inkl.: Durchtrennung
5-153.y   N.n.bez.

5-154 Andere Operationen zur Fixation der Netzhaut
Hinw.: Eine gleichzeitig durchgeführte Cerclage ist gesondert zu kodieren (5-152.2)
Ein gleichzeitig durchgeführter Eingriff am Glaskörper ist gesondert zu kodieren (5-158, 5-159)
5-154.0 ↔ Kryopexie
5-154.2 ↔ Laser-Retinopexie
5-154.3 ↔ Endotamponade (Gas)
5-154.4 ↔ Durch schwere Flüssigkeiten
5-154.x ↔ Sonstige
5-154.y   N.n.bez.

Kapitel 5: Operationen

5-155 **Destruktion von erkranktem Gewebe an Retina und Choroidea**
Hinw.: Eine durchgeführte Vitrektomie ist gesondert zu kodieren (5-158, 5-159)

5-155.0 ↔ Durch Diathermie

5-155.1 ↔ Durch Kryokoagulation

5-155.2 ↔ Durch Photokoagulation

5-155.3 ↔ Durch lokale Laserkoagulation

5-155.4 ↔ Durch flächige Laserkoagulation

5-155.5 ↔ Durch transpupillare Thermotherapie

5-155.6 ↔ Durch photodynamische Therapie

5-155.7 ↔ Durch sonstige Lasertherapie

5-155.8   Brachytherapie durch Aufnähen eines strahlenden Applikators
Exkl.: Lagekorrektur eines strahlenden Applikators (5-156.7)
Entfernung eines strahlenden Applikators (5-156.8)
.80 ↔ Beta-strahlend
.81 ↔ Gamma-strahlend
.8x ↔ Sonstige

5-155.x ↔ Sonstige

5-155.y   N.n.bez.

5-156 **Andere Operationen an der Retina**
Hinw.: Eine durchgeführte Vitrektomie ist gesondert zu kodieren (5-158, 5-159)

5-156.0 ↔ Retinotomie

5-156.1 ↔ Retinektomie

5-156.2 ↔ Transplantation der Retina oder Zellen der Retina

5-156.3 ↔ Rotation der Netzhaut

5-156.5 ↔ Fixierung von Markierungsplättchen für die Strahlentherapie

5-156.6 ↔ Entfernung von Markierungsplättchen für die Strahlentherapie

5-156.7 ↔ Lagekorrektur eines strahlenden Applikators

5-156.8 ↔ Entfernung eines strahlenden Applikators

5-156.9 ↔ Injektion von Medikamenten in den hinteren Augenabschnitt

5-156.a   Implantation einer Netzhautprothese
.a0 ↔ Subretinale Netzhautprothese
.a1 ↔ Epiretinale Netzhautprothese
.ax ↔ Sonstige

5-156.x ↔ Sonstige

5-156.y   N.n.bez.

5-157 **Andere Operationen an der Choroidea**
Hinw.: Eine durchgeführte Vitrektomie ist gesondert zu kodieren (5-158, 5-159)

5-157.0 ↔ Subretinale Drainage

5-157.1 ↔ Exzision von subretinalem Gewebe

5-157.2   Blockexzision der Choroidea
.20 ↔ Mit Sklera in voller Dicke
.21 ↔ Mit lamellärem Skleradeckel

5-157.3 ↔ Transplantation von Aderhaut und Pigmentepithel

5-157.x ↔ Sonstige

5-157.y   N.n.bez.

Kapitel 5: Operationen

5-158	**Pars-plana-Vitrektomie**
	Hinw.: Weitere Maßnahmen an Retina und Choroidea sind gesondert zu kodieren: 5-152, 5-154, 5-155, 5-156, 5-157
	Die Durchführung als nahtlose transkonjunktivale Vitrektomie mit Einmalinstrumenten ist gesondert zu kodieren (5-159.4)
	Die Angabe des Glaskörperersatzes ist in der 6. Stelle nach folgender Liste zu kodieren:
	0 ↔ Elektrolytlösung
	1 ↔ Luft
	2 ↔ Andere Gase
	3 ↔ Silikonölimplantation
	4 ↔ Silikonölwechsel/-auffüllung
	5 ↔ Silikonölentfernung
	6 ↔ Medikamente
	x ↔ Sonstige
** 5-158.0	Vordere Vitrektomie über Pars plana
** 5-158.1	Ohne chirurgische Manipulation der Netzhaut
** 5-158.2	Mit Entfernung epiretinaler Membranen
** 5-158.3	Mit Entfernung subretinaler Membranen
** 5-158.4	Mit Entfernung netzhautabhebender Membranen
** 5-158.x	Sonstige
5-158.y	N.n.bez.
5-159	**Vitrektomie über anderen Zugang und andere Operationen am Corpus vitreum**
	Hinw.: Weitere Maßnahmen an Retina und Choroidea sind gesondert zu kodieren: 5-152, 5-154, 5-155, 5-156, 5-157
	Die Angabe des Glaskörperersatzes ist für die mit ** gekennzeichneten Kodes in der 6. Stelle nach folgender Liste zu kodieren:
	0 ↔ Elektrolytlösung
	1 ↔ Luft
	2 ↔ Andere Gase
	3 ↔ Silikonölimplantation
	4 ↔ Silikonölwechsel/-auffüllung
	5 ↔ Silikonölentfernung
	6 ↔ Medikamente
	x ↔ Sonstige
** 5-159.0	Vordere Vitrektomie über anderen Zugang als Pars plana
	[6. Stelle: 0,5,6,x]
	Hinw.: Die Durchführung als nahtlose transkonjunktivale Vitrektomie mit Einmalinstrumenten ist gesondert zu kodieren (5-159.4)
** 5-159.1	Abtragung eines Glaskörperprolapses
	[6. Stelle: 0,5,6,x]
** 5-159.2	Entfernung von Glaskörpersträngen
	[6. Stelle: 0,5,6,x]
5-159.3	Durchtrennung der hinteren Glaskörpermembran durch Laser
5-159.4	Nahtlose transkonjunktivale Vitrektomie mit Einmalinstrumenten
	Hinw.: Dieser Kode ist ein Zusatzkode. Die durchgeführte Vitrektomie ist gesondert zu kodieren
** 5-159.x	Sonstige
5-159.y	N.n.bez.

5-16 Operationen an Orbita und Augapfel
Exkl.: Offene Reposition einer Orbitafraktur (5-766 ff.)

5-160	**Orbitotomie**
5-160.0 ↔	Lateraler transossärer Zugang
5-160.1 ↔	Transfrontaler Zugang
5-160.2 ↔	Transkonjunktivaler anteriorer Zugang

OPS Version 2018

Kapitel 5: Operationen

5-160.3 ↔ Transkutaner anteriorer Zugang
5-160.4 ↔ Transethmoidaler Zugang
5-160.x ↔ Sonstige
5-160.y   N.n.bez.

5-161   **Entfernung eines Fremdkörpers aus Orbita und Augapfel, n.n.bez.**
   Inkl.:   Fremdkörperentfernung mit Magnet
   Hinw.:   Eine durchgeführte Orbitotomie ist gesondert zu kodieren (5-160)

5-161.0 ↔ Orbita, mit Magnet
5-161.1 ↔ Augapfel, n.n.bez., mit Magnet
5-161.2 ↔ Orbita, durch Inzision
5-161.3 ↔ Augapfel, n.n.bez., durch Inzision
5-161.x ↔ Sonstige
5-161.y   N.n.bez.

5-162   **Entfernung des Augeninhaltes [Eviszeration]**
   Exkl.:   Sekundäre Einführung eines Orbitaimplantates (5-165)

5-162.0 ↔ Ohne Einführung eines Orbitaimplantates
5-162.1 ↔ Mit gleichzeitiger Einführung eines Orbitaimplantates in die Skleraschale
5-162.x ↔ Sonstige
5-162.y   N.n.bez.

5-163   **Entfernung des Augapfels [Enukleation]**
   Exkl.:   Sekundäre Einführung eines Orbitaimplantates (5-165)

5-163.0 ↔ Ohne Einführung eines Orbitaimplantates
5-163.1   Mit gleichzeitiger Einführung eines Orbitaimplantates in die Tenonsche Kapsel
   .10 ↔ Alloplastisches Implantat
   .11 ↔ Ummanteltes alloplastisches Implantat
   .12 ↔ Haut-Fettgewebe-Transplantat
   .13 ↔ Bulbusplatzhalter aus nicht resorbierbarem, mikroporösem Material, mit fibrovaskulärer Integration, ohne Titannetz
   .14 ↔ Bulbusplatzhalter aus nicht resorbierbarem, mikroporösem Material, mit fibrovaskulärer Integration, mit Titannetz
   .1x ↔ Sonstige
5-163.2   Mit gleichzeitiger Einführung eines Orbitaimplantates außerhalb der Tenonschen Kapsel
   .20 ↔ Alloplastisches Implantat
   .21 ↔ Ummanteltes alloplastisches Implantat
   .22 ↔ Haut-Fettgewebe-Transplantat
   .23 ↔ Bulbusplatzhalter aus nicht resorbierbarem, mikroporösem Material, mit fibrovaskulärer Integration, ohne Titannetz
   .24 ↔ Bulbusplatzhalter aus nicht resorbierbarem, mikroporösem Material, mit fibrovaskulärer Integration, mit Titannetz
   .2x ↔ Sonstige
5-163.x ↔ Sonstige
5-163.y   N.n.bez.

5-164   **Andere Exzision, Destruktion und Exenteration der Orbita und Orbitainnenhaut**
   Hinw.:   Eine durchgeführte Exzision von Orbitaknochen ist gesondert zu kodieren (5-770.4)
            Die Orbitotomie ist gesondert zu kodieren (5-160 ff.)

5-164.0 ↔ Destruktion
5-164.1 ↔ Teilexzision von erkranktem Gewebe
5-164.2 ↔ Totalexzision von erkranktem Gewebe
5-164.3   Exenteration der Orbita mit Erhalt der Lidhaut
   .30 ↔ Ohne Einführung von Gewebe oder alloplastischem Material
   .31 ↔ Mit Hauttransplantation
   .32 ↔ Mit Transplantation/Transposition von sonstigem Gewebe
   .33 ↔ Mit Einführung von alloplastischem Material
   .3x ↔ Sonstige

Kapitel 5: Operationen

5-164.4 Exenteration der Orbita ohne Erhalt der Lidhaut
.40 ↔ Ohne Einführung von Gewebe oder alloplastischem Material
.41 ↔ Mit Hauttransplantation
.42 ↔ Mit Transplantation/Transposition von sonstigem Gewebe
.43 ↔ Mit Einführung von alloplastischem Material
.4x ↔ Sonstige

5-164.x ↔ Sonstige

5-164.y N.n.bez.

5-165 Sekundäre Einführung, Revision und Entfernung eines Orbitaimplantates
Exkl.: Primäre Einführung eines Orbitaimplantates (5-162.1, 5-163.1, 5-163.2)

5-165.0 Sekundäre Einführung eines Orbitaimplantates in die Tenonsche Kapsel
Hinw.: Als selbständiger Eingriff
.00 ↔ Alloplastisches Implantat
.01 ↔ Ummanteltes alloplastisches Implantat
.02 ↔ Haut-Fettgewebe-Transplantat
.03 ↔ Bulbusplatzhalter aus nicht resorbierbarem, mikroporösem Material, mit fibrovaskulärer Integration, ohne Titannetz
.04 ↔ Bulbusplatzhalter aus nicht resorbierbarem, mikroporösem Material, mit fibrovaskulärer Integration, mit Titannetz
.0x ↔ Sonstige

5-165.1 Sekundäre Einführung eines Orbitaimplantates außerhalb der Tenonschen Kapsel
.10 ↔ Alloplastisches Implantat
.11 ↔ Ummanteltes alloplastisches Implantat
.12 ↔ Haut-Fettgewebe-Transplantat
.13 ↔ Bulbusplatzhalter aus nicht resorbierbarem, mikroporösem Material, mit fibrovaskulärer Integration, ohne Titannetz
.14 ↔ Bulbusplatzhalter aus nicht resorbierbarem, mikroporösem Material, mit fibrovaskulärer Integration, mit Titannetz
.1x ↔ Sonstige

5-165.2 ↔ Revision eines Orbitaimplantates

5-165.3 Wechsel eines Orbitaimplantates
.30 ↔ Mit Einführung eines alloplastischen Implantates
.31 ↔ Mit Einführung eines ummantelten alloplastischen Implantates
.32 ↔ Mit Einführung eines Haut-Fettgewebe-Transplantates
.33 ↔ Mit Einführung eines Bulbusplatzhalters aus nicht resorbierbarem, mikroporösem Material, mit fibrovaskulärer Integration, ohne Titannetz
.34 ↔ Mit Einführung eines Bulbusplatzhalters aus nicht resorbierbarem, mikroporösem Material, mit fibrovaskulärer Integration, mit Titannetz
.3x ↔ Sonstige

5-165.4 ↔ Entfernung eines Orbitaimplantates

5-165.x ↔ Sonstige

5-165.y N.n.bez.

5-166 Revision und Rekonstruktion von Orbita und Augapfel

5-166.0 Plastische Rekonstruktion der Orbita
.00 ↔ Ohne Transplantat
.01 ↔ Mit Schleimhauttransplantat
.02 ↔ Mit Hauttransplantat
.03 ↔ Mit sonstigem autogenen Material
.04 ↔ Mit alloplastischem Material
.0x ↔ Sonstige

5-166.1 ↔ Primäre Rekonstruktion des Augapfels

5-166.2 ↔ Sekundäre Rekonstruktion des Augapfels

5-166.3 ↔ Revision der Orbitahöhle

5-166.x ↔ Sonstige

5-166.y N.n.bez.

5-167 Rekonstruktion der Orbitawand
Hinw.: Die Orbitotomie ist gesondert zu kodieren (5-160)

5-167.0 ↔ Mit Osteoplastik
5-167.1 ↔ Mit Metallplatten oder Implantaten
5-167.2 ↔ Mit alloplastischem Material
5-167.3 ↔ Mit Galea-Lappen
5-167.4 ↔ Mit mikrovaskulärem Lappen
5-167.x ↔ Sonstige
5-167.y N.n.bez.

5-168 Operationen am N. opticus
Hinw.: Die Orbitotomie ist gesondert zu kodieren (5-160)

5-168.0 ↔ Optikusscheidenfensterung
5-168.1 ↔ Exzision von erkranktem Gewebe des N. opticus
5-168.x ↔ Sonstige
5-168.y N.n.bez.

5-169 Andere Operationen an Orbita, Auge und Augapfel
Hinw.: Die Orbitotomie ist gesondert zu kodieren (5-160)

5-169.0 Knöcherne Dekompression der Orbita
.00 ↔ Eine Wand
.01 ↔ Zwei Wände
.02 ↔ Drei Wände
.0x ↔ Sonstige

5-169.1 ↔ Resektion von Fettgewebe aus der Orbita
5-169.2 ↔ Einlegen eines intraokularen Medikamententrägers
5-169.3 ↔ Einlegen eines extrabulbären Medikamententrägers
5-169.4 ↔ Temporäre intraokulare Druckerhöhung
5-169.5 ↔ Entfernung eines Implantates nach Glaukomoperation
5-169.x ↔ Sonstige
5-169.y N.n.bez.

Operationen an den Ohren (5-18...5-20)

Hinw.: Die Anwendung mikrochirurgischer Technik ist, sofern nicht als eigener Kode angegeben, zusätzlich zu kodieren (5-984)
Die Anwendung von Lasertechnik ist, sofern nicht als eigener Kode angegeben, zusätzlich zu kodieren (5-985 ff.)
Die Anwendung eines OP-Roboters ist, sofern nicht als eigener Kode angegeben, zusätzlich zu kodieren (5-987 ff.)
Die Anwendung eines Navigationssystems ist, sofern nicht als eigener Kode angegeben, zusätzlich zu kodieren (5-988 ff.)
Die Durchführung der Operation im Rahmen der Versorgung einer Mehrfachverletzung ist zusätzlich zu kodieren (5-981)
Die Durchführung der Operation im Rahmen der Versorgung eines Polytraumas ist zusätzlich zu kodieren (5-982 ff.)
Die Durchführung einer Reoperation ist, sofern nicht als eigener Kode angegeben, zusätzlich zu kodieren (5-983)
Der vorzeitige Abbruch einer Operation ist zusätzlich zu kodieren (5-995)

5-18 Operationen an Ohrmuschel und äußerem Gehörgang
Exkl.: Operationen bei Verbrennungen am äußeren Ohr (5-92)

5-180 Inzision am äußeren Ohr
5-180.0 ↔ Ohrmuschel
5-180.1 ↔ Äußerer Gehörgang
5-180.2 ↔ Präaurikulär
5-180.3 ↔ Retroaurikulär
5-180.x ↔ Sonstige
5-180.y N.n.bez.

5-181 Exzision und Destruktion von erkranktem Gewebe des äußeren Ohres
Hinw.: Unter mikrographischer Chirurgie (histographisch kontrolliert) werden Eingriffe verstanden, bei denen die Exzision des Tumors mit topographischer Markierung und anschließender Aufarbeitung der gesamten Exzidataußenfläche/-grenze erfolgt

5-181.0 ↔ Exzision an der Ohrmuschel
5-181.1 ↔ Exzision an der Ohrmuschel, histographisch kontrolliert (mikrographische Chirurgie)
5-181.2 ↔ Hämatomausräumung
5-181.3 ↔ Exzision präaurikulär
5-181.4 ↔ Exzision präaurikulär, histographisch kontrolliert (mikrographische Chirurgie)
5-181.5 ↔ Exzision retroaurikulär
5-181.6 ↔ Exzision retroaurikulär, histographisch kontrolliert (mikrographische Chirurgie)
5-181.7 ↔ Exzision am äußeren Gehörgang
Exkl.: Exzision und Destruktion am knöchernen äußeren Gehörgang (5-181.9)
5-181.8 ↔ Destruktion
Exkl.: Exzision und Destruktion am knöchernen äußeren Gehörgang (5-181.9)
5-181.9 ↔ Exzision und/oder Destruktion am knöchernen äußeren Gehörgang
Inkl.: Operation eines Gehörgangscholesteatoms
Operation von Gehörgangsexostosen
5-181.x ↔ Sonstige
5-181.y N.n.bez.

5-182 Resektion der Ohrmuschel
Hinw.: Unter mikrographischer Chirurgie (histographisch kontrolliert) werden Eingriffe verstanden, bei denen die Exzision des Tumors mit topographischer Markierung und anschließender Aufarbeitung der gesamten Exzidataußenfläche/-grenze erfolgt

5-182.0 ↔ Partiell
5-182.1 ↔ Partiell, histographisch kontrolliert (mikrographische Chirurgie)
5-182.2 ↔ Total
5-182.3 ↔ Total, histographisch kontrolliert (mikrographische Chirurgie)
5-182.x ↔ Sonstige
5-182.y N.n.bez.

5-183 Wundversorgung am äußeren Ohr
5-183.0 ↔ Naht (nach Verletzung)
5-183.1 ↔ Replantation
5-183.x ↔ Sonstige
5-183.y N.n.bez.

5-184 Plastische Korrektur abstehender Ohren
5-184.0 ↔ Durch Korrektur des Ohrknorpels
5-184.1 ↔ Durch Exzision von Weichteilen
5-184.2 ↔ Durch Korrektur des Ohrknorpels und Exzision von Weichteilen
5-184.3 ↔ Concharotation
5-184.x ↔ Sonstige
5-184.y N.n.bez.

Kapitel 5: Operationen

5-185 Konstruktion und Rekonstruktion des äußeren Gehörganges
5-185.0 ↔ Erweiterung (z.B. bei Gehörgangsstenose)
5-185.1 ↔ Konstruktion eines (nicht bestehenden) äußeren Gehörganges (z.B. bei Atresie)
5-185.2 ↔ Rekonstruktion eines (bestehenden) äußeren Gehörganges
5-185.x ↔ Sonstige
5-185.y N.n.bez.

5-186 Plastische Rekonstruktion von Teilen der Ohrmuschel
Exkl.: Plastische Rekonstruktion der Ohrmuschel bei Verbrennungen (5-92)
5-186.0 ↔ Mit Gewebeexpander
5-186.1 ↔ Mit Galea-Lappen
5-186.2 ↔ Mit Knorpeltransplantat
5-186.3 ↔ Mit mikrovaskulärem Lappen
5-186.x ↔ Sonstige
5-186.y N.n.bez.

5-187 Plastische Rekonstruktion der gesamten Ohrmuschel
Exkl.: Plastische Rekonstruktion der Ohrmuschel bei Verbrennungen (5-92)
5-187.0 ↔ Mit Gewebeexpander
5-187.1 ↔ Mit Galea-Lappen
5-187.2 ↔ Mit Knorpeltransplantat
5-187.3 ↔ Mit mikrovaskulärem Lappen
5-187.4 ↔ Mit alloplastischem Material
5-187.x ↔ Sonstige
5-187.y N.n.bez.

5-188 Andere Rekonstruktion des äußeren Ohres
5-188.0 ↔ Reduktionsplastik (z.B. bei Makrotie)
5-188.1 ↔ Korrektur eines Schneckenohres
5-188.2 ↔ Korrektur eines Stahlohres
5-188.3 ↔ Plastik des Ohrläppchens
5-188.x ↔ Sonstige
5-188.y N.n.bez.

5-189 Andere Operationen am äußeren Ohr
5-189.0 ↔ Entnahme von Ohrknorpel zur Transplantation
5-189.x ↔ Sonstige
5-189.y N.n.bez.

5-19 Mikrochirurgische Operationen am Mittelohr

5-192 Revision einer Stapedektomie
5-192.0 Ohne Wiedereröffnung des ovalen Fensters
　.00 ↔ Ohne Implantation einer Prothese
　.01 ↔ Mit Implantation einer autogenen Prothese (z.B. nach Schuknecht)
　.02 ↔ Mit Implantation einer alloplastischen Prothese (z.B. Piston)
5-192.1 Mit Wiedereröffnung des ovalen Fensters
　.10 ↔ Ohne Implantation einer Prothese
　.11 ↔ Mit Implantation einer autogenen Prothese (z.B. nach Schuknecht)
　.12 ↔ Mit Implantation einer alloplastischen Prothese (z.B. Piston)
5-192.y N.n.bez.

5-193 Andere Operationen an den Gehörknöchelchen
Hinw.: Siehe auch andere Operationen an Mittel- und Innenohr (5-20)

5-194　Myringoplastik [Tympanoplastik Typ I]
Hinw.: Die Entnahme von Temporalisfaszie ist gesondert zu kodieren (5-852.g)

5-194.0 ↔ Endaural

5-194.1 ↔ Retroaurikulär

5-194.2 ↔ Aufrichtung des Trommelfells (bei frischer Verletzung)

5-194.x ↔ Sonstige

5-194.y ↔ N.n.bez.

5-195　Tympanoplastik (Verschluss einer Trommelfellperforation und Rekonstruktion der Gehörknöchelchen)
Hinw.: Siehe auch andere Operationen an Mittel- und Innenohr (5-20)
　　　　Die Entnahme von Temporalisfaszie ist gesondert zu kodieren (5-852.g)

5-195.9　Tympanoplastik Typ II bis V
.90 ↔ Ohne Implantation einer Prothese
.91 ↔ Mit Implantation einer autogenen Prothese (z.B. Auto-Ossikel)
.92 ↔ Mit Implantation einer alloplastischen Prothese
.93 ↔ Mit Implantation einer allogenen oder xenogenen Prothese (z.B. Homoio-Ossikel)
.9x ↔ Sonstige

5-195.a　Tympanoplastik mit Attikotomie oder Attikoantrotomie
.a0 ↔ Ohne Implantation einer Prothese
.a1 ↔ Mit Implantation einer autogenen Prothese (z.B. Auto-Ossikel)
.a2 ↔ Mit Implantation einer alloplastischen Prothese
.a3 ↔ Mit Implantation einer allogenen oder xenogenen Prothese (z.B. Homoio-Ossikel)
.ax ↔ Sonstige

5-195.b　Tympanoplastik mit Antrotomie oder Mastoidektomie
Inkl.:　Tympanoplastik mit posteriorem Zugang
.b0 ↔ Ohne Implantation einer Prothese
.b1 ↔ Mit Implantation einer autogenen Prothese (z.B. Auto-Ossikel)
.b2 ↔ Mit Implantation einer alloplastischen Prothese
.b3 ↔ Mit Implantation einer allogenen oder xenogenen Prothese (z.B. Homoio-Ossikel)
.bx ↔ Sonstige

5-195.c　Tympanoplastik mit Anlage einer Ohrradikalhöhle
.c0 ↔ Ohne Implantation einer Prothese
.c1 ↔ Mit Implantation einer autogenen Prothese (z.B. Auto-Ossikel)
.c2 ↔ Mit Implantation einer alloplastischen Prothese
.c3 ↔ Mit Implantation einer allogenen oder xenogenen Prothese (z.B. Homoio-Ossikel)
.cx ↔ Sonstige

5-195.x ↔ Sonstige

5-195.y ↔ N.n.bez.

5-197　Stapesplastik
Inkl.:　Stapedotomie, Stapedektomie

5-197.0 ↔ Ohne Implantation einer Prothese

5-197.1 ↔ Mit Implantation einer autogenen Prothese (z.B. nach Schuknecht)

5-197.2 ↔ Mit Implantation einer alloplastischen Prothese (z.B. Piston)

5-197.x ↔ Sonstige

5-197.y ↔ N.n.bez.

5-198　Fensterungsoperation des Promotoriums

5-198.0 ↔ Ohne Implantation einer Prothese

5-198.1 ↔ Mit Implantation einer autogenen Prothese (z.B. nach Schuknecht)

5-198.2 ↔ Mit Implantation einer alloplastischen Prothese (z.B. Piston)

5-198.x ↔ Sonstige

5-198.y ↔ N.n.bez.

5-199　Andere mikrochirurgische Operationen am Mittelohr

Kapitel 5: Operationen

5-20 Andere Operationen an Mittel- und Innenohr

5-200 **Parazentese [Myringotomie]**
Hinw.: Die Durchführung mit Lasertechnik ist gesondert zu kodieren (5-985)

5-200.4 ↔ Ohne Legen einer Paukendrainage
5-200.5 ↔ Mit Einlegen einer Paukendrainage
5-200.y N.n.bez.

5-201 ↔ **Entfernung einer Paukendrainage**

5-202 **Inzision an Warzenfortsatz und Mittelohr**
5-202.0 ↔ Antrotomie
5-202.1 ↔ Attikotomie
5-202.2 ↔ Explorative Tympanotomie
5-202.5 ↔ Tympanotomie mit Abdichtung der runden und/oder ovalen Fenstermembran
5-202.x ↔ Sonstige
5-202.y N.n.bez.

5-203 **Mastoidektomie**
Exkl.: Remastoidektomie (5-209.6)
Mastoidektomie mit Tympanoplastik (5-195)
Resektion des Os temporale (5-016.2, 5-016.3)

5-203.0 ↔ Einfache Mastoidektomie
5-203.1 ↔ Radikale Mastoidektomie [Anlage einer Ohrradikalhöhle]
5-203.7 Mit Freilegung des Fazialiskanals
.70 ↔ Ohne Dekompression des Nerven
.71 ↔ Mit Dekompression des Nerven
5-203.9 ↔ Totale Resektion des Felsenbeins [Petrosektomie]
5-203.a ↔ Partielle Resektion des Felsenbeins
5-203.x ↔ Sonstige
5-203.y N.n.bez.

5-204 **Rekonstruktion des Mittelohres**
Hinw.: Die Rekonstruktion des N. facialis ist unter 5-04 zu kodieren

5-204.0 ↔ Verkleinerung der Radikalhöhle
5-204.1 ↔ Reimplantation der hinteren Gehörgangswand
5-204.2 ↔ Rekonstruktion der hinteren Gehörgangswand
5-204.3 ↔ Erweiterungsplastik des Gehörgangs oder Radikalhöhleneingangs
5-204.x ↔ Sonstige
5-204.y N.n.bez.

5-205 **Andere Exzisionen an Mittel- und Innenohr**
Inkl.: Cholesteatom- und Tumorentfernung
Exkl.: Exzision am Glomus tympanicum (5-041)

5-205.0 ↔ An der Paukenhöhle
5-205.1 ↔ Am Labyrinth
5-205.2 ↔ An der Pyramidenspitze
5-205.3 ↔ An der Otobasis
5-205.4 ↔ Am Mastoid
5-205.x ↔ Sonstige
5-205.y N.n.bez.

5-208 Inzision [Eröffnung] und Destruktion [Ausschaltung] des Innenohres

5-208.0 ↔ Kochleosaccotomie
5-208.1 ↔ Dekompression oder Drainage des Saccus endolymphaticus (mit Shunt)
5-208.2 ↔ Labyrinthektomie, transtympanal
5-208.3 ↔ Labyrinthektomie, transmastoidal
5-208.4 ↔ Labyrinthdestruktion, transtympanal
5-208.5 ↔ Labyrinthdestruktion, transmastoidal
5-208.x ↔ Sonstige
5-208.y N.n.bez.

5-209 Andere Operationen am Mittel- und Innenohr

5-209.0 ↔ Tympanosympathektomie
5-209.1 ↔ Operation an der Tuba auditiva
5-209.2 Einführung eines Kochleaimplantates
.23 ↔ Mit mehreren Elektroden (z.B. Doppel-Array)
.24 ↔ Mit Einzelelektrode, nicht gehörerhaltend
.25 ↔ Mit Einzelelektrode, gehörerhaltend
.2x ↔ Sonstige
5-209.3 Implantation von Knochenankern zur Befestigung eines Hörgerätes
.30 ↔ Ohne Befestigung einer Kupplung am Knochenanker
.31 ↔ Mit Befestigung einer Kupplung am Knochenanker
5-209.4 ↔ Verschluss einer Labyrinthfistel
5-209.5 ↔ Verschluss einer Mastoidfistel
5-209.6 ↔ Remastoidektomie
5-209.7 ↔ Wechsel eines Kochleaimplantates
5-209.8 ↔ Entfernung eines Kochleaimplantates
5-209.b ↔ Wechsel eines aktiven mechanischen Hörimplantates
5-209.c ↔ Entfernung eines aktiven mechanischen Hörimplantates
5-209.d ↔ Befestigung einer Kupplung an einem bereits implantierten Knochenanker als selbständiger Eingriff
5-209.e Einführung eines aktiven mechanischen Hörimplantates
.e0 ↔ An das runde Fenster
.e1 ↔ An das ovale Fenster
.e2 ↔ An den Steigbügel
.e3 ↔ An die Gehörknöchelchenkette
.e4 ↔ An den Knochen
.ex ↔ An sonstige Strukturen
5-209.f ↔ Einführung eines Implantates zur direkten akustischen Stimulation der Kochlea [DACI]
5-209.g ↔ Wechsel eines Implantates zur direkten akustischen Stimulation der Kochlea [DACI]
5-209.h ↔ Entfernung eines Implantates zur direkten akustischen Stimulation der Kochlea [DACI]
5-209.x ↔ Sonstige
5-209.y N.n.bez.

Kapitel 5: Operationen

Operationen an Nase und Nasennebenhöhlen (5-21...5-22)

Hinw.: Die Anwendung mikrochirurgischer Technik ist, sofern nicht als eigener Kode angegeben, zusätzlich zu kodieren (5-984)
Die Anwendung von Lasertechnik ist, sofern nicht als eigener Kode angegeben, zusätzlich zu kodieren (5-985 ff.)
Die Anwendung eines Navigationssystems ist, sofern nicht als eigener Kode angegeben, zusätzlich zu kodieren (5-988 ff.)
Die Durchführung der Operation im Rahmen der Versorgung einer Mehrfachverletzung ist zusätzlich zu kodieren (5-981)
Die Durchführung der Operation im Rahmen der Versorgung eines Polytraumas ist zusätzlich zu kodieren (5-982 ff.)
Die Durchführung einer Reoperation ist, sofern nicht als eigener Kode angegeben, zusätzlich zu kodieren (5-983)
Der vorzeitige Abbruch einer Operation ist zusätzlich zu kodieren (5-995)
Der Einsatz der pESS-Technik ist, sofern nicht als eigener Kode angegeben, zusätzlich zu kodieren (5-98f)

5-21 Operationen an der Nase
Exkl.: Operationen an der Nase bei Verbrennungen (5-92)

5-210 Operative Behandlung einer Nasenblutung

5-210.0 Ätzung oder Kaustik

5-210.1 Elektrokoagulation

5-210.2 Kryokoagulation

5-210.3 Laserkoagulation

5-210.4 Ligatur einer Arterie (A. maxillaris oder A. ethmoidalis)

5-210.5 Dermatoplastik am Vestibulum nasi
Exkl.: Verschluss einer Septumperforation mit Schleimhaut-Verschiebelappen (5-214.4)

5-210.6 Endonasales Clippen einer Arterie

5-210.x Sonstige

5-210.y N.n.bez.

5-211 Inzision der Nase

5-211.0 Drainage eines Septumhämatoms

5-211.1 Drainage eines Hämatoms sonstiger Teile der Nase
.10 Ohne Einnähen von Septumstützfolien
.11 Mit Einnähen von Septumstützfolien

5-211.2 Drainage eines Septumabszesses
.20 Ohne Einnähen von Septumstützfolien
.21 Mit Einnähen von Septumstützfolien

5-211.3 Drainage eines Abszesses sonstiger Teile der Nase

5-211.4 Durchtrennung von Synechien
Exkl.: Durchtrennung von Synechien bei Verbrennungen (5-927)
.40 Ohne Einnähen von Septumstützfolien
.41 Mit Einnähen von Septumstützfolien

5-211.x Sonstige

5-211.y N.n.bez.

5-212 Exzision und Destruktion von erkranktem Gewebe der Nase
Hinw.: Unter mikrographischer Chirurgie (histographisch kontrolliert) werden Eingriffe verstanden, bei denen die Exzision des Tumors mit topographischer Markierung und anschließender Aufarbeitung der gesamten Exzidataußenfläche/-grenze erfolgt

Kapitel 5: Operationen

5-212.0 Exzision an der äußeren Nase
Inkl.: Dermabrasion
Shaving
Hinw.: Eine zusätzlich durchgeführte Hauttransplantation oder Hauttransposition ist gesondert zu kodieren (5-902 ff., 5-903 ff., 5-905 ff., 5-906 ff.)

5-212.1 Exzision an der äußeren Nase, histographisch kontrolliert (mikrographische Chirurgie)
Hinw.: Eine zusätzlich durchgeführte Hauttransplantation oder Hauttransposition ist gesondert zu kodieren (5-902 ff., 5-903 ff., 5-905 ff., 5-906 ff.)

5-212.2 Exzision an der inneren Nase, endonasal

5-212.3 Exzision an der inneren Nase durch laterale Rhinotomie

5-212.4 Exzision an der inneren Nase mit Midfacedegloving

5-212.5 Destruktion an der äußeren Nase

5-212.6 Destruktion an der inneren Nase

5-212.x Sonstige

5-212.y N.n.bez.

5-213 **Resektion der Nase**
Hinw.: Unter mikrographischer Chirurgie (histographisch kontrolliert) werden Eingriffe verstanden, bei denen die Exzision des Tumors mit topographischer Markierung und anschließender Aufarbeitung der gesamten Exzidataußenfläche/-grenze erfolgt

5-213.0 Partiell

5-213.1 Partiell, histographisch kontrolliert (mikrographische Chirurgie)

5-213.2 Subtotal

5-213.3 Subtotal, histographisch kontrolliert (mikrographische Chirurgie)

5-213.4 Total [Ablatio nasi]

5-213.5 Total, histographisch kontrolliert (mikrographische Chirurgie)

5-213.x Sonstige

5-213.y N.n.bez.

5-214 **Submuköse Resektion und plastische Rekonstruktion des Nasenseptums**
Hinw.: Die Entnahme von Rippenknorpel ist gesondert zu kodieren (5-349.4)
Die Entnahme von Ohrknorpel ist gesondert zu kodieren (5-189.0)

5-214.0 Submuköse Resektion

5-214.3 Septumunterfütterung (z.B. bei Ozaena)

5-214.4 Verschluss einer Septumperforation mit Schleimhaut-Verschiebelappen
Exkl.: Dermatoplastik am Vestibulum nasi (5-210.5)

5-214.5 Plastische Korrektur ohne Resektion

5-214.6 Plastische Korrektur mit Resektion

5-214.7 Plastische Rekonstruktion des Nasenseptums
.70 Mit lokalen autogenen Transplantaten (Austauschplastik)
.71 Mit distalen autogenen Transplantaten (z.B. Rippenknorpel)
.72 Mit allogenen oder xenogenen Transplantaten
.7x Sonstige

5-214.x Sonstige

5-214.y N.n.bez.

5-215 **Operationen an der unteren Nasenmuschel [Concha nasalis]**
Hinw.: Die gleichzeitige Operation an der mittleren Nasenmuschel ist im Kode enthalten

5-215.0 Destruktion
.00 ↔ Diathermie
.01 ↔ Kryokoagulation
.02 ↔ Laserkoagulation
.0x ↔ Sonstige

Kapitel 5: Operationen

5-215.1 ↔ Konchotomie und Abtragung von hinteren Enden
5-215.2 ↔ Konchektomie
5-215.3 ↔ Submuköse Resektion
5-215.4 ↔ Lateralisation
5-215.5 ↔ Medialisation
5-215.x ↔ Sonstige
5-215.y   N.n.bez.

5-216 Reposition einer Nasenfraktur
5-216.0 Geschlossen
5-216.1 Offen, endonasal
5-216.2 Offen, von außen
5-216.x Sonstige
5-216.y N.n.bez.

5-217 Plastische Rekonstruktion der äußeren Nase
Exkl.: Plastische Rekonstruktion der äußeren Nase bei Verbrennungen (5-92)
        Plastische Rekonstruktion nur der Nasenhaut (5-90)
Hinw.: Die Entnahme von Ohrknorpel ist gesondert zu kodieren (5-189.0)

5-217.0 Nasensteg
      Exkl.: Nasenstegverlängerung bei Lippen-Kiefer-Gaumenspalte (5-218.0)
5-217.1 Nasenflügel
      Inkl.: Isolierte Nasenspitzenplastik
5-217.2 Nasenrücken
5-217.3 Mehrere Teile der Nase
5-217.x Sonstige
5-217.y N.n.bez.

5-218 Plastische Rekonstruktion der inneren und äußeren Nase [Septorhinoplastik]
Exkl.: Plastische Rekonstruktion der äußeren Nase bei Verbrennungen (5-92)

5-218.0 Septorhinoplastik mit Korrektur des Knorpels
      Hinw.: Die Entnahme von Rippenknorpel ist gesondert zu kodieren (5-349.4)
             Die Entnahme von Ohrknorpel ist gesondert zu kodieren (5-189.0)
             Eine gleichzeitige Nasenspitzenkorrektur und/oder Nasenklappenkorrektur ist im Kode enthalten
      .00 Mit lokalen autogenen Transplantaten
      .01 Mit distalen autogenen Transplantaten
      .02 Mit allogenen oder xenogenen Transplantaten
      .0x Sonstige

5-218.1 Septorhinoplastik mit Korrektur des Knochens
      .10 Mit lokalen autogenen Transplantaten
      .11 Mit distalen autogenen Transplantaten
      .12 Mit allogenen oder xenogenen Transplantaten
      .1x Sonstige

5-218.2 Septorhinoplastik mit Korrektur des Knorpels und Knochens
      Hinw.: Die Entnahme von Rippenknorpel ist gesondert zu kodieren (5-349.4)
             Die Entnahme von Ohrknorpel ist gesondert zu kodieren (5-189.0)
             Eine gleichzeitige Nasenspitzenkorrektur und/oder Nasenklappenkorrektur ist im Kode enthalten
      .20 Mit lokalen autogenen Transplantaten
      .21 Mit distalen autogenen Transplantaten
      .22 Mit allogenen oder xenogenen Transplantaten
      .2x Sonstige

5-218.3 Septorhinoplastik mit lokalen oder distalen Lappen
      Hinw.: Die verwendeten Transplantate sind gesondert zu kodieren

5-218.4   Komplexe plastische Rekonstruktion der inneren und äußeren Nase
         Inkl.:   Aufbau einer komplexen Sattelnase, Revisions-Septorhinoplastik mit komplexer
                   Rekonstruktion der inneren und äußeren Nase
         Hinw.: Die Entnahme von Rippenknorpel ist gesondert zu kodieren (5-349.4)
                   Die Entnahme von Ohrknorpel ist gesondert zu kodieren (5-189.0)
         .40   Mit lokalen autogenen Transplantaten
         .41   Mit distalen autogenen Transplantaten
         .42   Mit allogenen oder xenogenen Transplantaten
         .4x   Sonstige

5-218.x   Sonstige

5-218.y   N.n.bez.

5-219   Andere Operationen an der Nase

5-219.0   Exstirpation einer Nasenfistel

5-219.1 ↔ Resektion einer Choanalatresie, transpalatinal

5-219.2 ↔ Resektion einer Choanalatresie, endonasal

5-219.x   Sonstige

5-219.y   N.n.bez.

5-22 Operationen an den Nasennebenhöhlen

5-220   Nasennebenhöhlenpunktion

5-220.0 ↔ Scharfe Kieferhöhlenpunktion (über unteren Nasengang)
         Inkl.:   Spülung und Drainage

5-220.1 ↔ Stumpfe Kieferhöhlenpunktion (über mittleren Nasengang)
         Inkl.:   Spülung und Drainage

5-220.2 ↔ Kieferhöhlenpunktion über Fossa canina

5-220.3 ↔ Stirnhöhlenpunktion nach Beck

5-220.4 ↔ Keilbeinhöhlenpunktion, endonasal

5-220.x ↔ Sonstige

5-220.y   N.n.bez.

5-221   Operationen an der Kieferhöhle
         Inkl.:   Polypenentfernung
         Exkl.:   Fistelverschluss (5-225.4, 5-225.5)
         Hinw.: Der transorale Zugang entspricht dem Zugang nach Caldwell-Luc

5-221.0 ↔ Fensterung über unteren Nasengang

5-221.1 ↔ Fensterung über mittleren Nasengang

5-221.4 ↔ Radikaloperation (z.B. Operation nach Caldwell-Luc)

5-221.6 ↔ Endonasal

5-221.7 ↔ Osteoplastische Operation, transoral

5-221.x ↔ Sonstige

5-221.y   N.n.bez.

5-222   Operation am Siebbein und an der Keilbeinhöhle
         Inkl.:   Polypenentfernung
                   Elektrokoagulation von Blutungen
         Exkl.:   Dakryozystorhinostomie (5-087 ff.)
                   Ethmoidsphenoidektomie (5-224.3)

5-222.0 ↔ Infundibulotomie

5-222.1   Ethmoidektomie von außen
         .10 ↔ Ohne Darstellung der Schädelbasis
         .11 ↔ Mit Darstellung der Schädelbasis

Kapitel 5: Operationen

5-222.2 Ethmoidektomie, endonasal
Inkl.: Infundibulotomie
.20 ↔ Ohne Darstellung der Schädelbasis
.21 ↔ Mit Darstellung der Schädelbasis

5-222.3 Ethmoidektomie, transmaxillär
.30 ↔ Ohne Darstellung der Schädelbasis
.31 ↔ Mit Darstellung der Schädelbasis

5-222.4 ↔ Sphenoidotomie, endonasal

5-222.5 Sphenoidektomie von außen
.50 ↔ Ohne Darstellung der Schädelbasis
.51 ↔ Mit Darstellung der Schädelbasis

5-222.6 ↔ Sphenoidektomie, transseptal

5-222.7 Sphenoidektomie, transmaxilloethmoidal
.70 ↔ Ohne Darstellung der Schädelbasis
.71 ↔ Mit Darstellung der Schädelbasis

5-222.8 ↔ Ballondilatation des Eingangs der Keilbeinhöhle

5-222.9 ↔ Einlegen oder Wechsel eines medikamentefreisetzenden selbstexpandierenden bioresorbierbaren Nasennebenhöhlen-Implantates
Inkl.: Einlegen oder Wechsel eines Mometasonfuroat freisetzenden selbstexpandierenden bioresorbierbaren Implantates

5-222.x ↔ Sonstige

5-222.y N.n.bez.

5-223 Operationen an der Stirnhöhle
Inkl.: Polypenentfernung

5-223.0 ↔ Von außen mit Fensterung des Stirnhöhlenbodens (OP nach Ritter-Jansen)

5-223.1 ↔ Von außen mit Fensterung des Stirnhöhlenbodens und der Stirnhöhlenvorderwand (OP nach Killian)

5-223.2 ↔ Radikaloperation von außen mit Resektion des Stirnhöhlenbodens und der Stirnhöhlenvorderwand (OP nach Riedel)

5-223.3 ↔ Osteoplastische Operation

5-223.5 ↔ Endonasale Stirnhöhlenoperation
Exkl.: Ballondilatation des Eingangs der Stirnhöhle (5-223.7)

5-223.6 Anlage einer Mediandrainage

5-223.7 ↔ Ballondilatation des Eingangs der Stirnhöhle

5-223.x Sonstige

5-223.y N.n.bez.

5-224 Operationen an mehreren Nasennebenhöhlen

5-224.0 ↔ Sanierung der Sinus maxillaris et ethmoidalis, kombiniert endonasal und transantral (Luc-de Lima)

5-224.1 ↔ Sanierung der Sinus frontalis et ethmoidalis, kombiniert endonasal und von außen (nach Lynch, osteoplastische Operation)

5-224.2 ↔ Sanierung der Sinus maxillaris, ethmoidalis et sphenoidalis, transmaxillo-ethmoidal

5-224.3 ↔ Ethmoidsphenoidektomie, endonasal

5-224.4 ↔ Mehrere Nasennebenhöhlen, radikal

5-224.5 ↔ Mehrere Nasennebenhöhlen, radikal mit Einbruch in die Flügelgaumengrube, kombiniert transfazial und transmandibulär
Inkl.: Nasenrachen
   Einbruch in die Orbita

5-224.6 Mehrere Nasennebenhöhlen, endonasal
.60 ↔ Mit Teilentfernung der Lamina papyracea
.61 ↔ Mit Schlitzung der Periorbita
.62 ↔ Mit Entlastung eines Abszesses
.63 ↔ Mit Darstellung der Schädelbasis (endonasale Pansinusoperation)

Kapitel 5: Operationen

.64 ↔ Mit Versorgung der Schädelbasis
.6x ↔ Sonstige

5-224.7 Mehrere Nasennebenhöhlen, kombiniert endonasal und von außen
.70 ↔ Mit Teilentfernung der Lamina papyracea
.71 ↔ Mit Schlitzung der Periorbita
.72 ↔ Mit Entlastung eines Abszesses
.73 ↔ Mit Darstellung der Schädelbasis
.74 ↔ Mit Versorgung der Schädelbasis
.7x ↔ Sonstige

5-224.8 ↔ Ballondilatation des Eingangs mehrerer Nasennebenhöhlen
5-224.x ↔ Sonstige
5-224.y N.n.bez.

5-225 Plastische Rekonstruktion der Nasennebenhöhlen
Exkl.: Kranioplastik (5-020)

5-225.0 Durch Rekonstruktion des Stirnbeins
5-225.1 Rekonstruktion der Stirnhöhlenvorderwand
5-225.2 Rekonstruktion der Stirnhöhlenhinterwand
5-225.3 Kranialisation der Stirnhöhle
5-225.4 ↔ Verschluss einer alveoloantralen Fistel
5-225.5 ↔ Verschluss einer oroantralen Fistel
5-225.x ↔ Sonstige
5-225.y N.n.bez.

5-229 Andere Operationen an den Nasennebenhöhlen

Operationen an Mundhöhle und Gesicht (5-23...5-28)

Hinw.: Die Anwendung mikrochirurgischer Technik ist, sofern nicht als eigener Kode angegeben, zusätzlich zu kodieren (5-984)
Die Anwendung von Lasertechnik ist, sofern nicht als eigener Kode angegeben, zusätzlich zu kodieren (5-985 ff.)
Die Anwendung eines Navigationssystems ist, sofern nicht als eigener Kode angegeben, zusätzlich zu kodieren (5-988 ff.)
Die Durchführung der Operation im Rahmen der Versorgung einer Mehrfachverletzung ist zusätzlich zu kodieren (5-981)
Die Durchführung der Operation im Rahmen der Versorgung eines Polytraumas ist zusätzlich zu kodieren (5-982 ff.)
Die Durchführung einer Reoperation ist, sofern nicht als eigener Kode angegeben, zusätzlich zu kodieren (5-983)
Der vorzeitige Abbruch einer Operation ist zusätzlich zu kodieren (5-995)

5-23 **Entfernung und Wiederherstellung von Zähnen**
Hinw.: Die Anzahl der Zähne ist für die Kodes 5-231 ff. und 5-232 ff. nach folgender Liste zu kodieren:
0   Ein Zahn
1   Mehrere Zähne eines Quadranten
2   Mehrere Zähne eines Kiefers
3   Mehrere Zähne beider Kiefer

5-230 Zahnextraktion
5-230.0 Einwurzeliger Zahn
5-230.1 Mehrwurzeliger Zahn

Kapitel 5: Operationen

5-230.2	Mehrere Zähne eines Quadranten
	Inkl.: Mit Glättung des Kieferknochens
5-230.3	Mehrere Zähne verschiedener Quadranten
5-230.4	Sämtliche Zähne einer Kieferhälfte
5-230.5	Sämtliche Zähne
5-230.x	Sonstige
5-230.y	N.n.bez.
5-231	**Operative Zahnentfernung (durch Osteotomie)**
	Hinw.: Die Anzahl der Zähne ist in der 6. Stelle nach der Liste vor Kode 5-230 zu kodieren
** 5-231.0	Tief zerstörter Zahn
** 5-231.1	Teilweise retinierter oder verlagerter Zahn
** 5-231.2	Vollständig retinierter oder verlagerter (impaktierter) Zahn
** 5-231.3	Hemisektion
** 5-231.4	Entnahme eines Zahnes zur Transplantation
** 5-231.5	Entfernung einer frakturierten Wurzel oder Radix relicta
** 5-231.6	Entfernung eines Zahnfragmentes aus Weichgewebe
** 5-231.x	Sonstige
5-231.y	N.n.bez.
5-232	**Zahnsanierung durch Füllung**
	Hinw.: Die Anzahl der Zähne ist in der 6. Stelle nach der Liste vor Kode 5-230 zu kodieren
** 5-232.0	Adhäsive Füllungstechnik
** 5-232.1	Compositeadhäsive Füllungstechnik
** 5-232.2	Inlay
** 5-232.3	Aufbaufüllung
** 5-232.x	Sonstige
5-232.y	N.n.bez.
5-233	**Prothetischer Zahnersatz**
5-233.0	Krone
5-233.1	Brücke
5-233.2	Herausnehmbarer Zahnersatz
5-233.x	Sonstige
5-233.y	N.n.bez.
5-235	**Replantation, Transplantation, Implantation und Stabilisierung eines Zahnes**
5-235.0	Replantation (in die ursprüngliche Alveole)
5-235.1	Transplantation
5-235.2	Implantation, enossal
5-235.3	Implantation, subperiostal
5-235.4	Freilegung eines enossalen Implantates mit Aufsetzen einer Distanzhülse
5-235.5	Stabilisierung, endodontisch
5-235.6	Stabilisierung, transdental
5-235.7	Entfernung eines enossalen Implantates
5-235.8	Entfernung eines subperiostalen Implantates
5-235.9	Kieferaufbau durch Anwendung eines enoralen Distraktors
5-235.x	Sonstige
5-235.y	N.n.bez.

Kapitel 5: Operationen

5-236		Entfernung eines transplantierten Zahnes
5-237		Wurzelspitzenresektion und Wurzelkanalbehandlung

Hinw.: Bei Behandlung mehrerer Zähne in einer Sitzung ist jede Zahnbehandlung gesondert zu kodieren

5-237.0		Wurzelkanalbehandlung
5-237.1		Wurzelspitzenresektion im Frontzahnbereich
	.10	Ohne Wurzelkanalbehandlung
	.11	Mit Wurzelkanalbehandlung, orthograd
	.12	Mit Wurzelkanalbehandlung, retrograd
5-237.2		Wurzelspitzenresektion im Seitenzahnbereich
	.20	Ohne Wurzelkanalbehandlung
	.21	Mit Wurzelkanalbehandlung, orthograd
	.22	Mit Wurzelkanalbehandlung, retrograd
5-237.x		Sonstige
5-237.y		N.n.bez.

5-24 Operationen an Zahnfleisch, Alveolen und Kiefer

5-240	**Inzision des Zahnfleisches und Osteotomie des Alveolarkammes**
5-240.0	Inzision des Zahnfleisches
5-240.1	Drainage des Parodonts
5-240.2	Osteotomie des Alveolarkammes [Alveolotomie]
5-240.x	Sonstige
5-240.y	N.n.bez.
5-241	**Gingivaplastik**
5-241.0	Lappenoperation
5-241.1	Mit Schleimhauttransplantat
5-241.2	Mit Knochenimplantat
5-241.3	Mit alloplastischem Implantat
5-241.4	Korrektur von Schleimhautbändern
5-241.x	Sonstige
5-241.y	N.n.bez.
5-242	**Andere Operationen am Zahnfleisch**
5-242.0	Kürettage von Zahnfleischtaschen
5-242.1	Operation am Schlotterkamm
5-242.2	Exzision von erkranktem Gewebe
5-242.3	Gingivektomie
5-242.4	Naht
5-242.5	Entnahme eines Schleimhauttransplantates vom harten Gaumen
5-242.6	Entnahme eines Schleimhauttransplantates von der Wange
5-242.x	Sonstige
5-242.y	N.n.bez.

Kapitel 5: Operationen

5-243 **Exzision einer odontogenen pathologischen Veränderung des Kiefers**
Hinw.: Die Auffüllung mit einem Knochenersatzmaterial ist gesondert zu kodieren (5-774.70, 5-775.70)
Die Stabilisierung mit einer Interpositionsplastik ist gesondert zu kodieren (5-774.2, 5-775.3)
Die Stabilisierung mit einer Osteosynthese ist gesondert zu kodieren (5-786 ff.)
Die Knochentransplantation ist gesondert zu kodieren (5-77b ff., 5-784 ff.)
Die Entnahme eines Transplantates ist gesondert zu kodieren (5-783 ff.)
Die Augmentation durch Einbringen einer Folie/Membran oder sonstiger Materialien ist gesondert zu kodieren (5-774.6, 5-774.x, 5-775.8, 5-775.x)

5-243.0 Am Oberkiefer ohne Eröffnung der Kieferhöhle

5-243.1 Am Oberkiefer mit Eröffnung der Kieferhöhle

5-243.2 Am Oberkiefer mit Eröffnung des Nasenbodens

5-243.3 Am Unterkiefer

5-243.4 Am Unterkiefer mit Darstellung des N. alveolaris inferior

5-243.5 Am Unterkiefer mit Darstellung des N. lingualis

5-243.x Sonstige

5-243.y N.n.bez.

5-244 **Alveolarkammplastik und Vestibulumplastik**
Exkl.: Resektion des Alveolarkammes (5-771.0)
Alveolarkammerhöhung (5-774, 5-775)
Hinw.: Die Entnahme eines Transplantates ist gesondert zu kodieren (5-242.5, 5-242.6, 5-783, 5-858, 5-901, 5-904)
Die Art des Transplantates ist in der 6. Stelle nach folgender Liste zu kodieren:
0   Ohne Transplantat
1   Mit Hauttransplantat
2   Mit Schleimhauttransplantat
3   Mit Knochentransplantat
x   Sonstige

** 5-244.0 Alveolarkammplastik (Umschlagfalte)

** 5-244.1 Mundbodensenkung
Inkl.: Verlagerung der Mundbodenmuskulatur

** 5-244.2 Vestibulumplastik

** 5-244.3 Mundbodensenkung mit Vestibulumplastik

** 5-244.4 Tuberplastik

** 5-244.x Sonstige

5-244.y N.n.bez.

5-245 **Zahnfreilegung**

5-245.0 Ohne Osteotomie

5-245.1 Mit Osteotomie

5-245.y N.n.bez.

5-249 **Andere Operationen und Maßnahmen an Gebiss, Zahnfleisch und Alveolen**
Exkl.: Osteotomie an Mandibula und Maxilla (5-776, 5-777)

5-249.0 Operative Blutstillung

5-249.1 Diastemaoperation
Inkl.: Durchtrennung des bindegewebigen Septums

5-249.2 Operative Fixation eines kieferorthopädischen Gerätes
Inkl.: Latham-Apparat

5-249.3 Operative Fixation einer Verbandplatte oder einer Gaumenplatte

5-249.4 Anpassung einer herausnehmbaren Verbandplatte

5-249.5 Entfernung einer Verbandplatte oder einer Gaumenplatte

5-249.6 Anpassung einer Gaumenplatte
Inkl.: Endoskopische Kontrolle
5-249.x Sonstige
5-249.y N.n.bez.

5-25 Operationen an der Zunge

Hinw.: Die Art der Rekonstruktion ist für die Kodes 5-251 und 5-252 nach folgender Liste zu kodieren:
- 0 Rekonstruktion mit gestieltem regionalen Lappen
- 1 Rekonstruktion mit nicht vaskularisiertem Transplantat
- 2 Rekonstruktion mit freiem mikrovaskulär-anastomosierten Transplantat
- 3 Rekonstruktion mit gestieltem Fernlappen
- x Sonstige

5-250 **Inzision, Exzision und Destruktion von erkranktem Gewebe der Zunge**

5-250.0 Inzision am Zungenrand
5-250.1 Inzision am Zungenkörper
5-250.2 Exzision
5-250.3 Destruktion
.30 Elektrokoagulation
.31 Laserkoagulation
.32 Thermokoagulation
.33 Kryokoagulation
.34 Photodynamische Therapie
.35 Elektrochemotherapie
.3x Sonstige
5-250.x Sonstige
5-250.y N.n.bez.

5-251 **Partielle Glossektomie**

Hinw.: Eine durchgeführte Neck dissection ist gesondert zu kodieren (5-403)
Die Anwendung von Lasertechnik ist gesondert zu kodieren (5-985)
Die Entnahme eines Transplantates ist gesondert zu kodieren (5-242.5, 5-242.6, 5-858, 5-901, 5-904)
Eine partielle Resektion der Mandibula und deren Rekonstruktion sind gesondert zu kodieren (5-772, 5-775)
Die Art der Rekonstruktion ist in der 6. Stelle nach der Liste vor Kode 5-250 zu kodieren

** 5-251.0 Transoral
** 5-251.1 Durch temporäre Mandibulotomie
** 5-251.2 Durch Pharyngotomie
** 5-251.x Sonstige
5-251.y N.n.bez.

5-252 **Glossektomie**

Hinw.: Eine durchgeführte Neck dissection ist gesondert zu kodieren (5-403)
Die Entnahme eines Transplantates ist gesondert zu kodieren (5-242.5, 5-242.6, 5-858, 5-901, 5-904)
Die Art der Rekonstruktion ist in der 6. Stelle nach der Liste vor Kode 5-250 zu kodieren

** 5-252.0 Transoral
** 5-252.1 Durch temporäre Mandibulotomie
** 5-252.2 Durch Pharyngotomie
** 5-252.3 Mit Resektion der Mandibula, partiell, ohne Kontinuitätsdurchtrennung
** 5-252.4 Mit Resektion der Mandibula, partiell, mit Kontinuitätsdurchtrennung
** 5-252.x Sonstige
5-252.y N.n.bez.

Kapitel 5: Operationen

5-253 **Rekonstruktion der Zunge**
5-253.0   Naht (nach Verletzung)
5-253.1   Plastische Rekonstruktion
5-253.2   Reduktionsplastik
5-253.x   Sonstige
5-253.y   N.n.bez.

5-259 **Andere Operationen an der Zunge**
5-259.0   Verlagerung der Zungenaufhängung
5-259.1   Durchtrennung des Frenulum linguae
5-259.2   Plastik des Frenulum linguae
5-259.x   Sonstige
5-259.y   N.n.bez.

5-26 Operationen an Speicheldrüsen und Speicheldrüsenausführungsgängen

5-260   **Inzision und Schlitzung einer Speicheldrüse und eines Speicheldrüsenausführungsganges**
5-260.0 ↔ Ohne weitere Maßnahmen
5-260.1   Drainage
    .10 ↔ Speicheldrüse
    .11 ↔ Ausführungsgang
    .1x ↔ Sonstige
5-260.2   Entfernung eines Speichelsteines
    .20 ↔ Speicheldrüse
    .21 ↔ Ausführungsgang
    .2x ↔ Sonstige
5-260.x ↔ Sonstige
5-260.y   N.n.bez.

5-261   **Exzision von erkranktem Gewebe einer Speicheldrüse und eines Speicheldrüsenausführungsganges**
5-261.0 ↔ Marsupialisation des Ductus parotideus (Stenon-Gang)
5-261.1 ↔ Marsupialisation des Ductus submandibularis (Warthon-Gang)
5-261.2 ↔ Marsupialisation an der Glandula sublingualis (Ranula)
5-261.3 ↔ Exzision an der Glandula parotis
5-261.4 ↔ Exzision an der Glandula submandibularis
5-261.5 ↔ Exzision an der Glandula sublingualis (Ranula)
5-261.6   Exzision an den kleinen Speicheldrüsen
5-261.x ↔ Sonstige
5-261.y   N.n.bez.

5-262   **Resektion einer Speicheldrüse**
Hinw.: Eine durchgeführte Neck dissection ist gesondert zu kodieren (5-403 ff.)
5-262.0   Parotidektomie, partiell
    .02 ↔ Ohne intraoperatives Fazialismonitoring, ohne Entfernung von erkranktem Gewebe im oberen Parapharyngeal- und/oder Infratemporalraum
    .03 ↔ Ohne intraoperatives Fazialismonitoring, mit Entfernung von erkranktem Gewebe im oberen Parapharyngeal- und/oder Infratemporalraum
    .04 ↔ Mit intraoperativem Fazialismonitoring, ohne Entfernung von erkranktem Gewebe im oberen Parapharyngeal- und/oder Infratemporalraum
    .05 ↔ Mit intraoperativem Fazialismonitoring, mit Entfernung von erkranktem Gewebe im oberen Parapharyngeal- und/oder Infratemporalraum
    .0x ↔ Sonstige

Kapitel 5: Operationen

5-262.1 Parotidektomie, komplett mit Erhalt des N. facialis
.12 ↔ Ohne intraoperatives Fazialismonitoring, ohne Entfernung von erkranktem Gewebe im oberen Parapharyngeal- und/oder Infratemporalraum
.13 ↔ Ohne intraoperatives Fazialismonitoring, mit Entfernung von erkranktem Gewebe im oberen Parapharyngeal- und/oder Infratemporalraum
.14 ↔ Mit intraoperativem Fazialismonitoring, ohne Entfernung von erkranktem Gewebe im oberen Parapharyngeal- und/oder Infratemporalraum
.15 ↔ Mit intraoperativem Fazialismonitoring, mit Entfernung von erkranktem Gewebe im oberen Parapharyngeal- und/oder Infratemporalraum
.1x ↔ Sonstige

5-262.2 Parotidektomie, komplett mit Resektion des N. facialis
.22 ↔ Mit Teilresektion des N. facialis, ohne Entfernung von erkranktem Gewebe im oberen Parapharyngeal- und/oder Infratemporalraum
.23 ↔ Mit Teilresektion des N. facialis, mit Entfernung von erkranktem Gewebe im oberen Parapharyngeal- und/oder Infratemporalraum
.24 ↔ Mit Resektion des N. facialis, ohne Entfernung von erkranktem Gewebe im oberen Parapharyngeal- und/oder Infratemporalraum
.25 ↔ Mit Resektion des N. facialis, mit Entfernung von erkranktem Gewebe im oberen Parapharyngeal- und/oder Infratemporalraum
.2x ↔ Sonstige

5-262.3 ↔ Parotidektomie, komplett mit Resektion und Rekonstruktion des N. facialis

5-262.4 Glandula submandibularis
.40 ↔ Ohne intraoperatives Monitoring des Ramus marginalis des N. facialis
.41 ↔ Mit intraoperativem Monitoring des Ramus marginalis des N. facialis

5-262.5 ↔ Glandula sublingualis

5-262.6 Kleine Speicheldrüsen

5-262.x ↔ Sonstige

5-262.y N.n.bez.

5-263 Rekonstruktion einer Speicheldrüse und eines Speicheldrüsenausführungsganges

5-263.0 Naht (nach Verletzung)
.00 ↔ Speicheldrüse
.01 ↔ Ausführungsgang
.0x ↔ Sonstige

5-263.1 Verschluss einer Fistel
.10 ↔ Speicheldrüse
.11 ↔ Ausführungsgang
.1x ↔ Sonstige

5-263.2 ↔ Verlagerung eines Speicheldrüsenausführungsganges

5-263.x ↔ Sonstige

5-263.y N.n.bez.

5-269 Andere Operationen an Speicheldrüse und Speicheldrüsenausführungsgang

5-269.0 ↔ Unterbindung des Ductus parotideus (Stenon-Gang)

5-269.1 ↔ Destruktion einer Speicheldrüse

5-269.2 Sialendoskopie der Glandula submandibularis oder der Glandula parotis
.20 ↔ Mit Dilatation
.21 ↔ Mit Entfernung eines Fremdkörpers oder Steins
.22 ↔ Mit intraduktaler Lithotripsie und Entfernung eines Steins
.2x ↔ Sonstige

5-269.3 ↔ Elektrochemotherapie

5-269.4 Entfernung von erkranktem Gewebe im oberen Parapharyngeal- und/oder Infratemporalraum mit Verlagerung der Glandula parotis
.40 ↔ Ohne intraoperatives Fazialismonitoring
.41 ↔ Mit intraoperativem Fazialismonitoring

5-269.x ↔ Sonstige

5-269.y N.n.bez.

Kapitel 5: Operationen

5-27 Andere Operationen an Mund und Gesicht

5-270 **Äußere Inzision und Drainage im Mund-, Kiefer- und Gesichtsbereich**
Inkl.: Inzision von Logenabszessen
Fremdkörperentfernung
Exkl.: Inzision in der Mundhöhle (5-273)

5-270.0 ↔ Temporal

5-270.1 ↔ Periorbital

5-270.2 ↔ Paranasal
Inkl.: Fossa canina

5-270.3 ↔ Wangenbereich
Inkl.: Oberlippe

5-270.4 ↔ Parotisregion

5-270.5 Submandibulär

5-270.6 ↔ Submandibulär, kieferwinkelnah

5-270.7 Submental

5-270.8 Zungengrund
Inkl.: Inzision einer Mundbodenphlegmone von außen

5-270.9 ↔ Bereich des M. sternocleidomastoideus

5-270.x ↔ Sonstige

5-270.y N.n.bez.

5-271 **Inzision des harten und weichen Gaumens**

5-271.0 Ohne weitere Maßnahmen

5-271.1 Drainage

5-271.2 Uvulotomie

5-271.x Sonstige

5-271.y N.n.bez.

5-272 **Exzision und Destruktion des (erkrankten) harten und weichen Gaumens**
Hinw.: Eine durchgeführte Neck dissection ist gesondert zu kodieren (5-403 ff.)

5-272.0 Exzision, lokal

5-272.1 Exzision, partiell

5-272.2 Exstirpation, total, transoral

5-272.3 Exzision, radikal [En-bloc-Resektion], transmandibulär

5-272.4 Exzision, radikal [En-bloc-Resektion], transfazial

5-272.5 Uvulektomie

5-272.6 Destruktion
.60 Elektrokoagulation
.61 Laserkoagulation
.62 Thermokoagulation
.63 Kryokoagulation
.64 Photodynamische Therapie
.65 Elektrochemotherapie
.6x Sonstige

5-272.x Sonstige

5-272.y N.n.bez.

5-273 **Inzision, Exzision und Destruktion in der Mundhöhle**
Inkl.: Exzision einer Weichteilzyste
Exzision einer papillären Hyperplasie
Exkl.: Resektion des Mundbodens mit plastischer Rekonstruktion (5-277 ff.)
Resektion der Wange mit plastischer Rekonstruktion (5-278 ff.)

5-273.0 Inzision und Drainage, vestibulär submukös
5-273.1 Inzision und Drainage, vestibulär subperiostal
5-273.2 Inzision und Drainage, sublingual
5-273.3 Exzision, lokal, Mundboden
5-273.4 ↔ Exzision, lokal, Wange
5-273.5 Exzision, lokal, Lippe
5-273.6 Exzision, partiell, Mundboden
5-273.7 ↔ Exzision, partiell, Wange
5-273.8 Exzision, partiell, Lippe
5-273.9 Destruktion
    .90 Elektrokoagulation
    .91 Laserkoagulation
    .92 Thermokoagulation
    .93 Kryokoagulation
    .94 Photodynamische Therapie
    .95 Elektrochemotherapie
    .9x Sonstige
5-273.x ↔ Sonstige
5-273.y N.n.bez.

5-274 Mundbodenplastik
Exkl.: Mundbodensenkung (5-244.1, 5-244.3)
5-274.0 Naht (nach Verletzung)
5-274.1 Plastische Rekonstruktion
5-274.2 Verschluss einer Fistel
5-274.x Sonstige
5-274.y N.n.bez.

5-275 Palatoplastik
Exkl.: Palatopharyngoplastik (5-294.4)
    Operative Fixation eines kieferorthopädischen Gerätes (5-249.2)
5-275.0 Naht (nach Verletzung)
5-275.1 Primäre Hartgaumenplastik ohne Knochentransplantat
5-275.2 Primäre Hartgaumenplastik mit Knochentransplantat
Hinw.: Die Entnahme eines Knochentransplantates ist gesondert zu kodieren (5-783)
5-275.3 Sekundäre Hartgaumenplastik ohne Knochentransplantat
5-275.4 Sekundäre Hartgaumenplastik mit Knochentransplantat
Hinw.: Die Entnahme eines Knochentransplantates ist gesondert zu kodieren (5-783)
5-275.7 Velopharyngolyse
5-275.8 Velopharyngoplastik
5-275.9 Primäre Segelplastik
Inkl.: Uvulaplastik
5-275.a Sekundäre Segelplastik
Inkl.: Uvulaplastik
5-275.x Sonstige
5-275.y N.n.bez.

5-276 Plastische Rekonstruktion einer (angeborenen) Lippenspalte und Lippen-Kieferspalte
5-276.7 ↔ Sekundäroperation der Lippenspalte
5-276.8 ↔ Operation bei Makrostomie
5-276.9 ↔ Sekundäroperation der Kieferspalte

Kapitel 5: Operationen

5-276.a ↔ Lippenplastik
5-276.b ↔ Kieferplastik
5-276.c ↔ Kieferplastik, mit Osteoplastik
5-276.x ↔ Sonstige
5-276.y   N.n.bez.

5-277 **Resektion des Mundbodens mit plastischer Rekonstruktion**
Exkl.: Partielle Exzision des Mundbodens ohne Rekonstruktion (5-273.6)
Lokale Exzision des Mundbodens ohne Rekonstruktion (5-273.3)
Hinw.: Eine durchgeführte Neck dissection ist gesondert zu kodieren (5-403)
Die Entnahme eines Transplantates ist gesondert zu kodieren (5-242.5, 5-242.6, 5-858, 5-901)
Die Art der Rekonstruktion ist in der 6. Stelle nach folgender Liste zu kodieren:
0   Rekonstruktion mit gestieltem regionalen Lappen
1   Rekonstruktion mit nicht vaskularisiertem Transplantat
2   Rekonstruktion mit freiem mikrovaskulär-anastomosierten Transplantat
3   Rekonstruktion mit gestieltem Fernlappen
x   Sonstige

** 5-277.0 Transoral
** 5-277.1 Durch temporäre Mandibulotomie
** 5-277.2 Mit Resektion der Mandibula, partiell, ohne Kontinuitätsdurchtrennung
** 5-277.3 Mit Resektion der Mandibula, partiell, mit Kontinuitätsdurchtrennung
** 5-277.x Sonstige
5-277.y N.n.bez.

5-278 **Resektion der Wange mit plastischer Rekonstruktion**
Exkl.: Partielle Exzision der Wange ohne Rekonstruktion (5-273.7)
Lokale Exzision der Wange ohne Rekonstruktion (5-273.4)
Hinw.: Eine durchgeführte Neck dissection ist gesondert zu kodieren (5-403)
Die Entnahme eines Transplantates ist gesondert zu kodieren (5-242.5, 5-242.6, 5-858, 5-901)
Die Art der Rekonstruktion ist in der 6. Stelle nach folgender Liste zu kodieren:
0 ↔ Rekonstruktion mit gestieltem regionalen Lappen
1 ↔ Rekonstruktion mit nicht vaskularisiertem Transplantat
2 ↔ Rekonstruktion mit einem freien mikrovaskulär-anastomosierten Transplantat
3 ↔ Rekonstruktion mit gestieltem Fernlappen
4 ↔ Rekonstruktion mit zwei freien mikrovaskulär-anastomosierten Transplantaten
5 ↔ Rekonstruktion mit einer Kombination aus gestielten und mikrovaskulär-anastomosierten Lappen
x ↔ Sonstige

** 5-278.0 Transoral
** 5-278.1 Durch temporäre Mandibulotomie
** 5-278.2 Mit Resektion der Mandibula, partiell, ohne Kontinuitätsdurchtrennung
** 5-278.3 Mit Teilresektion der Mandibula, mit Kontinuitätsdurchtrennung
** 5-278.4 Mit Teilresektion der Maxilla
** 5-278.x Sonstige
5-278.y N.n.bez.

5-279 **Andere Operationen am Mund**
5-279.0 Operative Blutstillung
Exkl.: Operative Blutstillung an Gebiss, Zahnfleisch und Alveolen (5-249.0)
5-279.1 Frenulotomie
5-279.x Sonstige
5-279.y N.n.bez.

Kapitel 5: Operationen

5-28 Operationen im Bereich des Naso- und Oropharynx

5-280	Transorale Inzision und Drainage eines pharyngealen oder parapharyngealen Abszesses
5-280.0	(Peri)tonsillär
5-280.1	Parapharyngeal
5-280.2	Retropharyngeal
5-280.3	Im Bereich des Zungengrundes
5-280.x	Sonstige
5-280.y	N.n.bez.

5-281 Tonsillektomie (ohne Adenotomie)
Exkl.: Operative Blutstillung nach Tonsillektomie (5-289.1)
Hinw.: Eine durchgeführte Neck dissection ist gesondert zu kodieren (5-403)

5-281.0	Mit Dissektionstechnik
5-281.1	Abszesstonsillektomie
5-281.2	Radikal, transoral
5-281.3	Radikal, durch Pharyngotomie
5-281.4	Rest-Tonsillektomie
5-281.5	Partiell, transoral
5-281.x	Sonstige
5-281.y	N.n.bez.
5-282	Tonsillektomie mit Adenotomie
5-282.0	Mit Dissektionstechnik
5-282.x	Sonstige
5-282.y	N.n.bez.
5-284	Exzision und Destruktion einer Zungengrundtonsille
5-284.0	Transoral
5-284.1	Durch Pharyngotomie
5-284.x	Sonstige
5-284.y	N.n.bez.

5-285 Adenotomie (ohne Tonsillektomie)
Exkl.: Operative Blutstillung nach Adenotomie (5-289.2)

5-285.0	Primäreingriff
5-285.1	Readenotomie
5-285.x	Sonstige
5-285.y	N.n.bez.
5-289	Andere Operationen an Gaumen- und Rachenmandeln
5-289.0	Destruktion von erkranktem Gewebe
.00	Elektrokoagulation
.01	Laserkoagulation
.02	Thermokoagulation
.03	Kryokoagulation
.04	Photodynamische Therapie
.0x	Sonstige
5-289.1	Operative Blutstillung nach Tonsillektomie
5-289.2	Operative Blutstillung nach Adenotomie
5-289.3	Narbenexzision
5-289.4	Exzision von erkranktem Gewebe
5-289.x	Sonstige
5-289.y	N.n.bez.

Kapitel 5: Operationen

Operationen an Pharynx, Larynx und Trachea (5-29...5-31)

Hinw.: Die Anwendung mikrochirurgischer Technik ist, sofern nicht als eigener Kode angegeben, zusätzlich zu kodieren (5-984)
Die Anwendung von Lasertechnik ist, sofern nicht als eigener Kode angegeben, zusätzlich zu kodieren (5-985 ff.)
Die Anwendung minimalinvasiver Technik ist, sofern nicht als eigener Kode angegeben, zusätzlich zu kodieren (5-986 ff.)
Die Durchführung der Operation im Rahmen der Versorgung einer Mehrfachverletzung ist zusätzlich zu kodieren (5-981)
Die Durchführung der Operation im Rahmen der Versorgung eines Polytraumas ist zusätzlich zu kodieren (5-982 ff.)
Die Durchführung einer Reoperation ist, sofern nicht als eigener Kode angegeben, zusätzlich zu kodieren (5-983)
Der vorzeitige Abbruch einer Operation ist zusätzlich zu kodieren (5-995)

5-29 Operationen am Pharynx

5-290 **Pharyngotomie**
Hinw.: Eine durchgeführte Neck dissection ist gesondert zu kodieren (5-403)
Mit einem Kode aus diesem Bereich ist nur die isolierte Pharyngotomie zu kodieren. Die Pharyngotomie als Zugang im Rahmen einer nachfolgenden Operation ist unter dem jeweiligen Eingriff zu kodieren

5-290.0	Median
5-290.1	Median, translingual
5-290.2	Median, transhyoidal
5-290.3	Lateral
5-290.x	Sonstige
5-290.y	N.n.bez.

5-291 **Operationen an Kiemengangsresten**

5-291.0	Inzision
5-291.1	Exzision einer lateralen Halszyste
5-291.2	Exzision einer lateralen Halsfistel
5-291.3	Sekundärer Eingriff
5-291.x	Sonstige
5-291.y	N.n.bez.

5-292 **Exzision und Destruktion von erkranktem Gewebe des Pharynx**
Hinw.: Eine durchgeführte Neck dissection ist gesondert zu kodieren (5-403)

5-292.0	Exzision, lokal	
5-292.3	Destruktion	
	.30	Elektrokoagulation
	.31	Laserkoagulation
	.32	Thermokoagulation
	.33	Kryokoagulation
	.34	Photodynamische Therapie
	.3x	Sonstige
5-292.x	Sonstige	
5-292.y	N.n.bez.	

5-293 Pharyngoplastik
Exkl.: Partielle Resektion des Pharynx mit Rekonstruktion (5-295 ff.)
Radikale Resektion des Pharynx mit Rekonstruktion (5-296 ff.)
Hinw.: Diese Kodes sind für die alleinige Pharyngoplastik ohne Resektion des Pharynx zu verwenden

- 5-293.0 Mit lokaler Schleimhaut
- 5-293.1 Mit gestieltem myokutanen Lappen
- 5-293.2 Mit mikrovaskulär anastomosiertem Transplantat
- 5-293.3 Mit freiem Hautlappen
- 5-293.4 Mit freiem Darmtransplantat
- 5-293.5 Mit Magenhochzug
- 5-293.x Sonstige
- 5-293.y N.n.bez.

5-294 Andere Rekonstruktionen des Pharynx
- 5-294.0 Naht (nach Verletzung)
- 5-294.1 Verschluss einer Fistel
- 5-294.2 Verschluss einer Hypopharynxperforation
- 5-294.3 Adhäsiolyse
- 5-294.4 (Uvulo-)Palatopharyngoplastik
- 5-294.x Sonstige
- 5-294.y N.n.bez.

5-295 Partielle Resektion des Pharynx [Pharynxteilresektion]
Hinw.: Eine durchgeführte Neck dissection ist gesondert zu kodieren (5-403)
Die Art der Rekonstruktion ist in der 6. Stelle nach folgender Liste zu kodieren:
- 0 Ohne Rekonstruktion
- 1 Rekonstruktion mit lokaler Schleimhaut
- 2 Rekonstruktion mit gestieltem regionalen Lappen
- 3 Rekonstruktion mit nicht vaskularisiertem Transplantat
- 4 Rekonstruktion mit freiem mikrovaskulär-anastomosierten Transplantat
- 5 Rekonstruktion mit gestieltem Fernlappen
- x Sonstige

- ** 5-295.0 Transoral
- ** 5-295.1 Durch Pharyngotomie
- ** 5-295.2 Durch Spaltung des weichen und/oder harten Gaumens
- ** 5-295.3 Transmandibulär
- ** 5-295.x Sonstige
- 5-295.y N.n.bez.

5-296 Radikale Resektion des Pharynx [Pharyngektomie]
Hinw.: Eine durchgeführte Neck dissection ist gesondert zu kodieren (5-403)
Die Art der Rekonstruktion ist in der 6. Stelle nach folgender Liste zu kodieren:
- 0 Ohne Rekonstruktion
- 1 Rekonstruktion mit lokaler Schleimhaut
- 2 Rekonstruktion mit gestieltem regionalen Lappen
- 3 Rekonstruktion mit nicht vaskularisiertem Transplantat
- 4 Rekonstruktion mit freiem mikrovaskulär-anastomosierten Transplantat
- 5 Rekonstruktion mit gestieltem Fernlappen
- 6 Rekonstruktion mit freiem Darmtransplantat
- 7 Rekonstruktion mit Magenhochzug
- x Sonstige

- ** 5-296.0 Transoral
- ** 5-296.1 Durch Pharyngotomie

Kapitel 5: Operationen

** 5-296.2		Durch Spaltung des weichen und/oder harten Gaumens
** 5-296.3		Transmandibulär
** 5-296.x		Sonstige
5-296.y		N.n.bez.
5-299		**Andere Operationen am Pharynx**
5-299.0		Myotomie des M. constrictor pharyngis
	.00	Ohne Pharyngotomie
	.01	Mit Pharyngotomie
5-299.1		Ausstopfen eines Zenker-Divertikels, endoskopisch
5-299.2		Schwellendurchtrennung eines Zenker-Divertikels, endoskopisch
5-299.x		Sonstige
5-299.y		N.n.bez.

5-30   Exzision und Resektion am Larynx

5-300   **Exzision und Destruktion von erkranktem Gewebe des Larynx**
Hinw.: Eine durchgeführte Neck dissection ist gesondert zu kodieren (5-403)

5-300.0		Exzision, endolaryngeal
	Inkl.:	Exzision einer Laryngozele
5-300.1		Exzision, laryngoskopisch
5-300.2		Exzision, mikrolaryngoskopisch
5-300.3		Destruktion
	.30	Elektrokoagulation
	.31	Laserkoagulation
	.32	Thermokoagulation
	.33	Kryokoagulation
	.34	Photodynamische Therapie
	.3x	Sonstige
5-300.4		Dekortikation einer Stimmlippe, durch Thyreotomie
5-300.5		Dekortikation einer Stimmlippe, mikrolaryngoskopisch
5-300.6		Stripping einer Stimmlippe, durch Thyreotomie
5-300.7		Stripping einer Stimmlippe, mikrolaryngoskopisch
5-300.x		Sonstige
5-300.y		N.n.bez.

5-301   **Hemilaryngektomie**
Hinw.: Eine durchgeführte Neck dissection ist gesondert zu kodieren (5-403)

5-301.0	Horizontal, supraglottisch
5-301.1	Horizontal, supraglottisch mit Zungengrundresektion
5-301.2	Vertikal, modifiziert (Hautant)
5-301.3	Vertikal, komplett (Gluck-Sörensen)
5-301.x	Sonstige
5-301.y	N.n.bez.

5-302   **Andere partielle Laryngektomie**
Hinw.: Eine durchgeführte Neck dissection ist gesondert zu kodieren (5-403)

5-302.0	Epiglottektomie, endolaryngeal
5-302.1	Chordektomie, endolaryngeal
5-302.2	Chordektomie durch Thyreotomie
5-302.3	Cricothyreoidektomie
5-302.4	Partielle Larynx-Pharynx-Resektion

Kapitel 5: Operationen

5-302.5	Endoskopische Laserresektion
5-302.6	Teilresektion, frontal (Huet)
5-302.7	Teilresektion, frontolateral (Leroux-Robert)
5-302.8	Arytenoidektomie, laryngoskopisch
5-302.9	Arytenoidektomie, mikrolaryngoskopisch
5-302.x	Sonstige
5-302.y	N.n.bez.

5-303 **Laryngektomie**
Inkl.: Tracheotomie
Hinw.: Eine durchgeführte Neck dissection ist gesondert zu kodieren (5-403)
Die Art der Rekonstruktion ist in der 6. Stelle nach folgender Liste zu kodieren:
0   Ohne Rekonstruktion
1   Rekonstruktion mit lokaler Schleimhaut
2   Rekonstruktion mit gestieltem regionalen Lappen
3   Rekonstruktion mit nicht vaskularisiertem Transplantat
4   Rekonstruktion mit freiem mikrovaskulär-anastomosierten Transplantat
5   Rekonstruktion mit gestieltem Fernlappen
6   Rekonstruktion mit freiem Darmtransplantat
7   Rekonstruktion mit Magenhochzug
x   Sonstige

** 5-303.0	Einfache Laryngektomie
** 5-303.1	Mit Pharyngektomie
** 5-303.2	Mit Pharyngektomie und Schilddrüsenresektion
** 5-303.x	Sonstige
5-303.y	N.n.bez.

5-31 **Andere Larynxoperationen und Operationen an der Trachea**

5-310	**Larynxverengende Eingriffe**
5-310.0	Injektion in die Stimmlippen (z.B. zur Verschmälerung der Stimmritze)
5-310.1	Injektion in die Taschenfalten
5-310.2	Thyroplastik
5-310.x	Sonstige
5-310.y	N.n.bez.

5-311 **Temporäre Tracheostomie**
Inkl.: Notfalltracheotomie

5-311.0	Tracheotomie
5-311.1	Punktionstracheotomie
5-311.2	Minitracheotomie
5-311.3	Koniotomie [Interkrikothyreotomie]
5-311.x	Sonstige
5-311.y	N.n.bez.

5-312 **Permanente Tracheostomie**
Exkl.: Erweiterungsplastik eines Tracheostomas (5-316.3)
Sternale Tracheostomie bei Resektion der Trachea (5-314.1 ff.)

5-312.0	Tracheotomie
5-312.1	Re-Tracheotomie
5-312.2	Tracheotomie mit mukokutaner Anastomose
5-312.x	Sonstige
5-312.y	N.n.bez.

Kapitel 5: Operationen

5-313 Inzision des Larynx und andere Inzisionen der Trachea

5-313.0 Larynx, endolaryngeal
    Inkl.: Thyreotomie, Laryngofissur

5-313.1 Larynx, laryngoskopisch

5-313.2 Larynx, mikrolaryngoskopisch

5-313.3 Trachea

5-313.x Sonstige

5-313.y N.n.bez.

5-314 Exzision, Resektion und Destruktion (von erkranktem Gewebe) der Trachea

5-314.0 Exzision
    .00 Offen chirurgisch
    .01 Thorakoskopisch
    .02 Tracheobronchoskopisch
    .0x Sonstige

5-314.1 Resektion
    .11 Mit End-zu-End-Anastomose
    .12 Mit Anlegen eines Tracheostomas
    .13 Mit Plastik (Stent)
    .1x Sonstige

5-314.2 Destruktion
    .20 Offen chirurgisch
    .21 Thorakoskopisch
    .22 Tracheobronchoskopisch
    .2x Sonstige

5-314.3 Resektion, krikotracheal
    .30 Mit End-zu-End-Anastomose
    .31 Mit Anlegen eines Tracheostomas
    .32 Mit Plastik (Stent)
    .3x Sonstige

5-314.x Sonstige

5-314.y N.n.bez.

5-315 Rekonstruktion des Larynx
Exkl.: Dilatation des Larynx (5-319.0)

5-315.0 Naht (nach Verletzung)
    Inkl.: Larynxfraktur

5-315.1 Verschluss einer Fistel

5-315.2 Erweiterungsplastik der Glottis (endolaryngeal)

5-315.3 Konstruktion einer Neoglottis

5-315.4 Erweiterungsplastik des Larynx

5-315.5 Plastische Rekonstruktion des Larynx
    Exkl.: Laryngektomie mit Rekonstruktion (5-303 ff.)

5-315.6 Plastische Rekonstruktion einer Stimmlippe

5-315.7 Revision einer Neoglottis

5-315.8 Revision einer Stimmlippenplastik

5-315.9 Lateralfixation der Stimmlippen von außen

5-315.a Implantation oder Wechsel eines künstlichen Larynx

5-315.b Entfernung eines künstlichen Larynx

5-315.c Einsetzen oder Wechsel eines Ventilsystems für den künstlichen Larynx

5-315.d Entfernung eines Ventilsystems für den künstlichen Larynx

5-315.x Sonstige

5-315.y N.n.bez.

Kapitel 5: Operationen

5-316	**Rekonstruktion der Trachea**
	Exkl.: Dilatation der Trachea (5-319.1 ff.)
5-316.0	Naht (nach Verletzung)
5-316.1	Verschluss einer Fistel
	Exkl.: Verschluss einer erworbenen Ösophagotrachealfistel (5-429.4 ff.)
5-316.2	Verschluss eines Tracheostomas
5-316.3	Erweiterungsplastik eines Tracheostomas
5-316.4	Resektion mit Implantation einer Prothese
5-316.5	Plastische Rekonstruktion (Tracheatransplantation)
	.50 Zervikal
	.51 Zervikal mit Tracheostomie
	.52 Intrathorakal
	.5x Sonstige
5-316.6	Beseitigung einer Trachealstenose
	.60 Mit End-zu-End-Anastomose
	.61 Mit Plastik (Stent)
	.6x Sonstige
5-316.7	Tracheopexie
5-316.8	End-zu-End-Anastomose (bei Ruptur)
5-316.x	Sonstige
5-316.y	N.n.bez.
5-319	**Andere Operationen an Larynx und Trachea**
	Exkl.: Einführung, Wechsel und Entfernung einer Sprechkanüle
5-319.0	Dilatation des Larynx
5-319.1	Dilatation der Trachea (endoskopisch)
	Hinw.: Die Anwendung von Lasertechnik ist gesondert zu kodieren (5-985 ff.)
	.11 Ohne Einlegen einer Schiene (Stent)
	.13 Mit Einlegen einer Schiene (Stent), hybrid/dynamisch
	.14 Mit Einlegen einer Schiene (Stent), Kunststoff
	.15 Mit Einlegen einer Schiene (Stent), Metall
5-319.2	Adhäsiolyse
5-319.3	Wechsel einer Prothese (Platzhalter) nach Larynxrekonstruktion
5-319.4	Entfernung einer Prothese (Platzhalter) nach Larynxrekonstruktion
5-319.6	Wechsel einer trachealen Schiene (Stent)
	Inkl.: Dilatation
	.60 Auf eine Schiene (Stent), hybrid/dynamisch
	.61 Auf eine Schiene (Stent), Kunststoff
	.62 Auf eine Schiene (Stent), Metall
5-319.7	Entfernung einer trachealen Schiene (Stent)
5-319.9	Einlegen oder Wechsel einer Stimmprothese
	Hinw.: Die Anlage einer ösophagotrachealen Fistel ist gesondert zu kodieren (5-429.0)
5-319.a	Entfernung einer Stimmprothese
	Hinw.: Der Verschluss einer ösophagotrachealen Fistel ist gesondert zu kodieren (5-429.n)
5-319.b	Endoskopische Injektion in die Trachea
	Inkl.: Injektion von Fibrinkleber
5-319.c	Plastische laryngotracheale Rekonstruktion mit Rippenknorpel
	Inkl.: End-zu-End-Anastomose
	Hinw.: Die Entnahme von Rippenknorpel ist gesondert zu kodieren (5-349.4)
5-319.x	Sonstige
5-319.y	N.n.bez.

Kapitel 5: Operationen

Operationen an Lunge und Bronchus
(5-32...5-34)

Inkl.: Thorakoskopische Eingriffe, Lasereingriffe, photodynamische Eingriffe

Hinw.: Die Anwendung mikrochirurgischer Technik ist, sofern nicht als eigener Kode angegeben, zusätzlich zu kodieren (5-984)
Die Anwendung von Lasertechnik ist, sofern nicht als eigener Kode angegeben, zusätzlich zu kodieren (5-985 ff.)
Die Anwendung von minimalinvasiver Technik ist, sofern nicht als eigener Kode angegeben, zusätzlich zu kodieren (5-986 ff.)
Die Durchführung der Operation im Rahmen der Versorgung einer Mehrfachverletzung ist zusätzlich zu kodieren (5-981)
Die Durchführung der Operation im Rahmen der Versorgung eines Polytraumas ist zusätzlich zu kodieren (5-982 ff.)
Die Durchführung einer Reoperation ist, sofern nicht als eigener Kode angegeben, zusätzlich zu kodieren (5-983)
Der vorzeitige Abbruch einer Operation ist zusätzlich zu kodieren (5-995)

5-32 **Exzision und Resektion an Lunge und Bronchus**
Inkl.: Simultan mit Lungenparenchymresektion durchgeführte Dekortikationen und viszerale Pleurektomien
Exkl.: Pleurektomie ohne Lungenresektion (5-344 ff.)

5-320 **Exzision und Destruktion von erkranktem Gewebe eines Bronchus**
Exkl.: Bronchoskopische Biopsie
Biopsie eines Bronchus durch Inzision (1-581.2)

5-320.0 ↔ Durch Bronchoskopie
Inkl.: Bronchoskopische Blutstillung
Hinw.: Die Anwendung von Lasertechnik ist gesondert zu kodieren (5-985 ff.)

5-320.1 ↔ Durch Thorakotomie

5-320.2 ↔ Durch Thorakoskopie

5-320.3 ↔ Bronchoskopische photodynamische Therapie

5-320.4 ↔ Bronchoskopische Kryotherapie

5-320.5 ↔ Bronchoskopische Radiofrequenzablation an der Bronchialmuskulatur

5-320.x ↔ Sonstige

5-320.y N.n.bez.

5-321 **Andere Exzision und Resektion eines Bronchus (ohne Resektion des Lungenparenchyms)**
Exkl.: Exzision und Resektion eines Bronchus mit Resektion des Lungenparenchyms (5-323 ff.)

5-321.0 ↔ Keilexzision

5-321.1 ↔ Bronchusresektion mit End-zu-End-Anastomose

5-321.2 Bifurkationsresektion (mit Rekonstruktion)

5-321.3 ↔ Revision einer Bronchusstumpfinsuffizienz (mit partieller Resektion), ohne plastische Deckung

5-321.4 Revision einer Bronchusstumpfinsuffizienz mit plastischer Deckung
.40 ↔ Mit Omentum majus
.41 ↔ Mit Muskeltransposition
.42 ↔ Mit Perikard
.43 ↔ Mit Zwerchfell
.44 ↔ Mit V. azygos
.45 ↔ Mit Pleura
.46 ↔ Mit perikardialem Fett
.4x ↔ Sonstige

5-321.x ↔ Sonstige

5-321.y N.n.bez.

Kapitel 5: Operationen

5-322 **Atypische Lungenresektion**
Inkl.: Resektion einer Kaverne oder eines Lungenabszesses
Lungenresektion zur Entfernung eines Fremdkörpers
Viszerale Pleurektomie

5-322.c Enukleation, offen chirurgisch
.c4 ↔ Eine Läsion, ohne Lymphadenektomie
.c5 ↔ Eine Läsion, mit Entfernung einzelner Lymphknoten
.c6 ↔ Eine Läsion, mit radikaler Lymphadenektomie
.c7 ↔ 2 bis 5 Läsionen, ohne Lymphadenektomie
.c8 ↔ 2 bis 5 Läsionen, mit Entfernung einzelner Lymphknoten
.c9 ↔ 2 bis 5 Läsionen, mit radikaler Lymphadenektomie
.ca ↔ 6 bis 9 Läsionen, ohne Lymphadenektomie
.cb ↔ 6 bis 9 Läsionen, mit Entfernung einzelner Lymphknoten
.cc ↔ 6 bis 9 Läsionen, mit radikaler Lymphadenektomie
.cd ↔ 10 bis 19 Läsionen, ohne Lymphadenektomie
.ce ↔ 10 bis 19 Läsionen, mit Entfernung einzelner Lymphknoten
.cf ↔ 10 bis 19 Läsionen, mit radikaler Lymphadenektomie
.cg ↔ 20 oder mehr Läsionen, ohne Lymphadenektomie
.ch ↔ 20 oder mehr Läsionen, mit Entfernung einzelner Lymphknoten
.cj ↔ 20 oder mehr Läsionen, mit radikaler Lymphadenektomie

5-322.d Keilresektion, einfach, offen chirurgisch
.d1 ↔ Ohne Lymphadenektomie
.d2 ↔ Mit Entfernung einzelner Lymphknoten
.d3 ↔ Mit radikaler Lymphadenektomie

5-322.e Keilresektion, mehrfach, offen chirurgisch
.e4 ↔ 2 bis 5 Keile, ohne Lymphadenektomie
.e5 ↔ 2 bis 5 Keile, mit Entfernung einzelner Lymphknoten
.e6 ↔ 2 bis 5 Keile, mit radikaler Lymphadenektomie
.e7 ↔ 6 bis 9 Keile, ohne Lymphadenektomie
.e8 ↔ 6 bis 9 Keile, mit Entfernung einzelner Lymphknoten
.e9 ↔ 6 bis 9 Keile, mit radikaler Lymphadenektomie
.ea ↔ 10 bis 19 Keile, ohne Lymphadenektomie
.eb ↔ 10 bis 19 Keile, mit Entfernung einzelner Lymphknoten
.ec ↔ 10 bis 19 Keile, mit radikaler Lymphadenektomie
.ed ↔ 20 oder mehr Keile, ohne Lymphadenektomie
.ee ↔ 20 oder mehr Keile, mit Entfernung einzelner Lymphknoten
.ef ↔ 20 oder mehr Keile, mit radikaler Lymphadenektomie

5-322.f Enukleation, thorakoskopisch
.f4 ↔ Eine Läsion, ohne Lymphadenektomie
.f5 ↔ Eine Läsion, mit Entfernung einzelner Lymphknoten
.f6 ↔ Eine Läsion, mit radikaler Lymphadenektomie
.f7 ↔ 2 bis 5 Läsionen, ohne Lymphadenektomie
.f8 ↔ 2 bis 5 Läsionen, mit Entfernung einzelner Lymphknoten
.f9 ↔ 2 bis 5 Läsionen, mit radikaler Lymphadenektomie
.fa ↔ 6 bis 9 Läsionen, ohne Lymphadenektomie
.fb ↔ 6 bis 9 Läsionen, mit Entfernung einzelner Lymphknoten
.fc ↔ 6 bis 9 Läsionen, mit radikaler Lymphadenektomie
.fd ↔ 10 bis 19 Läsionen, ohne Lymphadenektomie
.fe ↔ 10 bis 19 Läsionen, mit Entfernung einzelner Lymphknoten
.ff ↔ 10 bis 19 Läsionen, mit radikaler Lymphadenektomie
.fg ↔ 20 oder mehr Läsionen, ohne Lymphadenektomie
.fh ↔ 20 oder mehr Läsionen, mit Entfernung einzelner Lymphknoten
.fj ↔ 20 oder mehr Läsionen, mit radikaler Lymphadenektomie

5-322.g Keilresektion, einfach, thorakoskopisch
.g1 ↔ Ohne Lymphadenektomie
.g2 ↔ Mit Entfernung einzelner Lymphknoten
.g3 ↔ Mit radikaler Lymphadenektomie

Kapitel 5: Operationen

5-322.h Keilresektion, mehrfach, thorakoskopisch
.h4 ↔ 2 bis 5 Keile, ohne Lymphadenektomie
.h5 ↔ 2 bis 5 Keile, mit Entfernung einzelner Lymphknoten
.h6 ↔ 2 bis 5 Keile, mit radikaler Lymphadenektomie
.h7 ↔ 6 bis 9 Keile, ohne Lymphadenektomie
.h8 ↔ 6 bis 9 Keile, mit Entfernung einzelner Lymphknoten
.h9 ↔ 6 bis 9 Keile, mit radikaler Lymphadenektomie
.ha ↔ 10 bis 19 Keile, ohne Lymphadenektomie
.hb ↔ 10 bis 19 Keile, mit Entfernung einzelner Lymphknoten
.hc ↔ 10 bis 19 Keile, mit radikaler Lymphadenektomie
.hd ↔ 20 oder mehr Keile, ohne Lymphadenektomie
.he ↔ 20 oder mehr Keile, mit Entfernung einzelner Lymphknoten
.hf ↔ 20 oder mehr Keile, mit radikaler Lymphadenektomie

5-322.x Sonstige

5-322.y N.n.bez.

5-323 Segmentresektion und Bisegmentresektion der Lunge
Inkl.: Viszerale Pleurektomie
Hinw.: Eine in derselben Sitzung durchgeführte Enukleation oder Keilresektion im selben Segment ist im Kode enthalten
Mit einem Kode aus diesem Bereich sind nur anatomische Segmentresektionen zu kodieren
Segmentresektionen aus unterschiedlichen Lappen sind gesondert zu kodieren
Die Lymphadenektomie ist in der 6. Stelle nach folgender Liste zu kodieren:
1 ↔ Ohne Lymphadenektomie
2 ↔ Mit Entfernung einzelner Lymphknoten
3 ↔ Mit radikaler Lymphadenektomie

** 5-323.4 Segmentresektion, offen chirurgisch
** 5-323.5 Segmentresektion, thorakoskopisch
** 5-323.6 Bisegmentresektion, offen chirurgisch
** 5-323.7 Bisegmentresektion, thorakoskopisch
** 5-323.x Sonstige
5-323.y N.n.bez.

5-324 Einfache Lobektomie und Bilobektomie der Lunge
Inkl.: Viszerale Pleurektomie
Hinw.: Mit einem Kode aus diesem Bereich sind nur die Lobektomie oder Bilobektomie der Lunge ohne Resektion an extrapulmonalen Strukturen oder Organen zu kodieren
Eine in derselben Sitzung durchgeführte Enukleation, Keil- oder Segmentresektion im selben Lungenlappen ist im Kode enthalten

5-324.2 Bilobektomie ohne radikale Lymphadenektomie, offen chirurgisch
.21 Ohne bronchoplastische oder angioplastische Erweiterung
.22 Mit bronchoplastischer Erweiterung
.23 Mit angioplastischer Erweiterung
.2x Sonstige

5-324.3 Bilobektomie mit radikaler Lymphadenektomie, offen chirurgisch
.31 Ohne bronchoplastische oder angioplastische Erweiterung
.32 Mit bronchoplastischer Erweiterung
.33 Mit angioplastischer Erweiterung
.34 Mit bronchoplastischer und angioplastischer Erweiterung
.3x Sonstige

5-324.6 Lobektomie, einseitig ohne radikale Lymphadenektomie, thorakoskopisch
.61 Ohne bronchoplastische oder angioplastische Erweiterung
.62 Mit bronchoplastischer Erweiterung
.6x Sonstige

5-324.7 Lobektomie, einseitig mit radikaler Lymphadenektomie, thorakoskopisch
.71 Ohne bronchoplastische oder angioplastische Erweiterung
.7x Sonstige

Kapitel 5: Operationen

5-324.8 Bilobektomie ohne radikale Lymphadenektomie, thorakoskopisch
.81 Ohne bronchoplastische oder angioplastische Erweiterung
.8x Sonstige

5-324.9 Bilobektomie mit radikaler Lymphadenektomie, thorakoskopisch
.91 Ohne bronchoplastische oder angioplastische Erweiterung
.9x Sonstige

5-324.a Lobektomie ohne radikale Lymphadenektomie, offen chirurgisch
.a1 ↔ Ohne bronchoplastische oder angioplastische Erweiterung
.a2 ↔ Mit bronchoplastischer Erweiterung
.a3 ↔ Mit angioplastischer Erweiterung
.a4 ↔ Mit bronchoplastischer und angioplastischer Erweiterung
.a5 ↔ Mit Bifurkationsresektion
.ax ↔ Sonstige

5-324.b Lobektomie mit radikaler Lymphadenektomie, offen chirurgisch
.b1 ↔ Ohne bronchoplastische oder angioplastische Erweiterung
.b2 ↔ Mit bronchoplastischer Erweiterung
.b3 ↔ Mit angioplastischer Erweiterung
.b4 ↔ Mit bronchoplastischer und angioplastischer Erweiterung
.b5 ↔ Mit Bifurkationsresektion
.bx ↔ Sonstige

5-324.c Lobektomie zur Lebend-Organspende, offen chirurgisch

5-324.x Sonstige
.x1 ↔ Ohne bronchoplastische oder angioplastische Erweiterung
.x2 ↔ Mit bronchoplastischer Erweiterung
.x3 ↔ Mit angioplastischer Erweiterung
.x4 ↔ Mit bronchoplastischer und angioplastischer Erweiterung
.x5 ↔ Mit Bifurkationsresektion
.xx ↔ Sonstige

5-324.y N.n.bez.

5-325 Erweiterte Lobektomie und Bilobektomie der Lunge
Inkl.: Viszerale Pleurektomie
Radikale Lymphadenektomie
Hinw.: Mit einem Kode aus diesem Bereich sind nur die Lobektomie oder Bilobektomie der Lunge mit Resektion an extrapulmonalen Strukturen oder Organen zu kodieren
Eine in derselben Sitzung durchgeführte Enukleation, Keil- oder Segmentresektion im selben Lungenlappen ist im Kode enthalten

5-325.0 Lobektomie ohne broncho- oder angioplastische Erweiterung
.01 ↔ Mit Gefäßresektion intraperikardial
.02 ↔ Mit Perikardresektion
.03 ↔ Mit Vorhofresektion
.04 ↔ Mit Brustwandresektion
.05 ↔ Mit Zwerchfellresektion
.06 ↔ Mit Ösophagusresektion
.07 ↔ Mit Resektion an der Wirbelsäule
.08 ↔ Mit Resektion an mehreren Organen
.0x ↔ Sonstige

5-325.1 Lobektomie mit bronchoplastischer Erweiterung (Bronchusmanschette)
.11 ↔ Mit Gefäßresektion intraperikardial
.12 ↔ Mit Perikardresektion
.13 ↔ Mit Vorhofresektion
.14 ↔ Mit Brustwandresektion
.15 ↔ Mit Zwerchfellresektion
.16 ↔ Mit Ösophagusresektion
.17 ↔ Mit Resektion an der Wirbelsäule
.18 ↔ Mit Resektion an mehreren Organen
.1x ↔ Sonstige

Kapitel 5: Operationen

5-325.2 Lobektomie mit angioplastischer Erweiterung (Gefäßmanschette)
.21 ↔ Mit Gefäßresektion intraperikardial
.22 ↔ Mit Perikardresektion
.23 ↔ Mit Vorhofresektion
.24 ↔ Mit Brustwandresektion
.25 ↔ Mit Zwerchfellresektion
.26 ↔ Mit Ösophagusresektion
.27 ↔ Mit Resektion an der Wirbelsäule
.28 ↔ Mit Resektion an mehreren Organen
.2x ↔ Sonstige

5-325.3 Lobektomie mit bronchoplastischer und angioplastischer Erweiterung (Bronchus- und Gefäßmanschette)
.31 ↔ Mit Gefäßresektion intraperikardial
.32 ↔ Mit Perikardresektion
.33 ↔ Mit Vorhofresektion
.34 ↔ Mit Brustwandresektion
.35 ↔ Mit Zwerchfellresektion
.36 ↔ Mit Ösophagusresektion
.37 ↔ Mit Resektion an der Wirbelsäule
.38 ↔ Mit Resektion an mehreren Organen
.3x ↔ Sonstige

5-325.4 Lobektomie mit Bifurkationsresektion
Inkl.: Trachearesektion
.41 ↔ Mit Gefäßresektion intraperikardial
.42 ↔ Mit Perikardresektion
.43 ↔ Mit Vorhofresektion
.44 ↔ Mit Brustwandresektion
.4x ↔ Sonstige

5-325.5 Bilobektomie ohne broncho- oder angioplastische Erweiterung
.51 Mit Gefäßresektion intraperikardial
.52 Mit Perikardresektion
.53 Mit Vorhofresektion
.54 Mit Brustwandresektion
.55 Mit Zwerchfellresektion
.56 Mit Ösophagusresektion
.57 Mit Resektion an der Wirbelsäule
.58 Mit Resektion an mehreren Organen
.5x Sonstige

5-325.6 Bilobektomie mit bronchoplastischer Erweiterung (Bronchusmanschette)
.61 Mit Gefäßresektion intraperikardial
.62 Mit Perikardresektion
.63 Mit Vorhofresektion
.64 Mit Brustwandresektion
.65 Mit Zwerchfellresektion
.66 Mit Ösophagusresektion
.67 Mit Resektion an der Wirbelsäule
.68 Mit Resektion an mehreren Organen
.6x Sonstige

5-325.7 Bilobektomie mit angioplastischer Erweiterung (Gefäßmanschette)
.71 Mit Gefäßresektion intraperikardial
.72 Mit Perikardresektion
.73 Mit Vorhofresektion
.74 Mit Brustwandresektion
.75 Mit Zwerchfellresektion
.76 Mit Ösophagusresektion
.77 Mit Resektion an der Wirbelsäule
.78 Mit Resektion an mehreren Organen
.7x Sonstige

Kapitel 5: Operationen

5-325.8 Bilobektomie mit bronchoplastischer und angioplastischer Erweiterung (Bronchus- und Gefäßmanschette)
.81 Mit Gefäßresektion intraperikardial
.82 Mit Perikardresektion
.83 Mit Vorhofresektion
.84 Mit Brustwandresektion
.85 Mit Zwerchfellresektion
.86 Mit Ösophagusresektion
.87 Mit Resektion an der Wirbelsäule
.88 Mit Resektion an mehreren Organen
.8x Sonstige

5-325.9 Bilobektomie mit Bifurkationsresektion
Inkl.: Trachearesektion
.91 Mit Gefäßresektion intraperikardial
.92 Mit Perikardresektion
.93 Mit Vorhofresektion
.94 Mit Brustwandresektion
.95 Mit Zwerchfellresektion
.96 Mit Ösophagusresektion
.97 Mit Resektion an der Wirbelsäule
.98 Mit Resektion an mehreren Organen
.9x Sonstige

5-325.x Sonstige
.x1 ↔ Mit Gefäßresektion intraperikardial
.x2 ↔ Mit Perikardresektion
.x3 ↔ Mit Vorhofresektion
.x4 ↔ Mit Brustwandresektion
.x5 ↔ Mit Zwerchfellresektion
.x6 ↔ Mit Ösophagusresektion
.x7 ↔ Mit Resektion an der Wirbelsäule
.x8 ↔ Mit Resektion an mehreren Organen
.xx ↔ Sonstige

5-325.y N.n.bez.

5-327 Einfache (Pleuro-)Pneum(on)ektomie
Hinw.: Mit einem Kode aus diesem Bereich ist nur die (Pleuro-)Pneum(on)ektomie ohne Resektion an extrapulmonalen Strukturen oder Organen zu kodieren

5-327.0 Pneum(on)ektomie ohne radikale Lymphadenektomie
5-327.1 Pneum(on)ektomie mit radikaler Lymphadenektomie
5-327.2 Pneum(on)ektomie mit gegenseitiger Lungenresektion, ohne radikale Lymphadenektomie
5-327.3 Pneum(on)ektomie mit gegenseitiger Lungenresektion, mit radikaler Lymphadenektomie
5-327.4 Pleuropneum(on)ektomie ohne radikale Lymphadenektomie
5-327.5 Pleuropneum(on)ektomie mit radikaler Lymphadenektomie
5-327.7 Pleuropneum(on)ektomie mit gegenseitiger Lungenresektion, mit radikaler Lymphadenektomie
5-327.8 Pneum(on)ektomie, postmortal [zur Transplantation]
Hinw.: Dieser Kode ist auch zu verwenden, wenn die Leistung nicht abschließend erbracht wird oder sich erst intraoperativ die Nichtverwendbarkeit des Organs für eine spätere Transplantation herausstellt
Dieser Kode und der im Fall eines vorzeitigen Abbruchs dieses Eingriffes zusätzlich zu kodierende Zusatzkode 5-995 werden nicht im Rahmen des Datensatzes nach § 301 SGB V bzw. § 21 KHEntgG übermittelt
Die Aufrechterhaltung der Homöostase für die postmortale Organspende ist im Kode enthalten

5-327.x Sonstige
5-327.y N.n.bez.

Kapitel 5: Operationen

5-328   Erweiterte (Pleuro-)Pneum(on)ektomie
Inkl.:   Radikale Lymphadenektomie
Hinw.: Mit einem Kode aus diesem Bereich ist nur die (Pleuro-)Pneum(on)ektomie mit Resektion an extrapulmonalen Strukturen oder Organen zu kodieren
Die Resektion von Nachbarorganen ist für die mit ** gekennzeichneten Kodes in der 6. Stelle nach folgender Liste zu kodieren:
1   Mit Gefäßresektion intraperikardial
2   Mit Perikardresektion
3   Mit Vorhofresektion
4   Mit Brustwandresektion
5   Mit Zwerchfellresektion
6   Mit Ösophagusresektion
7   Mit Resektion an der Wirbelsäule
8   Mit Resektion an mehreren Organen
x   Sonstige

** 5-328.0   Pneum(on)ektomie
** 5-328.1   Pneum(on)ektomie als Manschettenpneumektomie
** 5-328.2   Pneum(on)ektomie mit gegenseitiger Lungenresektion
              [6. Stelle: 1-3,x]
** 5-328.3   Pleuropneum(on)ektomie
** 5-328.4   Pleuropneum(on)ektomie als Manschettenpneumektomie
** 5-328.5   Pleuropneum(on)ektomie mit gegenseitiger Lungenresektion
              [6. Stelle: 1-3,x]
   5-328.6   Pleuropneum(on)ektomie mit Zwerchfell- und Perikardresektion
** 5-328.x   Sonstige
   5-328.y   N.n.bez.

5-329 ↔   Andere Exzisionen an Lunge und Bronchus

5-33   Andere Operationen an Lunge und Bronchus
Exkl.: Diagnostische Bronchoskopie (1-620 ff.)

5-330   Inzision eines Bronchus
5-330.0 ↔ Ohne weitere Maßnahmen
5-330.1 ↔ Entfernung eines Fremdkörpers
           Exkl.: Fremdkörperentfernung durch Bronchoskopie (8-100.4, 8-100.5)
5-330.2 ↔ Implantation einer Prothese in das Bronchialsystem
5-330.x ↔ Sonstige
5-330.y   N.n.bez.

5-331 ↔   Inzision der Lunge

5-333   Adhäsiolyse an Lunge und Brustwand
5-333.0 ↔ Pleurolyse, offen chirurgisch
5-333.1 ↔ Pleurolyse, thorakoskopisch
5-333.x ↔ Sonstige
5-333.y   N.n.bez.

5-334   Rekonstruktion an Lunge und Bronchien
5-334.0 ↔ Naht der Lunge (nach Verletzung), offen chirurgisch
5-334.1 ↔ Naht der Lunge (nach Verletzung), thorakoskopisch
5-334.2 ↔ Naht eines Bronchus (nach Verletzung)
5-334.3 ↔ Plastische Rekonstruktion der Lunge
5-334.4 ↔ Plastische Rekonstruktion eines Bronchus
5-334.5 ↔ Verschluss einer Bronchusfistel, offen chirurgisch

5-334.6 ↔ Verschluss einer Bronchusfistel, thorakoskopisch
5-334.7 ↔ Verschluss einer Lungenparenchymfistel, offen chirurgisch
5-334.8 ↔ Verschluss einer Lungenparenchymfistel, thorakoskopisch
5-334.x ↔ Sonstige
5-334.y N.n.bez.

5-335 Lungentransplantation
Exkl.: Herz-Lungen-Transplantation (5-375 ff.)
Hinw.: Eine normotherme Organkonservierung liegt vor, wenn das Organ normotherm beatmet und perfundiert wird
Die Art der Konservierung von Organtransplantaten ist gesondert zu kodieren (5-939 ff.)

5-335.2 Transplantation
.20 ↔ Komplett (gesamtes Organ)
.21 ↔ Partiell (Lungenlappen)

5-335.3 Retransplantation während desselben stationären Aufenthaltes
.30 ↔ Komplett (gesamtes Organ)
.31 ↔ Partiell (Lungenlappen)

5-339 Andere Operationen an Lunge und Bronchien

5-339.0 Dilatation eines Bronchus, bronchoskopisch
.01 ↔ Ohne Einlegen einer Schiene (Stent)
.03 ↔ Mit Einlegen einer Schiene (Stent), hybrid/dynamisch
.04 ↔ Mit Einlegen einer Schiene (Stent), Kunststoff
.05 ↔ Mit Einlegen einer Schiene (Stent), Metall
.06   Mit Einlegen oder Wechsel eines Bifurkationsstents
Hinw.: Die Dilatation der Trachea ist im Kode enthalten
.0x ↔ Sonstige

5-339.1 ↔ Ligatur eines Bronchus

5-339.2 Destruktion von erkranktem Lungengewebe
.20 ↔ Durch Thermoablation, perkutan
Hinw.: Das bildgebende Verfahren ist im Kode enthalten
.21 ↔ Durch thermische Dampfablation, bronchoskopisch
.22 ↔ Durch irreversible Elektroporation, perkutan
.23 ↔ Durch Kryoablation, perkutan
Hinw.: Das bildgebende Verfahren ist im Kode enthalten
.2x ↔ Sonstige

5-339.3 Wechsel einer bronchialen Schiene (Stent)
Hinw.: Die Dilatation ist im Kode enthalten
.30 ↔ Auf eine Schiene (Stent), hybrid/dynamisch
.31 ↔ Auf eine Schiene (Stent), Kunststoff
.32 ↔ Auf eine Schiene (Stent), Metall

5-339.4 ↔ Entfernung einer bronchialen Schiene (Stent)

5-339.5 Implantation oder Wechsel eines endobronchialen Klappensystems, endoskopisch
Hinw.: Die Entfernung eines Ventils ist unter 8-100 ff. zu kodieren
.50 1 Ventil
.51 2 Ventile
.52 3 Ventile
.53 4 Ventile
.54 5 oder mehr Ventile

Kapitel 5: Operationen

5-339.6 Plastische Deckung bronchialer oder vaskulärer Anastomosen und/oder Nähte
 Inkl.: Plastische Deckung eines Bronchusstumpfes
 Hinw.: Diese Kodes sind Zusatzkodes für Operationen im Bereich Operationen an Lunge und Bronchus. Die durchgeführten Operationen sind gesondert zu kodieren. Diese Kodes sind nur anzugeben, wenn der Kode für die Operation diese Information nicht enthält
 .60 ↔ Mit Omentum majus
 .61 ↔ Mit Muskeltransposition
 .62 ↔ Mit Perikard
 .63 ↔ Mit Zwerchfell
 .64 ↔ Mit Vena azygos
 .65 ↔ Mit Pleura
 .66 ↔ Mit perikardialem Fett
 .6x ↔ Sonstige

5-339.7 Einführung von polymerisierendem Hydrogelschaum, bronchoskopisch
 .70 In 1 pulmonales Subsegment
 .71 In 2 pulmonale Subsegmente
 .72 In 3 pulmonale Subsegmente
 .73 In 4 oder mehr pulmonale Subsegmente

5-339.8 Einlegen von endobronchialen Nitinolspiralen, bronchoskopisch
 .80 1 bis 2 Nitinolspiralen
 .81 3 bis 4 Nitinolspiralen
 .82 5 bis 6 Nitinolspiralen
 .83 7 bis 8 Nitinolspiralen
 .84 9 bis 10 Nitinolspiralen
 .85 11 bis 12 Nitinolspiralen
 .86 13 bis 14 Nitinolspiralen
 .87 15 bis 16 Nitinolspiralen
 .88 17 oder mehr Nitinolspiralen

5-339.9 Implantation von Bestrahlungsmarkern an der Lunge
 Hinw.: Das bildgebende Verfahren ist gesondert zu kodieren (Kap. 3)
 .90 Perkutan
 .91 Bronchoskopisch
 .9x Sonstige

5-339.x ↔ Sonstige
5-339.y N.n.bez.

5-34 Operationen an Brustwand, Pleura, Mediastinum und Zwerchfell

5-340 **Inzision von Brustwand und Pleura**

5-340.0 ↔ Drainage der Brustwand oder Pleurahöhle, offen chirurgisch
5-340.1 Explorative Thorakotomie
5-340.2 ↔ Thorakotomie zur Fremdkörperentfernung
5-340.5 ↔ Thorakoskopie zur Fremdkörperentfernung
5-340.7 ↔ Osteotomie der Rippe
5-340.8 ↔ Osteotomie der Rippe mit Osteosynthese
 Hinw.: Eine durchgeführte Osteosynthese ist gesondert zu kodieren (5-786 ff.)
5-340.9 Osteotomie des Sternums
 Hinw.: Dieser Kode ist nicht zur Verschlüsselung einer Osteotomie des Sternums als Zugang anzugeben
5-340.a ↔ Entfernung von erkranktem Gewebe aus der Pleurahöhle, offen chirurgisch
 Inkl.: Destruktion eines Pleuraempyems, Hämatomausräumung
5-340.b ↔ Entfernung von erkranktem Gewebe aus der Pleurahöhle, thorakoskopisch
 Inkl.: Destruktion eines Pleuraempyems, Hämatomausräumung
5-340.c ↔ Thorakotomie zur Hämatomausräumung
 Inkl.: Blutstillung

Kapitel 5: Operationen

5-340.d ↔ Thorakoskopie zur Hämatomausräumung
   Inkl.: Blutstillung

5-340.x ↔ Sonstige

5-340.y   N.n.bez.

5-341   Inzision des Mediastinums
   Exkl.: Mediastinoskopie (1-691.1)
   Thorakoskopie (1-691.0)

5-341.0   Kollare Mediastinotomie
   Inkl.: Drainage

5-341.1   Transpleural

5-341.2   Extrapleural, durch Sternotomie
   .20   Stabilisierung
   .21   Spülung
   .22   Blutstillung
   .23   Hämatomausräumung
   .2x   Sonstige

5-341.3   Extrapleural, durch Resternotomie
   .30   Stabilisierung
   .31   Spülung
   .32   Blutstillung
   .33   Hämatomausräumung
   .3x   Sonstige

5-341.x   Sonstige

5-341.y   N.n.bez.

5-342   Exzision und Destruktion von erkranktem Gewebe des Mediastinums
   Exkl.: Mediastinoskopie mit Biopsie (1-691.1)

5-342.0   Exzision
   .01   Offen chirurgisch
   .02   Durch Mediastinoskopie
      Exkl.: Mediastinoskopische Exzision einzelner mediastinaler Lymphknoten (5-401.7 ff.)
      Mediastinoskopische regionale mediastinale Lymphadenektomie (5-402.d)
   .03   Durch Thorakoskopie
   .0x   Sonstige

5-342.1   Resektion
   .11   Ohne Resektion an mediastinalen Organen
   .12   Mit Lungenresektion
   .13   Mit Perikardteilresektion
   .14   Mit prothetischem Gefäßersatz
   .15   Mit Lungenresektion und Gefäßersatz
   .16   Mit Lungenresektion und Perikardteilresektion
   .17   Mit Perikardteilresektion und Gefäßersatz
   .18   Mit Lungen-, Perikardteilresektion und Gefäßersatz
   .19   Mit Brustwandteilresektion
   .1x   Sonstige

5-342.2   Destruktion

5-342.x   Sonstige

5-342.y   N.n.bez.

5-343   Exzision und Destruktion von (erkranktem) Gewebe der Brustwand
   Inkl.: Entnahme von Gewebe zur Transplantation

5-343.0   Exzision von Weichteilen
   Exkl.: Inzision und Exzision an Haut und Unterhaut (5-89)
   Exzision von Muskel, Sehne und Faszie (5-852 ff.)

Kapitel 5: Operationen

5-343.1 Destruktion von Weichteilen
Exkl.: Destruktion von erkranktem Gewebe an Haut und Unterhaut (5-915 ff.)

5-343.2 ↔ Partielle Resektion am knöchernen Thorax, Rippe
Exkl.: Partielle Resektion der Rippe mit Rekonstruktion (5-346.60)

5-343.3 Partielle Resektion am knöchernen Thorax, Sternum
Exkl.: Partielle Resektion am Sternum mit Rekonstruktion (5-346.61)

5-343.4 ↔ Komplette Resektion am knöchernen Thorax, Rippe
Exkl.: Komplette Resektion der Rippe mit Rekonstruktion (5-346.62)

5-343.5 ↔ Komplette Resektion einer Halsrippe

5-343.6 Komplette Resektion am knöchernen Thorax, Sternum
Exkl.: Thorakoplastik (5-346.9 ff.)
Komplette Resektion am Sternum mit Rekonstruktion (5-346.63)

5-343.7 Brustwandteilresektion ohne plastische Deckung
Exkl.: Thorakoplastik
Komplette Resektion am Sternum mit Rekonstruktion (5-346.63)

5-343.x ↔ Sonstige

5-343.y N.n.bez.

5-344 Pleurektomie
Exkl.: Pleurektomie im Rahmen von Lungenresektion oder in Kombination mit Pneum(on)ektomie (5-32)

5-344.0 ↔ Dekortikation der Lunge [Resektion der viszeralen Pleura], offen chirurgisch
Exkl.: Pleurodese mit Dekortikation (5-345.1)

5-344.1 Pleurektomie, partiell, offen chirurgisch
.10 ↔ Lokal
Exkl.: Biopsie der Pleura durch Inzision (1-581.4)
Hinw.: Mit diesem Kode ist die Resektion umschriebener erkrankter Bezirke der Pleura zu kodieren
.11 ↔ Subtotal, viszeral
Hinw.: Mit diesem Kode ist die (sub)totale Pleurektomie der Pleura viszeralis aller Lungenlappen einer Seite zu kodieren
.12 ↔ Subtotal, parietal
Hinw.: Mit diesem Kode ist die (sub)totale Pleurektomie der Pleura parietalis der Pleura der Thoraxwand, des Mediastinums und des Zwerchfells einer Seite zu kodieren
.13 ↔ Subtotal, viszeral und parietal kombiniert
Hinw.: Mit diesem Kode ist die (sub)totale Pleurektomie der Pleura viszeralis aller Lungenlappen einer Seite und die (sub)totale Pleurektomie der Pleura parietalis der Pleura der Thoraxwand, des Mediastinums und des Zwerchfells einer Seite zu kodieren

5-344.2 ↔ Pleurektomie, total, offen chirurgisch

5-344.3 ↔ Dekortikation der Lunge [Resektion der viszeralen Pleura], thorakoskopisch
Exkl.: Pleurodese mit Dekortikation (5-345.4)

5-344.4 Pleurektomie, partiell, thorakoskopisch
.40 ↔ Lokal
Exkl.: Biopsie der Pleura durch Inzision (1-581.4)
Hinw.: Mit diesem Kode ist die Resektion umschriebener erkrankter Bezirke der Pleura zu kodieren
.41 ↔ Subtotal, viszeral
Hinw.: Mit diesem Kode ist die (sub)totale Pleurektomie der Pleura viszeralis aller Lungenlappen einer Seite zu kodieren
.42 ↔ Subtotal, parietal
Hinw.: Mit diesem Kode ist die (sub)totale Pleurektomie der Pleura parietalis der Pleura der Thoraxwand, des Mediastinums und des Zwerchfells einer Seite zu kodieren
.43 ↔ Subtotal, viszeral und parietal kombiniert
Hinw.: Mit diesem Kode ist die (sub)totale Pleurektomie der Pleura viszeralis aller Lungenlappen einer Seite und die (sub)totale Pleurektomie der Pleura parietalis der Pleura der Thoraxwand, des Mediastinums und des Zwerchfells einer Seite zu kodieren

5-344.5 ↔ Pleurektomie, total, thorakoskopisch

5-344.x ↔ Sonstige

5-344.y N.n.bez.

5-345 Pleurodese [Verödung des Pleuraspaltes]

5-345.0 ↔ Ohne Dekortikation, offen chirurgisch

5-345.1 ↔ Mit Dekortikation, offen chirurgisch

5-345.2 ↔ Durch Poudrage, offen chirurgisch

5-345.3 ↔ Ohne Dekortikation, thorakoskopisch

5-345.4 ↔ Mit Dekortikation, thorakoskopisch

5-345.5 ↔ Durch Poudrage, thorakoskopisch

5-345.6 ↔ Durch Instillation

5-345.x ↔ Sonstige

5-345.y N.n.bez.

5-346 Plastische Rekonstruktion der Brustwand
Hinw.: Eine durchgeführte Osteosynthese ist gesondert zu kodieren (5-786 ff.)

5-346.0 Naht (nach Verletzung), offen chirurgisch

5-346.1 Naht (nach Verletzung), thorakoskopisch

5-346.2 Verschluss einer Fistel, offen chirurgisch

5-346.3 Verschluss einer Fistel, thorakoskopisch

5-346.4 Sekundärer Verschluss einer Thorakotomie

5-346.5 Stabilisierung der Thoraxwand, offen chirurgisch
Inkl.: Operation bei Rippenserienfraktur mit instabilem Thorax

5-346.6 Resektion am knöchernen Thorax mit Rekonstruktion
.60 ↔ Partielle Resektion, Rippe
.61   Partielle Resektion, Sternum
.62 ↔ Komplette Resektion, Rippe
.63   Komplette Resektion, Sternum
.6x ↔ Sonstige

5-346.7 Knochenplastik und/oder Knochentransplantation
Hinw.: Die Entnahme eines Knochentransplantates ist gesondert zu kodieren (5-783 ff.)

5-346.8 Brustwandteilresektion mit plastischer Deckung
.80   Durch autogenes Material
.81   Durch alloplastisches Material
        Hinw.: Die Art des verwendeten Materials für Gewebeersatz oder Gewebeverstärkung ist gesondert zu kodieren (5-932 ff.)
.8x   Sonstige

5-346.9 Thorakoplastik
.90   Partiell
.91   Komplett

5-346.a Korrektur einer Brustkorbdeformität
.a0   Trichterbrust, konventionell
.a1   Trichterbrust, mit subkutaner Prothese
.a2   Hühnerbrust
.a3 ↔ Korrektur eines Rippenbuckels
        Inkl.: Rippenbuckelresektion nach Naravzevic
.a4 ↔ Konkavseitige Rippenlösung und Korrektur eines Rippentals mit konkavseitiger Thorakoplastik
        Inkl.: Operation nach Stagnara oder Metz-Stavenhagen
.a5 ↔ Konkavseitige Rippenköpfchenresektion
.a6   Trichterbrust, Korrektur nach D. Nuss
.ax ↔ Sonstige

5-346.b Rekonstruktion der Brustwand mit Omentum
Exkl.: Omentumplastik (5-546.3)

5-346.x ↔ Sonstige

5-346.y N.n.bez.

Kapitel 5: Operationen

5-347   **Operationen am Zwerchfell**
  Exkl.:   Verschluss einer Hernia diaphragmatica (5-538 ff.)

5-347.0   Inzision (Zwerchfellspaltung)

5-347.1   Naht (nach Verletzung), offen chirurgisch

5-347.2   Naht (nach Verletzung), thorakoskopisch

5-347.3   Exzision von erkranktem Gewebe
  .30   Ohne Verschluss durch alloplastisches Material
  .31   Mit Verschluss durch alloplastisches Material
  Hinw.: Die Art des verwendeten Materials für Gewebeersatz oder Gewebeverstärkung ist gesondert zu kodieren (5-932 ff.)

5-347.4   Zwerchfellplastik, partiell
  Inkl.:   Zwerchfellraffung
  .40   Ohne alloplastisches Material
  .41   Mit alloplastischem Material
  Hinw.: Die Art des verwendeten Materials für Gewebeersatz oder Gewebeverstärkung ist gesondert zu kodieren (5-932 ff.)

5-347.5   Zwerchfellplastik, komplett
  .50   Ohne alloplastisches Material
  .51   Mit alloplastischem Material
  Hinw.: Die Art des verwendeten Materials für Gewebeersatz oder Gewebeverstärkung ist gesondert zu kodieren (5-932 ff.)

5-347.6   Implantation eines Zwerchfellschrittmachers

5-347.x   Sonstige

5-347.y   N.n.bez.

5-349   **Andere Operationen am Thorax**
  Exkl.:   Diagnostische Pleurapunktion (1-844)
          Therapeutische Pleurapunktion (8-152.1)

5-349.0   Offene Reposition einer Sternumfraktur
  Hinw.: Eine durchgeführte Osteosynthese ist gesondert zu kodieren (5-786 ff.)

5-349.1   Sequesterotomie an Rippe oder Sternum
  Inkl.:   Debridement
          Entfernung eines Sequesters

5-349.2   Sequesterotomie an Rippe oder Sternum mit Einlegen eines Medikamententrägers

5-349.3   Entfernung von Osteosynthesematerial
  Exkl.:   Entfernung von Osteosynthesematerial an der Wirbelsäule (5-839.0)

5-349.4   Entnahme von Rippenknorpel zur Transplantation

5-349.5   Entfernung eines Implantates nach Korrektur einer Trichterbrust

5-349.6   Reoperation an Lunge, Bronchus, Brustwand, Pleura, Mediastinum oder Zwerchfell
  Exkl.:   Rethorakotomie mit Revision einer Bronchusstumpfinsuffizienz (5-321.3)
  Hinw.: Dieser Kode ist ein Zusatzkode. Die durchgeführten Eingriffe sind gesondert zu kodieren

5-349.7   Operative Entfernung eines Verweilsystems zur Drainage der Pleurahöhle

5-349.x   Sonstige

5-349.y   N.n.bez.

Operationen am Herzen
(5-35...5-37)

Exkl.: (Perkutan-)transluminale Gefäßintervention (8-836 ff.)
Perkutan-transluminale Koronarangioplastie (8-837.0 ff., 8-837.1 ff.)
Shuntoperationen zwischen großem und kleinem Kreislauf (5-390 ff.)

Hinw.: Die Anwendung mikrochirurgischer Technik ist, sofern nicht als eigener Kode angegeben, zusätzlich zu kodieren (5-984)
Die Anwendung von Lasertechnik ist, sofern nicht als eigener Kode angegeben, zusätzlich zu kodieren (5-985 ff.)
Anwendung von minimalinvasiver Technik ist, sofern nicht als eigener Kode angegeben, zusätzlich zu kodieren (5-986 ff.)
Die Anwendung eines OP-Roboters ist, sofern nicht als eigener Kode angegeben, zusätzlich zu kodieren (5-987 ff.)
Die Anwendung eines Navigationssystems ist, sofern nicht als eigener Kode angegeben, zusätzlich zu kodieren (5-988 ff.)
Die Durchführung der Operation im Rahmen der Versorgung einer Mehrfachverletzung ist zusätzlich zu kodieren (5-981)
Die Durchführung der Operation im Rahmen der Versorgung eines Polytraumas ist zusätzlich zu kodieren (5-982 ff.)
Die Durchführung einer Reoperation ist, sofern nicht als eigener Kode angegeben, zusätzlich zu kodieren (5-983)
Der vorzeitige Abbruch einer Operation ist zusätzlich zu kodieren (5-995)
Eine Volumenreduktion im Rahmen der Anwendung der Herz-Lungen-Maschine ist nicht gesondert zu kodieren
Eine durchgeführte Osteosynthese (außer Drahtcerclagen) ist gesondert zu kodieren (5-786 ff.)

5-35 Operationen an Klappen und Septen des Herzens und herznaher Gefäße
Hinw.: Die Anwendung der Herz-Lungen-Maschine ist, sofern nicht im Kode enthalten, gesondert zu kodieren (8-851 ff.)

5-350 Valvulotomie
Exkl.: Valvulotomie bei kongenitalen Klappenanomalien (5-358 ff.)
Valvulotomie im Rahmen einer Totalkorrektur einer Tetralogie nach Fallot (5-359.0)
Hinw.: Die Anwendung der Herz-Lungen-Maschine ist für die offene Valvulotomie im Kode enthalten
Wenn der Einsatz der Herz-Lungen-Maschine bei der offenen Valvulotomie in tiefer oder profunder Hypothermie erfolgt, ist der entsprechende Kode (8-851.40, 8-851.41, 8-851.50, 8-851.51) zusätzlich anzugeben
Wenn die Anwendung der Herz-Lungen-Maschine mit intraaortaler Ballonokklusion erfolgt, ist der entsprechende Kode aus dem Bereich 8-851 zusätzlich anzugeben

5-350.0   Aortenklappe, geschlossen
5-350.1   Aortenklappe, offen
5-350.2   Mitralklappe, geschlossen
5-350.3   Mitralklappe, offen
5-350.4   Pulmonalklappe, geschlossen
5-350.5   Pulmonalklappe, offen
5-350.6   Trikuspidalklappe, geschlossen
5-350.7   Trikuspidalklappe, offen
5-350.x   Sonstige
5-350.y   N.n.bez.

Kapitel 5: Operationen

5-351 Ersatz von Herzklappen durch Prothese
Hinw.: Die Anwendung der Herz-Lungen-Maschine ist im Kode enthalten
Wenn der Einsatz der Herz-Lungen-Maschine in tiefer oder profunder Hypothermie erfolgt, ist der entsprechende Kode (8-851.40, 8-851.41, 8-851.50, 8-851.51) zusätzlich anzugeben
Wenn die Anwendung der Herz-Lungen-Maschine mit intraaortaler Ballonokklusion erfolgt, ist der entsprechende Kode aus dem Bereich 8-851 ff. zusätzlich anzugeben
Eine gleichzeitig durchgeführte Valvuloplastik ist gesondert zu kodieren (5-353 ff.)
Bei Ersatz mehrerer Herzklappen ist jede Klappe einzeln zu kodieren
Die Art des Transplantates ist in der 6. Stelle nach folgender Liste zu kodieren:
1   Durch Allotransplantat
2   Durch Xenotransplantat (Bioprothese)
3   Durch Xenotransplantat, stentless
4   Durch Kunstprothese
5   Durch selbstexpandierendes Xenotransplantat, nahtfrei
6   Durch ballonexpandierendes Xenotransplantat mit Fixierungsnähten
7   Durch dezellularisiertes Allotransplantat ("mitwachsende Herzklappe")
x   Sonstige

** 5-351.0 Aortenklappe
[6. Stelle: 1-7,x]

** 5-351.1 Mitralklappe, offen chirurgisch
[6. Stelle: 1-4,x]

** 5-351.2 Mitralklappe, thorakoskopisch
[6. Stelle: 1-4,x]

** 5-351.3 Pulmonalklappe
[6. Stelle: 1-4,7,x]

** 5-351.4 Trikuspidalklappe
[6. Stelle: 1-4,x]

** 5-351.x Sonstige
[6. Stelle: 1-4,x]

5-351.y N.n.bez.

5-352 Wechsel von Herzklappenprothesen
Hinw.: Die Anwendung der Herz-Lungen-Maschine ist im Kode enthalten
Wenn der Einsatz der Herz-Lungen-Maschine in tiefer oder profunder Hypothermie erfolgt, ist der entsprechende Kode (8-851.40, 8-851.41, 8-851.50, 8-851.51) zusätzlich anzugeben
Wenn die Anwendung der Herz-Lungen-Maschine mit intraaortaler Ballonokklusion erfolgt, ist der entsprechende Kode aus dem Bereich 8-851 ff. zusätzlich anzugeben
Die Art des Wechsels ist in der 6. Stelle nach folgender Liste zu kodieren:
0   Xenotransplantat durch Kunstprothese
1   Kunstprothese durch Xenotransplantat
2   Kunstprothese durch Kunstprothese
3   Xenotransplantat durch Xenotransplantat
4   Xenotransplantat/Kunstprothese durch klappentragende Gefäßprothese, mechanisch
5   Xenotransplantat/Kunstprothese durch klappentragende Gefäßprothese, biologisch
6   Xenotransplantat/Kunstprothese durch selbstexpandierendes Xenotransplantat, nahtfrei
7   Xenotransplantat/Kunstprothese durch ballonexpandierendes Xenotransplantat mit Fixierungsnähten
8   Xenotransplantat/Kunstprothese durch dezellularisiertes Allotransplantat ("mitwachsende Herzklappe")
x   Sonstige

** 5-352.0 Aortenklappe
[6. Stelle: 0-8,x]

** 5-352.1 Mitralklappe
[6. Stelle: 0-3,x]

** 5-352.2 Pulmonalklappe
[6. Stelle: 0-5,8,x]

** 5-352.3 Trikuspidalklappe
[6. Stelle: 0-3,x]

5-352.y N.n.bez.

5-353   Valvuloplastik
Exkl.: Valvuloplastik bei kongenitalen Klappenanomalien (5-358 ff.)
Hinw.: Die Anwendung der Herz-Lungen-Maschine ist im Kode enthalten
Wenn der Einsatz der Herz-Lungen-Maschine in tiefer oder profunder Hypothermie erfolgt, ist der entsprechende Kode (8-851.40, 8-851.41, 8-851.50, 8-851.51) zusätzlich anzugeben
Wenn die Anwendung der Herz-Lungen-Maschine mit intraaortaler Ballonokklusion erfolgt, ist der entsprechende Kode aus dem Bereich 8-851 zusätzlich anzugeben
Ein gleichzeitig durchgeführter Herzklappenersatz ist gesondert zu kodieren (5-351 ff.)

5-353.0   Aortenklappe, Raffung
5-353.1   Mitralklappe, Anuloplastik
5-353.2   Mitralklappe, Segelrekonstruktion
5-353.3   Pulmonalklappe, Anuloplastik
5-353.4   Trikuspidalklappe, Anuloplastik
5-353.5   Trikuspidalklappe, Segelrekonstruktion
5-353.6   Aortenklappe, Anuloplastik mit Implantat
5-353.7   Aortenklappe, Taschenrekonstruktion
5-353.x   Sonstige
5-353.y   N.n.bez.

5-354   Andere Operationen an Herzklappen
Hinw.: Die Anwendung der Herz-Lungen-Maschine ist im Kode enthalten
Wenn der Einsatz der Herz-Lungen-Maschine in tiefer oder profunder Hypothermie erfolgt, ist der entsprechende Kode (8-851.40, 8-851.41, 8-851.50, 8-851.51) zusätzlich anzugeben
Wenn die Anwendung der Herz-Lungen-Maschine mit intraaortaler Ballonokklusion erfolgt, ist der entsprechende Kode aus dem Bereich 8-851 ff. zusätzlich anzugeben

5-354.0   Aortenklappe
   .01   Exploration (mit Thrombektomie)
   .02   Subvalvuläre fibröse Resektion
   .03   Subvalvuläre muskuläre Resektion
   .04   Supravalvuläre Resektion
   .05   Prothesenrefixation
   .06   Entkalkung
   .08   Implantation klappentragende Gefäßprothese, mechanisch
   .09   Implantation klappentragende Gefäßprothese, biologisch
   .0a   Rekonstruktion der Aortenwurzel mit Implantation einer Gefäßprothese nach David
   .0b   Rekonstruktion der Aortenwurzel mit Implantation einer Gefäßprothese nach Yacoub
   .0c   Ersatz durch Autotransplantation [Ross-Operation]
      Hinw.: Der Ersatz der Pulmonalklappe ist im Kode enthalten
   .0x   Sonstige

5-354.1   Mitralklappe
   .11   Exploration (mit Thrombektomie)
   .12   Rekonstruktion Chordae tendineae und/oder Papillarmuskeln
   .13   Prothesenrefixation
   .14   Entkalkung
   .1x   Sonstige

5-354.2   Pulmonalklappe
   .21   Exploration (mit Thrombektomie)
   .22   Subvalvuläre fibröse Resektion
   .23   Subvalvuläre muskuläre Resektion
   .24   Supravalvuläre Resektion
   .25   Prothesenrefixation
   .26   Entkalkung
   .28   Implantation klappentragende Gefäßprothese, mechanisch
   .29   Implantation klappentragende Gefäßprothese, biologisch
   .2x   Sonstige

Kapitel 5: Operationen

5-354.3	Trikuspidalklappe	
	.31	Exploration (mit Thrombektomie)
	.32	Rekonstruktion Chordae tendineae und/oder Papillarmuskeln
	.33	Prothesenrefixation
	.34	Entkalkung
	.3x	Sonstige
5-354.x	Sonstige	
5-354.y	N.n.bez.	

5-355　Herstellung und Vergrößerung eines Septumdefektes des Herzens
Hinw.: Die Anwendung der Herz-Lungen-Maschine ist im Kode enthalten
　　　　Wenn der Einsatz der Herz-Lungen-Maschine in tiefer oder profunder Hypothermie erfolgt,
　　　　ist der entsprechende Kode (8-851.40, 8-851.41, 8-851.50, 8-851.51) zusätzlich anzugeben
　　　　Wenn die Anwendung der Herz-Lungen-Maschine mit intraaortaler Ballonokklusion erfolgt,
　　　　ist der entsprechende Kode aus dem Bereich 8-851 zusätzlich anzugeben

5-355.0　Vergrößerung eines bestehenden Septumdefektes

5-355.1　Herstellung eines Septumdefektes (Blalock-Hanlon)

5-355.x　Sonstige

5-355.y　N.n.bez.

5-356　Plastische Rekonstruktion des Herzseptums bei angeborenen Herzfehlern
Exkl.:　Verschluss eines erworbenen Ventrikelseptumdefektes (5-374.6)
　　　　Verschluss eines erworbenen Vorhofseptumdefektes (5-374.7)
　　　　Verschluss eines Septumdefektes im Rahmen einer Fallot-Korrektur (5-359.0)
Hinw.:　Die Anwendung der Herz-Lungen-Maschine ist im Kode enthalten
　　　　Wenn der Einsatz der Herz-Lungen-Maschine in tiefer oder profunder Hypothermie erfolgt,
　　　　ist der entsprechende Kode (8-851.40, 8-851.41, 8-851.50, 8-851.51) zusätzlich anzugeben
　　　　Wenn die Anwendung der Herz-Lungen-Maschine mit intraaortaler Ballonokklusion erfolgt,
　　　　ist der entsprechende Kode aus dem Bereich 8-851 zusätzlich anzugeben

5-356.0　Vorhofseptumdefekt, Verschluss n.n.bez.

5-356.1　Vorhofseptumdefekt, Verschluss partiell

5-356.2　Vorhofseptumdefekt, Verschluss total

5-356.3　Ventrikelseptumdefekt, Verschluss n.n.bez.

5-356.4　Ventrikelseptumdefekt, Verschluss partiell

5-356.5　Ventrikelseptumdefekt, Verschluss total

5-356.6　Atrioventrikulärer Defekt, n.n.bez., Korrektur

5-356.7　Atrioventrikulärer Defekt, partiell, Korrektur

5-356.8　Atrioventrikulärer Defekt, total, Korrektur

5-356.x　Sonstige

5-356.y　N.n.bez.

5-357　Operationen bei kongenitalen Gefäßanomalien

5-357.0　Ductus arteriosus apertus (Botalli)

5-357.1　Aortenisthmus(stenose)

5-357.2　A. lusoria

5-357.3　A. pulmonalis (Schlingen)
　　　　Exkl.:　Shuntoperationen zwischen großem und kleinem Kreislauf (5-390 ff.)

5-357.4　V. cava

5-357.5　V. pulmonalis

5-357.6　Koronargefäße
　　　　Inkl.:　Inzision einer koronaren Muskelbrücke
　　　　　　　Korrektur von fehlmündenden Koronararterien

5-357.7　Unterbrochener Aortenbogen

5-357.8　Kollateralgefäße, Unifokalisierung

5-357.9　Durchtrennung des Lig. arteriosum bei Kompression der intrathorakalen Trachea

5-357.x Sonstige
5-357.y N.n.bez.

5-358 **Operationen bei kongenitalen Klappenanomalien des Herzens**
Exkl.: Operationen im Rahmen einer Fallot-Korrektur (5-359.0)
Hinw.: Die Art der Operation ist an der 6. Stelle nach folgender Liste zu kodieren:
    0   Klappenrekonstruktion
    1   Klappenersatz durch Allotransplantat
    2   Klappenersatz durch Xenotransplantat (Bioprothese)
    3   Klappenersatz durch Xenotransplantat, stentless
    4   Klappenersatz durch Kunstprothese
    5   Klappenersatz durch klappentragendes Conduit
    6   Klappenersatz durch Autotransplantat und Allotransplantat/Xenotransplantat (Ross-Operation)
    7   Klappenersatz durch Autotransplantat und Allotransplantat/Xenotransplantat mit Erweiterungsplastik des linksventrikulären Ausflusstraktes (Ross-Konno-Operation)
    8   Valvulotomie, offen chirurgisch
    9   Klappenersatz durch dezellularisiertes Allotransplantat ("mitwachsende Herzklappe")
    x   Sonstige

** 5-358.0 Aortenklappe
** 5-358.1 Mitralklappe
    [6. Stelle: 0-8,x]
** 5-358.2 Pulmonalklappe
** 5-358.3 Trikuspidalklappe
    [6. Stelle: 0-8,x]
** 5-358.4 AV-Klappe
    [6. Stelle: 0-8,x]
** 5-358.5 Truncusklappe
    [6. Stelle: 0-8,x]
5-358.y N.n.bez.

5-359 **Andere Operationen am Herzen bei kongenitalen Anomalien**
5-359.0 Totalkorrektur einer Tetralogie nach Fallot
5-359.1 Korrektur einer Transposition der großen Arterien (TGA)
   .10 Atriale Switch-Operation
   .11 Arterielle Switch-Operation
   .12 Double Switch-Operation
   .1x Sonstige
5-359.2 Korrektur einer Lungenvenenfehlmündung
   .20 Total
   .21 Partiell
5-359.3 Korrektur eines Double-outlet-right-ventricle
   .30 Fallot-Typ
   .31 Nicht Fallot-Typ
5-359.4 Korrektur eines Double-outlet-left-ventricle
5-359.5 Korrektur eines Truncus arteriosus
Hinw.: Die Korrektur einer Aortenisthmusstenose ist gesondert zu kodieren (5-357.1)
5-359.6 Operation an einem funktionell/morphologisch univentrikulären Herzen
   .60 Glenn-Operation, unidirektional
   .61 Glenn-Operation, bidirektional
   .62 Glenn-Operation, bilateral
   .63 Fontan-Typ-Operation, intrakardialer Tunnel
   .64 Fontan-Typ-Operation, extrakardialer Tunnel
   .65 Fontan-Typ-Operation, sonstige
   .66 Damus-Kay-Stansel-Operation
   .67 Norwood-Typ-Operation
   .6x Sonstige

Kapitel 5: Operationen

5-359.7		Korrektur eines Cor triatriatum
5-359.8		Korrektur eines Absent Pulmonary Valve Syndrom
5-359.x		Sonstige
5-359.y		N.n.bez.
5-35a		**Minimalinvasive Operationen an Herzklappen**

Hinw.: Die Anwendung der transösophagealen Echokardiographie ist im Kode enthalten
Die intraoperative Anwendung eines Embolieprotektionssystems ist gesondert zu kodieren (5-399.e)

5-35a.0   Implantation eines Aortenklappenersatzes

.01   Transapikal, ohne Verwendung eines perkutanen apikalen Zugangs- und Verschlusssystems
.02   Transapikal, mit Verwendung eines perkutanen apikalen Zugangs- und Verschlusssystems
.03   Endovaskulär, mit primär ballonexpandierbarem Implantat
.04   Endovaskulär, mit primär selbstexpandierendem Implantat

5-35a.1   Endovaskuläre Implantation eines Pulmonalklappenersatzes

5-35a.3   Implantation eines Mitralklappenersatzes

.30   Endovaskulär
.31   Transapikal, ohne Verwendung eines perkutanen apikalen Zugangs- und Verschlusssystems
.32   Transapikal, mit Verwendung eines perkutanen apikalen Zugangs- und Verschlusssystems

5-35a.4   Mitralklappenrekonstruktion

.40   Mitralklappensegelplastik, transarteriell
   Inkl.:   Transarterielle ventrikuläre Mitralklappenrekonstruktion
.41   Mitralklappensegelplastik, transvenös
   Inkl.:   Transvenöse Clip-Rekonstruktion der Mitralklappe
   Hinw.:   Die Anzahl der Clips ist gesondert zu kodieren (5-35a.6 ff.)
.42   Mitralklappensegelplastik, transapikal
   Inkl.:   Implantation von Neochordae (PTFE)
.43   Mitralklappenanuloplastik, transarteriell
   Inkl.:   Mitralklappenanulorrhaphie mit Naht
.44   Mitralklappenanuloplastik, transvenös
   Inkl.:   Mitralklappenanulorrhaphie mit Band
.45   Mitralklappenanuloplastik, über den Koronarsinus
   Inkl.:   Mitralklappenanulorrhaphie mit Spange
.4x   Sonstige

5-35a.5   Endovaskuläre Trikuspidalklappenrekonstruktion

5-35a.6   Anzahl der Clips bei einer transvenösen Mitralklappensegelplastik
Hinw.: Diese Kodes sind Zusatzkodes. Sie können zusätzlich zu dem Kode 5-35a.41 angegeben werden

.60   1 Clip
.61   2 Clips
.62   3 Clips
.63   4 Clips
.64   5 oder mehr Clips

5-35a.x   Sonstige

5-35a.y   N.n.bez.

5-36   Operationen an den Koronargefäßen

Exkl.: Operationen bei kongenitalen Gefäßanomalien (5-357 ff.)
Hinw.: Die Anwendung der Herz-Lungen-Maschine ist, sofern nicht im Kode enthalten, gesondert zu kodieren (8-851 ff.)
Die Art des Transplantates ist für die Kodes 5-361 ff. und 5-362 ff. nach folgender Liste zu kodieren:

   3   Mit autogenen Arterien
   5   Mit Xenotransplantat
   6   Mit Prothese
   7   Mit autogenen Venen ohne externes Stabilisierungsnetz
   8   Mit autogenen Venen mit externem Stabilisierungsnetz
   x   Sonstige

Kapitel 5: Operationen

5-360 **Desobliteration (Endarteriektomie) der Koronararterien**
Inkl.: Laserdesobliteration
Offene Ballon-Angioplastie
Thrombendarteriektomie (TEA)
Anwendung eines Embolieprotektionssystems
Exkl.: Perkutan-transluminale Gefäßintervention an Herz und Koronargefäßen (8-837 ff.)
(Perkutan-)transluminale Gefäßintervention an Gefäßen des Lungenkreislaufes (8-838 ff.)

5-360.0   Endarteriektomie, offen chirurgisch

5-360.1   Endarteriektomie, offen chirurgisch, mit Patch

5-360.2   Endarteriektomie, offen chirurgisch, mit Einbringen eines Stents in eine Koronararterie

5-360.3   Endarteriektomie, offen chirurgisch, mit Einbringen von zwei Stents in eine Koronararterie

5-360.4   Endarteriektomie, offen chirurgisch, mit Einbringen eines Stents in mehrere Koronararterien

5-360.x   Sonstige

5-360.y   N.n.bez.

5-361 **Anlegen eines aortokoronaren Bypass**
Hinw.: Die Anwendung der Herz-Lungen-Maschine ist im Kode enthalten
Wenn der Einsatz der Herz-Lungen-Maschine in tiefer oder profunder Hypothermie erfolgt, ist der entsprechende Kode (8-851.40, 8-851.41, 8-851.50, 8-851.51) zusätzlich anzugeben
Eine gleichzeitig durchgeführte Aneurysmaresektion ist gesondert zu kodieren (5-369.1)
Die offen chirurgische Entnahme eines Gefäßes zur Transplantation ist im Kode enthalten
Die endoskopische Entnahme eines Gefäßes zur Transplantation ist gesondert zu kodieren (5-38b ff.)
Die Art des Transplantates ist in der 6. Stelle nach der Liste vor Kode 5-360 zu kodieren

** 5-361.0   Bypass einfach

** 5-361.1   Bypass zweifach

** 5-361.2   Bypass dreifach

** 5-361.3   Bypass vierfach

** 5-361.4   Bypass fünffach

** 5-361.5   Bypass sechsfach oder mehr

5-361.y   N.n.bez.

5-362 **Anlegen eines aortokoronaren Bypass durch minimalinvasive Technik**
Hinw.: Die Anwendung der Herz-Lungen-Maschine ist gesondert zu kodieren (8-851 ff.)
Die offen chirurgische Entnahme eines Gefäßes zur Transplantation ist im Kode enthalten
Die endoskopische Entnahme eines Gefäßes zur Transplantation ist gesondert zu kodieren (5-38b ff.)
Die Art des Transplantates ist in der 6. Stelle nach der Liste vor Kode 5-360 zu kodieren

** 5-362.0   Bypass einfach, durch Sternotomie
[6. Stelle: 3,5-7,x]

** 5-362.1   Bypass einfach, durch Thorakotomie
[6. Stelle: 3,5-7,x]

** 5-362.2   Bypass einfach, durch Endoskopie
[6. Stelle: 3,5-7,x]
Inkl.: Telemanipulator

** 5-362.3   Bypass zweifach, durch Sternotomie
[6. Stelle: 3,5-7,x]

** 5-362.4   Bypass zweifach, durch Thorakotomie
[6. Stelle: 3,5-7,x]

** 5-362.5   Bypass zweifach, durch Endoskopie
[6. Stelle: 3,5-7,x]
Inkl.: Telemanipulator

** 5-362.6   Bypass dreifach, durch Sternotomie
[6. Stelle: 3,5-7,x]

** 5-362.7   Bypass dreifach, durch Thorakotomie
[6. Stelle: 3,5-7,x]

Kapitel 5: Operationen

** 5-362.8 Bypass dreifach, durch Endoskopie
[6. Stelle: 3,5-7,x]
Inkl.: Telemanipulator

** 5-362.9 Bypass vierfach, durch Sternotomie
[6. Stelle: 3,5-7,x]

** 5-362.a Bypass vierfach, durch Thorakotomie
[6. Stelle: 3,5-7,x]

** 5-362.b Bypass vierfach, durch Endoskopie
[6. Stelle: 3,5-7,x]
Inkl.: Telemanipulator

** 5-362.c Bypass fünffach, durch Sternotomie
[6. Stelle: 3,5-7,x]

** 5-362.d Bypass fünffach, durch Thorakotomie
[6. Stelle: 3,5-7,x]

** 5-362.e Bypass fünffach, durch Endoskopie
[6. Stelle: 3,5-7,x]
Inkl.: Telemanipulator

** 5-362.f Bypass sechsfach oder mehr, durch Sternotomie
[6. Stelle: 3,5-7,x]

** 5-362.g Bypass sechsfach oder mehr, durch Thorakotomie
[6. Stelle: 3,5-7,x]

** 5-362.h Bypass sechsfach oder mehr, durch Endoskopie
[6. Stelle: 3,5-7,x]
Inkl.: Telemanipulator

** 5-362.x Sonstige
[6. Stelle: 3,5-7,x]

5-362.y N.n.bez.

5-363 Andere Revaskularisation des Herzens

5-363.0 Koronararterienpatch
Exkl.: Koronararterienpatch kombiniert mit Endarteriektomie (5-360.1)

5-363.1 Koronararterienbypass-Revision

5-363.2 Koronararterienbypass-Neuanlage

5-363.3 Koronararterientransposition

5-363.4 Revaskularisation mit freiem A. mammaria interna-Transplantat (IMA-Transplantat)

5-363.5 Implantation der A. mammaria interna in das Herzmuskelgewebe

5-363.6 Transmyokardiale Laserrevaskularisation (TMLR)

5-363.x Sonstige

5-363.y N.n.bez.

5-364 Anwendung eines mechanischen Anastomosensystems bei Operationen an den Koronargefäßen
Hinw.: Diese Kodes sind Zusatzkodes und zu den jeweiligen Operationskodes aus dem Bereich 5-36 anzuwenden
Die Anwendung von mechanischen Anastomosensystemen zur Anlage proximaler Anastomosen und die Anwendung von mechanischen Anastomosensystemen zur Anlage distaler Anastomosen sind getrennt zu kodieren

5-364.0 Anwendung eines mechanischen Anastomosensystems, proximal (an der Aorta)
.00 1 Anastomose
.01 2 Anastomosen
.02 3 oder mehr Anastomosen

5-364.1 Anwendung eines mechanischen Anastomosensystems, distal (an den Koronargefäßen)
.10 1 Anastomose
.11 2 Anastomosen
.12 3 Anastomosen
.13 4 Anastomosen
.14 5 oder mehr Anastomosen

Kapitel 5: Operationen

5-369	Andere Operationen an den Koronargefäßen
5-369.0	Naht (nach Verletzung)
5-369.1	Korrektur eines Aneurysmas
5-369.2	Verschluss einer erworbenen koronaren Fistel
5-369.3	Rekonstruktion des Koronarostiums
5-369.4	Sympathektomie der Koronararterien
5-369.5	Verschluss von Kollateralgefäßen
5-369.x	Sonstige
5-369.y	N.n.bez.

5-37 Rhythmuschirurgie und andere Operationen an Herz und Perikard

Hinw.: Die Anwendung der Herz-Lungen-Maschine ist, sofern nicht im Kode enthalten, gesondert zu kodieren (8-851 ff.)

5-370	Perikardiotomie und Kardiotomie
5-370.0	Perikarddrainage
5-370.1	Perikardiotomie
5-370.2	Adhäsiolyse am Perikard
5-370.3	Kardiotomie *Inkl.:* Thrombektomie Fremdkörperentfernung
5-370.4	Epikardiale Inzision
5-370.5	Endokardiale Inzision
5-370.6	Epimyokardiale Inzision
5-370.x	Sonstige
5-370.y	N.n.bez.

5-371	Chirurgische ablative Maßnahmen bei **Herzrhythmusstörungen**
5-371.3	Endokardial
.30	Durch unipolare konventionelle Radiofrequenzablation
.31	Durch unipolare gekühlte Radiofrequenzablation
.32	Durch bipolare Radiofrequenzablation
.33	Durch Kryoablation
.34	Durch Mikrowellenablation
.35	Durch Hochfrequenzultraschallablation
.36	Durch Laserablation
.3x	Durch sonstige Energiequellen
5-371.4	Epikardial, offen chirurgisch
.40	Durch unipolare konventionelle Radiofrequenzablation
.41	Durch unipolare gekühlte Radiofrequenzablation
.42	Durch bipolare Radiofrequenzablation
.43	Durch Kryoablation
.44	Durch Mikrowellenablation
.45	Durch Hochfrequenzultraschallablation
.46	Durch Laserablation
.4x	Durch sonstige Energiequellen
5-371.5	Epikardial, endoskopisch
.50	Durch unipolare konventionelle Radiofrequenzablation
.51	Durch unipolare gekühlte Radiofrequenzablation
.52	Durch bipolare Radiofrequenzablation
.53	Durch Kryoablation
.54	Durch Mikrowellenablation
.55	Durch Hochfrequenzultraschallablation
.56	Durch Laserablation
.5x	Durch sonstige Energiequellen

Kapitel 5: Operationen

5-371.x   Sonstige
5-371.y   N.n.bez.

5-372   Exzision und Destruktion von erkranktem Gewebe des Perikardes und Perikardektomie

5-372.0   Lokale Exzision, offen chirurgisch
          Exkl.: Biopsie am Perikard durch Inzision (1-580.1)
5-372.1   Lokale Exzision, thorakoskopisch
5-372.2   Perikardektomie, partiell (Perikardfenster), offen chirurgisch
5-372.3   Perikardektomie, partiell (Perikardfenster), thorakoskopisch
5-372.4   Perikardektomie, subtotal
5-372.5   Perikardektomie, total (Dekortikation)
5-372.6   Perikardpatchentnahme
5-372.7   Destruktion
5-372.x   Sonstige
5-372.y   N.n.bez.

5-373   Exzision und Destruktion von erkranktem Gewebe des Herzens

5-373.0   Exzision am Vorhof
5-373.1   Exzision am Ventrikel
5-373.2   Partielle linksventrikuläre Reduktionsplastik (Batista)
5-373.3   Resektion eines Aneurysmas, am Vorhof
5-373.4   Resektion eines Aneurysmas, am Ventrikel
5-373.5   MAZE-Verfahren (Alternative Verfahren)
5-373.6   Exzision am Reizleitungssystem, am Ventrikel
5-373.7   Destruktion am Reizleitungssystem, am Vorhof
          Exkl.: Radiofrequenzablation durch Katheterisierung (8-835 ff.)
5-373.8   Destruktion am Reizleitungssystem, am Ventrikel
          Exkl.: Radiofrequenzablation durch Katheterisierung (8-835 ff.)
5-373.x   Sonstige
5-373.y   N.n.bez.

5-374   Rekonstruktion des Perikardes und des Herzens
          Exkl.: Plastische Rekonstruktion des Herzseptums bei angeborenen Herzfehlern (5-356 ff.)
          Hinw.: Die Anwendung der Herz-Lungen-Maschine ist im Kode enthalten
          Wenn der Einsatz der Herz-Lungen-Maschine in tiefer oder profunder Hypothermie erfolgt, ist der entsprechende Kode (8-851.40, 8-851.41, 8-851.50, 8-851.51) zusätzlich anzugeben
          Wenn die Anwendung der Herz-Lungen-Maschine mit intraaortaler Ballonokklusion erfolgt, ist der entsprechende Kode aus dem Bereich 8-851 zusätzlich anzugeben

5-374.0   Naht des Perikardes (nach Verletzung)
5-374.1   Plastische Rekonstruktion des Perikardes ohne Implantat
5-374.2   Plastische Rekonstruktion des Perikardes mit Implantat
5-374.3   Naht des Myokardes (nach Verletzung)
5-374.4   Plastische Rekonstruktion des Myokardes ohne Implantat
5-374.5   Plastische Rekonstruktion des Myokardes mit Implantat
          Exkl.: Plastische Rekonstruktion des Myokardes mit myokardialem Verankerungssystem (5-374.8)
5-374.6   Verschluss eines erworbenen Ventrikelseptumdefektes (z.B. nach Herzinfarkt)
5-374.7   Verschluss eines erworbenen Vorhofseptumdefektes
5-374.8   Plastische Rekonstruktion des Myokardes mit myokardialem Verankerungssystem
          Exkl.: Minimalinvasive plastische Rekonstruktion des Myokardes mit myokardialem Verankerungssystem, Hybrideingriff (5-37a.1)
5-374.x   Sonstige
5-374.y   N.n.bez.

Kapitel 5: Operationen

5-375 Herz- und Herz-Lungen-Transplantation
Hinw.: Die Anwendung der Herz-Lungen-Maschine ist im Kode enthalten
Wenn der Einsatz der Herz-Lungen-Maschine in tiefer oder profunder Hypothermie erfolgt, ist der entsprechende Kode (8-851.40, 8-851.41, 8-851.50, 8-851.51) zusätzlich anzugeben
Wenn die Anwendung der Herz-Lungen-Maschine mit intraaortaler Ballonokklusion erfolgt, ist der entsprechende Kode aus dem Bereich 8-851 ff. zusätzlich anzugeben
Die Art der Konservierung von Organtransplantaten ist gesondert zu kodieren (5-939 ff.)

5-375.0 Herztransplantation, orthotop
5-375.1 Herztransplantation, heterotop (Assistenzherz)
5-375.2 Herz-Lungen-Transplantation (En-bloc)
5-375.3 Herz-Retransplantation während desselben stationären Aufenthaltes
5-375.4 Herz-Lungen-Retransplantation (En-bloc) während desselben stationären Aufenthaltes
5-375.y N.n.bez.

5-376 Implantation und Entfernung eines herzunterstützenden Systems, offen chirurgisch
Exkl.: Perkutane Einführung einer intraaortalen Ballonpumpe (8-839.0)
Endovaskuläre Implantation oder Entfernung einer extrakorporalen Zentrifugalpumpe zur Kreislaufunterstützung (8-839.a ff.)
Endovaskuläre Implantation oder Entfernung einer parakorporalen pulsatilen Membranpumpe mit integrierter Gegenpulsation zur Kreislaufunterstützung (8-839.b ff.)
Hinw.: Bei einem isolierten, nicht offen chirurgischen Pumpenwechsel ist der Kode entsprechend der neu eingesetzten Pumpe zu wählen
Die Anwendung der ECMO ist gesondert zu kodieren (8-852 ff.)

5-376.0 Intraortale Ballonpumpe
Hinw.: Die Dauer der Behandlung mit einer intraaortalen Ballonpumpe ist gesondert zu kodieren (8-83a.0 ff.)
.00 Implantation
.01 Entfernung

5-376.2 Extrakorporale Pumpe (z.B. Kreiselpumpe oder Zentrifugalpumpe), univentrikulär
Hinw.: Die Dauer der Behandlung mit einer extrakorporalen univentrikulären Pumpe ist gesondert zu kodieren (8-83a.1 ff.)
.20 Implantation, mit Sternotomie
.21 Entfernung, mit Sternotomie
.22 Isolierter Pumpenwechsel, nicht offen chirurgisch
.23 Implantation, transapikal
.24 Entfernung, transapikal

5-376.3 Extrakorporale Pumpe (z.B. Kreiselpumpe oder Zentrifugalpumpe), biventrikulär
Hinw.: Die Dauer der Behandlung mit einer extrakorporalen biventrikulären Pumpe ist gesondert zu kodieren (8-83a.2 ff.)
.30 Implantation
.31 Entfernung
.33 Isolierter Pumpenwechsel einer Pumpe, nicht offen chirurgisch
.34 Isolierter Pumpenwechsel beider Pumpen, nicht offen chirurgisch

5-376.4 Intrakorporale Pumpe, univentrikulär
.40 Implantation
.41 Entfernung

5-376.5 Intrakorporale Pumpe, biventrikulär
.50 Implantation
.51 Entfernung

5-376.6 Kunstherz (totaler Herzersatz)
.60 Implantation
.61 Entfernung

5-376.7 Parakorporale Pumpe, univentrikulär
Exkl.: Zentrifugal- oder Kreiselpumpen zur Kurzzeitunterstützung (5-376.2 ff.)
.70 Implantation
.71 Entfernung
.72 Isolierter Pumpenwechsel, nicht offen chirurgisch

Kapitel 5: Operationen

5-376.8	Parakorporale Pumpe, biventrikulär
	Exkl.: Zentrifugal- oder Kreiselpumpen zur Kurzzeitunterstützung (5-376.3 ff.)
	.80 Implantation
	.81 Entfernung
	.83 Isolierter Pumpenwechsel einer Pumpe, nicht offen chirurgisch
	.84 Isolierter Pumpenwechsel beider Pumpen, nicht offen chirurgisch
5-376.9	Permanent implantierbares extra-aortales Herzunterstützungssystem
	.90 Implantation
	.91 Wechsel des Gesamtsystems
	.92 Isolierter Wechsel der Verbindungsleitung
	Hinw.: Die Verbindungsleitung enthält die Luftleitung zur Manschette und das Kabel für die EKG-Elektrode
	.93 Isolierter Wechsel der epikardialen EKG-Elektrode und der Verbindungsleitung
	.94 Entfernung
	.9x Sonstige
5-376.x	Sonstige
5-376.y	N.n.bez.
5-377	**Implantation eines Herzschrittmachers, Defibrillators und Ereignis-Rekorders**
	Inkl.: Sonden bei den Kodes 5-377.0 bis 5-377.8
	Hinw.: Die Verwendung eines Defibrillators mit zusätzlicher Mess- oder Stimulationsfunktion ist gesondert zu kodieren (5-377.f ff.)
	Die Verwendung eines MRT-fähigen Herzschrittmachers ist gesondert zu kodieren (5-934.0)
5-377.0	Schrittmacher, n.n.bez.
5-377.1	Schrittmacher, Einkammersystem
5-377.2	Schrittmacher, Zweikammersystem, mit einer Schrittmachersonde
5-377.3	Schrittmacher, Zweikammersystem, mit zwei Schrittmachersonden
	.30 Ohne antitachykarde Stimulation
	.31 Mit antitachykarder Stimulation
5-377.4	Schrittmacher, biventrikuläre Stimulation [Dreikammersystem]
	.40 Ohne Vorhofelektrode
	.41 Mit Vorhofelektrode
5-377.5	Defibrillator mit Einkammer-Stimulation
	.50 Ohne atriale Detektion
	.51 Mit atrialer Detektion
5-377.6	Defibrillator mit Zweikammer-Stimulation
5-377.7	Defibrillator mit biventrikulärer Stimulation
	.70 Ohne Vorhofelektrode
	.71 Mit Vorhofelektrode
5-377.8	Ereignis-Rekorder
5-377.b	System zur nicht invasiven Überwachung von Abstoßungsreaktionen nach Herztransplantation
	Inkl.: Intramyokardiales Elektrogramm (IMEG)
5-377.c	Isolierte Sondenimplantation, offen chirurgisch
	.c0 Epikardial, linksventrikulär
	.c1 Epikardial, rechtsventrikulär
	.c2 Epithorakal
5-377.d	Verwendung von Herzschrittmachern, Defibrillatoren oder Ereignis-Rekordern mit automatischem Fernüberwachungssystem
	Hinw.: Dieser Kode ist ein Zusatzkode. Die Implantation oder der Wechsel eines Herzschrittmachers, Defibrillators oder Ereignis-Rekorders sind gesondert zu kodieren
5-377.f	Verwendung von Defibrillatoren mit zusätzlicher Mess- oder Stimulationsfunktion
	Hinw.: Diese Kodes sind Zusatzkodes. Die Implantation oder der Wechsel eines Defibrillators sind gesondert zu kodieren
	.f0 Mit zusätzlicher Messfunktion für das Lungenwasser
	.f1 Mit zusätzlichem Drucksensor zur nicht invasiven Messung des rechtsventrikulären Druckes
	Inkl.: Messung des Lungenwassers

Kapitel 5: Operationen

.f2 Mit zusätzlicher Messfunktion für die Kontraktilität des Herzmuskels
.f3 Mit zusätzlicher Funktion zum Monitoring der ST-Strecke
.f4 Mit quadripolarer Stimulationsfunktion
.fx Sonstige

5-377.g Isolierte Sondenimplantation, endovaskulär
.g0 Linksventrikulär
.g1 Rechtsventrikulär
.g2 Rechtsatrial

5-377.h Verwendung von Herzschrittmachern mit zusätzlicher Messfunktion
Hinw.: Diese Kodes sind Zusatzkodes. Die Implantation oder der Wechsel eines Herzschrittmachers sind gesondert zu kodieren
.h0 Mit zusätzlicher Messfunktion für das Lungenwasser
.hx Sonstige

5-377.j Defibrillator mit subkutaner Elektrode

5-377.x Sonstige

5-377.y N.n.bez.

5-378 Entfernung, Wechsel und Korrektur eines Herzschrittmachers und Defibrillators
Hinw.: Die Verwendung eines Defibrillators mit zusätzlicher Mess- oder Stimulationsfunktion ist gesondert zu kodieren (5-377.f ff.)
Die Verwendung eines MRT-fähigen Herzschrittmachers ist gesondert zu kodieren (5-934.0)
Der Systemtyp ist für die mit ** gekennzeichneten Kodes in der 6. Stelle nach folgender Liste zu kodieren:
0 Schrittmacher n.n.bez.
1 Schrittmacher, Einkammersystem
2 Schrittmacher, Zweikammersystem
5 Defibrillator mit Zweikammer-Stimulation
7 Ereignis-Rekorder
a Schrittmacher, biventrikuläre Stimulation [Dreikammersystem], ohne Vorhofelektrode
b Schrittmacher, biventrikuläre Stimulation [Dreikammersystem], mit Vorhofelektrode
c Defibrillator mit Einkammer-Stimulation, ohne atriale Detektion
d Defibrillator mit Einkammer-Stimulation, mit atrialer Detektion
e Defibrillator mit biventrikulärer Stimulation, ohne Vorhofelektrode
f Defibrillator mit biventrikulärer Stimulation, mit Vorhofelektrode
g Defibrillator mit subkutaner Elektrode
x Sonstige

** 5-378.0 Aggregatentfernung

5-378.1 Sondenentfernung
Hinw.: Die Sondenentfernung mit Laser und die Sondenentfernung mit sonstiger technischer Unterstützung sind gesondert zu kodieren (5-378.a ff.)
.18 Schrittmacher
.19 Defibrillator
.1a Synchronisationssystem

** 5-378.2 Aggregat- und Sondenentfernung
[6. Stelle: 0-2,5,a-g,x]
Hinw.: Die Sondenentfernung mit Laser und die Sondenentfernung mit sonstiger technischer Unterstützung sind gesondert zu kodieren (5-378.a ff.)

** 5-378.3 Sondenkorrektur
[6. Stelle: 0-2,5,a-g,x]

** 5-378.4 Lagekorrektur des Aggregats

** 5-378.5 Aggregatwechsel (ohne Änderung der Sonde)

** 5-378.6 Aggregat- und Sondenwechsel
Hinw.: Die Sondenentfernung mit Laser und die Sondenentfernung mit sonstiger technischer Unterstützung sind gesondert zu kodieren (5-378.a ff.)

Kapitel 5: Operationen

** 5-378.7 Sondenwechsel
[6. Stelle: 0-2,5,a-g,x]
Hinw.: Die Sondenentfernung mit Laser und die Sondenentfernung mit sonstiger technischer Unterstützung sind gesondert zu kodieren (5-378.a ff.)

** 5-378.8 Kupplungskorrektur

5-378.a Zusatzinformation für die Sondenentfernung
Hinw.: Diese Kodes sind Zusatzkodes. Sie dürfen nur gemeinsam mit den Kodes aus 5-378.1 ff., 5-378.2 ff., 5-378.6 ff. und 5-378.7 ff. verwendet werden

.a0 Einsatz eines Excimer-Lasers
.a2 Einsatz eines elektrochirurgischen Dissektionsgerätes
.a3 Einsatz einer mechanischen, kontrolliert drehenden Extraktionsschleuse
.a4 Einsatz von 1 intraluminalen expandierenden Extraktionshilfe
.a5 Einsatz von 2 intraluminalen expandierenden Extraktionshilfen
.a6 Einsatz von 3 oder mehr intraluminalen expandierenden Extraktionshilfen
.ax Einsatz sonstiger technischer Unterstützung

5-378.b Systemumstellung Herzschrittmacher auf Herzschrittmacher oder Defibrillator

.b0 Herzschrittmacher, Einkammersystem auf Herzschrittmacher, Zweikammersystem
.b1 Herzschrittmacher, Einkammersystem auf Herzschrittmacher, biventrikuläre Stimulation [Dreikammersystem], ohne Vorhofelektrode
.b2 Herzschrittmacher, Einkammersystem auf Herzschrittmacher, biventrikuläre Stimulation [Dreikammersystem], mit Vorhofelektrode
.b3 Herzschrittmacher, Zweikammersystem auf Herzschrittmacher, Einkammersystem
.b4 Herzschrittmacher, Zweikammersystem auf Herzschrittmacher, biventrikuläre Stimulation [Dreikammersystem], ohne Vorhofelektrode
.b5 Herzschrittmacher, Zweikammersystem auf Herzschrittmacher, biventrikuläre Stimulation [Dreikammersystem], mit Vorhofelektrode
.b6 Herzschrittmacher, biventrikuläre Stimulation [Dreikammersystem] auf Herzschrittmacher, Einkammersystem
.b7 Herzschrittmacher, biventrikuläre Stimulation [Dreikammersystem] auf Herzschrittmacher, Zweikammersystem
.b8 Herzschrittmacher auf Defibrillator mit Einkammer-Stimulation, ohne atriale Detektion
.b9 Herzschrittmacher auf Defibrillator mit Einkammer-Stimulation, mit atrialer Detektion
.ba Herzschrittmacher auf Defibrillator mit Zweikammer-Stimulation
.bb Herzschrittmacher auf Defibrillator mit biventrikulärer Stimulation, ohne Vorhofelektrode
.bc Herzschrittmacher auf Defibrillator mit biventrikulärer Stimulation, mit Vorhofelektrode
.bd Herzschrittmacher auf Defibrillator mit subkutaner Elektrode
.bx Sonstige

5-378.c Systemumstellung Defibrillator auf Defibrillator oder Herzschrittmacher

.c0 Defibrillator mit Einkammer-Stimulation auf Defibrillator mit Zweikammer-Stimulation
.c1 Defibrillator mit Einkammer-Stimulation auf Defibrillator mit biventrikulärer Stimulation, ohne Vorhofelektrode
.c2 Defibrillator mit Einkammer-Stimulation auf Defibrillator mit biventrikulärer Stimulation, mit Vorhofelektrode
.c3 Defibrillator mit Zweikammer-Stimulation auf Defibrillator mit Einkammer-Stimulation, ohne atriale Detektion
.c4 Defibrillator mit Zweikammer-Stimulation auf Defibrillator mit Einkammer-Stimulation, mit atrialer Detektion
.c5 Defibrillator mit Zweikammer-Stimulation auf Defibrillator mit biventrikulärer Stimulation, ohne Vorhofelektrode
.c6 Defibrillator mit Zweikammer-Stimulation auf Defibrillator mit biventrikulärer Stimulation, mit Vorhofelektrode
.c7 Defibrillator mit biventrikulärer Stimulation auf Defibrillator mit Einkammer-Stimulation, ohne atriale Detektion
.c8 Defibrillator mit biventrikulärer Stimulation auf Defibrillator mit Einkammer-Stimulation, mit atrialer Detektion
.c9 Defibrillator mit biventrikulärer Stimulation auf Defibrillator mit Zweikammer-Stimulation
.ca Defibrillator auf Herzschrittmacher, Einkammersystem
.cb Defibrillator auf Herzschrittmacher, Zweikammersystem
.cc Defibrillator auf Herzschrittmacher, biventrikuläre Stimulation [Dreikammersystem], ohne Vorhofelektrode
.cd Defibrillator auf Herzschrittmacher, biventrikuläre Stimulation [Dreikammersystem], mit Vorhofelektrode
.ce Defibrillator auf Defibrillator mit subkutaner Elektrode
.cf Defibrillator mit subkutaner Elektrode auf Defibrillator mit Einkammer-Stimulation, ohne atriale Detektion
.cg Defibrillator mit subkutaner Elektrode auf Defibrillator mit Einkammer-Stimulation, mit atrialer Detektion
.ch Defibrillator mit subkutaner Elektrode auf Defibrillator mit Zweikammer-Stimulation
.cj Defibrillator mit subkutaner Elektrode auf Defibrillator mit biventrikulärer Stimulation, ohne Vorhofelektrode
.ck Defibrillator mit subkutaner Elektrode auf Defibrillator mit biventrikulärer Stimulation, mit Vorhofelektrode
.cx Sonstige

5-378.x Sonstige
5-378.y N.n.bez.

5-379 Andere Operationen an Herz und Perikard

5-379.0 Offene Herzmassage

5-379.1 Ligatur eines Herzohres
Inkl.: Clip, Klammernahtgerät
Exkl.: Perkutan-transluminaler Verschluss eines Herzohres durch perkutan epikardial eingebrachte Schlinge (8-837.s1)

5-379.2 Herzentnahme postmortal (zur Transplantation)
Hinw.: Dieser Kode ist auch zu verwenden, wenn die Leistung nicht abschließend erbracht wird oder sich erst intraoperativ die Nichtverwendbarkeit des Organs für eine spätere Transplantation herausstellt
Dieser Kode und der im Fall eines vorzeitigen Abbruchs dieses Eingriffes zusätzlich zu kodierende Zusatzkode 5-995 werden nicht im Rahmen des Datensatzes nach § 301 SGB V bzw. § 21 KHEntgG übermittelt
Die Aufrechterhaltung der Homöostase für die postmortale Organspende ist im Kode enthalten

5-379.3 Entnahme von Herzgewebe postmortal (zur Transplantation)
Hinw.: Dieser Kode ist auch zu verwenden, wenn die Leistung nicht abschließend erbracht wird oder sich erst intraoperativ die Nichtverwendbarkeit des Organs für eine spätere Transplantation herausstellt
Dieser Kode und der im Fall eines vorzeitigen Abbruchs dieses Eingriffes zusätzlich zu kodierende Zusatzkode 5-995 werden nicht im Rahmen des Datensatzes nach § 301 SGB V bzw. § 21 KHEntgG übermittelt
Die Aufrechterhaltung der Homöostase für die postmortale Organspende ist im Kode enthalten

5-379.4 Herz-Lungen-Entnahme postmortal (zur Transplantation)
Hinw.: Dieser Kode ist auch zu verwenden, wenn die Leistung nicht abschließend erbracht wird oder sich erst intraoperativ die Nichtverwendbarkeit des Organs für eine spätere Transplantation herausstellt
Dieser Kode und der im Fall eines vorzeitigen Abbruchs dieses Eingriffes zusätzlich zu kodierende Zusatzkode 5-995 werden nicht im Rahmen des Datensatzes nach § 301 SGB V bzw. § 21 KHEntgG übermittelt
Die Aufrechterhaltung der Homöostase für die postmortale Organspende ist im Kode enthalten

5-379.5 Reoperation

5-379.6 Kardiomyoplastie
Exkl.: Präkonditionierte und elektrostimulierte Kardiomyoplastie (5-379.c ff.)

5-379.7 Implantation oder Entfernung eines äußeren Myokardunterstützungssystems

5-379.8 Implantation, Wechsel oder Revision eines myokardmodulierenden Systems [CCM]
.80 Implantation oder Wechsel eines Systems mit Vorhofelektrode
.81 Revision eines Systems mit Vorhofelektrode
.82 Implantation oder Wechsel eines Systems ohne Vorhofelektrode
.83 Revision eines Systems ohne Vorhofelektrode

5-379.9 Implantation, Wechsel oder Entfernung eines epikardialen Ventrikel-Unterstützungssystems
.90 Implantation oder Wechsel
.91 Entfernung

5-379.a Anlage eines apikoaortalen Conduits mit bioklappentragender Gefäßprothese

5-379.b Anpassung eines dynamischen Anuloplastieringes

5-379.c Präkonditionierte und elektrostimulierte Kardiomyoplastie
Exkl.: Sondenimplantation zur externen Prästimulation (Präkonditionierung) für die Kardiomyoplastie (5-859.4 ff.)
.c0 Anlage mit Implantation eines Muskelstimulators
.c1 Wechsel eines Muskelstimulators
.c2 Revision ohne Neuanlage von Elektroden
.c3 Revision mit Neuanlage von Elektroden

Kapitel 5: Operationen

5-379.d		Offen chirurgische Entfernung von Implantaten aus Herz oder Koronargefäßen
	Inkl.:	Entfernung von Stents und Okkludern
	Exkl.:	Offen chirurgische Entfernung von Kanülen für die Anwendung eines extrakorporalen (herz- und) lungenunterstützenden Systems (5-37b.3 ff.)
5-379.x	Sonstige	
5-379.y	N.n.bez.	

5-37a Minimalinvasive Rekonstruktion des Perikardes und des Herzens

5-37a.0		Transarterielle Implantation eines ventrikulären Partitionierungsimplantates
5-37a.1		Plastische Rekonstruktion des Myokardes mit myokardialem Verankerungssystem, Hybrideingriff
	Exkl.:	Plastische Rekonstruktion des Myokardes mit myokardialem Verankerungssystem (5-374.8)
	Hinw.:	Die Mini-Thorakotomie ist im Kode enthalten
		Unter Hybrideingriff wird in diesem Fall die Kombination von minimalinvasiv chirurgischem und endovaskulärem Eingriff verstanden
5-37a.x	Sonstige	
5-37a.y	N.n.bez.	

5-37b Offen chirurgische Implantation und Entfernung von Kanülen für die Anwendung eines extrakorporalen (herz- und) lungenunterstützenden Systems mit Gasaustausch

Hinw.: Die Anwendung der ECMO oder der minimalisierten Herz-Lungen-Maschine ist gesondert zu kodieren (8-852 ff.)

Die Differenzierung in zentrale und periphere Gefäße erfolgt nach der Eintrittsstelle der Kanüle

5-37b.0 Offen chirurgische Implantation von Kanülen in das Herz und/oder zentrale Gefäße
Hinw.: Der Zugang erfolgt über eine Sterno- oder Thorakotomie
.00 1 Kanüle
.01 2 Kanülen
.02 3 oder mehr Kanülen

5-37b.1 Offen chirurgische Implantation von Kanülen in periphere Gefäße ohne Gefäßprothese
Hinw.: Der Zugang erfolgt über eine offen chirurgische Freilegung des Gefäßes
.10 1 Kanüle
.11 2 Kanülen
.12 3 oder mehr Kanülen

5-37b.2 Offen chirurgische Implantation von Kanülen in periphere Gefäße mit Gefäßprothese
Hinw.: Der Zugang erfolgt über eine offen chirurgische Freilegung des Gefäßes
.20 1 Kanüle
.21 2 Kanülen
.22 3 oder mehr Kanülen

5-37b.3 Offen chirurgische Entfernung von Kanülen
.30 1 Kanüle
.31 2 Kanülen
.32 3 oder mehr Kanülen

Operationen an den Blutgefäßen
(5-38...5-39)

Exkl.: Operationen an den Koronargefäßen (5-36)
Operationen an intrakraniellen Blutgefäßen (5-025 ff., 5-026 ff., 5-027 ff.)
Operationen an intraspinalen Blutgefäßen (5-037 ff.)
(Perkutan-)transluminale Gefäßinterventionen (8-836 ff.)

Hinw.: Die Anwendung mikrochirurgischer Technik ist, sofern nicht als eigener Kode angegeben, zusätzlich zu kodieren (5-984)
Die Anwendung von Lasertechnik ist, sofern nicht als eigener Kode angegeben, zusätzlich zu kodieren (5-985 ff.)
Die Anwendung von minimalinvasiver Technik ist, sofern nicht als eigener Kode angegeben, zusätzlich zu kodieren (5-986 ff.)
Die Durchführung der Operation im Rahmen der Versorgung einer Mehrfachverletzung ist zusätzlich zu kodieren (5-981)
Die Durchführung der Operation im Rahmen der Versorgung eines Polytraumas ist zusätzlich zu kodieren (5-982 ff.)
Die Durchführung einer Reoperation ist, sofern nicht als eigener Kode angegeben, zusätzlich zu kodieren (5-983)
Der vorzeitige Abbruch einer Operation ist zusätzlich zu kodieren (5-995)
Die Implantation von Stents (8-84) und die Angioplastie (8-836.0 ff.) sind gesondert zu kodieren
Die Anwendung der Hybridchirurgie ist gesondert zu kodieren (5-98a.0)
Die intraoperative Anwendung eines Embolieprotektionssystems ist gesondert zu kodieren (5-399.e)
<u>Die Art der Beschichtung von Gefäßprothesen ist gesondert zu kodieren (5-938 ff.)</u>
Die nähere Lokalisationsangabe ist für die Kodes 5-380 bis 5-383, 5-386, 5-388, 5-389 und 5-395 bis 5-397 nach folgender Liste zu kodieren:

.0 Arterien Kopf, extrakraniell, und Hals

.00 ↔ A. carotis n.n.bez.

.01 ↔ A. carotis communis mit Sinus caroticus

.02 ↔ A. carotis interna extrakraniell

.03 ↔ A. carotis externa

.04 ↔ A. vertebralis extrakraniell

.05 ↔ A. carotis, Stent

.06 ↔ Gefäßprothese

.0x ↔ Sonstige

.1 Arterien Schulter und Oberarm

.11 ↔ A. axillaris

.12 ↔ A. brachialis

.13 ↔ Gefäßprothese

.1x ↔ Sonstige

.2 Arterien Unterarm und Hand

.20 ↔ A. ulnaris

.21 ↔ Arcus palmaris profundus

.22 ↔ Arcus palmaris superficialis

.23 ↔ Aa. digitales palmares communes

.24 ↔ A. radialis

.25 ↔ R. carpalis palmaris

.26 ↔ R. carpalis dorsalis

.27 ↔ A. princeps pollicis

.28 ↔ Gefäßprothese

.2x ↔ Sonstige

.3 Aorta

.30 Aorta ascendens
.31 Arcus aortae
.32 Aorta thoracica
.33 Aorta abdominalis
.34 Aorta, Stent
.35 Gefäßprothese
.3x Sonstige
.4 Arterien thorakal
.40 ↔ A. subclavia
.41 ↔ Truncus brachiocephalicus
.42 ↔ A. pulmonalis
.43 ↔ Gefäßprothese
.4x ↔ Sonstige
.5 Arterien abdominal und pelvin
.51 ↔ Aa. lumbales
.52 ↔ A. iliaca n.n.bez.
.53 ↔ A. iliaca communis
.54 ↔ A. iliaca externa
.55 ↔ A. iliaca interna
.56 ↔ Gefäßprothese
.5x ↔ Sonstige
.6 Arterien viszeral
.60 Truncus coeliacus
.61 A. hepatica
.62 A. gastrica
.63 A. lienalis
.64 ↔ A. renalis
.65 A. mesenterica superior
.66 A. mesenterica inferior
.67 Gefäßprothese
.6x ↔ Sonstige
.7 Arterien Oberschenkel
.70 ↔ A. femoralis
.71 ↔ A. profunda femoris
.72 ↔ A. poplitea
.73 ↔ Gefäßprothese
.7x ↔ Sonstige
.8 Arterien Unterschenkel und Fuß
.80 ↔ A. tibialis anterior
.81 ↔ Aa. recurrentes
.82 ↔ A. dorsalis pedis
.83 ↔ A. tibialis posterior
.84 ↔ A. fibularis
.85 ↔ A. plantaris medialis
.86 ↔ A. plantaris lateralis
.87 ↔ Gefäßprothese

Kapitel 5: Operationen

.8x ↔ Sonstige
.9 Tiefe Venen
.91 ↔ V. jugularis
.92 ↔ V. pulmonalis
.93 ↔ V. subclavia
.94 ↔ V. axillaris
.95 ↔ V. brachiocephalica
.96 V. cava superior
.97 V. cava inferior
.98 ↔ V. iliaca communis
.99 ↔ V. iliaca externa
.9a ↔ V. iliaca interna
.9b ↔ V. femoralis
.9c ↔ V. poplitea
.9d V. portae
.9e ↔ V. gastrica
.9f V. lienalis
.9g V. mesenterica superior
.9h V. mesenterica inferior
.9j Vv. hepaticae
.9k ↔ V. renalis
.9x ↔ Sonstige
.a Oberflächliche Venen
.a0 ↔ Kopf, extrakraniell und Hals
.a1 ↔ Schulter und Oberarm
.a2 ↔ Unterarm und Hand
.a3 ↔ Thorakal
.a4 ↔ Abdominal
.a5 ↔ Oberschenkel
.a6 ↔ Unterschenkel und Fuß
.ax ↔ Sonstige
.x ↔ Sonstige
.y N.n.bez.

5-38 Inzision, Exzision und Verschluss von Blutgefäßen

5-380 **Inzision, Embolektomie und Thrombektomie von Blutgefäßen**
Inkl.: Fremdkörperentfernung
Exploration
Hinw.: Die Inzision, Embolektomie und Thrombektomie aus Gefäßprothesen sind in der 5. Stelle entsprechend der Region für den proximalen Anschluss und in der 6. Stelle mit dem jeweiligen Kode für die Gefäßprothese zu kodieren
Die nähere Lokalisationsangabe ist in der 6. Stelle nach der Liste vor Kode 5-38 zu kodieren

** 5-380.0 Arterien Kopf, extrakraniell, und Hals
[6. Stelle: 0-6,x]

** 5-380.1 Arterien Schulter und Oberarm
[6. Stelle: 1-3,x]

** 5-380.2 Arterien Unterarm und Hand
[6. Stelle: 0-8,x]

OPS Version 2018 185

Kapitel 5: Operationen

** 5-380.3 Aorta
[6. Stelle: 0-5,x]

** 5-380.4 Arterien thorakal
[6. Stelle: 0-3,x]

** 5-380.5 Arterien abdominal und pelvin
[6. Stelle: 1-6,x]

** 5-380.6 Arterien viszeral
[6. Stelle: 0-7,x]

** 5-380.7 Arterien Oberschenkel
[6. Stelle: 0-3,x]

** 5-380.8 Arterien Unterschenkel und Fuß
[6. Stelle: 0-7,x]

** 5-380.9 Tiefe Venen
[6. Stelle: 1-k,x]

** 5-380.a Oberflächliche Venen
[6. Stelle: 0-6,x]

  5-380.x ↔ Sonstige

  5-380.y N.n.bez.

5-381 Endarteriektomie
Inkl.: Anbringen eines Patches
         Thrombendarteriektomie
Exkl.: Endarteriektomie der Koronararterien (5-360.0)
Hinw.: Die intraoperative Anlage eines temporären arterio-arteriellen Shuntes ist gesondert zu kodieren (5-393.9)
Die Endarteriektomie aus Gefäßprothesen ist in der 5. Stelle entsprechend der Region für den proximalen Anschluss und in der 6. Stelle mit dem jeweiligen Kode für die Gefäßprothese zu kodieren
Die nähere Lokalisationsangabe ist in der 6. Stelle nach der Liste vor Kode 5-38 zu kodieren

** 5-381.0 Arterien Kopf, extrakraniell, und Hals
[6. Stelle: 0-6,x]

** 5-381.1 Arterien Schulter und Oberarm
[6. Stelle: 1-3,x]

** 5-381.2 Arterien Unterarm und Hand
[6. Stelle: 0,4,8,x]

** 5-381.3 Aorta
[6. Stelle: 0-3,5,x]

** 5-381.4 Arterien thorakal
[6. Stelle: 0-3,x]

** 5-381.5 Arterien abdominal und pelvin
[6. Stelle: 1-6,x]

** 5-381.6 Arterien viszeral
[6. Stelle: 0-7,x]

** 5-381.7 Arterien Oberschenkel
[6. Stelle: 0-3,x]

** 5-381.8 Arterien Unterschenkel und Fuß
[6. Stelle: 0,2-4,7,x]

  5-381.x ↔ Sonstige

  5-381.y N.n.bez.

5-382 Resektion von Blutgefäßen mit Reanastomosierung
Inkl.: Resektion eines Aneurysmas
         Fensterung (partielle Resektion der Dissektionsmembran) an der Aorta
Hinw.: Die nähere Lokalisationsangabe ist in der 6. Stelle nach der Liste vor Kode 5-38 zu kodieren

** 5-382.0 Arterien Kopf, extrakraniell, und Hals
[6. Stelle: 0-4,x]

Kapitel 5: Operationen

** 5-382.1   Arterien Schulter und Oberarm
[6. Stelle: 1,2,x]

** 5-382.2   Arterien Unterarm und Hand
[6. Stelle: 0,4,x]

** 5-382.3   Aorta
[6. Stelle: 0,2,3,x]

** 5-382.4   Arterien thorakal
[6. Stelle: 0-2,x]

** 5-382.5   Arterien abdominal und pelvin
[6. Stelle: 3-5,x]

** 5-382.6   Arterien viszeral
[6. Stelle: 0-6,x]

** 5-382.7   Arterien Oberschenkel
[6. Stelle: 0-2,x]

** 5-382.8   Arterien Unterschenkel und Fuß
[6. Stelle: 0,2-4,x]

** 5-382.9   Tiefe Venen
[6. Stelle: 1-k,x]

** 5-382.a   Oberflächliche Venen
[6. Stelle: 0-2,5,6,x]

5-382.x ↔ Sonstige

5-382.y   N.n.bez.

5-383   **Resektion und Ersatz (Interposition) von (Teilen von) Blutgefäßen**
Inkl.:   Resektion eines Aneurysmas
Exkl.:   Resektion und Ersatz (Interposition) an der Aorta (5-384 ff.)
        Ausschaltungsoperation bei Aneurysmen (Bypass-Anastomose) (5-393 ff.)
        Endovaskuläre Implantationen von Stent-Prothesen zur Ausschaltung von Aneurysmen
        (5-38a ff.)
Hinw.:   Die nähere Lokalisationsangabe ist in der 6. Stelle nach der Liste vor Kode 5-38 zu kodieren

** 5-383.0   Arterien Kopf, extrakraniell, und Hals
[6. Stelle: 0-3,x]

** 5-383.1   Arterien Schulter und Oberarm
[6. Stelle: 1,2,x]

** 5-383.2   Arterien Unterarm und Hand
[6. Stelle: 0,4,x]

** 5-383.4   Arterien thorakal
[6. Stelle: 0-2,x]

** 5-383.5   Arterien abdominal und pelvin
[6. Stelle: 2-5,x]

** 5-383.6   Arterien viszeral
[6. Stelle: 0-6,x]

** 5-383.7   Arterien Oberschenkel
[6. Stelle: 0-2,x]

** 5-383.8   Arterien Unterschenkel und Fuß
[6. Stelle: 0,3,4,x]

** 5-383.9   Tiefe Venen
[6. Stelle: 1-k,x]

** 5-383.a   Oberflächliche Venen
[6. Stelle: 0-2,5,6,x]

5-383.x ↔ Sonstige

5-383.y   N.n.bez.

Kapitel 5: Operationen

5-384 Resektion und Ersatz (Interposition) an der Aorta
Hinw.: Die Art der Prothese ist für die mit ** gekennzeichneten Kodes in der 6. Stelle nach folgender Liste zu kodieren:
- 1 Mit Rohrprothese
- 2 Mit Rohrprothese bei Aneurysma
- 3 Mit Bifurkationsprothese biiliakal
- 4 Mit Bifurkationsprothese biiliakal bei Aneurysma
- 5 Mit Bifurkationsprothese bifemoral
- 6 Mit Bifurkationsprothese bifemoral bei Aneurysma
- x Sonstige

** 5-384.0 Aorta ascendens
[6. Stelle: 1,2,x]
Hinw.: Die Anwendung der Herz-Lungen-Maschine ist gesondert zu kodieren (8-851 ff.)

** 5-384.1 Aorta ascendens mit Reimplantation der Koronararterien
[6. Stelle: 1,2,x]
Hinw.: Die Anwendung der Herz-Lungen-Maschine ist gesondert zu kodieren (8-851 ff.)

** 5-384.3 Aorta thoracica
[6. Stelle: 1,2,x]

** 5-384.4 Aorta thoracoabdominalis

** 5-384.5 Aorta abdominalis, n.n.bez.

** 5-384.6 Aorta abdominalis, suprarenal
Hinw.: Diese Kodes sind bei der Abklemmung der Aorta oberhalb einer oder beider Nierenarterien zu verwenden

** 5-384.7 Aorta abdominalis, infrarenal

5-384.8 Aorta ascendens, Aortenbogen oder Aorta descendens mit Hybridprothese

** 5-384.d Aortenbogen, aufsteigender Teil
[6. Stelle: 1,2,x]
Hinw.: Die Anwendung der Herz-Lungen-Maschine ist gesondert zu kodieren (8-851 ff.)

** 5-384.e Aortenbogen, absteigender Teil
[6. Stelle: 1,2,x]
Hinw.: Die Anwendung der Herz-Lungen-Maschine ist gesondert zu kodieren (8-851 ff.)

** 5-384.f Gesamter Aortenbogen
[6. Stelle: 1,2,x]
Hinw.: Die Anwendung der Herz-Lungen-Maschine ist gesondert zu kodieren (8-851 ff.)

** 5-384.x Sonstige

5-384.y N.n.bez.

5-385 Unterbindung, Exzision und Stripping von Varizen

5-385.0 ↔ Lokale Sklerotherapie (durch Injektion)

5-385.1 ↔ Umstechung

5-385.2 ↔ Lokale Exzision

5-385.3 ↔ Inzision eines Varixknotens

5-385.4 ↔ Transkutane Unterbindung der Vv. perforantes (als selbständiger Eingriff)

5-385.5 ↔ Endoskopische Diszision der Vv. perforantes (als selbständiger Eingriff)

5-385.6 ↔ Endoskopische Diszision der Vv. perforantes mit Fasziotomie (als selbständiger Eingriff)

5-385.7 Crossektomie und Stripping
Inkl.: Konvolutektomie und Unterbindung der Vv. perforantes
Crossektomie und Teilstripping
- .70 ↔ V. saphena magna
- .72 ↔ V. saphena parva
- .74 ↔ Vv. saphenae magna et parva

5-385.8 (Isolierte) Crossektomie
- .80 ↔ V. saphena magna
- .82 ↔ V. saphena parva
- .84 ↔ Vv. saphenae magna et parva

Kapitel 5: Operationen

5-385.9 Exhairese (als selbständiger Eingriff)
.90 ↔ V. saphena magna
.92 ↔ V. saphena parva
.94 ↔ Vv. saphenae magna et parva
.96 ↔ Seitenastvarize
.9x ↔ Sonstige

5-385.a Lasertherapie
.a0 ↔ Lokal
.a1 ↔ Endovenös [EVLT]

5-385.b ↔ Endoluminale Radiofrequenzablation

5-385.c ↔ Endoluminale Rotationsablation mit gleichzeitiger Sklerosierung

5-385.d (Isolierte) Rezidivcrossektomie
.d0 ↔ V. saphena magna
.d1 ↔ V. saphena parva
.d2 ↔ Vv. saphenae magna et parva

5-385.x ↔ Sonstige

5-385.y N.n.bez.

5-386 Andere Exzision von (erkrankten) Blutgefäßen und Transplantatentnahme
Inkl.: Exzision eines Aneurysmas
Exkl.: Endoskopische Entnahme eines Gefäßes zur Transplantation (5-38b ff.)
Hinw.: Die nähere Lokalisationsangabe ist in der 6. Stelle nach der Liste vor Kode 5-38 zu kodieren

** 5-386.0 Arterien Kopf, extrakraniell, und Hals
[6. Stelle: 0-5,x]

** 5-386.1 Arterien Schulter und Oberarm
[6. Stelle: 1,2,x]

** 5-386.2 Arterien Unterarm und Hand
[6. Stelle: 0-7,x]

** 5-386.3 Aorta
[6. Stelle: 0-4,x]

** 5-386.4 Arterien thorakal
[6. Stelle: 0-2,x]

** 5-386.5 Arterien abdominal und pelvin
[6. Stelle: 1-5,x]

** 5-386.6 Arterien viszeral
[6. Stelle: 0-6,x]

** 5-386.7 Arterien Oberschenkel
[6. Stelle: 0-2,x]

** 5-386.8 Arterien Unterschenkel und Fuß
[6. Stelle: 0-6,x]

** 5-386.9 Tiefe Venen
[6. Stelle: 1-k,x]

** 5-386.a Oberflächliche Venen
[6. Stelle: 0-6,x]

5-386.x ↔ Sonstige

5-386.y N.n.bez.

5-387 Ligatur und Teilverschluss der Vena cava

5-387.0 Ligatur

5-387.1 Clippen

5-387.2 Einführung eines Antiembolie-Schirmes, offen chirurgisch
Exkl.: Perkutan-transluminale Einführung eines Antiembolie-Schirmes (8-839.1 ff.)

5-387.x Sonstige

5-387.y N.n.bez.

Kapitel 5: Operationen

5-388 **Naht von Blutgefäßen**
Hinw.: Die nähere Lokalisationsangabe ist in der 6. Stelle nach der Liste vor Kode 5-38 zu kodieren

** 5-388.0 Arterien Kopf, extrakraniell, und Hals
[6. Stelle: 0-5,x]

** 5-388.1 Arterien Schulter und Oberarm
[6. Stelle: 1,2,x]

** 5-388.2 Arterien Unterarm und Hand
[6. Stelle: 0-4,x]

** 5-388.3 Aorta
[6. Stelle: 0-3,x]

** 5-388.4 Arterien thorakal
[6. Stelle: 0-2,x]

** 5-388.5 Arterien abdominal und pelvin
[6. Stelle: 1-5,x]

** 5-388.6 Arterien viszeral
[6. Stelle: 0-6,x]

** 5-388.7 Arterien Oberschenkel
[6. Stelle: 0-2,x]

** 5-388.8 Arterien Unterschenkel und Fuß
[6. Stelle: 0,2-4,x]

** 5-388.9 Tiefe Venen
[6. Stelle: 1-k,x]

** 5-388.a Oberflächliche Venen
[6. Stelle: 0-2,4-6,x]

5-388.x ↔ Sonstige

5-388.y N.n.bez.

5-389 **Anderer operativer Verschluss an Blutgefäßen**
Inkl.: Ligatur von Blutgefäßen
Exkl.: Delay-Operation vor autogener Brustrekonstruktion (5-399.f)
Hinw.: Die nähere Lokalisationsangabe ist in der 6. Stelle nach der Liste vor Kode 5-38 zu kodieren

** 5-389.0 Arterien Kopf, extrakraniell, und Hals
[6. Stelle: 0-5,x]

** 5-389.1 Arterien Schulter und Oberarm
[6. Stelle: 1,2,x]

** 5-389.2 Arterien Unterarm und Hand
[6. Stelle: 0-7,x]

** 5-389.3 Aorta
[6. Stelle: 0-4,x]

** 5-389.4 Arterien thorakal
[6. Stelle: 0-2,x]

** 5-389.5 Arterien abdominal und pelvin
[6. Stelle: 1-5,x]

** 5-389.6 Arterien viszeral
[6. Stelle: 0-6,x]

** 5-389.7 Arterien Oberschenkel
[6. Stelle: 0-2,x]

** 5-389.8 Arterien Unterschenkel und Fuß
[6. Stelle: 0-6,x]

** 5-389.9 Tiefe Venen
[6. Stelle: 1-k,x]

** 5-389.a Oberflächliche Venen
[6. Stelle: 0-6,x]

5-389.x ↔ Sonstige

5-389.y N.n.bez.

5-38a **Endovaskuläre Implantation von Stent-Prothesen**
Inkl.: Ausschaltung von arteriellen Aneurysmen
Anwendung eines Embolieprotektionssystems
Perkutan-transluminale Einbringung von Stent-Prothesen (Stent-Graft) in die Aorta über großlumige Schleusen
Hinw.: Bei Implantation mehrerer Stent-Prothesen ist jedes Implantat gesondert zu kodieren mit Ausnahme der iliakalen Stent-Prothesen ohne Seitenarm. Hier ist die Anzahl der Stent-Prothesen zu verschlüsseln
Die zusätzliche Verwendung von nicht großlumigen Stent-Prothesen zur Versorgung thorakaler oder abdominaler Gefäßabgänge ist gesondert zu kodieren (8-842 ff.)
Zu den Öffnungen zählen Seitenarme und Fenster. Der Scallop (Mulde am Prothesenoberrand) gilt nicht als Öffnung
Die Verwendung einer patientenindividuell angefertigten Stent-Prothese ist gesondert zu kodieren (5-38a.w)
Ein Gefäßverschluss durch Naht/Clip oder perkutanes Nahtsystem ist nicht gesondert zu kodieren

5-38a.0 Aorta n.n.bez.

5-38a.4 Arterien Becken

.41 ↔ Stent-Prothese, iliakal mit Seitenarm
    Exkl.: Versorgung eines iliakalen Gefäßabganges in Chimney-Technik (5-38a.42)

.42 ↔ Stent-Prothese, mit Versorgung eines Gefäßabganges in Chimney-Technik
    Inkl.: Stent-Prothese mit Versorgung eines Gefäßabganges in Schnorchel-Technik, in Periskop-Technik, in Sandwich-Technik oder in Parallelgraft-Technik
    Hinw.: Dieser Kode ist für die gleichzeitige Implantation einer Stent-Prothese in die A. iliaca communis und einer kleinlumigen Stent-Prothese in die A. iliaca interna zu verwenden

.43 1 Stent-Prothese, iliakal ohne Seitenarm
.44 2 Stent-Prothesen, iliakal ohne Seitenarm
.45 3 oder mehr Stent-Prothesen, iliakal ohne Seitenarm

5-38a.7 Aorta thoracica
Hinw.: Die Verwendung von mehreren aortalen Stent-Prothesen ist gesondert zu kodieren (5-38a.v ff.)

.70 Stent-Prothese, ohne Öffnung
.7b Stent-Prothese, mit 1 Öffnung
.7c Stent-Prothese, mit 2 Öffnungen
.7d Stent-Prothese, mit 3 oder mehr Öffnungen
.7e Stent-Prothese, mit Versorgung eines Gefäßabganges in Chimney-Technik
    Inkl.: Stent-Prothese mit Versorgung eines Gefäßabganges in Schnorchel-Technik, in Periskop-Technik, in Sandwich-Technik oder in Parallelgraft-Technik
    Hinw.: Dieser Kode ist für die gleichzeitige Implantation einer großlumigen Stent-Prothese in die Aorta thoracica und einer kleinlumigen Stent-Prothese in den Seitenast zu verwenden
.7f Stent-Prothese, mit Versorgung von zwei oder mehr Gefäßabgängen in Chimney-Technik
    Inkl.: Stent-Prothese mit Versorgung von Gefäßabgängen in Schnorchel-Technik, in Periskop-Technik, in Sandwich-Technik oder in Parallelgraft-Technik
    Hinw.: Dieser Kode ist für die gleichzeitige Implantation einer großlumigen Stent-Prothese in die Aorta thoracica und von kleinlumigen Stent-Prothesen in die Seitenäste zu verwenden
.7x Sonstige

5-38a.8 Aorta thoracoabdominalis
Hinw.: Die Verwendung von mehreren aortalen Stent-Prothesen ist gesondert zu kodieren (5-38a.v ff.)
Die zusätzliche Verwendung von iliakalen Stent-Prothesen ist gesondert zu kodieren (5-38a.4 ff.)
Die Art des Endes der untersten aortalen Prothese ist gesondert zu kodieren (5-38a.u ff.)

.80 Stent-Prothese, ohne Öffnung
.8c Stent-Prothese, mit 1 Öffnung
.8d Stent-Prothese, mit 2 Öffnungen
.8e Stent-Prothese, mit 3 Öffnungen
.8f Stent-Prothese, mit 4 oder mehr Öffnungen

Kapitel 5: Operationen

.8g Stent-Prothese, mit Versorgung eines Gefäßabganges in Chimney-Technik
Inkl.: Stent-Prothese mit Versorgung eines Gefäßabganges in Schnorchel-Technik, in Periskop-Technik, in Sandwich-Technik oder in Parallelgraft-Technik
Hinw.: Dieser Kode ist für die gleichzeitige Implantation einer großlumigen Stent-Prothese in die Aorta thoracoabdominalis und einer kleinlumigen Stent-Prothese in den Seitenast zu verwenden

.8h Stent-Prothese, mit Versorgung von zwei oder mehr Gefäßabgängen in Chimney-Technik
Inkl.: Stent-Prothese mit Versorgung von Gefäßabgängen in Schnorchel-Technik, in Periskop-Technik, in Sandwich-Technik oder in Parallelgraft-Technik
Hinw.: Dieser Kode ist für die gleichzeitige Implantation einer großlumigen Stent-Prothese in die Aorta thoracoabdominalis und von kleinlumigen Stent-Prothesen in die Seitenäste zu verwenden

.8x Sonstige

5-38a.9 V. cava

5-38a.a Bei Hybridverfahren an Aorta ascendens, Aortenbogen oder Aorta thoracica
Hinw.: Ein Kode aus diesem Bereich ist bei der Implantation von einer oder mehreren Stent-Prothese(n) bei ein- oder mehrzeitigem Hybrideingriff während eines stationären Aufenthaltes zu verwenden. Die Anlage des Bypasses (Debranching) ist gesondert zu kodieren

.a0 Mit Implantation einer Stent-Prothese
.a1 Mit Implantation von zwei Stent-Prothesen
.a2 Mit Implantation von drei oder mehr Stent-Prothesen

5-38a.b Bei Hybridverfahren an der Aorta thoracoabdominalis
Hinw.: Ein Kode aus diesem Bereich ist bei der Implantation von einer oder mehreren Stent-Prothese(n) bei ein- oder mehrzeitigem Hybrideingriff während eines stationären Aufenthaltes zu verwenden. Die Anlage des Bypasses (Debranching) ist gesondert zu kodieren

.b0 Mit Implantation einer Stent-Prothese
.b1 Mit Implantation von zwei Stent-Prothesen
.b2 Mit Implantation von drei oder mehr Stent-Prothesen

5-38a.c Aorta abdominalis
Hinw.: Reicht die aortale Stent-Prothese kranial über den Truncus coeliacus hinaus und wird dieser mit einer Stent-Prothese versorgt, ist eine thorakoabdominale Stent-Prothese zu kodieren (5-38a.8 ff.)
Die Verwendung von mehreren aortalen Stent-Prothesen ist gesondert zu kodieren (5-38a.v ff.)
Die zusätzliche Verwendung von iliakalen Stent-Prothesen ist gesondert zu kodieren (5-38a.4 ff.)
Die Art des Endes der untersten aortalen Prothese ist gesondert zu kodieren (5-38a.u ff.)

.c0 Stent-Prothese, ohne Öffnung
.c1 Stent-Prothese, mit 1 Öffnung
.c2 Stent-Prothese, mit 2 Öffnungen
.c3 Stent-Prothese, mit 3 oder mehr Öffnungen
.c4 Stent-Prothese, mit Versorgung eines Gefäßabganges in Chimney-Technik
Inkl.: Stent-Prothese mit Versorgung eines Gefäßabganges in Schnorchel-Technik, in Periskop-Technik, in Sandwich-Technik oder in Parallelgraft-Technik
Hinw.: Dieser Kode ist für die gleichzeitige Implantation einer großlumigen Stent-Prothese in die Aorta abdominalis und einer kleinlumigen Stent-Prothese in den Seitenast zu verwenden

.c5 Stent-Prothese, mit Versorgung von zwei oder mehr Gefäßabgängen in Chimney-Technik
Inkl.: Stent-Prothese mit Versorgung von Gefäßabgängen in Schnorchel-Technik, in Periskop-Technik, in Sandwich-Technik oder in Parallelgraft-Technik
Hinw.: Dieser Kode ist für die gleichzeitige Implantation einer großlumigen Stent-Prothese in die Aorta abdominalis und von kleinlumigen Stent-Prothesen in die Seitenäste zu verwenden

.cx Sonstige

5-38a.u Art des Endes der untersten Stent-Prothese
Hinw.: Diese Kodes sind Zusatzkodes. Die durchgeführten Eingriffe sind gesondert zu kodieren
Mit diesen Kodes ist zu dokumentieren, wie die unterste Stent-Prothese in der Aorta endet
Die zusätzliche Verwendung von iliakalen Stent-Prothesen ist gesondert zu kodieren (5-38a.4 ff.)

.u0 Aortale Stent-Prothese
.u1 Aortomonoiliakale Stent-Prothese
.u2 Aortobiiliakale Stent-Prothese

Kapitel 5: Operationen

5-38a.v Anzahl der verwendeten (großlumigen) aortalen Stent-Prothesen
Hinw.: Diese Kodes sind Zusatzkodes. Die durchgeführten Eingriffe sind gesondert zu kodieren
.v0 2 aortale Stent-Prothesen
.v1 3 aortale Stent-Prothesen
.v2 4 oder mehr aortale Stent-Prothesen

5-38a.w Patientenindividuell angefertigte Stent-Prothesen
Hinw.: Dieser Kode ist ein Zusatzkode. Die durchgeführten Eingriffe sind gesondert zu kodieren

5-38a.x Sonstige

5-38a.y N.n.bez.

5-38b Endoskopische Entnahme von Blutgefäßen zur Transplantation

5-38b.2 Arterien Unterarm und Hand
.24 ↔ A. radialis
.2x ↔ Sonstige

5-38b.a Oberflächliche Venen
.a5 ↔ Oberschenkel
.a6 ↔ Unterschenkel und Fuß
.ax ↔ Sonstige

5-38b.x ↔ Sonstige

5-38b.y N.n.bez.

5-39 Andere Operationen an Blutgefäßen

5-390 Shuntoperationen zwischen großem und kleinem Kreislauf [Links-Rechts-Shunt]

5-390.0 Anastomose zwischen A. subclavia und A. pulmonalis (Blalock-Taussig)
5-390.1 Anastomose zwischen Aorta und A. pulmonalis dextra (Waterston-Cooley)
5-390.2 Anastomose zwischen Aorta descendens und A. pulmonalis sinistra (Potts-Smith)
5-390.3 Prothesenshunt zwischen A. pulmonalis und Aorta, zentral
5-390.4 Prothesenshunt zwischen A. pulmonalis und Aorta, peripher
5-390.5 Anastomose zwischen A. pulmonalis sinistra und A. pulmonalis dextra
5-390.6 Anlage eines ventrikulär-pulmonalarteriellen Conduit
5-390.7 Zentrales pulmonalarterielles Banding
.70 Nicht telemetrisch adjustierbar
.71 Telemetrisch adjustierbar
5-390.8 Bilaterales pulmonalarterielles Banding (linker und rechter Lungenhauptast)
5-390.x Sonstige
5-390.y N.n.bez.

5-391 Anlegen eines intraabdominalen venösen Shuntes

5-391.0 Splenorenal
5-391.1 Portokaval
5-391.2 Mesokaval
5-391.3 Mesenterikoportal
5-391.x Sonstige
5-391.y N.n.bez.

5-392 Anlegen eines arteriovenösen Shuntes
Hinw.: Die Anwendung einer Gefäßprothese mit integriertem Stent ist gesondert zu kodieren (5-399.h)

5-392.0 Äußerer AV-Shunt
5-392.1 Innere AV-Fistel (Cimino-Fistel)
.10 Ohne Vorverlagerung der Vena basilica
.11 Mit Vorverlagerung der Vena basilica

OPS Version 2018   193

Kapitel 5: Operationen

5-392.2　Innere AV-Fistel mit allogenem Material
5-392.3　Innere AV-Fistel mit alloplastischem Material
　　　　.30　Mit Implantat ohne Abstrom in den rechten Vorhof
　　　　.31　Mit Implantat mit Abstrom in den rechten Vorhof
　　　　.3x　Sonstige
5-392.4　Temporärer Shunt (intraoperativ)
5-392.5　Innere AV-Fistel mit autogenem Material (autogene Vene)
　　　　Hinw.: Die Entnahme der Vene ist gesondert zu kodieren (5-386 ff.)
5-392.7　Vorverlagerung der Vena basilica als selbständiger Eingriff
5-392.8　Verwendung eines extraluminalen adaptierbaren Anastomosenstabilisators
　　　　Hinw.: Dieser Kode ist ein Zusatzkode. Die jeweilige Gefäßoperation ist gesondert zu kodieren
　　　　Ein externer (extraluminaler) adaptierbarer Anastomosenstabilisator wird zur geometrischen Korrektur, zur Stabilisierung des Anastomosierungswinkels und zur Flussoptimierung der AV-Fistel verwendet
5-392.x　Sonstige
5-392.y　N.n.bez.

5-393　Anlegen eines anderen Shuntes und Bypasses an Blutgefäßen
　　　　Inkl.: Mit Prothesenimplantation
　　　　Exkl.: Anlegen eines arteriovenösen Shuntes (5-392 ff.)
　　　　Hinw.: Die Art des Transplantates kann zusätzlich kodiert werden (5-930 ff.)
　　　　Die Anwendung einer Gefäßprothese mit integriertem Stent ist gesondert zu kodieren (5-399.h)
　　　　Das Zusammenfügen eines Venenbypass-Grafts aus mindestens zwei Teilstücken ist gesondert zu kodieren (5-399.j)

5-393.0　Arterien Kopf, extrakraniell, und Hals
　　　　.00 ↔ A. carotis
　　　　.01　A. carotis - A. carotis
　　　　.02 ↔ A. carotis - A. subclavia
　　　　.03 ↔ A. carotis - A. vertebralis
　　　　.0x ↔ Sonstige
5-393.1　Arterien Schulter
　　　　.11 ↔ A. subclavia
　　　　.12 ↔ A. subclavia - A. subclavia, extraanatomisch
　　　　.13 ↔ Subclaviafemoral
　　　　.14 ↔ Subclaviabifemoral
　　　　.15 ↔ A. axillaris
　　　　.16 ↔ Axilloaxillär, extraanatomisch
　　　　.17 ↔ Axillofemoral, extraanatomisch
　　　　.18 ↔ Axillobifemoral, extraanatomisch
　　　　.1x ↔ Sonstige
5-393.2 ↔ Arterien obere Extremität
5-393.3　Aorta
　　　　.30 ↔ Aorta - A. carotis
　　　　.31 ↔ Aorta - A. subclavia
　　　　.32　Aortoaortal
　　　　.33 ↔ Aortoiliakal
　　　　.35　Aortoiliofemoral
　　　　.36 ↔ Aortofemoral
　　　　.38 ↔ Aortopopliteal
　　　　.3x　Sonstige
5-393.4　A. iliaca und viszerale Arterien
　　　　.41 ↔ Ilioiliakal
　　　　.42 ↔ Iliofemoral
　　　　.43 ↔ Iliopopliteal n.n.bez.
　　　　.44 ↔ Iliopopliteal, oberhalb des Kniegelenkes

Kapitel 5: Operationen

.45 ↔ Iliopopliteal, unterhalb des Kniegelenkes
.46 ↔ Iliocrural
.47 ↔ Obturator-Bypass, extraanatomisch
.48 ↔ A. renalis
.49 ↔ Sonstige viszerale Arterien
.4x ↔ Sonstige

5-393.5 A. femoralis
.51 ↔ Femorofemoral
.52 ↔ Femoropopliteal n.n.bez.
.53 ↔ Femoropopliteal, oberhalb des Kniegelenkes
.54 ↔ Femoropopliteal, unterhalb des Kniegelenkes
.55 ↔ Femorocrural
.56 ↔ Femoropedal
.57 ↔ Femorofemoral, extraanatomisch
.5x ↔ Sonstige

5-393.6 A. poplitea
.61 ↔ Popliteocrural
.62 ↔ Popliteopedal
.6x ↔ Sonstige

5-393.7 ↔ Arterien Unterschenkel

5-393.8 Venös
Exkl.: Vorverlagerung der Vena basilica als selbständiger Eingriff (5-392.7)

5-393.9 Temporärer arterio-arterieller Shunt (intraoperativ)

5-393.x ↔ Sonstige

5-393.y N.n.bez.

5-394 Revision einer Blutgefäßoperation

5-394.0 Operative Behandlung einer Blutung nach Gefäßoperation

5-394.1 Revision einer Anastomose
Hinw.: Spezifisch kodierbare Eingriffe sind gesondert zu kodieren

5-394.2 Revision eines vaskulären Implantates
Hinw.: Spezifisch kodierbare Eingriffe sind gesondert zu kodieren

5-394.3 Wechsel eines vaskulären Implantates
Hinw.: Spezifisch kodierbare Eingriffe sind gesondert zu kodieren

5-394.4 Entfernung eines vaskulären Implantates

5-394.5 Revision eines arteriovenösen Shuntes
Hinw.: Spezifisch kodierbare Eingriffe sind gesondert zu kodieren

5-394.6 Verschluss eines arteriovenösen Shuntes

5-394.7 Ersatz eines kardialen Conduit

5-394.x Sonstige

5-394.y N.n.bez.

5-395 Patchplastik an Blutgefäßen
Hinw.: Die nähere Lokalisationsangabe ist in der 6. Stelle nach der Liste vor Kode 5-38 zu kodieren

** 5-395.0 Arterien Kopf, extrakraniell, und Hals
[6. Stelle: 0-4,x]

** 5-395.1 Arterien Schulter und Oberarm
[6. Stelle: 1,2,x]

** 5-395.2 Arterien Unterarm und Hand
[6. Stelle: 0,4,x]

** 5-395.3 Aorta
[6. Stelle: 2,3,x]

** 5-395.4 Arterien thorakal
[6. Stelle: 0-2,x]

Kapitel 5: Operationen

** 5-395.5 Arterien abdominal und pelvin
  [6. Stelle: 2-6,x]
** 5-395.6 Arterien viszeral
  [6. Stelle: 0-6,x]
** 5-395.7 Arterien Oberschenkel
  [6. Stelle: 0-3,x]
** 5-395.8 Arterien Unterschenkel und Fuß
  [6. Stelle: 0,2-4,7,x]
** 5-395.9 Tiefe Venen
  [6. Stelle: 1-k,x]
** 5-395.a Oberflächliche Venen
  [6. Stelle: 0-2,5,x]
5-395.x ↔ Sonstige
5-395.y N.n.bez.

5-396 Transposition von Blutgefäßen
Exkl.: Transposition von Venen (5-393.8)
Hinw.: Die nähere Lokalisationsangabe ist in der 6. Stelle nach der Liste vor Kode 5-38 zu kodieren

** 5-396.0 Arterien Kopf, extrakraniell, und Hals
  [6. Stelle: 0-4,x]
** 5-396.2 Arterien Unterarm und Hand
  [6. Stelle: 0,4,x]
** 5-396.4 Arterien thorakal
  [6. Stelle: 0-2,x]
** 5-396.5 Arterien abdominal und pelvin
  [6. Stelle: 2,4,5,x]
** 5-396.6 Arterien viszeral
  [6. Stelle: 1-6,x]
** 5-396.7 Arterien Oberschenkel
  [6. Stelle: 0,1,x]
** 5-396.8 Arterien Unterschenkel und Fuß
  [6. Stelle: 0,3,4,x]
5-396.x ↔ Sonstige
5-396.y N.n.bez.

5-397 Andere plastische Rekonstruktion von Blutgefäßen
Inkl.: Extraluminale Valvuloplastie
Hinw.: Die nähere Lokalisationsangabe ist in der 6. Stelle nach der Liste vor Kode 5-38 zu kodieren

** 5-397.0 Arterien Kopf, extrakraniell, und Hals
  [6. Stelle: 0-5,x]
** 5-397.1 Arterien Schulter und Oberarm
  [6. Stelle: 1,2,x]
** 5-397.2 Arterien Unterarm und Hand
  [6. Stelle: 0-7,x]
** 5-397.3 Aorta
  [6. Stelle: 0-4,x]
** 5-397.4 Arterien thorakal
  [6. Stelle: 0-2,x]
** 5-397.5 Arterien abdominal und pelvin
  [6. Stelle: 1-5,x]
** 5-397.6 Arterien viszeral
  [6. Stelle: 0-6,x]
** 5-397.7 Arterien Oberschenkel
  [6. Stelle: 0-2,x]

** 5-397.8	Arterien Unterschenkel und Fuß	
	[6. Stelle: 0-6,x]	
** 5-397.9	Tiefe Venen	
	[6. Stelle: 1-k,x]	
** 5-397.a	Oberflächliche Venen	
	[6. Stelle: 0-6,x]	
5-397.x ↔	Sonstige	
5-397.y	N.n.bez.	
5-398	**Operationen am Glomus caroticum und anderen Paraganglien**	
5-398.0	Exploration	
5-398.1	Exzision, ohne Nervenmonitoring	
5-398.2	Exzision, mit Nervenmonitoring	
5-398.x	Sonstige	
5-398.y	N.n.bez.	
5-399	**Andere Operationen an Blutgefäßen**	
5-399.0	Aortopexie	
5-399.1	Verschluss einer arteriovenösen Fistel	
5-399.2	Adhäsiolyse und/oder Dekompression	
5-399.3	Operative Einführung eines Katheters in eine Arterie	
5-399.4	Operative Einführung eines Katheters in eine Vene	
	Inkl.: Venae sectio	
5-399.5	Implantation oder Wechsel von venösen Katheterverweilsystemen (z.B. zur Chemotherapie oder zur Schmerztherapie)	
	Inkl.: Portsystem, zentralvenöser Katheter zu Dialysezwecken (Demers-Katheter)	
5-399.6	Revision von venösen Katheterverweilsystemen (z.B. zur Chemotherapie oder zur Schmerztherapie)	
	Inkl.: Portsystem	
5-399.7	Entfernung von venösen Katheterverweilsystemen (z.B. zur Chemotherapie oder zur Schmerztherapie)	
	Inkl.: Portsystem	
5-399.8	Venenklappenplastik	
5-399.b	Implantation oder Wechsel einer implantierbaren Medikamentenpumpe (z.B. zur Chemotherapie oder zur Schmerztherapie)	
	.b0	Medikamentenpumpe mit konstanter Flussrate
	.b1	Programmierbare Medikamentenpumpe mit kontinuierlicher Abgabe bei variablem Tagesprofil
	.b2	Medikamentenpumpe mit integrierter elektronischer Okklusionsüberwachung
	.bx	Sonstige
5-399.c	Revision einer implantierbaren Medikamentenpumpe (z.B. zur Chemotherapie oder zur Schmerztherapie)	
5-399.d	Entfernung einer implantierbaren Medikamentenpumpe (z.B. zur Chemotherapie oder zur Schmerztherapie)	
5-399.e	Intraoperative Anwendung eines Emblieprotektionssystems	
	Hinw.: Dieser Kode ist ein Zusatzkode. Die jeweilige Herz- oder Gefäßoperation ist gesondert zu kodieren	
5-399.f	Delay-Operation vor autogener Brustrekonstruktion	
	Inkl.: Stromumkehr durch Unterbindung der Vasa epigastrica inferiora	
5-399.g	Temporäre atraumatische Okklusion von Blutgefäßen mit viskösem Polymer mit Umkehrphase	
	Hinw.: Dieser Kode ist ein Zusatzkode. Die jeweilige Gefäßoperation oder Operation an den Koronargefäßen ist gesondert zu kodieren	

Kapitel 5: Operationen

5-399.h Anwendung einer Gefäßprothese mit integriertem Stent
 Hinw.: Dieser Kode ist ein Zusatzkode. Die jeweilige Gefäßoperation ist gesondert zu kodieren
 Bei dieser Gefäßprothese wird ein Schenkel offen chirurgisch konventionell anastomosiert (End-zu-Seit-Anastomose). Der andere Prothesenschenkel ist als selbstexpandierender gecoverter Stent ausgebildet

5-399.j Zusammenfügen eines Venenbypass-Grafts aus mindestens zwei Teilstücken
 Hinw.: Dieser Kode ist ein Zusatzkode. Die jeweilige Gefäßoperation ist gesondert zu kodieren

5-399.x Sonstige

5-399.y N.n.bez.

Operationen am hämatopoetischen und Lymphgefäßsystem (5-40...5-41)

Hinw.: Die Anwendung mikrochirurgischer Technik ist, sofern nicht als eigener Kode angegeben, zusätzlich zu kodieren (5-984)
Die Anwendung von Lasertechnik ist, sofern nicht als eigener Kode angegeben, zusätzlich zu kodieren (5-985 ff.)
Die Anwendung von minimalinvasiver Technik ist, sofern nicht als eigener Kode angegeben, zusätzlich zu kodieren (5-986 ff.)
Die Durchführung der Operation im Rahmen der Versorgung einer Mehrfachverletzung ist zusätzlich zu kodieren (5-981)
Die Durchführung der Operation im Rahmen der Versorgung eines Polytraumas ist zusätzlich zu kodieren (5-982 ff.)
Die Durchführung einer Reoperation ist, sofern nicht als eigener Kode angegeben, zusätzlich zu kodieren (5-983)
Der vorzeitige Abbruch einer Operation ist zusätzlich zu kodieren (5-995)

5-40 Operationen am Lymphgewebe

5-400 Inzision von Lymphknoten und Lymphgefäßen

5-401 Exzision einzelner Lymphknoten und Lymphgefäße
 Inkl.: Entfernung mehrerer Sentinel-Lymphknoten
 Hinw.: Eine durchgeführte regionale oder radikale Lymphadenektomie in Folge einer Sentinel-Lymphonodektomie ist gesondert zu kodieren (5-402 ff., 5-404 ff., 5-406 ff., 5-407 ff.)

5-401.0 Zervikal
 .00 ↔ Ohne Markierung
 .01 ↔ Mit Radionuklidmarkierung (Sentinel-Lymphonodektomie)
 .02 ↔ Mit Farbmarkierung (Sentinel-Lymphonodektomie)
 .03 ↔ Mit Radionuklid- und Farbmarkierung, kombiniert (Sentinel-Lymphonodektomie)
 .0x ↔ Sonstige

5-401.1 Axillär
 .10 ↔ Ohne Markierung
 .11 ↔ Mit Radionuklidmarkierung (Sentinel-Lymphonodektomie)
 .12 ↔ Mit Farbmarkierung (Sentinel-Lymphonodektomie)
 .13 ↔ Mit Radionuklid- und Farbmarkierung, kombiniert (Sentinel-Lymphonodektomie)
 .1x ↔ Sonstige

5-401.2 Mediastinal, offen chirurgisch
 Hinw.: Zu den mediastinalen Lymphknoten gehören die tracheobronchialen, subkarinalen, paratrachealen, paraösophagealen Lymphknoten sowie Lymphknoten im Lig. pulmonale
 .20 Ohne Markierung
 .21 Mit Radionuklidmarkierung (Sentinel-Lymphonodektomie)
 .22 Mit Farbmarkierung (Sentinel-Lymphonodektomie)
 .23 Mit Radionuklid- und Farbmarkierung, kombiniert (Sentinel-Lymphonodektomie)
 .2x Sonstige

5-401.3 Paraaortal, offen chirurgisch
 .30 Ohne Markierung
 .31 Mit Radionuklidmarkierung (Sentinel-Lymphonodektomie)

Kapitel 5: Operationen

.32 Mit Farbmarkierung (Sentinel-Lymphonodektomie)
.33 Mit Radionuklid- und Farbmarkierung, kombiniert (Sentinel-Lymphonodektomie)
.3x Sonstige

5-401.4 Iliakal, offen chirurgisch
.40 ↔ Ohne Markierung
.41 ↔ Mit Radionuklidmarkierung (Sentinel-Lymphonodektomie)
.42 ↔ Mit Farbmarkierung (Sentinel-Lymphonodektomie)
.43 ↔ Mit Radionuklid- und Farbmarkierung, kombiniert (Sentinel-Lymphonodektomie)
.4x ↔ Sonstige

5-401.5 Inguinal, offen chirurgisch
.50 ↔ Ohne Markierung
.51 ↔ Mit Radionuklidmarkierung (Sentinel-Lymphonodektomie)
.52 ↔ Mit Farbmarkierung (Sentinel-Lymphonodektomie)
.53 ↔ Mit Radionuklid- und Farbmarkierung, kombiniert (Sentinel-Lymphonodektomie)
.5x ↔ Sonstige

5-401.6 Mehrere abdominale Lymphknotenstationen mit Leberbiopsie, offen chirurgisch [Staging-Laparotomie]
Hinw.: Zur Diagnostik lymphatischer Systemerkrankungen

5-401.7 Mediastinal, thorakoskopisch
Inkl.: Mediastinoskopische Entfernung von mediastinalen Lymphknoten
Hinw.: Zu den mediastinalen Lymphknoten gehören die tracheobronchialen, subkarinalen, paratrachealen, paraösophagealen Lymphknoten sowie Lymphknoten im Lig. pulmonale
.70 Ohne Markierung
.71 Mit Radionuklidmarkierung (Sentinel-Lymphonodektomie)
.72 Mit Farbmarkierung (Sentinel-Lymphonodektomie)
.73 Mit Radionuklid- und Farbmarkierung, kombiniert (Sentinel-Lymphonodektomie)
.7x Sonstige

5-401.8 Paraaortal, laparoskopisch
.80 Ohne Markierung
.81 Mit Radionuklidmarkierung (Sentinel-Lymphonodektomie)
.82 Mit Farbmarkierung (Sentinel-Lymphonodektomie)
.83 Mit Radionuklid- und Farbmarkierung, kombiniert (Sentinel-Lymphonodektomie)
.8x Sonstige

5-401.9 Iliakal, laparoskopisch
.90 ↔ Ohne Markierung
.91 ↔ Mit Radionuklidmarkierung (Sentinel-Lymphonodektomie)
.92 ↔ Mit Farbmarkierung (Sentinel-Lymphonodektomie)
.93 ↔ Mit Radionuklid- und Farbmarkierung, kombiniert (Sentinel-Lymphonodektomie)
.9x ↔ Sonstige

5-401.a Inguinal, laparoskopisch
.a0 ↔ Ohne Markierung
.a1 ↔ Mit Radionuklidmarkierung (Sentinel-Lymphonodektomie)
.a2 ↔ Mit Farbmarkierung (Sentinel-Lymphonodektomie)
.a3 ↔ Mit Radionuklid- und Farbmarkierung, kombiniert (Sentinel-Lymphonodektomie)
.ax ↔ Sonstige

5-401.b Mehrere abdominale Lymphknotenstationen mit Leberbiopsie, laparoskopisch [Staging-Laparoskopie]
Hinw.: Zur Diagnostik lymphatischer Systemerkrankungen

5-401.c Lymphangiom oder Hygroma cysticum

5-401.d ↔ Peribronchial, offen chirurgisch
Hinw.: Zu den peribronchialen Lymphknoten gehören die intersegmentalen, intralobären, interlobären und hilären Lymphknoten

5-401.e ↔ Peribronchial, thorakoskopisch
Hinw.: Zu den peribronchialen Lymphknoten gehören die intersegmentalen, intralobären, interlobären und hilären Lymphknoten

5-401.f   Entnahme von Lymphgefäßen zur Transplantation
         Inkl.: Mikrochirurgische Technik
         .f0 ↔ Oberschenkel
         .fx ↔ Sonstige

5-401.g   Parasternal, offen chirurgisch
         Hinw.: Zu den parasternalen Lymphknoten gehören Lymphknoten im Stromgebiet der A. thoracica interna
         .g0 ↔ Ohne Markierung
         .g1 ↔ Mit Radionuklidmarkierung (Sentinel-Lymphonodektomie)
         .g2 ↔ Mit Farbmarkierung (Sentinel-Lymphonodektomie)
         .g3 ↔ Mit Radionuklid- und Farbmarkierung, kombiniert (Sentinel-Lymphonodektomie)
         .gx ↔ Sonstige

5-401.h   Abdominal, offen chirurgisch
         Hinw.: Zu den abdominalen Lymphknoten gehören die Lymphknoten entlang der A. gastrica, A. hepatica, A. gastroduodenalis, A. lienalis, A. coeliaca, A. mesenterica superior und inferior sowie perigastrische, periportale, kolische und rektosigmoidale Lymphknoten

5-401.j   Abdominal, laparoskopisch
         Hinw.: Zu den abdominalen Lymphknoten gehören die Lymphknoten entlang der A. gastrica, A. hepatica, A. gastroduodenalis, A. lienalis, A. coeliaca, A. mesenterica superior und inferior sowie perigastrische, periportale, kolische und rektosigmoidale Lymphknoten

5-401.x ↔ Sonstige
5-401.y ↔ N.n.bez.

5-402   Regionale Lymphadenektomie (Ausräumung mehrerer Lymphknoten einer Region) als selbständiger Eingriff
         Exkl.: Entfernung mehrerer Sentinel-Lymphknoten (5-401 ff.)
         Radikale (systematische) Lymphadenektomie als selbständiger Eingriff (5-404 ff.)

5-402.0 ↔ Zervikal

5-402.1   Axillär
         Hinw.: Eine axilläre Lymphadenektomie Level 1 bezieht sich auf die Lymphknoten lateral des lateralen Randes des M. pectoralis minor
         Eine axilläre Lymphadenektomie Level 2 bezieht sich auf die Lymphknoten zwischen lateralem und medialem Rand des M. pectoralis minor und auf die interpektoralen Lymphknoten
         Eine axilläre Lymphadenektomie Level 3 bezieht sich auf die apikalen Lymphknoten und auf die Lymphknoten medial des medialen Randes des M. pectoralis minor
         .10 ↔ Ohne Zuordnung eines Levels
              Hinw.: Dieser Kode ist bei Tumoren anzuwenden, bei denen es keine Leveleinteilung der axillären Lymphadenektomie gibt
         .11 ↔ Level 1
         .12 ↔ Level 1 und 2
         .13 ↔ Level 1, 2 und 3
         .1x ↔ Sonstige

5-402.2   Paraaortal, offen chirurgisch
5-402.3 ↔ Iliakal, offen chirurgisch
5-402.4 ↔ Inguinal, offen chirurgisch
5-402.5 ↔ Pelvin, offen chirurgisch
5-402.6 ↔ Obturatorisch, offen chirurgisch
5-402.7   Paraaortal, laparoskopisch
5-402.8 ↔ Iliakal, laparoskopisch
5-402.9 ↔ Inguinal, laparoskopisch
5-402.a ↔ Pelvin, laparoskopisch
5-402.b ↔ Obturatorisch, laparoskopisch

5-402.c   Mediastinal, offen chirurgisch
          Hinw.: Zu den mediastinalen Lymphknoten gehören die tracheobronchialen, subkarinalen,
          paratrachealen, paraösophagealen Lymphknoten sowie Lymphknoten im Lig. pulmonale

5-402.d   Mediastinal, thorakoskopisch
          Inkl.: Mediastinoskopische Entfernung von mediastinalen Lymphknoten
          Hinw.: Zu den mediastinalen Lymphknoten gehören die tracheobronchialen, subkarinalen,
          paratrachealen, paraösophagealen Lymphknoten sowie Lymphknoten im Lig. pulmonale

5-402.e ↔ Peribronchial, offen chirurgisch
          Hinw.: Zu den peribronchialen Lymphknoten gehören die intersegmentalen, intralobären,
          interlobären und hilären Lymphknoten

5-402.f ↔ Peribronchial, thorakoskopisch
          Hinw.: Zu den peribronchialen Lymphknoten gehören die intersegmentalen, intralobären,
          interlobären und hilären Lymphknoten

5-402.g   Abdominal, offen chirurgisch
          Hinw.: Zu den abdominalen Lymphknoten gehören die Lymphknoten entlang der A. gastrica, A.
          hepatica, A. gastroduodenalis, A. lienalis, A. coeliaca, A. mesenterica superior und inferior
          sowie perigastrische, periportale, kolische und rektosigmoidale Lymphknoten

5-402.h   Abdominal, laparoskopisch
          Hinw.: Zu den abdominalen Lymphknoten gehören die Lymphknoten entlang der A. gastrica, A.
          hepatica, A. gastroduodenalis, A. lienalis, A. coeliaca, A. mesenterica superior und inferior
          sowie perigastrische, periportale, kolische und rektosigmoidale Lymphknoten

5-402.x ↔ Sonstige

5-402.y   N.n.bez.

5-403   Radikale zervikale Lymphadenektomie [Neck dissection]
          Hinw.: Das Zusatzkennzeichen für "beidseitig" ist nur zu verwenden bei Entfernung der gleichen
          Anzahl von Lymphknotenregionen auf beiden Seiten in einer Operation. In allen anderen
          Fällen ist eine getrennte Kodierung erforderlich

5-403.0   Selektiv (funktionell)
          .00 ↔ 1 Region
          .01 ↔ 2 Regionen
          .02 ↔ 3 Regionen
          .03 ↔ 4 Regionen
          .04 ↔ 5 Regionen
          .05 ↔ 6 Regionen

5-403.1   Radikal
          .10 ↔ 4 Regionen
          .11 ↔ 5 Regionen
          .12 ↔ 6 Regionen

5-403.2   Radikal, modifiziert
          .20 ↔ 4 Regionen
          .21 ↔ 5 Regionen
          .22 ↔ 6 Regionen

5-403.3   Radikal, erweitert
          .30 ↔ 4 Regionen
          .31 ↔ 5 Regionen
          .32 ↔ 6 Regionen

5-403.x ↔ Sonstige

5-403.y   N.n.bez.

Kapitel 5: Operationen

5-404 **Radikale (systematische) Lymphadenektomie als selbständiger Eingriff**

5-404.0 Axillär
 Hinw.: Eine axilläre Lymphadenektomie Level 1 bezieht sich auf die Lymphknoten lateral des lateralen Randes des M. pectoralis minor
 Eine axilläre Lymphadenektomie Level 2 bezieht sich auf die Lymphknoten zwischen lateralem und medialem Rand des M. pectoralis minor und auf die interpektoralen Lymphknoten
 Eine axilläre Lymphadenektomie Level 3 bezieht sich auf die apikalen Lymphknoten und auf die Lymphknoten medial des medialen Randes des M. pectoralis minor
 .00 ↔ Ohne Zuordnung eines Levels
  Hinw.: Dieser Kode ist bei Tumoren anzuwenden, bei denen es keine Leveleinteilung der axillären Lymphadenektomie gibt
 .01 ↔ Level 1
 .02 ↔ Level 1 und 2
 .03 ↔ Level 1, 2 und 3
 .0x ↔ Sonstige

5-404.1 Mediastinal, offen chirurgisch
 Hinw.: Zu den mediastinalen Lymphknoten gehören die tracheobronchialen, subkarinalen, paratrachealen, paraösophagealen Lymphknoten sowie Lymphknoten im Lig. pulmonale

5-404.8 Mediastinal, thorakoskopisch
 Inkl.: Mediastinoskopische Entfernung von mediastinalen Lymphknoten
 Hinw.: Zu den mediastinalen Lymphknoten gehören die tracheobronchialen, subkarinalen, paratrachealen, paraösophagealen Lymphknoten sowie Lymphknoten im Lig. pulmonale

5-404.d ↔ Retroperitoneal (iliakal, paraaortal, parakaval), offen chirurgisch
 Hinw.: Eine durchgeführte Neurolyse ist gesondert zu kodieren (5-056 ff.)

5-404.e ↔ Retroperitoneal (iliakal, paraaortal), laparoskopisch
 Hinw.: Eine durchgeführte Neurolyse ist gesondert zu kodieren (5-056 ff.)

5-404.f ↔ Pelvin, offen chirurgisch

5-404.g ↔ Pelvin, laparoskopisch

5-404.h ↔ Inguinal

5-404.j ↔ Peribronchial, offen chirurgisch
 Hinw.: Zu den peribronchialen Lymphknoten gehören die intersegmentalen, intralobären, interlobären und hilären Lymphknoten

5-404.k ↔ Peribronchial, thorakoskopisch
 Hinw.: Zu den peribronchialen Lymphknoten gehören die intersegmentalen, intralobären, interlobären und hilären Lymphknoten

5-404.m Abdominal, offen chirurgisch
 Hinw.: Zu den abdominalen Lymphknoten gehören die Lymphknoten entlang der A. gastrica, A. hepatica, A. gastroduodenalis, A. lienalis, A. coeliaca, A. mesenterica superior und inferior sowie perigastrische, periportale, kolische und rektosigmoidale Lymphknoten

5-404.n Abdominal, laparoskopisch
 Hinw.: Zu den abdominalen Lymphknoten gehören die Lymphknoten entlang der A. gastrica, A. hepatica, A. gastroduodenalis, A. lienalis, A. coeliaca, A. mesenterica superior und inferior sowie perigastrische, periportale, kolische und rektosigmoidale Lymphknoten

5-404.x ↔ Sonstige

5-404.y N.n.bez.

5-405 **Operationen am Ductus thoracicus**

5-405.0 Verschluss einer Chylusfistel, offen chirurgisch

5-405.1 Verschluss einer Chylusfistel, thorakoskopisch

5-405.2 Verschluss einer sonstigen Fistel

5-405.x Sonstige

5-405.y N.n.bez.

5-406   Regionale Lymphadenektomie (Ausräumung mehrerer Lymphknoten einer Region) im Rahmen einer anderen Operation

Exkl.:   Entfernung mehrerer Sentinel-Lymphknoten (5-401 ff.)
           Radikale (systematische) Lymphadenektomie im Rahmen einer anderen Operation (5-407 ff.)
Hinw.: Ein Kode aus diesem Bereich ist nur dann anzugeben, wenn die Lymphadenektomie nicht im Kode für die Organresektion enthalten ist

5-406.0 ↔ Zervikal

5-406.1   Axillär
Hinw.: Eine axilläre Lymphadenektomie Level 1 bezieht sich auf die Lymphknoten lateral des lateralen Randes des M. pectoralis minor
          Eine axilläre Lymphadenektomie Level 2 bezieht sich auf die Lymphknoten zwischen lateralem und medialem Rand des M. pectoralis minor und auf die interpektoralen Lymphknoten
          Eine axilläre Lymphadenektomie Level 3 bezieht sich auf die apikalen Lymphknoten und auf die Lymphknoten medial des medialen Randes des M. pectoralis minor

.10 ↔ Ohne Zuordnung eines Levels
Hinw.: Dieser Kode ist bei Tumoren anzuwenden, bei denen es keine Leveleinteilung der axillären Lymphadenektomie gibt

.11 ↔ Level 1
.12 ↔ Level 1 und 2
.13 ↔ Level 1, 2 und 3
.1x ↔ Sonstige

5-406.2   Paraaortal
5-406.3 ↔ Iliakal
5-406.4 ↔ Inguinal
5-406.5 ↔ Pelvin
5-406.6 ↔ Obturatorisch
5-406.7   Mediastinal
Hinw.: Zu den mediastinalen Lymphknoten gehören die tracheobronchialen, subkarinalen, paratrachealen, paraösophagealen Lymphknoten sowie Lymphknoten im Lig. pulmonale

5-406.8 ↔ Peribronchial
Hinw.: Zu den peribronchialen Lymphknoten gehören die intersegmentalen, intralobären, interlobären und hilären Lymphknoten

5-406.9 ↔ Mesenterial
Hinw.: Zu den mesenterialen Lymphknoten gehören die Lymphknoten an folgenden Gefäßstämmen: A. mesenterica superior, A. mesenterica inferior, A. ileocolica, A. colica dextra, A. colica media, A. colica sinistra, A. sigmoidea

5-406.a   Abdominal, offen chirurgisch
Hinw.: Zu den abdominalen Lymphknoten gehören die Lymphknoten entlang der A. gastrica, A. hepatica, A. gastroduodenalis, A. lienalis, A. coeliaca, A. mesenterica superior und inferior sowie perigastrische, periportale, kolische und rektosigmoidale Lymphknoten

5-406.b   Abdominal, laparoskopisch
Hinw.: Zu den abdominalen Lymphknoten gehören die Lymphknoten entlang der A. gastrica, A. hepatica, A. gastroduodenalis, A. lienalis, A. coeliaca, A. mesenterica superior und inferior sowie perigastrische, periportale, kolische und rektosigmoidale Lymphknoten

5-406.x ↔ Sonstige
5-406.y   N.n.bez.

Kapitel 5: Operationen

5-407   Radikale (systematische) Lymphadenektomie im Rahmen einer anderen Operation
Exkl.:   Radikale zervikale Lymphadenektomie [Neck dissection] (5-403 ff.)
Hinw.:   Ein Kode aus diesem Bereich ist nur dann anzugeben, wenn die Lymphadenektomie nicht im Kode für die Organresektion enthalten ist

5-407.0   Axillär
Hinw.:   Eine axilläre Lymphadenektomie Level 1 bezieht sich auf die Lymphknoten lateral des lateralen Randes des M. pectoralis minor
Eine axilläre Lymphadenektomie Level 2 bezieht sich auf die Lymphknoten zwischen lateralem und medialem Rand des M. pectoralis minor und auf die interpektoralen Lymphknoten
Eine axilläre Lymphadenektomie Level 3 bezieht sich auf die apikalen Lymphknoten und auf die Lymphknoten medial des medialen Randes des M. pectoralis minor

.00 ↔ Ohne Zuordnung eines Levels
Hinw.:   Dieser Kode ist bei Tumoren anzuwenden, bei denen es keine Leveleinteilung der axillären Lymphadenektomie gibt

.01 ↔ Level 1
.02 ↔ Level 1 und 2
.03 ↔ Level 1, 2 und 3
.0x ↔ Sonstige

5-407.1   Mediastinal
Hinw.:   Zu den mediastinalen Lymphknoten gehören die tracheobronchialen, subkarinalen, paratrachealen, paraösophagealen Lymphknoten sowie Lymphknoten im Lig. pulmonale

5-407.2 ↔ Retroperitoneal (iliakal, paraaortal, parakaval)
Hinw.:   Eine durchgeführte Neurolyse ist gesondert zu kodieren (5-056 ff.)

5-407.3 ↔ Pelvin

5-407.4 ↔ Inguinal

5-407.5 ↔ Peribronchial
Hinw.:   Zu den peribronchialen Lymphknoten gehören die intersegmentalen, intralobären, interlobären und hilären Lymphknoten

5-407.6   Abdominal, offen chirurgisch
Hinw.:   Zu den abdominalen Lymphknoten gehören die Lymphknoten entlang der A. gastrica, A. hepatica, A. gastroduodenalis, A. lienalis, A. coeliaca, A. mesenterica superior und inferior sowie perigastrische, periportale, kolische und rektosigmoidale Lymphknoten

5-407.7   Abdominal, laparoskopisch
Hinw.:   Zu den abdominalen Lymphknoten gehören die Lymphknoten entlang der A. gastrica, A. hepatica, A. gastroduodenalis, A. lienalis, A. coeliaca, A. mesenterica superior und inferior sowie perigastrische, periportale, kolische und rektosigmoidale Lymphknoten

5-407.x ↔ Sonstige

5-407.y   N.n.bez.

5-408   Andere Operationen am Lymphgefäßsystem
Exkl.:   Lymphdrainage
Therapeutische perkutane Punktion einer Lymphozele (8-159.2)

5-408.0   Anastomose zur Beseitigung eines Lymphödems
Inkl.:   Lymphovenöse Anastomose

5-408.1   Inzision einer Lymphozele
Inkl.:   Drainage

5-408.2   Drainage einer Lymphozele
.20   Offen chirurgisch
.21   Laparoskopisch

5-408.3   Drainage eines Lymphödems, offen chirurgisch

5-408.4   Drainage eines Lymphödems, laparoskopisch

5-408.5   Destruktion von erkrankten Lymphknoten durch Thermoablation, perkutan
Hinw.:   Das bildgebende Verfahren ist im Kode enthalten

Kapitel 5: Operationen

5-408.6   Transplantation oder Transposition von Lymphgefäßen
          Inkl.:   Mikrochirurgische Technik
          Hinw.: Die Transplantatentnahme ist gesondert zu kodieren (5-401.f ff.)
          .60 ↔ Axillär
                Inkl.:   Brachiale und zervikale Anastomosen
          .61 ↔ Inguinal
                Inkl.:   Iliakale und skrotale Anastomosen
          .6x ↔ Sonstige

5-408.7   Revision nach einer zervikalen Lymphadenektomie mit Entfernung von erkranktem Gewebe

5-408.8   (Teil-)Resektion einer Lymphozele
          .80   Offen chirurgisch
          .81   Laparoskopisch

5-408.x   Sonstige

5-408.y   N.n.bez.

5-41   Operationen an Milz und Knochenmark

5-410   **Entnahme von hämatopoetischen Stammzellen aus Knochenmark und peripherem Blut zur Transplantation**

5-410.0   Hämatopoetische Stammzellen aus Knochenmark
          .00   Zur Eigenspende
          .01   Zur allogenen Spende (verwandt oder nicht verwandt)

5-410.1   Hämatopoetische Stammzellen aus peripherem Blut
          Hinw.: Die medikamentöse Stimulation vor der Entnahme und die apparative Aufbereitung der
                    Stammzellen sind im Kode enthalten
                    Wenn das Medikament zur Stimulation in der Liste der Medikamente unter 6-001 bis 6-006
                    enthalten ist, ist dieser Kode zusätzlich anzugeben
          .10   Zur Eigenspende
          .11   Zur allogenen Spende (verwandt oder nicht verwandt)

5-410.2   Art der In-vitro-Aufbereitung bei Entnahme von hämatopoetischen Stammzellen
          Exkl.: Art der In-vitro-Aufbereitung der transplantierten oder transfundierten hämatopoetischen
                    Stammzellen (5-411.7 ff.)
          Hinw.: Diese Kodes sind Zusatzkodes. Sie sind von der Klinik zu verwenden, bei der der Aufwand
                    für die In-vitro-Aufbereitung bei Entnahme von hämatopoetischen Stammzellen entstanden
                    ist
          .20   Positivanreicherung
          .21   T- und/oder B-Zell-Depletion
          .22   Erythrozytendepletion
          .2x   Sonstige

5-411   **Transplantation von hämatopoetischen Stammzellen aus dem Knochenmark**
          Exkl.: Transfusion von peripher gewonnenen hämatopoetischen Stammzellen (8-805 ff.)
                    Autogene Stammzelltherapie (8-860 ff.)
          Hinw.: Die In-vitro-Aufbereitung bei Entnahme der Stammzellen ist von der Klinik gesondert zu
                    kodieren, bei der Aufwand für die In-vitro-Aufbereitung entstanden ist (5-410.2 ff.)
                    Die Art der In-vitro-Aufbereitung der transplantierten oder transfundierten hämatopoetischen
                    Stammzellen ist gesondert zu kodieren (5-411.7 ff.)

5-411.0   Autogen
          .00   Ohne In-vitro-Aufbereitung
          .02   Nach In-vitro-Aufbereitung

5-411.2   Allogen, nicht HLA-identisch, verwandter Spender
          .24   Nach In-vitro-Aufbereitung bei Differenz in 1 Antigen
          .25   Nach In-vitro-Aufbereitung bei Differenz in 2-3 Antigenen (haploident)
          .26   Ohne In-vitro-Aufbereitung bei Differenz in 1 Antigen
          .27   Ohne In-vitro-Aufbereitung bei Differenz in 2-3 Antigenen (haploident)

5-411.3   Allogen, nicht HLA-identisch, nicht verwandter Spender
          .30   Ohne In-vitro-Aufbereitung
          .32   Nach In-vitro-Aufbereitung

Kapitel 5: Operationen

5-411.4	Allogen, HLA-identisch, verwandter Spender	
	.40	Ohne In-vitro-Aufbereitung
	.42	Nach In-vitro-Aufbereitung
5-411.5	Allogen, HLA-identisch, nicht verwandter Spender	
	.50	Ohne In-vitro-Aufbereitung
	.52	Nach In-vitro-Aufbereitung

5-411.6 Retransplantation während desselben stationären Aufenthaltes
Hinw.: Dieser Kode ist ein Zusatzkode
Eine Retransplantation meint nicht die fraktionierte Gabe eines Transplantats über mehrere Tage verteilt. Mit diesem Kode ist nur eine komplett neue Transplantation hämatopoetischer Stammzellen nach Versagen der vorherigen Transplantation während desselben stationären Aufenthaltes (ungeplante Retransplantation) zu kodieren. Dabei wird nach Ausschöpfung aller Mittel zur Erhaltung des ersten Transplantats eine neue Transplantation mit erneuter Konditionierung und/oder einem Wechsel des Stammzellspenders durchgeführt

5-411.7 Art der In-vitro-Aufbereitung der transplantierten oder transfundierten hämatopoetischen Stammzellen
Hinw.: Diese Kodes sind Zusatzkodes. Die Transplantation oder Transfusion ist gesondert zu kodieren

.70 Positivanreicherung
.71 T- und/oder B-Zell-Depletion
.72 Erythrozytendepletion
.7x Sonstige

5-411.x Sonstige
5-411.y N.n.bez.

5-412 Inzision der Milz

5-413 Splenektomie

5-413.0 Partiell
.00 Offen chirurgisch
.01 Laparoskopisch
.02 Umsteigen laparoskopisch - offen chirurgisch

5-413.1 Total
.10 Offen chirurgisch
.11 Laparoskopisch
.12 Umsteigen laparoskopisch - offen chirurgisch

5-413.x Sonstige
Inkl.: Exstirpation einer Nebenmilz

5-413.y N.n.bez.

5-418 Andere Operationen am Knochenmark

5-419 Andere Operationen an der Milz

5-419.0 Naht (nach Verletzung)
5-419.1 Autotransplantation von Milz oder Milzgewebe
5-419.2 Fibrinklebung
5-419.3 Thermokoagulation
5-419.4 Laserkoagulation
5-419.5 Vicrylnetzimplantation
5-419.x Sonstige
5-419.y N.n.bez.

Operationen am Verdauungstrakt
(5-42...5-54)

Hinw.: Die Anwendung mikrochirurgischer Technik ist, sofern nicht als eigener Kode angegeben, zusätzlich zu kodieren (5-984)
Die Anwendung von Lasertechnik ist, sofern nicht als eigener Kode angegeben, zusätzlich zu kodieren (5-985 ff.)
Die Anwendung minimalinvasiver Technik ist, sofern nicht als eigener Kode angegeben, zusätzlich zu kodieren (5-986 ff.)
Die Durchführung der Operation im Rahmen der Versorgung einer Mehrfachverletzung ist zusätzlich zu kodieren (5-981)
Die Durchführung der Operation im Rahmen der Versorgung eines Polytraumas ist zusätzlich zu kodieren (5-982 ff.)
Die Durchführung einer Reoperation ist, sofern nicht als eigener Kode angegeben, zusätzlich zu kodieren (5-983)
Der vorzeitige Abbruch einer Operation ist zusätzlich zu kodieren (5-995)
<u>Die Verwendung von Membranen oder sonstigen Materialien zur Prophylaxe von Adhäsionen ist gesondert zu kodieren (5-933 ff.)</u>

5-42 Operationen am Ösophagus

5-420 **Inzision des Ösophagus**
Inkl.: Entfernung eines Fremdkörpers
Exkl.: Endoskopische Entfernung eines Fremdkörpers (8-100 ff.)
Hinw.: Der Zugang ist in der 6. Stelle nach folgender Liste zu kodieren:
    0   Offen chirurgisch abdominal
    1   Offen chirurgisch thorakal
    2   Laparoskopisch
    3   Thorakoskopisch
    4   Umsteigen laparoskopisch - offen chirurgisch
    5   Umsteigen thorakoskopisch - offen chirurgisch
    6   Endoskopisch
    x   Sonstige

** 5-420.0   Ösophagomyotomie
** 5-420.1   Ösophagomyotomie, pharyngozervikal
** 5-420.2   Ösophago-Gastromyotomie [Kardiomyotomie]
** 5-420.x   Sonstige
5-420.y   N.n.bez.

5-421   **Ösophagostomie als selbständiger Eingriff**
Inkl.: Ösophagostomie bei kongenitaler Ösophagusstenose

5-421.0   Zervikal (Speichelfistel)
5-421.x   Sonstige
5-421.y   N.n.bez.

5-422   **Lokale Exzision und Destruktion von erkranktem Gewebe des Ösophagus**
Inkl.: Abtragung eines Zenker-Divertikels oder epiphrenischen Divertikels
       Blutstillung
Exkl.: Sklerosierung von Ösophagusvarizen (5-429.1)
      Umstechung von Ösophagusvarizen (5-429.2)
      Ligatur (Banding) von Ösophagusvarizen (5-429.a)
Hinw.: Die Art der Destruktion ist für die mit ** gekennzeichneten Kodes in der 6. Stelle nach folgender Liste zu kodieren:
    0   Elektrokoagulation
    1   Laserkoagulation
    2   Thermokoagulation
    3   Kryokoagulation
    4   Photodynamische Therapie
    5   Radiofrequenzablation

Kapitel 5: Operationen

        6   Mikrowellenablation
        7   Irreversible Elektroporation
        x   Sonstige

5-422.0   Exzision, offen chirurgisch

5-422.1   Exzision, thorakoskopisch

5-422.2   Exzision, endoskopisch
        Hinw.: <u>Die Blutstillung durch einen auf ein Endoskop aufgesteckten ringförmigen Clip (5-429.u)</u>
        <u>oder durch Auftragen absorbierender Substanzen (5-429.v) ist gesondert zu kodieren</u>
        .20   Exzision ohne weitere Maßnahmen
        .21   Polypektomie von 1-2 Polypen mit Schlinge
        .22   Polypektomie von mehr als 2 Polypen mit Schlinge
        .23   Endoskopische Mukosaresektion
        .24   Endoskopische submukosale Dissektion [ESD]
        .2x   Sonstige

** 5-422.3   Destruktion, offen chirurgisch
        [6. Stelle: 0-4,x]

** 5-422.4   Destruktion, thorakoskopisch
        [6. Stelle: 0-4,x]

** 5-422.5   Destruktion, endoskopisch

5-422.y   N.n.bez.

5-423   **Partielle Ösophagusresektion ohne Wiederherstellung der Kontinuität**

5-423.0   Zervikal

5-423.1   Thorakal

5-423.2   Thorakoabdominal

5-423.3   Abdominal

5-423.x   Sonstige

5-423.y   N.n.bez.

5-424   **Partielle Ösophagusresektion mit Wiederherstellung der Kontinuität**
        Exkl.: Kardiaresektion mit Hochzug des Restmagens (5-434.1)
                Gastrektomie (5-437 ff.)

5-424.0   Thorakal

5-424.1   Thorakoabdominal
        .10   Ohne proximale Magenresektion
        .11   Mit proximaler Magenresektion (Kardia und Fundus) und Hochzug des Restmagens, transhiatal
        .12   Mit proximaler Magenresektion (Kardia und Fundus) und Hochzug des Restmagens, durch Thorakotomie
        .1x   Sonstige

5-424.2   Abdominal

5-424.x   Sonstige

5-424.y   N.n.bez.

5-425   **(Totale) Ösophagektomie ohne Wiederherstellung der Kontinuität**
        Hinw.: Eine Ösophagektomie entspricht einer Resektion bis kranial der V. azygos

5-425.0   Abdominozervikal (transmediastinal), stumpfe Dissektion

5-425.1   Thorakoabdominal, ohne Lymphadenektomie

5-425.2   Thorakoabdominal, mit Lymphadenektomie

5-425.x   Sonstige

5-425.y   N.n.bez.

Kapitel 5: Operationen

5-426 **(Totale) Ösophagektomie mit Wiederherstellung der Kontinuität**
Hinw.: Eine durchgeführte Pyloroplastik ist gesondert zu kodieren (5-432.1)
Eine Ösophagektomie entspricht einer Resektion bis kranial der V. azygos
Die Art der Rekonstruktion ist in der 6. Stelle nach folgender Liste zu kodieren. Es ist jedoch nicht jede Listenposition mit jedem 5-stelligen Kode kombinierbar
1   Mit Magenhochzug (Schlauchmagen) und intrathorakaler Anastomose
2   Mit Magenhochzug (Schlauchmagen) und zervikaler Anastomose
3   Mit freier Dünndarminterposition
4   Mit Koloninterposition
x   Sonstige

** 5-426.0   Abdominozervikal (transmediastinal), stumpfe Dissektion
** 5-426.1   Thorakoabdominal, ohne Lymphadenektomie
** 5-426.2   Thorakoabdominal, mit Lymphadenektomie (En-bloc-Ösophagektomie)
** 5-426.x   Sonstige
5-426.y   N.n.bez.

5-427 **Rekonstruktion der Ösophaguspassage (als selbständiger Eingriff)**
Exkl.: Primäre Rekonstruktion bei Ösophagusatresie ohne Darminterposition (5-428)
Hinw.: Die Art der Rekonstruktion ist in der 6. Stelle nach folgender Liste zu kodieren. Es ist jedoch nicht jede Listenposition mit jedem 5-stelligen Kode kombinierbar
1   Mit Magenhochzug (Schlauchmagen) und intrathorakaler Anastomose
2   Mit Magenhochzug (Schlauchmagen) und zervikaler Anastomose
3   Mit freier Dünndarminterposition
4   Mit Koloninterposition
x   Sonstige

** 5-427.0   Im Retrosternalraum (vorderes Mediastinum)
** 5-427.1   Im Ösophagusbett (hinteres Mediastinum)
** 5-427.2   Erweiterungsplastik
** 5-427.x   Sonstige
5-427.y   N.n.bez.

5-428 **Rekonstruktion der Ösophaguspassage bei Atresie und Versorgung einer kongenitalen ösophagotrachealen Fistel**

5-428.0   Mit ösophago-ösophagealer Anastomose (retro- oder transpleural)
5-428.1   Mit ösophago-ösophagealer Anastomose und Fistelverschluss (retro- oder transpleural)
5-428.2   Mit Interposition (z.B. Livaditis-Muskelplastik)
5-428.3   Mit Interposition (z.B. Livaditis-Muskelplastik) und Fistelverschluss
5-428.4   Transmediastinale Fadeneinlage
5-428.5   Transmediastinale Fadeneinlage und Fistelverschluss
5-428.6   Ösophaguselongation (zur Vorbereitung einer sekundären Ösophagusanastomose)
5-428.7   Unterbindung einer H-Fistel
5-428.x   Sonstige
5-428.y   N.n.bez.

5-429 **Andere Operationen am Ösophagus**
Exkl.: Endoskopische Fremdkörperentfernung (8-100.6, 8-100.7)
Tamponade einer Ösophagusblutung (8-501)

5-429.0   Anlegen einer ösophagotrachealen Fistel
Inkl.: Zum Einlegen einer Stimmprothese
5-429.1   (Endoskopische) Sklerosierung von Ösophagusvarizen
5-429.2   Umstechung von Ösophagusvarizen
5-429.3   Sperr-Operation

Kapitel 5: Operationen

5-429.4 Naht, primär
Inkl.: Verschluss einer erworbenen ösophagotrachealen Fistel
Exkl.: Verschluss einer kongenitalen ösophagotrachealen Fistel (5-428 ff.)
.40 Offen chirurgisch
.41 Endoskopisch

5-429.5 Sprengung der Kardia (transluminal)

5-429.7 Ballondilatation

5-429.8 Bougierung

5-429.a (Endoskopische) Ligatur (Banding) von Ösophagusvarizen

5-429.c Endo-Loop
Hinw.: Das Abtragen mit Schlinge ist im Kode enthalten

5-429.d Endoskopisches Clippen
Exkl.: Endoskopische(r) Geweberaffung oder Gewebeverschluss durch einen auf ein Endoskop aufgesteckten ringförmigen Clip (5-429.u)

5-429.e Endoskopische Injektion
Inkl.: Fibrinkleber

5-429.h Endoskopisches Einbringen eines strahlenden Applikators

5-429.j Maßnahmen bei selbstexpandierender Prothese
.j0 Einlegen oder Wechsel, offen chirurgisch, eine Prothese ohne Antirefluxventil
.j1 Einlegen oder Wechsel, endoskopisch, eine Prothese ohne Antirefluxventil
.j2 Entfernung
.j3 Einlegen oder Wechsel, offen chirurgisch, zwei Prothesen ohne Antirefluxventil
.j4 Einlegen oder Wechsel, endoskopisch, zwei Prothesen ohne Antirefluxventil
.j9 Einlegen oder Wechsel, offen chirurgisch, mehr als zwei Prothesen ohne Antirefluxventil
.ja Einlegen oder Wechsel, endoskopisch, mehr als zwei Prothesen ohne Antirefluxventil
.jb Einlegen oder Wechsel, offen chirurgisch, eine Prothese mit Antirefluxventil
.jc Einlegen oder Wechsel, endoskopisch, eine Prothese mit Antirefluxventil
.jd Einlegen oder Wechsel, offen chirurgisch, zwei Prothesen, eine davon mit Antirefluxventil
.je Einlegen oder Wechsel, endoskopisch, zwei Prothesen, eine davon mit Antirefluxventil
.jf Einlegen oder Wechsel, offen chirurgisch, mehr als zwei Prothesen, eine davon mit Antirefluxventil
.jg Einlegen oder Wechsel, endoskopisch, mehr als zwei Prothesen, eine davon mit Antirefluxventil
.jx Sonstige

5-429.k Maßnahmen bei nicht selbstexpandierender Prothese
.k0 Einlegen oder Wechsel, offen chirurgisch
.k1 Einlegen oder Wechsel, endoskopisch
.k2 Entfernung
.kx Sonstige

5-429.m Endoskopische Antirefluxverfahren
.m0 Naht- und/oder Klammertechniken
.m1 Injektionstechniken
.m2 Implantationstechniken
.m3 Radiofrequenzablation
.mx Sonstige

5-429.n Verschluss einer chirurgisch angelegten ösophagotrachealen Fistel

5-429.p Implantation oder Wechsel eines magnetischen Antirefluxsystems
.p0 Offen chirurgisch
.p1 Laparoskopisch
.p2 Umsteigen laparoskopisch - offen chirurgisch

5-429.q Revision oder Entfernung eines magnetischen Antirefluxsystems
.q0 Offen chirurgisch
.q1 Laparoskopisch
.q2 Umsteigen laparoskopisch - offen chirurgisch

5-429.r Implantation eines Antireflux-Stimulationssystems
<u>Inkl.:</u> Ersteinstellung

5-429.s (Teil-)Wechsel eines Antireflux-Stimulationssystems
Inkl.: Ersteinstellung
    .s0   Kompletter Wechsel
    .s1   Sondenwechsel
    .s2   Aggregatwechsel

5-429.t Entfernung eines Antireflux-Stimulationssystems

5-429.u Endoskopische(r) Geweberaffung oder Gewebeverschluss durch einen auf ein Endoskop aufgesteckten ringförmigen Clip

5-429.v Endoskopische Blutstillung durch Auftragen absorbierender Substanzen

5-429.w Endoskopische Entfernung von Clips durch elektrische Desintegration

5-429.x Sonstige

5-429.y N.n.bez.

5-43 Inzision, Exzision und Resektion am Magen
Inkl.: Innere Schienung

5-430 **Gastrotomie**
Inkl.: Entfernung eines Fremdkörpers
Exkl.: Endoskopische Entfernung eines Fremdkörpers (8-100.8)

5-430.0 Ohne weitere Maßnahmen

5-430.1 Mit Einlegen eines Ösophagustubus

5-430.x Sonstige

5-430.y N.n.bez.

5-431 **Gastrostomie**
Inkl.: Fixierung des Magens an der Bauchdecke ("Gastropexie")

5-431.0 Offen chirurgisch

5-431.1 Laparoskopisch

5-431.2 Perkutan-endoskopisch (PEG)
Exkl.: Wechsel und Entfernung einer PEG (8-123 ff.)
    .20   Durch Fadendurchzugsmethode
        Hinw.: Eine Gastropexie ist nicht gesondert zu kodieren
    .21   Durch Direktpunktionstechnik mit Gastropexie
        Hinw.: Eine Gastropexie ist nicht gesondert zu kodieren
    .2x   Sonstige

5-431.3 Freilegung und Entfernung einer eingewachsenen PEG-Halteplatte
    .30   Offen chirurgisch
    .31   Endoskopisch
    .3x   Sonstige

5-431.x Sonstige

5-431.y N.n.bez.

5-432 **Operationen am Pylorus**

5-432.0 Pyloromyotomie

5-432.1 Pyloroplastik

5-432.2 Pylorusresektion mit Gastroduodenostomie (z.B. bei Pylorusatresie)

5-432.x Sonstige

5-432.y N.n.bez.

Kapitel 5: Operationen

5-433 **Lokale Exzision und Destruktion von erkranktem Gewebe des Magens**
Inkl.: Destruktion zur Blutstillung
Exkl.: Injektion zur Blutstillung (5-449.e ff.)
Hinw.: Die Art der Destruktion ist für die mit ** gekennzeichneten Kodes in der 6. Stelle nach folgender Liste zu kodieren:
    0   Elektrokoagulation
    1   Laserkoagulation
    2   Thermokoagulation
    3   Kryokoagulation
    4   Photodynamische Therapie
    5   Radiofrequenzablation
    6   Mikrowellenablation
    7   Irreversible Elektroporation
    x   Sonstige

5-433.0 Exzision, offen chirurgisch
Inkl.: Exzision eines Ulkus
Exkl.: Exzision eines Ulcus ad pylorum bei Pyloroplastik (5-432.1)
Exzision eines Ulcus im Rahmen einer Vagotomie (5-444.1 ff., 5-444.2 ff.)
Übernähung eines Ulcus duodeni (5-469.7 ff.)
Umstechung eines Ulcus duodeni (5-469.8 ff.)
Umstechung eines Ulcus ventriculi (5-449.5 ff.)

5-433.1 Exzision, laparoskopisch

5-433.2 Exzision, endoskopisch
Hinw.: Die Blutstillung durch einen auf ein Endoskop aufgesteckten ringförmigen Clip (5-429.u) oder durch Auftragen absorbierender Substanzen (5-429.v) ist gesondert zu kodieren

   .20   Exzision ohne weitere Maßnahmen
   .21   Polypektomie von 1-2 Polypen mit Schlinge
   .22   Polypektomie von mehr als 2 Polypen mit Schlinge
   .23   Endoskopische Mukosaresektion
   .24   Endoskopische submukosale Dissektion [ESD]
   .2x   Sonstige

** 5-433.3 Destruktion, offen chirurgisch
** 5-433.4 Destruktion, laparoskopisch
** 5-433.5 Destruktion, endoskopisch
5-433.x Sonstige
5-433.y N.n.bez.

5-434 **Atypische partielle Magenresektion**

5-434.0 Segmentresektion

5-434.1 Kardiaresektion mit Hochzug des Restmagens
Exkl.: Partielle thorakoabdominale Ösophagusresektion mit proximaler Magenresektion (Kardia und Fundus) und Hochzug des Restmagens (5-424.11, 5-424.12)
Hinw.: Die aus operationstechnischen Gründen erforderliche Mitresektion einer Ösophagusmanschette von weniger als 4 cm ist im Kode enthalten

5-434.2 Antrektomie

5-434.3 Biliopankreatische Diversion nach Scopinaro
   .30   Offen chirurgisch
   .31   Laparoskopisch
   .32   Umsteigen laparoskopisch - offen chirurgisch

5-434.4 Biliopankreatische Diversion mit Duodenal-Switch
   .40   Offen chirurgisch
   .41   Laparoskopisch
   .42   Umsteigen laparoskopisch - offen chirurgisch

5-434.5 Herstellung eines Schlauchmagens [Sleeve Resection]
Inkl.: Als vorbereitender Eingriff für eine biliopankreatische Diversion mit Duodenal-Switch (erste Sitzung)
.50 Offen chirurgisch
.51 Laparoskopisch
.52 Umsteigen laparoskopisch - offen chirurgisch

5-434.6 Duodenal-Switch mit Bildung eines gemeinsamen Dünndarmschenkels [Common Channel] nach Herstellung eines Schlauchmagens (zweite Sitzung)
.60 Offen chirurgisch
.61 Laparoskopisch
.62 Umsteigen laparoskopisch - offen chirurgisch

5-434.x Sonstige

5-434.y N.n.bez.

5-435 Partielle Magenresektion (2/3-Resektion)

5-435.0 Mit Gastroduodenostomie [Billroth I]

5-435.1 Mit Gastrojejunostomie [Billroth II]

5-435.2 Mit Gastrojejunostomie durch Roux-Y-Anastomose

5-435.x Sonstige

5-435.y N.n.bez.

5-436 Subtotale Magenresektion (4/5-Resektion)
Hinw.: Die Lymphadenektomie ist in der 6. Stelle nach folgender Liste zu kodieren:
    1   Ohne Lymphadenektomie
    2   Exzision einzelner Lymphknoten des Kompartimentes II oder III
    3   Systematische Lymphadenektomie Kompartiment II
    4   Systematische Lymphadenektomie Kompartiment II und partiell III
    5   Systematische Lymphadenektomie Kompartiment II und III
    x   Sonstige

** 5-436.0 Mit Gastrojejunostomie analog Billroth II

** 5-436.1 Mit Gastrojejunostomie durch Roux-Y-Anastomose

** 5-436.2 Mit Dünndarminterposition

** 5-436.x Sonstige

5-436.y N.n.bez.

5-437 (Totale) Gastrektomie
Hinw.: Die aus operationstechnischen Gründen erforderliche Mitresektion einer Ösophagusmanschette von weniger als 4 cm ist im Kode enthalten
Die Lymphadenektomie ist in der 6. Stelle nach folgender Liste zu kodieren:
    1   Ohne Lymphadenektomie
    2   Exzision einzelner Lymphknoten des Kompartimentes II oder III
    3   Systematische Lymphadenektomie Kompartiment II
    4   Systematische Lymphadenektomie Kompartiment II und partiell III
    5   Systematische Lymphadenektomie Kompartiment II und III
    x   Sonstige

** 5-437.0 Mit Ösophagojejunostomie analog Billroth II, ohne Reservoirbildung

** 5-437.1 Mit Ösophagojejunostomie analog Billroth II, mit Reservoirbildung

** 5-437.2 Mit Ösophagojejunostomie durch Roux-Y-Anastomose, ohne Reservoirbildung

** 5-437.3 Mit Ösophagojejunostomie durch Roux-Y-Anastomose, mit Reservoirbildung

** 5-437.4 Mit Dünndarminterposition, ohne Reservoirbildung

** 5-437.5 Mit Dünndarminterposition, mit Reservoirbildung

** 5-437.6 Ektomie eines Restmagens

** 5-437.x Sonstige

5-437.y N.n.bez.

Kapitel 5: Operationen

5-438 **(Totale) Gastrektomie mit Ösophagusresektion**
Hinw.: Die Lymphadenektomie ist in der 6. Stelle nach folgender Liste zu kodieren:
1   Ohne Lymphadenektomie
2   Exzision einzelner Lymphknoten des Kompartimentes II oder III
3   Systematische Lymphadenektomie Kompartiment II
4   Systematische Lymphadenektomie Kompartiment II und partiell III
5   Systematische Lymphadenektomie Kompartiment II und III
x   Sonstige

** 5-438.0   Mit (sub)totaler Ösophagusresektion, mit Dünndarminterposition
Hinw.: Eine subtotale Ösophagusresektion entspricht der Resektion mindestens bis kranial der V. azygos

** 5-438.1   Mit (sub)totaler Ösophagusresektion, mit Dickdarminterposition
Hinw.: Eine subtotale Ösophagusresektion entspricht der Resektion mindestens bis kranial der V. azygos

** 5-438.2   Mit partieller Ösophagusresektion, mit Dünndarminterposition
Hinw.: Eine partielle Ösophagusresektion entspricht hier der Resektion von mindestens 4 cm des distalen Ösophagus

** 5-438.3   Mit partieller Ösophagusresektion, mit Dickdarminterposition
Hinw.: Eine partielle Ösophagusresektion entspricht hier der Resektion von mindestens 4 cm des distalen Ösophagus

** 5-438.x   Sonstige

5-438.y   N.n.bez.

5-439   **Andere Inzision, Exzision und Resektion am Magen**

5-44 Andere Operationen am Magen
Inkl.: Innere Schienung

5-444   **Vagotomie**

5-444.0   Trunkulär

5-444.1   Selektiv, gastrisch
.11   Ohne Pyloroplastik
.12   Mit Pyloroplastik

5-444.2   Selektiv, proximal
.21   Ohne Pyloroplastik
.22   Mit Pyloroplastik

5-444.3   Magenstumpf-Vagotomie (im Rahmen von Rezidivoperationen am Magen)

5-444.4   Laparoskopisch (alle Verfahren)

5-444.5   Thorakoskopisch (alle Verfahren)

5-444.x   Sonstige

5-444.y   N.n.bez.

5-445   **Gastroenterostomie ohne Magenresektion [Bypassverfahren]**
Hinw.: Die Verwendung von selbstexpandierenden Stents ist gesondert zu kodieren (z.B. 5-449.h ff.)
Der Zugang ist in der 6. Stelle nach folgender Liste zu kodieren:
0   Offen chirurgisch
1   Laparoskopisch
2   Umsteigen laparoskopisch - offen chirurgisch
3   Endoskopisch

** 5-445.0   Gastroduodenostomie (z.B. nach Jaboulay)
[6. Stelle: 0-2]

** 5-445.1   Gastroenterostomie, vordere

** 5-445.2   Gastroenterostomie, hintere

** 5-445.3   Revision
[6. Stelle: 0-2]

Kapitel 5: Operationen

** 5-445.4	Mit Staplernaht oder Transsektion (bei Adipositas), mit Gastrojejunostomie durch Roux-Y-Anastomose	
	[6. Stelle: 0-2]	
** 5-445.5	Mit Staplernaht oder Transsektion (bei Adipositas), mit Gastrojejunostomie analog Billroth II	
	[6. Stelle: 0-2]	
** 5-445.x	Sonstige	
5-445.y	N.n.bez.	
5-447	**Revision nach Magenresektion**	
5-447.0	Nachresektion nach Billroth-I-Resektion	
5-447.1	Umwandlung einer Billroth-I-Resektion in eine Billroth-II-Rekonstruktion	
5-447.2	Umwandlung einer Billroth-I-Resektion in eine Roux-Y-Anastomose	
5-447.3	Nachresektion nach Billroth-II-Resektion	
5-447.4	Umwandlung einer Billroth-II-Resektion in eine Billroth-I-Rekonstruktion	
5-447.5	Umwandlung einer Billroth-II-Resektion in eine Roux-Y-Anastomose	
5-447.6	Umwandlung mit Dünndarminterposition	
5-447.7	Revision eines Dünndarm-Interponates oder einer Roux-Y-Anastomose	
5-447.x	Sonstige	
5-447.y	N.n.bez.	
5-448	**Andere Rekonstruktion am Magen**	
	Hinw.: Der Zugang ist für die mit ** gekennzeichneten Kodes in der 6. Stelle nach folgender Liste zu kodieren:	
	0 Offen chirurgisch abdominal	
	1 Offen chirurgisch thorakal	
	2 Laparoskopisch	
	3 Umsteigen laparoskopisch - offen chirurgisch	
	x Sonstige	
** 5-448.0	Naht (nach Verletzung)	
** 5-448.1	Verschluss einer Gastrostomie oder (Ernährungs-)Fistel	
** 5-448.2	Gastropexie	
** 5-448.3	Kardiaplastik (z.B. nach Belsey)	
** 5-448.4	Fundoplikatio	
5-448.5	Hemifundoplikatio	
	.50 Offen chirurgisch abdominal	
	.51 Offen chirurgisch thorakal	
	.52 Laparoskopisch	
	.53 Umsteigen laparoskopisch - offen chirurgisch	
	.54 Endoskopisch	
	.5x Sonstige	
** 5-448.6	Hemifundoplikatio mit Hiatusnaht	
** 5-448.a	Vertikale Gastroplastik nach Mason	
** 5-448.b	Implantation oder Wechsel eines nicht anpassbaren Magenbandes	
** 5-448.c	Implantation oder Wechsel eines anpassbaren Magenbandes	
** 5-448.d	Neufixierung eines dislozierten Magenbandes	
** 5-448.e	Entfernung eines Magenbandes	
5-448.f	Magenplikatur	
	.f0 Offen chirurgisch	
	.f1 Laparoskopisch	
	.f2 Umsteigen laparoskopisch - offen chirurgisch	
	.f3 Endoskopisch	
	.fx Sonstige	

Kapitel 5: Operationen

** 5-448.x	Sonstige	
5-448.y	N.n.bez.	

5-449 Andere Operationen am Magen
Exkl.: Wechsel eines Gastrostomiekatheters (8-123.0)
Hinw.: Der Zugang ist für die mit ** gekennzeichneten Kodes in der 6. Stelle nach folgender Liste zu kodieren:
    0   Offen chirurgisch
    1   Laparoskopisch
    2   Umsteigen laparoskopisch - offen chirurgisch
    3   Endoskopisch
    x   Sonstige

** 5-449.0	Sklerosierung von Fundusvarizen	
** 5-449.1	Umstechung von Fundusvarizen	
** 5-449.2	Sperr-Operation am Fundus	
** 5-449.3	Beseitigung eines Magenvolvulus	
	Inkl.: Bei Kindern	
** 5-449.4	Verschluss einer Kolon-Magen-Fistel	
** 5-449.5	Umstechung oder Übernähung eines Ulcus ventriculi	
** 5-449.7	Dilatation	
** 5-449.8	Ligatur (Banding) von Fundusvarizen	
** 5-449.b	Bougierung	
** 5-449.c	Endo-Loop	
	Hinw.: Das Abtragen mit Schlinge ist im Kode enthalten	
** 5-449.d	Clippen	
	Exkl.: Endoskopische(r) Geweberaffung oder Gewebeverschluss durch einen auf ein Endoskop aufgesteckten ringförmigen Clip (5-449.s3)	
** 5-449.e	Injektion	
	Inkl.: Fibrinkleber	
** 5-449.h	Einlegen oder Wechsel einer selbstexpandierenden Prothese	
** 5-449.j	Entfernung einer selbstexpandierenden Prothese	
** 5-449.k	Einlegen oder Wechsel einer nicht selbstexpandierenden Prothese	
** 5-449.m	Entfernung einer nicht selbstexpandierenden Prothese	
5-449.n	Implantation eines Magenschrittmachers	
	Inkl.: Nahrungsaufnahmegetriggerter Gastrostimulator	
	.n0 Mit offen chirurgischer Implantation der Sonden	
	.n1 Mit laparoskopischer Implantation der Sonden	
	.n2 Mit Implantation der Sonden durch Umsteigen von laparoskopischen auf offen chirurgische Verfahren	
** 5-449.p	Revision oder Entfernung von Sonden eines Magenschrittmachers	
	[6. Stelle: 0-2]	
	Inkl.: Neuanlage einer Sonde bei Sondendefekt oder Dislokation Nahrungsaufnahmegetriggerter Gastrostimulator	
5-449.q	Revision oder Entfernung des Aggregats eines Magenschrittmachers	
	Inkl.: Nahrungsaufnahmegetriggerter Gastrostimulator	
5-449.r	Endoskopische (Rest)magenverkleinerung	
** 5-449.s	Geweberaffung oder Gewebeverschluss durch einen auf ein Endoskop aufgesteckten ringförmigen Clip	
	[6. Stelle: 3]	
** 5-449.t	Blutstillung durch Auftragen absorbierender Substanzen	
	[6. Stelle: 3]	
** 5-449.u	Endoskopische Entfernung von Clips durch elektrische Desintegration	
	[6. Stelle: 3]	
** 5-449.x	Sonstige	
5-449.y	N.n.bez.	

Kapitel 5: Operationen

5-45 Inzision, Exzision, Resektion und Anastomose an Dünn- und Dickdarm
Inkl.: Innere Schienung
Hinw.: Das Anlegen eines Enterostomas als protektive Maßnahme im Rahmen eines anderen Eingriffes ist gesondert zu kodieren (5-462 ff.)
Die Art der Destruktion ist für die Kodes 5-451 ff. und 5-452 ff. nach folgender Liste zu kodieren:
 0 Elektrokoagulation
 1 Laserkoagulation
 2 Thermokoagulation
 3 Kryokoagulation
 4 Photodynamische Therapie
 x Sonstige

5-450 Inzision des Darmes
Inkl.: Entfernung eines Fremdkörpers
Exkl.: Endoskopische Entfernung eines Fremdkörpers (8-100.8, 8-100.9, 8-100.a)

5-450.0 Duodenum

5-450.1 Jejunum oder Ileum

5-450.2 Kolon

5-450.3 Perkutan-endoskopische Jejunostomie (PEJ)
Exkl.: Wechsel und Entfernung einer PEJ (8-124 ff.)

5-450.x Sonstige

5-450.y N.n.bez.

5-451 Lokale Exzision und Destruktion von erkranktem Gewebe des Dünndarmes
Inkl.: Blutstillung
Hinw.: Die Art der Destruktion ist für die Subkodes .4, .5, .9, .a und .x in der 6. Stelle nach der Liste vor Kode 5-450 zu kodieren

5-451.0 Exzision intraluminaler Membranen

5-451.1 Sonstige Exzision, offen chirurgisch

5-451.2 Exzision, laparoskopisch

** 5-451.4 Destruktion, offen chirurgisch

** 5-451.5 Destruktion, laparoskopisch

5-451.7 Exzision, endoskopisch, einfach (Push-Technik)
Hinw.: Die Blutstillung durch einen auf ein Endoskop aufgesteckten ringförmigen Clip (5-469.s3) oder durch Auftragen absorbierender Substanzen (5-469.t3) ist gesondert zu kodieren
 .70 Exzision ohne weitere Maßnahmen
 .71 Polypektomie von 1-2 Polypen mit Schlinge
 .72 Polypektomie von mehr als 2 Polypen mit Schlinge
 .73 Endoskopische Mukosaresektion
 .74 Endoskopische submukosale Dissektion [ESD]
 .7x Sonstige

5-451.8 Exzision, endoskopisch, Push-and-pull-back-Technik
Inkl.: Exzision durch Single- oder Doppel-Ballon-Enteroskopie
Hinw.: Die Blutstillung durch einen auf ein Endoskop aufgesteckten ringförmigen Clip (5-469.s3) oder durch Auftragen absorbierender Substanzen (5-469.t3) ist gesondert zu kodieren
 .80 Exzision ohne weitere Maßnahmen
 .81 Polypektomie von 1-2 Polypen mit Schlinge
 .82 Polypektomie von mehr als 2 Polypen mit Schlinge
 .83 Endoskopische Mukosaresektion
 .8x Sonstige

** 5-451.9 Destruktion, endoskopisch, einfach (Push-Technik)

** 5-451.a Destruktion, endoskopisch, Push-and-pull-back-Technik
Inkl.: Destruktion durch Single- oder Doppel-Ballon-Enteroskopie

** 5-451.x Sonstige

5-451.y N.n.bez.

Kapitel 5: Operationen

5-452 **Lokale Exzision und Destruktion von erkranktem Gewebe des Dickdarmes**
Inkl.: Blutstillung
Hinw.: Die Art der Destruktion ist für die Subkodes .3, .4, .8 bis .x in der 6. Stelle nach der Liste vor Kode 5-450 zu kodieren

5-452.0 Exzision, offen chirurgisch
5-452.1 Exzision, laparoskopisch
** 5-452.3 Destruktion, offen chirurgisch
** 5-452.4 Destruktion, laparoskopisch
5-452.6 Exzision, endoskopisch, einfach (Push-Technik)
Hinw.: Die Blutstillung durch einen auf ein Endoskop aufgesteckten ringförmigen Clip (5-469.s3) oder durch Auftragen absorbierender Substanzen (5-469.t3) ist gesondert zu kodieren
.60 Exzision ohne weitere Maßnahmen
.61 Polypektomie von 1-2 Polypen mit Schlinge
.62 Polypektomie von mehr als 2 Polypen mit Schlinge
.63 Endoskopische Mukosaresektion
.64 Endoskopische submukosale Dissektion [ESD]
.65 Endoskopische Vollwandexzision [EFTR]
.6x Sonstige

5-452.7 Exzision, endoskopisch, Push-and-pull-back-Technik
Inkl.: Exzision durch Single- oder Doppel-Ballon-Enteroskopie
Hinw.: Die Blutstillung durch einen auf ein Endoskop aufgesteckten ringförmigen Clip (5-469.s3) oder durch Auftragen absorbierender Substanzen (5-469.t3) ist gesondert zu kodieren
.70 Exzision ohne weitere Maßnahmen
.71 Polypektomie von 1-2 Polypen mit Schlinge
.72 Polypektomie von mehr als 2 Polypen mit Schlinge
.73 Endoskopische Mukosaresektion
.74 Endoskopische submukosale Dissektion [ESD]
.7x Sonstige

** 5-452.8 Destruktion, endoskopisch, einfach (Push-Technik)
** 5-452.9 Destruktion, endoskopisch, Push-and-pull-back-Technik
Inkl.: Destruktion durch Single- oder Doppel-Ballon-Enteroskopie
** 5-452.x Sonstige
5-452.y N.n.bez.

5-453 **Ausschaltung eines Darmsegmentes als selbständiger Eingriff (z.B. bei zweizeitigen plastischen Operationen)**
5-453.0 Duodenum
5-453.1 Jejunum oder Ileum
5-453.2 Kolon
5-453.x Sonstige
5-453.y N.n.bez.

5-454 **Resektion des Dünndarmes**
Inkl.: Entnahme von Dünndarm zur Transplantation
Resektion bei kongenitaler Anomalie des Dünndarmes
Rekonstruktion
Innere Schienung
Hinw.: Eine durchgeführte Verschmälerungsplastik ist gesondert zu kodieren (5-467.4 ff.)
Die Anlage eines Enterostomas ist gesondert zu kodieren (5-462.0, 5-462.1)
Der Zugang ist für die mit ** gekennzeichneten Kodes in der 6. Stelle nach folgender Liste zu kodieren:
0 Offen chirurgisch
1 Laparoskopisch
2 Umsteigen laparoskopisch - offen chirurgisch

** 5-454.0 Segmentresektion des Duodenums
** 5-454.1 Segmentresektion des Jejunums

Kapitel 5: Operationen

** 5-454.2	Segmentresektion des Ileums	
** 5-454.3	Multiple Segmentresektionen	
** 5-454.4	(Teil-)Resektion des Duodenums	
** 5-454.5	(Teil-)Resektion des Jejunums	
** 5-454.6	(Teil-)Resektion des Ileums	
5-454.7	Resektion des Dünndarmes postmortal (zur Transplantation)	
	Hinw.: Dieser Kode ist auch zu kodieren, wenn die Leistung nicht abschließend erbracht wird oder sich erst intraoperativ die Nichtverwendbarkeit des Organs für eine spätere Transplantation herausstellt	
	Dieser Kode und der im Fall eines vorzeitigen Abbruchs dieses Eingriffes zusätzlich zu kodierende Zusatzkode 5-995 werden nicht im Rahmen des Datensatzes nach § 301 SGB V bzw. § 21 KHEntgG übermittelt	
	Die Aufrechterhaltung der Homöostase für die postmortale Organspende ist im Kode enthalten	
5-454.8	Entfernung eines Dünndarmtransplantates	
5-454.x	Sonstige	
5-454.y	N.n.bez.	

5-455 Partielle Resektion des Dickdarmes
Hinw.: Das Anlegen eines protektiven Enterostomas ist gesondert zu kodieren (5-462 ff.)
Die (Teil-)Resektion von Nachbarorganen ist gesondert zu kodieren
Die Nachbarorgane umfassen z.B. Dünndarm, Leber, Milz, Pankreas, Magen und Niere
Die Lymphknoten der regionalen Lymphabflussgebietes und das Omentum majus gehören nicht zu den Nachbarorganen
Die regionale Lymphadenektomie ist gesondert zu kodieren
(5-406.2, 5-406.3, 5-406.4, 5-406.5, 5-406.6, 5-406.9, 5-406.a, 5-406.b)
Die radikale Lymphadenektomie ist gesondert zu kodieren
(5-407.2, 5-407.3, 5-407.4, 5-407.6, 5-407.7)
Die Art des verwendeten Materials für Gewebeersatz oder Gewebeverstärkung ist gesondert zu kodieren (5-932 ff.)
Zugang und Art der Rekonstruktion sind für die mit ** gekennzeichneten Kodes in der 6. Stelle nach folgender Liste zu kodieren. Nicht alle Verfahren sind von allen Zugängen durchführbar:

1	Offen chirurgisch mit Anastomose
2	Offen chirurgisch mit Enterostoma und Blindverschluss
3	Offen chirurgisch mit zwei Enterostomata
4	Offen chirurgisch mit Anastomosen-Anus praeter
5	Laparoskopisch mit Anastomose
6	Laparoskopisch mit Enterostoma
7	Umsteigen laparoskopisch - offen chirurgisch
x	Sonstige

** 5-455.0	Segmentresektion	
** 5-455.1	Multiple Segmentresektionen	
** 5-455.2	Ileozäkalresektion	
5-455.3	Zäkumresektion	
	.31	Offen chirurgisch
	.35	Laparoskopisch
	.37	Umsteigen laparoskopisch - offen chirurgisch
** 5-455.4	Resektion des Colon ascendens mit Coecum und rechter Flexur [Hemikolektomie rechts]	
	Hinw.: Die aus operationstechnischen Gründen erforderliche Mitresektion einer Ileummanschette ist im Kode enthalten	
** 5-455.5	Resektion des Colon transversum	
	Inkl.: Transversumresektion mit Resektion von rechter und/oder linker Flexur	
	Hinw.: Wurde weniger als ¾ des Colon transversum reseziert, ist der Kode für die Segmentresektion (5-455.0 ff.) anzugeben	
** 5-455.6	Resektion des Colon descendens mit linker Flexur [Hemikolektomie links]	

OPS Version 2018   219

Kapitel 5: Operationen

** 5-455.7 Sigmaresektion
 Inkl.: Sigmaresektion mit Resektion von intraperitonealen Rektumanteilen
 Exkl.: Sigmaresektion mit Resektion von extraperitonealen Rektumanteilen
  (Rektosigmoidektomie) (5-484 ff.)
 Hinw.: Wurde weniger als ¾ des Colon sigmoideum reseziert, ist der Kode für die
  Segmentresektion (5-455.0 ff.) anzugeben

** 5-455.9 Resektion des Colon ascendens mit Coecum und rechter Flexur und Colon transversum
  [Hemikolektomie rechts mit Transversumresektion]
 Inkl.: Resektion des Colon ascendens mit Coecum, rechter Flexur und Colon transversum, ohne
  oder mit Resektion der linken Flexur
 Hinw.: Wurde weniger als ¾ des Colon transversum reseziert, ist der Kode für die Hemikolektomie
  rechts (5-455.4 ff.) anzugeben

** 5-455.a Resektion des Colon descendens mit linker Flexur und Colon transversum [Hemikolektomie links
  mit Transversumresektion]
 Inkl.: Resektion des Colon descendens mit linker Flexur und Colon transversum, ohne oder mit
  Resektion der rechten Flexur
 Hinw.: Wurde weniger als ¾ des Colon transversum reseziert, ist der Kode für die Hemikolektomie
  links (5-455.6 ff.) anzugeben

** 5-455.b Resektion des Colon descendens und Colon sigmoideum
 Inkl.: Resektion des Colon descendens und Colon sigmoideum, ohne oder mit Resektion der
  linken Flexur
 Hinw.: Wurde weniger als ¾ des Colon descendens reseziert, ist der Kode für die Sigmaresektion
  (5-455.7 ff.) anzugeben

** 5-455.c Resektion des Colon ascendens, transversum und descendens mit Coecum und rechter und linker
  Flexur [Hemikolektomie rechts und links mit Transversumresektion]

** 5-455.d Resektion des Colon transversum, Colon descendens mit linker Flexur und Colon sigmoideum
  [Hemikolektomie links mit Transversumresektion und Sigmaresektion]
 Inkl.: Resektion des Colon transversum, Colon descendens mit linker Flexur und Colon
  sigmoideum, ohne oder mit Resektion der rechten Flexur
 Hinw.: Wurde weniger als ¾ des Colon transversum reseziert, ist der Kode für die Resektion des
  Colon descendens und Colon sigmoideum (5-455.b ff.) anzugeben

** 5-455.x Sonstige
  5-455.y N.n.bez.

 5-456 **(Totale) Kolektomie und Proktokolektomie**
 Hinw.: Das Anlegen eines protektiven Enterostomas ist gesondert zu kodieren (5-462 ff.)
  Die aus operationstechnischen Gründen erforderliche Mitresektion einer Ileummanschette ist
  im Kode enthalten
  Die (Teil-)Resektion von Nachbarorganen ist gesondert zu kodieren
  Die Nachbarorgane umfassen z.B. Dünndarm, Leber, Milz, Pankreas, Magen und Niere
  Die Lymphknoten des regionalen Lymphabflussgebietes und das Omentum majus gehören
  nicht zu den Nachbarorganen
  Die regionale Lymphadenektomie ist gesondert zu kodieren
  (5-406.0.3, 5-406.4, 5-406.5, 5-406.6, 5-406.9, 5-406.a, 5-406.b)
  Die radikale Lymphadenektomie ist gesondert zu kodieren
  (5-407.2, 5-407.3, 5-407.4, 5-407.6, 5-407.7)
  Die Art des verwendeten Materials für Gewebeersatz oder Gewebeverstärkung ist gesondert
  zu kodieren (5-932 ff.)
  Der Zugang ist in der 6. Stelle nach folgender Liste zu kodieren:
  0 Offen chirurgisch mit Ileostoma
  1 Offen chirurgisch mit ileorektaler Anastomose mit Reservoir (Pouch)
  2 Offen chirurgisch mit ileorektaler Anastomose ohne Reservoir (Pouch)
  3 Offen chirurgisch mit ileoanaler Anastomose mit Reservoir (Pouch)
  4 Offen chirurgisch mit ileoanaler Anastomose ohne Reservoir (Pouch)
  5 Laparoskopisch mit Anastomose mit Reservoir (Pouch)
  6 Laparoskopisch mit Anastomose ohne Reservoir (Pouch)
  7 Laparoskopisch mit Ileostoma
  8 Umsteigen laparoskopisch - offen chirurgisch
  x Sonstige

Kapitel 5: Operationen

** 5-456.0	Kolektomie
	Hinw.: Ohne Rektumexstirpation
** 5-456.1	Proktokolektomie
	Hinw.: Kolon einschließlich Rektum
** 5-456.2	Kolektomie mit Proktomukosektomie
** 5-456.x	Sonstige
5-456.y	N.n.bez.
5-459	**Bypass-Anastomose des Darmes**
5-459.0	Dünndarm zu Dünndarm
5-459.1	Duodenum zu Duodenum
5-459.2	Dünndarm zu Dickdarm
5-459.3	Dickdarm zu Dickdarm
5-459.4	Mehrfache Anastomosen
5-459.x	Sonstige
5-459.y	N.n.bez.

5-46 **Andere Operationen an Dünn- und Dickdarm**
Inkl.: Innere Schienung

5-460 **Anlegen eines Enterostomas, doppelläufig, als selbständiger Eingriff**
Hinw.: Die Art des verwendeten Materials für Gewebeersatz oder Gewebeverstärkung ist gesondert zu kodieren (5-932 ff.)
Zugang ist in der 6. Stelle nach folgender Liste zu kodieren:
   0   Offen chirurgisch
   1   Laparoskopisch
   2   Umsteigen laparoskopisch - offen chirurgisch

** 5-460.0	Jejunostoma
** 5-460.1	Ileostoma
** 5-460.2	Aszendostoma
** 5-460.3	Transversostoma
** 5-460.4	Deszendostoma
** 5-460.5	Sigmoideostoma
** 5-460.x	Sonstige
5-460.y	N.n.bez.

5-461 **Anlegen eines Enterostomas, endständig, als selbständiger Eingriff**
Hinw.: Die Art des verwendeten Materials für Gewebeersatz oder Gewebeverstärkung ist gesondert zu kodieren (5-932 ff.)
Der Zugang ist in der 6. Stelle nach folgender Liste zu kodieren:
   0   Offen chirurgisch
   1   Laparoskopisch
   2   Umsteigen laparoskopisch - offen chirurgisch

** 5-461.0	Zäkostoma
** 5-461.1	Aszendostoma
** 5-461.2	Transversostoma
** 5-461.3	Deszendostoma
** 5-461.4	Sigmoideostoma
** 5-461.5	Ileostoma
** 5-461.6	Appendikostoma, nicht kontinent
** 5-461.7	Appendikostoma, kontinent
	Exkl.: Kontinente Harnableitung über ein Appendikostoma (5-566.b)
** 5-461.x	Sonstige
5-461.y	N.n.bez.

Kapitel 5: Operationen

5-462 **Anlegen eines Enterostomas (als protektive Maßnahme) im Rahmen eines anderen Eingriffes**
Hinw.: Die Art des verwendeten Materials für Gewebeersatz oder Gewebeverstärkung ist gesondert zu kodieren (5-932 ff.)

5-462.0	Jejunostoma
5-462.1	Ileostoma
5-462.2	Zäkostoma [Zäkale Lippenfistel]
5-462.3	Aszendostoma
5-462.4	Transversostoma
5-462.5	Deszendostoma
5-462.6	Sigmoideostoma
5-462.7	Appendikostoma
5-462.x	Sonstige
5-462.y	N.n.bez.

5-463 **Anlegen anderer Enterostomata**
Hinw.: Die Art des verwendeten Materials für Gewebeersatz oder Gewebeverstärkung ist gesondert zu kodieren (5-932 ff.)
Der Zugang ist in der 6. Stelle nach folgender Liste zu kodieren:
 0 Offen chirurgisch
 1 Laparoskopisch
 2 Umsteigen laparoskopisch - offen chirurgisch

** 5-463.0	Duodenostomie (Anlegen einer Ernährungsfistel)
** 5-463.1	Jejunostomie (Anlegen einer Ernährungsfistel)
** 5-463.2	Kolostomie, n.n.bez.
** 5-463.3	Bishop-Koop-Anastomose
** 5-463.x	Sonstige
5-463.y	N.n.bez.

5-464 **Revision und andere Eingriffe an einem Enterostoma**
Hinw.: Die Art des verwendeten Materials für Gewebeersatz oder Gewebeverstärkung ist gesondert zu kodieren (5-932 ff.)
Die Lokalisation ist in der 6. Stelle nach folgender Liste zu kodieren:
 0 Duodenum
 1 Jejunum
 2 Ileum
 3 Kolon
 x Sonstige

** 5-464.0	Plastische Erweiterung
** 5-464.1	Plastische Einengung
** 5-464.2	Neueinpflanzung
** 5-464.3	Abtragung des vorverlagerten Teiles
** 5-464.4	Umwandlung in ein kontinentes Stoma (z.B. Kock-Pouch)
** 5-464.5	Korrektur einer parastomalen Hernie
** 5-464.x	Sonstige
5-464.y	N.n.bez.

5-465 **Rückverlagerung eines doppelläufigen Enterostomas**
Hinw.: Die aus operationstechnischen Gründen erforderliche Mitresektion einer Manschette ist im Kode enthalten
Eine über die Mitresektion einer Manschette hinausgehende Resektion eines Segmentes mit seiner radiären mesenterialen Gefäßversorgung ist gesondert zu kodieren (5-454 ff., 5-455 ff.)

5-465.0	Jejunostoma
5-465.1	Ileostoma

Kapitel 5: Operationen

5-465.2	Kolostoma	
5-465.x	Sonstige	
5-465.y	N.n.bez.	

5-466 Wiederherstellung der Kontinuität des Darmes bei endständigen Enterostomata
Hinw.: Die aus operationstechnischen Gründen erforderliche Mitresektion einer Manschette ist im Kode enthalten
Eine über die Mitresektion einer Manschette hinausgehende Resektion eines Segmentes mit seiner radiären mesenterialen Gefäßversorgung ist gesondert zu kodieren (5-454 ff., 5-455 ff.)

5-466.0	Jejunostoma	
5-466.1	Ileostoma	
5-466.2	Kolostoma	
5-466.x	Sonstige	
5-466.y	N.n.bez.	

5-467 Andere Rekonstruktion des Darmes
Exkl.: Rekonstruktion des Rektums (5-486 ff.)
Hinw.: Die Lokalisation ist für die mit ** gekennzeichneten Kodes in der 6. Stelle nach folgender Liste zu kodieren:
    0   Duodenum
    1   Jejunum
    2   Ileum
    3   Kolon
    x   Sonstige

** 5-467.0   Naht (nach Verletzung)
** 5-467.1   Verschluss einer Darmfistel, offen chirurgisch
** 5-467.2   Verschluss einer Darmfistel, endoskopisch
** 5-467.3   Erweiterungsplastik
** 5-467.4   Verschmälerungsplastik
** 5-467.5   Revision einer Anastomose
** 5-467.6   Dünndarmtransplantation
    [6. Stelle: 0-2,x]
** 5-467.7   Anlegen eines Reservoirs
    Exkl.: Anlegen eines Reservoirs zur Harnableitung (5-566)
** 5-467.8   Revision eines Reservoirs
** 5-467.9   Dünndarm-Retransplantation während desselben stationären Aufenthaltes
    [6. Stelle: 0-2,x]
   5-467.a   Plastische Darmverlängerung
    .a0   Longitudinale Darmverlängerung nach Bianchi
         Hinw.: Die notwendigen Anastomosen sind im Kode enthalten
    .a1   Serielle transverse Enteroplastie [STEP]
    .ax   Sonstige
** 5-467.x   Sonstige
   5-467.y   N.n.bez.

5-468 Intraabdominale Manipulation am Darm
Inkl.: Operation bei Säuglingen und Kleinkindern
      Fixation des Darmes
Hinw.: Die Lokalisation ist in der 6. Stelle nach folgender Liste zu kodieren:
    0   Duodenum
    1   Jejunum
    2   Ileum
    3   Kolon
    x   Sonstige

Kapitel 5: Operationen

** 5-468.0	Desinvagination (z.B. nach Hutchinson)	
** 5-468.1	Detorsion eines Volvulus	
** 5-468.x	Sonstige	
5-468.y	N.n.bez.	

5-469 Andere Operationen am Darm
Hinw.: Die Durchführung der endoskopischen Verfahren in Push-and-pull-back-Technik ist gesondert zu kodieren (5-469.v)
Der Zugang ist in der 6. Stelle nach folgender Liste zu kodieren:
- 0 Offen chirurgisch
- 1 Laparoskopisch
- 2 Umsteigen laparoskopisch - offen chirurgisch
- 3 Endoskopisch
- x Sonstige

** 5-469.0 Dekompression

** 5-469.1 Bridenlösung
[6. Stelle: 0-2,x]

** 5-469.2 Adhäsiolyse
[6. Stelle: 0-2,x]
Hinw.: Seromuskuläre Übernähungen akzidenteller Darmläsionen sind im Kode enthalten. Eine Naht bei akzidenteller Eröffnung des Darmlumens ist gesondert zu kodieren (5-467.0 ff.)

** 5-469.3 Dünndarmfaltung (Jejunoplikatio nach Noble) (OP nach Philipps-Child)
[6. Stelle: 0-2,x]

** 5-469.4 Myotomie (quere Einkerbung der freien Tänie des Dickdarmes)
[6. Stelle: 0-2,x]

** 5-469.5 Fixation des Dünndarmes an der rechten Bauchwandseite und des Dickdarmes an der linken Bauchwandseite
[6. Stelle: 0-2,x]

** 5-469.6 Durchtrennung der Laddschen Bänder
[6. Stelle: 0-2,x]
Hinw.: Diese Verfahren sind nur bei Mal- oder Nonrotation des Darmes kodierbar

** 5-469.7 Übernähung eines Ulkus
Inkl.: Übernähung eines Ulcus duodeni

** 5-469.8 Umstechung eines Ulkus
Inkl.: Umstechung eines Ulcus duodeni

** 5-469.b Bougierung

** 5-469.c Endo-Loop
Hinw.: Das Abtragen mit Schlinge ist im Kode enthalten

** 5-469.d Clippen
Exkl.: Endoskopische(r) Geweberaffung oder Gewebeverschluss durch einen auf ein Endoskop aufgesteckten ringförmigen Clip (5-469.s3)

** 5-469.e Injektion
Inkl.: Fibrinkleber

** 5-469.h Dilatation des Dünndarmes

** 5-469.j Dilatation des Dickdarmes
Exkl.: Peranale Dilatation am Rektum (5-489.2)

** 5-469.k Einlegen oder Wechsel einer selbstexpandierenden Prothese

** 5-469.m Entfernung einer selbstexpandierenden Prothese

** 5-469.n Einlegen oder Wechsel einer nicht selbstexpandierenden Prothese

** 5-469.p Entfernung einer nicht selbstexpandierenden Prothese

** 5-469.q Einlegen oder Wechsel eines Kunststoffconduits zur biliodigestiven Diversion
[6. Stelle: 3]
Inkl.: Schlauchendoprothese

Kapitel 5: Operationen

** 5-469.r Entfernung eines Kunststoffconduits zur biliodigestiven Diversion
[6. Stelle: 3]
Inkl.: Schlauchendoprothese

** 5-469.s Geweberaffung oder Gewebeverschluss durch einen auf ein Endoskop aufgesteckten ringförmigen Clip
[6. Stelle: 3]

** 5-469.t Blutstillung durch Auftragen absorbierender Substanzen
[6. Stelle: 3]

** 5-469.u Endoskopische Entfernung von Clips durch elektrische Desintegration
[6. Stelle: 3]

5-469.v Endoskopie durch Push-and-pull-back-Technik
Hinw.: Dieser Kode ist ein Zusatzkode. Er kann zusätzlich zu anderen Kodes aus dem Bereich 5-469 Andere Operationen am Darm angegeben werden

** 5-469.x Sonstige

5-469.y N.n.bez.

5-47 Operationen an der Appendix

5-470 Appendektomie

5-470.0 Offen chirurgisch

5-470.1 Laparoskopisch
.10 Absetzung durch (Schlingen)ligatur
.11 Absetzung durch Klammern (Stapler)
.1x Sonstige

5-470.2 Umsteigen laparoskopisch - offen chirurgisch

5-470.x Sonstige

5-470.y N.n.bez.

5-471 Simultane Appendektomie

5-471.0 Während einer Laparotomie aus anderen Gründen

5-471.1 Während einer Laparoskopie aus anderen Gründen
.10 Absetzung durch (Schlingen)ligatur
.11 Absetzung durch Klammern (Stapler)
.1x Sonstige

5-471.x Sonstige

5-471.y N.n.bez.

5-479 Andere Operationen an der Appendix

5-479.0 Inzision und Drainage eines perityphlitischen Abszesses

5-479.1 Sekundäre Appendektomie (nach Drainage eines perityphlitischen Abszesses)

5-479.x Sonstige

5-479.y N.n.bez.

5-48 Operationen am Rektum

5-480 **Inzision des Rektums**
Inkl.: Entfernung eines Fremdkörpers
Exkl.: Endoskopische Entfernung eines Fremdkörpers (8-100.9, 8-100.a)

5-482 **Peranale lokale Exzision und Destruktion von erkranktem Gewebe des Rektums**
Inkl.: Eingriffe in der Perirektalregion
Blutstillung
Hinw.: Die Blutstillung durch einen auf ein Endoskop aufgesteckten ringförmigen Clip (5-489.j) oder durch Auftragen absorbierender Substanzen (5-489.k) ist bei endoskopischen Verfahren gesondert zu kodieren
Der Zugang ist für die mit ** gekennzeichneten Kodes in der 6. Stelle nach folgender Liste zu kodieren:
  0   Peranal
  1   Endoskopisch
  2   Endoskopisch-mikrochirurgisch
  x   Sonstige

** 5-482.0 Schlingenresektion
Inkl.: Endoskopische Mukosaresektion

** 5-482.1 Submuköse Exzision
Inkl.: Endoskopische submuköse Dissektion [ESD]

** 5-482.3 Elektrokoagulation

** 5-482.4 Laserkoagulation

** 5-482.5 Thermokoagulation

** 5-482.6 Kryokoagulation

** 5-482.7 Photodynamische Therapie

** 5-482.8 Vollwandexzision, lokal

** 5-482.9 Vollwandexzision, zirkulär [Manschettenresektion]
Hinw.: Bei einer zirkulären Vollwandexzision wird eine Rektummanschette von weniger als 4 cm Länge reseziert

5-482.a Vollwandexzision, zirkulär [Manschettenresektion], intraperitoneal, endoskopisch-mikrochirurgisch
Hinw.: Bei einer zirkulären Vollwandexzision wird eine Rektummanschette von weniger als 4 cm Länge reseziert

5-482.b Vollwandexzision, mit Stapler, peranal
.b0 Zirkulär [Manschettenresektion]
Hinw.: Bei einer zirkulären Vollwandexzision wird eine Rektummanschette von weniger als 4 cm Länge reseziert
.b1 Semizirkulär

** 5-482.c Radiofrequenzablation

** 5-482.d Mikrowellenablation

** 5-482.e Irreversible Elektroporation

** 5-482.x Sonstige

5-482.y N.n.bez.

5-484 **Rektumresektion unter Sphinktererhaltung**
Inkl.: Rektosigmoidektomie
Hinw.: Die Anlage eines protektiven Enterostomas ist gesondert zu kodieren (5-462 ff.)
Die (Teil-)Resektion von Nachbarorganen ist gesondert zu kodieren
Die Art des verwendeten Materials für Gewebeersatz oder Gewebeverstärkung ist gesondert zu kodieren (5-932 ff.)
Zugang und Art der Rekonstruktion sind in der 6. Stelle nach folgender Liste zu kodieren.
Nicht alle Verfahren sind von allen Zugängen aus durchführbar:
  1   Offen chirurgisch mit Anastomose
  2   Offen chirurgisch mit Enterostoma und Blindverschluss
  5   Laparoskopisch mit Anastomose
  6   Laparoskopisch mit Enterostoma und Blindverschluss
  7   Peranal

Kapitel 5: Operationen

        8   Umsteigen laparoskopisch - offen chirurgisch mit Anastomose
        9   Umsteigen laparoskopisch - offen chirurgisch mit Enterostoma und Blindverschluss
        x   Sonstige

** 5-484.0   Anteriore Manschettenresektion
             [6. Stelle: 1,2,5,6,8,9,x]

** 5-484.1   Posteriore Manschettenresektion [Rectotomia posterior]
             [6. Stelle: 1,2,5,6,8,9,x]

** 5-484.2   Tubuläre Resektion unter Belassen des Paraproktiums
             Inkl.:   Anwendung eines Staplers
             Hinw.: Die peranale tubuläre Resektion einer Rektummanschette von weniger als 4 cm Länge ist als peranale lokale Exzision zu kodieren (5-482.90, 5-482.a, 5-482.b0)

** 5-484.3   Anteriore Resektion
             [6. Stelle: 1,2,5,6,8,9,x]

** 5-484.5   Tiefe anteriore Resektion
             [6. Stelle: 1,2,5,6,8,9,x]
             Inkl.:   Tiefe anteriore Resektion mit peranaler Anastomose durch Klammernahtgerät
             Hinw.: Die Resektionshöhe liegt für die tiefe anteriore Rektumresektion im Bereich der Ampulla recti unterhalb der Plica transversa recti inferior

** 5-484.6   Tiefe anteriore Resektion mit peranaler Anastomose
             [6. Stelle: 1,5,8,x]

** 5-484.x   Sonstige
             [6. Stelle: 1,2,5,6,8,9,x]

    5-484.y   N.n.bez.

5-485   **Rektumresektion ohne Sphinktererhaltung**
             Inkl.:   Rektosigmoidektomie
             Hinw.: Die Art des verwendeten Materials für Gewebeersatz oder Gewebeverstärkung ist gesondert zu kodieren (5-932 ff.)

    5-485.0   Abdominoperineal
             Hinw.: Die (Teil-)Resektion von Nachbarorganen ist gesondert zu kodieren
             .01   Offen chirurgisch
             .02   Kombiniert offen chirurgisch-laparoskopisch
             .0x   Sonstige

    5-485.1   Abdominoperineal mit Entfernung von Nachbarorganen
             Hinw.: Die (Teil-)Resektion von Nachbarorganen ist gesondert zu kodieren
             Dieser Kode ist im Geltungsbereich des G-DRG-Systems (§ 17b KHG) nicht zu verwenden. Dafür sind bei einer abdominoperinealen Rektumresektion mit gleichzeitiger Entfernung von Nachbarorganen ein Kode aus 5-485.0 ff. und die entsprechenden Kodes für die (Teil-)Resektion von Nachbarorganen anzugeben

    5-485.2   Abdominosakral
             Hinw.: Die (Teil-)Resektion von Nachbarorganen ist gesondert zu kodieren
             .21   Offen chirurgisch
             .22   Kombiniert offen chirurgisch-laparoskopisch
             .2x   Sonstige

    5-485.3   Abdominosakral mit Entfernung von Nachbarorganen
             Hinw.: Die (Teil-)Resektion von Nachbarorganen ist gesondert zu kodieren
             Dieser Kode ist im Geltungsbereich des G-DRG-Systems (§ 17b KHG) nicht zu verwenden. Dafür sind bei einer abdominosakralen Rektumresektion mit gleichzeitiger Entfernung von Nachbarorganen ein Kode aus 5-485.2 ff. und die entsprechenden Kodes für die (Teil-)Resektion von Nachbarorganen anzugeben

    5-485.4   Sakroperineal
    5-485.5   Perineal
    5-485.x   Sonstige
    5-485.y   N.n.bez.

5-486   **Rekonstruktion des Rektums**
    5-486.0   Naht (nach Verletzung)

Kapitel 5: Operationen

5-486.1	Plastische Rekonstruktion
5-486.2	Verschluss einer Rektum-Haut-Fistel
5-486.3	Abdominale Rektopexie, offen chirurgisch
5-486.4	Abdominale Rektopexie, laparoskopisch
5-486.5	Rektopexie durch Rectotomia posterior
5-486.6	Extraanale Mukosaresektion (Rehn-Delorme)
5-486.7	Exzision einer Fistel mit innerer Fistelöffnung oberhalb der Linea dentata mit plastischer Rekonstruktion der Rektumwand
5-486.x	Sonstige
5-486.y	N.n.bez.

5-489 Andere Operation am Rektum

5-489.0 Ligatur
Inkl.: Gummiring
Exkl.: Ligatur von Hämorrhoiden (5-493.0)

5-489.1 Sklerosierung, peranal

5-489.2 Dilatation, peranal
Exkl.: Dilatation des Anus (5-499.0)

5-489.b Endoskopische Bougierung

5-489.c Endo-Loop
Hinw.: Das Abtragen mit Schlinge ist im Kode enthalten

5-489.d Endoskopisches Clippen
Exkl.: Endoskopische(r) Geweberaffung oder Gewebeverschluss durch einen auf ein Endoskop aufgesteckten ringförmigen Clip (5-489.j)

5-489.e Endoskopische Injektion
Inkl.: Fibrinkleber

5-489.g Einlegen oder Wechsel einer Prothese, endoskopisch
.g0 Selbstexpandierend
.g1 Nicht selbstexpandierend

5-489.h Entfernung einer Prothese, endoskopisch
.h0 Selbstexpandierend
.h1 Nicht selbstexpandierend

5-489.j Endoskopische(r) Geweberaffung oder Gewebeverschluss durch einen auf ein Endoskop aufgesteckten ringförmigen Clip

5-489.k Endoskopische Blutstillung durch Auftragen absorbierender Substanzen

5-489.m Endoskopische Entfernung von Clips durch elektrische Desintegration

5-489.x Sonstige

5-489.y N.n.bez.

5-49 Operationen am Anus

5-490 **Inzision und Exzision von Gewebe der Perianalregion**
Inkl.: Inzision oder Exzision bei perianaler Thrombose

5-490.0 Inzision

5-490.1 Exzision

5-490.x Sonstige

5-490.y N.n.bez.

5-491 **Operative Behandlung von Analfisteln**
Hinw.: Eine gleichzeitige Rekonstruktion (5-496.3) oder Naht (5-496.0) des Sphinkters ist gesondert zu kodieren

5-491.0 Inzision (Spaltung)

Kapitel 5: Operationen

5-491.1 Exzision
- .10 Subkutan
- .11 Intersphinktär
- .12 Transsphinktär
- .13 Suprasphinktär
- .14 Extrasphinktär
- .15 Submukös
- .16 Subanodermal
- .1x Sonstige

5-491.2 Fadendrainage

5-491.3 Verschluss von Analfisteln durch Plug-Technik
Inkl.: Analfistelverschluss mit dreidimensionaler Kollagenmatrix SIS [Small Intestinal Submucosa]

5-491.4 Exzision einer inter- oder transsphinktären Analfistel mit Verschluss durch Schleimhautlappen

5-491.5 Exzision einer Analfistel mit Verschluss durch Muskel-Schleimhaut-Lappen

5-491.x Sonstige

5-491.y N.n.bez.

5-492 Exzision und Destruktion von erkranktem Gewebe des Analkanals
Inkl.: Blutstillung

5-492.0 Exzision
Hinw.: Eine tiefe Exzision reicht mindestens bis zur Muskulatur
- .00 Lokal
- .01 Tief
  Inkl.: Exzision einer Analfissur
- .02 Tief, mit Teilresektion des Muskels
  Inkl.: Exzision eines Analtumors
- .0x Sonstige

5-492.1 Destruktion, lokal

5-492.2 Exzision, endoskopisch, lokal

5-492.3 Destruktion, endoskopisch, lokal

5-492.x Sonstige

5-492.y N.n.bez.

5-493 Operative Behandlung von Hämorrhoiden

5-493.0 Ligatur
Inkl.: Gummiring

5-493.1 Sklerosierung

5-493.2 Exzision (z.B. nach Milligan-Morgan)

5-493.4 Destruktion

5-493.5 Mit Stapler
Hinw.: Die operative Behandlung eines Prolaps von Rektummukosa und/oder Anoderm im Rahmen einer Hämorrhoidenoperation nach Longo ist im Kode enthalten

5-493.6 Exzision mit plastischer Rekonstruktion (z.B. nach Fansler, Arnold, Parks)

5-493.7 Ligatur einer A. haemorrhoidalis
Hinw.: Die dopplersonographische Steuerung ist im Kode enthalten
- .70 Ohne rektoanale Rekonstruktion [Recto-anal-repair]
- .71 Mit rektoanaler Rekonstruktion [Recto-anal-repair]

5-493.x Sonstige

5-493.y N.n.bez.

5-494 Durchtrennung des Sphincter ani [Sphinkterotomie]

5-494.1 Lateral

5-494.2 Medial

Kapitel 5: Operationen

5-494.x	Sonstige	
5-494.y	N.n.bez.	
5-495	**Primäre plastische Rekonstruktion bei anorektalen Anomalien**	
	Hinw.: Der Zugang ist für die mit ** gekennzeichneten Kodes in der 6. Stelle nach folgender Liste zu kodieren:	
	0	Offen chirurgisch
	1	Perineal
	2	Laparoskopisch
	x	Sonstige
** 5-495.0	Anteriore Anorektoplastik	
** 5-495.1	Posteriore sagittale Anorektoplastik [PSARP] [OP nach Pena und de Vries]	
** 5-495.2	Posteriore sagittale Anorektoplastik [PSARP] mit Fistelverschluss zum Urogenitaltrakt	
** 5-495.3	Posteriore sagittale Anorektoplastik [PSARP] mit Korrektur einer Fehlbildung der Vagina mit ortsständigem Gewebe	
	Inkl.: Umwandlung einer Vagina duplex in ein unpaariges Organ	
	Hinw.: Die Rekonstruktion aus nicht ortsständigem Gewebe ist gesondert zu kodieren (5-705 ff.)	
** 5-495.4	Durchzugsoperation, abdominoperineal	
	[6. Stelle: 0,2,x]	
5-495.6	Analplastik, perineal	
** 5-495.x	Sonstige	
5-495.y	N.n.bez.	
5-496	**Rekonstruktion des Anus und des Sphinkterapparates**	
	Inkl.: Sekundäre plastische Rekonstruktion bei Analatresie	
	Exkl.: Primäre plastische Rekonstruktion bei Analatresie (5-495 ff.)	
5-496.0	Naht (nach Verletzung)	
5-496.1	Cerclage	
5-496.2	Sphinkteromyektomie	
5-496.3	Sphinkterplastik	
	Inkl.: Rekonstruktion des Sphinkterapparates nach Exzision einer Analfistel (primär und sekundär)	
	Hinw.: Die gleichzeitige Exzision einer Analfistel ist gesondert zu kodieren (5-491 ff.)	
5-496.4	Erweiterungsplastik	
5-496.5	Grazilisplastik	
	Hinw.: Die Implantation, der Wechsel und die Entfernung von Neurostimulatoren und Elektroden bei der dynamischen Grazilisplastik sind gesondert zu kodieren (5-059 ff.)	
5-496.9	Implantation eines künstlichen Analsphinkters	
	.90	Hydraulisches System
		Inkl.: Implantation von Cuff, Verbindungspumpe und Ballon
	.91	Magnetisches System
	.9x	Sonstige
5-496.a	Wechsel eines künstlichen Analsphinkters und seiner Komponenten	
	.a0	Cuff
	.a1	Verbindungspumpe
	.a2	Ballon
	.a3	Zwei Komponenten (z.B. Verbindungspumpe und Ballon) eines hydraulischen Systems
	.a4	Alle Komponenten eines hydraulischen Systems
	.a5	Magnetisches System
5-496.b	Entfernung eines künstlichen Analsphinkters	
5-496.c	Implantation, Wechsel oder Entfernung von selbstexpandierenden Implantaten im intersphinktären Raum	
	.c0	Implantation
	.c1	Wechsel
	.c2	Entfernung
5-496.x	Sonstige	
5-496.y	N.n.bez.	

Kapitel 5: Operationen

5-499	Andere Operationen am Anus
5-499.0	Dilatation
	Exkl.: Peranale Dilatation des Rektums (5-489.2)
5-499.e	Endoskopische Injektion
	Inkl.: Fibrinkleber
5-499.x	Sonstige
5-499.y	N.n.bez.

5-50 Operationen an der Leber

5-500	Inzision der Leber
	Exkl.: Therapeutische perkutane Punktion der Leber (8-154.1)
5-500.0	Ohne weitere Maßnahmen
5-500.1	Drainage
5-500.x	Sonstige
5-500.y	N.n.bez.

5-501 Lokale Exzision und Destruktion von erkranktem Gewebe der Leber (atypische Leberresektion)
Inkl.: Blutstillung
Exkl.: Exzision einer Zyste mit Drainage über Hepatojejunostomie (5-512.2 ff., 5-512.3 ff., 5-512.4 ff.)
Hinw.: Der Zugang ist in der 6. Stelle nach folgender Liste zu kodieren:
    0   Offen chirurgisch
    1   Laparoskopisch
    2   Umsteigen laparoskopisch - offen chirurgisch
    3   Perkutan
    x   Sonstige

** 5-501.0	Exzision, lokal
	Inkl.: Exzision einer Zyste (Perizystektomie)
** 5-501.1	Endozystenresektion (bei Echinokokkuszyste)
** 5-501.2	Keilexzision
** 5-501.4	Destruktion, lokal, durch Alkoholinjektion mit Steuerung durch bildgebende Verfahren
	Hinw.: Das bildgebende Verfahren ist im Kode enthalten
** 5-501.5	Destruktion, lokal, durch hochfrequenzinduzierte Thermotherapie
	Inkl.: Radiofrequenzthermoablation, Mikrowellenablation
	Hinw.: Das bildgebende Verfahren ist im Kode enthalten
** 5-501.6	Destruktion, lokal, durch Laser
	Hinw.: Das bildgebende Verfahren ist im Kode enthalten
** 5-501.7	Destruktion, lokal, durch irreversible Elektroporation
	Hinw.: Das bildgebende Verfahren ist im Kode enthalten
** 5-501.x	Sonstige
5-501.y	N.n.bez.

5-502	Anatomische (typische) Leberresektion
5-502.0	Segmentresektion (ein Segment)
5-502.1	Hemihepatektomie links [Resektion der Segmente 2, 3, 4a und 4b]]
5-502.2	Hemihepatektomie rechts [Resektion der Segmente 5 bis 8]
5-502.3	So genannte Trisegmentektomie [Resektion der Segmente 4 bis 8]
5-502.4	Bisegmentektomie [Lobektomie links] [Resektion der Segmente 2 und 3]
5-502.5	Resektion sonstiger Segmentkombinationen
	Hinw.: Mit diesem Kode ist auch die Resektion mehrerer nicht zusammenhängender Segmente zu kodieren
5-502.6	Trisektorektomie [Resektion der Segmente 1 und 4 bis 8]
5-502.7	In-situ-Split mit Ligatur der Pfortader bei einer zweizeitigen Leberresektion

Kapitel 5: Operationen

5-502.8	Leberresektion nach vorangegangenem In-situ-Split
5-502.x	Sonstige
5-502.y	N.n.bez.

5-503   Leberteilresektion und Hepatektomie (zur Transplantation)

5-503.0   Hepatektomie, postmortal
    Hinw.: Dieser Kode ist auch zu verwenden, wenn die Leistung nicht abschließend erbracht wird oder sich erst intraoperativ die Nichtverwendbarkeit des Organs für eine spätere Transplantation herausstellt
    Dieser Kode und der im Fall eines vorzeitigen Abbruchs dieses Eingriffes zusätzlich zu kodierende Zusatzkode 5-995 werden nicht im Rahmen des Datensatzes nach § 301 SGB V bzw. § 21 KHEntgG übermittelt
    Die Aufrechterhaltung der Homöostase für die postmortale Organspende ist im Kode enthalten

5-503.1   Entfernung einer Transplantatleber als selbständiger Eingriff
    Exkl.: Hepatektomie im Rahmen einer Transplantation (5-504.0)

5-503.2   Entfernung einer Eigenleber als selbständiger Eingriff
    Exkl.: Hepatektomie im Rahmen einer Transplantation (5-504.0)

5-503.3   Bisegmentektomie [Lobektomie links] [Resektion der Segmente 2 und 3], zur Lebend-Organspende

5-503.4   Hemihepatektomie links [Resektion der Segmente (1), 2, 3, 4a und 4b] zur Lebend-Organspende

5-503.5   Hemihepatektomie rechts [Resektion der Segmente 5 bis 8] zur Lebend-Organspende

5-503.6   Resektion sonstiger Segmentkombinationen zur Lebend-Organspende

5-503.x   Sonstige

5-503.y   N.n.bez.

5-504   Lebertransplantation
    Exkl.: Allogene Hepatozytentransplantation (8-862 ff.)
    Hinw.: Bei AB0-nichtkompatibler Transplantation ist der Kode 5-930.21 zusätzlich anzugeben
    Die Art der Konservierung von Organtransplantaten ist gesondert zu kodieren (5-939 ff.)

5-504.0   Komplett (gesamtes Organ)
    Inkl.: Simultane Hepatektomie

5-504.1   Partiell (Split-Leber)

5-504.2   Auxiliär (linker Leberlappen zusätzlich zum eigenen Organ)

5-504.3   Retransplantation, komplett (gesamtes Organ) während desselben stationären Aufenthaltes
    Inkl.: Simultane Hepatektomie

5-504.4   Retransplantation, partiell (Split-Leber) während desselben stationären Aufenthaltes

5-504.5   Retransplantation, auxiliär (linker Leberlappen zusätzlich zum vorhandenen Organ) während desselben stationären Aufenthaltes

5-504.x   Sonstige

5-504.y   N.n.bez.

5-505   Rekonstruktion der Leber

5-505.0   Naht und blutstillende Umstechung (nach Verletzung)

5-505.1   Tamponade

5-505.2   Mit Omentumplastik

5-505.x   Sonstige

5-505.y   N.n.bez.

5-506   Implantation, Wechsel und Entfernung eines Katheterverweilsystems in Leberarterie und Pfortader (zur Chemotherapie) und offen chirurgische intrahepatische Chemoperfusion

5-506.0   Implantation

5-506.1   Wechsel

5-506.2   Entfernung

Kapitel 5: Operationen

5-506.3 Offen chirurgische intrahepatische Chemoperfusion
.30 Hypertherm
.3x Sonstige

5-506.x Sonstige

5-506.y N.n.bez.

5-509 Andere Operationen an der Leber

5-509.0 Implantation von Bestrahlungsmarkern, perkutan
Hinw.: Das bildgebende Verfahren ist gesondert zu kodieren (Kap. 3)

5-509.x Sonstige

5-51 Operationen an Gallenblase und Gallenwegen
Exkl.: Extrakorporale Stoßwellenlithotripsie in Gallenblase und Gallengängen (8-111 ff.)

5-510 Cholezystotomie und Cholezystostomie

5-510.0 Cholezystotomie, n.n.bez.

5-510.1 Cholezystotomie, offen chirurgisch

5-510.2 Cholezystotomie, laparoskopisch

5-510.3 Cholezystotomie, Umsteigen laparoskopisch - offen chirurgisch

5-510.4 Cholezystostomie
.40 Offen chirurgisch
.41 Laparoskopisch
.42 Umsteigen laparoskopisch - offen chirurgisch
.43 Endoskopisch
Hinw.: Die Verwendung von selbstexpandierenden Stents ist gesondert zu kodieren (5-449.h3, 5-469.k3)
Die Verwendung von auf ein Kauterisierungssystem vorgeladenen selbstexpandierenden Stents ist gesondert zu kodieren (5-549.a)
.4x Sonstige

5-511 Cholezystektomie
Inkl.: Blutstillung im Bereich des Gallenblasenlagers (mit Leberbettnaht)
Einlage einer Gallengangs-/T-Drainage bei Gallengangsrevision
Hinw.: Eine intraoperative Cholangiographie durch Zugang im Rahmen einer Laparotomie oder Laparoskopie ist gesondert zu kodieren (3-13c.3)

5-511.0 Einfach, offen chirurgisch
.01 Ohne operative Revision der Gallengänge
.02 Mit operativer Revision der Gallengänge

5-511.1 Einfach, laparoskopisch
.11 Ohne laparoskopische Revision der Gallengänge
.12 Mit laparoskopischer Revision der Gallengänge

5-511.2 Einfach, Umsteigen laparoskopisch - offen chirurgisch
.21 Ohne operative Revision der Gallengänge
.22 Mit operativer Revision der Gallengänge

5-511.3 Erweitert
Inkl.: Leberbettresektion

5-511.4 Simultan, während einer Laparotomie aus anderen Gründen
.41 Ohne operative Revision der Gallengänge
.42 Mit operativer Revision der Gallengänge

5-511.5 Simultan, während einer Laparoskopie aus anderen Gründen
.51 Ohne operative Revision der Gallengänge
.52 Mit operativer Revision der Gallengänge

5-511.x Sonstige

5-511.y N.n.bez.

Kapitel 5: Operationen

5-512 **Biliodigestive Anastomose (von Ductus hepaticus, Ductus choledochus und Leberparenchym)**
  Inkl.: Operationen bei kongenitaler Gallengangsatresie
  Einlage einer Gallengangs-/T-Drainage
  Hinw.: Die Resektion von Gallengangsgewebe ist gesondert zu kodieren (5-515 ff.)
  Eine intraoperative Cholangiographie durch Zugang im Rahmen einer Laparotomie oder Laparoskopie ist gesondert zu kodieren (3-13c.3)
  Die Verwendung von selbstexpandierenden Stents ist gesondert zu kodieren (5-449.h ff., 5-469.k ff.)
  Die Verwendung von auf ein Kauterisierungssystem vorgeladenen selbstexpandierenden Stents ist gesondert zu kodieren (5-549.a)
  Der Zugang ist in der 6. Stelle nach folgender Liste zu kodieren:
  0   Offen chirurgisch
  1   Laparoskopisch
  2   Umsteigen laparoskopisch - offen chirurgisch
  3   Endoskopisch
  x   Sonstige

** 5-512.0 Zum Magen
** 5-512.1 Zum Duodenum
** 5-512.2 Zum Jejunum
** 5-512.3 Zum Jejunum, mit Interposition einer Darmschlinge
  [6. Stelle: 0-2,x]
** 5-512.4 Zum Jejunum, mit Roux-Y-Anastomose
  [6. Stelle: 0-2,x]
  Inkl.: Zur Ableitung einer Leberzyste mit Anschluss an das Gallensystem
** 5-512.x Sonstige
5-512.y N.n.bez.

5-513 **Endoskopische Operationen an den Gallengängen**
  Inkl.: Röntgendarstellung der Gallenwege (ERC) sowie der Gallen- und Pankreaswege (ERCP)
  Exkl.: Diagnostische Endoskopie der Gallen- und Pankreaswege (1-64)
  Extrakorporale Stoßwellenlithotripsie in Gallenblase und Gallengängen (8-111 ff.)

5-513.1 Inzision der Papille (Papillotomie)
5-513.2 Steinentfernung
  .20   Mit Körbchen
  .21   Mit Ballonkatheter
  .22   Mit mechanischer Lithotripsie
  .23   Mit elektrohydraulischer Lithotripsie
  .24   Mit elektrohydraulischer Lithotripsie und Laseranwendung
  .25   Mit Laserlithotripsie
  .2x   Sonstige
5-513.3 Exzision
  Exkl.: Endoskopische Biopsie an den Gallengängen oder an Sphincter Oddi und Papilla duodeni major (1-440.6, 1-440.7)
  Biopsie durch Inzision an den Gallengängen oder an Sphincter Oddi und Papilla duodeni major (1-552.1, 1-552.2)
  .30   Exzision an der Papille
  .31   Papillektomie
    Exkl.: Exzision der Papilla duodeni major mit Replantation des Ductus choledochus (5-518.4 ff.)
  .32   Exzision am Gallengang
5-513.4 Destruktion
  .40   Elektrokoagulation
  .41   Photodynamische Therapie
  .42   Radiofrequenzablation
  .43   Mikrowellenablation
  .44   Irreversible Elektroporation
  .4x   Sonstige

5-513.5	Einlegen einer Drainage
	Inkl.: Einlegen einer nasobiliären Verweilsonde
5-513.a	Dilatation
5-513.b	Entfernung von alloplastischem Material
5-513.c	Blutstillung
5-513.d	Bougierung
5-513.f	Einlegen von nicht selbstexpandierenden Prothesen
	.f0 Eine Prothese
	.f1 Zwei oder mehr Prothesen
5-513.h	Wechsel von nicht selbstexpandierenden Prothesen
	.h0 Eine Prothese
	.h1 Zwei oder mehr Prothesen
5-513.k	Zugang durch retrograde Endoskopie
	Hinw.: Dieser Kode ist ein Zusatzkode. Er ist nur anzugeben, wenn eine retrograde Endoskopie als Zugang für eines der unter 5-513.1 bis 5-513.h ff. und 5-513.m ff. bis 5-513.n ff. aufgeführten Verfahren eingesetzt wurde. Mit diesem Kode soll ausschließlich die aufgrund von Voroperationen (z.B. nach partieller Pankreatoduodenektomie, bei Roux-Y-Anastomose nach totaler oder partieller Gastrektomie) retrograd (von weiter aboral gelegenen Darmabschnitten in Richtung weiter oral gelegener Darmabschnitte) durchgeführte Endoskopie zur therapeutischen Intervention an den Gallenwegen verschlüsselt werden
5-513.m	Einlegen oder Wechsel von selbstexpandierenden ungecoverten Stents
	Hinw.: Beim Wechsel ist entsprechend der Zahl der neu eingelegten selbstexpandierenden ungecoverten Stents zu kodieren
	.m0 Ein Stent
	.m1 Zwei Stents
	.m2 Drei oder mehr Stents
5-513.n	Einlegen oder Wechsel von selbstexpandierenden gecoverten Stent-Prothesen
	Hinw.: Beim Wechsel ist entsprechend der Zahl der neu eingelegten selbstexpandierenden gecoverten Stent-Prothesen zu kodieren
	.n0 Eine Stent-Prothese
	.n1 Zwei Stent-Prothesen
	.n2 Drei oder mehr Stent-Prothesen
5-513.p	Endoskopische Operation an den Gallengängen bei anatomischer Besonderheit
	Hinw.: Dieser Kode ist ein Zusatzkode. Er ist nur anzugeben, wenn bei Durchführung einer der unter 5-513.1 bis 5-513.h ff. und 5-513.m ff. bis 5-513.n ff. aufgeführten Verfahren eine der folgenden Besonderheiten vorlag:
	• Lage der Papilla Vateri am Rand oder innerhalb eines Duodenaldivertikels oder
	• Klatskin-Tumor (Stadium III oder IV) mit Drainageeinlage im rechten und linken Gallengang oder
	• Stenosierende Neubildung der Papilla Vateri bei erstmaliger, erfolgreicher Kanülierung
5-513.q	Therapeutische direkte Endoskopie der Gallenwege [duktale Endoskopie]
	Hinw.: Diese Kodes sind Zusatzkodes. Sie sind nur anzugeben, wenn eine duktale Endoskopie der Gallenwege als Zugang für eines der unter 5-513.1 bis 5-513.h ff. und 5-513.m ff. bis 5-513.n ff. aufgeführten Verfahren eingesetzt wurde
	.q0 Cholangioskopie der Gallenwege distal der Hepatikusgabel
	Inkl.: Cholangioskopie der extrahepatischen Gallenwege
	.q1 Cholangioskopie der Gallenwege proximal der Hepatikusgabel
	Inkl.: Cholangioskopie der intrahepatischen Gallenwege
5-513.x	Sonstige
5-513.y	N.n.bez.

Kapitel 5: Operationen

5-514   **Andere Operationen an den Gallengängen**
Exkl.:   Dilatation an Sphincter Oddi und Papilla duodeni major (5-518.0 ff.)
          Papillotomie (5-518.1 ff.)
Hinw.:   Eine intraoperative Cholangiographie durch Zugang im Rahmen einer Laparotomie oder Laparoskopie ist gesondert zu kodieren (3-13c.3)
          Der Zugang ist in der 6. Stelle nach folgender Liste zu kodieren:
          0   Offen chirurgisch
          1   Laparoskopisch
          2   Umsteigen laparoskopisch - offen chirurgisch
          3   Perkutan-transhepatisch
          x   Sonstige

** 5-514.0   Inzision des Ductus choledochus
** 5-514.2   Steinentfernung
** 5-514.3   Exzision
** 5-514.5   Einlegen einer Drainage
          Inkl.:   Umwandlung einer externen in eine interne Drainage (Rendezvous-Manöver)
** 5-514.b   Entfernung von alloplastischem Material
** 5-514.c   Blutstillung
** 5-514.d   Revision (als selbständiger Eingriff)
** 5-514.g   Einlegen einer nicht selbstexpandierenden Prothese
** 5-514.h   Einlegen von zwei oder mehr nicht selbstexpandierenden Prothesen
** 5-514.k   Wechsel von nicht selbstexpandierenden Prothesen
** 5-514.m   Dilatation
          [6. Stelle: 3]
** 5-514.n   Bougierung
          [6. Stelle: 3]
** 5-514.p   Wechsel einer Drainage
** 5-514.q   Destruktion durch Elektrokoagulation
** 5-514.r   Destruktion durch photodynamische Therapie
** 5-514.s   Destruktion durch Radiofrequenzablation
** 5-514.t   Destruktion durch sonstige Verfahren
   5-514.u   Therapeutische perkutan-transhepatische Endoskopie der Gallenwege
          Hinw.: Diese Kodes sind Zusatzkodes. Sie sind nur anzugeben, wenn eine perkutan-transhepatische Endoskopie der Gallenwege als Zugang für eines der unter 5-514.0 ff. bis 5-514.t ff. aufgeführten Verfahren eingesetzt wurde
          .u0   Normalkalibriges Cholangioskop
              Hinw.: Der Außendurchmesser eines normalkalibrigen Cholangioskops beträgt mehr als 4 mm
          .u1   Kleinkalibriges Cholangioskop
              Hinw.: Der Außendurchmesser eines kleinkalibrigen Cholangioskops beträgt 4 mm oder weniger
** 5-514.x   Sonstige
   5-514.y   N.n.bez.

5-515   **Exzision und Resektion von erkranktem Gewebe der Gallengänge**
Inkl.:   Einlage einer Gallengangs-/T-Drainage
Hinw.:   Eine intraoperative Cholangiographie durch Zugang im Rahmen einer Laparotomie oder Laparoskopie ist gesondert zu kodieren (3-13c.3)

   5-515.0   Exzision eines Reststumpfes des Ductus cysticus
   5-515.1   Resektion, mit End-zu-End-Anastomose
   5-515.2   Resektion, mit biliodigestiver Anastomose
          Hinw.: Die biliodigestive Anastomose ist gesondert zu kodieren (5-512 ff.)
   5-515.x   Sonstige
   5-515.y   N.n.bez.

Kapitel 5: Operationen

5-516 **Andere Rekonstruktion der Gallengänge**
Inkl.: Einlage einer Gallengangs-/T-Drainage
Hinw.: Eine intraoperative Cholangiographie durch Zugang im Rahmen einer Laparotomie oder Laparoskopie ist gesondert zu kodieren (3-13c.3)

5-516.0 Naht (nach Verletzung)
5-516.1 Plastische Rekonstruktion
5-516.x Sonstige
5-516.y N.n.bez.

5-517 **Einlegen oder Wechseln von selbstexpandierenden Stents und Stent-Prothesen in die Gallengänge**
Exkl.: Endoskopisches Einlegen oder Wechseln von selbstexpandierenden Stents oder Stent-Prothesen in die Gallengänge (5-513.m, 5-513.n)
Hinw.: Eine intraoperative Cholangiographie durch Zugang im Rahmen einer Laparotomie oder Laparoskopie ist gesondert zu kodieren (3-13c.3)
Der Zugang ist in der 6. Stelle nach folgender Liste zu kodieren:
  0   Offen chirurgisch
  1   Laparoskopisch
  2   Umsteigen laparoskopisch - offen chirurgisch
  3   Perkutan-transhepatisch
  x   Sonstige

** 5-517.0 Einlegen oder Wechsel eines selbstexpandierenden ungecoverten Stents
Hinw.: Beim Wechsel ist entsprechend der Zahl der neu eingelegten selbstexpandierenden ungecoverten Stents zu kodieren

** 5-517.1 Einlegen oder Wechsel von zwei selbstexpandierenden ungecoverten Stents
Hinw.: Beim Wechsel ist entsprechend der Zahl der neu eingelegten selbstexpandierenden ungecoverten Stents zu kodieren

** 5-517.2 Einlegen oder Wechsel von drei selbstexpandierenden ungecoverten Stents
Hinw.: Beim Wechsel ist entsprechend der Zahl der neu eingelegten selbstexpandierenden ungecoverten Stents zu kodieren

** 5-517.3 Einlegen oder Wechsel von vier oder mehr selbstexpandierenden ungecoverten Stents
Hinw.: Beim Wechsel ist entsprechend der Zahl der neu eingelegten selbstexpandierenden ungecoverten Stents zu kodieren

** 5-517.4 Einlegen oder Wechsel einer selbstexpandierenden gecoverten Stent-Prothese
Hinw.: Beim Wechsel ist entsprechend der Zahl der neu eingelegten selbstexpandierenden gecoverten Stent-Prothesen zu kodieren

** 5-517.5 Einlegen oder Wechsel von zwei selbstexpandierenden gecoverten Stent-Prothesen
Hinw.: Beim Wechsel ist entsprechend der Zahl der neu eingelegten selbstexpandierenden gecoverten Stent-Prothesen zu kodieren

** 5-517.6 Einlegen oder Wechsel von drei selbstexpandierenden gecoverten Stent-Prothesen
Hinw.: Beim Wechsel ist entsprechend der Zahl der neu eingelegten selbstexpandierenden gecoverten Stent-Prothesen zu kodieren

** 5-517.7 Einlegen oder Wechsel von vier oder mehr selbstexpandierenden gecoverten Stent-Prothesen
Hinw.: Beim Wechsel ist entsprechend der Zahl der neu eingelegten selbstexpandierenden gecoverten Stent-Prothesen zu kodieren

** 5-517.x Sonstige
5-517.y N.n.bez.

5-518 **Operationen an Sphincter Oddi und Papilla duodeni major**
Exkl.: Papillotomie, endoskopisch (ERCP) (5-513.1)
Papillektomie, endoskopisch (5-513.31)
Endoskopische Operationen an den Gallengängen (5-513 ff.)
Endoskopische Eingriffe am Pankreasgang (5-526 ff.)
Hinw.: Eine intraoperative Cholangiographie durch Zugang im Rahmen einer Laparotomie oder Laparoskopie ist gesondert zu kodieren (3-13c.3)
Der Zugang ist in der 6. Stelle nach folgender Liste zu kodieren:
  0   Offen chirurgisch
  1   Laparoskopisch
  2   Umsteigen laparoskopisch - offen chirurgisch
  x   Sonstige

Kapitel 5: Operationen

** 5-518.0	Dilatation	
** 5-518.1	Inzision [Papillotomie]	
** 5-518.2	Sonstige Inzision (mit Duodenotomie)	
** 5-518.3	Destruktion von erkranktem Gewebe der Papilla duodeni major	
** 5-518.4	Exzision der Papilla duodeni major mit Replantation des Ductus choledochus	
** 5-518.5	Sonstige Exzision oder Destruktion	
** 5-518.6	Plastische Rekonstruktion	
** 5-518.x	Sonstige	
5-518.y	N.n.bez.	

5-519 Andere Operationen an Gallenblase und Gallengängen
Exkl.: Therapeutische perkutane Punktion der Gallenblase (8-154.2)
Hinw.: Eine intraoperative Cholangiographie durch Zugang im Rahmen einer Laparotomie oder Laparoskopie ist gesondert zu kodieren (3-13c.3)

5-519.0	Naht der Gallenblase
5-519.1	Aufhebung einer biliodigestiven Anastomose
5-519.2	Umwandlung einer biliodigestiven Anastomose (refluxiv in antirefluxiv)
5-519.3	Revision einer Gallengangsanastomose
5-519.4	Verschluss einer Fistel des Ductus choledochus
5-519.x	Sonstige
5-519.y	N.n.bez.

5-52 Operationen am Pankreas
Inkl.: Intraoperative Pankreatikographie
Exkl.: Extrakorporale Stoßwellenlithotripsie von Steinen in Gallenblase und Gallengängen (8-111 ff.)

5-520 Inzision des Pankreas
Exkl.: Inzision des Ductus pancreaticus (5-529.0)

5-520.0	Ohne weitere Maßnahmen
5-520.1	Drainage
5-520.2	Mit Steinentfernung
5-520.x	Sonstige
5-520.y	N.n.bez.

5-521 Lokale Exzision und Destruktion von erkranktem Gewebe des Pankreas

5-521.0	Exzision

Exkl.: Endoskopische transgastrale Entfernung von Pankreasnekrosen (5-529.p ff.)

5-521.1	Destruktion ohne Spülung
5-521.2	Destruktion mit Spülung
5-521.3	Destruktion durch irreversible Elektroporation
5-521.4	Destruktion durch Radiofrequenzablation
	.40 Offen chirurgisch
	.41 Endoskopisch transgastral oder endoskopisch transduodenal
	.4x Sonstige
5-521.x	Sonstige
5-521.y	N.n.bez.

5-522 Marsupialisation einer Pankreaszyste

5-523 Innere Drainage des Pankreas
Inkl.: Drainage von Pankreaszysten und Pankreaspseudozysten

5-523.0	Pankreatogastrostomie
5-523.1	Pankreatoduodenostomie

5-523.2	Pankreatojejunostomie
5-523.x	Sonstige
5-523.y	N.n.bez.

5-524 Partielle Resektion des Pankreas
Hinw.: Eine ggf. durchgeführte simultane Cholezystektomie ist gesondert zu kodieren (5-511.4 ff., 5-511.5 ff.)

5-524.0 Linksseitige Resektion (ohne Anastomose)
.00 Offen chirurgisch
.01 Laparoskopisch
.02 Umsteigen laparoskopisch - offen chirurgisch

5-524.1 Partielle Duodenopankreatektomie mit Teilresektion des Magens (OP nach Whipple)
Inkl.: Gallenableitung

5-524.2 Pankreaskopfresektion, pyloruserhaltend
Inkl.: Gallenableitung

5-524.3 Pankreaskopfresektion, duodenumerhaltend

5-524.4 Pankreassegmentresektion
Exkl.: Pankreasschwanzresektion (5-524.0)
Hinw.: Hier sind Segmente von Pankreaskörper oder Pankreasschwanz gemeint

5-524.x Sonstige
5-524.y N.n.bez.

5-525 (Totale) Pankreatektomie
Hinw.: Eine ggf. durchgeführte simultane Cholezystektomie ist gesondert zu kodieren (5-511.4 ff., 5-511.5 ff.)

5-525.0 Mit Teilresektion des Magens
Inkl.: Gallenableitung

5-525.1 Pyloruserhaltend
Inkl.: Gallenableitung

5-525.2 Duodenumerhaltend

5-525.3 Entfernung eines Pankreastransplantates

5-525.4 Pankreatektomie postmortal (zur Transplantation)
Hinw.: Dieser Kode ist auch zu kodieren, wenn die Leistung nicht abschließend erbracht wird oder sich erst intraoperativ die Nichtverwendbarkeit des Organs für eine spätere Transplantation herausstellt
Dieser Kode und der im Fall eines vorzeitigen Abbruchs dieses Eingriffes zusätzlich zu kodierende Zusatzkode 5-995 werden nicht im Rahmen des Datensatzes nach § 301 SGB V bzw. § 21 KHEntgG übermittelt
Die Aufrechterhaltung der Homöostase für die postmortale Organspende ist im Kode enthalten

5-525.x Sonstige
5-525.y N.n.bez.

5-526 Endoskopische Operationen am Pankreasgang
Inkl.: Röntgendarstellung der Pankreaswege (ERP)
Exkl.: Diagnostische Endoskopie der Gallen- und Pankreaswege (1-64)
Extrakorporale Stoßwellenlithotripsie von Steinen in Gallenblase und Gallengängen (8-111 ff.)

5-526.1 Inzision der Papille (Papillotomie)

5-526.2 Steinentfernung
.20 Mit Körbchen
.21 Mit Ballonkatheter
.22 Mit mechanischer Lithotripsie
.23 Mit elektrohydraulischer Lithotripsie
.24 Mit elektrohydraulischer Lithotripsie und Laseranwendung
.25 Mit Laserlithotripsie
.2x Sonstige

Kapitel 5: Operationen

5-526.3	Exzision	
5-526.4	Destruktion	
5-526.5	Einlegen einer Drainage	
5-526.a	Dilatation	
5-526.b	Entfernung von alloplastischem Material	
5-526.c	Blutstillung	
5-526.d	Bougierung	
5-526.e	Einlegen einer Prothese	
	.e0	Selbstexpandierend
	.e1	Nicht selbstexpandierend
5-526.f	Wechsel einer Prothese	
	.f0	Selbstexpandierend
	.f1	Nicht selbstexpandierend

5-526.g   Zugang durch retrograde Endoskopie
          Hinw.: Dieser Kode ist ein Zusatzkode. Er ist nur anzugeben, wenn eine retrograde Endoskopie als Zugang für eines der unter 5-526.1 bis 5-526.f ff. aufgeführten Verfahren eingesetzt wurde. Mit diesem Kode soll ausschließlich die aufgrund von Voroperationen (z.B. nach partieller Pankreatoduodenektomie, bei Roux-Y-Anastomose nach totaler oder partieller Gastrektomie) retrograd (von weiter aboral gelegenen Darmabschnitten in Richtung weiter oral gelegener Darmabschnitte) durchgeführte Endoskopie zur therapeutischen Intervention am Pankreasgang verschlüsselt werden

5-526.h   Endoskopische Operation am Pankreasgang bei anatomischer Besonderheit
          Hinw.: Dieser Kode ist ein Zusatzkode. Er ist nur anzugeben, wenn bei Durchführung einer der unter 5-526.1 bis 5-526.f ff. aufgeführten Verfahren die folgende Besonderheit vorlag:
          • Pancreas divisum mit Erfordernis der Kanülierung der Papilla minor

<u>5-526.j   Therapeutische Endoskopie des Pankreasganges [duktale Endoskopie]</u>
          <u>*Hinw.:* Dieser Kode ist ein Zusatzkode. Er ist nur anzugeben, wenn eine duktale Endoskopie des Pankreasganges als Zugang für eines der unter 5-526.1 bis 5-526.f ff. aufgeführten Verfahren eingesetzt wurde</u>

5-526.x	Sonstige
5-526.y	N.n.bez.
5-527	**Anastomose des Ductus pancreaticus**
5-527.0	Zum Magen
5-527.1	Zum Jejunum
5-527.2	Zum Duodenum
5-527.3	Zum Jejunum, mit Roux-Y-Anastomose
5-527.x	Sonstige
5-527.y	N.n.bez.
5-528	**Transplantation von Pankreas(gewebe)**
5-528.0	Injektion von Pankreasgewebe (Pankreas-Inseltransplantation)
5-528.1	Transplantation eines Pankreassegmentes
5-528.2	Transplantation des Pankreas (gesamtes Organ)
5-528.3	Retransplantation von Pankreasgewebe während desselben stationären Aufenthaltes
5-528.4	Retransplantation eines Pankreassegmentes während desselben stationären Aufenthaltes
5-528.5	Retransplantation des Pankreas (gesamtes Organ) während desselben stationären Aufenthaltes
5-528.x	Sonstige
5-528.y	N.n.bez.

Kapitel 5: Operationen

5-529 **Andere Operationen am Pankreas und am Pankreasgang**
Inkl.: Röntgendarstellung der Pankreaswege (ERP)
Hinw.: Der Zugang ist für die mit ** gekennzeichneten Kodes in der 6. Stelle nach folgender Liste zu kodieren:
    0   Offen chirurgisch
    1   Laparoskopisch
    2   Umsteigen laparoskopisch - offen chirurgisch
    x   Sonstige

** 5-529.0 Inzision des Ductus pancreaticus
** 5-529.1 Inzision der Papille (Papillotomie)
** 5-529.2 Steinentfernung aus dem Ductus pancreaticus
** 5-529.3 Exzision des Ductus pancreaticus
** 5-529.4 Destruktion des Ductus pancreaticus
** 5-529.5 Einlegen einer Drainage in den Ductus pancreaticus
** 5-529.a Dilatation
** 5-529.b Entfernung von alloplastischem Material
** 5-529.c Blutstillung
** 5-529.d Revision (als selbständiger Eingriff)
** 5-529.e Plastische Rekonstruktion des Ductus pancreaticus
** 5-529.f Plastische Rekonstruktion des Pankreas
** 5-529.g Einlegen einer selbstexpandierenden Prothese
** 5-529.h Einlegen einer nicht selbstexpandierenden Prothese
** 5-529.j Wechsel einer selbstexpandierenden Prothese
** 5-529.k Wechsel einer nicht selbstexpandierenden Prothese
** 5-529.m Naht (nach Verletzung)

5-529.n Transgastrale Drainage einer Pankreaszyste
    .n0 Offen chirurgisch
    .n2 Endoskopisch ohne Einlegen eines Stents
    .n3 Endoskopisch mit Einlegen eines nicht selbstexpandierenden Stents
    .n4 Endoskopisch mit Einlegen eines selbstexpandierenden Stents
        Exkl.: Einlegen einer selbstexpandierenden Prothese in den Pankreasgang (5-526.e0)
        Hinw.: Die Verwendung von auf ein Kauterisierungssystem vorgeladenen selbstexpandierenden Stents ist gesondert zu kodieren (5-549.a)
    .nx Sonstige

5-529.p Endoskopische transgastrale Entfernung von Pankreasnekrosen
Inkl.: Drainage
       Entfernung von intra-/retroperitonealen postpankreatitischen Nekrosen/Flüssigkeitsansammlungen
    .p0 Ohne Einlegen eines Stents
    .p1 Mit Einlegen eines nicht selbstexpandierenden Stents
    .p2 Mit Einlegen eines selbstexpandierenden Stents
        Exkl.: Einlegen einer selbstexpandierenden Prothese in den Pankreasgang (5-526.e0)
        Hinw.: Die Verwendung von auf ein Kauterisierungssystem vorgeladenen selbstexpandierenden Stents ist gesondert zu kodieren (5-549.a)
    .px Sonstige

5-529.q Implantation von Bestrahlungsmarkern am Pankreas, perkutan
Hinw.: Das bildgebende Verfahren ist gesondert zu kodieren (Kap. 3)

Kapitel 5: Operationen

5-529.r Transduodenale Drainage einer Pankreaszyste
.r0 Offen chirurgisch
.r1 Endoskopisch ohne Einlegen eines Stents
.r2 Endoskopisch mit Einlegen eines nicht selbstexpandierenden Stents
.r3 Endoskopisch mit Einlegen eines selbstexpandierenden Stents
Exkl.: Einlegen einer selbstexpandierenden Prothese in den Pankreasgang (5-526.e0)
Hinw.: Die Verwendung von auf ein Kauterisierungssystem vorgeladenen selbstexpandierenden Stents ist gesondert zu kodieren (5-549.a)
.rx Sonstige

5-529.s Endoskopische transduodenale Entfernung von Pankreasnekrosen
Inkl.: Drainage
Entfernung von intra-/retroperitonealen postpankreatitischen Nekrosen/Flüssigkeitsansammlungen
.s0 Ohne Einlegen eines Stents
.s1 Mit Einlegen eines nicht selbstexpandierenden Stents
.s2 Mit Einlegen eines selbstexpandierenden Stents
Exkl.: Einlegen einer selbstexpandierenden Prothese in den Pankreasgang (5-526.e0)
Hinw.: Die Verwendung von auf ein Kauterisierungssystem vorgeladenen selbstexpandierenden Stents ist gesondert zu kodieren (5-549.a)

** 5-529.x Sonstige
5-529.y N.n.bez.

5-53 Verschluss abdominaler Hernien

5-530 **Verschluss einer Hernia inguinalis**
Inkl.: Verschluss eines offenen Processus vaginalis peritonei und einer kongenitalen Hydrocele testis
Hinw.: Unter Rezidiv ist hier ein Wiederauftreten nach operativem Hernienverschluss zu verstehen, nicht jedoch eine erneute Hernierung nach konservativer Reposition

5-530.0 Offen chirurgisch, ohne plastischen Bruchpfortenverschluss
Inkl.: Operation nach Ferguson-Grob
.00 ↔ Mit hoher Bruchsackunterbindung und Teilresektion
.01 ↔ Mit Hydrozelenwandresektion
.02 ↔ Mit Funikulolyse und Hodenverlagerung
.03 ↔ Ohne weitere Maßnahmen
.0x ↔ Sonstige

5-530.1 ↔ Offen chirurgisch, mit plastischem Bruchpfortenverschluss
Inkl.: Operation nach Shouldice, Bassini-Kirschner, Zimmermann oder Desarda

5-530.3 Mit alloplastischem, allogenem oder xenogenem Material
Hinw.: Die Art des verwendeten Materials für Gewebeersatz oder Gewebeverstärkung ist gesondert zu kodieren (5-932 ff.)
.31 ↔ Laparoskopisch transperitoneal [TAPP]
.32 ↔ Endoskopisch total extraperitoneal [TEP]
.33 ↔ Offen chirurgisch, epifaszial (anterior)
Inkl.: Operation nach Lichtenstein, Onlay-Technik
.34 ↔ Offen chirurgisch, präperitoneal/retromuskulär (posterior)
Inkl.: Operation nach Gilbert oder Pellissier, Sublay-Technik, TIPP, Plug-Verfahren
.3x ↔ Sonstige

5-530.4 ↔ Offen chirurgisch, mit Darmresektion, ohne zusätzliche Laparotomie

5 530.5 ‹ › Bei Rezidiv, offen chirurgisch, mit plastischem Bruchpfortenverschluss
Inkl.: Operation nach Lotheissen/McVay oder Desarda

5-530.7 Bei Rezidiv, mit alloplastischem, allogenem oder xenogenem Material
Hinw.: Die Art des verwendeten Materials für Gewebeersatz oder Gewebeverstärkung ist gesondert zu kodieren (5-932 ff.)
.71 ↔ Laparoskopisch transperitoneal [TAPP]
.72 ↔ Endoskopisch total extraperitoneal [TEP]
.73 ↔ Offen chirurgisch, epifaszial (anterior)
Inkl.: Operation nach Lichtenstein, Onlay-Technik

.74 ↔ Offen chirurgisch, präperitoneal/retromuskulär (posterior)
    Inkl.: Operation nach Gilbert oder Pellissier, Sublay-Technik, TIPP, Plug-Verfahren
.7x ↔ Sonstige

5-530.8 ↔ Bei Rezidiv, offen chirurgisch, mit Darmresektion, ohne zusätzliche Laparotomie

5-530.9   Laparoskopisch, ohne plastischen Bruchpfortenverschluss
    .90 ↔ Mit hoher Bruchsackunterbindung und Teilresektion
    .91 ↔ Ohne weitere Maßnahmen
    .9x ↔ Sonstige

5-530.x ↔ Sonstige

5-530.y   N.n.bez.

5-531   **Verschluss einer Hernia femoralis**
    Hinw.: Unter Rezidiv ist hier ein Wiederauftreten nach operativem Hernienverschluss zu verstehen, nicht jedoch eine erneute Hernierung nach konservativer Reposition

5-531.0 ↔ Offen chirurgisch, ohne plastischen Bruchpfortenverschluss

5-531.1 ↔ Offen chirurgisch, mit plastischem Bruchpfortenverschluss
    Inkl.: Operation nach Lotheissen/McVay

5-531.3   Mit alloplastischem, allogenem oder xenogenem Material
    Hinw.: Die Art des verwendeten Materials für Gewebeersatz oder Gewebeverstärkung ist gesondert zu kodieren (5-932 ff.)
    .31 ↔ Laparoskopisch transperitoneal [TAPP]
    .32 ↔ Endoskopisch total extraperitoneal [TEP]
    .33 ↔ Offen chirurgisch, epifaszial (anterior)
        Inkl.: Operation nach Lichtenstein, Onlay-Technik
    .34 ↔ Offen chirurgisch, präperitoneal/retromuskulär (posterior)
        Inkl.: Operation nach Gilbert oder Pellissier, Sublay-Technik, TIPP, Plug-Verfahren
    .3x ↔ Sonstige

5-531.4 ↔ Offen chirurgisch, mit Darmresektion, ohne zusätzliche Laparotomie

5-531.5 ↔ Bei Rezidiv, offen chirurgisch, mit plastischem Bruchpfortenverschluss
    Inkl.: Operation nach Lotheissen/McVay

5-531.7   Bei Rezidiv, mit alloplastischem, allogenem oder xenogenem Material
    Hinw.: Die Art des verwendeten Materials für Gewebeersatz oder Gewebeverstärkung ist gesondert zu kodieren (5-932 ff.)
    .71 ↔ Laparoskopisch transperitoneal [TAPP]
    .72 ↔ Endoskopisch total extraperitoneal [TEP]
    .73 ↔ Offen chirurgisch, epifaszial (anterior)
        Inkl.: Operation nach Lichtenstein, Onlay-Technik
    .74 ↔ Offen chirurgisch, präperitoneal/retromuskulär (posterior)
        Inkl.: Operation nach Gilbert oder Pellissier, Sublay-Technik, TIPP, Plug-Verfahren
    .7x ↔ Sonstige

5-531.8 ↔ Bei Rezidiv, offen chirurgisch, mit Darmresektion, ohne zusätzliche Laparotomie

5-531.x ↔ Sonstige

5-531.y   N.n.bez.

5-534   **Verschluss einer Hernia umbilicalis**
    Exkl.: Verschluss einer Hernia umbilicalis bei Rezidiv (5-536 ff.)
        Verschluss einer Omphalozele (5-537 ff.)
    Hinw.: Eine durchgeführte Darmresektion ist gesondert zu kodieren (Dünndarm 5-454 ff., Dickdarm 5-455 ff.)

5-534.0   Offen chirurgisch, ohne plastischen Bruchpfortenverschluss
    Inkl.: Operation nach Spitzy
    .01   Mit Exstirpation einer Nabelzyste
    .02   Mit Abtragung des Urachus
        Inkl.: Abtragung des Ductus omphaloentericus
    .03   Ohne weitere Maßnahmen
    .0x   Sonstige

Kapitel 5: Operationen

5-534.1		Offen chirurgisch, mit plastischem Bruchpfortenverschluss
	Inkl.:	Operation nach Mayo
5-534.3		Mit alloplastischem, allogenem oder xenogenem Material
	Hinw.:	Die Art des verwendeten Materials für Gewebeersatz oder Gewebeverstärkung ist gesondert zu kodieren (5-932 ff.)

    .31   Laparoskopisch transperitoneal
           Inkl.: Mit Verwendung von intraperitonealem Onlay-Mesh [IPOM]
    .33   Offen chirurgisch, mit intraperitonealem Onlay-Mesh [IPOM]
    .34   Offen chirurgisch, mit Onlay-Technik
    .35   Offen chirurgisch, mit Sublay-Technik
    .3x   Sonstige

5-534.x   Sonstige
5-534.y   N.n.bez.

5-535   **Verschluss einer Hernia epigastrica**
        Exkl.: Verschluss einer Hernia epigastrica bei Rezidiv (5-536 ff.)
               Verschluss einer Omphalozele (5-537 ff.)

5-535.0   Offen chirurgisch, ohne plastischen Bruchpfortenverschluss

5-535.1		Offen chirurgisch, mit plastischem Bruchpfortenverschluss
	Inkl.:	Operation nach Mayo
5-535.3		Mit alloplastischem, allogenem oder xenogenem Material
	Hinw.:	Die Art des verwendeten Materials für Gewebeersatz oder Gewebeverstärkung ist gesondert zu kodieren (5-932 ff.)

    .31   Laparoskopisch transperitoneal
           Inkl.: Mit Verwendung von intraperitonealem Onlay-Mesh [IPOM]
    .33   Offen chirurgisch, mit intraperitonealem Onlay-Mesh [IPOM]
    .34   Offen chirurgisch, mit Onlay-Technik
    .35   Offen chirurgisch, mit Sublay-Technik
    .3x   Sonstige

5-535.x   Sonstige
5-535.y   N.n.bez.

5-536   **Verschluss einer Narbenhernie**

	Inkl.:	Bei Rezidiv nach Verschluss einer Bauchdeckenhernie
		Sekundäre Bauchwandplastik bei kongenitalen Bauchwanddefekten
	Exkl.:	Korrektur einer parastomalen Hernie (5-464.5 ff.)
		Verschluss einer Omphalozele (5-537 ff.)
	Hinw.:	Mit einem Kode aus diesem Bereich ist nur der Verschluss abdominaler Narbenhernien zu kodieren

5-536.0   Offen chirurgisch, ohne plastischen Bruchpfortenverschluss

5-536.1   Offen chirurgisch, mit plastischem Bruchpfortenverschluss
    .10   Ohne alloplastisches, allogenes oder xenogenes Material
           Inkl.: Operation nach Mayo
    .11   Mit Komponentenseparation (nach Ramirez), ohne alloplastisches, allogenes oder xenogenes Material
    .1x   Sonstige

5-536.4   Mit alloplastischem, allogenem oder xenogenem Material
        Hinw.: Die Art des verwendeten Materials für Gewebeersatz oder Gewebeverstärkung ist gesondert zu kodieren (5-932 ff.)

    .41   Laparoskopisch transperitoneal
           Inkl.: Mit Verwendung von intraperitonealem Onlay-Mesh [IPOM]
    .44   Offen chirurgisch als Bauchwandersatz
    .45   Offen chirurgisch als Bauchwandverstärkung, mit intraperitonealem Onlay-Mesh [IPOM]
    .46   Offen chirurgisch als Bauchwandverstärkung, mit Onlay-Technik
    .47   Offen chirurgisch als Bauchwandverstärkung, mit Sublay-Technik
    .48   Offen chirurgisch, mit Komponentenseparation (nach Ramirez), mit alloplastischem, allogenem oder xenogenem Material
    .4x   Sonstige

Kapitel 5: Operationen

5-536.x Sonstige
5-536.y N.n.bez.

5-537 Verschluss kongenitaler Bauchwanddefekte (Omphalozele, Laparoschisis)
Inkl.: Reposition vorgefallener Abdominalorgane
Exkl.: Verschluss einer Blasenekstrophie (5-578.7 ff.)
Hinw.: Bei gleichzeitiger Korrektur mehrerer kongenitaler Bauchwand- und Brustwanddefekte sind die einzelnen Eingriffe gesondert zu kodieren

5-537.0 Ohne plastischen Bruchpfortenverschluss (primärer Bauchwandverschluss)
5-537.1 Mit plastischem Bruchpfortenverschluss
5-537.3 Mit allogenem oder xenogenem Material
5-537.4 Mit alloplastischem Material
Hinw.: Die Art des verwendeten Materials für Gewebeersatz oder Gewebeverstärkung ist gesondert zu kodieren (5-932 ff.)
5-537.5 Temporär (Schuster-Plastik)
5-537.x Sonstige
5-537.y N.n.bez.

5-538 Verschluss einer Hernia diaphragmatica
Inkl.: Verschluss kongenitaler Zwerchfelldefekte
Hinw.: Unter Rezidiv ist hier ein Wiederauftreten nach operativem Hernienverschluss zu verstehen, nicht jedoch eine erneute Hernierung nach konservativer Reposition

5-538.0 Offen chirurgisch, ohne plastischen Bruchpfortenverschluss
5-538.1 Offen chirurgisch, mit plastischem Bruchpfortenverschluss
5-538.3 Mit allogenem oder xenogenem Material
5-538.4 Mit alloplastischem Material
Hinw.: Die Art des verwendeten Materials für Gewebeersatz oder Gewebeverstärkung ist gesondert zu kodieren (5-932 ff.)
  .40 Offen chirurgisch, abdominal
  .41 Laparoskopisch
  .43 Offen chirurgisch, transthorakal
  .44 Offen chirurgisch, thorakoabdominal
  .45 Thorakoskopisch
  .4x Sonstige
5-538.5 Bei Rezidiv, offen chirurgisch, ohne plastischen Bruchpfortenverschluss
5-538.6 Bei Rezidiv, offen chirurgisch, mit plastischem Bruchpfortenverschluss
5-538.8 Bei Rezidiv, mit allogenem oder xenogenem Material
5-538.9 Bei Rezidiv, mit alloplastischem Material
Hinw.: Die Art des verwendeten Materials für Gewebeersatz oder Gewebeverstärkung ist gesondert zu kodieren (5-932 ff.)
  .90 Offen chirurgisch, abdominal
  .91 Laparoskopisch
  .93 Offen chirurgisch, transthorakal
  .94 Offen chirurgisch, thorakoabdominal
  .95 Thorakoskopisch
  .9x Sonstige
5-538.a Laparoskopisch, ohne alloplastisches, allogenes oder xenogenes Material
5-538.b Bei Rezidiv, laparoskopisch, ohne alloplastisches, allogenes oder xenogenes Material
5-538.x Sonstige
5-538.y N.n.bez.

5-539 Verschluss anderer abdominaler Hernien
Exkl.: Verschluss einer Omphalozele (5-537 ff.)
Verschluss von Bauchdeckenhernien bei Rezidiv (5-536 ff.)

5-539.0 Offen chirurgisch, ohne plastischen Bruchpfortenverschluss

Kapitel 5: Operationen

5-539.1 Offen chirurgisch, mit plastischem Bruchpfortenverschluss

5-539.3 Mit alloplastischem, allogenem oder xenogenem Material
Hinw.: Die Art des verwendeten Materials für Gewebeersatz oder Gewebeverstärkung ist gesondert zu kodieren (5-932 ff.)
.30 Offen chirurgisch
.31 Laparoskopisch transperitoneal [TAPP]
.32 Endoskopisch total extraperitoneal [TEP]
.3x Sonstige

5-539.4 Laparoskopisch, ohne alloplastisches, allogenes oder xenogenes Material

5-539.x Sonstige

5-539.y N.n.bez.

5-54   Andere Operationen in der Bauchregion
Exkl.: Inzision und Exzision von retroperitonealem Gewebe (5-590 ff.)

5-540   Inzision der Bauchwand
Inkl.: Nabel

5-540.0 Exploration
Inkl.: Revision

5-540.1 Extraperitoneale Drainage

5-540.2 Entfernung eines Fremdkörpers
Exkl.: Fremdkörperentfernung aus der Haut ohne Inzision (8-102.3)

5-540.x Sonstige

5-540.y N.n.bez.

5-541   Laparotomie und Eröffnung des Retroperitoneums

5-541.0 Explorative Laparotomie
Exkl.: Staging-Laparotomie (5-401.6)

5-541.1 Laparotomie mit Drainage
Inkl.: Intraoperative Spülung
Exkl.: Spülung bei liegender Drainage (8-176.0)
Hinw.: Mit diesem Kode ist nur die Laparotomie mit Drainage z.B. bei Abszess zu kodieren
Die Laparotomie als Zugang ist unter dem jeweiligen Organeingriff zu kodieren

5-541.2 Relaparotomie
Exkl.: Revision einer Blutgefäßanastomose (5-394.1)
Adhäsiolyse des Darmes (5-469.2)
Adhäsiolyse an Ovar und Tuba uterina (5-657.7 ff., 5-657.8 ff., 5-657.9 ff.)
Adhäsiolyse am Peritoneum des weiblichen Beckens (5-657.6)

5-541.3 Second-look-Laparotomie (programmierte Relaparotomie)

5-541.4 Anlegen eines temporären Bauchdeckenverschlusses
Exkl.: Spülung bei temporärem Bauchdeckenverschluss (8-176.1)
Spülung bei offenem Abdomen (8-176.2)

5-541.5 ↔ Explorative Lumbotomie

5-541.6 ↔ Relumbotomie

5-541.x ↔ Sonstige

5-541.y N.n.bez.

5-542   Exzision und Destruktion von erkranktem Gewebe der Bauchwand
Inkl.: Exzision und Destruktion am Nabel

5-542.0 Exzision

5-542.2 Omphalektomie

5-542.3 Destruktion

5-542.x Sonstige

5-542.y N.n.bez.

5-543 Exzision und Destruktion von peritonealem Gewebe

5-543.0 Exzision einer Appendix epiploica

5-543.1 Mesenteriumresektion

5-543.2 Resektion des Omentum
Exkl.: Omentektomie im Rahmen einer (Mit-)Resektion des Magens und des Colon transversum
.20 Partiell
Exkl.: Partielle Omentumresektion im Rahmen einer (Mit-)Resektion der linken oder rechten Kolonflexur, z.B. bei Hemikolektomie links oder rechts
.21 (Sub-)total

5-543.3 Destruktion

5-543.4 Parietale Peritonektomie
.40 Partiell
Hinw.: Mit diesem Kode ist die parietale Peritonektomie von ein bis zwei Quadranten oder dem kleinen Becken zu kodieren
.41 (Sub-)total
Hinw.: Mit diesem Kode ist die parietale Peritonektomie von mindestens drei Quadranten oder dem kleinen Becken und zwei Quadranten zu kodieren
.42 Lokal
Exkl.: Biopsie des Peritoneums (1-559.4)

5-543.x Sonstige

5-543.y N.n.bez.

5-545 Verschluss von Bauchwand und Peritoneum
Exkl.: Anlegen eines temporären Bauchdeckenverschlusses (5-541.4)

5-545.0 Sekundärer Verschluss der Bauchwand (bei postoperativer Wunddehiszenz)

5-545.1 Definitiver Verschluss eines temporären Bauchdeckenverschlusses
Inkl.: Verschluss eines Laparostomas

5-545.x Sonstige

5-545.y N.n.bez.

5-546 Plastische Rekonstruktion von Bauchwand und Peritoneum

5-546.0 Naht der Bauchwand (nach Verletzung)

5-546.1 Naht von Mesenterium, Omentum majus oder minus (nach Verletzung)

5-546.2 Plastische Rekonstruktion der Bauchwand
Inkl.: Rekonstruktion bei Rektusdiastase
Verschluss einer Fistel
Exkl.: Implantation von alloplastischem, allogenem oder xenogenem Material zum Verschluss abdominaler Hernien (5-53)
Hinw.: Die Art des verwendeten Materials für Gewebeersatz oder Gewebeverstärkung ist gesondert zu kodieren (5-932 ff.)
.20 Ohne Implantation von alloplastischem, allogenem oder xenogenem Material
.21 Mit Implantation von alloplastischem, allogenem oder xenogenem Material in Onlay-Technik
.22 Mit Implantation von alloplastischem, allogenem oder xenogenem Material in Sublay-Technik
.2x Sonstige

5-546.3 Omentumplastik

5-546.x Sonstige

5-546.y N.n.bez.

5-547 Resektion von Gewebe in der Bauchregion ohne sichere Organzuordnung
Inkl.: "Debulking" von Tumorgewebe
Exkl.: "Debulking" von Tumorgewebe retroperitoneal (5-590.8)

5-547.0 Intraperitoneal

5-547.1 Beckenwand

5-547.x Sonstige

5-547.y N.n.bez.

Kapitel 5: Operationen

5-549   Andere Bauchoperationen
Exkl.:   Implantation von Medikamententrägern in die Bauchwand (5-892.3 ff.)

5-549.0   Entfernung eines Fremdkörpers aus der Bauchhöhle

5-549.1   Anlegen eines peritoneovaskulären Shuntes

5-549.2   Implantation eines Katheterverweilsystems in den Bauchraum

5-549.3   Revision eines Katheterverweilsystems im Bauchraum
Inkl.:   Wechsel

5-549.4   Entfernung eines Katheterverweilsystems aus dem Bauchraum

5-549.5   Laparoskopie mit Drainage
Inkl.:   Intraoperative Spülung
Exkl.:   Spülung des Bauchraumes bei liegender Drainage (8-176.0)
          Diagnostische Laparoskopie (1-694)
Hinw.: Mit diesem Kode ist nur die Laparoskopie mit Drainage z.B. bei Abszess zu kodieren. Die Laparoskopie als Zugang ist unter dem jeweiligen Organeingriff zu kodieren

5-549.6   Anlegen eines peritoneovesikalen Shuntes mit Implantation einer wiederaufladbaren Pumpe

5-549.7   Drainage, präsakral nach Rektumexstirpation
Inkl.:   Drainage durch perinealen Zugang

5-549.8   Entfernung von alloplastischem Material für Gewebeersatz oder Gewebeverstärkung
.80   Offen chirurgisch
.81   Laparoskopisch
.8x   Sonstige

5-549.9   Implantation einer Medikamentenpumpe zur intraperitonealen Medikamenteninfusion

5-549.a   Verwendung von auf ein Kauterisierungssystem vorgeladenen selbstexpandierenden Prothesen/Stents
Hinw.: Dieser Kode ist ein Zusatzkode. Die durchgeführten Eingriffe sind gesondert zu kodieren

5-549.x   Sonstige

5-549.y   N.n.bez.

Operationen an den Harnorganen (5-55...5-59)

Hinw.: Die Anwendung mikrochirurgischer Technik ist, sofern nicht als eigener Kode angegeben, zusätzlich zu kodieren (5-984)
Die Anwendung von Lasertechnik ist, sofern nicht als eigener Kode angegeben, zusätzlich zu kodieren (5-985 ff.)
Die Anwendung von minimalinvasiver Technik ist, sofern nicht als eigener Kode angegeben, zusätzlich zu kodieren (5-986 ff.)
Die Anwendung eines OP-Roboters ist, sofern nicht als eigener Kode angegeben, zusätzlich zu kodieren (5-987 ff.)
Die Durchführung einer Operation im Rahmen der Versorgung einer Mehrfachverletzung ist zusätzlich zu kodieren (5-981)
Die Durchführung der Operation im Rahmen der Versorgung eines Polytraumas ist zusätzlich zu kodieren (5-982 ff.)
Die Durchführung einer Reoperation ist, sofern nicht als eigener Kode angegeben, zusätzlich zu kodieren (5-983)
Der vorzeitige Abbruch einer Operation ist zusätzlich zu kodieren (5-995)
Die Anwendung fluoreszenzgestützter Resektionsverfahren ist, sofern nicht als eigener Kode angegeben, zusätzlich zu kodieren (5-989)

5-55   Operationen an der Niere
Exkl.:   Operationen an den Nierengefäßen (5-38, 5-39)
          (Perkutan-)transluminale Gefäßinterventionen (8-836 ff.)
          Extrakorporale Stoßwellenlithotripsie von Harnsteinen (8-110 ff.)
          Therapeutische perkutane Punktion der Niere (8-155.0) und des Nierenbeckens (8-155.1)

5-550 Perkutan-transrenale Nephrotomie, Nephrostomie, Steinentfernung, Pyeloplastik und ureterorenoskopische Steinentfernung

Exkl.: Perkutan-transrenale (antegrad-ureteroskopische) Steinentfernung aus dem Ureter (5-562.6)
Diagnostische Ureterorenoskopie (1-665)
Hinw.: Perkutan-transrenale Operationen entsprechen den antegrad-nephroskopischen Operationen
Die Anwendung eines flexiblen Ureterorenoskops ist gesondert zu kodieren (5-98b ff.)

5-550.0 ↔ Nephrotomie

5-550.1 ↔ Nephrostomie
Exkl.: Wechsel eines Nephrostomiekatheters (8-138.0)

5-550.2 Entfernung eines Steines
.20 ↔ Perkutan-transrenal
.21 ↔ Ureterorenoskopisch
.2x ↔ Sonstige

5-550.3 Entfernung eines Steines mit Desintegration (Lithotripsie)
.30 ↔ Perkutan-transrenal
.31 ↔ Ureterorenoskopisch
.3x ↔ Sonstige

5-550.4 ↔ Erweiterung des pyeloureteralen Überganges
Inkl.: Erweiterung des Ureters

5-550.5 ↔ Punktion einer Zyste
Exkl.: Therapeutische perkutane Punktion der Niere (8-155.0)

5-550.6 ↔ Operative Dilatation eines Nephrostomiekanals mit Einlegen eines dicklumigen Nephrostomiekatheters
Hinw.: Ein dicklumiger Nephrostomiekatheter hat eine Dicke von mindestens 10 Charrière

5-550.x ↔ Sonstige

5-550.y N.n.bez.

5-551 Offen chirurgische Nephrotomie, Nephrostomie, Pyelotomie und Pyelostomie

Inkl.: Steinentfernung
Steinentfernung mit Desintegration (Lithotripsie)

5-551.0 ↔ Nephrotomie

5-551.1 ↔ Nephrostomie
Exkl.: Wechsel eines Nephrostomiekatheters (8-138.0)

5-551.2 ↔ Pyelotomie

5-551.3 ↔ Pyelostomie

5-551.4 ↔ Pyelokalikotomie

5-551.5 ↔ Nephropyelokalikotomie

5-551.6 ↔ Punktion einer Zyste

5-551.x ↔ Sonstige

5-551.y N.n.bez.

5-552 Exzision und Destruktion von (erkranktem) Gewebe der Niere

Inkl.: Exzision und Destruktion von (erkranktem) Gewebe des Nierenbeckens
Exzisionsbiopsie
Exzision und Marsupialisation einer Zyste
Hinw.: Die Anwendung eines flexiblen Ureterorenoskops ist gesondert zu kodieren (5-98b ff.)

5-552.0 ↔ Exzision, offen chirurgisch

5-552.1 ↔ Exzision, perkutan-transrenal

5-552.2 ↔ Exzision, ureterorenoskopisch

5-552.3 ↔ Exzision, laparoskopisch

5-552.4 Destruktion, offen chirurgisch
.40 ↔ Durch Kryoablation
.41 ↔ Durch Ultraschallablation
Inkl.: HIFU
.4x ↔ Sonstige

Kapitel 5: Operationen

5-552.5 Destruktion, perkutan-transrenal
.50 ↔ Durch Thermoablation
Inkl.: Bildgebendes Verfahren
.51 ↔ Durch irreversible Elektroporation
.52 ↔ Durch Kryoablation
.53 ↔ Durch Ultraschallablation
Inkl.: HIFU
.5x ↔ Sonstige

5-552.6 ↔ Destruktion, ureterorenoskopisch

5-552.7 Destruktion, laparoskopisch
.70 ↔ Durch Kryoablation
.7x ↔ Sonstige

5-552.x ↔ Sonstige

5-552.y N.n.bez.

5-553 Partielle Resektion der Niere
Exkl.: Extrakorporale Resektion mit Autotransplantation (5-555.4)
Hinw.: Der Zugang ist in der 6. Stelle nach folgender Liste zu kodieren:
0 ↔ Offen chirurgisch lumbal
1 ↔ Offen chirurgisch abdominal
2 ↔ Thorakoabdominal
3 ↔ Laparoskopisch
x ↔ Sonstige

** 5-553.0 Teilresektion

** 5-553.1 Teilresektion mit Ureterektomie
Hinw.: Die Resektion einer Blasenwandmanschette ist gesondert zu kodieren (5-575)

** 5-553.2 Teilresektion mit Kaltperfusion

** 5-553.x Sonstige

5-553.y N.n.bez.

5-554 Nephrektomie
Hinw.: Eine gleichzeitig durchgeführte radikale paraaortale Lymphadenektomie ist gesondert zu kodieren (5-407.2)

5-554.4 Nephrektomie, radikal
Inkl.: Regionale Lymphadenektomie
Hinw.: Die Adrenalektomie der gleichen Seite ist im Kode enthalten
.40 ↔ Offen chirurgisch lumbal
.41 ↔ Offen chirurgisch abdominal
.42 ↔ Thorakoabdominal
.43 ↔ Laparoskopisch
.4x ↔ Sonstige

5-554.5 Nephrektomie, radikal, mit Ureterektomie
Inkl.: Regionale Lymphadenektomie
Hinw.: Die Resektion einer Blasenwandmanschette ist gesondert zu kodieren (5-575 ff.)
Die Adrenalektomie der gleichen Seite ist im Kode enthalten
.50 ↔ Offen chirurgisch lumbal
.51 ↔ Offen chirurgisch abdominal
.52 ↔ Thorakoabdominal
.53 ↔ Laparoskopisch
.5x ↔ Sonstige

5-554.6 Nephrektomie, radikal, mit endoskopischer Ureterexhairese
Inkl.: Regionale Lymphadenektomie
Hinw.: Die Adrenalektomie der gleichen Seite ist im Kode enthalten
.60 ↔ Offen chirurgisch lumbal
.61 ↔ Offen chirurgisch abdominal
.62 ↔ Thorakoabdominal
.63 ↔ Laparoskopisch
.6x ↔ Sonstige

Kapitel 5: Operationen

5-554.7 Nephrektomie einer transplantierten Niere
- .70 Offen chirurgisch lumbal
- .71 Offen chirurgisch abdominal
- .72 Thorakoabdominal
- .73 Laparoskopisch
- .7x Sonstige

5-554.8 Nephrektomie zur Transplantation, Lebendspender
- .80 Offen chirurgisch lumbal
- .81 Offen chirurgisch abdominal
- .82 Thorakoabdominal
- .83 Laparoskopisch
- .8x Sonstige

5-554.9 Nephrektomie zur Transplantation, postmortal
Inkl.: Beidseitige Nephrektomie
Hinw.: Diese Kodes sind auch zu verwenden, wenn die Leistung nicht abschließend erbracht wird oder sich erst intraoperativ die Nichtverwendbarkeit des Organs für eine spätere Transplantation herausstellt
Diese Kodes und der im Fall eines vorzeitigen Abbruchs dieses Eingriffs zusätzlich zu kodierende Zusatzkode 5-995 werden nicht im Rahmen des Datensatzes nach § 301 SGB V bzw. § 21 KHEntgG übermittelt
Die Aufrechterhaltung der Homöostase für die postmortale Organspende ist im Kode enthalten
- .90 Offen chirurgisch lumbal
- .91 Offen chirurgisch abdominal
- .92 Thorakoabdominal
- .93 Laparoskopisch
- .9x Sonstige

5-554.a Nephrektomie ohne weitere Maßnahmen
- .a0 ↔ Offen chirurgisch lumbal
- .a1 ↔ Offen chirurgisch abdominal
- .a2 ↔ Thorakoabdominal
- .a3 ↔ Laparoskopisch
- .ax ↔ Sonstige

5-554.b Nephrektomie, mit Ureterektomie
Hinw.: Die Resektion einer Blasenwandmanschette ist gesondert zu kodieren (5-575 ff.)
- .b0 ↔ Offen chirurgisch lumbal
- .b1 ↔ Offen chirurgisch abdominal
- .b2 ↔ Thorakoabdominal
- .b3 ↔ Laparoskopisch
- .bx ↔ Sonstige

5-554.x Sonstige
- .x0 ↔ Offen chirurgisch lumbal
- .x1 ↔ Offen chirurgisch abdominal
- .x2 ↔ Thorakoabdominal
- .x3 ↔ Laparoskopisch
- .xx ↔ Sonstige

5-554.y N.n.bez.

5-555 Nierentransplantation
Hinw.: Bei AB0-nichtkompatibler Transplantation ist der Kode 5-930.21 zusätzlich anzugeben
<u>Die Art der Konservierung von Organtransplantaten ist gesondert zu kodieren (5-939 ff.)</u>

5-555.0 Allogen, Lebendspender
5-555.1 Allogen, Leichenniere
5-555.2 Syngen
5-555.3 Autotransplantation
5-555.4 Autotransplantation nach extrakorporaler Resektion
5-555.5 En-bloc-Transplantat

Kapitel 5: Operationen

5-555.6 Retransplantation, allogen, Lebendspender während desselben stationären Aufenthaltes
5-555.7 Retransplantation, allogen, Leichenniere während desselben stationären Aufenthaltes
5-555.8 Retransplantation, En-bloc-Transplantat während desselben stationären Aufenthaltes
5-555.x Sonstige
5-555.y N.n.bez.

5-557 Rekonstruktion der Niere
Inkl.: Rekonstruktion des Nierenhohlsystems

5-557.0 Naht (nach Verletzung)
.00 ↔ Offen chirurgisch lumbal
.01 ↔ Offen chirurgisch abdominal
.02 ↔ Thorakoabdominal
.03 ↔ Laparoskopisch
.0x ↔ Sonstige

5-557.1 Plastische Rekonstruktion
.10 ↔ Offen chirurgisch lumbal
.11 ↔ Offen chirurgisch abdominal
.12 ↔ Thorakoabdominal
.13 ↔ Laparoskopisch
.1x ↔ Sonstige

5-557.2 Verschluss einer Fistel
.20 ↔ Offen chirurgisch lumbal
.21 ↔ Offen chirurgisch abdominal
.22 ↔ Thorakoabdominal
.23 ↔ Laparoskopisch
.2x ↔ Sonstige

5-557.3 Trennung einer Hufeisenniere
.30 Offen chirurgisch lumbal
.31 Offen chirurgisch abdominal
.32 Thorakoabdominal
.33 Laparoskopisch
.3x Sonstige

5-557.4 Nierenbeckenplastik
.40 ↔ Offen chirurgisch lumbal
.41 ↔ Offen chirurgisch abdominal
.42 ↔ Thorakoabdominal
.43 ↔ Laparoskopisch
.4x ↔ Sonstige

5-557.5 Ureterokalikostomie
.50 ↔ Offen chirurgisch lumbal
.51 ↔ Offen chirurgisch abdominal
.52 ↔ Thorakoabdominal
.53 ↔ Laparoskopisch
.5x ↔ Sonstige

5-557.6 Ureteropyelostomie
.60 ↔ Offen chirurgisch lumbal
.61 ↔ Offen chirurgisch abdominal
.62 ↔ Thorakoabdominal
.63 ↔ Laparoskopisch
.6x ↔ Sonstige

5-557.7 Pyelopyelostomie (bei Doppelsystem)
.70 ↔ Offen chirurgisch lumbal
.71 ↔ Offen chirurgisch abdominal
.72 ↔ Thorakoabdominal
.73 ↔ Laparoskopisch
.7x ↔ Sonstige

Kapitel 5: Operationen

5-557.8 Transureteropyelostomie
.80 ↔ Offen chirurgisch lumbal
.81 ↔ Offen chirurgisch abdominal
.82 ↔ Thorakoabdominal
.83 ↔ Laparoskopisch
.8x ↔ Sonstige

5-557.9 Verschluss eines Nephrostomas
.90 ↔ Offen chirurgisch lumbal
.91 ↔ Offen chirurgisch abdominal
.92 ↔ Thorakoabdominal
.93 ↔ Laparoskopisch
.9x ↔ Sonstige

5-557.a Dilatation eines rekonstruktiven Nephrostomas
Exkl.: Wechsel eines Nephrostomiekatheters ohne operative Dilatation (8-138.0)
Operative Dilatation eines Nephrostomiekanals mit Einlegen eines dicklumigen Nephrostomiekatheters (5-550.6)
.a0 ↔ Offen chirurgisch lumbal
.a1 ↔ Offen chirurgisch abdominal
.a2 ↔ Thorakoabdominal
.a3 ↔ Laparoskopisch
.ax ↔ Sonstige

5-557.x Sonstige
.x0 ↔ Offen chirurgisch lumbal
.x1 ↔ Offen chirurgisch abdominal
.x2 ↔ Thorakoabdominal
.x3 ↔ Laparoskopisch
.xx ↔ Sonstige

5-557.y N.n.bez.

5-559 Andere Operationen an der Niere
Exkl.: Biopsie der Niere durch Inzision (1-560.0)
Perkutane und endoskopische Biopsie der Niere und des Nierenbeckens
Hinw.: Der Zugang ist in der 6. Stelle nach folgender Liste zu kodieren:
0 ↔ Offen chirurgisch lumbal
1 ↔ Offen chirurgisch abdominal
2 ↔ Thorakoabdominal
3 ↔ Laparoskopisch
x ↔ Sonstige

** 5-559.0 Freilegung der Niere (zur Exploration)
** 5-559.1 Dekapsulation
** 5-559.2 Nephropexie
** 5-559.3 Revisionsoperation
** 5-559.x Sonstige
5-559.y N.n.bez.

5-56 Operationen am Ureter

5-560 Transurethrale und perkutan-transrenale Erweiterung des Ureters
Inkl.: Erweiterung des pyeloureteralen Überganges
Hinw.: Die Anwendung eines flexiblen Ureterorenoskops ist gesondert zu kodieren (5-98b ff.)

5-560.0 ↔ Inzision, ureterorenoskopisch
5-560.1 ↔ Ballondilatation, transurethral
5-560.2 ↔ Bougierung, transurethral
5-560.3 Einlegen eines Stents, transurethral
Exkl.: Transurethrales Einlegen einer Ureterschiene [Ureterkatheter] (8-137.00)
.30 ↔ Einlegen eines permanenten Metallstents
.3x ↔ Einlegen eines permanenten sonstigen Stents

Kapitel 5: Operationen

5-560.4 ↔ Inzision, perkutan-transrenal

5-560.5 ↔ Ballondilatation, perkutan-transrenal

5-560.6 ↔ Bougierung, perkutan-transrenal

5-560.7 Einlegen eines Stents, perkutan-transrenal
Exkl.: Perkutan-transrenales Einlegen einer Ureterschiene [Ureterkatheter] (8-137.01)
.70 ↔ Einlegen eines permanenten Metallstents
.7x ↔ Einlegen eines permanenten sonstigen Stents

5-560.8 ↔ Entfernung eines Stents, transurethral

5-560.x ↔ Sonstige

5-560.y N.n.bez.

5-561 Inzision, Resektion und (andere) Erweiterung des Ureterostiums
Inkl.: Inzision oder Resektion einer Ureterozele

5-561.0 ↔ Inzision, offen chirurgisch

5-561.1 ↔ Inzision, perkutan-transvesikal

5-561.2 ↔ Inzision, transurethral

5-561.3 ↔ Resektion, offen chirurgisch

5-561.4 ↔ Resektion, perkutan-transvesikal

5-561.5 ↔ Resektion, transurethral

5-561.6 ↔ Ballondilatation, transurethral

5-561.7 ↔ Bougierung, transurethral

5-561.8 ↔ Resektion, laparoskopisch

5-561.x ↔ Sonstige

5-561.y N.n.bez.

5-562 Ureterotomie, perkutan-transrenale und transurethrale Steinbehandlung
Inkl.: Ureterolithotomie
Hinw.: Die Anwendung eines flexiblen Ureterorenoskops ist gesondert zu kodieren (5-98b ff.)

5-562.0 ↔ Ureterotomie, offen chirurgisch

5-562.1 ↔ Ureterotomie, laparoskopisch

5-562.2 ↔ Schlingenextraktion

5-562.3 ↔ Einlegen einer Verweilschlinge

5-562.4 ↔ Entfernung eines Steines, ureterorenoskopisch

5-562.5 ↔ Entfernung eines Steines, ureterorenoskopisch, mit Desintegration (Lithotripsie)

5-562.6 ↔ Entfernung eines Steines, perkutan-transrenal

5-562.7 ↔ Entfernung eines Steines, perkutan-transrenal, mit Desintegration (Lithotripsie)

5-562.8 ↔ Extraktion mit Dormia-Körbchen

5-562.9 ↔ Steinreposition

5-562.x ↔ Sonstige

5-562.y N.n.bez.

5-563 Exzision und Destruktion von erkranktem Gewebe des Ureters, Ureterresektion und Ureterektomie
Exkl.: Ureterresektion bei Nephrektomie (5-554 ff.)
Hinw.: Die Anwendung eines flexiblen Ureterorenoskops ist gesondert zu kodieren (5-98b ff.)
Der Zugang ist für die mit ** gekennzeichneten Kodes in der 6. Stelle nach folgender Liste zu kodieren:
    0 ↔ Offen chirurgisch lumbal
    1 ↔ Offen chirurgisch abdominal
    2 ↔ Laparoskopisch
    x ↔ Sonstige

** 5-563.0 Ureterresektion, partiell

Kapitel 5: Operationen

** 5-563.1	Ureterektomie	
	Inkl.:	Resektion einer Blasenwandmanschette
** 5-563.2	Resektion eines Ureterstumpfes	
5-563.3 ↔	Exzision von erkranktem Gewebe des Ureters, ureterorenoskopisch	
5-563.4 ↔	Destruktion von erkranktem Gewebe des Ureters, ureterorenoskopisch	
** 5-563.x	Sonstige	
5-563.y	N.n.bez.	

5-564 **Kutane Harnableitung durch Ureterokutaneostomie (nicht kontinentes Stoma)**
Exkl.: Temporäre Harnableitung durch perkutane Nephrostomie (5-550.1)
Hinw.: Der Zugang ist in der 6. Stelle nach folgender Liste zu kodieren:
  0 ↔ Offen chirurgisch lumbal
  1 ↔ Offen chirurgisch abdominal
  2 ↔ Laparoskopisch
  x ↔ Sonstige

** 5-564.2	Ringureterokutaneostomie
** 5-564.3	Transureterokutaneostomie
** 5-564.4	Revision des Stomas
** 5-564.5	Verschluss des Stomas
** 5-564.6	Umwandlung einer anderen supravesikalen Harnableitung in eine Ureterokutaneostomie
** 5-564.7	Ureterokutaneostomie
** 5-564.x	Sonstige
5-564.y	N.n.bez.

5-565 **Kutane Harnableitung mit Darminterponat [Conduit] (nicht kontinentes Stoma)**
Hinw.: Der Zugang ist in der 6. Stelle nach folgender Liste zu kodieren:
  0 ↔ Offen chirurgisch
  1 ↔ Laparoskopisch
  x ↔ Sonstige

** 5-565.0	Ureteroileokutaneostomie [Ileum-Conduit]
** 5-565.1	Ureterokolokutaneostomie [Kolon-/Sigma-Conduit]
** 5-565.2	Revision des Stomas
** 5-565.3	Revision der Ureter-Darm-Anastomose
** 5-565.4	Revision des Darminterponates
** 5-565.5	Umwandlung einer anderen supravesikalen Harnableitung in eine Harnableitung mit Darminterponat
** 5-565.x	Sonstige
5-565.y	N.n.bez.

5-566 **Kutane Harnableitung mit Darmreservoir (kontinentes Stoma)**

5-566.0	Anlegen eines Ileumreservoirs	
	.00	Offen chirurgisch
	.01	Laparoskopisch
	.0x	Sonstige
5-566.1	Anlegen eines Ileozäkalreservoirs	
	.10	Offen chirurgisch
	.11	Laparoskopisch
	.1x	Sonstige
5-566.2	Anlegen eines Kolonreservoirs	
	.20	Offen chirurgisch
	.21	Laparoskopisch
	.2x	Sonstige

OPS Version 2018

Kapitel 5: Operationen

5-566.3	Anlegen eines Magenreservoirs	
	Inkl.: Reservoir mit Magenanteilen	
	.30	Offen chirurgisch
	.31	Laparoskopisch
	.3x	Sonstige
5-566.4	Revision des Stomas	
	.40	Offen chirurgisch
	.41	Laparoskopisch
	.4x	Sonstige
5-566.5	Revision des Kontinenzventils	
	.50	Offen chirurgisch
	.51	Laparoskopisch
	.5x	Sonstige
5-566.8	Revision des Darmreservoirs	
	.80	Offen chirurgisch
	.81	Laparoskopisch
	.8x	Sonstige
5-566.9	Umwandlung einer anderen supravesikalen Harnableitung in eine Harnableitung mit Darmreservoir	
	.90	Offen chirurgisch
	.91	Laparoskopisch
	.9x	Sonstige
5-566.a	Revision der Ureter-Darm-Anastomose	
	.a0 ↔	Offen chirurgisch
	.a1 ↔	Laparoskopisch
	.ax ↔	Sonstige
5-566.b	Kontinente Harnableitung über ein Appendikostoma	
	.b0 ↔	Offen chirurgisch
	.b1 ↔	Laparoskopisch
	.bx ↔	Sonstige
5-566.c	Kontinente Harnableitung über ein tubuliertes Dünndarmsegment	
	.c0 ↔	Offen chirurgisch
	.c1 ↔	Laparoskopisch
	.cx ↔	Sonstige
5-566.x	Sonstige	
	.x0 ↔	Offen chirurgisch
	.x1 ↔	Laparoskopisch
	.xx ↔	Sonstige
5-566.y	N.n.bez.	

5-567 Interne Harnableitung über den Darm

5-567.0	Ureterosigmoideostomie (ohne Reservoirbildung)	
	.05 ↔	Ohne antirefluxive Ureter-Darm-Anastomose
	.06 ↔	Mit antirefluxiver Ureter-Darm-Anastomose
5-567.1 ↔	Ureterosigmoideostomie mit Reservoirbildung aus Dickdarm, offen chirurgisch	
5-567.2 ↔	Ureterosigmoideostomie mit Reservoirbildung aus Dickdarm, laparoskopisch	
5-567.3 ↔	Ureterosigmoideostomie mit Reservoirbildung aus Dünndarm, offen chirurgisch	
5-567.4 ↔	Ureterosigmoideostomie mit Reservoirbildung aus Dünndarm, laparoskopisch	
5-567.7 ↔	Umwandlung einer anderen supravesikalen Harnableitung in eine interne Harnableitung über den Darm	
5-567.8 ↔	Revision der Ureter-Darm-Anastomose (mit oder ohne Reservoirbildung)	
5-567.x ↔	Sonstige	
5-567.y	N.n.bez.	

Kapitel 5: Operationen

5-568	**Rekonstruktion des Ureters**

Inkl.: Rekonstruktion des Ureterostiums
Exkl.: Inzision, Resektion und (andere) Erweiterung des Ureterostiums (5-561)
　　　　Verschluss einer ureterovaginalen Fistel (5-706.3)
Hinw.: Der Zugang ist für die mit ** gekennzeichneten Kodes in der 6. Stelle nach folgender Liste zu kodieren:
　　　　0 ↔ Offen chirurgisch
　　　　1 ↔ Laparoskopisch
　　　　x ↔ Sonstige

** 5-568.0	Naht (nach Verletzung)
** 5-568.1	Reanastomose
** 5-568.2	Verschluss einer ureterokutanen Fistel
** 5-568.3	Verschluss einer Ureter-Darm-Fistel
** 5-568.8	Ureterozystoneostomie mit Uretermodellage
	Inkl.: Antirefluxplastik
** 5-568.9	Isolierte Antirefluxplastik (z.B. nach Lich-Gregoir)
** 5-568.a	(Trans-)Ureteroureterostomie
** 5-568.b	Ureterersatz, partiell
	Exkl.: Partieller Ureterersatz mit Verwendung von Darmsegmenten (5-568.g ff.)
	Subkutane Implantation eines renovesikalen künstlichen Ureters (5-568.h)
** 5-568.c	Ureterersatz, total
	Exkl.: Totaler Ureterersatz mit Verwendung von Darmsegmenten (5-568.g ff.)
	Subkutane Implantation eines renovesikalen künstlichen Ureters (5-568.h)
** 5-568.d	Ureterozystoneostomie
	Inkl.: Antirefluxplastik
** 5-568.e	Ureterozystoneostomie bei Doppelureter
	Inkl.: Antirefluxplastik
5-568.f	Transposition eines Eigenureters auf eine Transplantatniere, offen chirurgisch
** 5-568.g	Ureterersatz, partiell oder total, mit Verwendung von Darmsegmenten
5-568.h	Subkutane Implantation oder subkutaner Wechsel eines renovesikalen künstlichen Ureters
5-568.j	Entfernung eines renovesikalen künstlichen Ureters
** 5-568.x	Sonstige
5-568.y	N.n.bez.

5-569	**Andere Operationen am Ureter**

Exkl.: Biopsie des Ureters durch Inzision (1-562.0)
　　　　Biopsie an periureteralem Gewebe durch Inzision (1-562.1)
　　　　Perkutane und endoskopische Biopsie des Ureters (1-460.1, 1-461.1)
　　　　Einlegen, Wechsel und Entfernung einer Ureterschiene [Ureterkatheter] (8-137)
Hinw.: Der Zugang ist in der 6. Stelle nach folgender Liste zu kodieren:
　　　　0 ↔ Offen chirurgisch
　　　　1 ↔ Laparoskopisch
　　　　2 ↔ Transurethral
　　　　x ↔ Sonstige

** 5-569.0	Freilegung des Ureters (zur Exploration)
** 5-569.1	Ligatur des Ureters
** 5-569.2	Verschluss des Ureters
** 5-569.3	Ureterolyse (ohne intraperitoneale Verlagerung)
** 5-569.4	Ureterolyse mit intraperitonealer Verlagerung
** 5-569.5	Ureterolyse mit Umscheidung mit Omentum
** 5-569.6	Injektion bei Ostiuminsuffizienz
** 5-569.7	Revisionsoperation
** 5-569.x	Sonstige
5-569.y	N.n.bez.

OPS Version 2018

Kapitel 5: Operationen

5-57 Operationen an der Harnblase

Exkl.: Harninkontinenz-Operationen (5-592 bis 5-598 ff., 5-599.0 ff.)
Hinw.: Prozeduren an einer Ersatzharnblase oder einem Pouch sind, sofern sie mit dem OPS nicht spezifisch kodierbar sind, mit dem Kode der jeweiligen Prozedur an der Harnblase zu verschlüsseln

5-570 Endoskopische Entfernung von Steinen, Fremdkörpern und Tamponaden der Harnblase
Exkl.: Transurethrale Entfernung eines Steines oder Fremdkörpers (8-100.b)
Extrakorporale Stoßwellenlithotripsie eines Harnblasensteines (8-110.0)

5-570.0 Entfernung eines Steines, transurethral, mit Desintegration (Lithotripsie)

5-570.1 Entfernung eines Steines, perkutan-transvesikal

5-570.2 Entfernung eines Steines, perkutan-transvesikal, mit Desintegration (Lithotripsie)

5-570.3 Entfernung eines Fremdkörpers, perkutan-transvesikal

5-570.4 Operative Ausräumung einer Harnblasentamponade, transurethral

5-570.x Sonstige

5-570.y N.n.bez.

5-571 Zystotomie [Sectio alta]

5-571.0 Ohne weitere Maßnahmen

5-571.1 Entfernung eines Steines

5-571.2 Entfernung eines Fremdkörpers
Inkl.: Entfernung eines Fremdkörpers aus der Urethra über Sectio alta

5-571.3 Operative Ausräumung einer Harnblasentamponade

5-571.x Sonstige

5-571.y N.n.bez.

5-572 Zystostomie

5-572.0 Offen chirurgisch

5-572.1 Perkutan
Inkl.: Anlegen eines suprapubischen Katheters

5-572.2 Vesikokutaneostomie mit nicht kontinentem Stoma

5-572.3 Vesikokutaneostomie mit kontinentem Stoma

5-572.4 Revision

5-572.5 Operative Dilatation eines Zystostomiekanals mit Anlegen eines dicklumigen suprapubischen Katheters

5-572.x Sonstige

5-572.y N.n.bez.

5-573 Transurethrale Inzision, Exzision, Destruktion und Resektion von (erkranktem) Gewebe der Harnblase

5-573.0 Inzision
Inkl.: Divertikulotomie

5-573.1 Inzision des Harnblasenhalses

5-573.2 Exzision

5-573.3 Destruktion

5-573.4 Resektion
   .40 Nicht fluoreszenzgestützt
   .41 Fluoreszenzgestützt mit Hexaminolävulinsäure
   .4x Fluoreszenzgestützt mit sonstigen Substanzen

5-573.x Sonstige

5-573.y N.n.bez.

Kapitel 5: Operationen

5-574		**Offen chirurgische und laparoskopische Exzision und Destruktion von (erkranktem) Gewebe der Harnblase**
5-574.0		Exzision, offen chirurgisch
		Inkl.: Divertikulektomie
5-574.1		Exzision, laparoskopisch
		Inkl.: Divertikulektomie
5-574.2		Destruktion, offen chirurgisch
5-574.3		Destruktion, laparoskopisch
5-574.4		Myektomie
5-574.x		Sonstige
5-574.y		N.n.bez.
5-575		**Partielle Harnblasenresektion**

Hinw.: Eine durchgeführte Augmentation der Harnblase ist gesondert zu kodieren (5-578.6)
Der Zugang ist in der 6. Stelle nach folgender Liste zu kodieren:
    0   Offen chirurgisch
    1   Laparoskopisch
    x   Sonstige

** 5-575.0	Teilresektion ohne Ureterneoimplantation
** 5-575.2	Teilresektion mit einseitiger Ureterneoimplantation
** 5-575.3	Teilresektion mit beidseitiger Ureterneoimplantation
** 5-575.4	Supratrigonale Resektion ohne Ureterneoimplantation
** 5-575.6	Supratrigonale Resektion mit einseitiger Ureterneoimplantation
** 5-575.7	Supratrigonale Resektion mit beidseitiger Ureterneoimplantation
** 5-575.8	Subtotale Resektion mit einseitiger Ureterneoimplantation
** 5-575.9	Subtotale Resektion mit beidseitiger Ureterneoimplantation
** 5-575.x	Sonstige
5-575.y	N.n.bez.

5-576   **Zystektomie**

Exkl.: Ersatz der Harnblase als selbständiger Eingriff (5-577 ff.)
       Revision nach Zystektomie (5-579.7 ff.)
Hinw.: Die Harnableitung ist gesondert zu kodieren (5-564 ff., 5-565 ff., 5-566 ff., 5-567 ff.)
       Ein durchgeführter Harnblasenersatz ist gesondert zu kodieren (5-577 ff.)
       Eine gleichzeitig durchgeführte radikale paraaortale Lymphadenektomie ist gesondert zu kodieren (5-407.2)
Der Zugang ist in der 6. Stelle nach folgender Liste zu kodieren:
    0   Offen chirurgisch
    1   Laparoskopisch
    x   Sonstige

** 5-576.0	Einfach, beim Mann
** 5-576.1	Einfach, bei der Frau
** 5-576.2	Radikale Zystektomie ohne Urethrektomie, beim Mann
	Inkl.: Entfernung des inneren Genitale
	Regionale Lymphadenektomie
** 5-576.3	Radikale Zystektomie ohne Urethrektomie, unter Schonung des Gefäß-Nerven-Bündels (potenzerhaltend), beim Mann
	Inkl.: Entfernung des inneren Genitale
	Regionale Lymphadenektomie
** 5-576.4	Radikale Zystektomie mit Urethrektomie, beim Mann
	Inkl.: Entfernung des inneren Genitale
	Regionale Lymphadenektomie

Kapitel 5: Operationen

** 5-576.5	Radikale Zystektomie mit Urethrektomie, unter Schonung des Gefäß-Nerven-Bündels (potenzerhaltend), beim Mann *Inkl.:* Entfernung des inneren Genitale Regionale Lymphadenektomie
** 5-576.6	Radikale Zystektomie ohne Urethrektomie bei der Frau *Inkl.:* Regionale Lymphadenektomie *Exkl.:* Entfernung des inneren Genitale (vordere pelvine Eviszeration) (5-687.0)
** 5-576.7	Radikale Zystektomie mit Urethrektomie bei der Frau *Inkl.:* Regionale Lymphadenektomie *Exkl.:* Entfernung des inneren Genitale (vordere pelvine Eviszeration) (5-687.0)
** 5-576.8	Eviszeration des kleinen Beckens beim Mann *Hinw.:* Die Darmableitung ist gesondert zu kodieren (5-462 ff.)
** 5-576.x	Sonstige
5-576.y	N.n.bez.

5-577 Ersatz der Harnblase
Exkl.: Supravesikale Harnableitung über Darminterponat (5-565) oder Darmreservoir (5-566)
Hinw.: Der Zugang ist in der 6. Stelle nach folgender Liste zu kodieren:
    0   Offen chirurgisch
    1   Laparoskopisch
    x   Sonstige

** 5-577.0	Rekonstruktion mit Ileum
** 5-577.1	Rekonstruktion mit Kolon
** 5-577.2	Rekonstruktion mit Ileozäkum
** 5-577.3	Rekonstruktion mit Magen
** 5-577.4	Umwandlung einer anderen supravesikalen Harnableitung in eine Ersatzharnblase
** 5-577.x	Sonstige
5-577.y	N.n.bez.

5-578 Andere plastische Rekonstruktion der Harnblase
Exkl.: Verschluss einer vesikovaginalen Fistel (5-706.4)
       Verschluss einer uterovesikalen Fistel (5-695.2)
Hinw.: Der Zugang ist in der 6. Stelle nach folgender Liste zu kodieren:
    0   Offen chirurgisch
    1   Laparoskopisch
    x   Sonstige

** 5-578.0	Naht (nach Verletzung)
** 5-578.1	Verschluss einer Zystostomie
** 5-578.2	Verschluss einer vesikokutanen Fistel
** 5-578.3	Verschluss einer Harnblasen-Darm-Fistel
** 5-578.4	Harnblasenhalsplastik
** 5-578.5	Reduktionsplastik
** 5-578.6	Augmentation der Harnblase
** 5-578.7	Verschluss einer Blasenekstrophie
** 5-578.8	Verschluss eines offenen Urachus
** 5-578.x	Sonstige
5-578.y	N.n.bez.

Kapitel 5: Operationen

5-579 **Andere Operationen an der Harnblase**
 Inkl.: Operationen an Ersatzharnblase und Darmreservoir
 Exkl.: Biopsie der Harnblase durch Inzision (1-562.2)
  Perkutane und endoskopische Biopsie der Harnblase (1-460.2, 1-462.2)
  Implantation von Elektroden zur Neurostimulation der Harnblase (5-039.3 ff.)
 Hinw.: Der Zugang ist in der 6. Stelle nach folgender Liste zu kodieren:
  0 Offen chirurgisch
  1 Laparoskopisch
  2 Transurethral
  3 Perkutan
  4 Über ein Stoma
  x Sonstige

** 5-579.0 Entfernung eines Steines aus einer Ersatzharnblase
 Inkl.: Entfernung eines Steines aus einem Darmreservoir
** 5-579.1 Entfernung eines Fremdkörpers aus einer Ersatzharnblase
 Inkl.: Entfernung eines Fremdkörpers aus einem Darmreservoir
** 5-579.2 Entfernung von Schleim aus einer Ersatzharnblase
** 5-579.3 Exzision von erkranktem Gewebe aus einer Ersatzharnblase
** 5-579.4 Operative Blutstillung
** 5-579.5 Operative Dehnung
 Exkl.: Operative Dilatation eines Zystostomiekanals mit Anlegen eines dicklumigen suprapubischen Katheters (5-572.5)
** 5-579.6 Injektionsbehandlung
 Inkl.: Injektionsbehandlung mit Botulinumtoxin
** 5-579.7 Revision
** 5-579.x Sonstige
 5-579.y N.n.bez.

5-58 Operationen an der Urethra
Exkl.: Harninkontinenz-Operationen (5-592 bis 5-598 ff., 5-599.0 ff.)

5-580 **Offen chirurgische Urethrotomie und Urethrostomie**
 Inkl.: Steinentfernung
  Entfernung eines Fremdkörpers
 Exkl.: Transurethrale Entfernung eines Steines oder Fremdkörpers (8-100.b)
 5-580.0 Urethrotomie
 5-580.1 Urethrostomie

5-581 **Plastische Meatotomie der Urethra**
 5-581.0 Inzision
 5-581.1 Meatusplastik
 5-581.x Sonstige
 5-581.y N.n.bez.

5-582 **Exzision, Destruktion und Resektion von (erkranktem) Gewebe der Urethra**
 Exkl.: Strikturresektion mit (Re-)Anastomose (5-584.6)
 5-582.0 Exzision, offen chirurgisch
 Inkl.: Exzision eines Urethradivertikels
 5-582.1 Resektion, transurethral
 Inkl.: Resektion eines Urethrapolypen
  Resektion von Urethraklappen
 5-582.2 Resektion, perkutan-transvesikal
 Inkl.: Resektion von Urethraklappen
 5-582.3 Destruktion, transurethral
 5-582.4 Destruktion, perkutan-transvesikal
 5-582.x Sonstige
 5-582.y N.n.bez.

Kapitel 5: Operationen

5-583 **Urethrektomie als selbständiger Eingriff**
Exkl.: Urethrektomie im Rahmen einer Zystektomie (5-576)
5-583.0 Einfach, beim Mann
5-583.1 Einfach, bei der Frau
5-583.2 Radikal, beim Mann
5-583.3 Radikal, bei der Frau
5-583.x Sonstige
5-583.y N.n.bez.

5-584 **Rekonstruktion der Urethra**
Exkl.: Verschluss einer urethrovaginalen Fistel (5-706.5)
Plastik bei männlicher Epispadie (5-644)
Plastik bei männlicher Hypospadie (5-645)
Plastik bei Urethrozystozele der Frau (5-704.0)

5-584.0 Rekonstruktion der Pars prostatica oder der Pars membranacea (nach Verletzung)
5-584.1 Rekonstruktion des distalen Teils (nach Verletzung)
5-584.2 Verschluss einer Urethrostomie
Inkl.: Zweite Sitzung einer zweizeitigen Urethroplastik
5-584.3 Verschluss einer urethrokutanen Fistel
5-584.4 Verschluss einer urethrorektalen Fistel
5-584.5 (Re-)Anastomose nach Verletzung
5-584.6 (Re-)Anastomose mit Strikturresektion
5-584.7 Plastische Rekonstruktion, einzeitig
.70 Mit Präputialhaut
.71 Mit Penishaut
.72 Transplantation von Mundschleimhaut
Exkl.: Transplantation von in vitro hergestelltem Gewebe aus autogener Mundschleimhaut (5-584.74)
.73 Transplantation von Harnblasenschleimhaut
.74 Transplantation von in vitro hergestelltem Gewebe aus autogener Mundschleimhaut
.7x Sonstige
5-584.8 Plastische Rekonstruktion, zweizeitig, erste Sitzung
.80 Mit Präputialhaut
.81 Mit Penishaut
.82 Transplantation von Mundschleimhaut
Exkl.: Transplantation von in vitro hergestelltem Gewebe aus autogener Mundschleimhaut (5-584.84)
.83 Transplantation von Harnblasenschleimhaut
.84 Transplantation von in vitro hergestelltem Gewebe aus autogener Mundschleimhaut
.8x Sonstige
5-584.9 Plastische (Re-)Konstruktion bei weiblicher Epispadie
5-584.a Plastische (Re-)Konstruktion bei weiblicher Hypospadie
5-584.x Sonstige
5-584.y N.n.bez.

5-585 **Transurethrale Inzision von (erkranktem) Gewebe der Urethra**
5-585.0 Urethrotomia interna, ohne Sicht
5-585.1 Urethrotomia interna, unter Sicht
Inkl.: Inzision eines Urethradivertikels
5-585.2 Urethrotomia interna, mit Laser
5-585.3 Inzision des Sphincter urethrae externus
5-585.x Sonstige
5-585.y N.n.bez.

5-589 **Andere Operationen an Urethra und periurethralem Gewebe**
Exkl.: Endoskopische Entfernung eines Steines oder Fremdkörpers (8-100.b)
Entfernung eines Steines oder Fremdkörpers durch Urethrotomie (5-580.0)
Biopsie der Urethra durch Inzision (1-561.0)
Biopsie an periurethralem Gewebe (1-561.1)

5-589.0 Einlegen eines Stents
Exkl.: Einlegen eines Stents in die prostatische Harnröhre im Rahmen von Operationen an der Prostata (5-609.4)

5-589.1 Entfernung eines Stents

5-589.2 Inzision von periurethralem Gewebe

5-589.3 Exzision von periurethralem Gewebe

5-589.4 Adhäsiolyse

5-589.x Sonstige

5-589.y N.n.bez.

5-59 Andere Operationen an den Harnorganen

5-590 **Inzision und Exzision von retroperitonealem Gewebe**
Exkl.: Biopsie durch Inzision an perirenalem Gewebe (1-560.1)
Hinw.: Der Zugang ist in der 6. Stelle nach folgender Liste zu kodieren. Nicht alle Verfahren sind von allen Zugängen aus durchführbar:
 0 Offen chirurgisch lumbal
 1 Offen chirurgisch abdominal
 2 Thorakoabdominal
 3 Laparoskopisch
 4 Perkutan
 x Sonstige

** 5-590.0 Inzision, perirenal

** 5-590.1 Drainage, perirenal
[6. Stelle: 0-3,x]
Inkl.: Drainage eines paranephritischen Abszesses
Exkl.: Perkutane perirenale Drainage (8-148.2)

** 5-590.2 Drainage, retroperitoneal
[6. Stelle: 0-3,x]
Inkl.: Drainage eines Psoasabszesses
Exkl.: Perkutane Drainage des Retroperitonealraumes (8-148.1)

** 5-590.3 Drainage, pelvin
[6. Stelle: 0-3,x]
Inkl.: Drainage von Flüssigkeitsansammlungen
Exkl.: Perkutane pelvine Drainage (8-148.3)

** 5-590.4 Exzision von perirenalem Gewebe

** 5-590.5 Exzision von retroperitonealem Gewebe

** 5-590.8 Resektion von Gewebe ohne sichere Organzuordnung
Inkl.: Debulking-Operation

** 5-590.x Sonstige

5-590.y N.n.bez.

5-591 **Inzision und Exzision von perivesikalem Gewebe**
Exkl.: Biopsie durch Inzision an perivesikalem Geweben (1-562.3)
Inzision einer Lymphozele (5-408.1)

5-591.0 Inzision

5-591.1 Exzision
Inkl.: Exzision eines perivesikalen Tumors
Exzision einer Urachuszyste

5-591.x Sonstige

5-591.y N.n.bez.

Kapitel 5: Operationen

5-592 Raffung des urethrovesikalen Überganges
Exkl.: Plastik bei Zystozele (5-704.0)
Plastik bei Rektozele (5-704.1)
Plastische Rekonstruktion des kleinen Beckens und des Douglasraumes (5-707)

5-593 Transvaginale Suspensionsoperation [Zügeloperation]

5-593.0 Mit autogenem Material
.00 Levatorplastik
.01 Pubokokzygeusplastik
.02 Faszienzügelplastik
.0x Sonstige

5-593.1 Mit allogenem Material
.10 Dura
.11 Faszie
.1x Sonstige

5-593.2 Mit alloplastischem Material
Hinw.: Die Art des verwendeten Materials für Gewebeersatz oder Gewebeverstärkung ist gesondert zu kodieren (5-932)
.20 Spannungsfreies vaginales Band (TVT) oder transobturatorisches Band (TOT, TVT-O)
.2x Sonstige

5-593.x Sonstige
5-593.y N.n.bez.

5-594 Suprapubische (urethrovesikale) Zügeloperation [Schlingenoperation]

5-594.0 Mit Faszie
5-594.1 Mit Muskulatur
5-594.2 Mit Dura
5-594.3 Mit alloplastischem Material
Hinw.: Die Art des verwendeten Materials für Gewebeersatz oder Gewebeverstärkung ist gesondert zu kodieren (5-932)
.30 Nicht adjustierbar
.31 Adjustierbar

5-594.x Sonstige
5-594.y N.n.bez.

5-595 Abdominale retropubische und paraurethrale Suspensionsoperation

5-595.0 Urethropubopexie (z.B. nach Marshall-Marchetti-Krantz)

5-595.1 Urethrokolposuspension (z.B. nach Burch)
.10 Offen chirurgisch (abdominal)
.11 Laparoskopisch
.1x Sonstige

5-595.2 Urethrokolposuspension mit lateraler Fixation der Scheide
.20 Offen chirurgisch (abdominal), ohne alloplastisches Material
.21 Offen chirurgisch (abdominal), mit alloplastischem Material
Hinw.: Die Art des verwendeten Materials für Gewebeersatz oder Gewebeverstärkung ist gesondert zu kodieren (5-932 ff.)
.22 Laparoskopisch, ohne alloplastisches Material
.23 Laparoskopisch, mit alloplastischem Material
Hinw.: Die Art des verwendeten Materials für Gewebeersatz oder Gewebeverstärkung ist gesondert zu kodieren (5-932 ff.)
.24 Vaginal, ohne alloplastisches Material
.25 Vaginal, mit alloplastischem Material
Hinw.: Die Art des verwendeten Materials für Gewebeersatz oder Gewebeverstärkung ist gesondert zu kodieren (5-932 ff.)
.2x Sonstige

5-595.3 Paraurethrale Nadelsuspension (z.B. nach Stamey-Pereyra, nach Raz)

5-595.x	Sonstige	
5-595.y	N.n.bez.	
5-596	**Andere Harninkontinenzoperationen**	
5-596.0	Paraurethrale Injektionsbehandlung	
	.00	Mit Dextranomer-Hyaluronsäure-Gel
	.01	Mit Polyacrylamid-Hydrogel
	.02	Mit nicht resorbierbarem Silikon-Elastomer
	.0x	Mit sonstigen Substanzen
	Exkl.:	Paraurethrale Stammzelltherapie (8-860.2 ff.)
5-596.1	Konstruktion einer Neourethra, einzeitig	
5-596.2	Konstruktion einer Neourethra, zweizeitig, erste Sitzung	
5-596.3	Durchzug einer Neourethra, zweizeitig, zweite Sitzung	
5-596.4	Urethropexie, n.n.bez.	
5-596.5	Interpositionsoperation	
5-596.6	Urethro(zysto)lyse bei der Frau	
5-596.7	Adjustierbare Kontinenztherapie	
	Exkl.:	Adjustierbare Schlingenoperation mit alloplastischem Material (5-594.31)
	.71	Explantation
	.72	Revision
	.73 ↔	Wechsel des Ballons
	.74	Implantation unter den Harnblasenhals
	.75	Implantation in die Region der bulbären Harnröhre
5-596.x	Sonstige	
5-596.y	N.n.bez.	
5-597	**Eingriffe bei artifiziellem Harnblasensphinkter**	
5-597.0	Implantation	
	.00	Bulbär, 1 Cuff
	.01	Bulbär, 2 Cuffs
	.02	Am Blasenhals
	.0x	Sonstige
5-597.2	Entfernung	
5-597.3	Wechsel	
	.30	Vollständig, bulbär, 1 Cuff
	.31	Vollständig, bulbär, 2 Cuffs
	.32	Vollständig, am Blasenhals
	.33	Isolierter Pumpenwechsel
	.34	Isolierter Wechsel, 1 Cuff
	.35	Isolierter Wechsel, 2 Cuffs
	.36	Isolierter Wechsel des Reservoirs [Ballon]
	.3x	Sonstige
5-597.4	Revision	
5-597.x	Sonstige	
5-597.y	N.n.bez.	
5-598	**Suspensionsoperation [Zügeloperation] bei Harninkontinenz des Mannes**	
5-598.0	Mit alloplastischem Material	
	Inkl.:	Transobturatorisches Band [TOT]
	Hinw.:	Die Art des verwendeten Materials für Gewebeersatz oder Gewebeverstärkung ist gesondert zu kodieren (5-932)
5-598.x	Sonstige	
5-598.y	N.n.bez.	

Kapitel 5: Operationen

5-599 Andere Operationen am Harntrakt

5-599.0 (Teil-)Resektion oder Durchtrennung eines alloplastischen Bandes oder Netzes als Revision nach Operationen wegen Harninkontinenz oder Prolaps
.00 Vaginal
.01 Perineal
.02 Abdominal
.03 Kombiniert abdominal und vaginal
.04 Kombiniert abdominal und perineal
.0x Sonstige

5-599.x Sonstige
5-599.y N.n.bez.

Operationen an den männlichen Geschlechtsorganen (5-60...5-64)

Hinw.: Die Anwendung mikrochirurgischer Technik ist, sofern nicht als eigener Kode angegeben, zusätzlich zu kodieren (5-984)
Die Anwendung von Lasertechnik ist, sofern nicht als eigener Kode angegeben, zusätzlich zu kodieren (5-985 ff.)
Die Anwendung von minimalinvasiver Technik ist, sofern nicht als eigener Kode angegeben, zusätzlich zu kodieren (5-986 ff.)
Die Durchführung der Operation im Rahmen der Versorgung einer Mehrfachverletzung ist zusätzlich zu kodieren (5-981)
Die Durchführung der Operation im Rahmen der Versorgung eines Polytraumas ist zusätzlich zu kodieren (5-982 ff.)
Die Durchführung einer Reoperation ist, sofern nicht als eigener Kode angegeben, zusätzlich zu kodieren (5-983)
Der vorzeitige Abbruch einer Operation ist zusätzlich zu kodieren (5-995)

5-60 Operationen an Prostata und Vesiculae seminales

5-600 Inzision der Prostata
Exkl.: Therapeutische perkutane Punktion der Prostata
5-600.0 Transurethral
5-600.1 Perineal
5-600.2 Transrektal
5-600.x Sonstige
5-600.y N.n.bez.

5-601 Transurethrale Exzision und Destruktion von Prostatagewebe
Hinw.: Die intraoperative Spülung der Harnblase ist im Kode enthalten
5-601.0 Elektroresektion
5-601.1 Elektroresektion mit Trokarzystostomie
5-601.2 Destruktion durch Kälte
5-601.3 Destruktion durch Hitze
.30 Radiofrequenzablation
.31 Mikrowellenablation
.32 Wasserdampfablation
.33 Thermotherapie
.34 Hyperthermie
.3x Sonstige
5-601.4 Laserdestruktion
.40 Interstitielle Laserdestruktion
.41 Visuell kontrollierte laserunterstützte Ablation (VLAP)
.42 Laservaporisation
.4x Sonstige

Kapitel 5: Operationen

5-601.5	Nadelablation (TUNA)
5-601.6	Elektrische Vaporisation
5-601.7	Exzision durch Laser
	Inkl.: Morcellement des Enukleats
	.70 Holmium-Laser-Enukleation
	.71 Holmium-Laser-Resektion
	.72 Thulium-Laser-Enukleation
	.73 Thulium-Laser-Resektion
	.7x Sonstige
5-601.8	Destruktion durch irreversible Elektroporation
5-601.9	Exzision durch fokussierten Wasserstrahl
	Hinw.: Die Steuerung erfolgt durch transrektale Ultraschallbildgebung [TRUS]
5-601.a	Destruktion durch Magnetresonanz-gesteuerten Ultraschall
5-601.x	Sonstige
5-601.y	N.n.bez.
5-602	**Transrektale und perkutane Destruktion von Prostatagewebe**
5-602.0	Durch Hitze
5-602.1	Durch Ultraschall
5-602.2	Durch Strahlenträger
	Hinw.: Die genaue Form der Brachytherapie ist gesondert zu kodieren (8-524 ff., 8-525 ff.)
5-602.3	Durch Kälte
5-602.4	Durch magnetische Nanopartikel
	Hinw.: Mit diesem Kode ist die Instillation von magnetischen Nanopartikeln zu kodieren. Die nachfolgende Thermotherapie ist gesondert zu kodieren (8-651)
5-602.x	Sonstige
5-602.y	N.n.bez.
5-603	**Exzision und Destruktion von Prostatagewebe**
5-603.0	Suprapubisch-transvesikal
	.00 Offen chirurgisch
	.01 Endoskopisch extraperitoneal
5-603.1	Retropubisch
	.10 Offen chirurgisch
	.11 Laparoskopisch
5-603.2	Offen chirurgisch, perineal
5-603.x	Sonstige
5-603.y	N.n.bez.
5-604	**Radikale Prostatovesikulektomie**
	Exkl.: Radikale pelvine Lymphadenektomie als selbständiger Eingriff (5-404.f, 5-404.g)
	Revision nach radikaler Prostatovesikulektomie (5-609.7)
5-604.0	Retropubisch
	.01 Ohne regionale Lymphadenektomie
	.02 Mit regionaler Lymphadenektomie
5-604.1	Retropubisch, gefäß- und nervenerhaltend
	.11 Ohne regionale Lymphadenektomie
	.12 Mit regionaler Lymphadenektomie
5-604.2	Perineal
	.21 Ohne regionale Lymphadenektomie
	.22 Mit laparoskopischer regionaler Lymphadenektomie
5-604.3	Perineal, gefäß- und nervenerhaltend
	.31 Ohne regionale Lymphadenektomie
	.32 Mit laparoskopischer regionaler Lymphadenektomie

Kapitel 5: Operationen

5-604.4	Laparoskopisch	
	.41	Ohne regionale Lymphadenektomie
	.42	Mit regionaler Lymphadenektomie
5-604.5	Laparoskopisch, gefäß- und nervenerhaltend	
	.51	Ohne regionale Lymphadenektomie
	.52	Mit regionaler Lymphadenektomie
5-604.x	Sonstige	
5-604.y	N.n.bez.	

5-605 Andere Exzision und Destruktion von Prostatagewebe

5-606 Operationen an den Vesiculae seminales

5-606.0 ↔ Inzision
5-606.1 ↔ Exzision
5-606.2 ↔ Exstirpation
5-606.x ↔ Sonstige
5-606.y   N.n.bez.

5-607 Inzision und Exzision von periprostatischem Gewebe
5-607.0   Inzision
5-607.1   Inzision und Drainage
5-607.2   Exzision
5-607.x   Sonstige
5-607.y   N.n.bez.

5-609 Andere Operationen an der Prostata
5-609.0   Behandlung einer Prostatablutung, transurethral
5-609.1   Behandlung einer Prostatablutung, offen chirurgisch
5-609.2   Rekonstruktion der Prostata nach Verletzung
5-609.3   Dilatation der prostatischen Harnröhre
  Exkl.: Bougierung der Urethra unter Durchleuchtung (8-139.01)
       Bougierung der Urethra ohne Durchleuchtung (8-139.00)
5-609.4   Einlegen eines Stents in die prostatische Harnröhre
5-609.5   Wechsel eines Stents in der prostatischen Harnröhre
5-609.6   Entfernung eines Stents aus der prostatischen Harnröhre
5-609.7   Revision
5-609.8   Transurethrale Implantation von Prostatagewebe-Retraktoren
  .80   1 Prostatagewebe-Retraktor
  .81   2 Prostatagewebe-Retraktoren
  .82   3 Prostatagewebe-Retraktoren
  .83   4 Prostatagewebe-Retraktoren
  .84   5 Prostatagewebe-Retraktoren
  .85   6 Prostatagewebe-Retraktoren
  .86   7 Prostatagewebe-Retraktoren
  .87   8 oder mehr Prostatagewebe-Retraktoren
5-609.9   Protektive Maßnahme vor Prostatabestrahlung
  .90   Transperineale Injektion eines Polyethylenglykol(PEG)-Hydrogels
  .91   Transperineale Implantation eines Ballon-Abstandhalters
5-609.a   Implantation von Bestrahlungsmarkern an der Prostata
  Hinw.: Das bildgebende Verfahren ist gesondert zu kodieren (Kap. 3)
  .a0   Perineal
  .a1   Transrektal
  .ax   Sonstige
5-609.x   Sonstige
5-609.y   N.n.bez.

Kapitel 5: Operationen

5-61 Operationen an Skrotum und Tunica vaginalis testis

5-610 **Inzision an Skrotum und Tunica vaginalis testis**
Exkl.: Inzision an der Haut des Skrotums (5-892 ff.)

5-610.0 Ohne weitere Maßnahmen
5-610.1 Drainage
5-610.2 Entfernung eines Fremdkörpers
5-610.x Sonstige
5-610.y N.n.bez.

5-611 ↔ **Operation einer Hydrocele testis**
Exkl.: Verschluss einer kongenitalen Hydrocele testis (5-530)
Verschluss eines offenen Processus vaginalis peritonei (5-530)

5-612 **Exzision und Destruktion von erkranktem Skrotumgewebe**
Exkl.: Exzision von erkrankter Haut des Skrotums (5-894 ff., 5-895 ff.)

5-612.0 Exzision einer Fistel
5-612.1 Partielle Resektion
5-612.2 Totale Resektion
5-612.3 Radikale Resektion
5-612.x Sonstige
5-612.y N.n.bez.

5-613 **Plastische Rekonstruktion von Skrotum und Tunica vaginalis testis**
Hinw.: Siehe auch Operationen zur Geschlechtsumwandlung (5-646 ff.)

5-613.0 Naht (nach Verletzung)
5-613.1 Plastische Rekonstruktion
5-613.2 Konstruktion und/oder Rekonstruktion des Skrotums
5-613.x Sonstige
5-613.y N.n.bez.

5-619 **Andere Operationen an Skrotum und Tunica vaginalis testis**

5-62 Operationen am Hoden

5-620 ↔ **Inzision des Hodens**
5-621 ↔ **Exzision und Destruktion von erkranktem Gewebe des Hodens**
5-622 **Orchidektomie**

5-622.0 ↔ Skrotal, ohne Epididymektomie
5-622.1 ↔ Skrotal, mit Epididymektomie
5-622.2 ↔ Inguinalhoden, ohne Epididymektomie
5-622.3 ↔ Abdominalhoden, offen chirurgisch
5-622.4 ↔ Abdominalhoden, laparoskopisch
5-622.5 Radikale (inguinale) Orchidektomie (mit Epididymektomie und Resektion des Samenstranges)
5-622.6 ↔ Inguinalhoden, mit Epididymektomie
5-622.7 ↔ Inguinalhoden, Entfernung eines Resthodens
5-622.8 ↔ Skrotalhoden, Entfernung eines Resthodens
5-622.x ↔ Sonstige
5-622.y N.n.bez.

Kapitel 5: Operationen

5-624 Orchidopexie
Hinw.: Der Verschluss eines offenen Processus vaginalis peritonei mit Funikulolyse ist unter 5-530 ff. zu kodieren

5-624.4 ↔ Mit Funikulolyse
5-624.5 ↔ Skrotal
5-624.x ↔ Sonstige
5-624.y ↔ N.n.bez.

5-625 Exploration bei Kryptorchismus
Exkl.: Entfernung eines Abdominalhodens (5-622.3, 5-622.4)

5-625.4 ↔ Inguinal
5-625.5 ↔ Abdominal, offen chirurgisch
5-625.6 ↔ Abdominal, laparoskopisch
5-625.x ↔ Sonstige
5-625.y ↔ N.n.bez.

5-626 Operative Verlagerung eines Abdominalhodens
Exkl.: Orchidopexie und Funikolyse (5-624)

5-626.0 ↔ Ohne mikrovaskuläre Anastomose, offen chirurgisch
5-626.1 ↔ Mit mikrovaskulärer Anastomose, offen chirurgisch
5-626.2 ↔ Ohne mikrovaskuläre Anastomose, laparoskopisch
5-626.3 ↔ Mit mikrovaskulärer Anastomose, laparoskopisch
5-626.x ↔ Sonstige
5-626.y ↔ N.n.bez.

5-627 Rekonstruktion des Hodens

5-627.2 ↔ Naht (nach Verletzung)
5-627.x ↔ Sonstige
5-627.y ↔ N.n.bez.

5-628 Implantation, Wechsel und Entfernung einer Hodenprothese

5-628.2 ↔ Wechsel
5-628.3 ↔ Entfernung
5-628.4 ↔ Implantation
5-628.x ↔ Sonstige
5-628.y ↔ N.n.bez.

5-629 Andere Operationen am Hoden

5-629.0 ↔ Entnahme von Hodengewebe zur Aufbereitung für die künstliche Insemination
5-629.x ↔ Sonstige
5-629.y ↔ N.n.bez.

5-63 Operationen an Funiculus spermaticus, Epididymis und Ductus deferens

5-630 Operative Behandlung einer Varikozele und einer Hydrocele funiculi spermatici

5-630.0 ↔ Sklerosierung der V. spermatica, skrotal
5-630.1 ↔ Resektion der V. spermatica (und A. spermatica) [Varikozelenoperation], inguinal
5-630.2 ↔ Resektion der V. spermatica (und A. spermatica) [Varikozelenoperation], lumbal
5-630.3 ↔ Resektion der V. spermatica (und A. spermatica) [Varikozelenoperation], abdominal, offen chirurgisch
5-630.4 ↔ Resektion der V. spermatica (und A. spermatica) [Varikozelenoperation], abdominal, laparoskopisch
5-630.5 ↔ Operation einer Hydrocele funiculi spermatici

5-630.x ↔ Sonstige
5-630.y   N.n.bez.
5-631   **Exzision im Bereich der Epididymis**
5-631.0 ↔ Zyste
5-631.1 ↔ Spermatozele
5-631.2 ↔ Morgagni-Hydatide
5-631.x ↔ Sonstige
5-631.y   N.n.bez.
5-633   **Epididymektomie**
5-633.0 ↔ Partiell
5-633.1 ↔ Total
5-633.x ↔ Sonstige
5-633.y   N.n.bez.
5-634   **Rekonstruktion des Funiculus spermaticus**
5-634.0 ↔ Naht (nach Verletzung)
5-634.1 ↔ Plastische Rekonstruktion
5-634.2 ↔ Rücklagerung bei Torsion
              Inkl.: Prophylaktische Orchidopexie, kontralateral
5-634.x ↔ Sonstige
5-634.y   N.n.bez.
5-635 ↔ **Vasotomie des Ductus deferens**
5-636   **Destruktion, Ligatur und Resektion des Ductus deferens**
5-636.0 ↔ Sklerosierung
5-636.1 ↔ Ligatur
5-636.2 ↔ Resektion [Vasoresektion]
5-636.x ↔ Sonstige
5-636.y   N.n.bez.
5-637   **Rekonstruktion von Ductus deferens und Epididymis**
5-637.0 ↔ Naht (nach Verletzung)
5-637.1 ↔ Vasovasostomie
5-637.3 ↔ Epididymovasostomie
5-637.4 ↔ Tubulovasostomie
5-637.5 ↔ Anlegen einer artifiziellen Spermatozele
5-637.x ↔ Sonstige
5-637.y   N.n.bez.
5-639   **Andere Operationen an Funiculus spermaticus, Epididymis und Ductus deferens**
5-639.0 ↔ Epididymotomie
5-639.1 ↔ Inzision des Funiculus spermaticus
5-639.2 ↔ Adhäsiolyse des Funiculus spermaticus
5-639.3 ↔ Entnahme von Nebenhodengewebe zur Aufbereitung für die künstliche Insemination
5-639.x ↔ Sonstige
5-639.y   N.n.bez.

5-64 Operationen am Penis

5-640 Operationen am Präputium

5-640.0 Frenulotomie

5-640.1 Dorsale Spaltung

5-640.2 Zirkumzision

5-640.3 Frenulum- und Präputiumplastik

5-640.4 Reposition einer Paraphimose in Narkose

5-640.5 Lösung von Präputialverklebungen

5-640.x Sonstige

5-640.y N.n.bez.

5-641 Lokale Exzision und Destruktion von erkranktem Gewebe des Penis
Inkl.: Destruktion mit Laser

5-641.0 Exzision
Exkl.: Exzision von erkrankter Haut des Penis (5-894 ff., 5-895 ff.)

5-641.1 Destruktion

5-641.x Sonstige

5-641.y N.n.bez.

5-642 Amputation des Penis

5-642.0 Partiell

5-642.1 Total

5-642.2 Emaskulation

5-642.y N.n.bez.

5-643 Plastische Rekonstruktion des Penis
Exkl.: Plastische Rekonstruktion bei Hypospadie (5-645)
Plastische Rekonstruktion bei Epispadie (5-644)

5-643.0 Naht (nach Verletzung)
Inkl.: Naht des Schwellkörpers

5-643.1 Streckung des Penisschaftes

5-643.2 (Re-)Konstruktion des Penis
Hinw.: Siehe auch Operationen zur Geschlechtsumwandlung (5-646)

5-643.3 Korrektur einer penoskrotalen Transposition

5-643.4 Korrektur eines vergrabenen Penis (concealed penis oder buried penis)

5-643.x Sonstige

5-643.y N.n.bez.

5-644 Plastische Rekonstruktion bei männlicher Epispadie

5-644.0 Schaftaufrichtung und Chordektomie

5-644.1 Mobilisation der Corpora cavernosa und Verlagerung der Urethra nach ventral

5-644.2 Konstruktion der Urethra
.20 Mit Präputialhaut
.21 Mit Penishaut
.22 Transplantation von Mundschleimhaut
.23 Transplantation von Harnblasenschleimhaut
.2x Sonstige

5-644.x Sonstige

5-644.y N.n.bez.

5-645 Plastische Rekonstruktion bei männlicher Hypospadie

5-645.0 Meatoglanduloplastik (bei Hypospadia coronaria)

Kapitel 5: Operationen

5-645.1 Schaftaufrichtung und Chordektomie
 Inkl.: Proximale Verlagerung der Urethra

5-645.2 Konstruktion der Urethra
 .20 Mit Präputialhaut
 .21 Mit Penishaut
 .22 Transplantation von Mundschleimhaut
 .23 Transplantation von Harnblasenschleimhaut
 .2x Sonstige

5-645.3 Sekundärer Eingriff

5-645.x Sonstige

5-645.y N.n.bez.

5-646 Operationen zur Geschlechtsumwandlung

5-646.0 Geschlechtstransformation einer Frau zum Mann
 Hinw.: Die durchgeführten Eingriffe sind gesondert zu kodieren:
 Konstruktion der Urethra (5-584)
 Konstruktion des Penis (5-643.2)
 Konstruktion des Skrotums (5-613.2)
 Implantation einer Hodenprothese (5-628)

5-646.1 Geschlechtstransformation eines Mannes zur Frau
 Hinw.: Die durchgeführten Eingriffe sind gesondert zu kodieren:
 Emaskulation (5-642.2)
 Konstruktion der Vagina (5-705)
 Konstruktion der Vulva (5-716)

5-646.x Sonstige

5-646.y N.n.bez.

5-649 Andere Operationen am Penis

5-649.0 Inzision
 Inkl.: Entfernung eines Fremdkörpers

5-649.1 Adhäsiolyse

5-649.2 Venöse Sperroperation (bei erektiler Dysfunktion)

5-649.3 Revaskularisierungsoperation (bei erektiler Dysfunktion)

5-649.4 Shuntoperation am Corpus cavernosum (bei Priapismus)

5-649.5 Implantation einer Penisprothese
 .50 Semirigide Prothese
 .51 Hydraulische Prothese
 .5x Sonstige

5-649.6 Revision einer Penisprothese

5-649.8 Entfernung einer Penisprothese

5-649.9 Replantation

5-649.a Wechsel einer semirigiden Penisprothese
 .a0 In eine semirigide Prothese
 .a1 In eine hydraulische Prothese
 .ax Sonstige

5-649.b Wechsel einer hydraulischen Penisprothese
 .b0 Vollständig, in eine semirigide Prothese
 .b1 Vollständig, in eine hydraulische Prothese
 .b2 Isolierter Pumpenwechsel
 .b3 Isolierter Reservoirwechsel [Ballon]
 .b4 Isolierter Wechsel des Schwellkörperimplantats [Zylinder]
 .bx Sonstige

5-649.x Sonstige

5-649.y N.n.bez.

Kapitel 5: Operationen

Operationen an den weiblichen Geschlechtsorganen (5-65...5-71)

Hinw.: Die Anwendung mikrochirurgischer Technik ist, sofern nicht als eigener Kode angegeben, zusätzlich zu kodieren (5-984)
Die Anwendung von Lasertechnik ist, sofern nicht als eigener Kode angegeben, zusätzlich zu kodieren (5-985 ff.)
Die Durchführung der Operation im Rahmen der Versorgung einer Mehrfachverletzung ist zusätzlich zu kodieren (5-981)
Die Durchführung der Operation im Rahmen der Versorgung eines Polytraumas ist zusätzlich zu kodieren (5-982 ff.)
Die Durchführung einer Reoperation ist, sofern nicht als eigener Kode angegeben, zusätzlich zu kodieren (5-983)
Der vorzeitige Abbruch einer Operation ist zusätzlich zu kodieren (5-995)
Die Verwendung von Membranen oder sonstigen Materialien zur Prophylaxe von Adhäsionen ist gesondert zu kodieren (5-933 ff.)

5-65 Operationen am Ovar
Hinw.: Der Zugang ist für die Kodes 5-651 ff., 5-652 ff., 5-656 ff. und 5-659 ff. nach folgender Liste zu kodieren:
 0 ↔ Offen chirurgisch (abdominal)
 1 ↔ Vaginal, laparoskopisch assistiert
 2 ↔ Endoskopisch (laparoskopisch)
 3 ↔ Umsteigen endoskopisch - offen chirurgisch
 4 ↔ Umsteigen vaginal - offen chirurgisch
 5 ↔ Vaginal
 x ↔ Sonstige

5-650 **Inzision des Ovars**

5-650.2 ↔ Offen chirurgisch (abdominal)

5-650.3 ↔ Vaginal, laparoskopisch assistiert

5-650.4 ↔ Endoskopisch (laparoskopisch)

5-650.5 ↔ Umsteigen endoskopisch - offen chirurgisch

5-650.6 ↔ Umsteigen vaginal - offen chirurgisch

5-650.7 ↔ Vaginal

5-650.x ↔ Sonstige

5-650.y N.n.bez.

5-651 **Lokale Exzision und Destruktion von Ovarialgewebe**
Hinw.: Der Zugang ist in der 6. Stelle nach der Liste vor Kode 5-650 zu kodieren

** 5-651.8 Exzisionsbiopsie
  Inkl.: Zystenpunktion mit Exzision an der Zystenwand

** 5-651.9 Exzision einer Ovarialzyste
  Inkl.: Zysten-/Tumorausschälung

** 5-651.a Keilexzision des Ovars

** 5-651.b Destruktion von Endometrioseherden

** 5-651.x Sonstige

5-651.y N.n.bez.

5-652 **Ovariektomie**
Hinw.: Der Zugang ist in der 6. Stelle nach der Liste vor Kode 5-650 zu kodieren

** 5-652.4 Restovariektomie

** 5-652.5 Partiell

** 5-652.6 Total

5-652.y N.n.bez.

Kapitel 5: Operationen

5-653 Salpingoovariektomie

5-653.2 Einseitige Ovariektomie mit bilateraler Salpingektomie
.20 Offen chirurgisch (abdominal)
.21 Vaginal, laparoskopisch assistiert
.22 Endoskopisch (laparoskopisch)
.23 Umsteigen endoskopisch - offen chirurgisch
.24 Umsteigen vaginal - offen chirurgisch
.25 Vaginal
.2x Sonstige

5-653.3 Salpingoovariektomie (ohne weitere Maßnahmen)
.30 ↔ Offen chirurgisch (abdominal)
.31 ↔ Vaginal, laparoskopisch assistiert
.32 ↔ Endoskopisch (laparoskopisch)
.33 ↔ Umsteigen endoskopisch - offen chirurgisch
.34 ↔ Umsteigen vaginal - offen chirurgisch
.35 ↔ Vaginal
.3x ↔ Sonstige

5-653.y N.n.bez.

5-656 Plastische Rekonstruktion des Ovars
Hinw.: Der Zugang ist in der 6. Stelle nach der Liste vor Kode 5-650 zu kodieren

** 5-656.8 Rekonstruktion (nach Verletzung oder Ruptur)
** 5-656.9 Ovariopexie
** 5-656.a Beseitigung einer Torsion
** 5-656.b Replantation
** 5-656.x Sonstige
5-656.y N.n.bez.

5-657 Adhäsiolyse an Ovar und Tuba uterina ohne mikrochirurgische Versorgung

5-657.6 Am Peritoneum des weiblichen Beckens
Inkl.: Uterus und Parametrien
.60 Offen chirurgisch (abdominal)
.61 Vaginal, laparoskopisch assistiert
.62 Endoskopisch (laparoskopisch)
.63 Umsteigen endoskopisch - offen chirurgisch
.64 Umsteigen vaginal - offen chirurgisch
.65 Vaginal
.6x Sonstige

5-657.7 Am Ovar
.70 ↔ Offen chirurgisch (abdominal)
.71 ↔ Vaginal, laparoskopisch assistiert
.72 ↔ Endoskopisch (laparoskopisch)
.73 ↔ Umsteigen endoskopisch - offen chirurgisch
.74 ↔ Umsteigen vaginal - offen chirurgisch
.75 ↔ Vaginal
.7x ↔ Sonstige

5-657.8 An der Tuba uterina
.80 ↔ Offen chirurgisch (abdominal)
.81 ↔ Vaginal, laparoskopisch assistiert
.82 ↔ Endoskopisch (laparoskopisch)
.83 ↔ Umsteigen endoskopisch - offen chirurgisch
.84 ↔ Umsteigen vaginal - offen chirurgisch
.85 ↔ Vaginal
.8x ↔ Sonstige

Kapitel 5: Operationen

5-657.9 An Ovar und Tuba uterina, kombiniert
.90 ↔ Offen chirurgisch (abdominal)
.91 ↔ Vaginal, laparoskopisch assistiert
.92 ↔ Endoskopisch (laparoskopisch)
.93 ↔ Umsteigen endoskopisch - offen chirurgisch
.94 ↔ Umsteigen vaginal - offen chirurgisch
.95 ↔ Vaginal
.9x ↔ Sonstige

5-657.x Sonstige
.x0 ↔ Offen chirurgisch (abdominal)
.x1 ↔ Vaginal, laparoskopisch assistiert
.x2 ↔ Endoskopisch (laparoskopisch)
.x3 ↔ Umsteigen endoskopisch - offen chirurgisch
.x4 ↔ Umsteigen vaginal - offen chirurgisch
.x5 ↔ Vaginal
.xx ↔ Sonstige

5-657.y N.n.bez.

5-658 Adhäsiolyse an Ovar und Tuba uterina mit mikrochirurgischer Versorgung

5-658.6 Am Peritoneum des weiblichen Beckens
Inkl.: Uterus und Parametrien

5-658.7 ↔ Am Ovar

5-658.8 ↔ An der Tuba uterina

5-658.9 ↔ An Ovar und Tuba uterina, kombiniert

5-658.x ↔ Sonstige

5-658.y N.n.bez.

5-659 Andere Operationen am Ovar
Hinw.: Der Zugang ist in der 6. Stelle nach der Liste vor Kode 5-650 zu kodieren

** 5-659.2 Exzision einer Parovarialzyste

** 5-659.x Sonstige

5-659.y N.n.bez.

5-66 Operationen an der Tuba uterina
Exkl.: Operationen bei Extrauteringravidität (5-744)
Hinw.: Der Zugang ist für die Kodes 5-661, 5-665 und 5-666 nach folgender Liste zu kodieren:
0 ↔ Offen chirurgisch (abdominal)
1 ↔ Vaginal, laparoskopisch assistiert
2 ↔ Endoskopisch (laparoskopisch)
3 ↔ Umsteigen endoskopisch - offen chirurgisch
4 ↔ Umsteigen vaginal - offen chirurgisch
5 ↔ Vaginal
x ↔ Sonstige

5-660 Salpingotomie

5-660.2 ↔ Offen chirurgisch (abdominal)

5-660.3 ↔ Vaginal, laparoskopisch assistiert

5-660.4 ↔ Endoskopisch (laparoskopisch)

5-660.5 ↔ Umsteigen endoskopisch - offen chirurgisch

5-660.6 ↔ Umsteigen vaginal - offen chirurgisch

5-660.7 ↔ Vaginal

5-660.x ↔ Sonstige

5-660.y N.n.bez.

Kapitel 5: Operationen

5-661	**Salpingektomie**
	Hinw.: Der Zugang ist in der 6. Stelle nach der Liste vor Kode 5-660 zu kodieren
** 5-661.4	Restsalpingektomie
** 5-661.5	Partiell
** 5-661.6	Total
5-661.y	N.n.bez.
5-663	**Destruktion und Verschluss der Tubae uterinae [Sterilisationsoperation]**
	Hinw.: Der Zugang ist in der 6. Stelle nach folgender Liste zu kodieren:
	0 Offen chirurgisch (abdominal)
	1 Vaginal, laparoskopisch assistiert
	2 Endoskopisch (laparoskopisch)
	3 Umsteigen endoskopisch - offen chirurgisch
	4 Umsteigen vaginal - offen chirurgisch
	5 Vaginal
	x Sonstige
** 5-663.0	Elektrokoagulation
** 5-663.1	Anbringen von Clips
** 5-663.2	Anbringen von "Fallopian rings"
** 5-663.3	Fimbriektomie
** 5-663.4	Salpingektomie, partiell
** 5-663.5	Unterbindung mit Durchtrennung oder Destruktion
** 5-663.x	Sonstige
5-663.y	N.n.bez.
5-665	**Exzision und Destruktion von erkranktem Gewebe der Tuba uterina**
	Hinw.: Der Zugang ist in der 6. Stelle nach der Liste vor Kode 5-660 zu kodieren
** 5-665.4	Exzision
** 5-665.5	Destruktion
** 5-665.x	Sonstige
5-665.y	N.n.bez.
5-666	**Plastische Rekonstruktion der Tuba uterina**
	Exkl.: Adhäsiolyse an Ovar und Tuba uterina (5-657, 5-658)
	Hinw.: Der Zugang ist in der 6. Stelle nach der Liste vor Kode 5-660 zu kodieren
** 5-666.8	Tubostomie
** 5-666.9	Fimbrioplastik
** 5-666.a	Tubenanastomose
** 5-666.b	Salpingouterostomie
** 5-666.x	Sonstige
5-666.y	N.n.bez.
5-667	**Insufflation der Tubae uterinae**
5-667.0	Pertubation
5-667.1	Chromopertubation
5-667.2	Hydropertubation
5-667.x	Sonstige
5-667.y	N.n.bez.
5-669 ↔	**Andere Operationen an der Tuba uterina**

Kapitel 5: Operationen

5-67 Operationen an der Cervix uteri

5-670 Dilatation des Zervikalkanals

5-671 Konisation der Cervix uteri

5-671.0 Konisation
- .00 Laserexzision
- .01 Schlingenexzision
- .02 Messerkonisation
- .03 Exzision mit elektrischer Nadel/Messer
- .0x Sonstige

5-671.1 Rekonisation
- .10 Laserexzision
- .11 Schlingenexzision
- .12 Messerkonisation
- .13 Exzision mit elektrischer Nadel/Messer
- .1x Sonstige

5-671.y N.n.bez.

5-672 Andere Exzision und Destruktion von erkranktem Gewebe der Cervix uteri

5-672.0 Exzision

5-672.1 Destruktion
- .10 Kauterisation
- .11 Elektrokoagulation
- .12 Laserkoagulation
- .13 Kryokoagulation
- .1x Sonstige

5-672.x Sonstige

5-672.y N.n.bez.

5-673 Amputation der Cervix uteri

5-674 Rekonstruktion der Cervix uteri in der Gravidität

5-674.0 Cerclage

5-674.1 Muttermundverschluss

5-674.x Sonstige

5-674.y N.n.bez.

5-675 Andere Rekonstruktion der Cervix uteri

5-675.0 Naht (nach Verletzung)

5-675.1 Plastische Rekonstruktion
Inkl.: Verschluss einer Fistel

5-675.2 Portioplastik

5-675.x Sonstige

5-675.y N.n.bez.

5-679 Andere Operationen an der Cervix uteri

5-679.0 Entfernung von Cerclagematerial

5-679.x Sonstige

5-679.y N.n.bez.

Kapitel 5: Operationen

5-68 Inzision, Exzision und Exstirpation des Uterus

Inkl.: Exenteration des kleinen Beckens
Hinw.: Die Durchführung einer spezifischen Scheidenstumpffixation im Rahmen einer Vorder- und/oder Hinterwandplastik ist gesondert zu kodieren (5-704.46 bis 5-704.4p)
Die Durchführung einer spezifischen Zervixstumpffixation im Rahmen einer Vorder- und/oder Hinterwandplastik ist gesondert zu kodieren (5-704.56 bis 5-704.5p)

5-680 Inzision des Uterus [Hysterotomie]

5-681 Exzision und Destruktion von erkranktem Gewebe des Uterus

5-681.0 Exzision von Endometriumsynechien
.01 Hysteroskopisch
.0x Sonstige

5-681.1 Exzision eines kongenitalen Septums
.10 Vaginal
.11 Hysteroskopisch ohne Kontrolle
.12 Hysteroskopisch, laparoskopisch assistiert
.13 Hysteroskopisch, sonographisch assistiert
.1x Sonstige

5-681.3 Exzision sonstigen erkrankten Gewebes des Uterus
.30 Offen chirurgisch (abdominal)
.31 Vaginal, laparoskopisch assistiert
.32 Endoskopisch (laparoskopisch)
.33 Hysteroskopisch
.34 Umsteigen endoskopisch - offen chirurgisch
.35 Umsteigen vaginal - offen chirurgisch
.36 Vaginal
.3x Sonstige

5-681.4 Morcellieren des Uterus als Vorbereitung zur Uterusexstirpation

5-681.5 Endometriumablation
.50 Ablation durch Rollerball und/oder Schlingenresektion
.51 Laserablation
.52 Ablation durch Heißwasserballon
.53 Hochfrequenzablation
.5x Sonstige

5-681.6 Destruktion
.60 Elektrokoagulation
.61 Laserkoagulation
.62 Thermokoagulation
.63 Kryokoagulation
.64 Photodynamische Therapie
.65 Magnetresonanz-gesteuerte fokussierte Ultraschallkoagulation [MRgFUS]
Hinw.: Die Dauer der Behandlung durch Magnetresonanz-gesteuerten fokussierten Ultraschall ist gesondert zu kodieren (8-660 ff.)
.67 Radiofrequenzablation, ohne intrauterine Ultraschallführung
.68 Radiofrequenzablation, mit intrauteriner Ultraschallführung
.6x Sonstige

5-681.7 Dopplersonographisch gesteuerte transvaginale temporäre Gefäßokklusion der Uterusarterien

5-681.8 Entfernung eines oder mehrerer Myome ohne ausgedehnte Naht des Myometriums
Inkl.: Entfernung eines oder mehrerer Myome ausschließlich mit Serosanaht
Hinw.: Die plastische Rekonstruktion des Uterus ist nicht gesondert zu kodieren
.80 Offen chirurgisch (abdominal)
.81 Vaginal, laparoskopisch assistiert
.82 Endoskopisch (laparoskopisch)
.83 Hysteroskopisch
.84 Umsteigen endoskopisch - offen chirurgisch
.85 Umsteigen vaginal - offen chirurgisch
.86 Vaginal
.8x Sonstige

Kapitel 5: Operationen

5-681.9 Entfernung eines oder mehrerer Myome mit ausgedehnter Naht des Myometriums
Hinw.: Eine ausgedehnte Naht des Myometriums liegt vor, wenn eine Adaptation der Wundflächen stattgefunden hat und der Durchmesser von mindestens einem der entfernten Myome 5 cm oder mehr betrug. Die Durchmesser mehrerer Myome sind nicht zu addieren
Die plastische Rekonstruktion des Uterus ist nicht gesondert zu kodieren
.90 Offen chirurgisch (abdominal)
.91 Vaginal, laparoskopisch assistiert
.92 Endoskopisch (laparoskopisch)
.93 Hysteroskopisch
.94 Umsteigen endoskopisch - offen chirurgisch
.95 Umsteigen vaginal - offen chirurgisch
.96 Vaginal
.9x Sonstige

5-681.x Sonstige
5-681.y N.n.bez.

5-682 Subtotale Uterusexstirpation
Hinw.: Der Zugang ist für die mit ** gekennzeichneten Kodes in der 6. Stelle nach folgender Liste zu kodieren:
0 Offen chirurgisch (abdominal)
1 Vaginal, laparoskopisch assistiert
2 Endoskopisch (laparoskopisch)
3 Umsteigen endoskopisch - offen chirurgisch
4 Umsteigen vaginal - offen chirurgisch
5 Vaginal
x Sonstige

** 5-682.0 Suprazervikal
** 5-682.1 Supravaginal
5-682.2 Hemihysterektomie (bei Uterus bicornis)
.20 Offen chirurgisch (abdominal)
.21 Endoskopisch (laparoskopisch)
.22 Umsteigen endoskopisch - offen chirurgisch
.2x Sonstige

** 5-682.x Sonstige
5-682.y N.n.bez.

5-683 Uterusexstirpation [Hysterektomie]
Exkl.: Geburtshilfliche Uterusexstirpation (5-757)
Hinw.: Der Zugang ist für die mit ** gekennzeichneten Kodes in der 6. Stelle nach folgender Liste zu kodieren:
0 Offen chirurgisch (abdominal)
1 Vaginal
2 Vaginal, laparoskopisch assistiert
3 Endoskopisch (laparoskopisch)
4 Umsteigen endoskopisch - offen chirurgisch
5 Umsteigen vaginal - offen chirurgisch
x Sonstige

** 5-683.0 Ohne Salpingoovariektomie
** 5-683.1 Mit Salpingoovariektomie, einseitig
** 5-683.2 Mit Salpingoovariektomie, beidseitig
5-683.3 Mit ausgedehnter retroperitonealer Präparation
Inkl.: Bei Endometriose
** 5-683.4 Zur Transplantation, Lebendspenderin
** 5-683.x Sonstige
5-683.y N.n.bez.

Kapitel 5: Operationen

5-684 **Zervixstumpfexstirpation**
5-684.0 Offen chirurgisch (abdominal)
5-684.1 Vaginal
5-684.2 Umsteigen vaginal - offen chirurgisch
5-684.3 Vaginal, laparoskopisch assistiert
5-684.4 Endoskopisch (laparoskopisch)
5-684.5 Umsteigen endoskopisch - offen chirurgisch
5-684.x Sonstige
5-684.y N.n.bez.

5-685 **Radikale Uterusexstirpation**
Exkl.: Geburtshilfliche Uterusexstirpation (5-757)
Hinw.: Eine durchgeführte (Teil-)Exstirpation der weiblichen Adnexe ist gesondert zu kodieren:
• Salpingoovariektomie (5-653 ff.)
• Salpingektomie (5-661 ff.)

5-685.0 Ohne Lymphadenektomie
 .00 Offen chirurgisch (abdominal)
 .01 Vaginal
 .02 Vaginal, laparoskopisch assistiert
 .03 Umsteigen vaginal - offen chirurgisch
 .0x Sonstige

5-685.1 Mit pelviner Lymphadenektomie
5-685.2 Mit paraaortaler Lymphadenektomie
5-685.3 Mit pelviner und paraaortaler Lymphadenektomie
5-685.4 Totale mesometriale Resektion des Uterus [TMMR]
Hinw.: Diese Form der radikalen Uterusexstirpation beinhaltet die Freilegung und Schonung der Nervi splanchnici lumbales, der Plexus hypogastrici superiores, der Nervi hypogastrici, der Plexus hypogastrici inferiores und der bilateralen Gefäß-Nerven-Versorgung der Harnblase
 .40 Ohne Lymphadenektomie
 .41 Mit pelviner Lymphadenektomie
  Inkl.: Resektion zusätzlicher Lymphknotenstationen, z.B. präsakrale Lymphknoten, Glutea-superior- und Glutea-inferior-Lymphknoten
 .42 Mit paraaortaler Lymphadenektomie
 .43 Mit pelviner und paraaortaler Lymphadenektomie
  Inkl.: Resektion zusätzlicher Lymphknotenstationen, z.B. präsakrale Lymphknoten, Glutea-superior- und Glutea-inferior-Lymphknoten
 .4x Sonstige

5-685.x Sonstige
5-685.y N.n.bez.

5-686 **Radikale Zervixstumpfexstirpation**
Hinw.: Eine durchgeführte (Teil-)Exstirpation der weiblichen Adnexe ist gesondert zu kodieren:
• Salpingoovariektomie (5-653)
• Salpingektomie (5-661)

5-686.0 Ohne Lymphadenektomie
 .00 Offen chirurgisch (abdominal)
 .01 Vaginal
 .02 Vaginal, laparoskopisch assistiert
 .03 Umsteigen vaginal - offen chirurgisch
 .0x Sonstige

5-686.1 Mit pelviner Lymphadenektomie
5-686.2 Mit paraaortaler Lymphadenektomie
5-686.3 Mit pelviner und paraaortaler Lymphadenektomie
5-686.x Sonstige
5-686.y N.n.bez.

Kapitel 5: Operationen

5-687 Exenteration [Eviszeration] des weiblichen kleinen Beckens
Exkl.: Resektion von Gewebe ohne sichere Organzuordnung (Debulking-Operation) (5-547)
Hinw.: Eine durchgeführte Harnableitung ist gesondert zu kodieren (5-564, 5-565, 5-566, 5-567, 5-577)
Eine durchgeführte Darmrekonstruktion ist gesondert zu kodieren (5-460 ff.)
Eine durchgeführte Genital(re)konstruktion ist gesondert zu kodieren:
- Vagina (5-705)
- Vulva (5-716)

5-687.0 Vordere
5-687.1 Hintere
5-687.2 Totale
5-687.3 Laterale erweiterte endopelvine Resektion [LEER]
Hinw.: Bei dieser Operation erfolgt zusätzlich zur totalen Entfernung der Beckenorgane eine Resektion der Beckenwand- und Beckenbodenmuskulatur und des Iliaca-interna-Gefäßsystems
.30 Abdominal
.31 Abdominoperineal
Hinw.: Eine Rekonstruktion des Beckenbodens und der Perinealregion mit Muskellappen oder myokutanen Lappen ist im Kode enthalten
.3x Sonstige
5-687.y N.n.bez.

5-689 Andere Inzision und Exzision des Uterus
5-689.0 Radikale Trachelektomie
Inkl.: Entfernung großer Teile der Zervix und der anhängenden Parametrien
Hinw.: Die Lymphadenektomie ist gesondert zu kodieren (5-406 ff., 5-407 ff.)
Die Anwendung eines OP-Roboters ist zusätzlich zu kodieren (5-987 ff.)
.00 Offen chirurgisch (abdominal)
.01 Vaginal
.02 Vaginal, laparoskopisch assistiert
.03 Endoskopisch (laparoskopisch)
.04 Umsteigen endoskopisch - offen chirurgisch
.05 Umsteigen vaginal - offen chirurgisch
.0x Sonstige
5-689.x Sonstige
5-689.y N.n.bez.

5-69 Andere Operationen am Uterus und Operationen an den Parametrien

5-690 Therapeutische Kürettage [Abrasio uteri]
Inkl.: Dilatation
Exkl.: Kürettage zur Beendigung der Schwangerschaft [Abruptio] (5-751)
Hinw.: Eine durchgeführte diagnostische Hysteroskopie ist gesondert zu kodieren (1-672)

5-690.0 Ohne lokale Medikamentenapplikation
5-690.1 Mit lokaler Medikamentenapplikation
5-690.2 Mit Polypentfernung
5-690.x Sonstige
5-690.y N.n.bez.

5-691 Entfernung eines intrauterinen Fremdkörpers
Inkl.: Entfernung eines Lost-IUD
Hinw.: Eine durchgeführte Fremdkörperentfernung durch Hysteroskopie ist unter 8-100.d zu kodieren

5-692 Exzision und Destruktion von erkranktem Gewebe der Parametrien
Exkl.: Exzision einer Parovarialzyste (5-659.2 ff.)
Hinw.: Der Zugang ist in der 6. Stelle nach folgender Liste zu kodieren:
0 ↔ Offen chirurgisch (abdominal)

      1 ↔ Vaginal, laparoskopisch assistiert
      2 ↔ Endoskopisch (laparoskopisch)
      3 ↔ Umsteigen endoskopisch - offen chirurgisch
      4 ↔ Umsteigen vaginal - offen chirurgisch
      5 ↔ Vaginal
      x ↔ Sonstige

** 5-692.0 Exzision
** 5-692.1 Destruktion
** 5-692.x Sonstige
  5-692.y N.n.bez.

5-693 ↔ **Plastische Rekonstruktion der Parametrien (bei Lagekorrektur des Uterus)**

5-694 **Parazervikale Uterusdenervation**

5-695 **Rekonstruktion des Uterus**
   Hinw.: Der Zugang ist in der 6. Stelle nach folgender Liste zu kodieren:
     0 Offen chirurgisch (abdominal)
     1 Vaginal, laparoskopisch assistiert
     2 Endoskopisch (laparoskopisch)
     3 Umsteigen endoskopisch - offen chirurgisch
     4 Umsteigen vaginal - offen chirurgisch
     5 Vaginal
     x Sonstige

** 5-695.0 Naht (nach Verletzung)
** 5-695.1 Plastische Rekonstruktion
** 5-695.2 Verschluss einer Fistel
     Inkl.: Verschluss einer uterovesikalen Fistel
** 5-695.3 Metroplastik
** 5-695.x Sonstige
  5-695.y N.n.bez.

5-699 **Andere Operationen an Uterus und Parametrien**
  5-699.0 Uterustransplantation
  5-699.x Sonstige

5-70 Operationen an Vagina und Douglasraum

5-700 **Kuldotomie**

5-701 **Inzision der Vagina**
  5-701.0 Hymenotomie
  5-701.1 Adhäsiolyse
  5-701.2 Vaginotomie
     Inkl.: Drainage
  5-701.x Sonstige
  5-701.y N.n.bez.

5-702 **Lokale Exzision und Destruktion von erkranktem Gewebe der Vagina und des Douglasraumes**
  5-702.0 Hymenektomie
  5-702.1 Exzision von erkranktem Gewebe der Vagina
  5-702.2 Exzision von erkranktem Gewebe des Douglasraumes
     Inkl.: Endometrioseherde
  5-702.3 Destruktion von erkranktem Gewebe der Vagina
    .30 Kauterisation
    .31 Elektrokoagulation
    .32 Laserkoagulation
    .33 Kryokoagulation
    .3x Sonstige

Kapitel 5: Operationen

5-702.4 Destruktion von erkranktem Gewebe des Douglasraumes
Inkl.: Endometrioseherde

5-702.x Sonstige

5-702.y N.n.bez.

5-703 Verschluss und (sub-)totale Exstirpation der Vagina

5-703.0 Kolpokleisis

5-703.1 Kolpektomie, subtotal

5-703.2 Kolpektomie, total

5-703.3 Kolpektomie, erweitert (radikal)

5-703.x Sonstige

5-703.y N.n.bez.

5-704 Vaginale Kolporrhaphie und Beckenbodenplastik
Exkl.: Urethrokolposuspension (5-595.1 ff.)
Transvaginale Suspensionsoperation bei Inkontinenz (5-593 ff.)
Hinw.: Bei gleichzeitiger Vorder- und Hinterwandplastik sind beide gesondert zu kodieren
Eine ggf. durchgeführte Zervixamputation ist gesondert zu kodieren (5-673)
Die Durchführung einer spezifischen Scheidenstumpffixation im Rahmen einer Vorder- und/oder Hinterwandplastik ist gesondert zu kodieren (5-704.46 bis 5-704.4p)
Die Durchführung einer spezifischen Zervixstumpffixation im Rahmen einer Vorder- und/oder Hinterwandplastik ist gesondert zu kodieren (5-704.56 bis 5-704.5p)

5-704.0 Vorderwandplastik (bei (Urethro-)Zystozele)
.00 Ohne alloplastisches Material
.01 Mit alloplastischem Material
Exkl.: Obturatorplastik und TVT (5-593.2 ff.)
Hinw.: Die Art des verwendeten Materials für Gewebeersatz oder Gewebeverstärkung ist gesondert zu kodieren (5-932 ff.)

5-704.1 Hinterwandplastik (bei Rektozele)
.10 Ohne alloplastisches Material
.11 Mit alloplastischem Material
Hinw.: Die Art des verwendeten Materials für Gewebeersatz oder Gewebeverstärkung ist gesondert zu kodieren (5-932 ff.)

5-704.4 Scheidenstumpffixation
.46 Offen chirurgisch (abdominal), ohne alloplastisches Material, mit medianer Fixation am Promontorium oder im Bereich des Os sacrum
.47 Offen chirurgisch (abdominal), ohne alloplastisches Material, mit lateraler Fixation an den Ligg. sacrouterina
.48 Offen chirurgisch (abdominal), mit alloplastischem Material, mit medianer Fixation am Promontorium oder im Bereich des Os sacrum
Hinw.: Die Art des verwendeten Materials für Gewebeersatz oder Gewebeverstärkung ist gesondert zu kodieren (5-932 ff.)
.49 Offen chirurgisch (abdominal), mit alloplastischem Material, mit lateraler Fixation an den Ligg. sacrouterina
Hinw.: Die Art des verwendeten Materials für Gewebeersatz oder Gewebeverstärkung ist gesondert zu kodieren (5-932 ff.)
.4a Laparoskopisch, ohne alloplastisches Material, mit medianer Fixation am Promontorium oder im Bereich des Os sacrum
.4b Laparoskopisch, ohne alloplastisches Material, mit lateraler Fixation an den Ligg. sacrouterina
.4c Laparoskopisch, mit alloplastischem Material, mit medianer Fixation am Promontorium oder im Bereich des Os sacrum
Hinw.: Die Art des verwendeten Materials für Gewebeersatz oder Gewebeverstärkung ist gesondert zu kodieren (5-932 ff.)
.4d Laparoskopisch, mit alloplastischem Material, mit lateraler Fixation an den Ligg. sacrouterina
Hinw.: Die Art des verwendeten Materials für Gewebeersatz oder Gewebeverstärkung ist gesondert zu kodieren (5-932 ff.)
.4e Vaginal, ohne alloplastisches Material, mit Fixation an den Ligg. sacrouterina
.4f Vaginal, ohne alloplastisches Material, mit Fixation am Lig. sacrospinale oder Lig. sacrotuberale
.4g Vaginal, mit alloplastischem Material
Inkl.: Fixation am Lig. sacrospinale, Lig. sacrotuberale oder Lig. sacrouterinum
Hinw.: Die Art des verwendeten Materials für Gewebeersatz oder Gewebeverstärkung ist gesondert zu kodieren (5-932 ff.)

Kapitel 5: Operationen

.4h Umsteigen laparoskopisch - offen chirurgisch, ohne alloplastisches Material
.4j Umsteigen vaginal - offen chirurgisch, ohne alloplastisches Material
.4k Umsteigen vaginal - laparoskopisch, ohne alloplastisches Material
.4m Umsteigen laparoskopisch - offen chirurgisch, mit alloplastischem Material
   Hinw.: Die Art des verwendeten Materials für Gewebeersatz oder Gewebeverstärkung ist gesondert zu kodieren (5-932 ff.)
.4n Umsteigen vaginal - offen chirurgisch, mit alloplastischem Material
   Hinw.: Die Art des verwendeten Materials für Gewebeersatz oder Gewebeverstärkung ist gesondert zu kodieren (5-932 ff.)
.4p Umsteigen vaginal - laparoskopisch, mit alloplastischem Material
   Hinw.: Die Art des verwendeten Materials für Gewebeersatz oder Gewebeverstärkung ist gesondert zu kodieren (5-932 ff.)
.4x Sonstige

5-704.5 Zervixstumpffixation

.56 Offen chirurgisch (abdominal), ohne alloplastisches Material, mit medianer Fixation am Promontorium oder im Bereich des Os sacrum
.57 Offen chirurgisch (abdominal), ohne alloplastisches Material, mit lateraler Fixation an den Ligg. sacrouterina
.58 Offen chirurgisch (abdominal), mit alloplastischem Material, mit medianer Fixation am Promontorium oder im Bereich des Os sacrum
   Hinw.: Die Art des verwendeten Materials für Gewebeersatz oder Gewebeverstärkung ist gesondert zu kodieren (5-932 ff.)
.59 Offen chirurgisch (abdominal), mit alloplastischem Material, mit lateraler Fixation an den Ligg. sacrouterina
   Hinw.: Die Art des verwendeten Materials für Gewebeersatz oder Gewebeverstärkung ist gesondert zu kodieren (5-932 ff.)
.5a Laparoskopisch, ohne alloplastisches Material, mit medianer Fixation am Promontorium oder im Bereich des Os sacrum
.5b Laparoskopisch, ohne alloplastisches Material, mit lateraler Fixation an den Ligg. sacrouterina
.5c Laparoskopisch, mit alloplastischem Material, mit medianer Fixation am Promontorium oder im Bereich des Os sacrum
   Hinw.: Die Art des verwendeten Materials für Gewebeersatz oder Gewebeverstärkung ist gesondert zu kodieren (5-932 ff.)
.5d Laparoskopisch, mit alloplastischem Material, mit lateraler Fixation an den Ligg. sacrouterina
   Hinw.: Die Art des verwendeten Materials für Gewebeersatz oder Gewebeverstärkung ist gesondert zu kodieren (5-932 ff.)
.5e Vaginal, ohne alloplastisches Material, mit Fixation an den Ligg. sacrouterina
.5f Vaginal, ohne alloplastisches Material, mit Fixation am Lig. sacrospinale oder Lig. sacrotuberale
.5g Vaginal, mit alloplastischem Material
   Inkl.: Fixation am Lig. sacrospinale, Lig. sacrotuberale oder Lig. sacrouterinum
   Hinw.: Die Art des verwendeten Materials für Gewebeersatz oder Gewebeverstärkung ist gesondert zu kodieren (5-932 ff.)
.5h Umsteigen laparoskopisch - offen chirurgisch, ohne alloplastisches Material
.5j Umsteigen vaginal - offen chirurgisch, ohne alloplastisches Material
.5k Umsteigen vaginal - laparoskopisch, ohne alloplastisches Material
.5m Umsteigen laparoskopisch - offen chirurgisch, mit alloplastischem Material
   Hinw.: Die Art des verwendeten Materials für Gewebeersatz oder Gewebeverstärkung ist gesondert zu kodieren (5-932 ff.)
.5n Umsteigen vaginal - offen chirurgisch, mit alloplastischem Material
   Hinw.: Die Art des verwendeten Materials für Gewebeersatz oder Gewebeverstärkung ist gesondert zu kodieren (5-932 ff.)
.5p Umsteigen vaginal - laparoskopisch, mit alloplastischem Material
   Hinw.: Die Art des verwendeten Materials für Gewebeersatz oder Gewebeverstärkung ist gesondert zu kodieren (5-932 ff.)
.5x Sonstige

5-704.6 Uterusfixation

.60 Offen chirurgisch (abdominal), ohne alloplastisches Material, mit medianer Fixation am Promontorium oder im Bereich des Os sacrum
.61 Offen chirurgisch (abdominal), ohne alloplastisches Material, mit lateraler Fixation an den Ligg. sacrouterina
.62 Offen chirurgisch (abdominal), mit alloplastischem Material, mit medianer Fixation am Promontorium oder im Bereich des Os sacrum
   Hinw.: Die Art des verwendeten Materials für Gewebeersatz oder Gewebeverstärkung ist gesondert zu kodieren (5-932 ff.)

Kapitel 5: Operationen

.63 Offen chirurgisch (abdominal), mit alloplastischem Material, mit lateraler Fixation an den Ligg. sacrouterina
  Hinw.: Die Art des verwendeten Materials für Gewebeersatz oder Gewebeverstärkung ist gesondert zu kodieren (5-932 ff.)

.64 Laparoskopisch, ohne alloplastisches Material, mit medianer Fixation am Promontorium oder im Bereich des Os sacrum

.65 Laparoskopisch, ohne alloplastisches Material, mit lateraler Fixation an den Ligg. sacrouterina

.66 Laparoskopisch, mit alloplastischem Material, mit medianer Fixation am Promontorium oder im Bereich des Os sacrum
  Hinw.: Die Art des verwendeten Materials für Gewebeersatz oder Gewebeverstärkung ist gesondert zu kodieren (5-932 ff.)

.67 Laparoskopisch, mit alloplastischem Material, mit lateraler Fixation an den Ligg. sacrouterina
  Hinw.: Die Art des verwendeten Materials für Gewebeersatz oder Gewebeverstärkung ist gesondert zu kodieren (5-932 ff.)

.68 Vaginal, ohne alloplastisches Material, mit Fixation an den Ligg. sacrouterina

.69 Vaginal, ohne alloplastisches Material, mit Fixation am Lig. sacrospinale oder Lig. sacrotuberale

.6a Vaginal, mit alloplastischem Material
  Inkl.: Fixation am Lig. sacrospinale, Lig. sacrotuberale oder Lig. sacrouterinum
  Hinw.: Die Art des verwendeten Materials für Gewebeersatz oder Gewebeverstärkung ist gesondert zu kodieren (5-932 ff.)

.6b Umsteigen laparoskopisch - offen chirurgisch, ohne alloplastisches Material

.6c Umsteigen vaginal - offen chirurgisch, ohne alloplastisches Material

.6d Umsteigen vaginal - laparoskopisch, ohne alloplastisches Material

.6e Umsteigen laparoskopisch - offen chirurgisch, mit alloplastischem Material
  Hinw.: Die Art des verwendeten Materials für Gewebeersatz oder Gewebeverstärkung ist gesondert zu kodieren (5-932 ff.)

.6f Umsteigen vaginal - offen chirurgisch, mit alloplastischem Material
  Hinw.: Die Art des verwendeten Materials für Gewebeersatz oder Gewebeverstärkung ist gesondert zu kodieren (5-932 ff.)

.6g Umsteigen vaginal - laparoskopisch, mit alloplastischem Material
  Hinw.: Die Art des verwendeten Materials für Gewebeersatz oder Gewebeverstärkung ist gesondert zu kodieren (5-932 ff.)

.6x Sonstige

5-704.x Sonstige

5-704.y N.n.bez.

5-705 Konstruktion und Rekonstruktion der Vagina

5-705.0 Mit freiem Hauttransplantat

5-705.1 Mit Darmtransplantat

5-705.2 Mit myokutanem Transpositionslappen

5-705.3 Mit Peritoneum

5-705.4 Mit Dura

5-705.5 Nach Vecchetti

5-705.6 Mit gestielter Haut des Penis (Geschlechtsumwandlung)

5-705.7 Eröffnungsplastik (bei Gynatresie)

5-705.x Sonstige

5-705.y N.n.bez.

5-706 Andere plastische Rekonstruktion der Vagina

5-706.0 Naht (nach Verletzung)

5-706.1 Hymenraffung

5-706.2 Verschluss einer rekto(kolo-)vaginalen Fistel
  .20 Offen chirurgisch (abdominal)
  .21 Vaginal
  .22 Umsteigen vaginal - offen chirurgisch
  .23 Laparoskopisch
  .2x Sonstige

Kapitel 5: Operationen

5-706.3 Verschluss einer ureterovaginalen Fistel
.30 Offen chirurgisch (abdominal)
.31 Vaginal
.32 Umsteigen vaginal - offen chirurgisch
.33 Laparoskopisch
.3x Sonstige

5-706.4 Verschluss einer vesikovaginalen Fistel
.40 Offen chirurgisch (abdominal)
.41 Vaginal
.42 Transvesikal
.43 Laparoskopisch
.44 Umsteigen vesikal oder vaginal - offen chirurgisch
.4x Sonstige

5-706.5 Verschluss einer urethrovaginalen Fistel
.50 Offen chirurgisch (abdominal)
.51 Vaginal
.52 Umsteigen vaginal - offen chirurgisch
.53 Laparoskopisch
.5x Sonstige

5-706.6 Verschluss einer sonstigen Fistel
.60 Offen chirurgisch (abdominal)
.61 Vaginal
.62 Umsteigen vaginal - offen chirurgisch
.63 Laparoskopisch
.6x Sonstige

5-706.x Sonstige

5-706.y N.n.bez.

5-707 Plastische Rekonstruktion des kleinen Beckens und des Douglasraumes

5-707.1 Douglasplastik

5-707.2 Enterozelenplastik ohne alloplastisches Material
.20 Offen chirurgisch (abdominal)
.21 Vaginal
.22 Umsteigen vaginal - offen chirurgisch
.2x Sonstige

5-707.3 Enterozelenplastik mit alloplastischem Material
Hinw.: Die Art des verwendeten Materials für Gewebeersatz oder Gewebeverstärkung ist gesondert zu kodieren (5-932)
.30 Offen chirurgisch (abdominal)
.31 Vaginal
.32 Umsteigen vaginal - offen chirurgisch
.3x Sonstige

5-707.x Sonstige

5-707.y N.n.bez.

5-709 Andere Operationen an Vagina und Douglasraum

5-71 Operationen an der Vulva
Exkl.: Operationen im Zusammenhang mit einer Geburt (5-758 ff., 5-759.1)
Hinw.: Operationen an der Urethra, der Vagina oder am Anus sind gesondert zu kodieren (5-58, 5-70, 5-49)
Lappenplastiken sind gesondert zu kodieren (5-903.1 ff. bis 5-903.4 ff., 5-903.6 ff. bis 5-903.x ff., 5-857 ff.)

5-710 Inzision der Vulva
Inkl.: Inzision an der Haut der Vulva

OPS Version 2018 287

Kapitel 5: Operationen

5-711 Operationen an der Bartholin-Drüse (Zyste)
5-711.0 ↔ Inzision
5-711.1 ↔ Marsupialisation
5-711.2 ↔ Exzision
5-711.x ↔ Sonstige
5-711.y N.n.bez.

5-712 Andere Exzision und Destruktion von erkranktem Gewebe der Vulva
5-712.0 Exzision
Inkl.: Exzision von erkrankter Haut der Vulva
Exzision an der Vulva unter Mitnahme der Haut des Perineums
Exkl.: Chirurgische Wundtoilette [Wunddebridement] mit Entfernung von erkranktem Gewebe an Haut und Unterhaut (5-896 ff.)
Exzision und Resektion der Klitoris (5-713 ff.)
Exzision und Resektion der Urethra (5-58)
Exzision von mindestens einem Viertel (90° oder mehr) der Vulva (5-714 ff.)
Alleinige Exzision an der Bartholin-Drüse (5-711.2)
Hinw.: Hier ist die Exzision von weniger als einem Viertel der Vulva (weniger als 90°) zu kodieren
Eine Lymphadenektomie ist gesondert zu kodieren (5-40)

5-712.1 Destruktion
.10 Kauterisation
.11 Elektrokoagulation
.12 Laserkoagulation
Inkl.: Laservaporisation
.13 Kryokoagulation
.1x Sonstige

5-712.x Sonstige
5-712.y N.n.bez.

5-713 Operationen an der Klitoris
Exkl.: (Teil-)Resektion der Klitoris im Rahmen einer Vulvektomie (5-714 ff.)
Hinw.: Eine Lymphadenektomie ist gesondert zu kodieren (5-40)

5-713.0 Teilresektion
5-713.1 Klitoridektomie
5-713.2 Plastische Rekonstruktion
5-713.x Sonstige
5-713.y N.n.bez.

5-714 Vulvektomie
Hinw.: Eine ggf. durchgeführte (Teil-)Resektion von Klitoris und/oder Meatus urethrae externus ist im Kode enthalten

5-714.4 Partiell
Exkl.: Exzision von weniger als einem Viertel der Vulva (weniger als 90°) (5-712.0)
Hinw.: Eine Lymphadenektomie ist gesondert zu kodieren (5-40)
.40 Mit Entfernung von einem Viertel bis weniger als der Hälfte der Vulva (90° bis weniger als 180°)
.41 Mit Entfernung von mindestens der Hälfte der Vulva (180° oder mehr)
Inkl.: Hemivulvektomie (lateral, ventral, dorsal)

5-714.5 Total
Inkl.: Entfernung der kompletten Vulva (360°)
Hinw.: Eine Lymphadenektomie ist gesondert zu kodieren (5-40)

5-714.6 En bloc, mit inguinaler und femoraler Lymphadenektomie
Hinw.: Hierbei handelt es sich um ein spezielles Operationsverfahren mit En-bloc-Entnahme der kompletten Haut der Vulva und ggf. der Inguinalfalte sowie inguinaler und femoraler Lymphknoten
Die Lymphadenektomie inguinaler und femoraler Lymphknoten ist hier nicht gesondert zu kodieren
.60 Ohne Entfernung der Haut der Inguinalfalte
.61 Mit Entfernung der Haut der Inguinalfalte

5-714.y N.n.bez.

5-716	**Konstruktion und Rekonstruktion der Vulva (und des Perineums)**
5-716.0	Naht (nach Verletzung)
5-716.1	Plastische Rekonstruktion
5-716.2	Plastische Rekonstruktion, mikrochirurgisch (bei kongenitalen Fehlbildungen)
5-716.3	Erweiterungsplastik des Introitus vaginae
5-716.4	Konstruktion des Introitus vaginae (bei kongenitalen Fehlbildungen)
5-716.5	Fistelverschluss
5-716.x	Sonstige
5-716.y	N.n.bez.
5-718	**Andere Operationen an der Vulva**
5-718.0	Adhäsiolyse der Labien *Exkl.:* Durchtrennung von Labiensynechien bei Verbrennungen (5-927 ff.)
5-718.x	Sonstige
5-718.y	N.n.bez.
5-719	**Andere Operationen an den weiblichen Geschlechtsorganen**

Geburtshilfliche Operationen (5-72...5-75)

Exkl.: Überwachung und Leitung einer normalen und einer Risikogeburt (9-260, 9-261)

Hinw.: Die Anwendung mikrochirurgischer Technik ist, sofern nicht als eigener Kode angegeben, zusätzlich zu kodieren (5-984)
Die Anwendung von Lasertechnik ist, sofern nicht als eigener Kode angegeben, zusätzlich zu kodieren (5-985 ff.)
Die Durchführung einer Reoperation ist, sofern nicht als eigener Kode angegeben, zusätzlich zu kodieren (5-983)

5-72	**Entbindung aus Beckenendlage und instrumentelle Entbindung** *Hinw.:* Eine durchgeführte Episiotomie ist im Kode enthalten Die postnatale Versorgung des Neugeborenen ist gesondert zu kodieren (9-262)
5-720	**Zangenentbindung**
5-720.0	Aus Beckenausgang
5-720.1	Aus Beckenmitte
5-720.x	Sonstige
5-720.y	N.n.bez.
5-724	**Drehung des kindlichen Kopfes mit Zange**
5-725	**Extraktion bei Beckenendlage** *Inkl.:* Armlösung *Exkl.:* Wendung mit Extraktion (5-732.2, 5-732.3, 5-732.4)
5-725.0	Manuell
5-725.1	Instrumentell
5-725.2	Kombiniert manuell/instrumentell
5-725.x	Sonstige
5-725.y	N.n.bez.
5-727	**Spontane und vaginale operative Entbindung bei Beckenendlage**
5-727.0	Spontane Entbindung ohne Komplikationen *Inkl.:* Manualhilfe nach Bracht
5-727.1	Assistierte Entbindung mit Spezialhandgriffen
5-727.2	Assistierte Entbindung mit Instrumentenhilfe

Kapitel 5: Operationen

5-727.3	Kombinierte Entbindung mit Spezialhandgriffen und Instrumentenhilfe
5-727.x	Sonstige
5-727.y	N.n.bez.
5-728	**Vakuumentbindung**
5-728.0	Aus Beckenausgang
5-728.1	Aus Beckenmitte
5-728.x	Sonstige
5-728.y	N.n.bez.
5-729	**Andere instrumentelle Entbindung**

5-73 Andere Operationen zur Geburtseinleitung und unter der Geburt

Hinw.: Die postnatale Versorgung des Neugeborenen ist gesondert zu kodieren (9-262)

5-730	**Künstliche Fruchtblasensprengung [Amniotomie]**
5-731	**Andere operative Geburtseinleitung**
5-732	**Innere und kombinierte Wendung ohne und mit Extraktion**

Hinw.: Die Überwachung und Leitung einer normalen Geburt oder einer Risikogeburt sind bei den Kodes 5-732.0, 5-732.1, 5-732.5 und 5-732.y gesondert zu kodieren (9-260, 9-261)

5-732.0	Innere Wendung, ohne Extraktion
5-732.1	Kombinierte Wendung, ohne Extraktion
5-732.2	Mit Extraktion, ohne weitere Komplikationen
5-732.3	Mit Extraktion durch Zange am (nachfolgenden) Becken
5-732.4	Mit Extraktion bei sonstiger Komplikation
5-732.5	Am zweiten Zwilling
5-732.y	N.n.bez.
5-733	**Misslungene vaginale operative Entbindung**

Hinw.: Die Überwachung und Leitung einer normalen Geburt oder einer Risikogeburt sind gesondert zu kodieren (9-260, 9-261)

5-733.0	Misslungene Zangenentbindung
5-733.1	Misslungene Vakuumextraktion
5-733.2	Misslungene innere Wendung
5-733.3	Misslungene kombinierte Wendung
5-733.x	Sonstige
5-733.y	N.n.bez.
5-734	**Operative Maßnahmen am Feten zur Geburtserleichterung**

Exkl.: Intrauterine Therapie des Feten (5-754)

5-734.0	Punktion eines Hydrozephalus
5-734.1	Aszitespunktion
5-734.2	Embryotomie
5-734.3	Destruktion des Feten
5-734.4	Dekapitation des Feten
5-734.x	Sonstige
5-734.y	N.n.bez.
5-738	**Episiotomie und Naht**

Hinw.: Die Überwachung und Leitung einer normalen Geburt oder einer Risikogeburt sind bei den Kodes 5-738.2, 5-738.x und 5-738.y gesondert zu kodieren (9-260, 9-261)

5-738.0	Episiotomie
	Hinw.: Die Naht ist im Kode enthalten

Kapitel 5: Operationen

5-738.2		Naht einer Episiotomie als selbständige Maßnahme
		Exkl.: Rekonstruktion weiblicher Geschlechtsorgane nach Ruptur, post partum (5-758)
5-738.x		Sonstige
5-738.y		N.n.bez.
5-739		**Andere Operationen zur Unterstützung der Geburt**
		Exkl.: Dilatation des Zervikalkanals (5-670)
5-739.0		Inzision der Cervix uteri
5-739.1		Symphyseotomie
5-739.2		Rückverlagerung einer prolabierten Nabelschnur
5-739.x		Sonstige
5-739.y		N.n.bez.

5-74 Sectio caesarea und Entwicklung des Kindes

Hinw.: Die postnatale Versorgung des Neugeborenen ist gesondert zu kodieren (9-262)

5-740 **Klassische Sectio caesarea**
Inkl.: Entfernung zurückgebliebener Plazenta (postpartal)
Hinw.: Mit einem Kode aus diesem Bereich ist die Sectio mit transisthmischem Querschnitt zu kodieren

5-740.0 Primär
5-740.1 Sekundär
5-740.y N.n.bez.

5-741 **Sectio caesarea, suprazervikal und korporal**
Inkl.: Entfernung zurückgebliebener Plazenta (postpartal)

5-741.0 Primär, suprazervikal
5-741.1 Sekundär, suprazervikal
5-741.2 Primär, korporal, T-Inzision
5-741.3 Sekundär, korporal, T-Inzision
5-741.4 Primär, korporal, Längsinzision
5-741.5 Sekundär, korporal, Längsinzision
5-741.x Sonstige
5-741.y N.n.bez.

5-742 **Sectio caesarea extraperitonealis**
Inkl.: Entfernung zurückgebliebener Plazenta (postpartal)

5-742.0 Primär
5-742.1 Sekundär
5-742.y N.n.bez.

5-743 **Entfernung eines intraperitonealen Embryos**
5-743.0 Offen chirurgisch
5-743.1 Laparoskopisch
5-743.2 Umsteigen von laparoskopischem auf offen chirurgisches Vorgehen
5-743.3 Über Kuldoskopie
5-743.x Sonstige
5-743.y N.n.bez.

Kapitel 5: Operationen

5-744 Operationen bei Extrauteringravidität
Hinw.: Der Zugang ist in der 6. Stelle nach folgender Liste zu kodieren:
- 0 ↔ Offen chirurgisch (abdominal)
- 1 ↔ Vaginal, laparoskopisch assistiert
- 2 ↔ Endoskopisch (laparoskopisch)
- 3 ↔ Umsteigen endoskopisch - offen chirurgisch
- 4 ↔ Umsteigen vaginal - offen chirurgisch
- 5 ↔ Vaginal
- x ↔ Sonstige

** 5-744.0 Salpingotomie
** 5-744.1 Salpingotomie mit Rekonstruktion
** 5-744.2 Partielle Salpingektomie
** 5-744.3 Partielle Salpingektomie mit Rekonstruktion
** 5-744.4 Totale Salpingektomie
** 5-744.5 Behandlung lokal medikamentös bei Tubargravidität
** 5-744.x Sonstige
5-744.y N.n.bez.

5-749 Andere Sectio caesarea
Inkl.: Entfernung zurückgebliebener Plazenta (postpartal)

5-749.0 Resectio
Hinw.: Dieser Kode ist ein Zusatzkode
Die durchgeführten Eingriffe sind einzeln zu kodieren

5-749.1 Misgav-Ladach-Sectio
.10 Primär
.11 Sekundär

5-749.x Sonstige
5-749.y N.n.bez.

5-75 Andere geburtshilfliche Operationen

5-750 Intraamniale Injektion zur Beendigung der Schwangerschaft
Exkl.: Intraamniale Injektion zur Geburtseinleitung (5-731)

5-751 Kürettage zur Beendigung der Schwangerschaft [Abruptio]

5-752 Andere Operationen zur Beendigung einer Schwangerschaft

5-753 Therapeutische Amniozentese [Amnionpunktion]
5-753.0 Mit anschließender Auffüllung
5-753.1 Mit Nabelschnurpunktion
5-753.2 Fetozid
5-753.x Sonstige
5-753.y N.n.bez.

5-754 Intrauterine Therapie des Feten
Exkl.: Diagnostische Fetoskopie (1-674)
Fetale Biopsie (1-473.2)
Über die Mutter verabreichte, am Feten wirksame Medikamente zur Prognoseverbesserung bei drohender Frühgeburt
Hinw.: Die Überwachung und Leitung einer normalen Geburt oder einer Risikogeburt sind gesondert zu kodieren (9-260, 9-261)

5-754.0 Transfusion
Hinw.: Die Menge der verabreichten Blutprodukte ist gesondert zu kodieren (8-800.c ff.)

5-754.1 Anlegen von Drainagen
.10 Intrauterine Drainagetherapie am Feten
.11 Amniondrainage
.1x Sonstige

5-754.2	Medikamentös
5-754.3	Anlegen eines feto-amnialen Shunts
5-754.4	Lasertherapie (z.B. bei Gefäßanastomosen)
5-754.5	Serieller Fruchtwasseraustausch
5-754.6	Hochfrequenzablation von Tumorgefäßen und/oder Plazentagefäßen
5-754.7	Kontinuierliche Amnioninfusion über ein subkutan implantiertes Portsystem
5-754.x	Sonstige
5-754.y	N.n.bez.

5-755 Andere intrauterine Operationen am Feten
Exkl.: Diagnostische Fetoskopie (1-674)
Fetale Biopsie (1-473.2)
Hinw.: Die Überwachung und Leitung einer normalen Geburt oder einer Risikogeburt sind gesondert zu kodieren (9-260, 9-261)

5-755.0	Fetoskopischer temporärer Verschluss der Luftröhre durch Latexballons
5-755.1	Fetoskopische Entfernung eines Latexballons
5-755.2	Fetoskopische Überstimulation bei Herzrhythmusstörungen
5-755.3	Vorgeburtliche Eröffnung einer Herzklappe
5-755.4	Vorgeburtliche Eröffnung des Foramen ovale
5-755.5	EXIT [Ex utero intrapartum treatment]-Operation beim Feten mit Kehlkopf- oder Luftröhrenverschluss unter Entbindung
5-755.6	Fetoskopische Eröffnung von posterioren Harnklappen
5-755.7	Operativer Verschluss oder Abdeckung des offenen Rückens
5-755.8	Implantation eines Herzschrittmachers
5-755.9	Eröffnung eines Kehlkopf- oder Luftröhrenverschlusses
5-755.x	Sonstige
5-755.y	N.n.bez.

5-756 Entfernung zurückgebliebener Plazenta (postpartal)
Exkl.: Abortkürettage (5-690.0)
Hinw.: Ein Kode aus diesem Bereich ist nicht anzugeben, wenn eine Sectio caesarea durchgeführt wurde
Die Überwachung und Leitung einer normalen Geburt oder einer Risikogeburt sind gesondert zu kodieren (9-260, 9-261)

5-756.0	Manuell
5-756.1	Instrumentell
5-756.x	Sonstige
5-756.y	N.n.bez.

5-757 Uterusexstirpation, geburtshilflich
Hinw.: Die Überwachung und Leitung einer normalen Geburt oder einer Risikogeburt sind gesondert zu kodieren (9-260, 9-261)

5-758 Rekonstruktion weiblicher Geschlechtsorgane nach Ruptur, post partum [Dammriss]
Hinw.: Die Überwachung und Leitung einer normalen Geburt oder einer Risikogeburt sind gesondert zu kodieren (9-260, 9-261)

5-758.0	Cervix uteri
5-758.1	Uterus
5-758.2	Vagina
5-758.3	Naht an der Haut von Perineum und Vulva
5-758.4	Naht an Haut und Muskulatur von Perineum und Vulva
5-758.5	Naht an Haut und Muskulatur von Perineum und Vulva und Naht des Sphincter ani

Kapitel 5: Operationen

5-758.6	Naht an Haut und Muskulatur von Perineum und Vulva, Naht des Sphincter ani und Naht am Rektum
5-758.7	Rekonstruktion von Blase und Urethra
5-758.8	Rekonstruktion von Rektum und Sphincter ani
5-758.x	Sonstige
5-758.y	N.n.bez.

5-759 Andere geburtshilfliche Operationen
Hinw.: Die Überwachung und Leitung einer normalen Geburt oder einer Risikogeburt sind gesondert zu kodieren (9-260, 9-261)

5-759.0 Tamponade von Uterus und Vagina
Hinw.: Der lokale Zusatz von blutstillenden Medikamenten ist im Kode enthalten
   .00 Ohne Einführung eines Tamponade-Ballons
   .01 Mit Einführung eines Tamponade-Ballons

5-759.1	Entleerung eines Hämatoms an Vulva, Perineum und/oder paravaginalem Gewebe
5-759.2	Operative Korrektur einer Inversio uteri
5-759.x	Sonstige
5-759.y	N.n.bez.

Operationen an Kiefer- und Gesichtsschädelknochen (5-76...5-77)

Hinw.: Die Anwendung mikrochirurgischer Technik ist, sofern nicht als eigener Kode angegeben, zusätzlich zu kodieren (5-984)
Die Anwendung von Lasertechnik ist, sofern nicht als eigener Kode angegeben, zusätzlich zu kodieren (5-985 ff.)
Die Anwendung eines OP-Roboters ist, sofern nicht als eigener Kode angegeben, zusätzlich zu kodieren (5-987 ff.)
Die Anwendung eines Navigationssystems ist, sofern nicht als eigener Kode angegeben, zusätzlich zu kodieren (5-988 ff.)
Die Durchführung der Operation im Rahmen der Versorgung einer Mehrfachverletzung ist zusätzlich zu kodieren (5-981)
Die Durchführung der Operation im Rahmen der Versorgung eines Polytraumas ist zusätzlich zu kodieren (5-982 ff.)
Die Durchführung einer Reoperation ist, sofern nicht als eigener Kode angegeben, zusätzlich zu kodieren (5-983)
Der vorzeitige Abbruch einer Operation ist zusätzlich zu kodieren (5-995)

5-76 Operationen bei Gesichtsschädelfrakturen
Exkl.: Reposition einer Nasenbeinfraktur (5-216)
      Replantation eines Zahnes (5-235)
      Rekonstruktion der Weichteile im Gesicht (5-778)
Hinw.: Die Entnahme eines Transplantates zur mikrovaskulären Anastomosierung ist gesondert zu kodieren (5-858)

5-760 Reposition einer lateralen Mittelgesichtsfraktur
Hinw.: Die Art der Osteosynthese ist für die mit ** gekennzeichneten Kodes in der 6. Stelle nach folgender Liste zu kodieren:
    0 ↔ Externe Fixation
    1 ↔ Osteosynthese durch Draht
    2 ↔ Osteosynthese durch Schraube
    3 ↔ Osteosynthese durch Platte
    4 ↔ Osteosynthese durch Materialkombinationen
    x ↔ Sonstige

5-760.0 ↔ Jochbeinkörper, geschlossen
   Inkl.: Externe Fixation
** 5-760.1 Jochbeinkörper, offen, Einfachfraktur

Kapitel 5: Operationen

** 5-760.2 Jochbeinkörper, offen, Mehrfachfraktur
5-760.3 ↔ Jochbogen, geschlossen
Inkl.: Externe Fixation
** 5-760.4 Jochbogen, offen
5-760.5 ↔ Jochbeinkörper und Jochbogen, geschlossen
Inkl.: Externe Fixation
** 5-760.6 Jochbeinkörper und Jochbogen, offen
** 5-760.x Sonstige
5-760.y N.n.bez.

5-761 **Reposition einer zentralen Mittelgesichtsfraktur**
Hinw.: Die Art der Osteosynthese ist für die mit ** gekennzeichneten Kodes in der 6. Stelle nach folgender Liste zu kodieren:
    0   Externe Fixation
    1   Osteosynthese durch Draht
    2   Osteosynthese durch Schraube
    3   Osteosynthese durch Platte
    4   Osteosynthese durch Materialkombinationen
    x   Sonstige

5-761.0 Maxilla, geschlossen
Inkl.: Externe Fixation
** 5-761.1 Maxilla, offen
5-761.2 Processus alveolaris maxillae, geschlossen
** 5-761.3 Processus alveolaris maxillae, offen
** 5-761.4 Nasoethmoidal, offen
Exkl.: Rekonstruktion der Hirnhäute (5-021)
Rekonstruktion des Tränenkanales (5-086)
Operationen am Kanthus/Epikanthus (5-092)
Operationen an den Nasennebenhöhlen (5-22)
** 5-761.x Sonstige
5-761.y N.n.bez.

5-762 **Reposition einer zentrolateralen Mittelgesichtsfraktur**
Hinw.: Die Art der Osteosynthese ist für die mit ** gekennzeichneten Kodes in der 6. Stelle nach folgender Liste zu kodieren:
    0   Externe Fixation
    1   Osteosynthese durch Draht
    2   Osteosynthese durch Schraube
    3   Osteosynthese durch Platte
    4   Osteosynthese durch Materialkombinationen
    x   Sonstige

5-762.0 Geschlossen
Inkl.: Externe Fixation
** 5-762.1 Offen
** 5-762.x Sonstige
5-762.y N.n.bez.

5-763 **Reposition anderer kombinierter Mittelgesichtsfrakturen (Mehrfachfraktur)**
Hinw.: Die Art der Osteosynthese ist für die mit ** gekennzeichneten Kodes in der 6. Stelle nach folgender Liste zu kodieren:
    0   Externe Fixation
    1   Osteosynthese durch Draht
    2   Osteosynthese durch Schraube
    3   Osteosynthese durch Platte
    4   Osteosynthese durch Materialkombinationen
    x   Sonstige

Kapitel 5: Operationen

5-763.0	Kombiniert zentrolateral und zentrolateral, geschlossen
	Inkl.: Externe Fixation
** 5-763.1	Kombiniert zentrolateral und zentrolateral, offen
5-763.2	Kombiniert zentrolateral und lateral, geschlossen
	Inkl.: Externe Fixation
** 5-763.3	Kombiniert zentrolateral und lateral, offen
5-763.4	Kombiniert zentrolateral und zentral, geschlossen
	Inkl.: Externe Fixation
** 5-763.5	Kombiniert zentrolateral und zentral, offen
5-763.6	Kombiniert zentrolateral und andere, geschlossen
	Inkl.: Externe Fixation
** 5-763.7	Kombiniert zentrolateral und andere, offen
** 5-763.x	Sonstige
5-763.y	N.n.bez.

5-764 **Reposition einer Fraktur des Corpus mandibulae und des Processus alveolaris mandibulae**
Hinw.: Die Art der Osteosynthese ist für die mit ** gekennzeichneten Kodes in der 6. Stelle nach folgender Liste zu kodieren:
   0 ↔ Externe Fixation
   1 ↔ Osteosynthese durch Draht
   2 ↔ Osteosynthese durch Schraube
   3 ↔ Osteosynthese durch Platte
   4 ↔ Osteosynthese durch Materialkombinationen
   x ↔ Sonstige

5-764.0 ↔	Corpus mandibulae, geschlossen
	Inkl.: Externe Fixation
** 5-764.1	Corpus mandibulae, offen, Einfachfraktur
** 5-764.2	Corpus mandibulae, offen, Mehrfachfraktur
5-764.3	Processus alveolaris mandibulae, geschlossen
5-764.4	Processus alveolaris mandibulae, offen
.40	Mit externer Fixation
.41	Mit Osteosynthese durch Draht
.42	Mit Osteosynthese durch Schraube
.43	Mit Osteosynthese durch Platte
.44	Mit Osteosynthese durch Materialkombinationen
.4x	Mit sonstiger Osteosynthese
** 5-764.x	Sonstige
5-764.y	N.n.bez.

5-765 **Reposition einer Fraktur des Ramus mandibulae und des Processus articularis mandibulae**
Exkl.: Geschlossene Reposition des Kiefergelenkes
Hinw.: Die Art der Osteosynthese ist für die mit ** gekennzeichneten Kodes in der 6. Stelle nach folgender Liste zu kodieren:
   0 ↔ Externe Fixation
   1 ↔ Osteosynthese durch Draht
   2 ↔ Osteosynthese durch Schraube
   3 ↔ Osteosynthese durch Platte
   4 ↔ Osteosynthese durch Materialkombinationen
   x ↔ Sonstige

5-765.0 ↔	Ramus mandibulae, geschlossen
	Inkl.: Externe Fixation
** 5-765.1	Ramus mandibulae, offen transoral, Einfachfraktur
** 5-765.2	Ramus mandibulae, offen transoral, Mehrfachfraktur
** 5-765.3	Ramus mandibulae, offen von außen, Einfachfraktur
** 5-765.4	Ramus mandibulae, offen von außen, Mehrfachfraktur

5-765.5 ↔ Processus articularis mandibulae, geschlossen
** 5-765.6 Processus articularis mandibulae, offen, transoral
** 5-765.7 Processus articularis mandibulae, offen, von außen
5-765.8 ↔ Operative Funktions- oder Extensionsbehandlung
** 5-765.x Sonstige
5-765.y N.n.bez.

5-766 Reposition einer Orbitafraktur
Inkl.: Osteosynthese, Membranen, Folien
Exkl.: Operation an Orbita und Augapfel (5-16)

5-766.0 ↔ Orbitadach, offen
5-766.1 ↔ Orbitawand, lateral, offen
5-766.2 ↔ Orbitawand, medial, offen
5-766.3 ↔ Orbitaboden, offen, von außen
5-766.4 ↔ Orbitaboden, offen, transantral
5-766.5 ↔ Orbitaboden, offen, transkonjunktival
5-766.6 ↔ Orbitaboden, offen, kombiniert
5-766.x ↔ Sonstige
5-766.y N.n.bez.

5-767 Reposition einer Stirnhöhlenwandfraktur
Inkl.: Osteosynthese
Exkl.: Kranioplastik (5-020)
Rekonstruktion der Schädelbasis (5-020.4)
Rekonstruktion der Hirnhäute (5-021)
Operation am Sinus frontalis (5-223)

5-767.0 Vorderwand, offen
5-767.1 Vorderwand, endoskopisch
5-767.2 Vorderwand, Heben einer Impressionsfraktur
5-767.3 Hinterwand, offen
5-767.4 Hinterwand und Vorderwand, offen
5-767.x Sonstige
5-767.y N.n.bez.

5-768 Reosteotomien disloziert verheilter Gesichtsschädelfrakturen
Inkl.: Osteosynthese
Exkl.: Primäre Versorgung von Gesichtsschädelfrakturen (5-760 ff., 5-761 ff., 5-762 ff., 5-763 ff., 5-764 ff., 5-765 ff., 5-766 ff., 5-767 ff.)

5-768.0 ↔ Im lateralen Mittelgesicht
5-768.1 Im zentralen Mittelgesicht
5-768.2 Im zentrolateralen Mittelgesicht
5-768.3 ↔ An der Mandibula
5-768.x ↔ Sonstige
5-768.y N.n.bez.

5-769 Andere Operationen bei Gesichtsschädelfrakturen
Exkl.: Kranioplastik, Dekompression einer Fraktur des Hirnschädels (5-020)

5-769.0 Maßnahmen zur Okklusionssicherung an der Maxilla
5-769.1 Maßnahmen zur Okklusionssicherung an der Mandibula
5-769.2 Maßnahmen zur Okklusionssicherung an Maxilla und Mandibula
5-769.3 Extension von Gesichtsschädelfrakturen
5-769.4 Entfernung von Schienenverbänden der Maxilla

Kapitel 5: Operationen

5-769.5 Entfernung von Schienenverbänden der Mandibula
5-769.6 Entfernung intermaxillärer Fixationsgeräte
5-769.x Sonstige
5-769.y N.n.bez.

5-77 Andere Operationen an Gesichtsschädelknochen

Hinw.: Die Entnahme eines Transplantates zur mikrovaskulären Anastomosierung ist gesondert zu kodieren (5-858 ff.)

5-770 **Inzision (Osteotomie), lokale Exzision und Destruktion (von erkranktem Gewebe) eines Gesichtsschädelknochens**
Inkl.: Dekortikation und Entfernung von periostalem Narbengewebe
Hinw.: Eine Knochentransplantation ist gesondert zu kodieren (5-77b ff.)

5-770.0 Inzision (z.B. sagittale Spaltung)
5-770.1 Sequesterotomie (z.B. bei Kieferosteomyelitis)
   .10 Mit Debridement und Drainage
   .11 Mit Entfernung eines Sequesters
   .12 Mit Einlegen eines Medikamententrägers
   .1x Sonstige
5-770.2 Eröffnung eines Hohlraumes
Exkl.: Entfernung einer Zyste (5-243)
5-770.3 Entfernung eines Fremdkörpers
5-770.4 Exzision
5-770.5 Dekortikation (z.B. bei Kieferosteomyelitis)
5-770.6 Exzision von periostalem Narbengewebe (nach Dekortikation)
5-770.7 Abtragung (modellierende Osteotomie)
5-770.8 Destruktion
5-770.x Sonstige
5-770.y N.n.bez.

5-771 **Partielle und totale Resektion eines Gesichtsschädelknochens**
Exkl.: Kombinierte Rekonstruktion von Hirnschädel und Gesichtsschädel (5-020.6 ff.)
Hinw.: Eine Knochentransplantation ist gesondert zu kodieren (5-77b ff.)
Der Einsatz der pESS-Technik ist, sofern nicht als eigener Kode angegeben, zusätzlich zu kodieren (5-98f)
Die Rekonstruktion ist in der 6. Stelle nach folgender Liste zu kodieren:
0 Ohne Rekonstruktion
1 Rekonstruktion mit nicht vaskularisiertem Transplantat
2 Rekonstruktion mit mikrovaskulär-anastomisiertem Transplantat
3 Rekonstruktion von Weich- und Hartgewebe (einschließlich alloplastische Rekonstruktion)
x Sonstige

** 5-771.0 Alveolarkamm
** 5-771.1 Maxilla, partiell
Inkl.: Hemimaxillektomie
** 5-771.2 Maxilla, (sub-)total
** 5-771.3 Sonstiger Gesichtsschädelknochen, partiell
** 5-771.4 Sonstiger Gesichtsschädelknochen, (sub-)total
** 5-771.5 Mehrere Gesichtsschädelknochen, partiell
** 5-771.6 Mehrere Gesichtsschädelknochen, (sub-)total
** 5-771.7 Ein Gesichtsschädelknochen, radikal (mit umgebendem Gewebe)
** 5-771.8 Mehrere Gesichtsschädelknochen, radikal (mit umgebendem Gewebe)
** 5-771.x Sonstige
5-771.y N.n.bez.

5-772 Partielle und totale Resektion der Mandibula
Hinw.: Eine Knochentransplantation ist gesondert zu kodieren (5-77b ff.)
Die Rekonstruktion ist in der 6. Stelle nach folgender Liste zu kodieren:
   0   Ohne Rekonstruktion
   1   Rekonstruktion mit nicht vaskularisiertem Transplantat
   2   Rekonstruktion mit mikrovaskulär-anastomisiertem Transplantat
   3   Alloplastische Rekonstruktion
   x   Sonstige

** 5-772.0   Resektion, partiell, ohne Kontinuitätsdurchtrennung
** 5-772.1   Resektion, partiell, mit Kontinuitätsdurchtrennung
** 5-772.2   Hemimandibulektomie
** 5-772.3   Mandibulektomie, (sub-)total
** 5-772.4   Mandibulektomie, radikal (mit umgebendem Gewebe)
** 5-772.x   Sonstige
   5-772.y   N.n.bez.

5-773 Arthroplastik am Kiefergelenk
Inkl.: Osteosynthese
Exkl.: Kondylotomie (5-775.0)
Hinw.: Die Entnahme eines Transplantates ist gesondert zu kodieren (5-783)
Eine Knochentransplantation ist gesondert zu kodieren (5-77b ff.)

5-773.0 ↔ Hohe Kondylektomie

5-773.1   Kondylektomie
   .10 ↔ Ohne Rekonstruktion
   .11 ↔ Mit Rekonstruktion n.n.bez.
   .12 ↔ Mit Rekonstruktion durch Knochen
   .13 ↔ Mit Rekonstruktion durch Muskeltransplantat
   .14 ↔ Mit Rekonstruktion durch alloplastisches Material
   .1x ↔ Sonstige

5-773.2   Exstirpation des Discus articularis
   .20 ↔ Ohne Rekonstruktion
   .21 ↔ Mit Rekonstruktion n.n.bez.
   .22 ↔ Mit Rekonstruktion durch Knochen
   .23 ↔ Mit Rekonstruktion durch Weichteilersatz
   .24 ↔ Mit Rekonstruktion durch Muskeltransplantat
   .25 ↔ Mit Rekonstruktion durch alloplastisches Material
   .2x ↔ Sonstige

5-773.3 ↔ Diskusreposition

5-773.4   Diskoplastik
   .40 ↔ Ohne Rekonstruktion
   .41 ↔ Mit Rekonstruktion n.n.bez.
   .42 ↔ Mit Rekonstruktion durch Knochen
   .43 ↔ Mit Rekonstruktion durch Weichteilersatz
   .44 ↔ Mit Rekonstruktion durch Muskeltransplantat
   .45 ↔ Mit Rekonstruktion durch alloplastisches Material
   .4x ↔ Sonstige

5-773.5 ↔ Resektion am Tuberculum articulare

5-773.6 ↔ Gelenkstabilisierung (bewegungseinschränkend)

5-773.7   Entfernung eines freien Gelenkkörpers
   .70 ↔ Offen chirurgisch
   .71 ↔ Arthroskopisch
   .7x ↔ Sonstige

5-773.8 ↔ Synovektomie

5-773.9 ↔ Plastische Rekonstruktion

Kapitel 5: Operationen

5-773.a Implantation einer Endoprothese
  Exkl.: Wechsel einer Endoprothese (5-779.2)
   .a0 ↔ Totalendoprothese mit vorgefertigten Komponenten
   .a1 ↔ Totalendoprothese mit CAD-CAM-gefertigten Komponenten
     Hinw.: Die CT-Planung ist im Kode enthalten
   .a2 ↔ Gelenkkopfprothese
   .ax ↔ Sonstige

5-773.x ↔ Sonstige

5-773.y N.n.bez.

5-774 Plastische Rekonstruktion und Augmentation der Maxilla
  Inkl.: Osteosynthese
  Hinw.: Die Entnahme eines Transplantates ist gesondert zu kodieren (5-783)
     Eine Knochentransplantation ist gesondert zu kodieren (5-77b ff.)

5-774.0 Auflagerungsplastik, partiell

5-774.1 Auflagerungsplastik, total

5-774.2 Interpositionsplastik, ohne Kontinuitätsdurchtrennung (horizontal)

5-774.3 Interpositionsplastik, mit Kontinuitätsdurchtrennung (vertikal), partiell

5-774.4 Interpositionsplastik, mit Kontinuitätsdurchtrennung (vertikal), subtotal

5-774.5 ↔ Anheben des Kieferhöhlenbodens [Sinuslifting]

5-774.6 Durch Einbringen einer Folie/Membran

5-774.7 Durch alloplastische Implantate
   .70 Mit einfachem Implantat (z.B. Knochenzement)
   .71 Mit computerassistiert vorgefertigtem Implantat [CAD-Implantat], einfacher Defekt
   .72 Mit computerassistiert vorgefertigtem Implantat [CAD-Implantat], großer oder komplexer Defekt

5-774.8 Durch autogenes Knochentransplantat, mit mittels CAD-Verfahren geplanten und hergestellten Schablonen

5-774.x ↔ Sonstige

5-774.y N.n.bez.

5-775 Plastische Rekonstruktion und Augmentation der Mandibula
  Inkl.: Osteosynthese
  Hinw.: Die Entnahme eines Transplantates ist gesondert zu kodieren (5-783)
     Eine Knochentransplantation ist gesondert zu kodieren (5-77b ff.)

5-775.0 ↔ Kondylotomie

5-775.1 Auflagerungsplastik, partiell

5-775.2 Auflagerungsplastik, total

5-775.3 Interpositionsplastik, ohne Kontinuitätsdurchtrennung (horizontal)

5-775.4 Interpositionsplastik, mit Kontinuitätsdurchtrennung (vertikal), partiell

5-775.5 Interpositionsplastik, mit Kontinuitätsdurchtrennung (vertikal), subtotal

5-775.6 Kinnplastik

5-775.7 Durch alloplastische Implantate
   .70 Mit einfachem Implantat (z.B. Knochenzement)
   .71 Mit computerassistiert vorgefertigtem Implantat [CAD-Implantat], einfacher Defekt
   .72 Mit computerassistiert vorgefertigtem Implantat [CAD-Implantat], großer oder komplexer Defekt

5-775.8 Durch Einbringen einer Folie/Membran

5-775.9 Durch autogenes Knochentransplantat, mit mittels CAD-Verfahren geplanten und hergestellten Schablonen

5-775.x ↔ Sonstige

5-775.y N.n.bez.

5-776 Osteotomie zur Verlagerung des Untergesichtes
Inkl.: Positionierung der Osteotomiesegmente mit Hilfseinrichtungen
Hinw.: Die Entnahme eines Transplantates ist gesondert zu kodieren (5-783)
Eine Knochentransplantation ist gesondert zu kodieren (5-77b ff.)

5-776.0	Im Alveolarkammbereich frontal
5-776.1 ↔	Im Alveolarkammbereich seitlich
5-776.2	Mit Kontinuitätsdurchtrennung der Mandibula frontal
5-776.3 ↔	Mit Kontinuitätsdurchtrennung am horizontalen Mandibulaast
5-776.4 ↔	Mit Kontinuitätsdurchtrennung am aufsteigenden Mandibulaast
5-776.5	Kinnverlagerung
5-776.6 ↔	Verlagerung des Unterkiefers durch Distraktion mit Kontinuitätsdurchtrennung im aufsteigenden Mandibulaast
5-776.7 ↔	Verlagerung der Mandibula durch Distraktion nach Osteotomie im horizontalen Mandibulaast
5-776.9 ↔	Verlagerung des Alveolarfortsatzes durch horizontale Distraktion nach Osteotomie
5-776.x ↔	Sonstige
5-776.y	N.n.bez.

5-777 Osteotomie zur Verlagerung des Mittelgesichtes
Inkl.: Positionierung der Osteotomiesegmente mit Hilfseinrichtungen
Hinw.: Die Entnahme eines Transplantates ist gesondert zu kodieren (5-783)
Eine Knochentransplantation ist gesondert zu kodieren (5-77b ff.)
Die Anwendung der Distraktion ist für die mit ** gekennzeichneten Kodes in der 6. Stelle nach folgender Liste zu kodieren:
    0   Ohne Distraktion
    1   Mit Distraktion

** 5-777.0	Im Alveolarkammbereich frontal
5-777.1	Im Alveolarkammbereich seitlich
	.10 ↔ Ohne Distraktion
	.11 ↔ Mit Distraktion
** 5-777.2	Im Alveolarkammbereich frontal und seitlich in mehreren Segmenten
** 5-777.3	In der Le-Fort-I-Ebene in einem Stück
** 5-777.4	In der Le-Fort-I-Ebene in zwei Stücken
	Inkl.: Transpalatinale Distraktion
** 5-777.5	In der Le-Fort-I-Ebene in drei oder mehr Stücken
** 5-777.6	In der Le-Fort-II-Ebene
** 5-777.7	In der Le-Fort-II-Ebene, kombiniert mit anderer Osteotomie
** 5-777.8	In der Le-Fort-III-Ebene
** 5-777.9	In der Le-Fort-III-Ebene, kombiniert mit Le-Fort-I-Ebene
5-777.x	Sonstige
5-777.y	N.n.bez.

5-778 Rekonstruktion der Weichteile im Gesicht
Exkl.: Plastische Operationen an Lippe und Mundwinkel (5-908)

5-778.0	Naht (nach Verletzung), einschichtig
5-778.1	Naht (nach Verletzung), mehrschichtig
5-778.2	Plastische Sofortrekonstruktion
5-778.x	Sonstige
5-778.y	N.n.bez.

5-779 Andere Operationen an Kiefergelenk und Gesichtsschädelknochen

5-779.0 ↔	Reposition einer temporomandibulären Luxation, geschlossen (operativ)
5-779.1 ↔	Reposition einer temporomandibulären Luxation, offen

Kapitel 5: Operationen

5-779.2 Wechsel einer Kiefergelenkendoprothese
.20 ↔ In Totalendoprothese mit vorgefertigten Komponenten
.21 ↔ In Totalendoprothese mit CAD-CAM-gefertigten Komponenten
   Hinw.: Die CT-Planung ist im Kode enthalten
.22 ↔ In Gelenkkopfprothese
.2x ↔ Sonstige

5-779.3 ↔ Entfernung von Osteosynthesematerial
Exkl.: Entfernung eines Distraktors (5-779.5)

5-779.4 Anwendung einer OP-Simulation im Gesichtsbereich bei skelettverlagernden Operationen
Hinw.: Dieser Kode ist ein Zusatzkode. Die durchgeführten Eingriffe sind einzeln zu kodieren

5-779.5 Entfernung eines Distraktors

5-779.6 Osteosynthese durch resorbierbares Schrauben- und Plattensystem
Hinw.: Dieser Kode ist ein Zusatzkode. Die durchgeführten Eingriffe sind gesondert zu kodieren

5-779.7 ↔ Entfernung einer Kiefergelenkendoprothese

5-779.8 Gesichtstransplantation
Hinw.: Dieser Kode ist für die subtotale oder totale, simultane Transplantation von Gesichtsweichteilen, Nerven und Gesichtsschädelknochen zu verwenden

5-779.x ↔ Sonstige

5-779.y N.n.bez.

5-77a Implantatversorgung für die Rekonstruktion mit Gesichtsepithesen

5-77a.0 Einführung der Implantate
Exkl.: Rekonstruktion der Orbitawand mit Metallplatten oder Implantaten (5-167.1)
.00 ↔ Ohr (Mastoid)
.01 ↔ Orbita
.02 Nase
.03 ↔ Mehrere Teilbereiche des Gesichts
.0x ↔ Sonstige
   Inkl.: Ober- und Unterkiefer, Stirn

5-77a.1 ↔ Entfernung der Implantate

5-77a.2 ↔ Freilegung der Implantate und Fixation einer Distanzhülse

5-77a.x ↔ Sonstige

5-77a.y N.n.bez.

5-77b Knochentransplantation und -transposition an Kiefer- und Gesichtsschädelknochen
Inkl.: Planung und Zurichtung
Hinw.: Die Entnahme eines Knochentransplantates ist gesondert zu kodieren (5-783 ff.)

5-77b.0 Transplantation von Spongiosa, autogen

5-77b.1 Transplantation eines kortikospongiösen Spanes, autogen

5-77b.2 Transplantation eines kortikospongiösen Spanes, autogen, ausgedehnt
Hinw.: Eine ausgedehnte Transplantation eines kortikospongiösen Spanes entspricht einer Auffüllung ab 4 cm Länge

5-77b.3 Knochentransplantation, nicht gefäßgestielt

5-77b.4 Knochentransplantation, gefäßgestielt mit mikrovaskulärer Anastomose

5-77b.5 Knorpel-Knochen-Transplantation, autogen

5-77b.6 Knochentransposition, gefäßgestielt

5-77b.x Sonstige

5-77b.y N.n.bez.

Operationen an den Bewegungsorganen (5-78...5-86)

Hinw.: Die Anwendung mikrochirurgischer Technik ist, sofern nicht als eigener Kode angegeben, zusätzlich zu kodieren (5-984)
Die Anwendung von Lasertechnik ist, sofern nicht als eigener Kode angegeben, zusätzlich zu kodieren (5-985 ff.)
Die Anwendung von minimalinvasiver Technik ist, sofern nicht als eigener Kode angegeben, zusätzlich zu kodieren (5-986 ff.)
Die Durchführung der Operation im Rahmen der Versorgung einer Mehrfachverletzung ist zusätzlich zu kodieren (5-981)
Die Durchführung der Operation im Rahmen der Versorgung eines Polytraumas ist zusätzlich zu kodieren (5-982 ff.)
Die Durchführung einer Reoperation ist, sofern nicht als eigener Kode angegeben, zusätzlich zu kodieren (5-983)
Der vorzeitige Abbruch einer Operation ist zusätzlich zu kodieren (5-995)
Die Anwendung eines OP-Roboters ist zusätzlich zu kodieren (5-987 ff.)
Die Anwendung eines Navigationssystems ist zusätzlich zu kodieren (5-988 ff.)
Die Anwendung von hypoallergenem Material ist zusätzlich zu kodieren (5-931.0)

5-78 Operationen an anderen Knochen
Exkl.: Operationen an Gesichtsschädelknochen (5-76, 5-77)
Operationen an Rippe und Sternum (5-34)
Operationen an der Wirbelsäule (5-83)
Hinw.: Aufwendige Gipsverbände sind gesondert zu kodieren (8-310 ff.)
Bei Verbundosteosynthesen ist die Verwendung des Zements zusätzlich zu kodieren (5-785.0 ff., 5-785.1 ff.)
Die Lokalisation ist für die Kodes 5-780 ff. bis 5-785 ff., 5-787 ff. und 5-789 ff. nach folgender Liste zu kodieren:

0 ↔ Klavikula
1 ↔ Humerus proximal
2 ↔ Humerusschaft
3 ↔ Humerus distal
4 ↔ Radius proximal
5 ↔ Radiusschaft
6 ↔ Radius distal
7 ↔ Ulna proximal
8 ↔ Ulnaschaft
9 ↔ Ulna distal
a ↔ Karpale
b ↔ Metakarpale
c ↔ Phalangen Hand
d ↔ Becken
e ↔ Schenkelhals
f ↔ Femur proximal
g ↔ Femurschaft
h ↔ Femur distal
j ↔ Patella
k ↔ Tibia proximal
m ↔ Tibiaschaft
n ↔ Tibia distal
p ↔ Fibula proximal
q ↔ Fibulaschaft
r ↔ Fibula distal
s ↔ Talus
t ↔ Kalkaneus
u ↔ Tarsale
v ↔ Metatarsale
w ↔ Phalangen Fuß
z ↔ Skapula
x ↔ Sonstige

Kapitel 5: Operationen

5-780 **Inzision am Knochen, septisch und aseptisch**
Inkl.: Saug-Spül-Drainage
Exkl.: Implantation von Knochenersatz (5-785)
Hinw.: Eine durchgeführte Knochentransplantation ist gesondert zu kodieren (5-784)
Eine durchgeführte Osteosynthese ist gesondert zu kodieren (5-786)
Die Lokalisation ist in der 6. Stelle nach vorstehender Liste zu kodieren

** 5-780.0 Exploration von Knochengewebe
** 5-780.1 Knochenbohrung
** 5-780.2 Drainage
** 5-780.3 Entfernung eines Fremdkörpers
** 5-780.4 Einlegen eines Medikamententrägers
Inkl.: Wechsel
** 5-780.5 Entfernen eines Medikamententrägers
** 5-780.6 Debridement
Inkl.: Drainage
Ausräumung eines Panaritium ossale
** 5-780.7 Sequesterotomie
Inkl.: Debridement
Entfernung eines Sequesters
** 5-780.8 Sequesterotomie mit Einlegen eines Medikamententrägers
Inkl.: Debridement
Entfernung eines Sequesters
** 5-780.9 Kombination einer anderen Inzision mit Einlegen eines Medikamententrägers
** 5-780.x Sonstige
   5-780.y N.n.bez.

5-781 **Osteotomie und Korrekturosteotomie**
Inkl.: Zeichnerische Planung
Exkl.: Patellaosteotomie (5-804.4)
Osteotomie an Metatarsale und Phalangen des Fußes (5-788)
Hinw.: Eine durchgeführte Knochentransplantation ist gesondert zu kodieren (5-784)
Eine durchgeführte Osteosynthese ist gesondert zu kodieren (5-786)
Die Lokalisation ist in der 6. Stelle nach der Liste vor Kode 5-780 zu kodieren

** 5-781.0 Valgisierende Osteotomie
[6. Stelle: 0-h,k-u,z,x]
** 5-781.1 Varisierende Osteotomie
[6. Stelle: 0-h,k-u,z,x]
** 5-781.2 (De-)Rotationsosteotomie
[6. Stelle: 0-h,k-u,z,x]
** 5-781.3 Verkürzungsosteotomie
[6. Stelle: 0-h,k-u,z,x]
** 5-781.4 Verlängerungsosteotomie
[6. Stelle: 0-h,k-u,z,x]
** 5-781.5 Valgisierende (De-)Rotationsosteotomie
[6. Stelle: 0-h,k-u,z,x]
** 5-781.6 Varisierende (De-)Rotationsosteotomie
[6. Stelle: 0-h,k-u,z,x]
** 5-781.7 Kortikotomie bei Segmenttransport
[6. Stelle: 0-h,k-u,z,x]
** 5-781.8 Komplexe (mehrdimensionale) Osteotomie
[6. Stelle: 0-h,k-u,z,x]
Exkl.: Arthroplastik am Hüftgelenk mit Osteotomie des Beckens (5-829.0)
** 5-781.9 Komplexe (mehrdimensionale) Osteotomie mit Achsenkorrektur
[6. Stelle: 0-h,k-u,z,x]

** 5-781.a   Osteotomie ohne Achsenkorrektur
           [6. Stelle: 0-h,k-u,z,x]
** 5-781.x   Sonstige
           [6. Stelle: 0-h,k-u,z,x]
   5-781.y   N.n.bez.

5-782   **Exzision und Resektion von erkranktem Knochengewebe**
           Inkl.:   Entfernung osteochondraler Fragmente
           Exkl.:   Teilresektion der Patella (5-804.5)
                      Patellektomie (5-804.6)
                      Resektion an Metatarsale und Phalangen des Fußes (5-788 ff.)
                      Biopsie an Knochen durch Inzision (1-503 ff.)
           Hinw.:   Eine durchgeführte Endoprothesenimplantation ist gesondert zu kodieren (5-82)
                      Ein durchgeführter alloplastischer Knochenersatz ist gesondert zu kodieren (5-785 ff.)
                      Eine durchgeführte Knochentransplantation ist gesondert zu kodieren (5-784 ff.)
                      Eine durchgeführte Osteosynthese ist gesondert zu kodieren (5-786 ff.)
                      Die Weichteilresektion beinhaltet eine radikale Weichteilresektion
                      Die Lokalisation ist in der 6. Stelle nach der Liste der Knochen vor Kode 5-780 zu kodieren
                      Bei der totalen Resektion eines Knochens ist für die langen Röhrenknochen auf der 6. Stelle
                      jeweils der Kode für den Schaft zu verwenden

** 5-782.1   Partielle Resektion mit Weichteilresektion
           [6. Stelle: 0-h,k-u,z,x]
           Inkl.:   Exzision
** 5-782.2   Partielle Resektion mit Kontinuitätsdurchtrennung
           [6. Stelle: 0-h,k-u,z,x]
** 5-782.3   Partielle Resektion mit Kontinuitätsdurchtrennung und mit Weichteilresektion
           [6. Stelle: 0-h,k-u,z,x]
** 5-782.4   Partielle Resektion mit Kontinuitätsdurchtrennung und mit Wiederherstellung der Kontinuität
           [6. Stelle: 0-h,k-u,z,x]
** 5-782.5   Partielle Resektion mit Kontinuitätsdurchtrennung, Wiederherstellung der Kontinuität und
           Weichteilresektion
           [6. Stelle: 0-h,k-u,z,x]
** 5-782.6   Totale Resektion eines Knochens
           [6. Stelle: 0,2,5,8,a-d,g,m,q,s-u,z,x]
** 5-782.7   Totale Resektion eines Knochens mit Weichteilresektion
           [6. Stelle: 0,2,5,8,a-d,g,m,q,s-u,z,x]
** 5-782.8   Totale Resektion eines Knochens mit Ersatz
           [6. Stelle: 0,2,5,8,a-d,g,m,q,s-u,z,x]
** 5-782.9   Totale Resektion eines Knochens mit Ersatz und mit Weichteilresektion
           [6. Stelle: 0,2,5,8,a-d,g,m,q,s-u,z,x]
** 5-782.a   Partielle Resektion, offen chirurgisch
           [6. Stelle: 0-h,k-u,z,x]
           Inkl.:   Exzision
** 5-782.b   Partielle Resektion, endoskopisch
           [6. Stelle: 0-h,k-u,z,x]
           Inkl.:   Exzision
           Hinw.:   Die Resektion bei Pinzer-Deformität ist in der 6. Stelle mit d anzugeben
                      Die Resektion bei Cam-Deformität ist in der 6. Stelle mit e anzugeben
** 5-782.x   Sonstige
           [6. Stelle: 0-h,k-u,z,x]
   5-782.y   N.n.bez.

5-783 Entnahme eines Knochentransplantates

Exkl.: Entnahme eines Knorpeltransplantates (5-801.a ff., 5-812.8 ff.)
Entnahme von Rippengewebe zur Transplantation (5-343.2, 5-343.4)
Hinw.: Eine durchgeführte Knochentransplantation ist gesondert zu kodieren
(5-275 ff., 5-346.7, 5-77b ff., 5-784 ff.)
Die Lokalisation ist für die mit ** gekennzeichneten Kodes in der 6. Stelle nach der Liste vor Kode 5-780 zu kodieren

** 5-783.0 Spongiosa, eine Entnahmestelle

5-783.1 Spongiosa, mehrere Entnahmestellen
Hinw.: Dieser Kode ist im Geltungsbereich des G-DRG-Systems (§ 17b KHG) nicht zu verwenden, dafür ist bei mehreren Entnahmestellen jede Entnahmestelle gesondert zu kodieren
(5-783.0 ff.)

** 5-783.2 Kortikospongiöser Span, eine Entnahmestelle
[6. Stelle: 1,3,6-9,d,h,k,n-r,t,v,z,x]

5-783.3 Kortikospongiöser Span, mehrere Entnahmestellen
Hinw.: Dieser Kode ist im Geltungsbereich des G-DRG-Systems (§ 17b KHG) nicht zu verwenden, dafür ist bei mehreren Entnahmestellen jede Entnahmestelle gesondert zu kodieren
(5-783.2 ff.)

** 5-783.4 Knochentransplantat, nicht gefäßgestielt
[6. Stelle: 0-h,k-w,x]

** 5-783.5 Knochentransplantat, mikrovaskulär anastomosiert
[6. Stelle: 0-h,k-w,x]

** 5-783.6 Knorpel-Knochen-Transplantat
[6. Stelle: 1,3,4,6,9-b,f,h-k,n,p,r-v,x]

** 5-783.7 Knochentransplantat, gefäßgestielt, nicht mikrovaskulär anastomosiert
[6. Stelle: 0-h,k-w,x]

** 5-783.x Sonstige

5-783.y N.n.bez.

5-784 Knochentransplantation und -transposition

Inkl.: Planung und Zurichtung
Exkl.: Knorpeltransplantation (5-801.b ff., 5-812.9 ff.)
Hinw.: Die Entnahme eines Knochentransplantates ist gesondert zu kodieren (5-783 ff.)
Eine (Kortiko-)Spongiosaplastik ist bei einer therapeutischen Transposition oder Transplantation von Knochengewebe zu kodieren. Diese Kodes sind nicht anzugeben bei Verschluss oder Verfüllung von iatrogen geschaffenen oder zugangsbedingten Knochendefekten (inkl. Markräumen) mit ortsständigem Gewebe. Ortsständiges Gewebe wird im Bereich des Operationsgebietes ohne zusätzlichen Zugang gewonnen und bezieht sich bei Gelenkeingriffen auf alle gelenkbildenden Flächen
Die Lokalisation ist in der 6. Stelle nach der Liste vor Kode 5-780 zu kodieren

** 5-784.0 Transplantation von Spongiosa, autogen, offen chirurgisch

** 5-784.1 Transplantation eines kortikospongiösen Spanes, autogen, offen chirurgisch

** 5-784.2 Transplantation eines kortikospongiösen Spanes, autogen, ausgedehnt
Hinw.: Eine ausgedehnte Transplantation eines kortikospongiösen Spanes entspricht einer Auffüllung ab 4 cm Länge

** 5-784.3 Knochentransplantation, nicht gefäßgestielt

** 5-784.4 Knochentransplantation, gefäßgestielt mit mikrovaskulärer Anastomose

** 5-784.5 Knorpel-Knochen-Transplantation, autogen
[6. Stelle: 0,1,3,4,6,7,9-e,h-k,n,p,r-x]

** 5-784.6 Knorpel-Knochen-Transplantation, allogen
[6. Stelle: 0,1,3,4,6,7,9-e,h-k,n,p,r-x]

** 5-784.7 Transplantation von Spongiosa, allogen, offen chirurgisch

** 5-784.8 Transplantation eines kortikospongiösen Spanes, allogen, offen chirurgisch

Kapitel 5: Operationen

** 5-784.9	Transplantation eines Röhrenknochens, allogen	

[6. Stelle: 0,2,5,8,a-d,g,j,m,q,s-x]
Hinw.: Bei der Transplantation eines Röhrenknochens ist auf der 6. Stelle jeweils der Kode für den Schaft zu verwenden

** 5-784.a	Knochentransposition, gefäßgestielt
** 5-784.b	Transplantation von humaner demineralisierter Knochenmatrix
** 5-784.c	Transplantation von Spongiosa, autogen, endoskopisch
** 5-784.d	Transplantation eines kortikospongiösen Spanes, autogen, endoskopisch
** 5-784.e	Transplantation von Spongiosa, allogen, endoskopisch
** 5-784.f	Transplantation eines kortikospongiösen Spanes, allogen, endoskopisch
** 5-784.x	Sonstige
5-784.y	N.n.bez.
5-785	**Implantation von alloplastischem Knochenersatz**

Inkl.: Planung und Zurichtung
Exkl.: Implantation von endoprothetischem Gelenk- und Knochenersatz (5-82)
Implantation eines nicht alloplastischen Knochen(teil-)ersatzes (5-828 ff.)
Hinw.: Die Lokalisation ist in der 6. Stelle nach der Liste vor Kode 5-780 zu kodieren

** 5-785.0	Knochenzement ohne Antibiotikumzusatz
** 5-785.1	Knochenzement mit Antibiotikumzusatz
** 5-785.2	Keramischer Knochenersatz

Inkl.: Verwendung von bioaktiver Glaskeramik

** 5-785.3	Keramischer Knochenersatz, resorbierbar
** 5-785.4	Metallischer Knochenersatz
** 5-785.5	Keramischer Knochenersatz, resorbierbar mit Antibiotikumzusatz
** 5-785.6	Sonstiger alloplastischer Knochenersatz, ohne Medikamentenzusatz
** 5-785.7	Sonstiger alloplastischer Knochenersatz, mit Medikamentenzusatz
5-785.y	N.n.bez.
5-786	**Osteosyntheseverfahren**

Exkl.: Osteosynthese einer Fraktur (5-79)
Osteosynthese an der Wirbelsäule (5-83b ff.)
Einbringen von Fixationsmaterial am Knochen bei Operationen am Weichteilgewebe (5-869.2)
Hinw.: Diese Kodes sind Zusatzkodes. Sie sind zur Angabe eines zusätzlich durchgeführten Osteosyntheseverfahrens zu verwenden
Eine durchgeführte Knochentransplantation ist gesondert zu kodieren (5-784 ff.)
Bei Verfahrenswechsel sind die Entfernung des Osteosynthesematerials und die erneute Osteosynthese gesondert zu kodieren
Die Verwendung von resorbierbarem Osteosynthesematerial ist gesondert zu kodieren (5-931.1)
Die Augmentation von Osteosynthesematerial ist gesondert zu kodieren (5-86a.3)

5-786.0	Durch Schraube
5-786.1	Durch Draht oder Zuggurtung/Cerclage
5-786.2	Durch Platte
5-786.3	Durch Winkelplatte/Kondylenplatte
5-786.4	Durch dynamische Kompressionsschraube
5-786.5	Durch Marknagel mit Gelenkkomponente

Inkl.: Proximale und distale Verriegelungsschrauben oder -bolzen

5-786.6	Durch Marknagel
5-786.7	Durch Verriegelungsnagel

Inkl.: Proximale und distale Verriegelungsschrauben oder -bolzen

Kapitel 5: Operationen

5-786.8		Durch Fixateur externe
	Exkl.:	Durch Ringfixateur (5-786.m)
		Durch Bewegungsfixateur (5-786.n)
5-786.9		Durch Materialkombinationen
	Hinw.:	Dieser Kode ist im Geltungsbereich des G-DRG-Systems (§ 17b KHG) nicht zu verwenden, dafür sind bei Kombinationen von Osteosynthesematerialien während eines Eingriffs alle Komponenten einzeln zu kodieren
5-786.c		Durch Transfixationsnagel
5-786.e		Durch (Blount-)Klammern
5-786.g		Durch intramedullären Draht
	Inkl.:	Federnagel, Ender-Nagel, Prevot-Nagel, Nancy-Nagel, Rush-Pin, ESIN, TEN, ECMES
5-786.j		Durch internes Verlängerungs- oder Knochentransportsystem
	.j0	Nicht motorisiert
	.j1	Motorisiert
5-786.k		Durch winkelstabile Platte
5-786.m		Durch Ringfixateur
5-786.n		Durch Bewegungsfixateur
5-786.p		Durch Transfixationsschraube
5-786.x		Sonstige
5-786.y		N.n.bez.

5-787 **Entfernung von Osteosynthesematerial**
    Inkl.: Resorbierbares Material
    Exkl.: Entfernung von Osteosynthesematerial am Thorax (5-349.3)
           Entfernung von Osteosynthesematerial an der Wirbelsäule (5-839.0)
           Arthroskopische Entfernung von Osteosynthesematerial (5-810.3 ff.)
    Hinw.: Bei Verfahrenswechsel sind die Entfernung des Osteosynthesematerials und die erneute Osteosynthese gesondert zu kodieren
            Bei Wechsel von Teilen des Osteosynthesematerials sind die Entfernung des Osteosynthesematerials und die erneute Osteosynthese gesondert zu kodieren
            Bei der Entfernung von Osteosynthesematerial einer Schraubenosteosynthese ist der Kode auch bei Entfernung mehrerer Schrauben nur einmal zu verwenden
            Bei der Entfernung von Osteosynthesematerial einer Plattenosteosynthese ist die Entfernung der dazugehörigen Schrauben im Kode enthalten
            Die Lokalisation ist für die mit ** gekennzeichneten Kodes in der 6. Stelle nach der Liste vor Kode 5-780 zu kodieren

** 5-787.0		Draht
** 5-787.1		Schraube
** 5-787.2		Zuggurtung/Cerclage
** 5-787.3		Platte
** 5-787.4		Winkelplatte/Kondylenplatte
		[6. Stelle: 1-3,e-h,k-n,x]
** 5-787.5		Dynamische Kompressionsschraube
		[6. Stelle: 1,2,e-h,k,x]
** 5-787.6		Marknagel
		[6. Stelle: 1-9,e-h,k-r,x]
** 5-787.7		Marknagel mit Gelenkkomponente
		[6. Stelle: 1-5,7-9,e-h,k-r,x]
** 5-787.8		Verriegelungsnagel
		[6. Stelle: 1-9,b-h,k-r,v,x]
** 5-787.9		Fixateur externe
	Exkl.:	Ringfixateur (5-787.m ff.)
		Bewegungsfixateur (5-787.n ff.)
** 5-787.c		Transfixationsnagel
		[6. Stelle: 1-b,d-h,k-t,x]

** 5-787.e	(Blount-)Klammern	

** 5-787.e (Blount-)Klammern
[6. Stelle: 0,a-c,f,h-k,n,p,r-x]

** 5-787.g Intramedullärer Draht
[6. Stelle: 0-c,e-h,k-r,u-x]
Inkl.: Federnagel, Ender-Nagel, Prevot-Nagel, Nancy-Nagel, Rush-Pin, ESIN, TEN, ECMES

5-787.j Internes Verlängerungs- oder Knochentransportsystem
.j0 Nicht motorisiert
.j1 Motorisiert

** 5-787.k Winkelstabile Platte

** 5-787.m Ringfixateur
[6. Stelle: 1-b,d-h,k-v]

** 5-787.n Bewegungsfixateur

** 5-787.p Transfixationsschraube
[6. Stelle: s-v,x]

** 5-787.x Sonstige

5-787.y N.n.bez.

5-788 Operationen an Metatarsale und Phalangen des Fußes
Inkl.: OP bei Hallux valgus und Digitus quintus varus
Exkl.: Andere Resektionsarthroplastik am Fuß (5-829.8)
Operationen an Sehnen am Fuß (5-85)
Amputationen am Fuß (5-865 ff.)
Hinw.: Die Entnahme eines Knochentransplantates ist gesondert zu kodieren (5-783 ff.)
Eine durchgeführte Knochentransplantation ist gesondert zu kodieren (5-784 ff.)
Eine durchgeführte Osteosynthese ist gesondert zu kodieren (5-786 ff.)
Ein zugangsbedingter Weichteileingriff ist nicht gesondert zu kodieren

5-788.0 Resektion (Exostose)
.00 ↔ Os metatarsale I
.06 ↔ Os metatarsale II bis V, 1 Os metatarsale
.07 ↔ Os metatarsale II bis V, 2 Ossa metatarsalia
.08 ↔ Os metatarsale II bis V, 3 Ossa metatarsalia
.09 ↔ Os metatarsale II bis V, 4 Ossa metatarsalia
.0a ↔ Digitus I
.0b ↔ Digitus II bis V, 1 Phalanx
.0c ↔ Digitus II bis V, 2 Phalangen
.0d ↔ Digitus II bis V, 3 Phalangen
.0e ↔ Digitus II bis V, 4 Phalangen
.0f ↔ Digitus II bis V, 5 oder mehr Phalangen
.0x ↔ Sonstige

5-788.4 Weichteilkorrektur
Inkl.: Kapsel- und/oder Bandplastik
Exkl.: Naht oder Plastik der plantaren Platte eines Metatarsophalangealgelenkes (5-788.7 ff.)
.40 ↔ In Höhe des 1. Zehenstrahles
.41 ↔ In Höhe des 2. bis 5. Zehenstrahles, 1 Zehenstrahl
.42 ↔ In Höhe des 2. bis 5. Zehenstrahles, 2 Zehenstrahlen
.43 ↔ In Höhe des 2. bis 5. Zehenstrahles, 3 Zehenstrahlen
.44 ↔ In Höhe des 2. bis 5. Zehenstrahles, 4 Zehenstrahlen

5-788.5 Osteotomie
.51 ↔ Os metatarsale I, Doppelosteotomie
Hinw.: Eine Doppelosteotomie liegt vor, wenn eine kombinierte proximale und distale Metatarsale-I-Osteotomie erfolgt
.52 ↔ Os metatarsale II bis V, 1 Os metatarsale
.53 ↔ Os metatarsale II bis V, 2 Ossa metatarsalia
.54 ↔ Os metatarsale II bis V, 3 Ossa metatarsalia
.55 ↔ Os metatarsale II bis V, 4 Ossa metatarsalia
.56 ↔ Digitus I
.57 ↔ Digitus II bis V, 1 Phalanx

Kapitel 5: Operationen

.58 ↔ Digitus II bis V, 2 Phalangen
.59 ↔ Digitus II bis V, 3 Phalangen
.5a ↔ Digitus II bis V, 4 Phalangen
.5b ↔ Digitus II bis V, 5 oder mehr Phalangen
.5c ↔ Os metatarsale I, distal
.5d ↔ Os metatarsale I, proximal
  Hinw.: Mindestens die Hälfte der Osteotomielänge muss proximal der Schaftmitte liegen
.5e ↔ Os metatarsale I, mehrdimensionale Osteotomie
  Hinw.: Eine mehrdimensionale Osteotomie liegt vor, wenn eine Korrektur in der sagittalen, frontalen und transversalen Ebene erfolgt
.5f ↔ Os metatarsale I, distal, Reoperation bei Rezidiv
.5g ↔ Os metatarsale I, proximal, Reoperation bei Rezidiv
  Hinw.: Mindestens die Hälfte der Osteotomielänge muss proximal der Schaftmitte liegen
.5h ↔ Os metatarsale I, Doppelosteotomie, Reoperation bei Rezidiv
  Hinw.: Eine Doppelosteotomie liegt vor, wenn eine kombinierte proximale und distale Metatarsale-I-Osteotomie erfolgt
.5j ↔ Os metatarsale I, mehrdimensionale Osteotomie, Reoperation bei Rezidiv
  Hinw.: Eine mehrdimensionale Osteotomie liegt vor, wenn eine Korrektur in der sagittalen, frontalen und transversalen Ebene erfolgt
.5x ↔ Sonstige

5-788.6 Arthroplastik
  Inkl.: Plastische Umformung, Köpfchen- und/oder Basisresektion, Resektionsarthroplastik, Weichteileingriff am Gelenk im Rahmen der Arthroplastik
  Exkl.: Implantation einer Vorfuß- oder Zehenendoprothese (5-826.2)
  .60 ↔ Metatarsophalangealgelenk, Digitus I
  .61 ↔ Metatarsophalangealgelenk, Digitus II bis V, 1 Gelenk
  .62 ↔ Metatarsophalangealgelenk, Digitus II bis V, 2 Gelenke
  .63 ↔ Metatarsophalangealgelenk, Digitus II bis V, 3 Gelenke
  .64 ↔ Metatarsophalangealgelenk, Digitus II bis V, 4 Gelenke
  .65 ↔ Interphalangealgelenk, Digitus I
  .66 ↔ Interphalangealgelenk, Digitus II bis V, 1 Gelenk
  .67 ↔ Interphalangealgelenk, Digitus II bis V, 2 Gelenke
  .68 ↔ Interphalangealgelenk, Digitus II bis V, 3 Gelenke
  .69 ↔ Interphalangealgelenk, Digitus II bis V, 4 Gelenke
  .6a ↔ Interphalangealgelenk, Digitus II bis V, 5 oder mehr Gelenke
  .6x ↔ Sonstige

5-788.7 Naht oder Plastik der plantaren Platte eines Metatarsophalangealgelenkes
  .70 ↔ Naht, 1 Gelenk
  .71 ↔ Naht, 2 oder mehr Gelenke
  .72 ↔ Plastik, 1 Gelenk
  .73 ↔ Plastik, 2 oder mehr Gelenke

5-788.x ↔ Sonstige
5-788.y N.n.bez.

5-789 Andere Operationen am Knochen
  Hinw.: Die Lokalisation ist für die mit ** gekennzeichneten Kodes in der 6. Stelle nach der Liste der Knochen vor Kode 5-780 zu kodieren

** 5-789.0 Naht von Periost
** 5-789.1 Epiphyseodese, temporär
  [6. Stelle: 0,1,3,4,6,7,9,b-f,h,k,n,p,r-t,v-x]
** 5-789.2 Epiphyseodese, permanent
  [6. Stelle: 0,1,3,4,6,7,9,b-f,h,k,n,p,t-x]
** 5-789.3 Revision von Osteosynthesematerial ohne Materialwechsel
** 5-789.4 Therapeutische Epiphyseolyse
  [6. Stelle: 0,1,3,4,6,7,9,b-f,h,k,n,p,r-x]
  Inkl.: Kallusdistraktion
5-789.5 Destruktion, durch Thermoablation mittels Laser, perkutan
  Hinw.: Die Knochenbohrung und das bildgebende Verfahren sind im Kode enthalten

5-789.6		Destruktion, durch Radiofrequenzthermoablation, perkutan
		Hinw.: Die Knochenbohrung und das bildgebende Verfahren sind im Kode enthalten
5-789.7		Destruktion, durch Magnetresonanz-gesteuerten fokussierten Ultraschall [MRgFUS], perkutan
		Hinw.: Die Dauer der Behandlung durch Magnetresonanz-gesteuerten fokussierten Ultraschall [MRgFUS] ist gesondert zu kodieren (8-660 ff.)
5-789.8		Destruktion, durch Mikrowellenablation, perkutan
		Hinw.: Die Knochenbohrung und das bildgebende Verfahren sind im Kode enthalten
5-789.9		Destruktion, durch irreversible Elektroporation
		Hinw.: Die Knochenbohrung und das bildgebende Verfahren sind im Kode enthalten
5-789.a		Destruktion, durch Kryoablation, perkutan
		Hinw.: Die Knochenbohrung und das bildgebende Verfahren sind im Kode enthalten
** 5-789.b		Stabilisierung eines frakturgefährdeten Knochens
		Hinw.: Das verwendete Osteosynthesematerial ist gesondert zu kodieren (5-786 ff.)
** 5-789.x		Sonstige
5-789.y		N.n.bez.

5-79 Reposition von Fraktur und Luxation

Exkl.: Geschlossene Reposition ohne Osteosynthese (8-200 ff.)
Frakturosteosynthese an der Wirbelsäule (5-83b ff.)
Osteosynthese am knöchernen Thorax (5-346.5, 5-349.0)
Pseudarthrosebehandlung (5-782 ff., 5-784 ff., 5-786 ff.)
Knöcherne Refixation eines Kreuzbandes (5-802.2, 5-802.3)

Hinw.: Die durchgeführten Einzelmaßnahmen zur operativen Versorgung einer Weichteilverletzung bei einer Fraktur oder Luxation sind gesondert zu kodieren:
• Wunddebridement (5-896 ff.)
• Gefäßnaht (5-388 ff.)
• Nervennaht (5-044 ff.)
• Kompartmentresektion (5-852.b ff.)
• Muskel- oder Sehnennaht (5-853.1 ff., 5-855.1 ff., 5-855.2 ff.)
• Muskel- oder Sehnennaht an der Hand (5-840.6 ff., 5-843.6)
• Weichteildeckung (5-90)
Die Durchführung einer zweiten Osteosynthese, z.B. bei einer Zwei-Etagen-Fraktur, ist gesondert zu kodieren
Eine Mehrfragment-Fraktur wird als Fraktur mit mehr als zwei Fragmenten definiert. Dazu gehört auch eine Fraktur mit Biegungskeil. Eine Zwei-Etagen-Fraktur besteht dagegen aus zwei Frakturen an unterschiedlichen Lokalisationen des gleichen Knochens
Bei Fehlen der Angabe Einfach- oder Mehrfragment-Fraktur ist die Operation als Einfach-Fraktur zu kodieren
Die arthroskopisch assistierte Versorgung einer Fraktur ist gesondert zu kodieren (5-810.6 ff.)
Die Durchführung einer Osteotomie ist gesondert zu kodieren (5-781 ff.)
Eine Schraubenosteosynthese ist eine Osteosynthese, die nur mit einer oder mehreren Schrauben, ggf. mit zusätzlicher Unterlegscheibe, erfolgt
Eine Osteosynthese mittels Draht oder Zuggurtung/Cerclage ist eine Osteosynthese, die nur mit einem/einer oder mehreren Drähten oder Zuggurtungen/Cerclagen, ggf. mit zusätzlicher Aufhängeschraube, erfolgt
Eine Plattenosteosynthese ist eine Osteosynthese, die mit einer Platte und den Schrauben, die zur Fixierung der Platte benötigt werden, erfolgt
Die Hämatomausräumung im Weichteilbereich bei einer Fraktur oder Luxation ist im Kode enthalten. Sie ist nur dann gesondert zu kodieren, wenn es sich um einen separaten Eingriff handelt
Bei Verbundosteosynthesen ist die Verwendung des Zements zusätzlich zu kodieren (5-785.0 ff., 5-785.1 ff.)
Aufwendige Gipsverbände sind gesondert zu kodieren (8-310 ff.)
Eine durchgeführte Spongiosaplastik ist gesondert zu kodieren (5-784 ff.)
Die Verwendung von resorbierbarem Osteosynthesematerial ist gesondert zu kodieren (5-931.1)
Die Augmentation von Osteosynthesematerial ist gesondert zu kodieren (5-86a.3)

Kapitel 5: Operationen

5-790 Geschlossene Reposition einer Fraktur oder Epiphysenlösung mit Osteosynthese
Inkl.: Versorgung kindlicher Frakturen
Reposition einer Luxationsfraktur
Exkl.: Geschlossene Reposition einer Gelenkluxation mit Osteosynthese (5-79a ff.)
Hinw.: Die arthroskopisch assistierte Versorgung einer Fraktur ist gesondert zu kodieren (5-810.6 ff.)
Die Lokalisation ist in der 6. Stelle nach folgender Liste zu kodieren. Es sind jedoch nicht alle Verfahren an allen Lokalisationen durchführbar:

0 ↔ Klavikula
1 ↔ Humerus proximal
2 ↔ Humerusschaft
3 ↔ Humerus distal
4 ↔ Radius proximal
5 ↔ Radiusschaft
6 ↔ Radius distal
7 ↔ Ulna proximal
8 ↔ Ulnaschaft
9 ↔ Ulna distal
a ↔ Karpale
b ↔ Metakarpale
c ↔ Phalangen Hand
d   Becken
e ↔ Schenkelhals
f ↔ Femur proximal
g ↔ Femurschaft
h ↔ Femur distal
j ↔ Patella
k ↔ Tibia proximal
m ↔ Tibiaschaft
n ↔ Tibia distal
p ↔ Fibula proximal
q ↔ Fibulaschaft
r ↔ Fibula distal
s ↔ Talus
t ↔ Kalkaneus
u ↔ Tarsale
v ↔ Metatarsale
w ↔ Phalangen Fuß
z ↔ Skapula
x ↔ Sonstige

** 5-790.0 Durch Schraube
** 5-790.1 Durch Draht oder Zuggurtung/Cerclage
** 5-790.2 Durch intramedullären Draht
[6. Stelle: 0-9,b,c,e-h,k-r,v-x]
Inkl.: Federnagel, Ender-Nagel, Prevot-Nagel, Nancy-Nagel, Rush-Pin, ESIN, TEN, ECMES
** 5-790.3 Durch Marknagel mit Aufbohren der Markhöhle
[6. Stelle: 1-9,e-h,k-r,x]
** 5-790.4 Durch Verriegelungsnagel
[6. Stelle: 1-9,b,e-h,k-r,v,x]
Inkl.: Proximale und distale Verriegelungsschrauben oder -bolzen
** 5-790.5 Durch Marknagel mit Gelenkkomponente
[6. Stelle: 1,2,4,5,7-9,e-h,k-r,x]
Inkl.: Proximale und distale Verriegelungsschrauben oder -bolzen
** 5-790.6 Durch Fixateur externe
Exkl.: Durch Ringfixateur (5-790.m ff.)
Durch Bewegungsfixateur (5-790.p ff.)
** 5-790.7 Durch Winkelplatte/Kondylenplatte
[6. Stelle: 1-3,e-h,k-n,x]

** 5-790.8 Durch dynamische Kompressionsschraube
[6. Stelle: 1,2,e-h,k,x]
Inkl.: Rotationsstabiler Schraubenanker mit Gleithülsenplatte

** 5-790.9 Durch Materialkombinationen
Hinw.: Diese Kodes sind im Geltungsbereich des G-DRG-Systems (§ 17b KHG) nicht zu verwenden, dafür sind bei Kombinationen von Osteosynthesematerialien während eines Eingriffs alle Komponenten einzeln zu kodieren

** 5-790.c Durch Transfixationsnagel
[6. Stelle: a,b,d-h,k-n,s,t,x]

** 5-790.d Durch Fixateur externe mit interner Osteosynthese
Hinw.: Diese Kodes sind im Geltungsbereich des G-DRG-Systems (§ 17b KHG) nicht zu verwenden, dafür sind bei Kombinationen von Fixateur externe mit internen Osteosynthesematerialien während eines Eingriffs alle Komponenten einzeln zu kodieren

** 5-790.k Durch winkelstabile Platte

** 5-790.m Durch Ringfixateur
[6. Stelle: 1-b,d,f-h,k-v,x]

** 5-790.n Durch Platte

** 5-790.p Durch Bewegungsfixateur

** 5-790.x Sonstige

5-790.y N.n.bez.

5-791 Offene Reposition einer einfachen Fraktur im Schaftbereich eines langen Röhrenknochens
Inkl.: Versorgung kindlicher Frakturen
Knochen: Humerus, Radius, Ulna, Femur, Tibia, Fibula
Hinw.: Die Lokalisation ist in der 6. Stelle nach folgender Liste zu kodieren. Es sind jedoch nicht alle Verfahren an allen Lokalisationen durchführbar
2 ↔ Humerusschaft
5 ↔ Radiusschaft
8 ↔ Ulnaschaft
g ↔ Femurschaft
m ↔ Tibiaschaft
q ↔ Fibulaschaft
x ↔ Sonstige

** 5-791.0 Durch Schraube

** 5-791.1 Durch Draht oder Zuggurtung/Cerclage

** 5-791.2 Durch Platte

** 5-791.3 Durch Winkelplatte/Kondylenplatte
[6. Stelle: 2,g,m,x]

** 5-791.4 Durch dynamische Kompressionsschraube
[6. Stelle: 2,g,x]

** 5-791.5 Durch Marknagel mit Gelenkkomponente
Inkl.: Proximale und distale Verriegelungsschrauben oder -bolzen

** 5-791.6 Durch Marknagel

** 5-791.7 Durch Verriegelungsnagel
Inkl.: Proximale und distale Verriegelungsschrauben oder -bolzen

** 5-791.8 Durch Fixateur externe
Exkl.: Durch Ringfixateur (5-791.m ff.)
Durch Bewegungsfixateur (5-791.n ff.)

** 5-791.9 Durch Materialkombinationen
Hinw.: Diese Kodes sind im Geltungsbereich des G-DRG-Systems (§ 17b KHG) nicht zu verwenden, dafür sind bei Kombinationen von Osteosynthesematerialien während eines Eingriffs alle Komponenten einzeln zu kodieren

** 5-791.c Durch Transfixationsnagel

Kapitel 5: Operationen

** 5-791.d		Durch Fixateur externe mit interner Osteosynthese
	Hinw.:	Diese Kodes sind im Geltungsbereich des G-DRG-Systems (§ 17b KHG) nicht zu verwenden, dafür sind bei Kombinationen von Fixateur externe mit internen Osteosynthesematerialien während eines Eingriffs alle Komponenten einzeln zu kodieren
** 5-791.g		Durch intramedullären Draht
	Inkl.:	Federnagel, Ender-Nagel, Prevot-Nagel, Nancy-Nagel, Rush-Pin, ESIN, TEN, ECMES
** 5-791.h		Ohne Osteosynthese
** 5-791.k		Durch winkelstabile Platte
** 5-791.m		Durch Ringfixateur
** 5-791.n		Durch Bewegungsfixateur
** 5-791.x		Sonstige
5-791.y		N.n.bez.

5-792   **Offene Reposition einer Mehrfragment-Fraktur im Schaftbereich eines langen Röhrenknochens**
Inkl.:   Versorgung kindlicher Frakturen
Knochen: Humerus, Radius, Ulna, Femur, Tibia, Fibula
Hinw.:   Die Lokalisation ist in der 6. Stelle nach folgender Liste zu kodieren. Es sind jedoch nicht alle Verfahren an allen Lokalisationen durchführbar:
     2 ↔ Humerusschaft
     5 ↔ Radiusschaft
     8 ↔ Ulnaschaft
     g ↔ Femurschaft
     m ↔ Tibiaschaft
     q ↔ Fibulaschaft
     x ↔ Sonstige

** 5-792.0		Durch Schraube
** 5-792.1		Durch Draht oder Zuggurtung/Cerclage
** 5-792.2		Durch Platte
** 5-792.3		Durch Winkelplatte/Kondylenplatte
		[6. Stelle: 2,g,m,x]
** 5-792.4		Durch dynamische Kompressionsschraube
		[6. Stelle: 2,g,x]
** 5-792.5		Durch Marknagel mit Gelenkkomponente
	Inkl.:	Proximale und distale Verriegelungsschrauben oder -bolzen
** 5-792.6		Durch Marknagel
** 5-792.7		Durch Verriegelungsnagel
	Inkl.:	Proximale und distale Verriegelungsschrauben oder -bolzen
** 5-792.8		Durch Fixateur externe
	Exkl.:	Durch Ringfixateur (5-792.m ff.)
		Durch Bewegungsfixateur (5-792.n ff.)
** 5-792.9		Durch Materialkombinationen
	Hinw.:	Diese Kodes sind im Geltungsbereich des G-DRG-Systems (§ 17b KHG) nicht zu verwenden, dafür sind bei Kombinationen von Osteosynthesematerialien während eines Eingriffs alle Komponenten einzeln zu kodieren
** 5-792.g		Durch intramedullären Draht
	Inkl.:	Federnagel, Ender-Nagel, Prevot-Nagel, Nancy-Nagel, Rush-Pin, ESIN, TEN, ECMES
** 5-792.h		Ohne Osteosynthese
** 5-792.k		Durch winkelstabile Platte
** 5-792.m		Durch Ringfixateur
** 5-792.n		Durch Bewegungsfixateur
** 5-792.x		Sonstige
5-792.y		N.n.bez.

5-793 Offene Reposition einer einfachen Fraktur im Gelenkbereich eines langen Röhrenknochens

Inkl.: Versorgung kindlicher Frakturen
Offene Reposition einer Epiphysenlösung

Exkl.: Offene Reposition einer Gelenkluxation (5-79b ff.)
Patellektomie (5-804.6)
Offene Reposition einer Azetabulumfraktur mit Osteosynthese (5-799 ff.)

Hinw.: Die arthroskopisch assistierte Versorgung einer Fraktur ist gesondert zu kodieren (5-810.6 ff.)

Die Lokalisation ist in der 6. Stelle nach folgender Liste zu kodieren:
- 1 ↔ Humerus proximal
- 3 ↔ Humerus distal
- 4 ↔ Radius proximal
- 6 ↔ Radius distal
- 7 ↔ Ulna proximal
- 9 ↔ Ulna distal
- e ↔ Schenkelhals
- f ↔ Femur proximal
- h ↔ Femur distal
- j ↔ Patella
- k ↔ Tibia proximal
- n ↔ Tibia distal
- p ↔ Fibula proximal
- r ↔ Fibula distal
- x ↔ Sonstige

** 5-793.0 Offene Reposition einer Epiphysenlösung ohne Osteosynthese
[6. Stelle: 1,3,4,6,7,9,e,f,h,k,n,p,r,x]

** 5-793.1 Durch Schraube

** 5-793.2 Durch Draht oder Zuggurtung/Cerclage

** 5-793.3 Durch Platte

** 5-793.4 Durch Winkelplatte/Kondylenplatte
[6. Stelle: 1,3,e,f,h,k,n,x]

** 5-793.5 Durch dynamische Kompressionsschraube
[6. Stelle: 1,e,f,h,k,x]
Inkl.: Rotationsstabiler Schraubenanker mit Gleithülsenplatte

** 5-793.6 Durch Fixateur externe
Exkl.: Durch Ringfixateur (5-793.m ff.)
Durch Bewegungsfixateur (5-793.n ff.)

** 5-793.7 Durch Fixateur externe mit interner Osteosynthese
Hinw.: Diese Kodes sind im Geltungsbereich des G-DRG-Systems (§ 17b KHG) nicht zu verwenden, dafür sind bei Kombinationen von Fixateur externe mit internen Osteosynthesematerialien während eines Eingriffs alle Komponenten einzeln zu kodieren

** 5-793.8 Durch Materialkombinationen
Hinw.: Diese Kodes sind im Geltungsbereich des G-DRG-Systems (§ 17b KHG) nicht zu verwenden, dafür sind bei Kombinationen von Osteosynthesematerialien während eines Eingriffs alle Komponenten einzeln zu kodieren

** 5-793.9 Durch Materialkombinationen mit Rekonstruktion der Gelenkfläche
Hinw.: Diese Kodes sind im Geltungsbereich des G-DRG-Systems (§ 17b KHG) nicht zu verwenden, dafür sind bei Kombinationen von Osteosynthesematerialien während eines Eingriffs alle Komponenten einzeln zu kodieren

** 5-793.a Durch Marknagel mit Gelenkkomponente
[6. Stelle: 1,3,4,7,9,e,f,h,k,n,p,r,x]
Inkl.: Proximale und distale Verriegelungsschrauben oder -bolzen

** 5-793.b Durch Marknagel
[6. Stelle: 1,3,4,6,7,9,e,f,h,k,n,p,r,x]

** 5-793.c Durch Transfixationsnagel
[6. Stelle: 1,3,4,6,7,9,e,f,h,k,n,p,r,x]

Kapitel 5: Operationen

** 5-793.e	Durch (Blount-)Klammern	
	[6. Stelle: f,h-k,n,p,r,x]	
** 5-793.g	Durch intramedullären Draht	
	[6. Stelle: 1,3,4,6,7,9,e,f,h,k,n,p,r,x]	
	Inkl.: Federnagel, Ender-Nagel, Prevot-Nagel, Nancy-Nagel, Rush-Pin, ESIN, TEN, ECMES	
** 5-793.h	Ohne Osteosynthese	
** 5-793.k	Durch winkelstabile Platte	
** 5-793.m	Durch Ringfixateur	
	[6. Stelle: 1,3,4,6,7,9,e,f,h,k,n,p,r,x]	
** 5-793.n	Durch Bewegungsfixateur	
** 5-793.x	Sonstige	
5-793.y	N.n.bez.	
5-794	**Offene Reposition einer Mehrfragment-Fraktur im Gelenkbereich eines langen Röhrenknochens**	
	Inkl.: Versorgung kindlicher Frakturen	
	Exkl.: Patellektomie (5-804.6)	
	Hinw.: Die arthroskopisch assistierte Versorgung einer Fraktur ist gesondert zu kodieren (5-810.6 ff.)	
	Die Lokalisation ist in der 6. Stelle nach folgender Liste zu kodieren:	
	1 ↔ Humerus proximal	
	3 ↔ Humerus distal	
	4 ↔ Radius proximal	
	6 ↔ Radius distal	
	7 ↔ Ulna proximal	
	9 ↔ Ulna distal	
	e ↔ Schenkelhals	
	f ↔ Femur proximal	
	h ↔ Femur distal	
	j ↔ Patella	
	k ↔ Tibia proximal	
	n ↔ Tibia distal	
	p ↔ Fibula proximal	
	r ↔ Fibula distal	
	x ↔ Sonstige	
** 5-794.0	Durch Schraube	
** 5-794.1	Durch Draht oder Zuggurtung/Cerclage	
** 5-794.2	Durch Platte	
** 5-794.3	Durch Winkelplatte/Kondylenplatte	
	[6. Stelle: 1,3,e,f,h,k,n,x]	
** 5-794.4	Durch dynamische Kompressionsschraube	
	[6. Stelle: 1,e,f,h,k,x]	
	Inkl.: Rotationsstabiler Schraubenanker mit Gleithülsenplatte	
** 5-794.5	Durch Fixateur externe	
	Exkl.: Durch Ringfixateur (5-794.m ff.)	
	Durch Bewegungsfixateur (5-794.n ff.)	
** 5-794.6	Durch Fixateur externe mit interner Osteosynthese	
	Hinw.: Diese Kodes sind im Geltungsbereich des G-DRG-Systems (§ 17b KHG) nicht zu verwenden, dafür sind bei Kombinationen von Fixateur externe mit internen Osteosynthesematerialien während eines Eingriffs alle Komponenten einzeln zu kodieren	
** 5-794.7	Durch Materialkombinationen	
	Hinw.: Diese Kodes sind im Geltungsbereich des G-DRG-Systems (§ 17b KHG) nicht zu verwenden, dafür sind bei Kombinationen von Osteosynthesematerialien während eines Eingriffs alle Komponenten einzeln zu kodieren	

Kapitel 5: Operationen

** 5-794.8   Durch Materialkombinationen mit Rekonstruktion der Gelenkfläche
Hinw.: Diese Kodes sind im Geltungsbereich des G-DRG-Systems (§ 17b KHG) nicht zu verwenden, dafür sind bei Kombinationen von Osteosynthesematerialien während eines Eingriffs alle Komponenten einzeln zu kodieren

** 5-794.a   Durch Marknagel mit Gelenkkomponente
[6. Stelle: 1,3,4,7,9,e,f,h,k,n,p,r,x]
Inkl.: Proximale und distale Verriegelungsschrauben oder -bolzen

** 5-794.b   Durch Marknagel
[6. Stelle: 1,3,4,6,7,9,e,f,h,k,n,p,r,x]

** 5-794.c   Durch Transfixationsnagel
[6. Stelle: 1,3,4,6,7,9,e,f,h,k,n,p,r,x]

** 5-794.e   Durch (Blount-)Klammern
[6. Stelle: f,h-k,n,p,r,x]

** 5-794.g   Durch intramedullären Draht
[6. Stelle: 1,3,4,6,7,9,e,f,h,k,n,p,r,x]
Inkl.: Federnagel, Ender-Nagel, Prevot-Nagel, Nancy-Nagel, Rush-Pin, ESIN, TEN, ECMES

** 5-794.h   Ohne Osteosynthese

** 5-794.k   Durch winkelstabile Platte

** 5-794.m   Durch Ringfixateur
[6. Stelle: 1,3,4,6,7,9,e,f,h,k,n,p,r,x]

** 5-794.n   Durch Bewegungsfixateur

** 5-794.x   Sonstige

5-794.y   N.n.bez.

5-795   Offene Reposition einer einfachen Fraktur an kleinen Knochen
Inkl.: Handknochen
Versorgung kindlicher Frakturen
Exkl.: Offene Reposition einer Gelenkluxation (5-79b ff.)
Hinw.: Die Lokalisation ist in der 6. Stelle nach folgender Liste zu kodieren:
    0 ↔ Klavikula
    a ↔ Karpale
    b ↔ Metakarpale
    c ↔ Phalangen Hand
    u ↔ Tarsale
    v ↔ Metatarsale
    w ↔ Phalangen Fuß
    z ↔ Skapula
    x ↔ Sonstige

** 5-795.1   Durch Schraube
** 5-795.2   Durch Draht oder Zuggurtung/Cerclage
** 5-795.3   Durch Platte
** 5-795.4   Durch Fixateur externe
Exkl.: Durch Ringfixateur (5-795.m ff.)
Durch Bewegungsfixateur (5-795.n ff.)

** 5-795.5   Durch Fixateur externe mit interner Osteosynthese
Hinw.: Diese Kodes sind im Geltungsbereich des G-DRG-Systems (§ 17b KHG) nicht zu verwenden, dafür sind bei Kombinationen von Fixateur externe mit internen Osteosynthesematerialien während eines Eingriffs alle Komponenten einzeln zu kodieren

** 5-795.6   Durch Materialkombinationen
Hinw.: Diese Kodes sind im Geltungsbereich des G-DRG-Systems (§ 17b KHG) nicht zu verwenden, dafür sind bei Kombinationen von Osteosynthesematerialien während eines Eingriffs alle Komponenten einzeln zu kodieren

** 5-795.8   Durch Materialkombinationen mit Rekonstruktion der Gelenkfläche
Hinw.: Diese Kodes sind im Geltungsbereich des G-DRG-Systems (§ 17b KHG) nicht zu verwenden, dafür sind bei Kombinationen von Osteosynthesematerialien während eines Eingriffs alle Komponenten einzeln zu kodieren

Kapitel 5: Operationen

** 5-795.e	Durch (Blount-)Klammern
** 5-795.g	Durch intramedullären Draht
	Inkl.: Federnagel, Ender-Nagel, Prevot-Nagel, Nancy-Nagel, Rush-Pin, ESIN, TEN, ECMES
** 5-795.h	Ohne Osteosynthese
** 5-795.k	Durch winkelstabile Platte
** 5-795.m	Durch Ringfixateur
	[6. Stelle: a,b,u,v,x]
** 5-795.n	Durch Bewegungsfixateur
** 5-795.p	Durch Verriegelungsnagel
	[6. Stelle: b,v,x]
	Inkl.: Proximale und distale Verriegelungsschrauben oder -bolzen
** 5-795.x	Sonstige
5-795.y	N.n.bez.
5-796	**Offene Reposition einer Mehrfragment-Fraktur an kleinen Knochen**
	Inkl.: Handknochen,
	Versorgung kindlicher Frakturen
	Exkl.: Offene Reposition einer Fraktur an Talus und Kalkaneus (5-797 ff.)
	Hinw.: Die Lokalisation ist in der 6. Stelle nach folgender Liste zu kodieren:
	0 ↔ Klavikula
	a ↔ Karpale
	b ↔ Metakarpale
	c ↔ Phalangen Hand
	u ↔ Tarsale
	v ↔ Metatarsale
	w ↔ Phalangen Fuß
	z ↔ Skapula
	x ↔ Sonstige
** 5-796.0	Durch Schraube
** 5-796.1	Durch Draht oder Zuggurtung/Cerclage
** 5-796.2	Durch Platte
** 5-796.3	Durch Fixateur externe
	Exkl.: Durch Ringfixateur (5-796.m ff.)
	Durch Bewegungsfixateur (5-796.n ff.)
** 5-796.4	Durch Fixateur externe mit interner Osteosynthese
	Hinw.: Diese Kodes sind im Geltungsbereich des G-DRG-Systems (§ 17b KHG) nicht zu verwenden, dafür sind bei Kombinationen von Fixateur externe mit internen Osteosynthesematerialien während eines Eingriffs alle Komponenten einzeln zu kodieren
** 5-796.5	Durch Materialkombinationen
	Hinw.: Diese Kodes sind im Geltungsbereich des G-DRG-Systems (§ 17b KHG) nicht zu verwenden, dafür sind bei Kombinationen von Osteosynthesematerialien während eines Eingriffs alle Komponenten einzeln zu kodieren
** 5-796.6	Durch Materialkombinationen mit Rekonstruktion der Gelenkfläche
	Hinw.: Diese Kodes sind im Geltungsbereich des G-DRG-Systems (§ 17b KHG) nicht zu verwenden, dafür sind bei Kombinationen von Osteosynthesematerialien während eines Eingriffs alle Komponenten einzeln zu kodieren
** 5-796.e	Durch (Blount-)Klammern
** 5-796.g	Durch intramedullären Draht
	Inkl.: Federnagel, Ender-Nagel, Prevot-Nagel, Nancy-Nagel, Rush-Pin, ESIN, TEN, ECMES
** 5-796.h	Ohne Osteosynthese
** 5-796.k	Durch winkelstabile Platte
** 5-796.m	Durch Ringfixateur
	[6. Stelle: a,b,u,v,x]
** 5-796.n	Durch Bewegungsfixateur

Kapitel 5: Operationen

** 5-796.p Durch Verriegelungsnagel
[6. Stelle: b,v,x]
Inkl.: Proximale und distale Verriegelungsschrauben oder -bolzen

** 5-796.x Sonstige

5-796.y N.n.bez.

5-797 Offene Reposition einer Fraktur an Talus und Kalkaneus
Inkl.: Versorgung kindlicher Frakturen
Exkl.: Offene Reposition einer Gelenkluxation (5-79b ff.)
Hinw.: Die Lokalisation ist in der 6. Stelle nach folgender Liste zu kodieren:
s ↔ Talus
t ↔ Kalkaneus

** 5-797.1 Durch Schraube

** 5-797.2 Durch Draht oder Zuggurtung/Cerclage

** 5-797.3 Durch Platte

** 5-797.4 Durch Fixateur externe
Exkl.: Durch Ringfixateur (5-797.m ff.)
Durch Bewegungsfixateur (5-797.n ff.)

** 5-797.5 Durch Fixateur externe mit interner Osteosynthese
Hinw.: Diese Kodes sind im Geltungsbereich des G-DRG-Systems (§ 17b KHG) nicht zu verwenden, dafür sind bei Kombinationen von Fixateur externe mit internen Osteosynthesematerialien während eines Eingriffs alle Komponenten einzeln zu kodieren

** 5-797.6 Durch Materialkombinationen
Hinw.: Diese Kodes sind im Geltungsbereich des G-DRG-Systems (§ 17b KHG) nicht zu verwenden, dafür sind bei Kombinationen von Osteosynthesematerialien während eines Eingriffs alle Komponenten einzeln zu kodieren

** 5-797.7 Durch Materialkombinationen mit Rekonstruktion der Gelenkfläche
Hinw.: Diese Kodes sind im Geltungsbereich des G-DRG-Systems (§ 17b KHG) nicht zu verwenden, dafür sind bei Kombinationen von Osteosynthesematerialien während eines Eingriffs alle Komponenten einzeln zu kodieren

** 5-797.e Durch (Blount-)Klammern

** 5-797.h Ohne Osteosynthese

** 5-797.k Durch winkelstabile Platte

** 5-797.m Durch Ringfixateur

** 5-797.n Durch Bewegungsfixateur

** 5-797.x Sonstige

5-797.y N.n.bez.

5-798 Offene Reposition einer Beckenrand- und Beckenringfraktur
Inkl.: Versorgung kindlicher Frakturen
Versorgung einer Symphysensprengung und einer Iliosakralgelenksprengung

5-798.0 Durch Draht

5-798.1 Durch Zuggurtung/Cerclage

5-798.2 Durch Schraube, Beckenrand

5-798.3 Durch Schraube, hinterer Beckenring

5-798.4 Durch Platte, vorderer Beckenring

5-798.5 Durch Platte, hinterer Beckenring

5-798.6 Durch Fixateur externe
Inkl.: Beckenzwinge
Exkl.: Durch Ringfixateur (5-798.m)

5-798.7 Durch Fixateur interne

5-798.8 Durch Gewindestange

Kapitel 5: Operationen

5-798.9 Durch Materialkombinationen
 Hinw.: Dieser Kode ist im Geltungsbereich des G-DRG-Systems (§ 17b KHG) nicht zu verwenden, dafür sind bei Kombinationen von Osteosynthesematerialien während eines Eingriffs alle Komponenten einzeln zu kodieren

5-798.h Ohne Osteosynthese

5-798.m Durch Ringfixateur

5-798.x Sonstige

5-798.y N.n.bez.

5-799 Offene Reposition einer Azetabulum- und Hüftkopffraktur mit Osteosynthese
 Inkl.: Versorgung kindlicher Frakturen
 Exkl.: Offene Reposition einer Hüftgelenkluxation (5-79b ff.)
 Hinw.: Eine durchgeführte Knochentransplantation ist gesondert zu kodieren (5-784 ff.)
 Eine durchgeführte Implantation einer Endoprothese ist gesondert zu kodieren (5-82)

5-799.1 ↔ Durch Schraube, ventral

5-799.2 ↔ Durch Schraube, dorsal

5-799.3 ↔ Durch Platte, ventral

5-799.4 ↔ Durch Platte, dorsal

5-799.5 ↔ Durch Materialkombinationen, dorsal
 Hinw.: Dieser Kode ist im Geltungsbereich des G-DRG-Systems (§ 17b KHG) nicht zu verwenden, dafür sind bei Kombinationen von Osteosynthesematerialien während eines Eingriffs alle Komponenten einzeln zu kodieren

5-799.6 ↔ Durch Materialkombinationen, ventral
 Hinw.: Dieser Kode ist im Geltungsbereich des G-DRG-Systems (§ 17b KHG) nicht zu verwenden, dafür sind bei Kombinationen von Osteosynthesematerialien während eines Eingriffs alle Komponenten einzeln zu kodieren

5-799.7 ↔ Durch Materialkombinationen, dorsal und ventral (kombiniert)
 Hinw.: Dieser Kode ist im Geltungsbereich des G-DRG-Systems (§ 17b KHG) nicht zu verwenden, dafür sind bei Kombinationen von Osteosynthesematerialien während eines Eingriffs alle Komponenten einzeln zu kodieren

5-799.8 ↔ Transfixation eines Hüftgelenkes mit Fixateur externe

5-799.m ↔ Durch Ringfixateur

5-799.x ↔ Sonstige

5-799.y N.n.bez.

5-79a Geschlossene Reposition einer Gelenkluxation mit Osteosynthese
 Exkl.: Reposition einer Luxationsfraktur (5-790 ff.)
 Hinw.: Die geschlossene Reposition einer Gelenkluxation ohne Osteosynthese ist unter 8-201 ff. zu kodieren
 Die Lokalisation ist in der 6. Stelle nach folgender Liste zu kodieren:
 0 ↔ Humeroglenoidalgelenk
 1 ↔ Akromioklavikulargelenk
 2 ↔ Thorakoskapulargelenk(raum)
 3 ↔ Sternoklavikulargelenk
 4 ↔ Humeroulnargelenk
 5 ↔ Proximales Radioulnargelenk
 6 ↔ Distales Radioulnargelenk
 7 ↔ Handgelenk n.n.bez.
 8 ↔ Radiokarpalgelenk
 9 ↔ Ulnokarpalgelenk
 a ↔ Handwurzelgelenk
 b ↔ Karpometakarpalgelenk
 c ↔ Metakarpophalangealgelenk
 d ↔ Interphalangealgelenk
 e ↔ Iliosakralgelenk
 f Symphyse
 g ↔ Hüftgelenk

                h ↔ Kniegelenk
                j ↔ Proximales Tibiofibulargelenk
                k ↔ Oberes Sprunggelenk
                m ↔ Unteres Sprunggelenk
                n ↔ Tarsalgelenk
                p ↔ Tarsometatarsalgelenk
                q ↔ Metatarsophalangealgelenk
                r ↔ Zehengelenk
                s ↔ Humeroradialgelenk
                t ↔ Ellenbogengelenk n.n.bez.
                x ↔ Sonstige

** 5-79a.0   Durch Schraube
              [6. Stelle: 0,1,3-t,x]

** 5-79a.1   Durch Draht oder Zuggurtung/Cerclage

** 5-79a.6   Durch Fixateur externe

** 5-79a.7   Durch Fixateur externe mit interner Osteosynthese
              Hinw.: Diese Kodes sind im Geltungsbereich des G-DRG-Systems (§ 17b KHG) nicht zu verwenden, dafür sind bei Kombinationen von Fixateur externe mit internen Osteosynthesematerialien während eines Eingriffs alle Komponenten einzeln zu kodieren

** 5-79a.8   Durch Materialkombinationen
              Hinw.: Diese Kodes sind im Geltungsbereich des G-DRG-Systems (§ 17b KHG) nicht zu verwenden, dafür sind bei Kombinationen von Osteosynthesematerialien während eines Eingriffs alle Komponenten einzeln zu kodieren

** 5-79a.c   Durch Transfixationsnagel
              [6. Stelle: h,k,m,x]

** 5-79a.e   Durch (Blount-)Klammern
              [6. Stelle: 0,1,3-a,h-q,s,t,x]

** 5-79a.g   Durch intramedullären Draht
              [6. Stelle: 0,1,3-9,b-d,g-t,x]
              Inkl.: Federnagel

** 5-79a.x   Sonstige

5-79a.y   N.n.bez.

5-79b   **Offene Reposition einer Gelenkluxation**
              Hinw.: Die Lokalisation ist in der 6. Stelle nach folgender Liste zu kodieren:
                0 ↔ Humeroglenoidalgelenk
                1 ↔ Akromioklavikulargelenk
                2 ↔ Thorakoskapulargelenk(raum)
                3 ↔ Sternoklavikulargelenk
                4 ↔ Humeroulnargelenk
                5 ↔ Proximales Radioulnargelenk
                6 ↔ Distales Radioulnargelenk
                7 ↔ Handgelenk n.n.bez.
                8 ↔ Radiokarpalgelenk
                9 ↔ Ulnokarpalgelenk
                a ↔ Handwurzelgelenk
                b ↔ Karpometakarpalgelenk
                c ↔ Metakarpophalangealgelenk
                d ↔ Interphalangealgelenk
                e ↔ Iliosakralgelenk
                f   Symphyse
                g ↔ Hüftgelenk
                h ↔ Kniegelenk
                j ↔ Proximales Tibiofibulargelenk
                k ↔ Oberes Sprunggelenk
                m ↔ Unteres Sprunggelenk
                n ↔ Tarsalgelenk
                p ↔ Tarsometatarsalgelenk

Kapitel 5: Operationen

          q ↔   Metatarsophalangealgelenk
          r ↔   Zehengelenk
          s ↔   Humeroradialgelenk
          t ↔   Ellenbogengelenk n.n.bez.
          x ↔   Sonstige

** 5-79b.0   Durch Schraube

** 5-79b.1   Durch Draht oder Zuggurtung/Cerclage

** 5-79b.2   Durch Platte

** 5-79b.6   Durch Fixateur externe

** 5-79b.7   Durch Fixateur externe mit interner Osteosynthese
          Hinw.: Diese Kodes sind im Geltungsbereich des G-DRG-Systems (§ 17b KHG) nicht zu verwenden, dafür sind bei Kombinationen von Fixateur externe mit internen Osteosynthesematerialien während eines Eingriffs alle Komponenten einzeln zu kodieren

** 5-79b.8   Durch Materialkombinationen
          Hinw.: Diese Kodes sind im Geltungsbereich des G-DRG-Systems (§ 17b KHG) nicht zu verwenden, dafür sind bei Kombinationen von Osteosynthesematerialien während eines Eingriffs alle Komponenten einzeln zu kodieren

** 5-79b.c   Durch Transfixationsnagel
          [6. Stelle: h-m,x]

** 5-79b.e   Durch (Blount-)Klammern

** 5-79b.g   Durch intramedullären Draht
          [6. Stelle: 0,1,3-d,g-m,p-t,x]
          Inkl.: Federnagel

** 5-79b.h   Ohne Osteosynthese

** 5-79b.x   Sonstige

5-79b.y   N.n.bez.

5-79c   **Andere Reposition von Fraktur und Luxation**

5-79c.0   Reposition einer Fraktur durch intraossäre instrumentelle Aufrichtung
          Hinw.: Dieser Kode ist ein Zusatzkode. Die durchgeführten Eingriffe sind gesondert zu kodieren Mit diesem Kode sind nur Verfahren zu kodieren, die eine intraossäre Reposition durch spezielle Repositionssysteme erzielen (z.B. Ballonsysteme, Hydrauliksysteme). Dieser Kode ist nicht anzuwenden bei der Verwendung einfacher Repositionshilfen (z.B. Stößel, Hebel, Repositionszangen)

5-80   Offen chirurgische und andere Gelenkoperationen

Exkl.: Offene Reposition von Gelenkfrakturen (5-793 ff.)
       Offene Reposition von Gelenkluxationen (5-79b ff.)
       Arthroskopische Gelenkoperationen (5-81)

Hinw.: Das Einbringen von <u>Fixations</u>material <u>am Knochen bei Operationen am</u> Weichteilgewebe ist gesondert zu kodieren (5-869.2)
       Aufwendige Gipsverbände sind gesondert zu kodieren (8-310 ff.)
       Die Lokalisation ist für die Kodes 5-800 ff., 5-801 ff. und 5-809 ff. nach folgender Liste zu kodieren:

       0 ↔   Humeroglenoidalgelenk
       1 ↔   Akromioklavikulargelenk
       2 ↔   Thorakoskapulargelenk(raum)
       3 ↔   Sternoklavikulargelenk
       4 ↔   Humeroulnargelenk
       5 ↔   Proximales Radioulnargelenk
       6 ↔   Distales Radioulnargelenk
       7 ↔   Handgelenk n.n.bez.
       8 ↔   Radiokarpalgelenk
       9 ↔   Ulnokarpalgelenk
       e ↔   Iliosakralgelenk
       f   Symphyse
       g ↔   Hüftgelenk

h ↔ Kniegelenk
j ↔ Proximales Tibiofibulargelenk
k ↔ Oberes Sprunggelenk
m ↔ Unteres Sprunggelenk
n ↔ Tarsalgelenk
p ↔ Tarsometatarsalgelenk
q ↔ Metatarsophalangealgelenk
r ↔ Zehengelenk
s ↔ Humeroradialgelenk
t ↔ Ellenbogengelenk n.n.bez.
x ↔ Sonstige

5-800 **Offen chirurgische Operation eines Gelenkes**
Inkl.: Handgelenk
Exkl.: Operation an Gelenken der Hand (5-844 ff.)
Hinw.: Die Lokalisation ist in der 6. Stelle nach vorstehender Liste zu kodieren

** 5-800.0 Arthrotomie
Inkl.: Kapsulotomie

** 5-800.1 Gelenkspülung mit Drainage, aseptisch

** 5-800.2 Gelenkspülung mit Drainage, septisch

** 5-800.3 Debridement

** 5-800.4 Synovialektomie, partiell

** 5-800.5 Synovialektomie, total

** 5-800.6 Gelenkmobilisation [Arthrolyse]

** 5-800.7 Entfernung periartikulärer Verkalkungen

** 5-800.8 Entfernung freier Gelenkkörper
Inkl.: Entfernung eines Fremdkörpers
Entfernung osteochondraler Fragmente

** 5-800.9 Zystenexstirpation
Exkl.: Exstirpation einer Bakerzyste (5-859.2)

** 5-800.a Einlegen eines Medikamententrägers
Inkl.: Wechsel

** 5-800.b Entfernen eines Medikamententrägers

** 5-800.c Resektion von Bandanteilen und/oder Bandresten

** 5-800.x Sonstige
Inkl.: Entfernung von Gelenkzotten

5-800.y N.n.bez.

5-801 **Offen chirurgische Operation am Gelenkknorpel und an den Menisken**
Hinw.: Die Entnahme eines Knorpel-Knochen-Transplantates ist gesondert zu kodieren (5-783.6 ff.)
Die Knorpel-Knochen-Transplantation ist gesondert zu kodieren (5-784.5 ff., 5-784.6 ff.)
Die Lokalisation ist für die Subkodes .0 bis .4, .a bis .c und .x in der 6. Stelle nach der Liste vor Kode 5-800 zu kodieren

** 5-801.0 Exzision von erkranktem Gewebe am Gelenkknorpel
[6. Stelle: 0,1,3-9,e-t,x]

** 5-801.3 Refixation eines osteochondralen Fragmentes
[6. Stelle: 0,1,3-9,e-t,x]
Exkl.: Offene Reposition einer Pipkinfraktur (5-799 ff.)

** 5-801.4 Subchondrale Spongiosaplastik mit Fragmentfixation
[6. Stelle: 0,1,3-9,e-t,x]

5-801.5 ↔ Meniskusresektion, partiell

5-801.6 ↔ Meniskusresektion, komplett

5-801.7 ↔ Meniskusrefixation

5-801.8 ↔ Exzision eines Meniskusganglions

Kapitel 5: Operationen

5-801.9 ↔ Meniskustransplantation

** 5-801.a Entnahme eines Knorpeltransplantates
[6. Stelle: 0,4,7,g,h,k,m,s,t,x]
Inkl.: Entnahme von Knorpel zur Zell- und Gewebezüchtung

** 5-801.b Knorpeltransplantation
[6. Stelle: 0,1,3-9,e,g-t,x]

** 5-801.c Implantation von in vitro hergestellten Gewebekulturen
[6. Stelle: 0,1,3-9,e,g-t,x]
Exkl.: Autogene matrixinduzierte Chondrozytentransplantation (5-801.k ff.)

5-801.d ↔ Resektion des Discus triangularis

5-801.e ↔ Implantation eines künstlichen Meniskus
Inkl.: Kollagenmeniskus, Meniskus aus Polyurethan
Exkl.: Implantation eines interpositionellen, nicht verankerten Implantates am Kniegelenk (5-822.c)

5-801.f ↔ Entfernung eines künstlichen Meniskus
Inkl.: Kollagenmeniskus, Meniskus aus Polyurethan
Exkl.: Entfernung eines interpositionellen, nicht verankerten Implantates am Kniegelenk (5-823.e)

** 5-801.g Knorpelglättung, mechanisch (Chondroplastik)
[6. Stelle: 0,1,3-9,e,g-t,x]

** 5-801.h Subchondrale Knocheneröffnung (z.B. nach Pridie, Mikrofrakturierung, Abrasionsarthroplastik)
[6. Stelle: 0,1,3-9,e,g-t,x]

5-801.j ↔ Implantation eines patientenindividuellen metallischen Knorpelersatzes am Kniegelenk

** 5-801.k Autogene matrixinduzierte Chondrozytentransplantation
[6. Stelle: 0,1,3-9,e,g-t,x]

** 5-801.m Implantation von metallischem Knorpelersatz mit nicht patientenindividuellem Implantat

** 5-801.n Subchondrale Knocheneröffnung mit Einbringen eines azellulären Implantates
[6. Stelle: 0,1,3-9,e,g-t,x]
Inkl.: Autogene matrixinduzierte Chondrogenese

** 5-801.p Subchondrale Knocheneröffnung mit Einbringen eines mit homologem Vollblut oder seinen Bestandteilen angereicherten azellulären Implantates
[6. Stelle: 0,1,3-9,e,g-t,x]
Exkl.: Autogene matrixinduzierte Chondrogenese (5-801.n ff.)

** 5-801.x Sonstige

5-801.y N.n.bez.

5-802 Offen chirurgische Refixation und Naht am Kapselbandapparat des Kniegelenkes
Exkl.: Kreuzbandplastik und andere Bandplastiken am Kniegelenk (5-803)

5-802.0 ↔ Naht eines vorderen Kreuzbandes

5-802.1 ↔ Naht eines hinteren Kreuzbandes

5-802.2 ↔ Knöcherne Refixation eines vorderen Kreuzbandes

5-802.3 ↔ Knöcherne Refixation eines hinteren Kreuzbandes

5-802.4 ↔ Naht des medialen Kapselbandapparates

5-802.5 ↔ Naht des medialen Kapselbandapparates mit Eingriff am Meniskus

5-802.6 ↔ Naht des lateralen Kapselbandapparates

5-802.7 ↔ Naht des lateralen Kapselbandapparates mit Eingriff am Meniskus

5-802.8 ↔ Kombinierte Rekonstruktion

5-802.9 ↔ Naht des dorsalen Kapselbandapparates

5-802.x ↔ Sonstige

5-802.y N.n.bez.

5-803 Offen chirurgische Bandplastik am Kniegelenk
Inkl.: Transplantatentnahme, Isometriemessung und Notch-Plastik

5-803.0 ↔ Vorderes Kreuzband mit autogener Patellarsehne

Kapitel 5: Operationen

5-803.1 ↔ Vorderes Kreuzband mit sonstiger autogener Sehne
5-803.2 ↔ Vorderes Kreuzband mit alloplastischem Bandersatz
5-803.3 ↔ Hinteres Kreuzband mit autogener Patellarsehne
5-803.4 ↔ Hinteres Kreuzband mit sonstiger autogener Sehne
5-803.5 ↔ Hinteres Kreuzband mit alloplastischem Bandersatz
5-803.6 ↔ Medialer Bandapparat
5-803.7 ↔ Lateraler Bandapparat
5-803.8 ↔ Kombinierte Bandplastik
5-803.9 ↔ Dorsomedialer Bandapparat
5-803.a ↔ Dorsolateraler Bandapparat
5-803.x ↔ Sonstige
5-803.y   N.n.bez.

5-804   Offen chirurgische Operationen an der Patella und ihrem Halteapparat
Exkl.: Offen chirurgische Operationen am Gelenkknorpel (5-801)
Hinw.: Die Entnahme eines Knochentransplantates ist gesondert zu kodieren (5-783)
Eine durchgeführte Osteosynthese ist gesondert zu kodieren (5-786)

5-804.0 ↔ Retinakulumspaltung, lateral
5-804.1 ↔ Retinakulumspaltung, lateral mit Zügelungsoperation
Inkl.: Mediale Raffung
5-804.2 ↔ Verlagerung des Patellarsehnenansatzes (z.B. nach Bandi, Elmslie)
5-804.3 ↔ Verlagerung des Patellarsehnenansatzes mit Knochenspan
5-804.4 ↔ Patellaosteotomie
5-804.5 ↔ Teilresektion der Patella
5-804.6 ↔ Patellektomie
5-804.7 ↔ Naht des medialen Retinakulums
5-804.8 ↔ Rekonstruktion des medialen patellofemoralen Ligamentes [MPFL]
Hinw.: Die Entnahme von ortsständigem Sehnengewebe ist im Kode enthalten
5-804.x ↔ Sonstige
5-804.y   N.n.bez.

5-805   Offen chirurgische Refixation und Plastik am Kapselbandapparat des Schultergelenkes
Exkl.: Osteotomie am Schultergelenk (5-781 ff.)
Hinw.: Die Entnahme eines Knochentransplantates oder eines Knorpel-Knochen-Transplantates ist gesondert zu kodieren (5-783 ff.)

5-805.0 ↔ Refixation des Limbus (z.B. nach Bankart)
5-805.1 ↔ Refixation eines knöchernen Limbusabrisses
5-805.2 ↔ Vordere Pfannenrandplastik
5-805.3 ↔ Hintere Pfannenrandplastik
5-805.4 ↔ Vordere Kapselplastik
5-805.5 ↔ Hintere Kapselplastik
5-805.6 ↔ Akromioplastik mit Durchtrennung des Ligamentum coracoacromiale
5-805.7 ↔ Rekonstruktion der Rotatorenmanschette durch Naht
5-805.8 ↔ Rekonstruktion der Rotatorenmanschette durch Sehnenverlagerung
5-805.9 ↔ Rekonstruktion der Rotatorenmanschette durch Transplantat
Exkl.: Rekonstruktion der Rotatorenmanschette durch Implantat (5-805.a)
Hinw.: Die Art des Transplantates ist gesondert zu kodieren (5-930 ff.)
5-805.a ↔ Rekonstruktion der Rotatorenmanschette durch Implantat
Inkl.: Rekonstruktion der Rotatorenmanschette durch nicht resorbierbaren Kollagen-Patch

Kapitel 5: Operationen

5-805.b ↔ Obere Kapselplastik
 Inkl.: Fixation durch Knochenanker
 Hinw.: Die Art des Transplantates ist gesondert zu kodieren (5-930 ff.)

5-805.x ↔ Sonstige

5-805.y N.n.bez.

5-806 Offen chirurgische Refixation und Plastik am Kapselbandapparat des Sprunggelenkes
 Hinw.: Das Einbringen von Fixationsmaterial am Knochen bei Operationen am Weichteilgewebe ist gesondert zu kodieren (5-869.2)

5-806.3 ↔ Naht der Syndesmose

5-806.4 ↔ Bandplastik des lateralen Bandapparates mit autogener Sehne

5-806.5 ↔ Bandplastik des lateralen Bandapparates mit Periostlappen oder ortsständigem Gewebe [Broström-Gould]

5-806.6 ↔ Bandplastik des lateralen Bandapparates mit alloplastischem Bandersatz

5-806.7 ↔ Fesselung der Peronealsehnen

5-806.8 ↔ Naht eines Bandes des unteren Sprunggelenkes

5-806.9 ↔ Bandplastik des medialen Bandapparates

5-806.a ↔ Bandplastik der Syndesmose

5-806.b ↔ Bandplastik des unteren Sprunggelenkes

5-806.c ↔ Naht des lateralen Bandapparates
 Inkl.: Naht eines oder mehrerer fibularer Bänder

5-806.d ↔ Naht des medialen Bandapparates
 Inkl.: Naht des Ligamentum deltoideum

5-806.x ↔ Sonstige

5-806.y N.n.bez.

5-807 Offen chirurgische Refixation am Kapselbandapparat anderer Gelenke
 Inkl.: Bandplastik
 Exkl.: Offen chirurgische Refixation am Kapselbandapparat des Kniegelenkes (5-802 ff., 5-803 ff.)
 Offen chirurgische Refixation am Kapselbandapparat des Schultergelenkes (5-805 ff.)
 Offen chirurgische Refixation am Kapselbandapparat des Sprunggelenkes (5-806 ff.)
 Operationen an der Hand (5-84)
 Naht eines Bandes des unteren Sprunggelenkes (5-806.8)
 Bandplastik des medialen Bandapparates (5-806.9), der Syndesmose (5-806.a) oder des unteren Sprunggelenkes (5-806.b)

5-807.0 ↔ Naht eines Kapsel- oder Kollateralbandes

5-807.1 ↔ Naht mehrerer Kapsel- oder Kollateralbänder

5-807.2 ↔ Naht des radioulnaren Ringbandes

5-807.3 Naht des distalen radioulnaren Bandapparates
 Inkl.: Diskus
  .30 ↔ Naht ohne Stabilisierung des distalen radioulnaren Bandapparates
  .31 ↔ Naht mit Stabilisierung des distalen radioulnaren Bandapparates
   Inkl.: Transossäre Fixation oder Fixation mit Knochenanker

5-807.4 ↔ Naht des Bandapparates der Klavikula
 Inkl.: Augmentation

5-807.5 ↔ Naht des Bandapparates der Klavikula mit Plattenstabilisierung

5-807.6 ↔ Naht des Bandapparates der Klavikula mit Schrauben- oder Drahtfixation

5-807.7 Naht oder Plastik des Kapselbandapparates des Ellenbogengelenkes
 Inkl.: Transossäre Fixation oder Fixation mit Knochenanker
  .70 ↔ Naht des medialen Kapselbandapparates
  .71 ↔ Naht des lateralen Kapselbandapparates
  .72 ↔ Plastik des medialen Kapselbandapparates
   Inkl.: Augmentation
   Hinw.: Die Transplantatentnahme ist gesondert zu kodieren

.73 ↔ Plastik des lateralen Kapselbandapparates
      Inkl.: Augmentation
      Hinw.: Die Transplantatentnahme ist gesondert zu kodieren

5-807.x ↔ Sonstige

5-807.y N.n.bez.

5-808 **Offen chirurgische Arthrodese**
    Inkl.: Planung
          Korrekturarthrodese
    Exkl.: Arthrodese an kleinen Gelenken der Hand (5-846 ff.)
          Temporäre Fixation eines Gelenkes (5-809.2 ff.)
          Temporäre Fixation an kleinen Gelenken der Hand (5-849.1)
    Hinw.: Eine durchgeführte Knochentransplantation ist gesondert zu kodieren (5-784 ff.)
           Eine durchgeführte Osteosynthese ist gesondert zu kodieren (5-786 ff.)
           Eine (Keil-)Resektion/(Keil-)Osteotomie der Gelenkflächenanteile zur Achsenkorrektur ist nicht gesondert zu kodieren

5-808.0 ↔ Iliosakralgelenk

5-808.1 Symphyse

5-808.2 ↔ Hüftgelenk

5-808.3 ↔ Kniegelenk

5-808.4 ↔ Schultergelenk

5-808.5 ↔ Ellenbogengelenk

5-808.6 ↔ Handgelenk

5-808.7 Oberes Sprunggelenk
    .70 ↔ Ohne weiteres Gelenk
    .71 ↔ Mit unterem Sprunggelenk
        Inkl.: Tibio-kalkaneare Arthrodese, tibio-tarsale Arthrodese
    .72 ↔ Mit unterem Sprunggelenk und Chopartgelenk, kombiniert
        Inkl.: Tibio-kalkaneare Arthrodese, tibio-tarsale Arthrodese

5-808.8 Unteres Sprunggelenk
    .80 ↔ Eine Sprunggelenkskammer
        Inkl.: Subtalare (talo-calcaneare) Arthrodese, talo-naviculare Arthrodese, calcaneo-cuboidale Arthrodese
    .81 ↔ Zwei Sprunggelenkskammern
        Inkl.: Talo-naviculo-calcaneare Arthrodese, talo-calcaneo-cuboidale Arthrodese
    .82 ↔ Drei Sprunggelenkskammern
        Inkl.: Triple-Arthrodese

5-808.a Fußwurzel und/oder Mittelfuß
    Inkl.: Tarsometatarsale Arthrodese, naviculo-cuneiforme Arthrodese
    Exkl.: Arthrodese am Metatarsophalangealgelenk (5-808.b ff.)
    Hinw.: Zu den zu zählenden Gelenkfächern gehören die Gelenkfächer der Tarsometatarsalgelenke 1-5 und der intercuneiformen Gelenke sowie die naviculocuneiformen Gelenkfächer. Die korrespondierenden Gelenkflächen zwischen Os cuneiforme mediale und Os naviculare, Os cuneiforme intermedius und Os naviculare sowie Os cuneiforme laterale und Os naviculare zählen jeweils als ein Gelenkfach. Die knorpeligen Flächen zwischen den Metatarsalbasen werden nicht gezählt
    .a4 ↔ Ein Gelenkfach
    .a5 ↔ Zwei Gelenkfächer
    .a6 ↔ Drei Gelenkfächer
    .a7 ↔ Vier Gelenkfächer
    .a8 ↔ Fünf oder mehr Gelenkfächer
        Inkl.: Komplette Lisfranc-Arthrodese
    .a9 ↔ Ein Gelenkfach, Reoperation bei Rezidiv
    .aa ↔ Zwei Gelenkfächer, Reoperation bei Rezidiv
    .ab ↔ Drei Gelenkfächer, Reoperation bei Rezidiv
    .ac ↔ Vier Gelenkfächer, Reoperation bei Rezidiv
    .ad ↔ Fünf oder mehr Gelenkfächer, Reoperation bei Rezidiv
        Inkl.: Komplette Lisfranc-Arthrodese

Kapitel 5: Operationen

.ae ↔ Ein Gelenkfach, Reoperation bei Rezidiv mittels eines kortikospongiösen Spanes
Hinw.: Dieser Kode ist im Geltungsbereich des G-DRG-Systems (§ 17b KHG) nicht zu verwenden. Dafür sind bei einer Reoperation bei Rezidiv an einem Gelenkfach mittels eines kortikospongiösen Spanes der Kode 5-808.a9 und ein Kode aus 5-784 ff. zu verwenden

.af ↔ Zwei oder mehr Gelenkfächer, Reoperation bei Rezidiv mittels eines kortikospongiösen Spanes
Hinw.: Dieser Kode ist im Geltungsbereich des G-DRG-Systems (§ 17b KHG) nicht zu verwenden. Dafür sind bei einer Reoperation bei Rezidiv an zwei oder mehr Gelenkfächern mittels eines kortikospongiösen Spanes ein Kode aus 5-808.aa bis 5-808.ad und ein Kode aus 5-784 ff. zu verwenden

5-808.b Zehengelenk
.b0 ↔ Großzehengrundgelenk
.b1 ↔ Großzehenendgelenk
.b2 ↔ Kleinzehengelenk, 1 Gelenk
Inkl.: Metatarsophalangealgelenk der Kleinzehen
.b3 ↔ Kleinzehengelenk, 2 Gelenke
Inkl.: Metatarsophalangealgelenk der Kleinzehen
.b4 ↔ Kleinzehengelenk, 3 Gelenke
Inkl.: Metatarsophalangealgelenk der Kleinzehen
.b5 ↔ Kleinzehengelenk, 4 Gelenke
Inkl.: Metatarsophalangealgelenk der Kleinzehen
.b6 ↔ Kleinzehengelenk, 5 oder mehr Gelenke
Inkl.: Metatarsophalangealgelenk der Kleinzehen
.b7 ↔ Großzehengrundgelenk, Reoperation bei Rezidiv
.b8 ↔ Großzehengrundgelenk, Reoperation bei Rezidiv mittels eines kortikospongiösen Spanes
Hinw.: Dieser Kode ist im Geltungsbereich des G-DRG-Systems (§ 17b KHG) nicht zu verwenden. Dafür sind bei einer Reoperation bei Rezidiv am Großzehengrundgelenk mittels eines kortikospongiösen Spanes der Kode 5-808.b7 und ein Kode aus 5-784 ff. zu verwenden
.bx ↔ Sonstige

5-808.x ↔ Sonstige

5-808.y N.n.bez.

5-809 Andere Gelenkoperationen
Hinw.: Die Lokalisation ist in der 6. Stelle nach der Liste vor Kode 5-800 zu kodieren

** **5-809.0** Durchtrennung eines Bandes, offen chirurgisch
[6. Stelle: 0,1,3-9,e-t,x]
Exkl.: Durchtrennung des Lig. carpi transversum, Ringbandspaltung (5-841.1 ff.)

** **5-809.1** Arthrorise, offen chirurgisch
Exkl.: Arthrorise an Gelenken der Hand (5-849.6)

** **5-809.2** Temporäre Fixation eines Gelenkes, offen chirurgisch
[6. Stelle: 0,2-9,e-t,x]
Exkl.: Temporäre Fixation an Gelenken der Hand (5-849.1)
Temporäre Fixation des Akromioklavikulargelenkes (5-807.5, 5-807.6)
Hinw.: Das zur temporären Fixation angewandte Osteosyntheseverfahren ist gesondert zu kodieren (5-786 ff.)

** **5-809.3** Einbringen einer Entlastungsfeder, offen chirurgisch
[6. Stelle: h]

** **5-809.4** Temporäre Fixation eines Gelenkes, perkutan
Exkl.: Temporäre Fixation an Gelenken der Hand (5-849.1)
Hinw.: Das zur temporären Fixation angewandte Osteosyntheseverfahren ist gesondert zu kodieren (5-786 ff.)

** **5-809.x** Sonstige

5-809.y N.n.bez.

5-81 Arthroskopische Gelenkoperationen
Inkl.: Endoskopische Eingriffe im periartikulären Raum
Exkl.: Alleinige diagnostische Arthroskopie (1-697 ff.)
Hinw.: Eine gleichzeitig durchgeführte diagnostische Arthroskopie ist im Kode enthalten
Aufwendige Gipsverbände sind gesondert zu kodieren (8-310 ff.)
Die Lokalisation ist für die Kodes 5-810 ff. bis 5-812 ff. und 5-819 ff. nach folgender Liste zu kodieren:

0 ↔ Humeroglenoidalgelenk
1 ↔ Akromioklavikulargelenk
2 ↔ Thorakoskapulargelenk(raum)
3 ↔ Sternoklavikulargelenk
4 ↔ Humeroulnargelenk
5 ↔ Proximales Radioulnargelenk
6 ↔ Distales Radioulnargelenk
7 ↔ Handgelenk n.n.bez.
8 ↔ Radiokarpalgelenk
9 ↔ Ulnokarpalgelenk
e ↔ Iliosakralgelenk
f   Symphyse
g ↔ Hüftgelenk
h ↔ Kniegelenk
j ↔ Proximales Tibiofibulargelenk
k ↔ Oberes Sprunggelenk
m ↔ Unteres Sprunggelenk
n ↔ Tarsalgelenk
p ↔ Tarsometatarsalgelenk
q ↔ Metatarsophalangealgelenk
r ↔ Zehengelenk
s ↔ Humeroradialgelenk
t ↔ Ellenbogengelenk n.n.bez.
x ↔ Sonstige

5-810 **Arthroskopische Gelenkoperation**
Hinw.: Die Lokalisation ist in der 6. Stelle nach vorstehender Liste zu kodieren

** 5-810.0 Gelenkspülung mit Drainage, aseptisch

** 5-810.1 Gelenkspülung mit Drainage, septisch

** 5-810.2 Gelenkmobilisation [Arthrolyse]
Inkl.: Debridement

** 5-810.3 Entfernung von Osteosynthesematerial
[6. Stelle: 0,1,3-9,e-t,x]
Inkl.: Entfernung anderer Implantate

** 5-810.4 Entfernung freier Gelenkkörper
[6. Stelle: 0,1,3-9,e,g-t,x]
Inkl.: Entfernung eines Fremdkörpers
Entfernung osteochondraler Fragmente

** 5-810.5 Entfernung periartikulärer Verkalkungen

** 5-810.6 Arthroskopisch assistierte Versorgung einer Fraktur
Hinw.: Diese Kodes sind Zusatzkodes und zur Angabe einer arthroskopischen Unterstützung bei einer Frakturversorgung zu verwenden
Eine durchgeführte Frakturosteosynthese ist gesondert zu kodieren (5-79)

** 5-810.7 Einlegen eines Medikamententrägers
Inkl.: Wechsel

** 5-810.8 Entfernen eines Medikamententrägers

** 5-810.9 Resektion von Bandanteilen und/oder Bandresten
[6. Stelle: 0,1,3-9,e-t,x]

** 5-810.x Sonstige

5-810.y N.n.bez.

Kapitel 5: Operationen

5-811		**Arthroskopische Operation an der Synovialis**
		Hinw.: Die Lokalisation ist in der 6. Stelle nach der Liste vor Kode 5-810 zu kodieren
** 5-811.0		Resektion einer Plica synovialis
		[6. Stelle: 7,h,x]
** 5-811.1		Resektion an einem Fettkörper (z.B. Hoffa-Fettkörper)
		[6. Stelle: g,h,x]
** 5-811.2		Synovektomie, partiell
		[6. Stelle: 0,1,3-9,e,g-t,x]
** 5-811.3		Synovektomie, total
		[6. Stelle: 0,1,3-9,e,g-t,x]
** 5-811.4		Elektrothermische Denervierung von Synovialis und Kapselgewebe
		Inkl.: Arthroskopische Patelladenervation
** 5-811.x		Sonstige
5-811.y		N.n.bez.
5-812		**Arthroskopische Operation am Gelenkknorpel und an den Menisken**
		Hinw.: Die Lokalisation ist für die Subkodes .0 bis .4, .8 bis .a und .x in der 6. Stelle nach der Liste vor Kode 5-810 zu kodieren
** 5-812.0		Exzision von erkranktem Gewebe am Gelenkknorpel
		[6. Stelle: 0,1,3-9,e-t,x]
** 5-812.3		Refixation eines osteochondralen Fragmentes
		[6. Stelle: 0,1,3-9,e-t,x]
5-812.5	↔	Meniskusresektion, partiell
		Inkl.: Meniskusglättung
5-812.6	↔	Meniskusresektion, total
5-812.7	↔	Meniskusrefixation
** 5-812.8		Entnahme eines Knorpeltransplantates
		[6. Stelle: 0,4,7,g,h,k,m,s,t,x]
		Inkl.: Entnahme von Knorpel zur Zell- und Gewebezüchtung
** 5-812.9		Knorpeltransplantation
		[6. Stelle: 0,1,3-9,e-t,x]
** 5-812.a		Implantation von in vitro hergestellten Gewebekulturen
		[6. Stelle: 0,1,3-9,e-t,x]
		Exkl.: Autogene matrixinduzierte Chondrozytentransplantation (5-812.h ff.)
5-812.b	↔	Resektion des Discus triangularis
5-812.c	↔	Implantation eines künstlichen Meniskus
		Inkl.: Kollagenmeniskus, Meniskus aus Polyurethan
5-812.d	↔	Entfernung eines künstlichen Meniskus
		Inkl.: Kollagenmeniskus, Meniskus aus Polyurethan
** 5-812.e		Knorpelglättung (Chondroplastik)
		[6. Stelle: 0,1,3-9,e-t,x]
** 5-812.f		Subchondrale Knocheneröffnung (z.B. nach Pridie, Mikrofrakturierung, Abrasionsarthroplastik)
		[6. Stelle: 0,1,3-9,e,g-t,x]
** 5-812.g		Subchondrale Knocheneröffnung mit Einbringen eines azellulären Implantates
		[6. Stelle: 0,1,3-9,e,g-t,x]
		Inkl.: Autogene matrixinduzierte Chondrogenese
** 5-812.h		Autogene matrixinduzierte Chondrozytentransplantation
		[6. Stelle: 0,1,3,e-t,x]
** 5-812.k		Resektion eines oder mehrerer Osteophyten
** 5-812.m		Subchondrale Knocheneröffnung mit Einbringen eines mit homologem Vollblut oder seinen Bestandteilen angereicherten azellulären Implantates
		[6. Stelle: 0,1,3-9,e,g-t,x]
		Exkl.: Autogene matrixinduzierte Chondrogenese (5-812.g ff.)

5-812.n Naht oder Rekonstruktion des Discus triangularis [TFCC]
    .n0 ↔ Refixation, kapsulär
        Inkl.: Straffung
    .n1 ↔ Refixation, knöchern
    .n2 ↔ Rekonstruktion durch Transplantat
        Hinw.: Die Transplantatentnahme ist gesondert zu kodieren
    .nx ↔ Sonstige

** 5-812.x Sonstige
   5-812.y N.n.bez.

5-813 Arthroskopische Refixation und Plastik am Kapselbandapparat des Kniegelenkes
    Inkl.: Transplantatentnahme, Isometriemessung und Notch-Plastik

5-813.0 ↔ Naht eines vorderen Kreuzbandes

5-813.1 ↔ Naht eines hinteren Kreuzbandes

5-813.2 ↔ Knöcherne Refixation eines Kreuzbandes

5-813.3 ↔ Plastik vorderes Kreuzband mit autogener Patellarsehne

5-813.4 ↔ Plastik vorderes Kreuzband mit sonstiger autogener Sehne

5-813.5 ↔ Plastik vorderes Kreuzband mit alloplastischem Bandersatz

5-813.6 ↔ Plastik hinteres Kreuzband mit autogener Patellarsehne

5-813.7 ↔ Plastik hinteres Kreuzband mit sonstiger autogener Sehne

5-813.8 ↔ Plastik hinteres Kreuzband mit alloplastischem Bandersatz

5-813.9 ↔ Durchtrennung der Kniegelenkskapsel (Lateral release)

5-813.a ↔ Naht des medialen Kapselbandapparates

5-813.b ↔ Naht des lateralen Kapselbandapparates

5-813.c ↔ Naht des dorsalen Kapselbandapparates

5-813.d ↔ Plastik des medialen Kapselbandapparates

5-813.e ↔ Plastik des lateralen Kapselbandapparates

5-813.f ↔ Plastik des dorsalen Kapselbandapparates

5-813.g ↔ Plastik vorderes Kreuzband mit allogener Sehne

5-813.h ↔ Plastik hinteres Kreuzband mit allogener Sehne

<u>5-813.j ↔ Augmentation des vorderen Kreuzbandes</u>
    <u>*Inkl.:* Naht, dynamische intraligamentäre Stabilisierung</u>

<u>5-813.k ↔ Augmentation des hinteren Kreuzbandes</u>
    <u>*Inkl.:* Naht, dynamische intraligamentäre Stabilisierung</u>

5-813.x ↔ Sonstige

5-813.y N.n.bez.

5-814 Arthroskopische Refixation und Plastik am Kapselbandapparat des Schultergelenkes

5-814.0 ↔ Refixation des Labrum glenoidale durch Naht

5-814.1 ↔ Refixation des Labrum glenoidale durch sonstige Verfahren
    Inkl.: Knochenanker

5-814.2 ↔ Refixation eines knöchernen Labrumabrisses (Bankart-Läsion)

5-814.3 ↔ Erweiterung des subakromialen Raumes
    Inkl.: Bursektomie
           Resektion des Ligamentum coracoacromiale

5-814.4 ↔ Sonstige Rekonstruktion der Rotatorenmanschette
    Inkl.: Sonstige Rekonstruktion der Rotatorenmanschette mit Debridement

5-814.5 ↔ Kapselraffung mit Fixation am Glenoid durch Naht
    Inkl.: Fixation durch Knochenanker

5-814.6 ↔ Rekonstruktion der Rotatorenmanschette durch Transplantat
    Hinw.: Die Art des Transplantates ist gesondert zu kodieren (5-930 ff.)

Kapitel 5: Operationen

5-814.7 ↔ Tenotomie der langen Bizepssehne

5-814.8 ↔ Naht der langen Bizepssehne

5-814.9 ↔ Tenodese der langen Bizepssehne

5-814.b ↔ Stabilisierung des Akromioklavikulargelenkes durch Fixationsverfahren
Inkl.: Freie Sehnentransplantation
Hinw.: Die Entnahme von Sehnengewebe zur Transplantation ist gesondert zu kodieren (5-852.f ff.)

5-814.c ↔ Einbringen eines Abstandhalters

5-814.d ↔ Schrumpfung der Schultergelenkkapsel durch Energiequellen
Inkl.: Elektrokauter

5-814.e ↔ Obere Kapselplastik
Inkl.: Fixation durch Knochenanker
Hinw.: Die Art des Transplantates ist gesondert zu kodieren (5-930 ff.)

5-814.x ↔ Sonstige

5-814.y N.n.bez.

5-815 **Arthroskopische Entfernung und arthroskopischer Wechsel eines Bandersatzes am Kniegelenk**
Inkl.: Transplantatentnahme, Isometriemessung und Notch-Plastik
Hinw.: Bei zweizeitigem Kreuzbandersatz ist die Implantation des Transplantates wie eine primäre Kreuzbandoperation zu kodieren (5-813 ff.)

5-815.0 ↔ Entfernung eines vorderen Kreuzbandtransplantates

5-815.1 ↔ Entfernung eines hinteren Kreuzbandtransplantates

5-815.2 Wechsel eines vorderen Kreuzbandtransplantates
.20 ↔ Mit autogener Patellarsehne
.21 ↔ Mit sonstiger autogener Sehne
.22 ↔ Mit alloplastischem Bandersatz
.23 ↔ Mit allogener Sehne
.2x ↔ Sonstige

5-815.3 Wechsel eines hinteren Kreuzbandtransplantates
.30 ↔ Mit autogener Patellarsehne
.31 ↔ Mit sonstiger autogener Sehne
.32 ↔ Mit alloplastischem Bandersatz
.33 ↔ Mit allogener Sehne
.3x ↔ Sonstige

5-815.x ↔ Sonstige

5-815.y N.n.bez.

5-816 **Arthroskopische Operationen am Labrum acetabulare**

5-816.0 ↔ Naht oder sonstige Refixation
Inkl.: Knochenanker

5-816.1 ↔ Glättung und (Teil-)Resektion
Inkl.: Verwendung von Energiequellen

5-816.2 ↔ Rekonstruktion durch Transplantat
Hinw.: Die Art des Transplantates ist gesondert zu kodieren (5-930 ff.)

5-816.x ↔ Sonstige

5-816.y N.n.bez.

5-819 **Andere arthroskopische Operationen**
Hinw.: Die Lokalisation ist in der 6. Stelle nach der Liste vor Kode 5-810 zu kodieren

** 5-819.0 Durchtrennung eines Bandes
[6. Stelle: 0,1,3-9,e-t,x]

** 5-819.1 Debridement einer Sehne
[6. Stelle: 0,4,5,h,k,s,t,x]
Exkl.: Offen chirurgisches Debridement einer Sehne (5-850.c ff.)

Kapitel 5: Operationen

** 5-819.2 Resektion eines Ganglions
[6. Stelle: 0,h,x]
Exkl.: Offen chirurgische Resektion eines Ganglions (5-859.2 ff.)

5-819.4 ↔ Bandplastik des lateralen Bandapparates des Sprunggelenkes mit ortsständigem Gewebe [Broström-Gould]

** 5-819.x Sonstige
5-819.y N.n.bez.

5-82 Endoprothetischer Gelenk- und Knochenersatz
Hinw.: Eine Abtragung von Osteophyten ist nicht gesondert zu kodieren

5-820 **Implantation einer Endoprothese am Hüftgelenk**
Hinw.: Eine durchgeführte Pfannendachplastik ist gesondert zu kodieren (5-829.1)
Eine durchgeführte Pfannenbodenplastik ist gesondert zu kodieren (5-829.h)
Eine durchgeführte Spongiosaplastik ist gesondert zu kodieren (5-784 ff.)
Die zusätzliche Verwendung von Osteosynthesematerial ist gesondert zu kodieren (5-786 ff.)
Die Verwendung einer Gelenkschnapp-Pfanne ist gesondert zu kodieren (5-820.7 ff.)
Die komplexe Erstimplantation einer Endoprothese z.B. mit Femurersatz oder mit Ersatz benachbarter Gelenke ist gesondert zu kodieren (5-829.a)
Die Verwendung einer Tumorendoprothese ist gesondert zu kodieren (5-829.c)
Die Verwendung einer hypoallergenen Prothese ist gesondert zu kodieren (5-829.e)
Aufwendige Gipsverbände sind gesondert zu kodieren (8-310 ff.)
Die Implantation einer Endoprothese nach vorheriger Explantation ist gesondert zu kodieren (5-829.n)
Ein durchgeführter alloplastischer Knochenersatz ist gesondert zu kodieren (5-785 ff.)
Die Implantation einer CAD-CAM-Prothese ist mit dem jeweiligen Kode für die Implantation der Endoprothese und den Zusatzkodes 5-829.m oder 5-829.p zu kodieren
Die Angabe zur Verwendung von Zement ist für die mit ** gekennzeichneten Kodes in der 6. Stelle nach folgender Liste zu kodieren:
0 ↔ Nicht zementiert
1 ↔ Zementiert
2 ↔ Hybrid (teilzementiert)

** 5-820.0 Totalendoprothese

** 5-820.2 Totalendoprothese, Sonderprothese
Inkl.: Langschaft, Tumorprothese

** 5-820.3 Femurkopfprothese
[6. Stelle: 0,1]

** 5-820.4 Duokopfprothese
[6. Stelle: 0,1]

** 5-820.5 Gelenkpfannenstützschale
[6. Stelle: 0,1]
Inkl.: Implantation eines Antiluxationspfannenrandes

** 5-820.7 Gelenkschnapp-Pfanne

** 5-820.8 Oberflächenersatzprothese

5-820.9 Kurzschaft-Femurkopfprothese
.92 ↔ Ohne Pfannenprothese, nicht zementiert
.93 ↔ Ohne Pfannenprothese, zementiert
.94 ↔ Mit Pfannenprothese, nicht zementiert
.95 ↔ Mit Pfannenprothese, zementiert
.96 ↔ Mit Pfannenprothese, hybrid (teilzementiert)

** 5-820.x Sonstige
5-820.y N.n.bez.

Kapitel 5: Operationen

5-821 Revision, Wechsel und Entfernung einer Endoprothese am Hüftgelenk
Exkl.: Implantation einer Endoprothese nach vorheriger Explantation in gesonderter Sitzung (5-820 ff. mit 5-829.n)
Hinw.: Eine durchgeführte Spongiosaplastik ist gesondert zu kodieren (5-784 ff.)
Eine durchgeführte Pfannenbodenplastik ist gesondert zu kodieren (5-829.h)
Der Einbau einer Gelenkpfannenstützschale oder eines Antiluxationspfannenrandes ist gesondert zu kodieren (5-820.5 ff.)
Die zusätzliche Verwendung von Osteosynthesematerial ist gesondert zu kodieren (5-786 ff.)
Die Verwendung einer Gelenkschnapp-Pfanne ist gesondert zu kodieren (5-820.7 ff.)
Komplexe Wechseloperationen z.B. mit Femursatz oder mit Ersatz benachbarter Gelenke sind gesondert zu kodieren (5-829.b)
Die Verwendung einer Tumorendoprothese ist gesondert zu kodieren (5-829.c)
Ein durchgeführter alloplastischer Knochenersatz ist gesondert zu kodieren (5-785 ff.)
Der (Teil-)Wechsel in eine CAD-CAM-Prothese ist mit dem jeweiligen Kode für den (Teil-)Wechsel der Endoprothese und den Zusatzkodes 5-829.m oder 5-829.p zu kodieren
Die Verwendung einer hypoallergenen Endoprothese ist gesondert zu kodieren (5-829.e)
Die Verwendung einer beschichteten Endoprothese ist gesondert zu kodieren (5-829.j ff.)
Die Verwendung einer vollkeramischen Endoprothese ist gesondert zu kodieren (5-829.q)

5-821.0 ↔ Revision (ohne Wechsel)

5-821.1 Wechsel einer Femurkopfprothese
Inkl.: Im Rahmen eines Teilwechsels bei vorhandener Totalendoprothese
.10 ↔ In Femurkopfprothese, nicht zementiert
.11 ↔ In Femurkopfprothese, zementiert oder n.n.bez.
.12 ↔ In Totalendoprothese, nicht zementiert
.13 ↔ In Totalendoprothese, zementiert oder n.n.bez.
.14 ↔ In Totalendoprothese, hybrid (teilzementiert)
.15 ↔ In Totalendoprothese, Sonderprothese
    Inkl.: Langschaft, Tumorprothese
.16 ↔ In Duokopfprothese
.18 ↔ Wechsel des Aufsteckkopfes
.1x ↔ Sonstige

5-821.2 Wechsel einer Gelenkpfannenprothese
Inkl.: Im Rahmen eines Teilwechsels bei vorhandener Totalendoprothese
.20 ↔ In Gelenkpfannenprothese, nicht zementiert
.22 ↔ In Gelenkpfannenprothese, zementiert oder n.n.bez.
.24 ↔ In Gelenkpfannenprothese, nicht zementiert, mit Wechsel des Aufsteckkopfes
.25 ↔ In Gelenkpfannenprothese, zementiert oder n.n.bez., mit Wechsel des Aufsteckkopfes
.26 ↔ In Totalendoprothese, nicht zementiert
.27 ↔ In Totalendoprothese, zementiert oder n.n.bez.
.28 ↔ In Totalendoprothese, hybrid (teilzementiert)
.29 ↔ In Totalendoprothese, Sonderprothese
    Inkl.: Langschaft, Tumorprothese
.2a ↔ Isolierter Wechsel eines Inlays ohne Pfannenwechsel
.2b ↔ Isolierter Wechsel eines Inlays ohne Pfannenwechsel, mit Wechsel des Aufsteckkopfes
.2x ↔ Sonstige

5-821.3 Wechsel einer zementierten Totalendoprothese
.30 ↔ In Totalendoprothese, nicht zementiert
.31 ↔ In Totalendoprothese, zementiert oder n.n.bez.
.32 ↔ In Totalendoprothese, hybrid (teilzementiert)
.33 ↔ In Totalendoprothese, Sonderprothese
    Inkl.: Langschaft, Tumorprothese
.3x ↔ Sonstige

5-821.4 Wechsel einer nicht zementierten Totalendoprothese
.40 ↔ In Totalendoprothese, nicht zementiert
.41 ↔ In Totalendoprothese, zementiert oder n.n.bez.
.42 ↔ In Totalendoprothese, hybrid (teilzementiert)
.43 ↔ In Totalendoprothese, Sonderprothese
    Inkl.: Langschaft, Tumorprothese
.4x ↔ Sonstige

5-821.5 Wechsel einer Totalendoprothese, hybrid (teilzementiert)
.50 ↔ In Totalendoprothese, nicht zementiert
.51 ↔ In Totalendoprothese, zementiert oder n.n.bez.
.52 ↔ In Totalendoprothese, hybrid (teilzementiert)
.53 ↔ In Totalendoprothese, Sonderprothese
Inkl.: Langschaft, Tumorprothese
.5x ↔ Sonstige

5-821.6 Wechsel einer Totalendoprothese, Sonderprothese
Inkl.: Langschaft, Tumorprothese
.60 ↔ In Totalendoprothese, nicht zementiert
.61 ↔ In Totalendoprothese, zementiert oder n.n.bez.
.62 ↔ In Totalendoprothese, hybrid (teilzementiert)
.63 ↔ In Totalendoprothese, Sonderprothese
Inkl.: Langschaft, Tumorprothese
.6x ↔ Sonstige

5-821.7 ↔ Entfernung einer Totalendoprothese

5-821.8 ↔ Entfernung einer Femurkopfprothese

5-821.9 ↔ Entfernung einer Duokopfprothese

5-821.a ↔ Entfernung einer Femurkopfkappe

5-821.b ↔ Entfernung einer Gelenkpfannenprothese

5-821.c ↔ Entfernung einer Gelenkpfannenstützschale
Inkl.: Entfernung eines Antiluxationspfannenrandes

5-821.d ↔ Entfernung einer Gelenkschnapp-Pfanne

5-821.e ↔ Entfernung einer Totalendoprothese, Sonderprothese
Inkl.: Langschaft, Tumorprothese

5-821.f Wechsel einer Duokopfprothese
.f0 ↔ In Duokopfprothese, nicht zementiert
.f1 ↔ In Duokopfprothese, zementiert oder n.n.bez.
.f2 ↔ In Totalendoprothese, nicht zementiert
.f3 ↔ In Totalendoprothese, zementiert oder n.n.bez.
.f4 ↔ In Totalendoprothese, Sonderprothese
Inkl.: Langschaft, Tumorprothese
.fx ↔ Sonstige

5-821.g Wechsel einer Oberflächenersatzprothese
.g0 ↔ In Oberflächenersatzprothese, nicht zementiert
.g1 ↔ In Oberflächenersatzprothese, zementiert
.g2 ↔ In Oberflächenersatzprothese, hybrid (teilzementiert)
.g3 ↔ In Totalendoprothese, nicht zementiert
.g4 ↔ In Totalendoprothese, zementiert, hybrid oder n.n.bez.
.g5 ↔ In Totalendoprothese, Sonderprothese
.gx ↔ Sonstige

5-821.h ↔ Entfernung einer Oberflächenersatzprothese

5-821.j Wechsel einer schenkelhalserhaltenden Femurkopfprothese [Kurzschaft-Femurkopfprothese]
.j0 ↔ In Totalendoprothese, nicht zementiert
.j1 ↔ In Totalendoprothese, zementiert, hybrid oder n.n.bez.
.j2 ↔ In Totalendoprothese, Sonderprothese
.jx ↔ Sonstige

5-821.k ↔ Entfernung einer schenkelhalserhaltenden Femurkopfprothese [Kurzschaft-Femurkopfprothese]

5-821.x ↔ Sonstige

5-821.y N.n.bez.

5-822 Implantation einer Endoprothese am Kniegelenk

Hinw.: Eine durchgeführte Spongiosaplastik ist gesondert zu kodieren (5-784 ff.)
Die zusätzliche Verwendung von Osteosynthesematerial ist gesondert zu kodieren (5-786 ff.)
Die komplexe Erstimplantation einer Endoprothese z.B. mit Knochenersatz oder mit Ersatz benachbarter Gelenke ist gesondert zu kodieren (5-829.a)
Die Verwendung einer Tumorendoprothese ist gesondert zu kodieren (5-829.c)
Die Verwendung einer hypoallergenen Prothese ist gesondert zu kodieren (5-829.c)
Die Implantation einer Endoprothese nach vorheriger Explantation ist gesondert zu kodieren (5-829.n)
Ein durchgeführter alloplastischer Knochenersatz ist gesondert zu kodieren (5-785 ff.)
Die Implantation einer CAD-CAM-Prothese ist mit dem jeweiligen Kode für die Implantation der Endoprothese und den Zusatzkodes 5-829.m oder 5-829.p zu kodieren
Die Angabe zur Verwendung von Zement ist für die mit ** gekennzeichneten Kodes in der 6. Stelle nach folgender Liste zu kodieren:
0 ↔ Nicht zementiert
1 ↔ Zementiert
2 ↔ Hybrid (teilzementiert)

** 5-822.0 Unikondyläre Schlittenprothese

5-822.8 Patellaersatz
Hinw.: Bei liegender Knieendoprothese ist die Revision (ohne Wechsel) derselben nicht gesondert zu kodieren

.80 ↔ Patellarückfläche, nicht zementiert
.81 ↔ Patellarückfläche, zementiert
.83 ↔ Patellofemoraler Ersatz, nicht zementiert
.84 ↔ Patellofemoraler Ersatz, zementiert
.85 ↔ Patellofemoraler Ersatz, hybrid (teilzementiert)
.86 ↔ Isolierter Ersatz der femoralen Gleitfläche, nicht zementiert
.87 ↔ Isolierter Ersatz der femoralen Gleitfläche, zementiert

** 5-822.9 Sonderprothese
Inkl.: Tumorprothese
Hinw.: Ein Patellaersatz ist gesondert zu kodieren (5-822.8 ff.)

5-822.c ↔ Interpositionelles nicht verankertes Implantat
Hinw.: Die Resektion des erkrankten Meniskus ist im Kode enthalten

** 5-822.f Implantation eines endoprothetischen Gelenkersatzes ohne Bewegungsfunktion
Inkl.: Arthrodesemodule

** 5-822.g Bikondyläre Oberflächenersatzprothese
Inkl.: Verwendung von Wedges
Hinw.: Ein Patellaersatz ist gesondert zu kodieren (5-822.8 ff.)

** 5-822.h Femoral und tibial schaftverankerte Prothese
Hinw.: Ein Patellaersatz ist gesondert zu kodieren (5-822.8 ff.)
Bei einseitiger Schaftverankerung ist eine bikondyläre Oberflächenersatzprothese (5-822.g ff.) zu kodieren

** 5-822.j Endoprothese mit erweiterter Beugefähigkeit
[6. Stelle: 1,2]
Exkl.: Implantation einer unikondylären Schlittenprothese (5-822.0 ff.)
Hinw.: Ein Patellaersatz ist gesondert zu kodieren (5-822.8 ff.)
Die erweiterte Beugefähigkeit entspricht einer Beugefähigkeit von mindestens 130 Grad

** 5-822.k Bikompartimentelle Teilgelenkersatzprothese
Hinw.: Ein Patellaersatz ist gesondert zu kodieren (5-822.8 ff.)

** 5-822.x Sonstige

5-822.y N.n.bez.

5-823 Revision, Wechsel und Entfernung einer Endoprothese am Kniegelenk
Exkl.: Implantation einer Endoprothese nach vorheriger Explantation in gesonderter Sitzung (5-822 ff. mit 5-829.n)
Hinw.: Eine durchgeführte Spongiosaplastik ist gesondert zu kodieren (5-784 ff.)
Die zusätzliche Verwendung von Osteosynthesematerial ist gesondert zu kodieren (5-786 ff.)
Komplexe Wechseloperationen z.B. mit Knochenersatz oder mit Ersatz benachbarter Gelenke sind gesondert zu kodieren (5-829.b)
Die Verwendung einer Tumorendoprothese ist gesondert zu kodieren (5-829.c)
Die Verwendung einer hypoallergenen Prothese ist gesondert zu kodieren (5-829.e)
Ein durchgeführter alloplastischer Knochenersatz ist gesondert zu kodieren (5-785 ff.)
Der (Teil-)Wechsel in eine CAD-CAM-Prothese ist mit dem jeweiligen Kode für den (Teil-)Wechsel der Endoprothese und den Zusatzkodes 5-829.m oder 5-829.p zu kodieren
Die Verwendung einer beschichteten Endoprothese ist gesondert zu kodieren (5-829.j ff.)
Die Verwendung einer vollkeramischen Endoprothese ist gesondert zu kodieren (5-829.q)

5-823.0 ↔ Revision (ohne Wechsel)

5-823.1 Wechsel einer unikondylären Schlittenprothese
Hinw.: Ein Patellaersatz ist gesondert zu kodieren (5-822.8 ff., 5-823.5 ff.)
.10 ↔ In unikondyläre Oberflächenprothese, nicht zementiert
.11 ↔ In unikondyläre Oberflächenprothese zementiert
.19 ↔ Inlaywechsel
.1a ↔ In bikondyläre Oberflächenprothese, nicht zementiert
.1b ↔ In bikondyläre Oberflächenprothese, zementiert
.1c ↔ In bikondyläre Oberflächenprothese, hybrid (teilzementiert)
.1d ↔ In femoral und tibial schaftverankerte Prothese, nicht zementiert
.1e ↔ In femoral und tibial schaftverankerte Prothese, zementiert
.1f ↔ In femoral und tibial schaftverankerte Prothese, hybrid (teilzementiert)
.1x ↔ Sonstige

5-823.2 Wechsel einer bikondylären Oberflächenersatzprothese
Hinw.: Ein Patellaersatz ist gesondert zu kodieren (5-822.8 ff., 5-823.5 ff.)
.20 ↔ Typgleich
.21 ↔ In eine andere Oberflächenersatzprothese, nicht zementiert
.22 ↔ In eine andere Oberflächenersatzprothese, (teil-)zementiert
.25 ↔ In eine Sonderprothese, nicht zementiert
.26 ↔ In eine Sonderprothese, (teil-)zementiert
.27 ↔ Inlaywechsel
.28 ↔ Teilwechsel Femurteil
.29 ↔ Teilwechsel Tibiateil
.2a ↔ In eine femoral und tibial schaftverankerte Prothese, nicht zementiert
.2b ↔ In eine femoral und tibial schaftverankerte Prothese, (teil-)zementiert
.2x ↔ Sonstige

5-823.4 Wechsel einer Sonderprothese
Hinw.: Ein Patellaersatz ist gesondert zu kodieren (5-822.8 ff., 5-823.5 ff.)
.40 ↔ Typgleich
.41 ↔ Teilwechsel Femurteil
.42 ↔ Teilwechsel Tibiateil
.4x ↔ Sonstige

5-823.5 Wechsel eines Patellaersatzes
Hinw.: Bei liegender Knieendoprothese ist die Revision (ohne Wechsel) derselben nicht gesondert zu kodieren
.50 ↔ In Patellarückfläche, nicht zementiert
.51 ↔ In Patellarückfläche, zementiert
.52 ↔ In patellofemoralen Ersatz, nicht zementiert
.53 ↔ In patellofemoralen Ersatz, (teil-)zementiert
.54 ↔ In Ersatz der femoralen Gleitfläche, nicht zementiert
.55 ↔ In Ersatz der femoralen Gleitfläche, zementiert

5-823.6 ↔ Entfernung einer unikondylären Schlittenprothese

5-823.7 ↔ Entfernung einer bikondylären Oberflächenersatzprothese

Kapitel 5: Operationen

5-823.9 ↔ Entfernung eines Patellaersatzes

5-823.a ↔ Entfernung einer Sonderprothese

5-823.b Wechsel einer Endoprothese mit erweiterter Beugefähigkeit
Hinw.: Ein Patellaersatz ist gesondert zu kodieren (5-822.8 ff., 5-823.5 ff.)
Die erweiterte Beugefähigkeit entspricht einer Beugefähigkeit von mindestens 130 Grad
- .b0 ↔ Nur Inlaywechsel
- .b7 ↔ In eine Sonderprothese, nicht zementiert
- .b8 ↔ In eine Sonderprothese, (teil-)zementiert
- .b9 ↔ In eine Endoprothese mit erweiterter Beugefähigkeit (teil-)zementiert
- .ba ↔ In eine femoral und tibial schaftverankerte Prothese, nicht zementiert
- .bb ↔ In eine femoral und tibial schaftverankerte Prothese, (teil-)zementiert
- .bx ↔ Sonstige

5-823.c ↔ Wechsel eines interpositionellen nicht verankerten Implantates

5-823.d ↔ Entfernung einer Endoprothese mit erweiterter Beugefähigkeit

5-823.e ↔ Entfernung eines interpositionellen nicht verankerten Implantates

5-823.f Wechsel einer bikompartimentellen Teilgelenkersatzprothese
Hinw.: Ein Patellaersatz ist gesondert zu kodieren (5-822.8 ff., 5-823.5 ff.)
- .f0 ↔ Nur Inlaywechsel
- .f1 ↔ Teilwechsel Tibiateil
- .f2 ↔ Teilwechsel Femurteil
- .fd ↔ In eine bikompartimentelle Teilgelenkersatzprothese
- .fe ↔ In eine bikondyläre Oberflächenprothese, nicht zementiert
- .ff ↔ In eine bikondyläre Oberflächenprothese, (teil-)zementiert
- .fg ↔ In eine femoral und tibial schaftverankerte Prothese, nicht zementiert
- .fh ↔ In eine femoral und tibial schaftverankerte Prothese, (teil-)zementiert
- .fx ↔ Sonstige

5-823.g ↔ Entfernung einer bikompartimentellen Teilgelenkersatzprothese

5-823.h Wechsel eines endoprothetischen Gelenkersatzes ohne Bewegungsfunktion
Inkl.: Arthrodesemodule
- .h0 ↔ (Teil-)Wechsel ohne Wiederherstellung der Gelenkfunktion
- .h1 ↔ (Teil-)Wechsel mit Wiederherstellung der Gelenkfunktion

5-823.j ↔ Entfernung eines endoprothetischen Gelenkersatzes ohne Bewegungsfunktion

5-823.k Wechsel einer femoral und tibial schaftverankerten Prothese
Hinw.: Ein Patellaersatz ist gesondert zu kodieren (5-822.8 ff., 5-823.5 ff.)
- .k0 ↔ Typgleich
- .k1 ↔ In eine andere femoral und tibial schaftverankerte Prothese, nicht zementiert
- .k2 ↔ In eine andere femoral und tibial schaftverankerte Prothese, (teil-)zementiert
- .k3 ↔ In eine Sonderprothese, nicht zementiert
- .k4 ↔ In eine Sonderprothese, (teil-)zementiert
- .k5 ↔ Teilwechsel Femurteil
- .k6 ↔ Teilwechsel Tibiateil
- .kx ↔ Sonstige

5-823.m ↔ Entfernung einer femoral und tibial schaftverankerten Prothese

5-823.x ↔ Sonstige

5-823.y N.n.bez.

5-824 Implantation einer Endoprothese an Gelenken der oberen Extremität
  Exkl.: Implantation eines Humerusersatzes (5-828 ff.)
  Hinw.: Eine durchgeführte Spongiosaplastik ist gesondert zu kodieren (5-784 ff.)
  Die zusätzliche Verwendung von Osteosynthesematerial ist gesondert zu kodieren (5-786 ff.)
  Die komplexe Erstimplantation einer Endoprothese z.B. mit Knochenersatz oder mit Ersatz benachbarter Gelenke ist gesondert zu kodieren (5-829.a)
  Die Verwendung einer Tumorendoprothese ist gesondert zu kodieren (5-829.c)
  Die Verwendung einer hypoallergenen Prothese ist gesondert zu kodieren (5-829.e)
  Die Implantation einer Endoprothese nach vorheriger Explantation ist gesondert zu kodieren (5-829.n)
  Ein durchgeführter alloplastischer Knochenersatz ist gesondert zu kodieren (5-785 ff.)
  <u>Eine durchgeführte Rekonstruktion eines knöchernen Glenoiddefektes ist gesondert zu kodieren (5-829.r)</u>

5-824.0 Teilprothese im Bereich des proximalen Humerus
  .00 ↔ Oberflächenersatzprothese
  .01 ↔ Humeruskopfprothese
  .0x ↔ Sonstige

5-824.1 ↔ Glenoidprothese

5-824.2 Totalendoprothese Schultergelenk
  .20 ↔ Konventionell (nicht invers)
  .21 ↔ Invers

5-824.3 ↔ Radiuskopfprothese

5-824.4 Totalendoprothese Ellenbogengelenk, gekoppelt
  .40 ↔ Humeroulnargelenk, ohne Ersatz des Radiuskopfes
  .41 ↔ Humeroulnargelenk, mit Ersatz des Radiuskopfes

5-824.5 Totalendoprothese Ellenbogengelenk, ungekoppelt
  .50 ↔ Humeroulnargelenk, ohne Ersatz des Radiuskopfes
  .51 ↔ Humeroulnargelenk, mit Ersatz des Radiuskopfes
  .52 ↔ Humeroradialgelenk

5-824.6 Teilprothese im Bereich des distalen Humerus
  .60 ↔ Oberflächenersatzprothese
    Inkl.: Teilersatz der distalen Humerusgelenkfläche
  .61 ↔ Schaftverankerte Prothese

5-824.7 Ulnakopfprothese
  .70 ↔ Ohne Kopplung am Radius
  .71 ↔ Mit Kopplung am Radius

5-824.8 ↔ Handgelenkendoprothese

5-824.9 Fingergelenkendoprothese
  .90 ↔ Eine Endoprothese
  .91 ↔ Zwei Endoprothesen
  .92 ↔ Drei Endoprothesen
  .93 ↔ Vier Endoprothesen
  .94 ↔ Fünf Endoprothesen
  .95 ↔ Sechs oder mehr Endoprothesen

5-824.a ↔ Daumensattelgelenkendoprothese

5-824.x ↔ Sonstige

5-824.y N.n.bez.

Kapitel 5: Operationen

5-825 **Revision, Wechsel und Entfernung einer Endoprothese an Gelenken der oberen Extremität**
  Exkl.: Implantation einer Endoprothese nach vorheriger Explantation in gesonderter Sitzung (5-824 ff. mit 5-829.n)
  Hinw.: Eine durchgeführte Spongiosaplastik ist gesondert zu kodieren (5-784 ff.)
  Die zusätzliche Verwendung von Osteosynthesematerial ist gesondert zu kodieren (5-786 ff.)
  Komplexe Wechseloperationen z.B. mit Knochenersatz oder mit Ersatz benachbarter Gelenke sind gesondert zu kodieren (5-829.b)
  Die Verwendung einer Tumorendoprothese ist gesondert zu kodieren (5-829.c)
  Ein durchgeführter alloplastischer Knochenersatz ist gesondert zu kodieren (5-785 ff.)
  Eine durchgeführte Rekonstruktion eines knöchernen Glenoiddefektes ist gesondert zu kodieren (5-829.r)

5-825.0 Revision (ohne Wechsel)
  .00 ↔ Schultergelenk
  .01 ↔ Ellenbogengelenk
  .02 ↔ Handgelenk
  .03 ↔ Daumensattelgelenk
  .04 ↔ Fingergelenk

5-825.1 Wechsel einer Humeruskopfprothese
  .10 ↔ In eine Humeruskopfprothese
  .11 ↔ In eine Totalendoprothese Schultergelenk, konventionell
  .12 ↔ In eine Totalendoprothese Schultergelenk, invers
  .1x ↔ Sonstige

5-825.2 Wechsel einer Totalendoprothese Schultergelenk
  .20 ↔ In eine Totalendoprothese, konventionell
  .21 ↔ In eine Totalendoprothese, invers
  .2x ↔ Sonstige

5-825.3 ↔ Wechsel einer Radiuskopfprothese

5-825.4 ↔ Wechsel einer Totalendoprothese Ellenbogengelenk

5-825.5 ↔ Wechsel einer Handgelenkendoprothese

5-825.6 ↔ Wechsel einer Fingergelenkendoprothese

5-825.7 ↔ Entfernung einer Humeruskopfprothese
  Inkl.: Debridement

5-825.8 ↔ Entfernung einer Totalendoprothese Schultergelenk
  Inkl.: Debridement

5-825.9 ↔ Entfernung einer Radiuskopfprothese
  Inkl.: Debridement

5-825.a ↔ Entfernung einer Totalendoprothese Ellenbogengelenk
  Inkl.: Debridement

5-825.b ↔ Entfernung einer Handgelenkendoprothese
  Inkl.: Debridement

5-825.c ↔ Entfernung einer Fingergelenkendoprothese

5-825.d ↔ Wechsel einer Daumensattelgelenkendoprothese

5-825.e ↔ Entfernung einer Daumensattelgelenkendoprothese

5-825.f ↔ Wechsel einer Oberflächenersatzprothese am proximalen Humerus

5-825.g ↔ Entfernung einer Oberflächenersatzprothese am proximalen Humerus

5-825.h ↔ Wechsel einer Glenoidprothese

5-825.j ↔ Entfernung einer Glenoidprothese

5-825.k Teilwechsel einer Totalendoprothese Schultergelenk
  .k0 ↔ Glenoidteil
  .k1 ↔ Humerusteil
  .kx ↔ Sonstige Teile
    Inkl.: Verbindungen zwischen Humerus und Glenoid, Inlay

5-825.m Wechsel einer Teilprothese im Bereich des distalen Humerus
- .m0 ↔ In eine Oberflächenersatzprothese
  - *Inkl.:* Teilersatz der distalen Humerusgelenkfläche
- .m1 ↔ In eine schaftverankerte Prothese
- .m2 ↔ In eine gekoppelte Totalendoprothese am Humeroulnargelenk, ohne Ersatz des Radiuskopfes
- .m3 ↔ In eine gekoppelte Totalendoprothese am Humeroulnargelenk, mit Ersatz des Radiuskopfes
- .m4 ↔ In eine ungekoppelte Totalendoprothese am Humeroulnargelenk, ohne Ersatz des Radiuskopfes
- .m5 ↔ In eine ungekoppelte Totalendoprothese am Humeroulnargelenk, mit Ersatz des Radiuskopfes
- .m6 ↔ In eine Totalendoprothese am Humeroradialgelenk

5-825.n ↔ Entfernung einer Teilprothese im Bereich des distalen Humerus

5-825.p Wechsel einer Ulnakopfprothese
- .p0 ↔ In eine Ulnakopfprothese ohne Kopplung am Radius
- .p1 ↔ In eine Ulnakopfprothese mit Kopplung am Radius

5-825.q ↔ Entfernung einer Ulnakopfprothese

5-825.x ↔ Sonstige

5-825.y N.n.bez.

5-826 Implantation einer Endoprothese an Gelenken der unteren Extremität
Hinw.: Eine durchgeführte Spongiosaplastik ist gesondert zu kodieren (5-784 ff.)
Die zusätzliche Verwendung von Osteosynthesematerial ist gesondert zu kodieren (5-786 ff.)
Die komplexe Erstimplantation einer Endoprothese z.B. mit Knochenersatz oder mit Ersatz benachbarter Gelenke ist gesondert zu kodieren (5-829.a)
Die Verwendung einer Tumorendoprothese ist gesondert zu kodieren (5-829.c)
Die Implantation einer Endoprothese nach vorheriger Explantation ist gesondert zu kodieren (5-829.n)
Ein durchgeführter alloplastischer Knochenersatz ist gesondert zu kodieren (5-785 ff.)

5-826.0 Sprunggelenkendoprothese
- .00 ↔ Nicht zementiert
- .01 ↔ Zementiert

5-826.1 ↔ Fußwurzelendoprothese

5-826.2 ↔ Vorfuß- oder Zehenendoprothese

5-826.x ↔ Sonstige

5-826.y N.n.bez.

5-827 Revision, Wechsel und Entfernung einer Endoprothese an Gelenken der unteren Extremität
Hinw.: Eine durchgeführte Spongiosaplastik ist gesondert zu kodieren (5-784 ff.)
Die zusätzliche Verwendung von Osteosynthesematerial ist gesondert zu kodieren (5-786 ff.)
Komplexe Wechseloperationen z.B. mit Knochenersatz oder mit Ersatz benachbarter Gelenke sind gesondert zu kodieren (5-829.b)
Die Verwendung einer Tumorendoprothese ist gesondert zu kodieren (5-829.c)
Ein durchgeführter alloplastischer Knochenersatz ist gesondert zu kodieren (5-785 ff.)

5-827.0 ↔ Revision (ohne Wechsel)

5-827.1 Wechsel einer Sprunggelenkendoprothese
- .10 ↔ In Sprunggelenkendoprothese, nicht zementiert
- .11 ↔ In Sprunggelenkendoprothese, zementiert
- .12 ↔ Teilwechsel Tibiateil
- .13 ↔ Teilwechsel Gleitkern
- .14 ↔ Teilwechsel Talusteil
- .1x ↔ Sonstige

5-827.2 ↔ Wechsel einer Fußwurzelendoprothese

5-827.3 ↔ Wechsel einer Vorfuß- oder Zehenendoprothese

5-827.5 ↔ Entfernung einer Sprunggelenkendoprothese
Inkl.: Debridement

5-827.6 ↔ Entfernung einer Fußwurzelendoprothese
Inkl.: Debridement

Kapitel 5: Operationen

5-827.7 ↔ Entfernung einer Vorfuß- oder Zehenendoprothese
   Inkl.: Debridement
5-827.x ↔ Sonstige
5-827.y N.n.bez.

5-828 Implantation, Revision, Wechsel und Entfernung eines Knochenteilersatzes und Knochentotalersatzes
   Hinw.: Bei der Verwendung von alloplastischem Knochenersatz sind das verwendete Material und die Lokalisation gesondert zu kodieren (5-785 ff.)
   Der endoprothetische Gelenkersatz ist jeweils gesondert zu kodieren (5-82)
   Die Verwendung einer Tumorendoprothese ist gesondert zu kodieren (5-829.c)

5-828.0 Implantation eines Knochenteilersatzes
   Hinw.: Mit diesem Kode ist der erste Operationsschritt im Rahmen der Implantation einer Endo-Exo-Prothese zu kodieren. Das Einbringen des Konnektors für eine Endo-Exo-Prothese (zweiter Operationsschritt) ist mit dem Kode 5-869.3 zu kodieren

5-828.1 Implantation eines Knochentotalersatzes
   .10 ↔ Femur
   .11 ↔ Humerus
   .1x ↔ Sonstige

5-828.2 Revision eines Knochenersatzes ohne Wechsel
5-828.3 Wechsel eines Knochenteilersatzes
5-828.4 Wechsel eines Knochentotalersatzes
   .40 ↔ Femur
   .41 ↔ Humerus
   .4x ↔ Sonstige

5-828.5 Entfernung eines Knochenteilersatzes
5-828.6 Entfernung eines Knochentotalersatzes
   .60 ↔ Femur
   .61 ↔ Humerus
   .6x ↔ Sonstige

5-828.7 Implantation eines Stimulators für das Knochenwachstum
   .70   Biochemischer Stimulator
   .7x   Sonstige

5-828.8 Implantation eines präformierten Knochenteilersatzes am Becken
5-828.x Sonstige
5-828.y N.n.bez.

5-829 Andere gelenkplastische Eingriffe
   Exkl.: Resektionsarthroplastik an Gelenken der Hand (5-847 ff.)

5-829.0 Arthroplastik am Hüftgelenk mit Osteotomie des Beckens
   .00 ↔ Einfache Osteotomie
   .01 ↔ Tripelosteotomie
   .0x ↔ Sonstige

5-829.1 ↔ Pfannendachplastik am Hüftgelenk
   Hinw.: Eine Pfannendachplastik am Hüftgelenk liegt vor, wenn durch Anlagerung von Knochen eine Verbesserung der Überdachung des Hüftgelenkes erreicht wird. Dieser Kode ist nicht anzugeben bei Verschluss oder bei Verfüllung von iatrogen geschaffenen Knochendefekten mit ortsständigem Gewebe oder ausschließlicher Verfüllung von Geröllzysten
   Eine durchgeführte Spongiosaplastik ist gesondert zu kodieren (5-784.0 ff., 5-784.7 ff.)
   Ein durchgeführter alloplastischer Knochenersatz ist gesondert zu kodieren (5-785 ff.)

5-829.2 ↔ Girdlestone-Resektion am Hüftgelenk, primär
5-829.3 ↔ Resektionsarthroplastik am Schultergelenk
   Inkl.: Interposition
5-829.4 ↔ Resektionsarthroplastik am Ellenbogengelenk
   Inkl.: Interposition

Kapitel 5: Operationen

5-829.5 ↔ Resektionsarthroplastik am Handgelenk
Inkl.: Interposition
Hinw.: Die temporäre Fixation am Handgelenk ist gesondert zu kodieren (5-809.2 ff.)
Die Entnahme von Sehnengewebe zur Transplantation ist gesondert zu kodieren (5-852.f ff.)
Die (partielle) Transposition einer Sehne ist gesondert zu kodieren (5-840.c ff., 5-854.23)

5-829.6 ↔ Resektionsarthroplastik am Kniegelenk
Inkl.: Interposition

5-829.7 ↔ Resektionsarthroplastik am Sprunggelenk
Inkl.: Interposition

5-829.8 ↔ Resektionsarthroplastik an Gelenken des Fußes
Inkl.: Interposition
Exkl.: Resektionsarthroplastik an Metatarsale und Phalangen des Fußes (5-788 ff.)

5-829.9 Einbringen von Abstandshaltern (z.B. nach Entfernung einer Endoprothese)

5-829.a Komplexe Erstimplantation einer Gelenkendoprothese in Verbindung mit Knochenersatz und/oder dem Ersatz benachbarter Gelenke
Hinw.: Dieser Kode ist ein Zusatzkode. Die durchgeführten Eingriffe sind einzeln zu kodieren

5-829.b Komplexe Wechseloperationen einer Gelenkendoprothese in Verbindung mit Knochenersatz und/oder dem Ersatz benachbarter Gelenke
Hinw.: Dieser Kode ist ein Zusatzkode. Die durchgeführten Eingriffe sind einzeln zu kodieren

5-829.c Implantation oder Wechsel einer Tumorendoprothese
Inkl.: Implantation oder Wechsel eines Diaphysen-Implantates bei bösartiger Neubildung
Hinw.: Dieser Kode ist ein Zusatzkode
Er ist ausschließlich zu verwenden für Implantation oder Wechsel von metallischem Knochen- bzw. Gelenkersatz nach Resektion von primären und sekundären malignen Knochentumoren
Der metallische Knochen- bzw. Gelenkersatz entspricht der Länge und Dicke des entfernten Knochens

5-829.e Verwendung von hypoallergenem Knochenersatz- und/oder Osteosynthesematerial
Inkl.: Titan
Hinw.: Dieser Kode ist ein Zusatzkode. Die durchgeführten Eingriffe sind gesondert zu kodieren

5-829.f Wechsel von Abstandshaltern

5-829.g Entfernung von Abstandshaltern

5-829.h ↔ Pfannenbodenplastik am Hüftgelenk
Hinw.: Dieser Kode ist anzugeben bei Augmentation des Pfannenlagers und dadurch erfolgter Rekonstruktion des Drehzentrums (z.B. bei Protrusionskoxarthrose) unter Verwendung von Knochen(ersatz)gewebe. Dieser Kode ist nicht anzugeben bei Verschluss oder Verfüllung von iatrogen geschaffenen Knochendefekten mit ortsständigem Gewebe, ausschließlicher Verfüllung von Geröllzysten, Verwendung von zementierten Pfannenprothesen oder ausschließlicher Vertiefungsfräsung zur Schaffung eines Prothesenbettes
Eine durchgeführte Spongiosaplastik ist gesondert zu kodieren (5-784.0 ff., 5-784.7 ff.)
Ein durchgeführter alloplastischer Knochenersatz ist gesondert zu kodieren (5-785 ff.)

5-829.j Verwendung von beschichteten Endoprothesen oder beschichteten Abstandshaltern
Hinw.: Diese Kodes sind Zusatzkodes. Die durchgeführten Eingriffe sind gesondert zu kodieren
.j0 Mit Medikamentenbeschichtung
Inkl.: Antibiotikabeschichtung
.jx Mit sonstiger Beschichtung
Inkl.: Hydroxylapatitbeschichtung, Silberbeschichtung

Kapitel 5: Operationen

5-829.k Implantation einer modularen Endoprothese oder (Teil-)Wechsel in eine modulare Endoprothese bei knöcherner Defektsituation und ggf. Knochen(teil)ersatz
Exkl.: Implantation oder Wechsel einer Tumorendoprothese bei primären oder sekundären malignen Knochentumoren, wobei das Implantat der Länge und Dicke des resezierten Knochens entspricht (5-829.c)
Hinw.: Diese Kodes sind Zusatzkodes. Die durchgeführten Eingriffe sind gesondert zu kodieren
Bei einer modularen Endoprothese muss eine gelenkbildende Implantatkomponente aus mindestens 3 metallischen Einzelbauteilen bestehen, die in ihrer Kombination die mechanische Bauteilsicherheit der gesamten Prothese gewährleisten. Der Aufsteckkopf der Endoprothese wird nicht mitgezählt
Eine alleinige Osteoporose ohne pathologische Fraktur (ICD-10-GM-Kode M81.-) ist keine knöcherne Defektsituation. Ebenfalls keine knöcherne Defektsituation liegt bei einer operationsbedingten Resektion eines gelenktragenden Anteils vor
Der knöcherne Defekt muss an der knöchernen Struktur lokalisiert sein, an der der modulare Teil der Prothese implantiert wird
Ein Teilwechsel ist der Wechsel einer kompletten gelenkbildenden Komponente

.k0 Pfannenkomponente
.k1 Schaftkomponente ohne eine dem Knochendefekt entsprechende Länge und Dicke
Hinw.: Bei zweiseitiger Schaftverankerung ist der Kode nur einmal anzugeben
.k2 Schaftkomponente mit einer dem Knochendefekt entsprechenden Länge und Dicke
Inkl.: Mega-Endoprothese
Hinw.: Bei zweiseitiger Schaftverankerung ist der Kode nur einmal anzugeben
.k3 Pfannen- und Schaftkomponente, Schaft ohne eine dem Knochendefekt entsprechende Länge und Dicke
Hinw.: Dieser Kode ist nur zu verwenden, wenn beide gelenkbildende Implantatkomponenten der Endoprothese modular sind
.k4 Pfannen- und Schaftkomponente, Schaft mit einer dem Knochendefekt entsprechenden Länge und Dicke
Inkl.: Mega-Endoprothese
Hinw.: Dieser Kode ist nur zu verwenden, wenn beide gelenkbildende Implantatkomponenten der Endoprothese modular sind

5-829.m Implantation von oder (Teil-)Wechsel in ein patientenindividuell angefertigtes Implantat bei knöcherner Defektsituation oder angeborener oder erworbener Deformität
Inkl.: Implantation von oder (Teil-)Wechsel in eine CAD-CAM-Prothese bei knöcherner Defektsituation oder angeborener oder erworbener Deformität
Exkl.: Implantation oder Wechsel einer Tumorendoprothese bei primären oder sekundären malignen Knochentumoren, wobei das Implantat der Länge und Dicke des resezierten Knochens entspricht (5-829.c)
Hinw.: Dieser Kode ist ein Zusatzkode. Die durchgeführten Eingriffe sind gesondert zu kodieren
Dieser Kode ist nicht anzuwenden bei der Implantation von oder dem (Teil-)Wechsel in patientenindividuell angefertigte Implantate bei Arthrosedeformitäten
Eine alleinige Osteoporose ohne pathologische Fraktur (ICD-10-GM-Kode M81.-) ist keine knöcherne Defektsituation. Ebenfalls keine knöcherne Defektsituation liegt bei einer operationsbedingten Resektion eines gelenktragenden Anteils vor
Ein Teilwechsel ist der Wechsel einer kompletten gelenkbildenden Komponente

5-829.n Implantation einer Endoprothese nach vorheriger Explantation
Exkl.: Einzeitiger Wechsel einer Endoprothese (5-821 ff., 5-823 ff., 5-825 ff., 5-827 ff., 5-828 ff.)
Hinw.: Dieser Kode ist ein Zusatzkode. Die durchgeführten Eingriffe sind gesondert zu kodieren

5-829.p Implantation von oder (Teil-)Wechsel in ein patientenindividuell angefertigtes Implantat ohne knöcherne Defektsituation oder angeborene oder erworbene Deformität
Inkl.: Implantation von oder (Teil-)Wechsel in eine CAD-CAM-Prothese ohne knöcherne Defektsituation oder angeborene oder erworbene Deformität
Hinw.: Dieser Kode ist ein Zusatzkode. Die durchgeführten Eingriffe sind gesondert zu kodieren
Ein Teilwechsel ist der Wechsel einer kompletten gelenkbildenden Komponente

5-829.q Verwendung einer vollkeramischen Endoprothese
Hinw.: Dieser Kode ist ein Zusatzkode. Die durchgeführten Eingriffe sind gesondert zu kodieren

5-829.r ↔ Rekonstruktion eines knöchernen Glenoiddefektes
　　　　 Hinw.: Dieser Kode ist anzugeben bei Augmentation eines knöchernen glenoidalen Defektes und dadurch erfolgter Rekonstruktion des Drehzentrums bzw. Wiederherstellung des ursprünglichen Gelenkniveaus unter Verwendung von Knochen(ersatz)gewebe
　　　　 Dieser Kode ist nicht anzugeben bei Verschluss oder Verfüllung von iatrogen geschaffenen Knochendefekten mit ortsständigem Gewebe, ausschließlicher Verfüllung von Geröllzysten, Verwendung von zementierten Pfannenprothesen oder ausschließlicher Vertiefungsfräsung zur Schaffung eines Prothesenbettes
　　　　 Eine durchgeführte Spongiosaplastik ist gesondert zu kodieren (5-784.0 ff., 5-784.7 ff.)
　　　　 Ein durchgeführter alloplastischer Knochenersatz ist gesondert zu kodieren (5-785 ff.)
5-829.x ↔ Sonstige
5-829.y 　　 N.n.bez.

5-83　Operationen an der Wirbelsäule

Exkl.: Operationen an Rückenmark, Rückenmarkhäuten und Spinalkanal (5-03)
Hinw.: Der offen chirurgische Zugang ist gesondert zu kodieren (5-030 ff., 5-031 ff., 5-032 ff.)
　　　　 Aufwendige Gipsverbände sind gesondert zu kodieren (8-310 ff.)
　　　　 Die computergestützte Planung von Wirbelsäulenoperationen ist zusätzlich zu kodieren (5-83w.2 ff.)

5-830　Inzision von erkranktem Knochen- und Gelenkgewebe der Wirbelsäule
5-830.0　Debridement
5-830.1　Sequesterotomie
5-830.2　Facettendenervation
5-830.3　Entfernung eines Fremdkörpers
5-830.4　Drainage
5-830.5　Revision einer Fistel
5-830.6　Revision einer Fistel mit Sequesterotomie
5-830.7　Einbringen eines Medikamententrägers
5-830.x　Sonstige
5-830.y　N.n.bez.

5-831　Exzision von erkranktem Bandscheibengewebe
　　　　 Hinw.: Ein zusätzlicher Verschluss eines Bandscheibendefektes mit Implantat ist gesondert zu kodieren (5-839.g ff.)
5-831.0　Exzision einer Bandscheibe
　　　　 Inkl.: Gleichzeitige Entfernung eines freien Sequesters
5-831.2　Exzision einer Bandscheibe mit Radikulodekompression
5-831.3　Exzision von extraforaminal gelegenem Bandscheibengewebe
　　　　 Inkl.: Gleichzeitige Entfernung eines freien Sequesters
5-831.4　Exzision einer Bandscheibe, perkutan ohne Endoskopie
5-831.5　Exzision einer Bandscheibe, perkutan mit Endoskopie
　　　　 Inkl.: Gleichzeitige Entfernung eines freien Sequesters
5-831.6　Reoperation bei Rezidiv
　　　　 Hinw.: Hierunter ist der Eingriff an einer voroperierten Bandscheibe zu verstehen, nicht jedoch die Operation eines erneuten Bandscheibenvorfalls nach konservativer Behandlung
5-831.7　Reoperation mit Radikulolyse bei Rezidiv
　　　　 Hinw.: Hierunter ist der Eingriff an einer voroperierten Bandscheibe zu verstehen, nicht jedoch die Operation eines erneuten Bandscheibenvorfalls nach konservativer Behandlung
5-831.8　Perkutane Volumenreduktion der Bandscheibe
　　　　 Inkl.: Perkutane Laser-Diskdekompression, Chemonukleolyse, Coblation
　　　　 Hinw.: Der Zugang ist hier nicht gesondert zu kodieren
5-831.9　Entfernung eines freien Sequesters ohne Endoskopie
5-831.a　Entfernung eines freien Sequesters mit Endoskopie
5-831.x　Sonstige
5-831.y　N.n.bez.

Kapitel 5: Operationen

5-832	**Exzision von erkranktem Knochen- und Gelenkgewebe der Wirbelsäule**
5-832.0	Spondylophyt
5-832.1	Wirbelkörper, partiell
	Inkl.: Ausbohrung eines Wirbelkörpers
5-832.2	Wirbelkörper, total
5-832.3	Densresektion
5-832.4	Arthrektomie, partiell
	Hinw.: Eine zugangsbedingte partielle Arthrektomie ist nicht gesondert zu kodieren
5-832.5	Arthrektomie, total
5-832.6	Unkoforaminektomie
5-832.7	Mehrere Wirbelsegmente (und angrenzende Strukturen)
5-832.8	Wirbelbogen
5-832.9	Wirbelbogen (und angrenzende Strukturen)
5-832.x	Sonstige
5-832.y	N.n.bez.

5-835 Knochenersatz an der Wirbelsäule
Hinw.: Diese Kodes sind zur Angabe eines zusätzlich durchgeführten Knochenersatzes zu verwenden
Die Durchführung einer Knochenmarkpunktion ist gesondert zu kodieren (5-410.00)

5-835.9 Transplantation von Spongiosa(spänen) oder kortikospongiösen Spänen (autogen)
Hinw.: Die Entnahme des Knochentransplantates ist gesondert zu kodieren (5-783)

5-835.a Verwendung von Knochenersatzmaterial aus Kollagenfasern
.a0 Ohne Anreicherung von Knochenwachstumszellen
.a1 Mit Anreicherung von Knochenwachstumszellen

5-835.b Verwendung von keramischem Knochenersatzmaterial
Inkl.: Verwendung von bioaktiver Glaskeramik
.b0 Ohne Anreicherung von Knochenwachstumszellen
.b1 Mit Anreicherung von Knochenwachstumszellen

5-835.c Verwendung von humaner demineralisierter Knochenmatrix
.c0 Ohne Anreicherung von Knochenwachstumszellen
.c1 Mit Anreicherung von Knochenwachstumszellen

5-835.d Verwendung von allogenem Knochentransplantat
.d0 Ohne Anreicherung von Knochenwachstumszellen
.d1 Mit Anreicherung von Knochenwachstumszellen

5-835.e Verwendung von xenogenem Knochentransplantat
Inkl.: Verwendung eines peptidverstärkten Knochentransplantates
.e0 Ohne Anreicherung von Knochenwachstumszellen
.e1 Mit Anreicherung von Knochenwachstumszellen

5-835.x Sonstige
5-835.y N.n.bez.

5-836 Spondylodese
Exkl.: Komplexe Rekonstruktion der Wirbelsäule (5-837.1, 5-837.2, 5-837.3, 5-837.4, 5-837.5, 5-837.6, 5-837.7, 5-837.8, 5-837.9, 5-838 ff.)
Hinw.: Die Entnahme eines Knochenspanes ist gesondert zu kodieren (5-783 ff.)
Eine zusätzlich durchgeführte Osteosynthese oder eine dynamische Stabilisierung sind gesondert zu kodieren (5-83b ff.)
Die zusätzliche Verwendung von Knochenersatzmaterialien oder Knochentransplantaten ist gesondert zu kodieren (5-835 ff.)
Ein zusätzlich durchgeführter Wirbelkörperersatz durch Implantat oder durch sonstige Materialien ist gesondert zu kodieren (5-837.0 ff., 5-837.a ff.)

Kapitel 5: Operationen

5-836.3 Dorsal
- .30 1 Segment
- .31 2 Segmente
- .32 3 bis 5 Segmente
- .33 6 oder mehr Segmente

5-836.4 Dorsal und ventral kombiniert, interkorporal
Hinw.: Diese Kodes sind nur zu verwenden, wenn alle innerhalb einer Operation betroffenen Segmente sowohl dorsal als auch ventral versorgt wurden
Diese Kodes sind nicht zu verwenden, wenn innerhalb einer Operation
- neben kombiniert versorgten Segmenten auch Segmente nur dorsal und/oder nur ventral versorgt wurden. Dann sind sämtliche Segmente getrennt nach dorsal und ventral zu addieren und entsprechend zu kodieren (5-836.3 ff., 5-836.5 ff.)
- Segmente an unterschiedlichen Lokalisationen jeweils nur dorsal und nur ventral versorgt wurden. Dann sind sämtliche Segmente getrennt nach dorsal und ventral zu addieren und entsprechend zu kodieren (5-836.3 ff., 5-836.5 ff.)
- .40 1 Segment
- .41 2 Segmente
- .42 3 bis 5 Segmente
- .43 6 oder mehr Segmente

5-836.5 Ventral
- .50 1 Segment
- .51 2 Segmente
- .53 3 bis 5 Segmente
- .54 6 oder mehr Segmente

5-836.x Sonstige

5-836.y N.n.bez.

5-837 Wirbelkörperersatz und komplexe Rekonstruktion der Wirbelsäule
Hinw.: Eine durchgeführte Osteosynthese oder eine dynamische Stabilisierung sind gesondert zu kodieren (5-83b ff.)
Die zusätzliche Verwendung von Knochenersatzmaterialien oder Knochentransplantaten ist gesondert zu kodieren (5-835 ff.)
Die Entnahme eines Knochenspanes ist gesondert zu kodieren (5-783)

5-837.0 Wirbelkörperersatz durch Implantat
Exkl.: Wirbelkörperersatz durch sonstige Materialien (5-837.a ff.)
Hinw.: Diese Kodes gelten für Implantate mit einer durchgehenden vertikalen Lastabstützung von der Endplatte zur Deckplatte über die Strecke von mindestens einem Wirbelkörper (entsprechend bei mehreren Wirbelkörpern, Anzahl siehe 6. Stelle) und den jeweils anschließenden oberen und unteren Bandscheiben
- .00 1 Wirbelkörper
- .01 2 Wirbelkörper
- .02 3 Wirbelkörper
- .04 4 Wirbelkörper
- .05 5 oder mehr Wirbelkörper

5-837.1 Vorderer Abstützspan ohne Korrektur

5-837.2 Vorderer Abstützspan mit Korrektur

5-837.3 Kyphektomie (z.B. nach Lindseth-Selzer)

5-837.4 Dorsale Korrektur ohne ventrales Release

5-837.5 Dorsale Korrektur mit ventralem Release

5-837.6 Dorsoventrale Korrektur

5-837.7 Kolumnotomie und polysegmentale dorsale Lordosierungsspondylodese (DLS) nach Zielke

5-837.8 Kolumnotomie und transpedikuläre Subtraktionsosteotomie (z.B. nach Thomasen oder Hsu-Yau-Leong)

5-837.9 Kolumnotomie und monosegmentale zervikothorakale Lordosierungsspondylodese (z.B. nach Mason, Urist oder Simmons)

Kapitel 5: Operationen

5-837.a		Wirbelkörperersatz durch sonstige Materialien
		Inkl.: Knochenzement
		Exkl.: Wirbelkörperersatz durch Implantat (5-837.0 ff.)
	.a0	1 Wirbelkörper
	.a1	2 Wirbelkörper
	.a2	3 Wirbelkörper
	.a3	4 oder mehr Wirbelkörper
5-837.x		Sonstige
5-837.y		N.n.bez.

5-838 Andere komplexe Rekonstruktionen der Wirbelsäule
Hinw.: Die Entnahme eines Knochenspanes ist gesondert zu kodieren (5-783 ff.)

5-838.0		Epiphyseodese, dorso-ventral (beim Kind)
5-838.1		Epiphyseodese mit dorsaler Wirbelfusion, unilateral (beim Kind)
5-838.2		Epiphyseodese mit dorsaler Wirbelfusion, bilateral (beim Kind)
5-838.3		Subkutane Harrington-Instrumentation (beim Kind)
5-838.9		Dorsal instrumentierte Korrekturspondylodese
	.92	Nicht primärstabil, 3 bis 6 Segmente
		Inkl.: Operation nach Harrington
	.93	Nicht primärstabil, 7 bis 10 Segmente
		Inkl.: Operation nach Harrington
	.94	Nicht primärstabil, 11 oder mehr Segmente
		Inkl.: Operation nach Harrington
	.95	Primärstabil, 3 bis 6 Segmente
		Inkl.: Operation nach Cotrel-Dubousset, Moss-Miami-System, Münsteraner Posteriores Doppelstabsystem, Universal-Spine-System, Xia-Spine-System
		Hinw.: Dieser Kode darf nur bei korsettfreier Nachbehandlung verwendet werden
	.96	Primärstabil, 7 bis 10 Segmente
		Inkl.: Operation nach Cotrel-Dubousset, Moss-Miami-System, Münsteraner Posteriores Doppelstabsystem, Universal-Spine-System, Xia-Spine-System
		Hinw.: Dieser Kode darf nur bei korsettfreier Nachbehandlung verwendet werden
	.97	Primärstabil, 11 oder mehr Segmente
		Inkl.: Operation nach Cotrel-Dubousset, Moss-Miami-System, Münsteraner Posteriores Doppelstabsystem, Universal-Spine-System, Xia-Spine-System
		Hinw.: Dieser Kode darf nur bei korsettfreier Nachbehandlung verwendet werden
5-838.a		Ventral instrumentierte Korrekturspondylodese
	.a2	Nicht primärstabil, 3 bis 6 Segmente
		Inkl.: Operation nach Zielke
	.a3	Nicht primärstabil, 7 bis 10 Segmente
		Inkl.: Operation nach Zielke
	.a4	Nicht primärstabil, 11 oder mehr Segmente
		Inkl.: Operation nach Zielke
	.a5	Primärstabil, 3 bis 6 Segmente
		Inkl.: Operation nach Kaneda, Halm-Zielke oder Hopf
		Hinw.: Dieser Kode darf nur bei korsettfreier Nachbehandlung verwendet werden
	.a6	Primärstabil, 7 bis 10 Segmente
		Inkl.: Operation nach Kaneda, Halm-Zielke oder Hopf
		Hinw.: Dieser Kode darf nur bei korsettfreier Nachbehandlung verwendet werden
	.a7	Primärstabil, 11 oder mehr Segmente
		Inkl.: Operation nach Kaneda, Halm-Zielke oder Hopf
		Hinw.: Dieser Kode darf nur bei korsettfreier Nachbehandlung verwendet werden
5-838.b		Dorsal und ventral kombinierte instrumentierte Korrekturspondylodese
	.b0	Nicht primärstabil, 3 bis 6 Segmente
	.b1	Nicht primärstabil, 7 bis 10 Segmente
	.b2	Nicht primärstabil, 11 oder mehr Segmente
	.b3	Primärstabil, 3 bis 6 Segmente
		Hinw.: Dieser Kode darf nur bei korsettfreier Nachbehandlung verwendet werden

Kapitel 5: Operationen

.b4 Primärstabil, 7 bis 10 Segmente
Hinw.: Dieser Kode darf nur bei korsettfreier Nachbehandlung verwendet werden
.b5 Primärstabil, 11 oder mehr Segmente
Hinw.: Dieser Kode darf nur bei korsettfreier Nachbehandlung verwendet werden

5-838.c Wachstumslenkende Epiphyseodese durch Klammern aus einer Form-Gedächtnis-Legierung [Shape Memory Alloy (SMA)-Staples]
.c0 1 Klammer
.c1 2 Klammern
.c2 3 Klammern
.c3 4 Klammern
.c4 5 Klammern
.c5 6 Klammern
.c6 7 Klammern
.c7 8 Klammern
.c8 9 Klammern
.c9 10 Klammern
.ca 11 Klammern
.cb 12 Klammern
.cc 13 oder mehr Klammern

5-838.d Korrektur einer Wirbelsäulendeformität durch Implantation von vertikalen expandierbaren prothetischen Titanrippen [VEPTR]
Hinw.: Die operative Verlängerung von vertikalen expandierbaren prothetischen Titanrippen ist gesondert zu kodieren (5-838.g)
.d0 1 Implantat
.d1 2 Implantate
.d2 3 Implantate
.d3 4 oder mehr Implantate

5-838.e Korrektur einer Wirbelsäulendeformität durch Implantation von extrakorporal expandierbaren Stangen
.e0 1 Implantat
.e1 2 Implantate
.e2 3 Implantate
.e3 4 oder mehr Implantate

5-838.f Korrektur einer Wirbelsäulendeformität durch Implantation eines mitwachsenden Schrauben-Stab-Systems
Inkl.: Wachstumslenkendes Schrauben-Stab-System
.f0 Instrumentierung von bis zu 7 Wirbelkörpern mit Schrauben
.f1 Instrumentierung von mehr als 7 Wirbelkörpern mit Schrauben

5-838.g Operative Verlängerung von vertikalen expandierbaren prothetischen Titanrippen [VEPTR]
5-838.x Sonstige
5-838.y N.n.bez.

5-839 Andere Operationen an der Wirbelsäule
Hinw.: Die Verwendung eines Systems zur dynamischen Stabilisierung ist gesondert zu kodieren (5-83w.1)

5-839.0 Entfernung von Osteosynthesematerial
5-839.1 Implantation einer Bandscheibenendoprothese
.10 1 Segment
.11 2 Segmente
.12 3 Segmente
.13 4 oder mehr Segmente
5-839.2 Revision einer Bandscheibenendoprothese (ohne Wechsel)
5-839.3 Wechsel einer Bandscheibenendoprothese
5-839.4 Entfernung einer Bandscheibenendoprothese
5-839.5 Revision einer Wirbelsäulenoperation

Kapitel 5: Operationen

5-839.6 Knöcherne Dekompression des Spinalkanals
Inkl.: Unterschneidende Dekompression
.60 1 Segment
.61 2 Segmente
.62 3 Segmente
.63 4 oder mehr Segmente

5-839.7 Release bei einer Korrektur von Deformitäten als erste Sitzung
Inkl.: Bei Skoliose

5-839.8 Komplexe Rekonstruktion mit Fusion (360 Grad), ventral und dorsal kombiniert
Inkl.: Bei Tumor, Spondylitis, Spondylolisthese mit Grad 3 oder 4 nach Meyerding, Spondyloptosen

5-839.9 Implantation von Material in einen Wirbelkörper ohne Verwendung eines Systems zur intravertebralen, instrumentellen Wirbelkörperaufrichtung
Inkl.: Vertebroplastie, Spongioplastie
Exkl.: Kyphoplastie (5-839.a ff.)
Hinw.: Der Zugang ist hier nicht gesondert zu kodieren
.90 1 Wirbelkörper
.91 2 Wirbelkörper
.92 3 Wirbelkörper
.93 4 oder mehr Wirbelkörper

5-839.a Implantation von Material in einen Wirbelkörper mit Verwendung eines Systems zur intravertebralen, instrumentellen Wirbelkörperaufrichtung
Inkl.: Kyphoplastie
Exkl.: Vertebroplastie, Spongioplastie (5-839.9 ff.)
Hinw.: Der Zugang ist hier nicht gesondert zu kodieren
.a0 1 Wirbelkörper
.a1 2 Wirbelkörper
.a2 3 Wirbelkörper
.a3 4 oder mehr Wirbelkörper

5-839.b Implantation eines interspinösen Spreizers
.b0 1 Segment
.b2 2 Segmente
.b3 3 oder mehr Segmente

5-839.c Wechsel eines interspinösen Spreizers
.c0 1 Segment
.c2 2 Segmente
.c3 3 oder mehr Segmente

5-839.d Entfernung eines interspinösen Spreizers
.d0 1 Segment
.d2 2 Segmente
.d3 3 oder mehr Segmente

5-839.e Entnahme von Bandscheibenzellen zur Anzüchtung als selbständiger Eingriff
Hinw.: Dieser Kode ist nur anzugeben, wenn die Operation speziell zur Entnahme von Bandscheibenzellen erfolgte. Der Kode ist nicht zu verwenden, wenn die Entnahme von Bandscheibenzellen im Rahmen einer anderen Operation erfolgte

5-839.f Implantation von in vitro hergestellten Gewebekulturen in die Bandscheibe
Exkl.: Autogene matrixinduzierte Chondrozytentransplantation in die Bandscheibe (5-839.m ff.)
.f0 1 Segment
.f1 2 Segmente
.f2 3 oder mehr Segmente

5-839.g Verschluss eines Bandscheibendefektes (Anulus) mit Implantat
Hinw.: Die Exzision von erkranktem Bandscheibengewebe ist gesondert zu kodieren (5-831 ff.)
.g0 1 Segment
.g1 2 Segmente
.g2 3 oder mehr Segmente

5-839.h		Destruktion von knöchernem Gewebe durch Radiofrequenzablation, perkutan
		Hinw.: Die Knochenbohrung und das bildgebende Verfahren sind im Kode enthalten
	.h0	1 Wirbelkörper
	.h1	2 Wirbelkörper
	.h2	3 Wirbelkörper
	.h3	4 oder mehr Wirbelkörper
5-839.j		Augmentation der Bandscheibe (Nukleus) mit Implantat
	.j0	1 Segment
	.j1	2 Segmente
	.j2	3 oder mehr Segmente
5-839.k		Spinöse Fixierung mit Implantat
	Inkl.:	Paraspinöse Fixierung mit Implantat
		Paraspinöse Flexions- oder Extensionslimitierung mit Implantat
	Exkl.:	Implantation eines interspinösen Spreizers (5-839.b ff.)
	.k0	1 Segment
	.k1	2 Segmente
	.k2	3 oder mehr Segmente
5-839.m		Autogene matrixinduzierte Chondrozytentransplantation in die Bandscheibe
	.m0	1 Segment
	.m1	2 Segmente
	.m2	3 oder mehr Segmente
5-839.x		Sonstige
5-839.y		N.n.bez.

5-83a   Minimalinvasive Behandlungsverfahren an der Wirbelsäule (zur Schmerztherapie)
Hinw.: Der Zugang ist hier nicht gesondert zu kodieren

5-83a.0		Facetten-Thermokoagulation oder Facetten-Kryodenervation
	.00	1 Segment
	.01	2 Segmente
	.02	3 oder mehr Segmente
5-83a.1		Thermomodulation der Bandscheibe
	.10	1 Segment
	.11	2 Segmente
	.12	3 oder mehr Segmente
5-83a.2		Thermokoagulation oder Kryodenervation des Iliosakralgelenkes
5-83a.x		Sonstige
5-83a.y		N.n.bez.

Kapitel 5: Operationen

5-83b **Osteosynthese (dynamische Stabilisierung) an der Wirbelsäule**
Exkl.: Implantation einer Bandscheibenprothese (5-839.1 ff.)
Implantation von Material in einen Wirbelkörper ohne Verwendung eines Systems zur intravertebralen, instrumentellen Wirbelkörperaufrichtung (5-839.9 ff.)
Implantation von Material in einen Wirbelkörper mit Verwendung eines Systems zur intravertebralen, instrumentellen Wirbelkörperaufrichtung (5-839.a ff.)
Implantation eines interspinösen Spreizers (5-839.b ff.)
Hinw.: Bei Kombinationen von unter 5-83b genannten verschiedenen Verfahren (Implantate) während eines Eingriffs sind alle verschiedenen Verfahren (Implantate) einzeln zu kodieren. Bei Verwendung gleicher Implantate an verschiedenen Abschnitten der Wirbelsäule während eines Eingriffs ist nur ein Kode für das jeweilige Verfahren (Implantat) mit Summierung der Anzahl aller versorgten Wirbelsäulensegmente anzugeben
Die durch eine Osteosynthese bedingte Fixation von Wirbelsegmenten ist im Kode enthalten, nur eine zusätzlich mit Knochen oder Knochenersatzmaterialien durchgeführte Spondylodese ist gesondert zu kodieren (5-836 ff.)
Eine zusätzlich durchgeführte Wirbelkörperresektion ist gesondert zu kodieren (5-832.1, 5-832.2)
Ein zusätzlich durchgeführter Wirbelkörperersatz durch Implantat oder durch sonstige Materialien ist gesondert zu kodieren (5-837.0 ff., 5-837.a ff.)
Eine zusätzlich durchgeführte Augmentation des Schraubenlagers ist gesondert zu kodieren (5-83w.0)
Die Transplantation von Spongiosa(spänen) oder kortikospongiösen Spänen (autogen) ist gesondert zu kodieren (5-835.9)
Die zusätzliche Verwendung von Knochenersatzmaterialien oder Knochentransplantaten ist gesondert zu kodieren (5-835.a ff., 5-835.b ff., 5-835.c ff., 5-835.d ff., 5-835.e ff.)
Die Verwendung von Systemen zur dynamischen Stabilisierung ist gesondert zu kodieren (5-83w.1)
Die Anzahl der Segmente ist in der 6. Stelle nach folgender Liste zu kodieren:
0   1 Segment
1   2 Segmente
2   3 Segmente
3   4 oder mehr Segmente

** 5-83b.0   Durch Drahtcerclage
** 5-83b.1   Durch Klammersystem
** 5-83b.2   Durch Schrauben
** 5-83b.3   Durch ventrales Schrauben-Platten-System
** 5-83b.4   Durch dorsales Schrauben-Platten-System
** 5-83b.5   Durch Schrauben-Stab-System
** 5-83b.6   Durch Hakenplatten
** 5-83b.7   Durch intervertebrale Cages
Inkl.: (Stufenlos) distrahierbare intervertebrale Cages, intervertebrale Cages mit osteosynthetischer Fixierung
** 5-83b.8   Durch Fixateur externe
Hinw.: Der Zugang ist hier nicht gesondert zu kodieren
Die Extension der Wirbelsäule ist gesondert zu kodieren (8-41)
** 5-83b.x   Sonstige
5-83b.y   N.n.bez.

5-83w **Zusatzinformationen zu Operationen an der Wirbelsäule**
5-83w.0   Augmentation des Schraubenlagers
Inkl.: Augmentation durch Composite-Material
5-83w.1   Dynamische Stabilisierung
5-83w.2   Computergestützte Planung von Wirbelsäulenoperationen
.20   Ohne Verwendung von patientenindividuell angepassten Implantaten
.21   Mit Verwendung von patientenindividuell angepassten Implantaten

Kapitel 5: Operationen

5-84 Operationen an der Hand

Exkl.: Operationen an Knochen der Hand (5-78, 5-79)
Operationen an Schleimbeuteln der Hand (5-859 ff.)
Operationen am Nagelorgan (5-898 ff.)
Amputation (5-863 ff.)
Replantation (5-860 ff.)
Revision eines Amputationsstumpfes (5-866 ff.)

Hinw.: Bei bereichsüberschreitenden Strukturen ist für die Kodierung der Operationsort ausschlaggebend. Wenn es zwei Operationsorte gibt, einen im Bereich der Hand und einen im Bereich des Unterarms, so ist sowohl der jeweilige Kode aus dem Bereich 5-84 als auch der jeweilige Kode aus dem Bereich 5-85 anzugeben. Die Grenze zu den Kodes aus dem Bereich 5-85 Operationen an Muskeln, Sehnen, Faszien und Schleimbeuteln ist die proximale Grenze des Handgelenks
Die durchgeführten Einzelmaßnahmen zur primären Versorgung komplexer Handverletzungen sind gesondert zu kodieren:
• Versorgung des Hautmantels (5-89)
• Versorgung der Muskulatur (5-843 ff.)
• Versorgung von Knochen und Gelenken (5-79)
• Versorgung von Sehnen (5-840 ff.)
• Versorgung von Nerven (5-04, 5-05)
• Versorgung der Gefäße (5-388 ff.)
• Versorgung von Faszien (5-842 ff.)
Einzeitige Mehrfacheingriffe an Mittelhand- und/oder Fingerstrahlen sind gesondert zu kodieren (5-86a.0 ff.)

5-840 Operationen an Sehnen der Hand

Exkl.: Synovialektomie an Sehnen und Sehnenscheiden der Hand (5-845.0, 5-845.1)
Hinw.: Die temporäre Fixation eines Gelenkes ist gesondert zu kodieren (5-849.1)
Die Entnahme von Sehnengewebe zur Transplantation ist gesondert zu kodieren (5-852.f ff.)
Die Lokalisation ist in der 6. Stelle nach folgender Liste zu kodieren:
0 ↔ Beugesehnen Handgelenk
1 ↔ Beugesehnen Langfinger
2 ↔ Beugesehnen Daumen
3 ↔ Strecksehnen Handgelenk
4 ↔ Strecksehnen Langfinger
5 ↔ Strecksehnen Daumen
6 ↔ Sehnenscheiden Handgelenk
7 ↔ Sehnenscheiden Langfinger
8 ↔ Sehnenscheiden Daumen
9 ↔ Sehnenscheiden Hohlhand
x ↔ Sonstige

** 5-840.0 Inzision
Inkl.: Drainage, Fremdkörperentfernung

** 5-840.3 Sehnenfachspaltung

** 5-840.4 Debridement

** 5-840.5 Exzision
Inkl.: Entfernung von Sehnenknoten

** 5-840.6 Naht, primär

** 5-840.7 Naht, sekundär

** 5-840.8 Tenolyse

** 5-840.9 Tenodese
[6. Stelle: 0-5,x]

** 5-840.a Verlängerung
[6. Stelle: 0-5,x]

** 5-840.b Verkürzung
[6. Stelle: 0-5,x]

** 5-840.c (Partielle) Transposition
[6. Stelle: 0-5,x]

Kapitel 5: Operationen

** 5-840.d	Schaffung eines Transplantatlagers	
	[6. Stelle: 0-5,x]	
	Inkl.: Implantation eines Silikonstabes	
	Implantation eines Silastikkabels	
** 5-840.e	Transplantation	
	[6. Stelle: 0-5,x]	
** 5-840.f	Revision eines Implantates (ohne Wechsel)	
	[6. Stelle: 0-5,x]	
** 5-840.g	Wechsel eines Implantates	
	[6. Stelle: 0-5,x]	
** 5-840.h	Entfernung eines Implantates	
	[6. Stelle: 0-5,x]	
** 5-840.k	Sehnenplastik	
** 5-840.m	Sehnenkopplung	
	[6. Stelle: 0-5,x]	
** 5-840.n	Knöcherne Refixation	
	[6. Stelle: 0-5,x]	
	Inkl.: Refixation mit Metallanker	
** 5-840.p	Tenotomie, perkutan	
	[6. Stelle: 0-5,x]	
** 5-840.q	Tenotomie, offen chirurgisch	
	[6. Stelle: 0-5,x]	
** 5-840.r	Tenotomie, n.n.bez. Zugang	
	[6. Stelle: 0-5,x]	
** 5-840.x	Sonstige	
5-840.y	N.n.bez.	

5-841 **Operationen an Bändern der Hand**
Hinw.: Die temporäre Fixation eines Gelenkes ist gesondert zu kodieren (5-849.1)
Die Entnahme von Sehnengewebe zur Transplantation ist gesondert zu kodieren (5-852.f ff.)
Die Lokalisation ist in der 6. Stelle nach folgender Liste zu kodieren:
0 ↔ Radiokarpalband
1 ↔ Retinaculum flexorum
2 ↔ Andere Bänder der Handwurzelgelenke
3 ↔ Bänder der Mittelhand
4 ↔ Bänder der Metakarpophalangealgelenke der Langfinger
5 ↔ Bänder des Metakarpophalangealgelenkes am Daumen
6 ↔ Bänder der Interphalangealgelenke der Langfinger
7 ↔ Bänder des Interphalangealgelenkes am Daumen
x ↔ Sonstige

** 5-841.0	Inzision
	Inkl.: Drainage
** 5-841.1	Durchtrennung
** 5-841.2	Exzision, partiell
** 5-841.3	Exzision, total
** 5-841.4	Naht, primär
** 5-841.5	Naht, sekundär
** 5-841.6	Plastische Rekonstruktion mit autogenem Material
** 5-841.7	Plastische Rekonstruktion mit autogenem Material und interligamentärer Fixation
** 5-841.8	Plastische Rekonstruktion mit autogenem Material und transossärer Fixation
** 5-841.9	Entfernung eines Transplantates
** 5-841.a	Knöcherne Refixation
** 5-841.x	Sonstige
5-841.y	N.n.bez.

5-842 **Operationen an Faszien der Hohlhand und der Finger**
  Hinw.: Die temporäre Fixation eines Gelenkes ist gesondert zu kodieren (5-849.1)
  Plastisch-chirurgische Maßnahmen wie die lokale Lappenplastik (z.B. Z-Plastik) oder die Hauttransplantation sind gesondert zu kodieren (5-902 ff., 5-903 ff.)
  Die Lokalisation ist für die mit ** gekennzeichneten Kodes in der 6. Stelle nach folgender Liste zu kodieren:
  0 ↔ Ein Finger
  1 ↔ Mehrere Finger

5-842.0 ↔ Fasziotomie, offen chirurgisch
5-842.1 ↔ Fasziotomie, perkutan
5-842.2 ↔ Fasziektomie partiell, Hohlhand isoliert
5-842.3 ↔ Fasziektomie total, Hohlhand isoliert
** 5-842.4   Fasziektomie mit 1 Neurolyse
** 5-842.5   Fasziektomie mit mehreren Neurolysen
** 5-842.6   Fasziektomie mit 1 Neurolyse und 1 Arteriolyse
** 5-842.7   Fasziektomie mit mehreren Neurolysen und mehreren Arteriolysen
** 5-842.8   Fasziektomie mit Arthrolyse
  Inkl.: Neurolyse und Arteriolyse
5-842.x ↔ Sonstige
  Inkl.: Resektion von Fingerknöchelpolstern [Knuckle pads]
5-842.y   N.n.bez.

5-843 **Operationen an Muskeln der Hand**
5-843.0 ↔ Inzision
  Inkl.: Drainage
5-843.1 ↔ Durchtrennung, partiell
5-843.2 ↔ Durchtrennung, total
5-843.3 ↔ Desinsertion
5-843.4 ↔ Exzision, partiell
5-843.5 ↔ Exzision, total
5-843.6 ↔ Naht
5-843.7 ↔ Reinsertion
5-843.8 ↔ Transposition
5-843.9 ↔ Transplantation
5-843.a ↔ Verlängerung
5-843.b ↔ Verkürzung
5-843.x ↔ Sonstige
5-843.y   N.n.bez.

5-844 **Operation an Gelenken der Hand**
  Exkl.: Operation am Handgelenk (5-800 ff.)
  Arthroskopische Gelenkoperationen (5-81)
  Hinw.: Die Lokalisation ist in der 6. Stelle nach folgender Liste zu kodieren:
  0 ↔ Handwurzelgelenk, einzeln
  1 ↔ Handwurzelgelenk, mehrere
  2 ↔ Daumensattelgelenk
  3 ↔ Metakarpophalangealgelenk, einzeln
  4 ↔ Metakarpophalangealgelenk, mehrere
  5 ↔ Interphalangealgelenk, einzeln
  6 ↔ Interphalangealgelenk, mehrere, an einem Finger
  7 ↔ Interphalangealgelenk, mehrere, an mehreren Fingern
  x ↔ Sonstige

** 5-844.0   Arthrotomie
** 5-844.1   Exzision von erkranktem Gewebe
  Inkl.: Kapsulektomie

Kapitel 5: Operationen

** 5-844.2		Gelenkspülung mit Drainage
		Inkl.: Einlage eines Medikamententrägers
** 5-844.3		Debridement
** 5-844.4		Gelenkflächenglättung
		Inkl.: Knochenabtragung
** 5-844.5		Gelenkmobilisation [Arthrolyse]
** 5-844.6		Entfernung freier Gelenkkörper
** 5-844.7		Entfernung eines Fremdkörpers
** 5-844.8		Implantation von autogenem Material in ein Gelenk
		Hinw.: Die Entnahme des autogenen Materials ist gesondert zu kodieren
** 5-844.x		Sonstige
5-844.y		N.n.bez.

5-845   **Synovialektomie an der Hand**
Exkl.:   Synovialektomie am Handgelenk (5-800.4, 5-800.5)

5-845.0   Sehnen und Sehnenscheiden, partiell
.00 ↔ Beugesehnen Handgelenk
.01 ↔ Beugesehnen Langfinger
.02 ↔ Beugesehnen Daumen
.03 ↔ Strecksehnen Handgelenk
.04 ↔ Strecksehnen Langfinger
.05 ↔ Strecksehnen Daumen
.0x ↔ Sonstige

5-845.1   Sehnen und Sehnenscheiden, total
.10 ↔ Beugesehnen Handgelenk
.11 ↔ Beugesehnen Langfinger
.12 ↔ Beugesehnen Daumen
.13 ↔ Strecksehnen Handgelenk
.14 ↔ Strecksehnen Langfinger
.15 ↔ Strecksehnen Daumen
.1x ↔ Sonstige

5-845.2 ↔ Handwurzelgelenk, einzeln
Inkl.:   Karpometakarpalgelenk

5-845.3 ↔ Handwurzelgelenk, mehrere

5-845.4 ↔ Daumensattelgelenk

5-845.5 ↔ Metakarpophalangealgelenk, einzeln

5-845.6 ↔ Metakarpophalangealgelenk, mehrere

5-845.7 ↔ Interphalangealgelenk, einzeln

5-845.8 ↔ Interphalangealgelenk, mehrere, an einem Finger

5-845.9 ↔ Interphalangealgelenk, mehrere, an mehreren Fingern

5-845.x ↔ Sonstige

5-845.y   N.n.bez.

5-846   **Arthrodese an Gelenken der Hand**
Exkl.:   Arthrodese am Handgelenk (5-808.6)
   Temporäre Fixation von Gelenken der Hand (5-849.1)
Hinw.:   Eine durchgeführte Osteosynthese ist gesondert zu kodieren (5-786)

5-846.0 ↔ Handwurzelgelenk, einzeln
Inkl.:   Karpometakarpalgelenk

5-846.1 ↔ Handwurzelgelenk, einzeln, mit Spongiosaplastik
Inkl.:   Karpometakarpalgelenk

5-846.2 ↔ Handwurzelgelenk, mehrere

5-846.3 ↔ Handwurzelgelenk, mehrere, mit Spongiosaplastik

5-846.4 ↔ Interphalangealgelenk, einzeln

5-846.5 ↔ Interphalangealgelenk, einzeln, mit Spongiosaplastik
5-846.6 ↔ Interphalangealgelenk, mehrere
5-846.7 ↔ Interphalangealgelenk, mehrere, mit Spongiosaplastik
5-846.x ↔ Sonstige
5-846.y   N.n.bez.

5-847   Resektionsarthroplastik an Gelenken der Hand
Exkl.: Resektionsarthroplastik am Handgelenk (5-829.5)
Hinw.: Die Entnahme eines Knochentransplantates ist gesondert zu kodieren (5-783 ff.)
Die temporäre Fixation eines Gelenkes ist gesondert zu kodieren (5-849.1)
Die Lokalisation ist in der 6. Stelle nach folgender Liste zu kodieren:
0 ↔ Handwurzelgelenk, einzeln
1 ↔ Handwurzelgelenk, mehrere
2 ↔ Daumensattelgelenk
3 ↔ Metakarpophalangealgelenk, einzeln
4 ↔ Metakarpophalangealgelenk, mehrere
5 ↔ Interphalangealgelenk, einzeln
6 ↔ Interphalangealgelenk, mehrere, an einem Finger
7 ↔ Interphalangealgelenk, mehrere, an mehreren Fingern
x ↔ Sonstige

** 5-847.0   Rekonstruktion mit autogenem Material
** 5-847.1   Rekonstruktion mit autogenem Material und Sehneninterposition
** 5-847.2   Rekonstruktion mit autogenem Material und Sehnenaufhängung
** 5-847.3   Rekonstruktion mit autogenem Material, mit Sehneninterposition und Sehnenaufhängung
** 5-847.4   Rekonstruktion mit autogenem Material und Rekonstruktion der Gelenkfläche
** 5-847.5   Rekonstruktion mit alloplastischem Material
** 5-847.6   Rekonstruktion mit alloplastischem Material und Rekonstruktion des Kapselbandapparates
** 5-847.7   Rekonstruktion mit xenogenem Material
** 5-847.x   Sonstige
   5-847.y   N.n.bez.

5-848   Operationen bei kongenitalen Anomalien der Hand
Exkl.: Amputationen (5-863 ff.)
Syndaktyliekorrektur (5-917 ff.)
Hinw.: Diese Kodes sind nur zu verwenden, wenn aufgrund der Komplexität der Versorgung eine Zuordnung zu einzelnen Verfahren nicht möglich ist

5-848.0 ↔ Weichteildistraktion, gelenkübergreifend
5-848.1 ↔ Radialisation
5-848.2 ↔ Resektion von Schnürringen mit plastischer Rekonstruktion
Hinw.: Eine durchgeführte Knochentransplantation ist gesondert zu kodieren (5-784)
5-848.x ↔ Sonstige
5-848.y   N.n.bez.

5-849   Andere Operationen an der Hand
5-849.0 ↔ Exzision eines Ganglions
Inkl.: Exzision eines Schleimbeutels
5-849.1 ↔ Temporäre Fixation eines Gelenkes
Exkl.: Temporäre Fixation des Handgelenkes (5-809.2)
Hinw.: Das zur temporären Fixation angewandte Osteosyntheseverfahren ist gesondert zu kodieren (5-786 ff.)
5-849.3 ↔ Radikale Exzision von erkranktem Gewebe
Exkl.: Eingriffe bei Morbus Dupuytren (5-842)
5-849.4 ↔ Radikale Exzision von erkranktem Gewebe mit spezieller Gefäß- und Nervenpräparation
Exkl.: Eingriffe bei Morbus Dupuytren (5-842)

Kapitel 5: Operationen

5-849.5 ↔ Radikale Exzision von erkranktem Gewebe mit erweiterter Präparation
Exkl.: Eingriffe bei Morbus Dupuytren (5-842)

5-849.6 ↔ Arthrorise
Exkl.: Arthrorise am Handgelenk (5-809.1)

5-849.7 ↔ Transposition eines Fingers zum Finger

5-849.8 Transposition eines Fingers zum Daumen (Pollizisation)
.80 ↔ Ohne Rekonstruktion des Metakarpale I
.81 ↔ Mit Rekonstruktion des Metakarpale I

5-849.9 ↔ Freie Transplantation eines Fingers

5-849.a ↔ Freie Transplantation einer Zehe als Fingerersatz

5-849.x ↔ Sonstige

5-849.y N.n.bez.

5-85 **Operationen an Muskeln, Sehnen, Faszien und Schleimbeuteln**
Exkl.: Operationen an Muskel, Sehne, Faszie der Hand und des Handgelenks (5-84)
Hinw.: Aufwendige Gipsverbände sind gesondert zu kodieren (8-310 ff.)
Bei bereichsüberschreitenden Strukturen ist für die Kodierung der Operationsort ausschlaggebend. Wenn es zwei Operationsorte gibt, einen im Bereich der Hand und einen im Bereich des Unterarms, so ist sowohl der jeweilige Kode aus dem Bereich 5-84 als auch der jeweilige Kode aus dem Bereich 5-85 anzugeben. Die Grenze zu den Kodes aus dem Bereich 5-84 Operationen an der Hand ist die proximale Grenze des Handgelenks
Die Lokalisation ist für die Kodes 5-850 ff. bis 5-853 ff., 5-855 ff. und 5-856 ff. nach folgender Liste zu kodieren:
0 ↔ Kopf und Hals
1 ↔ Schulter und Axilla
2 ↔ Oberarm und Ellenbogen
3 ↔ Unterarm
5 ↔ Brustwand und Rücken
6 ↔ Bauchregion
7 ↔ Leisten- und Genitalregion und Gesäß
8 ↔ Oberschenkel und Knie
9 ↔ Unterschenkel
a ↔ Fuß
x ↔ Sonstige

5-850 **Inzision an Muskel, Sehne und Faszie**
Inkl.: Inzision an Sehnenscheiden
Debridement, auf Muskel, Sehne oder Faszie beschränkt
Hämatomausräumung, Abszessspaltung
Exkl.: Fesselung der Peronealsehnen (5-806.7)
Faszienspaltung (5-851)
Schichtenübergreifendes Weichteildebridement (5-869.1)
Hinw.: Die Lokalisation ist in der 6. Stelle nach vorstehender Liste zu kodieren

** 5-850.0 Inzision eines Muskels, längs
Inkl.: Drainage

** 5-850.1 Inzision eines Muskels, quer
Inkl.: Drainage

** 5-850.2 Inzision einer Sehne, längs
Inkl.: Drainage

** 5-850.3 Inzision einer Sehne, quer
Inkl.: Drainage

** 5-850.4 Inzision einer Sehnenscheide isoliert, längs
[6. Stelle: 0-3,5,7-a,x]
Inkl.: Drainage

** 5-850.5 Inzision einer Sehnenscheide isoliert, quer
[6. Stelle: 0-3,5,7-a,x]
Inkl.: Drainage

** 5-850.6	Inzision einer Faszie, offen chirurgisch	
** 5-850.7	Inzision einer Faszie, perkutan	
** 5-850.8	Fremdkörperentfernung aus einem Muskel	
** 5-850.9	Fremdkörperentfernung aus einer Sehne	
** 5-850.a	Fremdkörperentfernung aus einer Faszie	
** 5-850.b	Debridement eines Muskels	
** 5-850.c	Debridement einer Sehne *Exkl.:* Arthroskopisches Debridement einer Sehne (5-819.1 ff.)	
** 5-850.d	Debridement einer Faszie	
** 5-850.x	Sonstige	
5-850.y	N.n.bez.	
5-851	**Durchtrennung von Muskel, Sehne und Faszie** *Inkl.:* Kompartmentspaltung, auf die Faszie beschränkt *Exkl.:* Kompartmentresektion (5-852 ff.) *Hinw.:* Die Lokalisation ist in der 6. Stelle nach der Liste vor Kode 5-850 zu kodieren	
** 5-851.0	Durchtrennung eines Muskels	
** 5-851.1	Tenotomie, offen chirurgisch	
** 5-851.2	Tenotomie, perkutan	
** 5-851.3	Durchtrennung einer Sehnenscheide, längs [6. Stelle: 0-3,5,7-a,x]	
** 5-851.4	Durchtrennung einer Sehnenscheide, quer [6. Stelle: 0-3,5,7-a,x]	
** 5-851.5	Fasziotomie quer, offen chirurgisch, partiell	
** 5-851.6	Fasziotomie quer, offen chirurgisch, total	
** 5-851.7	Fasziotomie quer, perkutan	
** 5-851.8	Fasziotomie längs, offen chirurgisch, partiell, ein Segment oder n.n.bez.	
** 5-851.9	Fasziotomie längs, offen chirurgisch, total, ein Segment oder n.n.bez.	
** 5-851.a	Fasziotomie längs, perkutan	
** 5-851.b	Fasziotomie längs, offen chirurgisch, partiell, mehrere Segmente	
** 5-851.c	Fasziotomie längs, offen chirurgisch, total, mehrere Segmente	
** 5-851.d	Desinsertion	
** 5-851.x	Sonstige	
5-851.y	N.n.bez.	
5-852	**Exzision an Muskel, Sehne und Faszie** *Inkl.:* Kompartmentresektion *Exkl.:* Kompartmentspaltung (5-851) Exzision von Weichteilen der Brustwand (5-343.0) *Hinw.:* Die Lokalisation ist in der 6. Stelle nach der Liste vor Kode 5-850 zu kodieren	
** 5-852.0	Exzision einer Sehne, partiell	
** 5-852.1	Exzision einer Sehne, total	
** 5-852.2	Exzision einer Sehnenscheide, partiell [6. Stelle: 0-3,5,7-a,x]	
** 5-852.3	Exzision einer Sehnenscheide, total [6. Stelle: 0-3,5,7-a,x]	
** 5-852.4	Exzision eines Muskels, epifaszial, partiell	
** 5-852.5	Exzision eines Muskels, epifaszial, total	
** 5-852.6	Exzision eines Muskels, subfaszial, partiell	
** 5-852.7	Exzision eines Muskels, subfaszial, total	

Kapitel 5: Operationen

** 5-852.8	Exzision an Sehnen und Muskeln, epifaszial	
	Inkl.: Exstirpation von Weichteiltumoren	
** 5-852.9	Exzision an Sehnen und Muskeln, subfaszial	
	Inkl.: Exstirpation von Weichteiltumoren	
** 5-852.a	Exzision einer Faszie	
** 5-852.b	Kompartmentresektion ohne spezielle Gefäß- und Nervenpräparation	
** 5-852.c	Kompartmentresektion mit spezieller Gefäß- und Nervenpräparation	
** 5-852.d	Kompartmentresektion mit erweiterter Präparation	
** 5-852.e	Entnahme von Muskelgewebe zur Transplantation	
** 5-852.f	Entnahme von Sehnengewebe zur Transplantation	
** 5-852.g	Entnahme von Faszie zur Transplantation	
** 5-852.h	Kompartmentübergreifende Resektion ohne spezielle Gefäß- und Nervenpräparation	
** 5-852.j	Kompartmentübergreifende Resektion mit spezieller Gefäß- und Nervenpräparation	
** 5-852.x	Sonstige	
5-852.y	N.n.bez.	
5-853	**Rekonstruktion von Muskeln**	
	Hinw.: Die Lokalisation ist in der 6. Stelle nach der Liste vor Kode 5-850 zu kodieren	
** 5-853.0	Refixation	
** 5-853.1	Naht	
** 5-853.2	Verlängerung und Naht	
** 5-853.3	Verkürzung und Naht	
** 5-853.4	Plastik	
** 5-853.5	Transposition	
** 5-853.6	Transplantation	
** 5-853.7	Transplantatrevision (ohne Wechsel)	
** 5-853.8	Transplantatwechsel	
** 5-853.9	Transplantatentfernung	
** 5-853.x	Sonstige	
	Inkl.: Spülung von Hohlräumen im Muskel	
5-853.y	N.n.bez.	
5-854	**Rekonstruktion von Sehnen**	
	Exkl.: Rekonstruktion der Rotatorenmanschette (5-805.7 bis 5-805.a, 5-814.4, 5-814.6)	
	Hinw.: Die Entnahme von Sehnengewebe zur Transplantation ist gesondert zu kodieren (5-852.f ff.)	
	Die Lokalisation ist in der 6. Stelle nach folgender Liste zu kodieren:	
	0 ↔ Kopf und Hals	
	1 ↔ Schulter und Axilla	
	2 ↔ Oberarm und Ellenbogen	
	3 ↔ Unterarm	
	5 ↔ Brustwand und Rücken	
	6 ↔ Bauchregion	
	7 ↔ Leisten- und Genitalregion und Gesäß	
	8 ↔ Oberschenkel und Knie	
	9 ↔ Unterschenkel	
	b ↔ Rückfuß und Fußwurzel	
	c ↔ Mittelfuß und Zehen	
	x ↔ Sonstige	
** 5-854.0	Verlängerung	
** 5-854.1	Verkürzung	
** 5-854.2	(Partielle) Transposition	
	[6. Stelle: 0-3,5,7-9,b,c,x]	

** 5-854.3　Augmentation
** 5-854.4　Ersatzplastik
** 5-854.5　Ersatzplastik mit Interponat
** 5-854.6　Schaffung eines Transplantatlagers
** 5-854.7　Transplantation
** 5-854.8　Transplantatwechsel
** 5-854.9　Transplantatentfernung
** 5-854.a　Rekonstruktion mit alloplastischem Material
　　　　　　Hinw.: Die Art des verwendeten Materials für Gewebeersatz oder Gewebeverstärkung ist gesondert zu kodieren (5-932 ff.)
** 5-854.x　Sonstige
　 5-854.y　N.n.bez.

5-855　Naht und andere Operationen an Sehnen und Sehnenscheide
　　　　Exkl.: Verlagerung des Patellarsehnenansatzes (5-804.2, 5-804.3)
　　　　　　　Arthroskopische Tenotomie der langen Bizeessehne (5-814.7)
　　　　　　　Arthroskopische Naht der langen Bizepssehne (5-814.8)
　　　　　　　Arthroskopische Tenodese der langen Bizepssehne (5-814.9)
　　　　　　　Rekonstruktion der Rotatorenmanschette (5-805.7 bis 5-805.a, 5-814.4, 5-814.6)
　　　　Hinw.: Die Lokalisation ist in der 6. Stelle nach der Liste vor Kode 5-850 zu kodieren

** 5-855.0　Reinsertion einer Sehne
** 5-855.1　Naht einer Sehne, primär
** 5-855.2　Naht einer Sehne, sekundär
** 5-855.3　Naht der Sehnenscheide, primär
** 5-855.4　Naht der Sehnenscheide, sekundär
** 5-855.5　Tenolyse, eine Sehne
** 5-855.6　Tenolyse, mehrere Sehnen
** 5-855.7　Tenodese eine Sehne, primär
　　　　　　[6. Stelle: 0-3,5,7-a,x]
** 5-855.8　Tenodese eine Sehne, sekundär
　　　　　　[6. Stelle: 0-3,5,7-a,x]
** 5-855.9　Tenodese mehrere Sehnen, primär
　　　　　　[6. Stelle: 0-3,5,7-a,x]
** 5-855.a　Tenodese mehrere Sehnen, sekundär
　　　　　　[6. Stelle: 0-3,5,7-a,x]
** 5-855.b　Spülung einer Sehnenscheide
** 5-855.x　Sonstige
　 5-855.y　N.n.bez.

5-856　Rekonstruktion von Faszien
　　　　Hinw.: Die Entnahme von Faszie zur Transplantation ist gesondert zu kodieren (5-852.g)
　　　　　　　Die Lokalisation ist in der 6. Stelle nach der Liste vor Kode 5-850 zu kodieren

** 5-856.0　Naht
** 5-856.1　Verlängerung
** 5-856.2　Verkürzung (Raffung)
** 5-856.3　Doppelung einer Faszie
** 5-856.4　Transplantation, autogen
** 5-856.5　Transplantation, allogen
** 5-856.6　Transplantatrevision
** 5-856.7　Transplantatwechsel
** 5-856.8　Transplantatentfernung

** 5-856.9		Deckung eines Defektes mit autogenem Material
** 5-856.a		Deckung eines Defektes mit allogenem Material
** 5-856.x		Sonstige
5-856.y		N.n.bez.
5-857		**Plastische Rekonstruktion mit lokalen Lappen an Muskeln und Faszien**

Exkl.: Plastische Rekonstruktion der Brustwand (5-346)
Hinw.: Die Lokalisation ist in der 6. Stelle nach folgender Liste zu kodieren:

- 0 ↔ Kopf und Hals
- 1 ↔ Schulter und Axilla
- 2 ↔ Oberarm und Ellenbogen
- 3 ↔ Unterarm
- 4 ↔ Hand
- 5 ↔ Brustwand und Rücken
- 6 ↔ Bauchregion
- 7 ↔ Leisten- und Genitalregion und Gesäß
- 8 ↔ Oberschenkel und Knie
- 9 ↔ Unterschenkel
- a ↔ Fuß
- x ↔ Sonstige

** 5-857.0	Fasziokutaner Lappen
** 5-857.1	Fasziokutaner Lappen, gefäßgestielt
** 5-857.2	Adipofaszialer Lappen
** 5-857.3	Adipofaszialer Lappen, gefäßgestielt
** 5-857.4	Faszienlappen
** 5-857.5	Faszienlappen, gefäßgestielt
** 5-857.6	Myokutaner Lappen
** 5-857.7	Myokutaner Lappen, gefäßgestielt
** 5-857.8	Muskellappen
** 5-857.9	Muskellappen, gefäßgestielt
** 5-857.a	Lappenstieldurchtrennung

  Inkl.: Einarbeitung des Lappens in die Umgebung

** 5-857.x	Sonstige
5-857.y	N.n.bez.
5-858	**Entnahme und Transplantation von Muskel, Sehne und Faszie mit mikrovaskulärer Anastomosierung**

Inkl.: Vorbereitung der Empfängerregion
Exkl.: Entnahme eines Knochentransplantates, mikrovaskulär anastomosiert (5-783.5 ff.)
Hinw.: Eine durchgeführte Osteosynthese ist gesondert zu kodieren (5-786 ff.)
Das Einbringen von Fixationsmaterial am Knochen bei Operationen am Weichteilgewebe ist gesondert zu kodieren (5-869.2)
Die Deckung des Entnahmedefektes ist gesondert zu kodieren (5-90)
Die Lokalisation ist in der 6. Stelle nach folgender Liste zu kodieren:

- 0 ↔ Kopf und Hals
- 1 ↔ Schulter und Axilla
- 2 ↔ Oberarm und Ellenbogen
- 3 ↔ Unterarm
- 4 ↔ Hand
- 5 ↔ Brustwand und Rücken
- 6 ↔ Bauchregion
- 7 ↔ Leisten- und Genitalregion und Gesäß
- 8 ↔ Oberschenkel und Knie
- 9 ↔ Unterschenkel
- a ↔ Fuß
- x ↔ Sonstige

** 5-858.0	Entnahme eines fasziokutanen Lappens
** 5-858.1	Entnahme eines septokutanen Lappens
** 5-858.2	Entnahme eines myokutanen Lappens
** 5-858.3	Entnahme eines osteomyokutanen oder osteofasziokutanen Lappens
** 5-858.4	Entnahme eines sonstigen Transplantates
** 5-858.5	Transplantation eines fasziokutanen Lappens
** 5-858.6	Transplantation eines septokutanen Lappens
** 5-858.7	Transplantation eines myokutanen Lappens
** 5-858.8	Transplantation eines osteomyokutanen oder osteofasziokutanen Lappens
** 5-858.9	Transplantation eines sonstigen Transplantates
** 5-858.x	Sonstige
5-858.y	N.n.bez.

5-859 **Andere Operationen an Muskeln, Sehnen, Faszien und Schleimbeuteln**
Exkl.: Erweiterung des subakromialen Raumes (5-814.3)
Hinw.: Die Lokalisation ist in der 6. Stelle nach folgender Liste zu kodieren:
- 0 ↔ Kopf und Hals
- 1 ↔ Schulter und Axilla
- 2 ↔ Oberarm und Ellenbogen
- 3 ↔ Unterarm
- 4 ↔ Hand
- 5 ↔ Brustwand und Rücken
- 6 ↔ Bauchregion
- 7 ↔ Leisten- und Genitalregion und Gesäß
- 8 ↔ Oberschenkel und Knie
- 9 ↔ Unterschenkel
- a ↔ Fuß
- x ↔ Sonstige

** 5-859.0	Inzision eines Schleimbeutels
** 5-859.1	Totale Resektion eines Schleimbeutels
** 5-859.2	Resektion eines Ganglions

Inkl.: Exstirpation einer Bakerzyste
Exkl.: Exzision eines Ganglions an der Hand (5-849.0)
Arthroskopische Resektion eines Ganglions (5-819.2 ff.)

** 5-859.3	Perkutane Destruktion von Weichteilen durch Thermoablation
** 5-859.4	Sondenimplantation zur externen Prästimulation (Präkonditionierung) für die Kardiomyoplastie
	[6. Stelle: 5]
** 5-859.x	Sonstige
5-859.y	N.n.bez.

Kapitel 5: Operationen

5-86 Replantation, Exartikulation und Amputation von Extremitäten und andere Operationen an den Bewegungsorganen

Inkl.: Operationen bei kongenitalen Anomalien des Fußes
Operationen bei anderen kongenitalen Anomalien des Bewegungsapparates
Andere Operationen an den Bewegungsorganen
Hinw.: Aufwendige Gipsverbände sind gesondert zu kodieren (8-310 ff.)

5-860 Replantation obere Extremität
Hinw.: Die Durchführung der Replantation erfolgt mit dem Ziel, die Funktion und Vitalität einer ganz oder unter Vitalitätsverlust teilweise abgetrennten Extremität wiederherzustellen
Der Kode ist nur anzugeben, wenn mindestens die folgenden Verfahren durchgeführt wurden:
• Eine Osteosynthese/Arthrodese
• Zwei Gefäßnähte, davon mindestens eine Arteriennaht
• Eine Nervennaht oder Rekonstruktion eines Nerven mittels Nervenröhrchen
• Eine Sehnennaht
Alle durchgeführten Osteosynthesen/Arthrodesen, Gefäßnähte, Nervennähte und Sehnennähte sind im Kode enthalten
Die Deckung eines Weichteildefektes ist gesondert zu kodieren (5-90)
Eine Transplantation von Gefäßen, Nerven oder Knochen (5-38, 5-39, 5-04, 5-05, 5-784) ist gesondert zu kodieren

5-860.0 ↔ Replantation am Oberarm

5-860.1 ↔ Replantation am Ellenbogenbereich

5-860.2 ↔ Replantation am Unterarm

5-860.3 ↔ Replantation am Handgelenk

5-860.4 ↔ Replantation an der Mittelhand

5-860.5 ↔ Replantation des Daumens

5-860.6 ↔ Replantation eines Fingers
Hinw.: Die Replantation jedes Fingers ist gesondert zu kodieren

5-860.x ↔ Sonstige

5-860.y N.n.bez.

5-861 Replantation untere Extremität
Hinw.: Die Durchführung der Replantation erfolgt mit dem Ziel, die Funktion und Vitalität einer ganz oder unter Vitalitätsverlust teilweise abgetrennten Extremität wiederherzustellen
Der Kode ist nur anzugeben, wenn mindestens die folgenden Verfahren durchgeführt wurden:
• Eine Osteosynthese/Arthrodese
• Zwei Gefäßnähte, davon mindestens eine Arteriennaht
• Eine Nervennaht oder Rekonstruktion eines Nerven mittels Nervenröhrchen
• Eine Sehnennaht
Alle durchgeführten Osteosynthesen/Arthrodesen, Gefäßnähte, Nervennähte und Sehnennähte sind im Kode enthalten
Die Deckung eines Weichteildefektes ist gesondert zu kodieren (5-90)
Eine Transplantation von Gefäßen, Nerven oder Knochen (5-38, 5-39, 5-04, 5-05, 5-784) ist gesondert zu kodieren

5-861.0 ↔ Replantation am Oberschenkel

5-861.1 ↔ Replantation im Kniebereich

5-861.2 ↔ Replantation am Unterschenkel

5-861.3 ↔ Replantation an der Fußwurzel

5-861.4 ↔ Replantation im Mittelfußbereich

5-861.5 ↔ Replantation einer Zehe
Hinw.: Die Replantation jeder Zehe ist gesondert zu kodieren

5-861.x ↔ Sonstige

5-861.y N.n.bez.

5-862 Amputation und Exartikulation obere Extremität

5-862.0 ↔ Amputation interthorakoskapulär
5-862.1 ↔ Exartikulation Schulter
5-862.2 ↔ Amputation Oberarm
5-862.3 ↔ Exartikulation Ellenbogen
5-862.4 ↔ Amputation Unterarm
5-862.x ↔ Sonstige
5-862.y ↔ N.n.bez.

5-863 Amputation und Exartikulation Hand

5-863.0 ↔ Exartikulation Handgelenk
5-863.1 ↔ Amputation Handwurzel
5-863.2 ↔ Amputation Mittelhand
5-863.3 ↔ Fingeramputation
  Hinw.: Die Amputation jedes Fingers ist gesondert zu kodieren
5-863.4 ↔ Fingeramputation mit Haut- oder Muskelplastik
  Hinw.: Die Amputation jedes Fingers ist gesondert zu kodieren
5-863.5 ↔ Fingerexartikulation
5-863.6 ↔ Fingerexartikulation mit Haut- oder Muskelplastik
5-863.7 ↔ Handverschmälerung durch Strahlresektion 5
5-863.8 ↔ Handverschmälerung durch Strahlresektion 2
5-863.9 ↔ Handverschmälerung durch Strahlresektion 3 oder 4
5-863.a ↔ Amputation transmetakarpal
5-863.x ↔ Sonstige
5-863.y ↔ N.n.bez.

5-864 Amputation und Exartikulation untere Extremität

5-864.0 ↔ Hemipelvektomie
5-864.1 ↔ Inkomplette Hemipelvektomie
5-864.2 ↔ Exartikulation im Hüftgelenk
5-864.3 ↔ Oberschenkelamputation, n.n.bez.
5-864.4 ↔ Amputation proximaler Oberschenkel
5-864.5 ↔ Amputation mittlerer oder distaler Oberschenkel
5-864.6 ↔ Amputation im Kniebereich
5-864.7 ↔ Exartikulation im Knie
5-864.8 ↔ Unterschenkelamputation, n.n.bez.
5-864.9 ↔ Amputation proximaler Unterschenkel
5-864.a ↔ Amputation mittlerer Unterschenkel
5-864.x ↔ Sonstige
5-864.y ↔ N.n.bez.

5-865 Amputation und Exartikulation Fuß

5-865.0 ↔ Amputation tiefer Unterschenkel nach Syme
5-865.1 ↔ Fußamputation, n.n.bez.
5-865.2 ↔ Fußamputation nach Spitzy
5-865.3 ↔ Fußamputation nach Pirogoff
5-865.4 ↔ Vorfußamputation nach Chopart
5-865.5 ↔ Mittelfußamputation nach Lisfranc
5-865.6 ↔ Amputation transmetatarsal
5-865.7 ↔ Zehenamputation
  Hinw.: Die Amputation jeder Zehe ist gesondert zu kodieren

5-865.8 ↔ Zehenstrahlresektion
  Hinw.: Die Amputation jedes Zehenstrahles ist gesondert zu kodieren
5-865.9 Innere Amputation im Bereich der Mittelfuß- und Fußwurzelknochen
  Exkl.: Resektionsarthroplastik an Gelenken des Fußes (5-829.8)
  Arthroplastik an Metatarsale und Phalangen des Fußes (5-788.6 ff.)
  Exzision und Resektion von erkranktem Knochengewebe (5-782 ff.)
  .90 ↔ Metatarsale (und Phalangen), bis zu zwei Strahlen
  .91 ↔ Metatarsale (und Phalangen), mehr als zwei Strahlen
  .92 ↔ Fußwurzel [Tarsus]
5-865.x ↔ Sonstige
5-865.y N.n.bez.

5-866 Revision eines Amputationsgebietes
5-866.0 ↔ Schulter- und Oberarmregion
5-866.1 ↔ Unterarmregion
5-866.2 ↔ Handregion
5-866.3 ↔ Oberschenkelregion
  Inkl.: Hüftregion
5-866.4 ↔ Unterschenkelregion
5-866.5 ↔ Fußregion
5-866.x ↔ Sonstige
5-866.y N.n.bez.

5-867 ↔ **Operationen bei kongenitalen Anomalien des Fußes**
  Hinw.: Dieser Kode ist nur zu verwenden, wenn aufgrund der Komplexität der Versorgung eine Zuordnung zu einzelnen Verfahren nicht möglich ist

5-868 Operationen bei anderen kongenitalen Anomalien des Bewegungsapparates
  Exkl.: Operationen bei kongenitalen Anomalien der Hand (5-848 ff.) und des Fußes (5-867)
  Hinw.: Diese Kodes sind nur zu verwenden, wenn aufgrund der Komplexität der Versorgung eine Zuordnung zu einzelnen Verfahren nicht möglich ist
5-868.0 Trennung von siamesischen Zwillingen
5-868.x Sonstige
5-868.y N.n.bez.

5-869 Andere Operationen an den Bewegungsorganen
5-869.0 Borggreveplastik
5-869.1 Weichteildebridement, schichtenübergreifend
  Exkl.: Schichtenübergreifendes Weichteildebridement bei Verbrennungen (5-922.3)
  Hinw.: Dieser Kode ist nur zu verwenden, wenn eine präzise Gewebezuordnung nicht möglich ist, z.B. bei Narbengewebe oder septischen Prozessen
5-869.2 Einbringen von Fixationsmaterial am Knochen bei Operationen am Weichteilgewebe
  Inkl.: Stabilisierung durch Fixationsverfahren bei Syndesmosenverletzung am Sprunggelenk (z.B. Stellschraube)
  Fadenanker
  Exkl.: Osteosynthese von Knochen (5-786 ff.)
  Hinw.: Durchgeführte Weichteileingriffe sind gesondert zu kodieren
  Die ausschließliche Verwendung von Fäden bei einer Naht ist hier nicht zu kodieren
5-869.3 Einbringen eines Konnektors für eine Endo-Exo-Prothese
  Hinw.: Mit diesem Kode ist der zweite Operationsschritt im Rahmen der Implantation einer Endo-Exo-Prothese zu kodieren. Der erste Operationsschritt ist unter 5-828.0 zu kodieren
5-869.x Sonstige
5-869.y N.n.bez.

Kapitel 5: Operationen

5-86a Zusatzinformationen zu Operationen an den Bewegungsorganen
Hinw.: Diese Kodes sind Zusatzkodes. Die durchgeführten Eingriffe sind gesondert zu kodieren

5-86a.0 Einzeitige Mehrfacheingriffe an Mittelhand- und/oder Fingerstrahlen
Hinw.: Eingriffe an Gefäßen und Nerven sind jeweils einem Strahl zuzuordnen. Bei einzeitigen Eingriffen an beiden Händen sind die einzelnen Mittelhand- und Fingerstrahlen zu addieren und mit dem der Summe entsprechenden Kode anzugeben
Es sind Operationen aus folgenden Bereichen zu berücksichtigen:
- Operationen an den Nerven und Nervenganglien (5-04)
- Andere Operationen an den Nerven und Nervenganglien (5-05)
- Operationen an den Blutgefäßen (5-38…5-39)
- Operationen an anderen Knochen (5-78)
- Reposition von Fraktur und Luxation (5-79)
- Offen chirurgische Gelenkoperationen (5-80)
- Arthroskopische Gelenkoperationen (5-81)
- Endoprothetischer Gelenk- und Knochenersatz (5-82)
- Operationen an der Hand (5-84)
- Replantation, Exartikulation und Amputation von Extremitäten und andere Operationen an den Bewegungsorganen (5-86)

.00 Zwei Mittelhand- und/oder Fingerstrahlen
.01 Drei Mittelhand- und/oder Fingerstrahlen
.02 Vier Mittelhand- und/oder Fingerstrahlen
.03 Fünf Mittelhand- und/oder Fingerstrahlen
.04 Sechs oder mehr Mittelhand- und/oder Fingerstrahlen

5-86a.1 Einzeitige Mehrfacheingriffe an Mittelfuß- und/oder Zehenstrahlen
Hinw.: Eingriffe an Gefäßen und Nerven sind jeweils einem Strahl zuzuordnen. Bei einzeitigen Eingriffen an beiden Füßen sind die einzelnen Mittelfuß- und Zehenstrahlen zu addieren und mit dem der Summe entsprechenden Kode anzugeben
Es sind Operationen aus folgenden Bereichen zu berücksichtigen:
- Operationen an den Nerven und Nervenganglien (5-04)
- Andere Operationen an den Nerven und Nervenganglien (5-05)
- Operationen an den Blutgefäßen (5-38…5-39)
- Operationen an anderen Knochen (5-78)
- Reposition von Fraktur und Luxation (5-79)
- Offen chirurgische Gelenkoperationen (5-80)
- Arthroskopische Gelenkoperationen (5-81)
- Endoprothetischer Gelenk- und Knochenersatz (5-82)
- Operationen an Muskeln, Sehnen, Faszien und Schleimbeuteln (5-85)
- Replantation, Exartikulation und Amputation von Extremitäten und andere Operationen an den Bewegungsorganen (5-86)

.10 Zwei Mittelfuß- und/oder Zehenstrahlen
.11 Drei Mittelfuß- und/oder Zehenstrahlen
.12 Vier Mittelfuß- und/oder Zehenstrahlen
.13 Fünf Mittelfuß- und/oder Zehenstrahlen
.14 Sechs oder mehr Mittelfuß- und/oder Zehenstrahlen

5-86a.2 Computergestützte Planung von Operationen an den Extremitätenknochen
.20 Ohne Verwendung von patientenindividuell angepassten Implantaten
.21 Mit Verwendung von patientenindividuell angepassten Implantaten
Exkl.: Gelenkplastische Eingriffe mit patientenindividuell angefertigten Implantaten bei knöcherner Defektsituation oder angeborener oder erworbener Deformität (5-829.i)
Gelenkplastische Eingriffe mit patientenindividuell angefertigten Implantaten ohne knöcherne Defektsituation oder angeborene oder erworbene Deformität (5-829.p)

5-86a.3 Augmentation von Osteosynthesematerial
Exkl.: Augmentation des Schraubenlagers bei Operationen an der Wirbelsäule (5-83w.0)

Operationen an der Mamma
(5-87...5-88)

Hinw.: Die Anwendung mikrochirurgischer Technik ist, sofern nicht als eigener Kode angegeben, zusätzlich zu kodieren (5-984)
Die Anwendung von Lasertechnik ist, sofern nicht als eigener Kode angegeben, zusätzlich zu kodieren (5-985 ff.)
Die Durchführung der Operation im Rahmen der Versorgung einer Mehrfachverletzung ist zusätzlich zu kodieren (5-981)
Die Durchführung der Operation im Rahmen der Versorgung eines Polytraumas ist zusätzlich zu kodieren (5-982 ff.)
Die Durchführung einer Reoperation ist, sofern nicht als eigener Kode angegeben, zusätzlich zu kodieren (5-983)
Der vorzeitige Abbruch einer Operation ist zusätzlich zu kodieren (5-995)

5-87 Exzision und Resektion der Mamma
Exkl.: Delay-Operation vor autogener Brustrekonstruktion (5-399.f)

5-870 **Partielle (brusterhaltende) Exzision der Mamma und Destruktion von Mammagewebe**
Inkl.: Nach Markierung und Farbgalaktographie
Hinw.: Eine Lymphadenektomie ist gesondert zu kodieren (5-40)
Eine Mastopexie ist ein formverändernder Eingriff an der Brust im Sinne einer Straffung mit Resektion von Haut und mit (Re-)Zentrierung des Mamillen-Areola-Komplexes
Eine tumoradaptierte Reduktionsplastik ist ein formverändernder Eingriff an der Brust im Sinne einer Mastopexie mit Verkleinerung der Brust sowie zusätzlicher Resektion von gesundem Brustgewebe
Die Art der Defektkorrektur ist für die mit ** gekennzeichneten Kodes in der 6. Stelle nach folgender Liste zu kodieren. Bei Kombination verschiedener Verfahren ist nur das jeweils aufwendigste Verfahren anzugeben:
- 0 ↔ Direkte Adaptation der benachbarten Wundflächen oder Verzicht auf Adaptation
- 1 ↔ Defektdeckung durch Mobilisation und Adaptation von bis zu 25% des Brustgewebes (bis zu 1 Quadranten)
- 2 ↔ Defektdeckung durch Mobilisation und Adaptation von mehr als 25% des Brustgewebes (mehr als 1 Quadrant)
- 3 ↔ Defektdeckung durch tumoradaptierte Mastopexie
- 4 ↔ Defektdeckung durch lokale fasziokutane oder myokutane Lappenplastik aus dem brustumgebenden Haut- und Weichteilgewebe
- 5 ↔ Defektdeckung durch tumoradaptierte Mammareduktionsplastik
- 6 ↔ Defektdeckung durch gestielte Fernlappenplastik
- 7 ↔ Defektdeckung durch freie Fernlappenplastik mit mikrochirurgischem Gefäßanschluss
- x ↔ Sonstige

** 5-870.2 Duktektomie
[6. Stelle: 0,1]

** 5-870.6 Lokale Destruktion
[6. Stelle: 0,1]

5-870.7 Exzision durch Vakuumbiopsie (Rotationsmesser)
Inkl.: Steuerung durch bildgebende Verfahren
Hinw.: Das bildgebende Verfahren ist gesondert zu kodieren (Kap. 3)
.70 ↔ Ohne Clip-Markierung der Biopsieregion
.71 ↔ Mit Clip-Markierung der Biopsieregion

** 5-870.9 Lokale Exzision
[6. Stelle: 0,1]
Inkl.: Exzisionsbiopsie, Konusexzision, Tumorektomie

** 5-870.a Partielle Resektion
Inkl.: Segmentresektion, Lumpektomie, Quadrantenresektion

5-870.x ↔ Sonstige
5-870.y N.n.bez.

Kapitel 5: Operationen

5-872 (Modifizierte radikale) Mastektomie
Hinw.: Eine Lymphadenektomie ist gesondert zu kodieren (5-40)
Eine Rekonstruktion ist gesondert zu kodieren (5-885 ff., 5-886 ff.)

5-872.0 ↔ Ohne Resektion der M. pectoralis-Faszie

5-872.1 ↔ Mit Resektion der M. pectoralis-Faszie

5-872.x ↔ Sonstige

5-872.y N.n.bez.

5-874 Erweiterte (radikale) Mastektomie mit Resektion an den Mm. pectorales majores et minores und Thoraxwandteilresektion
Hinw.: Eine Lymphadenektomie ist gesondert zu kodieren (5-40)
Eine Rekonstruktion ist gesondert zu kodieren (5-885 ff., 5-886 ff.)

5-874.0 ↔ Mit Teilresektion des M. pectoralis major

5-874.1 ↔ Mit Teilresektion der Mm. pectorales majores et minores

5-874.2 ↔ Mit kompletter Resektion der Mm. pectorales majores et minores

5-874.4 ↔ Mit Teilresektion des M. pectoralis minor

5-874.5 ↔ Mit kompletter Resektion des M. pectoralis major

5-874.6 ↔ Mit kompletter Resektion des M. pectoralis minor

5-874.7 ↔ Mit oberflächlicher Thoraxwandteilresektion (Thoraxwandmuskulatur)

5-874.8 ↔ Mit tiefer Thoraxwandteilresektion

5-874.x ↔ Sonstige

5-874.y N.n.bez.

5-877 Subkutane Mastektomie und hautsparende Mastektomieverfahren
Hinw.: Eine Lymphadenektomie ist gesondert zu kodieren (5-40)
Eine Rekonstruktion ist gesondert zu kodieren (5-885 ff., 5-886 ff.)
Eine Mastopexie ist ein formverändernder Eingriff an der Brust im Sinne einer Straffung mit Resektion von Haut und mit (Re-)Zentrierung des Mamillen-Areola-Komplexes

5-877.0 ↔ Subkutane Mastektomie

5-877.1 Hautsparende Mastektomie [SSM] mit kompletter Resektion des Drüsengewebes
.10 ↔ Ohne weitere Maßnahmen
.11 ↔ Mit Straffung des Hautmantels
.12 ↔ Mit Straffung des Hautmantels und Bildung eines gestielten Corium-Cutis-Lappens
.1x ↔ Sonstige

5-877.2 Mamillenerhaltende Mastektomie [NSM] mit kompletter Resektion des Drüsengewebes
.20 ↔ Ohne weitere Maßnahmen
.21 ↔ Mit Straffung des Hautmantels durch Mastopexie
.22 ↔ Mit Straffung des Hautmantels durch Mastopexie und Bildung eines gestielten Corium-Cutis-Lappens
.2x ↔ Sonstige

5-877.x ↔ Sonstige

5-877.y N.n.bez.

5-879 Andere Exzision und Resektion der Mamma

5-879.0 ↔ Exzision von ektopischem Mammagewebe

5-879.1 ↔ Operation bei Gynäkomastie

5-879.x ↔ Sonstige

5-879.y N.n.bez.

5-88 Andere Operationen an der Mamma
Exkl.: Delay-Operation vor autogener Brustrekonstruktion (5-399.f)

5-881 Inzision der Mamma

5-881.0 ↔ Ohne weitere Maßnahmen

5-881.1 ↔ Drainage

Kapitel 5: Operationen

5-881.2 ↔ Durchtrennung der Kapsel bei Mammaprothese
5-881.x ↔ Sonstige
5-881.y N.n.bez.

5-882 Operationen an der Brustwarze

5-882.0 ↔ Naht (nach Verletzung)
    Inkl.: Wunddebridement
5-882.1 ↔ Exzision
    Inkl.: Exzision einer akzessorischen Brustwarze
5-882.2 ↔ Exzision mit Einpflanzung in die Haut an anderer Stelle
5-882.3 ↔ Transposition
5-882.4 ↔ Replantation
5-882.5 ↔ Plastische Rekonstruktion durch Hauttransplantation
5-882.6 ↔ Plastische Rekonstruktion durch Tätowierung
5-882.7 ↔ Chirurgische Eversion einer invertierten Brustwarze
5-882.8 ↔ Plastische Rekonstruktion des Warzenhofes
5-882.x ↔ Sonstige
5-882.y N.n.bez.

5-883 Plastische Operationen zur Vergrößerung der Mamma
    Inkl.: Entfernung eines Hautexpanders
    Exkl.: Implantation eines Hautexpanders (5-889.5)

5-883.0 Implantation einer Alloprothese, sonstige
    .00 ↔ Ohne gewebeverstärkendes Material
    .01 ↔ Mit gewebeverstärkendem Material
5-883.1 Implantation einer Alloprothese, submammär
    .10 ↔ Ohne gewebeverstärkendes Material
    .11 ↔ Mit gewebeverstärkendem Material
5-883.2 Implantation einer Alloprothese, subpektoral
    .20 ↔ Ohne gewebeverstärkendes Material
    .21 ↔ Mit gewebeverstärkendem Material
5-883.x ↔ Sonstige
5-883.y N.n.bez.

5-884 Mammareduktionsplastik
    Exkl.: Absaugen von Fettgewebe aus der Mamma (5-911.1)

5-884.0 ↔ Ohne Brustwarzentransplantation
5-884.1 ↔ Mit freiem Brustwarzentransplantat
5-884.2 ↔ Mit gestieltem Brustwarzentransplantat
5-884.x ↔ Sonstige
5-884.y N.n.bez.

5-885 Plastische Rekonstruktion der Mamma mit Haut- und Muskeltransplantation

5-885.0 ↔ Hauttransplantation, n.n.bez.
5-885.1 ↔ Spalthauttransplantation
5-885.2 ↔ Vollhauttransplantation
5-885.3 ↔ Freies Haut-Muskel-Transplantat
    Inkl.: Freier TRAM-Flap
5-885.4 ↔ Gestieltes Hauttransplantat
5-885.5 ↔ Gestieltes Muskeltransplantat
5-885.6 ↔ Gestieltes Haut-Muskel-Transplantat [myokutaner Lappen], ohne Prothesenimplantation
    Inkl.: Gestielter TRAM-Flap, Latissimus-dorsi-Lappen

5-885.7 ↔ Gestieltes Haut-Muskel-Transplantat [myokutaner Lappen], mit Prothesenimplantation
  Inkl.: Gestielter TRAM-Flap, Latissimus-dorsi-Lappen
5-885.8 ↔ Omentumlappen
5-885.9 ↔ Freies lipokutanes Transplantat mit mikrovaskulärer Anastomosierung
  Inkl.: Deep inferior epigastric perforator flap [DIEP-Flap], superficial inferior epigastric perforator flap [SIEP-Flap]
5-885.x ↔ Sonstige
5-885.y ↔ N.n.bez.

5-886 Andere plastische Rekonstruktion der Mamma
  Hinw.: Die Art des verwendeten Materials für Gewebeersatz oder Gewebeverstärkung ist gesondert zu kodieren (5-932 ff.)
  Die primäre Rekonstruktion ist bei einzeitiger Durchführung im Rahmen eines resezierenden Eingriffs zu kodieren und die sekundäre Rekonstruktion ist bei zweizeitiger Durchführung nach einem resezierenden Eingriff zu kodieren

5-886.0 ↔ Naht (nach Verletzung)
  Inkl.: Wunddebridement
5-886.2 Mastopexie als selbständiger Eingriff
  Inkl.: Lifting der Mamma
  Hinw.: Eine Mastopexie ist ein formverändernder Eingriff an der Brust im Sinne einer Straffung mit Resektion von Haut und mit (Re-)Zentrierung des Mamillen-Areola-Komplexes
  .20 ↔ Mit freiem Brustwarzentransplantat
  .21 ↔ Mit gestieltem Brustwarzentransplantat
  .2x ↔ Sonstige
5-886.3 Primäre Rekonstruktion mit Alloprothese, subkutan
  .30 ↔ Ohne gewebeverstärkendes Material
  .31 ↔ Mit gewebeverstärkendem Material
5-886.4 Primäre Rekonstruktion mit Alloprothese, subpektoral
  .40 ↔ Ohne gewebeverstärkendes Material
  .41 ↔ Mit gewebeverstärkendem Material
5-886.5 Primäre Rekonstruktion mit Alloprothese, sonstige
  .50 ↔ Ohne gewebeverstärkendes Material
  .51 ↔ Mit gewebeverstärkendem Material
5-886.6 Sekundäre Rekonstruktion mit Alloprothese, subkutan
  .60 ↔ Ohne gewebeverstärkendes Material
  .61 ↔ Mit gewebeverstärkendem Material
5-886.7 Sekundäre Rekonstruktion mit Alloprothese, subpektoral
  .70 ↔ Ohne gewebeverstärkendes Material
  .71 ↔ Mit gewebeverstärkendem Material
5-886.8 Sekundäre Rekonstruktion mit Alloprothese, sonstige
  .80 ↔ Ohne gewebeverstärkendes Material
  .81 ↔ Mit gewebeverstärkendem Material
5-886.x ↔ Sonstige
5-886.y ↔ N.n.bez.

5-889 Andere Operationen an der Mamma
  Hinw.: Die Art des verwendeten Materials für Gewebeersatz oder Gewebeverstärkung ist gesondert zu kodieren (5-932 ff.)

5-889.0 ↔ Entfernung einer Mammaprothese
5-889.1 ↔ Entfernung einer Mammaprothese mit Exzision einer Kapselfibrose
5-889.2 Entfernung einer Mammaprothese mit Exzision einer Kapselfibrose und Prothesenwechsel
  .20 ↔ Ohne gewebeverstärkendes Material
  .21 ↔ Mit gewebeverstärkendem Material
5-889.3 Entfernung einer Mammaprothese mit Exzision einer Kapselfibrose, Prothesenwechsel und Formung einer neuen Tasche
  .30 ↔ Ohne gewebeverstärkendes Material
  .31 ↔ Mit gewebeverstärkendem Material

5-889.4 Wechsel einer Mammaprothese
    .40 ↔ Ohne gewebeverstärkendes Material
    .41 ↔ Mit gewebeverstärkendem Material

5-889.5 Implantation eines Hautexpanders
    .50 ↔ Ohne gewebeverstärkendes Material
    .51 ↔ Mit gewebeverstärkendem Material

5-889.6 ↔ Entfernung eines Hautexpanders
5-889.7 ↔ Entfernung eines Prothesenventils
5-889.x ↔ Sonstige
5-889.y   N.n.bez.

Operationen an Haut und Unterhaut (5-89...5-92)

Hinw.: Die Anwendung mikrochirurgischer Technik ist, sofern nicht als eigener Kode angegeben, zusätzlich zu kodieren (5-984)
Die Anwendung von Lasertechnik ist, sofern nicht als eigener Kode angegeben, zusätzlich zu kodieren (5-985 ff.)
Die Durchführung der Operation im Rahmen der Versorgung einer Mehrfachverletzung ist zusätzlich zu kodieren (5-981)
Die Durchführung der Operation im Rahmen der Versorgung eines Polytraumas ist zusätzlich zu kodieren (5-982 ff.)
Die Durchführung einer Reoperation ist, sofern nicht als eigener Kode angegeben, zusätzlich zu kodieren (5-983)
Der vorzeitige Abbruch einer Operation ist zusätzlich zu kodieren (5-995)

5-89 Operationen an Haut und Unterhaut

Exkl.: Entnahme von Haut zur Transplantation (5-901 ff., 5-904 ff.)
Operationen an Haut und Unterhaut bei Verbrennungen (5-92)
Operationen an den Augenlidern (5-09)
Operationen an den Ohren (5-18)
Operationen an der Nase (5-21)

Hinw.: Die Lokalisation ist für die Kodes 5-890 ff., 5-892 ff. bis 5-896 ff. nach folgender Liste zu kodieren:

  0   Lippe
  4   Sonstige Teile Kopf
  5   Hals
  6 ↔ Schulter und Axilla
  7 ↔ Oberarm und Ellenbogen
  8 ↔ Unterarm
  9 ↔ Hand
  a   Brustwand und Rücken
  b   Bauchregion
  c   Leisten- und Genitalregion
  d   Gesäß
  e ↔ Oberschenkel und Knie
  f ↔ Unterschenkel
  g ↔ Fuß
  x ↔ Sonstige

5-890 **Tätowieren und Einbringen von Fremdmaterial in Haut und Unterhaut**
Hinw.: Die Lokalisation ist in der 6. Stelle nach vorstehender Liste zu kodieren

** 5-890.0 Tätowieren
** 5-890.1 Einbringen von autogenem Material
** 5-890.2 Einbringen von xenogenem Material
** 5-890.x Sonstige
    5-890.y N.n.bez.

5-891		**Inzision eines Sinus pilonidalis**
5-892		**Andere Inzision an Haut und Unterhaut**
	Inkl.:	Hämatomausräumung, Abszessspaltung, Abszessausräumung
		Inzision an der Haut des Skrotums
	Exkl.:	Inzision an der Haut der Vulva (5-710)
		Inzision an der Haut der Perianalregion (5-490.0)
	Hinw.:	Die Lokalisation ist in der 6. Stelle nach der Liste vor Kode 5-890 zu kodieren
** 5-892.0		Ohne weitere Maßnahmen
** 5-892.1		Drainage
** 5-892.2		Entfernung eines Fremdkörpers
** 5-892.3		Implantation eines Medikamententrägers
	Exkl.:	Fettgaze- oder Salbenverbände
** 5-892.4		Entfernung eines Medikamententrägers
** 5-892.x		Sonstige
5-892.y		N.n.bez.
5-894		**Lokale Exzision von erkranktem Gewebe an Haut und Unterhaut**
	Inkl.:	Narbenkorrektur
		Exzision von erkrankter Haut des Skrotums
		Exzision von erkrankter Haut des Penis
	Exkl.:	Exzision von erkrankter Haut der Vulva (5-712.0)
		Destruktion von erkranktem Gewebe an Haut und Unterhaut (5-915 ff.)
		Exzision von erkrankter Haut der Perianalregion (5-490.1)
	Hinw.:	Multiple Exzisionen von Hautläsionen sind nur einmal zu kodieren, wenn sie während einer Sitzung durchgeführt werden und die Lokalisation mit einem Kode angegeben werden kann
		Eine lokale Exzision entspricht einer Fläche von bis zu 4 cm² oder einem Raum bis zu 1cm³
		Die Art einer ggf. durchgeführten Transplantation ist gesondert zu kodieren (5-902 ff.)
		Die Lokalisation ist in der 6. Stelle nach der Liste vor Kode 5-890 zu kodieren
** 5-894.0		Exzision, lokal, ohne primären Wundverschluss
** 5-894.1		Exzision, lokal, mit primärem Wundverschluss
** 5-894.2		Exzision von Schweißdrüsen, lokal
	Inkl.:	Lokale Kürettage von Schweißdrüsen
** 5-894.x		Sonstige
5-894.y		N.n.bez.
5-895		**Radikale und ausgedehnte Exzision von erkranktem Gewebe an Haut und Unterhaut**
	Inkl.:	Exzision von erkrankter Haut des Skrotums
		Exzision von erkrankter Haut des Penis
	Exkl.:	Exzision von erkrankter Haut der Vulva (5-712.0)
		Regionale Lymphknotendissektion nach radikaler Exzision von erkranktem Gewebe an Haut und Unterhaut (5-40)
		Exzision von erkrankter Haut der Perianalregion (5-490.1)
	Hinw.:	Multiple Exzisionen von Hautläsionen sind nur einmal zu kodieren, wenn sie während einer Sitzung durchgeführt werden und die Lokalisation mit einem Kode angegeben werden kann
		Unter mikrographischer Chirurgie (histographisch kontrolliert) werden Eingriffe verstanden, bei denen die Exzision des Tumors mit topographischer Markierung und anschließender Aufarbeitung der gesamten Exzidataußenfläche/-grenze erfolgt
		Die Lokalisation ist in der 6. Stelle nach der Liste vor Kode 5-890 zu kodieren
** 5-895.0		Ohne primären Wundverschluss
** 5-895.1		Ohne primären Wundverschluss, histographisch kontrolliert (mikrographische Chirurgie)
** 5-895.2		Mit primärem Wundverschluss
** 5-895.3		Mit primärem Wundverschluss, histographisch kontrolliert (mikrographische Chirurgie)
** 5-895.4		Mit Transplantation oder lokaler Lappenplastik
	Hinw.:	Die Art der durchgeführten Transplantation oder lokalen Lappenplastik ist gesondert zu kodieren (5-902 ff., 5-903 ff.)

Kapitel 5: Operationen

** 5-895.5   Mit Transplantation oder lokaler Lappenplastik, histographisch kontrolliert (mikrographische Chirurgie)
              Hinw.: Die Art der durchgeführten Transplantation oder lokalen Lappenplastik ist gesondert zu kodieren (5-902 ff., 5-903 ff.)
** 5-895.6   Exzision von Schweißdrüsen, radikal
              Inkl.: Radikale Kürettage von Schweißdrüsen
              Exkl.: Axilläre Saugkürettage von Schweißdrüsen (5-911.3)
** 5-895.x   Sonstige
   5-895.y   N.n.bez.

5-896   **Chirurgische Wundtoilette [Wunddebridement] mit Entfernung von erkranktem Gewebe an Haut und Unterhaut**
              Inkl.: Entfernung eines Systems zur Vakuumtherapie mit gleichzeitigem Wunddebridement
              Exkl.: Wunddebridement, auf Muskel, Sehne oder Faszie beschränkt (5-850 ff.)
              Schichtenübergreifendes Wunddebridement (5-869.1)
              Lokale Exzision oder lokale Kürettage von Schweißdrüsen (5-894.2 ff.)
              Radikale Exzision oder radikale Kürettage von Schweißdrüsen (5-895.6 ff.)
              Entfernung von erkranktem Gewebe an Haut und Unterhaut ohne Anästhesie (im Rahmen eines Verbandwechsels) bei Vorliegen einer Wunde (8-192 ff.)
              Hinw.: Die Lokalisation ist in der 6. Stelle nach der Liste vor Kode 5-890 zu kodieren
              Ein Wunddebridement ist ein chirurgisches oder ultraschallbasiertes Vorgehen zur Entfernung von geschädigtem, infiziertem, minderdurchblutetem oder nekrotischem Gewebe der Haut und Unterhaut bis zum Bereich des vitalen Gewebes. Die Anwendung der Kodes setzt eine Allgemein- oder Regionalanästhesie oder eine lokale Infiltrationsanästhesie voraus (Ausnahme: Es liegt eine neurologisch bedingte Analgesie vor.). Bei alleiniger Oberflächenanästhesie ist ein Kode aus dem Bereich 8-192 ff. zu verwenden
              Voraussetzung ist das Vorliegen einer Wunde [traumatisch oder nicht traumatisch bedingte Unterbrechung des Zusammenhangs von Körpergewebe mit oder ohne Substanzverlust]. Ohne Wunde ist ein Kode aus dem Bereich 5-894 Lokale Exzision von erkranktem Gewebe an Haut und Unterhaut bzw. aus dem Bereich 5-895 Radikale und ausgedehnte Exzision von erkranktem Gewebe an Haut und Unterhaut anzuwenden
              Ein Kode aus diesem Bereich ist nicht zu verwenden im Zusammenhang mit einer Hämatomausräumung bzw. Abszessspaltung (5-892 ff.) oder einer Primärnaht (5-900.0 ff.).
              Ein Wunddebridement ist bei diesen Kodes bereits eingeschlossen
              Die alleinige Entfernung eines Systems zur Vakuumtherapie ohne Anästhesie und Debridement ist als Entfernung von erkranktem Gewebe an Haut und Unterhaut ohne Anästhesie (im Rahmen eines Verbandwechsels) bei Vorliegen einer Wunde (8-192 ff.) zu kodieren

** 5-896.0   Kleinflächig
              Hinw.: Länge bis 3 cm oder Fläche bis 4 cm²
              Bei der Behandlung mehrerer kleinflächiger Läsionen an derselben anatomischen Region (z.B. an der Hand) sind die Flächen zu addieren. Bei Überschreiten einer Fläche von 4 cm² ist ein Kode für die großflächige Behandlung zu verwenden
** 5-896.1   Großflächig
** 5-896.2   Großflächig, mit Einlegen eines Medikamententrägers
              Exkl.: Fettgaze- oder Salbenverbände
** 5-896.x   Sonstige
   5-896.y   N.n.bez.

5-897   **Exzision und Rekonstruktion eines Sinus pilonidalis**
   5-897.0   Exzision
   5-897.1   Plastische Rekonstruktion
   5-897.x   Sonstige
   5-897.y   N.n.bez.

5-898   **Operationen am Nagelorgan**
              Inkl.: Operationen am Nagelorgan bei Verbrennungen
   5-898.0 ↔ Inzision
   5-898.1 ↔ Inzision und Drainage

5-898.2 ↔ Trepanation des Nagels
5-898.3 ↔ Naht am Nagelbett
5-898.4 ↔ Exzision des Nagels, partiell
5-898.5 ↔ Exzision des Nagels, total
5-898.6 ↔ Exzision von erkranktem Gewebe des Nagelbettes
  Inkl.: Komplette Abtragung des Nagelbettes
5-898.7 ↔ Transplantation des Nagelbettes
5-898.8 ↔ Implantation eines Kunstnagels
5-898.9 ↔ Nagelplastik
5-898.a ↔ Ausrottung der Nagelmatrix
  Hinw.: Eine durchgeführte Exzision von Nagel und Nagelbett ist im Kode enthalten
5-898.x ↔ Sonstige
5-898.y   N.n.bez.

5-899   **Andere Exzision an Haut und Unterhaut**
  Exkl.: Operationen an der Haut bei Verbrennungen (5-92)

5-90   Operative Wiederherstellung und Rekonstruktion von Haut und Unterhaut

Exkl.: Plastische Rekonstruktion mit lokalen Lappen an Muskeln und Faszien (5-857)
Entnahme und Transplantation von Transplantaten mit mikrovaskulärer Anastomosierung (5-858)
Operationen an der Haut bei Verbrennungen (5-92)
Hinw.: Die Lokalisation ist für die Kodes 5-900 bis 5-907 und 5-909 nach folgender Liste zu kodieren:
   0   Lippe
   4   Sonstige Teile Kopf
   5   Hals
   6 ↔   Schulter und Axilla
   7 ↔   Oberarm und Ellenbogen
   8 ↔   Unterarm
   9 ↔   Hand
   a   Brustwand und Rücken
   b   Bauchregion
   c   Leisten- und Genitalregion
   d   Gesäß
   e ↔   Oberschenkel und Knie
   f ↔   Unterschenkel
   g ↔   Fuß
   x ↔   Sonstige

5-900   **Einfache Wiederherstellung der Oberflächenkontinuität an Haut und Unterhaut**
  Inkl.: Wundrandexzision nach Friedrich, Wundreinigung (Spülung, Kürettage)
  Exkl.: Rekonstruktion der Weichteile im Gesicht (5-778 ff.)
Wunddebridement (5-850 ff., 5-869.1, 5-896 ff.)
  Hinw.: Die Lokalisation ist in der 6. Stelle nach vorstehender Liste zu kodieren

** 5-900.0   Primärnaht
  Inkl.: Wiederherstellung der Oberflächenkontinuität durch Gewebekleber oder Metallklammern
** 5-900.1   Sekundärnaht
  Inkl.: Wiederherstellung der Oberflächenkontinuität durch Gewebekleber oder Metallklammern
** 5-900.x   Sonstige
5-900.y   N.n.bez.

5-901   **Freie Hauttransplantation, Entnahmestelle**
  Hinw.: Die Entnahme des Transplantates ist nur anzugeben, wenn dieser Eingriff in einer gesonderten Sitzung erfolgt
Die Lokalisation ist in der 6. Stelle nach der Liste vor Kode 5-900 zu kodieren

** 5-901.0   Spalthaut
  Inkl.: Meshgraft

Kapitel 5: Operationen

** 5-901.1	Vollhaut	
** 5-901.2	Composite graft	
** 5-901.x	Sonstige	
5-901.y	N.n.bez.	

5-902 **Freie Hauttransplantation, Empfängerstelle**
Hinw.: Die Entnahme des Transplantates ist nur anzugeben, wenn dieser Eingriff in einer gesonderten Sitzung erfolgt
Kleinflächig entspricht einer Fläche bis 4 cm². Werden mehrere Transplantationen an derselben anatomischen Region (z.B. an der Hand) durchgeführt, so sind die Flächen aller verwendeten Transplantate zu addieren. Dies gilt nicht für mehrere kleine Transplantate, die an unterschiedlichen Regionen (z.B. Hand und Unterarm) transplantiert werden
Die Lokalisation ist in der 6. Stelle nach der Liste vor Kode 5-900 zu kodieren

** 5-902.0	Spalthaut, kleinflächig	
	Inkl.:	Meshgraft
** 5-902.1	Spalthaut auf granulierendes Hautareal, kleinflächig	
	Inkl.:	Meshgraft
** 5-902.2	Vollhaut, kleinflächig	
** 5-902.3	Composite graft, kleinflächig	
** 5-902.4	Spalthaut, großflächig	
	Inkl.:	Meshgraft
** 5-902.5	Spalthaut auf granulierendes Hautareal, großflächig	
	Inkl.:	Meshgraft
** 5-902.6	Vollhaut, großflächig	
** 5-902.7	Composite graft, großflächig	
** 5-902.9	Epithelzellsuspension nach Aufbereitung mit Bedside-Kit	
** 5-902.a	Epithelzellsuspension nach labortechnischer Aufbereitung im Schnellverfahren	
** 5-902.b	Hautersatz durch kultivierte Keratinozyten, kleinflächig	
** 5-902.c	Hautersatz durch kultivierte Keratinozyten, großflächig	
** 5-902.d	Permanenter Hautersatz durch Dermisersatzmaterial, kleinflächig	
** 5-902.e	Permanenter Hautersatz durch Dermisersatzmaterial, großflächig	
** 5-902.x	Sonstige	
5-902.y	N.n.bez.	

5-903 **Lokale Lappenplastik an Haut und Unterhaut**
Hinw.: Kleinflächig entspricht einer Fläche bis 4 cm². Werden mehrere Transplantationen an derselben anatomischen Region (z.B. an der Hand) durchgeführt, so sind die Flächen aller verwendeten Transplantate zu addieren. Dies gilt nicht für mehrere kleine Transplantate, die an unterschiedlichen Regionen (z.B. Hand und Unterarm) transplantiert werden
Die Lokalisation ist in der 6. Stelle nach der Liste vor Kode 5-900 zu kodieren

** 5-903.0	Dehnungsplastik, kleinflächig	
** 5-903.1	Verschiebe-Rotationsplastik, kleinflächig	
** 5-903.2	Transpositionsplastik, kleinflächig	
	Inkl.:	VY-Plastik
** 5-903.3	Insellappenplastik, kleinflächig	
** 5-903.4	Z-Plastik, kleinflächig	
** 5-903.5	Dehnungsplastik, großflächig	
** 5-903.6	Verschiebe-Rotationsplastik, großflächig	
** 5-903.7	Transpositionsplastik, großflächig	
	Inkl.:	VY-Plastik
** 5-903.8	Insellappenplastik, großflächig	
** 5-903.9	Z-Plastik, großflächig	

** 5-903.a	W-Plastik, kleinflächig
** 5-903.b	W-Plastik, großflächig
** 5-903.x	Sonstige
5-903.y	N.n.bez.

5-904 **Lappenplastik an Haut und Unterhaut, Entnahmestelle**
Hinw.: Die Entnahme des Transplantates ist nur anzugeben, wenn dieser Eingriff in einer gesonderten Sitzung erfolgt
Die Lokalisation ist in der 6. Stelle nach der Liste vor Kode 5-900 zu kodieren

** 5-904.0	Freier Lappen mit mikrovaskulärer Anastomosierung
** 5-904.1	Gestielter regionaler Lappen
** 5-904.2	Gestielter Fernlappen
** 5-904.x	Sonstige
5-904.y	N.n.bez.

5-905 **Lappenplastik an Haut und Unterhaut, Empfängerstelle**
Hinw.: Die Entnahme des Transplantates ist nur anzugeben, wenn dieser Eingriff in einer gesonderten Sitzung erfolgt
Die Lokalisation ist in der 6. Stelle nach der Liste vor Kode 5-900 zu kodieren

** 5-905.0	Freier Lappen mit mikrovaskulärer Anastomosierung
** 5-905.1	Gestielter regionaler Lappen
** 5-905.2	Gestielter Fernlappen
** 5-905.x	Sonstige
5-905.y	N.n.bez.

5-906 **Kombinierte plastische Eingriffe an Haut und Unterhaut**
Inkl.: Durchtrennung von Synechien
Exkl.: Einzelne lokale Lappenplastiken (5-903)
Hinw.: Die Entnahme des Transplantates ist nur anzugeben, wenn dieser Eingriff in einer gesonderten Sitzung erfolgt
Die Lokalisation ist in der 6. Stelle nach der Liste vor Kode 5-900 zu kodieren

** 5-906.0	Kombinierte Lappenplastiken
Inkl.: Butterfly-Plastik
Jumping-man-Plastik
** 5-906.1	Kombination von Lappenplastiken und freiem Hauttransplantat
** 5-906.2	Gestielter regionaler Lappen mit Fernlappen
** 5-906.3	Gestielter regionaler Lappen, Fernlappen und freies Hauttransplantat
** 5-906.x	Sonstige
5-906.y	N.n.bez.

5-907 **Revision einer Hautplastik**
Inkl.: Ausdünnung eines Lappens
Hinw.: Die Lokalisation ist in der 6. Stelle nach der Liste vor Kode 5-900 zu kodieren

** 5-907.0	Narbenkorrektur (nach Hautplastik)
** 5-907.1	Revision eines freien Hauttransplantates
** 5-907.2	Revision einer lokalen Lappenplastik
** 5-907.3	Revision eines gestielten regionalen Lappens
** 5-907.4	Revision eines gestielten Fernlappens
** 5-907.5	Revision eines freien Lappens mit mikrovaskulärer Anastomosierung
** 5-907.x	Sonstige
5-907.y	N.n.bez.

5-908 **Plastische Operation an Lippe und Mundwinkel**
Exkl.: Korrektur einer Lippenspalte (5-276)

5-908.0	Naht (nach Verletzung)

Kapitel 5: Operationen

5-908.1		Plastische Rekonstruktion der Oberlippe
5-908.2		Plastische Rekonstruktion der Unterlippe
	Inkl.:	Vermilionektomie
5-908.3 ↔		Plastische Rekonstruktion des Mundwinkels
5-908.x ↔		Sonstige
5-908.y		N.n.bez.

5-909 Andere Wiederherstellung und Rekonstruktion von Haut und Unterhaut
Hinw.: Die Lokalisation ist für die mit ** gekennzeichneten Kodes in der 6. Stelle nach der Liste vor Kode 5-900 zu kodieren

** 5-909.0		Implantation eines Hautexpanders
	Exkl.:	Implantation eines Hautexpanders an der Mamma (5-889.5)
** 5-909.1		Explantation eines Hautexpanders
	Exkl.:	Entfernung eines Hautexpanders an der Mamma (5-889.6)
** 5-909.2		Lappenstieldurchtrennung
	Inkl.:	Einarbeitung des Lappens in die Umgebung
5-909.3		Implantation einer Dopplersonde zum Monitoring eines freien Gewebetransfers
** 5-909.x		Sonstige
5-909.y		N.n.bez.

5-91 Andere Operationen an Haut und Unterhaut

Hinw.: Die Lokalisation ist für die Kodes 5-911 ff., 5-913 ff. bis 5-916 ff. und 5-91a ff. nach folgender Liste zu kodieren:

	0	Lippe
	4	Sonstige Teile Kopf
	5	Hals
	6 ↔	Schulter und Axilla
	7 ↔	Oberarm und Ellenbogen
	8 ↔	Unterarm
	9 ↔	Hand
	a	Brustwand und Rücken
	b	Bauchregion
	c	Leisten- und Genitalregion
	d	Gesäß
	e ↔	Oberschenkel und Knie
	f ↔	Unterschenkel
	g ↔	Fuß
	x ↔	Sonstige

5-910 ↔ Straffungsoperation am Gesicht

5-911 Gewebereduktion an Haut und Unterhaut
Exkl.: Straffungsoperation am Gesicht (5-910)
Ausdünnung eines transplantierten Lappens (5-907)
Hinw.: Die Lokalisation ist für die mit ** gekennzeichneten Kodes in der 6. Stelle nach der Liste vor Kode 5-910 zu kodieren

** 5-911.0		Gewebsreduktionsplastik (Straffungsoperation)
** 5-911.1		Absaugen von Fettgewebe [Liposuktion]
** 5-911.2		Abtragen von Fettgewebe
	Inkl.:	Fettgewebsentnahme zur therapeutischen Transplantation
5-911.3 ↔		Axilläre Saugkürettage von Schweißdrüsen
	Exkl.:	Lokale Exzision von Schweißdrüsen (5-894.2)
		Radikale Exzision von Schweißdrüsen (5-895.6)
** 5-911.x		Sonstige
5-911.y		N.n.bez.

Kapitel 5: Operationen

5-912		**Haartransplantation und Haartransposition**
		Inkl.: Augenbrauenrekonstruktion
5-912.0		Freie Transplantation von Stanzbiopsien
5-912.1		Gestielte Lappenplastik
5-912.x		Sonstige
5-912.y		N.n.bez.

5-913 **Entfernung oberflächlicher Hautschichten**
Hinw.: Kleinflächig entspricht einer Fläche bis 4 cm²
Bei der Behandlung mehrerer kleinflächiger Läsionen an derselben anatomischen Region (z.B. an der Hand) sind die Flächen zu addieren. Bei Überschreiten einer Fläche von 4 cm² ist ein Kode für die großflächige Behandlung zu verwenden
Die Lokalisation ist in der 6. Stelle nach der Liste vor Kode 5-910 zu kodieren

** 5-913.0 Hochtourige Dermabrasion, kleinflächig
** 5-913.1 Ausbürsten, kleinflächig
** 5-913.2 Exkochleation (Entfernung mit scharfem Löffel), kleinflächig
** 5-913.3 Chemochirurgie, kleinflächig
Inkl.: Chemical peeling
** 5-913.4 Laserbehandlung, kleinflächig
** 5-913.5 Shaving, kleinflächig
** 5-913.6 Hochtourige Dermabrasion, großflächig
** 5-913.7 Ausbürsten, großflächig
** 5-913.8 Exkochleation (Entfernung mit scharfem Löffel), großflächig
** 5-913.9 Chemochirurgie, großflächig
Inkl.: Chemical peeling
** 5-913.a Laserbehandlung, großflächig
** 5-913.b Shaving, großflächig
** 5-913.x Sonstige
5-913.y N.n.bez.

5-914 **Chemochirurgie der Haut**
Exkl.: Entfernung oberflächlicher Hautschichten durch Chemochirurgie (5-913.3, 5-913.9)
Hinw.: Die Lokalisation ist in der 6. Stelle nach der Liste vor Kode 5-910 zu kodieren

** 5-914.0 Lokale Applikation von Ätzmitteln
** 5-914.1 Lokale Applikation von Zytostatika
** 5-914.x Sonstige
5-914.y N.n.bez.

5-915 **Destruktion von erkranktem Gewebe an Haut und Unterhaut**
Exkl.: Lichttherapie (8-560 ff.)
Hinw.: Kleinflächig entspricht einer Fläche bis 4 cm²
Bei der Behandlung mehrerer kleinflächiger Läsionen an derselben anatomischen Region (z.B. an der Hand) sind die Flächen zu addieren. Bei Überschreiten einer Fläche von 4 cm² ist ein Kode für die großflächige Behandlung zu verwenden
Die Lokalisation ist in der 6. Stelle nach der Liste vor Kode 5-910 zu kodieren

** 5-915.0 Elektrokaustik, kleinflächig
** 5-915.1 Laserbehandlung, kleinflächig
Exkl.: Entfernung oberflächlicher Hautschichten durch Laserbehandlung (5-913.4 ff., 5-913.a ff.)
** 5-915.2 Kryochirurgie, kleinflächig
** 5-915.3 Infrarotkoagulation, kleinflächig
** 5-915.4 Elektrokaustik, großflächig
** 5-915.5 Laserbehandlung, großflächig
Exkl.: Entfernung oberflächlicher Hautschichten durch Laserbehandlung (5-913.4 ff., 5-913.a ff.)

Kapitel 5: Operationen

** 5-915.6	Kryochirurgie, großflächig	
** 5-915.7	Infrarotkoagulation, großflächig	
** 5-915.8	Elektrochemotherapie, kleinflächig	
** 5-915.9	Elektrochemotherapie, großflächig	
** 5-915.x	Sonstige	
5-915.y	N.n.bez.	

5-916 **Temporäre Weichteildeckung**
Hinw.: Kleinflächig entspricht einer Fläche bis 4 cm²
Bei der Behandlung mehrerer kleinflächiger Läsionen an derselben anatomischen Region (z.B. an der Hand) sind die Flächen zu addieren. Bei Überschreiten einer Fläche von 4 cm² ist ein Kode für die großflächige Behandlung zu verwenden
Die Lokalisation ist für die mit ** gekennzeichneten Kodes in der 6. Stelle nach der Liste vor Kode 5-910 zu kodieren

** 5-916.0	Durch allogene Hauttransplantation, kleinflächig
** 5-916.1	Durch xenogenes Hautersatzmaterial, kleinflächig
** 5-916.2	Durch alloplastisches Material, kleinflächig
** 5-916.3	Durch kultivierte Keratinozyten, kleinflächig
** 5-916.4	Durch Kombination mehrerer Verfahren, kleinflächig
** 5-916.5	Durch allogene Hauttransplantation, großflächig
** 5-916.6	Durch xenogenes Hautersatzmaterial, großflächig
** 5-916.7	Durch alloplastisches Material, großflächig
** 5-916.8	Durch kultivierte Keratinozyten, großflächig
** 5-916.9	Durch Kombination mehrerer Verfahren, großflächig
5-916.a	Anlage oder Wechsel eines Systems zur Vakuumtherapie

Inkl.: Bei Verbrennungen
Hinw.: Die Angabe dieses Kodes ist an die Durchführung unter Operationsbedingungen mit Anästhesie gebunden (Ausnahmen: Es liegt eine neurologisch bedingte Analgesie vor oder es erfolgt eine endoösophageale oder endorektale Anwendung einer Vakuumtherapie)
Die alleinige Entfernung eines Systems zur Vakuumtherapie im Bereich von Haut und Unterhaut ohne Anästhesie ist mit einem Kode aus dem Bereich 8-192 ff. zu verschlüsseln. Bei einer Entfernung mit Debridement ist ein Kode aus den Bereichen 5-850 ff., 5-869.1 oder 5-896 ff. zu verwenden
Die Dauer der Anwendung der Vakuumtherapie ist gesondert zu kodieren (8-190.2 ff., 8-190.3 ff.)

.a0 An Haut und Unterhaut
  Exkl.: Anlage oder Wechsel eines Systems zur kontinuierlichen Sogbehandlung mit Pumpensystem bei einer Vakuumtherapie nach chirurgischem Wundverschluss (8-190.4 ff.)
.a1 ↔ Tiefreichend, subfaszial oder an Knochen und/oder Gelenken der Extremitäten
.a2 Tiefreichend, an Thorax, Mediastinum und/oder Sternum
  Inkl.: Vakuumtherapie nach Herzoperation
.a3 Am offenen Abdomen
  Exkl.: Anlage eines Laparostomas (5-541.4)
.a4 Endorektal
  Inkl.: Endorektale Vakuumtherapie zur Behandlung von Anastomoseninsuffizienzen nach tiefer anteriorer Rektumresektion bei lokaler Peritonitis mit einspiegelbarer Wundhöhle
.a5 Tiefreichend subfaszial an der Bauchwand oder im Bereich von Nähten der Faszien bzw. des Peritoneums
.a6 Endoösophageal
.ax Sonstige
  Inkl.: Retroperitoneum

** 5-916.b	Durch hydrolytisch resorbierbare Membran, kleinflächig
** 5-916.c	Durch hydrolytisch resorbierbare Membran, großflächig
** 5-916.x	Sonstige
5-916.y	N.n.bez.

Kapitel 5: Operationen

5-917   Syndaktylie- und Polydaktyliekorrektur der Finger

5-917.0   Vertiefung einer Zwischenfingerspalte
 .00 ↔ Mit Verschiebeplastik
 .0x ↔ Sonstige

5-917.1   Trennung einer partiellen Syndaktylie
 .10 ↔ Mit Verschiebeplastik
 .1x ↔ Sonstige

5-917.2   Trennung einer kompletten Syndaktylie
 .20 ↔ Mit Kuppenplastik
 .21 ↔ Mit Seitenbandrekonstruktion
 .2x ↔ Sonstige

5-917.3 ↔ Teilresektion gedoppelter Anteile

5-917.4   Resektion gedoppelter Anteile
 .40 ↔ Ohne Gelenkrekonstruktion
 .41 ↔ Mit Gelenkrekonstruktion

5-917.5 ↔ Korrektur einer Polysyndaktylie durch Fusion gedoppelter Anteile (OP nach Bilhaut - Cloquet)

5-917.x ↔ Sonstige

5-917.y ↔ N.n.bez.

5-918   Syndaktylie- und Polydaktyliekorrektur der Zehen

5-918.0 ↔ Trennung einer partiellen Syndaktylie

5-918.1 ↔ Trennung einer kompletten Syndaktylie

5-918.2 ↔ Teilresektion gedoppelter Anteile

5-918.3 ↔ Resektion gedoppelter Anteile

5-918.x ↔ Sonstige

5-918.y ↔ N.n.bez.

5-919   **Operative Versorgung von Mehrfachtumoren an einer Lokalisation der Haut in einer Sitzung**
Hinw.: Diese Kodes sind Zusatzkodes. Die durchgeführten Eingriffe sind gesondert zu kodieren

5-919.0   3-5 Tumoren

5-919.1   Mehr als 5 Tumoren

5-91a   **Andere Operationen an Haut und Unterhaut**
Hinw.: Die Lokalisation ist in der 6. Stelle nach der Liste vor Kode 5-910 zu kodieren

** 5-91a.0   Desilikonisierung von Dermisersatzmaterial

** 5-91a.x   Sonstige

5-91a.y   N.n.bez.

5-92   Operationen an Haut und Unterhaut bei Verbrennungen und Verätzungen
Exkl.: Operationen am Nagelorgan bei Verbrennungen (5-898 ff.)
Hinw.: Die Lokalisation ist für die Kodes 5-920 ff., 5-921 ff. und 5-923 ff. bis 5-929 ff. nach folgender Liste zu kodieren:
 0 Lippe
 1 Nase
 2 ↔ Ohr
 3 ↔ Augenlid
 4 Sonstige Teile Kopf (ohne behaarte Kopfhaut)
 5 Hals
 6 ↔ Schulter und Axilla
 7 ↔ Oberarm und Ellenbogen
 8 ↔ Unterarm
 9 ↔ Hand
 a Brustwand
 b Bauchregion
 c Leisten- und Genitalregion (ohne Skrotum)

Kapitel 5: Operationen

d	Gesäß
e ↔	Oberschenkel und Knie
f ↔	Unterschenkel
g ↔	Fuß
h	Behaarte Kopfhaut
j	Rücken
k	Skrotum
m	Dammregion
x ↔	Sonstige

5-920 **Inzision an Haut und Unterhaut bei Verbrennungen und Verätzungen**
Exkl.: Entnahme von Haut zur Transplantation (5-924 ff.)
Hinw.: Das Anlegen eines Verbandes ist gesondert zu kodieren (8-191 ff.)
Die Lokalisation ist in der 6. Stelle nach vorstehender Liste zu kodieren

** 5-920.0 Inzision eines Verbrennungsschorfes [Escharotomie]
[6. Stelle: 5-b,e-g,j,x]

** 5-920.1 Fasziotomie
[6. Stelle: 5-b,e-g,j,x]

** 5-920.2 Inzision eines Verbrennungsschorfes [Escharotomie] mit Fasziotomie
[6. Stelle: 5-c,e-g,j-m,x]

** 5-920.3 Inzision eines Verbrennungsschorfes [Escharotomie] mit Dekompression peripherer Nerven
[6. Stelle: 6-9,c,e-g,k,m,x]

** 5-920.x Sonstige

5-920.y N.n.bez.

5-921 **Chirurgische Wundtoilette [Wunddebridement] und Entfernung von erkranktem Gewebe an Haut und Unterhaut bei Verbrennungen und Verätzungen**
Inkl.: Entfernung von infiziertem Gewebe
Narbenkorrektur
Exkl.: Wunddebridement bei Verbrennungen, auf Muskel, Sehne oder Faszie beschränkt (5-922.0, 5-922.1, 5-922.2)
Operationen am Nagelorgan (5-898 ff.)
Schichtenübergreifendes Wunddebridement bei Verbrennungen (5-922.3)
Hinw.: Das Anlegen eines Verbandes ist gesondert zu kodieren (8-191 ff.)
Die Lokalisation ist in der 6. Stelle nach der Liste vor Kode 5-920 zu kodieren

** 5-921.0 Abtragen einer Hautblase
Inkl.: Bürsten- und Hydro-Jet-Technik

** 5-921.1 Dermabrasion

** 5-921.2 Epifasziale Nekrosektomie

** 5-921.3 Tangentiale Exzision

** 5-921.4 Laserdestruktion

** 5-921.5 Destruktion durch Ultraschall

** 5-921.6 Radiochirurgie

** 5-921.7 Hochfrequenzchirurgie

** 5-921.x Sonstige

5-921.y N.n.bez.

5-922 **Wunddebridement an Muskel, Sehne und Faszie bei Verbrennungen und Verätzungen**
Hinw.: Das Anlegen eines Verbandes ist gesondert zu kodieren (8-191 ff.)

5-922.0 Debridement eines Muskels
Exkl.: Debridement eines Muskels bei anderen Ursachen (5-850.b ff.)

5-922.1 Debridement einer Sehne
Exkl.: Debridement einer Sehne bei anderen Ursachen (5-850.c ff.)

5-922.2 Debridement einer Faszie
Exkl.: Debridement einer Faszie bei anderen Ursachen (5-850.d ff.)

Kapitel 5: Operationen

5-922.3	Weichteildebridement, schichtenübergreifend *Exkl.:* Debridement bei anderen Ursachen (5-869.1) *Hinw.:* Dieser Kode ist nur zu verwenden, wenn eine präzise Gewebezuordnung nicht möglich ist
5-922.x	Sonstige
5-922.y	N.n.bez.
5-923	**Temporäre Weichteildeckung bei Verbrennungen und Verätzungen** *Exkl.:* Temporäre Weichteildeckung bei anderen Ursachen (5-916.0-9, 5-916.b-c) *Hinw.:* Kleinflächig entspricht einer Fläche bis 3 % der Körperoberfläche Das Anlegen eines Verbandes ist gesondert zu kodieren (8-191 ff.) Die Lokalisation ist in der 6. Stelle nach der Liste vor 5-920 zu kodieren
** 5-923.0	Durch allogene Hauttransplantation, kleinflächig
** 5-923.1	Durch xenogenes Hautersatzmaterial, kleinflächig
** 5-923.2	Durch alloplastisches Material, kleinflächig
** 5-923.3	Durch kultivierte Keratinozyten, kleinflächig
** 5-923.4	Durch Kombination mehrerer Verfahren, kleinflächig
** 5-923.5	Durch allogene Hauttransplantation, großflächig
** 5-923.6	Durch xenogenes Hautersatzmaterial, großflächig
** 5-923.7	Durch alloplastisches Material, großflächig
** 5-923.8	Durch kultivierte Keratinozyten, großflächig
** 5-923.9	Durch Kombination mehrerer Verfahren, großflächig
** 5-923.a	Durch hydrolytisch resorbierbare Membran, kleinflächig
** 5-923.b	Durch hydrolytisch resorbierbare Membran, großflächig
** 5-923.x	Sonstige
5-923.y	N.n.bez.
5-924	**Freie Hauttransplantation und Lappenplastik an Haut und Unterhaut bei Verbrennungen und Verätzungen, Entnahmestelle** *Hinw.:* Die Entnahme des Transplantates ist nur anzugeben, wenn dieser Eingriff in einer gesonderten Sitzung erfolgt Das Anlegen eines Verbandes ist gesondert zu kodieren (8-191 ff.) Die Lokalisation ist in der 6. Stelle nach der Liste vor Kode 5-920 zu kodieren
** 5-924.0	Spalthaut [6. Stelle: 6-8,a-f,h-m,x] *Inkl.:* Meshgraft
** 5-924.1	Vollhaut [6. Stelle: 5-8,a-f,h-m,x]
** 5-924.2	Composite graft [6. Stelle: 1,2,h,x]
** 5-924.3	Freier Lappen mit mikrovaskulärer Anastomosierung [6. Stelle: 4-j,x]
** 5-924.4	Gestielter regionaler Lappen [6. Stelle: 4-m,x]
** 5-924.5	Gestielter Fernlappen [6. Stelle: 4-m,x]
** 5-924.x	Sonstige
5-924.y	N.n.bez.

Kapitel 5: Operationen

5-925		**Freie Hauttransplantation und Lappenplastik an Haut und Unterhaut bei Verbrennungen und Verätzungen, Empfängerstelle**

Inkl.: Narbenkorrektur
Exkl.: Rekonstruktion des Skrotums (5-613 ff.)
  Plastische Rekonstruktion des Mundwinkels (5-908.3)
  Plastische Rekonstruktion der Lippen (5-908.1, 5-908.2)
  Haartransplantation (5-912 ff.)
Hinw.: Die Entnahme des Transplantates ist nur anzugeben, wenn dieser Eingriff in einer gesonderten Sitzung erfolgt
  Das Anlegen eines Verbandes ist gesondert zu kodieren (8-191 ff.)
  Die Lokalisation ist in der 6. Stelle nach der Liste vor Kode 5-920 zu kodieren

** 5-925.0 Spalthaut
  Inkl.: Meshgraft
** 5-925.2 Vollhaut
** 5-925.3 Composite graft
** 5-925.4 Freier Lappen mit mikrovaskulärer Anastomosierung
** 5-925.5 Gestielter regionaler Lappen
** 5-925.6 Gestielter Fernlappen
** 5-925.7 Mikrograft-Spalthautdeckung (nach Meek)
  Hinw.: Eine ergänzend durchgeführte Spalthautdeckung ist gesondert zu kodieren (5-925.0 ff.)
** 5-925.9 Permanenter Hautersatz durch kultivierte Keratinozyten, kleinflächig
** 5-925.a Permanenter Hautersatz durch kultivierte Keratinozyten, großflächig
** 5-925.b Epithelzellsuspension nach Aufbereitung mit Bedside-Kit
** 5-925.c Epithelzellsuspension nach labortechnischer Aufbereitung im Schnellverfahren
** 5-925.d Permanenter Hautersatz durch Dermisersatzmaterial, kleinflächig
** 5-925.e Permanenter Hautersatz durch Dermisersatzmaterial, großflächig
** 5-925.x Sonstige
   5-925.y N.n.bez.

5-926 **Lokale Lappenplastik an Haut und Unterhaut bei Verbrennungen und Verätzungen**
Inkl.: Narbenkorrektur
Exkl.: Rekonstruktion des Skrotums (5-613 ff.)
  Plastische Rekonstruktion des Mundwinkels (5-908.3)
  Plastische Rekonstruktion der Lippen (5-908.1, 5-908.2)
  Haartransplantation (5-912 ff.)
Hinw.: Das Anlegen eines Verbandes ist gesondert zu kodieren (8-191 ff.)
  Die Lokalisation ist in der 6. Stelle nach der Liste vor Kode 5-920 zu kodieren

** 5-926.0 Dehnungsplastik
** 5-926.1 Verschiebe- Rotationsplastik
** 5-926.2 Transpositionsplastik
  Inkl.: VY-Plastik
** 5-926.3 Insellappenplastik
** 5-926.4 Z-Plastik
** 5-926.5 W-Plastik
** 5-926.x Sonstige
   5-926.y N.n.bez.

5-927	**Kombinierte plastische Eingriffe an Haut und Unterhaut bei Verbrennungen und Verätzungen**
	Inkl.: Durchtrennung von Synechien
	Exkl.: Rekonstruktion des Skrotums (5-613 ff.)
	          Plastische Rekonstruktion des Mundwinkels (5-908.3)
	          Plastische Rekonstruktion der Lippen (5-908.1, 5-908.2)
	          Haartransplantation (5-912 ff.)
	Hinw.: Die Entnahme des Transplantates ist nur anzugeben, wenn dieser Eingriff in einer gesonderten Sitzung erfolgt
	          Das Anlegen eines Verbandes ist gesondert zu kodieren (8-191 ff.)
	          Die Lokalisation ist in der 6. Stelle nach der Liste vor Kode 5-920 zu kodieren

** 5-927.0	Kombinierte Lappenplastiken *Inkl.:* Butterfly-Plastik Jumping-man-Plastik
** 5-927.1	Kombination von Lappenplastiken und freiem Hauttransplantat
** 5-927.2	Gestielter regionaler Lappen mit Fernlappen
** 5-927.3	Gestielter regionaler Lappen, Fernlappen und freies Hauttransplantat
** 5-927.x	Sonstige
5-927.y	N.n.bez.
5-928	**Primärer Wundverschluss der Haut und Revision einer Hautplastik bei Verbrennungen und Verätzungen** *Inkl.:* Ausdünnung eines Lappens *Hinw.:* Das Anlegen eines Verbandes ist gesondert zu kodieren (8-191 ff.) Die Lokalisation ist in der 6. Stelle nach der Liste vor Kode 5-920 zu kodieren
** 5-928.0	Primärer Wundverschluss durch Fadennaht
** 5-928.1	Primärer Wundverschluss durch Klammernaht
** 5-928.2	Primärer Wundverschluss durch Klebung
** 5-928.4	Revision eines freien Hauttransplantates
** 5-928.5	Revision einer lokalen Lappenplastik
** 5-928.6	Revision eines gestielten regionalen Lappens
** 5-928.7	Revision eines gestielten Fernlappens
** 5-928.8	Revision eines freien Lappens mit mikrovaskulärer Anastomosierung
** 5-928.x	Sonstige
5-928.y	N.n.bez.
5-929	**Andere Operationen bei Verbrennungen und Verätzungen** *Hinw.:* Das Anlegen eines Verbandes ist gesondert zu kodieren (8-191 ff.) Die Lokalisation ist in der 6. Stelle nach der Liste vor Kode 5-920 zu kodieren
** 5-929.0	Lappenstieldurchtrennung *Inkl.:* Einarbeitung eines Lappens in die Umgebung
** 5-929.1	Desilikonisierung von Dermisersatzmaterial
** 5-929.x	Sonstige
5-929.y	N.n.bez.

Zusatzinformationen zu Operationen (5-93...5-99)

Hinw.: Die folgenden Positionen sind ausschließlich zur Kodierung von Zusatzinformationen zu Operationen zu benutzen, sofern sie nicht schon im Kode selbst enthalten sind
Sie dürfen nicht als selbständige Kodes benutzt werden und sind nur im Sinne einer Zusatzkodierung zulässig

5-93 Angaben zum Transplantat und zu verwendeten Materialien

5-930 Art des Transplantates

5-930.0 Autogen
    .00   Ohne externe In-vitro-Aufbereitung
    .01   Mit externer In-vitro-Aufbereitung

5-930.1 Syngen

5-930.2 Allogen
    .20   AB0-kompatibel
    .21   AB0-nichtkompatibel

5-930.3 Xenogen

5-930.4 Alloplastisch

5-931 Art des verwendeten Knorpelersatz-, Knochenersatz- und Osteosynthesematerials

5-931.0 Hypoallergenes Material
    Inkl.:   Titan

5-931.1 (Teil-)resorbierbares Material
    Inkl.:   Magnesium, Composite-Material

5-931.2 Faserverbundwerkstoff
    Inkl.:   Carbonfaserverstärktes Material

5-932 Art des verwendeten Materials für Gewebeersatz und Gewebeverstärkung
    Hinw.: Die durchgeführten organspezifischen Eingriffe sind gesondert zu kodieren
    Die Fläche des verwendeten Materials ist auf der 6. Stelle nach folgender Liste zu kodieren:
    0   Weniger als 10 cm²
    1   10 cm² bis unter 50 cm²
    2   50 cm² bis unter 100 cm²
    3   100 cm² bis unter 200 cm²
    4   200 cm² bis unter 300 cm²
    5   300 cm² bis unter 400 cm²
    6   400 cm² bis unter 500 cm²
    7   500 cm² bis unter 750 cm²
    8   750 cm² bis unter 1.000 cm²
    9   1.000 cm² oder mehr

** 5-932.1 (Teil-)resorbierbares synthetisches Material
    Inkl.:   Polyglycolide, Copolymere, Polytrimethylencarbonat

** 5-932.2 Composite-Material

** 5-932.3 Biologisches Material
    Inkl.:   Xenogenes Material, Kollagen

** 5-932.4 Nicht resorbierbares Material, ohne Beschichtung
    Inkl.:   Polypropylen, Polyester, ePTFE, PVDF

** 5-932.5 Nicht resorbierbares Material, mit antimikrobieller Beschichtung
    Inkl.:   Polypropylen, Polyester, ePTFE, PVDF
            Chlorhexidindiacetat, Silbercarbonat

** 5-932.6 Nicht resorbierbares Material, mit Titanbeschichtung
    Inkl.:   Polypropylen, Polyester, ePTFE, PVDF

** 5-932.7 Nicht resorbierbares Material, mit sonstiger Beschichtung
    Inkl.:   Polypropylen, Polyester, ePTFE, PVDF

5-933	**Verwendung von Membranen oder sonstigen Materialien zur Prophylaxe von Adhäsionen**
5-933.0	Nicht resorbierbar
5-933.1	(Teil-)resorbierbar
5-934	**Verwendung von MRT-fähigem Material**
5-934.0	Herzschrittmacher
5-934.1	Defibrillator
5-934.2	Ereignis-Rekorder
5-934.3	Neurostimulator, Ganzkörper-MRT-fähig
5-934.4	Eine oder mehrere permanente Elektroden zur Neurostimulation, Ganzkörper-MRT-fähig
5-934.x	Sonstige
5-935	**Verwendung von beschichtetem Osteosynthesematerial**
5-935.0	Mit Medikamentenbeschichtung *Inkl.:* Antibiotikabeschichtung
5-935.x	Mit sonstiger Beschichtung *Inkl.:* Hydroxylapatitbeschichtung, Silberbeschichtung
5-936	**Verwendung von Arzneimitteln für neuartige Therapien** *Inkl.:* Chondrozyten-Präparate
5-936.0	Nationale Genehmigung *Hinw.:* Dieser Zusatzkode ist für die Verwendung von Gentherapeutika, somatischen Zelltherapeutika und biotechnologisch bearbeiteten Gewebeprodukten (Tissue-Engineering-Produkte) mit einer Genehmigung nach § 4b Arzneimittelgesetz anzugeben
5-936.1	Internationale Zulassung *Hinw.:* Dieser Zusatzkode ist für die Verwendung von Gentherapeutika, somatischen Zelltherapeutika und biotechnologisch bearbeiteten Gewebeprodukten (Tissue-Engineering-Produkte) mit einer Zulassung entsprechend der Verordnung Nr. 1394/2007 des europäischen Parlaments und des Rates anzugeben
5-937	**Verwendung von thermomechanischem Osteosynthesematerial** *Inkl.:* Nitinol, Formgedächtnis-Legierung
5-938	**Art der Beschichtung von Gefäßprothesen**
5-938.0	Bioaktive Oberfläche
5-938.x	Sonstige
5-939	**Art der Konservierung von Organtransplantaten** *Hinw.:* Die jeweilige Organtransplantation ist gesondert zu kodieren Eine Organkonservierung kann normotherm oder hypotherm erfolgen. Eine Ex-vivo-Perfusion kann pulsatil oder nicht pulsatil angewendet werden
5-939.0	Organkonservierung, ohne Anwendung einer Ex-vivo-Perfusion
5-939.1	Organkonservierung, mit Anwendung einer kontinuierlichen Ex-vivo-Perfusion und ohne Organfunktionsüberwachung
5-939.2	Organkonservierung, mit Anwendung einer kontinuierlichen Ex-vivo-Perfusion und mit Organfunktionsüberwachung
5-939.x	Sonstige

5-98 Spezielle Operationstechniken und Operationen bei speziellen Versorgungssituationen

5-981 Versorgung bei Mehrfachverletzung
Hinw.: Dieser Zusatzkode ist nur für die Versorgung von Patienten anzuwenden, bei denen als Unfallfolge eine Mehrfachverletzung vorliegt, aber keine Lebensgefahr besteht

5-982 Versorgung bei Polytrauma
Hinw.: Dieser Zusatzkode ist nur für die Versorgung von Patienten anzuwenden, bei denen als Unfallfolge eine Verletzung mehrerer Organsysteme mit akuter Lebensgefahr besteht

5-982.0 Operationen an Bewegungsorganen
5-982.1 Operationen an Bewegungsorganen, an Organen des Bauchraumes und Thoraxraumes und am Gesichtsschädel
5-982.2 Operationen an Bewegungsorganen, an Organen des Bauchraumes und Thoraxraumes und am ZNS
5-982.x Sonstige
5-982.y N.n.bez.

5-983 Reoperation
Hinw.: Dieser Zusatzkode ist anzuwenden bei der Wiedereröffnung des Operationsgebietes zur Behandlung einer Komplikation, zur Durchführung einer Rezidivoperation oder zur Durchführung einer anderen Operation in diesem Operationsgebiet. Sofern im organspezifischen Kapitel ein entsprechender spezifischer Kode vorhanden ist, ist dieser zu verwenden

5-984 Mikrochirurgische Technik
Hinw.: Unter einem mikrochirurgischen Eingriff werden Operationen verstanden, die mit Hilfe eines Mikroinstrumentariums und einer optischen Vergrößerung in entsprechender Operationstechnik unter maximaler Gewebeschonung durchgeführt werden

5-985 Lasertechnik
5-985.0 Argon- oder frequenzgedoppelter YAG-Laser
5-985.1 CO_2-Laser
5-985.2 Dioden-Laser
5-985.3 Erbium-YAG-Laser
5-985.4 Excimer-Laser
5-985.5 Femtosekunden-Laser
5-985.6 Neodym-YAG-Laser
5-985.7 Laser im Grünspektrum (490 - 560 nm)
　　　Inkl.: KTP-Laser [Kalium-Titanyl-Phosphat-Laser], LBO-Laser [Lithium-Triborat-Laser]
5-985.8 Thulium-Laser
5-985.9 Holmium-Laser
5-985.x Sonstige
5-985.y N.n.bez.

5-986 Minimalinvasive Technik
5-986.0 Endoskopische Operationen durch natürliche Körperöffnungen [NOTES]
　　　.00 Transoraler Zugangsweg
　　　.01 Transgastraler Zugangsweg
　　　.02 Transvaginaler Zugangsweg
　　　.03 Transkolischer Zugangsweg
　　　.04 Transvesikaler Zugangsweg
　　　.0x Sonstige
5-986.1 Durchführung einer Laparoskopie ohne Aufbau eines Pneumoperitoneums
　　　Inkl.: Laparoskopie mittels eines Ballonsystems
5-986.2 Einsatz eines Single-Port-Systems bei laparoskopischen Operationen
5-986.x Sonstige
5-986.y N.n.bez.

Kapitel 5: Operationen

5-987 **Anwendung eines OP-Roboters**

5-987.0 Komplexer OP-Roboter
Hinw.: Ein komplexer Roboter ermöglicht eine Hand- und ggf. Fußbedienung über eine Computerkonsole zur
- Steuerung winkelbarer Instrumente mit insgesamt mindestens 7 Freiheitsgraden
- Übersetzung chirurgischer Handbewegungen in skalierte Bewegungen an gleichzeitig 3 oder mehr endoskopischen Instrumenten
- Kameraführung mit 3D-Bildübertragung

5-987.1 Roboterarm
Hinw.: Ein Roboterarm-gestütztes chirurgisches Assistenzsystem ist gekennzeichnet durch die aktive Limitierung durch den Roboterarm bei Überschreitung der geplanten Interventionsgrenzen unter Navigation
Der Roboterarm verfügt über mindestens 6 Freiheitsgrade

5-987.x Sonstige

5-988 **Anwendung eines Navigationssystems**

5-988.0 Radiologisch

5-988.1 Elektromagnetisch

5-988.2 Sonographisch

5-988.3 Optisch

5-988.x Sonstige

5-989 **Fluoreszenzgestützte Therapieverfahren**

5-98a **Hybridtherapie**

5-98a.0 Anwendung der Hybridchirurgie
Hinw.: Dieser Kode ist anzuwenden, wenn im Rahmen gefäßchirurgischer oder herzchirurgischer Maßnahmen ein (perkutan-)transluminales Verfahren aus den Bereichen 8-836 ff., 8-837 ff., 8-838 ff., 8-83c ff., 8-83d ff. oder 8-84 mit einem offen chirurgischen Zugang (z.B. zur Aorta oder zum Herzen) in gleicher Sitzung kombiniert wird

5-98b **Anwendung eines flexiblen Ureterorenoskops**

5-98b.0 Einmal-Ureterorenoskop

5-98b.x Sonstige

5-98c **Anwendung eines Klammernahtgerätes und sonstiger Nahtsysteme**
Exkl.: Wundverschluss an Haut und Unterhaut
Clippen von Blutgefäßen

5-98c.0 Lineares Klammernahtgerät, offen chirurgisch, für die intrathorakale oder intraabdominale Anwendung

5-98c.1 Lineares Klammernahtgerät, laparoskopisch oder thorakoskopisch, für die intrathorakale oder intraabdominale Anwendung

5-98c.2 Zirkuläres Klammernahtgerät für die Anwendung am Gastrointestinaltrakt und/oder am Respirationstrakt

5-98c.3 Zirkuläres Klammernahtgerät für die Anwendung bei Gefäßanastomosen

5-98c.4 Gerät zur Fixierung von Stent-Prothesen durch Verschraubung

5-98c.5 Endoskopisches Nahtsystem

5-98c.x Sonstige

5-98c.y N.n.bez.

5-98d **Verwendung von patientenindividuell hergestelltem Instrumentarium**

5-98d.0 CAD-CAM-Schnittblöcke

5-98d.x Sonstige

5-98e **Intraoperative Blutflussmessung in Gefäßen**
Inkl.: Messung mittels Ultraschallsonde oder elektromagnetischer Sonde
Exkl.: Dopplersonographie

| 5-98f | Einsatz von Shavertechnik zur Weichteil- und Knochenabtragung bei Operationen an Nase, Nasennebenhöhlen und Gesichtsschädelknochen
Inkl.: pESS-Technik |

5-99 Vorzeitiger Abbruch einer Operation

| 5-995 | Vorzeitiger Abbruch einer Operation (Eingriff nicht komplett durchgeführt) |

Kapitel 6:

Medikamente

Applikation von Medikamenten (6-00...6-00)

6-00 Applikation von Medikamenten

Exkl.: Applikation von Medikamenten zur Schmerztherapie (8-91)
Applikation von Medikamenten und Elektrolytlösungen über das Gefäßsystem bei Neugeborenen (8-010 ff.)

Hinw.: Ein Kode aus diesem Bereich ist jeweils nur einmal pro stationären Aufenthalt anzugeben
Die Applikation von zytostatischen Chemotherapeutika, Immuntherapie oder eine antiretrovirale Therapie sind mit einem Kode aus 8-54 zu kodieren und zusätzlich ggf. für jedes kodierbare Medikament (z.B. Zytostatika, Antikörper und Supportivmedikamente) mit einem Kode aus Kapitel 6 Medikamente

6-001 Applikation von Medikamenten, Liste 1

6-001.0 Alemtuzumab, parenteral
.00   30 mg bis unter 60 mg
.01   60 mg bis unter 90 mg
.02   90 mg bis unter 120 mg
.03   120 mg bis unter 150 mg
.04   150 mg bis unter 180 mg
.05   180 mg bis unter 210 mg
.06   210 mg bis unter 240 mg
.07   240 mg bis unter 270 mg
.08   270 mg bis unter 300 mg
.09   300 mg bis unter 330 mg
.0a   330 mg bis unter 390 mg
.0b   390 mg bis unter 450 mg
.0c   450 mg bis unter 510 mg
.0d   510 mg bis unter 570 mg
.0e   570 mg oder mehr

6-001.1 Gemcitabin, parenteral
.19   19,0 g bis unter 22,0 g
.1a   22,0 g bis unter 25,0 g
.1b   25,0 g bis unter 28,0 g
.1c   28,0 g bis unter 31,0 g
.1d   31,0 g bis unter 34,0 g
.1e   34,0 g oder mehr

6-001.3 Irinotecan, parenteral
.3d   2.000 mg bis unter 2.200 mg
.3e   2.200 mg bis unter 2.400 mg
.3f   2.400 mg bis unter 2.600 mg
.3g   2.600 mg bis unter 2.800 mg
.3h   2.800 mg bis unter 3.000 mg
.3j   3.000 mg oder mehr

6-001.4 Sargramostim, parenteral
.40   2 mg bis unter 3 mg
.41   3 mg bis unter 4 mg
.42   4 mg bis unter 5 mg

Kapitel 6: Medikamente

	.43	5 mg bis unter 6 mg
	.44	6 mg bis unter 7 mg
	.45	7 mg bis unter 8 mg
	.46	8 mg bis unter 9 mg
	.47	9 mg bis unter 10 mg
	.48	10 mg bis unter 11 mg
	.49	11 mg bis unter 12 mg
	.4a	12 mg bis unter 13 mg
	.4b	13 mg bis unter 14 mg
	.4c	14 mg bis unter 15 mg
	.4d	15 mg bis unter 16 mg
	.4e	16 mg bis unter 17 mg
	.4f	17 mg bis unter 18 mg
	.4g	18 mg bis unter 19 mg
	.4h	19 mg bis unter 20 mg
	.4j	20 mg bis unter 22 mg
	.4k	22 mg bis unter 24 mg
	.4m	24 mg bis unter 26 mg
	.4n	26 mg bis unter 28 mg
	.4p	28 mg bis unter 30 mg
	.4q	30 mg oder mehr
6-001.8		Aldesleukin, parenteral
	.80	45 Mio. IE bis unter 65 Mio. IE
	.81	65 Mio. IE bis unter 85 Mio. IE
	.82	85 Mio. IE bis unter 105 Mio. IE
	.83	105 Mio. IE bis unter 125 Mio. IE
	.84	125 Mio. IE bis unter 145 Mio. IE
	.85	145 Mio. IE bis unter 165 Mio. IE
	.86	165 Mio. IE bis unter 185 Mio. IE
	.87	185 Mio. IE bis unter 205 Mio. IE
	.88	205 Mio. IE bis unter 245 Mio. IE
	.89	245 Mio. IE bis unter 285 Mio. IE
	.8a	285 Mio. IE bis unter 325 Mio. IE
	.8b	325 Mio. IE bis unter 365 Mio. IE
	.8c	365 Mio. IE bis unter 405 Mio. IE
	.8d	405 Mio. IE bis unter 445 Mio. IE
	.8e	445 Mio. IE bis unter 485 Mio. IE
	.8f	485 Mio. IE bis unter 525 Mio. IE
	.8g	525 Mio. IE bis unter 565 Mio. IE
	.8h	565 Mio. IE bis unter 625 Mio. IE
	.8j	625 Mio. IE bis unter 685 Mio. IE
	.8k	685 Mio. IE bis unter 745 Mio. IE
	.8m	745 Mio. IE bis unter 805 Mio. IE
	.8n	805 Mio. IE oder mehr
6-001.9		Bortezomib, parenteral
	.90	1,5 mg bis unter 2,5 mg
	.91	2,5 mg bis unter 3,5 mg
	.92	3,5 mg bis unter 4,5 mg
	.93	4,5 mg bis unter 5,5 mg
	.94	5,5 mg bis unter 6,5 mg
	.95	6,5 mg bis unter 7,5 mg
	.96	7,5 mg bis unter 8,5 mg
	.97	8,5 mg bis unter 9,5 mg
	.98	9,5 mg bis unter 10,5 mg
	.99	10,5 mg bis unter 11,5 mg
	.9a	11,5 mg bis unter 13,5 mg
	.9b	13,5 mg bis unter 15,5 mg
	.9c	15,5 mg bis unter 17,5 mg

	.9d	17,5 mg bis unter 19,5 mg
	.9e	19,5 mg bis unter 21,5 mg
	.9f	21,5 mg bis unter 23,5 mg
	.9g	23,5 mg bis unter 25,5 mg
	.9h	25,5 mg bis unter 27,5 mg
	.9j	27,5 mg bis unter 29,5 mg
	.9k	29,5 mg oder mehr
6-001.a		Cetuximab, parenteral
	.a0	250 mg bis unter 350 mg
	.a1	350 mg bis unter 450 mg
	.a2	450 mg bis unter 550 mg
	.a3	550 mg bis unter 650 mg
	.a4	650 mg bis unter 750 mg
	.a5	750 mg bis unter 850 mg
	.a6	850 mg bis unter 1.050 mg
	.a7	1.050 mg bis unter 1.250 mg
	.a8	1.250 mg bis unter 1.450 mg
	.a9	1.450 mg bis unter 1.650 mg
	.aa	1.650 mg bis unter 1.850 mg
	.ab	1.850 mg bis unter 2.150 mg
	.ac	2.150 mg bis unter 2.450 mg
	.ad	2.450 mg bis unter 2.750 mg
	.ae	2.750 mg bis unter 3.050 mg
	.af	3.050 mg bis unter 3.350 mg
	.ah	3.350 mg bis unter 3.950 mg
	.aj	3.950 mg bis unter 4.550 mg
	.ak	4.550 mg oder mehr
6-001.b		Liposomales Doxorubicin, parenteral
	.b0	10 mg bis unter 20 mg
		Hinw.: Dieser Kode ist für Patienten mit einem Alter bei Aufnahme von unter 15 Jahren anzugeben
	.b1	20 mg bis unter 30 mg
		Hinw.: Dieser Kode ist für Patienten mit einem Alter bei Aufnahme von unter 15 Jahren anzugeben
	.b2	30 mg bis unter 40 mg
	.b3	40 mg bis unter 50 mg
	.b4	50 mg bis unter 60 mg
	.b5	60 mg bis unter 70 mg
	.b6	70 mg bis unter 80 mg
	.b7	80 mg bis unter 90 mg
	.b8	90 mg bis unter 100 mg
	.b9	100 mg bis unter 110 mg
	.ba	110 mg bis unter 120 mg
	.bb	120 mg bis unter 140 mg
	.bc	140 mg bis unter 160 mg
	.bd	160 mg bis unter 180 mg
	.be	180 mg bis unter 200 mg
	.bf	200 mg bis unter 220 mg
	.bg	220 mg bis unter 240 mg
	.bh	240 mg bis unter 260 mg
	.bj	260 mg bis unter 280 mg
	.bk	280 mg bis unter 300 mg
	.bm	300 mg bis unter 320 mg
	.bn	320 mg oder mehr
6-001.c		Pemetrexed, parenteral
	.c0	600 mg bis unter 700 mg
	.c1	700 mg bis unter 800 mg
	.c2	800 mg bis unter 900 mg
	.c3	900 mg bis unter 1.000 mg
	.c4	1.000 mg bis unter 1.100 mg

Kapitel 6: Medikamente

	.c5	1.100 mg bis unter 1.200 mg
	.c6	1.200 mg bis unter 1.400 mg
	.c7	1.400 mg bis unter 1.600 mg
	.c8	1.600 mg bis unter 1.800 mg
	.c9	1.800 mg bis unter 2.000 mg
	.ca	2.000 mg bis unter 2.200 mg
	.cb	2.200 mg bis unter 2.400 mg
	.cc	2.400 mg bis unter 2.600 mg
	.cd	2.600 mg bis unter 2.800 mg
	.ce	2.800 mg bis unter 3.000 mg
	.cf	3.000 mg bis unter 3.300 mg
	.cg	3.300 mg bis unter 3.600 mg
	.ch	3.600 mg bis unter 3.900 mg
	.cj	3.900 mg oder mehr
6-001.d	Adalimumab, parenteral	
	.d0	10 mg bis unter 25 mg
		Hinw.: Dieser Kode ist für Patienten mit einem Alter bei Aufnahme von unter 15 Jahren anzugeben
	.d1	25 mg bis unter 40 mg
		Hinw.: Dieser Kode ist für Patienten mit einem Alter bei Aufnahme von unter 15 Jahren anzugeben
	.d2	40 mg bis unter 80 mg
	.d3	80 mg bis unter 120 mg
	.d4	120 mg bis unter 160 mg
	.d5	160 mg bis unter 200 mg
	.d6	200 mg bis unter 240 mg
	.d7	240 mg bis unter 280 mg
	.d8	280 mg bis unter 320 mg
	.d9	320 mg bis unter 360 mg
	.da	360 mg bis unter 400 mg
	.db	400 mg bis unter 440 mg
	.dc	440 mg oder mehr
6-001.e	Infliximab, parenteral	
	.e0	50 mg bis unter 100 mg
		Hinw.: Dieser Kode ist für Patienten mit einem Alter bei Aufnahme von unter 15 Jahren anzugeben
	.e1	100 mg bis unter 150 mg
		Hinw.: Dieser Kode ist für Patienten mit einem Alter bei Aufnahme von unter 15 Jahren anzugeben
	.e2	150 mg bis unter 200 mg
	.e3	200 mg bis unter 300 mg
	.e4	300 mg bis unter 400 mg
	.e5	400 mg bis unter 500 mg
	.e6	500 mg bis unter 600 mg
	.e7	600 mg bis unter 700 mg
	.e8	700 mg bis unter 800 mg
	.e9	800 mg bis unter 900 mg
	.ea	900 mg bis unter 1.000 mg
	.eb	1.000 mg bis unter 1.200 mg
	.ec	1.200 mg bis unter 1.400 mg
	.ed	1.400 mg bis unter 1.600 mg
	.ee	1.600 mg bis unter 1.800 mg
	.ef	1.800 mg bis unter 2.000 mg
	.eg	2.000 mg oder mehr
6-001.f	Paclitaxel, parenteral	
	.f7	1.320 mg bis unter 1.500 mg
	.f8	1.500 mg bis unter 1.680 mg
	.f9	1.680 mg bis unter 1.860 mg
	.fa	1.860 mg bis unter 2.040 mg
	.fb	2.040 mg bis unter 2.220 mg
	.fc	2.220 mg bis unter 2.400 mg
	.fd	2.400 mg oder mehr

6-001.g Imatinib, oral
- .g0 800 mg bis unter 1.200 mg
  Hinw.: Dieser Kode ist für Patienten mit einem Alter bei Aufnahme von unter 15 Jahren anzugeben
- .g1 1.200 mg bis unter 2.000 mg
  Hinw.: Dieser Kode ist für Patienten mit einem Alter bei Aufnahme von unter 15 Jahren anzugeben
- .g2 2.000 mg bis unter 2.800 mg
  Hinw.: Dieser Kode ist für Patienten mit einem Alter bei Aufnahme von unter 15 Jahren anzugeben
- .g3 2.800 mg bis unter 4.000 mg
- .g4 4.000 mg bis unter 5.200 mg
- .g5 5.200 mg bis unter 6.400 mg
- .g6 6.400 mg bis unter 7.600 mg
- .g7 7.600 mg bis unter 8.800 mg
- .g8 8.800 mg bis unter 11.200 mg
- .g9 11.200 mg bis unter 13.600 mg
- .ga 13.600 mg bis unter 16.000 mg
- .gb 16.000 mg bis unter 18.400 mg
- .gd 18.400 mg bis unter 20.800 mg
- .ge 20.800 mg bis unter 23.200 mg
- .gf 23.200 mg bis unter 25.600 mg
- .gg 25.600 mg bis unter 30.400 mg
- .gh 30.400 mg bis unter 35.200 mg
- .gj 35.200 mg oder mehr

6-001.h Rituximab, intravenös
- .h0 150 mg bis unter 250 mg
- .h1 250 mg bis unter 350 mg
- .h2 350 mg bis unter 450 mg
- .h3 450 mg bis unter 550 mg
- .h4 550 mg bis unter 650 mg
- .h5 650 mg bis unter 750 mg
- .h6 750 mg bis unter 850 mg
- .h7 850 mg bis unter 950 mg
- .h8 950 mg bis unter 1.050 mg
- .h9 1.050 mg bis unter 1.250 mg
- .ha 1.250 mg bis unter 1.450 mg
- .hb 1.450 mg bis unter 1.650 mg
- .hc 1.650 mg bis unter 1.850 mg
- .hd 1.850 mg bis unter 2.050 mg
- .he 2.050 mg bis unter 2.450 mg
- .hf 2.450 mg bis unter 2.850 mg
- .hg 2.850 mg bis unter 3.250 mg
- .hh 3.250 mg bis unter 3.650 mg
- .hj 3.650 mg oder mehr

6-001.j Rituximab, subkutan
- .j0 1.400 mg bis unter 2.800 mg
- .j1 2.800 mg bis unter 4.200 mg
- .j2 4.200 mg bis unter 5.600 mg
- .j3 5.600 mg bis unter 7.000 mg
- .j4 7.000 mg bis unter 8.400 mg
- .j5 8.400 mg oder mehr

6-001.k Trastuzumab, intravenös
- .k0 100 mg bis unter 150 mg
- .k1 150 mg bis unter 200 mg
- .k2 200 mg bis unter 250 mg
- .k3 250 mg bis unter 300 mg
- .k4 300 mg bis unter 350 mg
- .k5 350 mg bis unter 400 mg
- .k6 400 mg bis unter 450 mg

Kapitel 6: Medikamente

	.k7	450 mg bis unter 500 mg
	.k8	500 mg bis unter 600 mg
	.k9	600 mg bis unter 700 mg
	.ka	700 mg bis unter 800 mg
	.kb	800 mg bis unter 900 mg
	.kc	900 mg bis unter 1.000 mg
	.kd	1.000 mg bis unter 1.200 mg
	.ke	1.200 mg bis unter 1.400 mg
	.kf	1.400 mg bis unter 1.600 mg
	.kg	1.600 mg bis unter 1.800 mg
	.kh	1.800 mg bis unter 2.000 mg
	.kj	2.000 mg bis unter 2.200 mg
	.kk	2.200 mg bis unter 2.400 mg
	.km	2.400 mg oder mehr
6-001.m		Trastuzumab, subkutan
	.m0	600 mg bis unter 1.200 mg
	.m1	1.200 mg bis unter 1.800 mg
	.m2	1.800 mg bis unter 2.400 mg
	.m3	2.400 mg bis unter 3.000 mg
	.m4	3.000 mg bis unter 3.600 mg
	.m5	3.600 mg oder mehr

6-002 Applikation von Medikamenten, Liste 2

6-002.1 Filgrastim, parenteral

.10 70 Mio. IE bis unter 130 Mio. IE
Hinw.: Dieser Kode ist für Patienten mit einem Alter bei Aufnahme von unter 15 Jahren anzugeben
.11 130 Mio. IE bis unter 190 Mio. IE
Hinw.: Dieser Kode ist für Patienten mit einem Alter bei Aufnahme von unter 15 Jahren anzugeben
.12 190 Mio. IE bis unter 250 Mio. IE
Hinw.: Dieser Kode ist für Patienten mit einem Alter bei Aufnahme von unter 15 Jahren anzugeben
.13 250 Mio. IE bis unter 350 Mio. IE
.14 350 Mio. IE bis unter 450 Mio. IE
.15 450 Mio. IE bis unter 550 Mio. IE
.16 550 Mio. IE bis unter 650 Mio. IE
.17 650 Mio. IE bis unter 750 Mio. IE
.18 750 Mio. IE bis unter 850 Mio. IE
.19 850 Mio. IE bis unter 950 Mio. IE
.1a 950 Mio. IE bis unter 1.050 Mio. IE
.1b 1.050 Mio. IE bis unter 1.250 Mio. IE
.1c 1.250 Mio. IE bis unter 1.450 Mio. IE
.1d 1.450 Mio. IE bis unter 1.650 Mio. IE
.1e 1.650 Mio. IE bis unter 1.850 Mio. IE
.1f 1.850 Mio. IE bis unter 2.050 Mio. IE
.1g 2.050 Mio. IE bis unter 2.250 Mio. IE
.1h 2.250 Mio. IE bis unter 2.450 Mio. IE
.1j 2.450 Mio. IE oder mehr

6-002.2 Lenograstim, parenteral

.20 75 Mio. IE bis unter 150 Mio. IE
Hinw.: Dieser Kode ist für Patienten mit einem Alter bei Aufnahme von unter 15 Jahren anzugeben
.21 150 Mio. IE bis unter 225 Mio. IE
Hinw.: Dieser Kode ist für Patienten mit einem Alter bei Aufnahme von unter 15 Jahren anzugeben
.22 225 Mio. IE bis unter 300 Mio. IE
Hinw.: Dieser Kode ist für Patienten mit einem Alter bei Aufnahme von unter 15 Jahren anzugeben
.23 300 Mio. IE bis unter 400 Mio. IE
.24 400 Mio. IE bis unter 500 Mio. IE
.25 500 Mio. IE bis unter 600 Mio. IE
.26 600 Mio. IE bis unter 800 Mio. IE
.27 800 Mio. IE bis unter 1.000 Mio. IE

	.28	1.000 Mio. IE bis unter 1.200 Mio. IE
	.29	1.200 Mio. IE bis unter 1.400 Mio. IE
	.2a	1.400 Mio. IE bis unter 1.600 Mio. IE
	.2b	1.600 Mio. IE bis unter 1.800 Mio. IE
	.2c	1.800 Mio. IE bis unter 2.000 Mio. IE
	.2d	2.000 Mio. IE bis unter 2.200 Mio. IE
	.2e	2.200 Mio. IE bis unter 2.400 Mio. IE
	.2f	2.400 Mio. IE bis unter 2.600 Mio. IE
	.2g	2.600 Mio. IE bis unter 2.800 Mio. IE
	.2h	2.800 Mio. IE bis unter 3.000 Mio. IE
	.2j	3.000 Mio. IE oder mehr
6-002.4		**Topotecan, parenteral**
	.4c	30,0 mg bis unter 40,0 mg
	.4d	40,0 mg bis unter 50,0 mg
	.4e	50,0 mg bis unter 60,0 mg
	.4f	60,0 mg bis unter 70,0 mg
	.4g	70,0 mg oder mehr
6-002.5		**Voriconazol, oral**
	.50	1,00 g bis unter 1,75 g
		Hinw.: Dieser Kode ist für Patienten mit einem Alter bei Aufnahme von unter 15 Jahren anzugeben
	.51	1,75 g bis unter 2,50 g
		Hinw.: Dieser Kode ist für Patienten mit einem Alter bei Aufnahme von unter 15 Jahren anzugeben
	.52	2,50 g bis unter 3,50 g
	.53	3,50 g bis unter 4,50 g
	.54	4,50 g bis unter 6,50 g
	.55	6,50 g bis unter 8,50 g
	.56	8,50 g bis unter 10,50 g
	.57	10,50 g bis unter 15,50 g
	.58	15,50 g bis unter 20,50 g
	.59	20,50 g bis unter 25,50 g
	.5a	25,50 g bis unter 30,50 g
	.5c	30,50 g bis unter 35,50 g
	.5d	35,50 g bis unter 40,50 g
	.5e	40,50 g bis unter 45,50 g
	.5f	45,50 g oder mehr
6-002.7		**Pegfilgrastim, parenteral**
	.70	1 mg bis unter 3 mg
		Hinw.: Dieser Kode ist für Patienten mit einem Alter bei Aufnahme von unter 15 Jahren anzugeben
	.71	3 mg bis unter 6 mg
		Hinw.: Dieser Kode ist für Patienten mit einem Alter bei Aufnahme von unter 15 Jahren anzugeben
	.72	6 mg bis unter 12 mg
	.73	12 mg bis unter 18 mg
	.74	18 mg bis unter 24 mg
	.75	24 mg bis unter 30 mg
	.76	30 mg oder mehr
6-002.8		**Pegyliertes liposomales Doxorubicin, parenteral**
	.80	10 mg bis unter 20 mg
		Hinw.: Dieser Kode ist für Patienten mit einem Alter bei Aufnahme von unter 15 Jahren anzugeben
	.81	20 mg bis unter 30 mg
		Hinw.: Dieser Kode ist für Patienten mit einem Alter bei Aufnahme von unter 15 Jahren anzugeben
	.82	30 mg bis unter 40 mg
	.83	40 mg bis unter 50 mg
	.84	50 mg bis unter 60 mg
	.85	60 mg bis unter 70 mg
	.86	70 mg bis unter 80 mg
	.87	80 mg bis unter 90 mg
	.88	90 mg bis unter 100 mg

Kapitel 6: Medikamente

	.89	100 mg bis unter 110 mg
	.8a	110 mg bis unter 120 mg
	.8b	120 mg bis unter 140 mg
	.8c	140 mg bis unter 160 mg
	.8d	160 mg bis unter 180 mg
	.8e	180 mg bis unter 200 mg
	.8f	200 mg bis unter 220 mg
	.8g	220 mg bis unter 240 mg
	.8h	240 mg oder mehr
6-002.9		**Bevacizumab, parenteral**
	.90	150 mg bis unter 250 mg
	.91	250 mg bis unter 350 mg
	.92	350 mg bis unter 450 mg
	.93	450 mg bis unter 550 mg
	.94	550 mg bis unter 650 mg
	.95	650 mg bis unter 750 mg
	.96	750 mg bis unter 850 mg
	.97	850 mg bis unter 950 mg
	.98	950 mg bis unter 1.150 mg
	.99	1.150 mg bis unter 1.350 mg
	.9a	1.350 mg bis unter 1.550 mg
	.9b	1.550 mg bis unter 1.750 mg
	.9c	1.750 mg bis unter 1.950 mg
	.9d	1.950 mg bis unter 2.350 mg
	.9e	2.350 mg bis unter 2.750 mg
	.9g	2.750 mg bis unter 3.350 mg
	.9h	3.350 mg bis unter 3.950 mg
	.9j	3.950 mg bis unter 4.550 mg
	.9k	4.550 mg oder mehr
6-002.a		**Liposomales Cytarabin, intrathekal**
	.a0	25 mg bis unter 50 mg
		Hinw.: Dieser Kode ist für Patienten mit einem Alter bei Aufnahme von unter 15 Jahren anzugeben
	.a1	50 mg bis unter 100 mg
	.a2	100 mg bis unter 150 mg
	.a3	150 mg bis unter 200 mg
	.a4	200 mg oder mehr
6-002.b		**Etanercept, parenteral**
	.b0	25 mg bis unter 50 mg
		Hinw.: Dieser Kode ist für Patienten mit einem Alter bei Aufnahme von unter 15 Jahren anzugeben
	.b1	50 mg bis unter 75 mg
		Hinw.: Dieser Kode ist für Patienten mit einem Alter bei Aufnahme von unter 15 Jahren anzugeben
	.b2	75 mg bis unter 100 mg
	.b3	100 mg bis unter 125 mg
	.b4	125 mg bis unter 150 mg
	.b5	150 mg bis unter 200 mg
	.b6	200 mg bis unter 250 mg
	.b7	250 mg bis unter 300 mg
	.b8	300 mg oder mehr
6-002.c		**Itraconazol, parenteral**
	.c0	400 mg bis unter 800 mg
		Hinw.: Dieser Kode ist für Patienten mit einem Alter bei Aufnahme von unter 10 Jahren anzugeben
	.c1	800 mg bis unter 1.200 mg
		Hinw.: Dieser Kode ist für Patienten mit einem Alter bei Aufnahme von unter 10 Jahren anzugeben
	.c2	1.200 mg bis unter 1.600 mg
	.c3	1.600 mg bis unter 2.000 mg
	.c4	2.000 mg bis unter 2.400 mg
	.c5	2.400 mg bis unter 2.800 mg
	.c6	2.800 mg bis unter 3.200 mg

	.c7	3.200 mg bis unter 3.600 mg
	.c8	3.600 mg bis unter 4.000 mg
	.c9	4.000 mg bis unter 4.800 mg
	.ca	4.800 mg bis unter 5.600 mg
	.cb	5.600 mg bis unter 6.400 mg
	.cc	6.400 mg bis unter 7.200 mg
	.cd	7.200 mg bis unter 8.000 mg
	.ce	8.000 mg bis unter 8.800 mg
	.cg	8.800 mg bis unter 10.400 mg
	.ch	10.400 mg bis unter 12.000 mg
	.cj	12.000 mg bis unter 13.600 mg
	.ck	13.600 mg bis unter 16.800 mg
	.cm	16.800 mg bis unter 20.000 mg
	.cn	20.000 mg bis unter 23.200 mg
	.cp	23.200 mg oder mehr
6-002.d		Busulfan, parenteral
	.d0	25 mg bis unter 50 mg
		Hinw.: Dieser Kode ist für Patienten mit einem Alter bei Aufnahme von unter 15 Jahren anzugeben
	.d1	50 mg bis unter 75 mg
		Hinw.: Dieser Kode ist für Patienten mit einem Alter bei Aufnahme von unter 15 Jahren anzugeben
	.d2	75 mg bis unter 100 mg
		Hinw.: Dieser Kode ist für Patienten mit einem Alter bei Aufnahme von unter 15 Jahren anzugeben
	.d3	100 mg bis unter 150 mg
		Hinw.: Dieser Kode ist für Patienten mit einem Alter bei Aufnahme von unter 15 Jahren anzugeben
	.d4	150 mg bis unter 200 mg
		Hinw.: Dieser Kode ist für Patienten mit einem Alter bei Aufnahme von unter 15 Jahren anzugeben
	.d5	200 mg bis unter 250 mg
		Hinw.: Dieser Kode ist für Patienten mit einem Alter bei Aufnahme von unter 15 Jahren anzugeben
	.d6	250 mg bis unter 300 mg
		Hinw.: Dieser Kode ist für Patienten mit einem Alter bei Aufnahme von unter 15 Jahren anzugeben
	.d7	300 mg bis unter 350 mg
		Hinw.: Dieser Kode ist für Patienten mit einem Alter bei Aufnahme von unter 15 Jahren anzugeben
	.d8	350 mg bis unter 400 mg
		Hinw.: Dieser Kode ist für Patienten mit einem Alter bei Aufnahme von unter 15 Jahren anzugeben
	.d9	400 mg bis unter 450 mg
		Hinw.: Dieser Kode ist für Patienten mit einem Alter bei Aufnahme von unter 15 Jahren anzugeben
	.da	450 mg bis unter 500 mg
		Hinw.: Dieser Kode ist für Patienten mit einem Alter bei Aufnahme von unter 15 Jahren anzugeben
	.db	500 mg bis unter 600 mg
		Hinw.: Dieser Kode ist für Patienten mit einem Alter bei Aufnahme von unter 15 Jahren anzugeben
	.dc	600 mg bis unter 700 mg
		Hinw.: Dieser Kode ist für Patienten mit einem Alter bei Aufnahme von unter 15 Jahren anzugeben
	.dd	700 mg bis unter 800 mg
		Hinw.: Dieser Kode ist für Patienten mit einem Alter bei Aufnahme von unter 15 Jahren anzugeben
	.de	800 mg bis unter 900 mg
		Hinw.: Dieser Kode ist für Patienten mit einem Alter bei Aufnahme von unter 15 Jahren anzugeben
	.df	900 mg bis unter 1.000 mg
		Hinw.: Dieser Kode ist für Patienten mit einem Alter bei Aufnahme von unter 15 Jahren anzugeben
	.dg	1.000 mg oder mehr
		Hinw.: Dieser Kode ist für Patienten mit einem Alter bei Aufnahme von unter 15 Jahren anzugeben
6-002.e		Temozolomid, oral
	.e0	200 mg bis unter 350 mg
		Hinw.: Dieser Kode ist für Patienten mit einem Alter bei Aufnahme von unter 5 Jahren anzugeben
	.e1	350 mg bis unter 500 mg
		Hinw.: Dieser Kode ist für Patienten mit einem Alter bei Aufnahme von unter 5 Jahren anzugeben
	.e2	500 mg bis unter 750 mg
		Hinw.: Dieser Kode ist für Patienten mit einem Alter bei Aufnahme von unter 5 Jahren anzugeben
	.e3	750 mg bis unter 1.000 mg
		Hinw.: Dieser Kode ist für Patienten mit einem Alter bei Aufnahme von unter 5 Jahren anzugeben

Kapitel 6: Medikamente

	.e4	1.000 mg bis unter 1.250 mg
	.e5	1.250 mg bis unter 1.500 mg
	.e6	1.500 mg bis unter 1.750 mg
	.e7	1.750 mg bis unter 2.000 mg
	.e8	2.000 mg bis unter 2.250 mg
	.e9	2.250 mg bis unter 2.500 mg
	.ea	2.500 mg bis unter 2.750 mg
	.eb	2.750 mg bis unter 3.000 mg
	.ec	3.000 mg bis unter 3.500 mg
	.ed	3.500 mg bis unter 4.000 mg
	.ee	4.000 mg bis unter 4.500 mg
	.ef	4.500 mg bis unter 5.000 mg
	.eg	5.000 mg bis unter 5.500 mg
	.eh	5.500 mg bis unter 6.000 mg
	.ej	6.000 mg bis unter 7.000 mg
	.ek	7.000 mg oder mehr
6-002.f	Bosentan, oral	
	.f0	250 mg bis unter 500 mg
		Hinw.: Dieser Kode ist für Patienten mit einem Alter bei Aufnahme von unter 15 Jahren anzugeben
	.f1	500 mg bis unter 750 mg
		Hinw.: Dieser Kode ist für Patienten mit einem Alter bei Aufnahme von unter 15 Jahren anzugeben
	.f2	750 mg bis unter 1.000 mg
	.f3	1.000 mg bis unter 1.250 mg
	.f4	1.250 mg bis unter 1.500 mg
	.f5	1.500 mg bis unter 1.750 mg
	.f6	1.750 mg bis unter 2.000 mg
	.f7	2.000 mg bis unter 2.250 mg
	.f8	2.250 mg bis unter 2.500 mg
	.f9	2.500 mg bis unter 2.750 mg
	.fa	2.750 mg bis unter 3.000 mg
	.fb	3.000 mg bis unter 3.500 mg
	.fc	3.500 mg bis unter 4.000 mg
	.fd	4.000 mg bis unter 4.500 mg
	.fe	4.500 mg bis unter 5.000 mg
	.ff	5.000 mg bis unter 5.500 mg
	.fg	5.500 mg bis unter 6.000 mg
	.fh	6.000 mg bis unter 7.000 mg
	.fj	7.000 mg bis unter 8.000 mg
	.fk	8.000 mg bis unter 9.000 mg
	.fm	9.000 mg bis unter 10.000 mg
	.fn	10.000 mg bis unter 11.000 mg
	.fp	11.000 mg oder mehr
6-002.g	Jod-131-Metajodobenzylguanidin (MIBG), parenteral	
	.g0	3 GBq bis unter 4 GBq
	.g1	4 GBq bis unter 5 GBq
	.g2	5 GBq bis unter 6 GBq
	.g3	6 GBq bis unter 7 GBq
	.g4	7 GBq bis unter 8 GBq
	.g5	8 GBq bis unter 9 GBq
	.g6	9 GBq bis unter 10 GBq
	.g7	10 GBq bis unter 11 GBq
	.g8	11 GBq oder mehr
6-002.h	Docetaxel, parenteral	
	.hc	720 mg bis unter 840 mg
	.hd	840 mg bis unter 960 mg
	.he	960 mg bis unter 1.080 mg
	.hf	1.080 mg oder mehr

Kapitel 6: Medikamente

6-002.j Tirofiban, parenteral
.j0 1,50 mg bis unter 3,00 mg
.j1 3,00 mg bis unter 6,25 mg
.j2 6,25 mg bis unter 12,50 mg
.j3 12,50 mg bis unter 18,75 mg
.j4 18,75 mg bis unter 25,00 mg
.j5 25,00 mg bis unter 31,25 mg
.j6 31,25 mg bis unter 37,50 mg
.j7 37,50 mg bis unter 50,00 mg
.j8 50,00 mg bis unter 62,50 mg
.j9 62,50 mg bis unter 75,00 mg
.ja 75,00 mg oder mehr

6-002.k Eptifibatid, parenteral
.k0 30 mg bis unter 75 mg
.k1 75 mg bis unter 150 mg
.k2 150 mg bis unter 225 mg
.k3 225 mg bis unter 300 mg
.k4 300 mg bis unter 375 mg
.k5 375 mg bis unter 450 mg
.k6 450 mg bis unter 525 mg
.k7 525 mg bis unter 600 mg
.k8 600 mg bis unter 675 mg
.k9 675 mg bis unter 750 mg
.ka 750 mg bis unter 825 mg
.kb 825 mg bis unter 900 mg
.kc 900 mg bis unter 975 mg
.kd 975 mg bis unter 1.050 mg
.ke 1.050 mg bis unter 1.125 mg
.kf 1.125 mg bis unter 1.200 mg
.kg 1.200 mg oder mehr

6-002.m Abciximab, parenteral
.m0 5 mg bis unter 10 mg
.m1 10 mg bis unter 15 mg
.m2 15 mg bis unter 20 mg
.m3 20 mg bis unter 25 mg
.m4 25 mg bis unter 30 mg
.m5 30 mg bis unter 35 mg
.m6 35 mg bis unter 40 mg
.m7 40 mg bis unter 45 mg
.m8 45 mg bis unter 50 mg
.m9 50 mg oder mehr

6-002.n Bivalirudin, parenteral
.n0 125 mg bis unter 250 mg
.n1 250 mg bis unter 350 mg
.n2 350 mg bis unter 450 mg
.n3 450 mg bis unter 550 mg
.n4 550 mg bis unter 650 mg
.n5 650 mg bis unter 750 mg
.n6 750 mg bis unter 850 mg
.n7 850 mg oder mehr

6-002.p Caspofungin, parenteral
.p0 35 mg bis unter 65 mg
Hinw.: Dieser Kode ist für Patienten mit einem Alter bei Aufnahme von unter 5 Jahren anzugeben
.p1 65 mg bis unter 100 mg
.p2 100 mg bis unter 150 mg
.p3 150 mg bis unter 200 mg
.p4 200 mg bis unter 250 mg

Kapitel 6: Medikamente

	.p5	250 mg bis unter 300 mg
	.p6	300 mg bis unter 350 mg
	.p7	350 mg bis unter 400 mg
	.p8	400 mg bis unter 450 mg
	.p9	450 mg bis unter 500 mg
	.pa	500 mg bis unter 600 mg
	.pb	600 mg bis unter 700 mg
	.pc	700 mg bis unter 800 mg
	.pd	800 mg bis unter 900 mg
	.pe	900 mg bis unter 1.000 mg
	.pf	1.000 mg bis unter 1.200 mg
	.pg	1.200 mg bis unter 1.400 mg
	.ph	1.400 mg bis unter 1.600 mg
	.pj	1.600 mg bis unter 2.000 mg
	.pk	2.000 mg bis unter 2.400 mg
	.pm	2.400 mg bis unter 2.800 mg
	.pn	2.800 mg bis unter 3.600 mg
	.pp	3.600 mg bis unter 4.400 mg
	.pq	4.400 mg bis unter 5.200 mg
	.pr	5.200 mg bis unter 6.000 mg
	.ps	6.000 mg bis unter 6.800 mg
	.pt	6.800 mg bis unter 7.600 mg
	.pu	7.600 mg bis unter 8.400 mg
	.pv	8.400 mg oder mehr
6-002.q		Liposomales Amphotericin B, parenteral
	.q0	100 mg bis unter 175 mg
		Hinw.: Dieser Kode ist für Patienten mit einem Alter bei Aufnahme von unter 15 Jahren anzugeben
	.q1	175 mg bis unter 250 mg
		Hinw.: Dieser Kode ist für Patienten mit einem Alter bei Aufnahme von unter 15 Jahren anzugeben
	.q2	250 mg bis unter 350 mg
	.q3	350 mg bis unter 450 mg
	.q4	450 mg bis unter 550 mg
	.q5	550 mg bis unter 650 mg
	.q6	650 mg bis unter 750 mg
	.q7	750 mg bis unter 850 mg
	.q8	850 mg bis unter 950 mg
	.q9	950 mg bis unter 1.150 mg
	.qa	1.150 mg bis unter 1.350 mg
	.qb	1.350 mg bis unter 1.550 mg
	.qc	1.550 mg bis unter 1.750 mg
	.qd	1.750 mg bis unter 1.950 mg
	.qe	1.950 mg bis unter 2.150 mg
	.qf	2.150 mg bis unter 3.150 mg
	.qg	3.150 mg bis unter 4.150 mg
	.qh	4.150 mg bis unter 5.150 mg
	.qj	5.150 mg bis unter 6.150 mg
	.qk	6.150 mg bis unter 8.650 mg
	.qm	8.650 mg bis unter 11.150 mg
	.qn	11.150 mg bis unter 13.650 mg
	.qp	13.650 mg bis unter 18.650 mg
	.qq	18.650 mg bis unter 23.650 mg
	.qr	23.650 mg bis unter 28.650 mg
	.qs	28.650 mg bis unter 33.650 mg
	.qt	33.650 mg bis unter 38.650 mg
	.qu	38.650 mg bis unter 43.650 mg
	.qv	43.650 mg oder mehr

6-002.r Voriconazol, parenteral

- .r0 0,4 g bis unter 0,6 g
  Hinw.: Dieser Kode ist für Patienten mit einem Alter bei Aufnahme von unter 10 Jahren anzugeben
- .r1 0,6 g bis unter 0,8 g
  Hinw.: Dieser Kode ist für Patienten mit einem Alter bei Aufnahme von unter 10 Jahren anzugeben
- .r2 0,8 g bis unter 1,2 g
- .r3 1,2 g bis unter 1,6 g
- .r4 1,6 g bis unter 2,0 g
- .r5 2,0 g bis unter 2,4 g
- .r6 2,4 g bis unter 3,2 g
- .r7 3,2 g bis unter 4,0 g
- .r8 4,0 g bis unter 4,8 g
- .r9 4,8 g bis unter 5,6 g
- .ra 5,6 g bis unter 6,4 g
- .rb 6,4 g bis unter 7,2 g
- .rc 7,2 g bis unter 8,8 g
- .rd 8,8 g bis unter 10,4 g
- .re 10,4 g bis unter 12,0 g
- .rf 12,0 g bis unter 13,6 g
- .rg 13,6 g bis unter 16,8 g
- .rh 16,8 g bis unter 20,0 g
- .rj 20,0 g bis unter 23,2 g
- .rk 23,2 g bis unter 26,4 g
- .rm 26,4 g bis unter 32,8 g
- .rn 32,8 g bis unter 39,2 g
- .rp 39,2 g bis unter 45,6 g
- .rq 45,6 g bis unter 52,0 g
- .rr 52,0 g bis unter 64,8 g
- .rs 64,8 g bis unter 77,6 g
- .rt 77,6 g bis unter 90,4 g
- .ru 90,4 g oder mehr

6-003 Applikation von Medikamenten, Liste 3

6-003.1 Amphotericin-B-Lipidkomplex, parenteral

- .10 200 mg bis unter 400 mg
  Hinw.: Dieser Kode ist für Patienten mit einem Alter bei Aufnahme von unter 15 Jahren anzugeben
- .11 400 mg bis unter 600 mg
  Hinw.: Dieser Kode ist für Patienten mit einem Alter bei Aufnahme von unter 15 Jahren anzugeben
- .12 600 mg bis unter 800 mg
- .13 800 mg bis unter 1.000 mg
- .14 1.000 mg bis unter 1.400 mg
- .15 1.400 mg bis unter 1.800 mg
- .16 1.800 mg bis unter 2.200 mg
- .17 2.200 mg bis unter 2.600 mg
- .18 2.600 mg bis unter 3.400 mg
- .19 3.400 mg bis unter 4.200 mg
- .1a 4.200 mg bis unter 5.000 mg
- .1b 5.000 mg bis unter 5.800 mg
- .1c 5.800 mg bis unter 7.400 mg
- .1d 7.400 mg bis unter 9.000 mg
- .1e 9.000 mg bis unter 10.600 mg
- .1f 10.600 mg bis unter 12.200 mg
- .1g 12.200 mg bis unter 15.400 mg
- .1h 15.400 mg bis unter 18.600 mg
- .1j 18.600 mg bis unter 21.800 mg
- .1k 21.800 mg bis unter 25.000 mg
- .1m 25.000 mg bis unter 31.400 mg
- .1n 31.400 mg bis unter 37.800 mg

Kapitel 6: Medikamente

.1p   37.800 mg bis unter 44.200 mg
.1q   44.200 mg bis unter 50.600 mg
.1r   50.600 mg bis unter 57.000 mg
.1s   57.000 mg bis unter 63.400 mg
.1t   63.400 mg oder mehr

6-003.2   Palifermin, parenteral
.20   1,25 mg bis unter 2,5 mg
  Hinw.: Dieser Kode ist für Patienten mit einem Alter bei Aufnahme von unter 15 Jahren anzugeben
.21   2,5 mg bis unter 3,75 mg
  Hinw.: Dieser Kode ist für Patienten mit einem Alter bei Aufnahme von unter 15 Jahren anzugeben
.22   3,75 mg bis unter 5,0 mg
  Hinw.: Dieser Kode ist für Patienten mit einem Alter bei Aufnahme von unter 15 Jahren anzugeben
.23   5,0 mg bis unter 10,0 mg
.24   10,0 mg bis unter 15,0 mg
.25   15,0 mg bis unter 20,0 mg
.26   20,0 mg bis unter 25,0 mg
.27   25,0 mg bis unter 30,0 mg
.28   30,0 mg bis unter 35,0 mg
.29   35,0 mg bis unter 40,0 mg
.2a   40,0 mg bis unter 50,0 mg
.2b   50,0 mg oder mehr

6-003.3   Carmustin-Implantat, intrathekal
.30   4 Implantate bis unter 7 Implantate
.31   7 Implantate bis unter 10 Implantate
.32   10 oder mehr Implantate

6-003.4   Dibotermin alfa, Implantation am Knochen
.40   12 mg bis unter 24 mg
.41   24 mg bis unter 36 mg
.42   36 mg oder mehr

6-003.5   Eptotermin alfa, Implantation am Knochen
.53   3,3 mg bis unter 6,6 mg
.54   6,6 mg bis unter 9,9 mg
.55   9,9 mg oder mehr

6-003.6   Radioimmuntherapie mit 90Y-Ibritumomab-Tiuxetan, parenteral

6-003.7   Enzymersatztherapie bei lysosomalen Speicherkrankheiten
  Inkl.:   Therapie mit z.B. Imiglucerase, Laronidase, Alglucosidase alfa

6-003.8   Botulinumtoxin
  Exkl.:   Kosmetische Behandlung
  Hinw.: Ein durchgeführtes EMG ist gesondert zu kodieren (1-205)

6-003.9   Surfactantgabe bei Neugeborenen
  Inkl.:   Surfactantgabe bei schweren neonatologischen Atemstörungen

6-003.a   Sunitinib, oral
.a0   150 mg bis unter 200 mg
.a1   200 mg bis unter 250 mg
.a2   250 mg bis unter 300 mg
.a3   300 mg bis unter 350 mg
.a4   350 mg bis unter 400 mg
.a5   400 mg bis unter 450 mg
.a6   450 mg bis unter 500 mg
.a7   500 mg bis unter 600 mg
.a8   600 mg bis unter 700 mg
.a9   700 mg bis unter 800 mg
.aa   800 mg bis unter 900 mg
.ab   900 mg bis unter 1.100 mg
.ac   1.100 mg bis unter 1.300 mg
.ad   1.300 mg bis unter 1.500 mg
.ae   1.500 mg oder mehr

Kapitel 6: Medikamente

6-003.b Sorafenib, oral
- .b0 2.400 mg bis unter 3.200 mg
- .b1 3.200 mg bis unter 4.000 mg
- .b2 4.000 mg bis unter 4.800 mg
- .b3 4.800 mg bis unter 5.600 mg
- .b4 5.600 mg bis unter 6.400 mg
- .b5 6.400 mg bis unter 7.200 mg
- .b6 7.200 mg bis unter 8.000 mg
- .b7 8.000 mg bis unter 9.600 mg
- .b8 9.600 mg bis unter 11.200 mg
- .b9 11.200 mg bis unter 12.800 mg
- .ba 12.800 mg bis unter 14.400 mg
- .bb 14.400 mg bis unter 16.000 mg
- .bc 16.000 mg bis unter 19.200 mg
- .bd 19.200 mg bis unter 22.400 mg
- .be 22.400 mg bis unter 25.600 mg
- .bf 25.600 mg bis unter 28.800 mg
- .bg 28.800 mg bis unter 32.000 mg
- .bh 32.000 mg oder mehr

6-003.c Ranibizumab, intravitreal

6-003.d Pegaptanib, intravitreal

6-003.e Nelarabin, parenteral
- .e0 150 mg bis unter 600 mg
  Hinw.: Dieser Kode ist für Patienten mit einem Alter bei Aufnahme von unter 15 Jahren anzugeben
- .e1 600 mg bis unter 1.050 mg
  Hinw.: Dieser Kode ist für Patienten mit einem Alter bei Aufnahme von unter 15 Jahren anzugeben
- .e2 1.050 mg bis unter 1.500 mg
  Hinw.: Dieser Kode ist für Patienten mit einem Alter bei Aufnahme von unter 15 Jahren anzugeben
- .e3 1.500 mg bis unter 2.000 mg
- .e4 2.000 mg bis unter 2.500 mg
- .e5 2.500 mg bis unter 3.000 mg
- .e6 3.000 mg bis unter 3.500 mg
- .e7 3.500 mg bis unter 4.000 mg
- .e8 4.000 mg bis unter 4.500 mg
- .e9 4.500 mg bis unter 5.000 mg
- .ea 5.000 mg bis unter 6.000 mg
- .eb 6.000 mg bis unter 7.000 mg
- .ec 7.000 mg bis unter 8.000 mg
- .ed 8.000 mg bis unter 9.000 mg
- .ee 9.000 mg bis unter 10.000 mg
- .ef 10.000 mg bis unter 12.000 mg
- .eg 12.000 mg bis unter 14.000 mg
- .eh 14.000 mg bis unter 16.000 mg
- .ej 16.000 mg bis unter 20.000 mg
- .ek 20.000 mg bis unter 24.000 mg
- .em 24.000 mg bis unter 28.000 mg
- .en 28.000 mg bis unter 32.000 mg
- .ep 32.000 mg bis unter 36.000 mg
- .eq 36.000 mg oder mehr

6-003.f Natalizumab, parenteral
- .f0 300 mg bis unter 600 mg
- .f1 600 mg bis unter 900 mg
- .f2 900 mg oder mehr

6-003.g Lenalidomid, oral
- .g0 25 mg bis unter 50 mg
- .g1 50 mg bis unter 75 mg
- .g2 75 mg bis unter 100 mg

Kapitel 6: Medikamente

	.g3	100 mg bis unter 125 mg
	.g4	125 mg bis unter 150 mg
	.g5	150 mg bis unter 175 mg
	.g6	175 mg bis unter 200 mg
	.g7	200 mg bis unter 225 mg
	.g8	225 mg bis unter 250 mg
	.g9	250 mg bis unter 275 mg
	.ga	275 mg bis unter 300 mg
	.gb	300 mg bis unter 325 mg
	.gc	325 mg bis unter 350 mg
	.gd	350 mg bis unter 400 mg
	.ge	400 mg bis unter 450 mg
	.gf	450 mg bis unter 500 mg
	.gg	500 mg bis unter 600 mg
	.gh	600 mg bis unter 700 mg
	.gj	700 mg bis unter 800 mg
	.gk	800 mg oder mehr
6-003.h		Eculizumab, parenteral
	.h0	300 mg bis unter 600 mg
	.h1	600 mg bis unter 900 mg
	.h2	900 mg bis unter 1.200 mg
	.h3	1.200 mg bis unter 1.500 mg
	.h4	1.500 mg bis unter 1.800 mg
	.h5	1.800 mg bis unter 2.100 mg
	.h6	2.100 mg bis unter 2.400 mg
	.h7	2.400 mg bis unter 2.700 mg
	.h8	2.700 mg bis unter 3.000 mg
	.h9	3.000 mg bis unter 3.300 mg
	.ha	3.300 mg bis unter 3.600 mg
	.hb	3.600 mg bis unter 3.900 mg
	.hc	3.900 mg bis unter 4.200 mg
	.hd	4.200 mg bis unter 4.500 mg
	.he	4.500 mg bis unter 4.800 mg
	.hf	4.800 mg bis unter 5.100 mg
	.hg	5.100 mg bis unter 5.400 mg
	.hh	5.400 mg bis unter 5.700 mg
	.hj	5.700 mg bis unter 6.000 mg
	.hk	6.000 mg oder mehr
6-003.j		Clofarabin, parenteral
	.j0	10 mg bis unter 20 mg
		Hinw.: Dieser Kode ist für Patienten mit einem Alter bei Aufnahme von unter 5 Jahren anzugeben
	.j1	20 mg bis unter 30 mg
	.j2	30 mg bis unter 40 mg
	.j3	40 mg bis unter 50 mg
	.j4	50 mg bis unter 60 mg
	.j5	60 mg bis unter 70 mg
	.j6	70 mg bis unter 80 mg
	.j7	80 mg bis unter 100 mg
	.j8	100 mg bis unter 120 mg
	.j9	120 mg bis unter 140 mg
	.ja	140 mg bis unter 160 mg
	.jb	160 mg bis unter 180 mg
	.jc	180 mg bis unter 200 mg
	.jd	200 mg bis unter 220 mg
	.je	220 mg bis unter 240 mg
	.jf	240 mg bis unter 260 mg
	.jg	260 mg bis unter 280 mg
	.jh	280 mg bis unter 320 mg

	.jj	320 mg bis unter 360 mg
	.jk	360 mg bis unter 440 mg
	.jm	440 mg bis unter 520 mg
	.jn	520 mg bis unter 600 mg
	.jp	600 mg bis unter 760 mg
	.jq	760 mg bis unter 920 mg
	.jr	920 mg bis unter 1.080 mg
	.js	1.080 mg bis unter 1.320 mg
	.jt	1.320 mg bis unter 1.560 mg
	.ju	1.560 mg bis unter 1.800 mg
	.jv	1.800 mg oder mehr

6-003.k Anidulafungin, parenteral

- .k0 75 mg bis unter 125 mg
  Hinw.: Dieser Kode ist für Patienten mit einem Alter bei Aufnahme von unter 15 Jahren anzugeben
- .k1 125 mg bis unter 200 mg
  Hinw.: Dieser Kode ist für Patienten mit einem Alter bei Aufnahme von unter 15 Jahren anzugeben
- .k2 200 mg bis unter 300 mg
- .k3 300 mg bis unter 400 mg
- .k4 400 mg bis unter 500 mg
- .k5 500 mg bis unter 600 mg
- .k6 600 mg bis unter 700 mg
- .k7 700 mg bis unter 800 mg
- .k8 800 mg bis unter 900 mg
- .k9 900 mg bis unter 1.000 mg
- .ka 1.000 mg bis unter 1.200 mg
- .kb 1.200 mg bis unter 1.400 mg
- .kc 1.400 mg bis unter 1.600 mg
- .kd 1.600 mg bis unter 1.800 mg
- .ke 1.800 mg bis unter 2.000 mg
- .kf 2.000 mg bis unter 2.400 mg
- .kg 2.400 mg bis unter 2.800 mg
- .kh 2.800 mg bis unter 3.200 mg
- .kj 3.200 mg bis unter 4.000 mg
- .kk 4.000 mg bis unter 4.800 mg
- .km 4.800 mg bis unter 5.600 mg
- .kn 5.600 mg bis unter 6.400 mg
- .kp 6.400 mg bis unter 8.000 mg
- .kq 8.000 mg bis unter 9.600 mg
- .kr 9.600 mg bis unter 11.200 mg
- .ks 11.200 mg bis unter 12.800 mg
- .kt 12.800 mg oder mehr

6-003.n Nicht pegylierte Asparaginase, parenteral
  Exkl.: Parenterale Gabe von pegylierter Asparaginase (6-003.p ff.)
  Parenterale Gabe von L-Asparaginase aus Erwinia chrysanthemi (6-003.r ff.)

- .n0 25.000 Einheiten bis unter 50.000 Einheiten
  Hinw.: Dieser Kode ist für Patienten mit einem Alter bei Aufnahme von unter 15 Jahren anzugeben
- .n1 50.000 Einheiten bis unter 75.000 Einheiten
- .n2 75.000 Einheiten bis unter 100.000 Einheiten
- .n3 100.000 Einheiten bis unter 125.000 Einheiten
- .n4 125.000 Einheiten bis unter 150.000 Einheiten
- .n5 150.000 Einheiten bis unter 175.000 Einheiten
- .n6 175.000 Einheiten bis unter 200.000 Einheiten
- .n7 200.000 Einheiten bis unter 250.000 Einheiten
- .n8 250.000 Einheiten bis unter 300.000 Einheiten
- .n9 300.000 Einheiten bis unter 350.000 Einheiten
- .na 350.000 Einheiten bis unter 400.000 Einheiten
- .nb 400.000 oder mehr Einheiten

Kapitel 6: Medikamente

6-003.p Pegylierte Asparaginase, parenteral
Exkl.: Parenterale Gabe von nicht pegylierter Asparaginase (6-003.n ff.)
Parenterale Gabe von L-Asparaginase aus Erwinia chrysanthemi (6-003.r ff.)

- .p0 625 IE bis unter 1.250 IE
  Hinw.: Dieser Kode ist für Patienten mit einem Alter bei Aufnahme von unter 15 Jahren anzugeben
- .p1 1.250 IE bis unter 2.500 IE
- .p2 2.500 IE bis unter 3.750 IE
- .p3 3.750 IE bis unter 5.000 IE
- .p4 5.000 IE bis unter 6.250 IE
- .p5 6.250 IE bis unter 7.500 IE
- .p6 7.500 IE bis unter 8.750 IE
- .p7 8.750 IE bis unter 10.000 IE
- .p8 10.000 IE bis unter 11.250 IE
- .p9 11.250 IE bis unter 12.500 IE
- .pa 12.500 IE bis unter 13.750 IE
- .pb 13.750 IE bis unter 15.000 IE
- .pc 15.000 IE bis unter 17.500 IE
- .pd 17.500 IE bis unter 20.000 IE
- .pe 20.000 IE bis unter 22.500 IE
- .pf 22.500 IE bis unter 25.000 IE
- .pg 25.000 IE bis unter 27.500 IE
- .ph 27.500 IE bis unter 30.000 IE
- .pj 30.000 IE bis unter 35.000 IE
- .pk 35.000 IE bis unter 40.000 IE
- .pm 40.000 IE bis unter 45.000 IE
- .pn 45.000 IE bis unter 50.000 IE
- .pp 50.000 IE bis unter 60.000 IE
- .pq 60.000 IE bis unter 70.000 IE
- .pr 70.000 IE bis unter 80.000 IE
- .ps 80.000 IE bis unter 90.000 IE
- .pt 90.000 IE bis unter 100.000 IE
- .pu 100.000 IE oder mehr

6-003.q Dexrazoxan, parenteral

6-003.r L-Asparaginase aus Erwinia chrysanthemi [Erwinase], parenteral
Exkl.: Parenterale Gabe von pegylierter Asparaginase (6-003.p ff.)
Parenterale Gabe von nicht pegylierter Asparaginase (6-003.n ff.)

- .r0 2.500 IE bis unter 5.000 IE
  Hinw.: Dieser Kode ist für Patienten mit einem Alter bei Aufnahme von unter 15 Jahren anzugeben
- .r1 5.000 IE bis unter 10.000 IE
- .r2 10.000 IE bis unter 15.000 IE
- .r3 15.000 IE bis unter 20.000 IE
- .r4 20.000 IE bis unter 25.000 IE
- .r5 25.000 IE bis unter 30.000 IE
- .r6 30.000 IE bis unter 35.000 IE
- .r7 35.000 IE bis unter 40.000 IE
- .r8 40.000 IE bis unter 45.000 IE
- .r9 45.000 IE bis unter 50.000 IE
- .ra 50.000 IE bis unter 60.000 IE
- .rb 60.000 IE bis unter 70.000 IE
- .rc 70.000 IE bis unter 80.000 IE
- .rd 80.000 IE bis unter 90.000 IE
- .re 90.000 IE bis unter 100.000 IE
- .rf 100.000 IE bis unter 120.000 IE
- .rg 120.000 IE bis unter 140.000 IE
- .rh 140.000 IE bis unter 160.000 IE
- .rj 160.000 IE bis unter 180.000 IE
- .rk 180.000 IE bis unter 200.000 IE
- .rm 200.000 IE bis unter 240.000 IE

.rn 240.000 IE bis unter 280.000 IE
.rp 280.000 IE bis unter 320.000 IE
.rq 320.000 IE bis unter 360.000 IE
.rr 360.000 IE bis unter 400.000 IE
.rs 400.000 IE oder mehr

6-003.s Abatacept, intravenös
.s0 125 mg bis unter 250 mg
  Hinw.: Dieser Kode ist für Patienten mit einem Alter bei Aufnahme von unter 15 Jahren anzugeben
.s1 250 mg bis unter 500 mg
  Hinw.: Dieser Kode ist für Patienten mit einem Alter bei Aufnahme von unter 15 Jahren anzugeben
.s2 500 mg bis unter 750 mg
.s3 750 mg bis unter 1.000 mg
.s4 1.000 mg bis unter 1.250 mg
.s5 1.250 mg bis unter 1.500 mg
.s6 1.500 mg bis unter 1.750 mg
.s7 1.750 mg bis unter 2.000 mg
.s8 2.000 mg bis unter 2.250 mg
.s9 2.250 mg bis unter 2.500 mg
.sa 2.500 mg bis unter 2.750 mg
.sb 2.750 mg bis unter 3.000 mg
.sc 3.000 mg oder mehr

6-003.t Abatacept, subkutan
.t0 250 mg bis unter 375 mg
.t1 375 mg bis unter 500 mg
.t2 500 mg bis unter 625 mg
.t3 625 mg bis unter 750 mg
.t4 750 mg bis unter 875 mg
.t5 875 mg bis unter 1.000 mg
.t6 1.000 mg bis unter 1.125 mg
.t7 1.125 mg bis unter 1.250 mg
.t8 1.250 mg bis unter 1.375 mg
.t9 1.375 mg bis unter 1.500 mg
.ta 1.500 mg oder mehr

6-004 Applikation von Medikamenten, Liste 4

6-004.0 Palivizumab, parenteral
.00 15 mg bis unter 30 mg
  Hinw.: Dieser Kode ist für Patienten mit einem Alter bei Aufnahme von unter 3 Jahren anzugeben
.01 30 mg bis unter 45 mg
  Hinw.: Dieser Kode ist für Patienten mit einem Alter bei Aufnahme von unter 3 Jahren anzugeben
.02 45 mg bis unter 60 mg
  Hinw.: Dieser Kode ist für Patienten mit einem Alter bei Aufnahme von unter 3 Jahren anzugeben
.03 60 mg bis unter 75 mg
  Hinw.: Dieser Kode ist für Patienten mit einem Alter bei Aufnahme von unter 3 Jahren anzugeben
.04 75 mg bis unter 90 mg
  Hinw.: Dieser Kode ist für Patienten mit einem Alter bei Aufnahme von unter 3 Jahren anzugeben
.05 90 mg bis unter 120 mg
  Hinw.: Dieser Kode ist für Patienten mit einem Alter bei Aufnahme von unter 3 Jahren anzugeben
.06 120 mg bis unter 150 mg
  Hinw.: Dieser Kode ist für Patienten mit einem Alter bei Aufnahme von unter 3 Jahren anzugeben
.07 150 mg bis unter 180 mg
  Hinw.: Dieser Kode ist für Patienten mit einem Alter bei Aufnahme von unter 3 Jahren anzugeben
.08 180 mg bis unter 240 mg
  Hinw.: Dieser Kode ist für Patienten mit einem Alter bei Aufnahme von unter 3 Jahren anzugeben
.09 240 mg bis unter 300 mg
  Hinw.: Dieser Kode ist für Patienten mit einem Alter bei Aufnahme von unter 3 Jahren anzugeben
.0a 300 mg bis unter 360 mg
  Hinw.: Dieser Kode ist für Patienten mit einem Alter bei Aufnahme von unter 3 Jahren anzugeben

Kapitel 6: Medikamente

    .0b   360 mg bis unter 420 mg
          Hinw.: Dieser Kode ist für Patienten mit einem Alter bei Aufnahme von unter 3 Jahren anzugeben
    .0c   420 mg bis unter 480 mg
          Hinw.: Dieser Kode ist für Patienten mit einem Alter bei Aufnahme von unter 3 Jahren anzugeben
    .0d   480 mg bis unter 540 mg
          Hinw.: Dieser Kode ist für Patienten mit einem Alter bei Aufnahme von unter 3 Jahren anzugeben
    .0e   540 mg bis unter 600 mg
          Hinw.: Dieser Kode ist für Patienten mit einem Alter bei Aufnahme von unter 3 Jahren anzugeben
    .0f   600 mg oder mehr
          Hinw.: Dieser Kode ist für Patienten mit einem Alter bei Aufnahme von unter 3 Jahren anzugeben

6-004.1   Hämin, parenteral

    .10   100 mg bis unter 200 mg
          Hinw.: Dieser Kode ist für Patienten mit einem Alter bei Aufnahme von unter 15 Jahren anzugeben
    .11   200 mg bis unter 400 mg
    .12   400 mg bis unter 600 mg
    .13   600 mg bis unter 800 mg
    .14   800 mg bis unter 1.000 mg
    .15   1.000 mg bis unter 1.400 mg
    .16   1.400 mg bis unter 1.800 mg
    .17   1.800 mg bis unter 2.200 mg
    .18   2.200 mg bis unter 2.600 mg
    .19   2.600 mg oder mehr

6-004.2   Ambrisentan, oral

    .20   10,0 mg bis unter 17,5 mg
          Hinw.: Dieser Kode ist für Patienten mit einem Alter bei Aufnahme von unter 15 Jahren anzugeben
    .21   17,5 mg bis unter 25,0 mg
          Hinw.: Dieser Kode ist für Patienten mit einem Alter bei Aufnahme von unter 15 Jahren anzugeben
    .22   25,0 mg bis unter 35,0 mg
    .23   35,0 mg bis unter 45,0 mg
    .24   45,0 mg bis unter 55,0 mg
    .25   55,0 mg bis unter 65,0 mg
    .26   65,0 mg bis unter 75,0 mg
    .27   75,0 mg bis unter 100,0 mg
    .28   100,0 mg bis unter 125,0 mg
    .29   125,0 mg bis unter 150,0 mg
    .2a   150,0 mg bis unter 200,0 mg
    .2b   200,0 mg bis unter 250,0 mg
    .2c   250,0 mg bis unter 300,0 mg
    .2d   300,0 mg bis unter 350,0 mg
    .2e   350,0 mg bis unter 400,0 mg
    .2f   400,0 mg bis unter 450,0 mg
    .2g   450,0 mg oder mehr

6-004.3   Dasatinib, oral

    .30   200 mg bis unter 300 mg
          Hinw.: Dieser Kode ist für Patienten mit einem Alter bei Aufnahme von unter 15 Jahren anzugeben
    .31   300 mg bis unter 500 mg
          Hinw.: Dieser Kode ist für Patienten mit einem Alter bei Aufnahme von unter 15 Jahren anzugeben
    .32   500 mg bis unter 700 mg
          Hinw.: Dieser Kode ist für Patienten mit einem Alter bei Aufnahme von unter 15 Jahren anzugeben
    .33   700 mg bis unter 1.000 mg
    .34   1.000 mg bis unter 1.300 mg
    .35   1.300 mg bis unter 1.600 mg
    .36   1.600 mg bis unter 1.900 mg
    .37   1.900 mg bis unter 2.200 mg
    .38   2.200 mg bis unter 2.800 mg
    .39   2.800 mg bis unter 3.400 mg
    .3a   3.400 mg bis unter 4.000 mg
    .3b   4.000 mg bis unter 4.600 mg

	.3c	4.600 mg bis unter 5.200 mg
	.3d	5.200 mg bis unter 5.800 mg
	.3e	5.800 mg bis unter 6.400 mg
	.3f	6.400 mg bis unter 7.600 mg
	.3g	7.600 mg bis unter 8.800 mg
	.3h	8.800 mg oder mehr

6-004.4 Decitabine, parenteral

.40	30 mg bis unter 60 mg
.41	60 mg bis unter 90 mg
.42	90 mg bis unter 120 mg
.43	120 mg bis unter 150 mg
.44	150 mg bis unter 180 mg
.45	180 mg bis unter 210 mg
.46	210 mg bis unter 240 mg
.47	240 mg bis unter 270 mg
.48	270 mg bis unter 300 mg
.49	300 mg bis unter 330 mg
.4a	330 mg bis unter 360 mg
.4b	360 mg bis unter 390 mg
.4c	390 mg bis unter 420 mg
.4d	420 mg bis unter 450 mg
.4e	450 mg bis unter 480 mg
.4f	480 mg bis unter 510 mg
.4g	510 mg oder mehr

6-004.5 Micafungin, parenteral

.50	75 mg bis unter 150 mg

Hinw.: Dieser Kode ist für Patienten mit einem Alter bei Aufnahme von unter 15 Jahren anzugeben

.51	150 mg bis unter 250 mg
.52	250 mg bis unter 350 mg
.53	350 mg bis unter 450 mg
.54	450 mg bis unter 550 mg
.55	550 mg bis unter 650 mg
.56	650 mg bis unter 750 mg
.57	750 mg bis unter 850 mg
.58	850 mg bis unter 950 mg
.59	950 mg bis unter 1.150 mg
.5a	1.150 mg bis unter 1.350 mg
.5b	1.350 mg bis unter 1.550 mg
.5c	1.550 mg bis unter 1.950 mg
.5d	1.950 mg bis unter 2.350 mg
.5e	2.350 mg bis unter 2.750 mg
.5f	2.750 mg bis unter 3.150 mg
.5g	3.150 mg bis unter 3.950 mg
.5h	3.950 mg bis unter 4.750 mg
.5j	4.750 mg bis unter 5.550 mg
.5k	5.550 mg bis unter 6.350 mg
.5m	6.350 mg bis unter 7.950 mg
.5n	7.950 mg bis unter 9.550 mg
.5p	9.550 mg bis unter 11.150 mg
.5q	11.150 mg bis unter 12.750 mg
.5r	12.750 mg bis unter 14.350 mg
.5s	14.350 mg bis unter 15.950 mg
.5t	15.950 mg bis unter 17.550 mg
.5u	17.550 mg oder mehr

6-004.6 Nilotinib, oral

6-004.7 Panitumumab, parenteral

.70	180 mg bis unter 300 mg
.71	300 mg bis unter 420 mg

Kapitel 6: Medikamente

	.72	420 mg bis unter 540 mg
	.73	540 mg bis unter 660 mg
	.74	660 mg bis unter 780 mg
	.75	780 mg bis unter 900 mg
	.76	900 mg bis unter 1.020 mg
	.77	1.020 mg bis unter 1.260 mg
	.78	1.260 mg bis unter 1.500 mg
	.79	1.500 mg bis unter 1.740 mg
	.7a	1.740 mg bis unter 1.980 mg
	.7b	1.980 mg bis unter 2.220 mg
	.7c	2.220 mg bis unter 2.460 mg
	.7d	2.460 mg oder mehr
6-004.a	Trabectedin, parenteral	
	.a0	0,25 mg bis unter 0,50 mg
		Hinw.: Dieser Kode ist für Patienten mit einem Alter bei Aufnahme von unter 15 Jahren anzugeben
	.a1	0,50 mg bis unter 0,75 mg
		Hinw.: Dieser Kode ist für Patienten mit einem Alter bei Aufnahme von unter 15 Jahren anzugeben
	.a2	0,75 mg bis unter 1,00 mg
		Hinw.: Dieser Kode ist für Patienten mit einem Alter bei Aufnahme von unter 15 Jahren anzugeben
	.a3	1,00 mg bis unter 1,25 mg
		Hinw.: Dieser Kode ist für Patienten mit einem Alter bei Aufnahme von unter 15 Jahren anzugeben
	.a4	1,25 mg bis unter 1,50 mg
	.a5	1,50 mg bis unter 1,75 mg
	.a6	1,75 mg bis unter 2,00 mg
	.a7	2,00 mg bis unter 2,25 mg
	.a8	2,25 mg bis unter 2,50 mg
	.a9	2,50 mg bis unter 2,75 mg
	.aa	2,75 mg bis unter 3,00 mg
	.ab	3,00 mg bis unter 3,25 mg
	.ac	3,25 mg bis unter 3,50 mg
	.ad	3,50 mg bis unter 4,00 mg
	.ae	4,00 mg bis unter 4,50 mg
	.af	4,50 mg bis unter 5,00 mg
	.ag	5,00 mg bis unter 5,50 mg
	.ah	5,50 mg bis unter 6,00 mg
	.aj	6,00 mg oder mehr
6-004.b	Treprostinil, parenteral	
6-004.c	Rasburicase, parenteral	
6-004.d	Levosimendan, parenteral	
6-004.e	Temsirolimus, parenteral	
	.e0	10,0 mg bis unter 17,5 mg
		Hinw.: Dieser Kode ist für Patienten mit einem Alter bei Aufnahme von unter 15 Jahren anzugeben
	.e1	17,5 mg bis unter 25,0 mg
		Hinw.: Dieser Kode ist für Patienten mit einem Alter bei Aufnahme von unter 15 Jahren anzugeben
	.e2	25,0 mg bis unter 50,0 mg
	.e3	50,0 mg bis unter 75,0 mg
	.e4	75,0 mg bis unter 100,0 mg
	.e5	100,0 mg bis unter 150,0 mg
	.e6	150,0 mg bis unter 200,0 mg
	.e7	200,0 mg bis unter 250,0 mg
	.e8	250,0 mg bis unter 325,0 mg
	.e9	325,0 mg bis unter 400,0 mg
	.ea	400,0 mg bis unter 475,0 mg
	.eb	475,0 mg bis unter 550,0 mg
	.ec	550,0 mg oder mehr

6-005 Applikation von Medikamenten, Liste 5

6-005.0 Azacytidin, parenteral
- .00 150 mg bis unter 225 mg
- .01 225 mg bis unter 300 mg
- .02 300 mg bis unter 375 mg
- .03 375 mg bis unter 450 mg
- .04 450 mg bis unter 600 mg
- .05 600 mg bis unter 750 mg
- .06 750 mg bis unter 900 mg
- .07 900 mg bis unter 1.200 mg
- .08 1.200 mg bis unter 1.500 mg
- .09 1.500 mg bis unter 1.800 mg
- .0a 1.800 mg bis unter 2.100 mg
- .0b 2.100 mg bis unter 2.400 mg
- .0c 2.400 mg bis unter 2.700 mg
- .0d 2.700 mg bis unter 3.000 mg
- .0e 3.000 mg oder mehr

6-005.2 Golimumab, parenteral

6-005.4 Icatibant, parenteral

6-005.5 Arsentrioxid, parenteral

6-005.6 Denileukin Diftitox, parenteral

6-005.7 Certolizumab, parenteral

6-005.8 Everolimus, oral

6-005.9 Romiplostim, parenteral
- .90 100 µg bis unter 200 µg
  - *Hinw.:* Dieser Kode ist für Patienten mit einem Alter bei Aufnahme von unter 15 Jahren anzugeben
- .91 200 µg bis unter 300 µg
- .92 300 µg bis unter 400 µg
- .93 400 µg bis unter 500 µg
- .94 500 µg bis unter 600 µg
- .95 600 µg bis unter 700 µg
- .96 700 µg bis unter 800 µg
- .97 800 µg bis unter 900 µg
- .98 900 µg bis unter 1.000 µg
- .99 1.000 µg bis unter 1.200 µg
- .9a 1.200 µg bis unter 1.400 µg
- .9b 1.400 µg bis unter 1.600 µg
- .9c 1.600 µg bis unter 1.800 µg
- .9d 1.800 µg bis unter 2.000 µg
- .9e 2.000 µg bis unter 2.400 µg
- .9f 2.400 µg bis unter 2.800 µg
- .9g 2.800 µg bis unter 3.200 µg
- .9h 3.200 µg bis unter 3.600 µg
- .9j 3.600 µg bis unter 4.000 µg
- .9k 4.000 µg bis unter 4.400 µg
- .9m 4.400 µg bis unter 4.800 µg
- .9n 4.800 µg bis unter 5.200 µg
- .9p 5.200 µg bis unter 5.600 µg
- .9q 5.600 µg oder mehr

6-005.a Pazopanib, oral

6-005.b Vinflunin, parenteral
- .b0 100 mg bis unter 200 mg
- .b1 200 mg bis unter 300 mg
- .b2 300 mg bis unter 400 mg
- .b3 400 mg bis unter 500 mg
- .b4 500 mg bis unter 600 mg

Kapitel 6: Medikamente

	.b5	600 mg bis unter 700 mg
	.b6	700 mg bis unter 800 mg
	.b7	800 mg bis unter 900 mg
	.b8	900 mg bis unter 1.000 mg
	.b9	1.000 mg bis unter 1.200 mg
	.ba	1.200 mg bis unter 1.400 mg
	.bb	1.400 mg bis unter 1.600 mg
	.bc	1.600 mg bis unter 1.800 mg
	.bd	1.800 mg bis unter 2.000 mg
	.be	2.000 mg bis unter 2.200 mg
	.bf	2.200 mg bis unter 2.400 mg
	.bg	2.400 mg bis unter 2.600 mg
	.bh	2.600 mg bis unter 2.800 mg
	.bj	2.800 mg oder mehr
6-005.c		Temozolomid, parenteral
6-005.d		Nab-Paclitaxel, parenteral
	.d0	150 mg bis unter 300 mg
	.d1	300 mg bis unter 450 mg
	.d2	450 mg bis unter 600 mg
	.d3	600 mg bis unter 750 mg
	.d4	750 mg bis unter 900 mg
	.d5	900 mg bis unter 1.050 mg
	.d6	1.050 mg bis unter 1.200 mg
	.d7	1.200 mg bis unter 1.350 mg
	.d8	1.350 mg bis unter 1.500 mg
	.d9	1.500 mg bis unter 1.650 mg
	.da	1.650 mg bis unter 1.800 mg
	.db	1.800 mg bis unter 1.950 mg
	.dc	1.950 mg bis unter 2.100 mg
	.dd	2.100 mg bis unter 2.250 mg
	.de	2.250 mg bis unter 2.400 mg
	.df	2.400 mg bis unter 2.550 mg
	.dg	2.550 mg bis unter 2.700 mg
	.dh	2.700 mg bis unter 2.850 mg
	.dj	2.850 mg bis unter 3.000 mg
	.dk	3.000 mg oder mehr
6-005.e		Plerixafor, parenteral
	.e0	2,5 mg bis unter 5,0 mg
	.e1	5,0 mg bis unter 10,0 mg
	.e2	10,0 mg bis unter 15,0 mg
	.e3	15,0 mg bis unter 20,0 mg
	.e4	20,0 mg bis unter 25,0 mg
	.e5	25,0 mg bis unter 30,0 mg
	.e6	30,0 mg bis unter 35,0 mg
	.e7	35,0 mg bis unter 40,0 mg
	.e8	40,0 mg bis unter 45,0 mg
	.e9	45,0 mg bis unter 50,0 mg
	.ea	50,0 mg bis unter 60,0 mg
	.eb	60,0 mg bis unter 70,0 mg
	.ec	70,0 mg bis unter 80,0 mg
	.ed	80,0 mg bis unter 100,0 mg
	.ee	100,0 mg bis unter 120,0 mg
	.ef	120,0 mg bis unter 140,0 mg
	.eg	140,0 mg bis unter 160,0 mg
	.eh	160,0 mg bis unter 180,0 mg
	.ej	180,0 mg bis unter 200,0 mg
	.ek	200,0 mg bis unter 220,0 mg
	.em	220,0 mg bis unter 240,0 mg
	.en	240,0 mg oder mehr

Kapitel 6: Medikamente

6-005.f   Ixabepilon, parenteral
6-005.g   Mifamurtid, parenteral
- .g0   1,0 mg bis unter 1,5 mg
  Hinw.: Dieser Kode ist für Patienten mit einem Alter bei Aufnahme von unter 15 Jahren anzugeben
- .g1   1,5 mg bis unter 2,0 mg
  Hinw.: Dieser Kode ist für Patienten mit einem Alter bei Aufnahme von unter 15 Jahren anzugeben
- .g2   2,0 mg bis unter 2,5 mg
  Hinw.: Dieser Kode ist für Patienten mit einem Alter bei Aufnahme von unter 15 Jahren anzugeben
- .g3   2,5 mg bis unter 3,0 mg
  Hinw.: Dieser Kode ist für Patienten mit einem Alter bei Aufnahme von unter 15 Jahren anzugeben
- .g4   3,0 mg bis unter 4,0 mg
- .g5   4,0 mg bis unter 5,0 mg
- .g6   5,0 mg bis unter 6,0 mg
- .g7   6,0 mg bis unter 8,0 mg
- .g8   8,0 mg bis unter 12,0 mg
- .g9   12,0 mg bis unter 16,0 mg
- .ga   16,0 mg bis unter 20,0 mg
- .gb   20,0 mg bis unter 24,0 mg
- .gc   24,0 mg bis unter 28,0 mg
- .gd   28,0 mg bis unter 32,0 mg
- .ge   32,0 mg bis unter 36,0 mg
- .gf   36,0 mg bis unter 40,0 mg
- .gg   40,0 mg bis unter 44,0 mg
- .gh   44,0 mg bis unter 48,0 mg
- .gj   48,0 mg oder mehr

6-005.h   Vorinostat, oral
6-005.j   Ustekinumab, parenteral
6-005.k   Defibrotid, parenteral
- .k0   250 mg bis unter 500 mg
  Hinw.: Dieser Kode ist für Patienten mit einem Alter bei Aufnahme von unter 15 Jahren anzugeben
- .k1   500 mg bis unter 1.000 mg
- .k2   1.000 mg bis unter 1.500 mg
- .k3   1.500 mg bis unter 2.000 mg
- .k4   2.000 mg bis unter 3.000 mg
- .k5   3.000 mg bis unter 4.000 mg
- .k6   4.000 mg bis unter 5.000 mg
- .k7   5.000 mg bis unter 6.000 mg
- .k8   6.000 mg bis unter 8.000 mg
- .k9   8.000 mg bis unter 10.000 mg
- .ka   10.000 mg bis unter 12.000 mg
- .kb   12.000 mg bis unter 14.000 mg
- .kc   14.000 mg bis unter 18.000 mg
- .kd   18.000 mg bis unter 22.000 mg
- .ke   22.000 mg bis unter 26.000 mg
- .kf   26.000 mg bis unter 30.000 mg
- .kg   30.000 mg bis unter 38.000 mg
- .kh   38.000 mg bis unter 46.000 mg
- .kj   46.000 mg bis unter 54.000 mg
- .kk   54.000 mg bis unter 70.000 mg
- .km   70.000 mg bis unter 86.000 mg
- .kn   86.000 mg bis unter 102.000 mg
- .kp   102.000 mg bis unter 118.000 mg
- .kq   118.000 mg bis unter 150.000 mg
- .kr   150.000 mg bis unter 182.000 mg
- .ks   182.000 mg bis unter 214.000 mg
- .kt   214.000 mg oder mehr

Kapitel 6: Medikamente

6-005.m		Tocilizumab, intravenös
	.m0	80 mg bis unter 200 mg
		Hinw.: Dieser Kode ist für Patienten mit einem Alter bei Aufnahme von unter 15 Jahren anzugeben
	.m1	200 mg bis unter 320 mg
		Hinw.: Dieser Kode ist für Patienten mit einem Alter bei Aufnahme von unter 15 Jahren anzugeben
	.m2	320 mg bis unter 480 mg
	.m3	480 mg bis unter 640 mg
	.m4	640 mg bis unter 800 mg
	.m5	800 mg bis unter 960 mg
	.m6	960 mg bis unter 1.120 mg
	.m7	1.120 mg bis unter 1.280 mg
	.m8	1.280 mg bis unter 1.440 mg
	.m9	1.440 mg bis unter 1.600 mg
	.ma	1.600 mg bis unter 1.760 mg
	.mb	1.760 mg bis unter 1.920 mg
	.mc	1.920 mg bis unter 2.080 mg
	.md	2.080 mg oder mehr
6-005.n		Tocilizumab, subkutan
	.n0	162 mg bis unter 324 mg
		Hinw.: Dieser Kode ist für Patienten mit einem Alter bei Aufnahme von unter 15 Jahren anzugeben
	.n1	324 mg bis unter 486 mg
	.n2	486 mg bis unter 648 mg
	.n3	648 mg bis unter 810 mg
	.n4	810 mg bis unter 972 mg
	.n5	972 mg bis unter 1.134 mg
	.n6	1.134 mg bis unter 1.296 mg
	.n7	1.296 mg bis unter 1.458 mg
	.n8	1.458 mg bis unter 1.620 mg
	.n9	1.620 mg bis unter 1.782 mg
	.na	1.782 mg bis unter 1.944 mg
	.nb	1.944 mg bis unter 2.106 mg
	.nc	2.106 mg bis unter 2.268 mg
	.nd	2.268 mg oder mehr

6-006 Applikation von Medikamenten, Liste 6

6-006.0		Eltrombopag, oral
	.00	150 mg bis unter 300 mg
		Hinw.: Dieser Kode ist für Patienten mit einem Alter bei Aufnahme von unter 15 Jahren anzugeben
	.01	300 mg bis unter 450 mg
	.02	450 mg bis unter 600 mg
	.03	600 mg bis unter 750 mg
	.04	750 mg bis unter 900 mg
	.05	900 mg bis unter 1.050 mg
	.06	1.050 mg bis unter 1.200 mg
	.07	1.200 mg bis unter 1.350 mg
	.08	1.350 mg bis unter 1.500 mg
	.09	1.500 mg bis unter 1.800 mg
	.0a	1.800 mg bis unter 2.100 mg
	.0b	2.100 mg bis unter 2.400 mg
	.0c	2.400 mg bis unter 2.700 mg
	.0d	2.700 mg bis unter 3.000 mg
	.0e	3.000 mg bis unter 3.600 mg
	.0f	3.600 mg bis unter 4.200 mg
	.0g	4.200 mg bis unter 4.800 mg
	.0h	4.800 mg bis unter 5.400 mg
	.0j	5.400 mg bis unter 6.000 mg
	.0k	6.000 mg bis unter 6.600 mg
	.0m	6.600 mg bis unter 7.200 mg

	.0n	7.200 mg bis unter 7.800 mg
	.0p	7.800 mg bis unter 8.400 mg
	.0q	8.400 mg oder mehr
6-006.1	Cabazitaxel, parenteral	
	.10	30 mg bis unter 35 mg
	.11	35 mg bis unter 40 mg
	.12	40 mg bis unter 45 mg
	.13	45 mg bis unter 50 mg
	.14	50 mg bis unter 55 mg
	.15	55 mg bis unter 60 mg
	.16	60 mg bis unter 70 mg
	.17	70 mg bis unter 80 mg
	.18	80 mg bis unter 90 mg
	.19	90 mg bis unter 100 mg
	.1a	100 mg bis unter 110 mg
	.1b	110 mg bis unter 120 mg
	.1c	120 mg bis unter 130 mg
	.1d	130 mg bis unter 140 mg
	.1e	140 mg bis unter 160 mg
	.1f	160 mg bis unter 180 mg
	.1g	180 mg bis unter 200 mg
	.1h	200 mg bis unter 220 mg
	.1j	220 mg bis unter 240 mg
	.1k	240 mg oder mehr
6-006.2	Abirateronacetat, oral	
	.20	3.000 mg bis unter 6.000 mg
	.21	6.000 mg bis unter 9.000 mg
	.22	9.000 mg bis unter 12.000 mg
	.23	12.000 mg bis unter 15.000 mg
	.24	15.000 mg bis unter 18.000 mg
	.25	18.000 mg bis unter 21.000 mg
	.26	21.000 mg bis unter 24.000 mg
	.27	24.000 mg bis unter 27.000 mg
	.28	27.000 mg bis unter 30.000 mg
	.29	30.000 mg bis unter 33.000 mg
	.2a	33.000 mg bis unter 36.000 mg
	.2b	36.000 mg bis unter 39.000 mg
	.2c	39.000 mg bis unter 42.000 mg
	.2d	42.000 mg bis unter 45.000 mg
	.2e	45.000 mg bis unter 48.000 mg
	.2f	48.000 mg bis unter 51.000 mg
	.2g	51.000 mg oder mehr
6-006.4	Ofatumumab, parenteral	
	.40	300 mg bis unter 600 mg
	.41	600 mg bis unter 900 mg
	.42	900 mg bis unter 1.200 mg
	.43	1.200 mg bis unter 1.500 mg
	.44	1.500 mg bis unter 2.000 mg
	.45	2.000 mg bis unter 4.000 mg
	.46	4.000 mg bis unter 6.000 mg
	.47	6.000 mg bis unter 8.000 mg
	.48	8.000 mg bis unter 10.000 mg
	.49	10.000 mg bis unter 12.000 mg
	.4a	12.000 mg bis unter 14.000 mg
	.4b	14.000 mg bis unter 16.000 mg
	.4c	16.000 mg bis unter 18.000 mg
	.4d	18.000 mg bis unter 20.000 mg

Kapitel 6: Medikamente

.4e 20.000 mg bis unter 22.000 mg
.4f 22.000 mg bis unter 24.000 mg
.4g 24.000 mg oder mehr

6-006.5 Eribulin, parenteral

6-006.6 Belimumab, parenteral
.60 200 mg bis unter 400 mg
Hinw.: Dieser Kode ist für Patienten mit einem Alter bei Aufnahme von unter 15 Jahren anzugeben
.61 400 mg bis unter 600 mg
.62 600 mg bis unter 800 mg
.63 800 mg bis unter 1.000 mg
.64 1.000 mg bis unter 1.200 mg
.65 1.200 mg bis unter 1.400 mg
.66 1.400 mg bis unter 1.600 mg
.67 1.600 mg bis unter 2.000 mg
.68 2.000 mg bis unter 2.400 mg
.69 2.400 mg bis unter 2.800 mg
.6a 2.800 mg bis unter 3.200 mg
.6b 3.200 mg bis unter 3.600 mg
.6c 3.600 mg bis unter 4.000 mg
.6d 4.000 mg bis unter 4.400 mg
.6e 4.400 mg bis unter 4.800 mg
.6f 4.800 mg bis unter 5.200 mg
.6g 5.200 mg oder mehr

6-006.7 Canakinumab, parenteral

6-006.8 Miglustat, oral

6-006.9 Tafamidis, oral

6-006.a Paliperidon, intramuskulär
.a0 75 mg bis unter 125 mg
.a1 125 mg bis unter 175 mg
.a2 175 mg bis unter 250 mg
.a3 250 mg bis unter 325 mg
.a4 325 mg bis unter 400 mg
.a5 400 mg bis unter 475 mg
.a6 475 mg bis unter 550 mg
.a7 550 mg bis unter 625 mg
.a8 625 mg bis unter 700 mg
.a9 700 mg bis unter 775 mg
.aa 775 mg bis unter 850 mg
.ab 850 mg bis unter 925 mg
.ac 925 mg bis unter 1.000 mg
.ad 1.000 mg bis unter 1.075 mg
.ae 1.075 mg bis unter 1.150 mg
.af 1.150 mg bis unter 1.225 mg
.ag 1.225 mg oder mehr

6-006.b Brentuximabvedotin, parenteral
.b0 25 mg bis unter 50 mg
Hinw.: Dieser Kode ist für Patienten mit einem Alter bei Aufnahme von unter 15 Jahren anzugeben
.b1 50 mg bis unter 75 mg
.b2 75 mg bis unter 100 mg
.b3 100 mg bis unter 125 mg
.b4 125 mg bis unter 150 mg
.b5 150 mg bis unter 175 mg
.b6 175 mg bis unter 200 mg
.b7 200 mg bis unter 225 mg
.b8 225 mg bis unter 250 mg
.b9 250 mg bis unter 300 mg

Kapitel 6: Medikamente

.ba	300 mg bis unter 350 mg
.bb	350 mg bis unter 400 mg
.bc	400 mg bis unter 450 mg
.bd	450 mg bis unter 500 mg
.be	500 mg bis unter 550 mg
.bf	550 mg bis unter 600 mg
.bg	600 mg bis unter 650 mg
.bh	650 mg bis unter 700 mg
.bj	700 mg oder mehr

6-006.c Crizotinib, oral

6-006.d Ivacaftor, oral

6-006.e Pixantron, parenteral

6-006.f Vemurafenib, oral

6-006.g Axitinib, oral

6-006.h Ipilimumab, parenteral

.h0	50 mg bis unter 60 mg
.h1	60 mg bis unter 70 mg
.h2	70 mg bis unter 80 mg
.h3	80 mg bis unter 90 mg
.h4	90 mg bis unter 100 mg
.h5	100 mg bis unter 110 mg
.h6	110 mg bis unter 120 mg
.h7	120 mg bis unter 140 mg
.h8	140 mg bis unter 160 mg
.h9	160 mg bis unter 180 mg
.ha	180 mg bis unter 200 mg
.hb	200 mg bis unter 220 mg
.hc	220 mg bis unter 240 mg
.hd	240 mg bis unter 260 mg
.he	260 mg bis unter 300 mg
.hf	300 mg bis unter 340 mg
.hg	340 mg bis unter 380 mg
.hh	380 mg bis unter 420 mg
.hj	420 mg bis unter 460 mg
.hk	460 mg bis unter 500 mg
.hm	500 mg bis unter 580 mg
.hn	580 mg bis unter 660 mg
.hp	660 mg bis unter 740 mg
.hq	740 mg bis unter 820 mg
.hr	820 mg bis unter 900 mg
.hs	900 mg bis unter 980 mg
.ht	980 mg bis unter 1.060 mg
.hu	1.060 mg bis unter 1.140 mg
.hv	1.140 mg bis unter 1.220 mg
.hw	1.220 mg oder mehr

6-007 Applikation von Medikamenten, Liste 7

6-007.0 Posaconazol, oral, Suspension

.00 1.000 mg bis unter 2.000 mg
Hinw.: Dieser Kode ist für Patienten mit einem Alter bei Aufnahme von unter 10 Jahren anzugeben

.01 2.000 mg bis unter 3.000 mg
Hinw.: Dieser Kode ist für Patienten mit einem Alter bei Aufnahme von unter 10 Jahren anzugeben

.02 3.000 mg bis unter 4.200 mg

.03 4.200 mg bis unter 5.400 mg

.04 5.400 mg bis unter 6.600 mg

.05 6.600 mg bis unter 7.800 mg

.06 7.800 mg bis unter 9.000 mg

Kapitel 6: Medikamente

	.07	9.000 mg bis unter 11.400 mg
	.08	11.400 mg bis unter 13.800 mg
	.09	13.800 mg bis unter 16.200 mg
	.0a	16.200 mg bis unter 18.600 mg
	.0b	18.600 mg bis unter 21.000 mg
	.0c	21.000 mg bis unter 25.800 mg
	.0d	25.800 mg bis unter 30.600 mg
	.0e	30.600 mg bis unter 35.400 mg
	.0f	35.400 mg bis unter 40.200 mg
	.0g	40.200 mg bis unter 45.000 mg
	.0h	45.000 mg bis unter 54.600 mg
	.0j	54.600 mg bis unter 64.200 mg
	.0k	64.200 mg bis unter 73.800 mg
	.0m	73.800 mg bis unter 83.400 mg
	.0n	83.400 mg bis unter 93.000 mg
	.0p	93.000 mg oder mehr

6-007.1 Posaconazol, oral, Tabletten
- .10 1.500 mg bis unter 2.100 mg
- .11 2.100 mg bis unter 2.700 mg
- .12 2.700 mg bis unter 3.300 mg
- .13 3.300 mg bis unter 3.900 mg
- .14 3.900 mg bis unter 4.500 mg
- .15 4.500 mg bis unter 5.700 mg
- .16 5.700 mg bis unter 6.900 mg
- .17 6.900 mg bis unter 8.100 mg
- .18 8.100 mg bis unter 9.300 mg
- .19 9.300 mg bis unter 10.500 mg
- .1a 10.500 mg bis unter 12.900 mg
- .1b 12.900 mg bis unter 15.300 mg
- .1c 15.300 mg bis unter 17.700 mg
- .1d 17.700 mg bis unter 20.100 mg
- .1e 20.100 mg bis unter 22.500 mg
- .1f 22.500 mg bis unter 27.300 mg
- .1g 27.300 mg bis unter 32.100 mg
- .1h 32.100 mg oder mehr

6-007.2 Aflibercept, intravitreal

6-007.3 Aflibercept, intravenös
- .30 150 mg bis unter 250 mg
- .31 250 mg bis unter 350 mg
- .32 350 mg bis unter 450 mg
- .33 450 mg bis unter 550 mg
- .34 550 mg bis unter 650 mg
- .35 650 mg bis unter 750 mg
- .36 750 mg bis unter 850 mg
- .37 850 mg bis unter 950 mg
- .38 950 mg bis unter 1.150 mg
- .39 1.150 mg bis unter 1.350 mg
- .3a 1.350 mg bis unter 1.550 mg
- .3b 1.550 mg bis unter 1.750 mg
- .3c 1.750 mg bis unter 1.950 mg
- .3d 1.950 mg bis unter 2.150 mg
- .3e 2.150 mg bis unter 2.550 mg
- .3f 2.550 mg bis unter 2.950 mg
- .3g 2.950 mg bis unter 3.350 mg
- .3h 3.350 mg bis unter 3.750 mg
- .3j 3.750 mg bis unter 4.150 mg
- .3k 4.150 mg bis unter 4.550 mg
- .3m 4.550 mg oder mehr

Kapitel 6: Medikamente

6-007.4	Bosutinib, oral	
6-007.5	Dabrafenib, oral	
6-007.6	Enzalutamid, oral	
	.60	480 mg bis unter 960 mg
	.61	960 mg bis unter 1.440 mg
	.62	1.440 mg bis unter 1.920 mg
	.63	1.920 mg bis unter 2.400 mg
	.64	2.400 mg bis unter 2.880 mg
	.65	2.880 mg bis unter 3.360 mg
	.66	3.360 mg bis unter 3.840 mg
	.67	3.840 mg bis unter 4.320 mg
	.68	4.320 mg bis unter 4.800 mg
	.69	4.800 mg bis unter 5.280 mg
	.6a	5.280 mg bis unter 5.760 mg
	.6b	5.760 mg bis unter 6.240 mg
	.6c	6.240 mg bis unter 6.720 mg
	.6d	6.720 mg bis unter 7.200 mg
	.6e	7.200 mg bis unter 7.680 mg
	.6f	7.680 mg bis unter 8.160 mg
	.6g	8.160 mg oder mehr
6-007.7	Lipegfilgrastim, parenteral	
	.70	1 mg bis unter 3 mg
		Hinw.: Dieser Kode ist für Patienten mit einem Alter bei Aufnahme von unter 15 Jahren anzugeben
	.71	3 mg bis unter 6 mg
		Hinw.: Dieser Kode ist für Patienten mit einem Alter bei Aufnahme von unter 15 Jahren anzugeben
	.72	6 mg bis unter 12 mg
	.73	12 mg bis unter 18 mg
	.74	18 mg bis unter 24 mg
	.75	24 mg bis unter 30 mg
	.76	30 mg oder mehr
6-007.8	Ocriplasmin, intravitreal	
6-007.9	Pertuzumab, parenteral	
6-007.a	Pomalidomid, oral	
6-007.b	Ponatinib, oral	
6-007.c	Regorafenib, oral	
6-007.d	Trastuzumab-Emtansin, parenteral	
6-007.e	Ibrutinib, oral	
	.e0	1.400 mg bis unter 2.100 mg
	.e1	2.100 mg bis unter 2.800 mg
	.e2	2.800 mg bis unter 3.500 mg
	.e3	3.500 mg bis unter 4.200 mg
	.e4	4.200 mg bis unter 4.900 mg
	.e5	4.900 mg bis unter 5.600 mg
	.e6	5.600 mg bis unter 6.300 mg
	.e7	6.300 mg bis unter 7.000 mg
	.e8	7.000 mg bis unter 8.400 mg
	.e9	8.400 mg bis unter 9.800 mg
	.ea	9.800 mg bis unter 11.200 mg
	.eb	11.200 mg bis unter 12.600 mg
	.ec	12.600 mg bis unter 14.000 mg
	.ed	14.000 mg bis unter 16.800 mg
	.ee	16.800 mg bis unter 19.600 mg
	.ef	19.600 mg bis unter 22.400 mg
	.eg	22.400 mg bis unter 25.200 mg
	.eh	25.200 mg oder mehr

Kapitel 6: Medikamente

6-007.f Idelalisib, oral
6-007.g Ledipasvir-Sofosbuvir, oral
6-007.h Macitentan, oral
6-007.j Obinutuzumab, parenteral
    .j0 1.000 mg bis unter 2.000 mg
    .j1 2.000 mg bis unter 3.000 mg
    .j2 3.000 mg bis unter 4.000 mg
    .j3 4.000 mg bis unter 5.000 mg
    .j4 5.000 mg bis unter 6.000 mg
    .j5 6.000 mg bis unter 7.000 mg
    .j6 7.000 mg bis unter 8.000 mg
    .j7 8.000 mg bis unter 9.000 mg
    .j8 9.000 mg bis unter 10.000 mg
    .j9 10.000 mg oder mehr

6-007.k Posaconazol, parenteral

6-007.m Ramucirumab, parenteral
    .m0 300 mg bis unter 450 mg
    .m1 450 mg bis unter 600 mg
    .m2 600 mg bis unter 750 mg
    .m3 750 mg bis unter 900 mg
    .m4 900 mg bis unter 1.050 mg
    .m5 1.050 mg bis unter 1.200 mg
    .m6 1.200 mg bis unter 1.500 mg
    .m7 1.500 mg bis unter 1.800 mg
    .m8 1.800 mg bis unter 2.100 mg
    .m9 2.100 mg bis unter 2.400 mg
    .ma 2.400 mg bis unter 2.700 mg
    .mb 2.700 mg bis unter 3.000 mg
    .mc 3.000 mg bis unter 3.600 mg
    .md 3.600 mg bis unter 4.200 mg
    .me 4.200 mg bis unter 4.800 mg
    .mf 4.800 mg bis unter 5.400 mg
    .mg 5.400 mg bis unter 6.000 mg
    .mh 6.000 mg bis unter 6.600 mg
    .mj 6.600 mg bis unter 7.200 mg
    .mk 7.200 mg bis unter 7.800 mg
    .mm 7.800 mg bis unter 8.400 mg
    .mn 8.400 mg oder mehr

6-007.n Thiotepa, parenteral
    .n0 50 mg bis unter 100 mg
        Hinw.: Dieser Kode ist für Patienten mit einem Alter bei Aufnahme von unter 15 Jahren anzugeben
    .n1 100 mg bis unter 150 mg
        Hinw.: Dieser Kode ist für Patienten mit einem Alter bei Aufnahme von unter 15 Jahren anzugeben
    .n2 150 mg bis unter 200 mg
    .n3 200 mg bis unter 250 mg
    .n4 250 mg bis unter 300 mg
    .n5 300 mg bis unter 350 mg
    .n6 350 mg bis unter 400 mg
    .n7 400 mg bis unter 500 mg
    .n8 500 mg bis unter 600 mg
    .n9 600 mg bis unter 700 mg
    .na 700 mg bis unter 800 mg
    .nb 800 mg bis unter 900 mg
    .nc 900 mg bis unter 1.000 mg
    .nd 1.000 mg bis unter 1.200 mg
    .ne 1.200 mg bis unter 1.400 mg

	.nf	1.400 mg bis unter 1.600 mg
	.ng	1.600 mg bis unter 1.800 mg
	.nh	1.800 mg bis unter 2.000 mg
	.nj	2.000 mg bis unter 2.200 mg
	.nk	2.200 mg bis unter 2.400 mg
	.nm	2.400 mg bis unter 2.600 mg
	.nn	2.600 mg bis unter 2.800 mg
	.np	2.800 mg oder mehr

6-008   Applikation von Medikamenten, Liste 8
6-008.0   Riociguat, oral
6-008.1   Siltuximab, parenteral
6-008.2   Simeprevir, oral
6-008.3   Sofosbuvir, oral
6-008.4   Teduglutid, parenteral
6-008.5   Vedolizumab, parenteral
6-008.6   Asfotase alfa, parenteral
6-008.7   Blinatumomab, parenteral
6-008.8   Cabozantinib, oral
6-008.9   Carfilzomib, parenteral
6-008.a   Ceritinib, oral
6-008.b   Cholsäure, oral
6-008.c   Cobimetinib, oral
6-008.d   Daclatasvir, oral
6-008.e   Dasabuvir-Ombitasvir-Paritaprevir-Ritonavir, oral
6-008.f   Idarucizumab, parenteral
6-008.g   Isavuconazol, parenteral
6-008.h   Isavuconazol, oral
6-008.j   Lenvatinib, oral
6-008.k   Lumacaftor-Ivacaftor, oral
6-008.m   Nivolumab, parenteral

6-009   Applikation von Medikamenten, Liste 9
6-009.0   Olaparib, oral
6-009.1   Ombitasvir-Paritaprevir-Ritonavir, oral
6-009.2   Panobinostat, oral
6-009.3   Pembrolizumab, parenteral
6-009.4   Ruxolitinib, oral
6-009.5   Secukinumab, parenteral
6-009.6   Telaprevir, oral
6-009.7   Trametinib, oral
6-009.8   Vandetanib, oral
6-009.9   <u>Daclizumab, subkutan</u>
6-009.a   <u>Daratumumab, parenteral</u>
6-009.b   <u>Dinutuximab beta, parenteral</u>
6-009.c   <u>Elbasvir-Grazoprevir, oral</u>
6-009.d   <u>Elotuzumab, parenteral</u>
6-009.e   <u>Liposomales Irinotecan, parenteral</u>
6-009.f   <u>Migalastat, oral</u>

Kapitel 6: Medikamente

6-009.g   Necitumumab, parenteral
6-009.h   Olaratumab, parenteral
6-009.j   Palbociclib, oral
6-009.k   Selexipag, oral
6-009.m   Sofosbuvir-Velpatasvir, oral
6-009.n   Trifluridin-Tipiracil, oral

Kapitel 8:

Nichtoperative therapeutische Maßnahmen

Applikation von Medikamenten und Nahrung und therapeutische Injektion (8-01...8-02)

8-01 Applikation von Medikamenten und Nahrung
Exkl.: Applikation von Medikamenten zur Schmerztherapie (8-91)
Applikation von Medikamenten (Kap. 6)
Hinw.: Ein Kode aus diesem Bereich ist jeweils nur einmal pro stationären Aufenthalt anzugeben

8-010	**Applikation von Medikamenten und Elektrolytlösungen über das Gefäßsystem bei Neugeborenen**
Exkl.: Parenterale Ernährung als medizinische Hauptbehandlung (8-016)
Komplette parenterale Ernährung als medizinische Nebenbehandlung (8-018 ff.)
Infusion von Volumenersatzmitteln bei Neugeborenen (8-811 ff.)
Hinw.: Ein Kode aus diesem Bereich <u>ist nur anzugeben</u>, wenn Medikamente und Elektrolytlösungen <u>kontinuierlich</u> mehr als 24 Stunden über das Gefäßsystem verabreicht werden
Ein Kode aus diesem Bereich ist nicht anzugeben, wenn diese Verfahren Bestandteil der Wiederbelebung bei der Geburt sind oder als Komponente in einem bereits dokumentierten Kode enthalten sind
8-010.1	Intraarteriell, kontinuierlich
8-010.3	Intravenös, kontinuierlich
8-010.x	Sonstige
8-010.y	N.n.bez.
8-011	**Intrathekale und intraventrikuläre Applikation von Medikamenten durch Medikamentenpumpen**
Exkl.: Intrathekale Instillation von zytotoxischen Materialien und Immunmodulatoren (8-541.0)
8-011.1	Wiederbefüllung einer implantierten Medikamentenpumpe mit konstanter Flussrate
Inkl.: Zur Schmerztherapie
8-011.2	Wiederbefüllung und Programmierung einer implantierten, programmierbaren Medikamentenpumpe mit kontinuierlicher Abgabe bei variablem Tagesprofil
Inkl.: Zur Schmerztherapie
8-011.3	Postoperative intrathekale und intraventrikuläre Medikamentendosis-Anpassung nach Anlage der Medikamentenpumpe
Inkl.: Schmerz- oder Spastiktherapie
.30 Bei einer externen Medikamentenpumpe
.31 Bei einer implantierten Medikamentenpumpe mit konstanter Flussrate
.32 Bei einer implantierten programmierbaren Medikamentenpumpe mit kontinuierlicher Abgabe bei variablem Tagesprofil
8-011.x	Sonstige
8-011.y	N.n.bez.
8-015	**Enterale Ernährungstherapie als medizinische Hauptbehandlung**
Hinw.: Die Erstellung des Behandlungsplanes ist im Kode enthalten
8-015.0	Über eine Sonde
8-015.1	Über ein Stoma
8-015.2	Therapeutische Hyperalimentation
8-015.x	Sonstige
8-015.y	N.n.bez.

Kapitel 8: Nichtoperative therapeutische Maßnahmen

8-016 **Parenterale Ernährungstherapie als medizinische Hauptbehandlung**
Hinw.: Die Erstellung des Behandlungsplanes ist im Kode enthalten

8-017 **Enterale Ernährung als medizinische Nebenbehandlung**
Hinw.: Bei intensivmedizinisch behandelten Patienten ist ein Kode aus diesem Bereich nicht anzugeben
Die Erstellung des Behandlungsplanes ist im Kode enthalten
Die enterale Ernährung erfolgt über eine Sonde bzw. ein Stoma

8-017.0 Mindestens 7 bis höchstens 13 Behandlungstage
8-017.1 Mindestens 14 bis höchstens 20 Behandlungstage
8-017.2 Mindestens 21 Behandlungstage

8-018 **Komplette parenterale Ernährung als medizinische Nebenbehandlung**
Hinw.: Bei intensivmedizinisch behandelten Patienten ist ein Kode aus diesem Bereich nicht anzugeben
Eine komplette parenterale Ernährung enthält die Makronährstoffe Glukose, Fette und Aminosäuren und die Mikronährstoffe fett- und wasserlösliche Vitamine und Spurenelemente
Die Erstellung des Behandlungsplanes ist im Kode enthalten
Die parenterale Ernährung erfolgt zentralvenös

8-018.0 Mindestens 7 bis höchstens 13 Behandlungstage
8-018.1 Mindestens 14 bis höchstens 20 Behandlungstage
8-018.2 Mindestens 21 Behandlungstage

8-02   Therapeutische Injektion
Hinw.: Ein Kode aus diesem Bereich ist jeweils nur einmal pro stationären Aufenthalt anzugeben

8-020 **Therapeutische Injektion**

8-020.0 ↔ Auge
Inkl.: Subkonjunktivale Injektion
Exkl.: Vorderkammerspülung mit Einbringen von Medikamenten (5-139.12)
Injektion von Medikamenten in den hinteren Augenabschnitt (5-156.9)

8-020.1 Harnorgane
Exkl.: Injektionsbehandlung der Harnblase (5-579.6 ff.)

8-020.2 Männliche Geschlechtsorgane

8-020.3 Weibliche Geschlechtsorgane

8-020.4 ↔ Bänder, Sehnen oder Bindegewebe

8-020.5 ↔ Gelenk oder Schleimbeutel
Inkl.: Therapeutische Aspiration und Entleerung durch Punktion
Exkl.: Chemische Synoviorthese (8-020.b)
Radiosynoviorthese (8-530.3)

8-020.6 Leber

8-020.7 Bandscheibe
Hinw.: Dieser Kode erfordert zwingend die Anwendung eines bildgebenden Verfahrens
Die Anwendung des bildgebenden Verfahrens ist im Kode enthalten

8-020.8 Systemische Thrombolyse

8-020.b ↔ Chemische Synoviorthese
Inkl.: Kryotherapie und Entlastung nach erfolgter Injektion
Exkl.: Radiosynoviorthese (8-530.3)

8-020.c Thrombininjektion nach Anwendung eines Katheters in einer Arterie
Hinw.: Mit diesem Kode ist die Thrombininjektion bei Nachblutung oder Aneurysma spurium nach einer diagnostischen oder interventionellen Anwendung eines Katheters in einer Arterie zu kodieren
Eine durchgeführte Sonographie ist im Kode enthalten

8-020.d Intraventrikuläre oder intrazerebrale Thrombolyse über Drainagekatheter

8-020.x ↔ Sonstige

8-020.y N.n.bez.

Immuntherapie
(8-03...8-03)

8-03 Immuntherapie
Hinw.: Ein Kode aus diesem Bereich ist jeweils nur einmal pro stationären Aufenthalt anzugeben

8-030 **Spezifische allergologische Immuntherapie**
Inkl.: Hyposensibilisierung
Hinw.: Die Anwendung eines Kodes aus diesem Bereich setzt die kontinuierliche ärztliche Überwachung in Notfallbereitschaft voraus

8-030.0 Mit Bienengift oder Wespengift

Entfernung von Fremdmaterial und Konkrementen
(8-10...8-11)

8-10 Fremdkörperentfernung

8-100 **Fremdkörperentfernung durch Endoskopie**
Inkl.: Entfernung eines Konkrementes

8-100.0 ↔ Durch Otoskopie
8-100.1 Durch Rhinoskopie
8-100.2 Durch Laryngoskopie
8-100.3 Durch Tracheoskopie
8-100.4 Durch Bronchoskopie mit flexiblem Instrument
8-100.5 Durch Bronchoskopie mit starrem Instrument
8-100.6 Durch Ösophagoskopie mit flexiblem Instrument
8-100.7 Durch Ösophagoskopie mit starrem Instrument
8-100.8 Durch Ösophagogastroduodenoskopie
8-100.9 Durch Kolo-/Rektoskopie mit flexiblem Instrument
8-100.a Durch Kolo-/Rektoskopie mit starrem Instrument
8-100.b Durch Urethrozystoskopie
8-100.c ↔ Durch Ureterorenoskopie
8-100.d Durch Hysteroskopie
8-100.x ↔ Sonstige
8-100.y N.n.bez.

8-101 **Fremdkörperentfernung ohne Inzision**
Exkl.: Fremdkörperentfernung durch Endoskopie (8-100)
Fremdkörperentfernung aus der Haut ohne Inzision (8-102)

8-101.0 ↔ Oberflächlich, aus der Sklera
Exkl.: Entfernung eine Fremdkörpers aus der Sklera mit Magnet oder durch Inzision (5-138.00, 5-138.01)

8-101.1 ↔ Oberflächlich, aus der Kornea
Exkl.: Entfernung eine Fremdkörpers aus der Kornea mit Magnet oder durch Inzision (5-120.0, 5-120.1)

8-101.2 ↔ Oberflächlich, aus der Konjunktiva
Exkl.: Entfernung eines Fremdkörpers aus der Konjunktiva durch Inzision (5-110.1)

8-101.3 ↔ Aus dem äußeren Gehörgang
8-101.4 Aus der Nase
8-101.5 Aus dem Pharynx
8-101.6 Aus der Cervix uteri

8-101.7	Aus der Vagina
8-101.8	Aus der Vulva
8-101.9	Aus der Urethra
8-101.a	Perianal
8-101.b	Anal
8-101.x ↔	Sonstige
8-101.y	N.n.bez.

8-102 Fremdkörperentfernung aus der Haut ohne Inzision
Exkl.: Entfernung eine Fremdkörpers aus der Haut durch Inzision (5-892.2)

8-102.0	Lippe
8-102.1	Gesicht
8-102.2	Kopf und Hals
8-102.3	Schulter, Rumpf und Gesäß
8-102.4	Leisten- und Genitalregion
8-102.5 ↔	Oberarm und Ellenbogen
8-102.6 ↔	Unterarm
8-102.7 ↔	Hand
8-102.8 ↔	Oberschenkel und Knie
8-102.9 ↔	Unterschenkel
8-102.a ↔	Fuß
8-102.x ↔	Sonstige
8-102.y	N.n.bez.

8-11 Extrakorporale Stoßwellentherapie

8-110 Extrakorporale Stoßwellenlithotripsie [ESWL] von Steinen in den Harnorganen

8-110.0	Harnblase
8-110.1 ↔	Ureter
8-110.2 ↔	Niere
8-110.x ↔	Sonstige
8-110.y	N.n.bez.

8-111 Extrakorporale Stoßwellenlithotripsie [ESWL] von Steinen in Gallenblase und Gallengängen

8-111.0	Gallenblase
8-111.1	Gallengänge
8-111.x	Sonstige
8-111.y	N.n.bez.

8-112 Extrakorporale Stoßwellenlithotripsie [ESWL] von Steinen in sonstigen Organen

8-112.0	Pankreas
8-112.1 ↔	Speicheldrüsen
8-112.x ↔	Sonstige
8-112.y	N.n.bez.

8-115 Extrakorporale Stoßwellentherapie am Stütz- und Bewegungsapparat
Inkl.: Pseudarthrose

8-115.0 ↔	Schulterbereich
8-115.1 ↔	Ellenbogen
8-115.2 ↔	Fuß
8-115.3 ↔	Langer Röhrenknochen, obere Extremität
8-115.4 ↔	Hand

8-115.5 ↔ Langer Röhrenknochen, untere Extremität
8-115.x ↔ Sonstige
8-115.y N.n.bez.

8-119 Andere extrakorporale Stoßwellentherapie
8-119.0 Penis
8-119.x Sonstige
8-119.y N.n.bez.

Manipulationen an Verdauungstrakt und Harntrakt (8-12...8-13)

8-12 Manipulationen am Verdauungstrakt

8-120 Magenspülung

8-121 Darmspülung
Exkl.: Darmspülung zur Vorbereitung auf einen Eingriff

8-122 Desinvagination
8-122.0 Durch Flüssigkeiten
Inkl.: Hydrostatische Desinvagination
8-122.1 Durch Gas
8-122.x Sonstige
8-122.y N.n.bez.

8-123 Wechsel und Entfernung eines Gastrostomiekatheters
Inkl.: Wechsel und Entfernung einer PEG
Exkl.: Anlegen einer Gastrostomie oder PEG (5-431 ff.)
Freilegung und Entfernung einer eingewachsenen PEG-Halteplatte (5-431.3 ff.)
8-123.0 Wechsel
8-123.1 Entfernung
8-123.x Sonstige
8-123.y N.n.bez.

8-124 Wechsel und Entfernung eines Jejunostomiekatheters
Inkl.: Wechsel und Entfernung einer PEJ
Exkl.: Anlegen einer PEJ (5-450.3)
8-124.0 Wechsel
8-124.1 Entfernung
8-124.x Sonstige
8-124.y N.n.bez.

8-125 Anlegen und Wechsel einer duodenalen oder jejunalen Ernährungssonde
Hinw.: Die Überprüfung der Sondenlage durch ein bildgebendes Verfahren ist im Kode enthalten
8-125.0 Transnasal, n.n.bez.
8-125.1 Transnasal, endoskopisch
Inkl.: Diagnostische Ösophagogastroduodenoskopie
8-125.2 Über eine liegende PEG-Sonde, endoskopisch
Inkl.: Diagnostische Ösophagogastroduodenoskopie

8-126 Transanale Irrigation
Inkl.: Anleitung und Schulung des Patienten
Exkl.: Darmspülung (8-121)
Hinw.: Dieser Kode ist nur einmal pro stationären Aufenthalt anzugeben

Kapitel 8: Nichtoperative therapeutische Maßnahmen

8-127 Endoskopisches Einlegen und Entfernung eines Magenballons
Hinw.: Eine gleichzeitig durchgeführte diagnostische Ösophagogastroduodenoskopie ist im Kode enthalten

8-127.0 Einlegen

8-127.1 Entfernung

8-128 Anwendung eines Stuhldrainagesystems
Inkl.: Spülung und endoluminale Medikamentenapplikation
Hinw.: Dieser Kode ist nur einmal pro stationären Aufenthalt anzugeben

8-129 Applikation einer Spenderstuhlsuspension
Inkl.: Allogene Faecotherapie, Stuhltransplantation bei schwerer Enterokolitis

8-129.0 Koloskopisch

8-129.x Sonstige

8-13   Manipulationen am Harntrakt

8-132 Manipulationen an der Harnblase

8-132.0 Instillation
Exkl.: Instillation von zytotoxischen Medikamenten in die Harnblase (8-541.4)

8-132.1 Spülung, einmalig

8-132.2 Spülung, intermittierend

8-132.3 Spülung, kontinuierlich

8-132.x Sonstige

8-132.y N.n.bez.

8-133 Wechsel und Entfernung eines suprapubischen Katheters
Exkl.: Anlegen eines suprapubischen Harnblasenkatheters (5-572.1)

8-133.0 Wechsel

8-133.1 Entfernung

8-133.x Sonstige

8-133.y N.n.bez.

8-137 Einlegen, Wechsel und Entfernung einer Ureterschiene [Ureterkatheter]
Hinw.: Die Zystoskopie ist im Kode enthalten

8-137.0 Einlegen
.00 ↔ Transurethral
.01 ↔ Perkutan-transrenal
Hinw.: Eine gleichzeitig durchgeführte Nephrostomie ist gesondert zu kodieren (5-550.1)
.02 ↔ Über ein Stoma
.03 ↔ Intraoperativ

8-137.1 Wechsel
.10 ↔ Transurethral
.11 ↔ Perkutan-transrenal
.12 ↔ Über ein Stoma
.13 ↔ Intraoperativ

8-137.2 ↔ Entfernung

8-137.x ↔ Sonstige

8-137.y N.n.bez.

8-138 Wechsel und Entfernung eines Nephrostomiekatheters
Exkl.: Anlegen eines Nephrostomas (5-550.1, 5-551.1)
Dilatation eines rekonstruktiven Nephrostomas (5-557.a)
Operative Dilatation eines Nephrostomiekanals mit Einlegen eines dicklumigen Nephrostomiekatheters (5-550.6)

8-138.0 ↔ Wechsel ohne operative Dilatation

8-138.1 ↔ Entfernung
8-138.x ↔ Sonstige
8-138.y N.n.bez.

8-139   Andere Manipulationen am Harntrakt
8-139.0   Bougierung der Urethra
   .00   Ohne Durchleuchtung
   .01   Unter Durchleuchtung
8-139.x   Sonstige
8-139.y   N.n.bez.

Therapeutische Katheterisierung, Aspiration, Punktion und Spülung (8-14...8-17)

8-14   Andere Formen von therapeutischer Katheterisierung und Kanüleneinlage
Exkl.:   Therapeutische Katheterisierung und Kanüleneinlage in Gefäße (8-83)

8-144   Therapeutische Drainage der Pleurahöhle
Exkl.:   Therapeutische perkutane Punktion der Pleurahöhle (8-152.1)
   Drainage der Brustwand oder Pleurahöhle, offen chirurgisch (5-340.0)
Hinw.:   Therapeutische Spülungen der Pleurahöhle sind gesondert zu kodieren (8-173.1 ff.)

8-144.0 ↔ Großlumig
Inkl.:   Thoraxdrainage durch Mini-Thorakotomie
Exkl.:   Einführung einer Drainage über Hohlnadel (8-144.2)
8-144.1 ↔ Kleinlumig, dauerhaftes Verweilsystem
8-144.2 ↔ Kleinlumig, sonstiger Katheter
Inkl.:   Pleurakatheter

8-146   Therapeutische Drainage von Organen des Bauchraumes
Exkl.:   Einlegen einer Drainage an den Gallengängen (5-513.5, 5-514.5 ff.)

8-146.0   Leber
8-146.1   Gallenblase
8-146.2   Pankreas
8-146.x   Sonstige
8-146.y   N.n.bez.

8-147   Therapeutische Drainage von Harnorganen
8-147.0 ↔ Niere
8-147.x ↔ Sonstige
8-147.y   N.n.bez.

8-148   Therapeutische Drainage von anderen Organen und Geweben
8-148.0   Peritonealraum
8-148.1   Retroperitonealraum
8-148.2   Perirenal
8-148.3   Pelvin
8-148.x   Sonstige
8-148.y   N.n.bez.

8-149   Andere therapeutische Katheterisierung und Kanüleneinlage
8-149.0 ↔ Therapeutische Sondierung der Tränenwege
8-149.1 ↔ Katheterisierung der Nasennebenhöhlen
8-149.2 ↔ Katheterisierung der Tuba uterina durch Hysteroskopie

8-149.3 ↔ Therapeutische Sondierung der Tränenwege mit Intubation
8-149.x ↔ Sonstige
8-149.y N.n.bez.

8-15 Therapeutische Aspiration und Entleerung durch Punktion

8-151 **Therapeutische perkutane Punktion des Zentralnervensystems und des Auges**
8-151.0 Zisterne
8-151.1 Ventrikel
8-151.2 Ventrikelshunt
8-151.3 Rückenmarkzyste
8-151.4 Lumbalpunktion
8-151.5 ↔ Vordere Augenkammer
8-151.6 ↔ Hintere Augenkammer
8-151.x ↔ Sonstige
8-151.y N.n.bez.

8-152 **Therapeutische perkutane Punktion von Organen des Thorax**
8-152.0 Perikard
Inkl.: Perikarddrainage
8-152.1 ↔ Pleurahöhle
Hinw.: Dieser Kode ist nur einmal pro stationären Aufenthalt anzugeben
8-152.2 ↔ Lunge
8-152.x ↔ Sonstige
8-152.y N.n.bez.

8-153 **Therapeutische perkutane Punktion der Bauchhöhle**
Exkl.: Spülung des Bauchraumes (8-176)
Diagnostische Aszitespunktion (1-853.2)
Hinw.: Dieser Kode ist nur einmal pro stationären Aufenthalt anzugeben

8-154 **Therapeutische perkutane Punktion von Organen des Bauchraumes**
8-154.0 Milz
8-154.1 Leber
8-154.2 Gallenblase
8-154.3 Pankreas
8-154.x Sonstige
8-154.y N.n.bez.

8-155 **Therapeutische perkutane Punktion von Harnorganen**
8-155.0 ↔ Niere
8-155.1 ↔ Nierenbecken
8-155.2 Harnblase
8-155.x ↔ Sonstige
8-155.y N.n.bez.

8-156 **Therapeutische perkutane Punktion von männlichen Geschlechtsorganen**
8-156.0 ↔ Hydrozele
8-156.1 ↔ Spermatozele
8-156.2 Prostata
8-156.3 ↔ Vesicula seminalis
8-156.x ↔ Sonstige
8-156.y N.n.bez.

8-157   Therapeutische perkutane Punktion von weiblichen Geschlechtsorganen
8-157.0 ↔ Ovar
8-157.1   Uterus
8-157.x ↔ Sonstige
8-157.y   N.n.bez.

8-158   Therapeutische perkutane Punktion eines Gelenkes
8-158.0 ↔ Humeroglenoidalgelenk
8-158.1 ↔ Akromioklavikulargelenk
8-158.2 ↔ Thorakoskapulargelenk
8-158.3 ↔ Sternoklavikulargelenk
8-158.4 ↔ Humeroulnargelenk
8-158.5 ↔ Proximales Radioulnargelenk
8-158.6 ↔ Distales Radioulnargelenk
8-158.7 ↔ Handgelenk
8-158.8 ↔ Radiokarpalgelenk
8-158.9 ↔ Ulnokarpalgelenk
8-158.a ↔ Handwurzelgelenk
8-158.b ↔ Karpometakarpalgelenk
8-158.c ↔ Metakarpophalangealgelenk
8-158.d ↔ Interphalangealgelenk
8-158.e ↔ Iliosakralgelenk
8-158.f   Symphyse
8-158.g ↔ Hüftgelenk
8-158.h ↔ Kniegelenk
8-158.j   Proximales Tibiofibulargelenk
8-158.k ↔ Oberes Sprunggelenk
8-158.m ↔ Unteres Sprunggelenk
8-158.n ↔ Tarsalgelenk
8-158.p ↔ Tarsometatarsalgelenk
8-158.q ↔ Metatarsophalangealgelenk
8-158.r ↔ Zehengelenk
8-158.s ↔ Kiefergelenk
8-158.t ↔ Gelenke Wirbelsäule und Rippen
8-158.x ↔ Sonstige
8-158.y   N.n.bez.

8-159   Andere therapeutische perkutane Punktion
8-159.0 ↔ Therapeutische perkutane Punktion an Schleimbeuteln
8-159.1   Therapeutische perkutane Punktion des Knochenmarkes
8-159.2   Therapeutische perkutane Punktion einer Lymphozele
8-159.3 ↔ Therapeutische perkutane Punktion eines Urinoms
8-159.4   Therapeutische perkutane Punktion eines Kephalhämatoms
8-159.x ↔ Sonstige
8-159.y   N.n.bez.

8-17   Spülung (Lavage)

Exkl.:   Spülung des Magens (8-120)
Spülung des Darmes (8-121)
Spülung der Harnblase (8-132.1, 8-132.2, 8-132.3)

Hinw.:   Ein Kode aus diesem Bereich ist jeweils nur einmal pro stationären Aufenthalt anzugeben

8-170   Therapeutische Spülung (Lavage) des Auges
Exkl.:   Spülung der vorderen Augenkammer (5-139.1 ff.)

8-170.1 ↔ Tränenwege

8-170.x ↔ Sonstige

8-170.y   N.n.bez.

8-171   Therapeutische Spülung (Lavage) des Ohres

8-171.0 ↔ Äußerer Gehörgang

8-171.1 ↔ Mittelohr

8-171.x ↔ Sonstige

8-171.y   N.n.bez.

8-172 ↔ **Therapeutische Spülung (Lavage) der Nasennebenhöhlen**
Exkl.:   Spülung durch Kieferhöhlenpunktion (5-220.0, 5-220.1)

8-173   Therapeutische Spülung (Lavage) der Lunge und der Pleurahöhle
Exkl.:   Bronchiallavage

8-173.0   Lunge
Hinw.:   Mit diesem Kode ist nur die sehr aufwendige Spülung der Lunge z.B. bei Alveolarproteinose zu kodieren

8-173.1   Pleurahöhle
Hinw.:   Bei kontinuierlichen Spülungen der Pleurahöhle ist für jeden Tag eine Spülung zu zählen. Diskontinuierliche Spülungen sind immer dann einzeln zu zählen, wenn zwischen 2 Spülungen ein zeitlicher Abstand von mindestens 4 Stunden liegt

.10   1 bis 7 Spülungen
.11   8 bis 14 Spülungen
.12   15 bis 21 Spülungen
.13   22 oder mehr Spülungen

8-176   Therapeutische Spülung des Bauchraumes bei liegender Drainage und temporärem Bauchdeckenverschluss

8-176.0   Bei liegender Drainage (geschlossene Lavage)

8-176.1   Bei temporärem Bauchdeckenverschluss (programmierte Lavage)

8-176.2   Am offenen Abdomen (dorsoventrale Lavage)

8-176.x   Sonstige

8-176.y   N.n.bez.

8-177   Therapeutische Spülung des Retroperitonealraumes bei liegender Drainage und temporärem Bauchdeckenverschluss

8-177.0   Bei liegender Drainage (geschlossene Lavage)

8-177.1   Bei temporärem Wundverschluss (programmierte Lavage)

8-177.2   Am offenen Retroperitoneum

8-177.x   Sonstige

8-177.y   N.n.bez.

8-178   Therapeutische Spülung eines Gelenkes

8-178.0 ↔ Humeroglenoidalgelenk

8-178.1 ↔ Akromioklavikulargelenk

8-178.2 ↔ Thorakoskapulargelenk(raum)

8-178.3 ↔ Sternoklavikulargelenk

8-178.4 ↔ Humeroulnargelenk
8-178.5 ↔ Proximales Radioulnargelenk
8-178.6 ↔ Distales Radioulnargelenk
8-178.7 ↔ Handgelenk
8-178.8 ↔ Radiokarpalgelenk
8-178.9 ↔ Ulnokarpalgelenk
8-178.a ↔ Handwurzelgelenk
8-178.b ↔ Karpometakarpalgelenk
8-178.c ↔ Metakarpophalangealgelenk
8-178.d ↔ Interphalangealgelenk
8-178.e ↔ Iliosakralgelenk
8-178.f Symphyse
8-178.g ↔ Hüftgelenk
8-178.h ↔ Kniegelenk
8-178.j ↔ Proximales Tibiofibulargelenk
8-178.k ↔ Oberes Sprunggelenk
8-178.m ↔ Unteres Sprunggelenk
8-178.n ↔ Tarsalgelenk
8-178.p ↔ Tarsometatarsalgelenk
8-178.q ↔ Metatarsophalangealgelenk
8-178.r ↔ Zehengelenk
8-178.s ↔ Kiefergelenk
8-178.t ↔ Gelenke Wirbelsäule und Rippen
8-178.x ↔ Sonstige
8-178.y N.n.bez.

8-179 Andere therapeutische Spülungen
Exkl.: Peritonealdialyse (8-857)

8-179.0 Therapeutische Spülung über liegenden intraperitonealen Katheter
Inkl.: Peritonealdialysekatheter

8-179.1 Therapeutische Spülung über intrakranielle Spül-Saug-Drainage

8-179.2 Therapeutische Spülung über spinale Spül-Saug-Drainage

8-179.3 Instillationsbehandlung bei Vakuumtherapie
Inkl.: Intermittierende Instillationsbehandlung
Exkl.: Therapeutische Spülung von Pleurahöhle, Bauchraum, Retroperitoneum und Gelenken (8-173.1 ff., 8-176 ff., 8-177 ff., 8-178 ff.)
Hinw.: Dieser Kode ist ein Zusatzkode. Er ist nur in Verbindung mit einer pumpengesteuerten Sogbehandlung bei einer Vakuumtherapie zu verwenden (8-190.2 ff.)

8-179.x Sonstige
8-179.y N.n.bez.

Verbände
(8-19...8-19)

8-19 Verbände und Entfernung von erkranktem Gewebe an Haut und Unterhaut

8-190 Spezielle Verbandstechniken
Hinw.: Ein Kode aus diesem Bereich ist jeweils nur einmal pro stationären Aufenthalt anzugeben

8-190.2 Kontinuierliche Sogbehandlung mit Pumpensystem bei einer Vakuumtherapie
Inkl.: Anlage oder Wechsel eines Systems zur Vakuumtherapie ohne Operationsbedingungen und Anästhesie
Wechsel des Sogsystems
Kontinuierliche Sogbehandlung mit Pumpensystem bei einer Vakuumtherapie bei offener Wunde
Hinw.: Die Angabe dieses Kodes ist an die Verwendung eines mechanischen Pumpensystems mit kontinuierlicher Druckkontrolle gebunden
Die operative Anlage oder der Wechsel des Vakuumtherapie-Systems ist gesondert zu kodieren (5-916.a ff.)
Für die kontinuierliche Sogbehandlung sind nur die Zeiten zu berechnen, in denen der Patient stationär behandelt wurde
.20 Bis 7 Tage
.21 8 bis 14 Tage
.22 15 bis 21 Tage
.23 Mehr als 21 Tage

8-190.3 Kontinuierliche Sogbehandlung mit sonstigen Systemen bei einer Vakuumtherapie
Inkl.: Anlage oder Wechsel eines Systems zur Vakuumtherapie ohne Operationsbedingungen und Anästhesie
Wechsel des Sogsystems
Sogerzeugung durch Unterdruckflasche
Kontinuierliche Sogbehandlung mit sonstigen Systemen bei einer Vakuumtherapie bei offener Wunde
Hinw.: Die operative Anlage oder der Wechsel des Vakuumtherapie-Systems ist gesondert zu kodieren (5-916.a ff.)
Für die kontinuierliche Sogbehandlung sind nur die Zeiten zu berechnen, in denen der Patient stationär behandelt wurde
.30 Bis 7 Tage
.31 8 bis 14 Tage
.32 15 bis 21 Tage
.33 Mehr als 21 Tage

8-190.4 Kontinuierliche Sogbehandlung mit Pumpensystem bei einer Vakuumtherapie nach chirurgischem Wundverschluss (zur Prophylaxe von Komplikationen)
Inkl.: Anlage oder Wechsel des Systems
Hinw.: Für die kontinuierliche Sogbehandlung sind nur die Zeiten zu berechnen, in denen der Patient stationär behandelt wurde
.40 Bis 7 Tage
.41 8 bis 14 Tage
.42 15 bis 21 Tage
.43 Mehr als 21 Tage

8-191 Verband bei großflächigen und schwerwiegenden Hauterkrankungen
Inkl.: Verband bei großflächigen blasenbildenden Hauterkrankungen, toxischer epidermaler Nekrolyse, Verbrennungen und großflächigen Hautverletzungen
Hinw.: Ein Kode aus diesem Bereich ist nur einmal pro stationären Aufenthalt anzugeben

8-191.0 Feuchtverband mit antiseptischer Lösung
.00 Ohne Debridement-Bad
.01 Mit Debridement-Bad

8-191.1 Fettgazeverband
.10 Ohne Debridement-Bad
.11 Mit Debridement-Bad

Kapitel 8: Nichtoperative therapeutische Maßnahmen

8-191.2 Fettgazeverband mit antiseptischen Salben
Inkl.: Silberhaltige Verbände
.20 Ohne Debridement-Bad
.21 Mit Debridement-Bad

8-191.3 Überknüpfpolsterverband, kleinflächig
.30 Ohne Immobilisation durch Gipsverband
.31 Mit Immobilisation durch Gipsverband

8-191.4 Überknüpfpolsterverband, großflächig
.40 Ohne Immobilisation durch Gipsverband
.41 Mit Immobilisation durch Gipsverband

8-191.5 Hydrokolloidverband

8-191.6 Okklusivverband mit Sauerstofftherapie

8-191.7 Okklusivverband mit enzymatischem Wunddebridement bei Verbrennungen
Hinw.: Wird ein enzymatisches Wunddebridement an mehreren Lokalisationen durchgeführt, sind die Flächen zu addieren und entsprechend zu kodieren
.70 Bis unter 500 cm² der Körperoberfläche
.71 500 cm² bis unter 1.000 cm² der Körperoberfläche
.72 1.000 cm² bis unter 1.500 cm² der Körperoberfläche
.73 1.500 cm² bis unter 2.000 cm² der Körperoberfläche
.74 2.000 cm² bis unter 2.500 cm² der Körperoberfläche
.75 2.500 cm² bis unter 3.000 cm² der Körperoberfläche
.76 3.000 cm² bis unter 3.500 cm² der Körperoberfläche
.77 3.500 cm² bis unter 4.000 cm² der Körperoberfläche
.78 4.000 cm² bis unter 4.500 cm² der Körperoberfläche
.79 4.500 cm² oder mehr der Körperoberfläche

8-191.x Sonstige

8-191.y N.n.bez.

8-192 Entfernung von erkranktem Gewebe an Haut und Unterhaut ohne Anästhesie (im Rahmen eines Verbandwechsels) bei Vorliegen einer Wunde
Inkl.: Entfernung von Fibrinbelägen
Entfernung eines Systems zur Vakuumtherapie ohne Anästhesie und Debridement
Exkl.: Chirurgisches Wunddebridement ohne Anästhesie bei neurologisch bedingter Analgesie (5-896 ff.)
Hinw.: Ein Kode aus diesem Bereich ist jeweils nur einmal pro stationären Aufenthalt anzugeben
Die Lokalisation ist in der 6. Stelle nach folgender Liste zu kodieren:
0 Lippe
4 Sonstige Teile Kopf
5 Hals
6 ↔ Schulter und Axilla
7 ↔ Oberarm und Ellenbogen
8 ↔ Unterarm
9 ↔ Hand
a Brustwand und Rücken
b Bauchregion
c Leisten- und Genitalregion
d Gesäß
e ↔ Oberschenkel und Knie
f ↔ Unterschenkel
g ↔ Fuß
x ↔ Sonstige

** 8-192.0 Kleinflächig
Hinw.: Länge bis 3 cm oder Fläche bis 4 cm²
Bei der Behandlung mehrerer kleinflächiger Läsionen an derselben anatomischen Region (z.B. an der Hand) sind die Flächen zu addieren. Bei Überschreiten einer Fläche von 4 cm² ist ein Kode für die großflächige Behandlung zu verwenden

** 8-192.1 Großflächig

** 8-192.2   Großflächig, mit Einlegen eines Medikamententrägers
            Exkl.: Fettgaze- oder Salbenverbände
** 8-192.3   Großflächig, mit Anwendung biochirurgischer Verfahren
            Inkl.: Anwendung von Fliegenmaden
** 8-192.x   Sonstige
   8-192.y   N.n.bez.

Geschlossene Reposition und Korrektur von Deformitäten (8-20...8-22)

8-20 Geschlossene Reposition einer Fraktur und Gelenkluxation ohne Osteosynthese
Exkl.: Geschlossene Reposition einer Fraktur oder Luxation mit Osteosynthese (5-79)
Hinw.: Bei Durchführung in Allgemeinanästhesie ist diese gesondert zu kodieren (8-90)

8-200   **Geschlossene Reposition einer Fraktur ohne Osteosynthese**
Exkl.: Geschlossene Reposition an der Wirbelsäule ohne Osteosynthese (8-202)
        Geschlossene Reposition an Gesichtsschädelknochen ohne Osteosynthese (5-76)
        Geschlossene Reposition einer Nasenbeinfraktur (5-216.0)
Hinw.: Die durchgeführte Immobilisation (Gipsverband oder andere Stützverbände) ist im Kode enthalten
        Aufwendige Gipsverbände sind gesondert zu kodieren (8-310)

8-200.0 ↔ Skapula und Klavikula
8-200.1 ↔ Humerus proximal
8-200.2 ↔ Humerusschaft
8-200.3 ↔ Humerus distal
8-200.4 ↔ Radius proximal
8-200.5 ↔ Radiusschaft
8-200.6 ↔ Radius distal
8-200.7 ↔ Ulna proximal
8-200.8 ↔ Ulnaschaft
8-200.9 ↔ Ulna distal
8-200.a ↔ Karpale
8-200.b ↔ Metakarpale
8-200.c ↔ Phalangen Hand
8-200.d   Becken
8-200.e ↔ Schenkelhals
8-200.f ↔ Femur proximal
8-200.g ↔ Femurschaft
8-200.h ↔ Femur distal
8-200.j ↔ Patella
8-200.k ↔ Tibia proximal
8-200.m ↔ Tibiaschaft
8-200.n ↔ Tibia distal
8-200.p ↔ Fibula proximal
8-200.q ↔ Fibulaschaft
8-200.r ↔ Fibula distal
8-200.s ↔ Talus
8-200.t ↔ Kalkaneus

8-200.u ↔ Tarsale
8-200.v ↔ Metatarsale
8-200.w ↔ Phalangen Fuß
8-200.x ↔ Sonstige
8-200.y   N.n.bez.

8-201   **Geschlossene Reposition einer Gelenkluxation ohne Osteosynthese**
Exkl.: Geschlossene Reposition an der Wirbelsäule ohne Osteosynthese (8-202 ff.)
Reposition einer temporomandibulären Luxation, geschlossen (operativ) (5-779.0)
Hinw.: Die durchgeführte Immobilisation (Gipsverband oder andere Stützverbände) ist im Kode enthalten
Aufwendige Gipsverbände sind gesondert zu kodieren (8-310 ff.)

8-201.0 ↔ Humeroglenoidalgelenk
8-201.1 ↔ Akromioklavikulargelenk
8-201.2 ↔ Thorakoskapulargelenk(raum)
8-201.3 ↔ Sternoklavikulargelenk
8-201.4 ↔ Humeroulnargelenk
8-201.5 ↔ Proximales Radioulnargelenk
8-201.6 ↔ Distales Radioulnargelenk
8-201.7 ↔ Handgelenk n.n.bez.
8-201.8 ↔ Radiokarpalgelenk
8-201.9 ↔ Ulnokarpalgelenk
8-201.a ↔ Handwurzelgelenk
8-201.b ↔ Karpometakarpalgelenk
8-201.c ↔ Metakarpophalangealgelenk
8-201.d ↔ Interphalangealgelenk
8-201.e ↔ Iliosakralgelenk
8-201.f   Symphyse
8-201.g ↔ Hüftgelenk
8-201.h ↔ Kniegelenk
8-201.j ↔ Proximales Tibiofibulargelenk
8-201.k ↔ Oberes Sprunggelenk
8-201.m ↔ Unteres Sprunggelenk
8-201.n ↔ Tarsalgelenk
8-201.p ↔ Tarsometatarsalgelenk
8-201.q ↔ Metatarsophalangealgelenk
8-201.r ↔ Zehengelenk
8-201.s ↔ Kiefergelenk
8-201.t ↔ Humeroradialgelenk
8-201.u ↔ Ellenbogengelenk n.n.bez.
8-201.x ↔ Sonstige
8-201.y   N.n.bez.

8-202   **Geschlossene Reposition einer Fraktur oder Gelenkluxation an der Wirbelsäule ohne Osteosynthese**

8-202.0   Geschlossene Reposition
8-202.1   Geschlossene Reposition mit Immobilisation
8-202.2   Geschlossene Reposition mit Immobilisation bei Beteiligung des Rückenmarks
8-202.x   Sonstige
8-202.y   N.n.bez.

Kapitel 8: Nichtoperative therapeutische Maßnahmen

8-21 Forcierte Korrektur von Adhäsionen und Deformitäten

Hinw.: Bei Durchführung in Allgemeinanästhesie ist diese gesondert zu kodieren (8-90)
Ein Kode aus diesem Bereich ist jeweils nur einmal pro stationären Aufenthalt anzugeben

8-210 ↔ Brisement force

8-211 ↔ **Redressierende Verfahren**
Inkl.: Redression mit Orthesenhilfe, Redression durch rasche Wechsel von Gipsverbänden
Hinw.: Die durchgeführte Immobilisation (Gipsverband, andere Stützverbände oder Schienen) sowie das Anlegen der Orthesen ist im Kode enthalten. Aufwendige Gipsverbände sind gesondert zu kodieren (8-310 ff.)

8-212 ↔ **Quengelbehandlung**
Hinw.: Die durchgeführte Immobilisation (Gipsverband, andere Stützverbände oder Schienen) ist im Kode enthalten. Aufwendige Gipsverbände sind gesondert zu kodieren (8-310 ff.)

8-213 ↔ **Osteoklasie**
Hinw.: Die durchgeführte Immobilisation (Gipsverband oder andere Stützverbände) ist im Kode enthalten. Aufwendige Gipsverbände sind gesondert zu kodieren (8-310 ff.)

8-22 Herstellung und Anpassung von Gesichtsepithesen

8-220 **Herstellung und Anpassung von Gesichtsepithesen mit Klebe- oder Brillen-Fixation**

8-220.0 ↔ Ohr

8-220.1 ↔ Orbita

8-220.2 Nase

8-220.3 ↔ Mehrere Teilbereiche des Gesichts

8-220.x ↔ Sonstige
Inkl.: Stirn, Wange, Lippe

8-220.y N.n.bez.

8-221 **Herstellung und Anpassung von Gesichtsepithesen mit Implantat-Fixation**

8-221.0 ↔ Ohr

8-221.1 ↔ Orbita

8-221.2 Nase

8-221.3 ↔ Mehrere Teilbereiche des Gesichts

8-221.x ↔ Sonstige
Inkl.: Stirn, Wange, Lippe

8-221.y N.n.bez.

Immobilisation und spezielle Lagerung (8-31...8-39)

8-31 Immobilisation mit Gipsverband

Inkl.: Verwendung von Kunststoff und anderen Gipsersatzstoffen
Exkl.: Geschlossene Reposition einer Fraktur und Gelenkluxation ohne Osteosynthese (8-20)
Hinw.: Mit einem Kode aus diesem Bereich sind nur Gipsverbände mit einem deutlich erhöhten personellen, zeitlichen und materiellen Aufwand zu kodieren
Bei Durchführung in Allgemeinanästhesie ist diese gesondert zu kodieren (8-90)

8-310 **Aufwendige Gipsverbände**

8-310.0 ↔ Diademgips

8-310.1 ↔ Thorax-Arm-Abduktionsgips

8-310.2 Korrigierender Rumpfgips

8-310.3 ↔ Becken-Bein-Gips

8-310.4 Minervagips

8-310.5 ↔ Gips mit eingebautem Scharnier [Burrigips]
8-310.x ↔ Sonstige
8-310.y   N.n.bez.

8-39 Lagerungsbehandlung

8-390 **Lagerungsbehandlung**
Exkl.: Lagerung auf einer Antidekubitusmatratze
Hinw.: Mit einem Kode aus diesem Bereich sind nur Lagerungsbehandlungen mit einem deutlich erhöhten personellen, zeitlichen oder materiellen Aufwand zu kodieren. Diese Kodes sind für die Angabe spezieller Lagerungen (z.B. bei Schienen und Extensionen, Wirbelsäuleninstabilität, Hemi- und Tetraplegie oder nach großen Schädel-Hirn-Operationen) oder Lagerungen mit speziellen Hilfsmitteln (z.B. Rotations- oder Sandwichbett) zu verwenden. Ein Kode aus diesem Bereich ist jeweils nur einmal pro stationären Aufenthalt anzugeben

8-390.0   Lagerung im Spezialbett
           Inkl.: Lagerung im Rotations- oder Sandwichbett, Lagerung im programmierbaren elektrischen Schwergewichtigenbett
8-390.1   Therapeutisch-funktionelle Lagerung auf neurophysiologischer Grundlage
           Hinw.: Die Lagerung muss mehrmals täglich erfolgen
8-390.2   Lagerung im Schlingentisch
8-390.3   Lagerung bei Schienen
8-390.4   Lagerung bei Extensionen
8-390.5   Lagerung im Weichlagerungsbett mit programmierbarer automatischer Lagerungshilfe
8-390.6   Lagerung im Spezialweichlagerungsbett für Schwerstbrandverletzte
8-390.x   Sonstige
8-390.y   N.n.bez.

Knochenextension und andere Extensionsverfahren (8-40...8-41)

8-40 Extension am Skelett

8-400 **Extension durch Knochennagelung (Steinmann-Nagel)**
8-400.0 ↔ Humerus
8-400.1 ↔ Olekranon
8-400.2 ↔ Femur
8-400.3 ↔ Tibia
8-400.4 ↔ Kalkaneus
8-400.x ↔ Sonstige
8-400.y   N.n.bez.

8-401 **Extension durch Knochendrahtung (Kirschner-Draht)**
8-401.0 ↔ Humerus
8-401.1 ↔ Olekranon
8-401.2 ↔ Femur
8-401.3 ↔ Tibia
8-401.4 ↔ Kalkaneus
8-401.5 ↔ Gipsschiene mit Fingertraktion
8-401.6 ↔ Phalangen der Hand
8-401.x ↔ Sonstige
8-401.y   N.n.bez.

8-41 Extension der Wirbelsäule

8-410	Extension an der Schädelkalotte
8-410.0	Halotraktion
8-410.1	Crutchfield-Klemme
8-410.x	Sonstige
8-410.y	N.n.bez.
8-411	Andere Extension der Halswirbelsäule
8-412	Extension der Lendenwirbelsäule
8-419	Andere Extension der Wirbelsäule
8-419.0	Halopelvikdistraktion
8-419.x	Sonstige
8-419.y	N.n.bez.

Tamponade von Blutungen und Manipulation an Fetus oder Uterus (8-50...8-51)

8-50 Kontrolle von Blutungen durch Tamponaden

8-500 Tamponade einer Nasenblutung
Exkl.: Operative Behandlung einer Nasenblutung (5-210)

8-501 Tamponade einer Ösophagusblutung
Exkl.: Operative Behandlung einer Ösophagusblutung (5-422)

8-502 Tamponade einer Rektumblutung
Exkl.: Operative Behandlung einer Rektumblutung (5-482)

8-503 Tamponade einer nicht geburtshilflichen Uterusblutung

8-504 Tamponade einer vaginalen Blutung
Exkl.: Tamponade einer geburtshilflichen Blutung (5-759.0)

8-506 Wechsel und Entfernung einer Tamponade bei Blutungen

8-51 Manipulation an Fetus oder Uterus während der Gravidität oder direkt postpartal

8-510 Manipulation am Fetus vor der Geburt

8-510.0 Äußere Wendung
Exkl.: Innere Wendung (5-732.0)
Kombinierte Wendung (5-732.1)

8-510.1 Misslungene äußere Wendung

8-510.x Sonstige

8-510.y N.n.bez.

8-515 Partus mit Manualhilfe
Exkl.: Routinemaßnahmen bei einer Geburt (9-260, 9-261)

8-516 Manuelle postpartale Korrektur einer Inversio uteri

Kapitel 8: Nichtoperative therapeutische Maßnahmen

Strahlentherapie, nuklearmedizinische Therapie und Chemotherapie (8-52...8-54)

8-52 Strahlentherapie

Hinw.: Die Strahlentherapie beinhaltet die regelmäßige Dokumentation mit geeigneten Systemen (Film, Portal-Imaging-System)
Jede Fraktion ist einzeln zu kodieren. Eine Fraktion umfasst alle Einstellungen und Bestrahlungsfelder für die Bestrahlung eines Zielvolumens. Ein Zielvolumen ist das Körpervolumen, welches ohne Patientenumlagerung oder Tischverschiebung über zweckmäßige Feldanordnungen erfasst und mit einer festgelegten Dosis nach einem bestimmten Dosiszeitmuster bestrahlt werden kann
Die Bestrahlungssimulation (8-528 ff.) und die Bestrahlungsplanung (8-529 ff.) sind gesondert zu kodieren

8-520 Oberflächenstrahlentherapie
8-520.0 Bis zu 2 Bestrahlungsfelder
8-520.1 Mehr als 2 Bestrahlungsfelder
8-520.y N.n.bez.

8-521 Orthovoltstrahlentherapie
8-521.0 Bis zu 2 Bestrahlungsfelder
8-521.1 Mehr als 2 Bestrahlungsfelder
8-521.y N.n.bez.

8-522 Hochvoltstrahlentherapie
8-522.0 Telekobaltgerät bis zu 2 Bestrahlungsfelder
8-522.1 Telekobaltgerät 3 bis 4 Bestrahlungsfelder
8-522.2 Telekobaltgerät mehr als 4 Bestrahlungsfelder oder 3D-geplante Bestrahlung
8-522.3 Linearbeschleuniger bis zu 6 MeV Photonen oder schnelle Elektronen, bis zu 2 Bestrahlungsfelder
  .30 Ohne bildgestützte Einstellung
  .31 Mit bildgestützter Einstellung
    Inkl.: Einstellung des Isozentrums unter Kontrolle des Zielvolumens durch CT/MRT/Cone-beam-CT oder Ultraschallverfahren (Online-IGRT)
8-522.6 Linearbeschleuniger mehr als 6 MeV Photonen oder schnelle Elektronen, bis zu 2 Bestrahlungsfelder
  .60 Ohne bildgestützter Einstellung
  .61 Mit bildgestützter Einstellung
    Inkl.: Einstellung des Isozentrums unter Kontrolle des Zielvolumens durch CT/MRT/Cone-beam-CT oder Ultraschallverfahren (Online-IGRT)
8-522.9 Linearbeschleuniger, intensitätsmodulierte Radiotherapie
  .90 Ohne bildgestützte Einstellung
  .91 Mit bildgestützter Einstellung
    Inkl.: Einstellung des Isozentrums unter Kontrolle des Zielvolumens durch CT/MRT/Cone-beam-CT oder Ultraschallverfahren (Online-IGRT)
8-522.a Linearbeschleuniger bis zu 6 MeV Photonen oder schnelle Elektronen, mehr als 2 Bestrahlungsfelder
  .a0 Ohne bildgestützte Einstellung
  .a1 Mit bildgestützter Einstellung
    Inkl.: Einstellung des Isozentrums unter Kontrolle des Zielvolumens durch CT/MRT/Cone-beam-CT oder Ultraschallverfahren (Online-IGRT)
8-522.b Linearbeschleuniger bis zu 6 MeV Photonen oder schnelle Elektronen, 3D-geplante Bestrahlung
  .b0 Ohne bildgestützte Einstellung
  .b1 Mit bildgestützter Einstellung
    Inkl.: Einstellung des Isozentrums unter Kontrolle des Zielvolumens durch CT/MRT/Cone-beam-CT oder Ultraschallverfahren (Online-IGRT)

Kapitel 8: Nichtoperative therapeutische Maßnahmen

8-522.c Linearbeschleuniger mehr als 6 MeV Photonen oder schnelle Elektronen, mehr als 2 Bestrahlungsfelder
- .c0 Ohne bildgestützte Einstellung
- .c1 Mit bildgestützter Einstellung
  Inkl.: Einstellung des Isozentrums unter Kontrolle des Zielvolumens durch CT/MRT/Cone-beam-CT oder Ultraschallverfahren (Online-IGRT)

8-522.d Linearbeschleuniger mehr als 6 MeV Photonen oder schnelle Elektronen, 3D-geplante Bestrahlung
- .d0 Ohne bildgestützte Einstellung
- .d1 Mit bildgestützter Einstellung
  Inkl.: Einstellung des Isozentrums unter Kontrolle des Zielvolumens durch CT/MRT/Cone-beam-CT oder Ultraschallverfahren (Online-IGRT)

8-522.x Sonstige

8-522.y N.n.bez.

8-523 Andere Hochvoltstrahlentherapie

8-523.0 Stereotaktische Bestrahlung, einzeitig
- .00 Zerebral
- .01 Extrazerebral

8-523.1 Stereotaktische Bestrahlung, fraktioniert
Hinw.: Jede Fraktion ist einzeln zu kodieren
- .10 Zerebral
- .11 Extrazerebral

8-523.2 Gamma-knife-Bestrahlung

8-523.3 Halbkörperbestrahlung

8-523.4 Ganzkörperbestrahlung
Hinw.: Bei Abschirmung von Lunge und/oder Leber ist für die Kodierung die Gesamtdosis außerhalb der abgeschirmten Bereiche entscheidend
- .40 Gesamtdosis unter 4 Gy
- .41 Gesamtdosis 4 Gy bis unter 10 Gy
- .42 Gesamtdosis 10 Gy oder mehr

8-523.5 Ganzhautbestrahlung
Hinw.: Jede Fraktion ist einzeln zu kodieren

8-523.6 Intraoperative Strahlentherapie

8-523.7 Großfeldbestrahlung
Hinw.: Jede Fraktion ist einzeln zu kodieren

8-523.x Sonstige

8-523.y N.n.bez.

8-524 Brachytherapie mit umschlossenen Radionukliden
Exkl.: Interstitielle Brachytherapie (8-525)
Brachytherapie mit oberflächlichen Applikatoren (8-525)
Hinw.: Fachspezifische Maßnahmen sind gesondert zu kodieren (Kap. 5)
Im HDR-Verfahren ist jede Fraktion einzeln zu kodieren

8-524.0 Intrauterin

8-524.1 Intravaginal

8-524.2 Intrauterin und intravaginal, kombiniert

8-524.3 Körperoberfläche

8-524.4 Intrakavitär
Exkl.: Intrauterine und intravaginale Brachytherapie (8-524.0-2)

8-524.5 Intraluminal
Inkl.: Atemwege, Verdauungssystem, Urethra, Gehörgang

8-524.6 Intravaskulär
- .60 Koronargefäß
- .61 Sonstiges peripheres Gefäß

Kapitel 8: Nichtoperative therapeutische Maßnahmen

8-524.x	Sonstige
8-524.y	N.n.bez.
8-525	**Sonstige Brachytherapie mit umschlossenen Radionukliden**
	Hinw.: Fachspezifische Maßnahmen sind gesondert zu kodieren (Kap. 5)
	Im HDR-Verfahren ist jede Fraktion einzeln zu kodieren
8-525.0	Interstitielle Brachytherapie mit Implantation von entfernbaren Strahlern in einer Ebene
	.00 Niedrige Dosisleistung
	.01 Gepulste Dosisleistung (Pulsed dose rate)
	.02 Hohe Dosisleistung
	.0x Sonstige
8-525.1	Interstitielle Brachytherapie mit Volumenimplantation von entfernbaren Strahlern in mehreren Ebenen
	.10 Niedrige Dosisleistung
	.11 Gepulste Dosisleistung (Pulsed dose rate)
	.12 Hohe Dosisleistung
	.1x Sonstige
8-525.2	Interstitielle Brachytherapie mit Implantation von permanenten Strahlern
	.20 Bis zu 10 Quellen
	.21 Mehr als 10 Quellen
8-525.3	Entfernung von umschlossenen Radionukliden oder inaktiven Applikatoren unter Anästhesie
8-525.4	Brachytherapie mit Oberflächenapplikatoren
8-525.x	Sonstige
8-525.y	N.n.bez.
8-526	**Radioaktive Moulagen**
	Hinw.: Fachspezifische Maßnahmen sind gesondert zu kodieren (Kap. 5)
8-526.0	Konstruktion und Applikation von oberflächlichen radioaktiven Moulagen
8-526.1	Konstruktion und Applikation von nicht auf der Körperoberfläche verwendeten Applikatoren
8-526.2	Konstruktion und Applikation von Augenapplikatoren
8-526.x	Sonstige
8-526.y	N.n.bez.
8-527	**Konstruktion und Anpassung von Fixations- und Behandlungshilfen bei Strahlentherapie**
8-527.0	Fixationsvorrichtung, einfach
8-527.1	Fixationsvorrichtung, mittlerer Schwierigkeitsgrad
	Inkl.: Thermoplastische Masken
8-527.2	Fixationsvorrichtung, komplex
	Inkl.: Vakuumkissen
8-527.6	Behandlungshilfen
	Inkl.: Zahnschienen
	Abschirmungen
	Bolusmaterial
8-527.7	Anbringen eines Stereotaxieringes
8-527.8	Individuelle Blöcke oder Viellamellenkollimator (MLC)
8-527.x	Sonstige
8-527.y	N.n.bez.
8-528	**Bestrahlungssimulation für externe Bestrahlung und Brachytherapie**
8-528.6	CT-gesteuerte Simulation für die externe Bestrahlung
8-528.7	CT-gesteuerte Simulation für die Brachytherapie
8-528.8	Feldfestlegung mit Simulator, ohne 3D-Plan
8-528.9	Feldfestlegung mit Simulator, mit 3D-Plan

8-528.x Sonstige
8-528.y N.n.bez.

8-529 Bestrahlungsplanung für perkutane Bestrahlung und Brachytherapie
Hinw.: Die Bestrahlungsplanung beinhaltet das Aufklärungsgespräch

8-529.3 Bestrahlungsplanung für die intensitätsmodulierte Radiotherapie
8-529.4 Bestrahlungsplanung mit Fusion von CT- und MRT-Bildern
8-529.5 Bestrahlungsplanung für die Brachytherapie, mittel
Hinw.: Bestrahlungsplanung mit orthogonalen Röntgenbildern der Patientenanatomie und Applikator- bzw. Seedgeometrie
8-529.6 Bestrahlungsplanung für die Brachytherapie, komplex
Hinw.: Bestrahlungsplanung mit Ultraschall- und/oder CT- und/oder MRT-Darstellung der Patientenanatomie und Applikator- bzw. Seedgeometrie
8-529.7 Bestrahlungsplanung ohne individuelle Dosisplanung
Inkl.: Einfache Bestrahlungsplanung für die Brachytherapie
8-529.8 Bestrahlungsplanung für perkutane Bestrahlung, mit individueller Dosisplanung
Exkl.: Bestrahlungsplanung für die intensitätsmodulierte Radiotherapie (8-529.3)
Bestrahlungsplanung mit Fusion von CT- und MRT-Bildern (8-529.4)
8-529.x Sonstige
8-529.y N.n.bez.

8-52a Protonentherapie

8-52a.0 Bis zu 2 Bestrahlungsfelder
  .00 Ohne bildgestützte Einstellung
  .01 Mit bildgestützter Einstellung
    Inkl.: Einstellung des Isozentrums unter Kontrolle des Zielvolumens durch CT/MRT/Cone-beam-CT oder Ultraschallverfahren (Online-IGRT)

8-52a.1 Mehr als 2 Bestrahlungsfelder
  .10 Ohne bildgestützte Einstellung
  .11 Mit bildgestützter Einstellung
    Inkl.: Einstellung des Isozentrums unter Kontrolle des Zielvolumens durch CT/MRT/Cone-beam-CT oder Ultraschallverfahren (Online-IGRT)

8-52b Kohlenstoffionentherapie

8-52c Andere Schwerionentherapie
Exkl.: Kohlenstoffionentherapie (8-52b)

8-52d Intraoperative Strahlentherapie mit Röntgenstrahlung
Hinw.: Mit diesem Kode ist eine intraoperative Strahlentherapie mit weniger als 100 kV zu verschlüsseln

8-53 Nuklearmedizinische Therapie

8-530 Therapie mit offenen Radionukliden
Hinw.: Eine Therapie gilt dann als abgeschlossen, wenn mittels Dosimetrie die zu erzielende therapeutische Dosis ermittelt worden ist. Bei mehrfacher Durchführung einer Therapie mit offenen Radionukliden während eines stationären Aufenthaltes ist für jede Therapie ein Kode anzugeben

8-530.1 Therapie mit offenen Radionukliden bei Knochenmetastasen
  Inkl.: Schmerztherapie
8-530.2 Therapie der blutbildenden Organe mit offenen Radionukliden
8-530.3 Instillation von offenen Radionukliden in Gelenke
  Inkl.: Radiosynoviorthese
8-530.5 Sonstige systemische Therapie mit offenen Radionukliden
8-530.6 Intravenöse Therapie mit radioaktiven rezeptorgerichteten Substanzen
  .60 Radiorezeptortherapie mit DOTA-konjugierten Somatostatinanaloga
  .6x Sonstige

8-530.7		Intravenöse Therapie mit radioaktiven Antikörpern
8-530.8		Epidermale Therapie mit offenen Radionukliden
		Inkl.: Epidermale Therapie mit Rhenium-188
8-530.9		Intravenöse Therapie mit radioaktiv markierten metabolischen Substanzen
	.90	Therapie mit Jod-131-Metomidat
	.91	Therapie mit Jod-131-markierten Aminosäuren
		Inkl.: Jod-131-Phenylalanin
	.9x	Sonstige
8-530.a		Intraarterielle Therapie mit offenen Radionukliden
	.a0	Intraarterielle Radiorezeptortherapie mit DOTA-konjugierten Somatostatinanaloga
	.a1	Intraarterielle Therapie mit sonstigen radioaktiven rezeptorgerichteten Substanzen
	.a2	Intraarterielle Radionuklidtherapie mit radioaktiven Antikörpern
	.a3	Intraarterielle Therapie mit radioaktiv markierten metabolischen Substanzen
	.a4	Intraarterielle Radionuklidtherapie mit sonstigen Substanzen
	.a5	Selektive intravaskuläre Radionuklidtherapie (SIRT) mit Yttrium-90-markierten Mikrosphären
	.a6	Selektive intravaskuläre Radionuklidtherapie (SIRT) mit Rhenium-188-markierten Mikrosphären
	.a7	Intraarterielle Radioembolisation mit sonstigen Substanzen
	.a8	Selektive intravaskuläre Radionuklidtherapie (SIRT) mit Holmium-166-markierten Mikrosphären
	.ax	Sonstige
8-530.b		Intrakavitäre Therapie mit offenen Radionukliden
	.b0	Intrakavitäre Therapie mit radioaktiven rezeptorgerichteten Substanzen
	.b1	Intrakavitäre Radionuklidtherapie mit radioaktiven Antikörpern
	.b2	Intrakavitäre Therapie mit radioaktiv markierten metabolischen Substanzen
	.b3	Intrakavitäre Radionuklidtherapie mit sonstigen Substanzen
	.bx	Sonstige
8-530.c		Endovaskuläre Brachytherapie mit offenen Radionukliden
	.c0	Endovaskuläre Brachytherapie mit flüssigem Rhenium-188 über ein geschlossenes Ballonsystem, Koronargefäß
	.c1	Endovaskuläre Brachytherapie mit flüssigem Rhenium-188 über ein geschlossenes Ballonsystem, sonstiges peripheres Gefäß
	.c2	Intrazerebrale Brachytherapie mit Katheter-Ballon-System
	.cx	Sonstige
8-530.d		Intravenöse Radioliganden-Therapie
	.d0	Therapie mit Lutetium-177-PSMA-Liganden
	.dx	Sonstige
8-530.x		Sonstige
8-530.y		N.n.bez.

8-531 Radiojodtherapie
Hinw.: Bei mehrfacher Applikation während eines stationären Aufenthaltes ist die erzielte Gesamtaktivität zu kodieren

8-531.0		Radiojodtherapie bis 1,2 GBq I-131
		Inkl.: Ganzkörper-Szintigraphie
		Radiojodtherapie bei benignen Schilddrüsenerkrankungen
	.00	Ohne Gabe von rekombinantem Thyreotropin (rh-TSH)
	.01	Mit Gabe von rekombinantem Thyreotropin (rh-TSH)
8-531.1		Radiojodtherapie über 1,2 bis unter 5 GBq I-131
		Inkl.: Ganzkörper-Szintigraphie
		Radiojodtherapie zur Restgewebeablation beim Schilddrüsenkarzinom
		Radiojodtherapie bei Metastasen, Rezidiven und Tumoraktivität des Schilddrüsenkarzinoms
		Radiojodtherapie bei benignen Schilddrüsenerkrankungen
	.10	Ohne Gabe von rekombinantem Thyreotropin (rh-TSH)
	.11	Mit Gabe von rekombinantem Thyreotropin (rh-TSH)
8-531.2		Radiojodtherapie mit 5 oder mehr GBq I-131
		Inkl.: Ganzkörper-Szintigraphie
		Radiojodtherapie bei Metastasen, Rezidiven und Tumoraktivität des Schilddrüsenkarzinoms
	.20	Ohne Gabe von rekombinantem Thyreotropin (rh-TSH)
	.21	Mit Gabe von rekombinantem Thyreotropin (rh-TSH)

8-531.x Sonstige

8-531.y N.n.bez.

8-539 **Andere nuklearmedizinische Therapie**

8-54 Zytostatische Chemotherapie, Immuntherapie und antiretrovirale Therapie

Inkl.: Therapie mit Immunmodulatoren oder modifizierten monoklonalen Antikörpern

Hinw.: Die Chemotherapie wird entsprechend der protokollgemäßen Dauer und Komplexität der während des stationären Aufenthaltes applizierten parenteralen Chemotherapie kodiert.
Maßgeblich sind die im offiziellen, aktuellen Chemotherapieprotokoll gemachten Tagesvorgaben. Individuell notwendig werdende Verzögerungen bleiben unberücksichtigt. Verkürzungen werden dann berücksichtigt, wenn sie zu einer niedrigeren Klassifizierung führen würden
Jeder stationäre Aufenthalt und jeder Block sind einzeln zu kodieren
Fest an Zytostatika gekoppelte Supportivmedikamente werden nicht als zusätzliche Medikamente bzw. Zytostatika im Sinne der Hinweise unter 8-542, 8-543 und 8-544 gezählt (Beispiel: Mesna nach Cyclophosphamid/Ifosfamid; Folinsäure nach Methotrexat)
Zytostatika, Antikörper und Supportivmedikamente mit einem eigenen OPS-Kode in Kapitel 6 Medikamente werden zusätzlich zu einem Kode aus 8-54 mit einem Kode aus 6-00 kodiert (Beispiele: Filgrastim (6-002.1 ff.), Lenograstim (6-002.2 ff.) oder Pegfilgrastim (6-002.7 ff.) bei Chemotherapie mit CHOP14; Rituximabgabe alleine oder bei R-DHAP)

8-541 **Instillation von und lokoregionale Therapie mit zytotoxischen Materialien und Immunmodulatoren**

Hinw.: Ein Kode aus diesem Bereich ist jeweils nur einmal pro stationären Aufenthalt anzugeben

8-541.0 Intrathekal

8-541.1 Intrazerebral

8-541.2 ↔ In die Pleurahöhle

8-541.3 Intraperitoneal

8-541.4 In die Harnblase

8-541.5 ↔ In das Nierenbecken

8-541.6 Arteriell

8-541.x Sonstige

8-541.y N.n.bez.

8-542 **Nicht komplexe Chemotherapie**

Inkl.: Ein- oder mehrtägige nicht komplexe Chemotherapie
Beispiele für Kinder und Jugendliche:
- Induktions- oder Reinduktionstherapie, Cyclophosphamidinfusionen Tag 36 (Protokoll I, II und III) oder Tag 64 (Protokoll I) bei ALL oder NHL
- Einzelne Cytarabin- oder VCR-Injektionen oder einzelne ASP- oder DNR-/DOX-Infusionen bei ALL und AML
- Erhaltungstherapie (PCV), Carboplatin-Serie (atypische teratoide rhabdoide Tumore), Doxorubicin liposomal bei Hirntumoren
- DNR/VCR/PRED (ab 2. Gabe), ZNS-Phase oder Reinduktionsphase mit VCR/ADR/DEXA und CYC/Ara-C/6-TG bei ALL im COALL-Protokoll
- Einzelgaben von Carboplatin, VCR oder Etoposid während LGG-Induktion oder Konsolidierung bei niedrig-malignen Hirntumoren
- Einzelgaben von VCR in der Erhaltungstherapie
- Einzelne VBL-Injektionen, Etoposid- oder Cladribin-Infusionen bei Histiozytose oder ALCL (NHL)
- Blöcke COPP, OPPA, ABVD bei Morbus Hodgkin
- Einzelne VCR- oder AMD-Injektionen oder DOX-Infusionen während Block AV-1 oder AV-2 bei Nephroblastom
- Einzelne VCR- oder VBL-Injektionen während Block VA oder VAI oder CYC/VBL bei Weichteilsarkomen
- Gemcitabin-Monotherapie bei verschiedenen Tumoren
- N7 bei Neuroblastom (nur bei parenteraler Applikation)
- CVA bei ALCL (NHL)
Konditionierung vor Stammzelltransplantation (SZT) bei Kindern und Jugendlichen:

Kapitel 8: Nichtoperative therapeutische Maßnahmen

- Etoposid (ETO MONO; 1 Tag)
- Fludarabin (FLU MONO; 3 Tage)
- Busulfan po., Cyclophosphamid (BU-CY; 5-8 Tage)
- Busulfan po., Melphalan (BU-MEL; 5-6 Tage)
- Cyclophosphamid (CY MONO; 2-4 Tage)
- Melphalan (MEL MONO; 1 Tag)
- Topotecan (TOPO; 5 Tage)
- Mitoxantron-Thiotepa (MXN-TEPA; 2 Tage)

Beispiele für Erwachsene:
- BEACOPP (Tag 1-3 oder Tag 8), CHOP, MCP, VACOP-B, FCM, COP-BLAM, Fludarabin, Fludarabin/Cyclophosphamid, Cladribin, Bendamustin, 2-CDA, Alkeran i.v., Bortezomib, VAD, VID, VAP bei Lymphom oder Plasmozytom
- TAD bei Plasmozytom
- ALL-Vorphase, Konsolidierungstherapie V bei ALL
- Cloretazine bei AML, AT als Erhaltungstherapie bei AML
- Cyclophosphamid/Pentostatin bei CLL
- Azacitidine bei MDS
- Blöcke B, C bei ZNS-Lymphom bei Patienten ab dem vollendeten 60. Lebensjahr ("Bonner Protokoll")
- CE, Epi-CE, Epi-CO, CEV bei Bronchialkarzinom (SCLC)
- Taxol/Carboplatin, Topotecan, Gemcitabin, Docetaxel, Vinorelbine, Doxorubicin/Docetaxel, Pemetrexed, Gemcitabin/Pemetrexed, Gemcitabin/Irinotecan, ACO (ADM, VCR, CTX) bei NSCLC
- 5-FU/Carboplatin, Mitomycin/5-FU bei HNO-Tumoren
- 5-FU-mono, 5-FU/Folinsäure, Irinotecan-mono, Gemcitabin, Vinorelbin, Octreotid, Tomudex/Oxaliplatin, Gemcitabin/5-FU/Folinsäure (GFF), Oxaliplatin/Capecitabin bei gastrointestinalen Tumoren
- ELF, FLP bei Magenkarzinom
- Gemcitabin/Oxaliplatin, OFF bei Pankreaskarzinom
- CMF, FAC, AC, EP, MCP, Docetaxel, Vinorelbin, Gemcitabin, Doxorubicin/Docetaxel, Taxol-mono, Bendamustin, Docetaxel/Capecitabin, Docetaxel/Gemcitabin, Navelbine/Mitomycin, Ifosfamid/Carboplatin, FEC, EC, ET Paclitaxel/Gemcitabin, Paclitaxel bei Mammakarzinom
- Carboplatin-mono, Cyclophosphamid/Carboplatin, Treosulfan-mono i.v., pegyliertes liposomales Doxorubicin, Gemcitabin, Epirubicin, Vepesid Tag 1-3, Topotecan bei Ovarialkarzinom
- Cyclophosphamid, Doxorubicin, Cyclophosphamid/Doxorubicin, Mitoxantron/Prednisolon, Taxane/Mitoxantron/Prednisolon, Docetaxel/Estramustin/Prednisolon/Dexamethason bei Prostatakarzinom
- Gemcitabin, Paclitaxel, POMB-ACE bei Hodentumor
- Paclitaxel/Gemcitabin, Gemcitabin, Paclitaxel bei Urothelkarzinom
- Nitrosoharnstoffe (ACNU, BCNU)/Teniposid (VM26), Procarbacin, CCNU, Vincristin bei Gliomen
- IVA, Gemcitabin/Docetaxel bei Sarkom
- Doxorubicin bei Osteosarkom
- DTIC bei Melanom
- VAC bei Ewing-Sarkom
- MTX als GvHD-Prophylaxe nach allogener Transplantation

Konditionierung vor Stammzelltransplantation (SZT) bei Erwachsenen:
- TBI/Fludarabin
- HD-Treosulfan (OMF)
- Hochdosis-Melphalan
- VP16-TBI (ALL)
- Fludarabin/Melphalan als allo-Konditionierung
- CTX-Mobilisierung

Exkl.: Intrathekale Zytostatikainjektion (8-541.0)
Einnahme oraler Zytostatika
Gabe von Steroiden
Gabe von Antikörpern (8-547 ff.)

Hinw.: Diese Kodes sind zu verwenden bei subkutaner oder intravenöser Chemotherapie mit 1-2 Medikamenten als Eintages-Chemotherapie
Jeder Therapieblock (ein- oder mehrtägig hintereinander) ist einmal zu kodieren
Es zählen nur die Tage, an denen eine Chemotherapie appliziert wird. Bei Gaben über Nacht zählt nur der Tag, an dem die Gabe begonnen wurde

Kapitel 8: Nichtoperative therapeutische Maßnahmen

Pausen von maximal einem Tag Dauer werden mitgezählt, wenn sie regelhaft zum jeweiligen Chemotherapie-Protokoll gehören. Pausen ab zwei Tagen führen dazu, dass ein neuer Kode angegeben werden muss
Es zählen alle zytostatischen Medikamente, unabhängig davon, ob sie über alle zu berechnenden Tage verabreicht wurden oder über weniger Tage. Gezählt werden die verwendeten Zytostatika und nicht die Einzelapplikationen

8-542.1 1 Tag
.11 1 Medikament
.12 2 Medikamente
.13 3 Medikamente
.14 4 oder mehr Medikamente

8-542.2 2 Tage
.21 1 Medikament
.22 2 Medikamente
.23 3 Medikamente
.24 4 oder mehr Medikamente

8-542.3 3 Tage
.31 1 Medikament
.32 2 Medikamente
.33 3 Medikamente
.34 4 oder mehr Medikamente

8-542.4 4 Tage
.41 1 Medikament
.42 2 Medikamente
.43 3 Medikamente
.44 4 oder mehr Medikamente

8-542.5 5 Tage
.51 1 Medikament
.52 2 Medikamente
.53 3 Medikamente
.54 4 oder mehr Medikamente

8-542.6 6 Tage
.61 1 Medikament
.62 2 Medikamente
.63 3 Medikamente
.64 4 oder mehr Medikamente

8-542.7 7 Tage
.71 1 Medikament
.72 2 Medikamente
.73 3 Medikamente
.74 4 oder mehr Medikamente

8-542.8 8 Tage
.81 1 Medikament
.82 2 Medikamente
.83 3 Medikamente
.84 4 oder mehr Medikamente

8-542.9 9 oder mehr Tage
.91 1 Medikament
.92 2 Medikamente
.93 3 Medikamente
.94 4 oder mehr Medikamente

8-543 Mittelgradig komplexe und intensive Blockchemotherapie

Inkl.: z.B. 2- bis 4-tägige Blockchemotherapie
Beispiele für Chemotherapieblöcke:
Beispiele für Kinder und Jugendliche:
- Blöcke EIIS, EIVS, CARBO-ETO 96h, Cisplatin/VCR/CCNU oder CYC/VCR bei malignen Hirntumoren
- Blöcke DDP/VCR oder CARBO/VCR/ETO bei niedrig-malignen Hirntumoren
- Blöcke VAI, VAC bei Ewing-Knochentumoren
- Blöcke A oder AP bei Osteosarkom
- Block CARBO-ETO 96h bei Lebertumoren
- Block haM (Konsolidierung) bei AML
- Blöcke OEPA, COPDAC oder DHAP bei Morbus Hodgkin
- Blöcke D1, D2, M1 bei malignen endokrinen Tumoren
- Block N5, Blöcke A, B, C (COJEC) bei Neuroblastom
- Blöcke AVD, HR-Block bei Nephroblastom
- Blöcke I2VA, I2VAd, TOPO/ETO/CARBO, I3VAd, I3VE, TE, TC bei Weichteilsarkomen
- Vorphase bis 1. DNR/VCR/PRED, Konsolidierungsphase, VCR/ADR/ASP/DEXA in der Reinduktionsphase beim COALL-Protokoll
- Doxo/Acto-D/Cisplatin (DAC) bei atypischen teratoiden rhabdoiden Tumoren

Konditionierung vor Stammzelltransplantation (SZT) bei Kindern und Jugendlichen:
- ATG, Cyclophosphamid (ATG-CY; 4 Tage)
- Busulfan po., Cyclophosphamid, Melphalan (BU-CY-MEL; 6-7 Tage)
- Busulfan po., Cyclophosphamid, Melphalan, ATG (BU-CY-MEL-ATG; 7 Tage)
- Busulfan po., Etoposid, Cyclophosphamid, ATG (BU-ETO-CY-ATG; 8 Tage)
- Carboplatin, Etoposid (CARBO-ETO; 3-4 Tage)
- Carboplatin, Etoposid, Melphalan (CARBO-ETO-MEL; 4 Tage)
- Carboplatin, Etoposid, Thiotepa (CARBO-ETO-TEPA; 4 Tage)
- Cyclophosphamid, Carboplatin, Thiotepa (CY-CARBO-TEPA; 4 Tage)
- Cyclophosphamid, Thiotepa (CY-TEPA; 3-4 Tage)
- Etoposid, ATG (ETO-ATG; 3 Tage)
- Etoposid, Cyclophosphamid (ETO-CY; 4 Tage)
- Fludarabin, ATG (FLU-ATG; 4 Tage)
- Fludarabin, ATG, Melphalan (FLU-ATG-MEL; 4 Tage)
- Fludarabin, Busulfan iv., ATG (FLU-BUi-ATG; 3 Tage)
- Fludarabin, Cyclophosphamid, Thiotepa (FLU-CY-TEPA; 3 Tage)
- Thiotepa, Cyclophosphamid, ATG (TEPA-CY-ATG; 4 Tage)
- Thiotepa, Etoposid (TEPA-ETO; 2 oder 3 Tage)
- Thiotepa, Etoposid, Cyclophosphamid (TEPA-ETO-CY; 4 Tage)

Beispiele für Erwachsene:
- Vorphase B-ALL-Protokoll
- Konsolidation II bis VI (Hochdosis-Ara-C + i.th. Chx) bei ALL
- Konsolidationstherapie (Hochdosis-Ara-C (CALGB))
- COP, CHOEP, DHAP, IMVP16, ICE, MINE, Mega-CHOEP bei NHL
- AC, AD als Erhaltungstherapie bei AML
- ABVD bei Morbus Hodgkin
- Block A bei ZNS-Lymphom bei Patienten ab dem vollendeten 60. Lebensjahr ("Bonner Protokoll")
- Ifosfamid/Etoposid/Epirubicin (IEV) bei Lymphom oder Plasmozytom
- Cisplatin/5-FU bei HNO-Tumoren
- Cisplatin/Etoposid, Cisplatin/Vinorelbin bei NSCLC
- PLF, PELF, DCF bei Magenkarzinom
- Cisplatin/Doxorubicin, Doxorubicin/Hochdosis-Ifosfamid (nur Tag 1), Pemetrexed/Cisplatin bei Pleuramesotheliom
- M-VAC für Urothelkarzinom (für Tage 1 und 2), dann Tage 15 und 22 gesondert als nicht komplexe Chemotherapie kodieren
- E/AC-Doc, E/AC-Pac, TA/EC, dosisdicht E/ATC, dosisdicht E-T, EC-TX, E/AT-CMF, Ifosfamid/Epirubicin bei Mammakarzinom
- Epirubicin/Taxol/Carboplatin, Cisplatin/Taxol bei Ovarialkarzinom
- Rx/5-FU/Cisplatin bei Ösophaguskarzinom
- Rx/5-FU/Mitomycin/Cisplatin bei Analkarzinom
- Rx/5-FU/Cisplatin bei Pankreaskarzinom
- Gemcitabin/Cisplatin bei NSCLC, Pleuramesotheliom, Pankreaskarzinom, gastrointestinalen Tumoren, Urothelkarzinom u.a. Karzinomen

Kapitel 8: Nichtoperative therapeutische Maßnahmen

- CVD, Cisplatin/DTIC/BCNU bei Melanom
- Adriamycin/Ifosfamid bei Weichteilsarkom
- VAI, VIDE bei Ewing-Sarkom
- IP, CE, Ifo/Doxorubicin, Cisplatin/Doxorubicin bei Osteosarkom
- EIA, Mini-ICE, Ifosfamid sequentiell bei Sarkom
- FOLFIRI, FOLFOX, Raltritexed/Oxaliplatin bei gastrointestinalen Tumoren
- ADOC bei Thymom
- CAD, CED bei Multiplem Myelom

Konditionierung vor Stammzelltransplantation (SZT) bei Erwachsenen:
- TBI-Cyclophosphamid, Busulfan/Cyclophosphamid, FC (Fludarabin 125 Tag 7 bis 3, Cyclophosphamid 2000 Tag 5 bis 3)
- Busulfan-Melphalan (Euro-EWING)
- Fludarabin/Melphalan (AML)
- Carboplatin/Etoposid (Keimzelltumor)
- Carboplatin/Etoposid/Cyclophosphamid
- VCI-E, HD-PEI
- Fludarabin/Busulfan/ATG (ATG 8-547.0)
- CVB (BCNU, Cyclophosphamid, Etoposid)

Beispiele für Chemotherapie mit messungsabhängiger Steuerung:

Beispiele für Kinder und Jugendliche:
- Hochdosis-Methotrexat (MTX) bei Hirntumoren, Histiozytose, Knochentumoren oder Leukämien

Beispiele für Erwachsene:
- Hochdosis-Methotrexat (MTX)/Asparaginase bei ALL
- Hochdosis-Methotrexat (MTX) bei allen Protokollen

Exkl.: Intrathekale Zytostatikainjektion (8-541.0)
Einnahme oraler Zytostatika
Gabe von Steroiden
Gabe von Antikörpern (8-547 ff.)

Hinw.: Es werden mindestens 2 Zytostatika innerhalb des Chemotherapieblocks intravenös verabfolgt oder es erfolgt eine komplexe und intensive Chemotherapie mit aufwendiger, messungsabhängiger Therapiesteuerung (z.B. HD-Methotrexat mit spiegelabhängiger Folinsäure-Rescue)

Es zählen nur die Tage, an denen eine Chemotherapie appliziert wird. Bei Gaben über Nacht zählt nur der Tag, an dem die Gabe begonnen wurde

Pausen von maximal einem Tag Dauer werden mitgezählt, wenn sie regelhaft zum jeweiligen Chemotherapie-Protokoll gehören. Pausen ab zwei Tagen führen dazu, dass ein neuer Kode angegeben werden muss

Es zählen alle zytostatischen Medikamente, unabhängig davon, ob sie über alle zu berechnenden Tage verabreicht wurden oder über weniger Tage. Gezählt werden die verwendeten Zytostatika und nicht die Einzelapplikationen

Bei Gabe von Hochdosis-Methotrexat zählen die Tage mit Spiegelmessung zur Chemotherapie

8-543.1   1 Tag
    .11   1 Medikament
    .12   2 Medikamente
    .13   3 Medikamente
    .14   4 Medikamente
    .15   5 Medikamente
    .16   6 Medikamente
    .17   7 oder mehr Medikamente

8-543.2   2 Tage
    .21   1 Medikament
    .22   2 Medikamente
    .23   3 Medikamente
    .24   4 Medikamente
    .25   5 Medikamente
    .26   6 Medikamente
    .27   7 oder mehr Medikamente

8-543.3	3 Tage	
	.31	1 Medikament
	.32	2 Medikamente
	.33	3 Medikamente
	.34	4 Medikamente
	.35	5 Medikamente
	.36	6 Medikamente
	.37	7 oder mehr Medikamente
8-543.4	4 Tage	
	.41	1 Medikament
	.42	2 Medikamente
	.43	3 Medikamente
	.44	4 Medikamente
	.45	5 Medikamente
	.46	6 Medikamente
	.47	7 oder mehr Medikamente
8-543.5	5 Tage	
	.51	1 Medikament
	.52	2 Medikamente
	.53	3 Medikamente
	.54	4 Medikamente
	.55	5 Medikamente
	.56	6 Medikamente
	.57	7 oder mehr Medikamente
8-543.6	6 Tage	
	.61	1 Medikament
	.62	2 Medikamente
	.63	3 Medikamente
	.64	4 Medikamente
	.65	5 Medikamente
	.66	6 Medikamente
	.67	7 oder mehr Medikamente
8-543.7	7 Tage	
	.71	1 Medikament
	.72	2 Medikamente
	.73	3 Medikamente
	.74	4 Medikamente
	.75	5 Medikamente
	.76	6 Medikamente
	.77	7 oder mehr Medikamente
8-543.8	8 Tage	
	.81	1 Medikament
	.82	2 Medikamente
	.83	3 Medikamente
	.84	4 Medikamente
	.85	5 Medikamente
	.86	6 Medikamente
	.87	7 oder mehr Medikamente
8-543.9	9 oder mehr Tage	
	.91	1 Medikament
	.92	2 Medikamente
	.93	3 Medikamente
	.94	4 Medikamente
	.95	5 Medikamente
	.96	6 Medikamente
	.97	7 oder mehr Medikamente

Kapitel 8: Nichtoperative therapeutische Maßnahmen

8-544 **Hochgradig komplexe und intensive Blockchemotherapie**
Inkl.: z.B. 5- bis 8-tägige Blockchemotherapie
Exkl.: Intrathekale Zytostatikainjektion (8-541.0)
Einnahme oraler Zytostatika
Gabe von Steroiden
Gabe von Antikörpern (8-547 ff.)
Hinw.: Es werden mindestens 2 Zytostatika innerhalb des Chemotherapieblocks intravenös verabfolgt

8-544.0 Ein Chemotherapieblock während eines stationären Aufenthaltes
Inkl.: Beispiele für Kinder und Jugendliche:
- Blöcke PEV, PEI, CycEV, CarboEV, MET-HIT-BIS4 Induktion bei Hirntumoren
- Blöcke VBP, BEP, PEI, Hochdosis-PEI, PE bei Keimzelltumoren
- Block VIDE bei Ewing-Knochentumoren
- Blöcke Ai oder IE bei Osteosarkom
- Blöcke IPA, TOPO-DOXO bei Lebertumoren
- Blöcke HR-1, HR-2, HR-3, F1, F2, R1, R2; Protokolle I, II oder III: Phase 1 oder 2 bei ALL
- Blöcke SIA (F1 oder F2) oder SIB (Phase 1); SCA1 oder SCB1 (Phase 2), SCA2 oder SCB2 (Phase 3); SCA3-SCA7; SCB3 Part 1 oder 2, SCB4 Part 1 oder 2; Blöcke F1, F2, R1, R2; Protokoll II-Ida, Phase 1 oder 2; Clo/Cyc/Eto bei ALL-Rezidiven
- Blöcke HAM, AIE, ADxE (Induktion), AI, AI/2-CDA (Konsolidierungstherapie), HD-Ara-C/ETO (HAE), FLAG, FLAG-L-DNR, Ida-FLAG, ARAC/L-DNR bei AML
- Blöcke IEP, Dexa-BEAM bei Morbus Hodgkin
- Kurs a, A4, A24, AA, AA24, AAZ1, AAZ2, AM, b, B4, B24, BB, BB24, BBZ1, BBZ2, BM, CC, Protokolle I, II oder III: Phase 1 oder 2 (a oder b) bei NHL
- AraC/2-CDA bei Langerhans-Zell-Histiozytose
- A1, A2, A3, B1, B2, B3, AV2, AV3, BV1, BV2, BV3, AM1, AM2, AM3, BM1, BM2, BM3, AMV2, AMV3, BMV1, BMV2, BMV3, CC, ICM und ICI bei NHL
- Blöcke M2, NN-1, NN-2 bei malignen endokrinen Tumoren
- Blöcke A, B bei Nasopharynxkarzinom
- Blöcke N4, N6, TCE (N8) bei Neuroblastom
- TECC (Topotecan, ETO, Carboplatin, CPM; 5 Tage); TACC (Topo, Acto-D, CPM, Carboplatin; 5 Tage) bei Weichteilsarkomen
Konditionierung vor Stammzelltransplantation (SZT) bei Kindern und Jugendlichen:
- ATG, Busulfan, Cyclophosphamid (ATG-BU-CY; 12 Tage)
- ATG, Busulfan, Fludarabin, Cyclophosphamid (ATG-BU-FLU-CY; 15 Tage)
- BCNU, Etoposid, Cytarabin, Melphalan (BEAM; 6 Tage)
- Busulfan iv., Cyclophosphamid (BUi-CY; 5-8 Tage)
- Busulfan iv., Cyclophosphamid, Melphalan (BUi-CY-MEL; 7 Tage)
- Busulfan iv., Cyclophosphamid, Melphalan, ATG (BUi-CY-MEL-ATG; 7-11 Tage)
- Busulfan iv., Cyclophosphamid, Thiotepa (BUi-CY-TEPA; 7 Tage)
- Busulfan, Etoposid, Cyclophosphamid (BU-ETO-CY; 5-7 Tage)
- Busulfan, Fludarabin, Cyclophosphamid, ATG (BU-FLU-CY-ATG; 7-11 Tage)
  Busulfan iv., Melphalan (BUi-MEL; 5 Tage)
- Busulfan, Thiotepa, Fludarabin, Cyclophosphamid (BU-TEPA-FLU-CY; 8 Tage)
- Busulfan po., Etoposid, Thiotepa (BU-ETO-TEPA; 6-7 Tage)
- Busulfan po., Fludarabin, ATG (BU-FLU-ATG; 5-6 Tage)
- Busulfan po., Fludarabin, Cyclophosphamid (BU-FLU-CY; 5 Tage)
- Busulfan po., Thiotepa, Etoposid, ATG (BU-TEPA-ETO-ATG; 8 Tage)
- Campath, Fludarabin, Melphalan (CAM-FLU-MEL; 7 Tage)
- Carboplatin, Etoposid, Melphalan (CARBO-ETO-MEL; 6-7 Tage)
- Fludarabin, Cyclophosphamid (FLU-CY; 5 Tage)
- Fludarabin, Cyclophosphamid, ATG; (FLU-CY-ATG; 7-9 Tage)
- Fludarabin, Etoposid (FLU-ETO; 5 Tage)
- Fludarabin, Etoposid, ATG (FLU-ETO-ATG; 7-8 Tage)
- Fludarabin, Melphalan (FLU-MEL; 6 Tage)
- Fludarabin, Melphalan, ATG (FLU-MEL-ATG; 5-7 Tage)
- Thiotepa, ATG, Fludarabin (TEPA-ATG-FLU, 7 Tage)
- Thiotepa, Etoposid, ATG (TEPA-ETO-ATG; 5 Tage)
Beispiele für Erwachsene:
- Induktionstherapie I oder II, Konsolidationstherapie I, Konsolidationstherapie II in high-risk oder very-high-risk ALL, Reinduktionstherapie I oder II bei ALL

- Block A, B oder C bei B-ALL, aggressiven Lymphomen und ZNS-Lymphomen bei Patienten unter dem vollendeten 60. Lebensjahr ("Bonner Protokoll"), BEAM, Dexa-BEAM bei NHL
- CLAEG, Ida-FLAG oder Mito-FLAG bei AML oder ALL
- AML-Induktion (A-EC, AIE, DA, DA+Dasatinib, DAV, DNR, EC, HAM, IA, IAA, ICE, IC mit/ohne Clofarabin, IDAC, I-MAC, IVA, IVA+ATRA, IVA+Valproinsäure, IVA+Valproinsäure+ATRA, MAV, MAMAC, Mini-ICE, MTC)
- AML-Konsolidation (HAM, H-MAC, I-MAC, MAMAC, MHD-Ara-C/AMSA, MHD-Ara-C/Daunorubicin, MICE, NOVE)
- Busulfan/Cyclophosphamid, ICE (Sarkome), HD-BEAM vor Stammzelltransplantation (SZT)
- PEB, PE, PEI, PIV, PVbl, TIP bei Hodentumoren

8-544.1 Zwei Chemotherapieblöcke während eines stationären Aufenthaltes
Inkl.: Beispiele für Kinder und Jugendliche:
- Induktionstherapie Phase 1 und 2, Blöcke F1 und F2, Block MARAM, Block OCTADD, Protokoll II-IDA, Protokolle I, II oder III: Phase 1 und 2; R1 und R2 bei ALL
- Blöcke AIE und HAM (Doppelinduktion) bei AML
- Blöcke AA und BB; Blöcke A und B, AAZ1 und AAZ2, Protokolle I, II oder III: Phase a und b bei NHL

Beispiele für Erwachsene:
- Induktionstherapie I und II bei ALL
- Induktionstherapie mit 2 Zyklen in einem stationären Aufenthalt (Doppelinduktion); Spätkonsolidierung mit Hochdosis-Ara-C/Daunorubicin, HAM (Doppelinduktion), I-MAC (Doppelinduktion), S-HAM bei AML

8-546 Hypertherme Chemotherapie

8-546.0 Hypertherme intraperitoneale Chemotherapie [HIPEC]

8-546.1 Hypertherme intrathorakale Chemotherapie [HITOC]

8-546.x Sonstige

8-546.y N.n.bez.

8-547 Andere Immuntherapie

8-547.0 Mit nicht modifizierten Antikörpern
Inkl.: Therapie z.B. mit Rituximab bei Patienten mit Lymphomen, Alemtuzumab bei Patienten mit CLL, Herceptin bei Patienten mit Mammakarzinom, Bevacizumab bei Patienten mit kolorektalen Karzinomen

8-547.1 Mit modifizierten Antikörpern
Inkl.: Therapie mit Zytotoxinen
Exkl.: Therapie mit radioaktiven Antikörpern (8-530.7)

8-547.2 Mit Immunmodulatoren
Inkl.: Therapie mit Interleukin 2, Interferon oder Tumornekrosefaktor Alpha

8-547.3 Immunsuppression
.30 Intravenös
.31 Sonstige Applikationsform

8-547.x Sonstige

8-547.y N.n.bez.

8-548 Hochaktive antiretrovirale Therapie [HAART]
Hinw.: Antiretrovirale Substanzen sind hier Medikamente zur Behandlung von HIV-Infektionen, z.B. Proteasehemmer, Fusionsinhibitoren, Nukleosidanaloga und nicht nukleosidale RT-Inhibitoren

8-548.0 Mit 2 bis 4 Einzelsubstanzen

8-548.1 Mit 5 oder mehr Einzelsubstanzen

8-549 Perkutane geschlossene Organperfusion mit Chemotherapeutika

8-549.0 Leber
.00 Ohne externen Blutfilter
.01 Mit externem Blutfilter
Inkl.: Perkutane Chemosaturation

8-549.x Sonstige

Kapitel 8: Nichtoperative therapeutische Maßnahmen

Frührehabilitative und physikalische Therapie (8-55...8-60)

8-55 Frührehabilitative Komplexbehandlung
Hinw.: Ein Kode aus diesem Bereich ist jeweils nur einmal pro stationären Aufenthalt anzugeben und darf nur solange verwendet werden, wie akutstationärer Behandlungsbedarf besteht

8-550 Geriatrische frührehabilitative Komplexbehandlung
Exkl.: Neurologisch-neurochirurgische Frührehabilitation (8-552 ff.)
Fachübergreifende und andere Frührehabilitation (8-559 ff.)
Physikalisch-medizinische Komplexbehandlung (8-563 ff.)
Hinw.: Mindestmerkmale:
- Behandlung durch ein geriatrisches Team unter fachärztlicher Behandlungsleitung (Zusatzweiterbildung oder Schwerpunktbezeichnung im Bereich Geriatrie erforderlich). Die fachärztliche Behandlungsleitung muss überwiegend in der zugehörigen geriatrischen Einheit tätig sein
- Standardisiertes geriatrisches Assessment zu Beginn der Behandlung in mindestens 4 Bereichen (Mobilität, Selbsthilfefähigkeit, Kognition, Emotion) und am Ende der geriatrischen frührehabilitativen Behandlung in mindestens 2 Bereichen (Selbständigkeit, Mobilität). Lässt der Zustand des Patienten die Erhebung einzelner Assessmentbestandteile nicht zu, ist dies zu dokumentieren. Wenn der Zustand des Patienten es erlaubt, ist die Erhebung nachzuholen
- Soziales Assessment zum bisherigen Status in mindestens 5 Bereichen (soziales Umfeld, Wohnumfeld, häusliche/außerhäusliche Aktivitäten, Pflege-/Hilfsmittelbedarf, rechtliche Verfügungen). Lässt der Zustand des Patienten die Erhebung einzelner Assessmentbestandteile nicht zu, ist dies zu dokumentieren. Sofern möglich sind die fehlenden Bestandteile fremdanamnestisch zu erheben bzw. ist die Erhebung nachzuholen, wenn der Zustand des Patienten es erlaubt
- Wöchentliche Teambesprechung unter Beteiligung aller Berufsgruppen einschließlich der fachärztlichen Behandlungsleitung mit wochenbezogener Dokumentation bisheriger Behandlungsergebnisse und weiterer Behandlungsziele
- Aktivierend-therapeutische Pflege durch besonders geschultes Pflegepersonal. Mindestens eine Pflegefachkraft des geriatrischen Teams muss eine strukturierte curriculare geriatriespezifische Zusatzqualifikation im Umfang von mindestens 180 Stunden sowie eine mindestens 6-monatige Erfahrung in einer geriatrischen Einrichtung nachweisen
- Teamintegrierter Einsatz von mindestens 2 der folgenden 4 Therapiebereiche: Physiotherapie/Physikalische Therapie, Ergotherapie, Logopädie/fazioorale Therapie, Psychologie/Neuropsychologie

Eine gleichzeitige (dauernde oder intermittierende) akutmedizinische Diagnostik bzw. Behandlung ist gesondert zu kodieren

8-550.0 Mindestens 7 Behandlungstage und 10 Therapieeinheiten
Hinw.: Der therapeutische Anteil umfasst insgesamt mindestens 10 Therapieeinheiten von durchschnittlich 30 Minuten, davon maximal 10 % als Gruppentherapie

8-550.1 Mindestens 14 Behandlungstage und 20 Therapieeinheiten
Hinw.: Der therapeutische Anteil umfasst insgesamt mindestens 20 Therapieeinheiten von durchschnittlich 30 Minuten, davon maximal 10 % als Gruppentherapie

8-550.2 Mindestens 21 Behandlungstage und 30 Therapieeinheiten
Hinw.: Der therapeutische Anteil umfasst insgesamt mindestens 30 Therapieeinheiten von durchschnittlich 30 Minuten, davon maximal 10 % als Gruppentherapie

8-552 **Neurologisch-neurochirurgische Frührehabilitation**
Exkl.: Geriatrische frührehabilitative Komplexbehandlung (8-550 ff.)
Fachübergreifende und andere Frührehabilitation (8-559 ff.)
Physikalisch-medizinische Komplexbehandlung (8-563 ff.)
Hinw.: Mindestmerkmale:
- Frührehateam unter Leitung eines Facharztes für Neurologie, Neurochirurgie, Physikalische und rehabilitative Medizin oder Kinder- und Jugendmedizin mit der Zusatzbezeichnung Neuropädiatrie, der über eine mindestens 3-jährige Erfahrung in der neurologisch-neurochirurgischen Frührehabilitation verfügt. Im Frührehateam muss der neurologische oder neurochirurgische Sachverstand kontinuierlich eingebunden sein
- Standardisiertes Frührehabilitations-Assessment zur Erfassung und Wertung der funktionellen Defizite in mindestens 5 Bereichen (Bewusstseinslage, Kommunikation, Kognition, Mobilität, Selbsthilfefähigkeit, Verhalten, Emotion) zu Beginn der Behandlung. Der Patient hat einen Frührehabilitations-Barthel-Index nach Schönle bis maximal 30 Punkte zu Beginn der Behandlung. (Die Berechnung des Frührehabilitations-Barthel-Index nach Schönle ist im Anhang zur ICD-10-GM zu finden)
- Wöchentliche Teambesprechung mit wochenbezogener Dokumentation bisheriger Behandlungsergebnisse und weiterer Behandlungsziele
- Aktivierend-therapeutische Pflege durch besonders geschultes Pflegepersonal auf dem Gebiet der neurologisch-neurochirurgischen Frührehabilitation
- Vorhandensein von folgenden Therapiebereichen: Physiotherapie/Krankengymnastik, Physikalische Therapie, Ergotherapie, Neuropsychologie, Logopädie/fazioorale Therapie und therapeutische Pflege (Waschtraining, Anziehtraining, Esstraining, Kontinenztraining, Orientierungstraining, Schlucktraining, Tracheostomamanagement, isolierungspflichtige Maßnahmen u.a.). Der vom Patienten benötigte Einsatz der Therapiebereiche erfolgt in unterschiedlichen Kombinationen von mindestens 300 Minuten täglich (bei simultanem Einsatz von zwei oder mehr Mitarbeitern dürfen die Mitarbeiterminuten aufsummiert werden) im Durchschnitt der Behandlungsdauer der neurologisch-neurochirurgischen Frührehabilitation. Leistungen der durch Musiktherapeuten durchgeführten Musiktherapie können auf die tägliche Therapiezeit angerechnet werden, wenn das therapeutische Konzept der Frührehabilitationseinrichtung Musiktherapie vorsieht

Eine gleichzeitige (dauernde oder intermittierende) akutmedizinische Diagnostik bzw. Behandlung ist gesondert zu kodieren

8-552.0 Mindestens 7 bis höchstens 13 Behandlungstage
8-552.5 Mindestens 14 bis höchstens 20 Behandlungstage
8-552.6 Mindestens 21 bis höchstens 27 Behandlungstage
8-552.7 Mindestens 28 bis höchstens 41 Behandlungstage
8-552.8 Mindestens 42 bis höchstens 55 Behandlungstage
8-552.9 Mindestens 56 Behandlungstage

Kapitel 8: Nichtoperative therapeutische Maßnahmen

8-553 **Frührehabilitative Komplexbehandlung von Patienten mit Kopf-Hals-Tumoren**
Inkl.: Wiederholte Erhebung einzelner Assessmentbestandteile je nach Zustand des Patienten
Exkl.: Geriatrische frührehabilitative Komplexbehandlung (8-550 ff.)
Neurologisch-neurochirurgische Frührehabilitation (8-552 ff.)
Fachübergreifende und andere Frührehabilitation (8-559 ff.)
Physikalisch-medizinische Komplexbehandlung (8-563 ff.)
Alleinige Durchführung eines Frührehabilitationsassessments von Patienten mit Kopf-Hals-Tumoren (1-775 ff.)
Hinw.: Die Durchführung eines Frührehabilitationsassessments im Rahmen der frührehabilitativen Komplexbehandlung ist nicht gesondert zu kodieren
Mindestmerkmale:
- Behandlung durch ein interdisziplinäres Frührehabilitationsteam, qualifiziert für die Rehabilitation von Patienten mit Sprech-, Sprach- und Schluckstörungen bei Kopf-Hals-Tumoren (z.B. bei Tumoren der Mundhöhle, des Epipharynx, des Oropharynx, des Hypopharynx, des Larynx und zervikalem CUP-Syndrom) unter Behandlungsleitung eines Facharztes für Phoniatrie und Pädaudiologie oder eines Facharztes für Hals-Nasen-Ohren-Heilkunde oder eines Facharztes für Mund-, Kiefer- und Gesichtschirurgie mit Erfahrung im Bereich des frührehabilitativen Managements. Zum Frührehabilitationsteam gehören ein Facharzt der Fachrichtung, die den betreffenden Patienten onkologisch betreut, sowie mindestens ein Logopäde oder Sprachtherapeut oder Klinischer Linguist
- Durchführung eines standardisierten Frührehabilitationsassessments entsprechend den Mindestmerkmalen des Kodes 1-775 zu Beginn der Behandlung
- Regelmäßige Teambesprechung unter Beteiligung aller Berufsgruppen mit Dokumentation bisheriger Behandlungsergebnisse und weiterer Behandlungsziele (z.B. im Rahmen einer Tumorkonferenz)
- Teamintegrierter Einsatz von mindestens einem der folgenden 3 Therapiebereiche je nach vorliegenden Funktionsstörungen: Logopädie/Sprachtherapie/Klinische Linguistik, Physiotherapie/Physikalische Therapie, Ernährungstherapie
- Eine Therapieeinheit entspricht 30 Minuten. Die standardisierten Assessments werden als Therapieeinheiten gezählt, wenn sie mindestens 30 Minuten betragen

8-553.0   5 Therapieeinheiten
8-553.1   Mehr als 5 bis höchstens 10 Therapieeinheiten
8-553.2   Mehr als 10 bis höchstens 20 Therapieeinheiten
8-553.3   Mehr als 20 bis höchstens 30 Therapieeinheiten
8-553.4   Mehr als 30 bis höchstens 40 Therapieeinheiten
8-553.5   Mehr als 40 bis höchstens 50 Therapieeinheiten
8-553.6   Mehr als 50 Therapieeinheiten

8-559 Fachübergreifende und andere Frührehabilitation

Exkl.: Geriatrische frührehabilitative Komplexbehandlung (8-550 ff.)
Neurologisch-neurochirurgische Frührehabilitation (8-552 ff.)
Physikalisch-medizinische Komplexbehandlung (8-563 ff.)

Hinw.: Mindestmerkmale:
- Frührehateam unter fachärztlicher Behandlungsleitung (mindestens 5 Jahre in der Rehabilitationsmedizin tätig oder 5 Jahre Tätigkeit in der physikalischen und rehabilitativen Medizin oder Facharzt für physikalische und rehabilitative Medizin)
- Standardisiertes Frührehabilitations-Assessment oder Einsatz von krankheitsspezifischen Scoring-Systemen zur Erfassung und Wertung der funktionellen Defizite in mindestens 5 Bereichen (Bewusstseinslage, Kommunikation, Kognition, Mobilität, Selbsthilfefähigkeit, Verhalten, Emotion) zu Beginn der Behandlung
- Wöchentliche Teambesprechung mit wochenbezogener Dokumentation bisheriger Behandlungsergebnisse und weiterer Behandlungsziele
- Aktivierend-therapeutische Pflege durch besonders geschultes Pflegepersonal (Therapeutische Lagerung, Mobilisierung, Körperpflege, Kleiden, Essen und Trinken; Ausscheidungstraining, Wahrnehmungsförderung, Aktivierungstherapie, Trachealkanülenmanagement u.a.)
- Vorhandensein von mindestens vier der folgenden Therapiebereiche: Physiotherapie/Krankengymnastik, Physikalische Therapie, Ergotherapie, Neuropsychologie, Psychotherapie, Logopädie/faziorale Therapie/Sprachtherapie, künstlerische Therapie (Kunst- und Musiktherapie), Dysphagietherapie und Einsatz von mindestens drei dieser Therapiebereiche patientenbezogen in unterschiedlichen Kombinationen und unterschiedlichem Zeitaufwand
- Entlassungsassessment zur gezielten Entlassung oder Verlegung des Patienten

Eine gleichzeitige (dauernde oder intermittierende) akutmedizinische Diagnostik bzw. Behandlung ist gesondert zu kodieren

8-559.3 Mindestens 7 bis höchstens 13 Behandlungstage
.30 Durchschnittlicher Einsatz von 15 Therapieeinheiten (jeweils von mindestens 30 Minuten) pro Woche
.31 Durchschnittlicher Einsatz von 20 Therapieeinheiten (jeweils von mindestens 30 Minuten) pro Woche
.32 Durchschnittlicher Einsatz von 30 Therapieeinheiten (jeweils von mindestens 30 Minuten) pro Woche
.33 Durchschnittlicher Einsatz von 40 Therapieeinheiten (jeweils von mindestens 30 Minuten) pro Woche

8-559.4 Mindestens 14 bis höchstens 20 Behandlungstage
.40 Durchschnittlicher Einsatz von 15 Therapieeinheiten (jeweils von mindestens 30 Minuten) pro Woche
.41 Durchschnittlicher Einsatz von 20 Therapieeinheiten (jeweils von mindestens 30 Minuten) pro Woche
.42 Durchschnittlicher Einsatz von 30 Therapieeinheiten (jeweils von mindestens 30 Minuten) pro Woche
.43 Durchschnittlicher Einsatz von 40 Therapieeinheiten (jeweils von mindestens 30 Minuten) pro Woche

8-559.5 Mindestens 21 bis höchstens 27 Behandlungstage
.50 Durchschnittlicher Einsatz von 15 Therapieeinheiten (jeweils von mindestens 30 Minuten) pro Woche
.51 Durchschnittlicher Einsatz von 20 Therapieeinheiten (jeweils von mindestens 30 Minuten) pro Woche
.52 Durchschnittlicher Einsatz von 30 Therapieeinheiten (jeweils von mindestens 30 Minuten) pro Woche
.53 Durchschnittlicher Einsatz von 40 Therapieeinheiten (jeweils von mindestens 30 Minuten) pro Woche

8-559.6 Mindestens 28 bis höchstens 34 Behandlungstage
.60 Durchschnittlicher Einsatz von 15 Therapieeinheiten (jeweils von mindestens 30 Minuten) pro Woche
.61 Durchschnittlicher Einsatz von 20 Therapieeinheiten (jeweils von mindestens 30 Minuten) pro Woche
.62 Durchschnittlicher Einsatz von 30 Therapieeinheiten (jeweils von mindestens 30 Minuten) pro Woche
.63 Durchschnittlicher Einsatz von 40 Therapieeinheiten (jeweils von mindestens 30 Minuten) pro Woche

8-559.7 Mindestens 35 bis höchstens 41 Behandlungstage
.70 Durchschnittlicher Einsatz von 15 Therapieeinheiten (jeweils von mindestens 30 Minuten) pro Woche
.71 Durchschnittlicher Einsatz von 20 Therapieeinheiten (jeweils von mindestens 30 Minuten) pro Woche
.72 Durchschnittlicher Einsatz von 30 Therapieeinheiten (jeweils von mindestens 30 Minuten) pro Woche
.73 Durchschnittlicher Einsatz von 40 Therapieeinheiten (jeweils von mindestens 30 Minuten) pro Woche

8-559.8 Mindestens 42 Behandlungstage
.80 Durchschnittlicher Einsatz von 15 Therapieeinheiten (jeweils von mindestens 30 Minuten) pro Woche
.81 Durchschnittlicher Einsatz von 20 Therapieeinheiten (jeweils von mindestens 30 Minuten) pro Woche
.82 Durchschnittlicher Einsatz von 30 Therapieeinheiten (jeweils von mindestens 30 Minuten) pro Woche
.83 Durchschnittlicher Einsatz von 40 Therapieeinheiten (jeweils von mindestens 30 Minuten) pro Woche

8-56 Physikalisch-therapeutische Einzelmaßnahmen

Hinw.: Ein Kode aus diesem Bereich ist jeweils nur einmal pro stationären Aufenthalt anzugeben

8-560 Lichttherapie

8-560.0 Selektive Ultraviolettphototherapie (SUP)

8-560.1 Photochemotherapie (PUVA)

8-560.2 Lichttherapie des Neugeborenen (bei Hyperbilirubinämie)
Hinw.: Dauer mindestens 12 Stunden

8-560.3 Lichttherapie UVA 1

8-560.4 Photodynamische Therapie (PDT)

8-560.5 Solephototherapie

8-560.x Sonstige

8-560.y N.n.bez.

8-561 Funktionsorientierte physikalische Therapie
Hinw.: Mindestmerkmale:
- Standardisierte Befunderhebung bei vorübergehender oder vorbestehender Beeinträchtigung der Körperfunktionen und -strukturen unter therapeutischer bzw. sekundärpräventiver Zielstellung

8-561.1 Funktionsorientierte physikalische Monotherapie
Inkl.: Sensomotorische Entwicklungs- und Übungsbehandlung und weitere Therapieformen
Hinw.: Einsatz von einem der folgenden Therapiebereiche: Physiotherapie/Krankengymnastik, Physikalische Therapie, Ergotherapie mit mindestens 5 Therapieeinheiten (jeweils von mindestens 30 Minuten) pro Woche

8-561.2 Kombinierte funktionsorientierte physikalische Therapie
Hinw.: Behandlung unter fachärztlicher Leitung
Einsatz von zwei Therapiebereichen: Physiotherapie/Krankengymnastik, Physikalische Therapie und Ergotherapie mit mindestens 10 Therapieeinheiten (jeweils von mindestens 30 Minuten) pro Woche über mindestens 10 Behandlungstage

8-563 Physikalisch-medizinische Komplexbehandlung
Exkl.: Geriatrische frührehabilitative Komplexbehandlung (8-550 ff.)
Neurologisch-neurochirurgische Frührehabilitation (8-552 ff.)
Fachübergreifende und andere Frührehabilitation (8-559 ff.)
Hinw.: Mindestmerkmale:
- Behandlung unter fachärztlicher Leitung (Facharzt für physikalische und rehabilitative Medizin oder mindestens 5 Jahre Tätigkeit in der physikalischen und rehabilitativen Medizin)
- Standardisierte Befunderhebung zur Beurteilung der Körperfunktionen und -strukturen und Aktivität unter therapeutischer bzw. sekundärpräventiver Zielstellung
- Wöchentliche Teambesprechung mit wochenbezogener Dokumentation bisheriger Behandlungsergebnisse und weiterer Behandlungsziele
- Einsatz von durchschnittlich 15 Therapieeinheiten (jeweils von mindestens 30 Minuten) pro Woche aus folgenden Therapiebereichen: Physiotherapie/Krankengymnastik, Physikalische Therapie, Ergotherapie, Dysphagietherapie, Logopädie, künstlerische Therapie (Kunst- und Musiktherapie), psychologische Verfahren und Psychotherapie, Schmerztherapie patientenbezogen in unterschiedlichen Kombinationen und unterschiedlichem Zeitaufwand

8-563.0 Bis zu 6 Behandlungstage

8-563.1 Mindestens 7 bis höchstens 13 Behandlungstage

8-563.2 Mindestens 14 Behandlungstage

Kapitel 8: Nichtoperative therapeutische Maßnahmen

8-60 Hyperthermie und Hypothermie

8-600 Lokoregionale Hyperthermie im Rahmen einer onkologischen Therapie
Hinw.: Eine simultan durchgeführte zytostatische Chemotherapie ist gesondert zu kodieren (8-54)
Eine computergestützte Planung ist gesondert zu kodieren (8-604)

8-600.0 Lokale (oberflächliche) Hyperthermie

8-600.1 Tiefenhyperthermie

8-601 Teilkörperhyperthermie im Rahmen einer onkologischen Therapie
Hinw.: Erwärmung einer Körperregion (z.B. Bauchraum, Becken) mit adäquat großem Ringapplikator unter MR-Monitoring
Das MR-Monitoring ist im Kode enthalten
Eine simultan durchgeführte zytostatische Chemotherapie ist gesondert zu kodieren (8-54)
Eine computergestützte Planung ist gesondert zu kodieren (8-604)

8-602 Ganzkörperhyperthermie im Rahmen einer onkologischen Therapie
Hinw.: Die Anwendung der Herz-Lungen-Maschine ist gesondert zu kodieren (8-851)
Eine simultan durchgeführte zytostatische Chemotherapie ist gesondert zu kodieren (8-54)
Eine computergestützte Planung ist gesondert zu kodieren (8-604)

8-603 Interstitielle und intrakavitäre Hyperthermie im Rahmen einer onkologischen Therapie
Hinw.: Eine Thermoablation ist im Kapitel 5 Operationen unter dem jeweiligen Verfahren, z.B. Destruktion von erkranktem Gewebe, zu kodieren
Eine simultan durchgeführte zytostatische Chemotherapie ist gesondert zu kodieren (8-54)
Eine computergestützte Planung ist gesondert zu kodieren (8-604)

8-604 Computergestützte Planung einer Hyperthermie
Inkl.: Erstellung eines patientenspezifischen Modells aus CT- oder MR-Daten

8-607 Hypothermiebehandlung
Inkl.: Hypothermiebehandlung z.B. bei zerebraler Ischämie, bei Zustand nach Herzstillstand oder Schädel-Hirn-Trauma
Hinw.: Wenn die Anwendung der Herz-Lungen-Maschine mit den Kodes 8-851.1 bis 8-851.5 verschlüsselt wird, ist die Hypothermiebehandlung nicht gesondert zu kodieren

8-607.0 Invasive Kühlung durch Anwendung eines speziellen Kühlkatheters
Hinw.: Die Kühlung und Wiedererwärmung müssen kontrolliert und steuerbar erfolgen

8-607.1 Nicht invasive Kühlung durch Anwendung eines Speziallagerungssystems
Hinw.: Die Kühlung und Wiedererwärmung müssen kontrolliert und steuerbar erfolgen

8-607.2 Nasopharyngeale Kühlung

8-607.3 Nicht invasive Kühlung durch Anwendung eines über Biofeedback kontrollier- und steuerbaren Kühlpad- oder Kühlelementesystems
Hinw.: Es muss eine Messung der Körperkerntemperatur über eine Sonde erfolgen
Die Kühlpads müssen adhäsiv sein
Ein Kühlelementesystem besteht aus Matten, Decken, Westen und/oder Hauben

8-607.4 Nicht invasive Kühlung durch Anwendung eines sonstigen Kühlpad- oder Kühlelementesystems
Hinw.: Es muss eine Messung der Körperkerntemperatur über eine Sonde erfolgen
Die Kühlpads müssen adhäsiv sein
Ein Kühlelementesystem besteht aus Matten, Decken, Westen und/oder Hauben

8-607.x Sonstige

Elektrostimulation, Elektrotherapie und Dauer der Behandlung durch fokussierten Ultraschall (8-63...8-66)

8-63 Elektrostimulation des Nervensystems

8-630 Elektrokonvulsionstherapie [EKT]

8-630.2 Grundleistung
Hinw.: Zur Grundleistung gehören die fachärztliche Indikationsstellung, die Aufklärung und die Durchführung der ersten Elektrokonvulsionstherapie-Sitzung. Diese ist nicht gesondert zu kodieren
Die Durchführung erfolgt unter Muskelrelaxation in Narkose
Dieser Kode ist nur einmal pro stationären Aufenthalt anzugeben

8-630.3 Therapiesitzung
Inkl.: Erhaltungs-EKT
Hinw.: Dieser Kode ist unabhängig von der Gesamtzahl der Stimulationen einmal pro Therapiesitzung anzugeben
Die Durchführung erfolgt unter Muskelrelaxation in Narkose

8-630.y N.n.bez.

8-631 Neurostimulation
Hinw.: Die Ersteinstellung nach Implantation ist im Kode für die Implantation enthalten
Ein Kode aus diesem Bereich ist jeweils nur einmal pro stationären Aufenthalt anzugeben

8-631.0 Nachprogrammierung eines implantierten Neurostimulators zur Hirnstimulation
Inkl.: Mehrtägige stationäre Stimulator- und Medikamentenanpassung
Exkl.: Bildgebung (Kap. 3)
Hinw.: Dieser Kode darf nur verwendet werden, wenn die folgenden Qualitätsstandards erfüllt werden:
• Quantitative Testung durch pharmakologische Stimulation mit klinischer Skalierung (ggf. mehrfach), neurologischer und neurophysiologischer Testung und Medikamentenanpassung
• Spezialisierte Physiotherapie, ggf. neuropsychologischer und logopädischer Behandlung

8-631.1 Nachprogrammierung eines implantierten Neurostimulators zur Rückenmarkstimulation
.10 Ohne pharmakologische Anpassung
.11 Mit pharmakologischer Anpassung

8-631.2 Nachprogrammierung eines implantierten Neurostimulators zur peripheren Nervenstimulation
.20 Ohne pharmakologische Anpassung
.21 Mit pharmakologischer Anpassung

8-631.3 Ersteinstellung eines Systems zur Hypoglossusnerv-Stimulation

8-631.4 Ersteinstellung eines Systems zur Phrenikusnerv-Stimulation

8-631.5 Anlegen oder Wechsel eines extrakorporalen Neurostimulators
Inkl.: Ersteinstellung
Anlegen eines teilimplantierbaren Neurostimulators
Hinw.: Bei extrakorporalen (teilimplantierbaren) Systemen wird nur die Neurostimulationselektrode implantiert. Impulsgenerator und Energieversorgung sind extrakorporal
Die Implantation oder der Wechsel der Neurostimulationselektrode zur epiduralen Stimulation mit einem extrakorporalen Neurostimulator sind gesondert zu kodieren (5-039.39)
Die Implantation oder der Wechsel der Neurostimulationselektrode zur Stimulation des peripheren Nervensystems mit einem extrakorporalen Neurostimulator sind gesondert zu kodieren (5-059.88)

8-631.x Sonstige
8-631.y N.n.bez.

Kapitel 8: Nichtoperative therapeutische Maßnahmen

8-632 Repetitive transkranielle Magnetstimulation [rTMS]

8-632.0 Grundleistung
Hinw.: Zur Grundleistung gehören die fachärztliche Indikationsstellung, die Aufklärung, die Planung und die Durchführung der ersten Therapiesitzung mit repetitiver transkranieller Magnetstimulation. Diese ist nicht gesondert zu kodieren
Dieser Kode ist nur einmal pro stationären Aufenthalt anzugeben

8-632.1 Therapiesitzung
Inkl.: Erhaltungs-rTMS
Hinw.: Dieser Kode ist unabhängig von der Gesamtzahl der Stimulationen einmal pro Therapiesitzung anzugeben

8-632.y N.n.bez.

8-633 Pharyngeale elektrische Stimulation [PES]
Hinw.: Die Anlage der Stimulationssonde ist im Kode enthalten
Dieser Kode ist nur einmal pro stationären Aufenthalt anzugeben

8-64 Elektrische Konversion des Herzrhythmus
Hinw.: Ein Kode aus diesem Bereich ist jeweils nur einmal pro stationären Aufenthalt anzugeben

8-640 Externe elektrische Defibrillation (Kardioversion) des Herzrhythmus

8-640.0 Synchronisiert (Kardioversion)
8-640.1 Desynchronisiert (Defibrillation)
8-640.x Sonstige
8-640.y N.n.bez.

8-641 Temporäre externe elektrische Stimulation des Herzrhythmus
Inkl.: Implantation, Justieren, Repositionierung, Manipulation und Entfernung von temporären Schrittmacherelektroden

8-642 Temporäre interne elektrische Stimulation des Herzrhythmus
Inkl.: Implantation, Justieren, Repositionierung, Manipulation und Entfernung von temporären Schrittmacherelektroden, Überstimulation

8-643 Elektrische Stimulation des Herzrhythmus, intraoperativ
Hinw.: Dieser Kode ist nur bei Operationen zu verwenden, bei denen die elektrische Stimulation des Herzens üblicherweise nicht durchgeführt wird

8-65 Elektrotherapie

8-650 Elektrotherapie
Inkl.: Galvanisation, Impulsströme, Ultraschalltherapie, Hochfrequenztherapie, muskuläre Gegenpulsation
Hinw.: Dieser Kode ist nur einmal pro stationären Aufenthalt anzugeben

8-651 Thermotherapie mit magnetischen Nanopartikeln
Hinw.: Dieser Kode ist für jede Anwendung einzeln anzugeben
Die Instillation der magnetischen Nanopartikel ist gesondert zu kodieren (Kap. 5)
Eine durchgeführte Radio- oder Chemotherapie ist gesondert zu kodieren (8-52, 8-54)

8-66 Dauer der Behandlung durch fokussierten Ultraschall
Hinw.: Ein Kode aus diesem Bereich ist jeweils nur einmal pro stationären Aufenthalt anzugeben

8-660 Dauer der Behandlung durch Magnetresonanz-gesteuerten fokussierten Ultraschall [MRgFUS]
Hinw.: Diese Kodes sind Zusatzkodes. Die Destruktion an der jeweiligen Lokalisation ist gesondert zu kodieren (Kap. 5)

8-660.0 Bis unter 1 Stunde
8-660.1 1 bis unter 2 Stunden
8-660.2 2 bis unter 3 Stunden
8-660.3 3 bis unter 4 Stunden
8-660.4 4 bis unter 5 Stunden
8-660.5 5 oder mehr Stunden

Kapitel 8: Nichtoperative therapeutische Maßnahmen

Maßnahmen für das Atmungssystem
(8-70...8-72)

8-70 Zugang bei maschineller Beatmung und Maßnahmen zum Offenhalten der Atemwege
Exkl.: Temporäre Tracheostomie (5-311)
Hinw.: Die Intubation im Rahmen einer Operation ist nicht zu kodieren

8-700 **Offenhalten der oberen Atemwege**
Hinw.: Ein Kode aus diesem Bereich ist jeweils nur einmal pro stationären Aufenthalt anzugeben

8-700.0 Durch oropharyngealen Tubus
8-700.1 Durch nasopharyngealen Tubus
8-700.x Sonstige
8-700.y N.n.bez.

8-701 **Einfache endotracheale Intubation**
Inkl.: Notfallintubation
Intubationswechsel

8-704 **Intubation mit Doppellumentubus**

8-706 **Anlegen einer Maske zur maschinellen Beatmung**
Inkl.: Anpassen einer Gesichtsmaske oder Nasenmaske

8-71 Maschinelle Beatmung und Atemunterstützung über Maske oder Tubus
Hinw.: Ein Kode aus diesem Bereich ist jeweils nur einmal pro stationären Aufenthalt anzugeben

8-711 **Maschinelle Beatmung und Atemunterstützung bei Neugeborenen und Säuglingen**
Hinw.: Bei Anwendung mehrerer Beatmungsformen ist immer die aufwendigste anzugeben

8-711.0 Atemunterstützung mit kontinuierlichem positiven Atemwegsdruck [CPAP]
.00 Bei Neugeborenen (0. bis 28. Lebenstag)
Hinw.: Bei einer Atemunterstützung unmittelbar nach der Geburt ist dieser Kode nur dann anzugeben, wenn die Atemunterstützung mindestens 30 Minuten lang durchgeführt wurde
.01 Bei Säuglingen (29. bis 365. Lebenstag)

8-711.1 Kontrollierte Beatmung bei Neugeborenen
Inkl.: Intermittierende Überdruckbeatmung (IPPV)
Kontinuierliche Überdruckbeatmung (CPPV)
Hochfrequenzbeatmung (HFV)
Hochfrequenz-Oszillationsbeatmung (HFOV)
Hochfrequenz-Jetbeatmung (HFJV)

8-711.2 Assistierte Beatmung bei Neugeborenen
Inkl.: Synchronisierte intermittierende Überdruckbeatmung (S-IPPV)
Synchronisierte kontinuierliche Überdruckbeatmung (S-CPPV)
Intermittierende maschinelle Beatmung (IMV)

8-711.3 Beatmung mit Negativdrucksystem (CNP) ("Eiserne Lunge") bei Neugeborenen
8-711.4 Atemunterstützung durch Anwendung von High-Flow-Nasenkanülen [HFNC-System]
8-711.x Sonstige
8-711.y N.n.bez.

8-712 **Maschinelle Beatmung und Atemunterstützung bei Kindern und Jugendlichen**
Hinw.: Ein Kode aus diesem Bereich ist nur für Patienten ab dem Beginn des 2. Lebensjahres bis zur Vollendung des 18. Lebensjahres anzugeben

8-712.0 Atemunterstützung mit kontinuierlichem positiven Atemwegsdruck [CPAP]
Hinw.: Dieser Kode ist nur bei intensivmedizinisch versorgten Patienten anzugeben

8-712.1 Atemunterstützung durch Anwendung von High-Flow-Nasenkanülen [HFNC-System]

8-713 **Maschinelle Beatmung und Atemunterstützung bei Erwachsenen**
8-713.0 Atemunterstützung durch Anwendung von High-Flow-Nasenkanülen [HFNC-System]

Kapitel 8: Nichtoperative therapeutische Maßnahmen

8-714 Spezialverfahren zur maschinellen Beatmung bei schwerem Atemversagen

8-714.0 Inhalative Stickstoffmonoxid-Therapie
- .00 Dauer der Behandlung bis unter 48 Stunden
- .01 Dauer der Behandlung 48 bis unter 96 Stunden
- .02 Dauer der Behandlung 96 oder mehr Stunden

8-714.1 Oszillationsbeatmung

8-714.x Sonstige

8-714.y N.n.bez.

8-716 Einstellung einer häuslichen maschinellen Beatmung
Inkl.: Beatmung über Maske oder Tracheostoma
Einleitung einer nasalen Ventilationstherapie bei Cheyne-Stokes-Atmung im Rahmen einer Herzinsuffizienz

8-716.0 Ersteinstellung
- .00 Nicht invasive häusliche Beatmung
- .01 Invasive häusliche Beatmung nach erfolgloser Beatmungsentwöhnung
- .02 Invasive häusliche Beatmung als elektive Maßnahme oder ohne Beatmungsentwöhnungsversuch

8-716.1 Kontrolle oder Optimierung einer früher eingeleiteten häuslichen Beatmung
- .10 Nicht invasive häusliche Beatmung
- .11 Invasive häusliche Beatmung

8-716.2 Beendigung einer früher eingeleiteten häuslichen Beatmung
- .20 Nicht invasive häusliche Beatmung
- .21 Invasive häusliche Beatmung

8-717 Einstellung einer nasalen oder oronasalen Überdrucktherapie bei schlafbezogenen Atemstörungen
Inkl.: CPAP-Therapie, Bi-Level-Therapie, Auto-CPAP-Therapie
Hinw.: Eine diagnostische Polysomnographie ist gesondert zu kodieren (1-790)

8-717.0 Ersteinstellung

8-717.1 Kontrolle oder Optimierung einer früher eingeleiteten nasalen oder oronasalen Überdrucktherapie

8-719 Zusatzinformationen zur maschinellen Beatmung

8-719.0 Anwendung der neural regulierten Beatmungsunterstützung [NAVA – Neurally Adjusted Ventilatory Assist]
Inkl.: Einlage einer gastralen Spezialsonde

8-72 Sauerstoffzufuhr

8-720 Sauerstoffzufuhr bei Neugeborenen
Hinw.: Dieser Kode ist nur einmal pro stationären Aufenthalt anzugeben
Er ist nur anzugeben, wenn die Sauerstofftherapie mehr als vier Stunden lang durchgeführt wurde

8-721 Hyperbare Oxygenation [HBO]
Hinw.: Der Kode ist für jede einzelne Behandlung anzugeben

8-721.0 Behandlungsdauer bis unter 145 Minuten ohne Intensivüberwachung

8-721.1 Behandlungsdauer bis unter 145 Minuten mit Intensivüberwachung

8-721.2 Behandlungsdauer von 145-280 Minuten mit Intensivüberwachung

8-721.3 Behandlungsdauer über 280 Minuten mit Intensivüberwachung

8-721.4 Behandlungsdauer von 145-280 Minuten ohne Intensivüberwachung

8-721.x Sonstige

8-721.y N.n.bez.

Maßnahmen im Rahmen der Reanimation (8-77...8-77)

8-77 **Maßnahmen im Rahmen der Reanimation**

8-771 Kardiale oder kardiopulmonale Reanimation
Inkl.: Maßnahmen für die Atmung

8-772 Operative Reanimation

8-779 Andere Reanimationsmaßnahmen

Maßnahmen für den Blutkreislauf (8-80...8-85)

8-80 **Transfusion von Blutzellen**
Exkl.: Intrauterine Transfusion (5-754.0)

8-800 Transfusion von Vollblut, Erythrozytenkonzentrat und Thrombozytenkonzentrat
Inkl.: Bedside-Test
Hinw.: Für Einzeltransfusionen gleichen Typs ist nur ein Kode pro stationären Aufenthalt anzugeben
Die Eigenblutspende ist gesondert zu kodieren (8-803.0)

8-800.0 Vollblut, 1-5 TE

8-800.1 Vollblut, mehr als 5 TE
Inkl.: Massentransfusion

8-800.6 Patientenbezogene Thrombozytenkonzentrate
Hinw.: Mit einem Kode aus diesem Bereich sind spezifisch hergestellte Thrombozytenkonzentrate für Patienten mit Verdacht auf bzw. Nachweis von thrombozytenspezifischen oder HLA-Antikörpern zu kodieren

.60 1 patientenbezogenes Thrombozytenkonzentrat
.61 2 patientenbezogene Thrombozytenkonzentrate
.62 3 bis unter 5 patientenbezogene Thrombozytenkonzentrate
.63 5 bis unter 7 patientenbezogene Thrombozytenkonzentrate
.64 7 bis unter 9 patientenbezogene Thrombozytenkonzentrate
.65 9 bis unter 11 patientenbezogene Thrombozytenkonzentrate
.66 11 bis unter 13 patientenbezogene Thrombozytenkonzentrate
.67 13 bis unter 15 patientenbezogene Thrombozytenkonzentrate
.68 15 bis unter 17 patientenbezogene Thrombozytenkonzentrate
.69 17 bis unter 19 patientenbezogene Thrombozytenkonzentrate
.6a 19 bis unter 23 patientenbezogene Thrombozytenkonzentrate
.6b 23 bis unter 27 patientenbezogene Thrombozytenkonzentrate
.6c 27 bis unter 31 patientenbezogene Thrombozytenkonzentrate
.6d 31 bis unter 35 patientenbezogene Thrombozytenkonzentrate
.6e 35 bis unter 39 patientenbezogene Thrombozytenkonzentrate
.6g 39 bis unter 43 patientenbezogene Thrombozytenkonzentrate
.6h 43 bis unter 47 patientenbezogene Thrombozytenkonzentrate
.6j 47 bis unter 51 patientenbezogene Thrombozytenkonzentrate
.6k 51 bis unter 55 patientenbezogene Thrombozytenkonzentrate
.6m 55 bis unter 59 patientenbezogene Thrombozytenkonzentrate
.6n 59 bis unter 63 patientenbezogene Thrombozytenkonzentrate
.6p 63 bis unter 67 patientenbezogene Thrombozytenkonzentrate
.6q 67 bis unter 71 patientenbezogene Thrombozytenkonzentrate
.6s 71 bis unter 79 patientenbezogene Thrombozytenkonzentrate
.6t 79 bis unter 87 patientenbezogene Thrombozytenkonzentrate
.6u 87 bis unter 95 patientenbezogene Thrombozytenkonzentrate
.6v 95 bis unter 103 patientenbezogene Thrombozytenkonzentrate

Kapitel 8: Nichtoperative therapeutische Maßnahmen

	.6w	103 bis unter 111 patientenbezogene Thrombozytenkonzentrate
	.6z	111 oder mehr patientenbezogene Thrombozytenkonzentrate
8-800.c		Erythrozytenkonzentrat
	.c0	1 TE bis unter 6 TE
	.c1	6 TE bis unter 11 TE
	.c2	11 TE bis unter 16 TE
	.c3	16 TE bis unter 24 TE
	.c4	24 TE bis unter 32 TE
	.c5	32 TE bis unter 40 TE
	.c6	40 TE bis unter 48 TE
	.c7	48 TE bis unter 56 TE
	.c8	56 TE bis unter 64 TE
	.c9	64 TE bis unter 72 TE
	.ca	72 TE bis unter 80 TE
	.cb	80 TE bis unter 88 TE
	.cc	88 TE bis unter 104 TE
	.cd	104 TE bis unter 120 TE
	.ce	120 TE bis unter 136 TE
	.cf	136 TE bis unter 152 TE
	.cg	152 TE bis unter 168 TE
	.ch	168 TE bis unter 184 TE
	.cj	184 TE bis unter 200 TE
	.ck	200 TE bis unter 216 TE
	.cm	216 TE bis unter 232 TE
	.cn	232 TE bis unter 248 TE
	.cp	248 TE bis unter 264 TE
	.cq	264 TE bis unter 280 TE
	.cr	280 TE oder mehr
8-800.d		Pathogeninaktiviertes Apherese-Thrombozytenkonzentrat
	.d0	1 pathogeninaktiviertes Apherese-Thrombozytenkonzentrat
	.d1	2 pathogeninaktivierte Apherese-Thrombozytenkonzentrate
	.d2	3 pathogeninaktivierte Apherese-Thrombozytenkonzentrate
	.d3	4 pathogeninaktivierte Apherese-Thrombozytenkonzentrate
	.d4	5 pathogeninaktivierte Apherese-Thrombozytenkonzentrate
	.d5	6 bis unter 8 pathogeninaktivierte Apherese-Thrombozytenkonzentrate
	.d6	8 bis unter 10 pathogeninaktivierte Apherese-Thrombozytenkonzentrate
	.d7	10 bis unter 12 pathogeninaktivierte Apherese-Thrombozytenkonzentrate
	.d8	12 bis unter 14 pathogeninaktivierte Apherese-Thrombozytenkonzentrate
	.d9	14 bis unter 16 pathogeninaktivierte Apherese-Thrombozytenkonzentrate
	.da	16 bis unter 18 pathogeninaktivierte Apherese-Thrombozytenkonzentrate
	.db	18 bis unter 20 pathogeninaktivierte Apherese-Thrombozytenkonzentrate
	.dc	20 bis unter 24 pathogeninaktivierte Apherese-Thrombozytenkonzentrate
	.dd	24 bis unter 28 pathogeninaktivierte Apherese-Thrombozytenkonzentrate
	.de	28 bis unter 32 pathogeninaktivierte Apherese-Thrombozytenkonzentrate
	.df	32 bis unter 36 pathogeninaktivierte Apherese-Thrombozytenkonzentrate
	.dg	36 bis unter 40 pathogeninaktivierte Apherese-Thrombozytenkonzentrate
	.dh	40 bis unter 46 pathogeninaktivierte Apherese-Thrombozytenkonzentrate
	.dj	46 bis unter 52 pathogeninaktivierte Apherese-Thrombozytenkonzentrate
	.dk	52 bis unter 58 pathogeninaktivierte Apherese-Thrombozytenkonzentrate
	.dm	58 bis unter 64 pathogeninaktivierte Apherese-Thrombozytenkonzentrate
	.dn	64 bis unter 70 pathogeninaktivierte Apherese-Thrombozytenkonzentrate
	.dp	70 bis unter 78 pathogeninaktivierte Apherese-Thrombozytenkonzentrate
	.dq	78 bis unter 86 pathogeninaktivierte Apherese-Thrombozytenkonzentrate
	.dr	86 bis unter 94 pathogeninaktivierte Apherese-Thrombozytenkonzentrate
	.ds	94 bis unter 102 pathogeninaktivierte Apherese-Thrombozytenkonzentrate
	.dt	102 bis unter 110 pathogeninaktivierte Apherese-Thrombozytenkonzentrate
	.du	110 bis unter 118 pathogeninaktivierte Apherese-Thrombozytenkonzentrate

Kapitel 8: Nichtoperative therapeutische Maßnahmen

       .dv   118 bis unter 126 pathogeninaktivierte Apherese-Thrombozytenkonzentrate
       .dz   126 bis unter 134 pathogeninaktivierte Apherese-Thrombozytenkonzentrate
       Hinw.: Bei Transfusion von 134 oder mehr pathogeninaktivierten Apherese-Thrombozytenkonzentraten ist ein Kode aus dem Bereich 8-800.j ff. zu verwenden

8-800.f   Apherese-Thrombozytenkonzentrat
    .f0   1 Apherese-Thrombozytenkonzentrat
    .f1   2 Apherese-Thrombozytenkonzentrate
    .f2   3 Apherese-Thrombozytenkonzentrate
    .f3   4 Apherese-Thrombozytenkonzentrate
    .f4   5 Apherese-Thrombozytenkonzentrate
    .f5   6 bis unter 8 Apherese-Thrombozytenkonzentrate
    .f6   8 bis unter 10 Apherese-Thrombozytenkonzentrate
    .f7   10 bis unter 12 Apherese-Thrombozytenkonzentrate
    .f8   12 bis unter 14 Apherese-Thrombozytenkonzentrate
    .f9   14 bis unter 16 Apherese-Thrombozytenkonzentrate
    .fa   16 bis unter 18 Apherese-Thrombozytenkonzentrate
    .fb   18 bis unter 20 Apherese-Thrombozytenkonzentrate
    .fc   20 bis unter 24 Apherese-Thrombozytenkonzentrate
    .fd   24 bis unter 28 Apherese-Thrombozytenkonzentrate
    .fe   28 bis unter 32 Apherese-Thrombozytenkonzentrate
    .ff   32 bis unter 36 Apherese-Thrombozytenkonzentrate
    .fg   36 bis unter 40 Apherese-Thrombozytenkonzentrate
    .fh   40 bis unter 46 Apherese-Thrombozytenkonzentrate
    .fj   46 bis unter 52 Apherese-Thrombozytenkonzentrate
    .fk   52 bis unter 58 Apherese-Thrombozytenkonzentrate
    .fm   58 bis unter 64 Apherese-Thrombozytenkonzentrate
    .fn   64 bis unter 70 Apherese-Thrombozytenkonzentrate
    .fp   70 bis unter 78 Apherese-Thrombozytenkonzentrate
    .fq   78 bis unter 86 Apherese-Thrombozytenkonzentrate
    .fr   86 bis unter 94 Apherese-Thrombozytenkonzentrate
    .fs   94 bis unter 102 Apherese-Thrombozytenkonzentrate
    .ft   102 bis unter 110 Apherese-Thrombozytenkonzentrate
    .fu   110 bis unter 118 Apherese-Thrombozytenkonzentrate
    .fv   118 bis unter 126 Apherese-Thrombozytenkonzentrate
    .fz   126 bis unter 134 Apherese-Thrombozytenkonzentrate
    Hinw.: Bei Transfusion von 134 oder mehr Apherese-Thrombozytenkonzentraten ist ein Kode aus dem Bereich 8-800.k ff. zu verwenden

8-800.g   Thrombozytenkonzentrat
    Hinw.: Der in den "Richtlinien zur Gewinnung von Blut und Blutbestandteilen und zur Anwendung von Blutprodukten (Hämotherapie) gemäß §§ 12 und 18 des Transfusionsgesetzes (TFG) (Novelle 2005)" festgelegte Mindestgehalt von 2×10^{11} Thrombozyten/Einheit ist zu beachten
    .g0   1 Thrombozytenkonzentrat
    .g1   2 Thrombozytenkonzentrate
    .g2   3 Thrombozytenkonzentrate
    .g3   4 Thrombozytenkonzentrate
    .g4   5 Thrombozytenkonzentrate
    .g5   6 bis unter 8 Thrombozytenkonzentrate
    .g6   8 bis unter 10 Thrombozytenkonzentrate
    .g7   10 bis unter 12 Thrombozytenkonzentrate
    .g8   12 bis unter 14 Thrombozytenkonzentrate
    .g9   14 bis unter 16 Thrombozytenkonzentrate
    .ga   16 bis unter 18 Thrombozytenkonzentrate
    .gb   18 bis unter 20 Thrombozytenkonzentrate
    .gc   20 bis unter 24 Thrombozytenkonzentrate
    .gd   24 bis unter 28 Thrombozytenkonzentrate
    .ge   28 bis unter 32 Thrombozytenkonzentrate
    .gf   32 bis unter 36 Thrombozytenkonzentrate
    .gg   36 bis unter 40 Thrombozytenkonzentrate

	.gh	40 bis unter 46 Thrombozytenkonzentrate
	.gj	46 bis unter 52 Thrombozytenkonzentrate
	.gk	52 bis unter 58 Thrombozytenkonzentrate
	.gm	58 bis unter 64 Thrombozytenkonzentrate
	.gn	64 bis unter 70 Thrombozytenkonzentrate
	.gp	70 bis unter 78 Thrombozytenkonzentrate
	.gq	78 bis unter 86 Thrombozytenkonzentrate
	.gr	86 bis unter 94 Thrombozytenkonzentrate
	.gs	94 bis unter 102 Thrombozytenkonzentrate
	.gt	102 bis unter 110 Thrombozytenkonzentrate
	.gu	110 bis unter 118 Thrombozytenkonzentrate
	.gv	118 bis unter 126 Thrombozytenkonzentrate
	.gz	126 bis unter 134 Thrombozytenkonzentrate

Hinw.: Bei Transfusion von 134 oder mehr Thrombozytenkonzentraten ist ein Kode aus dem Bereich 8-800.m ff. zu verwenden

8-800.h Pathogeninaktiviertes Thrombozytenkonzentrat

Hinw.: Der in den "Richtlinien zur Gewinnung von Blut und Blutbestandteilen und zur Anwendung von Blutprodukten (Hämotherapie) gemäß §§ 12 und 18 des Transfusionsgesetzes (TFG) (Novelle 2005)" festgelegte Mindestgehalt von 2×10^{11} Thrombozyten/Einheit ist zu beachten

.h0	1 pathogeninaktiviertes Thrombozytenkonzentrat
.h1	2 pathogeninaktivierte Thrombozytenkonzentrate
.h2	3 pathogeninaktivierte Thrombozytenkonzentrate
.h3	4 pathogeninaktivierte Thrombozytenkonzentrate
.h4	5 pathogeninaktivierte Thrombozytenkonzentrate
.h5	6 bis unter 8 pathogeninaktivierte Thrombozytenkonzentrate
.h6	8 bis unter 10 pathogeninaktivierte Thrombozytenkonzentrate
.h7	10 bis unter 12 pathogeninaktivierte Thrombozytenkonzentrate
.h8	12 bis unter 14 pathogeninaktivierte Thrombozytenkonzentrate
.h9	14 bis unter 16 pathogeninaktivierte Thrombozytenkonzentrate
.ha	16 bis unter 18 pathogeninaktivierte Thrombozytenkonzentrate
.hb	18 bis unter 20 pathogeninaktivierte Thrombozytenkonzentrate
.hc	20 bis unter 24 pathogeninaktivierte Thrombozytenkonzentrate
.hd	24 bis unter 28 pathogeninaktivierte Thrombozytenkonzentrate
.he	28 bis unter 32 pathogeninaktivierte Thrombozytenkonzentrate
.hf	32 bis unter 36 pathogeninaktivierte Thrombozytenkonzentrate
.hg	36 bis unter 40 pathogeninaktivierte Thrombozytenkonzentrate
.hh	40 bis unter 46 pathogeninaktivierte Thrombozytenkonzentrate
.hj	46 bis unter 52 pathogeninaktivierte Thrombozytenkonzentrate
.hk	52 bis unter 58 pathogeninaktivierte Thrombozytenkonzentrate
.hm	58 bis unter 64 pathogeninaktivierte Thrombozytenkonzentrate
.hn	64 bis unter 70 pathogeninaktivierte Thrombozytenkonzentrate
.hp	70 bis unter 78 pathogeninaktivierte Thrombozytenkonzentrate
.hq	78 bis unter 86 pathogeninaktivierte Thrombozytenkonzentrate
.hr	86 bis unter 94 pathogeninaktivierte Thrombozytenkonzentrate
.hs	94 bis unter 102 pathogeninaktivierte Thrombozytenkonzentrate
.ht	102 bis unter 110 pathogeninaktivierte Thrombozytenkonzentrate
.hu	110 bis unter 118 pathogeninaktivierte Thrombozytenkonzentrate
.hv	118 bis unter 126 pathogeninaktivierte Thrombozytenkonzentrate
.hz	126 bis unter 134 pathogeninaktivierte Thrombozytenkonzentrate

Hinw.: Bei Transfusion von 134 oder mehr pathogeninaktivierten Thrombozytenkonzentraten ist ein Kode aus dem Bereich 8-800.n ff. zu verwenden

8-800.j Weitere pathogeninaktivierte Apherese-Thrombozytenkonzentrate

.j0	134 bis unter 146 pathogeninaktivierte Apherese-Thrombozytenkonzentrate
.j1	146 bis unter 158 pathogeninaktivierte Apherese-Thrombozytenkonzentrate
.j2	158 bis unter 170 pathogeninaktivierte Apherese-Thrombozytenkonzentrate
.j3	170 bis unter 182 pathogeninaktivierte Apherese-Thrombozytenkonzentrate
.j4	182 bis unter 194 pathogeninaktivierte Apherese-Thrombozytenkonzentrate
.j5	194 bis unter 210 pathogeninaktivierte Apherese-Thrombozytenkonzentrate

Kapitel 8: Nichtoperative therapeutische Maßnahmen

    .j6 210 bis unter 226 pathogeninaktivierte Apherese-Thrombozytenkonzentrate
    .j7 226 bis unter 242 pathogeninaktivierte Apherese-Thrombozytenkonzentrate
    .j8 242 bis unter 258 pathogeninaktivierte Apherese-Thrombozytenkonzentrate
    .j9 258 bis unter 274 pathogeninaktivierte Apherese-Thrombozytenkonzentrate
    .ja 274 bis unter 294 pathogeninaktivierte Apherese-Thrombozytenkonzentrate
    .jb 294 bis unter 314 pathogeninaktivierte Apherese-Thrombozytenkonzentrate
    .jc 314 bis unter 334 pathogeninaktivierte Apherese-Thrombozytenkonzentrate
    .jd 334 bis unter 354 pathogeninaktivierte Apherese-Thrombozytenkonzentrate
    .je 354 bis unter 374 pathogeninaktivierte Apherese-Thrombozytenkonzentrate
    .jf 374 oder mehr pathogeninaktivierte Apherese-Thrombozytenkonzentrate

8-800.k Weitere Apherese-Thrombozytenkonzentrate
    .k0 134 bis unter 146 Apherese-Thrombozytenkonzentrate
    .k1 146 bis unter 158 Apherese-Thrombozytenkonzentrate
    .k2 158 bis unter 170 Apherese-Thrombozytenkonzentrate
    .k3 170 bis unter 182 Apherese-Thrombozytenkonzentrate
    .k4 182 bis unter 194 Apherese-Thrombozytenkonzentrate
    .k5 194 bis unter 210 Apherese-Thrombozytenkonzentrate
    .k6 210 bis unter 226 Apherese-Thrombozytenkonzentrate
    .k7 226 bis unter 242 Apherese-Thrombozytenkonzentrate
    .k8 242 bis unter 258 Apherese-Thrombozytenkonzentrate
    .k9 258 bis unter 274 Apherese-Thrombozytenkonzentrate
    .ka 274 bis unter 294 Apherese-Thrombozytenkonzentrate
    .kb 294 bis unter 314 Apherese-Thrombozytenkonzentrate
    .kc 314 bis unter 334 Apherese-Thrombozytenkonzentrate
    .kd 334 bis unter 354 Apherese-Thrombozytenkonzentrate
    .ke 354 bis unter 374 Apherese-Thrombozytenkonzentrate
    .kf 374 oder mehr Apherese-Thrombozytenkonzentrate

8-800.m Weitere Thrombozytenkonzentrate
   Hinw.: Der in den "Richtlinien zur Gewinnung von Blut und Blutbestandteilen und zur Anwendung von Blutprodukten (Hämotherapie) gemäß §§ 12 und 18 des Transfusionsgesetzes (TFG) (Novelle 2005)" festgelegte Mindestgehalt von 2×10^{11} Thrombozyten/Einheit ist zu beachten
    .m0 134 bis unter 146 Thrombozytenkonzentrate
    .m1 146 bis unter 158 Thrombozytenkonzentrate
    .m2 158 bis unter 170 Thrombozytenkonzentrate
    .m3 170 bis unter 182 Thrombozytenkonzentrate
    .m4 182 bis unter 194 Thrombozytenkonzentrate
    .m5 194 bis unter 210 Thrombozytenkonzentrate
    .m6 210 bis unter 226 Thrombozytenkonzentrate
    .m7 226 bis unter 242 Thrombozytenkonzentrate
    .m8 242 bis unter 258 Thrombozytenkonzentrate
    .m9 258 bis unter 274 Thrombozytenkonzentrate
    .ma 274 bis unter 294 Thrombozytenkonzentrate
    .mb 294 bis unter 314 Thrombozytenkonzentrate
    .mc 314 bis unter 334 Thrombozytenkonzentrate
    .md 334 bis unter 354 Thrombozytenkonzentrate
    .me 354 bis unter 374 Thrombozytenkonzentrate
    .mf 374 oder mehr Thrombozytenkonzentrate

8-800.n Weitere pathogeninaktivierte Thrombozytenkonzentrate
   Hinw.: Der in den "Richtlinien zur Gewinnung von Blut und Blutbestandteilen und zur Anwendung von Blutprodukten (Hämotherapie) gemäß §§ 12 und 18 des Transfusionsgesetzes (TFG) (Novelle 2005)" festgelegte Mindestgehalt von 2×10^{11} Thrombozyten/Einheit ist zu beachten
    .n0 134 bis unter 146 pathogeninaktivierte Thrombozytenkonzentrate
    .n1 146 bis unter 158 pathogeninaktivierte Thrombozytenkonzentrate
    .n2 158 bis unter 170 pathogeninaktivierte Thrombozytenkonzentrate
    .n3 170 bis unter 182 pathogeninaktivierte Thrombozytenkonzentrate
    .n4 182 bis unter 194 pathogeninaktivierte Thrombozytenkonzentrate
    .n5 194 bis unter 210 pathogeninaktivierte Thrombozytenkonzentrate

	.n6	210 bis unter 226 pathogeninaktivierte Thrombozytenkonzentrate
	.n7	226 bis unter 242 pathogeninaktivierte Thrombozytenkonzentrate
	.n8	242 bis unter 258 pathogeninaktivierte Thrombozytenkonzentrate
	.n9	258 bis unter 274 pathogeninaktivierte Thrombozytenkonzentrate
	.na	274 bis unter 294 pathogeninaktivierte Thrombozytenkonzentrate
	.nb	294 bis unter 314 pathogeninaktivierte Thrombozytenkonzentrate
	.nc	314 bis unter 334 pathogeninaktivierte Thrombozytenkonzentrate
	.nd	334 bis unter 354 pathogeninaktivierte Thrombozytenkonzentrate
	.ne	354 bis unter 374 pathogeninaktivierte Thrombozytenkonzentrate
	.nf	374 oder mehr pathogeninaktivierte Thrombozytenkonzentrate

8-800.x Sonstige
8-800.y N.n.bez.

8-801 Austauschtransfusion

8-802 Transfusion von Leukozyten
Hinw.: Für Einzeltransfusionen gleichen Typs ist nur ein Kode pro stationären Aufenthalt anzugeben

8-802.2 Lymphozyten, 1-5 TE
- .20 Ohne In-vitro-Aufbereitung
- .21 Mit virusspezifischer In-vitro-Aufbereitung
- .22 Mit pilzspezifischer In-vitro-Aufbereitung
- .23 Mit tumorspezifischer In-vitro-Aufbereitung
- .2x Mit sonstiger In-vitro-Aufbereitung

8-802.3 Lymphozyten, mehr als 5 TE
- .30 Ohne In-vitro-Aufbereitung
- .31 Mit virusspezifischer In-vitro-Aufbereitung
- .32 Mit pilzspezifischer In-vitro-Aufbereitung
- .33 Mit tumorspezifischer In-vitro-Aufbereitung
- .3x Mit sonstiger In-vitro-Aufbereitung

8-802.4 Lymphozyten vom gleichen Spender nach Transplantation von hämatopoetischen Stammzellen
- .40 Ohne In-vitro-Aufbereitung
- .42 Mit virusspezifischer In-vitro-Aufbereitung
- .43 Mit pilzspezifischer In-vitro-Aufbereitung
- .44 Mit tumorspezifischer In-vitro-Aufbereitung
- .4x Mit sonstiger In-vitro-Aufbereitung

8-802.5 Leukozyten nach Ex-vivo-Kultur
- .50 T-Zellen
- .51 Natural-Killer-Zellen (NK-Zellen)
- .52 Dendritische Zellen
  Exkl.: Lokale Applikation von dendritischen Zellen (8-861.1)
- .5x Sonstige

8-802.6 Granulozyten
- .60 1 Granulozytenkonzentrat
- .61 2 Granulozytenkonzentrate
- .62 3 bis unter 5 Granulozytenkonzentrate
- .63 5 bis unter 7 Granulozytenkonzentrate
- .64 7 bis unter 9 Granulozytenkonzentrate
- .65 9 bis unter 11 Granulozytenkonzentrate
- .66 11 bis unter 13 Granulozytenkonzentrate
- .67 13 bis unter 15 Granulozytenkonzentrate
- .68 15 bis unter 17 Granulozytenkonzentrate
- .69 17 bis unter 19 Granulozytenkonzentrate
- .6a 19 bis unter 21 Granulozytenkonzentrate
- .6b 21 oder mehr Granulozytenkonzentrate

8-802.x Sonstige
8-802.y N.n.bez.

Kapitel 8: Nichtoperative therapeutische Maßnahmen

8-803**Gewinnung und Transfusion von Eigenblut**
Hinw.: Ein Kode aus diesem Bereich ist jeweils nur einmal pro stationären Aufenthalt anzugeben

8-803.0 Eigenblutspende
Inkl.: Retransfusion

8-803.1 Normovolämische Hämodilution im Rahmen einer Operation

8-803.2 Maschinelle Autotransfusion (Cell-Saver) ohne Bestrahlung

8-803.3 Maschinelle Autotransfusion (Cell-Saver) mit Bestrahlung

8-803.x Sonstige

8-803.y N.n.bez.

8-805**Transfusion von peripher gewonnenen hämatopoetischen Stammzellen**
Exkl.: Transplantation von hämatopoetischen Stammzellen aus dem Knochenmark (5-411 ff.)
Autogene Stammzelltherapie (8-860 ff.)
Hinw.: Die In-vitro-Aufbereitung bei Entnahme der Stammzellen ist von der Klinik gesondert zu kodieren, bei der der Aufwand für die In-vitro-Aufbereitung entstanden ist (5-410.2 ff.)
Die Art der In-vitro-Aufbereitung der transplantierten oder transfundierten hämatopoetischen Stammzellen ist gesondert zu kodieren (5-411.7 ff.)

8-805.0 Autogen
.00 Ohne In-vitro-Aufbereitung
.03 Nach In-vitro-Aufbereitung

8-805.2 Allogen, nicht HLA-identisch, verwandter Spender
.24 Nach In-vitro-Aufbereitung bei Differenz in 1 Antigen
.25 Nach In-vitro-Aufbereitung bei Differenz in 2-3 Antigenen (haploident)
.26 Ohne In-vitro-Aufbereitung bei Differenz in 1 Antigen
.27 Ohne In-vitro-Aufbereitung bei Differenz in 2-3 Antigenen (haploident)

8-805.3 Allogen, nicht HLA-identisch, nicht verwandter Spender
.30 Ohne In-vitro-Aufbereitung
.32 Nach In-vitro-Aufbereitung

8-805.4 Allogen, HLA-identisch, verwandter Spender
.40 Ohne In-vitro-Aufbereitung
.42 Nach In-vitro-Aufbereitung

8-805.5 Allogen, HLA-identisch, nicht verwandter Spender
.50 Ohne In-vitro-Aufbereitung
.52 Nach In-vitro-Aufbereitung

8-805.6 Stammzellboost nach erfolgter Transplantation von hämatopoetischen Stammzellen
.60 Ohne In-vitro-Aufbereitung
.62 Nach In-vitro-Aufbereitung

8-805.7 Retransfusion während desselben stationären Aufenthaltes
Hinw.: Dieser Kode ist ein Zusatzkode
Eine Retransfusion meint nicht die fraktionierte Gabe eines Transplantats über mehrere Tage verteilt. Mit diesem Kode ist nur eine komplett neue Transfusion hämatopoetischer Stammzellen nach Versagen der vorherigen Transplantation während desselben stationären Aufenthaltes (ungeplante Retransplantation) zu kodieren. Dabei wird nach Ausschöpfung aller Mittel zur Erhaltung des ersten Transplantats eine neue Transfusion mit erneuter Konditionierung und/oder einem Wechsel des Stammzellspenders durchgeführt

8-805.x Sonstige

8-805.y N.n.bez.

8-81 Transfusion von Plasma, Plasmabestandteilen und Infusion von Volumenersatzmitteln

Hinw.: Ein Kode aus diesem Bereich ist jeweils nur einmal pro stationären Aufenthalt anzugeben. Einzeltransfusionen gleichen Typs sind zu addieren

8-810 Transfusion von Plasmabestandteilen und gentechnisch hergestellten Plasmaproteinen

Exkl.: Plasmabestandteile und genetisch hergestellte Plasmaproteine, die unter 8-812 ff. aufgeführt sind

8-810.6 Rekombinanter aktivierter Faktor VII
- .63 Bis unter 25 kIE
- .64 25 kIE bis unter 50 kIE
- .65 50 kIE bis unter 100 kIE
- .66 100 kIE bis unter 200 kIE
- .67 200 kIE bis unter 300 kIE
- .68 300 kIE bis unter 400 kIE
- .69 400 kIE bis unter 500 kIE
- .6a 500 kIE bis unter 1.000 kIE
- .6b 1.000 kIE bis unter 1.500 kIE
- .6c 1.500 kIE bis unter 2.000 kIE
- .6d 2.000 kIE bis unter 2.500 kIE
- .6e 2.500 kIE bis unter 3.000 kIE
- .6f 3.000 kIE bis unter 4.000 kIE
- .6g 4.000 kIE bis unter 5.000 kIE
- .6h 5.000 kIE bis unter 6.000 kIE
- .6j 6.000 kIE bis unter 7.000 kIE
- .6k 7.000 kIE bis unter 8.000 kIE
- .6m 8.000 kIE bis unter 9.000 kIE
- .6n 9.000 kIE bis unter 10.000 kIE
- .6p 10.000 kIE bis unter 15.000 kIE
- .6q 15.000 kIE bis unter 20.000 kIE
- .6r 20.000 kIE bis unter 25.000 kIE
- .6s 25.000 kIE bis unter 30.000 kIE
- .6u 30.000 kIE bis unter 40.000 kIE
- .6v 40.000 kIE bis unter 50.000 kIE
- .6w 50.000 kIE bis unter 70.000 kIE
- .6z 70.000 kIE oder mehr

8-810.7 Plasmatischer Faktor VII
- .73 Bis unter 500 Einheiten
- .74 500 Einheiten bis unter 1.000 Einheiten
- .75 1.000 Einheiten bis unter 1.500 Einheiten
- .76 1.500 Einheiten bis unter 2.000 Einheiten
- .77 2.000 Einheiten bis unter 2.500 Einheiten
- .78 2.500 Einheiten bis unter 3.000 Einheiten
- .79 3.000 Einheiten bis unter 4.000 Einheiten
- .7a 4.000 Einheiten bis unter 5.000 Einheiten
- .7b 5.000 Einheiten bis unter 6.000 Einheiten
- .7c 6.000 Einheiten bis unter 7.000 Einheiten
- .7d 7.000 Einheiten bis unter 8.000 Einheiten
- .7e 8.000 Einheiten bis unter 9.000 Einheiten
- .7f 9.000 Einheiten bis unter 10.000 Einheiten
- .7g 10.000 Einheiten bis unter 15.000 Einheiten
- .7h 15.000 Einheiten bis unter 20.000 Einheiten
- .7j 20.000 Einheiten bis unter 25.000 Einheiten
- .7k 25.000 Einheiten bis unter 30.000 Einheiten
- .7n 30.000 Einheiten bis unter 40.000 Einheiten
- .7p 40.000 Einheiten bis unter 50.000 Einheiten
- .7q 50.000 Einheiten bis unter 70.000 Einheiten
- .7r 70.000 oder mehr Einheiten

Kapitel 8: Nichtoperative therapeutische Maßnahmen

8-810.8 Rekombinanter Faktor VIII
- .83 Bis unter 500 Einheiten
- .84 500 Einheiten bis unter 1.000 Einheiten
- .85 1.000 Einheiten bis unter 2.000 Einheiten
- .86 2.000 Einheiten bis unter 3.000 Einheiten
- .87 3.000 Einheiten bis unter 4.000 Einheiten
- .88 4.000 Einheiten bis unter 5.000 Einheiten
- .89 5.000 Einheiten bis unter 10.000 Einheiten
- .8a 10.000 Einheiten bis unter 15.000 Einheiten
- .8b 15.000 Einheiten bis unter 20.000 Einheiten
- .8c 20.000 Einheiten bis unter 25.000 Einheiten
- .8d 25.000 Einheiten bis unter 30.000 Einheiten
- .8e 30.000 Einheiten bis unter 35.000 Einheiten
- .8f 35.000 Einheiten bis unter 40.000 Einheiten
- .8g 40.000 Einheiten bis unter 45.000 Einheiten
- .8h 45.000 Einheiten bis unter 50.000 Einheiten
- .8j 50.000 Einheiten bis unter 60.000 Einheiten
- .8k 60.000 Einheiten bis unter 70.000 Einheiten
- .8m 70.000 Einheiten bis unter 80.000 Einheiten
- .8n 80.000 Einheiten bis unter 90.000 Einheiten
- .8p 90.000 Einheiten bis unter 100.000 Einheiten
- .8r 100.000 Einheiten bis unter 120.000 Einheiten
- .8s 120.000 Einheiten bis unter 140.000 Einheiten
- .8t 140.000 Einheiten bis unter 160.000 Einheiten
- .8u 160.000 Einheiten bis unter 200.000 Einheiten
- .8v 200.000 Einheiten bis unter 240.000 Einheiten
- .8w 240.000 Einheiten bis unter 280.000 Einheiten
- .8z 280.000 oder mehr Einheiten

8-810.9 Plasmatischer Faktor VIII
- .93 Bis unter 500 Einheiten
- .94 500 Einheiten bis unter 1.000 Einheiten
- .95 1.000 Einheiten bis unter 2.000 Einheiten
- .96 2.000 Einheiten bis unter 3.000 Einheiten
- .97 3.000 Einheiten bis unter 4.000 Einheiten
- .98 4.000 Einheiten bis unter 5.000 Einheiten
- .99 5.000 Einheiten bis unter 10.000 Einheiten
- .9a 10.000 Einheiten bis unter 15.000 Einheiten
- .9b 15.000 Einheiten bis unter 20.000 Einheiten
- .9c 20.000 Einheiten bis unter 25.000 Einheiten
- .9d 25.000 Einheiten bis unter 30.000 Einheiten
- .9e 30.000 Einheiten bis unter 35.000 Einheiten
- .9f 35.000 Einheiten bis unter 40.000 Einheiten
- .9g 40.000 Einheiten bis unter 45.000 Einheiten
- .9h 45.000 Einheiten bis unter 50.000 Einheiten
- .9j 50.000 Einheiten bis unter 60.000 Einheiten
- .9k 60.000 Einheiten bis unter 70.000 Einheiten
- .9m 70.000 Einheiten bis unter 80.000 Einheiten
- .9n 80.000 Einheiten bis unter 90.000 Einheiten
- .9p 90.000 Einheiten bis unter 100.000 Einheiten
- .9r 100.000 Einheiten bis unter 120.000 Einheiten
- .9s 120.000 Einheiten bis unter 140.000 Einheiten
- .9t 140.000 Einheiten bis unter 160.000 Einheiten
- .9u 160.000 Einheiten bis unter 200.000 Einheiten
- .9v 200.000 Einheiten bis unter 240.000 Einheiten
- .9w 240.000 Einheiten bis unter 280.000 Einheiten
- .9z 280.000 oder mehr Einheiten

Kapitel 8: Nichtoperative therapeutische Maßnahmen

8-810.a Rekombinanter Faktor IX
- .a3 Bis unter 500 Einheiten
- .a4 500 Einheiten bis unter 1.000 Einheiten
- .a5 1.000 Einheiten bis unter 2.000 Einheiten
- .a6 2.000 Einheiten bis unter 3.000 Einheiten
- .a7 3.000 Einheiten bis unter 4.000 Einheiten
- .a8 4.000 Einheiten bis unter 5.000 Einheiten
- .a9 5.000 Einheiten bis unter 10.000 Einheiten
- .aa 10.000 Einheiten bis unter 15.000 Einheiten
- .ab 15.000 Einheiten bis unter 20.000 Einheiten
- .ac 20.000 Einheiten bis unter 25.000 Einheiten
- .ad 25.000 Einheiten bis unter 30.000 Einheiten
- .ae 30.000 Einheiten bis unter 35.000 Einheiten
- .af 35.000 Einheiten bis unter 40.000 Einheiten
- .ag 40.000 Einheiten bis unter 45.000 Einheiten
- .ah 45.000 Einheiten bis unter 50.000 Einheiten
- .aj 50.000 Einheiten bis unter 60.000 Einheiten
- .ak 60.000 Einheiten bis unter 70.000 Einheiten
- .am 70.000 Einheiten bis unter 80.000 Einheiten
- .an 80.000 Einheiten bis unter 90.000 Einheiten
- .ap 90.000 Einheiten bis unter 100.000 Einheiten
- .ar 100.000 Einheiten bis unter 120.000 Einheiten
- .as 120.000 Einheiten bis unter 140.000 Einheiten
- .at 140.000 Einheiten bis unter 160.000 Einheiten
- .au 160.000 Einheiten bis unter 200.000 Einheiten
- .av 200.000 Einheiten bis unter 240.000 Einheiten
- .aw 240.000 Einheiten bis unter 280.000 Einheiten
- .az 280.000 oder mehr Einheiten

8-810.b Plasmatischer Faktor IX
- .b3 Bis unter 500 Einheiten
- .b4 500 Einheiten bis unter 1.000 Einheiten
- .b5 1.000 Einheiten bis unter 2.000 Einheiten
- .b6 2.000 Einheiten bis unter 3.000 Einheiten
- .b7 3.000 Einheiten bis unter 4.000 Einheiten
- .b8 4.000 Einheiten bis unter 5.000 Einheiten
- .b9 5.000 Einheiten bis unter 10.000 Einheiten
- .ba 10.000 Einheiten bis unter 15.000 Einheiten
- .bb 15.000 Einheiten bis unter 20.000 Einheiten
- .bc 20.000 Einheiten bis unter 25.000 Einheiten
- .bd 25.000 Einheiten bis unter 30.000 Einheiten
- .be 30.000 Einheiten bis unter 35.000 Einheiten
- .bf 35.000 Einheiten bis unter 40.000 Einheiten
- .bg 40.000 Einheiten bis unter 45.000 Einheiten
- .bh 45.000 Einheiten bis unter 50.000 Einheiten
- .bj 50.000 Einheiten bis unter 60.000 Einheiten
- .bk 60.000 Einheiten bis unter 70.000 Einheiten
- .bm 70.000 Einheiten bis unter 80.000 Einheiten
- .bn 80.000 Einheiten bis unter 90.000 Einheiten
- .bp 90.000 Einheiten bis unter 100.000 Einheiten
- .br 100.000 Einheiten bis unter 120.000 Einheiten
- .bs 120.000 Einheiten bis unter 140.000 Einheiten
- .bt 140.000 Einheiten bis unter 160.000 Einheiten
- .bu 160.000 Einheiten bis unter 200.000 Einheiten
- .bv 200.000 Einheiten bis unter 240.000 Einheiten
- .bw 240.000 Einheiten bis unter 280.000 Einheiten
- .bz 280.000 oder mehr Einheiten

Kapitel 8: Nichtoperative therapeutische Maßnahmen

8-810.c FEIBA - Prothrombinkomplex mit Faktor-VIII-Inhibitor-Bypass-Aktivität
.c3 Bis unter 500 Einheiten
.c4 500 Einheiten bis unter 1.000 Einheiten
.c5 1.000 Einheiten bis unter 2.000 Einheiten
.c6 2.000 Einheiten bis unter 3.000 Einheiten
.c7 3.000 Einheiten bis unter 4.000 Einheiten
.c8 4.000 Einheiten bis unter 5.000 Einheiten
.c9 5.000 Einheiten bis unter 10.000 Einheiten
.ca 10.000 Einheiten bis unter 15.000 Einheiten
.cb 15.000 Einheiten bis unter 20.000 Einheiten
.cc 20.000 Einheiten bis unter 25.000 Einheiten
.cd 25.000 Einheiten bis unter 30.000 Einheiten
.ce 30.000 Einheiten bis unter 35.000 Einheiten
.cf 35.000 Einheiten bis unter 40.000 Einheiten
.cg 40.000 Einheiten bis unter 45.000 Einheiten
.ch 45.000 Einheiten bis unter 50.000 Einheiten
.cj 50.000 Einheiten bis unter 60.000 Einheiten
.ck 60.000 Einheiten bis unter 70.000 Einheiten
.cm 70.000 Einheiten bis unter 80.000 Einheiten
.cn 80.000 Einheiten bis unter 90.000 Einheiten
.cp 90.000 Einheiten bis unter 100.000 Einheiten
.cr 100.000 Einheiten bis unter 120.000 Einheiten
.cs 120.000 Einheiten bis unter 140.000 Einheiten
.ct 140.000 Einheiten bis unter 160.000 Einheiten
.cu 160.000 Einheiten bis unter 200.000 Einheiten
.cv 200.000 Einheiten bis unter 240.000 Einheiten
.cw 240.000 Einheiten bis unter 280.000 Einheiten
.cz 280.000 oder mehr Einheiten

8-810.d Von-Willebrand-Faktor
.d3 Bis unter 500 Einheiten
.d4 500 Einheiten bis unter 1.000 Einheiten
.d5 1.000 Einheiten bis unter 2.000 Einheiten
.d6 2.000 Einheiten bis unter 3.000 Einheiten
.d7 3.000 Einheiten bis unter 4.000 Einheiten
.d8 4.000 Einheiten bis unter 5.000 Einheiten
.d9 5.000 Einheiten bis unter 10.000 Einheiten
.da 10.000 Einheiten bis unter 15.000 Einheiten
.db 15.000 Einheiten bis unter 20.000 Einheiten
.dc 20.000 Einheiten bis unter 25.000 Einheiten
.dd 25.000 Einheiten bis unter 30.000 Einheiten
.de 30.000 Einheiten bis unter 35.000 Einheiten
.df 35.000 Einheiten bis unter 40.000 Einheiten
.dg 40.000 Einheiten bis unter 45.000 Einheiten
.dh 45.000 Einheiten bis unter 50.000 Einheiten
.dj 50.000 Einheiten bis unter 60.000 Einheiten
.dk 60.000 Einheiten bis unter 70.000 Einheiten
.dm 70.000 Einheiten bis unter 80.000 Einheiten
.dn 80.000 Einheiten bis unter 90.000 Einheiten
.dp 90.000 Einheiten bis unter 100.000 Einheiten
.dr 100.000 Einheiten bis unter 120.000 Einheiten
.ds 120.000 Einheiten bis unter 140.000 Einheiten
.dt 140.000 Einheiten bis unter 160.000 Einheiten
.du 160.000 Einheiten bis unter 200.000 Einheiten
.dv 200.000 Einheiten bis unter 240.000 Einheiten
.dw 240.000 Einheiten bis unter 280.000 Einheiten
.dz 280.000 oder mehr Einheiten

8-810.e Faktor XIII
- .e5 Bis unter 250 Einheiten
- .e6 250 Einheiten bis unter 500 Einheiten
- .e7 500 Einheiten bis unter 1.000 Einheiten
- .e8 1.000 Einheiten bis unter 2.000 Einheiten
- .e9 2.000 Einheiten bis unter 3.000 Einheiten
- .ea 3.000 Einheiten bis unter 4.000 Einheiten
- .eb 4.000 Einheiten bis unter 5.000 Einheiten
- .ec 5.000 Einheiten bis unter 10.000 Einheiten
- .ed 10.000 Einheiten bis unter 15.000 Einheiten
- .ee 15.000 Einheiten bis unter 20.000 Einheiten
- .ef 20.000 Einheiten bis unter 25.000 Einheiten
- .eg 25.000 Einheiten bis unter 30.000 Einheiten
- .eh 30.000 Einheiten bis unter 35.000 Einheiten
- .ej 35.000 Einheiten bis unter 40.000 Einheiten
- .ek 40.000 Einheiten bis unter 45.000 Einheiten
- .em 45.000 Einheiten bis unter 50.000 Einheiten
- .en 50.000 Einheiten bis unter 60.000 Einheiten
- .ep 60.000 Einheiten bis unter 70.000 Einheiten
- .eq 70.000 Einheiten bis unter 80.000 Einheiten
- .er 80.000 Einheiten bis unter 90.000 Einheiten
- .es 90.000 Einheiten bis unter 100.000 Einheiten
- .eu 100.000 Einheiten bis unter 120.000 Einheiten
- .ev 120.000 Einheiten bis unter 140.000 Einheiten
- .ew 140.000 Einheiten bis unter 180.000 Einheiten
- .ez 180.000 oder mehr Einheiten

8-810.g Antithrombin III
- .g1 2.000 IE bis unter 3.500 IE
  Hinw.: Dieser Kode ist für Patienten mit einem Alter bei Aufnahme von unter 15 Jahren anzugeben
- .g2 3.500 IE bis unter 5.000 IE
  Hinw.: Dieser Kode ist für Patienten mit einem Alter bei Aufnahme von unter 15 Jahren anzugeben
- .g3 5.000 IE bis unter 7.000 IE
  Hinw.: Dieser Kode ist für Patienten mit einem Alter bei Aufnahme von unter 15 Jahren anzugeben
- .g4 7.000 IE bis unter 10.000 IE
- .g5 10.000 IE bis unter 15.000 IE
- .g6 15.000 IE bis unter 20.000 IE
- .g7 20.000 IE bis unter 25.000 IE
- .g8 25.000 IE bis unter 30.000 IE
- .ga 30.000 IE bis unter 40.000 IE
- .gb 40.000 IE bis unter 50.000 IE
- .gc 50.000 IE bis unter 60.000 IE
- .gd 60.000 IE bis unter 70.000 IE
- .ge 70.000 IE bis unter 90.000 IE
- .gf 90.000 IE bis unter 110.000 IE
- .gg 110.000 IE bis unter 130.000 IE
- .gh 130.000 IE bis unter 150.000 IE
- .gj 150.000 IE oder mehr

8-810.h C1-Esteraseinhibitor
- .h3 500 Einheiten bis unter 1.000 Einheiten
- .h4 1.000 Einheiten bis unter 1.500 Einheiten
- .h5 1.500 Einheiten bis unter 2.000 Einheiten
- .h6 2.000 Einheiten bis unter 2.500 Einheiten
- .h7 2.500 Einheiten bis unter 3.000 Einheiten
- .h8 3.000 Einheiten bis unter 4.000 Einheiten
- .h9 4.000 Einheiten bis unter 5.000 Einheiten
- .ha 5.000 Einheiten bis unter 6.000 Einheiten
- .hb 6.000 Einheiten bis unter 7.000 Einheiten

Kapitel 8: Nichtoperative therapeutische Maßnahmen

	.hc	7.000 Einheiten bis unter 9.000 Einheiten
	.hd	9.000 Einheiten bis unter 11.000 Einheiten
	.he	11.000 oder mehr Einheiten
8-810.j	Fibrinogenkonzentrat	
	.j3	Bis unter 1,0 g
	.j4	1,0 g bis unter 2,0 g
	.j5	2,0 g bis unter 3,0 g
	.j6	3,0 g bis unter 4,0 g
	.j7	4,0 g bis unter 5,0 g
	.j8	5,0 g bis unter 6,0 g
	.j9	6,0 g bis unter 7,0 g
	.ja	7,0 g bis unter 8,0 g
	.jb	8,0 g bis unter 9,0 g
	.jc	9,0 g bis unter 10,0 g
	.jd	10,0 g bis unter 12,5 g
	.je	12,5 g bis unter 15,0 g
	.jf	15,0 g bis unter 17,5 g
	.jg	17,5 g bis unter 20,0 g
	.jh	20,0 g bis unter 25,0 g
	.jj	25,0 g bis unter 30,0 g
	.jk	30,0 g bis unter 35,0 g
	.jm	35,0 g bis unter 40,0 g
	.jn	40,0 g bis unter 50,0 g
	.jp	50,0 g bis unter 60,0 g
	.jq	60,0 g bis unter 70,0 g
	.jr	70,0 g bis unter 80,0 g
	.js	80,0 g bis unter 90,0 g
	.jt	90,0 g bis unter 100,0 g
	.jv	100,0 g bis unter 120,0 g
	.jw	120,0 g bis unter 160,0 g
	.jz	160,0 g oder mehr
8-810.q	Human-Immunglobulin, spezifisch gegen Hepatitis-B-surface-Antigen (HBsAg)	
	.q0	2.000 IE bis unter 4.000 IE
	.q1	4.000 IE bis unter 6.000 IE
	.q2	6.000 IE bis unter 8.000 IE
	.q3	8.000 IE bis unter 10.000 IE
	.q4	10.000 IE bis unter 12.000 IE
	.q5	12.000 IE bis unter 14.000 IE
	.q6	14.000 IE bis unter 16.000 IE
	.q7	16.000 IE bis unter 18.000 IE
	.q8	18.000 IE bis unter 20.000 IE
	.q9	20.000 IE bis unter 22.000 IE
	.qa	22.000 IE bis unter 24.000 IE
	.qb	24.000 IE bis unter 28.000 IE
	.qc	28.000 IE bis unter 32.000 IE
	.qd	32.000 IE bis unter 36.000 IE
	.qe	36.000 IE bis unter 40.000 IE
	.qf	40.000 IE bis unter 46.000 IE
	.qg	46.000 IE bis unter 52.000 IE
	.qh	52.000 IE bis unter 58.000 IE
	.qj	58.000 IE bis unter 64.000 IE
	.qk	64.000 IE oder mehr
8-810.s	Human-Immunglobulin, spezifisch gegen Zytomegalie-Virus (CMV)	
	.s0	1,0 g bis unter 2,0 g
		Hinw.: Dieser Kode ist für Patienten mit einem Alter bei Aufnahme von unter 5 Jahren anzugeben
	.s1	2,0 g bis unter 3,0 g
		Hinw.: Dieser Kode ist für Patienten mit einem Alter bei Aufnahme von unter 5 Jahren anzugeben

	.s2	3,0 g bis unter 5,0 g
		Hinw.: Dieser Kode ist für Patienten mit einem Alter bei Aufnahme von unter 5 Jahren anzugeben
	.s3	5,0 g bis unter 7,5 g
	.s4	7,5 g bis unter 10,0 g
	.s5	10,0 g bis unter 12,5 g
	.s6	12,5 g bis unter 15,0 g
	.s7	15,0 g bis unter 20,0 g
	.s8	20,0 g bis unter 25,0 g
	.s9	25,0 g bis unter 30,0 g
	.sa	30,0 g bis unter 35,0 g
	.sb	35,0 g bis unter 40,0 g
	.sc	40,0 g bis unter 45,0 g
	.sd	45,0 g bis unter 50,0 g
	.se	50,0 g oder mehr
8-810.t		**Human-Immunglobulin, spezifisch gegen Varicella-Zoster-Virus (VZV)**
	.t0	250 IE bis unter 500 IE
		Hinw.: Dieser Kode ist für Patienten mit einem Alter bei Aufnahme von unter 15 Jahren anzugeben
	.t1	500 IE bis unter 750 IE
		Hinw.: Dieser Kode ist für Patienten mit einem Alter bei Aufnahme von unter 15 Jahren anzugeben
	.t2	750 IE bis unter 1.000 IE
		Hinw.: Dieser Kode ist für Patienten mit einem Alter bei Aufnahme von unter 15 Jahren anzugeben
	.t3	1.000 IE bis unter 1.500 IE
	.t4	1.500 IE bis unter 2.000 IE
	.t5	2.000 IE bis unter 2.500 IE
	.t6	2.500 IE bis unter 3.000 IE
	.t7	3.000 IE bis unter 3.500 IE
	.t8	3.500 IE bis unter 4.000 IE
	.t9	4.000 IE bis unter 5.000 IE
	.ta	5.000 IE bis unter 6.000 IE
	.tb	6.000 IE bis unter 7.000 IE
	.tc	7.000 IE bis unter 8.000 IE
	.td	8.000 IE oder mehr
8-810.w		**Human-Immunglobulin, polyvalent**
	.w0	2,5 g bis unter 5 g
		Hinw.: Dieser Kode ist für Patienten mit einem Alter bei Aufnahme von unter 15 Jahren anzugeben
	.w1	5 g bis unter 10 g
		Hinw.: Dieser Kode ist für Patienten mit einem Alter bei Aufnahme von unter 15 Jahren anzugeben
	.w2	10 g bis unter 15 g
	.w3	15 g bis unter 25 g
	.w4	25 g bis unter 35 g
	.w5	35 g bis unter 45 g
	.w6	45 g bis unter 55 g
	.w7	55 g bis unter 65 g
	.w8	65 g bis unter 75 g
	.w9	75 g bis unter 85 g
	.wa	85 g bis unter 105 g
	.wb	105 g bis unter 125 g
	.wc	125 g bis unter 145 g
	.wd	145 g bis unter 165 g
	.we	165 g bis unter 185 g
	.wf	185 g bis unter 205 g
	.wg	205 g bis unter 225 g
	.wh	225 g bis unter 245 g
	.wj	245 g bis unter 285 g
	.wk	285 g bis unter 325 g
	.wm	325 g bis unter 365 g
	.wn	365 g bis unter 445 g
	.wp	445 g bis unter 525 g

Kapitel 8: Nichtoperative therapeutische Maßnahmen

          .wq   525 g bis unter 605 g
          .wr   605 g bis unter 685 g
          .ws   685 g bis unter 765 g
          .wt   765 g bis unter 845 g
          .wu   845 g oder mehr

8-810.x   Sonstige

8-810.y   N.n.bez.

8-811   Infusion von Volumenersatzmitteln bei Neugeborenen

8-811.0   Einzelinfusion (1-5 Einheiten)

8-811.1   Masseninfusion (> 5 Einheiten)

8-811.x   Sonstige

8-811.y   N.n.bez.

8-812   Transfusion von Plasma und anderen Plasmabestandteilen und gentechnisch hergestellten Plasmaproteinen
        Exkl.:   Plasmabestandteile und genetisch hergestellte Plasmaproteine, die unter 8-810 ff. aufgeführt sind

8-812.0   Alpha-1-Proteinaseninhibitor human, parenteral
        .00   600 mg bis unter 1.200 mg
                Hinw.: Dieser Kode ist für Patienten mit einem Alter bei Aufnahme von unter 15 Jahren anzugeben
        .01   1.200 mg bis unter 1.800 mg
                Hinw.: Dieser Kode ist für Patienten mit einem Alter bei Aufnahme von unter 15 Jahren anzugeben
        .02   1.800 mg bis unter 2.400 mg
                Hinw.: Dieser Kode ist für Patienten mit einem Alter bei Aufnahme von unter 15 Jahren anzugeben
        .03   2.400 mg bis unter 3.000 mg
        .04   3.000 mg bis unter 3.600 mg
        .05   3.600 mg bis unter 4.200 mg
        .06   4.200 mg bis unter 4.800 mg
        .07   4.800 mg bis unter 5.400 mg
        .08   5.400 mg bis unter 6.000 mg
        .09   6.000 mg bis unter 7.200 mg
        .0a   7.200 mg bis unter 8.400 mg
        .0b   8.400 mg bis unter 9.600 mg
        .0c   9.600 mg bis unter 10.800 mg
        .0d   10.800 mg bis unter 13.200 mg
        .0e   13.200 mg bis unter 15.600 mg
        .0f   15.600 mg bis unter 18.000 mg
        .0g   18.000 mg bis unter 20.400 mg
        .0h   20.400 mg bis unter 22.800 mg
        .0j   22.800 mg bis unter 25.200 mg
        .0k   25.200 mg bis unter 27.600 mg
        .0m   27.600 mg bis unter 30.000 mg
        .0n   30.000 mg bis unter 34.800 mg
        .0p   34.800 mg bis unter 39.600 mg
        .0q   39.600 mg oder mehr

8-812.1   Interferon alfa-2a, parenteral
        .10   100 Mio. IE bis unter 125 Mio. IE
        .11   125 Mio. IE bis unter 150 Mio. IE
        .12   150 Mio. IE bis unter 175 Mio. IE
        .13   175 Mio. IE bis unter 200 Mio. IE
        .14   200 Mio. IE bis unter 225 Mio. IE
        .15   225 Mio. IE bis unter 250 Mio. IE
        .16   250 Mio. IE bis unter 275 Mio. IE
        .17   275 Mio. IE bis unter 300 Mio. IE
        .18   300 Mio. IE bis unter 350 Mio. IE
        .19   350 Mio. IE bis unter 400 Mio. IE

	.1a	400 Mio. IE bis unter 450 Mio. IE
	.1b	450 Mio. IE bis unter 500 Mio. IE
	.1c	500 Mio. IE bis unter 600 Mio. IE
	.1d	600 Mio. IE bis unter 700 Mio. IE
	.1e	700 Mio. IE bis unter 800 Mio. IE
	.1f	800 Mio. IE bis unter 900 Mio. IE
	.1g	900 Mio. IE bis unter 1.000 Mio. IE
	.1h	1.000 Mio. IE bis unter 1.100 Mio. IE
	.1j	1.100 Mio. IE bis unter 1.200 Mio. IE
	.1k	1.200 Mio. IE bis unter 1.300 Mio. IE
	.1m	1.300 Mio. IE bis unter 1.400 Mio. IE
	.1n	1.400 Mio. IE oder mehr
8-812.2		Interferon alfa-2b, parenteral
	.20	75 Mio. IE bis unter 100 Mio. IE
	.21	100 Mio. IE bis unter 125 Mio. IE
	.22	125 Mio. IE bis unter 150 Mio. IE
	.23	150 Mio. IE bis unter 175 Mio. IE
	.24	175 Mio. IE bis unter 200 Mio. IE
	.25	200 Mio. IE bis unter 225 Mio. IE
	.26	225 Mio. IE bis unter 250 Mio. IE
	.27	250 Mio. IE bis unter 275 Mio. IE
	.28	275 Mio. IE bis unter 300 Mio. IE
	.29	300 Mio. IE bis unter 350 Mio. IE
	.2a	350 Mio. IE bis unter 400 Mio. IE
	.2b	400 Mio. IE bis unter 450 Mio. IE
	.2c	450 Mio. IE bis unter 500 Mio. IE
	.2d	500 Mio. IE bis unter 600 Mio. IE
	.2e	600 Mio. IE bis unter 700 Mio. IE
	.2f	700 Mio. IE bis unter 800 Mio. IE
	.2g	800 Mio. IE bis unter 900 Mio. IE
	.2h	900 Mio. IE bis unter 1.000 Mio. IE
	.2j	1.000 Mio. IE bis unter 1.100 Mio. IE
	.2k	1.100 Mio. IE bis unter 1.200 Mio. IE
	.2m	1.200 Mio. IE bis unter 1.300 Mio. IE
	.2n	1.300 Mio. IE bis unter 1.400 Mio. IE
	.2p	1.400 Mio. IE oder mehr
8-812.3		Anti-Human-T-Lymphozyten-Immunglobulin vom Kaninchen, parenteral
8-812.4		Anti-Human-T-Lymphozyten-Immunglobulin vom Pferd, parenteral
8-812.5		Prothrombinkomplex
	.50	500 IE bis unter 1.500 IE
	.51	1.500 IE bis unter 2.500 IE
	.52	2.500 IE bis unter 3.500 IE
	.53	3.500 IE bis unter 4.500 IE
	.54	4.500 IE bis unter 5.500 IE
	.55	5.500 IE bis unter 6.500 IE
	.56	6.500 IE bis unter 7.500 IE
	.57	7.500 IE bis unter 8.500 IE
	.58	8.500 IE bis unter 9.500 IE
	.59	9.500 IE bis unter 10.500 IE
	.5a	10.500 IE bis unter 15.500 IE
	.5b	15.500 IE bis unter 20.500 IE
	.5c	20.500 IE bis unter 25.500 IE
	.5d	25.500 IE bis unter 30.500 IE
	.5f	30.500 IE bis unter 40.500 IE
	.5g	40.500 IE bis unter 50.500 IE
	.5h	50.500 IE bis unter 60.500 IE
	.5j	60.500 IE bis unter 80.500 IE

Kapitel 8: Nichtoperative therapeutische Maßnahmen

	.5k	80.500 IE bis unter 100.500 IE
	.5m	100.500 IE bis unter 120.500 IE
	.5n	120.500 IE bis unter 140.500 IE
	.5p	140.500 IE bis unter 160.500 IE
	.5q	160.500 IE bis unter 200.500 IE
	.5r	200.500 IE oder mehr
8-812.6		Normales Plasma
	.60	1 TE bis unter 6 TE
	.61	6 TE bis unter 11 TE
	.62	11 TE bis unter 21 TE
	.63	21 TE bis unter 31 TE
	.64	31 TE oder mehr
8-812.7		Kryodepletiertes Plasma
	.70	1 TE bis unter 6 TE
	.71	6 TE bis unter 11 TE
	.72	11 TE bis unter 21 TE
	.73	21 TE bis unter 31 TE
	.74	31 TE oder mehr
8-812.8		Pathogeninaktiviertes Plasma
	.80	1 TE bis unter 6 TE
	.81	6 TE bis unter 11 TE
	.82	11 TE bis unter 21 TE
	.83	21 TE bis unter 31 TE
	.84	31 TE oder mehr
8-812.9		Humanes Protein C, parenteral
	.90	Bis unter 1.000 IE
	.91	1.000 IE bis unter 2.000 IE
	.92	2.000 IE bis unter 3.000 IE
	.93	3.000 IE bis unter 4.000 IE
	.94	4.000 IE bis unter 5.000 IE
	.95	5.000 IE bis unter 10.000 IE
	.96	10.000 IE bis unter 15.000 IE
	.97	15.000 IE bis unter 20.000 IE
	.98	20.000 IE bis unter 25.000 IE
	.9a	25.000 IE bis unter 30.000 IE
	.9b	30.000 IE bis unter 40.000 IE
	.9c	40.000 IE bis unter 50.000 IE
	.9d	50.000 IE bis unter 70.000 IE
	.9e	70.000 IE oder mehr
8-812.a		Plasmatischer Faktor X
	.a0	Bis unter 500 Einheiten
	.a1	500 Einheiten bis unter 1.000 Einheiten
	.a2	1.000 Einheiten bis unter 2.000 Einheiten
	.a3	2.000 Einheiten bis unter 3.000 Einheiten
	.a4	3.000 Einheiten bis unter 4.000 Einheiten
	.a5	4.000 Einheiten bis unter 5.000 Einheiten
	.a6	5.000 Einheiten bis unter 10.000 Einheiten
	.a7	10.000 Einheiten bis unter 15.000 Einheiten
	.a8	15.000 Einheiten bis unter 20.000 Einheiten
	.a9	20.000 Einheiten bis unter 25.000 Einheiten
	.aa	25.000 Einheiten bis unter 30.000 Einheiten
	.ab	30.000 Einheiten bis unter 35.000 Einheiten
	.ac	35.000 Einheiten bis unter 40.000 Einheiten
	.ad	40.000 Einheiten bis unter 45.000 Einheiten
	.ae	45.000 Einheiten bis unter 50.000 Einheiten
	.af	50.000 Einheiten bis unter 60.000 Einheiten

	.ag	60.000 Einheiten bis unter 70.000 Einheiten
	.ah	70.000 Einheiten bis unter 80.000 Einheiten
	.aj	80.000 Einheiten bis unter 90.000 Einheiten
	.ak	90.000 Einheiten bis unter 100.000 Einheiten
	.am	100.000 oder mehr Einheiten
8-812.b	Faktor XI	

8-82 Plasmapherese, Immunadsorption und verwandte Verfahren

8-820 Therapeutische Plasmapherese
Inkl.: Therapeutische Plasmapherese mit gleichzeitiger Zellapherese
Hinw.: Die Gabe von Plasma oder Albumin ist im Kode enthalten

8-820.0 Mit normalem Plasma
Inkl.: Therapeutische Plasmapherese mit Albumin
- .00 1 Plasmapherese
- .01 2 Plasmapheresen
- .02 3 Plasmapheresen
- .03 4 Plasmapheresen
- .04 5 Plasmapheresen
- .08 6 Plasmapheresen
- .09 7 Plasmapheresen
- .0a 8 Plasmapheresen
- .0b 9 Plasmapheresen
- .0c 10 Plasmapheresen
- .0d 11 Plasmapheresen
- .0e 12 Plasmapheresen
- .0f 13 Plasmapheresen
- .0g 14 Plasmapheresen
- .0h 15 Plasmapheresen
- .0j 16 bis 17 Plasmapheresen
- .0k 18 bis 19 Plasmapheresen
- .0m 20 bis 21 Plasmapheresen
- .0n 22 bis 23 Plasmapheresen
- .0p 24 bis 25 Plasmapheresen
- .0q 26 bis 28 Plasmapheresen
- .0r 29 bis 31 Plasmapheresen
- .0s 32 bis 34 Plasmapheresen
- .0t 35 bis 39 Plasmapheresen
- .0u 40 bis 44 Plasmapheresen
- .0v 45 bis 49 Plasmapheresen
- .0w 50 oder mehr Plasmapheresen

8-820.1 Mit kryodepletiertem Plasma
- .10 1 Plasmapherese
- .11 2 Plasmapheresen
- .12 3 Plasmapheresen
- .13 4 Plasmapheresen
- .14 5 Plasmapheresen
- .18 6 Plasmapheresen
- .19 7 Plasmapheresen
- .1a 8 Plasmapheresen
- .1b 9 Plasmapheresen
- .1c 10 Plasmapheresen
- .1d 11 Plasmapheresen
- .1e 12 Plasmapheresen
- .1f 13 Plasmapheresen
- .1g 14 Plasmapheresen
- .1h 15 Plasmapheresen
- .1j 16 bis 17 Plasmapheresen

Kapitel 8: Nichtoperative therapeutische Maßnahmen

	.1k	18 bis 19 Plasmapheresen
	.1m	20 bis 21 Plasmapheresen
	.1n	22 bis 23 Plasmapheresen
	.1p	24 bis 25 Plasmapheresen
	.1q	26 bis 28 Plasmapheresen
	.1r	29 bis 31 Plasmapheresen
	.1s	32 bis 34 Plasmapheresen
	.1t	35 bis 39 Plasmapheresen
	.1u	40 bis 44 Plasmapheresen
	.1v	45 bis 49 Plasmapheresen
	.1w	50 oder mehr Plasmapheresen

8-820.2 Mit gefrorenem, pathogeninaktiviertem Plasma
Inkl.: Therapeutische Plasmapherese mit pathogenreduziertem und zellfreiem Apheresefrischplasma vom Einzelspender
Therapeutische Plasmapherese mit pathogenreduziertem und zellfreiem Poolplasma

	.20	1 Plasmapherese
	.21	2 Plasmapheresen
	.22	3 Plasmapheresen
	.23	4 Plasmapheresen
	.24	5 Plasmapheresen
	.25	6 Plasmapheresen
	.26	7 Plasmapheresen
	.27	8 Plasmapheresen
	.28	9 Plasmapheresen
	.29	10 Plasmapheresen
	.2a	11 Plasmapheresen
	.2b	12 Plasmapheresen
	.2c	13 Plasmapheresen
	.2d	14 Plasmapheresen
	.2e	15 Plasmapheresen
	.2f	16 bis 17 Plasmapheresen
	.2g	18 bis 19 Plasmapheresen
	.2h	20 bis 21 Plasmapheresen
	.2j	22 bis 23 Plasmapheresen
	.2k	24 bis 25 Plasmapheresen
	.2m	26 bis 28 Plasmapheresen
	.2n	29 bis 31 Plasmapheresen
	.2p	32 bis 34 Plasmapheresen
	.2q	35 bis 39 Plasmapheresen
	.2r	40 bis 44 Plasmapheresen
	.2s	45 bis 49 Plasmapheresen
	.2t	50 oder mehr Plasmapheresen

8-821 Immunadsorption und verwandte Verfahren
Hinw.: Es ist jede durchgeführte (Immun-)Adsorption zu kodieren

8-821.0 Immunadsorption mit nicht regenerierbarer Säule zur Entfernung von Immunglobulinen und/oder Immunkomplexen

8-821.1 Immunadsorption mit regenerierbarer Säule zur Entfernung von Immunglobulinen und/oder Immunkomplexen
.10 Ersteinsatz
Hinw.: Dieser Kode ist nur einmal pro therapeutischen Protokoll anzugeben. Jede weitere Anwendung der regenerierbaren Säule ist gesondert zu kodieren (8-821.11).
.11 Weitere Anwendung

8-821.2 Adsorption zur Entfernung hydrophober Substanzen (niedrig- und/oder mittelmolekular)
Inkl.: Zytokin-Adsorption

8-821.x Sonstige

8-822 LDL-Apherese

8-823	**Zellapherese**	
	Exkl.:	Zellapherese zur Gewinnung von Granulozytenkonzentraten oder Stammzellen
		Zellapherese mit gleichzeitiger Plasmapherese (8-820)
		Spezielle Zellaphereseverfahren (8-825)
	Hinw.:	Mit diesem Kode ist nur die Zellapherese zu therapeutischen Zwecken zu kodieren
		Es ist jede durchgeführte Zellapherese zu kodieren
8-824	**Photopherese**	
	Hinw.:	Es ist jede durchgeführte Photopherese zu kodieren
8-825	**Spezielle Zellaphereseverfahren**	
	Hinw.:	Es ist jede durchgeführte Zellapherese zu kodieren
8-825.0	Zellapherese mit Adsorption von Granulozyten und Monozyten an Zellulose-Perlen	
8-825.1	Zellapherese mit Adsorption von Granulozyten, Monozyten und Lymphozyten in einem Polypropylen-Adsorptionsfilter	
8-825.x	Sonstige	

8-826 Doppelfiltrationsplasmapherese (DFPP)

8-826.0 Ohne Kryofiltration
- .00 1 Doppelfiltrationsplasmapherese
- .01 2 Doppelfiltrationsplasmapheresen
- .02 3 Doppelfiltrationsplasmapheresen
- .03 4 Doppelfiltrationsplasmapheresen
- .04 5 Doppelfiltrationsplasmapheresen
- .05 6 Doppelfiltrationsplasmapheresen
- .06 7 Doppelfiltrationsplasmapheresen
- .07 8 Doppelfiltrationsplasmapheresen
- .08 9 Doppelfiltrationsplasmapheresen
- .09 10 Doppelfiltrationsplasmapheresen
- .0a 11 Doppelfiltrationsplasmapheresen
- .0b 12 Doppelfiltrationsplasmapheresen
- .0c 13 Doppelfiltrationsplasmapheresen
- .0d 14 Doppelfiltrationsplasmapheresen
- .0e 15 Doppelfiltrationsplasmapheresen
- .0f 16 bis 17 Doppelfiltrationsplasmapheresen
- .0g 18 bis 19 Doppelfiltrationsplasmapheresen
- .0h 20 bis 21 Doppelfiltrationsplasmapheresen
- .0j 22 bis 23 Doppelfiltrationsplasmapheresen
- .0k 24 bis 25 Doppelfiltrationsplasmapheresen
- .0m 26 bis 28 Doppelfiltrationsplasmapheresen
- .0n 29 bis 31 Doppelfiltrationsplasmapheresen
- .0p 32 bis 34 Doppelfiltrationsplasmapheresen
- .0q 35 bis 39 Doppelfiltrationsplasmapheresen
- .0r 40 bis 44 Doppelfiltrationsplasmapheresen
- .0s 45 bis 49 Doppelfiltrationsplasmapheresen
- .0t 50 oder mehr Doppelfiltrationsplasmapheresen

8-826.1 Mit Kryofiltration
- .10 1 Doppelfiltrationsplasmapherese
- .11 2 Doppelfiltrationsplasmapheresen
- .12 3 Doppelfiltrationsplasmapheresen
- .13 4 Doppelfiltrationsplasmapheresen
- .14 5 Doppelfiltrationsplasmapheresen
- .15 6 Doppelfiltrationsplasmapheresen
- .16 7 Doppelfiltrationsplasmapheresen
- .17 8 Doppelfiltrationsplasmapheresen
- .18 9 Doppelfiltrationsplasmapheresen
- .19 10 Doppelfiltrationsplasmapheresen
- .1a 11 Doppelfiltrationsplasmapheresen
- .1b 12 Doppelfiltrationsplasmapheresen

Kapitel 8: Nichtoperative therapeutische Maßnahmen

	.1c	13 Doppelfiltrationsplasmapheresen
	.1d	14 Doppelfiltrationsplasmapheresen
	.1e	15 Doppelfiltrationsplasmapheresen
	.1f	16 bis 17 Doppelfiltrationsplasmapheresen
	.1g	18 bis 19 Doppelfiltrationsplasmapheresen
	.1h	20 bis 21 Doppelfiltrationsplasmapheresen
	.1j	22 bis 23 Doppelfiltrationsplasmapheresen
	.1k	24 bis 25 Doppelfiltrationsplasmapheresen
	.1m	26 bis 28 Doppelfiltrationsplasmapheresen
	.1n	29 bis 31 Doppelfiltrationsplasmapheresen
	.1p	32 bis 34 Doppelfiltrationsplasmapheresen
	.1q	35 bis 39 Doppelfiltrationsplasmapheresen
	.1r	40 bis 44 Doppelfiltrationsplasmapheresen
	.1s	45 bis 49 Doppelfiltrationsplasmapheresen
	.1t	50 oder mehr Doppelfiltrationsplasmapheresen

8-827 Apherese der löslichen, FMS-ähnlichen Tyrosinkinase 1 [sFlt-1-Apherese]

8-83 Therapeutische Katheterisierung und Kanüleneinlage in Gefäße

8-831 **Legen und Wechsel eines Katheters in zentralvenöse Gefäße**
Inkl.: Legen oder Wechsel eines PIC-Katheters
Exkl.: Implantation von venösen Katheterverweilsystemen (5-399.5)

8-831.0 Legen
8-831.2 Wechsel
8-831.5 Legen eines großlumigen Katheters zur extrakorporalen Blutzirkulation
8-831.x Sonstige
8-831.y N.n.bez.

8-832 **Legen und Wechsel eines Katheters in die A. pulmonalis**

8-832.0 Legen
8-832.2 Wechsel
8-832.x Sonstige
8-832.y N.n.bez.

8-835 **Ablative Maßnahmen bei Herzrhythmusstörungen**
Hinw.: Eine durchgeführte kathetergestützte elektrophysiologische Untersuchung des Herzens ist gesondert zu kodieren (1-265 ff.)
Eine durchgeführte transseptale Punktion des Herzens ist gesondert zu kodieren (1-274 ff.)
Die Anwendung eines Navigationssystems ist gesondert zu kodieren (8-990)
Der endovaskuläre Zugang ist im Kode enthalten. Ein perkutaner epikardialer Zugang ist gesondert zu kodieren (8-835.f)

8-835.2 Konventionelle Radiofrequenzablation
Hinw.: Die Verwendung eines Drahtgeflechtkatheters (MESH-Radiofrequenzablation) ist gesondert zu kodieren (8-835.9)

.20 Rechter Vorhof
Inkl.: Venae cavae und Koronarsinus
Exkl.: AV-Knoten (8-835.21)

.21 AV-Knoten
.22 Rechter Ventrikel
.23 Linker Vorhof
Exkl.: Isolierte Ablation an den Pulmonalvenen (8-835.25)
Hinw.: Dieser Kode ist auch für die Ablation an den Pulmonalvenen mit weiteren punktförmigen oder linearen Ablationen im Bereich des Septums und/oder des übrigen linken Vorhofes zu verwenden

.24 Linker Ventrikel
.25 Pulmonalvenen
Hinw.: Mit diesem Kode ist die isolierte Ablation an den Pulmonalvenen zu verschlüsseln

8-835.3   Gekühlte Radiofrequenzablation
- .30   Rechter Vorhof
  - *Inkl.:*   Venae cavae und Koronarsinus
  - *Exkl.:*   AV-Knoten (8-835.31)
- .31   AV-Knoten
- .32   Rechter Ventrikel
- .33   Linker Vorhof
  - *Exkl.:*   Isolierte Ablation an den Pulmonalvenen (8-835.35)
  - *Hinw.:*   Dieser Kode ist auch für die Ablation an den Pulmonalvenen mit weiteren punktförmigen oder linearen Ablationen im Bereich des Septums und/oder des übrigen linken Vorhofes zu verwenden
- .34   Linker Ventrikel
- .35   Pulmonalvenen
  - *Hinw.:*   Mit diesem Kode ist die isolierte Ablation an den Pulmonalvenen zu verschlüsseln

8-835.4   Ablation mit anderen Energiequellen
Inkl.:   Ultraschall, Mikrowelle, Laser
Hinw.:   Die Anwendung einer endovaskulären endoskopischen Steuerung bei einer Laserablation ist gesondert zu kodieren (8-835.e)
- .40   Rechter Vorhof
  - *Inkl.:*   Venae cavae und Koronarsinus
  - *Exkl.:*   AV-Knoten (8-835.41)
- .41   AV-Knoten
- .42   Rechter Ventrikel
- .43   Linker Vorhof
  - *Exkl.:*   Isolierte Ablation an den Pulmonalvenen (8-835.45)
  - *Hinw.:*   Dieser Kode ist auch für die Ablation an den Pulmonalvenen mit weiteren punktförmigen oder linearen Ablationen im Bereich des Septums und/oder des übrigen linken Vorhofes zu verwenden
- .44   Linker Ventrikel
- .45   Pulmonalvenen
  - *Hinw.:*   Mit diesem Kode ist die isolierte Ablation an den Pulmonalvenen zu verschlüsseln

8-835.8   Anwendung dreidimensionaler, elektroanatomischer Mappingverfahren
Inkl.:   CARTO-System, EnSite Array, EnSite NavX, EPLogix, Rhythmia
Hinw.:   Dieser Kode ist ein Zusatzkode. Er ist nur anzugeben, wenn bei einem der unter 8-835.2 ff. bis 8-835.4 ff., 8-835.a oder 8-835.b aufgeführten Verfahren die Ablation mit Hilfe dreidimensionaler, elektroanatomischer Mappingverfahren durchgeführt wurde

8-835.9   Verwendung eines Drahtgeflechtkatheters
Hinw.:   Dieser Kode ist ein Zusatzkode. Er ist nur anzugeben, wenn die konventionelle Radiofrequenzablation (8-835.2 ff.) mit Hilfe eines Drahtgeflechtkatheters (MESH-Radiofrequenzablation) durchgeführt wurde

8-835.a   Kryoablation
- .a0   Rechter Vorhof
  - *Inkl.:*   Venae cavae und Koronarsinus
  - *Exkl.:*   AV-Knoten (8-835.a1)
- .a1   AV-Knoten
- .a2   Rechter Ventrikel
- .a3   Linker Vorhof
  - *Exkl.:*   Isolierte Ablation an den Pulmonalvenen (8-835.a5)
  - *Hinw.:*   Dieser Kode ist auch für die Ablation an den Pulmonalvenen mit weiteren punktförmigen oder linearen Ablationen im Bereich des Septums und/oder des übrigen linken Vorhofes zu verwenden
- .a4   Linker Ventrikel
- .a5   Pulmonalvenen
  - *Hinw.:*   Mit diesem Kode ist die isolierte Ablation an den Pulmonalvenen zu verschlüsseln

8-835.b   Bipolare phasenverschobene Radiofrequenzablation
- .b0   Rechter Vorhof
  - *Inkl.:*   Venae cavae und Koronarsinus
  - *Exkl.:*   AV-Knoten (8-835.b1)
- .b1   AV-Knoten
- .b2   Rechter Ventrikel

Kapitel 8: Nichtoperative therapeutische Maßnahmen

.b3 Linker Vorhof
 Exkl.: Isolierte Ablation an den Pulmonalvenen (8-835.b5)
 Hinw.: Dieser Kode ist auch für die Ablation an den Pulmonalvenen mit weiteren punktförmigen oder linearen Ablationen im Bereich des Septums und/oder des übrigen linken Vorhofes zu verwenden
.b4 Linker Ventrikel
.b5 Pulmonalvenen
 Hinw.: Mit diesem Kode ist die isolierte Ablation an den Pulmonalvenen zu verschlüsseln

8-835.e Anwendung einer endovaskulären endoskopischen Steuerung
 Hinw.: Dieser Kode ist ein Zusatzkode. Er ist nur anzugeben, wenn die Laserablation (8-835.4 ff.) mit Hilfe einer endovaskulären endoskopischen Steuerung durchgeführt wurde

8-835.f Perkutaner epikardialer Zugang für eine Ablation
 Hinw.: Dieser Kode ist ein Zusatzkode. Er ist nur anzugeben, wenn bei einem der unter 8-835.2 ff. bis 8-835.4 ff., 8-835.a oder 8-835.b aufgeführten Verfahren die Ablation über einen perkutanen epikardialen Zugang durchgeführt wurde

8-835.g Anwendung rotordetektierender, elektroanatomischer Mappingverfahren
 Inkl.: Focal Impulse and Rotor Modulation [FIRM]
 Hinw.: Dieser Kode ist ein Zusatzkode. Er ist nur anzugeben, wenn bei einem der unter 8-835.2 ff. bis 8-835.4 ff., 8-835.a oder 8-835.b aufgeführten Verfahren die Ablation mit Hilfe rotordetektierender, elektroanatomischer Mappingverfahren durchgeführt wurde
 Die Anwendung dreidimensionaler, elektroanatomischer Mappingverfahren ist gesondert zu kodieren (8-835.8)

8-835.h Messung des Anpressdruckes
 Hinw.: Dieser Kode ist ein Zusatzkode. Er ist nur anzugeben, wenn bei einem der unter 8-835.2 ff. bis 8-835.4 ff., 8-835.a oder 8-835.b aufgeführten Verfahren die Ablation mit Messung des Anpressdruckes durchgeführt wurde

8-835.j Anwendung hochauflösender, multipolarer, dreidimensionaler, elektroanatomischer Kontaktmappingverfahren
 Inkl.: IntellaMap Orion, PentaRay, Ensite HD Grid
 Hinw.: Dieser Kode ist ein Zusatzkode. Er ist nur anzugeben, wenn bei einem der unter 8-835.2 ff. bis 8-835.4 ff., 8-835.a oder 8-835.b aufgeführten Verfahren die Ablation mit Hilfe hochauflösender, multipolarer, dreidimensionaler, elektroanatomischer Kontaktmappingverfahren durchgeführt wurde
 Hochauflösende, multipolare, dreidimensionale, elektroanatomische Kontaktmappingverfahren ermöglichen die Erfassung von mindestens 1.000 Mapping-Punkten pro untersuchter Herzhöhle

8-835.x Sonstige

8-835.y N.n.bez.

8-836 (Perkutan-)transluminale Gefäßintervention

Exkl.: (Perkutan-)transluminale Gefäßintervention an Gefäßen des Lungenkreislaufes (8-838 ff.)
 Perkutan-transluminale Gefäßintervention an Herz und Koronargefäßen (8-837 ff.)
 Endovaskuläre Implantation von Stent-Prothesen (5-38a ff.)
 (Perkutan-)transluminale Stentimplantation (8-84)
Hinw.: Die Anwendung eines Emboliprotektionssystems ist gesondert zu kodieren (8-83b.9)
 Die Verwendung von mehr als einem Mikrokathetersystem ist gesondert zu kodieren (8-83b.7 ff.)
 Die Verwendung von Rekanalisationssystemen zur perkutanen Passage organisierter Verschlüsse ist gesondert zu kodieren (8-83b.a ff.)
 Weitere (perkutan-)transluminale Gefäßinterventionen sind unter 8-83c ff. zu finden
 Ein Kode aus diesem Bereich ist auch zu verwenden, wenn eine der aufgeführten Prozeduren im Rahmen einer Hybridchirurgie eingesetzt wird. Es ist dann zusätzlich zu dem jeweiligen Operationskode aus dem Bereich 5-38 bis 5-39 der Zusatzkode 5-98a.0 anzugeben
 Für die Zuordnung einzelner Gefäße zu den Gruppen siehe auch Liste der Gefäße vor 5-38
 Die A. uterina sowie die arteriellen Gefäße der Prostata sind mit dem Kode h Andere Arterien abdominal und pelvin zu verschlüsseln
 Die Lokalisation ist für die mit ** gekennzeichneten Kodes in der 6. Stelle nach folgender Liste zu kodieren:
  0 Gefäße intrakraniell
  1 ↔ Gefäße Kopf extrakraniell und Hals
  2 ↔ Gefäße Schulter und Oberarm
  3 ↔ Gefäße Unterarm

4 Aorta
5 Aortenisthmus
6 Ductus arteriosus apertus
7 V. cava
8 ↔ Andere Gefäße thorakal
a   Gefäße viszeral
c ↔ Gefäße Unterschenkel
d   Gefäßmalformationen
e   Künstliche Gefäße
f   Gefäße spinal
g   V. portae
h ↔ Andere Arterien abdominal und pelvin
j ↔ Andere Venen abdominal und pelvin
k ↔ Arterien Oberschenkel
m ↔ Venen Oberschenkel
x ↔ Sonstige

8-836.0 Angioplastie (Ballon)
Hinw.: Die Verwendung eines Modellier- oder Doppellumenballons ist gesondert zu kodieren (8-83b.5 ff.)
Die Art und die Anzahl der verwendeten medikamentefreisetzenden Ballons sind gesondert zu kodieren (8-83b.b ff.)
Die Art der verwendeten antikörperbeschichteten Ballons ist gesondert zu kodieren (8-83b.b1)

.00   Gefäße intrakraniell
.02 ↔   Gefäße Schulter und Oberarm
.03 ↔   Gefäße Unterarm
.04   Aorta
.05   Aortenisthmus
.06   Ductus arteriosus apertus
.07   V. cava
.08 ↔   Andere Gefäße thorakal
.0a   Gefäße viszeral
.0c ↔   Gefäße Unterschenkel
.0d   Gefäßmalformationen
.0e   Künstliche Gefäße
.0f   Gefäße spinal
.0g   V. portae
.0h ↔   A. carotis n.n.bez.
.0j ↔   A. carotis communis
.0k ↔   A. carotis interna extrakraniell
.0m ↔ A. carotis interna extrakraniell mit A. carotis communis
.0n ↔   A. carotis externa
.0p ↔   A. vertebralis extrakraniell
.0q ↔   Andere Arterien abdominal und pelvin
.0r ↔   Andere Venen abdominal und pelvin
.0s ↔   Arterien Oberschenkel
.0t ↔   Venen Oberschenkel
.0x ↔   Sonstige

** 8-836.1 Blade-Angioplastie (Scoring- oder Cutting-balloon)
Hinw.: <u>Die Art und die Anzahl der verwendeten medikamentefreisetzenden Ballons sind gesondert zu kodieren (8-83b.b ff.)</u>

** 8-836.2 Laser-Angioplastie

** 8-836.3 Atherektomie
Hinw.: <u>Die Verwendung der optischen Kohärenztomographie ist gesondert zu kodieren (3-300 ff.)</u>

** 8-836.6 Fremdkörperentfernung
Hinw.: Die Verwendung eines Mikrodrahtretriever- oder Stentretriever-Systems ist gesondert zu kodieren (8-83b.8 ff.)

** 8-836.7 Selektive Thrombolyse
   Hinw.: Die Verwendung eines ultraschallgestützten Thrombolysesystems ist gesondert zu kodieren (8-83b.j)

** 8-836.8 Thrombektomie
   Exkl.: Rotationsthrombektomie (8-836.p ff.)
   Hinw.: Die Verwendung eines hydrodynamischen Thrombektomiesystems ist gesondert zu kodieren (8-83b.4)
   Die Verwendung eines Mikrodrahtretriever- oder Stentretriever-Systems ist gesondert zu kodieren (8-83b.8 ff.)
   Die Verwendung eines flexiblen intrakraniellen Aspirationsmikrokathetersystems ist gesondert zu kodieren (8-83b.d)

** 8-836.9 Selektive Embolisation mit embolisierenden Flüssigkeiten
   Hinw.: Die Art der verwendeten embolisierenden Flüssigkeiten ist gesondert zu kodieren (8-83b.2 ff.)
   Die Menge der verwendeten embolisierenden Flüssigkeiten ist gesondert zu kodieren (8-83b.n ff.)

** 8-836.b Selektive Embolisation mit ablösbaren Ballons
   Hinw.: Die Anzahl der ablösbaren Ballons ist gesondert zu kodieren (8-83b.6 ff.)

** 8-836.c Selektive Embolisation mit Schirmen

** 8-836.k Selektive Embolisation mit Partikeln
   Hinw.: Die Art der verwendeten Partikel ist gesondert zu kodieren (8-83b.1 ff.)
   Die Verwendung eines katheterbasierten Infusionssystems mit dynamischer expandierbarer Spitze ist gesondert zu kodieren (8-83b.k)

** 8-836.m Selektive Embolisation mit Metallspiralen
   Hinw.: Die Anzahl der verwendeten Metallspiralen ist unter 8-836.n ff. zu kodieren
   Die Art der verwendeten Metall- oder Mikrospiralen ist gesondert zu kodieren (8-83b.3 ff.)
   Die Verwendung eines Modellier- oder Doppellumenballons ist gesondert zu kodieren (8-83b.5 ff.)

8-836.n Anzahl der Metallspiralen
   Hinw.: Diese Kodes sind Zusatzkodes. Sie dürfen nur zusätzlich zu einem Kode aus 8-836.m ff. oder 8-838.9 ff. verwendet werden

   .n1   1 Metallspirale
   .n2   2 Metallspiralen
   .n3   3 Metallspiralen
   .n4   4 Metallspiralen
   .n5   5 Metallspiralen
   .n6   6 Metallspiralen
   .n7   7 Metallspiralen
   .n8   8 Metallspiralen
   .n9   9 Metallspiralen
   .na   10 Metallspiralen
   .nb   11 Metallspiralen
   .nc   12 Metallspiralen
   .nd   13 Metallspiralen
   .ne   14 Metallspiralen
   .nf   15 Metallspiralen
   .ng   16 Metallspiralen
   .nh   17 Metallspiralen
   .nj   18 Metallspiralen
   .nk   19 Metallspiralen
   .nm   20 Metallspiralen
   .np   21 Metallspiralen
   .nq   22 Metallspiralen
   .nr   23 Metallspiralen
   .ns   24 Metallspiralen
   .nt   25 Metallspiralen
   .nu   26 Metallspiralen
   .nv   27 Metallspiralen
   .nw   28 oder mehr Metallspiralen

** 8-836.p	Rotationsthrombektomie	
	Inkl.: Rotations- und Fräsatherektomie	
** 8-836.r	Kryoplastie	
** 8-836.w	Atherektomie unter peripherem Emboliesschutz	

** 8-836.p Rotationsthrombektomie
           Inkl.: Rotations- und Fräsatherektomie
** 8-836.r Kryoplastie
** 8-836.w Atherektomie unter peripherem Embolieschutz
           [6. Stelle: c,k,m,x]
           Hinw.: Die Anwendung eines Embolieprotektionssystems ist hier nicht gesondert zu kodieren
** 8-836.x Sonstige
   8-836.y N.n.bez.

8-837 **Perkutan-transluminale Gefäßintervention an Herz und Koronargefäßen**
           Hinw.: Die Anwendung eines Embolieprotektionssystems ist gesondert zu kodieren (8-83b.9)
           Ein Kode aus diesem Bereich ist auch zu verwenden, wenn eine der aufgeführten Prozeduren im Rahmen einer Hybridchirurgie eingesetzt wird
           Die Anwendung der Hybridchirurgie ist gesondert zu kodieren (5-98a.0)
           <u>Die Verwendung von mehr als einem Mikrokathetersystem ist gesondert zu kodieren (8-83b.7 ff.)</u>
           <u>Die Verwendung von Rekanalisationssystemen zur perkutanen Passage organisierter Verschlüsse ist gesondert zu kodieren (8-83b.a ff.)</u>

   8-837.0 Angioplastie (Ballon)
           Inkl.: Bypassgefäß
           Hinw.: Die Art und die Anzahl der verwendeten medikamentefreisetzenden Ballons sind gesondert zu kodieren (8-83b.b ff.)
           Die Art der verwendeten antikörperbeschichteten Ballons ist gesondert zu kodieren (8-83b.b1)
           .00 Eine Koronararterie
           .01 Mehrere Koronararterien

   8-837.1 Laser-Angioplastie
           Inkl.: Bypassgefäß
           .10 Eine Koronararterie
           .11 Mehrere Koronararterien

   8-837.2 Atherektomie
           Inkl.: Bypassgefäß
           .20 Eine Koronararterie
           .21 Mehrere Koronararterien

   8-837.4 Fremdkörperentfernung
           Hinw.: Die Verwendung eines Mikrodrahtretriever- oder Stentretriever-Systems ist gesondert zu kodieren (8-83b.8 ff.)

   8-837.5 Rotablation
           Inkl.: Bypassgefäß
           .50 Eine Koronararterie
           .51 Mehrere Koronararterien

   8-837.6 Selektive Thrombolyse
           Inkl.: Bypassgefäß
           .60 Eine Koronararterie
           .61 Mehrere Koronararterien

   8-837.7 Selektive Embolisation und/oder Infarzierung
           .70 Mit Flüssigkeiten
           .71 Mit Partikeln oder Metallspiralen
           .72 Mit ablösbaren Ballons
           .73 Mit Schirmen
           .7x Sonstige

   8-837.8 Einlegen einer Prothese
   8-837.9 Verschluss einer Koronarfistel
   8-837.a Ballonvalvuloplastie (Ballonvalvulotomie)
           .a0 Aortenklappe
           .a1 Mitralklappe
           .a2 Pulmonalklappe

Kapitel 8: Nichtoperative therapeutische Maßnahmen

		.a3	Trikuspidalklappe
		.a4	Künstliche Herzklappe
		.ax	Sonstige
8-837.b	Herstellung eines Septumdefekts		
		.b0	Vorhofseptum
		.b1	Ventrikelseptum
8-837.c	Vergrößerung eines Septumdefektes		
		.c0	Vorhofseptum
		.c1	Ventrikelseptum
8-837.d	Verschluss eines Septumdefekts		
		.d0	Vorhofseptum
		.d1	Ventrikelseptum
8-837.e	Perkutane transmyokardiale Laservaskularisation (PMR)		
8-837.f	Dilatation des rechtsventrikulären Ausflusstraktes		
8-837.g	Dilatation des linksventrikulären Ausflusstraktes		
8-837.h	Einlegen eines Stents in den rechtsventrikulären Ausflusstrakt		
8-837.j	Eröffnung und Erweiterung einer geschlossenen Herzklappe		
8-837.k	Einlegen eines nicht medikamentefreisetzenden Stents *Inkl.:* Bypassgefäß		
		.k0	Ein Stent in eine Koronararterie
		.k3	2 Stents in eine Koronararterie
		.k4	2 Stents in mehrere Koronararterien
		.k5	3 Stents in eine Koronararterie
		.k6	3 Stents in mehrere Koronararterien
		.k7	4 Stents in eine Koronararterie
		.k8	4 Stents in mehrere Koronararterien
		.k9	5 Stents in eine Koronararterie
		.ka	5 Stents in mehrere Koronararterien
		.kb	Mindestens 6 Stents in eine Koronararterie
		.kc	Mindestens 6 Stents in mehrere Koronararterien
		.kx	Sonstige
8-837.m	Einlegen eines medikamentefreisetzenden Stents *Inkl.:* Bypassgefäß *Hinw.:* Die Art der medikamentefreisetzenden Stents ist gesondert zu kodieren (8-83b.0 ff.)		
		.m0	Ein Stent in eine Koronararterie
		.m1	2 Stents in eine Koronararterie
		.m2	2 Stents in mehrere Koronararterien
		.m3	3 Stents in eine Koronararterie
		.m4	3 Stents in mehrere Koronararterien
		.m5	4 Stents in eine Koronararterie
		.m6	4 Stents in mehrere Koronararterien
		.m7	5 Stents in eine Koronararterie
		.m8	5 Stents in mehrere Koronararterien
		.m9	Mindestens 6 Stents in eine Koronararterie
		.ma	Mindestens 6 Stents in mehrere Koronararterien
		.mx	Sonstige
8-837.p	Einlegen eines nicht medikamentefreisetzenden gecoverten Stents (Stent-Graft)		
8-837.q	Blade-Angioplastie (Scoring- oder Cutting-balloon) *Hinw.:* **Die Art und die Anzahl der verwendeten medikamentefreisetzenden Ballons sind gesondert zu kodieren (8-83b.b ff.)**		
8-837.s	Maßnahmen zur Embolieprotektion am linken Herzohr *Hinw.:* Das bildgebende Verfahren ist im Kode enthalten		
		.s0	Implantation eines permanenten Embolieprotektionssystems
		.s1	Verschluss durch perkutan epikardial eingebrachte Schlinge
		.sx	Sonstige

8-837.t		Thrombektomie aus Koronargefäßen
		Hinw.: Die Verwendung eines hydrodynamischen Thrombektomiesystems ist gesondert zu kodieren (8-83b.4)
		Die Verwendung eines Mikrodrahtretriever- oder Stentretriever-Systems ist gesondert zu kodieren (8-83b.8 ff.)
8-837.u		Einlegen eines nicht medikamentefreisetzenden Bifurkationsstents
		Inkl.: OPD-System [Ostium-Protection-Device-System]
		Hinw.: Mit diesem Kode ist nicht der Gebrauch zweier "normaler" Stents in der Kissing-Ballon-Technik zu kodieren
8-837.v		Einlegen eines medikamentefreisetzenden Bifurkationsstents
		Inkl.: OPD-System [Ostium-Protection-Device-System]
		Hinw.: Die Art der medikamentefreisetzenden Stents oder OPD-Systeme ist gesondert zu kodieren (8-83b.0 ff.)
		Mit diesem Kode ist nicht der Gebrauch zweier "normaler" Stents in der Kissing-Ballon-Technik zu kodieren
8-837.w		Einlegen eines beschichteten Stents
		Inkl.: Bypassgefäß
		Hinw.: Die Art der Beschichtung ist gesondert zu kodieren (8-83b.e ff.)
	.w0	Ein Stent in eine Koronararterie
	.w1	2 Stents in eine Koronararterie
	.w2	2 Stents in mehrere Koronararterien
	.w3	3 Stents in eine Koronararterie
	.w4	3 Stents in mehrere Koronararterien
	.w5	4 Stents in eine Koronararterie
	.w6	4 Stents in mehrere Koronararterien
	.w7	5 Stents in eine Koronararterie
	.w8	5 Stents in mehrere Koronararterien
	.w9	Mindestens 6 Stents in eine Koronararterie
	.wa	Mindestens 6 Stents in mehrere Koronararterien
	.wx	Sonstige
8-837.x		Sonstige
8-837.y		N.n.bez.

8-838 **(Perkutan-)transluminale Gefäßintervention an Gefäßen des Lungenkreislaufes**

Hinw.: Die Anwendung eines Embolieprotektionssystems ist gesondert zu kodieren (8-83b.9)
Die Verwendung von mehr als einem Mikrokatheter ist gesondert zu kodieren (8-83b.7 ff.)
Ein Kode aus diesem Bereich ist auch zu verwenden, wenn eine der aufgeführten Prozeduren im Rahmen einer Hybridchirurgie eingesetzt wird
Die Anwendung der Hybridchirurgie ist gesondert zu kodieren (5-98a.0)
Die Lokalisation ist für die mit ** gekennzeichneten Kodes in der 6. Stelle nach folgender Liste zu kodieren:
0   Pulmonalarterie
1 ↔ Pulmonalvene
2   Aortopulmonale Kollateralgefäße (MAPCA)
3   Gefäßmalformationen
4   Künstliche aortopulmonale Shunts
5   Künstliche Gefäße
x ↔ Sonstige

** 8-838.0   Angioplastie (Ballon)
** 8-838.1   Blade-Angioplastie (Cutting-balloon)
** 8-838.2   Laser-Angioplastie
** 8-838.3   Einlegen eines Stents
             Exkl.: Einlegen eines großlumigen Stent (8-838.e ff., 8-838.g ff.)
** 8-838.4   Einlegen mehrerer Stents
             Exkl.: Einlegen von 2 oder mehr großlumigen Stents (8-838.f ff., 8-838.h ff.)
** 8-838.5   Fremdkörperentfernung

Kapitel 8: Nichtoperative therapeutische Maßnahmen

** 8-838.6	Selektive Thrombolyse	
	Hinw.: Die Verwendung eines ultraschallgestützten Thrombolysesystems ist gesondert zu kodieren (8-83b.j)	
** 8-838.7	Thrombusfragmentation	
	Hinw.: Die Verwendung eines hydrodynamischen Thrombektomiesystems ist gesondert zu kodieren (8-83b.4)	
	Die Verwendung eines Mikrodrahtretriever- oder Stentretriever-Systems ist gesondert zu kodieren (8-83b.8 ff.)	
** 8-838.8	Selektive Embolisation mit embolisierenden Flüssigkeiten	
	Hinw.: Die Art der verwendeten embolisierenden Flüssigkeiten ist gesondert zu kodieren (8-83b.2 ff.)	
** 8-838.9	Selektive Embolisation mit Partikeln oder Metallspiralen	
	Hinw.: Die Anzahl der verwendeten Metallspiralen ist unter 8-836.n ff. zu kodieren	
** 8-838.a	Selektive Embolisation mit ablösbaren Ballons	
	Hinw.: Die Anzahl der ablösbaren Ballons ist gesondert zu kodieren (8-83b.6 ff.)	
** 8-838.b	Selektive Embolisation mit Schirmen	
** 8-838.c	Implantation eines intraluminalen druckreduzierenden Systems	
** 8-838.d	Rotationsthrombektomie	
	[6. Stelle: 0,5,x]	
** 8-838.e	Einlegen eines ungecoverten großlumigen Stents	
	Hinw.: Großlumige Stents beginnen für Erwachsene bei einem Durchmesser von mehr als 16 mm und für Kinder bei einem Durchmesser von mehr als 8 mm	
** 8-838.f	Einlegen von 2 oder mehr ungecoverten großlumigen Stents	
	Hinw.: Großlumige Stents beginnen für Erwachsene bei einem Durchmesser von mehr als 16 mm und für Kinder bei einem Durchmesser von mehr als 8 mm	
** 8-838.g	Einlegen eines gecoverten großlumigen Stents	
	Hinw.: Großlumige Stents beginnen für Erwachsene bei einem Durchmesser von mehr als 16 mm und für Kinder bei einem Durchmesser von mehr als 8 mm	
** 8-838.h	Einlegen von 2 oder mehr gecoverten großlumigen Stents	
	Hinw.: Großlumige Stents beginnen für Erwachsene bei einem Durchmesser von mehr als 16 mm und für Kinder bei einem Durchmesser von mehr als 8 mm	
8-838.j	Implantation eines Drucksensors in die Pulmonalarterie	
	Exkl.: Legen eines Katheters in die A. pulmonalis (8-832.0)	
** 8-838.k	Einlegen eines ungecoverten Wachstumsstents	
	Inkl.: Cheatham-Platinum-Stent	
** 8-838.m	Einlegen eines gecoverten Wachstumsstents	
	Inkl.: Cheatham-Platinum-Stent	
** 8-838.x	Sonstige	
8-838.y	N.n.bez.	
8-839	**Andere therapeutische Katheterisierung und Kanüleneinlage in Herz und Blutgefäße**	
	Hinw.: Die Anwendung eines Embolieprotektionssystems ist gesondert zu kodieren (8-83b.9)	
8-839.0	Perkutane Einführung einer intraaortalen Ballonpumpe	
	Hinw.: Die Dauer der Behandlung mit einer intraaortalen Ballonpumpe ist gesondert zu kodieren (8-83a.0 ff.)	
8-839.1	Perkutane Einführung eines Antiembolie-Schirmes	
	.10 Antiembolie-Schirm, nicht integriert in zentralen Venenkatheter	
	Inkl.: Perkutane Einführung eines Vena-cava-Filters	
	.11 Antiembolie-Schirm, integriert in zentralen Venenkatheter	
	Inkl.: Perkutane Einführung eines rückholbaren Vena-cava-inferior-Filters	
8-839.3	Entfernung einer intraaortalen Ballonpumpe	
8-839.4	Implantation oder Entfernung einer transvasal platzierten axialen Pumpe zur Kreislaufunterstützung	
	.42 Implantation einer univentrikulären axialen Pumpe	
	Hinw.: Die Dauer der Behandlung mit einer transvasal platzierten axialen Pumpe zur Kreislaufunterstützung ist gesondert zu kodieren (8-83a.3 ff.)	

Kapitel 8: Nichtoperative therapeutische Maßnahmen

.43 Implantation einer biventrikulären axialen Pumpe
Hinw.: Die Dauer der Behandlung mit einer transvasal platzierten axialen Pumpe zur Kreislaufunterstützung ist gesondert zu kodieren (8-83a.3 ff.)

.44 Entfernung einer univentrikulären axialen Pumpe

.45 Entfernung einer biventrikulären axialen Pumpe

8-839.5 Perkutane Implantation oder perkutaner Wechsel eines Katheterverweilsystems in Leberarterie oder Pfortader

8-839.6 Entfernung eines Katheterverweilsystems aus Leberarterie oder Pfortader

8-839.7 Perkutane Entfernung eines Antiembolie-Schirmes
Inkl.: Perkutane Entfernung eines Vena-cava-Filters

8-839.8 Portosystemischer Shunt (TIPS)

.81 Perkutane (Ballon-)Angioplastie
.82 Perkutane Thrombolyse
.83 Perkutane Thrombektomie
.84 Perkutane Verkleinerung eines bestehenden portosystemischen Shunts
.85 Perkutaner Verschluss
.86 Revision mit Stenteinlage
.87 Perkutanes Anlegen eines ungecoverten Stents
.88 Perkutanes Anlegen eines gecoverten Stents
.89 Perkutanes Anlegen von 2 oder mehr ungecoverten Stents
.8a Perkutanes Anlegen von 2 oder mehr gecoverten Stents
.8x Sonstige

8-839.9 Rekanalisation eines Koronargefäßes unter Verwendung spezieller Techniken
Inkl.: Rekanalisation eines chronischen Koronarverschlusses
Hinw.: Ein Kode aus diesem Bereich kann zusätzlich zu einem Kode aus dem Bereich 8-837 angegeben werden
Die Anwendung eines Schraubenkatheters zur Rekanalisation eines Koronargefäßes ist gesondert zu kodieren (8-83b.g)

.90 Mit kontralateraler Koronardarstellung
Hinw.: Es sind zwei arterielle Zugänge erforderlich

.91 Mit kontralateraler Koronardarstellung und Doppeldrahttechnik
Hinw.: Es sind zwei arterielle Zugänge erforderlich
Es werden mindestens zwei Koronardrähte simultan eingesetzt

.92 Mit retrograder Sondierung über die Kollateralgefäße, ohne Externalisation

.93 Mit retrograder Sondierung über die Kollateralgefäße, mit Externalisation
Hinw.: Mit diesem Kode ist die Externalisation (Herausführen auf der kontralateralen Seite) eines retrograden Drahtes bei Zugang über die Kollateralgefäße zu kodieren

8-839.a Endovaskuläre Implantation oder Entfernung einer extrakorporalen Zentrifugalpumpe zur Kreislaufunterstützung

.a0 Implantation einer univentrikulären Zentrifugalpumpe, linker Ventrikel
Hinw.: Die Dauer der Behandlung mit einer extrakorporalen univentrikulären Pumpe ist gesondert zu kodieren (8-83a.1 ff.)
Die endovaskuläre Implantation der Kanülen ist im Kode enthalten

.a1 Implantation einer univentrikulären Zentrifugalpumpe, rechter Ventrikel
Hinw.: Die Dauer der Behandlung mit einer extrakorporalen univentrikulären Pumpe ist gesondert zu kodieren (8-83a.1 ff.)
Die endovaskuläre Implantation der Kanülen ist im Kode enthalten

.a2 Implantation einer biventrikulären Zentrifugalpumpe
Hinw.: Die Anwendung dieses Kodes setzt die gleichzeitige Verwendung von zwei Zentrifugalpumpen voraus
Die Dauer der Behandlung mit einer extrakorporalen biventrikulären Pumpe ist gesondert zu kodieren (8-83a.2 ff.)
Die endovaskuläre Implantation der Kanülen ist im Kode enthalten

.a3 Entfernung einer univentrikulären Zentrifugalpumpe

.a4 Entfernung einer biventrikulären Zentrifugalpumpe
Hinw.: Die Anwendung dieses Kodes setzt die gleichzeitige Entfernung von beiden Zentrifugalpumpen voraus

.a5 Anwendung eines doppellumigen Katheters als Kanüle
Hinw.: Dieser Kode ist ein Zusatzkode

.a6 Anwendung eines transseptal fixierten, doppellumigen Katheters als Kanüle
Hinw.: Dieser Kode ist ein Zusatzkode

8-839.b Endovaskuläre Implantation, Wechsel oder Entfernung einer parakorporalen pulsatilen
Membranpumpe mit integrierter Gegenpulsation zur Kreislaufunterstützung
- .b0 Implantation, linker Ventrikel
  - *Hinw.:* Die Dauer der Behandlung mit einer parakorporalen Pumpe zur Kreislaufunterstützung ist gesondert zu kodieren (8-83a.4 ff.)
  - Die endovaskuläre Implantation der Kanülen ist im Kode enthalten
- .b1 Implantation, rechter Ventrikel
  - *Hinw.:* Die Dauer der Behandlung mit einer parakorporalen Pumpe zur Kreislaufunterstützung ist gesondert zu kodieren (8-83a.4 ff.)
  - Die endovaskuläre Implantation der Kanülen ist im Kode enthalten
- .b2 Wechsel, linker Ventrikel
  - *Hinw.:* Die Dauer der Behandlung mit einer parakorporalen Pumpe zur Kreislaufunterstützung ist gesondert zu kodieren (8-83a.4 ff.)
  - Die endovaskuläre Implantation der Kanülen ist im Kode enthalten
- .b3 Wechsel, rechter Ventrikel
  - *Hinw.:* Die Dauer der Behandlung mit einer parakorporalen Pumpe zur Kreislaufunterstützung ist gesondert zu kodieren (8-83a.4 ff.)
  - Die endovaskuläre Implantation der Kanülen ist im Kode enthalten
- .b4 Entfernung

8-839.x Sonstige

8-839.y N.n.bez.

8-83a Dauer der Behandlung mit einem herzunterstützenden System

8-83a.0 Intraaortale Ballonpumpe
Exkl.: Offen chirurgische Implantation und Entfernung einer intraaortalen Ballonpumpe (5-376.0 ff.)
Perkutane Einführung und Entfernung einer intraaortalen Ballonpumpe (8-839.0, 8-839.3)
- .00 Bis unter 48 Stunden
- .01 48 bis unter 96 Stunden
- .02 96 oder mehr Stunden

8-83a.1 Extrakorporale Pumpe (z.B. Kreiselpumpe oder Zentrifugalpumpe), univentrikulär
Exkl.: Implantation und Entfernung einer extrakorporalen univentrikulären Pumpe (5-376.2 ff.)
Endovaskuläre Implantation oder Entfernung einer univentrikulären Zentrifugalpumpe zur Kreislaufunterstützung (8-839.a0, 8-839.a1, 8-839.a3)
- .10 Bis unter 48 Stunden
- .11 48 bis unter 96 Stunden
- .13 96 bis unter 144 Stunden
- .14 144 bis unter 192 Stunden
- .15 192 bis unter 240 Stunden
- .16 240 bis unter 288 Stunden
- .17 288 bis unter 384 Stunden
- .18 384 bis unter 480 Stunden
- .19 480 bis unter 576 Stunden
- .1a 576 oder mehr Stunden

8-83a.2 Extrakorporale Pumpe (z.B. Kreiselpumpe oder Zentrifugalpumpe), biventrikulär
Exkl.: Implantation und Entfernung einer extrakorporalen biventrikulären Pumpe (5-376.3 ff.)
Endovaskuläre Implantation oder Entfernung einer biventrikulären Zentrifugalpumpe zur Kreislaufunterstützung (8-839.a2, 8-839.a4)
- .20 Bis unter 48 Stunden
- .21 48 bis unter 96 Stunden
- .23 96 bis unter 144 Stunden
- .24 144 bis unter 192 Stunden
- .25 192 bis unter 240 Stunden
- .26 240 bis unter 288 Stunden
- .27 288 bis unter 384 Stunden
- .28 384 bis unter 480 Stunden
- .29 480 bis unter 576 Stunden
- .2a 576 oder mehr Stunden

Kapitel 8: Nichtoperative therapeutische Maßnahmen

8-83a.3 Transvasal platzierte axiale Pumpe zur Kreislaufunterstützung
Exkl.: Implantation und Entfernung einer transvasal platzierten axialen Pumpe zur Kreislaufunterstützung (8-839.4 ff.)
- .30 Bis unter 48 Stunden
- .31 48 bis unter 96 Stunden
- .32 96 Stunden bis unter 120 Stunden
- .33 120 oder mehr Stunden

8-83a.4 Parakorporale Pumpe zur Kreislaufunterstützung (z.B. Membranpumpe)
Exkl.: Endovaskuläre Implantation, Wechsel oder Entfernung einer parakorporalen pulsatilen Membranpumpe mit integrierter Gegenpulsation zur Kreislaufunterstützung (8-839.b0, 8-839.b1, 8-839.b2, 8-839.b3, 8-839.b4)
- .40 Bis unter 48 Stunden
- .41 48 bis unter 96 Stunden
- .42 96 bis unter 144 Stunden
- .43 144 bis unter 192 Stunden
- .44 192 bis unter 240 Stunden
- .45 240 bis unter 288 Stunden
- .46 288 bis unter 384 Stunden
- .47 384 bis unter 480 Stunden
- .48 480 oder mehr Stunden

8-83b Zusatzinformationen zu Materialien

8-83b.0 Art der medikamentefreisetzenden Stents oder OPD-Systeme
Hinw.: Diese Zusatzinformation ist für jeden implantierten Stent oder für jedes implantierte OPD-System anzugeben
- .00 ABT-578-(Zotarolimus-)freisetzende Stents oder OPD-Systeme mit Polymer
- .01 Biolimus-A9-freisetzende Stents oder OPD-Systeme mit Polymer
- .03 Paclitaxel-freisetzende Stents oder OPD-Systeme ohne Polymer
- .05 Paclitaxel-freisetzende Stents oder OPD-Systeme mit biologisch abbaubarer Polymerbeschichtung
- .06 Paclitaxel-freisetzende Stents oder OPD-Systeme mit sonstigem Polymer
- .07 Sirolimus-freisetzende Stents oder OPD-Systeme ohne Polymer
- .08 Sirolimus-freisetzende Stents oder OPD-Systeme mit Polymer
- .09 Tacrolimus-freisetzende Stents oder OPD-Systeme
- .0a Pimecrolimus-freisetzende Stents oder OPD-Systeme mit biologisch abbaubarer Polymerbeschichtung
- .0b Everolimus-freisetzende Stents oder OPD-Systeme mit biologisch abbaubarer Polymerbeschichtung
- .0c Everolimus-freisetzende Stents oder OPD-Systeme mit sonstigem Polymer
- .0d Novolimus-freisetzende Stents oder OPD-Systeme mit biologisch abbaubarer Polymerbeschichtung
- .0e Novolimus-freisetzende Stents oder OPD-Systeme mit sonstigem Polymer
- .0f Biolimus-A9-freisetzende Stents oder OPD-Systeme ohne Polymer
- .0x Sonstige

8-83b.1 Art der Partikel zur selektiven Embolisation
- .10 Medikamentenbeladene Partikel
- .11 Radioaktive Partikel
- .12 Nicht sphärische Partikel
- .13 Sonstige sphärische Partikel
  Exkl.: Medikamentenbeladene Partikel (8-83b.10)
  Radioaktive Partikel (8-83b.11)
  Röntgendichte medikamentenbeladene Partikel (8-83b.14)
- .14 Röntgendichte medikamentenbeladene Partikel
- .1x Sonstige Partikel

8-83b.2 Art der Flüssigkeiten zur selektiven Embolisation
- .20 Ethylenvinylalkohol
- .21 Flüssige Alkoholkopolymere
  Exkl.: Ethylenvinylalkohol-Copolymer (8-83b.22)
- .22 Ethylenvinylalkohol-Copolymer
- .23 Geliertes Alkoholgel
- .24 Triiodophenol-(Lactid-Co-Glykolid-)Acrylat
- .2x Sonstige Flüssigkeiten

Kapitel 8: Nichtoperative therapeutische Maßnahmen

8-83b.3 Art der Metall- oder Mikrospiralen zur selektiven Embolisation
Hinw.: Metallspiralen werden ab einer Länge von über 30 cm als überlang eingestuft
- .30 Hydrogel-beschichtete Metallspiralen, normallang
- .31 Sonstige bioaktive Metallspiralen, normallang
- .32 Bioaktive Metallspiralen, überlang
- .33 Nicht bioaktive Metallspiralen, überlang
  Exkl.: Volumencoils (8-83b.35)
- .34 Nicht gecoverter großlumiger Gefäßverschlusskörper [Vascular Plug]
- .35 Großvolumige Metallspiralen [Volumencoils]
  Hinw.: Volumencoils haben einen Durchmesser von mindestens 0,51 mm im Einführungszustand
- .36 Ablösbare Metall- oder Mikrospiralen
  Hinw.: <u>Die Art der verwendeten Metall- oder Mikrospiralen ist gesondert zu kodieren (8-83b.30 bis 8-83b.35, 8-83b.38 bis 8-83b.3a)</u>
  Der Ablösmechanismus kann z.B. elektrolytisch, mechanisch oder hydraulisch sein
- .37 Intraaneurysmaler Verschlusskörper für intrakranielle Aneurysmen
- .38 Gecoverter großlumiger Gefäßverschlusskörper [Vascular Plug]
- .39 Mikrospiralen aus Hydrogel
- .3a Hybrid-Mikrospiralen
  Hinw.: Eine Hybrid-Mikrospirale besteht aus mindestens drei unterschiedlich weichen Segmenten
- <u>.3b Besonders kleine Metallspiralen</u>
  Hinw.: <u>Die Art der verwendeten Metallspiralen ist gesondert zu kodieren (8-83b.30 bis 8-83b.33, 8-83b.3a)</u>
  <u>Besonders kleine Metallspiralen können in Mikrokathetern eingesetzt werden, die weniger als 0,42 mm Innendurchmesser aufweisen</u>
- .3x Sonstige Metall- oder Mikrospiralen

8-83b.4 Verwendung eines hydrodynamischen Thrombektomiesystems
Inkl.: Hochdruck-Wasserjet-Katheter zur Thrombektomie

8-83b.5 Verwendung eines Modellier- oder Doppellumenballons
- .50 1 Modellierballon
- .51 2 oder mehr Modellierballons
- .52 1 Doppellumenballon
- .53 2 oder mehr Doppellumenballons

8-83b.6 Verwendung eines ablösbaren Ballons
- .60 1 ablösbarer Ballon
- .61 2 ablösbare Ballons
- .62 3 oder mehr ablösbare Ballons

8-83b.7 Verwendung von mehr als einem Mikrokathetersystem
Hinw.: Mikrokathetersysteme bestehen aus Kathetern mit einem Durchmesser von 0,5 bis 1 mm
- .70 2 Mikrokathetersysteme
- .71 3 Mikrokathetersysteme
- .72 4 Mikrokathetersysteme
- .73 5 Mikrokathetersysteme
- .74 6 Mikrokathetersysteme
- .75 7 oder mehr Mikrokathetersysteme

8-83b.8 Verwendung eines Mikrodrahtretriever- oder Stentretriever-Systems zur Thrombektomie oder Fremdkörperentfernung
- .80 1 Mikrodrahtretriever-System
  Inkl.: Mikrodrahtgestütztes Thrombektomiesystem mit kontinuierlicher Aspiration
- .82 2 Mikrodrahtretriever-Systeme
  Inkl.: Mikrodrahtgestütztes Thrombektomiesystem mit kontinuierlicher Aspiration
- .83 3 oder mehr Mikrodrahtretriever-Systeme
  Inkl.: Mikrodrahtgestütztes Thrombektomiesystem mit kontinuierlicher Aspiration
- .84 1 Stentretriever-System
- .85 2 Stentretriever-Systeme
- .86 3 oder mehr Stentretriever-Systeme

8-83b.9 Einsatz eines Embolieprotektionssystems
Exkl.: Perkutane Einführung eines Vena-cava-Filters (8-839.1 ff.)
Maßnahmen zur Emboliprotektion am linken Herzohr (8-837.s ff.)

Kapitel 8: Nichtoperative therapeutische Maßnahmen

8-83b.a Verwendung von Rekanalisationssystemen zur perkutanen Passage organisierter Verschlüsse
- .a0 System zur Mikro-Dissektion
- .a1 Spezielles Nadelsystem zur subintimalen Rekanalisation
- .a2 Mechanisches Radiofrequenz-System
- .ax Sonstige

8-83b.b Art der verwendeten Ballons
- .b1 Antikörperbeschichtete Ballons
- .b6 Ein medikamentefreisetzender Ballon an Koronargefäßen
- .b7 Zwei medikamentefreisetzende Ballons an Koronargefäßen
- .b8 Drei medikamentefreisetzende Ballons an Koronargefäßen
- .b9 Vier oder mehr medikamentefreisetzende Ballons an Koronargefäßen
- .ba Ein medikamentefreisetzender Ballon an anderen Gefäßen
- .bb Zwei medikamentefreisetzende Ballons an anderen Gefäßen
- .bc Drei medikamentefreisetzende Ballons an anderen Gefäßen
- .bd Vier oder mehr medikamentefreisetzende Ballons an anderen Gefäßen
- .bx Sonstige Ballons

8-83b.c Verwendung eines Gefäßverschlusssystems
Hinw.: Die Verwendung eines Verschlusssystems ist bei diagnostischem oder interventionellem Einsatz eines Katheters gesondert zu kodieren
- .c2 Nahtsystem
- .c3 Clipsystem
- .c4 Polymerdichtung mit äußerer Sperrscheibe
- .c5 Resorbierbare Plugs ohne Anker
  Inkl.: Kollagenplugs ohne Anker, extravaskulärer Polyglykolsäure-Pfropf
- .c6 Resorbierbare Plugs mit Anker
  Inkl.: Kollagenplugs mit Anker

8-83b.d Verwendung von flexiblen intrakraniellen Aspirationsmikrokathetersystemen

8-83b.e Art der Beschichtung von Stents
- .e0 Antikörperbeschichtete Stents ohne antiproliferative Funktion
- .e1 Bioaktive Oberfläche bei gecoverten Stents
- .e2 Antikörperbeschichtete Stents mit Freisetzung von antiproliferativen Medikamenten
  Hinw.: Die Art der medikamentefreisetzenden Stents ist nicht gesondert zu kodieren
- .ex Sonstige Beschichtung

8-83b.f Länge peripherer Stents
- .f1 100 mm bis unter 150 mm
- .f2 150 mm bis unter 200 mm
- .f3 200 mm bis unter 250 mm
- .f4 250 mm oder mehr

8-83b.g Verwendung eines Schraubkatheters zur Rekanalisation eines Koronargefäßes

8-83b.h Verwendung eines verstellbaren Doppelballonsystems

8-83b.j Verwendung eines ultraschallgestützten Thrombolysesystems

8-83b.k Verwendung eines katheterbasierten Infusionssystems mit dynamischer, expandierbarer Spitze zur selektiven Embolisation

8-83b.m Art der verwendeten bioresorbierbaren Stents
- .m0 Polymer-basiert
- .m1 Metallisch
- .mx Sonstige

8-83b.n Menge der Flüssigkeiten zur selektiven Embolisation
- .n0 Bis unter 3 ml
- .n1 3 ml bis unter 6 ml
- .n2 6 ml bis unter 9 ml
- .n3 9 ml bis unter 12 ml
- .n4 12 ml bis unter 15 ml
- .n5 15 ml bis unter 20 ml
- .n6 20 ml bis unter 25 ml
- .n7 25 ml bis unter 30 ml
- .n8 30 ml oder mehr

Kapitel 8: Nichtoperative therapeutische Maßnahmen

8-83b.x Sonstige

8-83c Andere (perkutan-)transluminale Gefäßintervention
Exkl.: (Perkutan-)transluminale Gefäßintervention an Gefäßen des Lungenkreislaufes (8-838 ff.)
Perkutan-transluminale Gefäßintervention an Herz und Koronargefäßen (8-837 ff.)
Endovaskuläre Implantation von Stent-Prothesen (5-38a ff.)
(Perkutan-)transluminale Stentimplantation (8-84)
Hinw.: Die Anwendung eines Embolieprotektionssystems ist gesondert zu kodieren (8-83b.9)
Weitere (perkutan-)transluminale Gefäßinterventionen sind unter 8-836 ff. zu finden
Ein Kode aus diesem Bereich ist auch zu verwenden, wenn eine der aufgeführten Prozeduren im Rahmen einer Hybridchirurgie eingesetzt wird. Es ist dann zusätzlich zu dem jeweiligen Operationskode aus dem Bereich 5-38 bis 5-39 der Zusatzkode 5-98a.0 anzugeben
Die Lokalisation ist für die mit ** gekennzeichneten Kodes in der 6. Stelle nach folgender Liste zu kodieren:

0   Gefäße intrakraniell
1 ↔ Gefäße Kopf extrakraniell und Hals
2 ↔ Gefäße Schulter und Oberarm
3 ↔ Gefäße Unterarm
4   Aorta
5   Aortenisthmus
6   Ductus arteriosus apertus
7   V. cava
8 ↔ Andere Gefäße thorakal
9 ↔ Andere Gefäße abdominal und pelvin
a   Gefäße visceral
b ↔ Gefäße Oberschenkel
c ↔ Gefäße Unterschenkel
d   Gefäßmalformationen
e   Künstliche Gefäße
f   Gefäße spinal
g   V. portae
x ↔ Sonstige

8-83c.5 Ablation über die A. renalis
.51 ↔ Ultraschallablation
.52 ↔ Nicht gekühlte Radiofrequenzablation
.53 ↔ Gekühlte Radiofrequenzablation
.5x ↔ Sonstige

8-83c.6 Intraarterielle Spasmolyse bei zerebrovaskulären Vasospasmen
Hinw.: Die Verwendung eines Modellier- oder Doppellumenballons ist gesondert zu kodieren (8-83b.5 ff.)
.60   1 Gefäß
.61   2 Gefäße
.62   3 oder mehr Gefäße

8-83c.7 Intraarterielle Spasmolyse an sonstigen Gefäßen
Exkl.: Intraarterielle Spasmolyse bei zerebrovaskulären Vasospasmen (8-83c.6 ff.)
Einmalige Gabe eines Spasmolytikums zu diagnostischen Zwecken im Rahmen eines anderen Eingriffs
Hinw.: Diese Kodes sind auch zu verwenden, wenn eine intraarterielle Spasmolyse im Rahmen eines anderen Eingriffs erfolgt
.70   1 Gefäß
.71   2 Gefäße
.72   3 oder mehr Gefäße

8-83c.8 Selektive Embolisation durch intraaneurysmales Nitinolimplantat, intrakraniell

** 8-83c.9 (Perkutan-)transluminale Implantation selbstexpandierender endovaskulärer Klammern
Hinw.: Die Anzahl der verwendeten Klammern ist unter 8-83c.a ff. zu kodieren

Kapitel 8: Nichtoperative therapeutische Maßnahmen

8-83c.a Anzahl der selbstexpandierenden endovaskulären Klammern
Hinw.: Diese Kodes sind Zusatzkodes. Sie dürfen nur zusätzlich zu einem Kode aus 8-83c.9 ff. verwendet werden
- .a1 1 Klammer
- .a2 2 Klammern
- .a3 3 Klammern
- .a4 4 Klammern
- .a5 5 oder mehr Klammern

** 8-83c.b Lithoplastie
[6. Stelle: 1-4,8-c,e,x]
Hinw.: Lithoplastie ist eine Kombination aus Stoßwellentherapie und Ballondilatation

** 8-83c.c Endovaskuläre Anlage einer AV-Fistel durch magnetgeführte Hochfrequenzenergie
[6. Stelle: 2,3,b,c,x]

** 8-83c.d Endovaskuläre Anlage einer AV-Fistel durch Gleichstrom
[6. Stelle: 2,3,b,c,x]

** 8-83c.e Endovaskuläre Anlage einer AV-Fistel mit nahtlosem Nitinolkoppler
[6. Stelle: b,x]

8-83d Andere perkutan-transluminale Gefäßintervention an Herz und Koronargefäßen
Hinw.: Die Anwendung eines Embolieprotektionssystems ist gesondert zu kodieren (8-83b.9)
Ein Kode aus diesem Bereich ist auch zu verwenden, wenn eine der aufgeführten Prozeduren im Rahmen einer Hybridchirurgie eingesetzt wird
Die Anwendung der Hybridchirurgie ist gesondert zu kodieren (5-98a.0)

8-83d.0 Einlegen eines medikamentefreisetzenden bioresorbierbaren Stents
Inkl.: Bypassgefäß
Hinw.: Die Art der medikamentefreisetzenden Stents ist gesondert zu kodieren (8-83b.0 ff.)
Die Art der bioresorbierbaren Stents ist gesondert zu kodieren (8-83b.m ff.)
Wenn nur die Polymerbeschichtung, nicht aber der Stent selbst biologisch abbaubar ist, kann ein Kode aus diesem Bereich nicht verwendet werden
- .00 Ein bioresorbierbarer Stent in eine Koronararterie
- .01 2 bioresorbierbare Stents in eine Koronararterie
- .02 2 bioresorbierbare Stents in mehrere Koronararterien
- .03 3 bioresorbierbare Stents in eine Koronararterie
- .04 3 bioresorbierbare Stents in mehrere Koronararterien
- .05 4 bioresorbierbare Stents in eine Koronararterie
- .06 4 bioresorbierbare Stents in mehrere Koronararterien
- .07 5 bioresorbierbare Stents in eine Koronararterie
- .08 5 bioresorbierbare Stents in mehrere Koronararterien
- .09 Mindestens 6 bioresorbierbare Stents in eine Koronararterie
- .0a Mindestens 6 bioresorbierbare Stents in mehrere Koronararterien
- .0x Sonstige

8-83d.1 Einlegen eines nicht medikamentefreisetzenden selbstexpandierenden Stents
Inkl.: Bypassgefäß
Exkl.: Einlegen eines nicht medikamentefreisetzenden Bifurkationsstents (8-837.u)
- .10 Ein selbstexpandierender Stent in eine Koronararterie
- .11 2 selbstexpandierende Stents in eine Koronararterie
- .12 2 selbstexpandierende Stents in mehrere Koronararterien
- .13 3 selbstexpandierende Stents in eine Koronararterie
- .14 3 selbstexpandierende Stents in mehrere Koronararterien
- .15 4 selbstexpandierende Stents in eine Koronararterie
- .16 4 selbstexpandierende Stents in mehrere Koronararterien
- .17 5 selbstexpandierende Stents in eine Koronararterie
- .18 5 selbstexpandierende Stents in mehrere Koronararterien
- .19 Mindestens 6 selbstexpandierende Stents in eine Koronararterie
- .1a Mindestens 6 selbstexpandierende Stents in mehrere Koronararterien

Kapitel 8: Nichtoperative therapeutische Maßnahmen

8-83d.2 Einlegen eines medikamentefreisetzenden selbstexpandierenden Stents
Inkl.: Bypassgefäß
Exkl.: Einlegen eines medikamentefreisetzenden Bifurkationsstents (8-837.v)
Hinw.: Die Art der medikamentefreisetzenden Stents ist gesondert zu kodieren (8-83b.0 ff.)

.20 Ein selbstexpandierender Stent in eine Koronararterie
.21 2 selbstexpandierende Stents in eine Koronararterie
.22 2 selbstexpandierende Stents in mehrere Koronararterien
.23 3 selbstexpandierende Stents in eine Koronararterie
.24 3 selbstexpandierende Stents in mehrere Koronararterien
.25 4 selbstexpandierende Stents in eine Koronararterie
.26 4 selbstexpandierende Stents in mehrere Koronararterien
.27 5 selbstexpandierende Stents in eine Koronararterie
.28 5 selbstexpandierende Stents in mehrere Koronararterien
.29 Mindestens 6 selbstexpandierende Stents in eine Koronararterie
.2a Mindestens 6 selbstexpandierende Stents in mehrere Koronararterien

8-83d.3 Implantation eines intrakardialen Pulsgenerators
8-83d.4 Entfernung eines intrakardialen Pulsgenerators
8-83d.5 Implantation eines strömungsreduzierenden Drahtgeflechts in den Koronarsinus

8-84 (Perkutan-)transluminale Stentimplantation

Exkl.: (Perkutan-)transluminale Stentimplantation an Gefäßen des Lungenkreislaufes (8-838 ff.)
Perkutan-transluminale Stentimplantation an Herz und Koronargefäßen (8-837 ff.)
Endovaskuläre Implantation von Stent-Prothesen (5-38a ff.)
(Perkutan-)transluminale Gefäßinterventionen (8-836 ff.)
Andere (perkutan-)transluminale Gefäßinterventionen (8-83c ff.)
Hinw.: Die Anwendung eines Embolieprotektionssystems ist gesondert zu kodieren (8-83b.9)
Ein Kode aus diesem Bereich ist auch zu verwenden, wenn eine der aufgeführten Prozeduren im Rahmen einer Hybridchirurgie eingesetzt wird. Es ist dann zusätzlich zu dem jeweiligen Operationskode aus dem Bereich 5-38 bis 5-39 der Zusatzkode 5-98a.0 anzugeben
Für die Zuordnung einzelner Gefäße zu den Gruppen siehe auch Liste der Gefäße vor 5-38
Die Lokalisation ist für die Kodes 8-840 ff. bis 8-846 ff., 8-848 ff. bis 8-84b ff. und 8-84d ff. nach folgender Liste zu kodieren:

0   Gefäße intrakraniell
2 ↔ Gefäße Schulter und Oberarm
3 ↔ Gefäße Unterarm
4   Aorta
5   Aortenisthmus
6   Ductus arteriosus apertus
7   V. cava
8 ↔ Andere Gefäße thorakal
a   Gefäße viszeral
c ↔ Gefäße Unterschenkel
d   Gefäßmalformationen
e   Künstliche Gefäße
f   Gefäße spinal
g   V. portae
h ↔ A. carotis n.n.bez.
j ↔ A. carotis communis
k ↔ A. carotis interna extrakraniell
m ↔ A. carotis interna extrakraniell mit A. carotis communis
n ↔ A. carotis externa
p ↔ A. vertebralis extrakraniell
q ↔ Andere Arterien abdominal und pelvin
r ↔ Andere Venen abdominal und pelvin
s ↔ Arterien Oberschenkel
t ↔ Venen Oberschenkel
x ↔ Sonstige

Kapitel 8: Nichtoperative therapeutische Maßnahmen

8-840 **(Perkutan-)transluminale Implantation von nicht medikamentefreisetzenden Stents**
Hinw.: Die Verwendung von Stents mit einer Länge von 100 mm oder mehr ist gesondert zu kodieren (8-83b.f ff.)
Die Lokalisation ist in der 6. Stelle nach vorstehender Liste zu kodieren

- ** 8-840.0 Ein Stent
- ** 8-840.1 Zwei Stents
- ** 8-840.2 Drei Stents
- ** 8-840.3 Vier Stents
- ** 8-840.4 Fünf Stents
- ** 8-840.5 Sechs oder mehr Stents

8-841 **(Perkutan-)transluminale Implantation von medikamentefreisetzenden Stents**
Hinw.: Die Art der medikamentefreisetzenden Stents ist gesondert zu kodieren (8-83b.0 ff.)
Die Verwendung von Stents mit einer Länge von 100 mm oder mehr ist gesondert zu kodieren (8-83b.f ff.)
Die Lokalisation ist in der 6. Stelle nach der Liste vor Kode 8-840 zu kodieren

- ** 8-841.0 Ein Stent
- ** 8-841.1 Zwei Stents
- ** 8-841.2 Drei Stents
- ** 8-841.3 Vier Stents
- ** 8-841.4 Fünf Stents
- ** 8-841.5 Sechs oder mehr Stents

8-842 **(Perkutan-)transluminale Implantation von nicht medikamentefreisetzenden gecoverten Stents (Stent-Graft)**
Exkl.: Perkutan-transluminale Einbringung von Stent-Prothesen (Stent-Graft) in die Aorta über großlumige Schleusen (5-38a ff.)
Hinw.: Die Art der Beschichtung ist gesondert zu kodieren (8-83b.e ff.)
Die Verwendung von Stents mit einer Länge von 100 mm oder mehr ist gesondert zu kodieren (8-83b.f ff.)
Die Lokalisation ist in der 6. Stelle nach der Liste vor Kode 8-840 zu kodieren

- ** 8-842.0 Ein Stent
  [6. Stelle: 0,2,3,6-8,a,c-t,x]
- ** 8-842.1 Zwei Stents
  [6. Stelle: 0,2,3,6-8,a,c-t,x]
- ** 8-842.2 Drei Stents
  [6. Stelle: 0,2,3,6-8,a,c-t,x]
- ** 8-842.3 Vier Stents
  [6. Stelle: 0,2,3,6-8,a,c-t,x]
- ** 8-842.4 Fünf Stents
  [6. Stelle: 0,2,3,6-8,a,c-t,x]
- ** 8-842.5 Sechs oder mehr Stents
  [6. Stelle: 0,2,3,6-8,a,c-t,x]

8-843 **(Perkutan-)transluminale Implantation von bioresorbierbaren Stents**
Hinw.: Die Verwendung von Stents mit einer Länge von 100 mm oder mehr ist gesondert zu kodieren (8-83b.f ff.)
<u>Die Art der bioresorbierbaren Stents ist gesondert zu kodieren (8-83b.m ff.)</u>
Die Lokalisation ist in der 6. Stelle nach der Liste vor Kode 8-840 zu kodieren

- ** 8-843.0 Ein Stent
- ** 8-843.1 Zwei Stents
- ** 8-843.2 Drei Stents
- ** 8-843.3 Vier Stents
- ** 8-843.4 Fünf Stents
- ** 8-843.5 Sechs oder mehr Stents

Kapitel 8: Nichtoperative therapeutische Maßnahmen

8-844 **(Perkutan-)transluminale Implantation von selbstexpandierenden Mikrostents**
Hinw.: Die Lokalisation ist in der 6. Stelle nach der Liste vor Kode 8-840 zu kodieren

** 8-844.0 Ein Stent
[6. Stelle: 0,3,c,x]

** 8-844.1 Zwei Stents
[6. Stelle: 0,3,c,x]

** 8-844.2 Drei Stents
[6. Stelle: 0,3,c,x]

** 8-844.3 Vier Stents
[6. Stelle: 0,3,c,x]

** 8-844.4 Fünf Stents
[6. Stelle: 0,3,c,x]

** 8-844.5 Sechs oder mehr Stents
[6. Stelle: 0,3,c,x]

8-845 **(Perkutan-)transluminale Implantation von ungecoverten Cheatham-Platinum-Stents [CP-Stent]**
Hinw.: Die Lokalisation ist in der 6. Stelle nach der Liste vor Kode 8-840 zu kodieren

** 8-845.0 Ein Stent
[6. Stelle: 0,2-8,a,c-n,q-t,x]

** 8-845.1 Zwei oder mehr Stents
[6. Stelle: 0,2-8,a,c-n,q-t,x]

8-846 **(Perkutan-)transluminale Implantation von gecoverten Cheatham-Platinum-Stents [CP-Stent]**
Hinw.: Die Lokalisation ist in der 6. Stelle nach der Liste vor Kode 8-840 zu kodieren

** 8-846.0 Ein Stent
[6. Stelle: 0,2-8,a,c-n,q-t,x]

** 8-846.1 Zwei oder mehr Stents
[6. Stelle: 0,2-8,a,c-n,q-t,x]

8-847 **(Perkutan-)transluminale Implantation eines Wachstumsstents**

8-848 **(Perkutan-)transluminale Implantation von medikamentefreisetzenden gecoverten Stents (Stent-Graft)**
Exkl.: Perkutan-transluminale Einbringung von Stent-Prothesen (Stent-Graft) in die Aorta über großlumige Schleusen (5-38a ff.)
Hinw.: Die Art der medikamentefreisetzenden Stents ist gesondert zu kodieren (8-83b.0 ff.)
Die Lokalisation ist in der 6. Stelle nach der Liste vor Kode 8-840 zu kodieren

** 8-848.0 Ein Stent
[6. Stelle: 0,2,3,6-8,a,c-t,x]

** 8-848.1 Zwei Stents
[6. Stelle: 0,2,3,6-8,a,c-t,x]

** 8-848.2 Drei Stents
[6. Stelle: 0,2,3,6-8,a,c-t,x]

** 8-848.3 Vier Stents
[6. Stelle: 0,2,3,6-8,a,c-t,x]

** 8-848.4 Fünf Stents
[6. Stelle: 0,2,3,6-8,a,c-t,x]

** 8-848.5 Sechs oder mehr Stents
[6. Stelle: 0,2,3,6-8,a,c-t,x]

8-849 **(Perkutan-)transluminale Implantation von sonstigen ungecoverten großlumigen Stents**
Exkl.: Ungecoverte Cheatham-Platinum-Stents (8-845 ff.)
Hinw.: Großlumige Stents beginnen für Erwachsene bei einem Durchmesser von mehr als 16 mm und für Kinder bei einem Durchmesser von mehr als 8 mm
Die Lokalisation ist in der 6. Stelle nach der Liste vor Kode 8-840 zu kodieren

** 8-849.0 Ein Stent

** 8-849.1 Zwei oder mehr Stents

8-84a	**(Perkutan-)transluminale Implantation von sonstigen gecoverten großlumigen Stents**
Exkl.: Gecoverte Cheatham-Platinum-Stents (8-846 ff.)
Hinw.: Großlumige Stents beginnen für Erwachsene bei einem Durchmesser von mehr als 16 mm und für Kinder bei einem Durchmesser von mehr als 8 mm
Die Lokalisation ist in der 6. Stelle nach der Liste vor Kode 8-840 zu kodieren
** 8-84a.0	Ein Stent
** 8-84a.1	Zwei oder mehr Stents
8-84b	**(Perkutan-)transluminale Implantation von Stents zur Strömungslaminierung bei Aneurysmen**
Inkl.: Mehrschicht-Flechtstents wie Flow-Diverter oder Multilayer-Stents
Hinw.: Die Lokalisation ist in der 6. Stelle nach der Liste vor Kode 8-840 zu kodieren
** 8-84b.0	Ein Stent
** 8-84b.2	Zwei Stents
** 8-84b.3	Drei Stents
** 8-84b.4	Vier Stents
** 8-84b.5	Fünf Stents
** 8-84b.6	Sechs oder mehr Stents
8-84c	**(Perkutan-)transluminale Implantation eines selbstexpandierenden Bifurkationsstents, intrakraniell**
Hinw.: Mit diesem Kode ist nicht der Gebrauch zweier "normaler" Stents in der Kissing-Ballon-Technik zu kodieren
8-84d	**(Perkutan-)transluminale Implantation von aus Einzeldrähten verwobenen Nitinolstents**
Hinw.: Die Lokalisation ist in der 6. Stelle nach der Liste vor Kode 8-840 zu kodieren
** 8-84d.0	Ein Stent
[6. Stelle: 2,8,c,e,q,s,x]
** 8-84d.1	Zwei Stents
[6. Stelle: 2,8,c,e,q,s,x]
** 8-84d.2	Drei Stents
[6. Stelle: 2,8,c,e,q,s,x]
** 8-84d.3	Vier Stents
[6. Stelle: 2,8,c,e,q,s,x]
** 8-84d.4	Fünf Stents
[6. Stelle: 2,8,c,e,q,s,x]
** 8-84d.5	Sechs oder mehr Stents
[6. Stelle: 2,8,c,e,q,s,x]

8-85 Extrakorporale Zirkulation und Behandlung von Blut

8-851	**Operativer äußerer Kreislauf (bei Anwendung der Herz-Lungen-Maschine)**
Hinw.: Es gilt die niedrigste Körpertemperatur während des Eingriffs
Eine Volumenreduktion im Rahmen der Anwendung der Herz-Lungen-Maschine ist nicht gesondert zu kodieren
8-851.0	Mit Normothermie (mehr als 35 °C)
.00	Ohne intraaortale Ballonokklusion
.01	Mit intraaortaler Ballonokklusion
8-851.1	Mit milder Hypothermie (32 bis 35 °C)
.10	Ohne intraaortale Ballonokklusion
.11	Mit intraaortaler Ballonokklusion
8-851.3	Mit moderater Hypothermie (26 bis unter 32 °C)
.30	Ohne intraaortale Ballonokklusion
.31	Mit intraaortaler Ballonokklusion
8-851.4	Mit tiefer Hypothermie (20 bis unter 26 °C)
.40	Ohne intraaortale Ballonokklusion
.41	Mit intraaortaler Ballonokklusion

Kapitel 8: Nichtoperative therapeutische Maßnahmen

8-851.5 Mit profunder Hypothermie (unter 20 °C)
    .50 Ohne intraaortale Ballonokklusion
    .51 Mit intraaortaler Ballonokklusion

8-851.x Sonstige

8-851.y N.n.bez.

8-852 Extrakorporaler Gasaustausch ohne und mit Herzunterstützung und Prä-ECMO-Therapie

8-852.0 Veno-venöse extrakorporale Membranoxygenation (ECMO) ohne Herzunterstützung
Hinw.: Die perkutane Implantation der Kanülen ist im Kode enthalten
Die offen chirurgische Implantation der Kanülen ist gesondert zu kodieren (5-37b ff.)
    .00 Dauer der Behandlung bis unter 48 Stunden
    .01 Dauer der Behandlung 48 bis unter 96 Stunden
    .03 Dauer der Behandlung 96 bis unter 144 Stunden
    .04 Dauer der Behandlung 144 bis unter 192 Stunden
    .05 Dauer der Behandlung 192 bis unter 240 Stunden
    .06 Dauer der Behandlung 240 bis unter 288 Stunden
    .07 Dauer der Behandlung 288 bis unter 384 Stunden
    .08 Dauer der Behandlung 384 bis unter 480 Stunden
    .09 Dauer der Behandlung 480 bis unter 576 Stunden
    .0b Dauer der Behandlung 576 bis unter 768 Stunden
    .0c Dauer der Behandlung 768 bis unter 960 Stunden
    .0d Dauer der Behandlung 960 bis unter 1.152 Stunden
    .0e Dauer der Behandlung 1.152 oder mehr Stunden

8-852.1 Prä-ECMO-Therapie
Hinw.: Vorhaltung einer einsatzfähigen ECMO oder minimalisierten Herz-Lungen-Maschine ohne anschließende Durchführung einer Therapie mit einer ECMO oder minimalisierten Herz-Lungen-Maschine

8-852.2 Extrakorporale Lungenunterstützung, pumpenlos (PECLA)
    .20 Dauer der Behandlung bis unter 144 Stunden
    .21 Dauer der Behandlung 144 bis unter 288 Stunden
    .22 Dauer der Behandlung 288 bis unter 432 Stunden
    .23 Dauer der Behandlung 432 bis unter 720 Stunden
    .24 Dauer der Behandlung 720 bis unter 1.008 Stunden
    .25 Dauer der Behandlung 1.008 oder mehr Stunden

8-852.3 Anwendung einer minimalisierten Herz-Lungen-Maschine
Inkl.: ECLS, veno-arterielle extrakorporale Membranoxygenation (ECMO) mit Herzunterstützung, veno-venös-arterielle extrakorporale Membranoxygenation (ECMO) mit Herzunterstützung
Hinw.: Die perkutane Implantation der Kanülen ist im Kode enthalten
Die offen chirurgische Implantation der Kanülen ist gesondert zu kodieren (5-37b ff.)
Diese Kodes sind anzugeben für die postoperative Kreislaufunterstützung oder die Kreislaufunterstützung kreislaufinstabiler Patienten mit der minimalisierten Herz-Lungen-Maschine. Bei Anwendung der minimalisierten Herz-Lungen-Maschine zur intraoperativen Herz-Lungen-Unterstützung und geforderter zusätzlicher Kodierung der Herz-Lungen-Maschine ist ein Kode aus 8-851 ff. anzugeben
    .30 Dauer der Behandlung bis unter 48 Stunden
    .31 Dauer der Behandlung 48 bis unter 96 Stunden
    .33 Dauer der Behandlung 96 bis unter 144 Stunden
    .34 Dauer der Behandlung 144 bis unter 192 Stunden
    .35 Dauer der Behandlung 192 bis unter 240 Stunden
    .36 Dauer der Behandlung 240 bis unter 288 Stunden
    .37 Dauer der Behandlung 288 bis unter 384 Stunden
    .38 Dauer der Behandlung 384 bis unter 480 Stunden
    .39 Dauer der Behandlung 480 bis unter 576 Stunden
    .3b Dauer der Behandlung 576 bis unter 768 Stunden
    .3c Dauer der Behandlung 768 bis unter 960 Stunden
    .3d Dauer der Behandlung 960 bis unter 1.152 Stunden
    .3e Dauer der Behandlung 1.152 oder mehr Stunden

8-852.4		Anwendung eines doppellumigen Katheters als Kanüle
		Hinw.: Dieser Kode ist ein Zusatzkode
		Die offen chirurgische Implantation der Kanülen ist gesondert zu kodieren (5-37b ff.)
		Bei offen chirurgischer Implantation ist der doppellumige Katheter als 1 Kanüle zu zählen
8-852.5		Veno-venöse extrakorporale CO_2-Elimination
		Hinw.: Die perkutane Implantation der Kanülen ist im Kode enthalten
		Die offen chirurgische Implantation der Kanülen ist gesondert zu kodieren (5-37b ff.)

8-853 Hämofiltration

Hinw.: Es ist jede durchgeführte Hämofiltration zu kodieren

Die kontinuierliche Hämofiltration ist bei Beginn der Behandlung für einen Zeitraum von mehr als 24 Stunden geplant. Bei der kontinuierlichen Hämofiltration beginnt ein Behandlungszyklus mit Anschluss an die Dialysemaschine und endet mit Entlassung des Patienten oder der Unterbrechung des Verfahrens für mehr als 24 Stunden. Bei Filter-, Beutel-, System- oder Datumswechsel sowie bei einer Unterbrechung von bis zu 24 Stunden ist keine neue Verschlüsselung der Prozedur erforderlich

Bei Anwendung unterschiedlicher Substanzen zur Antikoagulation ist die Art der Antikoagulation zu verschlüsseln, welche bei der Behandlung überwiegend verwendet wurde

8-853.1		Kontinuierlich, arteriovenös (CAVH)
	.13	Bis 24 Stunden
		Hinw.: Mit diesem Kode ist eine kontinuierliche Hämofiltration zu kodieren, die für mehr als 24 Stunden geplant war, aber vorher abgebrochen wurde
	.14	Mehr als 24 bis 72 Stunden
	.15	Mehr als 72 bis 144 Stunden
	.16	Mehr als 144 bis 264 Stunden
	.17	Mehr als 264 bis 432 Stunden
	.19	Mehr als 432 bis 600 Stunden
	.1a	Mehr als 600 bis 960 Stunden
	.1b	Mehr als 960 bis 1.320 Stunden
	.1c	Mehr als 1.320 bis 1.680 Stunden
	.1d	Mehr als 1.680 bis 2.040 Stunden
	.1e	Mehr als 2.040 bis 2.400 Stunden
	.1f	Mehr als 2.400 Stunden
8-853.3		Intermittierend, Antikoagulation mit Heparin oder ohne Antikoagulation
8-853.4		Intermittierend, Antikoagulation mit sonstigen Substanzen
		Inkl.: Antikoagulation mit Citrat
8-853.5		Verlängert intermittierend, Antikoagulation mit Heparin oder ohne Antikoagulation
		Hinw.: Eine verlängerte intermittierende Hämofiltration dauert mehr als 6 Stunden
8-853.6		Verlängert intermittierend, Antikoagulation mit sonstigen Substanzen
		Inkl.: Antikoagulation mit Citrat
		Hinw.: Eine verlängerte intermittierende Hämofiltration dauert mehr als 6 Stunden
8-853.7		Kontinuierlich, venovenös, pumpengetrieben (CVVH), Antikoagulation mit Heparin oder ohne Antikoagulation
	.70	Bis 24 Stunden
		Hinw.: Mit diesem Kode ist eine kontinuierliche Hämofiltration zu kodieren, die für mehr als 24 Stunden geplant war, aber vorher abgebrochen wurde
	.71	Mehr als 24 bis 72 Stunden
	.72	Mehr als 72 bis 144 Stunden
	.73	Mehr als 144 bis 264 Stunden
	.74	Mehr als 264 bis 432 Stunden
	.76	Mehr als 432 bis 600 Stunden
	.77	Mehr als 600 bis 960 Stunden
	.78	Mehr als 960 bis 1.320 Stunden
	.79	Mehr als 1.320 bis 1.680 Stunden
	.7a	Mehr als 1.680 bis 2.040 Stunden
	.7b	Mehr als 2.040 bis 2.400 Stunden
	.7c	Mehr als 2.400 Stunden

Kapitel 8: Nichtoperative therapeutische Maßnahmen

8-853.8 Kontinuierlich, venovenös, pumpengetrieben (CVVH), Antikoagulation mit sonstigen Substanzen
Inkl.: Antikoagulation mit Citrat
- .80 Bis 24 Stunden
  Hinw.: Mit diesem Kode ist eine kontinuierliche Hämofiltration zu kodieren, die für mehr als 24 Stunden geplant war, aber vorher abgebrochen wurde
- .81 Mehr als 24 bis 72 Stunden
- .82 Mehr als 72 bis 144 Stunden
- .83 Mehr als 144 bis 264 Stunden
- .84 Mehr als 264 bis 432 Stunden
- .86 Mehr als 432 bis 600 Stunden
- .87 Mehr als 600 bis 960 Stunden
- .88 Mehr als 960 bis 1.320 Stunden
- .89 Mehr als 1.320 bis 1.680 Stunden
- .8a Mehr als 1.680 bis 2.040 Stunden
- .8b Mehr als 2.040 bis 2.400 Stunden
- .8c Mehr als 2.400 Stunden

8-853.x Sonstige

8-853.y N.n.bez.

8-854 Hämodialyse

Hinw.: Es ist jede durchgeführte Hämodialyse zu kodieren
Die kontinuierliche Hämodialyse ist bei Beginn der Behandlung für einen Zeitraum von mehr als 24 Stunden geplant. Bei der kontinuierlichen Hämodialyse beginnt ein Behandlungszyklus mit Anschluss an die Dialysemaschine und endet mit Entlassung des Patienten oder der Unterbrechung des Verfahrens für mehr als 24 Stunden. Bei Filter-, Beutel-, System- oder Datumswechsel sowie bei einer Unterbrechung von bis zu 24 Stunden ist keine neue Verschlüsselung der Prozedur erforderlich
Bei Anwendung unterschiedlicher Substanzen zur Antikoagulation ist die Art der Antikoagulation zu verschlüsseln, welche bei der Behandlung überwiegend verwendet wurde

8-854.2 Intermittierend, Antikoagulation mit Heparin oder ohne Antikoagulation

8-854.3 Intermittierend, Antikoagulation mit sonstigen Substanzen
Inkl.: Antikoagulation mit Citrat

8-854.4 Verlängert intermittierend, Antikoagulation mit Heparin oder ohne Antikoagulation
Hinw.: Eine verlängerte intermittierende Hämodialyse dauert mehr als 6 Stunden

8-854.5 Verlängert intermittierend, Antikoagulation mit sonstigen Substanzen
Inkl.: Antikoagulation mit Citrat
Hinw.: Eine verlängerte intermittierende Hämodialyse dauert mehr als 6 Stunden

8-854.6 Kontinuierlich, venovenös, pumpengetrieben (CVVHD), Antikoagulation mit Heparin oder ohne Antikoagulation
- .60 Bis 24 Stunden
  Hinw.: Mit diesem Kode ist eine kontinuierliche Hämodialyse zu kodieren, die für mehr als 24 Stunden geplant war, aber vorher abgebrochen wurde
- .61 Mehr als 24 bis 72 Stunden
- .62 Mehr als 72 bis 144 Stunden
- .63 Mehr als 144 bis 264 Stunden
- .64 Mehr als 264 bis 432 Stunden
- .66 Mehr als 432 bis 600 Stunden
- .67 Mehr als 600 bis 960 Stunden
- .68 Mehr als 960 bis 1.320 Stunden
- .69 Mehr als 1.320 bis 1.680 Stunden
- .6a Mehr als 1.680 bis 2.040 Stunden
- .6b Mehr als 2.040 bis 2.400 Stunden
- .6c Mehr als 2.400 Stunden

Kapitel 8: Nichtoperative therapeutische Maßnahmen

8-854.7 Kontinuierlich, venovenös, pumpengetrieben (CVVHD), Antikoagulation mit sonstigen Substanzen
Inkl.: Antikoagulation mit Citrat
.70 Bis 24 Stunden
Hinw.: Mit diesem Kode ist eine kontinuierliche Hämodialyse zu kodieren, die für mehr als 24 Stunden geplant war, aber vorher abgebrochen wurde
.71 Mehr als 24 bis 72 Stunden
.72 Mehr als 72 bis 144 Stunden
.73 Mehr als 144 bis 264 Stunden
.74 Mehr als 264 bis 432 Stunden
.76 Mehr als 432 bis 600 Stunden
.77 Mehr als 600 bis 960 Stunden
.78 Mehr als 960 bis 1.320 Stunden
.79 Mehr als 1.320 bis 1.680 Stunden
.7a Mehr als 1.680 bis 2.040 Stunden
.7b Mehr als 2.040 bis 2.400 Stunden
.7c Mehr als 2.400 Stunden

8-854.8 Verlängert intermittierend, zur Elimination von Proteinen mit einer Molekularmasse bis 60.000
Inkl.: Elimination von Leichtketten
Hinw.: Eine verlängerte intermittierende Hämodialyse dauert mehr als 6 Stunden

8-854.x Sonstige

8-854.y N.n.bez.

8-855 Hämodiafiltration
Hinw.: Es ist jede durchgeführte Hämodiafiltration zu kodieren
Die kontinuierliche Hämodiafiltration ist bei Beginn der Behandlung für einen Zeitraum von mehr als 24 Stunden geplant. Bei der kontinuierlichen Hämodiafiltration beginnt ein Behandlungszyklus mit Anschluss an die Dialysemaschine und endet mit Entlassung des Patienten oder der Unterbrechung des Verfahrens für mehr als 24 Stunden. Bei Filter-, Beutel-, System- oder Datumswechsel sowie bei einer Unterbrechung von bis zu 24 Stunden ist keine neue Verschlüsselung der Prozedur erforderlich
Bei Anwendung unterschiedlicher Substanzen zur Antikoagulation ist die Art der Antikoagulation zu verschlüsseln, welche bei der Behandlung überwiegend verwendet wurde

8-855.1 Kontinuierlich, arteriovenös (CAVHDF)
.13 Bis 24 Stunden
Hinw.: Mit diesem Kode ist eine kontinuierliche Hämodiafiltration zu kodieren, die für mehr als 24 Stunden geplant war, aber vorher abgebrochen wurde
.14 Mehr als 24 bis 72 Stunden
.15 Mehr als 72 bis 144 Stunden
.16 Mehr als 144 bis 264 Stunden
.17 Mehr als 264 bis 432 Stunden
.19 Mehr als 432 bis 600 Stunden
.1a Mehr als 600 bis 960 Stunden
.1b Mehr als 960 bis 1.320 Stunden
.1c Mehr als 1.320 bis 1.680 Stunden
.1d Mehr als 1.680 bis 2.040 Stunden
.1e Mehr als 2.040 bis 2.400 Stunden
.1f Mehr als 2.400 Stunden

8-855.3 Intermittierend, Antikoagulation mit Heparin oder ohne Antikoagulation

8-855.4 Intermittierend, Antikoagulation mit sonstigen Substanzen
Inkl.: Antikoagulation mit Citrat

8-855.5 Verlängert intermittierend, Antikoagulation mit Heparin oder ohne Antikoagulation
Hinw.: Eine verlängerte intermittierende Hämodiafiltration dauert mehr als 6 Stunden

8-855.6 Verlängert intermittierend, Antikoagulation mit sonstigen Substanzen
Inkl.: Antikoagulation mit Citrat
Hinw.: Eine verlängerte intermittierende Hämodiafiltration dauert mehr als 6 Stunden

Kapitel 8: Nichtoperative therapeutische Maßnahmen

8-855.7 Kontinuierlich, venovenös, pumpengetrieben (CVVHDF), Antikoagulation mit Heparin oder ohne Antikoagulation
- .70 Bis 24 Stunden
  Hinw.: Mit diesem Kode ist eine kontinuierliche Hämodiafiltration zu kodieren, die für mehr als 24 Stunden geplant war, aber vorher abgebrochen wurde
- .71 Mehr als 24 bis 72 Stunden
- .72 Mehr als 72 bis 144 Stunden
- .73 Mehr als 144 bis 264 Stunden
- .74 Mehr als 264 bis 432 Stunden
- .76 Mehr als 432 bis 600 Stunden
- .77 Mehr als 600 bis 960 Stunden
- .78 Mehr als 960 bis 1.320 Stunden
- .79 Mehr als 1.320 bis 1.680 Stunden
- .7a Mehr als 1.680 bis 2.040 Stunden
- .7b Mehr als 2.040 bis 2.400 Stunden
- .7c Mehr als 2.400 Stunden

8-855.8 Kontinuierlich, venovenös, pumpengetrieben (CVVHDF), Antikoagulation mit sonstigen Substanzen
Inkl.: Antikoagulation mit Citrat
- .80 Bis 24 Stunden
  Hinw.: Mit diesem Kode ist eine kontinuierliche Hämodiafiltration zu kodieren, die für mehr als 24 Stunden geplant war, aber vorher abgebrochen wurde
- .81 Mehr als 24 bis 72 Stunden
- .82 Mehr als 72 bis 144 Stunden
- .83 Mehr als 144 bis 264 Stunden
- .84 Mehr als 264 bis 432 Stunden
- .86 Mehr als 432 bis 600 Stunden
- .87 Mehr als 600 bis 960 Stunden
- .88 Mehr als 960 bis 1.320 Stunden
- .89 Mehr als 1.320 bis 1.680 Stunden
- .8a Mehr als 1.680 bis 2.040 Stunden
- .8b Mehr als 2.040 bis 2.400 Stunden
- .8c Mehr als 2.400 Stunden

8-855.x Sonstige

8-855.y N.n.bez.

8-856 Hämoperfusion

8-857 Peritonealdialyse
Exkl.: Therapeutische Spülung über liegenden intraperitonealen Katheter (8-179.0)
Hinw.: Es ist jede durchgeführte Peritonealdialyse zu kodieren
Bei der kontinuierlichen Peritonealdialyse beginnt ein Behandlungszyklus mit der stationären Aufnahme des Patienten und endet mit Entlassung des Patienten oder der Unterbrechung des Verfahrens für mehr als 24 Stunden. Bei Filter-, Beutel-, System- oder Datumswechsel ist keine neue Verschlüsselung der Prozedur erforderlich

8-857.0 Intermittierend, maschinell unterstützt (IPD)

8-857.1 Kontinuierlich, nicht maschinell unterstützt (CAPD)
- .10 Bis 24 Stunden
- .11 Mehr als 24 bis 72 Stunden
- .12 Mehr als 72 bis 144 Stunden
- .13 Mehr als 144 bis 264 Stunden
- .14 Mehr als 264 bis 432 Stunden
- .16 Mehr als 432 bis 600 Stunden
- .17 Mehr als 600 bis 960 Stunden
- .18 Mehr als 960 bis 1.320 Stunden
- .19 Mehr als 1.320 bis 1.680 Stunden
- .1a Mehr als 1.680 bis 2.040 Stunden
- .1b Mehr als 2.040 bis 2.400 Stunden
- .1c Mehr als 2.400 Stunden

Kapitel 8: Nichtoperative therapeutische Maßnahmen

8-857.2 Kontinuierlich, maschinell unterstützt (APD), mit Zusatzgeräten
- .20 Bis 24 Stunden
- .21 Mehr als 24 bis 72 Stunden
- .22 Mehr als 72 bis 144 Stunden
- .23 Mehr als 144 bis 264 Stunden
- .24 Mehr als 264 bis 432 Stunden
- .26 Mehr als 432 bis 600 Stunden
- .27 Mehr als 600 bis 960 Stunden
- .28 Mehr als 960 bis 1.320 Stunden
- .29 Mehr als 1.320 bis 1.680 Stunden
- .2a Mehr als 1.680 bis 2.040 Stunden
- .2b Mehr als 2.040 bis 2.400 Stunden
- .2c Mehr als 2.400 Stunden

8-857.x Sonstige

8-857.y N.n.bez.

8-858 Extrakorporale Leberersatztherapie [Leberdialyse]

8-859 ↔ Isolierte Extremitätenperfusion

8-85a Dialyseverfahren wegen mangelnder Funktionsaufnahme und Versagen eines Nierentransplantates

Hinw.: Diese Kodes sind Zusatzkodes zu den möglichen Dialyseverfahren. Sie sind nur zu verwenden, wenn ein Dialyseverfahren wegen mangelnder Funktionsaufnahme oder Versagen des Transplantates während desselben stationären Aufenthaltes durchgeführt wurde, bei dem auch die Nierentransplantation erfolgte

8-85a.0 Intermittierend
- .00 1 bis 3 Behandlungen
- .01 4 bis 5 Behandlungen
- .02 6 bis 10 Behandlungen
- .03 11 oder mehr Behandlungen

8-85a.1 Kontinuierlich
- .13 Bis 24 Stunden
- .14 Mehr als 24 bis 72 Stunden
- .15 Mehr als 72 bis 144 Stunden
- .16 Mehr als 144 bis 264 Stunden
- .17 Mehr als 264 bis 432 Stunden
- .19 Mehr als 432 bis 600 Stunden
- .1a Mehr als 600 bis 960 Stunden
- .1b Mehr als 960 bis 1.320 Stunden
- .1c Mehr als 1.320 bis 1.680 Stunden
- .1d Mehr als 1.680 bis 2.040 Stunden
- .1e Mehr als 2.040 bis 2.400 Stunden
- .1f Mehr als 2.400 Stunden

8-85b Anwendung von Blutegeln zur Sicherung des venösen Blutabstroms bei Lappenplastiken oder replantierten Gliedmaßenabschnitten

Therapie mit besonderen Zellen und Blutbestandteilen (8-86...8-86)

8-86 Autogene und allogene Stammzelltherapie und lokale Therapie mit Blutbestandteilen und Hepatozyten

8-860 **Autogene Stammzelltherapie**
Exkl.: Transfusion von peripher gewonnenen hämatopoetischen Stammzellen (8-805)
Transplantation von hämatopoetischen Stammzellen aus dem Knochenmark (5-411)
Hinw.: Die Gewinnung der mesenchymalen oder hämatopoetischen Stammzellen ist im Kode enthalten

8-860.0 Intramyokardiale Stammzelltherapie
.00 Ohne Anreicherung von Stammzellfraktionen oder kulturelle Vermehrung
.01 Mit Anreicherung von Stammzellfraktionen und/oder kultureller Vermehrung

8-860.1 Intrakoronare Stammzelltherapie
.10 Ohne Anreicherung von Stammzellfraktionen oder kulturelle Vermehrung
.11 Mit Anreicherung von Stammzellfraktionen und/oder kultureller Vermehrung

8-860.2 Paraurethrale Stammzelltherapie
.20 Ohne Anreicherung von Stammzellfraktionen oder kulturelle Vermehrung
.21 Mit Anreicherung von Stammzellfraktionen und/oder kultureller Vermehrung

8-860.3 Ossäre Stammzelltherapie
.30 Ohne Anreicherung von Stammzellfraktionen oder kulturelle Vermehrung
.31 Mit Anreicherung von Stammzellfraktionen und/oder kultureller Vermehrung

8-860.4 Periphere (intraarterielle und/oder intramuskuläre) Stammzelltherapie

8-860.x Sonstige

8-860.y N.n.bez.

8-861 Entnahme, Aufbereitung und Applikation von Blutbestandteilen zur lokalen Anwendung

8-861.0 Lokale Applikation von autogenem Thrombozytenkonzentrat
Exkl.: Transfusion von Thrombozytenkonzentraten (8-800)
.00 Durch Zentrifugation gewonnenes Thrombozytenkonzentrat
.01 Durch Filtration gewonnenes Thrombozytenkonzentrat
.0x Sonstige

8-861.1 Lokale Applikation von dendritischen Zellen
Exkl.: Transfusion von dendritischen Zellen (8-802.52)

8-862 Hepatozytentransplantation

8-862.0 Allogen

8-862.1 Autogen, matrixinduziert

8-863 Allogene Stammzelltherapie
Hinw.: Die Gewinnung der mesenchymalen oder hämatopoetischen Stammzellen ist im Kode enthalten

8-863.0 Periphere mesenchymale Stammzelltherapie

Anästhesie und Schmerztherapie (8-90...8-91)

8-90 Anästhesie
Exkl.: Schmerztherapie (8-91)
Hinw.: Diese Kodes sind Zusatzkodes. Sie sind nur zu verwenden, wenn das Anästhesieverfahren bei Behandlungen angewendet wurde, die normalerweise ohne Anästhesie durchgeführt werden (z.B. bei Kindern)
Eine Analgosedierung beim Erwachsenen ist nicht zu kodieren

8-900 Intravenöse Anästhesie
Exkl.: (Analgo-)Sedierung (8-903)

8-901 Inhalationsanästhesie

8-902 Balancierte Anästhesie

8-903 (Analgo-)Sedierung
Hinw.: Dieser Kode ist nur für Patienten bis zur Vollendung des 18. Lebensjahres anzugeben

8-91 Schmerztherapie
Hinw.: Ein Kode aus diesem Bereich ist jeweils nur einmal pro stationären Aufenthalt anzugeben

8-910 Epidurale Injektion und Infusion zur Schmerztherapie
Inkl.: Injektion oder Infusion von Lokalanästhetika oder Opioiden unter der Geburt

8-911 Subarachnoidale Injektion und Infusion zur Schmerztherapie

8-913 Injektion eines Medikamentes an extrakranielle Hirnnerven zur Schmerztherapie

8-914 Injektion eines Medikamentes an Nervenwurzeln und wirbelsäulennahe Nerven zur Schmerztherapie

8-914.0 Ohne bildgebende Verfahren
.00 An der Halswirbelsäule
.01 An der Brustwirbelsäule
.02 An der Lendenwirbelsäule
.0x Sonstige

8-914.1 Mit bildgebenden Verfahren
Inkl.: Computertomographie oder Fluoroskopie
.10 An der Halswirbelsäule
.11 An der Brustwirbelsäule
.12 An der Lendenwirbelsäule
.1x Sonstige

8-915 Injektion und Infusion eines Medikamentes an andere periphere Nerven zur Schmerztherapie

8-916 Injektion eines Medikamentes an das sympathische Nervensystem zur Schmerztherapie

8-916.0 Ohne bildgebende Verfahren
.00 Am zervikalen Grenzstrang
.01 Am thorakalen Grenzstrang
.02 Am lumbalen Grenzstrang
.03 An den prävertebralen Ganglien (Plexus coeliacus, Plexus hypogastricus)
.0x Sonstige

8-916.1 Mit bildgebenden Verfahren
Inkl.: Computertomographie oder Fluoroskopie
.10 Am zervikalen Grenzstrang
.11 Am thorakalen Grenzstrang
.12 Am lumbalen Grenzstrang
.13 An den prävertebralen Ganglien (Plexus coeliacus, Plexus hypogastricus)
.1x Sonstige

Kapitel 8: Nichtoperative therapeutische Maßnahmen

8-917 Injektion eines Medikamentes in Gelenke der Wirbelsäule zur Schmerztherapie

8-917.0 Ohne bildgebende Verfahren
- .00 An den Kopfgelenken
- .01 An den Gelenken der Halswirbelsäule
- .02 An den Gelenken der Brustwirbelsäule
- .03 An den Gelenken der Lendenwirbelsäule
- .0x Sonstige

8-917.1 Mit bildgebenden Verfahren
Inkl.: Computertomographie oder Fluoroskopie
- .10 An den Kopfgelenken
- .11 An den Gelenken der Halswirbelsäule
- .12 An den Gelenken der Brustwirbelsäule
- .13 An den Gelenken der Lendenwirbelsäule
- .1x Sonstige

8-918 Multimodale Schmerztherapie
Exkl.: Multimodale schmerztherapeutische Kurzzeitbehandlung (8-91b)
Hinw.: Mit einem Kode aus diesem Bereich ist eine mindestens siebentägige interdisziplinäre Behandlung von Patienten mit chronischen Schmerzzuständen (einschließlich Tumorschmerzen) unter Einbeziehung von mindestens zwei Fachdisziplinen, davon eine psychiatrische, psychosomatische oder psychologisch-psychotherapeutische Disziplin, nach festgelegtem Behandlungsplan mit ärztlicher Behandlungsleitung zu kodieren. Die Patienten müssen mindestens drei der nachfolgenden Merkmale aufweisen:
- manifeste oder drohende Beeinträchtigung der Lebensqualität und/oder der Arbeitsfähigkeit
- Fehlschlag einer vorherigen unimodalen Schmerztherapie, eines schmerzbedingten operativen Eingriffs oder einer Entzugsbehandlung
- bestehende(r) Medikamentenabhängigkeit oder -fehlgebrauch
- schmerzunterhaltende psychische Begleiterkrankung
- gravierende somatische Begleiterkrankung

Diese Kodes erfordern eine interdisziplinäre Diagnostik durch mindestens zwei Fachdisziplinen (obligatorisch eine psychiatrische, psychosomatische oder psychologisch-psychotherapeutische Disziplin) sowie die gleichzeitige Anwendung von mindestens drei der folgenden aktiven Therapieverfahren: Psychotherapie, Physiotherapie, Entspannungsverfahren, Ergotherapie, medizinische Trainingstherapie, sensomotorisches Training, Arbeitsplatztraining, künstlerische Therapie (Kunst- oder Musiktherapie) oder sonstige übende Therapien. Die Therapieeinheiten umfassen durchschnittlich 30 Minuten.
Diese Kodes umfassen weiter die Überprüfung des Behandlungsverlaufs durch ein standardisiertes therapeutisches Assessment, eine tägliche ärztliche Visite oder Teambesprechung und eine interdisziplinäre wöchentliche Teambesprechung
Bei Gruppentherapie ist die Gruppengröße auf maximal 8 Personen begrenzt
Die Anwendung dieser Kodes setzt die Zusatzbezeichnung Spezielle Schmerztherapie bei der/dem Verantwortlichen voraus

8-918.0 Mindestens 7 bis höchstens 13 Behandlungstage
- .00 Bis zu 20 Therapieeinheiten
- .01 Mindestens 21 Therapieeinheiten, davon weniger als 5 Therapieeinheiten psychotherapeutische Verfahren
  Hinw.: Es erfolgt regelmäßig, zumindest wöchentlich, je ein ärztliches und ein psychotherapeutisches Einzelgespräch von mindestens 30 Minuten. Eine zweite medizinische Fachdisziplin ist zusätzlich, zumindest im Rahmen wöchentlicher Teambesprechungen, in die Therapieentscheidungen eingebunden
- .02 Mindestens 21 Therapieeinheiten, davon mindestens 5 Therapieeinheiten psychotherapeutische Verfahren
  Hinw.: Es erfolgt regelmäßig, zumindest wöchentlich, je ein ärztliches und ein psychotherapeutisches Einzelgespräch von mindestens 30 Minuten. Eine zweite medizinische Fachdisziplin ist zusätzlich, zumindest im Rahmen wöchentlicher Teambesprechungen, in die Therapieentscheidungen eingebunden

8-918.1 Mindestens 14 bis höchstens 20 Behandlungstage
- .10 Bis zu 41 Therapieeinheiten
- .11 Mindestens 42 bis höchstens 55 Therapieeinheiten, davon weniger als 10 Therapieeinheiten psychotherapeutische Verfahren
  Hinw.: Es erfolgt regelmäßig, zumindest wöchentlich, je ein ärztliches und ein psychotherapeutisches Einzelgespräch von mindestens 30 Minuten. Eine zweite medizinische Fachdisziplin ist zusätzlich, zumindest im Rahmen wöchentlicher Teambesprechungen, in die Therapieentscheidungen eingebunden

Kapitel 8: Nichtoperative therapeutische Maßnahmen

.12 Mindestens 42 bis höchstens 55 Therapieeinheiten, davon mindestens 10 Therapieeinheiten psychotherapeutische Verfahren
Hinw.: Es erfolgt regelmäßig, zumindest wöchentlich, je ein ärztliches und ein psychotherapeutisches Einzelgespräch von mindestens 30 Minuten. Eine zweite medizinische Fachdisziplin ist zusätzlich, zumindest im Rahmen wöchentlicher Teambesprechungen, in die Therapieentscheidungen eingebunden

.13 Mindestens 56 Therapieeinheiten, davon weniger als 14 Therapieeinheiten psychotherapeutische Verfahren
Hinw.: Es erfolgt regelmäßig, zumindest wöchentlich, je ein ärztliches und ein psychotherapeutisches Einzelgespräch von mindestens 30 Minuten. Eine zweite medizinische Fachdisziplin ist zusätzlich, zumindest im Rahmen wöchentlicher Teambesprechungen, in die Therapieentscheidungen eingebunden

.14 Mindestens 56 Therapieeinheiten, davon mindestens 14 Therapieeinheiten psychotherapeutische Verfahren
Hinw.: Es erfolgt regelmäßig, zumindest wöchentlich, je ein ärztliches und ein psychotherapeutisches Einzelgespräch von mindestens 30 Minuten. Eine zweite medizinische Fachdisziplin ist zusätzlich, zumindest im Rahmen wöchentlicher Teambesprechungen, in die Therapieentscheidungen eingebunden

8-918.2 **Mindestens 21 Behandlungstage**

.20 Bis zu 83 Therapieeinheiten

.21 Mindestens 84 Therapieeinheiten, davon weniger als 21 Therapieeinheiten psychotherapeutische Verfahren
Hinw.: Es erfolgt regelmäßig, zumindest wöchentlich, je ein ärztliches und ein psychotherapeutisches Einzelgespräch von mindestens 30 Minuten. Eine zweite medizinische Fachdisziplin ist zusätzlich, zumindest im Rahmen wöchentlicher Teambesprechungen, in die Therapieentscheidungen eingebunden

.22 Mindestens 84 Therapieeinheiten, davon mindestens 21 Therapieeinheiten psychotherapeutische Verfahren
Hinw.: Es erfolgt regelmäßig, zumindest wöchentlich, je ein ärztliches und ein psychotherapeutisches Einzelgespräch von mindestens 30 Minuten. Eine zweite medizinische Fachdisziplin ist zusätzlich, zumindest im Rahmen wöchentlicher Teambesprechungen, in die Therapieentscheidungen eingebunden

8-919 Komplexe Akutschmerzbehandlung
Hinw.: Dieser Kode umfasst die Einleitung, Durchführung und Überwachung einer speziellen Schmerztherapie oder Symptomkontrolle bei Patienten mit schweren akuten Schmerzzuständen (z.B. nach Operationen, Unfällen oder schweren, exazerbierten Tumorschmerzen) mit einem der unter 8-910 bis 8-911 genannten Verfahren, mit kontinuierlichen Regionalanästhesieverfahren (z.B. Plexuskatheter) oder parenteraler oder sublingualer patientenkontrollierter Analgesie (PCA) durch spezielle Einrichtungen (z.B. Akutschmerzdienst) mit mindestens zweimaliger Visite pro Tag
Der Kode ist auch bei Tumorschmerzen anzuwenden, bei denen akute Schmerzexazerbationen oder Therapieresistenz von tumorbedingten oder tumorassoziierten Schmerzzuständen im Vordergrund des Krankheitsbildes stehen und den Einsatz spezieller schmerztherapeutischer Verfahren und Techniken erfordern
Die Anwendung dieses Kodes erfordert die Dokumentation von mindestens drei Aspekten der Effektivität der Therapie (Analgesie, Symptomintensität, Symptomkontrolle, Ermöglichung aktiver Therapie)
Der Kode ist nicht anwendbar bei Schmerztherapie nur am Operationstag

8-91b Multimodale schmerztherapeutische Kurzzeitbehandlung
Hinw.: Diese Prozedur wird als Therapieerprobung nach einer multidisziplinären algesiologischen Diagnostik (1-910) oder als Therapiestabilisierung nach einer multimodalen Schmerztherapie (8-918 ff.) durchgeführt
Mindestmerkmale:
• Behandlung unter Leitung eines Arztes mit der Zusatzweiterbildung Spezielle Schmerztherapie
• Die Behandlungsdauer beträgt maximal 6 Tage
• Interdisziplinäre Teambesprechung zum Therapieverlauf
• Einbeziehung von mindestens 3 Fachdisziplinen, davon eine psychiatrische, psychosomatische oder psychologisch-psychotherapeutische Fachdisziplin sowie die gleichzeitige Anwendung von mindestens drei der folgenden aktiven Therapieverfahren: Psychotherapie (Verhaltenstherapie), Physiotherapie, Entspannungsverfahren, Ergotherapie, medizinische Trainingstherapie, sensomotorisches Training, Arbeitsplatztraining, künstlerische Therapie (Kunst- oder Musiktherapie) oder sonstige übende Therapien patientenbezogen in unterschiedlichen Kombinationen

8-91c **Teilstationäre Multimodale Schmerztherapie**
Exkl.: Multimodale Schmerztherapie (8-918 ff.)
Multimodale schmerztherapeutische Kurzzeitbehandlung (8-91b)
Hinw.: Jeder teilstationäre schmerztherapeutische Behandlungstag, an dem die nachfolgenden Bedingungen erfüllt werden, ist einzeln zu kodieren
Die multimodale algesiologische Diagnostik kann mit dem Kode 1-910 verschlüsselt werden, wenn die dort angegebenen Bedingungen erfüllt sind
Mindestmerkmale:
- Vor Beginn der teilstationären multimodalen Schmerztherapie wurde eine multidisziplinäre algesiologische Diagnostik unter Mitarbeit von mindestens 2 Fachdisziplinen (davon eine psychiatrische, psychosomatische oder psychologisch-psychotherapeutische Disziplin) mit psychometrischer und physischer Funktionstestung und abschließender Teambesprechung abgeschlossen
- Teamintegrierte Behandlung chronischer Schmerzpatienten unter fachärztlicher Behandlungsleitung nach festgelegtem Behandlungsplan. Zum Team gehört ein ärztlicher oder psychologischer Psychotherapeut
- Der verantwortliche Arzt besitzt die Zusatzweiterbildung Spezielle Schmerztherapie
- Ärztliche Visite oder Teambesprechung mit Behandlungsplanung
- Gesamtaufenthaltsdauer pro Tag in der teilstationären Einrichtung (inkl. Erholungszeiten) von mindestens 240 Minuten
- Die Größe der Behandlungsgruppen ist auf maximal 8 Patienten begrenzt
Vorhandensein folgender Verfahren:
- Physiotherapie oder Sporttherapie oder andere körperlich übende Verfahren
- Ärztliche oder psychologische Psychotherapie
Als teamintegriert angewandte Verfahrensarten gelten:
- Körperlich übende Verfahren wie z.B. aktivierende Physiotherapie, Trainingstherapie, Ausdauertraining, Dehnungsübungen, sensomotorisches Training, Ergotherapie, Arbeitsplatztraining
- Psychotherapeutisch übende, auch durch Kotherapeuten erbrachte Verfahren wie z.B. Muskelrelaxation, Autogenes Training
- Ärztlich oder psychologisch psychotherapeutische Verfahren wie z.B. psychologische Schmerztherapie, Gruppenpsychotherapie, Edukation, Alltagsplanung, störungsorientierte Einzeltherapie
- Sonstige Verfahren wie z.B. soziale Interventionen, Kreativtherapie, künstlerische Therapie (Kunst- oder Musiktherapie)
Eine gleichzeitige akutmedizinische Diagnostik bzw. Behandlung ist gesondert zu kodieren

8-91c.0 Basisbehandlung
Hinw.: Mindestmerkmale:
- Teamintegrierter Einsatz von mindestens zwei der genannten Verfahren
- Mindestens 120 Minuten Therapiezeit pro Tag in Einzel- und/oder Gruppentherapie

.00 Zwei übende oder sonstige Verfahren
.01 Zwei Verfahren, davon ein ärztlich oder psychologisch psychotherapeutisches Verfahren von mindestens 60 Minuten
.02 Zwei Verfahren, zusätzlich ein ärztliches oder psychotherapeutisches Einzelgespräch von mindestens 30 Minuten

8-91c.1 Umfassende Behandlung
Hinw.: Mindestmerkmale:
- Teamintegrierter Einsatz von mindestens drei der genannten Verfahren
- Mindestens 180 Minuten Therapiezeit pro Tag in Einzel- und/oder Gruppentherapie

.10 Drei übende oder sonstige Verfahren
.11 Drei Verfahren, davon ein ärztlich oder psychologisch psychotherapeutisches Verfahren von mindestens 60 Minuten
.12 Drei Verfahren, zusätzlich ein ärztliches oder psychotherapeutisches Einzelgespräch von mindestens 30 Minuten

8-91c.2 Intensivbehandlung
Hinw.: Mindestmerkmale:
- Teamintegrierter Einsatz von mindestens vier der genannten Verfahren
- Mindestens 240 Minuten Therapiezeit pro Tag in Einzel- und/oder Gruppentherapie

.20 Vier oder mehr übende oder sonstige Verfahren
.21 Vier oder mehr Verfahren, davon ein ärztlich oder psychologisch psychotherapeutisches Verfahren von mindestens 60 Minuten
.22 Vier oder mehr Verfahren, zusätzlich ein ärztliches oder psychotherapeutisches Einzelgespräch von mindestens 30 Minuten
.23 Vier oder mehr Verfahren, davon ein ärztlich oder psychologisch psychotherapeutisches Verfahren von mindestens 60 Minuten und zusätzlich ein ärztliches oder psychotherapeutisches Einzelgespräch von mindestens 30 Minuten

Patientenmonitoring
(8-92...8-93)

8-92 Neurologisches Monitoring
Inkl.: Auswertung und klinische Beurteilung
Hinw.: Ein Kode aus diesem Bereich ist jeweils nur einmal pro stationären Aufenthalt anzugeben

8-920 EEG-Monitoring (mindestens 2 Kanäle) für mehr als 24 h
Inkl.: Bispektral-Index-Monitoring [BIS-Monitoring]
Hinw.: Dieser Kode ist nur für intensivmedizinische Patienten anzugeben

8-921 Monitoring mittels evozierter Potentiale
Hinw.: Dieser Kode ist nur für intensivmedizinische Patienten anzugeben

8-923 Monitoring der hirnvenösen Sauerstoffsättigung
Hinw.: Dieser Kode ist nur für intensivmedizinische Patienten anzugeben

8-924 Invasives neurologisches Monitoring
Inkl.: Monitoring des intrakraniellen Druckes
Monitoring der Sauerstoffsättigung im Hirngewebe
Hinw.: Dieser Kode ist nur für intensivmedizinische Patienten anzugeben

8-925 Intraoperatives neurophysiologisches Monitoring
Inkl.: Elektrophysiologisches Monitoring
Sprachmonitoring bei Wacheingriffen
Exkl.: Intraoperatives neurophysiologisches Monitoring des N. recurrens im Rahmen einer anderen Operation (5-069.4 ff.)
Intraoperatives neurophysiologisches Monitoring des N. facialis bei der Resektion einer Speicheldrüse (5-262 ff.)
Intraoperatives neurophysiologisches Monitoring bei Operationen am Glomus caroticum und anderen Paraganglien (5-398.2)

8-925.0 Bis 4 Stunden
Hinw.: Die Dauer berechnet sich vom Anlegen bis zur Abnahme der Elektroden
.00 Mit Stimulationselektroden
.01 Mit evozierten Potentialen (AEP, SEP, MEP, VEP)
Hinw.: Eine ggf. durchgeführte Anwendung von Stimulationselektroden ist im Kode enthalten
.02 Mit weniger als 8 kortikalen Elektroden (Elektrokortikographie, Phasenumkehr und/oder Kartierung)
.03 Mit weniger als 8 kortikalen Elektroden (Elektrokortikographie, Phasenumkehr und/oder Kartierung) und mit evozierten Potentialen (AEP, SEP, MEP, VEP)
.04 Mit 8 oder mehr kortikalen Elektroden (Elektrokortikographie, Phasenumkehr und/oder Kartierung)
Hinw.: Ein ggf. durchgeführtes Monitoring mit evozierten Potentialen ist im Kode enthalten
.0x Sonstige

8-925.2 Mehr als 4 Stunden bis 8 Stunden
Hinw.: Die Dauer berechnet sich vom Anlegen bis zur Abnahme der Elektroden
.20 Mit Stimulationselektroden
.21 Mit evozierten Potentialen (AEP, SEP, MEP, VEP)
Hinw.: Eine ggf. durchgeführte Anwendung von Stimulationselektroden ist im Kode enthalten
.22 Mit weniger als 8 kortikalen Elektroden (Elektrokortikographie, Phasenumkehr und/oder Kartierung)
.23 Mit weniger als 8 kortikalen Elektroden (Elektrokortikographie, Phasenumkehr und/oder Kartierung) und mit evozierten Potentialen (AEP, SEP, MEP, VEP)
.24 Mit 8 oder mehr kortikalen Elektroden (Elektrokortikographie, Phasenumkehr und/oder Kartierung)
Hinw.: Ein ggf. durchgeführtes Monitoring mit evozierten Potentialen ist im Kode enthalten
.2x Sonstige

Kapitel 8: Nichtoperative therapeutische Maßnahmen

8-925.3 Mehr als 8 Stunden bis 12 Stunden
Hinw.: Die Dauer berechnet sich vom Anlegen bis zur Abnahme der Elektroden
- .30 Mit Stimulationselektroden
- .31 Mit evozierten Potentialen (AEP, SEP, MEP, VEP)
  Hinw.: Eine ggf. durchgeführte Anwendung von Stimulationselektroden ist im Kode enthalten
- .32 Mit weniger als 8 kortikalen Elektroden (Elektrokortikographie, Phasenumkehr und/oder Kartierung)
- .33 Mit weniger als 8 kortikalen Elektroden (Elektrokortikographie, Phasenumkehr und/oder Kartierung) und mit evozierten Potentialen (AEP, SEP, MEP, VEP)
- .34 Mit 8 oder mehr kortikalen Elektroden (Elektrokortikographie, Phasenumkehr und/oder Kartierung)
  Hinw.: Ein ggf. durchgeführtes Monitoring mit evozierten Potentialen ist im Kode enthalten
- .3x Sonstige

8-925.4 Mehr als 12 Stunden
Hinw.: Die Dauer berechnet sich vom Anlegen bis zur Abnahme der Elektroden
- .40 Mit Stimulationselektroden
- .41 Mit evozierten Potentialen (AEP, SEP, MEP, VEP)
  Hinw.: Eine ggf. durchgeführte Anwendung von Stimulationselektroden ist im Kode enthalten
- .42 Mit weniger als 8 kortikalen Elektroden (Elektrokortikographie, Phasenumkehr und/oder Kartierung)
- .43 Mit weniger als 8 kortikalen Elektroden (Elektrokortikographie, Phasenumkehr und/oder Kartierung) und mit evozierten Potentialen (AEP, SEP, MEP, VEP)
- .44 Mit 8 oder mehr kortikalen Elektroden (Elektrokortikographie, Phasenumkehr und/oder Kartierung)
  Hinw.: Ein ggf. durchgeführtes Monitoring mit evozierten Potentialen ist im Kode enthalten
- .4x Sonstige

8-93 Monitoring von Atmung, Herz und Kreislauf
Inkl.: Auswertung und klinische Beurteilung
Hinw.: Ein Kode aus diesem Bereich ist jeweils nur einmal pro stationären Aufenthalt anzugeben

8-930 **Monitoring von Atmung, Herz und Kreislauf ohne Messung des Pulmonalarteriendruckes und des zentralen Venendruckes**
Hinw.: Dieser Kode ist nur für intensivmedizinisch versorgte Patienten anzugeben. Dieser Kode umfasst das kontinuierliche EKG-Monitoring, das Monitoring des Blutdruckes, die Messung von Atemfrequenz, Sauerstoffsättigung und sonstigen Vitalparametern sowie die Bilanzierung

8-931 **Monitoring von Atmung, Herz und Kreislauf mit Messung des zentralen Venendruckes**
Hinw.: Diese Kodes sind nur für intensivmedizinisch versorgte Patienten anzugeben. Diese Kodes umfassen das kontinuierliche EKG-Monitoring, das Monitoring des Blutdruckes, die Messung von Atemfrequenz, Sauerstoffsättigung und sonstigen Vitalparametern sowie die Bilanzierung

8-931.0 Ohne kontinuierliche reflektionsspektrometrische Messung der zentralvenösen Sauerstoffsättigung

8-931.1 Mit kontinuierlicher reflektionsspektrometrischer Messung der zentralvenösen Sauerstoffsättigung

8-932 **Monitoring von Atmung, Herz und Kreislauf mit Messung des Pulmonalarteriendruckes**
Inkl.: Messung des zentralen Venendruckes
  Einsatz der Pulswellenkonturanalyse und der Pulsdruckanalyse zur Bestimmung des Herzzeitvolumens
Hinw.: Dieser Kode ist nur für intensivmedizinisch versorgte Patienten anzugeben. Dieser Kode umfasst das kontinuierliche EKG-Monitoring, das Monitoring des Blutdruckes, die Messung von Atemfrequenz, Sauerstoffsättigung und sonstigen Vitalparametern sowie die Bilanzierung

8-933 **Funkgesteuerte kardiologische Telemetrie**
Hinw.: Dieser Kode ist nur für stationär behandelte Patienten anzugeben

Komplexbehandlung
(8-97...8-98)

8-97 Multimodale Komplexbehandlung

8-971 **Multimodale dermatologische Komplexbehandlung**
Hinw.: Merkmale: 7 Behandlungstage unter fachärztlicher Behandlungsleitung und durch Fachpflegepersonal

8-971.0 Ganzkörper-Dermatotherapie (mindestens 2 x tägl.)

8-971.1 Ganzkörper-Dermatotherapie (mindestens 2 x tägl.), Balneotherapie und/oder Lichttherapie

8-971.2 Ganzkörper-Dermatotherapie (mindestens 2 x tägl.), Balneotherapie und/oder Lichttherapie, allergologische, diätetische (Karenzdiäten) und/oder psychosomatische Maßnahmen

8-971.3 Ganzkörper-Dermatotherapie (mindestens 2 x tägl.), Balneotherapie und/oder Lichttherapie, allergologische, diätetische (Karenzdiäten) und/oder psychosomatische Maßnahmen, spezifische parenterale Infusionstherapie

8-971.4 Ganzkörper-Dermatotherapie (mindestens 2 x tägl.), Balneotherapie und/oder Lichttherapie, allergologische, diätetische (Karenzdiäten) und/oder psychosomatische Maßnahmen, spezifische parenterale Infusionstherapie, Patientenschulung (ggf. Eltern-Kind)

8-971.x Sonstige

8-971.y N.n.bez.

8-972 **Komplexbehandlung bei schwerbehandelbarer Epilepsie**
Inkl.: Medikamentöse Umstellung oder Absetzen von Medikamenten, Lebenstraining oder Compliancetraining, Patientenschulung, Therapiekontrolle, Psychotherapie, Anfallsselbstkontrolle und Biofeedbacktraining
Exkl.: EEG-Diagnostik (1-207)
Hinw.: Bei Kindern und Jugendlichen kann die Therapie auch unter Einbeziehung von Eltern und/oder anderen Bezugspersonen erfolgen
Mindestmerkmale:
- Wöchentliche Teambesprechung mit wochenbezogener Dokumentation bisheriger Behandlungsergebnisse und weiterer Behandlungsziele
- Vorhandensein und Einsatz von mindestens 3 Therapiebereichen: Ergotherapie, Physiotherapie, Neuropsychologie, Psychotherapie, Sozialarbeit, bei Kindern Heil- und Sozialpädagogik patientenbezogen in unterschiedlichen Kombinationen und unterschiedlichem Zeitaufwand

8-972.0 Mindestens 7 bis höchstens 13 Behandlungstage

8-972.1 Mindestens 14 bis höchstens 20 Behandlungstage

8-972.2 Mindestens 21 Behandlungstage

8-973 **Komplexbehandlung bei Spina bifida**
Inkl.: Komplexe Diagnostik
Exkl.: Bildgebende Diagnostik (Kap. 3), invasive funktionelle Diagnostik (Kap. 1)
EEG-Diagnostik (1-207)
Hinw.: Mit diesem Kode ist die multidisziplinäre somatische (Kinder- und Jugendmedizin, Neurochirurgie, Orthopädie, Ophthalmologie, Urologie), psychologische und psychosoziale Behandlung von Patienten mit Spina bifida zu kodieren
Durchgeführte Operationen sind gesondert zu kodieren

8-974 **Multimodale Komplexbehandlung bei sonstiger chronischer Erkrankung**
Inkl.: Komplexbehandlung z.B. bei Adipositas, Asthma bronchiale, Diabetes mellitus, Neurodermitis, Mukoviszidose, rheumatischen, hämatologisch-onkologischen, kardiologischen und sozialpädiatrischen Krankheiten
Hinw.: Mindestmerkmale:
- Team unter fachärztlicher Behandlungsleitung
- Einsatz von mindestens 3 Therapiebereichen: Physiotherapie/Physikalische Therapie, Ergotherapie, Sporttherapie, Logopädie, künstlerische Therapie (Kunst- und Musiktherapie), Schmerztherapie, Psychotherapie patientenbezogen in unterschiedlichen Kombinationen und unterschiedlichem Zeitaufwand

8-974.0 Mindestens 7 bis höchstens 13 Behandlungstage

Kapitel 8: Nichtoperative therapeutische Maßnahmen

8-974.1 Mindestens 14 bis höchstens 20 Behandlungstage

8-974.2 Mindestens 21 Behandlungstage

8-975 Naturheilkundliche und anthroposophisch-medizinische Komplexbehandlung

8-975.2 Naturheilkundliche Komplexbehandlung
Hinw.: Mindestmerkmale:
- Behandlung von mindestens 120 Therapieminuten pro Tag durch ein klinisch-naturheilkundliches Team unter Leitung eines Facharztes mit der Zusatzbezeichnung Naturheilverfahren und mit mindestens dreijähriger Erfahrung im Bereich der klassischen Naturheilverfahren
- Dem Team müssen neben Ärzten und fachkundigem Pflegepersonal mit mindestens halbjähriger naturheilkundlicher Erfahrung mindestens drei der folgenden Berufsgruppen angehören: Physiotherapeuten/ Krankengymnasten/Masseure/Medizinische Bademeister/Sportlehrer, Ergotherapeuten, Psychologen, Ökotrophologen/Diätassistenten, Kunsttherapeuten/Musiktherapeuten
- Erstellung eines spezifisch-naturheilkundlichen diagnostischen und therapeutischen Konzeptes zu Beginn der Behandlung
- Mindestens zweimal wöchentlich Teambesprechung unter Einbeziehung somatischer, ordnungstherapeutischer und sozialer Aspekte mit patientenbezogener Dokumentation der bisherigen Behandlungsergebnisse und der weiteren Behandlungsziele
- Naturheilkundliche erweiterte Pflege durch fachkundiges Pflegepersonal
- Einsatz von mindestens 5 der folgenden 8 Therapiebereiche: Ernährungstherapie, Hydrotherapie/Thermotherapie, andere physikalische Verfahren, Phytotherapie, Ordnungstherapie, Bewegungstherapie, ausleitende Verfahren oder ein zusätzliches Verfahren (manuelle Therapie, Akupunktur/Chinesische Medizin, Homöopathie, Neuraltherapie, künstlerische Therapie (Kunst- und Musiktherapie))
Gleichzeitige weitergehende akutmedizinische Diagnostik und Therapie sind gesondert zu kodieren

.22 Mindestens 7 bis höchstens 13 Behandlungstage und weniger als 1.680 Behandlungsminuten

.23 Mindestens 14 bis höchstens 20 Behandlungstage und weniger als 2.520 Behandlungsminuten oder mindestens 10 bis höchstens 13 Behandlungstage und mindestens 1.680 Behandlungsminuten

.24 Mindestens 21 Behandlungstage oder mindestens 14 Behandlungstage und mindestens 2.520 Behandlungsminuten

8-975.3 Anthroposophisch-medizinische Komplexbehandlung
Hinw.: Die Behandlung erfolgt unter Anwendung mehrerer spezifischer Therapieverfahren mit insgesamt mindestens 30 Therapieeinheiten (jeweils von mindestens 30 Minuten) aus den Bereichen:
- Anwendungen und Bäder
- Massagen, Einreibungen und Wickel
- Bewegungstherapien (Heileurythmie und Krankengymnastik)
- Künstlerische Therapie (Kunst- und Musiktherapie)
- Supportive Therapie und Patientenschulung

8-976 Komplexbehandlung bei Querschnittlähmung

8-976.0 Umfassende Erstbehandlung
Hinw.: Interdisziplinäre und interprofessionelle stationäre Behandlung unmittelbar nach Eintritt einer kompletten oder inkompletten Querschnittlähmung mit dem Behandlungsergebnis der medizinischen und sozialen Reintegration im Sinne des selbstbestimmten Lebens

.00 Bis 99 Behandlungstage
.01 Mindestens 100 bis höchstens 199 Behandlungstage
.02 Mindestens 200 bis höchstens 299 Behandlungstage
.03 Mindestens 300 Behandlungstage

8-976.1 Behandlung aufgrund direkter oder assoziierter Folgen
Hinw.: Gleichzeitige und gleichrangige stationäre Behandlung aller direkten und assoziierten Folgen einer Querschnittlähmung neben der zur stationären Aufnahme führenden Ursache, um das selbstbestimmte Leben der Querschnittgelähmten kurzfristig wieder zu ermöglichen, aufrecht zu erhalten oder es durch Abwendung von Verschlimmerungen langfristig zu sichern

.10 Bis 17 Behandlungstage
.11 Mindestens 18 bis höchstens 49 Behandlungstage
.12 Mindestens 50 bis höchstens 99 Behandlungstage
.13 Mindestens 100 Behandlungstage

8-976.2 Behandlung aufgrund lebenslanger Nachsorge (Check)
Hinw.: Stationäre Behandlung, um die dynamische Entwicklung einer Querschnittlähmung durch klinische, apparative und bildgebende Verfahren zu erfassen und notwendige ambulante, teilstationäre oder stationäre Maßnahmen zu veranlassen, die geeignet sind, das selbstbestimmte Leben von Querschnittgelähmten aufrechtzuerhalten oder dies wieder zu ermöglichen oder Verschlimmerungen von Querschnittlähmungsfolgen langfristig abzuwenden

8-977 Multimodal-nichtoperative Komplexbehandlung des Bewegungssystems
Hinw.: Die Anwendung dieses Kodes beinhaltet eine interdisziplinäre Diagnostik und Behandlung von komplexen (multifaktoriellen) Erkrankungen des Bewegungssystems unter fachärztlicher Behandlungsleitung von mindestens 12 Tagen
Dabei wird die gleichzeitige Anwendung von 5 diagnostischen Verfahren vorausgesetzt:
- Neuroorthopädische Strukturdiagnostik
- Manualmedizinische Funktionsdiagnostik
- Schmerzdiagnostik
- Apparative Diagnostik unter funktionspathologischen Aspekten (z.B. Röntgen, MRT, CT, videogestützte Bewegungsanalyse, Posturographie, computergestützte Bewegungs- oder Kraftmessung, EMG, Optimetrie)
- Psychodiagnostik

Anzuwenden sind mindestens 3 der folgenden Verfahren:
- Manuelle Medizin
- Reflextherapie
- Infiltrationstherapie/interventionelle Schmerztherapie
- Psychotherapie

und mindestens 3 Verfahren aus der/den
- Manuellen Therapie und Krankengymnastik auf neurophysiologischer Basis
- Medizinischen Trainingstherapie
- Physikalischen Therapie
- Entspannungsverfahren

mit einer Therapiedichte von mindestens 30 aktiven und passiven Einzelleistungen aus den beiden Leistungsgruppen
Die Anwendung des Kodes umfasst weiter ein therapeutisches Assessment mit interdisziplinärer Teambesprechung

8-978 Aufrechterhaltung der Homöostase für die postmortale Organspende
Inkl.: Maschinelle Beatmung und Intensivpflege
Hinw.: Dieser Kode wird nicht im Rahmen des Datensatzes nach § 301 SGB V bzw. § 21 KHEntgG übermittelt und darf nur im Anschluss an die Feststellung des irreversiblen Hirnfunktionsausfalls bei einem potenziellen Organspender entsprechend 1-202.01 und nicht erfolgter Organentnahme kodiert werden
Nicht erbracht werden darf diese Leistung, wenn der potenzielle Organspender zu Lebzeiten einer möglichen Organspende widersprochen hat oder medizinische Kontraindikationen für eine Organspende vorliegen
Die im Rahmen dieser Leistung ab dem Zeitpunkt der Einleitung der zur Feststellung des irreversiblen Hirnfunktionsausfalls (1-202.01) führenden Diagnostik anfallende Dauer der maschinellen Beatmung darf bei der im Rahmen der Datenübermittlung nach § 301 SGB V / § 21 KHEntgG zu übermittelnden Beatmungsstundenzahl nicht berücksichtigt werden
Als Datum der Leistungserbringung ist dasselbe Datum wie bei der Leistung 1-202.01 anzugeben

8-979 Stationäre Behandlung vor Transplantation
Hinw.: Mit einem Kode aus diesem Bereich ist die präoperative Behandlungsdauer während des Transplantationsaufenthaltes zu kodieren

8-979.0 Mindestens 10 bis höchstens 29 Behandlungstage
.00 Vor einer Nierentransplantation
.01 Vor einer Herztransplantation
.02 Vor einer Lungentransplantation
.03 Vor einer Herz-Lungen-Transplantation
.04 Vor einer Lebertransplantation
.05 Vor einer Pankreastransplantation
.06 Vor einer Dünndarmtransplantation
.0x Sonstige

Kapitel 8: Nichtoperative therapeutische Maßnahmen

8-979.1 Mindestens 30 bis höchstens 49 Behandlungstage
- .10 Vor einer Nierentransplantation
- .11 Vor einer Herztransplantation
- .12 Vor einer Lungentransplantation
- .13 Vor einer Herz-Lungen-Transplantation
- .14 Vor einer Lebertransplantation
- .15 Vor einer Pankreastransplantation
- .16 Vor einer Dünndarmtransplantation
- .1x Sonstige

8-979.2 Mindestens 50 Behandlungstage
- .20 Vor einer Nierentransplantation
- .21 Vor einer Herztransplantation
- .22 Vor einer Lungentransplantation
- .23 Vor einer Herz-Lungen-Transplantation
- .24 Vor einer Lebertransplantation
- .25 Vor einer Pankreastransplantation
- .26 Vor einer Dünndarmtransplantation
- .2x Sonstige

8-97a Multimodale intensivmedizinische Überwachung und Behandlung bei zerebrovaskulären Vasospasmen
Hinw.: Diese Kodes sind nur anzugeben für nicht beatmete Patienten
Die intraarterielle Spasmolyse ist gesondert zu kodieren (8-83c.6 ff.)
Mindestmerkmale:
- Hypertensive hypervolämische Hämodilution (Triple-H-Therapie) mit systemischer Katecholamingabe
- Intensivmedizinisches Monitoring mit stündlicher Kontrolle aller neurologischen Funktionen
- Mindestens einmal täglich transkranielle Doppleruntersuchung aller intrazerebralen Gefäßabschnitte

8-97a.0 Bis zu 6 Behandlungstage

8-97a.1 Mindestens 7 bis höchstens 13 Behandlungstage

8-97a.2 Mindestens 14 Behandlungstage

8-97b Multimodale intensivmedizinische Überwachung und Behandlung bei neuromuskulären Erkrankungen
Hinw.: Mindestmerkmale:
- Intensivmedizinische Überwachung bei Patienten mit einer neuromuskulären Erkrankung (ICD-10-GM G12.-, G13.-*, G61.-, G70.-, G71.-, G72.-, G73.-*, M33.-, M36.0*, M60.- außer M60.2, M63.-*)
- Die Patienten haben eine Vitalkapazität von weniger als 1,6 Liter
- Die Patienten werden nicht maschinell beatmet
- Basismonitoring zur intensivmedizinischen Überwachung
- Messung der Vitalkapazität mindestens zweimal täglich
- Blutgasanalysen mindestens zweimal täglich

8-97b.0 Bis zu 6 Behandlungstage

8-97b.1 Mindestens 7 bis höchstens 13 Behandlungstage

8-97b.2 Mindestens 14 Behandlungstage

8-97c Stationäre Behandlung bei erfolgter Aufnahme auf die Warteliste zur Organtransplantation
Exkl.: Präoperative Behandlungsdauer während des Transplantationsaufenthaltes (8-979 ff.)
Hinw.: Mit einem Kode aus diesem Bereich ist die stationäre Behandlungsdauer bei Patienten zu kodieren, die bereits auf der Warteliste zur Organtransplantation stehen bzw. in demselben Aufenthalt auf die Warteliste aufgenommen werden und bei denen die Transplantation nicht während desselben Aufenthaltes durchgeführt wird
Diese Kodes sind anzugeben von Transplantationszentren bzw. von Krankenhäusern, die Kooperationspartner eines Transplantationszentrums sind
Die Kodes für 1 bis 15 Behandlungstage finden sich am Ende der Liste

Kapitel 8: Nichtoperative therapeutische Maßnahmen

8-97c.0 Mindestens 16 bis höchstens 22 Behandlungstage
- .00 Vor einer Nierentransplantation
- .01 Vor einer Herztransplantation
- .02 Vor einer Lungentransplantation
- .03 Vor einer Herz-Lungen-Transplantation
- .04 Vor einer Lebertransplantation
- .05 Vor einer Pankreastransplantation
- .06 Vor einer Dünndarmtransplantation
- .0x Sonstige

8-97c.1 Mindestens 23 bis höchstens 29 Behandlungstage
- .10 Vor einer Nierentransplantation
- .11 Vor einer Herztransplantation
- .12 Vor einer Lungentransplantation
- .13 Vor einer Herz-Lungen-Transplantation
- .14 Vor einer Lebertransplantation
- .15 Vor einer Pankreastransplantation
- .16 Vor einer Dünndarmtransplantation
- .1x Sonstige

8-97c.2 Mindestens 30 bis höchstens 43 Behandlungstage
- .20 Vor einer Nierentransplantation
- .21 Vor einer Herztransplantation
- .22 Vor einer Lungentransplantation
- .23 Vor einer Herz-Lungen-Transplantation
- .24 Vor einer Lebertransplantation
- .25 Vor einer Pankreastransplantation
- .26 Vor einer Dünndarmtransplantation
- .2x Sonstige

8-97c.3 Mindestens 44 bis höchstens 57 Behandlungstage
- .30 Vor einer Nierentransplantation
- .31 Vor einer Herztransplantation
- .32 Vor einer Lungentransplantation
- .33 Vor einer Herz-Lungen-Transplantation
- .34 Vor einer Lebertransplantation
- .35 Vor einer Pankreastransplantation
- .36 Vor einer Dünndarmtransplantation
- .3x Sonstige

8-97c.4 Mindestens 58 Behandlungstage
- .40 Vor einer Nierentransplantation
- .41 Vor einer Herztransplantation
- .42 Vor einer Lungentransplantation
- .43 Vor einer Herz-Lungen-Transplantation
- .44 Vor einer Lebertransplantation
- .45 Vor einer Pankreastransplantation
- .46 Vor einer Dünndarmtransplantation
- .4x Sonstige

8-97c.5 Bis 15 Behandlungstage
- .50 Vor einer Nierentransplantation
- .51 Vor einer Herztransplantation
- .52 Vor einer Lungentransplantation
- .53 Vor einer Herz-Lungen-Transplantation
- .54 Vor einer Lebertransplantation
- .55 Vor einer Pankreastransplantation
- .56 Vor einer Dünndarmtransplantation
- .5x Sonstige

Kapitel 8: Nichtoperative therapeutische Maßnahmen

8-97d **Multimodale Komplexbehandlung bei Morbus Parkinson und atypischem Parkinson-Syndrom**
Hinw.: Mindestmerkmale:
- Team unter fachärztlicher Behandlungsleitung (Facharzt für Neurologie)
- Wöchentliche Teambesprechung mit wochenbezogener Dokumentation bisheriger Behandlungsergebnisse und weiterer Behandlungsziele
- Vorhandensein mindestens folgender Therapiebereiche: Physiotherapie/Physikalische Therapie, Ergotherapie
- Einsatz von mindestens 3 Therapiebereichen (Physiotherapie/Physikalische Therapie, Ergotherapie, Sporttherapie, Logopädie, Künstlerische Therapie (Kunst- und Musiktherapie), Psychotherapie) patientenbezogen in unterschiedlichen Kombinationen von mindestens 7,5 Stunden pro Woche, davon müssen 5 Stunden in Einzeltherapie stattfinden. Einer der eingesetzten Therapiebereiche muss Physiotherapie/Physikalische Therapie oder Ergotherapie sein

8-97d.0 Mindestens 7 bis höchstens 13 Behandlungstage

8-97d.1 Mindestens 14 bis höchstens 20 Behandlungstage

8-97d.2 Mindestens 21 Behandlungstage

8-97e **Behandlung des Morbus Parkinson in der Spätphase mit Arzneimittelpumpen**

8-97e.0 Ersteinstellung mit Apomorphin
Hinw.: Mindestmerkmale:
- Durchführung eines Apomorphintests mit Findung der Schwellendosis
- Anlegen der Apomorphinpumpe
- Einstellung der kontinuierlichen, subkutanen Apomorphintherapie mit täglicher Anpassung der Startdosis bis zur optimalen Wirkung und Reduzierung der bisherigen Medikation
- Anwenderschulung

8-97e.1 Dosis- und Therapiekontrolle und Optimierung einer Behandlung mit Apomorphin

8-97e.2 Ersteinstellung mit L-Dopa-Gel
Hinw.: Mindestmerkmale:
- Neuropsychiatrische und kognitive Untersuchung mit standardisierten Skalen vor Beginn der Behandlung
- Dosisermittlung für das Levodopa/Carbidopa-Gel durch einschleichende Titrierung. Während der Titrationsphase erfolgt täglich mindestens eine Untersuchung der Beweglichkeit mit Hilfe standardisierter Skalen
- Absetzen oder Reduzieren der oralen/transdermalen Medikation
- Dokumentation der ON- und OFF-Zeiten mindestens 8-mal täglich während der Wachphasen für die Dauer der Titrationsphase und mindestens drei Tage unter stabiler Dosis
- Anwenderschulung
Die Anlage einer PEG/PEJ ist gesondert zu kodieren (5-431.2, 5-450.3)

8-97e.3 Dosis- und Therapiekontrolle und Optimierung einer Behandlung mit L-Dopa-Gel

Kapitel 8: Nichtoperative therapeutische Maßnahmen

8-98 Sonstige multimodale Komplexbehandlung

8-980 **Intensivmedizinische Komplexbehandlung (Basisprozedur)**

Exkl.: Intensivüberwachung ohne akute Behandlung lebenswichtiger Organsysteme oder kurzfristige (< 24 Stunden) Intensivbehandlung
Kurzfristige (< 24 Stunden) Stabilisierung von Patienten nach operativen Eingriffen

Hinw.: Mindestmerkmale:
- Kontinuierliche, 24-stündige Überwachung und akute Behandlungsbereitschaft durch ein Team von Pflegepersonal und Ärzten, die in der Intensivmedizin erfahren sind und die aktuellen Probleme ihrer Patienten kennen
- Behandlungsleitung durch einen Facharzt mit der Zusatzweiterbildung "Intensivmedizin"
- Eine ständige ärztliche Anwesenheit auf der Intensivstation muss gewährleistet sein. Der Arzt der Intensivstation kann zu einem kurzfristigen Notfalleinsatz innerhalb des Krankenhauses (z.B. Reanimation) hinzugezogen werden
- Die Anzahl der Aufwandspunkte errechnet sich aus der Summe des täglichen SAPS II (ohne Glasgow Coma Scale) über die Verweildauer auf der Intensivstation (total SAPS II) plus der Summe von 10 täglich ermittelten aufwendigen Leistungen aus dem TISS-Katalog über die Verweildauer auf der Intensivstation
- Die zu verwendenden Parameter des SAPS II und des TISS sind im Anhang zum OPS zu finden
- Spezielle intensivmedizinische Prozeduren, wie Transfusion von Plasma und Plasmabestandteilen, Plasmapherese und Immunadsorption, Maßnahmen im Rahmen der Reanimation u.a. sind gesondert zu kodieren
- Diese Kodes sind für Patienten, die bei stationärer Aufnahme das 14. Lebensjahr vollendet haben, anzugeben

8-980.0	1 bis 184 Aufwandspunkte	
8-980.1	185 bis 552 Aufwandspunkte	
	.10	185 bis 368 Aufwandspunkte
	.11	369 bis 552 Aufwandspunkte
8-980.2	553 bis 1104 Aufwandspunkte	
	.20	553 bis 828 Aufwandspunkte
	.21	829 bis 1104 Aufwandspunkte
8-980.3	1105 bis 1656 Aufwandspunkte	
	.30	1105 bis 1380 Aufwandspunkte
	.31	1381 bis 1656 Aufwandspunkte
8-980.4	1657 bis 2208 Aufwandspunkte	
	.40	1657 bis 1932 Aufwandspunkte
	.41	1933 bis 2208 Aufwandspunkte
8-980.5	2209 bis 2760 Aufwandspunkte	
	.50	2209 bis 2484 Aufwandspunkte
	.51	2485 bis 2760 Aufwandspunkte
8-980.6	2761 bis 3680 Aufwandspunkte	
	.60	2761 bis 3220 Aufwandspunkte
	.61	3221 bis 3680 Aufwandspunkte
8-980.7	3681 bis 4600 Aufwandspunkte	
8-980.8	4601 bis 5520 Aufwandspunkte	
8-980.9	5521 bis 7360 Aufwandspunkte	
8-980.a	7361 bis 9200 Aufwandspunkte	
8-980.b	9201 bis 11040 Aufwandspunkte	
8-980.c	11041 bis 13800 Aufwandspunkte	
8-980.d	13801 bis 16560 Aufwandspunkte	
8-980.e	16561 bis 19320 Aufwandspunkte	
8-980.f	19321 oder mehr Aufwandspunkte	

Kapitel 8: Nichtoperative therapeutische Maßnahmen

8-981 Neurologische Komplexbehandlung des akuten Schlaganfalls
Exkl.: Andere neurologische Komplexbehandlung des akuten Schlaganfalls (8-98b ff.)
Hinw.: Diese Kodes können auch beim Vorliegen einer TIA angegeben werden
Besteht über die Therapiemöglichkeiten der vorhandenen Schlaganfalleinheit hinaus die Indikation zu einer Behandlung auf der Intensivstation, kann, wenn die Mindestmerkmale dieses OPS-Kodes erfüllt sind, die dortige Behandlungszeit auch für die Kodierung der neurologischen Komplexbehandlung des akuten Schlaganfalls berücksichtigt werden, auch wenn auf der Intensivstation nicht ausschließlich Patienten mit einem akuten Schlaganfall behandelt werden
Mindestmerkmale: Behandlung auf einer spezialisierten Einheit durch ein multidisziplinäres, auf die Schlaganfallbehandlung spezialisiertes Team unter fachlicher Behandlungsleitung durch einen Facharzt für Neurologie mit:
- 24-stündiger ärztlicher Anwesenheit (Von Montag bis Freitag wird tagsüber eine mindestens 12-stündige ärztliche Anwesenheit (Der Arzt kann ein Facharzt für Neurologie oder ein Assistenzarzt in der Weiterbildung zum Facharzt für Neurologie sein.) gefordert, bei der sich der jeweilige Arzt auf der Spezialeinheit für Schlaganfallpatienten ausschließlich um diese Patienten kümmert und keine zusätzlichen Aufgaben zu erfüllen hat. Er kann sich in dieser Zeit nur von der Spezialeinheit entfernen, um Schlaganfallpatienten zum Beispiel zu untersuchen, zu übernehmen und zu versorgen. Während der 12-stündigen ärztlichen Anwesenheit in der Nacht sowie während der 24-stündigen ärztlichen Anwesenheit an Wochenenden und an Feiertagen ist es zulässig, dass der Arzt der Spezialeinheit noch weitere Patienten mit neurologischer Symptomatik versorgt, sofern sich diese in räumlicher Nähe befinden, so dass er jederzeit für die Schlaganfallpatienten der Spezialeinheit zur Verfügung steht)
- 24-Stunden-Monitoring von mindestens 6 der folgenden Parameter: Blutdruck, Herzfrequenz, EKG, Atmung, Sauerstoffsättigung, Temperatur, intrakranieller Druck, EEG, evozierte Potentiale. Blutdruck, Temperatur und evozierte Potentiale können auch nichtautomatisiert bestimmt werden. Das Monitoring darf nur zur Durchführung spezieller Untersuchungen oder Behandlungen unterbrochen werden. Alle Parameter müssen im Abstand von 4 Stunden oder häufiger erhoben und dokumentiert werden
- 6-stündlicher (maximaler Abstand nachts 8 Stunden) Überwachung und Dokumentation des neurologischen Befundes durch den Arzt zur Früherkennung von Schlaganfallprogression, -rezidiv und anderen Komplikationen
- Durchführung einer Computertomographie oder Kernspintomographie, bei Lyseindikation innerhalb von 60 Minuten, ansonsten innerhalb von 6 Stunden nach der Aufnahme, sofern diese Untersuchung nicht bereits extern zur Abklärung des akuten Schlaganfalls durchgeführt wurde
- Durchführung der neurosonologischen Untersuchung der extra- und intrakraniellen hirnversorgenden Gefäße zur Abklärung des akuten Schlaganfalls. Diese muss obligatorisch in der Zeit vor oder während des Aufenthaltes auf der spezialisierten Einheit durchgeführt werden, sofern nicht eine andere Methode der Darstellung dieser Gefäße (CT-, Kernspin- oder digitale Subtraktionsangiographie) seit Beginn der akuten Symptomatik angewandt wurde. Sie ist bei nachgewiesener primärer Blutung entbehrlich
- ätiologischer Diagnostik und Differenzialdiagnostik des Schlaganfalls (z.B. transösophageale Echokardiographie, Hämostaseologie, Angiitisdiagnostik, EEG und andere Verfahren) im eigenen Klinikum. Sie ist bei bekannter Ätiologie entbehrlich. Spezialisierte Labordiagnostik darf auch in Fremdlabors erfolgen
- 24-Stunden-Verfügbarkeit der zerebralen Angiographie, der digitalen Subtraktionsangiographie, der CT-Angiographie oder der MR-Angiographie
- kontinuierlicher Möglichkeit zur Fibrinolysetherapie des Schlaganfalls
- Beginn von Maßnahmen der Physiotherapie, Ergotherapie oder Logopädie spätestens am Tag nach der Aufnahme in die Schlaganfalleinheit mit mindestens einer Behandlungseinheit pro Tag pro genanntem Bereich bei Vorliegen eines entsprechenden Defizits und bestehender Behandlungsfähigkeit

- unmittelbarem Zugang zu neurochirurgischen Notfalleingriffen sowie zu gefäßchirurgischen und interventionell-neuroradiologischen Behandlungsmaßnahmen (Es gibt jeweils eine eigene Abteilung im Hause oder einen Kooperationspartner in höchstens halbstündiger Transportentfernung (Zeit zwischen Rettungstransportbeginn und Rettungstransportende). Das Strukturmerkmal ist erfüllt, wenn die halbstündige Transportentfernung unter Verwendung des schnellstmöglichen Transportmittels (z.B. Hubschrauber) grundsätzlich erfüllbar ist. Wenn der Transport eines Patienten erforderlich ist und das Zeitlimit nur mit dem schnellstmöglichen Transportmittel eingehalten werden kann, muss dieses auch tatsächlich verwendet werden. Wenn ein Patient transportiert wurde und die halbe Stunde nicht eingehalten werden konnte, darf der Kode nicht angegeben werden.)

8-981.0 Mindestens 24 bis höchstens 72 Stunden

8-981.1 Mehr als 72 Stunden

8-982 Palliativmedizinische Komplexbehandlung
Exkl.: Spezialisierte stationäre palliativmedizinische Komplexbehandlung (8-98e ff.)
Spezialisierte palliativmedizinische Komplexbehandlung durch einen Palliativdienst (8-98h ff.)
Hinw.: Mindestmerkmale:
- Durchführung eines standardisierten palliativmedizinischen Basisassessments (PBA) zu Beginn der Behandlung
- Ganzheitliche Behandlung unter Leitung eines Facharztes mit der Zusatzweiterbildung Palliativmedizin zur Symptomkontrolle und psychosozialen Stabilisierung ohne kurative Intention und im Allgemeinen ohne Beeinflussung der Grunderkrankung von Patienten mit einer progredienten, fortgeschrittenen Erkrankung und begrenzter Lebenserwartung, ggf. unter Einbeziehung ihrer Angehörigen
- Aktivierend- oder begleitend-therapeutische Pflege durch besonders in diesem Bereich geschultes Pflegepersonal
- Erstellung und Dokumentation eines individuellen Behandlungsplans bei Aufnahme
- Wöchentliche multidisziplinäre Teambesprechung mit wochenbezogener Dokumentation bisheriger Behandlungsergebnisse und weiterer Behandlungsziele pro vollständiger Woche
- Einsatz von mindestens zwei der folgenden Therapiebereiche: Sozialarbeit/Sozialpädagogik, Psychologie, Physiotherapie/Ergotherapie, künstlerische Therapie (Kunst- und Musiktherapie), Entspannungstherapie und Durchführung von Patienten-, Angehörigen- und/oder Familiengesprächen mit insgesamt mindestens 6 Stunden pro Patient und vollständiger Woche patientenbezogen in unterschiedlichen Kombinationen (Die Patienten-, Angehörigen- und/oder Familiengespräche können von allen Berufsgruppen des Behandlungsteams durchgeführt werden.)

8-982.0 Bis zu 6 Behandlungstage

8-982.1 Mindestens 7 bis höchstens 13 Behandlungstage

8-982.2 Mindestens 14 bis höchstens 20 Behandlungstage

8-982.3 Mindestens 21 Behandlungstage

Kapitel 8: Nichtoperative therapeutische Maßnahmen

8-983 **Multimodale rheumatologische Komplexbehandlung**
Hinw.: Mindestmerkmale:
- Team unter fachärztlicher Behandlungsleitung (Facharzt für Innere Medizin mit dem Schwerpunkt Rheumatologie, Facharzt für Orthopädie und Unfallchirurgie mit der Zusatzweiterbildung Orthopädische Rheumatologie oder Facharzt für Orthopädie mit dem Schwerpunkt Rheumatologie)
- Einsatz von mindestens 3 Therapiebereichen: Physiotherapie/Physikalische Therapie, Ergotherapie, Schmerztherapie, kognitive Verhaltenstherapie, Gesprächspsychotherapie patientenbezogen in unterschiedlichen Kombinationen mit einer Therapiedichte von mindestens 11 Stunden pro Woche
- Prozessorientiertes Behandlungsmanagement mit standardisierter Befunderhebung, Bestimmung der Krankheitsaktivität, der Funktionseinschränkung und des Schmerzausmaßes zu Beginn und am Ende des stationären Aufenthaltes
- Zur Beurteilung der Krankheitsintensität sind diagnosebezogen folgende Instrumente einzusetzen: Disease activity score 28 (DAS 28), Funktionsfragebogen Hannover, Bath Ankylosing Spondylitis Disease Activity Index (BASDAI) oder Bath Ankylosing Spondylitis Functional Index (BASFI). Ist der Einsatz bei einer Diagnose oder zu einem bestimmten Zeitpunkt medizinisch nicht sinnvoll (z.B. BASDAI bei chronischer Polyarthritis oder erneute Messung mit dem FFbH bei Entlassung), so braucht das Instrument nicht verwendet zu werden
- Zur Beurteilung der Schmerzintensität sind die Numerische Rating-Skala/Visuelle Analog-Skala (NRS/VAS) als Schmerzscore zu verwenden
- Der unmittelbare Beginn der Schmerztherapie, Physiotherapie oder physikalischen Therapie muss gewährleistet sein

8-983.0 Mindestens 7 bis höchstens 13 Behandlungstage
8-983.1 Mindestens 14 bis höchstens 20 Behandlungstage
8-983.2 Mindestens 21 Behandlungstage

8-984 **Multimodale Komplexbehandlung bei Diabetes mellitus**
Hinw.: Mindestmerkmale:
- Kontinuierliche Vorhaltung und Durchführung differenzierter Behandlungsprogramme, ausgerichtet auf Patienten mit Diabetes mellitus Typ 1 und Typ 2, Insulinpumpentherapie, Bluthochdruck, Adipositas, Dyslipidämie, Nephropathie und schweren Hypoglykämien. Bei der alleinigen Behandlung von Kindern und Jugendlichen (z.B. in Kinderkliniken) ist die kontinuierliche Vorhaltung und Durchführung differenzierter Behandlungsprogramme, ausgerichtet auf Patienten mit Diabetes mellitus Typ 1, ausreichend
- Multimodales Team unter fachärztlicher Behandlungsleitung (Facharzt für Innere Medizin oder Kinder- und Jugendmedizin mit dem Schwerpunkt Endokrinologie und Diabetologie oder der Zusatzbezeichnung Diabetologie oder Facharzt für Innere Medizin oder Kinder- und Jugendmedizin und "Diabetologe DDG")
- Einsatz von mindestens 3 Therapiebereichen: Physiotherapie, Psychologie, Diabetesberatung, Medizinische Fußpflege/Podologie, soziale Interventionen patientenbezogen in unterschiedlichen Kombinationen mit einer Therapiedichte von mindestens 11 Stunden pro Woche
- Wöchentliche Teambesprechung mit wochenbezogener Dokumentation bisheriger Behandlungsergebnisse und weiterer Behandlungsziele
- Bei Kindern und Jugendlichen erfolgt die Therapie auch unter Einbeziehung von Eltern und/oder anderen Bezugspersonen

8-984.0 Mindestens 7 bis höchstens 13 Behandlungstage
8-984.1 Mindestens 14 bis höchstens 20 Behandlungstage
8-984.2 Mindestens 21 Behandlungstage

8-985 Motivationsbehandlung Abhängigkeitskranker [Qualifizierter Entzug]

Hinw.: Ein Kode aus diesem Bereich ist nur für Leistungen anzugeben, die in Einrichtungen im Geltungsbereich des § 17b KHG erbracht wurden

Mindestmerkmale:
- Behandlung durch ein multidisziplinär zusammengesetztes, systematisch supervisiertes Behandlungsteam (Ärzte, Psychologische Psychotherapeuten oder Suchttherapeuten, Sozialpädagogen, Physiotherapeuten, Ergotherapeuten, Krankenpflege mit suchtmedizinischer Zusatzqualifikation wie z.B. Fortbildung in motivierender Gesprächsführung) unter Leitung eines Arztes für Psychiatrie und Psychotherapie, eines Arztes mit der Zusatzweiterbildung Spezielle Schmerztherapie oder eines Facharztes für Innere Medizin mit belegter Fachkunde bzw. Zusatzweiterbildung Suchtmedizinische Grundversorgung. Im letztgenannten Fall muss das für den qualifizierten Entzug zuständige Team über kontinuierlichen psychiatrisch-psychotherapeutischen Sachverstand verfügen (z.B. mehrmals wöchentliche Konsiliartätigkeit eines Arztes für Psychiatrie und Psychotherapie)
- Somatische Entgiftung, differenzierte somatische und psychiatrische Befunderhebung mit Behandlung der Folge- und Begleiterkrankungen, Aufklärung über Abhängigkeitserkrankungen, soziale Stabilisierung, Motivierung zur problemspezifischen Weiterbehandlung und Einleitung suchtspezifischer Anschlussbehandlungen
- Standardisiertes suchtmedizinisches und soziales Assessment
- Ressourcen- und lösungsorientiertes Therapiemanagement unter Einsatz differenzierter Therapieelemente patientenbezogen in Kombination von Gruppen- und Einzelarbeit mit mindestens drei Stunden pro Tag: Psychoedukative Informationsgruppen, medizinische Informationsgruppen, Ergotherapie, Krankengymnastik/Bewegungstherapie, Entspannungsverfahren, Angehörigeninformation und -beratung, externe Selbsthilfegruppen, Informationsveranstaltungen von Einrichtungen des Suchthilfesystems
- Eingliederung des Patienten in das bestehende regionale ambulante und stationäre Suchthilfesystem

8-985.0 Bis zu 6 Behandlungstage

8-985.1 Mindestens 7 bis höchstens 13 Behandlungstage

8-985.2 Mindestens 14 bis höchstens 20 Behandlungstage

8-985.3 Mindestens 21 Behandlungstage

8-986 Multimodale kinder- und jugendrheumatologische Komplexbehandlung

Hinw.: Mindestmerkmale:
- Team unter fachärztlicher Behandlungsleitung (Facharzt für Kinder- und Jugendmedizin mit der Zusatzbezeichnung Kinderrheumatologie)
- Einsatz von mindestens 3 Therapiebereichen: Physiotherapie/ Krankengymnastik, Physikalische Therapie, Ergotherapie, Schmerztherapie, altersbezogene kognitive Verhaltenstherapie, sozialpädiatrische Betreuung und Krankheitsbewältigungsmaßnahmen unter Anleitung eines spezialisierten Therapeuten patientenbezogen in unterschiedlichen Kombinationen mit einer Therapiedichte von mindestens 11 Stunden pro Woche
- Prozessorientiertes Behandlungsmanagement mit standardisierter Befunderhebung
- Bestimmung der Krankheitsaktivität und des Schmerzausmaßes zu Beginn und am Ende des stationären Aufenthaltes (Bestimmung der Krankheitsaktivität, Bestimmung der Beeinträchtigung der Aktivitäten des täglichen Lebens durch den Childhood Health Assessment Questionaire (CHAQ), Beurteilung der Schmerzintensität durch Numerische Rating-Skala/Visuelle Analog-Skala (NRS/VAS) als Schmerzscore)
- Wöchentliche Teambesprechungen in multidisziplinären Behandlungsteams unter kinderrheumatologischer Leitung mit wochenbezogener Dokumentation bisheriger Behandlungsergebnisse und weiterer Behandlungsziele
- Alters- und krankheitsspezifische Krankheitsbewältigungsmaßnahmen unter fachkundiger Anleitung patientenbezogen in unterschiedlichen Kombinationen unter Berücksichtigung der Sozialpädiatrie, Selbsthilfe und Elternanleitung sowie der Besonderheiten von Wachstum, Entwicklung und Adoleszenz

8-986.0 Mindestens 7 bis höchstens 13 Behandlungstage

8-986.1 Mindestens 14 bis höchstens 20 Behandlungstage

8-986.2 Mindestens 21 Behandlungstage

8-987 Komplexbehandlung bei Besiedelung oder Infektion mit multiresistenten Erregern [MRE]

Exkl.: Isolation bei Verdacht auf Besiedelung oder Infektion mit multiresistenten Erregern mit anschließendem negativen Befund

Hinw.: Mindestmerkmale:
- Behandlung durch speziell eingewiesenes medizinisches Personal, in Zusammenarbeit mit dem Krankenhaushygieniker und/oder der/dem Krankenschwester/-pfleger für Krankenhaushygiene (Hygienefachkraft) unter Aufsicht des Krankenhaushygienikers unter Berücksichtigung aktueller Behandlungs- und Pflegestandards
- Durchführung von speziellen Untersuchungen zur Feststellung der Trägerschaft von multiresistenten Erregern (ICD-10-GM-Kodes U80 - U82) bzw. der erfolgreichen Sanierung der Kolonisierung bzw. Infektion sowie zur Prävention einer Weiterverbreitung
- Durchführung von strikter Isolierung (Einzel- oder Kohortenisolierung) mit eigenem Sanitärbereich oder Bettstuhl bei entsprechender hygienischer Indikation (Vermeidung von Kreuzinfektionen). Die Isolierung wird aufrechterhalten, bis in drei negativen Abstrichen/Proben von Prädilektionsstellen der MRE nicht mehr nachweisbar ist. Die Abstriche/Proben dürfen nicht am gleichen Tag entnommen sein. Die jeweils aktuellen Richtlinien des Robert-Koch-Instituts sind zu berücksichtigen

Es muss ein dokumentierter durchschnittlicher Mehraufwand von mindestens 2 Stunden täglich während der Behandlungstage mit strikter Isolierung entstehen. Dazu gehören neben den oben beschriebenen Maßnahmen z.B.:
- Einsatz von erregerspezifischen Chemotherapeutika/Antibiotika
- Mindestens tägliche lokale antiseptische Behandlung der betroffenen Areale (z.B. Rachen- oder Wundsanierung; antiseptische Sanierung anderer betroffener Körperteile/Organe)
- Antiseptische Ganzkörperwäsche, bei intakter Haut mindestens täglich
- Täglicher Wechsel von Bettwäsche, Bekleidung und Utensilien der Körperpflege (Waschlappen u.Ä.)
- Schutzmaßnahmen bei Betreten und Verlassen des Zimmers (zimmerbezogener Schutzkittel, Handschuhe, ggf. Mund-Nasen-Schutz, Einschleusen, Ausschleusen etc.)
- Ggf. mehrmals tägliche Desinfektion patientennaher Flächen
- Mindestens tägliche Fußbodendesinfektion und einmalige Schlussdesinfektion
- Patienten- und Angehörigengespräche zum Umgang mit MRE
- Durchführung der diagnostischen und therapeutischen Maßnahmen unter besonderen räumlich-organisatorischen Bedingungen (z.B. im Patientenzimmer anstelle im Funktionsbereich; wenn in Funktionsbereichen, dann mit unmittelbar anschließender Schlussdesinfektion)

8-987.0 Komplexbehandlung auf spezieller Isoliereinheit

Hinw.: Eine spezielle Isoliereinheit (eigenständige Infekt-Isolierstation) ist räumlich und organisatorisch von den restlichen Pflegeeinheiten des Krankenhauses getrennt. Jedes Zimmer ist über eine eigene Schleuse zu betreten

.00 Bis zu 6 Behandlungstage
.01 Mindestens 7 bis höchstens 13 Behandlungstage
.02 Mindestens 14 bis höchstens 20 Behandlungstage
.03 Mindestens 21 Behandlungstage

8-987.1 Komplexbehandlung nicht auf spezieller Isoliereinheit

.10 Bis zu 6 Behandlungstage
.11 Mindestens 7 bis höchstens 13 Behandlungstage
.12 Mindestens 14 bis höchstens 20 Behandlungstage
.13 Mindestens 21 Behandlungstage

Kapitel 8: Nichtoperative therapeutische Maßnahmen

8-988 **Spezielle Komplexbehandlung der Hand**
Exkl.: Multimodal-nichtoperative Komplexbehandlung des Bewegungssystems (8-977)
Multimodale rheumatologische Komplexbehandlung (8-983)
Multimodale kinder- und jugendrheumatologische Komplexbehandlung (8-986)
Hinw.: Mindestmerkmale:
- Behandlungsleitung durch einen Arzt mit der Zusatzbezeichnung Handchirurgie oder durch einen Arzt für Physikalische und Rehabilitative Medizin mit mindestens 3-jähriger Erfahrung in der Behandlung handchirurgischer Problemstellungen in Kooperation mit einem Arzt mit der Zusatzbezeichnung Handchirurgie
- 24-stündige Verfügbarkeit (mindestens durch Rufbereitschaft) eines Arztes mit der Zusatzbezeichnung Handchirurgie
- Durchführung der Behandlung unter der Leitung von Physiotherapeuten und/oder Ergotherapeuten mit mindestens dreijähriger Erfahrung in der Behandlung handchirurgischer Patienten
- Mindestens an 5 Tagen pro Woche durchgeführte Teambesprechung unter Einbeziehung des ärztlichen sowie physiotherapeutischen und/oder ergotherapeutischen Personals
- Ergebniskontrolle und Anpassung des Therapieregimes durch regelmäßige, mehrfach wöchentlich durchzuführende Therapiekonferenzen
- Einsatz von einem der Therapiebereiche Krankengymnastik, Physikalische Therapie und/oder Ergotherapie, ggf. patientenbezogen in unterschiedlichen Kombinationen; insgesamt müssen mindestens 10 Behandlungen pro Woche erfolgen

Zu den Mindestmerkmalen gehört auch der Einsatz von mindestens zwei der folgenden Therapiebereiche patientenbezogen in unterschiedlichen Kombinationen:
- Individuelle Schienenanpassung für statische, dynamische oder kombinierte Schienen
- Gezieltes funktionelles Sensibilitätstraining
- Schmerztherapie oder antiphlogistische Therapie
- Regelmäßige, mindestens einmal täglich durchzuführende Kontrolle der Wundverhältnisse bei operierten Patienten bzw. der klinischen Befunde an der Hand bei rein konservativer Therapie
- Durchführung von einer der folgenden Behandlungsmethoden: maschinelle Entstauungstherapie (z.B. Hydroventbehandlung) oder Motorschienenbehandlung (CPM) oder Worksimulator

8-988.0 Bis zu 6 Behandlungstage
8-988.1 Mindestens 7 bis höchstens 13 Behandlungstage
8-988.2 Mindestens 14 bis höchstens 20 Behandlungstage
8-988.3 Mindestens 21 Behandlungstage

8-989 **Chirurgische Komplexbehandlung bei schweren Infektionen**
Inkl.: Septische Komplikationen
Hinw.: Eine eventuell zusätzlich durchgeführte intensivmedizinische Komplexbehandlung ist gesondert zu kodieren (8-980)
Eine eventuell zusätzlich durchgeführte Komplexbehandlung bei Besiedlung oder Infektion durch multiresistente Erreger ist gesondert zu kodieren (8-987)
Durchgeführte Operationen sind gesondert zu kodieren (Kap. 5)
Die mit dem OPS kodierbaren Maßnahmen, wie z.B. die Gabe von Blutprodukten und Medikamenten, die Vakuumtherapie oder Lagerungsbehandlungen, sind gesondert zu kodieren
Mindestmerkmale:
- Leitung der chirurgischen Komplexbehandlung durch einen Facharzt einer operativen Disziplin
- Mehrzeitiges operatives Vorgehen in Narkose oder Regionalanästhesie zur Therapie der Infektion und/oder Sicherung der Behandlungsergebnisse (inkl. Revisions- und Folgeeingriffe)
- Einsatz aufwendiger Versorgungsformen an jedem Behandlungstag (durchschnittlich 30 Minuten/Tag) wie z.B. durchgeführte Operationen, aufwendige Verbandwechsel, offene Wundbehandlung oder Debridement-Bad, Spül-(Saug-)Drainage oder Vakuumtherapie
- Möglichkeit zum Hygiene- bzw. Infektionsmonitoring mit 24-stündigem Zugriff (auch extern) auf Leistungen und Befunde

Kapitel 8: Nichtoperative therapeutische Maßnahmen

8-989.0	Mindestens 7 bis höchstens 13 Behandlungstage
8-989.1	Mindestens 14 bis höchstens 20 Behandlungstage
8-989.2	Mindestens 21 bis höchstens 27 Behandlungstage
8-989.3	Mindestens 28 bis höchstens 34 Behandlungstage
8-989.4	Mindestens 35 bis höchstens 41 Behandlungstage
8-989.5	Mindestens 42 bis höchstens 48 Behandlungstage
8-989.6	Mindestens 49 Behandlungstage

8-98a **Teilstationäre geriatrische Komplexbehandlung**
Exkl.: Geriatrische frührehabilitative Komplexbehandlung (8-550 ff.)
Hinw.: Jeder Tag mit teilstationärer geriatrischer Behandlung, an dem die nachfolgenden Bedingungen erfüllt werden, ist einzeln zu kodieren
Mindestmerkmale:
- Teamintegrierte Behandlung unter fachärztlicher Behandlungsleitung (Zusatzweiterbildung oder Schwerpunktbezeichnung im Bereich Geriatrie erforderlich)
- Aktuelle Durchführung zu Beginn der Behandlung bzw. Vorhandensein (maximal 4 Wochen) eines standardisierten geriatrischen Assessments in mindestens 4 Bereichen (Mobilität, Selbsthilfefähigkeit, Kognition, Emotion)
- Aktuelle Durchführung zu Beginn der Behandlung bzw. Vorhandensein (maximal 4 Wochen) eines sozialen Assessments in mindestens 5 Bereichen (soziales Umfeld, Wohnumfeld, häusliche/außerhäusliche Aktivitäten, Pflege-/Hilfsmittelbedarf, rechtliche Verfügungen)
- Ärztliche Visite
- Aktivierend-therapeutische Pflege durch besonders geschultes Pflegepersonal. Mindestens eine Pflegefachkraft des geriatrischen Teams muss eine strukturierte curriculare geriatriespezifische Zusatzqualifikation im Umfang von mindestens 180 Stunden sowie eine mindestens 6-monatige Erfahrung in einer geriatrischen Einrichtung nachweisen
- Vorhandensein folgender Bereiche: Physiotherapie, Physikalische Therapie, Ergotherapie, Psychologie/Neuropsychologie, Logopädie/fazioorale Therapie, Sozialdienst
- Gesamtaufenthaltsdauer pro Tag in der teilstationären Einrichtung (inkl. Lagerungs- und Erholungszeiten) von mindestens 330 Minuten (ohne Transportzeiten)

Eine gleichzeitige akutmedizinische Diagnostik bzw. Behandlung ist gesondert zu kodieren

8-98a.0 Basisbehandlung

8-98a.1 Umfassende Behandlung
Hinw.: Mindestmerkmale:
- Teamintegrierter Einsatz von mindestens 2 der folgenden 5 Therapiebereiche: Physiotherapie, Physikalische Therapie, Ergotherapie, Logopädie/fazioorale Therapie, Psychologie/Neuropsychologie

.10 60 bis 90 Minuten Therapiezeit pro Tag in Einzel- und/oder Gruppentherapie
Hinw.: Die Einzeltherapie muss mindestens 30 Minuten betragen

.11 Mehr als 90 Minuten Therapiezeit pro Tag in Einzel- und/oder Gruppentherapie
Hinw.: Die Einzeltherapie muss mindestens 45 Minuten betragen

8-98b **Andere neurologische Komplexbehandlung des akuten Schlaganfalls**
Exkl.: Neurologische Komplexbehandlung des akuten Schlaganfalls (8-981 ff.)
Hinw.: Diese Kodes können auch beim Vorliegen einer TIA angegeben werden
Besteht über die Therapiemöglichkeiten der vorhandenen Schlaganfalleinheit hinaus die Indikation zu einer Behandlung auf der Intensivstation, kann, wenn die Mindestmerkmale dieses OPS-Kodes erfüllt sind, die dortige Behandlungszeit auch für die Kodierung der neurologischen Komplexbehandlung des akuten Schlaganfalls berücksichtigt werden, auch wenn auf der Intensivstation nicht ausschließlich Patienten mit einem akuten Schlaganfall behandelt werden
Mindestmerkmale: Behandlung auf einer spezialisierten Einheit durch ein multidisziplinäres, auf die Schlaganfallbehandlung spezialisiertes Team unter fachlicher Behandlungsleitung durch einen Facharzt für Neurologie oder einen Facharzt für Innere Medizin (in diesem Fall muss im Team der neurologische Sachverstand kontinuierlich eingebunden sein) mit:
- 24-stündiger ärztlicher Anwesenheit (auch als Bereitschaftsdienst)
- 24-Stunden-Monitoring von mindestens 6 der folgenden Parameter: Blutdruck, Herzfrequenz, EKG, Atmung, Sauerstoffsättigung, Temperatur, intrakranieller Druck, EEG, evozierte Potentiale. Blutdruck, Temperatur und evozierte Potentiale können auch nichtautomatisiert bestimmt werden. Das Monitoring darf nur zur Durchführung spezieller Untersuchungen oder Behandlungen unterbrochen werden. Alle Parameter müssen im Abstand von 4 Stunden oder häufiger erhoben und dokumentiert werden
- 6-stündlicher (maximaler Abstand nachts 8 Stunden) Überwachung und Dokumentation des neurologischen Befundes durch einen Arzt zur Früherkennung von Schlaganfallprogression, -rezidiv und anderen Komplikationen
- Durchführung einer Computertomographie oder Kernspintomographie, bei Lyseindikation innerhalb von 60 Minuten, ansonsten innerhalb von 6 Stunden nach der Aufnahme, sofern diese Untersuchung nicht bereits extern zur Abklärung des akuten Schlaganfalls durchgeführt wurde
- Durchführung der neurosonologischen Untersuchung der extra- und intrakraniellen hirnversorgenden Gefäße zur Abklärung des akuten Schlaganfalls. Diese muss obligatorisch vor oder während des Aufenthaltes auf der spezialisierten Einheit durchgeführt werden, sofern nicht eine andere Methode der Darstellung dieser Gefäße (CT-, Kernspin- oder digitale Subtraktionsangiographie) seit Beginn der akuten Symptomatik angewandt wurde. Sie ist bei nachgewiesener primärer Blutung entbehrlich
- ätiologischer Diagnostik und Differenzialdiagnostik des Schlaganfalls (z.B. transösophageale Echokardiographie, Hämostaseologie, Angiitisdiagnostik, EEG und andere Verfahren) im eigenen Klinikum. <u>Sie ist bei bekannter Ätiologie entbehrlich.</u> Spezialisierte Labordiagnostik darf auch in Fremdlabors erfolgen
- kontinuierlicher Möglichkeit zur Fibrinolysetherapie des Schlaganfalls
- Beginn von Maßnahmen der Physiotherapie, Ergotherapie oder Logopädie spätestens am Tag nach der Aufnahme in die Schlaganfalleinheit mit mindestens einer Behandlungseinheit pro Tag pro genanntem Bereich bei Vorliegen eines entsprechenden Defizits und bestehender Behandlungsfähigkeit
- unmittelbarem Zugang zu neurochirurgischen Notfalleingriffen sowie zu gefäßchirurgischen und interventionell-neuroradiologischen Behandlungsmaßnahmen (Es gibt jeweils eine eigene Abteilung im Hause oder einen Kooperationspartner in höchstens halbstündiger Transportentfernung (Zeit zwischen Rettungstransportbeginn und Rettungstransportende). Das Strukturmerkmal ist erfüllt, wenn die halbstündige Transportentfernung unter Verwendung des schnellstmöglichen Transportmittels (z.B. Hubschrauber) grundsätzlich erfüllbar ist. Wenn der Transport eines Patienten erforderlich ist und das Zeitlimit nur mit dem schnellstmöglichen Transportmittel eingehalten werden kann, muss dieses auch tatsächlich verwendet werden. Wenn ein Patient transportiert wurde und die halbe Stunde nicht eingehalten werden konnte, darf der Kode nicht angegeben werden.)

Kapitel 8: Nichtoperative therapeutische Maßnahmen

8-98b.0 Mindestens 24 bis höchstens 72 Stunden
.00 Ohne Anwendung eines Telekonsildienstes
Hinw.: Die kontinuierliche Einbindung des neurologischen Sachverstands erfolgt dadurch, dass in der spezialisierten Schlaganfalleinheit ein Facharzt für Neurologie im Team fest eingebunden ist und umgehend am Krankenbett zur Verfügung steht. Jeder akute Schlaganfallpatient wird umgehend von einem Facharzt für Neurologie untersucht. Ein Facharzt für Neurologie nimmt an den täglichen Visiten teil

.01 Mit Anwendung eines Telekonsildienstes
Hinw.: Die kontinuierliche Einbindung des neurologischen Sachverstands erfolgt dadurch, dass in der spezialisierten Schlaganfalleinheit ein Facharzt für Neurologie im Team fest eingebunden ist und an den täglichen Visiten teilnimmt. Jeder akute Schlaganfallpatient wird umgehend telemedizinisch von einem Facharzt für Neurologie oder einem Arzt mit Facharztstandard (mindestens 4-jährige neurologische Weiterbildung mit mindestens 1-jähriger Tätigkeit auf einer neurologischen Stroke Unit) untersucht.

Die primäre neurologische Untersuchung erfolgt im Rahmen eines regionalen Netzwerkes durch einen Telekonsildienst einer überregionalen Stroke unit. Der Telekonsildienst muss 24 Stunden zur Verfügung stehen. Die Telekonsilärzte müssen für die Zeit des gesamten Telekonsildienstes von anderen patientennahen Tätigkeiten freigestellt sein

Für die Schlaganfallbehandlung in den telekonsiliarisch betreuten Kliniken müssen folgende Kriterien erfüllt sein:
- Zwei Fortbildungsveranstaltungen pro Jahr zum Thema Schlaganfall für Ärzte, Pfleger und Therapeuten
- Zwei Qualitätsbesprechungen vor Ort pro Jahr unter der Leitung des Netzwerkkoordinators.
- Ein vom Netzwerk organisiertes Bedside-Training des Pflegepersonals vor Ort über mindestens fünf Tage pro Jahr
- Kontinuierliche strukturierte Dokumentation der Behandlungsqualität

8-98b.1 Mehr als 72 Stunden
.10 Ohne Anwendung eines Telekonsildienstes
Hinw.: Die kontinuierliche Einbindung des neurologischen Sachverstands erfolgt dadurch, dass in der spezialisierten Schlaganfalleinheit ein Facharzt für Neurologie im Team fest eingebunden ist und umgehend am Krankenbett zur Verfügung steht. Jeder akute Schlaganfallpatient wird umgehend von einem Facharzt für Neurologie untersucht. Ein Facharzt für Neurologie nimmt an den täglichen Visiten teil

.11 Mit Anwendung eines Telekonsildienstes
Hinw.: Die kontinuierliche Einbindung des neurologischen Sachverstands erfolgt dadurch, dass in der spezialisierten Schlaganfalleinheit ein Facharzt für Neurologie im Team fest eingebunden ist und an den täglichen Visiten teilnimmt. Jeder akute Schlaganfallpatient wird umgehend telemedizinisch von einem Facharzt für Neurologie oder einem Arzt mit Facharztstandard (mindestens 4-jährige neurologische Weiterbildung mit mindestens 1-jähriger Tätigkeit auf einer neurologischen Stroke Unit) untersucht.

Die primäre neurologische Untersuchung erfolgt im Rahmen eines regionalen Netzwerkes durch einen Telekonsildienst einer überregionalen Stroke Unit. Der Telekonsildienst muss 24 Stunden zur Verfügung stehen. Die Telekonsilärzte müssen für die Zeit des gesamten Telekonsildienstes von anderen patientennahen Tätigkeiten freigestellt sein

Für die Schlaganfallbehandlung in den telekonsiliarisch betreuten Kliniken müssen folgende Kriterien erfüllt sein:
- Zwei Fortbildungsveranstaltungen pro Jahr zum Thema Schlaganfall für Ärzte, Pfleger und Therapeuten
- Zwei Qualitätsbesprechungen vor Ort pro Jahr unter der Leitung des Netzwerkkoordinators.
- Ein vom Netzwerk organisiertes Bedside-Training des Pflegepersonals vor Ort über mindestens fünf Tage pro Jahr
- Kontinuierliche strukturierte Dokumentation der Behandlungsqualität

8-98d Intensivmedizinische Komplexbehandlung im Kindesalter (Basisprozedur)
Hinw.: Diese Kodes gelten für Patienten, die bei stationärer Aufnahme älter als 27 Tage und mindestens 2.500 Gramm schwer sind und das 18. Lebensjahr noch nicht vollendet haben. Sie können in Ausnahmefällen auch für Erwachsene angegeben werden, wenn deren Behandlung in einer Abteilung oder Klinik für Kinder- und Jugendmedizin erforderlich ist
Die Anzahl der Aufwandspunkte errechnet sich aus der Summe der Punktzahlen pro Tag für die einzelnen Kriterien im Anhang zum OPS (Berechnung der Aufwandspunkte für die intensivmedizinische Komplexbehandlung im Kindesalter)
Mindestmerkmale:
- Die patientennahe Pflege erfolgt durch Gesundheits- und Kinderkrankenpfleger/-innen mit einer Fachweiterbildungsquote im Bereich Pädiatrische Intensivpflege von 40 %. Sofern die Fachweiterbildung für die Pflege noch nicht vorliegt, ist zur Aufrechterhaltung bereits bestehender Versorgungsangebote übergangsweise bis zum Jahresende 2018 eine vergleichbare fünfjährige Erfahrung in der pädiatrischen Intensivpflege ausreichend
- Die Behandlung erfolgt auf einer für die Behandlung von intensivpflichtigen Kindern und Jugendlichen spezialisierten Einheit unter fachärztlicher Behandlungsleitung: Leitung und Stellvertretung werden entweder durch Fachärzte für Kinder- und Jugendmedizin/Kinderchirurgie mit der Zusatzweiterbildung Pädiatrische Intensivmedizin wahrgenommen oder durch einen Facharzt für Kinder- und Jugendmedizin/Kinderchirurgie mit der Zusatzweiterbildung Pädiatrische/Kinderchirurgische Intensivmedizin und einen Facharzt für Anästhesie mit der Zusatzweiterbildung Intensivmedizin und mindestens 2 Jahren Erfahrung in der intensivmedizinischen Versorgung von Kindern und Jugendlichen
- Kontinuierliche, 24-stündige Überwachung (Monitoring von mindestens folgenden Parametern: Herzfrequenz, EKG, Blutdruck, Sauerstoffsättigung, Temperatur, Urinausscheidung) und akute Behandlungsbereitschaft durch ein Team von Pflegepersonal und Ärzten, die in der pädiatrischen Intensivmedizin erfahren sind und die aktuellen Probleme ihrer Patienten kennen
- Eine ständige ärztliche Anwesenheit auf der Intensivstation muss gewährleistet sein
- Folgende Dienstleistungen/Konsiliardienste stehen zur Verfügung (eigene Abteilung oder fester Kooperationspartner mit kurzfristiger (max. 30-minütiger) Einsatzbereitschaft: Kinderchirurgie, Kinderkardiologie, Radiologie mit Computertomographie und/oder Magnetresonanztomographie und Erfahrung in der Beurteilung von kinderradiologischen Fragestellungen, Neuropädiatrie, Labor und Mikrobiologie
- 24-Stunden-Verfügbarkeit von röntgenologischer und sonographischer Diagnostik und bettseitiger Routinelabordiagnostik (z.B. Blutgasanalysen, Bestimmung von Elektrolyten, Laktat)
- Spezielle intensivmedizinische Prozeduren wie Transfusion von Plasma und Plasmabestandteilen, Plasmapherese und Immunadsorption, Maßnahmen im Rahmen der Reanimation u.a. sind gesondert zu kodieren

Kode	Aufwandspunkte
8-98d.0	1 bis 196 Aufwandspunkte
8-98d.1	197 bis 392 Aufwandspunkte
8-98d.2	393 bis 588 Aufwandspunkte
8-98d.3	589 bis 784 Aufwandspunkte
8-98d.4	785 bis 980 Aufwandspunkte
8-98d.5	981 bis 1176 Aufwandspunkte
8-98d.6	1177 bis 1470 Aufwandspunkte
8-98d.7	1471 bis 1764 Aufwandspunkte
8-98d.8	1765 bis 2058 Aufwandspunkte
8-98d.9	2059 bis 2352 Aufwandspunkte
8-98d.a	2353 bis 2646 Aufwandspunkte
8-98d.b	2647 bis 2940 Aufwandspunkte
8-98d.c	2941 bis 3430 Aufwandspunkte
8-98d.d	3431 bis 3920 Aufwandspunkte
8-98d.e	3921 bis 4410 Aufwandspunkte
8-98d.f	4411 bis 4900 Aufwandspunkte
8-98d.g	4901 bis 5880 Aufwandspunkte
8-98d.h	5881 bis 6860 Aufwandspunkte

Kapitel 8: Nichtoperative therapeutische Maßnahmen

8-98d.j	6861 bis 7840 Aufwandspunkte
8-98d.k	7841 bis 9800 Aufwandspunkte
8-98d.m	9801 bis 11760 Aufwandspunkte
8-98d.n	11761 bis 13720 Aufwandspunkte
8-98d.p	13721 bis 16660 Aufwandspunkte
8-98d.q	16661 bis 19600 Aufwandspunkte
8-98d.r	19601 oder mehr Aufwandspunkte

8-98e **Spezialisierte stationäre palliativmedizinische Komplexbehandlung**
Exkl.: Palliativmedizinische Komplexbehandlung (8-982 ff.)
Spezialisierte palliativmedizinische Komplexbehandlung durch einen Palliativdienst (8-98h ff.)
Hinw.: Mindestmerkmale:
- Kontinuierliche, 24-stündige Behandlung auf einer eigenständigen Palliativeinheit (mindestens 5 Betten) durch ein multidisziplinäres und multiprofessionelles, auf die besonders aufwendige und komplexe Palliativbehandlung spezialisiertes Team. Fachliche Behandlungsleitung durch einen Facharzt mit Zusatzweiterbildung Palliativmedizin und mindestens 6-monatiger Erfahrung in der Behandlung von Palliativpatienten auf einer Palliativstation oder in einer anderen Einrichtung der spezialisierten Palliativversorgung. Die 24-stündige fachliche Behandlungsleitung kann durch Rufbereitschaft gewährleistet werden
- Von Montag bis Freitag tagsüber eine mindestens 7-stündige ärztliche Anwesenheit auf der Palliativeinheit
- Pflegerische Leitung mit Nachweis einer anerkannten curricularen palliativpflegerischen Zusatzqualifikation von mindestens 160 Stunden sowie mit mindestens 6-monatiger Erfahrung in einer Einrichtung der spezialisierten Palliativversorgung
- Durchführung eines standardisierten palliativmedizinischen Basisassessments (PBA) zu Beginn der Behandlung
- Tägliche multiprofessionelle Fallbesprechung mit <u>Anwesenheits</u>dokumentation
- Erstellung und Dokumentation eines individuellen Behandlungsplans bei Aufnahme
- Begleitung des Patienten durch einen fallbezogenen Koordinator
- Ganzheitliche Behandlung zur Symptomkontrolle und psychosozialen Stabilisierung, ohne kurative Intention und im Allgemeinen ohne Beeinflussung der Grunderkrankung von Patienten mit einer progredienten, fortgeschrittenen Erkrankung und begrenzter Lebenserwartung, ggf. unter Einbeziehung ihrer Angehörigen
- Bedarfsgerechte Anwendung spezialisierter apparativer palliativmedizinischer Behandlungsverfahren und deren kontinuierliche Überwachung, z.B. Schmerzpumpen und weitere kontinuierliche parenterale Therapien zur Symptomkontrolle
- Aktivierend- oder begleitend-therapeutische Pflege durch besonders in diesem Bereich geschultes Pflegepersonal
- Wöchentliche multidisziplinäre Teambesprechung mit wochenbezogener Dokumentation bisheriger Behandlungsergebnisse und weiterer Behandlungsziele <u>pro vollständiger Woche</u>
- Einsatz von mindestens zwei der folgenden Therapiebereiche: Sozialarbeit/Sozialpädagogik, Psychologie, Physiotherapie/Ergotherapie, künstlerische Therapie (Kunst- und Musiktherapie), Entspannungstherapie und Durchführung von Patienten-, Angehörigen- und/oder Familiengesprächen mit insgesamt mindestens 6 Stunden pro Patient und <u>vollständiger</u> Woche patientenbezogen in unterschiedlichen Kombinationen (Die Patienten-, Angehörigen- und/oder Familiengespräche können von allen Berufsgruppen des Behandlungsteams durchgeführt werden.)
- Ggf. bedarfsgerechte Vermittlung zu qualifizierten und kontinuierlichen Unterstützungsangeboten für Angehörige (auch über den Tod des Patienten hinaus)
- Bedarfsgerechte Vermittlung und Überleitung zu nachfolgenden Betreuungsformen der allgemeinen und spezialisierten Palliativversorgung unter besonderer Berücksichtigung von Notfallvorausplanung, strukturierter Anleitung von Angehörigen, sozialrechtlicher Beratung und bedarfsgerechter Zuweisung

8-98e.0	Bis zu 6 Behandlungstage
8-98e.1	Mindestens 7 bis höchstens 13 Behandlungstage
8-98e.2	Mindestens 14 bis höchstens 20 Behandlungstage
8-98e.3	Mindestens 21 Behandlungstage

8-98f **Aufwendige intensivmedizinische Komplexbehandlung (Basisprozedur)**
Exkl.: Intensivüberwachung ohne akute Behandlung lebenswichtiger Organsysteme oder
kurzfristige (< 24 Stunden) Intensivbehandlung
Kurzfristige (< 24 Stunden) Stabilisierung von Patienten nach operativen Eingriffen
Hinw.: Mindestmerkmale:
- Kontinuierliche, 24-stündige Überwachung und akute Behandlungsbereitschaft durch ein Team von Pflegepersonal und Ärzten, die in der Intensivmedizin erfahren sind und die aktuellen Probleme ihrer Patienten kennen
- Behandlungsleitung durch einen Facharzt mit der Zusatzweiterbildung "Intensivmedizin", der den überwiegenden Teil seiner ärztlichen Tätigkeit auf der Intensivstation ausübt
- Ein Facharzt mit der Zusatzweiterbildung "Intensivmedizin" (die Behandlungsleitung oder ein anderer Facharzt mit der Zusatzweiterbildung "Intensivmedizin") muss werktags (Montag bis Freitag) zwischen 8 und 18 Uhr mindestens 7 Stunden auf der Intensivstation anwesend sein. Außerhalb dieser Anwesenheitszeit muss ein Facharzt mit der Zusatzweiterbildung "Intensivmedizin" innerhalb von 30 Minuten am Patienten verfügbar sein
- Ein Facharzt mit der Zusatzweiterbildung "Intensivmedizin" (die Behandlungsleitung oder ein anderer Facharzt mit der Zusatzweiterbildung "Intensivmedizin") muss täglich mindestens eine Visite durchführen
- Eine ständige ärztliche Anwesenheit auf der Intensivstation muss gewährleistet sein. Der Arzt der Intensivstation kann zu einem kurzfristigen Notfalleinsatz innerhalb des Krankenhauses (z.B. Reanimation) hinzugezogen werden
- 24-stündige Verfügbarkeit folgender Verfahren im eigenen Klinikum:
  - Apparative Beatmung
  - Nicht invasives und invasives Monitoring
  - Kontinuierliche <u>und</u> intermittierende Nierenersatzverfahren
  - Endoskopie <u>des Gastrointestinaltraktes und des Tracheobronchialsystems</u>
  - <u>Intrakranielle Druckmessung oder Hybrid-Operationssaal für kardiovaskuläre Eingriffe</u>
  - <u>Transösophageale Echokardiographie</u>
- 24-stündige Verfügbarkeit von <u>drei</u> der folgenden <u>vier</u> Verfahren im eigenen Klinikum:
  - <u>Radiologische Diagnostik mittels CT und MRT</u>
  - <u>Interventionelle Kardiologie mit Akut-PTCA</u>
  - <u>Interventionelle (Neuro)radiologie mit akuter endovaskulärer Therapie von Gefäß- und Organverletzungen und/oder zerebralen Gefäßverschlüssen</u>
  - <u>Laborleistungen</u>
- Mindestens <u>6</u> von den <u>8</u> folgenden Fachgebieten sind innerhalb von maximal 30 Minuten im Krankenhaus als klinische Konsiliardienste (klinikzugehörig oder aus benachbarten Kliniken) verfügbar: Kardiologie, Gastroenterologie, Neurologie, Anästhesiologie, Viszeralchirurgie, Unfallchirurgie, Gefäßchirurgie, Neurochirurgie
- Tägliche Verfügbarkeit (auch am Wochenende) von Leistungen der Physiotherapie
- Die Anzahl der Aufwandspunkte errechnet sich aus der Summe des täglichen SAPS II (ohne Glasgow Coma Scale) über die Verweildauer auf der Intensivstation (total SAPS II) plus der Summe von 10 täglich ermittelten aufwendigen Leistungen aus dem TISS-Katalog über die Verweildauer auf der Intensivstation
- Die zu verwendenden Parameter des SAPS II und des TISS sind im Anhang zum OPS zu finden
- Spezielle intensivmedizinische Prozeduren, wie Transfusion von Plasma und Plasmabestandteilen, Plasmapherese und Immunadsorption, Maßnahmen im Rahmen der Reanimation u.a. sind gesondert zu kodieren
- Diese Kodes sind für Patienten, die bei stationärer Aufnahme das 14. Lebensjahr vollendet haben, anzugeben

8-98f.0 1 bis 184 Aufwandspunkte
8-98f.1 185 bis 552 Aufwandspunkte
  .10 185 bis 368 Aufwandspunkte
  .11 369 bis 552 Aufwandspunkte
8-98f.2 553 bis 1104 Aufwandspunkte
  .20 553 bis 828 Aufwandspunkte
  .21 829 bis 1104 Aufwandspunkte
8-98f.3 1105 bis 1656 Aufwandspunkte
  .30 1105 bis 1380 Aufwandspunkte
  .31 1381 bis 1656 Aufwandspunkte

Kapitel 8: Nichtoperative therapeutische Maßnahmen

8-98f.4	1657 bis 2208 Aufwandspunkte	
	.40	1657 bis 1932 Aufwandspunkte
	.41	1933 bis 2208 Aufwandspunkte
8-98f.5	2209 bis 2760 Aufwandspunkte	
	.50	2209 bis 2484 Aufwandspunkte
	.51	2485 bis 2760 Aufwandspunkte
8-98f.6	2761 bis 3680 Aufwandspunkte	
	.60	2761 bis 3220 Aufwandspunkte
	.61	3221 bis 3680 Aufwandspunkte
8-98f.7	3681 bis 4600 Aufwandspunkte	
8-98f.8	4601 bis 5520 Aufwandspunkte	
8-98f.9	5521 bis 7360 Aufwandspunkte	
8-98f.a	7361 bis 9200 Aufwandspunkte	
8-98f.b	9201 bis 11040 Aufwandspunkte	
8-98f.c	11041 bis 13800 Aufwandspunkte	
8-98f.d	13801 bis 16560 Aufwandspunkte	
8-98f.e	16561 bis 19320 Aufwandspunkte	
8-98f.f	19321 oder mehr Aufwandspunkte	

8-98g **Komplexbehandlung bei Besiedelung oder Infektion mit nicht multiresistenten isolationspflichtigen Erregern**

Inkl.: Isolation bei Infektionen durch Noro- und Rotaviren
Isolation bei Kolitis durch Clostridium difficile
Isolation bei respiratorischen Infektionen durch Influenzaviren, RSV (Respiratory Syncytial Virus) oder Parainfluenzaviren
Isolation bei Tuberkulose

Exkl.: Isolation bei Verdacht auf Besiedelung oder Infektion mit nicht multiresistenten isolationspflichtigen Erregern mit anschließendem negativen Befund

Hinw.: Mindestmerkmale:
- Behandlung durch speziell eingewiesenes medizinisches Personal, in Zusammenarbeit mit dem Krankenhaushygieniker und/oder der/dem Krankenschwester/-pfleger für Krankenhaushygiene (Hygienefachkraft) unter Aufsicht des Krankenhaushygienikers unter Berücksichtigung aktueller Behandlungs- und Pflegestandards
- Durchführung von speziellen Untersuchungen zur Feststellung der Besiedelung oder Infektion mit einem nicht multiresistenten isolationspflichtigen Erreger
- Durchführung von strikter Isolierung (Einzel- oder Kohortenisolierung) mit eigenem Sanitärbereich oder Bettstuhl (Vermeidung von Kreuzinfektionen). Die Isolation wird gemäß den jeweils aktuellen Richtlinien des Robert-Koch-Instituts (RKI) aufrechterhalten
- Wechsel von Bettwäsche, Bekleidung und Utensilien der Körperpflege (Waschlappen u.Ä.) gemäß den jeweils aktuellen Richtlinien des Robert-Koch-Instituts (RKI), ggf. täglich
- Schutzmaßnahmen bei Betreten und Verlassen des Zimmers (zimmerbezogener Schutzkittel, Handschuhe, ggf. Mund-Nasen-Schutz, Einschleusen, Ausschleusen etc.)
- Besondere Maßnahmen der Händedesinfektion vor und nach Patientenkontakt beim Umgang mit sporenbildenden Bakterien (alkoholische Desinfektion und Waschen der Hände)
- Tägliche Desinfektion patientennaher Flächen gemäß den jeweils aktuellen Richtlinien des Robert-Koch-Instituts (RKI), ggf. mehrmals und/oder unter Einsatz besonderer Flächendesinfektionsmittel
- Mindestens tägliche Fußbodendesinfektion und einmalige Schlussdesinfektion ggf. unter Einsatz besonderer Flächendesinfektionsmittel
- Patienten- und Angehörigengespräche (ggf. auch Gespräche mit betreuenden Personen) zum Umgang mit nicht multiresistenten isolationspflichtigen Erregern
- Spezifische Maßnahmen zur Behandlung oder Eradikation des Erregers nach den jeweils aktuellen Empfehlungen des RKI
- Durchführung der folgenden Maßnahmen, wenn erforderlich:
  - Einsatz von erregerspezifischen Chemotherapeutika/Antibiotika

- Durchführung der diagnostischen und therapeutischen Maßnahmen unter besonderen räumlich-organisatorischen Bedingungen (z.B. im Patientenzimmer statt im Funktionsbereich; wenn in Funktionsbereichen, dann mit unmittelbar anschließender Schlussdesinfektion)

8-98g.0 Komplexbehandlung auf spezieller Isoliereinheit
Hinw.: Eine spezielle Isoliereinheit (eigenständige Infekt-Isolierstation) ist räumlich und organisatorisch von den restlichen Pflegeeinheiten des Krankenhauses getrennt. Jedes Zimmer ist über eine eigene Schleuse zu betreten

.00 Bis zu 4 Behandlungstage
.01 Mindestens 5 bis höchstens 9 Behandlungstage
.02 Mindestens 10 bis höchstens 14 Behandlungstage
.03 Mindestens 15 bis höchstens 19 Behandlungstage
.04 Mindestens 20 Behandlungstage

8-98g.1 Komplexbehandlung nicht auf spezieller Isoliereinheit

.10 Bis zu 4 Behandlungstage
.11 Mindestens 5 bis höchstens 9 Behandlungstage
.12 Mindestens 10 bis höchstens 14 Behandlungstage
.13 Mindestens 15 bis höchstens 19 Behandlungstage
.14 Mindestens 20 Behandlungstage

8-98h **Spezialisierte palliativmedizinische Komplexbehandlung durch einen Palliativdienst**
Exkl.: Palliativmedizinische Komplexbehandlung (8-982 ff.)
Spezialisierte stationäre palliativmedizinische Komplexbehandlung (8-98e ff.)
Hinw.: Ein Kode aus diesem Bereich ist jeweils nur einmal pro stationären Aufenthalt anzugeben
Mindestmerkmale:
- Der Palliativdienst ist ein abteilungsübergreifend tätiges, organisatorisch eigenständiges, multiprofessionelles und auf die komplexe Palliativbehandlung spezialisiertes Team, bestehend aus ärztlichem Dienst, pflegerischem Dienst und mindestens einem Vertreter eines weiteren Bereiches: Sozialarbeit/Sozialpädagogik, Psychologie/Psychotherapie, Physiotherapie, Ergotherapie. Er bietet seine Leistungen zur Mitbehandlung von Patienten in einer fallführenden Abteilung an und stimmt diese mit der fallführenden Abteilung ab
- Ärztliche Behandlungsleitung durch einen Facharzt mit Zusatzweiterbildung Palliativmedizin und pflegerische Leitung durch eine Pflegefachkraft mit Nachweis einer anerkannten curricularen palliativpflegerischen Zusatzqualifikation von mindestens 160 Stunden (jeweils mit mindestens 6-monatiger Erfahrung in der spezialisierten Palliativversorgung)
- 24-stündige Erreichbarkeit und Anwesenheit bei fachlicher Notwendigkeit eines Facharztes aus dem Palliativdienst für die fallführende Abteilung
- Durchführung eines standardisierten palliativmedizinischen Basisassessments (PBA) zu Beginn der Behandlung durch den Palliativdienst
- Erstellung eines mit der fallführenden Abteilung abgestimmten, individuellen Behandlungsplans zu Beginn der Behandlung durch den Palliativdienst
- Patientenindividuelle Verlaufsdokumentation palliativmedizinischer Behandlungsziele und Behandlungsergebnisse durch den Palliativdienst
- Aktive, ganzheitliche Behandlung zur Symptomkontrolle und psychosozialen Stabilisierung ohne kurative Intention und im Allgemeinen ohne Beeinflussung der Grunderkrankung von Patienten mit einer progredienten, fortgeschrittenen Erkrankung und begrenzter Lebenserwartung, ggf. unter Einbeziehung ihrer Angehörigen, ergänzend zu der Behandlung der fallführenden Abteilung
- Wöchentliche Teambesprechung des Palliativdienstes mit Anwesenheit der ärztlichen Behandlungsleitung und der pflegerischen Leitung oder deren Stellvertreter sowie mindestens einem weiteren Vertreter der an der Patientenversorgung beteiligten Berufsgruppen des Palliativdienstes
- Bedarfsgerecht vorausschauende Versorgungsplanung und Koordination der Palliativversorgung z.B. durch Indikationsstellung zur Vermittlung und Überleitung zu nachfolgenden Betreuungsformen der allgemeinen und spezialisierten Palliativversorgung unter besonderer Berücksichtigung der Notfallvorausplanung
- Ggf. bedarfsgerechte Vermittlung zu qualifizierten und kontinuierlichen Unterstützungsangeboten für Angehörige

- Der Zeitaufwand, der von Ärzten des Palliativdienstes, von Pflegefachkräften des Palliativdienstes und von Vertretern der oben genannten Bereiche des Palliativdienstes am Patienten sowie patientenbezogen an seinen Angehörigen/Bezugspersonen erbracht wurde, wird über den gesamten stationären Aufenthalt addiert und entsprechend kodiert

8-98h.0 Durch einen internen Palliativdienst
Hinw.: Ein Kode aus diesem Bereich ist nur zu verwenden, wenn der Palliativdienst des Krankenhauses, in dem der Patient stationär behandelt wird, die palliativmedizinische Behandlung durchführt

.00 Bis unter 2 Stunden
.01 2 bis unter 4 Stunden
.02 4 bis unter 6 Stunden
.03 6 bis unter 9 Stunden
.04 9 bis unter 12 Stunden
.05 12 bis unter 15 Stunden
.06 15 bis unter 20 Stunden
.07 20 bis unter 25 Stunden
.08 25 bis unter 35 Stunden
.09 35 bis unter 45 Stunden
.0a 45 bis unter 55 Stunden
.0b 55 oder mehr Stunden

8-98h.1 Durch einen externen Palliativdienst
Hinw.: Ein Kode aus diesem Bereich ist nur zu verwenden, wenn der Palliativdienst eines externen Leistungserbringers die palliativmedizinische Behandlung durchführt

.10 Bis unter 2 Stunden
.11 2 bis unter 4 Stunden
.12 4 bis unter 6 Stunden
.13 6 bis unter 9 Stunden
.14 9 bis unter 12 Stunden
.15 12 bis unter 15 Stunden
.16 15 bis unter 20 Stunden
.17 20 bis unter 25 Stunden
.18 25 bis unter 35 Stunden
.19 35 bis unter 45 Stunden
.1a 45 bis unter 55 Stunden
.1b 55 oder mehr Stunden

Zusatzinformationen zu nicht operativen therapeutischen Maßnahmen (8-99...8-99)

Hinw.: Die folgenden Positionen sind ausschließlich zur Kodierung von Zusatzinformationen zu nicht operativen therapeutischen Maßnahmen zu benutzen, sofern diese nicht schon im Kode selbst enthalten sind. Sie dürfen nicht als selbständige Kodes benutzt werden und sind nur im Sinne einer Zusatzkodierung zulässig

8-99 Zusatzinformationen zu nicht operativen therapeutischen Maßnahmen

8-990 Anwendung eines Navigationssystems
Inkl.: Remote Navigation

Kapitel 9:

Ergänzende Maßnahmen

Pflege und Versorgung von Patienten (9-20...9-20)

9-20 Hochaufwendige Pflege von Patienten

9-200 Hochaufwendige Pflege von Erwachsenen

Exkl.: Hochaufwendige Pflege von Kindern und Jugendlichen (PKMS-J) (9-201 ff.)
Hochaufwendige Pflege von Kleinkindern (PKMS-K) (9-202 ff.)
Hochaufwendige Pflege von Frühgeborenen, Neugeborenen und Säuglingen (PKMS-F) (9-203 ff.)

Hinw.: Ein Kode aus diesem Bereich ist nur für Leistungen anzugeben, die in Einrichtungen im Geltungsbereich des § 17b KHG erbracht wurden
Ein Kode aus diesem Bereich ist für Patienten ab dem Beginn des 19. Lebensjahres anzugeben
Mindestmerkmale:
- Ein Kode aus diesem Bereich ist anzugeben, wenn in einem oder mehreren Leistungsbereichen die Bedingungen des Pflegekomplexmaßnahmen-Scores für Erwachsene [PKMS-E] erfüllt sind. Die sich daraus ergebenden Aufwandspunkte werden täglich addiert. Die Gesamtzahl der Aufwandspunkte errechnet sich aus der Summe der täglich ermittelten Punkte aus dem PKMS-E über die Verweildauer des Patienten. Aufwandspunkte, die am Aufnahme- und/oder Entlassungstag entstehen, werden mit berücksichtigt
- Die pflegerischen Leistungen werden durch examinierte Pflegefachkräfte mit dreijähriger Ausbildung oder unter deren Verantwortung erbracht
- Die zu verwendenden Parameter des PKMS-E und weitere Nutzungshinweise sind im Anhang zum OPS zu finden

9-200.0 37 bis 71 Aufwandspunkte
  .00 37 bis 42 Aufwandspunkte
  .01 43 bis 56 Aufwandspunkte
  .02 57 bis 71 Aufwandspunkte
9-200.1 72 bis 100 Aufwandspunkte
9-200.5 101 bis 129 Aufwandspunkte
9-200.6 130 bis 158 Aufwandspunkte
9-200.7 159 bis 187 Aufwandspunkte
9-200.8 188 bis 216 Aufwandspunkte
9-200.9 217 bis 245 Aufwandspunkte
9-200.a 246 bis 274 Aufwandspunkte
9-200.b 275 bis 303 Aufwandspunkte
9-200.c 304 bis 332 Aufwandspunkte
9-200.d 333 bis 361 Aufwandspunkte
9-200.e 362 oder mehr Aufwandspunkte

Kapitel 9: Ergänzende Maßnahmen

9-201 **Hochaufwendige Pflege von Kindern und Jugendlichen**
Exkl.: Hochaufwendige Pflege von Erwachsenen (PKMS-E) (9-200 ff.)
Hochaufwendige Pflege von Kleinkindern (PKMS-K) (9-202 ff.)
Hochaufwendige Pflege von Frühgeborenen, Neugeborenen und Säuglingen (PKMS-F) (9-203 ff.)
Hinw.: Ein Kode aus diesem Bereich ist nur für Leistungen anzugeben, die in Einrichtungen im Geltungsbereich des § 17b KHG erbracht wurden
Ein Kode aus diesem Bereich ist für Patienten ab dem Beginn des 7. Lebensjahres bis zum Ende des 18. Lebensjahres anzugeben. Er kann in Ausnahmefällen auch für Erwachsene angegeben werden, wenn deren Behandlung in einer Abteilung oder Klinik für Kinder- und Jugendmedizin erforderlich ist
Mindestmerkmale:
- Ein Kode aus diesem Bereich ist anzugeben, wenn in einem oder mehreren Leistungsbereichen die Bedingungen des Pflegekomplexmaßnahmen-Scores für Kinder und Jugendliche [PKMS-J] erfüllt sind. Die sich daraus ergebenden Aufwandspunkte werden täglich addiert. Die Gesamtanzahl der Aufwandspunkte errechnet sich aus der Summe der täglich ermittelten Punkte aus dem PKMS-J über die Verweildauer des Patienten. Aufwandspunkte, die am Aufnahme- und/oder Entlassungstag entstehen, werden mit berücksichtigt
- Die pflegerischen Leistungen werden durch examinierte Gesundheits- und Kinderkrankenpfleger/-innen mit dreijähriger Ausbildung oder unter deren Verantwortung erbracht
- Die zu verwendenden Parameter des PKMS-J und weitere Nutzungshinweise sind im Anhang zum OPS zu finden

9-201.0 37 bis 71 Aufwandspunkte
.00 37 bis 42 Aufwandspunkte
.01 43 bis 56 Aufwandspunkte
.02 57 bis 71 Aufwandspunkte

9-201.1 72 bis 100 Aufwandspunkte

9-201.5 101 bis 129 Aufwandspunkte

9-201.6 130 bis 158 Aufwandspunkte

9-201.7 159 bis 187 Aufwandspunkte

9-201.8 188 bis 216 Aufwandspunkte

9-201.9 217 bis 245 Aufwandspunkte

9-201.a 246 bis 274 Aufwandspunkte

9-201.b 275 bis 303 Aufwandspunkte

9-201.c 304 bis 332 Aufwandspunkte

9-201.d 333 bis 361 Aufwandspunkte

9-201.e 362 oder mehr Aufwandspunkte

9-202 Hochaufwendige Pflege von Kleinkindern

Exkl.: Hochaufwendige Pflege von Erwachsenen (PKMS-E) (9-200 ff.)
Hochaufwendige Pflege von Kindern und Jugendlichen (PKMS-J) (9-201 ff.)
Hochaufwendige Pflege von Frühgeborenen, Neugeborenen und Säuglingen (PKMS-F) (9-203 ff.)

Hinw.: Ein Kode aus diesem Bereich ist nur für Leistungen anzugeben, die in Einrichtungen im Geltungsbereich des § 17b KHG erbracht wurden
Ein Kode aus diesem Bereich ist für Patienten ab dem Beginn des 2. Lebensjahres bis zum Ende des 6. Lebensjahres anzugeben
Mindestmerkmale:
- Ein Kode aus diesem Bereich ist anzugeben, wenn in einem oder mehreren Leistungsbereichen die Bedingungen des Pflegekomplexmaßnahmen-Scores für Kleinkinder [PKMS-K] erfüllt sind. Die sich daraus ergebenden Aufwandspunkte werden täglich addiert. Die Gesamtanzahl der Aufwandspunkte errechnet sich aus der Summe der täglich ermittelten Punkte aus dem PKMS-K über die Verweildauer des Patienten. Aufwandspunkte, die am Aufnahme- und/oder Entlassungstag entstehen, werden mit berücksichtigt
- Die pflegerischen Leistungen werden durch examinierte Gesundheits- und Kinderkrankenpfleger/-innen mit dreijähriger Ausbildung oder unter deren Verantwortung erbracht
- Die zu verwendenden Parameter des PKMS-K und weitere Nutzungshinweise sind im Anhang zum OPS zu finden

9-202.0 37 bis 71 Aufwandspunkte
  .00 37 bis 42 Aufwandspunkte
  .01 43 bis 56 Aufwandspunkte
  .02 57 bis 71 Aufwandspunkte
9-202.1 72 bis 100 Aufwandspunkte
9-202.5 101 bis 129 Aufwandspunkte
9-202.6 130 bis 158 Aufwandspunkte
9-202.7 159 bis 187 Aufwandspunkte
9-202.8 188 bis 216 Aufwandspunkte
9-202.9 217 bis 245 Aufwandspunkte
9-202.a 246 bis 274 Aufwandspunkte
9-202.b 275 bis 303 Aufwandspunkte
9-202.c 304 bis 332 Aufwandspunkte
9-202.d 333 bis 361 Aufwandspunkte
9-202.e 362 oder mehr Aufwandspunkte

9-203 Hochaufwendige Pflege von Frühgeborenen, Neugeborenen und Säuglingen

Exkl.: Hochaufwendige Pflege von Erwachsenen (PKMS-E) (9-200 ff.)
Hochaufwendige Pflege von Kindern und Jugendlichen (PKMS-J) (9-201 ff.)
Hochaufwendige Pflege von Kleinkindern (PKMS-K) (9-202 ff.)

Hinw.: Ein Kode aus diesem Bereich ist nur für Leistungen anzugeben, die in Einrichtungen im Geltungsbereich des § 17b KHG erbracht wurden
Ein Kode aus diesem Bereich ist für Patienten bis zum Ende des 1. Lebensjahres anzugeben
Mindestmerkmale:
- Ein Kode aus diesem Bereich ist anzugeben, wenn in einem oder mehreren Leistungsbereichen die Bedingungen des Pflegekomplexmaßnahmen-Scores für Frühgeborene, Neugeborene und Säuglinge [PKMS-F] erfüllt sind. Die sich daraus ergebenden Aufwandspunkte werden täglich addiert. Die Gesamtanzahl der Aufwandspunkte errechnet sich aus der Summe der täglich ermittelten Punkte aus dem PKMS-F über die Verweildauer des Patienten. Aufwandspunkte, die am Aufnahme- und/oder Entlassungstag entstehen, werden mit berücksichtigt
- Die pflegerischen Leistungen werden durch examinierte Gesundheits- und Kinderkrankenpfleger/-innen mit dreijähriger Ausbildung oder unter deren Verantwortung erbracht
- Die zu verwendenden Parameter des PKMS-F und weitere Nutzungshinweise sind im Anhang zum OPS zu finden

9-203.1	37 bis 42 Aufwandspunkte
9-203.2	43 bis 56 Aufwandspunkte
9-203.3	57 bis 71 Aufwandspunkte
9-203.4	72 bis 100 Aufwandspunkte
9-203.5	101 bis 129 Aufwandspunkte
9-203.6	130 bis 158 Aufwandspunkte
9-203.7	159 bis 187 Aufwandspunkte
9-203.8	188 bis 216 Aufwandspunkte
9-203.9	217 bis 245 Aufwandspunkte
9-203.a	246 bis 274 Aufwandspunkte
9-203.b	275 bis 303 Aufwandspunkte
9-203.c	304 bis 332 Aufwandspunkte
9-203.d	333 bis 361 Aufwandspunkte
9-203.e	362 oder mehr Aufwandspunkte

Geburtsbegleitende Maßnahmen und Behandlung wegen Infertilität (9-26...9-28)

9-26 Geburtsbegleitende Maßnahmen

Hinw.: Eine operative Beendigung einer Geburt ist gesondert zu kodieren (5-72)

9-260 Überwachung und Leitung einer normalen Geburt

Hinw.: Mit diesem Kode ist die Überwachung und Leitung einer Geburt ohne operative Eingriffe zu kodieren
Dieser Kode ist auch anzugeben, wenn eines der folgenden Verfahren durchgeführt wurde (5-732.0, 5-732.1, 5-732.5, 5-732.y, 5-733 ff., 5-738.2, 5-738.x, 5-738.y, 5-754 ff., 5-755 ff., 5-756 ff., 5-757, 5-758 ff., 5-759 ff.) und eine Geburt während desselben Aufenthaltes stattgefunden hat

9-261 Überwachung und Leitung einer Risikogeburt

Hinw.: Mit diesem Kode ist die Überwachung und Leitung einer Risikogeburt ohne operative Eingriffe zu kodieren
Dieser Kode ist auch anzugeben, wenn eines der folgenden Verfahren durchgeführt wurde (5-732.0, 5-732.1, 5-732.5, 5-732.y, 5-733 ff., 5-738.2, 5-738.x, 5-738.y, 5-754 ff., 5-755 ff., 5-756 ff., 5-757, 5-758 ff., 5-759 ff.) und eine Geburt während desselben Aufenthaltes stattgefunden hat

Kapitel 9: Ergänzende Maßnahmen

9-262 Postnatale Versorgung des Neugeborenen
9-262.0 Routineversorgung
9-262.1 Spezielle Versorgung (Risiko-Neugeborenes)
9-262.x Sonstige
9-262.y N.n.bez.

9-263 Überwachung und Leitung der isolierten Geburt der Plazenta
Hinw.: Mit diesem Kode ist die Überwachung und Leitung der isolierten Geburt der Plazenta zu kodieren, wenn das Kind außerhalb des Krankenhauses spontan geboren wird und lediglich die Plazenta nach Aufnahme in das Krankenhaus geboren wird

9-268 Überwachung und Leitung einer Geburt, n.n.bez.

9-27 Behandlung wegen Infertilität

9-270 Künstliche Insemination
9-270.0 Intrauterine Insemination
9-270.1 Direkte intraperitoneale Insemination (DIPI)
9-270.x Sonstige
9-270.y N.n.bez.

9-271 Follikelpunktion und Ovumaspiration, intratubärer Gametentransfer (GIFT)
9-271.0 ↔ Perkutane Follikelpunktion unter sonographischer Kontrolle
9-271.1 ↔ Laparoskopische Ovumaspiration
9-271.2 ↔ Transvaginale Ovumaspiration
9-271.3 ↔ Laparoskopische Ovumaspiration mit intratubärem Gametentransfer (GIFT)
9-271.x ↔ Sonstige
9-271.y N.n.bez.

9-272 In-vitro-Fertilisation (IVF) und Embryotransfer
9-272.0 Embryotransfer (ET)
9-272.1 ↔ Intratubärer Zygotentransfer (ZIFT)
9-272.x ↔ Sonstige
9-272.y N.n.bez.

9-278 Andere Behandlung der weiblichen Infertilität
9-278.0 Planung und Management einer Fertilitätsbehandlung
9-278.1 Monitoring des Ovulationszyklus
9-278.2 Begleitende Untersuchungen einer Fertilitätsbehandlung
Inkl.: Quantitative Hormonbestimmungen
Konsultationen
Ultraschalluntersuchungen
9-278.x Sonstige
9-278.y N.n.bez.

9-28 Behandlung während der Schwangerschaft

9-280 Stationäre Behandlung vor Entbindung während desselben Aufenthaltes
Hinw.: Präpartale Behandlungsdauer vor Entbindung während desselben stationären Aufenthaltes
9-280.0 Mindestens 3 bis höchstens 6 Tage
9-280.1 Mindestens 7 bis höchstens 13 Tage
9-280.2 Mindestens 14 bis höchstens 27 Tage
9-280.3 Mindestens 28 Tage bis höchstens 55 Tage
9-280.4 Mindestens 56 Tage

Kapitel 9: Ergänzende Maßnahmen

Phoniatrische und pädaudiologische Therapie (9-31...9-32)

9-31 Phoniatrische und pädaudiologische Komplexbehandlung
Hinw.: Ein Kode aus diesem Bereich ist jeweils nur einmal pro stationären Aufenthalt anzugeben
Operationalisierte, stationäre Therapie durch ein multidisziplinäres Team unter Behandlungsleitung eines Facharztes mit phoniatrisch-pädaudiologischer Qualifikation
Einsatz von mindestens drei Therapeutengruppen patientenbezogen in unterschiedlichen Kombinationen mit unterschiedlichem Zeitaufwand

9-310 **Phoniatrische Komplexbehandlung organischer und funktioneller Störungen der Sprache, des Sprechens, der Stimme und des Schluckens**

9-311 **Integrierte phoniatrisch-psychosomatische Komplexbehandlung von Störungen der Sprache, des Sprechens, der Stimme, des Schluckens und des Hörens**
Hinw.: Somatische und psychosomatische Behandlung bei akuten und chronischen somatischen Störungen der Sprache, des Sprechens, der Stimme, des Schluckens und des Hörens mit psychischer Komorbidität

9-312 **Integrierte pädaudiologische Komplexbehandlung**
Inkl.: Behandlung hörgestörter Kinder, ggf. mit konventionellen Hörhilfen
Behandlung von Kindern und Erwachsenen mit Cochlea-Implantaten
Behandlung von Kindern mit auditiven Verarbeitungs- und Wahrnehmungsstörungen
Hinw.: Mit diesem Kode sind die Hör- und Sprachtherapie sowie die Anpassung von Hörhilfen und Cochlea-Implantaten mit Gebrauchsschulung, Erfolgskontrolle und funktionstechnischer Überprüfung unter Berücksichtigung entwicklungspsychologischer Bedingungen und der Koordination medizinisch-rehabilitativer bzw. pädagogisch-fördernder Maßnahmen zu kodieren

9-32 Therapie von Stimm-, Sprach-, Sprech-, Schluckstörungen und Hörstörungen
Hinw.: Ein Kode aus diesem Bereich ist jeweils nur einmal pro stationären Aufenthalt anzugeben

9-320 **Therapie organischer und funktioneller Störungen der Sprache, des Sprechens, der Stimme und des Schluckens**
Inkl.: Logopädische Therapie

Psychosoziale, psychosomatische, neuropsychologische und psychotherapeutische Therapie (9-40...9-41)

9-40 Psychosoziale, psychosomatische und neuropsychologische Therapie
Hinw.: Ein Kode aus diesem Bereich ist jeweils nur einmal pro stationären Aufenthalt anzugeben, es sei denn, beim jeweiligen Kode ist dies anders geregelt
Ein Kode aus diesem Bereich ist nur für Leistungen anzugeben, die in Einrichtungen im Geltungsbereich des § 17b KHG erbracht wurden

9-401 **Psychosoziale Interventionen**
Hinw.: Bei Durchführung mehrerer Beratungen, organisatorischer oder therapeutischer Maßnahmen sind die Zeiten jeweils zu addieren

9-401.0 Sozialrechtliche Beratung
Hinw.: Information und Beratung zu Möglichkeiten sozialrechtlicher Unterstützungen, einschließlich organisatorischer Maßnahmen
.00 Mindestens 50 Minuten bis 2 Stunden
.01 Mehr als 2 Stunden bis 4 Stunden
.02 Mehr als 4 Stunden

Kapitel 9: Ergänzende Maßnahmen

9-401.1 Familien-, Paar- und Erziehungsberatung
Exkl.: Schwerpunktmäßig gezielte therapeutische Maßnahmen zur Veränderung von Erleben und Verhalten (9-402 ff.)
Hinw.: Zielorientierte Beratung zu definierten Problemstellungen seitens der Familie oder einzelner Familienmitglieder
- .10 Mindestens 50 Minuten bis 2 Stunden
- .11 Mehr als 2 Stunden bis 4 Stunden
- .12 Mehr als 4 Stunden

9-401.2 Nachsorgeorganisation
Hinw.: Beratung und organisatorische Maßnahmen hinsichtlich ambulanter und stationärer Nachsorge
- .22 Mindestens 50 Minuten bis 2 Stunden
- .23 Mehr als 2 Stunden bis 4 Stunden
- .25 Mehr als 4 Stunden bis 6 Stunden
- .26 Mehr als 6 Stunden

9-401.3 Supportive Therapie
Hinw.: Interventionen zur psychischen Verarbeitung somatischer Erkrankungen, ihrer Begleit- bzw. Folgeerscheinungen sowie resultierender interaktioneller Probleme
- .30 Mindestens 50 Minuten bis 2 Stunden
- .31 Mehr als 2 Stunden bis 4 Stunden
- .32 Mehr als 4 Stunden

9-401.4 Künstlerische Therapie
Inkl.: Kunst- und Musiktherapie u.a.
Hinw.: Therapeutische Maßnahmen, die Wahrnehmungs- und Gestaltungsprozesse umfassen sowie therapeutische Anwendung künstlerischer Medien
- .40 Mindestens 50 Minuten bis 2 Stunden
- .41 Mehr als 2 Stunden bis 4 Stunden
- .42 Mehr als 4 Stunden

9-401.5 Integrierte psychosoziale Komplexbehandlung
Hinw.: Mindestmerkmale:
- Behandlung unter Leitung eines Facharztes, eines psychologischen Psychotherapeuten oder eines Kinder- und Jugendlichen-Psychotherapeuten auf einer somatischen Station
- Einsatz von mindestens 2 psychosozialen Berufsgruppen (Ärzte, psychologische Psychotherapeuten, Kinder- und Jugendlichen-Psychotherapeuten oder Psychologen, Pädagogen, Sozialarbeiter oder Künstlerische Therapeuten), davon mindestens die Hälfte der Behandlungszeit durch einen Arzt, psychologischen Psychotherapeuten, Kinder- und Jugendlichen-Psychotherapeuten oder Psychologen
- Die psychosozialen Maßnahmen können je nach Bedarf im Einzelfall umfassen:
- Psychotherapeutische, psychologische oder neuropsychologische Diagnostik, Psychotherapie, supportive Therapie, Krisenintervention, künstlerische Therapie (Kunst- und Musiktherapie u.a.)
- Beratende Interventionen (Einzel-, Familien-, Paar-, Erziehungs- und sozialrechtliche Beratung)
- Nachsorgeorganisation und präventive Maßnahmen

- .50 Mindestens 3 Stunden
- .51 Mehr als 3 bis 5 Stunden
- .52 Mehr als 5 bis 8 Stunden
- .53 Mehr als 8 Stunden

Kapitel 9: Ergänzende Maßnahmen

9-402 Psychosomatische Therapie
Hinw.: Operationalisierte, therapieziel-orientierte stationäre Therapie durch multidisziplinäre Teams. Hier sind diejenigen pädiatrisch-psychosomatischen Therapien zu verschlüsseln, die die unter 9-403 ff. genannten Mindestanforderungen nicht erfüllen

9-402.0 Psychosomatische und psychotherapeutische Komplexbehandlung
Hinw.: Psychodynamisches oder kognitiv-behaviorales Grundverfahren als reflektierter Mehrpersonen-Interaktionsprozess mit schriftlicher Behandlungsplanung (einmal pro Woche), ärztlicher/psychologischer Einzeltherapie (100 Minuten/Woche; ggf. davon 50 Minuten/Woche ressourcenäquivalent als Gruppentherapie), Gruppenpsychotherapie (max. 10 Patienten 120 Minuten/Woche) und Einsatz spezifischer psychotherapeutischer Techniken (360 Minuten/Woche) im standardisierten Setting nach den Regeln der psychosomatischen und psychotherapeutischen Medizin

9-402.1 Integrierte klinisch-psychosomatische Komplexbehandlung
Hinw.: Stationäre somatische und psychosomatische Behandlung bei akuten und chronischen somatischen Erkrankungen mit psychischer Komorbidität und Copingstörungen, neben der somatischen Therapie durch ärztliche/psychologische Einzeltherapie (100 Minuten/Woche) und Einsatz spezifischer psychotherapeutischer Techniken (360 Minuten/Woche) im standardisierten Setting nach den Regeln der psychosomatischen und psychotherapeutischen Medizin oder der Pädiatrie

9-402.2 Psychosomatische und psychotherapeutische Krisenintervention als Komplexbehandlung
Hinw.: Stationäre Kurztherapie mit umgrenztem Therapieziel zur Stabilisierung bei akuter Dekompensation (Verschiebung der Therapie-Dosis zu höherem Anteil an Einzelpsychotherapie im Vergleich zu 9-402.0) nach den Regeln der psychosomatischen und psychotherapeutischen Medizin

9-403 Sozialpädiatrische, neuropädiatrische und pädiatrisch-psychosomatische Therapie
Hinw.: Operationalisierte individuelle Diagnostik und Therapie und Anleitung von Bezugspersonen durch ein multidisziplinäres Teams unter Leitung eines Kinder- und Jugendarztes bei drohender oder manifester Behinderung, Entwicklungs- und Verhaltensstörung sowie seelischen Störungen
Die Therapie erfolgt nach Diagnoseerstellung entsprechend der Mehrdimensionalen Bereichsdiagnostik der Sozialpädiatrie (MBS)/pädiatrischen Psychosomatik
Die Therapiedurchführung ist an den jeweiligen Standards der neuropädiatrischen oder sozialpädiatrischen Gesellschaft oder der pädiatrischen Psychosomatik orientiert. Folgende Therapeutengruppen sind dabei u.a. je nach Behandlungsplan einzubeziehen: Ärzte, Psychologen (Diplom/Master), Ergotherapeuten, (Heil)erzieher, (Heil)pädagogen, Kunsttherapeuten, Logopäden, Musiktherapeuten, Ökotrophologen/Ernährungsberater, Physiotherapeuten (inkl. physikalischer Therapie), Kinder- und Jugendlichen-Psychotherapeuten, Schmerztherapeuten, Sozialpädagogen
Bei den Therapieformen 9-403.2, 9-403.4, 9-403.5, 9-403.6 und 9-403.7 sind die Mindestleistungen innerhalb des angegebenen Zeitraumes zu erbringen
Die jeweilige Therapieform ist so oft zu kodieren, wie sie erbracht wurde. Die Therapieformen dürfen nur nacheinander erbracht werden
Wochenendbeurlaubungen zur Unterstützung des Therapieerfolges sind möglich, wenn die Mindestleistungen im Restzeitraum erbracht werden

9-403.0 Begleitende Therapie
Hinw.: An 3 Tagen werden täglich mindestens zwei Therapieeinheiten von 45 Minuten durchgeführt. Davon müssen mindestens 3 Einheiten durch einen Arzt, Psychologen und/oder Kinder- und Jugendlichen-Psychotherapeuten geleistet werden

9-403.1 Therapie als Blockbehandlung
Hinw.: Über 5 Tage werden täglich mindestens zwei Therapieeinheiten von 45 Minuten durchgeführt. Davon müssen mindestens 5 Einheiten durch einen Arzt, Psychologen und/oder Kinder- und Jugendlichen-Psychotherapeuten geleistet werden. Es erfolgt eine zielorientierte Beratung zu definierten Problemstellungen seitens der Familie oder einzelner Familienmitglieder

9-403.2 Therapie als erweiterte Blockbehandlung
Hinw.: Über 12 Tage werden mindestens 20 Therapieeinheiten von 45 Minuten durchgeführt. Davon müssen mindestens 5 Therapieeinheiten durch einen Arzt, Psychologen und/oder Kinder- und Jugendlichen-Psychotherapeuten geleistet werden. Es müssen mindestens 3 Therapeutengruppen zum Einsatz kommen

Kapitel 9: Ergänzende Maßnahmen

9-403.3 **Intensivtherapie**
Hinw.: Über 5 Tage werden mindestens 15 Therapieeinheiten von 45 Minuten durchgeführt. Davon müssen mindestens 5 Therapieeinheiten durch einen Arzt, Psychologen und/oder Kinder- und Jugendlichen-Psychotherapeuten geleistet werden. Es müssen mindestens 3 Therapeutengruppen zum Einsatz kommen

9-403.4 **Erweiterte Intensivtherapie**
Hinw.: Über 12 Tage werden mindestens 30 Therapieeinheiten von 45 Minuten durchgeführt. Davon müssen mindestens 6 Therapieeinheiten durch einen Arzt, Psychologen und/oder Kinder- und Jugendlichen-Psychotherapeuten geleistet werden. Es müssen mindestens 3 Therapeutengruppen zum Einsatz kommen

9-403.5 **Langzeit-Intensivtherapie**
Hinw.: Über 7 Tage werden 15 Therapieeinheiten von 45 Minuten durchgeführt. Davon müssen mindestens 5 Therapieeinheiten durch einen Arzt, Psychologen und/oder Kinder- und Jugendlichen-Psychotherapeuten geleistet werden. Es müssen mindestens 3 Therapeutengruppen zum Einsatz kommen
Dieser Kode kann jeweils für eine Therapie über 7 Tage für die maximale Dauer von 8 Wochen pro Jahr angegeben werden

9-403.6 **Langzeit-Intensivtherapie zum verhaltenstherapeutischen Training**
Hinw.: Über 7 Tage werden 20 Therapieeinheiten von 45 Minuten durchgeführt. Davon müssen mindestens 5 Therapieeinheiten durch einen Arzt, 5 Therapieeinheiten durch einen Psychologen und 10 Therapieeinheiten durch unterstützende Physiotherapie und begleitende andere Therapieverfahren durch die oben angeführten Therapeutengruppen geleistet werden. Über den normalen Pflegebedarf hinaus werden mindestens 2 Stunden pro Tag für Trainingsmaßnahmen durch Pflegepersonal oder heilpädagogisches Personal eingesetzt
Dieser Kode kann jeweils für eine Therapie über 7 Tage für die maximale Dauer von 12 Wochen pro Jahr angegeben werden

9-403.7 **Therapie im Gruppen-Setting**
Hinw.: Mehrpersonen-Interaktionsprozess, reflektiert und für jeweils 7 Tage geplant im heilpädagogisch orientierten Gruppen-Setting (max. 6 Kinder pro Gruppe), unter ärztlich-psychologischer Anleitung (mindestens 35 Stunden pro Woche), Einzel- oder Gruppentherapie (max. 5 Personen pro Gruppe), Psychotherapie einzeln oder in Gruppen unter Einsatz spezifischer psychotherapeutischer Technik, Beratung und Anleitung von Bezugspersonen (mindestens 180 Minuten pro Woche). Mindestens 1/3 der Therapieeinheiten sind im Gruppensetting zu erbringen. Ziel ist es, möglichst alltagsbezogen und wirklichkeitsnah Verhaltensbeobachtung, Verhaltensmodifikation, Selbständigkeitstraining, soziales Kompetenztraining und Training der Handlungsplanung durchzuführen. Die Maßnahmen erfolgen unabhängig von pädagogischen Fördermaßnahmen in Schule oder Kindergarten. In Abhängigkeit der zugrunde liegenden Erkrankung müssen ergänzend funktionelle Therapien eingesetzt werden, wie durch die Therapeutengruppen repräsentiert
Dieser Kode kann jeweils für eine Therapie über 7 Tage für die maximale Dauer von 8 Wochen pro Jahr angegeben werden

9-403.8 **Integrierte Blockbehandlung**
Hinw.: Über 7 Tage werden mindestens 10 Therapieeinheiten von 45 Minuten durchgeführt. Davon müssen mindestens 3 Therapieeinheiten durch einen Arzt, Psychologen und/oder Kinder- und Jugendlichen-Psychotherapeuten geleistet werden. Es müssen mindestens 3 Berufsgruppen zum Einsatz kommen
Dieser Kode kann jeweils für eine Therapie über 7 Tage angegeben werden

9-403.x Sonstige

9-403.y N.n.bez.

9-404 **Neuropsychologische Therapie**
Hinw.: Therapie beeinträchtigter kognitiver, affektiver und verhaltensbezogener Funktionen (Orientierung, Aufmerksamkeit, Wahrnehmung, Lernen und Gedächtnis, Planen und Problemlösen, Affekt- und Verhaltenskontrolle, soziale Kompetenz) bei Patienten mit angeborenen oder erworbenen Hirnschädigungen, basierend auf kognitions-psychologischen, lerntheoretischen und funktional-neuroanatomischen Erkenntnissen

9-404.0 Mindestens 50 Minuten bis 2 Stunden

9-404.1 Mehr als 2 Stunden bis 4 Stunden

9-404.2 Mehr als 4 Stunden

9-41 Psychotherapie

Hinw.: Diese Kodes sind für die psychotherapeutischen Maßnahmen anzuwenden, die nicht in 9-402 ff. bis 9-404 ff. definiert sind

Ein Kode aus diesem Bereich ist nur für Leistungen anzugeben, die in Einrichtungen im Geltungsbereich des § 17b KHG erbracht wurden

9-410 Einzeltherapie

Hinw.: Dauer der Therapie mindestens 1 Stunde pro Tag

9-410.0 Kognitive Verhaltenstherapie
- .04 An einem Tag
- .05 An 2 bis 5 Tagen
- .06 An 6 bis 10 Tagen
- .07 An 11 oder mehr Tagen

9-410.1 Tiefenpsychologisch fundierte Psychotherapie
- .14 An einem Tag
- .15 An 2 bis 5 Tagen
- .16 An 6 bis 10 Tagen
- .17 An 11 oder mehr Tagen

9-410.2 Gesprächspsychotherapie
- .24 An einem Tag
- .25 An 2 bis 5 Tagen
- .26 An 6 bis 10 Tagen
- .27 An 11 oder mehr Tagen

9-410.x Sonstige

9-410.y N.n.bez.

9-411 Gruppentherapie

Hinw.: Dauer der Therapie mindestens 1 Stunde pro Tag

9-411.0 Kognitive Verhaltenstherapie
- .04 An einem Tag
- .05 An 2 bis 5 Tagen
- .06 An 6 bis 10 Tagen
- .07 An 11 oder mehr Tagen

9-411.1 Tiefenpsychologisch fundierte Psychotherapie
- .14 An einem Tag
- .15 An 2 bis 5 Tagen
- .16 An 6 bis 10 Tagen
- .17 An 11 oder mehr Tagen

9-411.2 Gesprächspsychotherapie
- .24 An einem Tag
- .25 An 2 bis 5 Tagen
- .26 An 6 bis 10 Tagen
- .27 An 11 oder mehr Tagen

9-411.x Sonstige

9-411.y N.n.bez.

9-412 Multimodale psychotherapeutische Komplexbehandlung im Liaisondienst
Hinw.: Mindestmerkmale:
- Behandlung im Liaisondienst durch einen Arzt mit der Gebietsbezeichnung Psychiatrie und Psychotherapie oder der Gebietsbezeichnung Psychosomatische Medizin und Psychotherapie oder der Gebiets- und Bereichsbezeichnung Innere Medizin (bzw. andere klinische Fachärzte wie Dermatologen, Gynäkologen, Orthopäden u. a.) und Psychotherapie oder durch einen psychologischen Psychotherapeuten
- Anamnese (biographisch bzw. verhaltensanalytisch fundiert)
- Anwendung bzw. Einleitung folgender Verfahren patientenbezogen in unterschiedlichen Kombinationen: Einzel- oder Gruppenpsychotherapie, psychoeduktive Verfahren, Entspannungs- oder imaginative Verfahren, psychologische Testdiagnostik, sozialpädagogische Beratung, Ergotherapie, künstlerische Therapie (Kunst- und Musiktherapie), supportive teambezogene Interventionen, Balintgruppen/Supervision

9-412.2   2 bis unter 5 Stunden
9-412.3   5 bis 10 Stunden
9-412.4   Mehr als 10 Stunden

Präventive und ergänzende kommunikative Maßnahmen (9-50...9-51)

9-50 Präventive Maßnahmen
Hinw.: Ein Kode aus diesem Bereich ist jeweils nur einmal pro stationären Aufenthalt anzugeben

9-500 Patientenschulung

9-500.0   Basisschulung
Hinw.: Dauer mindestens 2 Stunden
Sie beinhaltet themenorientierte Schulungen, z.B. für Antikoagulanzientherapie, Eigeninjektion, häusliche Pflege eines venösen Verweilkatheters, Monitoring oder Reanimation, Apparat- und Prothesenbenutzung, intermittierenden sterilen Einmalkatheterismus, Anleitung zum Stillen

9-500.1   Grundlegende Patientenschulung
Hinw.: Dauer bis 5 Tage mit insgesamt mindestens 20 Stunden
Durchführung durch dafür ausgebildete Trainer und ihre Teams nach einem von den jeweiligen Fachgesellschaften bzw. Arbeitsgruppen vorgegebenen, definierten und standardisierten Schema
Durchführung z.B. bei Diabetes mellitus, Asthma bronchiale, Neurodermitis, rheumatologischen Erkrankungen, Mukoviszidose, Adipositas, Epilepsie
Bei Patienten, die ihre Behandlung nicht eigenverantwortlich übernehmen können, werden Angehörige regelmäßig mitgeschult

9-500.2   Umfassende Patientenschulung
Hinw.: Dauer 6 Tage oder mehr mit durchschnittlich 4 Stunden pro Tag
Durchführung durch dafür ausgebildete Trainer und ihre Teams nach einem von den jeweiligen Fachgesellschaften bzw. Arbeitsgruppen vorgegebenen, definierten und standardisierten Schema
Durchführung z.B. bei Diabetes mellitus, Asthma bronchiale, Neurodermitis, rheumatologischen Erkrankungen, Mukoviszidose, Adipositas, Epilepsie
Bei Patienten, die ihre Behandlung nicht eigenverantwortlich übernehmen können, werden Angehörige regelmäßig mitgeschult

Kapitel 9: Ergänzende Maßnahmen

9-501 Multimodale stationäre Behandlung zur Tabakentwöhnung
Hinw.: Ein Kode aus diesem Bereich ist nur für Leistungen anzugeben, die in Einrichtungen im Geltungsbereich des § 17b KHG erbracht wurden
Mindestmerkmale:
- Standardisierte Erfassung der Raucheranamnese mit einem ausführlichen Fragebogen und standardisierte Erfassung der Zigarettenabhängigkeit unter Verwendung des Fagerström-Tests
- Durchführung und Dokumentation von Motivationsgesprächen zur Beendigung des Tabakkonsums von insgesamt mindestens 60 Minuten durch einen Arzt mit der Qualifikation zur Tabakentwöhnung (Voraussetzung ist eine zertifizierte Befähigung zur Tabakentwöhnung, z.B. über das Curriculum der Bundesärztekammer, der Deutschen Gesellschaft für Pneumologie und Beatmungsmedizin und des Bundesverbandes der Pneumologen)
- Durchführung und Dokumentation von Motivationsgesprächen individuell oder in Gruppen von insgesamt mindestens 120 Minuten durch Personal mit der Qualifikation zur Tabakentwöhnung (z.B. Psychologen, Pädagogen, Sozialpädagogen, Sozialwissenschaftler, Gesundheitswissenschaftler)
- Aufklärung über Einsatz und Wirkungsweise von nikotinhaltigen Präparaten und anderen medikamentösen Hilfen zur Tabakentwöhnung
- Mindestens zwei Kohlenmonoxidbestimmungen in der Ausatemluft oder im Blut (CO-Hb-Wert in der Blutgasanalyse) zur Verlaufsdokumentation
- Dokumentierte Anmeldung (unterzeichnet vom meldenden Krankenhaus und vom gemeldeten Patienten) an ein ambulantes, von den Krankenkassen anerkanntes Tabakentwöhnungsprogramm

9-502 Präventive familienzentrierte multimodale Komplexbehandlung bei Frühgeborenen, Neugeborenen und Säuglingen
Hinw.: Ein Kode aus diesem Bereich ist für die psychosoziale und bindungsunterstützende familienzentrierte Versorgung während des stationären Aufenthaltes zu verwenden bei Frühgeborenen, Neugeborenen und Säuglingen, die aufgrund von Unreife, Störungen der Vitalfunktionen z.B. nach Infektionen, Störungen der Wahrnehmung, neuromuskulären Erkrankungen oder neurologischen Einschränkungen z.B. nach intrazerebralen Blutungen sich ihren Bezugspersonen nicht adäquat mitteilen oder die nicht sensomotorisch auf diese reagieren können. Das Risiko einer Bindungsstörung soll minimiert werden
Ein Kode aus diesem Bereich ist nur für Leistungen anzugeben, die in Einrichtungen im Geltungsbereich des § 17b KHG erbracht wurden
Mindestmerkmale:
- Multiprofessionelles Team unter Leitung eines Facharztes für Kinder- und Jugendmedizin oder eines Facharztes für Kinderchirurgie
- Das multiprofessionelle Team besteht mindestens aus den folgenden 3 Berufsgruppen:
  - Ärzte
  - Psychologen oder Pädagogen
  - Gesundheits- und Kinderkrankenpflegekräfte
- Vorhandensein und bedarfsgerechter Einsatz (mindestens in Kooperation) von weiteren Therapeuten wie Ökotrophologen/Ernährungsberater, Physio-/Ergotherapeuten, Sozialarbeiter/-therapeuten
- Assessment durch ein Mitglied des multiprofessionellen Teams zu individuellen Schwerpunkten der Belastungsbewältigung durch eine spezielle psychisch-sozialmedizinische Anamnese mit Dokumentation folgender Bereiche (Das Assessment ist nicht auf die Anzahl der Stunden anrechenbar.):
  - individuelle Ressourcen
  - familiäre Ressourcen
  - soziale Ressourcen
  - lokale/kommunale Ressourcen
- Einsatz von mindestens 2 der folgenden Leistungen (von jeweils mindestens 30 Minuten Dauer, Leistungserbringung durch mindestens 1 Mitglied des multiprofessionellen Teams):
  - Beratung der Eltern/Sorgeberechtigten zu sozialen Aspekten und Entwicklungsaspekten bei drohender Bindungsstörung sowie zur Mobilisierung von Unterstützungsressourcen
  - Anleitung der Eltern/Sorgeberechtigten in bindungsförderndem Verhalten durch:
    - theoretische Unterweisung im Einzel- oder Gruppensetting und/oder
    - praktische Unterweisung im Einzelsetting und/oder
    - Übung wiederkehrender allgemeiner und spezifischer Pflege- und Versorgungshandlungen am eigenen Kind
  - Krisenintervention bei kurzfristiger Zustandsverschlechterung des Kindes

- Fallbesprechung von mindestens 10 Minuten Dauer (bei einer Aufenthaltsdauer von mehr als einer Woche erfolgt die Fallbesprechung mindestens wöchentlich) unter Beteiligung aller 3 Berufsgruppen des multiprofessionellen Teams mit Dokumentation der Anwesenheit der beteiligten Berufsgruppen sowie der bisherigen Behandlungsergebnisse und weiterer Behandlungsziele. Diese Fallbesprechung ist auf die Anzahl der Stunden anzurechnen, z.B. 30 Minuten Gesamtzeit bei 3 teilnehmenden Teammitgliedern mit jeweils 10 Minuten
- Mindestens eine Fallkonferenz unter Beteiligung von mindestens 2 Berufsgruppen des multiprofessionellen Teams sowie der Eltern/Sorgeberechtigten von mindestens 15 Minuten Dauer. Sie dient der Planung von geeigneten Leistungen gemeinsam mit den Eltern/Sorgeberechtigten, der Evaluation in Anspruch genommener Versorgung und Betreuung, der Zusammenarbeit mit weiteren medizinischen Versorgungseinrichtungen zur psychiatrischen oder psychologischen Versorgung der Eltern/Sorgeberechtigten sowie der Vorbereitung von im Einzelfall erforderlichen amtlichen Entscheidungen beispielsweise durch das Sozial- oder Jugendamt. Die Anwesenheit der beteiligten Berufsgruppen und die Inhalte der Konferenz sind zu dokumentieren. Diese Fallkonferenz ist auf die Anzahl der Stunden anzurechnen, z.B. 30 Minuten Gesamtzeit bei 2 teilnehmenden Teammitgliedern mit jeweils 15 Minuten

9-502.0	Mindestens 2 bis unter 5 Stunden
9-502.1	Mindestens 5 bis unter 15 Stunden
9-502.2	Mindestens 15 bis unter 25 Stunden
9-502.3	Mindestens 25 bis unter 35 Stunden
9-502.4	Mindestens 35 oder mehr Stunden

9-51 Ergänzende kommunikative Maßnahmen

9-510 Einsatz von Gebärdensprachdolmetschern
Hinw.: Ein Kode aus diesem Bereich ist jeweils nur einmal pro stationären Aufenthalt anzugeben
Die Anzahl der Stunden ist über den gesamten stationären Aufenthalt zu addieren

9-510.0	Mindestens 2 bis 4 Stunden
9-510.1	Mehr als 4 bis 8 Stunden
9-510.2	Mehr als 8 bis 12 Stunden
9-510.3	Mehr als 12 bis 16 Stunden
9-510.4	Mehr als 16 bis 20 Stunden
9-510.5	Mehr als 20 bis 24 Stunden
9-510.6	Mehr als 24 Stunden

Kapitel 9: Ergänzende Maßnahmen

Behandlung bei psychischen und psychosomatischen Störungen und Verhaltensstörungen bei Erwachsenen (9-60...9-64)

Hinw.: Ein Kode aus diesem Bereich ist nur für Leistungen anzugeben, die in Einrichtungen im Geltungsbereich des § 17d KHG erbracht wurden
Die Behandlung erfolgt als ärztlich indizierte Diagnostik und Therapie ggf. auch im Lebensumfeld des Patienten
Die gleichzeitige somatische Diagnostik und Behandlung sind gesondert zu kodieren

9-60 Regelbehandlung bei psychischen und psychosomatischen Störungen und Verhaltensstörungen bei Erwachsenen

Exkl.: Intensivbehandlung bei psychischen und psychosomatischen Störungen und Verhaltensstörungen bei Erwachsenen (9-61)
Psychotherapeutische Komplexbehandlung bei psychischen und psychosomatischen Störungen und Verhaltensstörungen bei Erwachsenen (9-626)
Psychosomatisch-psychotherapeutische Komplexbehandlung bei psychischen und psychosomatischen Störungen und Verhaltensstörungen bei Erwachsenen (9-634)

Hinw.: Eine kriseninterventionelle Behandlung (9-641 ff.), die integrierte klinisch-psychosomatisch-psychotherapeutische Komplexbehandlung bei psychischen und psychosomatischen Störungen und Verhaltensstörungen bei Erwachsenen (9-642), die psychiatrisch-psychotherapeutische Behandlung im besonderen Setting (Mutter/Vater-Kind-Setting) (9-643 ff.), die Erbringung von Behandlungsmaßnahmen im stationsersetzenden Umfeld und als halbtägige tagesklinische Behandlung (9-644 ff.), der indizierte komplexe Entlassungsaufwand (9-645 ff.), die spezifische qualifizierte Entzugsbehandlung Abhängigkeitskranker (9-647 ff.) und der Einsatz von Gebärdensprachdolmetschern (9-510 ff.) sind gesondert zu kodieren
Dieser Kode ist zu Beginn der Behandlung und bei jedem Wechsel der Behandlungsart anzugeben
Die Anzahl der Therapieeinheiten pro Woche ist für jede Berufsgruppe getrennt nach Einzel- und Gruppentherapie gesondert zu kodieren (9-649 ff.)
Dieser Kode ist sowohl für die voll- als auch die teilstationäre Behandlung zu verwenden
<u>Die psychiatrisch-psychosomatische Regelbehandlung umfasst ärztliche und/oder psychologische Gespräche (z.B. Visiten) und die Basisversorgung durch weitere Berufsgruppen. Ein weiterer Schwerpunkt liegt in der Anwendung der unten genannten Verfahren der ärztlichen, psychologischen und anderen Berufsgruppen.</u>
Mindestmerkmale:
- Therapiezielorientierte Behandlung durch ein multiprofessionelles Team unter Leitung eines Facharztes (Facharzt für Psychiatrie und Psychotherapie, Facharzt für Psychiatrie, Facharzt für Nervenheilkunde oder Facharzt für Psychosomatische Medizin und Psychotherapie)
- Vorhandensein von Vertretern der folgenden Berufsgruppen in der Einrichtung:
  - Ärzte (Facharzt für Psychiatrie und Psychotherapie, Facharzt für Psychiatrie, Facharzt für Nervenheilkunde oder Facharzt für Psychosomatische Medizin und Psychotherapie)
  - Psychologen (Psychologischer Psychotherapeut, Diplom-Psychologe oder Master of Science in Psychologie)
  - Spezialtherapeuten (z.B. Ergotherapeuten, Physiotherapeuten, Sozialarbeiter, Logopäden, Kreativtherapeuten)
  - Pflegefachpersonen (z.B. Gesundheits- und Krankenpfleger, Gesundheits- und Kinderkrankenpfleger, Altenpfleger)
- Als angewandte Verfahren der ärztlichen und psychologischen Berufsgruppen gelten folgende Verfahren oder im Aufwand vergleichbare Verfahren:
  - Supportive Einzelgespräche
  - Einzelpsychotherapie
  - Gruppenpsychotherapie
  - <u>Psychoedukation</u>
  - Angehörigengespräche (z.B. Psychoedukation, Angehörigengruppen, Gespräche mit Betreuern)
  - Gespräche mit Richtern oder Behördenvertretern
  - Somato-psychosomatisches ärztliches Gespräch

Kapitel 9: Ergänzende Maßnahmen

- Aufklärung, Complianceförderung und Monitoring im Rahmen der ärztlich indizierten Psychopharmakotherapie
- Als angewandte Verfahren der Spezialtherapeuten und Pflegefachpersonen gelten folgende Verfahren oder im Aufwand vergleichbare Verfahren:
  - Beratung, Adhärenz-Förderung und Monitoring im Rahmen der ärztlich indizierten Psychopharmakotherapie
  - Psychoedukation
  - Bezugstherapeutengespräche, supportive Einzelgespräche
  - Behandlung und spezielle Interventionen durch Pflegefachpersonen (z.B. alltagsbezogenes Training, Aktivierungsbehandlung)
  - Ergotherapeutische Behandlungsverfahren
  - Spezielle psychosoziale Interventionen (z.B. Selbstsicherheitstraining, soziales Kompetenztraining)
  - Kreativtherapien (z.B. Tanztherapie, Kunsttherapie, Musiktherapie)
  - Gespräche mit Behördenvertretern
  - Angehörigengespräche, Gespräche mit Betreuern
  - Physio- oder Bewegungstherapie (z.B. Sporttherapie)
  - Sensorisch fokussierte Therapien (z.B. Genussgruppe, Snoezelen)
  - Entspannungsverfahren (z.B. progressive Muskelrelaxation nach Jacobson, autogenes Training oder psychophysiologische Techniken wie Biofeedback)
  - Logopädie (z.B. bei Schluckstörungen)
  - Übende Verfahren und Hilfekoordination zur Reintegration in den individuellen psychosozialen Lebensraum

9-607 **Regelbehandlung bei psychischen und psychosomatischen Störungen und Verhaltensstörungen bei Erwachsenen**

9-61 **Intensivbehandlung bei psychischen und psychosomatischen Störungen und Verhaltensstörungen bei Erwachsenen**

Exkl.: Regelbehandlung bei psychischen und psychosomatischen Störungen und Verhaltensstörungen bei Erwachsenen (9-607)
Psychotherapeutische Komplexbehandlung bei psychischen und psychosomatischen Störungen und Verhaltensstörungen bei Erwachsenen (9-626)
Psychosomatisch-psychotherapeutische Komplexbehandlung bei psychischen und psychosomatischen Störungen und Verhaltensstörungen bei Erwachsenen (9-634)

Hinw.: Ein Kode aus diesem Bereich ist nur so lange anzugeben, wie Intensivbehandlungsbedarf besteht
Ein erhöhter Betreuungsaufwand bei psychischen und psychosomatischen Störungen und Verhaltensstörungen bei Erwachsenen (9-640 ff.), eine krisenintervenationelle Behandlung (9-641 ff.), die integrierte klinisch-psychosomatisch-psychotherapeutische Komplexbehandlung bei psychischen und psychosomatischen Störungen und Verhaltensstörungen bei Erwachsenen (9-642), die psychiatrisch-psychotherapeutische Behandlung im besonderen Setting (Mutter/Vater-Kind-Setting) (9-643 ff.), die Erbringung von Behandlungsmaßnahmen im stationsersetzenden Umfeld und als halbtägige tagesklinische Behandlung (9-644 ff.), der indizierte komplexe Entlassungsaufwand (9-645 ff.), die spezifische qualifizierte Entzugsbehandlung Abhängigkeitskranker (9-647 ff.) und der Einsatz von Gebärdensprachdolmetschern (9-510 ff.) sind gesondert zu kodieren
Ein Kode aus diesem Bereich ist zu Beginn der Behandlung, bei jedem Wechsel der Behandlungsart und bei jeder Änderung der Anzahl der Patientenmerkmale anzugeben
Die Anzahl der Therapieeinheiten pro Woche ist für jede Berufsgruppe getrennt nach Einzel- und Gruppentherapie gesondert zu kodieren (9-649 ff.)
<u>Die psychiatrisch-psychosomatische Intensivbehandlung umfasst ärztliche und/oder psychologische Gespräche (z.B. Visiten) und/oder sozialarbeiterische Interventionen und die Basisversorgung durch weitere Berufsgruppen. Der Schwerpunkt der Behandlung liegt zumeist bei häufigen, nicht planbaren und zeitlich begrenzten Einzelkontakten, da die Patienten meistens nicht gruppenfähig sind</u>
Mindestmerkmale:
- Therapiezielorientierte Behandlung durch ein multiprofessionelles Team unter Leitung eines Facharztes (Facharzt für Psychiatrie und Psychotherapie, Facharzt für Psychiatrie, Facharzt für Nervenheilkunde oder Facharzt für Psychosomatische Medizin und Psychotherapie)
- Vorhandensein von Vertretern der folgenden Berufsgruppen in der Einrichtung:

Kapitel 9: Ergänzende Maßnahmen

- Ärzte (Facharzt für Psychiatrie und Psychotherapie, Facharzt für Psychiatrie, Facharzt für Nervenheilkunde oder Facharzt für Psychosomatische Medizin und Psychotherapie)
- Psychologen (Psychologischer Psychotherapeut, Diplom-Psychologe oder Master of Science in Psychologie)
- Spezialtherapeuten (z.B. Ergotherapeuten, Physiotherapeuten, Sozialarbeiter, Logopäden, Kreativtherapeuten)
- Pflegefachpersonen (z.B. Gesundheits- und Krankenpfleger, Gesundheits- und Kinderkrankenpfleger, Altenpfleger)
- Als angewandte Verfahren der ärztlichen und psychologischen Berufsgruppen gelten folgende Verfahren oder im Aufwand vergleichbare Verfahren:
  - Supportive Einzelgespräche
  - Angehörigengespräche (z.B. Psychoedukation, Angehörigengruppen, Gespräche mit Betreuern)
  - Gespräche mit Richtern oder Behördenvertretern
  - Somato-psychosomatisches ärztliches Gespräch
  - Aufklärung, Complianceförderung und Monitoring im Rahmen der ärztlich indizierte Psychopharmakotherapie
- Als angewandte Verfahren der Spezialtherapeuten und Pflegefachpersonen gelten folgende Verfahren oder im Aufwand vergleichbare Verfahren:
  - <u>Beratung, Adhärenz-Förderung und Monitoring im Rahmen der ärztlich indizierten Psychopharmakotherapie</u>
  - Psychoedukation
  - Behandlung und spezielle Interventionen durch Pflegefachpersonen (z.B. alltagsbezogenes Training, Aktivierungsbehandlung)
  - Ergotherapeutische Behandlungsverfahren
  - Gespräche mit Behördenvertretern
  - Angehörigengespräche, Gespräche mit Betreuern
  - Spezielle psychosoziale Interventionen (z.B. Selbstsicherheitstraining, soziales Kompetenztraining)
  - Physio- oder Bewegungstherapie (z.B. Sporttherapie)
  - Logopädie (z.B. bei Schluckstörungen)
  - Bezugstherapeutengespräche, supportive Einzelgespräche
- Die Patienten weisen mindestens eines der nachfolgenden Merkmale auf:
  - Anwendung von Sicherungsmaßnahmen
    - Dieses Merkmal ist erfüllt, wenn die Notwendigkeit des Einsatzes von individuellen <u>präventiven (nur personellen)</u> Sicherungsmaßnahmen <u>und/oder individuellen reaktiven (personellen, räumlichen, mechanischen und/oder medikamentösen) Sicherungsmaßnahmen besteht</u> und diese ärztlich angeordnet sind
  - Akute Selbstgefährdung durch Suizidalität oder schwer selbstschädigendes Verhalten
    - Unter selbstschädigendem Verhalten versteht man z.B. häufige Selbstverletzungen von Borderline-Patienten oder durchgängige Nahrungsverweigerung bei Essstörungen oder Demenz <u>oder Verweigerung vital notwendiger medizinischer Maßnahmen (z.B. Insulintherapie bei Diabetes mellitus)</u>
  - Akute Fremdgefährdung
    - Dieses Merkmal ist erfüllt, wenn der Patient gewaltbereit oder gewalttätig ist
  - Schwere Antriebsstörung (gesteigert oder reduziert)
    - Das Merkmal "schwere gesteigerte Antriebsstörung" ist erfüllt, wenn der Patient ständig aktiv ist, sich durch Gegenargumente nicht beeindrucken lässt und selbst persönliche Konsequenzen nicht zur Kenntnis nimmt oder sie ihm nichts ausmachen. Das Merkmal "schwere reduzierte Antriebsstörung" ist erfüllt, wenn Anregungen von außen den Patienten kaum oder gar nicht mehr erreichen. Die Alltagsverrichtungen sind beeinträchtigt. Hierzu gehört auch der Stupor
  - Keine eigenständige Flüssigkeits-/Nahrungsaufnahme
    - Dieses Merkmal ist erfüllt, wenn <u>Flüssigkeit und/oder Nahrung vollständig von Dritten verabreicht oder</u> die <u>Flüssigkeits-/Nahrungsaufnahme vollständig von Dritten begleitet</u> werden muss (nicht bei alleiniger Sondenernährung oder alleiniger parenteraler Ernährung)
  - Akute Selbstgefährdung durch fehlende Orientierung (z.B. Stürze ohne Fremdeinfluss) oder Realitätsverkennung
  - Vitalgefährdung durch somatische Komplikationen
- Die für den jeweiligen Patienten zutreffenden unterschiedlichen Merkmale sind für die einzelnen Tage, an denen sie zutreffen, jeweils zu addieren. Ändert sich die Anzahl der Patientenmerkmale pro Tag, ist der entsprechende neue Kode anzugeben. Für den Nachweis der Merkmale ist die Regeldokumentation in der Patientenakte ausreichend

Kapitel 9: Ergänzende Maßnahmen

9-617 Intensivbehandlung bei psychischen und psychosomatischen Störungen und Verhaltensstörungen bei erwachsenen Patienten mit 1 Merkmal

9-618 Intensivbehandlung bei psychischen und psychosomatischen Störungen und Verhaltensstörungen bei erwachsenen Patienten mit 2 Merkmalen

9-619 Intensivbehandlung bei psychischen und psychosomatischen Störungen und Verhaltensstörungen bei erwachsenen Patienten mit 3 Merkmalen

9-61a Intensivbehandlung bei psychischen und psychosomatischen Störungen und Verhaltensstörungen bei erwachsenen Patienten mit 4 Merkmalen

9-61b Intensivbehandlung bei psychischen und psychosomatischen Störungen und Verhaltensstörungen bei erwachsenen Patienten mit 5 oder mehr Merkmalen

9-62 Psychotherapeutische Komplexbehandlung bei psychischen und psychosomatischen Störungen und Verhaltensstörungen bei Erwachsenen

Exkl.: Regelbehandlung bei psychischen und psychosomatischen Störungen und Verhaltensstörungen bei Erwachsenen (9-607)
Intensivbehandlung bei psychischen und psychosomatischen Störungen und Verhaltensstörungen bei Erwachsenen (9-61)
Psychosomatisch-psychotherapeutische Komplexbehandlung bei psychischen und psychosomatischen Störungen und Verhaltensstörungen bei Erwachsenen (9-634)

Hinw.: Ein erhöhter Betreuungsaufwand bei psychischen und psychosomatischen Störungen und Verhaltensstörungen bei Erwachsenen (9-640 ff.), eine kriseninterventionelle Behandlung (9-641 ff.), die integrierte klinisch-psychosomatisch-psychotherapeutische Komplexbehandlung bei psychischen und psychosomatischen Störungen und Verhaltensstörungen bei Erwachsenen (9-642), die psychiatrisch-psychotherapeutische Behandlung im besonderen Setting (Mutter/Vater-Kind-Setting) (9-643 ff.), die Erbringung von Behandlungsmaßnahmen im stationsersetzenden Umfeld und als halbtägige tagesklinische Behandlung (9-644 ff.), der indizierte komplexe Entlassungsaufwand (9-645 ff.), die spezifische qualifizierte Entzugsbehandlung Abhängigkeitskranker (9-647 ff.) und der Einsatz von Gebärdensprachdolmetschern (9-510 ff.) sind gesondert zu kodieren
Dieser Kode ist zu Beginn der Behandlung und bei jedem Wechsel der Behandlungsart anzugeben
Die Anzahl der Therapieeinheiten pro Woche ist für jede Berufsgruppe getrennt nach Einzel- und Gruppentherapie gesondert zu kodieren (9-649 ff.)
Dieser Kode ist sowohl für die voll- als auch die teilstationäre Behandlung zu verwenden

Mindestmerkmale:
- Der Kode ist für Patienten anzuwenden, bei denen die Art und/oder Schwere der Erkrankung eine intensive psychotherapeutische Behandlung notwendig machen. Der Patient muss hierfür ausreichend motiviert und introspektionsfähig sein. Die Indikation für die psychotherapeutische Komplexbehandlung muss durch einen Facharzt (Facharzt für Psychiatrie und Psychotherapie, Facharzt für Psychiatrie, Facharzt für Nervenheilkunde, Facharzt für psychosomatische Medizin und Psychotherapie) oder einen psychologischen Psychotherapeuten gestellt werden
- Die durchgeführten ärztlichen und/oder psychologischen Verfahren (ärztliche und psychologische Einzel- und Gruppentherapie) müssen mindestens 3 Therapieeinheiten pro Woche umfassen. Bei weniger als 3 Therapieeinheiten pro Woche ist der Kode 9-607 (Regelbehandlung) zu verwenden, sofern keine Intensivbehandlung (9-61) vorliegt. Bei Erfassungszeiträumen von weniger als 1 Woche (z.B. wegen Entlassung) können die 3 Therapieeinheiten auch anteilig erbracht werden, sofern die Behandlung in diesem Zeitraum dem dominierenden Behandlungskonzept des stationären Aufenthaltes im Sinne der Komplexkodes entspricht
- Therapiezielorientierte Behandlung durch ein multiprofessionelles Team unter Leitung eines Facharztes (Facharzt für Psychiatrie und Psychotherapie, Facharzt für Nervenheilkunde oder Facharzt für Psychosomatische Medizin und Psychotherapie)
- Vorhandensein von Vertretern der folgenden Berufsgruppen in der Einrichtung:
  - Ärzte (Facharzt für Psychiatrie und Psychotherapie, Facharzt für Nervenheilkunde oder Facharzt für Psychosomatische Medizin und Psychotherapie)
  - Psychologen (Psychologischer Psychotherapeut, Diplom-Psychologe oder Master of Science in Psychologie)

Kapitel 9: Ergänzende Maßnahmen

- Spezialtherapeuten (z.B. Ergotherapeuten, Physiotherapeuten, Sozialarbeiter, Logopäden, Kreativtherapeuten)
- Pflegefachpersonen (z.b. Gesundheits- und Krankenpfleger, Gesundheits- und Kinderkrankenpfleger, Altenpfleger)
- Als angewandte Verfahren der ärztlichen und psychologischen Berufsgruppen gelten folgende Verfahren oder im Aufwand vergleichbare Verfahren:
  - Supportive Einzelgespräche
  - Einzelpsychotherapie
  - Gruppenpsychotherapie
  - Psychoedukation
- Angehörigengespräche (z.B. Psychoedukation, Angehörigengruppen, Gespräche mit Betreuern)
- Gespräche mit Richtern oder Behördenvertretern
- Somato-psychosomatisches ärztliches Gespräch
- Aufklärung, Complianceförderung und Monitoring im Rahmen der ärztlich indizierte Psychopharmakotherapie
- Als angewandte Verfahren der Spezialtherapeuten und Pflegefachpersonen gelten folgende Verfahren oder im Aufwand vergleichbare Verfahren:
  - Beratung, Adhärenz-Förderung und Monitoring im Rahmen der ärztlich indizierten Psychopharmakotherapie
  - Psychoedukation
- Bezugstherapeutengespräche, supportive Einzelgespräche
- Behandlung und spezielle Interventionen durch Pflegefachpersonen (z.B. alltagsbezogenes Training, Aktivierungsbehandlung)
- Ergotherapeutische Behandlungsverfahren
- Übende Verfahren und Hilfekoordination zur Reintegration in den individuellen psychosozialen Lebensraum
- Gespräche mit Behördenvertretern
- Angehörigengespräche, Gespräche mit Betreuern
- Spezielle psychosoziale Interventionen (z.B. Selbstsicherheitstraining, soziales Kompetenztraining)
- Kreativtherapien (z.B. Tanztherapie, Kunsttherapie, Musiktherapie)
- Physio- oder Bewegungstherapie (z.B. Sporttherapie)
- Entspannungsverfahren (z.B. progressive Muskelrelaxation nach Jacobson)

9-626 Psychotherapeutische Komplexbehandlung bei psychischen und psychosomatischen Störungen und Verhaltensstörungen bei Erwachsenen

9-63 Psychosomatisch-psychotherapeutische Komplexbehandlung bei psychischen und psychosomatischen Störungen und Verhaltensstörungen bei Erwachsenen

Exkl.: Regelbehandlung bei psychischen und psychosomatischen Störungen und Verhaltensstörungen bei Erwachsenen (9-607)
Intensivbehandlung bei psychischen und psychosomatischen Störungen und Verhaltensstörungen bei Erwachsenen (9-61)
Psychotherapeutische Komplexbehandlung bei psychischen und psychosomatischen Störungen und Verhaltensstörungen bei Erwachsenen (9-626)

Hinw.: Ein erhöhter Betreuungsaufwand bei psychischen und psychosomatischen Störungen und Verhaltensstörungen bei Erwachsenen (9-640 ff.), eine krisenninterventionelle Behandlung (9-641 ff.), die integrierte klinisch-psychosomatisch-psychotherapeutische Komplexbehandlung bei psychischen und psychosomatischen Störungen und Verhaltensstörungen bei Erwachsenen (9-642), die psychiatrisch-psychotherapeutische Behandlung im besonderen Setting (Mutter/Vater-Kind-Setting) (9-643 ff.), die Erbringung von Behandlungsmaßnahmen im stationsersetzenden Umfeld und als halbtägige tagesklinische Behandlung (9-644 ff.), der indizierte komplexe Entlassungsaufwand (9-645 ff.), die spezifische qualifizierte Entzugsbehandlung Abhängigkeitskranker (9-647 ff.) und der Einsatz von Gebärdensprachdolmetschern (9-510 ff.) sind gesondert zu kodieren
Dieser Kode ist zu Beginn der Behandlung und bei jedem Wechsel der Behandlungsart anzugeben
Die Anzahl der Therapieeinheiten pro Woche ist für jede Berufsgruppe getrennt nach Einzel- und Gruppentherapie gesondert zu kodieren (9-649 ff.)
Dieser Kode ist sowohl für die voll- als auch die teilstationäre Behandlung zu verwenden
Mindestmerkmale:

Kapitel 9: Ergänzende Maßnahmen

- Die durchgeführten ärztlichen und/oder psychologischen Verfahren (ärztliche und psychologische Einzel- und Gruppentherapie) müssen mindestens 3 Therapieeinheiten pro Woche umfassen. Bei weniger als 3 Therapieeinheiten pro Woche ist der Kode 9-607 (Regelbehandlung) zu verwenden, sofern keine Intensivbehandlung (9-61) vorliegt. Bei Erfassungszeiträumen von weniger als 1 Woche (z.B. wegen Entlassung) können die 3 Therapieeinheiten auch anteilig erbracht werden, sofern die Behandlung in diesem Zeitraum dem dominierenden Behandlungskonzept des stationären Aufenthaltes im Sinne der Komplexkodes entspricht
- Standardisierte psychosomatisch-psychotherapeutische Diagnostik zu Beginn der Behandlung:
  - Soziodemographische Daten entsprechend der Basisdokumentation zur Psychotherapie (Psy-BaDo)
  - Festlegung von Hauptdiagnose und Komorbiditäten
  - Standardisierte Erhebung des psychopathologischen Befundes mittels der Kriterien der Arbeitsgemeinschaft für Methodik und Dokumentation in der Psychiatrie (AMDP)
  - Schweregradeinschätzung entsprechend dem Beeinträchtigungsschwere-Score (BSS) und dem Global Assessment of Functioning Scale (GAF)
  - Alternativ in psychodynamisch arbeitenden Kliniken: Achse II – IV der operationalisierten psychodynamischen Diagnostik (OPD-2)
  - Alternativ in verhaltenstherapeutisch arbeitenden Kliniken: Verhaltensanalyse
- Therapiezielorientierte Behandlung durch ein multiprofessionelles Team unter Leitung eines Facharztes für Psychosomatische Medizin und Psychotherapie
- Einsatz eines psychodynamischen oder kognitiv-behavioralen Grundverfahrens als reflektiertem Mehrpersonen-Interaktionsprozess mit wöchentlicher Teambesprechung je stationärer Einheit von mindestens 60 Minuten mit wochenbezogener schriftlicher Dokumentation bisheriger Behandlungsergebnisse und weiterer Behandlungsziele
- Somatisch-medizinische Aufnahmeuntersuchung
- <u>Eine fachärztliche Visite pro Woche pro Patient</u>
- Vorhandensein von Vertretern der folgenden Berufsgruppen in der Einrichtung:
  - Ärzte (Facharzt für Psychosomatische Medizin und Psychotherapie)
  - Psychologen (Psychologischer Psychotherapeut, Diplom-Psychologe oder Master of Science in Psychologie)
  - Spezialtherapeuten (z.B. Ergotherapeuten, Sozialarbeiter, Kreativtherapeuten, Physiotherapeuten, Ökotrophologen, Sportlehrer)
  - Pflegefachpersonen (z.B. Gesundheits- und Krankenpfleger, Gesundheits- und Kinderkrankenpfleger, Altenpfleger)
- Als angewandte Verfahren der ärztlichen und psychologischen Berufsgruppen gelten folgende Verfahren oder im Aufwand vergleichbare Verfahren:
  - Supportive Einzelgespräche
  - Einzelpsychotherapie
  - Gruppenpsychotherapie
  - <u>Psychoedukation</u>
  - Angehörigengespräche (z.B. Psychoedukation, Angehörigengruppen, Gespräche mit Betreuern)
  - Gespräche mit Richtern oder Behördenvertretern
  - Somato-psychosomatisches ärztliches Gespräch
  - Aufklärung, Complianceförderung und Monitoring im Rahmen der ärztlich indizierten Psychopharmakotherapie
- Als angewandte Verfahren der Spezialtherapeuten und Pflegefachpersonen gelten folgende Verfahren oder im Aufwand vergleichbare Verfahren:
  - <u>Beratung, Adhärenz-Förderung und Monitoring im Rahmen der ärztlich indizierten Psychopharmakotherapie</u>
  - <u>Psychoedukation</u>
  - Bezugstherapeutengespräche, supportive Einzelgespräche
  - Behandlung und spezielle Interventionen durch Pflegefachpersonen (z.B. alltagsbezogenes Training, Aktivierungsbehandlung)
  - Ergotherapeutische Behandlungsverfahren
  - Spezielle psychosoziale Interventionen (z.B. Selbstsicherheitstraining, soziales Kompetenztraining)
  - Kreativtherapien (z.B. Tanztherapie, Kunsttherapie, Musiktherapie)
  - Gespräche mit Behördenvertretern
  - Angehörigengespräche, Gespräche mit Betreuern
  - Gestaltungs-, Körper- und Bewegungstherapie
  - Sensorisch fokussierte Therapien (z.B. Genussgruppe, Snoezelen)

Kapitel 9: Ergänzende Maßnahmen

- Physio- oder Bewegungstherapie (z.B. Sporttherapie)
- Entspannungsverfahren (z.B. progressive Muskelrelaxation nach Jacobson, autogenes Training oder psychophysiologische Techniken wie Biofeedback)
- Somatopsychisch-psychosomatische Kompetenztrainings (Diätberatung, Sozialberatung, Sport)
- Prä-Post-Evaluation des Behandlungsverlaufs

9-634 **Psychosomatisch-psychotherapeutische Komplexbehandlung bei psychischen und psychosomatischen Störungen und Verhaltensstörungen bei Erwachsenen**

9-64 **Zusatzinformationen zur Behandlung bei psychischen und psychosomatischen Störungen und Verhaltensstörungen bei Erwachsenen**

9-640 **Erhöhter Betreuungsaufwand bei psychischen und psychosomatischen Störungen und Verhaltensstörungen bei Erwachsenen**

Hinw.: Diese Kodes sind Zusatzkodes. Sie können nur in Kombination mit der Intensivbehandlung bei psychischen und psychosomatischen Störungen und Verhaltensstörungen bei Erwachsenen (9-61), der psychotherapeutischen Komplexbehandlung bei psychischen und psychosomatischen Störungen und Verhaltensstörungen bei Erwachsenen (9-626) und der psychosomatisch-psychotherapeutischen Komplexbehandlung bei psychischen und psychosomatischen Störungen und Verhaltensstörungen bei Erwachsenen (9-634) angegeben werden

Die diagnostische und therapeutische Gesamtverantwortung liegt bei einem Facharzt für Psychiatrie und Psychotherapie, Facharzt für Psychiatrie, Facharzt für Nervenheilkunde oder Facharzt für Psychosomatische Medizin und Psychotherapie

Diese Kodes sind für jeden Behandlungstag mit erhöhtem Betreuungsaufwand einzeln anzugeben

1:1-Betreuung bedeutet, dass eine Person einen einzelnen Patienten individuell zusammenhängend ggf. zusätzlich zu angewandten Verfahren betreut. 1:1-Betreuung bedeutet, dass ein Patient über einen Zeitraum von mindestens 2 Stunden ohne Unterbrechung fortlaufend von einer oder mehreren Personen betreut wird. Mehrere Zeiträume von mindestens 2 Stunden können über den Tag addiert werden. Bei Einzelbetreuung durch mehr als eine Person (2 oder mehr) sind die zusammenhängenden Zeiten aller betreuenden Personen zu einer Gesamtsumme zu addieren und entsprechend mit einem Kode unter 9-640.0 ff. zu kodieren

Anerkannt werden alle Leistungen, die durch Mitarbeiter erbracht werden, die eine Ausbildung in der jeweiligen, in den Primärkodes (9-60 bis 9-63) spezifizierten Berufsgruppe abgeschlossen haben und in einem dieser Berufsgruppe entsprechend vergüteten Beschäftigungsverhältnis stehen

Die für diese Betreuung aufgewendete Zeit kann nicht für die Berechnung der Therapieeinheiten (9-649 ff.) oder für andere Zusatzkodes (9-641 ff.) angerechnet werden

Mindestmerkmale:
- Multiprofessionelle Behandlung von Patienten, deren wesentliche Merkmale die akute Fremd- oder Selbstgefährdung infolge einer psychischen oder psychosomatischen Erkrankung sind
- Tägliche ärztliche/psychologische Befunderhebung und ggf. ärztliche Anordnung zur Einleitung oder Fortführung der Betreuungsmaßnahmen

9-640.0 1:1-Betreuung
  .04 2 bis unter 4 Stunden pro Tag
  .05 4 bis unter 6 Stunden pro Tag
  .06 6 bis unter 12 Stunden pro Tag
  .07 12 bis unter 18 Stunden pro Tag
  .08 18 oder mehr Stunden pro Tag

9-641 Kriseninterventionelle Behandlung bei psychischen und psychosomatischen Störungen und Verhaltensstörungen bei Erwachsenen

Hinw.: Diese Kodes sind Zusatzkodes. Sie können nur in Kombination mit der Regelbehandlung bei psychischen und psychosomatischen Störungen und Verhaltensstörungen bei Erwachsenen (9-607), der Intensivbehandlung bei psychischen und psychosomatischen Störungen und Verhaltensstörungen bei Erwachsenen (9-61), der psychotherapeutischen Komplexbehandlung bei psychischen und psychosomatischen Störungen und Verhaltensstörungen bei Erwachsenen (9-626) und der psychosomatisch-psychotherapeutischen Komplexbehandlung bei psychischen und psychosomatischen Störungen und Verhaltensstörungen bei Erwachsenen (9-634) angegeben werden

Diese Kodes sind für jeden Behandlungstag mit erhöhtem Behandlungsaufwand gesondert anzugeben

Die diagnostische und therapeutische Gesamtverantwortung liegt bei einem Facharzt für Psychiatrie und Psychotherapie, Facharzt für Psychiatrie, Facharzt für Nervenheilkunde oder Facharzt für Psychosomatische Medizin und Psychotherapie

Mindestmerkmale:
- Behandlungen von psychosozialen oder psychischen Krisen, die tagesbezogen einen hohen Personaleinsatz erfordern. Die psychische Krise beschreibt eine akute vorübergehende psychische Störung als Reaktion auf außergewöhnliche Ereignisse und Lebensumstände, so dass dringliches therapeutisches Handeln erforderlich wird
- Für den Nachweis des Vorliegens einer psychosozialen oder psychischen Krise ist die Regeldokumentation in der Patientenakte ausreichend
- Es erfolgen vordringliche, ungeplante (außerhalb des vorgegebenen Therapieplans), Orientierung gebende, einzeltherapeutische Kontakte (ggf. auch durch 2 Therapeuten oder Pflegefachpersonen) mit dem Patienten und/oder den Kontaktpersonen des Patienten. Diese Zeit kann nicht für die Berechnung der Therapieeinheiten (9-649 ff.) oder für andere Zusatzkodes (9-640 ff.) angerechnet werden
- Tägliche ärztliche/psychologische Befunderhebung und ggf. ärztliche Anordnung zur Einleitung oder Fortführung der Behandlungsmaßnahme. Dies ist Teil der therapeutischen Kontakte

9-641.0 Kriseninterventionelle Behandlung durch Ärzte und/oder Psychologen
- .00 Mehr als 1 bis 1,5 Stunden pro Tag
- .01 Mehr als 1,5 bis 3 Stunden pro Tag
- .02 Mehr als 3 bis 4,5 Stunden pro Tag
- .03 Mehr als 4,5 bis 6 Stunden pro Tag
- .04 Mehr als 6 Stunden pro Tag

9-641.1 Kriseninterventionelle Behandlung durch Spezialtherapeuten und/oder Pflegefachpersonen
- .10 Mehr als 1 bis 1,5 Stunden pro Tag
- .11 Mehr als 1,5 bis 3 Stunden pro Tag
- .12 Mehr als 3 bis 4,5 Stunden pro Tag
- .13 Mehr als 4,5 bis 6 Stunden pro Tag
- .14 Mehr als 6 Stunden pro Tag

Kapitel 9: Ergänzende Maßnahmen

9-642 **Integrierte klinisch-psychosomatisch-psychotherapeutische Komplexbehandlung bei psychischen und psychosomatischen Störungen und Verhaltensstörungen bei Erwachsenen**
Hinw.: Dieser Kode ist ein Zusatzkode. Er kann nur jeweils in Kombination angegeben werden mit der Regelbehandlung bei psychischen und psychosomatischen Störungen und Verhaltensstörungen bei Erwachsenen (9-607), der Intensivbehandlung bei psychischen und psychosomatischen Störungen und Verhaltensstörungen bei Erwachsenen (9-61), der psychotherapeutischen Komplexbehandlung bei psychischen und psychosomatischen Störungen und Verhaltensstörungen bei Erwachsenen (9-626) und der psychosomatisch-psychotherapeutischen Komplexbehandlung bei psychischen und psychosomatischen Störungen und Verhaltensstörungen bei Erwachsenen (9-634). Solange die Mindestmerkmale dieses Kodes erfüllt sind, ist er einmal pro Woche anzugeben
Mindestmerkmale:
- Vorliegen von unmittelbar medizinisch behandlungsbedürftigen akuten und chronischen somatischen Erkrankungen, dokumentiert durch Veränderung(en) des initialen medizinischen Behandlungsregimes im Verlauf der Krankenhausbehandlung, mit psychischer Komorbidität und/oder Copingstörungen (z.B. Asthma bronchiale, KHK, Diabetes mellitus, Blutdruckkrisen, entzündliche Darmerkrankungen, Tumorerkrankungen, chronische Infektionskrankheiten, Transplantationspatienten) oder von sich vorwiegend somatisch präsentierenden Erkrankungen (z.B. somatoforme [Schmerz-]Störung, schwerstes Untergewicht bei Anorexia nervosa), die der gleichzeitigen intensiven somatischen Diagnostik und Therapie im Sinne einer auf die Erfordernisse somatisch Kranker adaptierten integrierten klinisch-psychosomatisch-psychotherapeutischen Komplexbehandlung bedürfen
- Über 24 Stunden vorhandene Infrastruktur eines Akutkrankenhauses mit verfügbarem Notfall-Labor und Notfall-Röntgendiagnostik
- Geregelter Zugang zu einer somatischen Intensivstation und zu einer somatischen Fachabteilung (z.B. Innere Medizin, Neurologie, Orthopädie, Gynäkologie, Hämatoonkologie)
- Behandlung durch ein psychosomatisch-psychotherapeutisches Team unter Verantwortung eines Facharztes für Psychosomatische Medizin und Psychotherapie (Psychotherapeutische Medizin), eines Facharztes für Psychiatrie und Psychotherapie, eines Facharztes für Psychiatrie oder eines Facharztes für Nervenheilkunde jeweils mit einer weiteren, somatischen Facharztqualifikation (Innere Medizin/Allgemeinmedizin, Neurologie, Orthopädie, Anästhesiologie/Schmerztherapie) oder unter Verantwortung eines Facharztes für Psychosomatische Medizin und Psychotherapie (Psychotherapeutische Medizin), eines Facharztes für Psychiatrie und Psychotherapie, eines Facharztes für Psychiatrie oder eines Facharztes für Nervenheilkunde und eines weiteren Arztes mit einer somatischen Facharztqualifikation im Team
- Arbeitstägliche Anwesenheit eines Arztes, um ggf. auch kurzfristig somatische Problemlagen behandeln zu können
- Arbeitstägliche ärztliche Visiten, wenn keine "höherwertige" ärztliche Therapieeinheit erfolgt
- Täglich mindestens 3 Bezugspflege-Kontakte
- Mindestens in einem somatischen Fach qualifizierte ärztliche Rufbereitschaft in demselben Krankenhaus über 24 Stunden täglich
- Pflegerische Behandlung auch bettlägeriger Patienten ist grundsätzlich über 24 Stunden täglich gewährleistet
- Über die Struktur der wöchentlichen Teambesprechungen psychosomatisch-psychotherapeutischer Komplexbehandlungen hinaus erfolgt die regelmäßige multidisziplinäre Abstimmung mit allen an der Behandlung beteiligten somatischen Fachgebieten zur weiteren Differenzialdiagnostik oder/und integrierten somatischen und psychosomatischen Behandlung, mindestens 3-mal wöchentlich

9-643 Psychiatrisch-psychotherapeutische Behandlung im besonderen Setting (Mutter/Vater-Kind-Setting)

Hinw.: Diese Kodes sind Zusatzkodes. Sie können nur in Kombination mit der Regelbehandlung bei psychischen und psychosomatischen Störungen und Verhaltensstörungen bei Erwachsenen (9-607), der Intensivbehandlung bei psychischen und psychosomatischen Störungen und Verhaltensstörungen bei Erwachsenen (9-61), der psychotherapeutischen Komplexbehandlung bei psychischen und psychosomatischen Störungen und Verhaltensstörungen bei Erwachsenen (9-626) und der psychosomatisch-psychotherapeutischen Komplexbehandlung bei psychischen und psychosomatischen Störungen und Verhaltensstörungen bei Erwachsenen (9-634) angegeben werden
Die diagnostische und therapeutische Gesamtverantwortung liegt bei einem Facharzt für Psychiatrie und Psychotherapie, Facharzt für Psychiatrie, Facharzt für Nervenheilkunde oder Facharzt für Psychosomatische Medizin und Psychotherapie
Ein Kode aus diesem Bereich ist für die Behandlung psychisch kranker Mütter oder Väter mit einer psychischen Störung nach der Geburt eines Kindes anzuwenden, wenn aufgrund der elterlichen Erkrankung eine Beziehungsstörung zum 0-4 Jahre alten Kind besteht und die Aufnahme der Mutter oder des Vaters gemeinsam mit dem Kind indiziert ist, um psychiatrischen Auffälligkeiten beim Kind präventiv zu begegnen. Es erfolgt eine Behandlung der Mutter/des Vaters gemeinsam mit dem Kind bzw. den Geschwistern
Mindestmerkmale:
- Qualifizierte Diagnostik der Mutter/Vater-Kind-Beziehung
- Die Anwendung der unterschiedlichen Therapieverfahren erfolgt patientenbezogen in einem Mutter/Vater-Kind- bzw. familiengerechten milieutherapeutischen Setting
- Strukturell muss die Möglichkeit zu einem Rooming-In und einem Eltern-Kind-gerechten Aufenthalts- und Spielraum vorhanden sein
- Pädagogisch-pflegerische Fachkräfte (z.B. Kinderkrankenpfleger, Erzieher, Heilerzieher, Heilpädagogen) sind Teil des Behandlungsteams
- Im Rahmen des Zusatzkodes können folgende Verfahren zusätzlich zur Anwendung kommen:
  - Einzeltherapie der Mutter/Vater-Kind-Dyade
  - Familiengespräche und/oder Gespräche mit Bezugspersonen aus dem Herkunftsmilieu (z.B. Pflegefamilie, Jugendhilfe)
  - Elterngruppentherapie
  - Unterstützung der Eltern in den alltäglichen Verrichtungen (Förderung der elterlichen Erziehungskompetenz)
  - Kinderbetreuung während der therapeutischen Aktivitäten der Eltern
  - Anleitung zum gemeinsamen Spiel
- Es kommt mindestens ein spezialisiertes Therapieverfahren zur Anwendung, welches die Verbesserung der Eltern-Kind-Interaktion bzw. -Beziehung zum Ziel hat (z.B. Videointerventionstherapie, systemische Therapie)
- Es muss die Möglichkeit einer fachübergreifenden konsiliarischen Betreuung der Mutter durch eine Hebamme, einen Stillberater im Hause oder durch eine Kooperation mit ambulant tätigen Hebammen/Stillberatern bestehen
- Im Falle eintretender Auffälligkeiten beim Kind muss ein Pädiater und/oder Kinder- und Jugendpsychiater mindestens konsiliarisch zur Verfügung stehen

Die im Rahmen dieses Zusatzkodes erbrachten Therapieeinheiten können pro Woche bei den Zusatzkodes 9-649 ff. mitgerechnet werden

9-643.0 Mindestens 1 bis höchstens 7 Tage
9-643.1 Mindestens 8 bis höchstens 14 Tage
9-643.2 Mindestens 15 bis höchstens 21 Tage
9-643.3 Mindestens 22 bis höchstens 28 Tage
9-643.4 Mindestens 29 bis höchstens 35 Tage
9-643.5 Mindestens 36 bis höchstens 42 Tage
9-643.6 Mindestens 43 bis höchstens 49 Tage
9-643.7 Mindestens 50 Tage

Kapitel 9: Ergänzende Maßnahmen

9-644 **Erbringung von Behandlungsmaßnahmen im stationsersetzenden Umfeld und als halbtägige tagesklinische Behandlung bei Erwachsenen**
Hinw.: Diese Kodes sind Zusatzkodes. Sie können nur in Kombination mit der Regelbehandlung bei psychischen und psychosomatischen Störungen und Verhaltensstörungen bei Erwachsenen (9-607), der psychotherapeutischen Komplexbehandlung bei psychischen und psychosomatischen Störungen und Verhaltensstörungen bei Erwachsenen (9-626) und der psychosomatisch-psychotherapeutischen Komplexbehandlung bei psychischen und psychosomatischen Störungen und Verhaltensstörungen bei Erwachsenen (9-634) angegeben werden
Ein Kode aus diesem Bereich ist für jeden Tag, an dem die Leistung erbracht wird, gesondert anzugeben. Die Mindestmerkmale der Kodes 9-607, 9-626 oder 9-634 (u.a. Leistungserbringung durch ein multiprofessionelles, fachärztlich geleitetes Behandlungsteam) müssen erfüllt sein

9-644.0 Ganztägiges Hometreatment
Hinw.: Dieser Kode ist nur anzugeben für die Behandlung im Rahmen von Modellvorhaben nach § 64b SGB V
Die Behandlung des Patienten erfolgt im häuslichen Umfeld über mindestens 210 Minuten. Fahrzeiten werden dabei nicht angerechnet

9-644.1 Halbtägiges Hometreatment
Hinw.: Dieser Kode ist nur anzugeben für die Behandlung im Rahmen von Modellvorhaben nach § 64b SGB V
Die Behandlung des Patienten erfolgt im häuslichen Umfeld über mindestens 105 Minuten bis maximal 209 Minuten. Fahrzeiten werden dabei nicht angerechnet

9-644.2 Halbtägige tagesklinische Behandlung
Hinw.: Intermittierende Behandlung des Patienten in der Tagesklinik
Es werden mindestens eine Gruppentherapie über 90 Minuten und eine Einzeltherapie über 25 Minuten oder mindestens eine Einzeltherapie über 60 Minuten durchgeführt

9-645 **Indizierter komplexer Entlassungsaufwand bei psychischen und psychosomatischen Störungen und Verhaltensstörungen bei Erwachsenen**
Hinw.: Diese Kodes sind Zusatzkodes. Sie können nur in Kombination mit der Regelbehandlung bei psychischen und psychosomatischen Störungen und Verhaltensstörungen bei Erwachsenen (9-607), der Intensivbehandlung bei psychischen und psychosomatischen Störungen und Verhaltensstörungen bei Erwachsenen (9-61), der psychotherapeutischen Komplexbehandlung bei psychischen und psychosomatischen Störungen und Verhaltensstörungen bei Erwachsenen (9-626) und der psychosomatisch-psychotherapeutischen Komplexbehandlung bei psychischen und psychosomatischen Störungen und Verhaltensstörungen bei Erwachsenen (9-634) angegeben werden
Kodes aus den Bereichen 9-645.0 ff. und 9-645.1 ff. sind für jeden Tag, an dem Leistungen im Sinne dieser Kodes erbracht wurden, gesondert anzugeben
Die im Kontext der Entlassung im Sinne dieses Kodes erbrachten Leistungen können nicht gleichzeitig bei der Berechnung der Therapieeinheiten (9-649 ff.) oder für andere Zusatzkodes (9-640 ff., 9-641 ff.) angerechnet werden
Mindestmerkmale für den gesamten Entlassungsprozess:
- Differenzierte Diagnostik des Funktionsniveaus und des poststationären Versorgungsbedarfs, Erstellung eines bedarfsgerechten Entlassungsplanes
- Anerkannt werden alle Leistungen, die durch Mitarbeiter erbracht werden, die eine Ausbildung in der jeweiligen spezifizierten Berufsgruppe abgeschlossen haben und in einem dieser Berufsgruppe entsprechend vergüteten Beschäftigungsverhältnis stehen
- Es zählen z.B. folgende Leistungen:
  - Leistungen zur Unterstützung des Wohnsitzwechsels (z.B. <u>bei Obdachlosigkeit,</u> bei Heimeintritt, begleitete Besuche, Beschaffung von Einrichtungsgegenständen)
  - Ein oder mehrere Hausbesuche vor Entlassung, die im unmittelbaren inhaltlichen Zusammenhang mit der Entlassung stehen
  - Leistungen zur Organisation nachbetreuender Dienste und/oder Überleitungsmanagement (z.B. Hilfeplankonferenzen, Überleitungsgespräche)
  - Leistungen zur Unterstützung bei schwieriger Wohnsituation (z.B. Vermietergespräche, Besuche in der Nachbarschaft, Besuch eines Rechtsbeistandes)
  - Leistungen zur Unterstützung der beruflichen Wiedereingliederung (z.B. stundenweise begleitete Belastungserprobungen im Arbeitsumfeld, Durchführung von oder Begleitung zu Gesprächen mit dem Arbeitgeber)

- Leistungen zur Unterstützung von Angehörigen (gezielte Anleitung und/oder Edukation für die Entlassung, z.B. Erarbeitung eines konkreten Tagesplanes, Begleitung von stundenweisen Belastungserprobungen, Familiengespräche)
- Fahrzeiten werden nicht angerechnet

9-645.0 Indizierter komplexer Entlassungsaufwand, durch Spezialtherapeuten und/oder pflegerische Fachpersonen erbracht
.03 Mehr als 1 bis zu 2 Stunden (erhöhter Aufwand)
.04 Mehr als 2 bis zu 4 Stunden (deutlich erhöhter Aufwand)
.05 Mehr als 4 Stunden (stark erhöhter Aufwand)

9-645.1 Indizierter komplexer Entlassungsaufwand, durch Ärzte und/oder Psychologen erbracht
.13 Mehr als 1 bis zu 2 Stunden (erhöhter Aufwand)
.14 Mehr als 2 bis zu 4 Stunden (deutlich erhöhter Aufwand)
.15 Mehr als 4 Stunden (stark erhöhter Aufwand)

9-647 **Spezifische qualifizierte Entzugsbehandlung Abhängigkeitskranker bei Erwachsenen**
Hinw.: Diese Kodes sind Zusatzkodes. Sie können nur in Kombination mit der Regelbehandlung bei psychischen und psychosomatischen Störungen und Verhaltensstörungen bei Erwachsenen (9-607), der Intensivbehandlung bei psychischen und psychosomatischen Störungen und Verhaltensstörungen bei Erwachsenen (9-61), der psychotherapeutischen Komplexbehandlung bei psychischen und psychosomatischen Störungen und Verhaltensstörungen bei Erwachsenen (9-626) und der psychosomatisch-psychotherapeutischen Komplexbehandlung bei psychischen und psychosomatischen Störungen und Verhaltensstörungen bei Erwachsenen (9-634) angegeben werden
Wird die spezifische qualifizierte Entzugsbehandlung unterbrochen, so wird für jede Behandlungsepisode ein Kode aus diesem Bereich angegeben
Bei einer Behandlung an mehr als 28 Behandlungstagen ist die Zählung von Neuem zu beginnen und es wird ein weiterer Kode aus diesem Bereich angegeben
Ein Kode aus diesem Bereich kann bei einfachem oder multiplem Substanzmissbrauch angegeben werden und ist nicht bei isolierter Nikotinabhängigkeit (Tabak), Koffeinabhängigkeit oder nicht stoffgebundenen Abhängigkeiten anzuwenden
Die diagnostische und therapeutische Gesamtverantwortung liegt bei einem Facharzt für Psychiatrie und Psychotherapie, Facharzt für Psychiatrie, Facharzt für Nervenheilkunde oder Facharzt für Psychosomatische Medizin und Psychotherapie
Die im Rahmen der spezifischen qualifizierten Entzugsbehandlung Abhängigkeitskranker anfallenden Therapieeinheiten werden bei den Zusatzkodes 9-649 ff. angegeben
<u>Das Therapiekonzept ist auf mindestens 7 Behandlungstage ausgelegt (Ausnahme: vorzeitiger Therapieabbruch)</u>
Mindestmerkmale (für den stationären Gesamtaufenthalt zu erbringende Maßnahmen):
- Ggf. somatischer Entzug
- Therapiezielorientierte Behandlung durch ein multidisziplinär zusammengesetztes Behandlungsteam mit mindestens 3 Berufsgruppen (z. B. Ärzte, Psychologische Psychotherapeuten oder Suchttherapeuten, Sozialpädagogen, Physiotherapeuten, Ergotherapeuten, Pflegefachpersonen)<u>, davon mindestens 1 Arzt oder Psychologischer Psychotherapeut</u>
- Differenzierte somatische und psychiatrische Befunderhebung mit Diagnostik und <u>ggf.</u> Behandlung von Folge- und Begleiterkrankungen
- Information und Aufklärung über Abhängigkeitserkrankungen, Förderung von Veränderungsbereitschaft, soziale Stabilisierung, Motivierung zur problemspezifischen Weiterbehandlung
- Ressourcen- und lösungsorientiertes Therapiemanagement unter Einsatz differenzierter Therapieelemente patientenbezogen in Kombination von Gruppen- und Einzeltherapie: z. B. psychoedukative Informationsgruppen, medizinische Informationsgruppen, themenzentrierte Einzel- und Gruppentherapie, Ergotherapie, Krankengymnastik/Bewegungstherapie, Entspannungsverfahren
- Ggf. Angehörigeninformation und -beratung
- Information über externe Selbsthilfegruppen, ggf. Informationsveranstaltungen von Einrichtungen des Suchthilfesystems
- Ggf. Eingliederung des Patienten in das bestehende regionale Suchthilfesystem

Kapitel 9: Ergänzende Maßnahmen

9-647.0	1 Behandlungstag
9-647.1	2 Behandlungstage
9-647.2	3 Behandlungstage
9-647.3	4 Behandlungstage
9-647.4	5 Behandlungstage
9-647.5	6 Behandlungstage
9-647.6	7 Behandlungstage
9-647.7	8 Behandlungstage
9-647.8	9 Behandlungstage
9-647.9	10 Behandlungstage
9-647.a	11 Behandlungstage
9-647.b	12 Behandlungstage
9-647.c	13 Behandlungstage
9-647.d	14 Behandlungstage
9-647.e	15 Behandlungstage
9-647.f	16 Behandlungstage
9-647.g	17 Behandlungstage
9-647.h	18 Behandlungstage
9-647.j	19 Behandlungstage
9-647.k	20 Behandlungstage
9-647.m	21 Behandlungstage
9-647.n	22 Behandlungstage
9-647.p	23 Behandlungstage
9-647.q	24 Behandlungstage
9-647.r	25 Behandlungstage
9-647.s	26 Behandlungstage
9-647.t	27 Behandlungstage
9-647.u	28 Behandlungstage

9-649 **Anzahl der Therapieeinheiten pro Woche bei Erwachsenen**

Hinw.: Diese Kodes sind Zusatzkodes. Sie können nur in Kombination mit der Regelbehandlung bei psychischen und psychosomatischen Störungen und Verhaltensstörungen bei Erwachsenen (9-607), der Intensivbehandlung bei psychischen und psychosomatischen Störungen und Verhaltensstörungen bei Erwachsenen (9-61), der psychotherapeutischen Komplexbehandlung bei psychischen und psychosomatischen Störungen und Verhaltensstörungen bei Erwachsenen (9-626) und der psychosomatisch-psychotherapeutischen Komplexbehandlung bei psychischen und psychosomatischen Störungen und Verhaltensstörungen bei Erwachsenen (9-634) angegeben werden

Ein Kode aus diesem Bereich ist unabhängig von der Art der Behandlung einmal pro Woche anzugeben. Als erste Woche gilt die Zeitspanne vom Tag der Aufnahme bis zum Ablauf der ersten 7 Tage, usw. Erfolgt innerhalb der Woche ein Wechsel der Behandlungsart z.B. von Regelbehandlung auf Intensivbehandlung, werden die Therapieeinheiten aus den verschiedenen Behandlungsarten für die jeweilige Berufsgruppe zusammengezählt. Erfolgt eine Versorgung an weniger als 7 Tagen (z.B. aufgrund einer Entlassung), werden auch dann die Therapieeinheiten der jeweiligen Berufsgruppen berechnet und entsprechend der Anzahl der erreichten Therapieeinheiten kodiert

Sofern Therapieeinheiten an Wochenenden, Feiertagen, Aufnahme- oder Entlassungstagen erbracht werden, sind diese ebenfalls zu berücksichtigen

Als Einzeltherapie gilt eine zusammenhängende Therapie von mindestens 25 Minuten. Dies entspricht einer Therapieeinheit

Gruppentherapien dauern ebenfalls mindestens 25 Minuten. Bei Gruppentherapien ist die Gruppengröße auf maximal 18 Patienten begrenzt. Bei einer Gruppenpsychotherapie mit 13 bis 18 Patienten sind mindestens 2 Mitarbeiter, von denen mindestens einer ein Arzt oder ein Psychologe ist, erforderlich

Kapitel 9: Ergänzende Maßnahmen

Pro Einzel- oder Gruppentherapie dürfen Therapieeinheiten für maximal 2 Therapeuten pro Patient angerechnet werden

Die für die Diagnostik aufgewendete Zeit ist für die Berechnung der Therapieeinheiten entsprechend zu berücksichtigen

Die Tabelle der pro Patient anrechenbaren Therapieeinheiten befindet sich im Anhang zum OPS

Anerkannt werden alle Leistungen, die durch Mitarbeiter erbracht werden, die eine Ausbildung in der jeweiligen, beim Primärkode spezifizierten Berufsgruppe abgeschlossen haben und in einem dieser Berufsgruppe entsprechend vergüteten Beschäftigungsverhältnis stehen. Bei Psychotherapeuten in Ausbildung ist für eine Anerkennung der Leistungen Voraussetzung, dass diese Mitarbeiter eine Vergütung entsprechend ihrem Grundberuf z.B. als Diplom-Psychologe oder Diplom-Pädagoge erhalten

Für die Kodierung sind die durch die jeweilige Berufsgruppe erbrachten Therapieeinheiten getrennt nach Einzel- und Gruppentherapie zu addieren. Es sind für jede Berufsgruppe gesondert die entsprechenden Kodes anzugeben

9-649.0 Keine Therapieeinheit pro Woche
Hinw.: Dieser Kode ist nur anzuwenden, wenn im Rahmen der Behandlung eines Patienten von keiner der 4 Berufsgruppen zusammenhängende Therapien von mindestens 25 Minuten pro Woche durchgeführt wurden

9-649.1 Einzeltherapie durch Ärzte
- .10 1 Therapieeinheit pro Woche
- .11 2 Therapieeinheiten pro Woche
- .12 3 Therapieeinheiten pro Woche
- .13 4 Therapieeinheiten pro Woche
- .14 5 Therapieeinheiten pro Woche
- .15 6 Therapieeinheiten pro Woche
- .16 7 Therapieeinheiten pro Woche
- .17 8 Therapieeinheiten pro Woche
- .18 9 Therapieeinheiten pro Woche
- .19 10 Therapieeinheiten pro Woche
- .1a 11 Therapieeinheiten pro Woche
- .1b 12 Therapieeinheiten pro Woche
- .1c 13 Therapieeinheiten pro Woche
- .1d 14 Therapieeinheiten pro Woche
- .1e 15 Therapieeinheiten pro Woche
- .1f 16 Therapieeinheiten pro Woche
- .1g Mehr als 16 Therapieeinheiten pro Woche

9-649.2 Gruppentherapie durch Ärzte
- .20 Mehr als 0,05 bis 1 Therapieeinheit pro Woche
- .21 Mehr als 1 bis 2 Therapieeinheiten pro Woche
- .22 Mehr als 2 bis 3 Therapieeinheiten pro Woche
- .23 Mehr als 3 bis 4 Therapieeinheiten pro Woche
- .24 Mehr als 4 bis 5 Therapieeinheiten pro Woche
- .25 Mehr als 5 bis 6 Therapieeinheiten pro Woche
- .26 Mehr als 6 bis 7 Therapieeinheiten pro Woche
- .27 Mehr als 7 bis 8 Therapieeinheiten pro Woche
- .28 Mehr als 8 bis 9 Therapieeinheiten pro Woche
- .29 Mehr als 9 bis 10 Therapieeinheiten pro Woche
- .2a Mehr als 10 bis 11 Therapieeinheiten pro Woche
- .2b Mehr als 11 bis 12 Therapieeinheiten pro Woche
- .2c Mehr als 12 bis 13 Therapieeinheiten pro Woche
- .2d Mehr als 13 bis 14 Therapieeinheiten pro Woche
- .2e Mehr als 14 bis 15 Therapieeinheiten pro Woche
- .2f Mehr als 15 bis 16 Therapieeinheiten pro Woche
- .2g Mehr als 16 Therapieeinheiten pro Woche

9-649.3 Einzeltherapie durch Psychologen
- .30 1 Therapieeinheit pro Woche
- .31 2 Therapieeinheiten pro Woche
- .32 3 Therapieeinheiten pro Woche

Kapitel 9: Ergänzende Maßnahmen

	.33	4 Therapieeinheiten pro Woche
	.34	5 Therapieeinheiten pro Woche
	.35	6 Therapieeinheiten pro Woche
	.36	7 Therapieeinheiten pro Woche
	.37	8 Therapieeinheiten pro Woche
	.38	9 Therapieeinheiten pro Woche
	.39	10 Therapieeinheiten pro Woche
	.3a	11 Therapieeinheiten pro Woche
	.3b	12 Therapieeinheiten pro Woche
	.3c	13 Therapieeinheiten pro Woche
	.3d	14 Therapieeinheiten pro Woche
	.3e	15 Therapieeinheiten pro Woche
	.3f	16 Therapieeinheiten pro Woche
	.3g	Mehr als 16 Therapieeinheiten pro Woche
9-649.4		**Gruppentherapie durch Psychologen**
	.40	Mehr als 0,05 bis 1 Therapieeinheit pro Woche
	.41	Mehr als 1 bis 2 Therapieeinheiten pro Woche
	.42	Mehr als 2 bis 3 Therapieeinheiten pro Woche
	.43	Mehr als 3 bis 4 Therapieeinheiten pro Woche
	.44	Mehr als 4 bis 5 Therapieeinheiten pro Woche
	.45	Mehr als 5 bis 6 Therapieeinheiten pro Woche
	.46	Mehr als 6 bis 7 Therapieeinheiten pro Woche
	.47	Mehr als 7 bis 8 Therapieeinheiten pro Woche
	.48	Mehr als 8 bis 9 Therapieeinheiten pro Woche
	.49	Mehr als 9 bis 10 Therapieeinheiten pro Woche
	.4a	Mehr als 10 bis 11 Therapieeinheiten pro Woche
	.4b	Mehr als 11 bis 12 Therapieeinheiten pro Woche
	.4c	Mehr als 12 bis 13 Therapieeinheiten pro Woche
	.4d	Mehr als 13 bis 14 Therapieeinheiten pro Woche
	.4e	Mehr als 14 bis 15 Therapieeinheiten pro Woche
	.4f	Mehr als 15 bis 16 Therapieeinheiten pro Woche
	.4g	Mehr als 16 Therapieeinheiten pro Woche
9-649.5		**Einzeltherapie durch Spezialtherapeuten**
	.50	1 Therapieeinheit pro Woche
	.51	2 Therapieeinheiten pro Woche
	.52	3 Therapieeinheiten pro Woche
	.53	4 Therapieeinheiten pro Woche
	.54	5 Therapieeinheiten pro Woche
	.55	6 Therapieeinheiten pro Woche
	.56	7 Therapieeinheiten pro Woche
	.57	8 Therapieeinheiten pro Woche
	.58	9 Therapieeinheiten pro Woche
	.59	10 Therapieeinheiten pro Woche
	.5a	11 Therapieeinheiten pro Woche
	.5b	12 Therapieeinheiten pro Woche
	.5c	13 Therapieeinheiten pro Woche
	.5d	14 Therapieeinheiten pro Woche
	.5e	15 Therapieeinheiten pro Woche
	.5f	16 Therapieeinheiten pro Woche
	.5g	17 Therapieeinheiten pro Woche
	.5h	18 Therapieeinheiten pro Woche
	.5j	19 Therapieeinheiten pro Woche
	.5k	20 Therapieeinheiten pro Woche
	.5m	21 Therapieeinheiten pro Woche
	.5n	22 Therapieeinheiten pro Woche
	.5p	23 Therapieeinheiten pro Woche
	.5q	24 Therapieeinheiten pro Woche
	.5r	Mehr als 24 Therapieeinheiten pro Woche

Kapitel 9: Ergänzende Maßnahmen

9-649.6 Gruppentherapie durch Spezialtherapeuten
- .60 Mehr als 0,05 bis 1 Therapieeinheit pro Woche
- .61 Mehr als 1 bis 2 Therapieeinheiten pro Woche
- .62 Mehr als 2 bis 3 Therapieeinheiten pro Woche
- .63 Mehr als 3 bis 4 Therapieeinheiten pro Woche
- .64 Mehr als 4 bis 5 Therapieeinheiten pro Woche
- .65 Mehr als 5 bis 6 Therapieeinheiten pro Woche
- .66 Mehr als 6 bis 7 Therapieeinheiten pro Woche
- .67 Mehr als 7 bis 8 Therapieeinheiten pro Woche
- .68 Mehr als 8 bis 9 Therapieeinheiten pro Woche
- .69 Mehr als 9 bis 10 Therapieeinheiten pro Woche
- .6a Mehr als 10 bis 11 Therapieeinheiten pro Woche
- .6b Mehr als 11 bis 12 Therapieeinheiten pro Woche
- .6c Mehr als 12 bis 13 Therapieeinheiten pro Woche
- .6d Mehr als 13 bis 14 Therapieeinheiten pro Woche
- .6e Mehr als 14 bis 15 Therapieeinheiten pro Woche
- .6f Mehr als 15 bis 16 Therapieeinheiten pro Woche
- .6g Mehr als 16 bis 17 Therapieeinheiten pro Woche
- .6h Mehr als 17 bis 18 Therapieeinheiten pro Woche
- .6j Mehr als 18 bis 19 Therapieeinheiten pro Woche
- .6k Mehr als 19 bis 20 Therapieeinheiten pro Woche
- .6m Mehr als 20 bis 21 Therapieeinheiten pro Woche
- .6n Mehr als 21 bis 22 Therapieeinheiten pro Woche
- .6p Mehr als 22 bis 23 Therapieeinheiten pro Woche
- .6q Mehr als 23 bis 24 Therapieeinheiten pro Woche
- .6r Mehr als 24 Therapieeinheiten pro Woche

9-649.7 Einzeltherapie durch Pflegefachpersonen
- .70 1 Therapieeinheit pro Woche
- .71 2 Therapieeinheiten pro Woche
- .72 3 Therapieeinheiten pro Woche
- .73 4 Therapieeinheiten pro Woche
- .74 5 Therapieeinheiten pro Woche
- .75 6 Therapieeinheiten pro Woche
- .76 7 Therapieeinheiten pro Woche
- .77 8 Therapieeinheiten pro Woche
- .78 9 Therapieeinheiten pro Woche
- .79 10 Therapieeinheiten pro Woche
- .7a 11 Therapieeinheiten pro Woche
- .7b 12 Therapieeinheiten pro Woche
- .7c 13 Therapieeinheiten pro Woche
- .7d 14 Therapieeinheiten pro Woche
- .7e 15 Therapieeinheiten pro Woche
- .7f 16 Therapieeinheiten pro Woche
- .7g 17 Therapieeinheiten pro Woche
- .7h 18 Therapieeinheiten pro Woche
- .7j 19 Therapieeinheiten pro Woche
- .7k 20 Therapieeinheiten pro Woche
- .7m 21 Therapieeinheiten pro Woche
- .7n 22 Therapieeinheiten pro Woche
- .7p 23 Therapieeinheiten pro Woche
- .7q 24 Therapieeinheiten pro Woche
- .7r Mehr als 24 Therapieeinheiten pro Woche

9-649.8 Gruppentherapie durch Pflegefachpersonen
- .80 Mehr als 0,05 bis 1 Therapieeinheit pro Woche
- .81 Mehr als 1 bis 2 Therapieeinheiten pro Woche
- .82 Mehr als 2 bis 3 Therapieeinheiten pro Woche
- .83 Mehr als 3 bis 4 Therapieeinheiten pro Woche

Kapitel 9: Ergänzende Maßnahmen

.84 Mehr als 4 bis 5 Therapieeinheiten pro Woche
.85 Mehr als 5 bis 6 Therapieeinheiten pro Woche
.86 Mehr als 6 bis 7 Therapieeinheiten pro Woche
.87 Mehr als 7 bis 8 Therapieeinheiten pro Woche
.88 Mehr als 8 bis 9 Therapieeinheiten pro Woche
.89 Mehr als 9 bis 10 Therapieeinheiten pro Woche
.8a Mehr als 10 bis 11 Therapieeinheiten pro Woche
.8b Mehr als 11 bis 12 Therapieeinheiten pro Woche
.8c Mehr als 12 bis 13 Therapieeinheiten pro Woche
.8d Mehr als 13 bis 14 Therapieeinheiten pro Woche
.8e Mehr als 14 bis 15 Therapieeinheiten pro Woche
.8f Mehr als 15 bis 16 Therapieeinheiten pro Woche
.8g Mehr als 16 bis 17 Therapieeinheiten pro Woche
.8h Mehr als 17 bis 18 Therapieeinheiten pro Woche
.8j Mehr als 18 bis 19 Therapieeinheiten pro Woche
.8k Mehr als 19 bis 20 Therapieeinheiten pro Woche
.8m Mehr als 20 bis 21 Therapieeinheiten pro Woche
.8n Mehr als 21 bis 22 Therapieeinheiten pro Woche
.8p Mehr als 22 bis 23 Therapieeinheiten pro Woche
.8q Mehr als 23 bis 24 Therapieeinheiten pro Woche
.8r Mehr als 24 Therapieeinheiten pro Woche

Behandlung bei psychischen und psychosomatischen Störungen und Verhaltensstörungen bei Kindern und Jugendlichen (9-65...9-69)

Hinw.: Ein Kode aus diesem Bereich ist nur für Leistungen anzugeben, die in Einrichtungen im Geltungsbereich des § 17d KHG erbracht wurden
Die gleichzeitige somatische Diagnostik und Behandlung sind gesondert zu kodieren

 Psychiatrisch-psychosomatische Regelbehandlung bei psychischen und psychosomatischen Störungen und Verhaltensstörungen bei Kindern und Jugendlichen

Exkl.: Psychiatrisch-psychosomatische Intensivbehandlung bei psychischen und psychosomatischen Störungen und Verhaltensstörungen bei Kindern und Jugendlichen (9-672)
Psychiatrisch-psychosomatische Behandlung im besonderen Setting (Eltern-Kind-Setting) bei psychischen und psychosomatischen Störungen und Verhaltensstörungen bei Kindern und Jugendlichen (9-686)

Hinw.: Die Erbringung von Behandlungsmaßnahmen im stationsersetzenden Umfeld und als halbtägige tagesklinische Behandlung (9-691 ff.), der erhöhte Betreuungsaufwand (9-693 ff.), die spezifische Behandlung im besonderen Setting bei substanzbedingten Störungen (9-694 ff.) und der Einsatz von Gebärdensprachdolmetschern (9-510 ff.) sind gesondert zu kodieren
Dieser Kode ist für die Behandlung von Patienten anzuwenden, die bei stationärer Aufnahme das 18. Lebensjahr noch nicht vollendet haben (bei deutlichen Entwicklungsdefiziten auch für Heranwachsende bis zum vollendeten 21. Lebensjahr)
Dieser Kode ist sowohl für die voll- als auch die teilstationäre Behandlung zu verwenden
Dieser Kode ist zu Beginn der Behandlung und bei jedem Wechsel der Behandlungsart anzugeben
Die Anzahl der Therapieeinheiten pro Woche ist für jede Berufsgruppe getrennt nach Einzel- und Gruppentherapie gesondert zu kodieren (9-696 ff.)
Mindestmerkmale:
• Therapiezielorientierte Behandlung durch ein multiprofessionelles Team unter Leitung eines Facharztes für Kinder- und Jugendpsychiatrie und -psychotherapie

Kapitel 9: Ergänzende Maßnahmen

- Wöchentliche Teambesprechung mit Vertretern aus mindestens 2 unterschiedlichen Berufsgruppen zur Beratung des weiteren Behandlungsverlaufs (bei Aufenthalten von mehr als 6 Tagen) oder eine ausführliche Behandlungsplanung mit Vertretern aus mindestens 2 unterschiedlichen Berufsgruppen mindestens alle 4 Wochen
- Die Anwendung der unterschiedlichen Therapieverfahren erfolgt nach ärztlicher Indikation patientenbezogen in unterschiedlichen Kombinationen in einem kind- und/oder jugendgerechten, milieutherapeutischen Setting mit entwicklungsspezifischem Umgang und Anleitung und mit Bezug auf das oder im Lebensumfeld des Patienten
- Vorhandensein von Vertretern der folgenden Berufsgruppen in der Einrichtung:
  - Ärzte (Facharzt für Kinder- und Jugendpsychiatrie und -psychotherapie)
  - Psychologen (Kinder- und Jugendlichenpsychotherapeut, Psychologischer Psychotherapeut, Diplom-Psychologe oder Master of Science in Psychologie)
  - Mindestens 2 Spezialtherapeutengruppen (z.B. Ergotherapeuten, Sozialarbeiter, Heilpädagogen, Bewegungs-, Erlebnis-, Kreativtherapeuten, Logopäden)
  - Pädagogisch-pflegerische Fachpersonen (z.B. (Kinder-)Gesundheits- und Krankenpflegepersonal, Erzieher, Heilerziehungspfleger, Jugend- und Heimerzieher)
- Als angewandte Verfahren der ärztlichen und psychologischen Berufsgruppen gelten folgende Verfahren oder im Aufwand vergleichbare Verfahren:
  - Ärztliches oder psychologisches Einzelgespräch
  - Einzelpsychotherapie mit kind- und jugendgerechten Verfahren
  - Gruppenpsychotherapie und Entspannungsverfahren
  - Elterngespräche, Familiengespräche und Familientherapie und/oder Gespräche mit Bezugspersonen aus dem Herkunftsmilieu (z.B. Jugendhilfe, Pflegefamilie)
  - Gespräche und Beratungen mit Richtern oder Behördenvertretern
  - Somato-psychosomatisches ärztliches Gespräch
  - Aufklärung (Kind/Jugendlicher und Bezugspersonen), Complianceförderung und Monitoring im Rahmen der ärztlich indizierten Psychopharmakotherapie
- Als angewandte Verfahren der pädagogisch-pflegerischen Fachpersonen und der Spezialtherapeuten gelten folgende Verfahren oder im Aufwand vergleichbare Verfahren:
  - Behandlungseinheiten durch die kinder- und jugendpsychiatrische Pflege/Bezugspflege des Pflege- und Erziehungsdienstes (z.B. alltagsbezogenes Training, Anleitung und Förderung der Selbständigkeit, Stuhltraining, Esstraining, Verstärkerplan, Feedbackrunden)
  - Begleitung in die Patientengruppe
  - Anleitung bei sozialer Interaktion
  - Gelenkte Freizeitaktivitäten, Medienpädagogik, Erlebnispädagogik/-therapie mit therapeutischem Auftrag gemäß Gesamtbehandlungsplan
  - Angehörigengespräche und gezielte Anleitung der Bezugspersonen aus dem Herkunftsmilieu
  - Heilpädagogische oder ergotherapeutische Förder- und Behandlungsverfahren
  - Spezielle psychosoziale Techniken (z.B. Sozialkompetenztraining, Anleitung zu gemeinsamen Aktivitäten mit Mitpatienten wie Spiel, Sport, Freizeit)
  - Kreativtherapien (z.B. Tanztherapie, Kunsttherapie, Musiktherapie)
  - Bewegungstherapie, Mototherapie, Logopädie
  - Erlebnispädagogik oder -therapie
  - Übende Verfahren und prospektive Hilfekoordination hinsichtlich der geplanten Reintegration in Schule und soziales Umfeld, inklusive Behandlung als Hometreatment
  - Entspannungsverfahren
  - Gespräche mit Behördenvertretern

9-656 Regelbehandlung bei psychischen und psychosomatischen Störungen und Verhaltensstörungen bei Kindern und Jugendlichen

Kapitel 9: Ergänzende Maßnahmen

9-67 Psychiatrisch-psychosomatische Intensivbehandlung bei psychischen und psychosomatischen Störungen und Verhaltensstörungen bei Kindern und Jugendlichen

Exkl.: Psychiatrisch-psychosomatische Regelbehandlung bei psychischen und psychosomatischen Störungen und Verhaltensstörungen bei Kindern und Jugendlichen (9-656)
Psychiatrisch-psychosomatische Behandlung im besonderen Setting (Eltern-Kind-Setting) bei psychischen und psychosomatischen Störungen und Verhaltensstörungen bei Kindern und Jugendlichen (9-686)

Hinw.: Der erhöhte Betreuungsaufwand (9-693 ff.), die spezifische Behandlung im besonderen Setting bei substanzbedingten Störungen (9-694 ff.) und der Einsatz von Gebärdensprachdolmetschern (9-510 ff.) sind gesondert zu kodieren
Dieser Kode ist für die Behandlung von Patienten anzuwenden, die bei stationärer Aufnahme das 18. Lebensjahr noch nicht vollendet haben (bei deutlichen Entwicklungsdefiziten auch für Heranwachsende bis zum vollendeten 21. Lebensjahr)
Dieser Kode ist sowohl für die voll- als auch die teilstationäre Behandlung zu verwenden
Dieser Kode ist zu Beginn der Behandlung und bei jedem Wechsel der Behandlungsart anzugeben
Die Anzahl der Therapieeinheiten pro Woche ist für jede Berufsgruppe getrennt nach Einzel- und Gruppentherapie gesondert zu kodieren (9-696 ff.)

Mindestmerkmale:
- Therapiezielorientierte Behandlung durch ein multiprofessionelles Team unter Leitung eines Facharztes für Kinder- und Jugendpsychiatrie und -psychotherapie
- Teambesprechung mit Vertretern aus mindestens 2 unterschiedlichen Berufsgruppen einmal pro Woche zur Beratung des weiteren Behandlungsverlaufs
- Vorhandensein von Vertretern der folgenden Berufsgruppen in der Einrichtung:
  - Ärzte (Facharzt für Kinder- und Jugendpsychiatrie und -psychotherapie)
  - Ggf. Psychologen (Kinder- und Jugendlichenpsychotherapeut, Psychologischer Psychotherapeut, Diplom-Psychologe oder Master of Science in Psychologie)
  - Spezialtherapeuten (z.B. Ergotherapeuten, Sozialarbeiter, Heilpädagogen, Bewegungs-, Erlebnis-, Kreativtherapeuten)
  - Pädagogisch-pflegerische Fachpersonen (z.B. (Kinder-)Gesundheits- und Krankenpflegepersonal, Erzieher, Heilerziehungspfleger, Jugend- und Heimerzieher)
- Als angewandte Verfahren der ärztlichen und psychologischen Berufsgruppen gelten folgende Verfahren oder im Aufwand vergleichbare Verfahren:
  - Ärztliches oder psychologisches Einzelgespräch/einzeltherapeutische Intervention
  - Ärztliche oder psychologische therapeutische Familienkontakte bzw. Kontakt mit Bezugspersonen aus dem Herkunftsmilieu (z.B. Jugendhilfe, Pflegefamilie), Familientherapie
  - Anleitung von anderen Teammitgliedern im Umgang mit dem Patienten, z.B. Begleitung von Deeskalationen (desaktualisierendes "Talking down" bis hin zu Freiheitseinschränkung oder Freiheitsentzug)
  - (Störungsspezifische) Psychoedukation
  - Aufklärung (Kinder/Jugendliche und Bezugspersonen), Compliance-Förderung und enges Monitoring im Rahmen der ärztlich indizierten Psychopharmakotherapie
  - Monitoring und ärztliche Behandlung von Entzugssymptomatik
  - Begleitung bei richterlichen Anhörungen oder (fach)ärztliche Stellungnahmen zur Unterbringung
- Als angewandte Verfahren der pädagogisch-pflegerischen Fachpersonen und Spezialtherapeuten gelten folgende Verfahren oder im Aufwand vergleichbare Verfahren:
  - Einzelbegleitung bei sozialen Aktivitäten (z.B. Mahlzeiten, Freizeit) zur Vermeidung von Überforderung oder Konflikten
  - Sofern ärztlich vertretbar, Begleitung bei Ausgang
  - Angehörigengespräche und gezielte Anleitung der Bezugspersonen aus dem familiären oder sozialen Raum, Begleitung von Besuchskontakten auf der Station
  - Gespräche mit Behördenvertretern
  - Ergotherapeutische Behandlungsverfahren, Bewegungstherapie, Krankengymnastik, Kunst- und Musiktherapie, Entspannungsverfahren in Einzelkontakt oder Kleinstgruppe
  - Interventionen hinsichtlich der geplanten Überleitung in Regelbehandlung oder rehabilitative Anschlussmaßnahmen (z.B. Jugendhilfe)
- Die Patienten weisen mindestens eines der nachfolgenden Merkmale auf:
  - Deutlich erhöhter Pflegeaufwand

- Die Patienten benötigen deutlich über das altersübliche Maß hinaus Unterstützung bei Aktivitäten des täglichen Lebens im Sinne intensiver pflegerischer Maßnahmen (z.B. Unterstützung bei der Nahrungsaufnahme, bei Hygienemaßnahmen, bei Bettlägerigkeit oder bei anderen schweren körperlichen Einschränkungen/Erkrankungen und Behinderungen (auch Behinderungen der Sinnesorgane); und/oder sie benötigen Aktivierung zum Aufstehen und zur Teilnahme am Gruppenleben); oder sie benötigen kontinuierliche Überwachung wegen drohender somatischer Dekompensation bei vitaler Gefährdung (z.B. Herzrhythmusstörungen oder Elektrolytentgleisungen durch unzureichende Nahrungsaufnahme bei Anorexia nervosa) oder bei Stoffwechselstörung oder Intoxikation
- Erhöhter Einzelbetreuungsaufwand wegen mangelnder Gruppenfähigkeit
  - Die Patienten sind störungsbedingt nicht gruppenfähig (z.B. wegen hoher Impulsivität, hohem Erregungsniveau, Manipulationen und Bedrohungen von Mitpatienten, Manipulation mit Nahrung, Schutz vor Reizüberflutung), so dass sie von der Gruppe separiert werden müssen, enge Führung oder ständige Ansprache brauchen
- Selbstgefährdung
  - Die Patienten sind nicht absprachefähig oder ihr Verhalten ist nicht vorhersehbar; sie sind störungsbedingt nicht in der Lage, auch nur für kurze Zeit für sich Verantwortung zu übernehmen
- Fremdaggressives Verhalten mit deutlicher Beeinträchtigung des Gruppenmilieus
  - Die Patienten zeigen fremdaggressives Verhalten wie Zerstören von Gegenständen, Bespucken von Mitpatienten und Mitarbeitern, massive Bedrohungen von Mitpatienten und/oder Mitarbeitern oder Tätlichkeiten, sofern nicht mit Einzelbetreuung oder Freiheitseinschränkung separiert oder deeskaliert wird
- Störungsbedingt nicht einschätzbarer, nicht kooperationsfähiger Patient
  - Die Patienten zeigen stark wechselhafte Zustände oder Desorientierung oder z.B. psychosebedingte Nicht-Erreichbarkeit; oder sie sind nicht erreichbar für Kooperation, verweigern sich allem, zeigen in keinem Bereich der Klinik Regelakzeptanz
- Erforderliche Maßnahmen zur Gefahrabwendung
  - Die Patienten benötigen Maßnahmen wie z.B. Isolierung, Fixierung, Festhalten, Zwangsmedikation, Zwangssondierung, Beschränken des Aktionsradius auf die Station bei geschlossener Tür oder es muss stete Bereitschaft dazu und Verfügbarkeit dieser Maßnahmen bestehen, sofern nicht durch hohen Einsatz deeskaliert werden kann
- Substanzbedingt erhöhter Betreuungsbedarf
  - Kontinuierliches Alkohol- oder Drogencraving mit starker Unruhe oder akuter, auch protrahierter Alkohol- oder Drogenentzug
- Für den Nachweis der Merkmale ist die Regeldokumentation in der Patientenakte ausreichend

9-672 Psychiatrisch-psychosomatische Intensivbehandlung bei psychischen und psychosomatischen Störungen und Verhaltensstörungen bei Kindern und Jugendlichen

Kapitel 9: Ergänzende Maßnahmen

9-68 **Psychiatrisch-psychosomatische Behandlung im besonderen Setting (Eltern-Kind-Setting) bei psychischen und psychosomatischen Störungen und Verhaltensstörungen bei Kindern und Jugendlichen**

Exkl.: Psychiatrisch-psychosomatische Regelbehandlung bei psychischen und psychosomatischen Störungen und Verhaltensstörungen bei Kindern und Jugendlichen (9-656)
Psychiatrisch-psychosomatische Intensivbehandlung bei psychischen und psychosomatischen Störungen und Verhaltensstörungen bei Kindern und Jugendlichen (9-672)

Hinw.: Die Erbringung von Behandlungsmaßnahmen im stationsersetzenden Umfeld und als halbtägige tagesklinische Behandlung (9-691 ff.) und der Einsatz von Gebärdensprachdolmetschern (9-510 ff.) sind gesondert zu kodieren

Dieser Kode ist für die Behandlung von Patienten anzuwenden, die bei stationärer Aufnahme das 18. Lebensjahr noch nicht vollendet haben (bei deutlichen Entwicklungsdefiziten auch für Heranwachsende bis zum vollendeten 21. Lebensjahr)

Es findet eine Behandlung von psychisch kranken Kindern oder retardierten Jugendlichen oder von Kindern/Jugendlichen mit psychischer Symptomatik gemeinsam mit Eltern und ggf. Geschwistern statt, wenn die Eltern-Kind-Dynamik einen wesentlichen Faktor zur Entstehung oder Aufrechterhaltung der Störung darstellt. Die Behandlung in diesem Setting dient der Erlangung einer entwicklungsfördernden Mutter/Vater-Kind-Interaktion unter störungsspezifischen Aspekten

Dieser Kode ist nicht anzuwenden bei Jugendlichen mit der Fähigkeit zur Ablösung

Dieser Kode ist sowohl für die voll- als auch die teilstationäre Behandlung zu verwenden

Dieser Kode ist zu Beginn der Behandlung und bei jedem Wechsel der Behandlungsart anzugeben

Die Anzahl der Therapieeinheiten pro Woche ist für jede Berufsgruppe getrennt nach Einzel- und Gruppentherapie gesondert zu kodieren (9-696 ff.)

Mindestmerkmale:
- Therapiezielorientierte Behandlung durch ein multiprofessionelles Team unter Leitung eines Facharztes für Kinder- und Jugendpsychiatrie und -psychotherapie
- Wöchentliche Teambesprechung mit Vertretern aus mindestens 2 unterschiedlichen Berufsgruppen zur Beratung des weiteren Behandlungsverlaufs (bei Aufenthalten von mehr als 6 Tagen)
- Die Anwendung der unterschiedlichen Therapieverfahren erfolgt nach ärztlicher Indikation patientenbezogen in unterschiedlichen Kombinationen in einem kind- und familiengerechten, milieutherapeutischen Setting mit entwicklungsspezifischem Umgang und Anleitung
- Zum Konzept der Spezialeinheit für die Behandlung im besonderen Setting gehören: Familiendiagnostik mit evaluierten Verfahren, Interaktionsbeobachtung und -förderung der Eltern-Kind-Beziehung (z.B. unter bindungstheoretischen Gesichtspunkten); Einzelgespräche mit den Eltern (bzw. Elternteilen), Paargespräche, Eltern-Gruppentherapie bzw. Multifamilientherapie, Eltern-Kind-Spieltherapie; Alltagsgestaltung unter Supervision; sozial- bzw. lebensraumorientierte Arbeit sowie prospektive Hilfekoordination
- Vorhandensein von Vertretern der folgenden Berufsgruppen in der Einrichtung:
  - Ärzte (Facharzt für Kinder- und Jugendpsychiatrie und -psychotherapie)
  - Psychologen (Kinder- und Jugendlichenpsychotherapeut, Psychologischer Psychotherapeut, Diplom-Psychologe oder Master of Science in Psychologie)
  - Mindestens 2 Spezialtherapeutengruppen (z.B. Ergotherapeuten, Sozialarbeiter, Heilpädagogen, Bewegungs-, Erlebnis-, Kreativtherapeuten)
  - Pädagogisch-pflegerische Fachpersonen (z.B. (Kinder-)Gesundheits- und Krankenpflegepersonal, Erzieher, Heilerziehungspfleger, Jugend- und Heimerzieher)
- Als angewandte Verfahren der ärztlichen und psychologischen Berufsgruppen gelten folgende Verfahren oder im Aufwand vergleichbare Verfahren:
  - Ärztliches oder psychologisches Einzelgespräch
  - Einzeltherapie von Kind oder Eltern(teil)
  - Paargespräche, Eltern-Gruppentherapie, Multifamilientherapie
  - Helferkonferenzen (z.B. Jugendhilfe), Gespräche und Beratungen mit Richtern oder Behördenvertretern
  - Somato-psychosomatisches ärztliches Gespräch
  - Aufklärung (Kind und Bezugspersonen), Complianceförderung und Monitoring im Rahmen der klinisch indizierten Psychopharmakotherapie
- Als angewandte Verfahren der pädagogisch-pflegerischen Fachpersonen und Spezialtherapeuten gelten folgende Verfahren oder im Aufwand vergleichbare Verfahren:

- Gezielte Anleitung der Bezugspersonen aus dem Herkunftsmilieu/Eltern
- Behandlungseinheiten durch die kinderpsychiatrische bzw. jugendpsychiatrische Pflege/Bezugspflege des Pflege- und Erziehungsdienstes (z.B. alltagsbezogenes Training, Anleitung und Förderung der Selbständigkeit, Stuhltraining, Esstraining, Verstärkerplan, Feedbackrunden)
- Unterstützung (der Eltern) bei alltäglichen Verrichtungen und Förderung der selbständigen Konfliktklärung mit dem Kind, ggf. mit Video-Feedback, ggf. mit spezifischen Deeskalationstechniken
- Begleitung in die Eltern-Kindergruppe
- Gelenkte Freizeitaktivitäten, Medienpädagogik, Erlebnispädagogik/-therapie
- Heilpädagogische/ergotherapeutische Förder- und Behandlungsverfahren einzeln und als Eltern-Kind-Interaktionsförderung
- spezielle psychosoziale Techniken (z.B. Sozialkompetenztraining in der Eltern-Kind-Gruppe, Anleitung zu gemeinsamem Spiel)
- Kreativtherapien (z.B. Kunsttherapie)
- Bewegungstherapie, ggf. in der Eltern-Kind-Gruppe
- Einübung spezialisierter Therapiemodule gemeinsam mit den Eltern
- Gespräche mit Behördenvertretern
- Prospektive Hilfekoordination hinsichtlich der geplanten Reintegration in Schule und soziales Umfeld

9-686 **Psychiatrisch-psychosomatische Behandlung im besonderen Setting (Eltern-Kind-Setting) bei psychischen und psychosomatischen Störungen und Verhaltensstörungen bei Kindern und Jugendlichen**

9-69 Zusatzinformationen zur Behandlung bei psychischen und psychosomatischen Störungen und Verhaltensstörungen bei Kindern und Jugendlichen

9-691 **Erbringung von Behandlungsmaßnahmen im stationsersetzenden Umfeld und als halbtägige tagesklinische Behandlung bei Kindern und Jugendlichen**
Hinw.: Diese Kodes sind Zusatzkodes. Sie können nur in Kombination mit der psychiatrisch-psychosomatischen Regelbehandlung bei psychischen und psychosomatischen Störungen und Verhaltensstörungen bei Kindern und Jugendlichen (9-656) und der psychiatrisch-psychosomatischen Behandlung im besonderen Setting (Eltern-Kind-Setting) bei psychischen und psychosomatischen Störungen und Verhaltensstörungen bei Kindern und Jugendlichen (9-686) angegeben werden
Ein Kode aus diesem Bereich ist für jeden Tag, an dem die Leistung erbracht wird, gesondert anzugeben. Die Mindestmerkmale des Kodes 9-656 (u.a. Leistungserbringung durch ein multiprofessionelles, fachärztlich geleitetes Behandlungsteam) müssen erfüllt sein

9-691.0 Ganztägiges Hometreatment
Hinw.: Dieser Kode ist nur anzugeben für die Behandlung im Rahmen von Modellvorhaben nach § 64b SGB V
Die Behandlung des Patienten erfolgt im häuslichen Umfeld über mindestens 210 Minuten. Fahrzeiten werden dabei nicht angerechnet

9-691.1 Halbtägiges Hometreatment
Hinw.: Dieser Kode ist nur anzugeben für die Behandlung im Rahmen von Modellvorhaben nach § 64b SGB V
Die Behandlung des Patienten erfolgt im häuslichen Umfeld über mindestens 105 Minuten bis maximal 209 Minuten. Fahrzeiten werden dabei nicht angerechnet

9-691.2 Halbtägige tagesklinische Behandlung
Hinw.: Intermittierende Behandlung des Patienten in der Tagesklinik
Es werden mindestens eine Gruppentherapie über 60 Minuten und eine oder zwei Einzeltherapien über insgesamt mindestens 30 Minuten oder mindestens eine oder zwei Einzeltherapien über insgesamt mindestens 60 Minuten durchgeführt

9-693 Erhöhter Betreuungsaufwand bei psychischen und psychosomatischen Störungen und Verhaltensstörungen bei Kindern und Jugendlichen

Hinw.: Diese Kodes sind Zusatzkodes. Sie können nur in Kombination mit der psychiatrisch-psychosomatischen Regelbehandlung bei psychischen und psychosomatischen Störungen und Verhaltensstörungen bei Kindern und Jugendlichen (9-656) und der psychiatrisch-psychosomatischen Intensivbehandlung bei psychischen und psychosomatischen Störungen und Verhaltensstörungen bei Kindern und Jugendlichen (9-672) angegeben werden, wenn die intensive Betreuung in einer Kleinstgruppe oder die Einzelbetreuung indikationsspezifisch erforderlich sind

Ein Kode aus diesem Bereich ist für die Behandlung von Patienten anzuwenden, die bei stationärer Aufnahme das 18. Lebensjahr noch nicht vollendet haben (bei deutlichen Entwicklungsdefiziten auch für Heranwachsende bis zum vollendeten 21. Lebensjahr)

Diese Kodes sind für jeden Behandlungstag einzeln anzugeben

Es können für einen Tag sowohl Kodes aus dem Bereich 9-693.0 ff. als auch aus dem Bereich 9-693.1 ff. angegeben werden

Sofern die intensive Betreuung in einer Kleinstgruppe oder Einzelbetreuung an Wochenenden, Feiertagen, Aufnahme- oder Entlassungstagen stattfindet, ist diese ebenfalls zu berücksichtigen

Ein Kode aus diesem Bereich ist nicht für Patienten anzuwenden, bei denen autonome soziale Integration, wie der Besuch einer externen Regelschule oder ein externes Praktikum, vorliegt

Bei der Berechnung der Stunden für die Einzelbetreuung werden Einzelkontakte durch alle Berufsgruppen berücksichtigt. Bei Einzelbetreuung und intensiver Betreuung in einer Kleinstgruppe durch mehr als eine Person sind die jeweiligen Zeiten für jede betreuende Person anzurechnen

Die für die intensive Betreuung in einer Kleinstgruppe oder Einzelbetreuung aufgewendete Zeit kann nicht für die Berechnung der Therapieeinheiten (9-696 ff.) angerechnet werden

Mindestmerkmale:
- Therapiezielorientierte Behandlung durch ein multiprofessionelles Team unter Leitung eines Facharztes für Kinder- und Jugendpsychiatrie und -psychotherapie
- Persönliche Einzelbetreuung oder intensive persönliche Betreuung in der Kleinstgruppe durch pädagogisch-pflegerisches Personal unter Vorhaltung eines Beziehungsangebots
- Einzelbegleitung bei sozialen Aktivitäten in der Kleinstgruppe (z.B. Mahlzeiten, Freizeit), soweit ärztlich vertretbar, zur Vermeidung von Überforderung oder Konflikten
- Mindestens wöchentliche ärztliche Anordnung und Überprüfung der Betreuungsmaßnahmen
- Ggf. gezielte, indizierte störungsspezifische Interventionen
- Begleitung bei Ausgang, sofern ärztlich vertretbar
- Wenn notwendig Begleitung von Besucherkontakten auf der Station

9-693.0 Intensive Betreuung in einer Kleinstgruppe bei psychischen und/oder psychosomatischen Störungen und/oder Verhaltensstörungen bei Kindern oder Jugendlichen
Hinw.: Zu einer Kleinstgruppe gehören bis zu 3 Kinder und/oder Jugendliche
.00 Mindestens 1 bis zu 2 Stunden pro Tag
.01 Mehr als 2 bis zu 4 Stunden pro Tag
.02 Mehr als 4 bis zu 8 Stunden pro Tag
.03 Mehr als 8 bis zu 12 Stunden pro Tag
.04 Mehr als 12 bis zu 18 Stunden pro Tag
.05 Mehr als 18 Stunden pro Tag

9-693.1 Einzelbetreuung bei psychischen und/oder psychosomatischen Störungen und/oder Verhaltensstörungen bei Kindern oder Jugendlichen
.10 Mindestens 1 bis zu 2 Stunden pro Tag
.11 Mehr als 2 bis zu 4 Stunden pro Tag
.12 Mehr als 4 bis zu 8 Stunden pro Tag
.13 Mehr als 8 bis zu 12 Stunden pro Tag
.14 Mehr als 12 bis zu 18 Stunden pro Tag
.15 Mehr als 18 Stunden pro Tag

9-694 Spezifische Behandlung im besonderen Setting bei substanzbedingten Störungen bei Kindern und Jugendlichen

Hinw.: Diese Kodes sind Zusatzkodes. Sie können nur in Kombination mit der psychiatrisch-psychosomatischen Regelbehandlung bei psychischen und psychosomatischen Störungen und Verhaltensstörungen bei Kindern und Jugendlichen (9-656) und der psychiatrisch-psychosomatischen Intensivbehandlung bei psychischen und psychosomatischen Störungen und Verhaltensstörungen bei Kindern und Jugendlichen (9-672) angegeben werden

Wird die spezifische Behandlung im besonderen Setting bei substanzbedingten Störungen unterbrochen, so wird für jede Behandlungsepisode ein Kode aus diesem Bereich angegeben

Bei einer Behandlung an mehr als 28 Behandlungstagen ist die Zählung von Neuem zu beginnen und es wird ein weiterer Kode aus diesem Bereich angegeben

Ein Kode aus diesem Bereich kann bei einfachem oder multiplem Substanzmissbrauch kodiert werden und gilt für alle Formen des Konsums

Die im Rahmen der spezifischen Behandlung im besonderen Setting bei substanzbedingten Störungen bei Kindern und Jugendlichen anfallenden Therapieeinheiten werden bei den Zusatzkodes 9-696 ff. angegeben

Mindestmerkmale (für den stationären Gesamtaufenthalt zu erbringende Maßnahmen):
- Multidisziplinäre Versorgung von Kindern und Jugendlichen auf einer Spezialstation für Suchtpatienten bis zum vollendeten 18. Lebensjahr (bei deutlichen Entwicklungsdefiziten auch für Heranwachsende bis zum vollendeten 21. Lebensjahr) unter Leitung eines Arztes für Kinder- und Jugendpsychiatrie und -psychotherapie, mit individuellem, ärztlich indiziertem Einsatz von Fachtherapien wie z.B. Ergotherapie oder körperbezogene Therapieverfahren, mit schulischem Angebot (sofern schulpflichtig oder berufsschulpflichtig), mit entwicklungsspezifischem Umgang und Anleitung, mit Bezug auf das oder im Lebensumfeld des Patienten im besonderen suchtspezifischen Setting. Diese Stationen haben ein hochstrukturiertes therapeutisches Milieu und arbeiten nach einem integrierten, auf das Störungsbild zugeschnittenen Konzept. Die folgenden Merkmale sind mindestens Teil des Konzeptes:
- Somatische Entgiftung, ggf. über Substitutionsmittel oder andere pharmakologische Unterstützung sowie suchtspezifische roborierende Maßnahmen, differenzierte somatische Befunderhebung mit Behandlung von Folge- und Begleiterkrankungen
- Aufklärung über Abhängigkeitserkrankungen, Gesundheits- und Selbstfürsorgetrainings, soziales Kompetenztraining, Stabilisierung der familiären und/oder psychosozialen Situation, Klärung und Anbahnung der schulischen/beruflichen Wiedereingliederung, ggf. juristische und sozialrechtliche Anspruchsklärung sowie Behandlung nach Traumatisierung, Motivierung zur problemspezifischen Weiterbehandlung und Vermittlung, ggf. Einleitung suchtspezifischer Anschlussbehandlungen oder erforderlicher Jugendhilfemaßnahmen
- Standardisiertes suchtmedizinisches Assessment sowie Erhebung eines nicht substanzgebundenen Suchtverhaltens
- Sofern erforderlich Begleitung bei Klärungen mit juristischen Instanzen
- Diagnostik und Behandlung von kinder- und jugendpsychiatrischer Komorbidität bzw. einer kinder- und jugendpsychiatrischen Grundstörung
- Familienarbeit, sofern die Herkunftsfamilie kooperationsfähig ist, alternativ Arbeit mit Bezugspersonen aus Ersatzfamilien oder der Jugendhilfe

9-694.0	1 Behandlungstag
9-694.1	2 Behandlungstage
9-694.2	3 Behandlungstage
9-694.3	4 Behandlungstage
9-694.4	5 Behandlungstage
9-694.5	6 Behandlungstage
9-694.6	7 Behandlungstage
9-694.7	8 Behandlungstage
9-694.8	9 Behandlungstage
9-694.9	10 Behandlungstage
9-694.a	11 Behandlungstage
9-694.b	12 Behandlungstage
9-694.c	13 Behandlungstage

Kapitel 9: Ergänzende Maßnahmen

9-694.d	14 Behandlungstage
9-694.e	15 Behandlungstage
9-694.f	16 Behandlungstage
9-694.g	17 Behandlungstage
9-694.h	18 Behandlungstage
9-694.j	19 Behandlungstage
9-694.k	20 Behandlungstage
9-694.m	21 Behandlungstage
9-694.n	22 Behandlungstage
9-694.p	23 Behandlungstage
9-694.q	24 Behandlungstage
9-694.r	25 Behandlungstage
9-694.s	26 Behandlungstage
9-694.t	27 Behandlungstage
9-694.u	28 Behandlungstage

9-696 **Anzahl der Therapieeinheiten pro Woche bei Kindern und Jugendlichen**
Hinw.: Diese Kodes sind Zusatzkodes. Sie können nur in Kombination mit der psychiatrisch-psychosomatischen Regelbehandlung bei psychischen und psychosomatischen Störungen und Verhaltensstörungen bei Kindern und Jugendlichen (9-656), der psychiatrisch-psychosomatischen Intensivbehandlung bei psychischen und psychosomatischen Störungen und Verhaltensstörungen bei Kindern und Jugendlichen (9-672) und der psychiatrisch-psychosomatischen Behandlung im besonderen Setting (Eltern-Kind-Setting) bei psychischen und psychosomatischen Störungen und Verhaltensstörungen bei Kindern und Jugendlichen (9-686) angegeben werden
Ein Kode aus diesem Bereich ist unabhängig von der Art der Behandlung einmal pro Woche anzugeben. Als erste Woche gilt die Zeitspanne vom Tag der Aufnahme bis zum Ablauf der ersten 7 Tage, usw. Erfolgt innerhalb der Woche ein Wechsel der Behandlungsart z.B. von Regelbehandlung auf Intensivbehandlung, werden die Therapieeinheiten aus den verschiedenen Behandlungsarten für die jeweilige Berufsgruppe zusammengezählt. Erfolgt eine Versorgung an weniger als 7 Tagen (z.B. aufgrund einer Entlassung), werden auch dann die Therapieeinheiten der jeweiligen Berufsgruppen berechnet und entsprechend der Anzahl der erreichten Therapieeinheiten kodiert
Sofern Therapieeinheiten an Wochenenden, Feiertagen, Aufnahme- oder Entlassungstagen erbracht werden, sind diese ebenfalls zu berücksichtigen
Als Einzeltherapie gilt eine zusammenhängende Therapie von mindestens 15 Minuten. Dies entspricht einer Therapieeinheit. Hierzu zählen auch Familientherapie oder Elterngespräche
Gruppentherapien dauern ebenfalls mindestens 15 Minuten. Bei Eltern-Gruppentherapien oder Eltern-Kind-Gruppentherapien ist die Gruppengröße auf maximal 8 Familien oder 15 Teilnehmer begrenzt. Gruppen mit 4 bis 10 Teilnehmern werden in aller Regel nach dem 2-Therapeuten-Prinzip geführt. Gruppen mit 11 bis 15 Teilnehmern müssen nach dem 2-Therapeuten-Prinzip geführt werden
Pro Einzel- oder Gruppentherapie dürfen Therapieeinheiten für maximal 2 Therapeuten pro Patient angerechnet werden
Die für die Diagnostik aufgewendete Zeit ist für die Berechnung der Therapieeinheiten entsprechend zu berücksichtigen
Die Tabelle der pro Patient anrechenbaren Therapieeinheiten befindet sich im Anhang zum OPS
Anerkannt werden alle Leistungen, die durch Mitarbeiter erbracht werden, die eine Ausbildung in der jeweiligen, beim Primärkode spezifizierten Berufsgruppe abgeschlossen haben und in einem dieser Berufsgruppe entsprechend vergüteten Beschäftigungsverhältnis stehen. Bei Psychotherapeuten in Ausbildung ist für eine Anerkennung der Leistungen Voraussetzung, dass diese Mitarbeiter eine Vergütung entsprechend ihrem Grundberuf z.B. als Diplom-Psychologe oder Diplom-(Sozial-)Pädagoge erhalten
Für die Kodierung sind die durch die jeweilige Berufsgruppe erbrachten Therapieeinheiten getrennt nach Einzel- und Gruppentherapie zu addieren. Es sind für jede Berufsgruppe gesondert die entsprechenden Kodes anzugeben

Kapitel 9: Ergänzende Maßnahmen

9-696.0 Keine Therapieeinheit pro Woche
Hinw.: Dieser Kode ist nur anzuwenden, wenn im Rahmen der Behandlung eines Patienten von keiner der 4 Berufsgruppen zusammenhängende Therapien von mindestens 15 Minuten pro Woche durchgeführt wurden

9-696.1 Einzeltherapie durch Ärzte
- .10 1 Therapieeinheit pro Woche
- .11 2 Therapieeinheiten pro Woche
- .12 3 Therapieeinheiten pro Woche
- .13 4 Therapieeinheiten pro Woche
- .14 5 Therapieeinheiten pro Woche
- .15 6 Therapieeinheiten pro Woche
- .16 7 Therapieeinheiten pro Woche
- .17 8 Therapieeinheiten pro Woche
- .18 9 Therapieeinheiten pro Woche
- .19 10 Therapieeinheiten pro Woche
- .1a 11 Therapieeinheiten pro Woche
- .1b 12 Therapieeinheiten pro Woche
- .1c 13 Therapieeinheiten pro Woche
- .1d 14 Therapieeinheiten pro Woche
- .1e 15 Therapieeinheiten pro Woche
- .1f 16 Therapieeinheiten pro Woche
- .1g Mehr als 16 Therapieeinheiten pro Woche

9-696.2 Gruppentherapie durch Ärzte
- .20 Mehr als 0,06 bis 1 Therapieeinheit pro Woche
- .21 Mehr als 1 bis 2 Therapieeinheiten pro Woche
- .22 Mehr als 2 bis 3 Therapieeinheiten pro Woche
- .23 Mehr als 3 bis 4 Therapieeinheiten pro Woche
- .24 Mehr als 4 bis 5 Therapieeinheiten pro Woche
- .25 Mehr als 5 bis 6 Therapieeinheiten pro Woche
- .26 Mehr als 6 bis 7 Therapieeinheiten pro Woche
- .27 Mehr als 7 bis 8 Therapieeinheiten pro Woche
- .28 Mehr als 8 bis 9 Therapieeinheiten pro Woche
- .29 Mehr als 9 bis 10 Therapieeinheiten pro Woche
- .2a Mehr als 10 bis 11 Therapieeinheiten pro Woche
- .2b Mehr als 11 bis 12 Therapieeinheiten pro Woche
- .2c Mehr als 12 bis 13 Therapieeinheiten pro Woche
- .2d Mehr als 13 bis 14 Therapieeinheiten pro Woche
- .2e Mehr als 14 bis 15 Therapieeinheiten pro Woche
- .2f Mehr als 15 bis 16 Therapieeinheiten pro Woche
- .2g Mehr als 16 Therapieeinheiten pro Woche

9-696.3 Einzeltherapie durch Psychologen
- .30 1 Therapieeinheit pro Woche
- .31 2 Therapieeinheiten pro Woche
- .32 3 Therapieeinheiten pro Woche
- .33 4 Therapieeinheiten pro Woche
- .34 5 Therapieeinheiten pro Woche
- .35 6 Therapieeinheiten pro Woche
- .36 7 Therapieeinheiten pro Woche
- .37 8 Therapieeinheiten pro Woche
- .38 9 Therapieeinheiten pro Woche
- .39 10 Therapieeinheiten pro Woche
- .3a 11 Therapieeinheiten pro Woche
- .3b 12 Therapieeinheiten pro Woche
- .3c 13 Therapieeinheiten pro Woche
- .3d 14 Therapieeinheiten pro Woche
- .3e 15 Therapieeinheiten pro Woche
- .3f 16 Therapieeinheiten pro Woche
- .3g Mehr als 16 Therapieeinheiten pro Woche

Kapitel 9: Ergänzende Maßnahmen

9-696.4 Gruppentherapie durch Psychologen
- .40 Mehr als 0,06 bis 1 Therapieeinheit pro Woche
- .41 Mehr als 1 bis 2 Therapieeinheiten pro Woche
- .42 Mehr als 2 bis 3 Therapieeinheiten pro Woche
- .43 Mehr als 3 bis 4 Therapieeinheiten pro Woche
- .44 Mehr als 4 bis 5 Therapieeinheiten pro Woche
- .45 Mehr als 5 bis 6 Therapieeinheiten pro Woche
- .46 Mehr als 6 bis 7 Therapieeinheiten pro Woche
- .47 Mehr als 7 bis 8 Therapieeinheiten pro Woche
- .48 Mehr als 8 bis 9 Therapieeinheiten pro Woche
- .49 Mehr als 9 bis 10 Therapieeinheiten pro Woche
- .4a Mehr als 10 bis 11 Therapieeinheiten pro Woche
- .4b Mehr als 11 bis 12 Therapieeinheiten pro Woche
- .4c Mehr als 12 bis 13 Therapieeinheiten pro Woche
- .4d Mehr als 13 bis 14 Therapieeinheiten pro Woche
- .4e Mehr als 14 bis 15 Therapieeinheiten pro Woche
- .4f Mehr als 15 bis 16 Therapieeinheiten pro Woche
- .4g Mehr als 16 Therapieeinheiten pro Woche

9-696.5 Einzeltherapie durch Spezialtherapeuten
- .50 1 Therapieeinheit pro Woche
- .51 2 Therapieeinheiten pro Woche
- .52 3 Therapieeinheiten pro Woche
- .53 4 Therapieeinheiten pro Woche
- .54 5 Therapieeinheiten pro Woche
- .55 6 Therapieeinheiten pro Woche
- .56 7 Therapieeinheiten pro Woche
- .57 8 Therapieeinheiten pro Woche
- .58 9 Therapieeinheiten pro Woche
- .59 10 Therapieeinheiten pro Woche
- .5a 11 Therapieeinheiten pro Woche
- .5b 12 Therapieeinheiten pro Woche
- .5c 13 Therapieeinheiten pro Woche
- .5d 14 Therapieeinheiten pro Woche
- .5e 15 Therapieeinheiten pro Woche
- .5f 16 Therapieeinheiten pro Woche
- .5g 17 Therapieeinheiten pro Woche
- .5h 18 Therapieeinheiten pro Woche
- .5j 19 Therapieeinheiten pro Woche
- .5k 20 Therapieeinheiten pro Woche
- .5m 21 Therapieeinheiten pro Woche
- .5n 22 Therapieeinheiten pro Woche
- .5p 23 Therapieeinheiten pro Woche
- .5q 24 Therapieeinheiten pro Woche
- .5r 25 Therapieeinheiten pro Woche
- .5s 26 Therapieeinheiten pro Woche
- .5t 27 Therapieeinheiten pro Woche
- .5u 28 Therapieeinheiten pro Woche
- .5v 29 Therapieeinheiten pro Woche
- .5w Mehr als 29 Therapieeinheiten pro Woche

9-696.6 Gruppentherapie durch Spezialtherapeuten
- .60 Mehr als 0,06 bis 1 Therapieeinheit pro Woche
- .61 Mehr als 1 bis 2 Therapieeinheiten pro Woche
- .62 Mehr als 2 bis 3 Therapieeinheiten pro Woche
- .63 Mehr als 3 bis 4 Therapieeinheiten pro Woche
- .64 Mehr als 4 bis 5 Therapieeinheiten pro Woche
- .65 Mehr als 5 bis 6 Therapieeinheiten pro Woche
- .66 Mehr als 6 bis 7 Therapieeinheiten pro Woche
- .67 Mehr als 7 bis 8 Therapieeinheiten pro Woche

Kapitel 9: Ergänzende Maßnahmen

.68 Mehr als 8 bis 9 Therapieeinheiten pro Woche
.69 Mehr als 9 bis 10 Therapieeinheiten pro Woche
.6a Mehr als 10 bis 11 Therapieeinheiten pro Woche
.6b Mehr als 11 bis 12 Therapieeinheiten pro Woche
.6c Mehr als 12 bis 13 Therapieeinheiten pro Woche
.6d Mehr als 13 bis 14 Therapieeinheiten pro Woche
.6e Mehr als 14 bis 15 Therapieeinheiten pro Woche
.6f Mehr als 15 bis 16 Therapieeinheiten pro Woche
.6g Mehr als 16 bis 17 Therapieeinheiten pro Woche
.6h Mehr als 17 bis 18 Therapieeinheiten pro Woche
.6j Mehr als 18 bis 19 Therapieeinheiten pro Woche
.6k Mehr als 19 bis 20 Therapieeinheiten pro Woche
.6m Mehr als 20 bis 21 Therapieeinheiten pro Woche
.6n Mehr als 21 bis 22 Therapieeinheiten pro Woche
.6p Mehr als 22 bis 23 Therapieeinheiten pro Woche
.6q Mehr als 23 bis 24 Therapieeinheiten pro Woche
.6r Mehr als 24 bis 25 Therapieeinheiten pro Woche
.6s Mehr als 25 bis 26 Therapieeinheiten pro Woche
.6t Mehr als 26 bis 27 Therapieeinheiten pro Woche
.6u Mehr als 27 bis 28 Therapieeinheiten pro Woche
.6v Mehr als 28 bis 29 Therapieeinheiten pro Woche
.6w Mehr als 29 Therapieeinheiten pro Woche

9-696.7 Einzeltherapie durch pädagogisch-pflegerische Fachpersonen
.70 1 Therapieeinheit pro Woche
.71 2 Therapieeinheiten pro Woche
.72 3 Therapieeinheiten pro Woche
.73 4 Therapieeinheiten pro Woche
.74 5 Therapieeinheiten pro Woche
.75 6 Therapieeinheiten pro Woche
.76 7 Therapieeinheiten pro Woche
.77 8 Therapieeinheiten pro Woche
.78 9 Therapieeinheiten pro Woche
.79 10 Therapieeinheiten pro Woche
.7a 11 Therapieeinheiten pro Woche
.7b 12 Therapieeinheiten pro Woche
.7c 13 Therapieeinheiten pro Woche
.7d 14 Therapieeinheiten pro Woche
.7e 15 Therapieeinheiten pro Woche
.7f 16 Therapieeinheiten pro Woche
.7g 17 Therapieeinheiten pro Woche
.7h 18 Therapieeinheiten pro Woche
.7j 19 Therapieeinheiten pro Woche
.7k 20 Therapieeinheiten pro Woche
.7m 21 Therapieeinheiten pro Woche
.7n 22 Therapieeinheiten pro Woche
.7p 23 Therapieeinheiten pro Woche
.7q 24 Therapieeinheiten pro Woche
.7r 25 Therapieeinheiten pro Woche
.7s 26 Therapieeinheiten pro Woche
.7t 27 Therapieeinheiten pro Woche
.7u 28 Therapieeinheiten pro Woche
.7v 29 Therapieeinheiten pro Woche
.7w Mehr als 29 Therapieeinheiten pro Woche

9-696.8 Gruppentherapie durch pädagogisch-pflegerische Fachpersonen
.80 Mehr als 0,06 bis 1 Therapieeinheit pro Woche
.81 Mehr als 1 bis 2 Therapieeinheiten pro Woche
.82 Mehr als 2 bis 3 Therapieeinheiten pro Woche
.83 Mehr als 3 bis 4 Therapieeinheiten pro Woche

Kapitel 9: Ergänzende Maßnahmen

.84 Mehr als 4 bis 5 Therapieeinheiten pro Woche
.85 Mehr als 5 bis 6 Therapieeinheiten pro Woche
.86 Mehr als 6 bis 7 Therapieeinheiten pro Woche
.87 Mehr als 7 bis 8 Therapieeinheiten pro Woche
.88 Mehr als 8 bis 9 Therapieeinheiten pro Woche
.89 Mehr als 9 bis 10 Therapieeinheiten pro Woche
.8a Mehr als 10 bis 11 Therapieeinheiten pro Woche
.8b Mehr als 11 bis 12 Therapieeinheiten pro Woche
.8c Mehr als 12 bis 13 Therapieeinheiten pro Woche
.8d Mehr als 13 bis 14 Therapieeinheiten pro Woche
.8e Mehr als 14 bis 15 Therapieeinheiten pro Woche
.8f Mehr als 15 bis 16 Therapieeinheiten pro Woche
.8g Mehr als 16 bis 17 Therapieeinheiten pro Woche
.8h Mehr als 17 bis 18 Therapieeinheiten pro Woche
.8j Mehr als 18 bis 19 Therapieeinheiten pro Woche
.8k Mehr als 19 bis 20 Therapieeinheiten pro Woche
.8m Mehr als 20 bis 21 Therapieeinheiten pro Woche
.8n Mehr als 21 bis 22 Therapieeinheiten pro Woche
.8p Mehr als 22 bis 23 Therapieeinheiten pro Woche
.8q Mehr als 23 bis 24 Therapieeinheiten pro Woche
.8r Mehr als 24 bis 25 Therapieeinheiten pro Woche
.8s Mehr als 25 bis 26 Therapieeinheiten pro Woche
.8t Mehr als 26 bis 27 Therapieeinheiten pro Woche
.8u Mehr als 27 bis 28 Therapieeinheiten pro Woche
.8v Mehr als 28 bis 29 Therapieeinheiten pro Woche
.8w Mehr als 29 Therapieeinheiten pro Woche

Andere Behandlung bei psychischen und psychosomatischen Störungen und Verhaltensstörungen bei Erwachsenen (9-70...9-70)

Hinw.: Ein Kode aus diesem Bereich ist nur für Leistungen anzugeben, die in Einrichtungen im Geltungsbereich des § 17d KHG erbracht wurden
Die gleichzeitige somatische Diagnostik und Behandlung sind gesondert zu kodieren

9-70 Spezifische Behandlung bei psychischen und psychosomatischen Störungen und Verhaltensstörungen bei Erwachsenen

9-701 **Stationsäquivalente psychiatrische Behandlung bei Erwachsenen**
Exkl.: Regelbehandlung bei psychischen und psychosomatischen Störungen und Verhaltensstörungen bei Erwachsenen (9-607)
Intensivbehandlung bei psychischen und psychosomatischen Störungen und Verhaltensstörungen bei Erwachsenen (9-61)
Psychotherapeutische Komplexbehandlung bei psychischen und psychosomatischen Störungen und Verhaltensstörungen bei Erwachsenen (9-626)
Psychosomatisch-psychotherapeutische Komplexbehandlung bei psychischen und psychosomatischen Störungen und Verhaltensstörungen bei Erwachsenen (9-634)
Erhöhter Betreuungsaufwand bei psychischen und psychosomatischen Störungen und Verhaltensstörungen bei Erwachsenen (9-640 ff.)
Integrierte klinisch-psychosomatisch-psychotherapeutische Komplexbehandlung bei psychischen und psychosomatischen Störungen und Verhaltensstörungen bei Erwachsenen (9-642)
Psychiatrisch-psychotherapeutische Behandlung im besonderen Setting (Mutter/Vater-Kind-Setting) (9-643 ff.)
Erbringung von Behandlungsmaßnahmen im stationsersetzenden Umfeld und als halbtägige tagesklinische Behandlung bei Erwachsenen (9-644 ff.)
Spezifische qualifizierte Entzugsbehandlung Abhängigkeitskranker bei Erwachsenen (9-647 ff.)

Hinw.: Eine kriseninterventionelle Behandlung (9-641 ff.), der indizierte komplexe Entlassungsaufwand (9-645 ff.) und der Einsatz von Gebärdensprachdolmetschern (9-510 ff.) sind gesondert zu kodieren
Voraussetzung für die stationsäquivalente Behandlung ist das Vorliegen einer psychischen Erkrankung und einer Indikation für eine stationäre Behandlung. Die stationsäquivalente Behandlung umfasst eine psychiatrische Behandlung im häuslichen Umfeld des Patienten
Sie stellt bei Bedarf neben der aufsuchenden Behandlung auch die Nutzung weiterer Ressourcen der psychiatrischen Klinik für ergänzende Diagnostik und Therapie sicher
Diese Kodes sind für jeden Tag mit stationsäquivalenter Behandlung berufsgruppenspezifisch anzugeben. Therapiezeiten eines Tages einer Berufsgruppe sind zu addieren. Fahrzeiten werden nicht angerechnet
Bei Gruppentherapien ist die Gruppengröße auf maximal 18 Patienten begrenzt. Bei einer Gruppenpsychotherapie mit 13 bis 18 Patienten sind mindestens 2 Mitarbeiter, von denen mindestens einer ein Arzt oder ein Psychologe ist, erforderlich. Pro Gruppentherapie dürfen Therapiezeiten für maximal 2 Therapeuten angerechnet werden. Die Dauer der Gruppentherapie ist mit der Anzahl der Therapeuten zu multiplizieren und dann durch die Anzahl der teilnehmenden Patienten zu teilen. Diese Zeit wird jedem teilnehmenden Patienten angerechnet
Die Kodes sind ebenfalls für Leistungen anzugeben, die von an der ambulanten psychiatrischen Behandlung teilnehmenden Leistungserbringern oder anderen zur Erbringung der stationsäquivalenten Behandlung berechtigten Krankenhäusern (§ 115d Abs. 1 Satz 3 SGB V) erbracht werden
Mindestmerkmale:
- Therapiezielorientierte Behandlung durch ein mobiles multiprofessionelles Team unter Leitung eines Facharztes (Facharzt für Psychiatrie und Psychotherapie, Facharzt für Psychiatrie, Facharzt für Nervenheilkunde oder Facharzt für Psychosomatische Medizin und Psychotherapie)
- Team bestehend aus ärztlichem Dienst, pflegerischem Dienst und mindestens einem Vertreter einer weiteren Berufsgruppe (z.B. Psychologen (Psychologischer Psychotherapeut, Diplom-Psychologe oder Master of Science in Psychologie) oder Spezialtherapeuten (z.B. Ergotherapeut, Physiotherapeut, Sozialarbeiter, Sozialpädagoge, Logopäde, Kreativtherapeut)). Genesungsbegleiter können hinzugezogen werden
- Vorhandensein von Vertretern der folgenden Berufsgruppen in der Einrichtung:
  - Ärzte (Facharzt für Psychiatrie und Psychotherapie, Facharzt für Psychiatrie, Facharzt für Nervenheilkunde oder Facharzt für Psychosomatische Medizin und Psychotherapie)
  - Psychologen (Psychologischer Psychotherapeut, Diplom-Psychologe oder Master of Science in Psychologie)
  - Spezialtherapeuten (z.B. Ergotherapeuten, Physiotherapeuten, Sozialarbeiter, Logopäden, Kreativtherapeuten)
  - Pflegefachpersonen (z.B. Gesundheits- und Krankenpfleger, Gesundheits- und Kinderkrankenpfleger, Altenpfleger)
- Durchführung einer wöchentlichen ärztlichen Visite (bei stationsäquivalenter Behandlung an mehr als 6 Tagen in Folge) im direkten Patientenkontakt, in der Regel im häuslichen Umfeld. Der Facharztstandard ist zu gewährleisten
- Durchführung einer wöchentlichen multiprofessionellen Fallbesprechung zur Beratung des weiteren Behandlungsverlaufs (bei stationsäquivalenter Behandlung an mehr als 6 Tagen in Folge), in die mindestens 3 der an der Behandlung beteiligten Berufsgruppen ggf. unter Einbeziehung kooperierender Leistungserbringer nach § 115d Abs. 1 Satz 3 SGB V einzubeziehen werden. Die Fallbesprechung kann unter Zuhilfenahme von Telekommunikation geschehen
- Behandlung auf der Grundlage eines individuellen Therapieplans, orientiert an den Möglichkeiten und dem Bedarf des Patienten
- Es erfolgt mindestens ein direkter Patientenkontakt durch mindestens ein Mitglied des multiprofessionellen Teams pro Tag. Kommt ein direkter Kontakt nicht zustande aus Gründen, die der Patient zu verantworten hat, zählt der unternommene Kontaktversuch dennoch als direkter Patientenkontakt
- Die Erreichbarkeit mindestens eines Mitglieds des Behandlungsteams ist werktags im Rahmen des üblichen Tagesdienstes sicherzustellen (Rufbereitschaft). Darüber hinaus ist eine jederzeitige, 24 Stunden an sieben Tagen in der Woche, ärztliche Eingriffsmöglichkeit durch das Krankenhaus zu gewährleisten. Bei kurzfristiger Zustandsverschlechterung muss umgehend mit einer vollstationären Aufnahme reagiert werden können
- Als angewandte Verfahren der ärztlichen und psychologischen Berufsgruppen gelten folgende Verfahren oder im Aufwand vergleichbare Verfahren:
  - Supportive Einzelgespräche

- Einzelpsychotherapie
- Psychoedukation
- Internetbasierte Interventionen
- Angehörigengespräche (z.B. Psychoedukation, Gespräche mit Betreuern)
- Gespräche mit Richtern oder Behördenvertretern
- Somato-psychosomatisches ärztliches Gespräch
- Aufklärung, Complianceförderung und Monitoring im Rahmen der ärztlich indizierten Psychopharmakotherapie, Einnahmetraining
- Leistungen im und unter Einbeziehung des sozialen Netzwerkes/Umfeldes des Patienten (z.B. Familie, Arbeitgeber, Betreuer, komplementäre Dienste)
- Gruppenpsychotherapie
- Als angewandte Verfahren der Spezialtherapeuten und Pflegefachpersonen gelten folgende Verfahren oder im Aufwand vergleichbare Verfahren:
- Beratung, Adhärenz-Förderung und Monitoring im Rahmen der ärztlich indizierten Psychopharmakotherapie, Einnahmetraining
- Psychoedukation
- Bezugstherapeutengespräche, supportive Einzelgespräche
- Behandlung und spezielle Interventionen durch Pflegefachpersonen (z.B. alltagsbezogenes Training, Aktivierungsbehandlung)
- Ergotherapeutische Behandlungsverfahren
- Spezielle psychosoziale Interventionen (z.B. Selbstsicherheitstraining, soziales Kompetenztraining)
- Kreativtherapien (z.B. Tanztherapie, Kunsttherapie, Musiktherapie)
- Internetbasierte Interventionen
- Gespräche mit Behördenvertretern
- Angehörigengespräche, Gespräche mit Betreuern
- Physio- oder Bewegungstherapie (z.B. Sporttherapie)
- Sensorisch fokussierte Therapien (z.B. Genussgruppe, Snoezelen)
- Entspannungsverfahren (z.B. progressive Muskelrelaxation nach Jacobson, autogenes Training oder psychophysiologische Techniken wie Biofeedback)
- Logopädie (z.B. bei Schluckstörungen)
- Übende Verfahren und Hilfekoordination zur Reintegration in den individuellen psychosozialen Lebensraum
- Gestaltungs-, Körper- und Bewegungstherapie
- Somatopsychisch-psychosomatische Kompetenztrainings (Diätberatung, Sozialberatung, Sport)

9-701.0 Therapiezeiten am Patienten durch Ärzte
 .00 Bis 30 Minuten pro Tag
 .01 Mehr als 30 bis 60 Minuten pro Tag
 .02 Mehr als 60 bis 90 Minuten pro Tag
 .03 Mehr als 90 bis 120 Minuten pro Tag
 .04 Mehr als 120 bis 180 Minuten pro Tag
 .05 Mehr als 180 bis 240 Minuten pro Tag
 .06 Mehr als 240 Minuten pro Tag

9-701.1 Therapiezeiten am Patienten durch Psychologen
 .10 Bis 30 Minuten pro Tag
 .11 Mehr als 30 bis 60 Minuten pro Tag
 .12 Mehr als 60 bis 90 Minuten pro Tag
 .13 Mehr als 90 bis 120 Minuten pro Tag
 .14 Mehr als 120 bis 180 Minuten pro Tag
 .15 Mehr als 180 bis 240 Minuten pro Tag
 .16 Mehr als 240 Minuten pro Tag

9-701.2 Therapiezeiten am Patienten durch Spezialtherapeuten
 .20 Bis 30 Minuten pro Tag
 .21 Mehr als 30 bis 60 Minuten pro Tag
 .22 Mehr als 60 bis 90 Minuten pro Tag
 .23 Mehr als 90 bis 120 Minuten pro Tag
 .24 Mehr als 120 bis 180 Minuten pro Tag
 .25 Mehr als 180 bis 240 Minuten pro Tag
 .26 Mehr als 240 Minuten pro Tag

9-701.3 Therapiezeiten am Patienten durch Pflegefachpersonen
.30 Bis 30 Minuten pro Tag
.31 Mehr als 30 bis 60 Minuten pro Tag
.32 Mehr als 60 bis 90 Minuten pro Tag
.33 Mehr als 90 bis 120 Minuten pro Tag
.34 Mehr als 120 bis 180 Minuten pro Tag
.35 Mehr als 180 bis 240 Minuten pro Tag
.36 Mehr als 240 Minuten pro Tag

Andere Behandlung bei psychischen und psychosomatischen Störungen und Verhaltensstörungen bei Kindern und Jugendlichen (9-80...9-80)

Hinw.: Ein Kode aus diesem Bereich ist nur für Leistungen anzugeben, die in Einrichtungen im Geltungsbereich des § 17d KHG erbracht wurden
Die gleichzeitige somatische Diagnostik und Behandlung sind gesondert zu kodieren

9-80 Spezifische Behandlung bei psychischen und psychosomatischen Störungen und Verhaltensstörungen bei Kindern und Jugendlichen

9-801 Stationsäquivalente psychiatrische Behandlung bei Kindern und Jugendlichen
Exkl.: Regelbehandlung bei psychischen und psychosomatischen Störungen und Verhaltensstörungen bei Kindern und Jugendlichen (9-656)
Psychiatrisch-psychosomatische Intensivbehandlung bei psychischen und psychosomatischen Störungen und Verhaltensstörungen bei Kindern und Jugendlichen (9-672)
Psychiatrisch-psychosomatische Behandlung im besonderen Setting (Eltern-Kind-Setting) bei psychischen und psychosomatischen Störungen und Verhaltensstörungen bei Kindern und Jugendlichen (9-686)
Erbringung von Behandlungsmaßnahmen im stationsersetzenden Umfeld und als halbtägige tagesklinische Behandlung bei Kindern und Jugendlichen (9-691 ff.)
Erhöhter Betreuungsaufwand bei psychischen und psychosomatischen Störungen und Verhaltensstörungen bei Kindern und Jugendlichen (9-693 ff.)
Spezifische Behandlung im besonderen Setting bei substanzbedingten Störungen bei Kindern und Jugendlichen (9-694 ff.)
Hinw.: Der Einsatz von Gebärdensprachdolmetschern (9-510 ff.) ist gesondert zu kodieren
Diese Kodes sind für die Behandlung von Patienten anzuwenden, die zu Beginn der stationsäquivalenten Behandlung das 18. Lebensjahr noch nicht vollendet haben (bei deutlichen Entwicklungsdefiziten auch für Heranwachsende bis zum vollendeten 21. Lebensjahr)
Voraussetzung für die stationsäquivalente Behandlung ist das Vorliegen einer psychischen Erkrankung und einer Indikation für eine stationäre Behandlung. Die stationsäquivalente Behandlung umfasst eine kinder- und jugendpsychiatrische Behandlung im häuslichen Umfeld des Patienten
Sie stellt bei Bedarf neben der aufsuchenden Behandlung auch die Nutzung weiterer Ressourcen der kinder- und jugendpsychiatrischen Klinik (je nach Bundesland und Träger im Bedarfsfall auch der Schule für Kranke) für ergänzende Diagnostik und Therapie sicher
Diese Kodes sind für jeden Tag mit stationsäquivalenter Behandlung berufsgruppenspezifisch anzugeben. Therapiezeiten eines Tages einer Berufsgruppe sind zu addieren. Fahrzeiten werden nicht angerechnet
Bei Eltern-Gruppentherapien oder Eltern-Kind-Gruppentherapien ist die Gruppengröße auf maximal 8 Familien oder 15 Teilnehmer begrenzt. Gruppen mit 4 bis 10 Teilnehmern werden in aller Regel nach dem 2-Therapeuten-Prinzip geführt. Gruppen mit 11 bis 15 Teilnehmern müssen nach dem 2-Therapeuten-Prinzip geführt werden. Pro Gruppentherapie dürfen Therapiezeiten für maximal 2 Therapeuten angerechnet werden. Die Dauer der Gruppentherapie ist mit der Anzahl der Therapeuten zu multiplizieren und dann durch die Anzahl der teilnehmenden Patienten zu teilen. Diese Zeit wird jedem teilnehmenden Patienten angerechnet

Die Kodes sind ebenfalls für Leistungen anzugeben, die von an der ambulanten psychiatrischen Behandlung teilnehmenden Leistungserbringern oder anderen zur Erbringung der stationsäquivalenten Behandlung berechtigten Krankenhäusern (§ 115d Abs. 1 Satz 3 SGB V) erbracht werden

Mindestmerkmale:
- Therapiezielorientierte Behandlung durch ein mobiles multiprofessionelles Team unter Leitung eines Facharztes (Facharzt für Kinder- und Jugendpsychiatrie und -psychotherapie)
- Team bestehend aus ärztlichem Dienst, pädagogisch-pflegerischem Dienst (z.B. (Kinder-)Gesundheits- und Krankenpflegepersonal, Erzieher, Heilerziehungspfleger, Jugend- und Heimerzieher) und mindestens einem Vertreter einer weiteren Berufsgruppe (z.B. Psychologen (Kinder- und Jugendlichenpsychotherapeut, Psychologischer Psychotherapeut, Diplom-Psychologe oder Master of Science in Psychologie) oder Spezialtherapeuten (z.B. Ergotherapeut, Physiotherapeut, Sozialarbeiter, Sozialpädagoge, Heilpädagoge, Bewegungs-, Erlebnis-, Kreativtherapeut, Logopäde))
- Vorhandensein von Vertretern der folgenden Berufsgruppen in der Einrichtung:
  - Ärzte (Facharzt für Kinder- und Jugendpsychiatrie und -psychotherapie)
  - Psychologen (Kinder- und Jugendlichenpsychotherapeut, Psychologischer Psychotherapeut, Diplom-Psychologe oder Master of Science in Psychologie)
  - Spezialtherapeuten (z.B. Ergotherapeuten, Sozialarbeiter, Heilpädagogen, Bewegungs-, Erlebnis-, Kreativtherapeuten, Logopäden)
  - Pädagogisch-pflegerische Fachpersonen (z.B. (Kinder-)Gesundheits- und Krankenpflegepersonal, Erzieher, Heilerziehungspfleger, Jugend- und Heimerzieher)
- Durchführung einer wöchentlichen ärztlichen Visite (bei stationsäquivalenter Behandlung an mehr als 6 Tagen in Folge) im direkten Patientenkontakt, in der Regel im häuslichen Umfeld. Der Facharztstandard ist zu gewährleisten
- Durchführung einer wöchentlichen multiprofessionellen Fallbesprechung zur Beratung des weiteren Behandlungsverlaufs (bei stationsäquivalenter Behandlung an mehr als 6 Tagen in Folge), in die mindestens 3 der an der Behandlung beteiligten Berufsgruppen ggf. unter Einbeziehung kooperierender Leistungserbringer nach § 115d Abs. 1 Satz 3 SGB V einbezogen werden. Die Fallbesprechung kann unter Zuhilfenahme von Telekommunikation geschehen
- Behandlung auf der Grundlage eines individuellen Therapieplans, orientiert an den Möglichkeiten und dem Bedarf des Patienten
- Es erfolgt mindestens ein direkter Patientenkontakt durch mindestens ein Mitglied des multiprofessionellen Teams pro Tag. Kommt ein direkter Kontakt nicht zustande aus Gründen, die der Patient zu verantworten hat, zählt der unternommene Kontaktversuch dennoch als direkter Patientenkontakt
- Die Erreichbarkeit mindestens eines Mitglieds des Behandlungsteams ist werktags im Rahmen der üblichen Tagesdienste sicherzustellen (Rufbereitschaft). Darüber hinaus ist eine jederzeitige, 24 Stunden an sieben Tagen in der Woche, ärztliche Eingriffsmöglichkeit durch das Krankenhaus zu gewährleisten. Bei kurzfristiger Zustandsverschlechterung muss umgehend mit einer vollstationären Aufnahme reagiert werden können
- Als angewandte Verfahren der ärztlichen und psychologischen Berufsgruppen gelten folgende Verfahren oder im Aufwand vergleichbare Verfahren:
  - Ärztliches oder psychologisches Einzelgespräch/einzeltherapeutische Intervention
  - Einzelpsychotherapie mit kind- und jugendgerechten Verfahren
  - Entspannungsverfahren
  - Ärztliche oder psychologische therapeutische Familienkontakte, Elterngespräche, Familiengespräche und Familientherapie und/oder Gespräche/Kontakte mit Bezugspersonen aus dem Herkunftsmilieu (z.B. Jugendhilfe, Pflegefamilie)
  - Somato-psychosomatisches ärztliches Gespräch
  - Aufklärung (Kind/Jugendlicher und Bezugspersonen), Complianceförderung und Monitoring im Rahmen der ärztlich indizierten Psychopharmakotherapie
  - (Störungsspezifische) Psychoedukation
  - Helferkonferenzen (z.B. Jugendhilfe)
  - Anleitung von Bezugspersonen im Umgang mit dem Patienten, z.B. Begleitung von Deeskalationen
  - Gruppenpsychotherapie
- Als angewandte Verfahren der Spezialtherapeuten und pädagogisch-pflegerischen Fachpersonen gelten folgende Verfahren oder im Aufwand vergleichbare Verfahren:

- Behandlungseinheiten durch die kinder- und jugendpsychiatrische Pflege/Bezugspflege des Pflege- und Erziehungsdienstes (z.B. alltagsbezogenes Training, Anleitung und Förderung der Selbständigkeit, Stuhltraining, Esstraining, Verstärkerplan, Feedbackrunden)
- Anleitung bei sozialer Interaktion
- Gelenkte Freizeitaktivitäten, Medienpädagogik, Erlebnispädagogik/-therapie mit therapeutischem Auftrag gemäß Gesamtbehandlungsplan
- Heilpädagogische oder ergotherapeutische Förder- und Behandlungsverfahren (auch als Eltern-Kind-Interaktionsförderung)
- Kreativtherapien (z.B. Tanztherapie, Kunsttherapie, Musiktherapie)
- Bewegungstherapie, Mototherapie, Logopädie
- Übende Verfahren und prospektive Hilfekoordination hinsichtlich der geplanten Reintegration in Schule und soziales Umfeld
- Gespräche mit Behördenvertretern
- Ergotherapeutische Behandlungsverfahren, Krankengymnastik, Entspannungsverfahren
- Unterstützung (der Eltern) bei alltäglichen Verrichtungen und Förderung der selbständigen Konfliktklärung mit dem Kind, ggf. mit Video-Feedback, ggf. mit spezifischen Deeskalationstechniken
- Einübung spezialisierter Therapiemodule gemeinsam mit den Eltern
- Spezielle psychosoziale Techniken (z.B. Sozialkompetenztraining, Anleitung zu gemeinsamen Aktivitäten mit Familienmitgliedern wie Spiel, Sport, Freizeit)
- Angehörigengespräche und gezielte Anleitung von Bezugspersonen aus dem Herkunftsmilieu, dem familiären oder sozialen Raum
- Interventionen hinsichtlich der geplanten Überleitung in andere Behandlungssettings oder rehabilitative Anschlussmaßnahmen (z.B. Jugendhilfe)

9-801.0 Therapiezeiten am Patienten durch Ärzte
.00 Bis 30 Minuten pro Tag
.01 Mehr als 30 bis 60 Minuten pro Tag
.02 Mehr als 60 bis 90 Minuten pro Tag
.03 Mehr als 90 bis 120 Minuten pro Tag
.04 Mehr als 120 bis 180 Minuten pro Tag
.05 Mehr als 180 bis 240 Minuten pro Tag
.06 Mehr als 240 Minuten pro Tag

9-801.1 Therapiezeiten am Patienten durch Psychologen
.10 Bis 30 Minuten pro Tag
.11 Mehr als 30 bis 60 Minuten pro Tag
.12 Mehr als 60 bis 90 Minuten pro Tag
.13 Mehr als 90 bis 120 Minuten pro Tag
.14 Mehr als 120 bis 180 Minuten pro Tag
.15 Mehr als 180 bis 240 Minuten pro Tag
.16 Mehr als 240 Minuten pro Tag

9-801.2 Therapiezeiten am Patienten durch Spezialtherapeuten
.20 Bis 30 Minuten pro Tag
.21 Mehr als 30 bis 60 Minuten pro Tag
.22 Mehr als 60 bis 90 Minuten pro Tag
.23 Mehr als 90 bis 120 Minuten pro Tag
.24 Mehr als 120 bis 180 Minuten pro Tag
.25 Mehr als 180 bis 240 Minuten pro Tag
.26 Mehr als 240 Minuten pro Tag

9-801.3 Therapiezeiten am Patienten durch pädagogisch-pflegerische Fachpersonen
.30 Bis 30 Minuten pro Tag
.31 Mehr als 30 bis 60 Minuten pro Tag
.32 Mehr als 60 bis 90 Minuten pro Tag
.33 Mehr als 90 bis 120 Minuten pro Tag
.34 Mehr als 120 bis 180 Minuten pro Tag
.35 Mehr als 180 bis 240 Minuten pro Tag
.36 Mehr als 240 Minuten pro Tag

Kapitel 9: Ergänzende Maßnahmen

Andere ergänzende Maßnahmen und Informationen (9-98...9-99)

9-98 **Behandlung in Einrichtungen, die im Anwendungsbereich der Psychiatrie-Personalverordnung liegen, und Pflegebedürftigkeit**
Hinw.: Die Definitionen der Behandlungsbereiche richten sich nach der Psychiatrie-Personalverordnung

9-980 **Behandlung von Erwachsenen in Einrichtungen, die im Anwendungsbereich der Psychiatrie-Personalverordnung liegen, Allgemeine Psychiatrie**
Hinw.: Ein Kode aus diesem Bereich ist zu Beginn der Behandlung und bei jedem Wechsel des Behandlungsbereichs sowie bei einem Wechsel zwischen Allgemeiner Psychiatrie, Abhängigkeitskranke, Gerontopsychiatrie und Kinder- und Jugendpsychiatrie anzugeben

9-980.0 Behandlungsbereich A1 (Regelbehandlung)

9-980.1 Behandlungsbereich A2 (Intensivbehandlung)

9-980.2 Behandlungsbereich A3 (Rehabilitative Behandlung)

9-980.3 Behandlungsbereich A4 (Langdauernde Behandlung Schwer- und/oder Mehrfachkranker)

9-980.4 Behandlungsbereich A5 (Psychotherapie)

9-980.5 Behandlungsbereich A6 (Tagesklinische Behandlung)

9-981 **Behandlung von Erwachsenen in Einrichtungen, die im Anwendungsbereich der Psychiatrie-Personalverordnung liegen, Abhängigkeitskranke**
Hinw.: Ein Kode aus diesem Bereich ist zu Beginn der Behandlung und bei jedem Wechsel des Behandlungsbereichs sowie bei einem Wechsel zwischen Allgemeiner Psychiatrie, Abhängigkeitskranke, Gerontopsychiatrie und Kinder- und Jugendpsychiatrie anzugeben

9-981.0 Behandlungsbereich S1 (Regelbehandlung)

9-981.1 Behandlungsbereich S2 (Intensivbehandlung)

9-981.2 Behandlungsbereich S3 (Rehabilitative Behandlung)
Inkl.: Sogenannte Entwöhnung

9-981.3 Behandlungsbereich S4 (Langdauernde Behandlung Schwer- und/oder Mehrfachkranker)

9-981.4 Behandlungsbereich S5 (Psychotherapie)

9-981.5 Behandlungsbereich S6 (Tagesklinische Behandlung)

9-982 **Behandlung von Erwachsenen in Einrichtungen, die im Anwendungsbereich der Psychiatrie-Personalverordnung liegen, Gerontopsychiatrie**
Hinw.: Ein Kode aus diesem Bereich ist zu Beginn der Behandlung und bei jedem Wechsel des Behandlungsbereichs sowie bei einem Wechsel zwischen Allgemeiner Psychiatrie, Abhängigkeitskranke, Gerontopsychiatrie und Kinder- und Jugendpsychiatrie anzugeben

9-982.0 Behandlungsbereich G1 (Regelbehandlung)

9-982.1 Behandlungsbereich G2 (Intensivbehandlung)

9-982.2 Behandlungsbereich G3 (Rehabilitative Behandlung)

9-982.3 Behandlungsbereich G4 (Langdauernde Behandlung Schwer- und/oder Mehrfachkranker)

9-982.4 Behandlungsbereich G5 (Psychotherapie)

9-982.5 Behandlungsbereich G6 (Tagesklinische Behandlung)

9-983 **Behandlung von Kindern und Jugendlichen in Einrichtungen, die im Anwendungsbereich der Psychiatrie-Personalverordnung liegen, Kinder- und Jugendpsychiatrie**
Hinw.: Ein Kode aus diesem Bereich ist zu Beginn der Behandlung und bei jedem Wechsel des Behandlungsbereichs sowie bei einem Wechsel zwischen Allgemeiner Psychiatrie, Abhängigkeitskranke, Gerontopsychiatrie und Kinder- und Jugendpsychiatrie anzugeben

9-983.0 Behandlungsbereich KJ1 (Kinderpsychiatrische Regel- und/oder Intensivbehandlung)
Hinw.: Dieser Kode ist nur für Patienten bis zur Vollendung des 14. Lebensjahres anzugeben

9-983.1 Behandlungsbereich KJ2 (Jugendpsychiatrische Regelbehandlung)

9-983.2 Behandlungsbereich KJ3 (Jugendpsychiatrische Intensivbehandlung)

Kapitel 9: Ergänzende Maßnahmen

9-983.3	Behandlungsbereich KJ4 (Rehabilitative Behandlung)
9-983.4	Behandlungsbereich KJ5 (Langdauernde Behandlung Schwer- und/oder Mehrfachkranker)
9-983.5	Behandlungsbereich KJ6 (Eltern-Kind-Behandlung)
9-983.6	Behandlungsbereich KJ7 (Tagesklinische Behandlung)

9-984 Pflegebedürftigkeit

Hinw.: Diese Kodes sind für Patienten anzugeben, die im Sinne des § 14 SGB XI pflegebedürftig und gemäß § 15 SGB XI einem Pflegegrad zugeordnet sind. Wechselt während des stationären Aufenthaltes der Pflegegrad, ist der Kode für die höhere Pflegebedürftigkeit anzugeben. Liegt noch keine Einstufung in einen Pflegegrad vor, ist diese aber bereits beantragt, ist der Kode 9-984.b anzugeben. Wurde eine Höherstufung bei vorliegendem Pflegegrad beantragt, ist neben dem zutreffenden Kode aus 9-984.6 bis 9-984.9 zusätzlich der Kode 9-984.b anzugeben

9-984.6	Pflegebedürftig nach Pflegegrad 1
9-984.7	Pflegebedürftig nach Pflegegrad 2
9-984.8	Pflegebedürftig nach Pflegegrad 3
9-984.9	Pflegebedürftig nach Pflegegrad 4
9-984.a	Pflegebedürftig nach Pflegegrad 5
9-984.b	Erfolgter Antrag auf Einstufung in einen Pflegegrad

9-99 Obduktion

9-990 Klinische Obduktion bzw. Obduktion zur Qualitätssicherung

Hinw.: Mit diesem Kode sind nur Obduktionen zu dokumentieren, die nicht von einem Gericht, einem Gesundheitsamt oder einer Versicherung angefordert wurden

Anhang

Berechnung der Aufwandspunkte für die Intensivmedizinische Komplexbehandlung bei Erwachsenen

Die Anzahl der Aufwandspunkte für die Intensivmedizinische Komplexbehandlung errechnet sich aus der Summe der täglichen SAPS II (ohne Glasgow-Coma-Scale) über die Verweildauer auf der Intensivstation (total SAPS II) und der Summe von 10 täglich ermittelten aufwendigen Leistungen aus dem TISS-Katalog über die Verweildauer auf der Intensivstation.

Der tägliche SAPS II (Simplified Acute Physiology Score) errechnet sich nach folgenden Tabellen. Erfasst werden die jeweils schlechtesten Werte innerhalb der vergangenen 24 Stunden.

Variablen	Punkte											
	0	1	2	3	4	5	6	7	9	10	11	12	13
Herzfrequenz [1/min]	70-119		40-69		120-159			$\geq$160		<40			
Systolischer Blutdruck [mmHg]	100-199		$\geq$200				70-99						<70
Körpertemperatur [°C]	<39				$\geq$39								
PaO$_2$/FiO$_2$* [mmHg]								$\geq$200	100-<200		<100		
Ausfuhr Urin [l/d]	$\geq$1,0				0,5-<1,0						<0,5		
Harnstoff im Serum [g/l]	<0,6						0,6-<1,8				$\geq$1,8		
Leukozyten [10^3/mm^3]	1,0-<20				$\geq$20							<1,0	
Kalium im Serum [mmol/l]	3,0-<5,0				$\geq$5,0 <3,0								
Natrium im Serum [mmol/l]	125-<145		$\geq$145				<125						
Bicarbonat im Serum [mmol/l]			$\geq$20		15-<20		<15						
Bilirubin im Serum [µmol/l]	<68,4				68,4-<102,6				$\geq$102,6				

*Erhebung nur im Falle der maschinellen Beatmung

Variablen	Punkte					
	0	6	8	9	10	17
Chronische Leiden				Neoplasie mit Metastase	Hämatologische Neoplasie	AIDS*
Aufnahmestatus**	Geplant chirurgisch	Medizinisch	Nicht geplant chirurgisch			

*	Wertung bei positivem HIV-Test und entsprechenden klinischen Komplikationen
**	geplant chirurgisch: Operationstermin mindestens 24 Stunden vorher geplant
	nicht geplant chirurgisch: Operationstermin erst in den letzten 24 Stunden geplant
	medizinisch: mindestens eine Woche lang nicht operiert
Achtung! Bei den chronischen Leiden darf nur das mit der höchsten Punktzahl berechnet werden.	

Berechnung der Aufwandspunkte für die Intensivmedizinische Komplexbehandlung bei Erwachsenen

Variablen	Punkte								
	0	5	7	12	13	15	16	18	26
Alter des Patienten	<40		40-59	60-69		70-74	75-79	≥80	

Aus dem TISS-28 werden lediglich die 10 aufwendigsten Merkmale täglich erfasst:

Leistung:	Punkte pro Tag:
Apparative Beatmung	5
Infusion multipler Katecholamine (>1)	4
Flüssigkeitsersatz in hohen Mengen (>5 l/24 Std.)	4
Peripherer arterieller Katheter	5
Linksvorhof-Katheter / Pulmonalis-Katheter	8
Hämofiltration / Dialyse	3
Intrakranielle Druckmessung	4
Behandlung einer metabolischen Azidose / Alkalose	4
Spezielle Interventionen auf der ITS (z.B. Tracheotomie, Kardioversion)	5
Aktionen außerhalb der Station (Diagnostik / Operation)	5

Berechnung der Aufwandspunkte für die Intensivmedizinische Komplexbehandlung im Kindesalter (8-98d)

Kriterien	Punkte
1. Alter	
mehr als 27 Tage, aber unter 1 Jahr (365 Tage)	15
1 Jahr bis unter 8 Jahre	7
8 Jahre bis unter 18* Jahre	0
2. Vorerkrankungen	
Low-Risk-Diagnose • Asthma bronchiale • Bronchiolitis • Croup • diabetische Ketoazidose ohne Koma als Aufnahmegrund	10
High-Risk-Diagnose • aplastische Phase nach KMT/SZT • Herzstillstand oder Reanimation vor Aufnahme auf die ICU • HIV-Infektion • Immundefekt • Kardiomyopathie • Leberversagen als Aufnahmegrund • Leukämie oder Lymphom nach Induktionstherapie • Myokarditis • spontane Hirnblutung • symptomatisches komplexes Herzvitium • symptomatische neurodegenerative Erkrankung	17
3. Aufnahmestatus	
geplant chirurgisch oder nach anderer Prozedur	0
medizinisch	6
nicht geplant chirurgisch	8

4. Systolischer Blutdruck [mmHg] (invasiv oder nicht invasiv gemessen)

> 27 Tage bis < 1 Jahr	1 Jahr bis < 8 Jahre	8 Jahre bis < 18* Jahre	
☐ 65 bis < 130	☐ 75 bis < 140	☐ 90 bis < 150	0
☐ 55 bis < 65	☐ 65 bis < 75	☐ 65 bis < 90	2
☐ 130 bis < 160	☐ 140 bis < 180	☐ 150 bis < 200	2
☐ 40 bis < 55	☐ 50 bis < 65	☐ 50 bis < 65	6
☐ 160	☐ 180	☐ 200	6
0 bis < 40	0 bis < 50	0 bis < 50	13

5. Herzfrequenz [1/min]

> 27 Tage bis < 1 Jahr	1 Jahr bis < 8 Jahre	8 Jahre bis < 18* Jahre	
☐ 90 bis < 160	☐ 70 bis < 150	☐ 55 bis < 140	0
☐ 160	☐ 150	☐ 140	4
< 90	< 70	< 55	6

Berechnung der Aufwandspunkte für die Intensivmedizinische Komplexbehandlung im Kindesalter (8-98d)

Kriterien	Punkte
6. PaO_2/FiO_2 (nur, wenn beatmet – inkl. Masken-, Helm-, mono-/binasales CPAP – oder unter Head-Box; PaO_2 in mmHg, FiO_2 als Fraktion)	
300	0
200 bis < 300	2
100 bis < 200	8
< 100	13
7. $PaCO_2$ [mmHg]	
< 80	0
80	6
8. Leukozyten [10^3/mm³]	
4 bis < 20	0
20	3
1 bis < 4	3
< 1	12
9. Thrombozyten [10^3/mm³]	
100	0
50 bis 100	2
< 50	6
10. Standard Base Excess [SBE]	
-3,0 bis +3,0	0
-8,0 bis < -3,0	2
> +3,0 bis +8,0	2
-13,0 bis < -8,0	6
> +8,0	6
< -13,0	10
11. Kreatinin [µmol/l]	
< 53	0
53 bis < 159 **(Alter 1 Jahr)**	4
53 bis < 159 **(Alter < 1 Jahr)**	6
159	10
12. Prothrombinzeit nach Quick	
60 %	0
40 bis < 60 %	2
< 40 %	6
13. Glutamat-Oxalacetat-Transaminase (GOT) [U/l]	
< 1.000	0
1.000	4

Berechnung der Aufwandspunkte für die Intensivmedizinische Komplexbehandlung im Kindesalter (8-98d)

Kriterien	Punkte
14. Pupillenreaktion	
bds. reagierend oder Größe < 3 mm Durchmesser	0
nur 1 Seite reagierend und Größe ☐ 3 mm Durchmesser	3
bds. lichtstarr und Größe ☐ 3 mm Durchmesser	8
15. Glasgow Coma Scale	
☐ 8	0
☐ 4 bis < 8	6
< 4	13
16. Apparative Beatmung inklusive jeglicher Form von CPAP	5
17. Infusion von > 1 Katecholamin oder PDE-III-Hemmer oder Vasopressor (Dopamin, Dobutamin, Adrenalin, Noradrenalin, Milrinon, Amrinon, Enoximon, Vasopressin, Terlipressin ...)	4
18. Flüssigkeitsersatz > 3.000 ml/m²KOF/24h	4
19. Liegende Katheter Hierzu gehören z.B. arterieller Gefäßzugang, ZVK, Thorax-, Pricard-, Ascitesdrainage, Ureter-Splint, Katheter zur Messung des intraabdominalen Druckes. Hierzu gehören **nicht** transurethraler oder suprapubischer Blasenkatheter. Diese Punkte können nur einmal pro Tag angerechnet werden, auch wenn mehrere Katheter liegen!	4
20. Invasives Kreislaufmonitoring HZV-Messungen mittels PiCCO oder PA-Katheter oder FATD (femoral artery thermodilution)	5
21. Dialyse-Verfahren Hier sind alle Nierenersatzverfahren gemeint. Ein entsprechender OPS-Kode muss gesondert angegeben werden.	6
22. Intrakranielle Druckmessung (invasives Verfahren)	4
23. Therapie einer Alkalose oder Azidose	4
24. Spezielle Interventionen auf der Intensivstation z.B. Tracheotomie, Kardioversion Diese Punkte können nur einmal pro Tag angerechnet werden.	8
25. Aktionen außerhalb der Intensivstation, für die ein Transport erforderlich ist Diese Punkte können nur einmal pro Tag angerechnet werden.	5
Maximal erreichbare Punktzahl	**196**

* Kann in Ausnahmefällen auch für Erwachsene angewendet werden, wenn deren Behandlung in einer Abteilung oder Klinik für Kinder- und Jugendliche erforderlich ist, z.B. bei angeborenen Fehlbildungen, angeborenen Stoffwechselstörungen, pädiatrische hämatologisch-onkologischen Erkrankungen, EMAH-Patienten (Erwachsene mit angeborenen Herzfehlern), Patienten mit CF (Zystische Fibrose)

Therapieeinheiten Psych

Tabellen der anrechenbaren Therapieeinheiten pro Patient in Abhängigkeit von der Dauer der Therapie und von der Anzahl der Patienten, die an der Gruppentherapie teilgenommen haben.

Die anrechenbaren Therapieeinheiten werden wie folgt berechnet: Die Gesamtanzahl der in einer Gruppentherapiesitzung erbrachten Therapieeinheiten (abhängig von der Dauer und der Anzahl der Therapeuten) wird durch die Anzahl der teilnehmenden Patienten geteilt. Dieser Anteil wird jedem teilnehmenden Patienten angerechnet.

Zur besseren Übersichtlichkeit dieser Tabellen und zur einfacheren Benutzung für die Kodierung wurden die Werte kaufmännisch gerundet und auf zwei Nachkommastellen begrenzt. Bei software-technischer Bearbeitung müssen die kaufmännische Rundung und die Begrenzung auf zwei Nachkommastellen berücksichtigt werden.

Anrechenbare Therapieeinheiten pro Patient für Erwachsene				
Anzahl der Patienten pro Gruppe	Therapiedauer (Mindestdauer in Minuten)			
	25 Min.	50 Min.	75 Min.	usw.
Einzeltherapie	1,00 TE	2,00 TE	3,00 TE	
2	0,50 TE	1,00 TE	1,50 TE	
3	0,33 TE	0,67 TE	1,00 TE	
4	0,25 TE	0,50 TE	0,75 TE	
5	0,20 TE	0,40 TE	0,60 TE	
6	0,17 TE	0,33 TE	0,50 TE	
7	0,14 TE	0,29 TE	0,43 TE	
8	0,13 TE	0,25 TE	0,38 TE	
9	0,11 TE	0,22 TE	0,33 TE	
10	0,10 TE	0,20 TE	0,30 TE	
11	0,09 TE	0,18 TE	0,27 TE	
12	0,08 TE	0,17 TE	0,25 TE	
13	0,08 TE	0,15 TE	0,23 TE	
14	0,07 TE	0,14 TE	0,21 TE	
15	0,07 TE	0,13 TE	0,20 TE	
16	0,06 TE	0,13 TE	0,19 TE	
17	0,06 TE	0,12 TE	0,18 TE	
18	0,06 TE	0,11 TE	0,17 TE	

Anrechenbare Therapieeinheiten pro Patient für Kinder und Jugendliche				
Anzahl der Patienten pro Gruppe	Therapiedauer (Mindestdauer in Minuten)			
	15 Min.	30 Min.	45 Min.	usw.
Einzeltherapie	1,00 TE	2,00 TE	3,00 TE	
2	0,50 TE	1,00 TE	1,50 TE	
3	0,33 TE	0,67 TE	1,00 TE	
4	0,25 TE	0,50 TE	0,75 TE	
5	0,20 TE	0,40 TE	0,60 TE	
6	0,17 TE	0,33 TE	0,50 TE	
7	0,14 TE	0,29 TE	0,43 TE	
8	0,13 TE	0,25 TE	0,38 TE	
9	0,11 TE	0,22 TE	0,33 TE	
10	0,10 TE	0,20 TE	0,30 TE	
11	0,09 TE	0,18 TE	0,27 TE	
12	0,08 TE	0,17 TE	0,25 TE	
13	0,08 TE	0,15 TE	0,23 TE	
14	0,07 TE	0,14 TE	0,21 TE	
15	0,07 TE	0,13 TE	0,20 TE	

Pflegekomplexmaßnahmen-Scores für Erwachsene (PKMS-E), Kinder und Jugendliche (PKMS-J), Kleinkinder (PKMS-K) und Frühgeborene, Neugeborene und Säuglinge (PKMS-F) zum OPS 2018

Inhaltsverzeichnis

HINWEISE zur Nutzung	601
1. PKMS-E für Erwachsene	**605**
1.1. Allgemeine Pflege	*605*
Mindestmerkmale: Leistungsbereich A: Körperpflege	605
Mindestmerkmale: Leistungsbereich B: Ernährung	607
Mindestmerkmale: Leistungsbereich C: Ausscheidung	609
Mindestmerkmale: Leistungsbereich D: Bewegen/Lagern/Mobilisation/Sicherheit	611
Mindestmerkmale: Leistungsbereich E: Kommunizieren/Beschäftigen	612
1.2. Spezielle Pflege	*613*
Mindestmerkmale: Leistungsbereich F: Kreislauf für Patienten mit Hemi-, Para- oder Tetraplegie	613
Mindestmerkmale: Leistungsbereich G: Wundmanagement	614
Mindestmerkmale: Leistungsbereich H: Atmung	615
2. PKMS-J für Kinder und Jugendliche	**616**
2.1. Allgemeine Pflege	*616*
Mindestmerkmale: Leistungsbereich A: Körperpflege	616
Mindestmerkmale: Leistungsbereich B: Ernährung	617
Mindestmerkmale: Leistungsbereich C: Ausscheidung	619
Mindestmerkmale: Leistungsbereich D: Bewegen/Lagern/Mobilisation	620
Mindestmerkmale: Leistungsbereich E: Kommunizieren/Beschäftigen	621
2.2. Spezielle Pflege	*622*
Mindestmerkmale: Leistungsbereich G: Wund- und Hautbehandlung	622
Mindestmerkmale: Leistungsbereich H: Atmung	623
3. PKMS-K für Kleinkinder	**624**
3.1. Allgemeine Pflege	*624*
Mindestmerkmale: Leistungsbereich A: Körperpflege	624
Mindestmerkmale: Leistungsbereich B: Ernährung	625
Mindestmerkmale: Leistungsbereich C: Ausscheidung	626
Mindestmerkmale: Leistungsbereich D: Bewegen/Lagern/Mobilisation	627
Mindestmerkmale: Leistungsbereich E: Kommunizieren/Beschäftigen	628

3.2. Spezielle Pflege — 629

Mindestmerkmale: Leistungsbereich G: Wund- und Hautbehandlung — 629

Mindestmerkmale: Leistungsbereich H: Atmung — 630

4. PKMS-F für Frühgeborene, Neugeborene und Säuglinge — 631

4.1. Allgemeine Pflege — 631

Mindestmerkmale: Leistungsbereich A: Körperpflege — 631

Mindestmerkmale: Leistungsbereich B: Ernährung — 632

Mindestmerkmale: Leistungsbereich C: Ausscheidung — 633

Mindestmerkmale: Leistungsbereich D: Bewegen/Lagern/Mobilisation — 634

Mindestmerkmale: Leistungsbereich E: Kommunizieren/Beschäftigen — 635

4.2. Spezielle Pflege — 636

Mindestmerkmale: Leistungsbereich G: Wund- und Hautbehandlung — 636

Mindestmerkmale: Leistungsbereich H: Atmung — 637

HINWEISE zur Nutzung

Der PKMS ist ein Instrument zur Abbildung der hochaufwendigen Pflege im Krankenhaus. Er dient als Grundlage zur Leistungsabrechnung hochaufwendiger Pflege innerhalb der Entgeltsysteme. Der PKMS erfasst zum einen hochaufwendige Pflege im Bereich der „allgemeinen Pflege" und zum anderen Leistungen im Bereich der „speziellen Pflege". Zur allgemeinen Pflege werden die Leistungsbereiche Körperpflege, Ernährung, Ausscheidung, Bewegen/Lagern/Mobilisation/Sicherheit und Kommunikation gerechnet und zur speziellen Pflege werden die Leistungsbereiche Kreislauf, Wundmanagement und Atmung gerechnet.

Es wurden vier unterschiedliche PKMS entwickelt, da die hochaufwendige Pflege in den verschiedenen Altersstufen unterschiedlich operationalisiert ist:

- für Erwachsene (PKMS-E): ab dem Beginn des 19. Lebensjahres
- für Kinder und Jugendliche (PKMS-J): ab dem Beginn des 7. Lebensjahres bis zum Ende des 18. Lebensjahres (Der PKMS-J kann in Ausnahmefällen auch für Erwachsene angegeben werden, wenn deren Behandlung in einer Abteilung oder Klinik für Kinder- und Jugendmedizin erforderlich ist)
- für Kleinkinder (PKMS-K): ab dem Beginn des 2. Lebensjahres bis zum Ende des 6. Lebensjahres
- für Frühgeborene, Neugeborene und Säuglinge (PKMS-F): ab der Geburt bis zum Ende des 1. Lebensjahres

Die Struktur und Logik der vier Scores sind gleich und bei der Anwendung ist Nachfolgendes grundsätzlich zu beachten.

Die Punktwerte drücken den mindestens anfallenden pflegerischen Aufwand bei einem hochaufwendigen Patienten aus.

Damit ein Leistungsmerkmal zutrifft, müssen

1. einer der Gründe für hochaufwendige Pflege in dem entsprechenden Leistungsbereich vorliegen und
2. ein entsprechend aufgeführtes Pflegeinterventionsprofil zutreffen.

Treffen auf den Patienten ein oder mehrere Leistungsmerkmale des PKMS zu, so werden die Punkte für den jeweiligen Tag (Kalendertag) über die Verweildauer addiert. Auch entstandene Aufwandspunkte am Aufnahme- und/oder Entlassungstag werden berücksichtigt. Pro Leistungsbereich kann die angegebene Punktzahl nur einmal pro Kalendertag vergeben werden. Die Gesamtpunktzahl der Aufwandspunkte der Leistungsbereiche der „allgemeinen Pflege" und der „speziellen Pflege" führt zu einer OPS-Prozedur „9-20 ... - Hochaufwendige Pflege ...", wenn die entsprechende Punktzahl der jeweiligen Prozedur in den Altersgruppen (Frühgeborene, Neugeborene und Säuglinge, Kleinkinder, Kinder und Jugendliche, Erwachsene) erreicht ist.

Der PKMS ist nur auf der „Normalstation/IMC" zu kodieren. Es sind keine Kalendertage auf Intensivstation zu zählen. Die PKMS-Aufwandspunkte sind an den Tagen nicht zu zählen, an welchen Punkte für die Intensiv-Komplexkodes, Stunden für die Stroke-Unit-Komplexkodes oder Beatmungsstunden gezählt werden.

Am Verlegungstag von einer „Normalstation"/IMC auf die oben genannte Einheit oder am Tag, an dem die Zählung der Stunden für die Stroke-Unit-Komplexkodes (8-981, 8-98b) oder der Beatmungsstunden der jeweiligen Beatmungsperiode beginnt, wird der PKMS nicht kodiert. Am Tag der Rückverlegung auf die „Normalstation" oder am Tag, an dem die Zählung der Beatmungsstunden der jeweiligen Beatmungsperiode oder die Behandlung entsprechend der neurologischen Komplexbehandlung des akuten Schlaganfalls endet, kann der PKMS ermittelt werden.

Definition: „volle Übernahme" in den Leistungsbereichen (Körperpflege, Ernährung, Ausscheidung, Bewegung und Positionierung)

Im PKMS wird als Ausgangslage des „normal aufwendigen Patienten" ein Patient beschrieben, der eine „volle Übernahme" der pflegerischen Tätigkeiten durch das Pflegepersonal erfährt. Der PKMS nutzt die Definition „volle Übernahme" in den Leistungsbereichen, die bei dem Instrument PPR entwickelt wurden. Nachfolgend wird die Definition „volle Übernahme" vorgestellt. Es ist keine Voraussetzung für Einrichtungen, die PPR zu nutzen, um den PKMS richtig zu kodieren.

Die ursprüngliche Definition der PPR wurde nicht geändert. Hintergrund dieser Entscheidung ist, dass zahlreiche Einrichtungen noch mit der PPR zur Fallkostenkalkulation arbeiten und die Definitionen der Leistungsbereiche bei den Pflegenden bekannt sind. Einige Begriffe, die heute in der Pflege nicht mehr verwendet werden, wurden durch die aktuelle Fachterminologie ersetzt bzw. ergänzt, ohne die inhaltlichen Aussagen der PPR A3 zu verändern. Diese sind im Text kursiv markiert.

Pflegekomplexmaßnahmen-Scores

In Anlehnung an die Definition der PPR-Stufe A3 wird die „volle Übernahme" pflegerischer Leistungen in den Leistungsbereichen wie folgt definiert:

Patienten brauchen ein hohes Maß an Unterstützung, Aktivierung, Motivation und Zuwendung, denn sie sind durch Immobilität, eingeschränkte Körperfunktionen oder durch ihre Erkrankung an der eigenständigen Erfüllung ihrer Grundbedürfnisse gehindert.

Körperpflege	Überwiegende oder vollständige Übernahme der Körperpflege
	Der Patient kann sich nicht selbstständig waschen, die Zähne putzen, rasieren und die Haare pflegen. Dies muss von den Pflegenden ausgeführt oder der Patient muss helfend und aktivierend unterstützt werden.
Ernährung	**Hilfe bei der Nahrungsaufnahme**
	Der Patient ist nicht in der Lage, allein zu essen oder zu trinken, auch wenn die Nahrung mundgerecht zubereitet ist. *Essen oder Trinken muss dem Patienten verabreicht werden oder das Kind muss gefüttert werden* oder *ihm muss während des Essens geholfen werden*. Außerdem muss der Patient aktivierend unterstützt werden.
Ausscheidung	*Versorgen bei unkontrollierter Blasen- oder Darmentleerung und/oder volle Abhängigkeit bei den Ausscheidungsaktivitäten*
	Der inkontinente Patient muss *mit frischen Inkontinenzmaterialien versorgt oder das Kind muss regelmäßig gewindelt* und gereinigt werden (dazu gehört auch – soweit erforderlich – die Reinigung des Bettes). Dieses Merkmal umfasst auch das Kontinenztraining.
Bewegung und Positionierung	**Häufiges (zwei- bis vierstündliches) Körperlagern oder Mobilisieren**
	Der Patient wird aufgrund seiner Immobilität häufig gelagert oder mobilisiert. Dies kann therapeutisch erforderlich sein oder seinen persönlichen Bewegungs- und Lagerungsbedürfnissen entsprechen.

HINWEISE ZUR PFLEGEDOKUMENTATION zur Vermeidung eines unnötigen Dokumentationsaufwandes:

Die Gründe für hochaufwendige Pflege sind einmalig bei Aufnahme und bei Änderungen der Gründe zu erfassen. Das Vorliegen eines oder mehrerer Kennzeichen der Gründe bestätigt diese. Die Kennzeichen, die mit einem Komma verbunden sind, werden im Sinne einer „oder"-Verbindung ausgelegt. Nur wenn explizit ein „und" formuliert ist, sind beide oder mehrere Kennzeichen zu erfüllen.

Die Pflegemaßnahmen, welche für den Patienten erbracht wurden und im Rahmen der PKMS-Aufwandspunkte anerkannt werden sollen, sind einzeln durch eine tägliche Leistungsdokumentation (mit Personen- und Kalendertagsbezug) nachzuweisen.

Ist bei einem Patienten bereits absehbar, dass er trotz des Zutreffens eines oder mehrerer Leistungsmerkmale nicht eine entsprechende Anzahl von Tagen in der Klinik verweilt, um die Mindestpunktzahl für den OPS-Kode zu erreichen, so ist eine Dokumentation im Sinne des PKMS nicht unbedingt erforderlich.

Nur mit diesem Symbol ✍ gekennzeichnete Bereiche des PKMS erfordern eine zusätzliche Dokumentation. Dabei ist zu beachten, dass es sich hier überwiegend um Dokumentationsanteile handelt, die bereits zur Standardpflegedokumentation gehören.

Die dokumentierten PKMS-Items, auch in elektronischer Form, sind Teilaspekte der pflegerischen Dokumentation. Ebenso kann eine automatisierte PKMS-Dokumentation durch die Nutzung einer standardisierten Terminologie in einer papiergestützten und/oder elektronischen Patientenakte genutzt werden.

Die Mitarbeiter des Pflegedienstes kodieren auf einer Matrix das „Zutreffen" des jeweiligen **PKMS-E, PKMS-J, PKMS-K, PKMS-F** in den einzelnen Leistungsbereichen.

PKMS-E-Matrix

Leistungsbereich PKMS-E	1. Tag	2. Tag	3. Tag	4. Tag	5. Tag	6. Tag	7. Tag	8. Tag	
Körperpflege	3	3	3	3	3	3	3	3	
Ernährung	4	4	4	4	4	4	4	4	
Ausscheidung	2	2	2	2	2	2	2	2	
Bewegen/Lagern/Mobilisation	3	3	3	3	3	3	3	3	
Kommunizieren/Beschäftigen	1	1	1	1	1	1	1	1	
Kreislauf	2	2	2	2	2	2	2	2	
Wundmanagement	2	2	2	2	2	2	2	2	
Atmung	2	2	2	2	2	2	2	2	
Summe pro Tag:	19	19	19	19	19	19	19	19	Gesamtsumme

PKMS-J-Matrix

Leistungsbereich PKMS-J	1. Tag	2. Tag	3. Tag	4. Tag	5. Tag	6. Tag	7. Tag	8. Tag	
Körperpflege	2	2	2	2	2	2	2	2	
Ernährung	4	4	4	4	4	4	4	4	
Ausscheidung	3	3	3	3	3	3	3	3	
Bewegen/Lagern/Mobilisation	3	3	3	3	3	3	3	3	
Kommunizieren/Beschäftigen	2	2	2	2	2	2	2	2	
Wund- und Hautbehandlung	2	2	2	2	2	2	2	2	
Atmung	3	3	3	3	3	3	3	3	
Summe pro Tag:	19	19	19	19	19	19	19	19	Gesamtsumme

PKMS-K-Matrix

Leistungsbereich PKMS-K	1. Tag	2. Tag	3. Tag	4. Tag	5. Tag	6. Tag	7. Tag	8. Tag	
Körperpflege	2	2	2	2	2	2	2	2	
Ernährung	4	4	4	4	4	4	4	4	
Ausscheidung	2	2	2	2	2	2	2	2	
Bewegen/Lagern/Mobilisation	2	2	2	2	2	2	2	2	
Kommunizieren/Beschäftigen	2	2	2	2	2	2	2	2	
Wund- und Hautbehandlung	2	2	2	2	2	2	2	2	
Atmung	3	3	3	3	3	3	3	3	
Summe pro Tag:	17	17	17	17	17	17	17	17	Gesamtsumme

PKMS-F-Matrix

Leistungsbereich PKMS-F	1. Tag	2. Tag	3. Tag	4. Tag	5. Tag	6. Tag	7. Tag	8. Tag	
Körperpflege	2	2	2	2	2	2	2	2	
Ernährung	4	4	4	4	4	4	4	4	
Ausscheidung	2	2	2	2	2	2	2	2	
Bewegen/Lagern/Mobilisation	2	2	2	2	2	2	2	2	
Kommunizieren/Beschäftigen	2	2	2	2	2	2	2	2	
Wund- und Hautbehandlung	2	2	2	2	2	2	2	2	
Atmung	3	3	3	3	3	3	3	3	
Summe pro Tag:	17	17	17	17	17	17	17	17	Gesamtsumme

Aus der Summe der Aufwandpunkte des PKMS (in der entsprechenden Altersklasse) ergibt sich der entsprechende OPS-Kode aus dem Bereich 9-20.

Abkürzungsverzeichnis

ASE	Atemstimulierende Einreibung
BMI	Body-Mass-Index
DNQP	Deutsches Netzwerk für Qualitätsentwicklung in der Pflege
FIM	Functional Independence Measure™
GKW	Ganzkörperwaschung
IMC	Intermediate Care
MMSE	Mini Mental State Examination
MRP	Motor relearning programme
NDT	Neuro-Developmental Treatment
PPR	Pflege-Personalregelung
tägl.	täglich

1. PKMS-E für Erwachsene ab dem Beginn des 19. Lebensjahres

Hinweise: Es gibt folgende Gründe bei den Erwachsenen, die in den Tabellen zu den Leistungsbereichen weiter spezifiziert werden:
G1 Qualitative Bewusstseinsveränderung
G2 Quantitative Bewusstseinsveränderung
G3 Beeinträchtigte Anpassung
G4 Extreme Schmerzzustände/Lebenskrise
G5 Immobilität
G6 Beeinträchtigte Geh- und Transferfähigkeit
G7 Beeinträchtigte Mobilität/körperliche Einschränkung
G8 Beeinträchtigtes Schlucken
G9 Veränderte/beeinträchtigte Ausscheidung
G10 bis G12 Weitere Gründe
Die Nummerierung der Gründe ist bei den Erwachsenen nicht fortlaufend oder nicht vollständig angegeben, weil nicht jeder Grund in jedem Leistungsbereich berücksichtigt wird.

1.1. Allgemeine Pflege

Mindestmerkmale: Leistungsbereich A: Körperpflege
(Altersgruppe E: 3 Punkte)

Die Unterstützung bei der Körperpflege ist hochaufwendig und geht **deutlich** über das normale Maß einer vollen Übernahme der Körperpflege (Körperwaschung, Haut-, Haar-, Mundpflege) hinaus (vgl. PPR-E Stufe A3).

Es liegt mindestens einer der Gründe für eine hochaufwendige Pflege vor:	
G1	**Abwehrverhalten/Widerstände bei der Körperpflege** Kennzeichen: Setzt (Mobilisierungs-)Maßnahmen bei der Körperpflege Widerstände entgegen; schreit, schlägt, beschimpft das Pflegepersonal bei der Ganzkörperwaschung, lehnt die Körperpflege verbal/nonverbal ab **ODER** **Ablauf der Körperpflege ist dem Patienten nicht bekannt** Kennzeichen: Unfähigkeit, die Körperpflege selbstständig und strukturiert durchzuführen; Trugwahrnehmungen, Gebrauchsgegenstände der Körperpflege können nicht adäquat eingesetzt werden, fehlende Eigeninitiative, die Körperpflege durchzuführen **ODER** **Schwere kognitive Funktionseinschränkung (ICD-10-GM-Kode aus U51.2-)** Erweiterter Barthel-Index 0-15 Punkte oder kognitiver FIM 5-10 Punkte oder MMSE 0-16 Punkte liegt vor
G4	**Extreme Schmerzzustände, die sich auf die Körperpflegeaktivitäten auswirken** Kennzeichen: Stöhnt, weint, jammert, grimassiert, wehrt ab bei der Körperpflege, äußert verbal stärkste Schmerzen
G5	**Verlust der Fähigkeit, den Positionswechsel im Bett durchzuführen** Kennzeichen: Fehlende Fähigkeit, sich selbstständig im Bett zu drehen, aktiv zu verrutschen, aufzusetzen **UND ein** vorliegender **Erschwernisfaktor:** • mindestens 3 unterschiedliche Zu- und/oder Ableitungssysteme (inkl. Beatmung) • BMI von mindestens 35 kg/m² • krankheitsbedingte Risiken wie Wirbelsäuleninstabilität • Extensionsbehandlung und/oder Behandlung mit Körpergipsschale, die eine extreme Bewegungseinschränkung mit sich bringen • Rumpforthese/Fixateur/Armabduktionsschiene bei Querschnittlähmung • Prothese/Orthese der unteren Extremität(en)/Stützkorsett/Rumpfwickel

Pflegekomplexmaßnahmen-Scores

	• Ruhigstellung/Fehlen von mindestens zwei Extremitäten • ausgeprägte Spastik/Kontraktur/Rumpfataxie • ausgeprägte Lähmung (Hemiplegie/halbseitige Unfähigkeit, die Extremitäten selbstständig zu bewegen, Paraplegie/-parese, Tetraplegie/-parese) • fehlende Kraft zur Eigenbewegung im Rumpf und Beckenbereich • mindestens 3 sekundär heilende Wunden (z.B. Dekubitus Grad/Kategorie 3) und/oder großflächige Wunde(n) (≥ 40 cm²)
G7	**Volle Abhängigkeit bei der Körperpflege bei bestehender erheblicher Beeinträchtigung der Atemsituation und/oder Herz-Kreislauf-Situation** Kann/darf sich bei verminderter/instabiler Herz-/Kreislauf- und/oder Atemsituation bei der Körperpflege nicht anstrengen, Belastungsintoleranz bei der Körperpflege
G9	**Starkes Schwitzen** und/oder **Erbrechen** und/oder **Einnässen/-stuhlen** und/oder **Kotschmieren/-essen**, das eine(n) Wäschewechsel/Körperpflege erfordert
G10	**Anlässe für eine therapeutische Ganzkörperwaschung bei einem Selbstfürsorgedefizit, Körperpflege in Verbindung mit einem der aufgeführten Punkte:** • beeinträchtigte Orientierung/Wahrnehmung • pathologische Bewegungsabläufe, Freezing (motorische Blockade) • vorhandene Spastik, Rumpfataxie • ausgeprägte Fatigue in der schwersten Ausprägung entsprechend Assessment
G11	**Volle Abhängigkeit bei der Körperpflege** Kennzeichen: Fehlende Fähigkeit, den Körper selbstständig zu waschen, abzutrocknen und die Mund-, Haar-, Hautpflege durchzuführen. **UND ein Grund für hohen pflegerischen Aufwand:** • Pflegemaßnahmen im Rahmen der (Umkehr-)Isolation **ODER** • massive Veränderungen der Mundschleimhaut **ODER** • hohes Pneumonierisiko ermittelt durch systematische Einschätzung **ODER** • aufwendiges Tracheostoma
G12	**Tetraplegie mit fehlender Körperbalance/fehlender Rumpfstabilität** Kennzeichen: kippt beim Sitzen zur Seite/nach vorne

Pflegeinterventionen sind: (Die zugehörigen Gründe sind in der ersten Spalte aufgeführt)		
G1 G5 G7	A1	**Maßnahmen zum Erlernen/Wiedererlangen/zur Motivation einer selbstständigen Körperpflege und/oder Anleitung/Aktivierung zur Körperpflege** In der Pflegedokumentation sind die individuellen pflegerischen Zielsetzungen der Maßnahmen auszuweisen, ebenso die auf den Patienten abgestimmte Vorgehensweise.
G9	A2	**Mehrfachwaschungen:** Durchführung von Waschungen in voller Übernahme 4 x tägl., davon mindestens 2 Ganzkörperwaschungen
G1 G4 G10	A3	**Pflegeindikationsgerechte therapeutische Ganzkörperpflege nach folgenden Konzepten:** • NDT-Konzept (Neuro-developmental Treatment) • MRP (Motor Relearning Programme) • Bobath-Konzept • Bag-bath/Towelbath • Basalstimulierende GKW, z.B. beruhigende/belebende • GKW nach dem Aktivitas-Konzept • Gespürte Interaktionstherapie nach Affolter • andere neurologische, rehabilitative Konzepte oder Konzepte aus psychologischer Perspektive zur Ganzkörperwaschung
G4 G5 G7	A4	**Ganzkörperwaschung mit zwei Pflegepersonen pflegefachlich erforderlich**
G11	A5	**Volle Übernahme der Ganzkörperwaschung** **UND** Übernahme der speziellen/therapeutischen Mundpflege mindestens 4 x tägl. **UND** (ASE (atemstimulierende Einreibung) mindestens 1 x tägl. **ODER** Atemübungen mindestens 4 x tägl. **ODER** Atemübungen mit Atemtrainer mindestens 4 x tägl.) **UND** (volle Übernahme beim mindestens 2 x tägl. An- und Auskleiden **ODER** mindestens 1 x tägl. Anziehtraining, Anleitung zum selbstständigen Umkleiden)

G11	A6	Volle Übernahme der Ganzkörperwaschung UND mindestens 8 x tägl. Maßnahmen im Rahmen eines aufwendigen Tracheostomamanagements (hierzu zählen eine oder mehrere Maßnahmen wie z.B. Verbinden, Absaugen, Wechseln, Spülen)
G11	A7	Volle Übernahme der Ganzkörperwaschung UND Maßnahmen zur Infektionsprophylaxe bei (Umkehr-)Isolation, beim Betreten/Verlassen des Zimmers
G12	A8	Volle Übernahme der Ganzkörperwaschung UND An- und Auskleiden 2 x tägl.

Mindestmerkmale: Leistungsbereich B: Ernährung
(Altersgruppe E: 4 Punkte)

Die Unterstützung bei Nahrungs-/Flüssigkeitszufuhr ist hochaufwendig und geht **deutlich** über das normale Maß einer vollen Übernahme der Nahrungs-/Flüssigkeitszufuhr hinaus (vgl. PPR-E Stufe A3). Bei diesem Leistungsmerkmal ist es wichtig zu beachten, dass die zutreffenden Interventionen bei allen Nahrungs-/Flüssigkeitsaufnahmen des Patienten (mindestens 4 Mahlzeiten) durchzuführen sind.

Es liegt mindestens einer der Gründe für eine hochaufwendige Pflege vor:	
G1	**Kontinuierliche/massive Nahrungsverweigerung**, Risiko der Mangelernährung Kennzeichen: Schiebt angebotene Nahrung weg, lehnt Nahrung verbal/nonverbal ab, fehlende(r) Wille/Einsicht, Nahrung zu sich zu nehmen, Mundschluss, Abwenden des Kopfes, Wegschlagen der Nahrung beim Versuch der Nahrungsverabreichung, extrem langsames Essen als Strategie der verminderten Nahrungsaufnahme, schluckt den Nahrungsbrei nicht selbstständig, Ausspucken von Nahrung **ODER** **Massives Verkennen der Nahrungssituation**, Risiko der Mangelernährung Kennzeichen: Fehlender Impuls zur Nahrungsaufnahme, kann Aufforderungen/ Erklärungen im Zusammenhang mit der Nahrungsaufnahme nicht verstehen, Trugwahrnehmungen, schluckt den Nahrungsbrei nicht selbstständig **ODER** **Schwere kognitive Funktionseinschränkung (ICD-10-GM-Kode aus U51.2-)** Erweiterter Barthel-Index 0-15 Punkte oder kognitiver FIM 5-10 Punkte oder MMSE 0-16 Punkte liegt vor
G2	**Massiv verlangsamte/erschwerte Nahrungsaufnahme bei quantitativen Bewusstseinsveränderungen** Kennzeichen: Zeitverzögerte Reaktion auf Ansprache, schläft während der Nahrungsverabreichung immer wieder ein, Verlust der Fähigkeit, Nahrung selbstständig aufzunehmen
G5	**Unfähigkeit, eine Sitzposition bei der Nahrungsaufnahme einzunehmen** Kennzeichen: Fehlende Fähigkeit, selbstständig in die Sitzposition zu gelangen, rutscht im Bett/Rollstuhl nach unten, asymmetrische Sitzhaltung, kippt beim Sitzen nach vorne (instabile Sitzhaltung) **UND ein** vorliegender **Erschwernisfaktor:** • mindestens 3 unterschiedliche Zu- und/oder Ableitungssysteme (inkl. Beatmung) • BMI von mindestens 35 kg/m² • krankheitsbedingte Risiken wie Wirbelsäuleninstabilität • Extensionsbehandlung und/oder Behandlung mit Körpergipsschale, die eine extreme Bewegungseinschränkung mit sich bringen • Rumpforthese/Fixateur/Armabduktionsschiene bei Querschnittlähmung • Prothese/Orthese der unteren Extremität(en)/Stützkorsett/Rumpfwickel • Ruhigstellung/Fehlen von mindestens zwei Extremitäten • ausgeprägte Spastik/Kontraktur/Rumpfataxie • ausgeprägte Lähmung (Hemiplegie/halbseitige Unfähigkeit, die Extremitäten selbstständig zu bewegen, Paraplegie/-parese, Tetraplegie/-parese) • fehlende Kraft zur Eigenbewegung im Rumpf und Beckenbereich • mindestens 3 sekundär heilende Wunden (z.B. Dekubitus Grad/Kategorie 3) und/oder großflächige Wunde(n) (≥ 40 cm²)

Pflegekomplexmaßnahmen-Scores

G6	**Fehlende Fähigkeit, sich zur Nahrungsaufnahme an den Tisch zu setzen**
	Kennzeichen: Schwere Beeinträchtigung, von liegender Körperposition zum Sitzen zu gelangen **UND** vom Sitzen zum Stand zu gelangen **UND** erhebliche Beeinträchtigung des Gehens auf ebener Fläche wie: Unfähigkeit/Unsicherheit, das Körpergewicht im Stand selbstständig zu tragen, Veränderungen des Gangbildes
G8	**Kau-/Schluckstörungen mit starken Auswirkungen auf die Nahrungsaufnahme**
	Kennzeichen: Hustet nach dem Schlucken, Nahrungsreste verbleiben nach dem Schlucken in der Wangentasche, Zungenstoß, Gefühl, dass Nahrung im Schlund hängen bleibt, Regurgitation von Speisebrei, veränderte Schluckphasen, inkompletter/fehlender Lippen-/Mundschluss, pathologische Kau-/Kieferbewegung, herabgesetzte Sensibilität im Mund- und Rachenbereich, beeinträchtigter Schluckreflex, Funktionsstörung der Kehlkopfhebung, Nahrungsreste dringen aus dem Tracheostoma
G10	**Vorliegende schwere Mangelernährung**
	Kennzeichen: Gewichtsverlust größer 5% innerhalb von 1 Monat, BMI kleiner 18,5 kg/m² bei Erwachsenen bis 65 Jahre und kleiner 20 kg/m² bei Erwachsenen über 65 Jahre, Sarkopenie, hervortretende Knochen
G11	**Fehlende Fähigkeit, selbstständig Nahrung/Flüssigkeit aufzunehmen, da die Abläufe der Nahrungsaufnahme nicht bekannt sind**
	Kennzeichen: Kann die Gebrauchsgegenstände zur Nahrungsaufnahme nicht nutzen
	ODER
	Massive Bewegungsstörung, welche die selbstständige Nahrungs-/Flüssigkeits-aufnahme verhindert
	Kennzeichen: ausgeprägter Tremor, Zahnradphänomen, Freezing, supranukleare Blickparese
	ODER
	Massive Bewegungseinschränkung beider Arme, welche eine volle Abhängigkeit bei der Nahrungs-/Flüssigkeitsaufnahme zur Folge hat
	Kennzeichen: (Gips-)Verbände und/oder Schienungen beider Arme mit Händen, (Gips-)Verbände und/oder Schienungen der Arme über die Ellenbogengelenke und/oder Schultergelenke hinweg
G12	**Volle Abhängigkeit bei der Nahrungs- und Flüssigkeitsaufnahme bei Tetraplegie**, die ein häufiges Angebot von Nahrung und Flüssigkeit erfordert
	Kennzeichen: Kann keine Nahrung selbstständig in den Mund nehmen, zum Mund führen **UND** kann die Flüssigkeit nicht mit dem Trinkhalm/anderen Hilfsmitteln selbstständig aufnehmen

Pflegeinterventionen sind: (Die zugehörigen Gründe sind in der ersten Spalte aufgeführt)		
G1 G2 G10 G11 G12	B1	**Volle Übernahme der** Nahrungsverabreichung **und/oder Anleitung/Aktivierung zur Nahrungsaufnahme** (mindestens 4 Mahlzeiten oder mindestens 7 x tägl. Snacks/Zwischenmahlzeiten) **UND** mindestens **7 orale Flüssigkeitsverabreichungen** zu unterschiedlichen Zeitpunkten bei einer Gesamttagesmenge von mindestens **1500 ml gemäß Flüssigkeitsprotokoll** ✍ **ODER** mindestens **9 orale Flüssigkeitsverabreichungen** zu unterschiedlichen Zeitpunkten bei einer Gesamttagesmenge von mindestens **1000 ml gemäß Flüssigkeitsprotokoll** ✍ **ODER** mindestens **12 orale Flüssigkeitsverabreichungen** schluckweise/teelöffelweise zu unterschiedlichen Zeitpunkten bei einer Gesamtmenge von mindestens **800 ml gemäß Flüssigkeitsprotokoll** ✍
G5 G6	B3	**Volle Übernahme der Nahrungsverabreichung und/oder Anleitung/Aktivierung zur Nahrungsaufnahme (mindestens 4 Mahlzeiten)** **UND** • aufwendiger Transfer in den Rollstuhl/auf den Stuhl **UND/ODER** • aufwendiges Anlegen von Stützkorsett/-hose/Orthese/Rumpfwickel **UND/ODER** • aufwendiges Aufsetzen im Bett in den stabilen Sitz in Neutralstellung, stabilen Sitz nach Bobath, Querbettsitz nach Bobath oder asymmetrischen Sitz nach Bobath an der Bettkante bei Hemi-, Para- oder Tetraplegie
G1 G8 G11 G12	B4	**Trink- und Esstraining nach individuell aufgestellter Maßnahmenplanung (mindestens 4 Mahlzeiten) bei jeder Mahlzeit.** Die Maßnahmenplanung ist explizit zu dokumentieren ✍.

		Maßnahmen können sein: • Anleitung zum Schlucken/Schlucktechniken • Einüben kompensatorischer Maßnahmen • Unterstützung bei der Kopf-/Kiefer-/Lippenkontrolle • Einüben von physiologischen Bewegungsabläufen bei der Nahrungsaufnahme durch z.B. passives Führen der Hand bei der Nahrungsaufnahme • Fazilitation/Inhibitation von Bewegungsabläufen/des Schluckaktes • Einüben von Essritualen • orale/basale Stimulation ⚡ vorbereitend auf die Nahrungsverabreichung und/oder zur Förderung des Schluckreflexes und/oder Einüben von Kompensationsmechanismen beim Schlucken vor/während jeder Mahlzeit **UND** anschließender Unterstützung/Anleitung zur Nahrungsaufnahme
G2 G8 G10 G12	B5	**Bolusapplikation von Sondennahrung**, mindestens **7 Boli tägl.** von mindestens 100 ml Sondennahrung je Bolus, portionsweise über eine großvolumige Spritze verabreicht

Mindestmerkmale: Leistungsbereich C: Ausscheidung
(Altersgruppe E: 2 Punkte)

Die pflegerische Unterstützung geht bei der Ausscheidung **deutlich** über das normale Maß der vollen Übernahme/besonderen Leistungen bei der Ausscheidungsunterstützung hinaus.

Es liegt mindestens einer der Gründe für eine hochaufwendige Pflege vor:	
G1	**Verkennt die Ausscheidungssituation infolge massiver kognitiver Beeinträchtigungen** Kennzeichen: Trugwahrnehmungen, ins Zimmer urinieren, Kotschmieren/-essen, versteckt Ausscheidungen, kennt die normalen Abläufe nicht, die zur Ausscheidung auf der Toilette erforderlich sind **ODER** **Schwere kognitive Funktionseinschränkung (ICD-10-GM-Kode aus U51.2-)** Erweiterter Barthel-Index 0-15 Punkte oder kognitiver FIM 5-10 Punkte oder MMSE 0-16 Punkte liegt vor
G4	**Extreme Schmerzzustände bei voller Unterstützung im Rahmen der Ausscheidungsaktivitäten** Kennzeichen: Stöhnt, weint, jammert, grimassiert, wehrt ab beim Lagern/Mobilisieren, äußert verbal stärkste Schmerzen
G5	**Unfähigkeit, das Gesäß zum Unterschieben der Bettschüssel/des Steckbeckens anzuheben** Kennzeichen: Fehlende Fähigkeit, eine Brücke zu machen oder sich auf die Seite zu drehen, **UND ein vorliegender Erschwernisfaktor:** • mindestens 3 unterschiedliche Zu- und/oder Ableitungssysteme (inkl. Beatmung) • BMI von mindestens 35 kg/m² • krankheitsbedingte Risiken wie Wirbelsäuleninstabilität • Extensions- und/oder Behandlung mit Körpergipsschale, die eine extreme Bewegungseinschränkung mit sich bringen • Rumpforthese/Fixateur/Armabduktionsschiene bei Querschnittlähmung • Prothese/Orthese der unteren Extremität(en)/Stützkorsett/Rumpfwickel • Ruhigstellung/Fehlen von mindestens zwei Extremitäten • ausgeprägte Spastik/Kontraktur/Rumpfataxie • ausgeprägte Lähmung (Hemiplegie/halbseitige Unfähigkeit, die Extremitäten selbstständig zu bewegen, Paraplegie/-parese, Tetraplegie/-parese) • fehlende Kraft zur Eigenbewegung im Rumpf und Beckenbereich • mindestens 3 sekundär heilende Wunden (z.B. Dekubitus Grad/Kategorie 3) und/oder großflächige Wunde(n) (≥ 40 cm²)
G6	**Fehlende Fähigkeit, selbstständig auf die Toilette zu gehen oder mit dem Rollstuhl zur Toilette zu fahren** Kennzeichen: Schwere Beeinträchtigung, von liegender Körperposition zum Sitzen zu gelangen **UND** vom Sitzen zum Stand zu gelangen, **UND** erhebliche Beeinträchtigung des Gehens auf ebener Fläche wie Unfähigkeit/Unsicherheit, das Körpergewicht im Stand selbstständig zu tragen, Veränderungen des Gangbildes

Pflegekomplexmaßnahmen-Scores

G9	**Vorliegen einer Harninkontinenz** Kennzeichen: für die verschiedenen Inkontinenzformen sind dem Expertenstandard (DNQP aktuelle Ausgabe) zu entnehmen und zu dokumentieren ✍
G10	**Veränderte Miktions-/Defäkationsfrequenz und Beeinträchtigung in der Selbstständigkeit der Miktion/Defäkation** Kennzeichen: Fehlende Fähigkeit, selbstständig zur Toilette zu gehen, den Toilettenstuhl, die Bettschüssel/das Steckbecken/die Urinflasche selbstständig zu benutzen
G11	**Volle Abhängigkeit bei der Ausscheidung** **UND** • **Ausgeprägte Obstipation** oder andere Gründe, die einen **Einlauf UND/ODER rektales Ausräumen erfordern** **ODER** • Pflegemaßnahmen im Rahmen der (Umkehr-)Isolation
G12	**Neurogene Darmfunktionsstörungen**, die bei Paraplegie/-parese oder Tetraplegie/-parese ein spezielles Darmmanagement erfordern

Pflegeinterventionen sind: (Die zugehörigen Gründe sind in der ersten Spalte aufgeführt)		
G1 G4 G6	C1	**Volle Unterstützung bei der Ausscheidung mit Transfer auf die Toilette** mindestens **4 x tägl.**
G9	C2	Unterstützung bei der Ausscheidung und geeignete Maßnahmen zur Kontinenzförderung entsprechend dem nationalen Expertenstandard (DNQP aktuelle Ausgabe); hierzu gehören ✍: • differenzierte Einschätzung der Kontinenzsituation • Planung der Maßnahmen zum Erhalt oder Erreichen des angestrebten Kontinenzprofils • Durchführung der Maßnahmen entsprechend der Maßnahmenplanung
G4 G5 G6 G10 G11	C3	**Volle Unterstützung bei der Ausscheidung** (mindestens 4 x tägl.) Hierzu zählen: • Ausscheidungsunterstützung auf der Toilette/dem Toilettenstuhl **UND/ODER** • Ausscheidungsunterstützung im Bett mit z.B. Steckbecken **UND/ODER** • intermittierender Fremd-Katheterismus **UND/ODER** • Wechsel von Stomabeuteln **UND einer der zusätzlichen Leistungsaspekte** • 1 x tägl. digitales rektales Ausräumen und/oder 1 x tägl. Reinigungseinlauf oder Irrigation • erhöhte Frequenz der Ausscheidungsunterstützung: zusätzlich 3 weitere Unterstützungen bei der Ausscheidung • intermittierender Fremd-Katheterismus zusätzlich 1 x tägl. • volle Übernahme der Ausscheidungsunterstützung mit 2 Pflegepersonen mindestens 1 x tägl.
G12	C4	**Volle Unterstützung bei der Ausscheidung durch** • Stuhlausscheidung im Bett mit aufwendiger Positionierung des Patienten durch stabilisierende Lagerungsmaßnahmen **ODER** Transfer auf den Toilettenstuhl **UND** • Übernahme des Darmmanagements durch intermittierendes digitales Stimulieren, Kolonmassage

Mindestmerkmale: Leistungsbereich D: Bewegen/Lagern/Mobilisation/Sicherheit
(Altersgruppe E: 3 Punkte)

Die Maßnahmen im Bereich Bewegen/Lagern/Mobilisation/Sicherheit sind hochaufwendig und gehen **deutlich** über das normale Maß der vollen Übernahme im Bereich Bewegen/Lagern/Mobilisation/Sicherheit hinaus.

\multicolumn{2}{l}{Es liegt mindestens einer der Gründe für eine hochaufwendige Pflege vor:}
G1	**Abwehrverhalten/Widerstände beim Lagern/Mobilisieren** Kennzeichen: Setzt (Mobilisierungs-)Maßnahmen Widerstände entgegen; schreit, schlägt, beschimpft das Personal bei der Lagerung, lehnt die Lagerungs-/Mobilisierungsmaßnahmen verbal/nonverbal ab **ODER** **Schwere kognitive Funktionseinschränkung (ICD-10-GM-Kode aus U51.2-)** Erweiterter Barthel-Index 0-15 Punkte oder kognitiver FIM 5-10 Punkte oder MMSE 0-16 Punkte liegt vor
G4	**Extreme Schmerzzustände beim Lagern/Mobilisieren** Kennzeichen: Stöhnt, weint, jammert, grimassiert, wehrt ab beim Lagern/Mobilisieren, äußert verbal stärkste Schmerzen
G5	**Verlust der Fähigkeit, den Positionswechsel im Bett durchzuführen** Kennzeichen: Fehlende Fähigkeit, sich selbstständig im Bett zu drehen, aktiv zu verrutschen, aufzusetzen **UND ein vorliegender Erschwernisfaktor:** • mindestens 3 unterschiedliche Zu- und/oder Ableitungssysteme (inkl. Beatmung) • BMI von mindestens 35 kg/m² • krankheitsbedingte Risiken wie Wirbelsäuleninstabilität • Extensions- und/oder Behandlung mit Körpergipsschale, die eine extreme Bewegungseinschränkung mit sich bringen • Rumpforthese/Fixateur/Armabduktionsschiene bei Querschnittlähmung • Prothese/Orthese der unteren Extremität(en)/Stützkorsett/Rumpfwickel • Ruhigstellung/Fehlen von mindestens zwei Extremitäten • ausgeprägte Spastik/Kontraktur/Rumpfataxie • ausgeprägte Lähmung (Hemiplegie/halbseitige Unfähigkeit, die Extremitäten selbstständig zu bewegen, Paraplegie/-parese, Tetraplegie/-parese) • fehlende Kraft zur Eigenbewegung im Rumpf und Beckenbereich • mindestens 3 sekundär heilende Wunden (z.B. Dekubitus Grad/Kategorie 3) und/oder großflächige Wunde(n) ($\geq$ 40 cm²) • Pflegemaßnahmen im Rahmen der (Umkehr-)Isolation
G6	**Fehlende Fähigkeit, einen Transfer durchzuführen UND selbstständig zu gehen** Kennzeichen: Schwere Beeinträchtigung, von liegender Körperposition zum Sitzen zu gelangen **UND** vom Sitzen zum Stand zu gelangen, **UND** erhebliche Beeinträchtigung des Gehens auf ebener Fläche wie Unfähigkeit/Unsicherheit, das Körpergewicht im Stand selbstständig zu tragen, Veränderungen des Gangbildes
G10	**Hohes Dekubitusrisiko** Kennzeichen: hohes Dekubitusrisiko durch systematische Einschätzung nach aktuellem nationalen Expertenstandard des DNQP
G11	**Weglaufverhalten/Hinlauftendenz** Kennzeichen: Verlässt die Station/das Zimmer ständig, findet nicht mehr in das Zimmer zurück, Umtriebigkeit und psychomotorische Unruhe **ODER** **hohes Selbstgefährdungs-/Selbstverletzungsrisiko** Kennzeichen: Trugwahrnehmungen, erkennt Gefahren nicht, kann selbstgefährdende Situationen nicht einschätzen, steht trotz hoher Sturzgefährdung ohne Unterstützung selbstständig auf, Selbstverletzungsrisiko durch fehlende Lebensperspektive

Pflegekomplexmaßnahmen-Scores

Pflegeinterventionen sind: (Die zugehörigen Gründe sind in der ersten Spalte aufgeführt)		
G10	D1	**Lagerungswechsel/Positionswechsel und/oder Mobilisation mindestens 12 x tägl.** (davon maximal 4 **Mikrolagerungen**), Dekubitusprophylaxe, therapeutische Lagerung ✍
G1 G4 G5	D2	**Mindestens 8 x tägl. Lagerungswechsel und/oder Mobilisation, davon mindestens 4 x tägl. mit 2 Pflegepersonen (ohne Mikrolagerung)** ✍ **ODER:** **Mindestens 4 x tägl. Lagerungswechsel und/oder Mobilisation mit mindestens 3 Pflegepersonen (nur bei BMI von mindestens 40 kg/m²)** ✍
G1 G5 G6	D4	**Aufwendige Mobilisation aus dem Bett** **UND** • Gehtraining unter Anwendung von Techniken wie Fazilitation, Inhibitation, Kinästhetik **ODER** • Gehtraining nach verschiedenen therapeutischen Konzepten wie NDT, MRP, Bobath **ODER** • Gehtraining mit Gehhilfen wie Unterarmgehstützen, verschiedene Gehwagen **ODER** • aufwendiges Anlegen von Prothese/Orthese/Stützkorsett/Rumpfwickel vor/nach der Mobilisation **ODER** • mindestens 4 x tägl. Spastik des Patienten lösen und Anbahnung normaler Bewegungsabläufe durch Fazilitation, Inhibitation mindestens 2 x tägl.
G5 G6 G10	D5	**Lagerungs-/Positionswechsel mindestens 7 x tägl.** (keine Mikrolagerungen) **UND** eine der aufgeführten **zusätzlichen Aktivitäten:** • Mobilisation mindestens 2 x tägl. in den Roll-/Lehnstuhl **ODER** • ausgiebige Kontrakturenprophylaxe an allen gefährdeten großen Gelenken mindestens 1 x tägl. **UND** Thromboseprophylaxe durch Anlegen eines medizinischen Thromboseprophylaxestrumpfes **ODER** Kompressionsverbandes **ODER** • **Pflegemaßnahmen zur Infektionsprophylaxe bei (Umkehr-)Isolation**
G11	D6	Mindestens **4 x tägl. Suchen und/oder Rückbegleiten des Patienten** auf die Station/in das Zimmer **ODER** **aufwendige Sicherheitsmaßnahmen** zur Verhinderung von Selbst- oder Fremdgefährdung ✍

Mindestmerkmale: Leistungsbereich E: Kommunizieren/Beschäftigen
(Altersgruppe E: 1 Punkt)

Deutlicher Mehraufwand im Leistungsbereich Kommunizieren/Beschäftigen (**mindestens 30 Minuten oder 2 x 15 Minuten pro Tag, Ausnahmen sind in den Pflegeinterventionen formuliert**) mit den Patienten und/oder Angehörigen in den Bereichen Kompetenzerwerb zur Sicherstellung der Therapie und/oder zur situativen Krisenbewältigung sowie Sekundärprävention als normalerweise erforderlich. Die kommunikativen Pflegemaßnahmen werden **nicht im Rahmen der Erbringung anderer Pflegeleistungen erbracht.**

Es liegt mindestens einer der Gründe für eine hochaufwendige Pflege vor:	
G1	**Massive Beeinträchtigung der Informationsverarbeitung** Kennzeichen: Neue Informationen werden wieder vergessen, Konzentrations-/Wahrnehmungsschwierigkeiten, reduzierte Aufmerksamkeitsspanne, Überforderung **ODER** **Schwere kognitive Funktionseinschränkung (ICD-10-GM-Kode aus U51.2-)** Erweiterter Barthel-Index 0-15 Punkte oder kognitiver FIM 5-10 Punkte oder MMSE 0-16 Punkte liegt vor
G3	**Beeinträchtigte Anpassungsfähigkeit von Patient und/oder Angehörigen** Kennzeichen: Leugnet den veränderten Gesundheitszustand und Notwendigkeit der Anpassung, verschiebt Entscheidungen, unzureichende Problem-/Zielerfassung, äußert Ängste, bagatellisiert, fehlende Krankheitseinsicht, Körperbildstörung, fehlende Compliance, fehlende Zukunftsperspektive
G4	**Aus dem Gleichgewicht geratenes Selbstkonzept durch Sinn-/Lebenskrisen** Kennzeichen: Äußert Hoffnungslosigkeit, fehlende Zukunftsperspektive, fehlenden Lebensmut, zeigt Gefühle wie Trauer, Zorn, Wut, Bitterkeit

G7	**Beeinträchtigte Fähigkeit, Kompetenzen im Rahmen der Selbstpflegefähigkeit zu erwerben** Kennzeichen: Ausgeprägte sensomotorische Einschränkungen infolge von Hemi-, Para- oder Tetraplegie, fehlende Fingerfertigkeit, eingeschränkte Sehfähigkeit
G10	**Beeinträchtigte Kommunikation durch Sprach-/Kommunikationsbarrieren** Kennzeichen: Kann sich nicht verständlich machen, reagiert auf Ansprache trotz normaler Vigilanz nicht, versteht die Landessprache nicht, kann verbal nicht antworten, kann nichts hören

Pflegeinterventionen sind: (Die zugehörigen Gründe sind in der ersten Spalte aufgeführt)		
G1 G3 G4	E1	**Eins-zu-eins-Betreuung:** Einen Patienten kontinuierlich über einen längeren Zeitraum in Präsenz betreuen.
G3 G4 G10	E2	**Problemlösungsorientierte Gespräche** mit dem Patienten und/oder Angehörigen/Bezugspersonen☐ • zur Krisenbewältigung/Vertrauensbildung/Anpassung an veränderte Lebensbedingungen **ODER** • Gespräche zur Vorbereitung auf die Entlassung **ODER** • Gespräche mit Dolmetscher
G1 G7	E3	**Maßnahmen zum Kompetenzerwerb des Patienten und/oder der Angehörigen und/oder der poststationären Pflegeeinrichtung** durch Informationsgespräch, Beratungsgespräch, Anleitung☐
G7 G10	E4	**Maßnahmen zur Überwindung von Kommunikationsbarrieren/Einstellung von Kommunikationshilfen** (In der Summe aller Einzelmaßnahmen müssen <u>mindestens</u> 30 Minuten erreicht werden. Die Einzelmaßnahme muss keine 15 Minuten dauern) **wie:** • Sensorklingel • Umweltkontrollgerät • Lesegerät • Computer mit Sprachsteuerung • Mundsteuerung justieren vom E-Rollstuhl • Einsatz von Kommunikationstafeln • Einsatz eine Sprachgenerators

1.2. Spezielle Pflege

Mindestmerkmale: Leistungsbereich F: Kreislauf für Patienten mit Hemi-, Para- oder Tetraplegie
(Altersgruppe E: 2 Punkte)

Im Rahmen des Bereiches Kreislauf sind Pflegemaßnahmen erforderlich, die den hochaufwendigen Patienten ausweisen.

Es liegt mindestens einer der Gründe für eine hochaufwendige Pflege vor:	
G10	**Bluthochdruckkrise infolge einer autonomen Dysreflexie mindestens 1 x tägl., Risiko von Komplikationen** Kennzeichen: Kopfschmerzen, heiße Ohren, Schwitzen, Pupillenerweiterung, Gänsehaut, Blässe und danach Gesichtsrötung, Bradykardie
G11	**Orthostatische Hypotonie**, Risiko von Komplikationen Kennzeichen: Schwindel, Augenflimmern, Bewusstlosigkeit etc., tritt im Zusammenhang mit Lagewechsel und/oder Mobilisation auf, Angstzustände

Pflegeinterventionen sind: (Die zugehörigen Gründe sind in der ersten Spalte aufgeführt)		
G10	F1	**Maßnahmen bei autonomer Dysreflexie durchführen**, diese sind: • im 5-Minuten-Intervall RR-Kontrolle bis zur Stabilisierung des Blutdruckes • Kontrolle der Blasenfüllung und/oder Entleerung • Kontrolle der Darmfüllung und/oder Entleerung • Suche nach Schmerzreiz und, wenn möglich, reduzieren bzw. beseitigen

Pflegekomplexmaßnahmen-Scores

G11	F2	Maßnahmen bei orthostatischer Hypotonie durchführen, mindestens 6 x tägl. (kreislaufstabilisierende Lagerung wie Hochlagerung der Beine oder Trendelenburglagerung, Rollstuhl ankippen)

Mindestmerkmale: Leistungsbereich G: Wundmanagement
(Altersgruppe E: 2 Punkte)

Im Rahmen des Bereiches Wundmanagement sind Pflegemaßnahmen erforderlich, die den hochaufwendigen Patienten ausweisen.

Es liegt mindestens einer der Gründe für eine hochaufwendige Pflege vor:	
G10	**Hochaufwendiges Wundmanagement** <ul><li>mindestens 3 sekundär heilende Wunden (z.B. Dekubitus Grad/Kategorie 3) **UND/ODER**</li><li>großflächige Wunde(n) ($\geq 40\ cm^2$) **UND/ODER**</li><li>Wunde mit großer Taschenbildung/Unterminierung ³ 4 cm² oder einem Raum $\geq 1\ cm^3$, durchblutende oder exulzerierende Wunde(n) oder offene Wunddrainagen; Wunde(n) bei beeinträchtigter Compliance, welche zu einem häufigen Wundverbandswechsel (mindestens 5 x tägl.) führt; Verbände an komplizierten Hautarealen (Kopf, Hand, Fuß, Intimbereich)</li></ul>
G11	**Großflächige und schwerwiegende Hauterkrankungen** Kennzeichen: Großflächige Hauterkrankungen von mindestens 36% der Körperoberfläche z.B. bei Infektionen der Haut/Unterhaut, Dermatitis, Ekzemen, papulosquamösen Hautkrankheiten, Urtikaria, Erythem oder sonstigen Hauterkrankungen
G12	**Stoma-Anlage mit Komplikationen, bei vorliegendem Selbstfürsorgedefizit** Kennzeichen: <ul><li>Stoma-Prolaps, Retraktion, Nekrose, Hernie,</li><li>erschwerte Versorgung bei massiver Ausscheidung,</li><li>Hautschädigungen im Bereich der Stoma-Anlage,</li><li>Wundheilungsstörungen im Bereich des Stomas (z.B. Stomaausriss, Nahtdehiszenz, Nekrose)</li><li>beeinträchtigte Compliance, welche zu einer häufigeren Stomaversorgung (mindestens 5 x tägl.) führt</li></ul>

Pflegeinterventionen sind: (Die zugehörigen Gründe sind in der ersten Spalte aufgeführt)		
G10	G1	**Systematisches Wundmanagement** von mindestens 60 Minuten pro Tag, bestehend aus: <ul><li>spezifische Wundbeschreibung z.B., Rezidivzahl, Wunddauer, -lokalisation, -größe, -rand, -umgebung, -grund, Entzündungszeichen und mögliche Wundheilungsstörungen</li><li>Wundbehandlung, bestehend aus:<ul><li>Wundreinigung und/oder Wunddesinfektion **UND**</li><li>Wundauflagen und/oder Auflagenfixierung</li><li>systematische Evaluation des Wundheilungsprozesses</li></ul></li></ul> **ODER Wundverband mindestens 5 x tägl.** **ODER Wundverband mit zwei Pflegepersonen** (mindestens 60 Minuten pro Tag Gesamtzeit beider Pflegepersonen)
G11	G2	**Aufwendiger Verband und/oder Behandlung bei großflächigen und schwerwiegenden Hauterkrankungen** mindestens 60 Minuten pro Tag
G12	G3	**Hochaufwendiges Stomamanagement** mindestens 60 Minuten pro Tag ≤ z.B. <ul><li>individuelle Anpassung der Stomaversorgung an die vorliegende Stomakomplikation **UND/ODER**</li><li>Haut- und Stomainspektion **UND/ODER**</li><li>Stomareinigung/-pflege **UND/ODER**</li><li>Stomaversorgung/Leeren des Beutels mehrmals täglich **UND/ODER**</li><li>Stomaversorgung mit 2 Personen notwendig **UND/ODER**</li><li>Anlegen von Stomamieder, Gürtel etc.</li></ul>

Mindestmerkmale: Leistungsbereich H: Atmung
(Altersgruppe E: 2 Punkte)

Im Rahmen des Bereiches Atmung sind Pflegemaßnahmen erforderlich, die den hochaufwendigen Patienten ausweisen.

Es liegt mindestens einer der Gründe für eine hochaufwendige Pflege vor:	
G10	**Zeichen einer respiratorischen Beeinträchtigung** Kennzeichen: erschwerte Atemtätigkeit wie Einsatz der Atemhilfsmuskulatur, veränderter Hustenmechanismus, kann nicht selbstständig abhusten, vermehrtes Bronchialsekret, zähes Bronchialsekret, pathologische(r) Atemfrequenz/-rhythmus **UND/ODER** **Risiko einer Pneumonie** Kennzeichen: Veränderte Blutgaswerte, veränderter Hustenmechanismus, veränderte Inspirations- und Exspirationsatemdrücke, chonische Bronchitis, kann nicht selbstständig abhusten, vermehrtes Bronchialsekret, minderbelüftete Lunge, hohes Pneumonierisiko lt. Assessment, Schmerzen bei der Atmung, BMI von mind. 35 kg/m², mechanische Beeinträchtigung der Atmung
G11	**Vorhandensein einer Thoraxdrainage** Kennzeichen: Vorhandene Pleuradrainage, Mediastinaldrainage oder Perikarddrainage, welche zur Ableitung von Flüssigkeiten und/oder Luft in den Thoraxraum gelegt wurde

Pflegeinterventionen sind: (Die zugehörigen Gründe sind in der ersten Spalte aufgeführt)		
G10 G11	H1	**Maßnahmen in voller Übernahme zur Auswurfförderung des Bronchialsekrets und/oder zur Belüftungsförderung der Lunge mindestens 60 Minuten tägl.:** <ul><li>Inhalationstherapie **UND/ODER**</li><li>mechanische Insufflation-Exsufflation **UND/ODER**</li><li>Absaugen von Sekret aus den Atemwegen **UND/ODER**</li><li>atemerleichternde/ventilationsfördernde Lagerungen wie VATI-Lagerungen **UND/ODER**</li><li>Atemübungen wie bewusste Brust-/Bauch-/Flankenatmung/Phonationstechniken/Lippenbremse **UND/ODER**</li><li>mechanische Abhusthilfe mit zwei Pflegepersonen **UND/ODER**</li><li>atemunterstützende Lagerungen mit zwei Pflegepersonen **UND/ODER**</li><li>ASE (Atemstimulierende Einreibung) **UND/ODER**</li><li>Training der Atemhilfsmuskulatur wie Platysma-Training **UND/ODER**</li><li>Vibrationsmassage in Verbindung mit Lagerungsdrainage **UND/ODER**</li><li>Management einer thorakalen Drainage (Überwachung von Sekret, Sogeinstellung, Wasserschloss, Durchlässigkeit des Schlauchsystems, Schmerzkontrolle usw.)</li></ul>

2. PKMS-J für Kinder und Jugendliche ab dem Beginn des 7. Lebensjahres bis zum Ende des 18. Lebensjahres

(Der PKMS-J kann in Ausnahmefällen auch für Erwachsene angegeben werden, wenn deren Behandlung in einer Abteilung oder Klinik für Kinder- und Jugendmedizin erforderlich ist)

2.1. Allgemeine Pflege

Mindestmerkmale: Leistungsbereich A: Körperpflege
(Altersgruppe J: 2 Punkte)

Die Unterstützung bei Körperpflege ist hochaufwendig und geht **deutlich** über das normale Maß einer vollen Übernahme der Körperpflege (vergleichbar mit PPR-J Stufe A3) hinaus.

	Es liegt mindestens einer der Gründe für eine hochaufwendige **Körperpflege bei Kindern und Jugendlichen** vor:
G1	**Abwehrverhalten/Widerstände** bei der Körperpflege Kennzeichen: Setzt den Pflegemaßnahmen bei der Körperpflege Widerstände entgegen; schreit, schlägt, beschimpft das Personal, lehnt die Körperpflege verbal/nonverbal ab **ODER** **Massive Angst** bei der Körperpflege **vor Berührung und Bewegung** Kennzeichen: Äußert, nicht berührt werden zu wollen, Rückzugsverhalten, weint, nestelt, zeigt ausgeprägte Scham **ODER** **Ablauf der Körperpflege ist dem Patienten nicht bekannt** Kennzeichen: Unfähigkeit, die Körperpflege selbstständig und strukturiert durchzuführen; Trugwahrnehmungen, Gebrauchsgegenstände der Körperpflege können nicht adäquat eingesetzt werden, fehlende Eigeninitiative, die Körperpflege durchzuführen **ODER** **Hohe Selbstgefährdung**
G2	**Fehlende Fähigkeit, den Positionswechsel im Bett durchzuführen** Kennzeichen: Fehlende Fähigkeit, sich selbstständig im Bett zu drehen, aktiv zu verrutschen, aufzusetzen **UND** **ein vorliegender Erschwernisfaktor:** • mindestens 3 Zu- und/oder Ableitungssysteme (inkl. Beatmung) • Tracheostoma • extreme Adipositas (Perzentil größer 99,5) • krankheitsbedingte Risiken (z.B. Wirbelsäuleninstabilität, Schienung bei beidseitiger Verletzung der Extremitäten, Halo-Fixateur, Extensionsbehandlung, Belastungsintoleranz) • Spastik, Kontraktur, Parese, Plegie • fehlende Kraft zur Eigenbewegung • starke Schmerzen trotz Schmerzmanagement ✍) • beeinträchtigte Orientierung/Wahrnehmung
G3	**Volle Abhängigkeit bei der Körperpflege bei bestehender Beeinträchtigung der Atemsituation und/oder Herz-Kreislauf-Situation** Kennzeichen: Fehlende Fähigkeit, den Körper selbstständig zu waschen, abzutrocknen und die Mund-, Haar-, Hautpflege durchzuführen, Kind/Jugendlicher kann/darf sich bei verminderter/instabiler Herz-Kreislauf- und/oder Atemsituation bei der Körperpflege nicht anstrengen, Belastungsintoleranz bei der Körperpflege
G4	**Volle Abhängigkeit bei der Körperpflege bei einem vorliegenden Erschwernisfaktor** Kennzeichen: Fehlende Fähigkeit, den Körper selbstständig zu waschen, abzutrocknen und die Mund-, Haar-, Hautpflege durchzuführen.

		UND ein Grund/Erschwernisfaktor für hohen pflegerischen Aufwand: • (Umkehr-)Isolation **ODER** • Massive Veränderungen der Mundschleimhaut **ODER** • Hohes Pneumonierisiko (gemäß Assessmentergebnis □) **ODER** • Aufwendiges Tracheostoma

Pflegeinterventionen sind: (Die zugehörigen Gründe sind in der ersten Spalte aufgeführt)		
G1 G2 G3	A1	**Vollkompensatorische Übernahme der Körperpflege UND/ODER** Anleitung zur selbstständigen Körperpflege inkl. Anleitung/Unterstützung von Eltern/Bezugspersonen
G1 G2	A2	Mindestens 1 x tägl. **therapeutische Körperpflege** wie: • GKW basalstimulierend, belebend und/oder beruhigend • GKW nach Bobath • GKW unter kinästhetischen Gesichtspunkten • GKW nach Inhester und Zimmermann • andere neurologische oder rehabilitative Konzepte zur Ganzkörperpflege mit Fazilitation/Inhibition von normalen Bewegungsabläufen oder kompensatorischen Fähigkeiten ✍ • Konzepte aus psychologischer Perspektive ✍
G1 G2 G3	A3	**Ganzkörperwaschung/-pflege mit zwei Pflegepersonen** pflegefachlich erforderlich
G3 G4	A4	**Volle Übernahme der Körperwaschung** **UND** Übernahme der speziellen/therapeutischen **Mundpflege** mindestens 4 x tägl. **UND** (ASE mindestens 1 x tägl. **ODER** mindestens 4 x tägl. **Atemübungen ODER** Atemübungen mit Atemtrainer mindestens 4 x tägl.) **UND** (volle Übernahme bei mindestens 2 x tägl. **An-/Auskleiden ODER** mindestens 1 x tägl. Anziehtraining, Anleitung zum selbstständigen Umkleiden)
G4	A5	**Volle Übernahme der Körperwaschung** **UND** mindestens 8 x tägl. Maßnahmen im Rahmen eines **aufwendigen Tracheostomamanagements** (hierzu zählen eine oder mehrere Maßnahmen wie z.B. Verbinden, Absaugen, Wechseln, Spülen)
G4	A6	**Volle Übernahme der Körperwaschung** inkl. Anleitung/Unterstützung von Eltern/Bezugspersonen **UND Maßnahmen zur Infektionsprophylaxe bei Umkehr-/Schutzisolation** beim Betreten/Verlassen des Zimmers

Mindestmerkmale: Leistungsbereich B: Ernährung
(Altersgruppe J: 4 Punkte)

Die orale Nahrungs-/Flüssigkeitsaufnahme bei den Haupt-/Zwischenmahlzeiten ist hochaufwendig und verlängert und geht **deutlich** über das normale Maß der Unterstützung mit besonderen Leistungen (vergleichbar mit PPR-J Stufe A3) hinaus. Die verabreichten Mahlzeiten/Trinkmengen sind zu dokumentieren. Es ist zu beachten, dass die zutreffenden Interventionen bei allen Nahrungs-/Flüssigkeitsaufnahmen des Patienten (3 Hauptmahlzeiten (H) und mindestens 2 Zwischenmahlzeiten (Z)) durchzuführen sind.

Es liegt mindestens einer der Gründe für eine hochaufwendige/verlängerte **orale Nahrungs-/Flüssigkeitsaufnahme bei Kindern und Jugendlichen** vor:	
G1	**Kontinuierliche/massive Nahrungsverweigerung** Kennzeichen: Schiebt angebotene Nahrung weg, lehnt Nahrung verbal/nonverbal ab, fehlende(r) Wille/Einsicht, Nahrung zu sich zu nehmen, Mundschluss, Abwenden des Kopfes, Wegschlagen der Nahrung beim Versuch der Nahrungsverabreichung, extrem langsames Essen als Strategie der verminderten Nahrungsaufnahme, schluckt den Nahrungsbrei nicht selbstständig, Ausspucken von Nahrung
G2	**Massiv verlangsamte/erschwerte Nahrungsaufnahme** Kennzeichen: Wahrnehmungseinschränkung/-beeinträchtigung, deutlich verlängerter Zeitbedarf bei der Verabreichung/Aufnahme von Nahrung und Flüssigkeit

Pflegekomplexmaßnahmen-Scores

G3	**Kau-/Schluckstörungen mit starken Auswirkungen auf die Nahrungsaufnahme** Kennzeichen: Hustet nach dem Schlucken, Nahrungsreste verbleiben nach dem Schlucken in der Wangentasche, Zungenstoß, Gefühl, dass Nahrung im Schlund hängen bleibt, Regurgitation von Speisebrei, veränderte Schluckphasen, inkompletter/fehlender Lippen-/Mundschluss, pathologische Kau-/Kieferbewegung, Schmerzen bei der Nahrungsaufnahme, Nahrungsreste dringen aus dem Tracheostoma
G4	**Vorliegende Fehl-/Mangelernährung** Kennzeichen: extrem starkes Untergewicht (Perzentil kleiner 5), Erschöpfungszustände, reduzierter Muskeltonus, Teilnahmslosigkeit, beeinträchtigte körperliche Entwicklung, häufig Müdigkeit, hervortretende Knochen, schwindende Muskelmasse
G5	**Fehlende Fähigkeit, sich zur Nahrungsaufnahme an den Tisch zu setzen** Kennzeichen: Schwere Beeinträchtigung, von liegender Körperposition zum Sitzen zu gelangen und vom Sitzen in den Stand zu gelangen, und erhebliche Beeinträchtigung des Gehens auf ebener Fläche wie Unfähigkeit/Unsicherheit, das Körpergewicht im Stand selbstständig zu tragen, Veränderungen des Gangbildes
G6	**Volle Abhängigkeit bei der Nahrungsaufnahme bei (Umkehr-)Isolation** Kennzeichen: Fehlende Fähigkeit, selbstständig Nahrung aufzunehmen, Nahrungsverabreichung bei isolierpflichtigen Krankheitsbildern

Pflegeinterventionen sind: (Die zugehörigen Gründe sind in der ersten Spalte aufgeführt)		
G1 G4	B1	**Fraktionierte Applikation von Nahrung/Sondennahrung** mindestens 5 x tägl. in altersgerechter Form bzw. den Fähigkeiten des Kindes/Jugendlichen entsprechend angeboten **UND** zu den Verabreichungszeiträumen Stimulation zur Nahrungsaufnahme **ODER** Verabreichung von Nahrung immer begleiten/beaufsichtigen, **verbunden mit der Notwendigkeit der Applikation von Restnahrung via Sonde**
G2 G3	B2	**Orale/basale Stimulation ✍**, vorbereitend auf die Nahrungsverabreichung oder zur Förderung des Schluckreflexes oder zur Förderung der Mundmotorik, oder Einüben von Kompensationstechniken **vor/bei jeder Mahlzeit (3 H und mindestens 2 Z)** mit anschließender Unterstützung bei der Nahrungsaufnahme
G1 G2 G3	B3	**Trink- und Esstraining** nach individuell aufgestellter Maßnahmenplanung bei jeder Mahlzeit **(3 H und mindestens 2 Z)** Diese ist explizit zu dokumentieren ✍. Maßnahmen können sein: • Anleitung zum Schlucken/Schlucktechniken • Einüben kompensatorischer Maßnahmen • Unterstützung bei der Kopf-/Kiefer-/Lippenkontrolle • Einüben von physiologischen Bewegungsabläufen bei der Nahrungsaufnahme durch z.B. passives Führen der Hand bei der Nahrungsaufnahme • Faszilitieren/Inhibieren von Bewegungsabläufen/des Schluckaktes • Einüben von Essritualen
G1 G2 G4	B4	**Nahrungsverabreichung/Anleitung mit der Besonderheit** des Zuredens und Anleitens des Patienten bei der versuchten selbstständigen Nahrungsaufnahme, bei der Willensbildung zum Einhalten einer speziellen Diät oder beim Überwinden einer Nahrungsverweigerung bei jeder Mahlzeit und Flüssigkeitsverabreichung **UND/ODER** bei Essstörung die Überwachung der Nahrungsaufnahme zur Vermeidung von unkontrolliertem Trinken (3 H und mindestens 2 Z)
G5	B5	**Maßnahmen zur Vorbereitung der Nahrungsaufnahme** vor jeder Mahlzeit (3 H und mindestens 2 Z) mit Nahrungsverabreichung und/oder Anleitung/Aktivierung zur Nahrungsaufnahme • aufwendiger Transfer in den Rollstuhl/auf den Stuhl **UND/ODER** • aufwendiges Anlegen von Stützkorsett/-hose/Orthese/Rumpfwickel **UND/ODER** • aufwendiges Aufsetzen im Bett in den stabilen Sitz in Neutralstellung, stabilen Sitz nach Bobath, Querbettsitz nach Bobath oder asymmetrischen Sitz nach Bobath an der Bettkante bei Hemi-, Para- oder Tetraplegie
G6	B6	**Maßnahmen zur Vorbereitung der Nahrungsaufnahme** vor jeder Mahlzeit (3 H und mindestens 2 Z) mit Nahrungsverabreichung und/oder Anleitung/Aktivierung bei der Nahrungsaufnahme **UND** (Umkehr-)Isolation

Mindestmerkmale: Leistungsbereich C: Ausscheidung
(Altersgruppe J: 3 Punkte)

Die pflegerische Unterstützung bei/infolge der Ausscheidung ist hochaufwendig und geht **deutlich** über das normale Maß der Ausscheidungsunterstützung bei besonderen Leistungen (vergleichbar mit PPR-J Stufe A3) hinaus.

	Es liegt mindestens einer der Gründe für eine hochaufwendige/verlängerte **Ausscheidungsunterstützung bei Kindern und Jugendlichen** vor:
G1	**Zeigt keinen adäquaten Umgang mit Ausscheidungen** Kennzeichen: Stuhlschmieren, ins Zimmer urinieren, Koterssen, versteckt Ausscheidungen, findet sich in der Umgebung nicht zurecht, Verkennen der normalen Abläufe
G2	**Fehlende Fähigkeiten bei der Ausscheidung** Kennzeichen: Schwere Beeinträchtigung bei der Bewegung, beim Aufstehen, beim Brückemachen für ein Steckbecken, beim Gehen, Unsicherheit, hohe Selbstgefährdung Orientierungsbeeinträchtigung, Schwindel **UND ein vorliegender Erschwernisfaktor** **Erschwernisfaktoren sind:** • mindestens 3 Zu- und/oder Ableitungssysteme (inkl. Beatmung) • extreme Adipositas (Perzentil größer 99,5) • krankheitsbedingte Risiken (z.B. Wirbelsäuleninstabilität, Schienung bei beidseitiger Verletzung der Extremitäten, Halo-Fixateur, Extensionsbehandlung, Belastungsintoleranz) • Gehbeeinträchtigung, doppelseitige Extremitätenverletzung • Spastik, Kontraktur, Parese, Plegie • starke Schmerzen trotz Schmerzmanagement • beeinträchtigte Orientierung/Wahrnehmung
G3	**Fehlende Selbstständigkeit beim Erbrechen** Kennzeichen: Magen-/Darminhalt wird nach oben aus dem Mund befördert, kann sich nicht selbstständig versorgen **ODER** **Fehlende Selbstständigkeit beim Schwitzen** Kennzeichen: Nasse Kleidung infolge des Schwitzens, Schweißausbrüche, kann Kleidung und Bettwäsche nicht selbst wechseln
G4	**Veränderte Miktions-/Defäkationsfrequenz und fehlende Selbstständigkeit bei der Miktion/Defäkation** Kennzeichen: Fehlende Fähigkeit, selbstständig zur Toilette zu gehen, den Toilettenstuhl zu benutzen, Bettschüssel/Steckbecken/Urinflasche/Stomabeutel selbstständig zu benutzen
G5	**Ausgeprägte Obstipation ODER** andere Gründe, die einen **tägl. Einlauf UND/ODER rektales Ausräumen UND/ODER spezielles Darmmanagement** erfordern

Pflegeinterventionen sind: (Die zugehörigen Gründe sind in der ersten Spalte aufgeführt)		
G2	C1	**Ausscheidungsunterstützung mit Transfer auf die Toilette** mindestens 4 x tägl.
G1 G3 G4	C2	**Wäschewechsel** (Kleidung und Bettwäsche) **UND Teilkörperwaschungen** mindestens 2 x tägl.
G2 G4 G5	C3	**Volle Übernahme der Ausscheidungsunterstützung** (Steckbecken, Toilettenstuhl, Transfer zur Toilette, Wickeln, AP-Versorgung) **UND einer der zusätzlichen Aspekte** • 1 x tägl. digitales rektales Ausräumen **UND/ODER** 1 x tägl. Reinigungseinlauf • Ausscheidungsunterstützung bei voller Übernahme mindestens 5 x tägl. • Übernahme des Darmmanagement durch intermittierendes digitales Stimulieren, Kolonmassage • Volle Übernahme der Ausscheidungsunterstützung mit 2 Pflegepersonen • (Umkehr-)Isolation
G1	C4	**Ausscheidungstraining mit Anleitung/Überwachung und mit Transfer auf die Toilette** mindestens 4 x tägl.

Mindestmerkmale: Leistungsbereich D: Bewegen/Lagern/Mobilisation
(Altersgruppe J: 3 Punkte)

Bewegen/Lagern/Mobilisation ist hochaufwendig und geht **deutlich** über das normale Maß der vollen Übernahme bei besonderen Leistungen (vergleichbar mit PPR-J Stufe 3) hinaus.

\multicolumn{2}{l}{Es liegt mindestens einer der Gründe für ein(e) hochaufwendige(s)/verlängerte(s) Bewegen/Lagern/Mobilisation bei Kindern und Jugendlichen vor:}
G1	**Abwehrverhalten/Widerstände** Kennzeichen: Setzt den Pflegemaßnahmen bei der Mobilisation Widerstände entgegen; schreit, schlägt, beschimpft das Personal, lehnt die Pflegemaßnahmen verbal/nonverbal ab **ODER** **Massive Angst bei der Pflegemaßnahme vor Berührung und Bewegung** Kennzeichen: Äußert, nicht berührt werden zu wollen, Rückzugsverhalten, weint, nestelt, zeigt ausgeprägte Scham
G2	**Fehlende Fähigkeit, den Positionswechsel im Bett durchzuführen** Kennzeichen: Fehlende Fähigkeit, sich selbstständig im Bett zu drehen, aktiv zu verrutschen, aufzusetzen **UND** **ein vorliegender Erschwernisfaktor:** • mindestens 3 Zu- und/oder Ableitungen (inkl. Beatmung) • extreme Adipositas (Perzentil größer 99,5) • krankheitsbedingte Risiken (z.B. Wirbelsäuleninstabilität, Schienung bei beidseitiger Verletzung der Extremitäten, Halo-Fixateur, Extensionsbehandlung, Belastungsintoleranz) • Spastik, Kontraktur, Parese, Plegie • Schwindelanfälle • fehlende Kraft zur Eigenbewegung • hohes Dekubitusrisiko gemäß Assessmentergebnis • starke Schmerzen trotz Schmerzmanagement • beeinträchtigte Orientierung/Wahrnehmung
G3	**Fehlende Fähigkeit, einen Transfer durchzuführen UND/ODER zu gehen** Kennzeichen: Schwere Beeinträchtigung, von liegender Körperposition zum Sitzen zu gelangen und vom Sitzen zum Stand zu gelangen, Unfähigkeit/Unsicherheit, das Körpergewicht im Stand selbstständig zu tragen

\multicolumn{3}{l}{**Pflegeinterventionen sind:** (Die zugehörigen Gründe sind in der ersten Spalte aufgeführt)}
G1 G2	D1	**Lagerungswechsel (bzw. Mikrolagerung) mindestens 10 x tägl.** bedingt durch zutreffenden Grund/Erschwernisfaktor
G1 G2	D2	**Mindestens 8 x tägl. Lagerungs-/Positionswechsel und/oder Mobilisation, davon mindestens 4 x tägl. mit 2 Pflegepersonen**
G2 G3	D3	**Unterstützung bei der Mobilisation aus dem Bett mit zusätzlich erforderlichen Aktivitäten** wie: • aufwendiges Anlegen von z.B. Stützkorsett/-hose vor/nach der Mobilisation **ODER** • mindestens 4 x tägl. Spastik des Patienten lösen und Anbahnung normaler Bewegungsabläufe durch Fazilitation, Inhibitation mindestens 2 x tägl.
G2 G3	D4	**Aufwendige Mobilisation aus dem Bett** **UND** • Gehtraining unter Anwendung von Techniken wie Fazilitation, Inhibitation, Kinästhetik **ODER** • Gehtraining nach verschiedenen therapeutischen Konzepten wie NDT, MRP, Bobath **ODER** • Gehtraining mit Gehhilfen wie Unterarmgehstützen, Gehwagen/Rollator
G2 G3	D5	**Lagerungs-/Positionswechsel mindestens 7 x tägl. (keine Mikrolagerungen)** **UND eine der aufgeführten zusätzlichen Aspekte:** • Mobilisation mindestens 2 x tägl. in den Roll-/Lehnstuhl **ODER** • ausgiebige Kontrakturenprophylaxe an allen gefährdeten großen Gelenken mindestens 1 x tägl. **UND** Thromboseprophylaxe durch Anlegen eines medizinischen Thromboseprophylaxestrumpfes **ODER** Kompressionsverbandes • (Umkehr-)Isolation

Mindestmerkmale: Leistungsbereich E: Kommunizieren/Beschäftigen
(Altersgruppe J: 2 Punkte)

Deutlicher Mehraufwand beim Kommunizieren/Beschäftigen (mindestens 60 Minuten tägl.) mit den Kindern und Jugendlichen und/oder Angehörigen/Bezugspersonen in den Bereichen Entwicklungsförderung, Kompetenzerwerb, Prävention zur Sicherstellung der Therapie und/oder situativer Krisenbewältigung. Diese Pflegemaßnahmen werden nicht im Rahmen der Erbringung anderer Pflegeleistungen durchgeführt. Sie können in kleinen Einheiten unterschiedlicher Dauer über den Tag verteilt erbracht werden.

	Es liegt mindestens einer der Gründe für eine hochaufwendige Pflege im Bereich **Kommunizieren und Beschäftigen bei Kindern und Jugendlichen** vor:
G1	**Massive Beeinträchtigung der Informationsverarbeitung** des Kindes/Jugendlichen und/oder seiner Angehörigen/Bezugspersonen Kennzeichen: Neue Informationen werden wieder vergessen, Konzentrations-/Wahrnehmungsschwierigkeiten, reduzierte Aufmerksamkeitsspanne, Überforderung, Orientierungsbeeinträchtigung
G2	**Sprach-/Kommunikationsbarrieren** Kennzeichen: Kind/Jugendlicher und/oder Angehörige/Bezugsperson können sich nicht verständlich machen, reagieren auf Ansprache trotz normaler Vigilanz nicht, verstehen die Landessprache nicht
G3	**Beeinträchtigte Anpassungsfähigkeit** und/oder **Nichteinhaltung von Therapieabsprachen** durch das/den Kind/Jugendlichen und/oder seine Angehörigen/Bezugspersonen Kennzeichen: Leugnet den veränderten Gesundheitszustand und Notwendigkeit der Anpassung, verschiebt Entscheidungen, unzureichende Problem-/Zielerfassung, äußert Ängste, bagatellisiert, fehlende Krankheitseinsicht, Körperbildstörung, fehlende Motivation
G4	**Extreme Krisensituation** des Kindes/Jugendlichen und/oder der Angehörigen/Bezugspersonen Kennzeichen: Äußert Hoffnungslosigkeit, fehlende Zukunftsperspektive, fehlender Lebensmut, zeigt Gefühle wie Trauer, Zorn, Wut, Bitterkeit **ODER** **Lustlosigkeit/Motivationslosigkeit/Resignation durch fehlende Ablenkung und Beschäftigung** Kennzeichen: Kind/Jugendlicher grübelt, resignative Grundstimmung, äußert Langeweile
G5	**Körperliche Einschränkungen, die den erforderlichen Kompetenzerwerb erschweren** Kennzeichen: kann verbal nicht antworten, kann nichts hören, kann nichts sehen, fehlende Fingerfertigkeit

		Der **Zeitbedarf** bei hochaufwendigen Patienten beträgt im Leistungsbereich **Kommunizieren/Beschäftigen** mindestens **60 Min. tägl.** und kann in mehreren Einheiten unterschiedlicher Dauer erbracht werden **Pflegeinterventionen sind:** (Die zugehörigen Gründe sind in der ersten Spalte aufgeführt)
G4	E1	**Eins-zu-eins-Betreuung:** Einen Patienten kontinuierlich über einen längeren Zeitraum in Präsenz betreuen. Die Betreuung findet gesondert/getrennt von anderen Interventionen statt.
G1 G2 G3 G4 G5	E2	**Problemlösungsorientierte Gespräche** (mit Kindern/Jugendlichen und/oder Angehörigen/Bezugspersonen) • zur Krisenbewältigung/Vertrauensbildung/Anpassung **ODER** • Gespräche zur Vorbereitung auf die Entlassung **ODER** • Gespräche mit Dolmetscher
G1 G2 G3 G5	E3	**Anleitungssituation** mit Kind/Jugendlichem und/oder Angehörigen/Bezugspersonen
G2 G4 G5	E4	**Kommunikative Stimulation**, Förderung der spielerischen Interaktion, Bereitstellung und Nachbereitung von Lektüre, Spiel-, Mal- und Bastelmaterial

2.2. Spezielle Pflege

Mindestmerkmale: Leistungsbereich G: Wund- und Hautbehandlung
(Altersgruppe J: 2 Punkte)

Im Rahmen der Behandlungspflege von Kindern und Jugendlichen (J) sind Pflegemaßnahmen notwendig, die hochaufwendige Patienten ausweisen.

	Es liegt mindestens einer der Gründe für eine hochaufwendige **Behandlungspflege im Bereich Wund- und Hautbehandlung bei Kindern und Jugendlichen** vor:	
G1	**Aufwendige Versorgung von Wunden** Hierzu zählen: **Große sekundär heilende Wunde** (Länge > 3 cm und/oder Fläche > 4 cm^2 und/oder Raum > 1 cm^3), sekundär heilende Wunde an Hand oder Kopf, Dekubitus (ab 2. Grades oder Stadium B gemäß Assessmentergebnis ✍), Kennzeichen: Wunde mit Keimbesiedelung, Wunde mit Wundtasche, Wunde mit Belägen, stark sezernierende Wunde **ODER** **Verbrennung/Verbrühung** (ab 2. Grades bei mindestens 9% der KOF und/oder an einer der folgenden Lokalisationen: Gesicht/Hals, Hand, Fuß, Intimbereich) **ODER** **Aufwendige Wunde nach OP bei einem vorliegenden Erschwernisfaktor:** • Kompartmentsyndrom • offene Fraktur • Hydrozephalus mit externer Ableitung • künstlicher Darmausgang • künstlicher Blasenausgang • OP im Anal-/Urogenitalbereich (z.B. bei Hypospadie, Adrenogenitales Syndrom, anorektale Malformation (exkl. OP bei Phimose))	
G2	**Aufwendige Hautbehandlung und/oder aufwendiger Verband** **UND** **ein vorliegender Erschwernisfaktor:** Abwehr/Widerstand trotz Zureden/ Motivation und Schmerzmanagement, Gefahr der Selbstverletzung, abnorme Blasenbildung der Haut, reißgefährdete Haut, Pergamenthaut, sensorische Neuropathie, multiple Hämatome/Prellungen, Gips bei vorher vorhandenen Sensibilitätsstörungen, Fixateur externe	
Pflegeinterventionen sind: (Die zugehörigen Gründe sind in der ersten Spalte aufgeführt.)		
G1 G2	G1	Mindestens **2 x tägl.** Behandlungspflege **ODER 1 x tägl.** Behandlungspflege durch **2 Pflegepersonen** von insgesamt 30 Minuten pro Tag wie: • Vor- und Nachbereiten und Assistieren bei aufwendigem Verbandwechsel **ODER** • Vor- und Nachbereiten und Assistieren beim Versorgen einer lokalen Verbrennung oder einer Verbrühung mindestens 2. Grades **ODER** • Auftragen oder Einreiben von Salben oder Tinkturen auf eine große Hautregion **ODER** • Anleitung von Patient und Angehörigen im Umgang mit dem Material und der Pflege (z.B. Fixateur externe mit Pin-Pflege, Anlegen einer Kompressionsmaske)
G1	G2	Systematisches **Wundmanagement von Wunden** bestehend aus: • spezifische Wunddiagnose, Rezidivzahl, Wunddauer, -lokalisation, -größe, -rand, -umgebung, -grund, Entzündungszeichen und mögliche Wundheilungsstörungen **UND** • Wundbehandlung bestehend aus Wundreinigung und/oder Wunddesinfektion sowie Wundauflagen und/oder Auflagenfixierung von mindestens 30 Minuten pro Tag **UND** • systematische Evaluation des Wundheilungsprozesses (✍)

Mindestmerkmale: Leistungsbereich H: Atmung
(Altersgruppe J: 3 Punkte)

Im Rahmen der Behandlungspflege von Kindern und Jugendlichen (J) sind Pflegemaßnahmen notwendig, die hochaufwendige Patienten ausweisen.

	Es liegt mindestens einer der Gründe für eine hochaufwendige **Behandlungspflege im Bereich Atmung bei Kindern und Jugendlichen** vor:
G1	**Risiko einer Pneumonie** (gemäß Assessmentergebnis ☒) **UND** **ein vorliegender Erschwernisfaktor:** • angeborene und/oder erworbene Fehlbildung des Thorax und/oder der Wirbelsäule • syndromale, neuromuskuläre sowie angeborene Stoffwechselerkrankung, die die Atmung beeinträchtigt • Parese, Plegie • Zustand nach großem operativen Eingriff • Vorhandensein einer Thoraxdrainage
G2	**Zeichen einer respiratorischen Beeinträchtigung** Kennzeichen: Tachy-/Dyspnoe, veränderter Hustenmechanismus, kann nicht selbstständig abhusten, vermehrtes Bronchialsekret, zähes Bronchialsekret, minderbelüftete Lunge, Sauerstoffbedarf > 4 Std.
G3	**Vorhandensein eines Tracheostomas**

		Pflegeinterventionen sind: (Die zugehörigen Gründe sind in Spalte 1 aufgeführt)
G2 G3	H1	**Vitalzeichenkontrolle und Krankenbeobachtung** zum Erkennen einer akuten Bedrohung fortlaufend innerhalb von 24 Stunden wie: • kontinuierliche Monitorüberwachung/Pulsoximetrie und mindestens 2-stdl. Beurteilung und Dokumentation des Atemmusters **UND/ODER** • 1-stdl. Dokumentation von Puls und Atmung (ohne Monitor), Beurteilung der Atmung **UND** **atemtherapeutische Leistungen mit einem Zeitaufwand von mindestens 30 Minuten** ☒ wie: • Absaugen von Schleim aus Tracheostoma oder Nase, Mund, Rachen **UND/ODER** • Anleitung von Eltern und Angehörigen im Umgang mit Absaugsystemen und/oder in der Tracheostomapflege **UND/ODER** • Anleitung zum Wechsel der Trachealkanüle
G1 G2	H2	**Pflegespezifische physikalische Maßnahmen** zur Pneumonieprophylaxe und/oder Sekretmobilisation und Verbesserung der Belüftung der Atemwege in an die Bedürfnisse des Patienten angepasster Kombination **mindestens 90 Minuten tägl.** ☒ wie: • Inhalation **UND/ODER** • Vibrationsbehandlung des Thorax **UND/ODER** • Wickel/Auflagen/Umschläge **UND/ODER** • Maßnahmen der Atemtherapie: Anleiten und Beaufsichtigen von In- und Exspirationsübungen mit entsprechenden Hilfsmitteln (z.B. Luftballon, Flattern, dosierte Lippenbremse) **UND/ODER** • Anleiten des Kindes/Jugendlichen und von Angehörigen in Techniken zur Sekretmobilisation (z.B. autogene Drainage, Drainagelagerung) **UND/ODER** • Speziallagerung zur Ventilations- und Mobilitätsförderung des Thorax mit Evaluation und Dokumentation des Behandlungsverlaufs (z.B. VATI-Lagerung)

3. PKMS-K für Kleinkinder ab dem Beginn des 2. Lebensjahres bis zum Ende des 6. Lebensjahres

3.1. Allgemeine Pflege

Mindestmerkmale: Leistungsbereich A: Körperpflege
(Altersgruppe K: 2 Punkte)

Die Unterstützung bei Körperpflege ist hochaufwendig und geht **deutlich** über das normale Maß einer vollen Übernahme der Körperpflege (vergleichbar mit PPR-K Stufe A3) hinaus.

	Es liegt mindestens einer der Gründe für eine hochaufwendige **Körperpflege bei Kleinkindern** vor:
G1	**Abwehrverhalten/Widerstände** bei der Körperpflege Kennzeichen: Setzt den Pflegemaßnahmen bei der Körperpflege Widerstände entgegen; schreit, strampelt, dreht sich weg, wendet sich ab **ODER** **Massive Angst** bei der Körperpflege **vor Berührung und Bewegung** Kennzeichen: Äußert, nicht berührt werden zu wollen, Rückzugsverhalten, weint, nestelt, dreht sich weg, zieht die Decke über den Kopf
G2	**Fehlende Fähigkeit, den Positionswechsel im Bett durchzuführen** Kennzeichen: Fehlende Fähigkeit, sich selbstständig im Bett zu drehen, aktiv zu verrutschen, aufzusetzen **UND** **ein vorliegender Erschwernisfaktor:** • mindestens 3 Zu- und/oder Ableitungssysteme (inkl. Beatmung) • Tracheostoma • extreme Adipositas (Perzentil größer 99,5) • krankheitsbedingte Risiken (z.B. Wirbelsäuleninstabilität, Schienung bei beidseitiger Verletzung der Extremitäten, Halo-Fixateur, Extensionsbehandlung, Belastungsintoleranz) • Spastik, Kontraktur, Parese, Plegie • fehlende Kraft zur Eigenbewegung • starke Schmerzen trotz Schmerzmanagement ✎ • beeinträchtigte Orientierung/Wahrnehmung
G3	**Volle Abhängigkeit bei der Körperpflege bei bestehender Beeinträchtigung der Atemsituation und/oder Herz-Kreislauf-Situation** Kennzeichen: Fehlende Fähigkeit, den Körper selbstständig zu waschen, abzutrocknen und die Mund-, Haar-, Hautpflege durchzuführen, Kleinkind kann/darf sich bei verminderter/instabiler Herz-/Kreislauf- und/oder Atemsituation bei der Körperpflege nicht anstrengen, Belastungsintoleranz bei der Körperpflege
G4	**Volle Abhängigkeit bei der Körperpflege bei (Umkehr-)Isolation** Kennzeichen: Fehlende Fähigkeit, den Körper selbstständig zu waschen, abzutrocknen und die Mund-, Haar-, Hautpflege durchzuführen.

Pflegeinterventionen sind: (Die zugehörigen Gründe sind in der ersten Spalte aufgeführt)		
G1 G2 G3	A1	**Vollkompensatorische Übernahme der Körperpflege** und/oder Anleitung zur selbstständigen Körperpflege (inkl. Anleitung/Unterstützung von Eltern/Bezugspersonen)
G1 G2	A2	Mindestens 1 x tägl. **therapeutische Körperpflege** wie: • GKW basalstimulierend, Körperwaschung belebend und/oder beruhigend • GKW nach Bobath • GKW unter kinästhetischen Gesichtspunkten • GKW nach Inhester und Zimmermann • andere neurologische oder rehabilitative Konzepte zur Ganzkörperpflege mit Fazilitation/Inhibition von normalen Bewegungsabläufen oder kompensatorischen Fähigkeiten ✎ • Konzepte aus psychologischer Perspektive ✎

G1 G2 G3	A3	**Ganzkörperwaschung/-pflege mit zwei Pflegepersonen** pflegefachlich erforderlich
G4	A4	**Volle Übernahme der Körperpflege (inkl. Anleitung/Unterstützung von Eltern/Bezugspersonen)** **UND** eine der folgenden Maßnahmen: mindestens **2 körperbezogene Angebote** zur Förderung der Wahrnehmung und des Wohlbefindens (z.B. Massage, Ausstreichen) **ODER** Maßnahmen zur Infektionsprophylaxe bei Umkehr-/Schutzisolation

Mindestmerkmale: Leistungsbereich B: Ernährung
(Altersgruppe K: 4 Punkte)

Die orale Nahrungs-/Flüssigkeitsaufnahme bei den Haupt-/Zwischenmahlzeiten ist hochaufwendig und verlängert und geht **deutlich** über das normale Maß der Unterstützung mit besonderen Leistungen (vergleichbar mit PPR-K Stufe A3) hinaus. Die verabreichten Mahlzeiten/Trinkmengen sind zu dokumentieren. Es ist zu beachten, dass die zutreffenden Interventionen bei allen Nahrungs-/Flüssigkeitsaufnahmen des Patienten (3 Hauptmahlzeiten (H) und mindestens 3 Zwischenmahlzeiten (Z)) durchzuführen sind.

Es liegt mindestens einer der Gründe für eine hochaufwendige/verlängerte **orale Nahrungs-/Flüssigkeitsaufnahme bei Kleinkindern** vor:	
G1	**Kontinuierliche/massive Nahrungsverweigerung** Kennzeichen: Schiebt angebotene Nahrung weg, lehnt Nahrung verbal/nonverbal ab, fehlende(r) Wille/Einsicht, Nahrung zu sich zu nehmen, Mundschluss, Abwenden des Kopfes, Wegschlagen der Nahrung beim Versuch der Nahrungsverabreichung, extrem langsames Essen bei Trotzverhalten, schluckt den Nahrungsbrei nicht selbstständig, Ausspucken von Nahrung
G2	**Massiv verlangsamte/erschwerte Nahrungsaufnahme** Kennzeichen: deutlich verlängerter Zeitbedarf bei der Verabreichung/Aufnahme von Nahrung und Flüssigkeit, lässt sich ständig bei der Nahrungsaufnahme ablenken, zappelt bei der Nahrungsaufnahme herum, spielt mit dem Essen, versucht, bei der Nahrungsaufnahme aufzustehen, wegzulaufen, zu spielen
G3	**Kau-/Schluckstörungen mit starken Auswirkungen auf die Nahrungsaufnahme** Kennzeichen: Hustet nach dem Schlucken, Nahrungsreste verbleiben nach dem Schlucken in der Wangentasche, Zungenstoß, Gefühl, dass Nahrung im Schlund hängen bleibt, Regurgitation von Speisebrei, veränderte Schluckphasen, inkompletter/fehlender Lippen-/Mundschluss, pathologische Kau-/Kieferbewegung, Schmerzen bei der Nahrungsaufnahme, Nahrungsreste dringen aus dem Tracheostoma
G4	**Vorliegende Fehl-/Mangelernährung** Kennzeichen: extrem starkes Untergewicht (Perzentil kleiner 5), Erschöpfungszustände, reduzierter Muskeltonus, Teilnahmslosigkeit, beeinträchtigte körperliche Entwicklung, häufig Müdigkeit, hervortretende Knochen, schwindende Muskelmasse
G5	**Volle Abhängigkeit bei der Nahrungsaufnahme bei (Umkehr-)Isolation** Kennzeichen: Fehlende Fähigkeit, selbstständig Nahrung aufzunehmen, Nahrungsverabreichung bei isolierpflichtigen Krankheitsbildern

Pflegeinterventionen sind: (Die zugehörigen Gründe sind in der ersten Spalte aufgeführt)		
G1 G4	B1	**Fraktionierte Applikation von Nahrung/Sondennahrung** mindestens 8 x tägl. in altersgerechter Form bzw. den Fähigkeiten des Kleinkindes entsprechend angeboten **UND** zu den Verabreichungszeiträumen Stimulation zur Nahrungsaufnahme **ODER** Verabreichung von Nahrung immer begleiten/beaufsichtigen, verbunden mit der Notwendigkeit der Applikation von Restnahrung via Sonde
G2 G3	B2	**Orale/basale Stimulation** ✍, vorbereitend auf die Nahrungsverabreichung oder zur Förderung des Schluckreflexes oder zur Förderung der Mundmotorik, **vor jeder Mahlzeit (3 H und mindestens 3 Z)** mit anschließender Unterstützung bei der Nahrungsaufnahme

Pflegekomplexmaßnahmen-Scores

G1 G2 G3	B3	**Trink- und Esstraining nach individuell aufgestellter Maßnahmenplanung** bei mindestens 4 Mahlzeiten tägl. Dieses ist explizit zu dokumentieren ☒. Maßnahmen können sein: • Anleitung zum Schlucken/Schlucktechniken • Einüben kompensatorischer Maßnahmen • Unterstützung bei der Kopf-/Kiefer-/Lippenkontrolle • Einüben von physiologischen Bewegungsabläufen bei der Nahrungsaufnahme durch z.B. passives Führen der Hand bei der Nahrungsaufnahme • Faszilitieren/Inhibieren von Bewegungsabläufen/des Schluckaktes • Einüben von Essritualen
G1 G2 G4	B4	**Nahrungsverabreichung/Anleitung** mit der Besonderheit des Zuredens und Anleitens des Patienten bei der versuchten selbstständigen Nahrungsaufnahme, bei der Willensbildung zum Einhalten einer speziellen Diät oder beim Überwinden einer Nahrungsverweigerung bei jeder Mahlzeit und Flüssigkeitsverabreichung und/oder Begleitung der Bezugsperson bei der Umstellung auf orale Kost in Verbindung mit dem Durchsetzen der oralen Nahrungsaufnahme (3 H und mindestens 3 Z)
G5	B5	**Maßnahmen zur Vorbereitung der Nahrungsaufnahme** vor jeder Mahlzeit (3 H und mindestens 3 Z) mit Nahrungsverabreichung und/oder Anleitung/Aktivierung bei der Nahrungsaufnahme **UND** • (Umkehr-)Isolation

Mindestmerkmale: Leistungsbereich C: Ausscheidung
(Altersgruppe K: 2 Punkte)

Die pflegerische Unterstützung geht bei der Ausscheidung **deutlich** über das normale Maß der Ausscheidungsunterstützung hinaus (geht über das Maß eines PPR-K-Stufe-A3-Patienten hinaus) und ist kennzeichnend für hochaufwendige Patienten.

\multicolumn{2}{l}{Es liegt mindestens einer der Gründe für eine hochaufwendige/verlängerte **Ausscheidungsunterstützung bei Kleinkindern** vor:}
G1	**Zeigt keinen adäquaten Umgang mit Ausscheidungen** Kennzeichen: Stuhlschmieren, ins Zimmer urinieren, Kotessen, versteckt Ausscheidungen, findet sich in der Umgebung nicht zurecht **ODER** **Beeinträchtigung der altersentsprechenden Kontinenz** Kennzeichen: Rückfall in ein früheres Entwicklungsstadium der Kontinenz
G2	**Fehlende Fähigkeiten bei der Ausscheidung** Kennzeichen: Schwere Beeinträchtigung bei der Bewegung, beim Aufstehen, beim Topfen/Wickeln, beim Gehen, Unsicherheit, Orientierungsbeeinträchtigung, Schwindel **UND ein vorliegender Erschwernisfaktor** Erschwernisfaktoren sind: • mindestens 3 Zu- und/oder Ableitungssysteme (inkl. Beatmung) • extreme Adipositas (Perzentil größer 99,5) • krankheitsbedingte Risiken (z.B. Wirbelsäuleninstabilität, Schienung bei beidseitiger Verletzung der Extremitäten, Halo-Fixateur, Extensionsbehandlung, Belastungsintoleranz) • Gehbeeinträchtigung, doppelseitige Extremitätenverletzung • Spastik, Kontraktur, Parese, Plegie • starke Schmerzen trotz Schmerzmanagement ☒ • beeinträchtigte Orientierung/Wahrnehmung
G3	**Fehlende Selbstständigkeit beim Erbrechen** Kennzeichen: Magen-/Darminhalt wird nach oben aus dem Mund befördert, kann sich nicht selbstständig versorgen **ODER** **Fehlende Selbstständigkeit beim Schwitzen** Kennzeichen: Nasse Kleidung infolge des Schwitzens, Schweißausbrüche, kann Kleidung und Bettwäsche nicht selbst wechseln

Pflegekomplexmaßnahmen-Scores

G4	Veränderte Miktions-/Defäkationsfrequenz UND fehlende Selbstständigkeit bei der Miktion/Defäkation
	Kennzeichen: Fehlende Fähigkeit, selbstständig zur Toilette zu gehen, den Toilettenstuhl zu benutzen, Bettschüssel/Steckbecken/Urinflasche/Stomabeutel selbstständig zu benutzen, häufig volle Windeln
G5	**Ausgeprägte Obstipation ODER** andere Gründe, die **einen tägl. Einlauf ODER rektales Ausräumen** erfordern

Pflegeinterventionen sind: (Die zugehörigen Gründe sind in der ersten Spalte aufgeführt)		
G2	C1	**Ausscheidungsunterstützung mit Transfer auf die Toilette** mindestens 4 x tägl.
G1 G3 G4	C2	**Wäschewechsel** (Kleidung und Bettwäsche) **UND Teilkörperwaschungen** mindestens 3 x tägl.
G2 G4 G5	C3	**Volle Übernahme der Ausscheidungsunterstützung** (Steckbecken, Toilettenstuhl, AP-Versorgung, Transfer zur Toilette, Wickeln) **UND einer der zusätzlichen Aspekte** • 1 x tägl. digitales rektales Ausräumen und/oder 1 x tägl. Reinigungseinlauf • Ausscheidungsunterstützung bei voller Übernahme mindestens 6 x tägl. • volle Übernahme der Ausscheidungsunterstützung mit 2 Pflegepersonen • (Umkehr-)Isolation

Mindestmerkmale: Leistungsbereich D: Bewegen/Lagern/Mobilisation
(Altersgruppe K: 2 Punkte)

Bewegen/Lagern/Mobilisation ist hochaufwendig und geht **deutlich** über das normale Maß der vollen Übernahme bei besonderen Leistungen (vergleichbar mit PPR-K Stufe 3) hinaus.

Es liegt mindestens einer der Gründe für ein(e) hochaufwendige(s)/verlängerte(s) **Bewegen/Lagern/Mobilisation bei Kleinkindern** vor:	
G1	**Abwehr/Widerstände** Kennzeichen: Setzt den Pflegemaßnahmen bei der Mobilisation Widerstände entgegen; schreit, schlägt, beschimpft das Personal, lehnt die Pflegemaßnahmen verbal/nonverbal ab **ODER** **Massive Angst** bei der Pflegemaßnahme **vor Berührung und Bewegung** Kennzeichen: Äußert, nicht berührt werden zu wollen, Rückzugsverhalten, weint, nestelt, dreht sich weg, zieht die Decke über den Kopf
G2	**Fehlende Fähigkeit, den Positionswechsel im Bett durchzuführen** Kennzeichen: Fehlende Fähigkeit, sich selbstständig im Bett zu drehen, aktiv zu verrutschen, aufzusetzen **UND** **ein vorliegender Erschwernisfaktor:** • mindestens 3 Zu- und/oder Ableitungen (inkl. Beatmung) • extreme Adipositas (Perzentil größer 99,5) • krankheitsbedingte Risiken (z.B. Wirbelsäuleninstabilität, Schienung bei beidseitiger Verletzung der Extremitäten, Halo-Fixateur, Extensionsbehandlung, Belastungsintoleranz) • Spastik, Kontraktur, Parese, Plegie • Schwindelanfälle • fehlende Kraft zur Eigenbewegung • hohes Dekubitusrisiko gemäß Assessmentergebnis ✍ • starke Schmerzen trotz Schmerzmanagement ✍ • beeinträchtigte Orientierung/Wahrnehmung • (Umkehr-)Isolation
G3	**Fehlende Fähigkeit, einen Transfer durchzuführen und/oder zu gehen** Kennzeichen: Schwere Beeinträchtigung, von liegender Körperposition zum Sitzen zu gelangen und vom Sitzen in den Stand zu gelangen, Unfähigkeit/Unsicherheit, das Körpergewicht im Stand selbstständig zu tragen

OPS Version 2018

Pflegekomplexmaßnahmen-Scores

		Pflegeinterventionen sind: (Die zugehörigen Gründe sind in der ersten Spalte aufgeführt)
G1 G2	D1	**Lagerungswechsel (bzw. Mikrolagerung)** mindestens 10 x tägl. bedingt durch zutreffenden Grund/Erschwernisfaktor ✍
G1 G2	D2	**Mindestens 8 x tägl. Lagerungs-/Positionswechsel (bzw. Mikrolagerung) und/oder Mobilisation, davon mindestens 4 x tägl. mit 2 Pflegepersonen** ✍
G1 G2 G3	D3	**Unterstützung bei der Mobilisation aus dem Bett mit zusätzlich erforderlichen Aktivitäten**, wie: • aufwendiges Anlegen von z.B. Stützkorsett/-hose, Kompressionsanzug vor/nach der Mobilisation **ODER** • mindestens 4 x tägl. Spastik des Patienten lösen und Anbahnung normaler Bewegungsabläufe durch Fazilitation, Inhibitation mindestens 2 x tägl.
G2 G3	D4	**Aufwendige Mobilisation aus dem Bett** **UND** • kleinkindgerechtes Gehtraining unter Anwendung von Techniken wie Fazilitation, Inhibitation, Kinästhetik **ODER** • kleinkindgerechtes Gehtraining nach verschiedenen therapeutischen Konzepten wie NDT, MRP, Bobath **ODER** • kleinkindgerechtes Gehtraining mit Gehhilfen wie Unterarmgehstützen, Gehwagen/Rollator

Mindestmerkmale: Leistungsbereich E: Kommunizieren/Beschäftigen
(Altersgruppe K: 2 Punkte)

Deutlicher Mehraufwand bei dem Kommunizieren/Beschäftigen (mindestens 60 Minuten tägl.) mit den Kleinkindern und/oder Angehörigen/Bezugspersonen in den Bereichen Entwicklungsförderung, Kompetenzerwerb, Prävention zur Sicherstellung der Therapie und/oder situativer Krisenbewältigung. Diese Pflegemaßnahmen werden nicht im Rahmen der Erbringung anderer Pflegeleistungen erbracht. Sie können in kleinen Einheiten unterschiedlicher Dauer über den Tag verteilt erbracht werden.

	Es liegt mindestens einer der Gründe für Mehraufwendungen im Bereich **Kommunizieren/Beschäftigen bei Kleinkindern** vor:
G1	**Massive Beeinträchtigung der Informationsverarbeitung** des Kleinkindes und/oder seiner Angehörigen/Bezugspersonen Kennzeichen: Neue Informationen werden wieder vergessen, Konzentrations-/Wahrnehmungsschwierigkeiten, reduzierte Aufmerksamkeitsspanne, Überforderung, Orientierungsbeeinträchtigung **ODER** **Extreme Verhaltensweisen, die kontraproduktiv für die Therapie sind** Kennzeichen: Negativismus, Abwehr/Widerstände, Trotzverhalten
G2	**Sprach-/Kommunikationsbarrieren** Kennzeichen: Kleinkind und/oder Angehörige/Bezugsperson können sich nicht verständlich machen, reagieren auf Ansprache trotz normaler Vigilanz nicht, verstehen die Landessprache nicht
G3	**Beeinträchtigte Anpassungsfähigkeit UND/ODER Nichteinhaltung von Therapieabsprachen** des Kleinkindes und/oder seiner Angehörigen/Bezugspersonen Kennzeichen: Verleugnet den veränderten Gesundheitszustand und Notwendigkeit der Anpassung, verschiebt Entscheidungen, unzureichende Problem-/Zielerfassung, äußert Ängste, bagatellisiert, fehlende Krankheitseinsicht, Körperbildstörung, fehlende Motivation
G4	**Extreme Krisensituation** des Kleinkindes und/oder der Angehörigen/Bezugspersonen Kennzeichen: Äußert Hoffnungslosigkeit, fehlende Zukunftsperspektive, fehlender Lebensmut, zeigt Gefühle wie Trauer, Zorn, Wut, Bitterkeit **ODER** **Lustlosigkeit/Motivationslosigkeit/Resignation durch fehlende Ablenkung und Beschäftigung** Kennzeichen: Kleinkind grübelt, resignative Grundstimmung, beobachtbare Langeweile, Rückzug
G5	**Körperliche Einschränkungen, die den erforderlichen Kompetenzerwerb erschweren** Kennzeichen: kann verbal nicht antworten, kann nichts hören, kann nichts sehen, fehlende Fingerfertigkeit

Pflegekomplexmaßnahmen-Scores

\multicolumn{3}{l}{Der **Zeitbedarf** bei hochaufwendigen Patienten beträgt im Leistungsbereich **Kommunizieren/Beschäftigen** mindestens **60 Min. tägl. und kann in mehreren Einheiten unterschiedlicher Dauer erbracht werden** **Pflegeinterventionen sind:** (Die zugehörigen Gründe sind in der ersten Spalte aufgeführt)}
G4	E1	**Eins-zu-eins-Betreuung**: Einen Patienten kontinuierlich über einen längeren Zeitraum in Präsenz betreuen. Die Betreuung findet gesondert/getrennt von anderen Interventionen statt. ✍
G1 G2 G3 G4 G5	E2	**Problemlösungsorientierte Gespräche** (mit Kleinkind und/oder Angehörigen/Bezugspersonen) ✍ • zur Krisenbewältigung/Vertrauensbildung/Anpassung **ODER** • Gespräche zur Vorbereitung auf die Entlassung **ODER** • Gespräche mit Dolmetscher
G1 G2 G3 G5	E3	**Anleitungssituation mit Kleinkind** und/oder Angehörigen/Bezugspersonen ✍
G2 G4 G5	E4	**Kommunikative Stimulation**, Förderung der spielerischen Interaktion, Bereitstellen und Nachbereitung von Lektüre, Spiel-, Mal- und Bastelmaterial ✍

3.2. Spezielle Pflege

Mindestmerkmale: Leistungsbereich G: Wund- und Hautbehandlung
(Altersgruppe K: 2 Punkte)
Im Rahmen der Behandlungspflege von Kleinkindern (K) sind Pflegemaßnahmen notwendig, die hochaufwendige Patienten ausweisen.

\multicolumn{2}{l}{Es liegt mindestens einer der Gründe für eine hochaufwendige **Behandlungspflege im Bereich Wund- und Hautbehandlung bei Kleinkindern** vor:}
G1	**Aufwendige Versorgung von Wunden** Hierzu zählen: **sekundär heilende Wunde, Dekubitus** (gemäß Assessmentergebnis ✍), Kennzeichen: Wunde mit Keimbesiedelung, Wunde mit Wundtasche, Wunde mit Belägen, stark sezernierende Wunde **ODER** **Verbrennung/Verbrühung** (ab 2. Grades bei mindestens 9% der KOF und/oder an einer der folgenden Lokalisationen: Gesicht/Hals, Hand, Fuß, Intimbereich) **ODER** **Aufwendige Wunde nach OP bei einem vorliegenden Erschwernisfaktor:** • Kompartmentsyndrom • offene Fraktur • Hydrozephalus mit externer Ableitung • künstlicher Darmausgang • künstlicher Blasenausgang • OP im Anal-/Urogenitalbereich (z.B. bei Hypospadie, Adrenogenitales Syndrom, anorektale Malformation (exkl. OP bei Phimose))
G2	**Aufwendige Hautbehandlung und/oder aufwendiger Verband** **UND** **ein vorliegender Erschwernisfaktor:** Abwehr/Widerstand trotz Zureden/Motivation und Schmerzmanagement, Gefahr des Herausreißens von Zu- und/oder Ableitungssystemen, Gefahr der Selbstverletzung, abnorme Blasenbildung der Haut, reißgefährdete Haut, sensorische Neuropathie, multiple Hämatome/Prellungen, Gips bei vorher vorhandenen Sensibilitätsstörungen, Fixateur externe

Pflegekomplexmaßnahmen-Scores

		Pflegeinterventionen sind: (Die zugehörigen Gründe sind in der ersten Spalte aufgeführt)
G1 G2	G1	Mindestens **2 x tägl.** Behandlungspflege **ODER 1 x tägl.** Behandlungspflege durch **2 Pflegepersonen** von insgesamt 30 Minuten pro Tag wie: • Vor- und Nachbereiten und Assistieren bei aufwendigem Verbandwechsel **ODER** • Vor- und Nachbereiten und Assistieren beim Versorgen einer lokalen Verbrennung oder einer Verbrühung mindestens 2. Grades **ODER** • Auftragen oder Einreiben von Salben oder Tinkturen auf eine große Hautregion **ODER** • Anleiten von Patient und Angehörigen im Umgang mit dem Material und der Pflege (z.B. Fixateur externe mit Pin-Pflege, Anlegen einer Kompressionsmaske)
G1	G2	Systematisches **Wundmanagement von Wunden** bestehend aus: • spezifische Wunddiagnose, Rezidivzahl, Wunddauer, -lokalisation, -größe, -rand, -umgebung, -grund, Entzündungszeichen und mögliche Wundheilungsstörungen **UND** • Wundbehandlung bestehend aus Wundreinigung und/oder Wunddesinfektion sowie Wundauflagen und/oder Auflagenfixierung von mindestens 30 Minuten pro Tag **UND** • systematische Evaluation des Wundheilungsprozesses ✍

Mindestmerkmale: Leistungsbereich H: Atmung
(Altersgruppe K: 3 Punkte)

Im Rahmen der Behandlungspflege von Kleinkindern (K) sind Pflegemaßnahmen notwendig, die hochaufwendige Patienten ausweisen.

	Es liegt mindestens einer der Gründe für eine hochaufwendige **Behandlungspflege im Bereich Atmung bei Kleinkindern** vor:
G1	**Risiko einer Pneumonie** (gemäß Assessmentergebnis ✍) **UND** **ein vorliegender Erschwernisfaktor**: • ehemaliges Frühgeborenes • chronische respiratorische Erkrankung • angeborene und/oder erworbene Fehlbildung des Thorax und/oder der Wirbelsäulensyndromale, neuromuskuläre sowie angeborene Stoffwechselerkrankung, die die Atmung beeinträchtigt • Parese, PlegieZustand nach großem operativen Eingriff • Vorhandensein einer Thoraxdrainage
G2	**Zeichen einer respiratorischen Beeinträchtigung** Kennzeichen: Tachy-/Dyspnoe, veränderter Hustenmechanismus, kann nicht selbstständig abhusten, vermehrtes Bronchialsekret, zähes Bronchialsekret, minderbelüftete Lunge, Sauerstoffbedarf > 4 Std.
G3	**Vorhandensein eines Tracheostomas**

		Pflegeinterventionen sind: (Die zugehörigen Gründe sind in Spalte 1 aufgeführt)
G2 G3	H1	**Vitalzeichenkontrolle und Krankenbeobachtung** zum Erkennen einer akuten Bedrohung fortlaufend innerhalb von 24 Stunden wie: • kontinuierliche Monitorüberwachung/Pulsoximetrie und mindestens 2-stdl. Beurteilung und Dokumentation des Atemmusters **UND/ODER** • 1-stdl. Dokumentation von Puls und Atmung (ohne Monitor), Beurteilung der Atmung **UND** **atemtherapeutische Leistungen mit einem Zeitaufwand von mindestens 30 Minuten** ✍ wie: • Absaugen von Schleim aus Tracheostoma oder Nase, Mund, Rachen **UND/ODER** • Anleitung von Eltern/Bezugsperson im Umgang mit Absaugsystemen und/oder in der Tracheostomapflege **UND/ODER** • Anleitung von Eltern und Angehörigen zum Wechsel der Trachealkanüle
G1 G2	H2	**Pflegespezifische physikalische Maßnahmen** zur Pneumonieprophylaxe und/oder Sekretmobilisation und Verbesserung der Belüftung der Atemwege in an die Bedürfnisse des Patienten angepasster Kombination **mindestens 90 Minuten tägl.** ✍ wie: • Inhalation **UND/ODER** • Vibrationsbehandlung des Thorax **UND/ODER** • Wickel/Auflagen/Umschläge **UND/ODER**

| | | • Maßnahmen der Atemtherapie: Anleiten und Beaufsichtigen des Kleinkindes von In- und Exspirationsübungen mit entsprechenden Hilfsmitteln (z.B. Wattepusten, dosierte Lippenbremse, Kontaktatmung) **UND/ODER**
• Anleiten des Kleinkindes und von Angehörigen in Techniken zur Sekretmobilisation beim Patienten (z.B. autogene Drainage, Drainagelagerung) **UND/ODER**
• Speziallagerung zur Ventilations- und Mobilitätsförderung des Thorax mit Evaluation und Dokumentation des Behandlungsverlaufs (z.B. Dehnlagerung, Halbmondlagerung) |
|---|---|---|

4. PKMS-F für Frühgeborene, Neugeborene und Säuglinge ab der Geburt bis zum Ende des 1. Lebensjahres

4.1. Allgemeine Pflege

Mindestmerkmale: Leistungsbereich A: Körperpflege
(Altersgruppe F: 2 Punkte)

Die Unterstützung bei der Körperpflege ist hochaufwendig und geht **deutlich** über das normale Maß einer vollen Übernahme der Körperpflege durch die Pflegeperson (vergleichbar mit PPR-F Stufe A3) hinaus.

Es liegt mindestens einer der Gründe für eine hochaufwendige **Körperpflege bei Frühgeborenen, Neugeborenen und Säuglingen** vor:	
G1	**Mindestens ein Erschwernisfaktor bei der Körperpflege:** • mindestens 3 Zu- und/oder Ableitungen (inkl. Beatmung) • Tracheostoma • Spastik, Kontrakturen, Parese, Plegie • medizinische Gründe für Bewegungsverbot/-einschränkung (z.B. Wirbelsäuleninstabilität, nach Operation (z.B. Sternum-Eröffnung, Klavikula-Fraktur, Schulterdystokie, Hypospadie-OP)) • Erforderlichkeit einer speziellen medizinisch-therapeutischen Lagerung (z.B. Gipsschale, Stützkorsett, 20-30°-Hochschräglagerung, Extensionsbehandlung) • hohes Dekubitusrisiko gemäß Assessmentergebnis ✍ • Hautveränderungen (Ekzem, Hautinfektion (Staphylodermie)) • Vorhandensein eines Anus praeter • Schmerzempfindlichkeit/Schmerzen trotz Schmerzmanagement ✍ • nicht altersgerechte Orientierung/Wahrnehmung ✍ • motorische Unruhezustände z.B. nach langer Sedierung, Hyperexzitabilität bei Drogenentzug • Erforderlichkeit der Pflege im Inkubator • kontinuierliche Phototherapie
G2	**Körperpflege bei bestehender Beeinträchtigung der Atemsituation und/oder Herz-Kreislauf-Situation** Kennzeichen: instabile Vitalfunktionen bei Anstrengung, Atemregulationsstörung, SO$_2$-Abfall bei Belastung, zusätzlicher O$_2$-Bedarf, Tachy-/Brady-/Dyspnoe, Brady-/Tachykardie
G3	**Körperpflege bei (Umkehr-)Isolation** Kennzeichen: erforderliche Körperpflege bei isolationspflichtigen Krankheitsbildern

Pflegeinterventionen sind: (Die zugehörigen Gründe sind in Spalte 1 aufgeführt)		
G1 G2	A1	**Körperpflege** durch die Pflegeperson bei Vorliegen eines Erschwernisfaktors **UND/ODER** komplette Anleitung der Eltern/Bezugsperson
G1 G2	A2	Mindestens 1 x tägl. **therapeutische Körperpflege** wie • GKW basalstimulierend, Körperwaschung belebend und/oder beruhigend • GKW nach kinästhetischen Gesichtspunkten (Infant Handling) • GKW nach anderen Therapie-Konzepten ✍
G3	A3	**Körperpflege** durch die Pflegeperson **UND Maßnahmen zur Infektionsprophylaxe** bei Umkehr-/Schutzisolation

Mindestmerkmale: Leistungsbereich B: Ernährung
(Altersgruppe F: 4 Punkte)
Die orale Nahrungs-/Flüssigkeitsaufnahme ist hochaufwendig und verlängert und geht **deutlich** über das normale Maß der Unterstützung mit besonderen Leistungen (vergleichbar mit PPR-F Stufe A3) hinaus. Die verabreichten Mahlzeiten/Trinkmengen sind zu dokumentieren. Es ist zu beachten, dass die zutreffenden Interventionen bei allen Nahrungs-/Flüssigkeitsaufnahmen des Patienten durchzuführen sind.

	Es liegt mindestens einer der Gründe für eine hochaufwendige/verlängerte **orale Nahrungs-/Flüssigkeitsaufnahme bei Frühgeborenen, Neugeborenen und Säuglingen** vor:
G1	**Massiv verlangsamte/erschwerte Nahrungsaufnahme** Kennzeichen: deutlich verlängerter Zeitbedarf bei der Verabreichung/Aufnahme von Nahrung und Flüssigkeit, Belastungsintoleranz, darf sich beim Trinken nicht anstrengen, Brady-/Tachykardie/O_2-Mangel beim Trinken, Lippen-Kiefer-Gaumen-Spalte, Schmerzen beim Trinken **UND / ODER** **Massiv erschwerte Stillsituation** Kennzeichen: Stillen bei erforderlichem Monitoring wegen eingeschränkter Atem- und/oder Herz-Kreislauf-Situation, O_2-Bedarf beim Stillen, ausgeprägte Trinkschwäche, zusätzliche Nahrungsgabe an der Brust mit Brusternährungsset, Notwendigkeit der Anwesenheit einer Pflegeperson aus medizinisch-pflegerischen Gründen
G2	**Schluckstörungen mit starken Auswirkungen auf die Nahrungsaufnahme** Kennzeichen: gestörte Saug-Schluck-Atem-Koordination, Fehlbildung der Atemwege, erhöhte Aspirationsgefahr
G3	**Vorliegende Fehl-/Mangelernährung** Kennzeichen: Nahrungsunverträglichkeit, nicht adäquate Gewichtszunahme, Ermüdung/Erschöpfung bei der Nahrungsaufnahme, schlaffer Muskeltonus

	**Pflegeinterventionen sind:** (Die zugehörigen Gründe sind in Spalte 1 aufgeführt)
G2 G3	B1	**Fraktionierte Applikation von Nahrung/Sondennahrung** mindestens 9 x tägl. den Fähigkeiten des Frühgeborenen/Neugeborenen/Säuglings entsprechend angeboten **UND** • zu den Verabreichungszeiträumen Stimulation zur Nahrungsaufnahme **UND/ODER** • Verabreichung von Nahrung immer begleiten/beaufsichtigen, **verbunden mit der Notwendigkeit der Applikation von Restnahrung via Sonde**
G1 G2	B2	**Orale/basale Stimulation** vorbereitend auf die Nahrungsverabreichung oder zur Förderung des Schluckreflexes oder zur Förderung der Mundmotorik, **vor/bei jeder Mahlzeit/Stillversuch (mindestens 6 x tägl.)** mit anschließender Nahrungsverabreichung inkl. Anleitung der Mutter/Bezugsperson
G1 G2 G3	B3	**Durchführung von Trink- und Esstraining und/oder Anleitung der Eltern/Bezugsperson nach individuell aufgestellter Maßnahmenplanung** bei mindestens 6 Mahlzeiten täglich. Die Maßnahmenplanung ist explizit zu dokumentieren☐
G1 G2	B4	**Nahrungsverabreichung/Anleitung** kontinuierliche Überwachung von mindestens 2 Vitalparametern und des Erschöpfungszustandes des Patienten beim Stillen/bei der Nahrungsaufnahme durch ständige Anwesenheit einer Pflegeperson während jeder Nahrungsaufnahme (mindestens 6 x tägl.)

Mindestmerkmale: Leistungsbereich C: Ausscheidung
(Altersgruppe F: 2 Punkte)

Die pflegerische Unterstützung geht bei der Ausscheidung **deutlich** über das normale Maß der Ausscheidungsunterstützung durch die Pflegeperson hinaus (geht über das Maß eines PPR-F-Stufe-A3-Patienten hinaus) und ist kennzeichnend für hochaufwendige Patienten.

	Es liegt mindestens einer der Gründe für eine hochaufwendige/verlängerte **Ausscheidungsunterstützung bei Frühgeborenen, Neugeborenen und Säuglingen** vor:
G1	**Häufiges Spucken/Erbrechen ODER starkes Schwitzen ODER Diarrhoe**
G2	**Mindestens ein Erschwernisfaktor bei der Ausscheidung:** • mindestens 3 Zu- und/oder Ableitungen (inkl. Beatmung) • Tracheostoma • Spastik, Kontrakturen, Parese, Plegie • medizinische Gründe für Bewegungsverbot/-einschränkung (z.B. Wirbelsäuleninstabilität, nach Operation (z.B. Sternum-Eröffnung, Klavikula-Fraktur, Schulterdystokie, Hypospadie-OP) • Erforderlichkeit einer speziellen medizinisch-therapeutischen Lagerung (z.B. Gipsschale, Stützkorsett, 20-30°-Hochschräglagerung, Extensionsbehandlung) • hohes Dekubitusrisiko gemäß Assessmentergebnis • Hautveränderungen (Ekzem, Hautinfektion (Staphylodermie)) • Vorhandensein eines Anus praeter • Schmerzempfindlichkeit/Schmerzen trotz Schmerzmanagement • nicht altersgerechte Orientierung/Wahrnehmung • motorische Unruhezustände z.B. nach langer Sedierung, Hyperexzitabilität bei Drogenentzug • Erforderlichkeit der Pflege im Inkubator • kontinuierliche Phototherapie
G3	**Beeinträchtigung der Atemsituation und/oder Herz-Kreislauf-Situation** Kennzeichen: Belastungsintoleranz bei der Ausscheidungsversorgung, Patient kann/darf sich bei verminderter/instabiler Herz-Kreislauf- und Atemsituation bei der Ausscheidungsversorgung nicht anstrengen, instabile Vitalfunktionen bei Anstrengung, Atemregulationsstörung, SO_2-Abfall bei Belastung, zusätzlicher O_2-Bedarf, Tachy-/Brady-/Dyspnoe, Brady-/Tachykardie
G4	**Ausscheidungsversorgung bei (Umkehr-)Isolation** Kennzeichen: erforderliche Versorgung bei der Ausscheidung bei isolationspflichtigen Krankheitsbildern
G5	**Ausgeprägte Obstipation ODER** andere Gründe, die **einen Einlauf ODER rektales Ausräumen ODER Darmrohrlegen** erfordern

Pflegeinterventionen sind:		(Die zugehörigen Gründe sind in Spalte 1 aufgeführt)
G1	C1	**Versorgung bei Erbrechen/Schwitzen/Durchfall mit Wäschewechsel** (Kleidung und Bettwäsche) **UND Teilkörperwaschungen** mindestens 4 x tägl.
G2 G3 G5	C2	**Volle Übernahme der Ausscheidungsunterstützung** **UND einer der zusätzlichen Aspekte** • 1 x tägl. Darmrohr legen/digitales rektales Ausräumen/Reinigungseinlauf • Ausscheidungsunterstützung bei voller Übernahme mindestens 9 x tägl. • Übernahme der Ausscheidungsunterstützung durch intermittierende Katheterisierung und/oder Entero-/Urostoma-Versorgung mindestens 5 x tägl. • volle Übernahme der Ausscheidungsunterstützung mit 2 Pflegepersonen mindestens 3 x tägl. • Bauch-/Kolonmassage mindestens 30 Min. tägl.
G4	C3	Volle Übernahme der Ausscheidungsunterstützung **UND** Maßnahmen zur **Schutzisolation/Infektionsprophylaxe** bei Umkehr-/Schutzisolation mindestens 6 x tägl.

Mindestmerkmale: Leistungsbereich D: Bewegen/Lagern/Mobilisation
(Altersgruppe F: 2 Punkte)
Bewegen/Lagern/Mobilisation ist hochaufwendig und geht **deutlich** über das normale Maß der vollen Übernahme bei besonderen Leistungen durch die Pflegeperson (vergleichbar mit PPR-F Stufe 3) hinaus.

	Es liegt mindestens einer der Gründe für ein(e) hochaufwendige(s)/verlängerte(s) Bewegen/Lagern/Mobilisation bei Frühgeborenen, Neugeborenen und Säuglingen vor:
G1	**Fehlende Fähigkeit, sich altersgerecht zu bewegen** **UND** **ein vorliegender Erschwernisfaktor:** <ul><li>mindestens 3 Zu- und/oder Ableitungen (inkl. Beatmung)</li><li>Tracheostoma</li><li>Spastik, Kontrakturen, Parese, Plegie</li><li>medizinische Gründe für Bewegungsverbot/-einschränkung (z.B. Wirbelsäuleninstabilität, nach Operation (z.B. Sternum-Eröffnung, Klavikula-Fraktur, Schulterdystokie, Hypospadie-OP)</li><li>Erforderlichkeit einer speziellen medizinisch-therapeutischen Lagerung (z.B. Gipsschale, Stützkorsett, 20-30°-Hochschräglagerung, Extensionsbehandlung)</li><li>hohes Dekubitusrisiko gemäß Assessmentergebnis ✍</li><li>Hautveränderungen (Ekzem, Hautinfektion (Staphylodermie))</li><li>Vorhandensein eines Anus praeter</li><li>Schmerzempfindlichkeit/Schmerzen trotz Schmerzmanagement ✍</li><li>nicht altersgerechte Orientierung/Wahrnehmung ✍</li><li>motorische Unruhezustände z.B. nach langer Sedierung, Hyperexzitabilität bei Drogenentzug</li><li>Erforderlichkeit der Pflege im Inkubator</li></ul>
G2	**Krankheitsbedingte Bewegungseinschränkung** Kennzeichen: Vorliegen einer Körperbehinderung, Vorliegen einer Fehlbildung (z.B. Spina bifida), Muskelerkrankung, Muskelschwund, Extensionsbehandlung, Gipsschale

		Pflegeinterventionen sind: (Die zugehörigen Gründe sind in Spalte 1 aufgeführt)
G1	D1	**Re-Positionierung in eine medizinisch-therapeutisch erforderliche Lagerung** (z.B. Extension) mindestens 10 x tägl. bedingt durch zutreffenden Grund/Erschwernisfaktor ✍
G1	D2	**Lagerungswechsel (bzw. Mikrolagerung)** mindestens 10 x tägl. bedingt durch zutreffenden Grund/Erschwernisfaktor ✍
G2	D3	**Bewegungstraining** nach verschiedenen therapeutischen Konzepten mit individuell aufgestellter Maßnahmenplanung ✍

Mindestmerkmale: Leistungsbereich E: Kommunizieren/Beschäftigen
(Altersgruppe F: 2 Punkte)

Deutlicher Mehraufwand bei dem Kommunizieren/Beschäftigen (mindestens 60 Minuten tägl.) mit den Frühgeborenen, Neugeborenen und Säuglingen (F) und/oder insbesondere Angehörigen/Bezugspersonen in den Bereichen Entwicklungsförderung, Kompetenzerwerb, Prävention zur Sicherstellung der Therapie und/oder situativer Krisenbewältigung. Diese Pflegemaßnahmen werden nicht im Rahmen der Erbringung anderer Pflegeleistungen erbracht. Sie können in kleinen Einheiten unterschiedlicher Dauer über den Tag verteilt erbracht werden.

	Es liegt mindestens einer der Gründe für eine hochaufwendige Pflege im Bereich **Kommunizieren/Beschäftigen bei Frühgeborenen, Neugeborenen und Säuglingen** und/oder deren Angehörigen/Bezugspersonen vor:
G1	**Massive Beeinträchtigung der Informationsverarbeitung** der Angehörigen/Bezugspersonen des Patienten Kennzeichen: Neue Informationen werden wieder vergessen, Konzentrations-/Wahrnehmungsschwierigkeiten, reduzierte Aufmerksamkeitsspanne, Überforderung, Orientierungsbeeinträchtigung, Behinderung **ODER** **Verhaltensweisen, die kontraproduktiv für die Therapie sind** Kennzeichen: Negativismus, Abwehr/Widerstände, Trotzverhalten, Drogenentzug
G2	**Sprach-/Kommunikationsbarrieren der Angehörigen/Bezugspersonen des Patienten** Kennzeichen: Kann sich nicht verständlich machen, versteht die Landessprache nicht
G3	**Beeinträchtigte Anpassungsfähigkeit UND/ODER Nichteinhaltung von Therapieabsprachen der Angehörigen/Bezugspersonen des Patienten** Kennzeichen: Verleugnet den veränderten Gesundheitszustand und Notwendigkeit der Anpassung, verschiebt Entscheidungen, unzureichende Problem-/Zielerfassung, äußert Ängste, bagatellisiert, fehlende Krankheitseinsicht, Bindungsstörung, fehlende Motivation, Drogenabusus
G4	**Extreme Krisensituation** der Angehörigen/Bezugspersonen Kennzeichen: Äußert Hoffnungslosigkeit, fehlende Zukunftsperspektive, fehlender Lebensmut, zeigt Gefühle wie Trauer, Zorn, Wut, Bitterkeit **ODER** **Krisensituation des Neugeborenen/Säuglings durch fehlende Ablenkung und Beschäftigung, fehlende Bezugsperson, fehlende Zuwendung, Unruhe bei Entzugserscheinungen, Unruhe bei Phototherapie, Schmerzen trotz Schmerzmanagement** Kennzeichen: resignative Grundstimmung, beobachtbare Langeweile, Rückzug, apathisches Liegen im Bett, motorische Unruhe, anhaltendes/kontinuierliches Schreien/Weinen
G5	**Körperliche Einschränkungen, die den erforderlichen Kompetenzerwerb erschweren** Kennzeichen: Blindheit, Taubheit, Bewegungseinschränkung bei Muskelerkrankung, Fixierung aus medizinischen Gründen, Bettruhe und damit unzureichende taktile Reize

		Der **Zeitbedarf** bei hochaufwendigen Patienten beträgt im Leistungsbereich **Kommunizieren/Beschäftigen** mindestens **60 Min. tägl.** und kann in mehreren Einheiten unterschiedlicher Dauer erbracht werden **Pflegeinterventionen sind:** (Die zugehörigen Gründe sind in Spalte 1 aufgeführt)
G4	E1	**Eins-zu-eins-Betreuung**: Einen Patienten kontinuierlich über einen längeren Zeitraum in Präsenz betreuen. Die Betreuung findet gesondert/getrennt von anderen Interventionen statt.
G1 G2 G3 G4	E2	**Problemlösungsorientierte Gespräche mit** Angehörigen/Bezugspersonen • zur Krisenbewältigung/Vertrauensbildung/Anpassung **ODER** • Gespräche zur Vorbereitung auf die Entlassung **ODER** • Gespräche mit Dolmetscher
G1 G2 G3 G5	E3	**Anleitungssituation mit** Angehörigen/Bezugspersonen
G4 G5	E4	**Kommunikative Stimulation**, Förderung der spielerischen Interaktion, Bereitstellung und Nachbereitung von altersentsprechendem Spielmaterial, Fingerspiele etc.

4.2 Spezielle Pflege

Mindestmerkmale: Leistungsbereich G: Wund- und Hautbehandlung
(Altersgruppe F: 2 Punkte)

Im Rahmen der Behandlungspflege von Frühgeborenen, Neugeborenen und Säuglingen (F) sind Pflegemaßnahmen durch die Pflegeperson notwendig, die hochaufwendige Patienten ausweisen.

\multicolumn{2}{l}{Es liegt mindestens einer der Gründe für eine hochaufwendige **Behandlungspflege im Bereich Wund- und Hautbehandlung bei Frühgeborenen, Neugeborenen und Säuglingen** vor:}
G1	**Aufwendige Versorgung von:** **Sekundär heilende Wunde, Dekubitus** (gemäß Assessmentergebnis ✍), <u>Kennzeichen</u>: Wunde mit Keimbesiedelung, Wunde mit Wundtasche, Wunde mit Belägen, stark sezernierende Wunde **ODER** **Verbrennung/Verbrühung** (ab 2. Grades und/oder an einer der folgenden Lokalisationen: Gesicht/Hals, Hand, Fuß, Intimbereich) **ODER** **Aufwendige Wunde nach OP bei einem vorliegenden Erschwernisfaktor:** • Kompartmentsyndrom • offene Fraktur • Hydrozephalus mit externer Ableitung • künstlicher Darmausgang • künstlicher Blasenausgang • OP im Anal-/Urogenitalbereich (z.B. bei Hypospadie, Adrenogenitales Syndrom, anorektale Malformation (exkl. OP bei Phimose))
G2	**Aufwendige Hautbehandlung und/oder aufwendiger Verband** **UND** **ein vorliegender Erschwernisfaktor**: Abwehr/Widerstand trotz Schmerzmanagement, Gefahr des Herausreißens von Zu- und/oder Ableitungssystemen, abnorme Blasenbildung der Haut, reißgefährdete Haut, sensorische Neuropathie, multiple Hämatome/Prellungen, Gips bei vorher vorhandenen Sensibilitätsstörungen, Fixateur externe

\multicolumn{3}{l}{**Pflegeinterventionen sind:** (Die zugehörigen Gründe sind in Spalte 1 aufgeführt)}
G1 G2	G1	Mindestens **2 x tägl.** Behandlungspflege **ODER 1 x tägl.** Behandlungspflege durch **2 Pflegepersonen** von insgesamt 30 Minuten pro Tag wie: • Vor- und Nachbereiten und Assistieren bei aufwendigem Verbandwechsel **ODER** • Vor- und Nachbereiten und Assistieren beim Versorgen einer lokalen Verbrennung oder Verbrühung **ODER** • Auftragen oder Einreiben von Salben oder Tinkturen auf eine große Hautregion **ODER** • Anleiten von Eltern/Bezugsperson im Umgang mit dem Material und der Pflege (z.B. Fixateur externe mit Pin-Pflege, Anlegen einer Kompressionsmaske)
G1	G2	Systematisches **Wundmanagement von Wunden,** bestehend aus: • spezifische Wunddiagnose, Rezidivzahl, Wunddauer, -lokalisation, -größe, -rand, -umgebung, -grund, Entzündungszeichen und mögliche Wundheilungsstörungen **UND** • Wundbehandlung, bestehend aus Wundreinigung und/oder Wunddesinfektion sowie Wundauflagen und/oder Auflagenfixierung von mindestens 30 Minuten pro Tag **UND** • systematische Evaluation des Wundheilungsprozesses ✍

Mindestmerkmale: Leistungsbereich H: Atmung
(Altersgruppe F: 3 Punkte)

Im Rahmen der Behandlungspflege von Frühgeborenen, Neugeborenen und Säuglingen (F) sind Pflegemaßnahmen durch die Pflegepersonen notwendig, die hochaufwendige Patienten ausweisen.

	Es liegt mindestens einer der Gründe für eine hochaufwendige **Behandlungspflege im Bereich Atmung bei Frühgeborene, Neugeborenen und Säuglingen** vor:
G1	**Risiko einer Pneumonie** (gemäß Assessmentergebnis ✍) **UND ein vorliegender Erschwernisfaktor:** • (ehemaliges) Frühgeborenes • chronische respiratorische Erkrankung • angeborene und/oder erworbene Fehlbildung des Thorax und/oder der Wirbelsäule • syndromale, neuromuskuläre sowie angeborene Stoffwechselerkrankung, die die Atmung beeinträchtigt • Parese, Plegie • Zustand nach großem operativen Eingriff • Vorhandensein einer Thoraxdrainage
G2	**Zeichen einer respiratorischen Beeinträchtigung** Kennzeichen: Tachy-/Dyspnoe, veränderter Hustenmechanismus, kann nicht selbstständig abhusten, vermehrtes Bronchialsekret, zähes Bronchialsekret, minderbelüftete Lunge, Sauerstoffbedarf > 4 Std.
G3	**Vorhandensein eines Tracheostomas**

Pflegeinterventionen sind: (Die zugehörigen Gründe sind in Spalte 1 aufgeführt)		
G2 G3	H1	**Vitalzeichenkontrolle und Krankenbeobachtung** zum Erkennen einer akuten Bedrohung fortlaufend innerhalb von 24 Stunden wie: • kontinuierliche Monitorüberwachung/Pulsoximetrie und mindestens 2-stdl. Beurteilung und Dokumentation des Atemmusters **UND/ODER** • 1-stdl. Dokumentation von Puls und Atmung (ohne Monitor), Beurteilung der Atmung **UND** **atemtherapeutische Leistungen mit einem Zeitaufwand von mindestens 30 Minuten** ✍ **wie:** • Absaugen von Schleim aus Tracheostoma oder Nase, Mund, Rachen **UND/ODER** • Anleitung von Eltern/Bezugsperson im Umgang mit Absaugsystemen und/oder in der Tracheostomapflege **UND/ODER** • Anleitung von Eltern/Bezugsperson zum Wechsel der Trachealkanüle
G1 G2	H2	**Pflegespezifische physikalische Maßnahmen** zur Pneumonieprophylaxe und/oder Sekretmobilisation und Verbesserung der Belüftung der Atemwege in an die Bedürfnisse des Patienten angepasster Kombination **mindestens 90 Minuten tägl.** ✍ **wie:** • Inhalation **UND/ODER** • Vibrationsbehandlung des Thorax **UND/ODER** • Wickel/Auflagen/Umschläge **UND/ODER** • Maßnahmen der Atemtherapie: Anleiten und Beaufsichtigen von In- und Exspirationsübungen mit entsprechenden Hilfsmitteln (z.B. Kontaktatmung) **UND/ODER** • Anleitung von Eltern/Bezugsperson in Techniken zur Sekretmobilisation beim Patienten (z.B. autogene Drainage, Drainagelagerung) **UND/ODER** • Speziallagerung zur Ventilations- und Mobilitätsförderung des Thorax mit Evaluation und Dokumentation des Behandlungsverlaufs (z.B. Dehnlagerung, Halbmondlagerung)

Alphabetisches Register
unter anatomisch-funktionellen Gesichtspunkten

3D-Funktionsanalyse, Wirbelsäule, instrumentell, 1-799
3D-Ganganalyse, instrumentell, 1-798
3D-Oberflächenvermessung durch Laserscanning, 3-302
Abbruch einer Operation, 5-995
Abdominale Hernien, Verschluß, 5-53
Abdominalhoden, Operative Verlagerung, 5-626
Abhängigkeitskranke, Motivationsbehandlung, 8-985
Abhängigkeitskranke, Psychiatrie-Personalverordnung, 9-981
Ablative Maßnahmen, bei Herzrhythmusstörungen, 8-835
Ablative Maßnahmen, bei Herzrhythmusstörungen, chirurgisch, 5-371
Abrasio uteri, Therapeutische Kürettage, 5-690
Abruptio, Kürettage zur Beendigung der Schwangerschaft, 5-751
Abstehende Ohren, Plastische Korrektur, 5-184
Abszess, Transorale Inzision und Drainage eines pharyngealen oder parapharyngealen, 5-280
Adenotomie (ohne Tonsillektomie), 5-285
Adhäsiolyse, Lunge und Brustwand, 5-333
Adhäsiolyse, Ovar und Tuba uterina mit mikrochirurgischer Versorgung, 5-658
Adhäsiolyse, Ovar und Tuba uterina ohne mikrochirurgische Versorgung, 5-657
Adhäsiolyse, zwischen Konjunktiva und Augenlid, 5-114
Adhäsionen, Prophylaxe, Verwendung von Membranen oder sonstigen Materialien, 5-933
Adrenalektomie, 5-072
Adrenalektomie, Partiell, 5-071
Akutschmerzbehandlung, Komplexe, 8-919
allergologische Provokationstestung, spezifisch, 1-700
Allgemeine Psychiatrie, Psychiatrie-Personalverordnung, 9-980
Allogene Hepatozytentransplantation, 8-862
Allogene Stammzelltherapie, 8-863
Alloplastische Linse, Einführung und Wechsel, 5-146
Alloplastische Linse, Revision und Entfernung einer, 5-147
Alloplastischer Knochenersatz, Implantation von, 5-785
Alveolarkammplastik und Vestibulumplastik, 5-244
Alveolen, Andere Operationen an, 5-249
Alveolen, Operationen, 5-24
Amnionpunktion, Diagnostische Amniozentese, 1-852
Amnionpunktion, Therapeutische Amniozentese, 5-753
Amniotomie, Künstliche Fruchtblasensprengung, 5-730
Amniozentese [Amnionpunktion], Therapeutisch, 5-753
Amniozentese, Diagnostische, [Amnionpunktion], 1-852
Amputation, Cervix uteri, 5-673
Amputation, Extremitäten, 5-86
Amputation, Fuß, 5-865
Amputation, Hand, 5-863
Amputation, obere Extremität, 5-862
Amputation, Penis, 5-642
Amputation, untere Extremität, 5-864
Amputationsgebiet, Revision, 5-866
Analatresie, Primäre plastische Rekonstruktion, 5-495
Analfisteln, Operative Behandlung, 5-491
Analgosedierung, 8-903
Analkanal, Exzision und Destruktion, 5-492
Anästhesie, 8-90
Anästhesie, Balancierte, 8-902
Anästhesie, Intravenöse, 8-900
Anastomose an Dünn- und Dickdarm, 5-45
Anastomose des Ductus pancreaticus, 5-527
Anastomose, Biliodigestive, 5-512

Anastomosensystem, mechanisch, bei Operationen an den Koronargefäßen, 5-364
Anatomische Leberresektion, 5-502
Aneurysmen, perkutan-transluminale Implantation von Stents zur Strömungslaminierung, 8-84b
Angiographie, Auge, 3-690
Angiokardiographie als selbständige Maßnahme, 1-276
Anomalien, Bewegungsapparat, kongenital, Operation, 5-868
Anomalien, Fuß, Operationen bei kongenitalen, 5-867
Anomalien, kongenital, 5-848
Anorektale Manometrie, 1-315
anthroposophisch-medizinische Komplexbehandlung, 8-975
antiretrovirale Therapie, 8-54
antiretrovirale Therapie, hochaktiv, [HAART], 8-548
Anus und Sphinkterapparat, Rekonstruktion, 5-496
Anus, Andere Operationen, 5-499
Anus, Operationen, 5-49
Aorta, Resektion und Ersatz, 5-384
Aortenbogens, Arteriographie, 3-602
aortokoronarer Bypass, Anlegen, 5-361
aortokoronarer Bypass, Anlegen, minimal-invasiv, 5-362
Apoplex, Neurologische Komplexbehandlung, 8-981
Appendektomie, 5-470
Appendektomie, simultan, 5-471
Appendix, Andere Operationen, 5-479
Appendix, Operationen, 5-47
Art des Transplantates, 5-930
Artefizieller Harnblasensphinkter, 5-597
Arteriographie, 3-60
Arteriographie, Abdomen, 3-604
Arteriographie, Andere, 3-60x
Arteriographie, Aortenbogen, 3-602
Arteriographie, Becken, 3-605
Arteriographie, Hals, 3-601
Arteriographie, intrakranielle Gefäße, 3-600
Arteriographie, obere Extremitäten, 3-606
Arteriographie, Rückenmarkgefäße, 3-60a
Arteriographie, Superselektive, 3-608
Arteriographie, thorakale Gefäße, 3-603
Arteriographie, untere Extremitäten, 3-607
Arteriovenöser Shunt, Anlegen, 5-392
Arthrodese an Gelenken der Hand, 5-846
Arthrodese, offen chirurgisch, 5-808
Arthrographie, 3-13k
Arthroplastik am Kiefergelenk, 5-773
Arthroskopie, Diagnostisch, 1-697
Arthroskopie, Entfernung Bandersatz Kniegelenk, 5-815
Arthroskopie, Wechsel Bandersatz Kniegelenk, 5-815
Arthroskopische Biopsie, Gelenke, 1-482
Arthroskopische Gelenkoperationen, 5-81
Arthroskopische Gelenkoperationen, 5-810
Arthroskopische Operation, Andere, 5-819
Arthroskopische Operation, Gelenkknorpel und Meniskus, 5-812
Arthroskopische Operation, Labrum acetabulare, 5-816
Arthroskopische Operation, Synovialis, 5-811
Arthroskopische Refixation, Kniegelenk, 5-813
Arthroskopische Refixation, Schultergelenk, 5-814
Arzneimittelpumpen, Spätphase Morbus Parkinson, 8-97e
Aspiration, 1-84
Aspiration, andere, 1-85
Aspiration, Bauchhöhle, 1-853

Alphabetisches Register unter anatomisch-funktionellen Gesichtspunkten

Aspiration, Diagnostische perkutane, einer Zyste, n.n.bez., 1-850
Aspiration, Diagnostische, aus dem Bronchus, 1-843
Aspiration, intrakranieller Hohlraum, 1-841
Aspiration, Leber, 1-845
Aspiration, männliche Geschlechtsorgane, 1-847
Aspiration, Therapeutische, und Entleerung durch Punktion, 8-15
Atemstörungen, Einstellung einer nasalen oder oronasalen Überdrucktherapie bei schlafbezogenen, 8-717
Atemunterstützung, Maske und Tubus, 8-71
   Erwachsene, 8-713
   Kinder und Jugendliche, 8-712
   Neugeborene und Säuglinge, 8-711
Atemversagen, Spezialverfahren zur maschinellen Beatmung bei schwerem, 8-714
Atemwege, obere, Diagnostische Endoskopie, 1-61
Atemwege, Offenhalten, 8-700
Atemwege, Zugang bei maschineller Beatmung, 8-70
Atmung, Monitoring von, 8-93
Atresie, Rekonstruktion der Ösophagus-passage, 5-428
Atypische Lungenresektion, 5-322
Atypische partielle Magenresektion, 5-434
Audiometrie, 1-242
Augapfel, Entfernung eines Fremdkörpers n.n.bez., 5-161
Augapfel, Entfernung, 5-163
Augapfel, Operationen, 5-16
Augapfel, Revision und Rekonstruktion, 5-166
Auge, Andere Operationen, 5-169
Auge, Biopsie durch Inzision, 1-52
Auge, Biopsie durch Inzision, 1-529
Auge, Biopsie ohne Inzision, 1-41
Auge, Diagnostische Punktion, 1-840
Auge, Messung des Augeninnendruckes, 1-220
Auge, Therapeutische perkutane Punktion, 8-151
Auge, Therapeutische Spülung, 8-170
Augenanhangsgebilde, Biopsie durch Inzision, 1-52
Augenanhangsgebilde, Diagnostische Punktion, 1-840
Augenbraue und Augenlid, Biopsie ohne Inzision, 1-412
Augeninhalt, Entfernung [Evisezration], 5-162
Augeninnendruck, Messung, 1-220
Augeninnendruck, Senkung durch filtrierende Operationen, 5-131
Augeninnendruck, Senkung durch nicht-filtrierende Op, 5-134
Augeninnendruck, Senkung durch Op am Corpus ciliare, 5-132
Augeninnendruck, Senkung durch Verbesserung der Kammer-Wasserzirkulation, 5-133
Augenlid, Andere Operationen, 5-099
Augenlid, Andere Rekonstruktion, 5-096
Augenlid, Biopsie durch Inzision, 1-520
Augenlid, Biopsie ohne Inzision, 1-412
Augenlid, Exzision und Destruktion von Gewebe, 5-091
Augenlid, Inzision, 5-090
Augenlid, Lösung von Adhäsionen mit Konjunktiva, 5-114
Augenlid, Naht, 5-095
Augenlid, Operationen, 5-09
Augenlinse, Entfernung eines Fremdkörpers, 5-140
Augenmuskel, Andere Operationen an den geraden, 5-10e
Augenmuskel, Andere Operationen an den schrägen, 5-10j
Augenmuskel, Andere Operationen an den, 5-10m
Augenmuskel, Kombinierte Operationen, 5-10k
Augenmuskel, Operationen, 5-10
Augenmuskel, Schwächende Eingriffe an einem geraden, 5-10b
Augenmuskel, Schwächende Eingriffe an einem schrägen, 5-10g
Augenmuskel, Transposition eines geraden, 5-10d
Augenmuskel, Transposition eines schrägen, 5-10h
Augenmuskel, Verstärkende Eingriffe an einem geraden, 5-10a
Augenmuskel, Verstärkende Eingriffe an einem schrägen, 5-10f
Augmentation, Mandibula, 5-775
Augmentation, Maxilla, 5-774
Ausräumung, mehrere Lymphknoten, im Rahmen andere Operation, 5-406

Ausräumung, mehrere Lymphknoten, selbständiger Eingriff, 5-402
Äußere Inzision, Mund-, Kiefer- und Gesichtsbereich, 5-270
Äußeren Nase, Plastische Rekonstruktion, 5-217
Austauschtransfusion, 8-801
Autogene Stammzelltherapie und lokale Therapie mit Blutbestandteilen und Hepatozyten, 8-86
Autogene Stammzelltherapie, 8-860
Azetabulumfraktur mit Osteosynthese, Offene Reposition, 5-799
Balancierte Anästhesie, 8-902
Ballon-Okklusionstest, Arterie, 1-79a
Ballonpumpe, intraaortal, Dauer der Behandlung mit einem herzunterstützenden System, 8-83a
Bandersatz, Kniegelenk, arthroskopische Entfernung oder Wechsel, 5-815
Bandplastik am Kniegelenk, Offen chirurgische, 5-803
Bandscheibengewebe, Exzision, 5-831
Bartholin-Drüse (Zyste), Operationen, 5-711
Basisassessment, standardisiertes geriatrisches (GBA), 1-771
Bauchhöhle, Diagnostische perkutane Punktion u. Aspir., 1-853
Bauchhöhle, Endosonographie, 3-059
Bauchhöhle, Therapeutische perkutane Punktion, 8-153
Bauchoperationen, Andere, 5-549
Bauchraum, Therapeutische Drainage von Organen, 8-146
Bauchraum, Therapeutische perkutane Punktion, 8-154
Bauchraum, Therapeutische Spülung bei liegender Drainage und temporärem Bauchdeckenverschluß, 8-176
Bauchregion, Andere Operationen, 5-54
Bauchwand, Exzision und Destruktion erkrankntes Gewebe, 5-542
Bauchwand, Inzision, 5-540
Bauchwand, Plastische Rekonstruktion, 5-546
Bauchwand, Verschluß, 5-545
Bauchwanddefekte, Verschluß kongenitaler, 5-537
Beatmung, maschinell, bei Neugeborenen und Säuglingen, 8-711
Becken, Arteriographie, 3-605
Becken, Magnetresonanztomographie, mit Kontrastmittel, 3-82a
Becken, Native Computertomographie, 3-206
Becken, Native Magnetresonanztomographie, 3-805
Becken, Plastische Rekonstruktion, 5-707
Beckenbodenplastik, Vaginale Kolporrhaphie, 5-704
Beckenendlage, Extraktion, 5-725
Beckenendlage, instrumentelle Entbindung, 5-72
Beckenendlage, Spontane und vaginale operative Entbindung, 5-727
Beckenrandfraktur, Offene Reposition, 5-798
Beckenringfraktur, Offene Reposition, 5-798
Behandlung, herzunterstützendes System, Dauer, 8-83a
Behandlung, psychische und psychosomatische Störungen und Verhaltensstörungen, Erwachs., Zusatzinformationen, 9-64
Behandlung, psychische und psychosomatische Störungen und Verhaltensstörungen, Kinder und Jugendliche, Zusatzinformationen, 9-69
Behandlung, stationär, vor Entbindung, selber Aufenthalt, 9-280
Behandlung, stationär, vor Transplantation, 8-979
Behandlung, während der Schwangerschaft, 9-28
Behandlung, weibliche Infertilität, Andere, 9-278
Belastungstest, Nachweis einer Stoffwechselstörung, 1-760
Beschichtung von Gefäßprothesen, Art, 5-938
Bestimmung der CO-Diffusionskapazität, 1-711
Bestrahlungsplanung, 8-529
Bestrahlungssimulation, 8-528
Bewegungsapparat, Operationen bei and. kongenitalen Anomalien, 5-868
Bewegungsorgane, Andere Operationen, 5-869
Bewegungsorgane, Operation, Zusatzinformationen, 5-86a
Bewegungsorgane, Replantation, Exartikulation, Amputation, 5-86
Bifurkationsstente, perkutan-transluminale Implantation eines selbstexpandierenden, intrakraniell, 8-84c
Bilddatenanalyse, 3D-Auswertung, 3-990
Bilddatenanalyse, 4D-Auswertung, 3-991

Alphabetisches Register unter anatomisch-funktionellen Gesichtspunkten

Bildgebende Diagnostik, 3-03…3-99
Bildgebende Verfahren, andere, 3-90
Bildgebende Verfahren, Perkutane Sympathikolyse, 5-04a
Bildgebende Verfahren, Zusatzinformationen, 3-99
Biliodigestive Anastomose, 5-512
Bilobektomie der Lunge, Einfache Lobektomie, 5-324
Bilobektomie der Lunge, Erweiterte Lobektomie, 5-325
Biopsie, (Retro-)Peritoneum, durch Inzision, 1-55
Biopsie, andere Verdauungsorgane, Peritoneum und retroperitonealem Gewebe, durch Inzision, 1-559
Biopsie, Auge und Augenanhangsgebilde, durch Inzision, 1-52
Biopsie, Auge, andere Teile, durch Inzision, 1-529
Biopsie, Auge, ohne Inzision, 1-41
Biopsie, Augenlid und Augenbraue, ohne Inzision, 1-412
Biopsie, Augenlid, Inzision, 1-520
Biopsie, äußerer Gehörgang, durch Inzision, 1-531
Biopsie, äußerer Gehörgang, ohne Inzision, Otoskopie, 1-411
Biopsie, Blutgefäße, durch Inzision, 1-587
Biopsie, Cervix uteri, durch Inzision, 1-571
Biopsie, Cervix uteri, ohne Inzision, 1-472
Biopsie, Dünndarm, durch Inzision, 1-555
Biopsie, endokrine Organe, perkutan, 1-406
Biopsie, endokrine Organe, perkutan, mit Steuerung durch bildgebende Verfahren, 1-407
Biopsie, Endometrium, ohne Inzision, 1-471
Biopsie, endoskopisch, an respiratorischen Organen, 1-430
Biopsie, endoskopische, am unteren Verdauungstrakt, 1-444
Biopsie, endoskopische, an oberem Verdauungstrakt, Gallengängen und Pankreas, 1-440
Biopsie, endosonographisch, an endokrinen Organen, 1-408
Biopsie, Gallenblase und Gallengänge, durch Inzision, 1-552
Biopsie, Gelenke und Schleimbeutel, durch Inzision, 1-504
Biopsie, Gelenke und Schleimbeutel, perkutan, 1-483
Biopsie, Gelenke und Schleimbeutel, perkutan, mit Steuerung durch bildgebende Verfahren, 1-484
Biopsie, Gelenke, Arthroskopisch, 1-482
Biopsie, Gesichtshaut, ohne Inzision, 1-415
Biopsie, gravider Uterus, ohne Inzision, mit Steuerung durch bildgebende Verfahren, 1-473
Biopsie, Harnorgane u. männl. Geschlechtsorg., ohne Inzision, 1-46
Biopsie, Harnorgane u. männl. Geschlechtsorg., perkutan, 1-463
Biopsie, Harnorgane u. männl. Geschlechtsorg., perkutan, mit Steuerung durch bildgebende Verfahren, 1-465
Biopsie, Harnorgane und Prostata, perkutanzystoskopisch, 1-462
Biopsie, Harnorgane und Prostata, transurethral, 1-460
Biopsie, Harnorgane, Perkutannephroskopisch, 1-461
Biopsie, Harnorganen, andere, durch Inzision, 1-562
Biopsie, Harnwege und männliche Geschlechtsorgane, durch Inzision, 1-56
Biopsie, Haut von Gesicht und Kopf, ohne Inzision, 1-41
Biopsie, Haut, Mamma, Knochen und Muskeln, Inzision, 1-50
Biopsie, Haut, ohne Inzision, 1-490
Biopsie, hepatobiliäres System und Pankreas, perkutan, 1-441
Biopsie, hepatobiliäres System und Pankreas, perkutan, mit Steuerung durch bildgebende Verfahren, 1-442
Biopsie, Herz und Perikard, durch Inzision, 1-580
Biopsie, Hoden, durch Inzision, 1-565
Biopsie, Hypopharynx, durch Inzision, 1-547
Biopsie, Hypophyse und Corpus pineale durch Inzision, 1-514
Biopsie, Hypophyse und Corpus pineale, stereotaktisch, 1-515
Biopsie, intraabdominale Organen, durch Inzision, 1-585
Biopsie, intrakranielles Gewebe, durch Inzision und Trepanation von Schädelknochen, 1-510
Biopsie, intrakranielles Gewebe, perkutan, mit Steuerung durch bildgebende Verfahren, 1-401
Biopsie, intraspinales Gewebe, durch Inzision, 1-512
Biopsie, intraspinales Gewebe, perkutan, 1-404
Biopsie, Knochen und Gelenken, ohne Inzision, 1-48
Biopsie, Knochen, durch Inzision, 1-503
Biopsie, Knochen, ohne Inzision, mit Steuerung durch bildgebende Verfahren, 1-481
Biopsie, Knochenmark, ohne Inzision, 1-424
Biopsie, Kolon, durch Inzision, 1-556
Biopsie, Konjunktiva und Kornea, ohne Inzision, 1-413
Biopsie, Larynx, durch Inzision, 1-549
Biopsie, Larynx, ohne Inzision, 1-421
Biopsie, Leber, durch Inzision, 1-551
Biopsie, Ligamenten des Uterus, durch Inzision, 1-570
Biopsie, Lymphknoten, durch Inzision, 1-586
Biopsie, Lymphknoten, Milz und Thymus, perkutan, 1-425
Biopsie, Lymphknoten, Milz und Thymus, perkutan, mit Steuerung durch bildgebende Verfahren, 1-426
Biopsie, Magen, durch Inzision, 1-554
Biopsie, Mamma, durch Inzision (Mamma-PE), 1-501
Biopsie, männliche Geschlechtsorgane, transrektal, 1-464
Biopsie, männliche Geschlechtsorganen, durch Inzision, 1-569
Biopsie, männliche Perineum, durch Inzision, 1-566
Biopsie, Mediastinum und andere intrathorakale Organe, durch Inzision, 1-581
Biopsie, Mund und Mundhöhle, andere Strukturen, durch Inzision, 1-545
Biopsie, Mund und Mundhöhle, ohne Inzision, 1-420
Biopsie, Mund, Mundhöhle und Pharynx durch Inzision, 1-54
Biopsie, Muskel und Weichteile, durch Inzision, 1-502
Biopsie, Muskel und Weichteile, perkutan, 1-491
Biopsie, Muskel und Weichteile, perkutan, mit Steuerung durch bildgebende Verfahren, 1-492
Biopsie, Nase, andere Teile, durch Inzision, 1-539
Biopsie, Nase, ohne Inzision, 1-41
Biopsie, Nase, ohne Inzision, 1-414
Biopsie, Naseninnenraum, durch Inzision, 1-537
Biopsie, Nasennebenhöhlen, durch Inzision, 1-538
Biopsie, Nasopharynx, durch Inzision, 1-548
Biopsie, Nebenniere, durch Inzision, 1-584
Biopsie, Nebenschilddrüsen, durch Inzision, 1-582
Biopsie, Nervengewebe, Hypophyse, Corpus pineale, durch Inzision und Trepanation von Schädelknochen, 1-51
Biopsie, Nervensystem u. endokrine Organe, ohne Inzision, 1-40
Biopsie, Niere und perirenales Gewebe, durch Inzision, 1-560
Biopsie, Ohr und Nase, durch Inzision, 1-53
Biopsie, Ohr, andere Teile, durch Inzision, 1-532
Biopsie, Ohr, ohne Inzision, 1-41
Biopsie, Ohrmuschel, ohne Inzision, 1-410
Biopsie, Organe des Halses, durch Inzision, 1-583
Biopsie, Organe und Gewebe, andere, durch Inzision, 1-589
Biopsie, Organe und Gewebe, andere, ohne Inzision, 1-49
Biopsie, Organe und Gewebe, andere, perkutan, 1-493
Biopsie, Organe und Gewebe, andere, perkutan, mit Steuerung durch bildgebende Verfahren, 1-494
Biopsie, Organe, andere, durch Inzision, 1-58
Biopsie, Oropharynx, durch Inzision, 1-546
Biopsie, Ovar, durch Inzision, 1-570
Biopsie, Pankreas, durch Inzision, 1-553
Biopsie, Penis, durch Inzision, 1-564
Biopsie, periphere Nerven, durch Inzision, 1-513
Biopsie, periphere Nerven, perkutan, 1-405
Biopsie, perirektales Gewebe, durch Inzision, 1-557
Biopsie, Peritoneum, durch Inzision, 1-55
Biopsie, periurethrales Gewebe, durch Inzision, 1-561
Biopsie, Pharynx, ohne Inzision, 1-422
Biopsie, Prostata, durch Inzision, 1-563
Biopsie, Rektum, durch Inzision, 1-557
Biopsie, respiratorische Organe, ohne Inzision, 1-43
Biopsie, respiratorische Organe, perkutan, 1-431
Biopsie, respiratorische Organe, perkutan, mit Steuerung durch bildgebende Verfahren, 1-432
Biopsie, Schilddrüse, durch Inzision, 1-582

Alphabetisches Register unter anatomisch-funktionellen Gesichtspunkten

Biopsie, Speicheldrüse und Speicheldrüsenausführungsgang, durch Inzision, 1-542
Biopsie, Tränendrüse und Tränendrüsenausführungsgang, durch Inzision, 1-522
Biopsie, transarteriell, 1-497
Biopsie, transvenös, 1-497
Biopsie, Tuba(e) uterina(e), durch Inzision, 1-570
Biopsie, Unterhaut, ohne Inzision, 1-490
Biopsie, Urethra Gewebe, durch Inzision, 1-561
Biopsie, Uterus, durch Inzision, 1-571
Biopsie, Vagina, durch Inzision, 1-572
Biopsie, Verdauungsorgane, andere, durch Inzision, 1-55
Biopsie, Verdauungsorgane, andere, ohne Inzision, 1-449
Biopsie, Verdauungsorgane, ohne Inzision, 1-44
Biopsie, weibl. Geschlechtsorgane, andere, durch Inzision, 1-579
Biopsie, weibl. Geschlechtsorgane, durch Inzision, 1-57
Biopsie, weibl. Geschlechtsorgane, ohne Inzision, 1-47
Biopsie, weibl. Geschlechtsorgane, perkutan, 1-470
Biopsie, weibl.Geschlechtsorgane, perkutan, mit Steuerung durch bildgebende Verfahren, 1-474
Biopsie, weibliches Perineum, durch Inzision, 1-574
Biopsie, Zwerchfell, durch Inzision, 1-55
Biopsie, Zwerchfell, durch Inzision, 1-550
biventrikulär, Extrakorporale Pumpe, Behandlungsdauer, 8-83a
Blepharoplastik, 5-097
Blepharoptosis, Korrekturoperation bei, 5-094
Blockchemotherapie, Hochgradig komplexe und intensive, 8-544
Blockchemotherapie, Mittelgradig komplexe und intensive, 8-543
Blut, Extrakorporale Zirkulation und Behandlung von, 8-85
Blutbestandteile, autogene Stammzelltherapie, 8-86
Blutbestandteile, Entnahme, Aufbereitung und Applikation, zur lokalen Anwendung, 8-861
blutbildende Organe, Biopsie ohne Inzision, 1-42
Blutegel, Anwendung zur Sicherung des venösen Blutabstroms bei Lappenplastiken od. replant. Gliedmaßenabschnitten, 8-85b
Blutflussmessung, intraoperativ, in Gefäßen, 5-98e
Blutgefäße, Andere Operationen, 5-39
Blutgefäße, Andere Operationen, 5-39
Blutgefäße, Andere plastische Rekonstruktion, 5-397
Blutgefäße, Andere therapeutische Katheterisierung und Kanüleneinlage, 8-839
Blutgefäße, Anderer operativer Verschluß, 5-389
Blutgefäße, Anlegen eines anderen Shuntes und By-passes, 5-393
Blutgefäße, Anlegen eines Bypasses und Transposition (intrakraniell), 5-027
Blutgefäße, Biopsie durch Inzision, 1-587
Blutgefäße, Embolektomie, 5-380
Blutgefäße, Exzision, Andere, 5-386
Blutgefäße, Inzision, Exzision und Verschluß, 5-38
Blutgefäße, Inzision, Exzision, Destruktion und Verschluß (intrakraniell), 5-025
Blutgefäße, Naht, 5-388
Blutgefäße, Operationen intraspinal, 5-037
Blutgefäße, Patchplastik, 5-395
Blutgefäße, Rekonstruktion intrakraniell, 5-026
Blutgefäße, Resektion mit Reanastomosierung, 5-382
Blutgefäße, Resektion und Ersatz (Interposition), 5-383
Blutgefäße, Szintigraphie, 3-708
Blutgefäße, Transposition, 5-396
Blutgefäße, Thrombektomie, 5-380
Blutung, Kontrolle durch Tamponaden, 8-50
Blutung, vaginale mit Tamponade, 8-504
Blutung, Wechsel und Entfernung einer Tamponade, 8-506
Blutzellen, Transfusion, 8-80
bösartige Neubildungen, Genexpressionsanalysen, 1-992
bösartige Neubildungen, Genmutationsanalysen, 1-992
Brachytherapie mit umschlossenen Radionukliden, 8-524
Brachytherapie, Bestrahlungsplanung, 8-529
Brachytherapie, Bestrahlungssimulation, 8-528

Brisement force, 8-210
bronchiale Reaktivität, Messung, 1-714
Bronchien, Andere Operationen, 5-339
Bronchien, Rekonstruktion, 5-334
Bronchographie, 3-135
Bronchoskopie, intraoperativ, 1-690
Bronchus, Andere Exzision und Resektion (ohne Resektion des Lungenparenchyms), 5-321
Bronchus, Andere Exzisionen, 5-329
Bronchus, Andere Operationen, 5-33
Bronchus, Diagnostische Aspiration, 1-843
Bronchus, Exzision und Destruktion, 5-320
Bronchus, Inzision, 5-330
Brusterhaltende, Exzision der Mamma, 5-870
Brustgewebe, Radiofrequenzspektroskopie, 3-902
Brustwand und Pleura, Inzision, 5-340
Brustwand, Adhäsiolyse an Lunge, 5-333
Brustwand, Exzision und Destruktion, 5-343
Brustwand, Operationen, 5-34
Brustwand, Plastische Rekonstruktion, 5-346
Brustwarze, Operationen, 5-882
Brustwirbelsäule, Zugang, 5-031
Bülaudrainage, Therapeutische Drainage der Pleurahöhle, 8-144
Bypass an Blutgefäßen, 5-393
Bypass, Anlegen aortokoronar, 5-361
Bypass, Anlegen aortokoronar, minimalinvasive Technik, 5-362
Bypasses, intrakranieller Blutgefäße, 5-027
Cerclage, Retina, Revision, Wechsel und Entfernung, 5-153
Cervix uteri, Amputation, 5-673
Cervix uteri, Andere Exzision und Destruktion, 5-672
Cervix uteri, Andere Operationen, 5-679
Cervix uteri, Andere Rekonstruktion, 5-675
Cervix uteri, Biopsie durch Inzision, 1-571
Cervix uteri, Biopsie ohne Inzision, 1-472
Cervix uteri, Konisation, 5-671
Cervix uteri, Operationen, 5-67
Cervix uteri, Rekonstruktion während Gravidität, 5-674
Chemochirurgie der Haut, 5-914
Chemosensibilitätstestung, Ex-vivo-Zellkultursystem zur prätherapeutischen Testung, 1-990
Chemotherapeutika, Organperfusion, 8-549
Chemotherapie, hypertherm intraperitoneal [HIPEC], 8-546
Chemotherapie, Implantation, Wechsel und Entfernung eines Katheterverweilsystems in Leberarterie und Pfortader, 5-506
Chemotherapie, Nicht komplex, 8-542
Chemotherapie, Zytostatisch, 8-54
Chirurgische Komplexbehandl. bei schweren Infektionen, 8-989
Chirurgische Wundtoilette, 5-896
Chirurgische Wundtoilette, Verbrennungen, Verätzungen, 5-921
Cholangiographie, 3-13c
Cholezystektomie, 5-511
Cholezystostomie, 5-510
Cholezystotomie, 5-510
Choroidea, Andere Operationen, 5-157
Choroidea, Destruktion von erkranktem Gewebe, 5-155
Choroidea, Operation, 5-15
Chromoendoskopie des oberen Verdauungstraktes, 1-63b
Chromoendoskopie des unteren Verdauungstraktes, 1-655
CO-Diffusionskapazität, Bestimmung, 1-711
Computergestützte Planung, Hyperthermie, 8-604
Computertomographie, Abdomen, mit Kontrastmittel, 3-225
Computertomographie, Abdomen, nativ, 3-207
Computertomographie, Andere native, 3-20x
Computertomographie, Andere, mit Kontrastmittel, 3-22x
Computertomographie, Becken, mit Kontrastmittel, 3-226
Computertomographie, Becken, nativ, 3-206
Computertomographie, Hals, mit Kontrastmittel, 3-221
Computertomographie, Hals, nativ, 3-201
Computertomographie, Herz, mit Kontrastmittel, 3-224

Alphabetisches Register unter anatomisch-funktionellen Gesichtspunkten

Computertomographie, Herz, nativ, 3-204
Computertomographie, mit Kontrastmittel, 3-22
Computertomographie, Muskel-Skelett-System, mit Kontrastmittel, 3-227
Computertomographie, Muskel-Skelett-System, nativ, 3-205
Computertomographie, Myelographie, 3-241
Computertomographie, nativ, 3-20
Computertomographie, periphere Gefäße, mit Kontrastm., 3-228
Computertomographie, periphere Gefäße, nativ, 3-208
Computertomographie, Rückenmark, mit Kontrastmittel, 3-223
Computertomographie, Rückenmark, nativ, 3-203
Computertomographie, Schädel, mit Kontrastmittel, 3-220
Computertomographie, Schädel, nativ, 3-200
Computertomographie, Spezialverfahren, 3-24
Computertomographie, Thorax, mit Kontrastmittel, 3-222
Computertomographie, Thorax, nativ, 3-202
Computertomographie, Ventrikulographie, 3-240
Computertomographie, Wirbelsäule, mit Kontrastmittel, 3-223
Computertomographie, Wirbelsäule, nativ, 3-203
Concha nasalis, Operationen an der unteren Nasenmuschel, 5-215
Conduit, Kutane Harnableitung mit Darminterponat, 5-565
Corpus ciliare, Andere Operationen, 5-139
Corpus ciliare, Exzision und Destruktion, 5-135
Corpus ciliare, Operation, 5-13
Corpus ciliare, Senkung des Augeninnendruckes durch Operationen, 5-132
Corpus mandibulae, Reposition einer Fraktur, 5-764
Corpus pineale, Biopsie durch Inzision und Trepanation von Schädelknochen, 1-51
Corpus pineale, Biopsie durch Inzision, 1-514
Corpus pineale, Exzision und Resektion, 5-074
Corpus pineale, Stereotaktische Biopsie, 1-515
Corpus vitreum, Operation, 5-15
Corpus vitreum, Vitrektomie über anderen Zugang und andere Operationen, 5-159
CT, Computertomographie, nativ, 3-20
CTC, Automatisierte Anreicherung mit immunzytochemischer Detektion zirkulierender Tumorzellen, 1-993
Dakryozystorhinostomie, 5-087
Dammriß, Rekonstruktion weiblicher Geschlechtsorgane nach Ruptur, post partum, 5-758
Darm, Andere Operationen, 5-469
Darm, Intraabdominale Manipulation, 5-468
Darm, Inzision, 5-450
Darminterponat [Conduit], Kutane Harnableitung, 5-565
Darmreservoir (kontinentes Stoma), Kutane Harnableitung, 5-566
Darmsegment, Ausschaltung als selbständiger Eingriff, 5-453
Darmspülung, 8-121
Defibrillation, Externe elektrische, 8-640
Defibrillator, Entfernung, Wechsel und Korrektur, 5-378
Defibrillator, Implantation, 5-377
Dekompression Nerven, 5-056
Dekompression Nerven, mit Transposition, 5-057
Dekompression von intrakraniellen Nerven, mikrovaskulär, 5-018
Desinvagination, 8-122
Desobliteration (Endarteriektomie) der Koronararterien, 5-360
Diabetes mellitus, Multimodale Komplexbehandlung, 8-984
Diagnostik, Verdacht auf Gefährdung von Kindeswohl und Kindergesundheit, 1-945
Diagnostik, komplex, bei hämatologischen und onkologischen Erkrankungen bei Kindern und Jugendlichen, 1-940
Diagnostik, komplex, bei Leukämien, 1-941
Diagnostische Amniozentese [Amnionpunktion], 1-852
Diagnostische Arthroskopie, 1-697
Diagnostische Aspiration aus dem Bronchus, 1-843
Diagnostische Bronchoskopie, 1-620
Diagnostische direkte Endoskopie Gallenwege, 1-643
Diagnostische direkte Endoskopie Pankreasgang, (POPS), 1-644
Diagnostische Embryofetoskopie, 1-674
Diagnostische Endoskopie, Darm, über ein Stoma, 1-652
Diagnostische Endoskopie, direkt, Gallenwege, 1-643
Diagnostische Endoskopie, direkt, Pankreasgang, (POPS), 1-644
Diagnostische Endoskopie, Douglasraum (Kuldoskopie), 1-696
Diagnostische Endoskopie, Gallenwege, 1-64
Diagnostische Endoskopie, Gallen- und Pankreaswege, bei anatomischer Besonderheit, 1-646
Diagnostische Endoskopie, Harnableitung, 1-666
Diagnostische Endoskopie, Harnwege, 1-66
Diagnostische Endoskopie, Harnwege, Inzision u. intraop., 1-693
Diagnostische Endoskopie, Harnwege, Stoma, 1-668
Diagnostische Endoskopie, Inzision und intraoperativ, 1-69
Diagnostische Endoskopie, Milchgänge, 1-682
Diagnostische Endoskopie, obere Atemwege, 1-61
Diagnostische Endoskopie, oberer Verdauungstrakt, 1-63
Diagnostische Endoskopie, Pankreaswege, 1-64
Diagnostische Endoskopie, Tränenwege, 1-681
Diagnostische Endoskopie, unterer Verdauungstrakt, 1-65
Diagnostische Endoskopie, Verdauungstrakt, 1-695
Diagnostische Endoskopie, weibliche Geschlechtsorgane, 1-67
Diagnostische Endoskopie, Zentralnervensystem, 1-698
Diagnostische Hysterosalpingoskopie, 1-673
Diagnostische Hysteroskopie, 1-672
Diagnostische Intestinoskopie, 1-636
Diagnostische Jejunoskopie, 1-635
Diagnostische Koloskopie, 1-650
Diagnostische Kolposkopie, 1-671
Diagnostische Laparoskopie (Peritoneoskopie), 1-694
Diagnostische Laryngoskopie, 1-610
Diagnostische Maßnahmen, andere, 1-99
Diagnostische Maßnahmen, Zusatzinformationen, 1-999
Diagnostische Ösophagogastroduodenoskopie, 1-632
Diagnostische Ösophagogastroskopie, 1-631
Diagnostische Ösophagoskopie, 1-630
Diagnostische perkutane Aspiration einer Zyste, 1-850
Diagnostische perkutane Punktion der Pleurahöhle, 1-844
Diagnostische perkutane Punktion des Ovars, 1-851
Diagnostische perkutane Punktion eines Gelenkes oder Schleimbeutels, 1-854
Diagnostische perkutane Punktion und Aspiration der Bauchhöhle, 1-853
Diagnostische perkutane Punktion u. Aspiration Leber, 1-845
Diagnostische perkutane Punktion und Aspiration männliche Geschlechtsorgane, 1-847
Diagnostische perkutane Punktion von Harnorganen, 1-846
Diagnostische Pharyngoskopie, 1-611
Diagnostische Proktoskopie, 1-653
Diagnostische Punktion Auge und Augenanhangsgebilde, 1-840
Diagnostische Punktion intrakranieller Hohlraum, 1-841
Diagnostische Punktion Perikard [Perikardiozentese], 1-842
Diagnostische Punktion und Aspiration, 1-84
Diagnostische Rektoskopie, 1-654
Diagnostische retrograde Darstellung der Gallenwege, 1-640
Diagnostische retrograde Darstellung der Pankreaswege, 1-641
Diagnostische retrograde Darstellung Gallen- und Pankreaswege, 1-642
Diagnostische Rhinoskopie, 1-612
Diagnostische Sialendoskopie, Glandula submandibularis oder Glandula parotis, 1-683
Diagnostische Sigmoideoskopie, 1-651
Diagnostische Thorakoskopie und Mediastinoskopie, 1-691
Diagnostische Tracheobronchoskopie, 1-62
Diagnostische Tracheobronchoskopie, 1-620
Diagnostische Ureterorenoskopie, 1-665
Diagnostische Urethroskopie, 1-660
Diagnostische Urethrozystoskopie einer augmentierten Harnblase, 1-663
Diagnostische Urethrozystoskopie, 1-661
Diagnostische Vaginoskopie, 1-670

Alphabetisches Register unter anatomisch-funktionellen Gesichtspunkten

Diagnostische, Rektoskopie, 1-654
Dialyseverfahren wegen mangelnder Funktionsaufnahme und Versagen eines Nierentransplantats, 8-85a
Dickdarm, Andere Operationen, 5-46
Dickdarm, Inzision, Exzision, Resektion und Anastomose, 5-45
Dickdarm, Lokale Exzision und Destruktion, 5-452
Dickdarm, Partielle Resektion, 5-455
Dickdarmmanometrie, 1-319
Diffusionskapazität, Bestimmung der CO-, 1-711
Dilatation, Urethra, Operativ, 5-586
Dilatation, Zervikalkanal, 5-670
Diskographie, 3-131
Doppelfiltrationsplasmapherese (DFPP), 8-826
Doppellumentubus, Intubation, 8-704
Douglasraum, Andere Operationen, 5-709
Douglasraum, Diagnostische Endoskopie, (Kuldoskopie), 1-696
Douglasraum, Lokale Exzision und Destruktion, 5-702
Douglasraum, Operationen, 5-70
Douglasraum, Plastische Rekonstruktion, 5-707
Drainage des Pankreas, Innere, 5-523
Drainage im Mund-, Kiefer- und Gesichtsbereich, 5-270
Drainage, pharyngealer oder parapharyngealer Abszess, 5-280
Drainage, Therapeutisch, Andere Organe und Gewebe, 8-148
Drainage, Therapeutisch, Pleurahöhle, 8-144
Drainage, Therapeutische, Harnorgane, 8-147
Drainage, Therapeutische, Organe des Bauchraumes, 8-146
Drehung, kindlicher Kopf, mit Zange, 5-724
Ductus deferens, Andere Operationen, 5-639
Ductus deferens, Destruktion, Ligatur und Resektion, 5-636
Ductus deferens, Operationen, 5-63
Ductus deferens, Rekonstruktion, 5-637
Ductus deferens, Vasotomie, 5-635
Ductus pancreaticus, Anastomose, 5-527
Ductus thoracicus, Operationen, 5-405
Ductus thyreoglossus, Exzision, 5-065
Dünndarm, Andere Operationen, 5-46
Dünndarm, Biopsie durch Inzision, 1-555
Dünndarm, Inzision, Exzision, Resektion und Anastomose, 5-45
Dünndarm, Kapselendoskopie, 1-63a
Dünndarm, Lokale Exzision und Destruktion, 5-451
Dünndarm, Resektion, 5-454
Dünndarmdarstellung, 3-139
Dünndarmmanometrie, 1-318
Duodenalsonde, Pankreasfunktionstest mit Aspiration von Duodenalsaft, 1-761
Duodenum, Endosonographie, 3-054
Durchtrennung des Sphincter ani [Spinkterotomie], 5-494
Durchtrennung von Muskel, Sehne und Faszie, 5-851
ECCE, Extrakapsuläre Extraktion Line, 5-144
Echokardiographie, Stress-Echokardiographie, 3-031
Echokardiographie, Transösophageale [TEE], 3-052
ECMO, Extrakorporale Membranoxygenation und Prä-ECMO-Therapie, 8-852
EEG-Monitoring, (mindestens 2 Kanäle) für mehr als 24 h, 8-920
Eigenblut, Gewinnung und Transfusion, 8-803
Einbringen von Fremdmaterial in Haut und Unterhaut, Tätowieren, 5-890
Eindellende Operationen, Fixation der Netzhaut durch, 5-152
Einführung und Wechsel alloplastische (sekundäre) Linse, 5-146
Einstellung, häusliche maschinelle Beatmung, 8-716
Einstellung, nasale oder oronasale Überdrucktherapie bei schlafbezogenen Atemstörungen, 8-717
Einstufung, Psychiatrie-Personalverordnung,„ 9-98
Einzelmaßnahmen, Physikalisch-therapeutisch, 8-56
Einzeltherapie, 9-410
EKT, Elektrokonvulsionstherapie, 8-630
Ektropium, Korrekturoperation, 5-093
Elektrische Konversion Herzrhythmus, 8-64
Elektrische Stimulation Herzrhythmus, intraoperativ, 8-643
Elektrische Stimulation Herzrhythmus, Temporär extern, 8-641
Elektrische Stimulation Herzrhythmus, Temporär intern, 8-642
Elektrische Stimulation Pharyngeal [PES], 8-633
Elektroenzephalographie (EEG), 1-207
Elektroimpedanzspektroskopie, 3-901
Elektrokonvulsionstherapie [EKT], 8-630
Elektrolytlösungen, Applikation über das Gefäßsystem bei Neugeborenen, 8-010
Elektromyographie (EMG), 1-205
Elektronenstrahltomographie, 3-26
Elektronenstrahltomographie, andere, 3-26x
Elektronenstrahltomographie, Gehirn, 3-260
Elektronenstrahltomographie, Herz, 3-261
Elektronenstrahltomographie, periphere Gefäße, 3-26
Elektrophysiologische Aktivität, Untersuchungen Herz, 1-26
Elektrophysiologische Untersuchung des Herzens, kathetergestützt, 1-265
Elektrophysiologische Untersuchung des Herzens, nicht kathetergestützt, 1-266
Elektrostimulation des Nervensystems, 8-63
Elektrotherapie, 8-650
Eltern-Kind-Setting, 9-68
Embolektomie, Blutgefäße, Inzision, 5-380
Embryo, Entfernung eines intraperitonealen Embryos, 5-743
Embryofetoskopie, Diagnostische, 1-674
Embryotransfer, 9-272
Endarteriektomie, 5-381
Endarteriektomie, Desobliteration, Koronararterien, 5-360
Endokrine Drüsen, Operationen andere endokrine Drüsen, 5-079
endokrine Organe, Biopsie, endosonographisch, 1-408
Endokrine Organe, perkutane (Nadel-)Biopsie, 1-406
Endokrine Organe, Perkutane Biopsie mit Steuerung durch bildgebende Verfahren, 1-407
Endokrine Organe, Szintigraphie and. endokriner Organe, 3-702
Endokrinologische komplexe Funktionsuntersuchung, 1-797
Endometrium, Biopsie ohne Inzision, 1-471
Endoprothese, Gelenke der oberen Extremität, Impl., 5-824
Endoprothese, Gelenke der oberen Extremität, Revision, Wechsel, Entfernung, 5-825
Endoprothese, Gelenke der unteren Extremität, Impl., 5-826
Endoprothese, Gelenke der unteren Extremität, Revision, Wechsel, Entfernung, 5-827
Endoprothese, Hüftgelenk, Implantation, 5-820
Endoprothese, Hüftgelenk, Revision, Wechsel, Entf., 5-821
Endoprothese, Kniegelenk, Implantation, 5-822
Endoprothese, Kniegelenk, Rev., Wechsel, Entf., 5-823
Endoskop, Evaluation Schlucken, 1-613
Endoskopie, Andere diagnostische Endoskopie durch Punktion, Inzision und intraoperativ, 1-699
Endoskopie, diagnostisch direkt, Gallenwege [duktale Endoskopie] [POCS], 1-643
Endoskopie, diagnostisch direkt, Pankreasgang, (POPS), 1-644
Endoskopie, diagnostisch, Darm, 1-652
Endoskopie, diagnostisch, Douglasraumes (Kuldoskopie), 1-696
Endoskopie, diagnostisch, Gallen- und Pankreaswege bei anatomischer Besonderheit, 1-666
Endoskopie, diagnostisch, Harnableitung, 1-666
Endoskopie, diagnostisch, Harnwege durch Inzision und intraoperativ, 1-693
Endoskopie, diagnostisch, Harnwege über ein Stoma, 1-668
Endoskopie, diagnostisch, Milchgänge, 1-682
Endoskopie, diagnostisch, oberen Atemwege, 1-61
Endoskopie, diagnostisch, oberer Verdauungstrakt über ein Stoma, 1-638
Endoskopie, diagnostisch, oberer Verdauungstrakt, 1-63
Endoskopie, diagnostisch, Tränenwege, 1-681
Endoskopie, diagnostisch, unterer Verdauungstrakt, 1-65
Endoskopie, diagnostisch, Verdauungstrakt, durch Inzision und intraoperativ, 1-695

Alphabetisches Register unter anatomisch-funktionellen Gesichtspunkten

Endoskopie, diagnostisch, weibliche Geschlechtsorgane, 1-67
Endoskopie, diagnostisch, Zentralnervensystem, 1-698
Endoskopie, Fremdkörperentfernung, 8-100
Endoskopie, tiefes Jejunum und Ileum, Diagnostische Intestinoskopie, 1-636
Endoskopie, Zugang durch retrograde, 1-645
Endoskopische Biopsie, oberer Verdauungstrakt, Gallengängen und Pankreas, 1-440
Endoskopische Biopsie, respiratorische Organe, 1-430
Endoskopische Biopsie, unterer Verdauungstrakt, 1-444
Endoskopische Entfernung, Steine, Fremdkörper und Tamponaden der Harnblase, 5-570
Endoskopische Operationen, Gallengänge, 5-513
Endoskopische Operationen, Pankreasgang, 5-526
Endosonographie, Bauchhöhle, 3-059
Endosonographie, Blutgefäße, 3-05e
Endosonographie, Duodenum, 3-054
Endosonographie, Gallenwege, 3-055
Endosonographie, Harnblase und Urethra, 3-05b
Endosonographie, Herz, 3-05g
Endosonographie, Kolon, 3-057
Endosonographie, Magen, 3-053
Endosonographie, männliche Geschlechtsorgane, 3-05c
Endosonographie, Mundhöhle und Hypopharynx, 3-050
Endosonographie, Ösophagus, 3-051
Endosonographie, Pankreas, 3-056
Endosonographie, Rektum, 3-058
Endosonographie, Retroperitonealraum, 3-05a
Endosonographie, transbronchial, 3-05f
Endosonographie, weibliche Geschlechtsorgane, 3-05d
Endosonographische Biopsie, endokrine Organe, 1-408
Endosonographische Feinnadelpunktion, hepatobiliäres System, 1-448
Endosonographische Feinnadelpunktion, oberer Verdauungstrakt, 1-445
Endosonographische Feinnadelpunktion am Pankreas, 1-447
Endosonographische Feinnadelpunktion am unteren Verdauungstrakt, 1-446
Endotracheale Intubation, Einfache, 8-701
Endovaskuläre Implantation von Stent-Prothesen, 5-38a
Entbindung bei Beckenendlage, 5-727
Entbindung, Andere instrumentelle Entbindung, 5-729
Entbindung, Mißlungene vaginale operative Entbindung, 5-733
Entbindung, vorherige stationäre Behandlung, 9-280
Enterale Ernährung, medizinische Nebenbehandlung, 8-017
Enterale Ernährungstherapie als med. Hauptbehandl., 8-015
Enteroklysma, 3-139
Enterostoma, doppelläufig, als selbständiger Eingriff, 5-460
Enterostoma, endständig, als selbständiger Eingriff, 5-461
Enterostoma, im Rahmen eines anderen Eingriffes, 5-462
Enterostoma, Revision und andere Eingriffe, 5-464
Enterostoma, Rückverlagerung, 5-465
Enterostomata, Anlegen anderer Enterostomata, 5-463
Enterostomata, Wiederherstellung der Kontinuität des Darmes bei endständigen Enterostomata, 5-466
Entfernung Knochenteilersatz und Knochentotalersatz, 5-828
Entfernung, alloplastische Linse, und Revision, 5-147
Entfernung, Augapfel [Enukleation], 5-163
Entfernung, Augeninhalt [Eviszeration], 5-162
Entfernung, Defibrillator, 5-378
Entfernung, Endoprothese am Hüftgelenk, 5-821
Entfernung, Endoprothese am Kniegelenk, 5-823
Entfernung, Endoprothese Gelenke obere Extremität, 5-825
Entfernung, Endoprothese Gelenke untere Extremität, 5-827
Entfernung, erkranktes Gewebe an Haut und Unterhaut, 5-896
Entfernung, erkranktes Gewebe Haut und Unterhaut bei Verbrennungen und Verätzungen, 5-921
Entfernung, Fremdkörper Augenlinse, 5-140
Entfernung, Fremdkörper hinterer Augenabschnitt, 5-150

Entfernung, Fremdkörper intrauterin, 5-691
Entfernung, Fremdkörper Konjunktiva, Operativ, 5-110
Entfernung, Fremdkörper Kornea, Operativ, 5-120
Entfernung, Fremdkörper vordere Augenkammer, 5-130
Entfernung, Fremdkörper, n.n.bez., Orbita und Augapfel, 5-161
Entfernung, Gastrostomiekatheter, und Wechsel, 8-123
Entfernung, Herzschrittmacher, 5-378
Entfernung, herzunterstützendes System, offen chirurgisch, 5-376
Entfernung, Hodenprothese, 5-628
Entfernung, intraperitoneales Embryo, 5-743
Entfernung, Jejunostomiekatheter, und Wechsel, 8-124
Entfernung, Katheterverweilsystem Leberarterie, 5-506
Entfernung, Liquorableitungen, und Revision, 5-024
Entfernung, Nephrostomiekatheter, und Wechsel, 8-138
Entfernung, oberflächliche Hautschichten, 5-913
Entfernung, Orbitaimplantat, 5-165
Entfernung, Osteosynthesematerial, 5-787
Entfernung, Paukendrainage, 5-201
Entfernung, Retina, 5-153
Entfernung, Steine, Fremdkörper und Tamponaden Harnblase, Endoskopisch, 5-570
Entfernung, suprapubischer Katheter, und Wechsel, 8-133
Entfernung, Tamponade bei Blutungen, und Wechsel, 8-506
Entfernung, transplantierter Zahn, 5-236
Entfernung, Ureterschiene, Wechsel und Einlegen, 8-137
Entfernung, Zähne, und Wechsel, 5-23
Entfernung, zurückgebliebene Plazenta (postpartal), 5-756
Entropium und Ektropium, Korrekturoperation, 5-093
Entlassungsaufwand bei Erwachsenen, 9-645
Entscheidung und Evaluation über die Indikation zur Transplantation, medizinisch, 1-920
Entwicklung des Kindes und Sectio caesarea, 5-74
Entzug, Motivationsbehandlung Abhängigkeitskranker, [Qualifizierter Entzug], 8-985
Entzugsbehandlung, Erwachsene, spezifisch qualifiziert
Entzugsbehandlung Abhängigkeitskranker, 9-647
Enukleation, Entfernung des Augapfels, 5-163
Epididymektomie, 5-633
Epididymis und Ductus deferens, Andere Operationen am Funiculus spermaticus, 5-639
Epididymis, Exzision im Bereich der Nebenhoden, 5-631
Epididymis, Rekonstruktion von Ductus deferens und Nebenhoden, 5-637
Epidurale Injektion und Infusion zur Schmerztherapie, 8-910
Epikanthus, Operationen an Kanthus und Epikanthus, 5-092
Epilepsie, invasive Video-EEG-Intensivdiagnostik, zur Klärung einer epilepsiechirurgischen Operationsindikation, 1-211
Epilepsie, nichtinvasive Video-EEG-Intensivdiagnostik, bei Verdacht auf, 1-210
Epilepsiediagnostik, invasive intraoperative, 1-212
Epineurale Naht, Nerv und Nervenplexus mit Transplantation und Transposition, 5-054
Epineurale Naht, Nerv und Nervenplexus mit Transplantation, 5-048
Epineurale Naht, Nerv und Nervenplexus mit Transposition, primär, 5-050
Epineurale Naht, Nerv und Nervenplexus mit Transposition, sekundär, 5-052
Epineurale Naht, Nerv und Nervenplexus, primär, 5-044
Epineurale Naht, Nerv und Nervenplexus, sekundär, 5-046
Epiphysenlösung, Geschlossene Reposition m. Osteosynth., 5-790
Episiotomie und Naht, 5-738
Epispadie, Plastische Rekonstruktion, 5-644
Erkrankungsdiagnostik, Feten, komplex sonographisch, 3-032
Ernährung, enteral, medizinische Nebenbehandlung, 8-017
Ernährung, komplett parenteral, als medizinische Nebenbehandlung, 8-018
Ernährungssonde, Anlegen und Wechsel einer duodenalen oder jejunalen 8-125

Alphabetisches Register unter anatomisch-funktionellen Gesichtspunkten

Ernährungstherapie, enteral, als med. Hauptbehandlung, 8-015
Ernährungstherapie, parenteral, als medizinische Hauptbehandlung, 8-016
Eröffnung des Retroperitoneums und Laparotomie, 5-541
Erreger, nicht multiresistent isolationspflichtig, Komplexbehandlung, 8-98g
Ersatz (Interposition) und Resektion Aorta, 5-384
Ersatz (Interposition) von (Teilen von) Blutgefäßen und Resektion, 5-383
Ersatz Harnblase, 5-577
Ersatz Herzklappen durch Prothese, 5-351
Erweiterung Ureter, Transurethrale und perkutan-transrenale Erweiterung, 5-560
Erweiterung Ureterostium, Inzision, Resektion und (andere) Erweiterung, 5-561
Erythrozytenkonzentrat, Vollblut und Thrombozytenkonzentrat, Transfusion, 8-800
ESWL, Gallenblase und Gallengänge, 8-111
ESWL, Harnorgane, 8-110
Evaluation und Entscheidung über die Indikation zur Transplantation, medizinisch, 1-920
Evaluation, Medizinische zur Transplantation, 1-92
Eviszeration, Entfernung Augeninhalt, 5-162
Eviszeration, weibliches kleines Becken, Exenteration, 5-687
Evozierte Potenziale, Monitoring, 8-921
Evozierte Potenziale, Registrierung, 1-208
Exartikulation, Fuß, 5-865
Exartikulation, Hand, 5-863
Exartikulation, obere Extremität, 5-862
Exartikulation, untere Extremität, 5-864
Exenteration [Eviszeration] weibliches kleines Becken, 5-687
Exenteration Orbita und Orbitainnenhaut, 5-164
Exkretions- und Resorptionstest mit Radionukliden, 3-70b
Exploration, Kryptorchismus, 5-625
Exploration, Nebenniere, 5-070
Exstirpation, Uterus, 5-68
Exstirpation, Vagina, 5-703
Extension durch Knochendrahtung (Kirschner-Draht), 8-401
Extension durch Knochennagelung (Steinmann-Nagel), 8-400
Extension Halswirbelsäule, Andere, 8-411
Extension Lendenwirbelsäule, 8-412
Extension Schädelkalotte, 8-410
Extension Wirbelsäule, Andere, 8-419
Externe Bestrahlung, Bestrahlungssimulation, 8-528
Externe elektrische Defibrillation (Kardioversion) des Herzrhythmus, 8-640
Extrakapsuläre Extraktion Linse [ECCE], 5-144
Extrakorporale Leberersatztherapie [Leberdialyse], 8-858
Extrakorporale Membranoxygenation (ECMO) und Prä-ECMO-Therapie, 8-852
Extrakorporale Pumpe, biventrikulär, Dauer der Behandlung mit einem herzunterstützenden System, 8-83a
Extrakorporale Pumpe, univentrikulär, Dauer der Behandlung mit einem herzunterstützenden System, 8-83a
Extrakorporale Stoßwellenlithotripsie [ESWL] von Steinen in den Harnorganen, 8-110
Extrakorporale Stoßwellenlithotripsie [ESWL] von Steinen in Gallenblase und Gallengängen, 8-111
Extrakorporale Stoßwellenlithotripsie [ESWL] von Steinen in sonstigen Organen, 8-112
Extrakorporale Stoßwellentherapie, Andere, 8-119
Extrakorporale Stoßwellentherapie, Stütz- und Bewegungsapparat, 8-115
Extrakorporale Zirkulation und Behandlung von Blut, 8-85
Extrakranielle Himnerven, Injektion eines Medikamentes zur Schmerztherapie, 8-913
Extraktion bei Beckenendlage, 5-725
Extraktion Linse, Extrakapsulär, 5-144
Extraktion Linse, Intrakapsulär, 5-143

Extraperitoneale Sectio caesarea, 5-742
Extrauteringravidität, Operationen, 5-744
Extremität, Lymphographie, 3-620
Extremität, obere, Amputation und Exartikulation, 5-862
Extremität, obere, Replantation, 5-860
Extremität, untere, Amputation und Exartikulation, 5-864
Extremität, untere, Replantation, 5-861
Extremitätenperfusion, Isoliert, 8-859
Ex-vivo-Zellkultursystem zur prätherapeutischen Chemosensibilitätstestung, 1-990
Exzision einzelner Lymphknoten und Lymphgefäße, 5-401
Exzision und Destruktion, (erkranktes) Gewebe: siehe entsprechendes Organ bzw. Gewebe
Exzision und Rekonstruktion eines Sinus pilonidalis, 5-897
Exzision und Transplantatentnahme, Blutgefäßen, Andere, 5-386
Exzision, Ductus thyreoglossus, 5-065
Exzision, Haut und Unterhaut, Andere, 5-899
Exzision, Mamma und Destruktion von Mammagewebe, Partiell (brusterhaltend), 5-870
Exzision, Nerv zur Transplantation, 5-042
Exzision, odontogene pathologische Veränderung Kiefer, 5-243
Exzision, Unterbindung und Stripping von Varizen, 5-385
Exzision: siehe auch entsprechende Organe bzw. Gewebe
Faden-Operation, Chirurgie der Abrollstrecke (Myopexie), 5-10c
Faszie, Muskel, Sehne, Durchtrennung, 5-851
Faszie, Muskel, Sehne, Entnahme und Transplantation mit mikrovaskulärer Anastomosierung, 5-858
Faszie, Exzision, 5-852
Faszie, Inzision, 5-850
Faszie, Wunddebridement bei Verbrennungen und Verätzungen, 5-922
Faszien der Hohlhand und der Finger, Operationen, 5-842
Faszien und Schleimbeuteln, Andere Operationen, 5-859
Faszien, Plastische Rekonstruktion mit lokalen Lappen, 5-857
Faszien, Rekonstruktion, 5-856
Fehlbildungsdiagnostik, Feten, komplex sonographisch, 3-032
Feinnadelpunktion, endosonographisch, am hepatobiliären System, 1-448
Feinnadelpunktion, endosonographisch, am oberen Verdauungstrakt, 1-445
Feinnadelpunktion, endosonographisch, am Pankreas, 1-447
Feinnadelpunktion, endosonographisch, am unteren Verdauungstrakt, 1-446
Fensterungsoperation des Promotoriums, 5-198
Feststellung irreversibler Himfunktionsausfall, Diagnostik, 1-202
Fetus oder Uterus, Manipulation während der Gravidität oder direkt postpartal, 8-51
Fetus, Andere intrauterine Operationen, 5-755
Fetus, Erkrankungs- und Fehlbildungsdiagnostik, komplex sonographisch, 3-032
Fetus, Intrauterine Therapie, 5-754
Fetus, Magnetresonanztomographie, mit Kontrastmittel, 3-82b
Fetus, Manipulation vor der Geburt, 8-510
Fetus, Native Magnetresonanztomographie, 3-80b
Filgrastim, parenteral, 8-01§
Filtrierende Operationen zur Senkung Augeninnendruck, 5-131
Finger, Operationen an Faszien, 5-842
Finger, Syndaktylie- und Polydaktyliekorrektur, 5-917
Fistel, kongenitale ösophago-tracheale, Versorgung der Fistel und Rekonstruktion der Ösophaguspassage bei Atresie, 5-428
Fistulographie, 3-13m
Fixation, Netzhaut, Andere Operationen, 5-154
Fixation, Netzhaut, durch eindellende Operationen, 5-152
Fixationshilfen bei Strahlentherapie, 8-527
Fluoreszenzgestützte Resektionsverfahren, 5-989
Follikelpunktion, intratubärer Gametentransfer (GIFT), 9-271
Forcierte Korrektur, Adhäsionen und Deformitäten, 8-21
Fraktur, Geschlossene Reposition mit Osteosynthese, 5-790
Fraktur, Wirbelsäule, Geschl. Reposition ohne Osteosynth., 8-202

Fraktur, Corpus mandibulae und des Processus alveolaris mandibulae, Reposition, 5-764
Fraktur, Gelenkbereich eines langen Röhrenknochens, einfach, Offene Reposition, 5-793
Fraktur, kleine Knochen, einfach, Offene Reposition, 5-795
Fraktur, Ramus mandibulae und des Processus articularis mandibulae, Reposition, 5-765
Fraktur, Schaftbereich eines langen Röhrenknochens, einfach, Offene Reposition, 5-791
Fraktur, Talus und Kalkaneus, Offene Reposition, 5-797
Freie Hauttransplantation, bei Verbrennungen und Verätzungen, Empfängerstelle, 5-925
Freie Hauttransplantation, bei Verbrennungen und Verätzungen, Entnahmestelle, 5-924
Freie Hauttransplantation, Empfängerstelle, 5-902
Freie Hauttransplantation, Entnahmestelle, 5-901
Fremdkörper, Augenlinse, Entfernung, 5-140
Fremdkörper, Harnblase, Endoskopische Entfernung, 5-570
Fremdkörper, hinterer Augenabschnitt, Entfernung, 5-150
Fremdkörper, Konjunktiva, Operative Entfernung, 5-110
Fremdkörper, Kornea, Operative Entfernung, 5-120
Fremdkörper, Orbita und Augapfel, n.n.bez., Entfernung, 5-161
Fremdkörper, vordere Augenkammer, Operative Entf., 5-130
Fremdkörperentfernung aus der Haut ohne Inzision, 8-102
Fremdkörperentfernung durch Endoskopie, 8-100
Fremdkörperentfernung ohne Inzision, 8-101
Fremdkörperentfernung, 8-10
Fremdkörpers, intrauterin, Entfernung, 5-691
Fremdmaterial, Haut u. Unterh., Einbringen u. Tätowieren, 5-890
Fruchtblasensprengung [Amniotomie], Künstliche, 5-730
Frühgeborene, hochaufwendige Pflege, 9-203
Frühgeborene, präventive familienzentrierte multimodale Komplexbehandlung, 9-502
Frührehabilitation, andere und fachübergreifende, 8-559
Frührehabilitation, geriatrisch, teilstationär, 8-98a
Frührehabilitation, Neurologisch-neurochirurgisch, 8-552
Frührehabilitation, Kopf-Hals-Tumore, 8-553
Frührehabilitationsassessment, Patienten mit Kopf-Hals-Tumoren, 1-775
Frührehabilitative Funktionsuntersuchung, 1-77
Frührehabilitative Komplexbehandlung, 8-55
Frührehabilitative Komplexbehandlung, Geriatrische, 8-550
Funiculus spermaticus, Andere Operationen, 5-639
Funiculus spermaticus, Rekonstruktion, 5-634
Funkgesteuerte kardiologische Telemetrie, 8-933
Funktionelle Eingriffe, Schädel, Gehirn und Hirnhäute, 5-028
Funktionsuntersuchung, geriatrisch, palliativmedizinisch, frührehabilitativ, 1-77
Funktionsuntersuchung, Komplex endokrinologisch, 1-797
Funktionsuntersuchung, metabolisch, 1-76
Funktionsuntersuchungen, Pneumologisch, 1-71
Funktionsuntersuchungen, Verdauungstrakt, 1-31
Fuß, Amputation und Exartikulation, 5-865
Fuß, Operationen an Metatarsale und Phalangen, 5-788
Fuß, Operationen bei kongenitalen Anomalien, 5-867
Galaktographie, 3-136
Gallenblase, Andere Operationen, 5-519
Gallenblase, Biopsie durch Inzision, 1-552
Gallenblase, ESWL, 8-111
Gallengänge, Andere Operationen, 5-514
Gallengänge, Andere Operationen, 5-519
Gallengänge, Andere Rekonstruktion, 5-516
Gallengänge, Biopsie, endoskopisch, 1-440
Gallengänge, Biopsie, Inzision, 1-552
Gallengänge, Einlegen oder Wechsel selbstexpandierende Stents und Stent-Prothesen, 5-517
Gallengänge, endoskopische Biopsie, 1-440
Gallengänge, Endoskopische Operationen, 5-513
Gallengänge, Exzision und Resektion erkranktes Gewebe, 5-515
Gallengänge, Manometrie, 1-314
Gallenwege, Diagnostische direkte Endoskopie, POCS, 1-643
Gallenwege, Diagnostische Endoskopie, 1-64
Gallenwege, Diagnostische retrograde Darstellung, 1-642
Gallenwege, Endosonographie, 3-055
Ganzkörperhyperthermie, onkologische Therapie, 8-602
Ganzkörper-Messungen, 3-764
Ganzkörperplethysmographie, 1-710
Ganzkörper-Szintigraphie zur Lokalisationsdiagnostik, 3-70c
Gasaustausch, Offen chirurgische Implantation und Entfernung von Kanülen für die Anwendung eines extrakorporalen (herz- und) lungenunterstützenden Systems, 5-37b
Gastrektomie (Totale) mit Ösophagusresektion, 5-438
Gastrektomie (Totale), 5-437
Gastroenterostomie ohne Magenresektion, 5-445
Gastrographie, 3-138
Gastrointestinaltrakt, Szintigraphie, 3-707
Gastrostomie, 5-431
Gastrostomiekatheter, Wechsel und Entfernung, 8-123
Gastrotomie, 5-430
Gaumen- und Rachenmandeln, Andere Operationen, 5-289
Gaumen, (erkrankter) harter und weicher, Exzision und Destruktion, 5-272
Gaumen, harter und weicher, Inzision, 5-271
Gebärdensprachdolmetscher, 9-510
Gebiß, Zahnfleisch und Alveolen, Andere Operationen, 5-249
Geburt, Andere Operationen zur Unterstützung, 5-739
Geburt, n.n.bez., Überwachung und Leitung, 9-268
Geburt, normal, Überwachung und Leitung, 9-260
Geburt, Plazenta, isoliert, 9-263
Geburtseinleitung, operativ, Andere, 5-731
Geburtserleichterung, Operative Maßnahmen am Feten, 5-734
Geburtshilfliche Operationen, Andere, 5-759
Geburtshilfliche Uterusexstirpation, 5-757
Gefäßanomalien, kongenital, Operationen, 5-357
Gefäße, Abdomen und Becken, Phlebographie, 3-612
Gefäße, Abdomen, Arteriographie, 3-604
Gefäße, Becken, Arteriographie, 3-605
Gefäße, Extremität, Phlebographie mit Darstellung des Abflußbereiches, 3-614
Gefäße, Extremität, Phlebographie, 3-613
Gefäße, Hals und Thorax, Phlebographie, 3-611
Gefäße, Hals, Arteriographie, 3-601
Gefäße, herznah, Operationen an Klappen und Septen des Herzens, 5-35
Gefäße, intrakraniell, Arteriographie, 3-600
Gefäße, intrakraniell, Phlebographie, 3-610
Gefäße, intraoperative Blutflussmessung, 5-98e
Gefäße, Lungenkreislauf, Perkutan-transluminale Gefäßintervention, 8-838
Gefäße, obere Extremität, Arteriographie, 3-606
Gefäße, peripher, Computertomographie m. Kontrastmittel, 3-228
Gefäße, peripher, Magnetresonanztomogr. m. Kontrastm., 3-828
Gefäße, peripher, Native Computertomographie, 3-208
Gefäße, peripher, Native Magnetresonanztomographie, 3-808
Gefäße, Therapeutische Katheterisierung u. Kanüleneinlage, 8-83
Gefäße, thorakal, Arteriographie, 3-603
Gefäße, untere Extremität, Arteriographie, 3-607
Gefäße, zentralvenös, Legen, Wechsel und Entfernung Katheter, 8-831
Gefäßintervention, perkutan-transluminal, 8-836
Gefäßintervention, perkutan-transluminal, Andere, 8-83c
Gefäßintervention, perkutan-transluminal, Andere, an Herz und Koronargefäßen, 8-83d
Gefäßintervention, perkutan-transluminal, Gefäße Lungenkreislauf, 8-838
Gefäßintervention, Perkutan-transluminal, Herz und Koronargefäße, 8-837
Gefäßprothesen, Art der Beschichtung, 5-938

Alphabetisches Register unter anatomisch-funktionellen Gesichtspunkten

Gefäßsystem, andere Darstellung, 3-69
Gehirn, Andere Operationen, 5-029
Gehirn, Funktionelle Eingriffe, 5-028
Gehirn, Inzision (Trepanation) und Exzision, 5-01
Gehirn, Inzision, 5-013
Gehirn, PET, 3-740
Gehirn, PET/CT, 3-750
Gehirn, SPECT, 3-720
Gehirn, SPECT/CT, 3-730
Gehirn, Stereotaktische Operationen, 5-014
Gehirn, Szintigraphie, 3-700
Gehörgang, äußerer, Biopsie durch Inzision, 1-531
Gehörgang, äußerer, Biopsie ohne Inzision d. Otoskopie, 1-411
Gehörgang, äußerer, Konstruktion und Rekonstruktion, 5-185
Gehörknöchelchen, Andere Operationen, 5-193
Gehtest, Sechs-Minuten-Gehtest nach Guyatt, 1-715
Gelenke Hand, Arthrodese, 5-846
Gelenke Hand, Resektionsarthroplastik, 5-847
Gelenke Hand, Operation, 5-844
Gelenke obere Extremität, Implantation Endoprothese, 5-824
Gelenke obere Extremität, Revision, Wechsel und Entfernung einer Endoprothese, 5-825
Gelenke untere Extremität, Implantation Endoprothese, 5-826
Gelenke untere Extremität, Revision, Wechsel und Entfernung Endoprothese, 5-827
Gelenke Wirbelsäule, Injektion eines Medikamentes zur Schmerztherapie, 8-917
Gelenke, andere, Offen chirurgische Refixation am Kapselbandapparat, 5-807
Gelenke, Arthroskopische Biopsie, 1-482
Gelenke, Biopsie durch Inzision, 1-504
Gelenke, Biopsie ohne Inzision, 1-48
Gelenke, Diagnostische perkutane Punktion, 1-854
Gelenke, Offen chirurgische Operation, 5-800
Gelenke, Perkutane (Nadel-)Biopsie, 1-483
Gelenke, Perkutane Biopsie mit Steuerung durch bildgebende Verfahren, 1-484
Gelenke, Therapeutische perkutane Punktion, 8-158
Gelenke, Therapeutische Spülung, 8-178
Gelenkgewebe der Wirbelsäule, Exzision, 5-832
Gelenkgewebe der Wirbelsäule, Inzision, 5-830
Gelenkknorpel, Arthroskopische Operation, 5-812
Gelenkknorpel, Offen chirurgische Operation, 5-801
Gelenkluxation, Geschlossene Reposition m. Osteosynth., 5-79a
Gelenkluxation, Geschlossene Reposition o. Osteosynth., 8-201
Gelenkluxation, Geschlossenen Reposition o. Osteosynth., 8-20
Gelenkluxation, Offene Reposition, 5-79b
Gelenkoperation, andere, 5-80
Gelenkoperation, Arthroskopisch, 5-81
Gelenkoperation, Arthroskopisch, 5-810
Gelenkoperation, Offen chirurgisch, 5-80
Gelenkoperation, Andere, 5-809
Gelenkplastische Eingriffe, Andere, 5-829
Genexpressionsanalysen, bei soliden bösart. Neubildungen, 1-992
Genexpressionsprofil, In-vitro-Bestimmung mittels RNA, 1-994
Genmutationsanalysen, bei soliden bösart. Neubildungen, 1-992
Gentechnisch hergestelltes Plasmaprotein, Plasma und Plasmabestandteile, Transfusion, 8-810/8-812
Geriatrische frührehabilitative Komplexbehandlung, 8-550
Geriatrische Funktionsuntersuchung, 1-77
geriatrisches Basisassessment (GBA), standardisiert, 1-771
geriatrisches Screening, multidimensional, 1-770
geriatrisch-frührehabilitative Behandlung, teilstationär, 8-98a
Gerontopsychiatrie, 9-982
Geschlechtsorgane, andere männl., Biopsie durch Inzision, 1-569
Geschlechtsorgane, andere weibl., Biopsie durch Inzision, 1-579
Geschlechtsorgane, männliche, Diagnostische perkutane Punktion und Aspiration, 1-847
Geschlechtsorgane, männliche, Endosonographie, 3-05c
Geschlechtsorgane, männliche, Therapeutische perkutane Punktion, 8-156
Geschlechtsorgane, weibliche, Andere Operationen, 5-719
Geschlechtsorgane, weibliche, Diagnostische Endoskopie, 1-67
Geschlechtsorgane, weibliche, Endosonographie, 3-05d
Geschlechtsorgane, weibliche, nach Ruptur, post partum [Dammriß], Rekonstruktion, 5-758
Geschlechtsorgane, weibliche, Therapeutische perkutane Punktion, 8-157
Geschlechtsumwandlung, 5-646
Geschlossene Reposition Fraktur oder Epiphysenlösung mit Osteosynthese, 5-790
Geschlossene Reposition Fraktur oder Gelenkluxation, Wirbelsäule ohne Osteosynthese, 8-202
Geschlossene Reposition, Fraktur ohne Osteosynthese, 8-200
Geschlossene Reposition, Gelenkluxation mit Osteosynth., 5-79a
Geschlossene Reposition, Gelenkluxation o. Osteosynth., 8-201
Gesicht, Andere Operationen, 5-27
Gesicht, Rekonstruktion der Weichteile, 5-778
Gesicht, Straffungsoperation, 5-910
Gesichtsepithesen mit Implantat-Fixation, 8-221
Gesichtsepithesen mit Klebe- oder Brillen-Fixation, 8-220
Gesichtsepithesen, Implantatversorgung, 5-77a
Gesichtshaut, Biopsie ohne Inzision, 1-415
Gesichtsschädelfrakturen, Andere Operationen, 5-769
Gesichtsschädelfrakturen, disloziert verheilt, Reosteot., 5-768
Gesichtsschädelfrakturen, Operationen, 5-76
Gesichtsschädelknochen, Andere Operationen, 5-77/5-779
Gesichtsschädelknochen, Inzision (Osteotomie), lokale Exzision und Destruktion, 5-770
Gesichtsschädelknochen, Knochentransplantation und -transposition, 5-77b
Gesichtsschädelknochen, Partielle und totale Resektion, 5-771
Gesichtsschädelknochen, Shavertechnik, Weichteil- und Knochenabtragung bei Operationen, 5-98f
Gewebereduktion, Haut und Unterhaut, 5-911
Gewinnung und Transfusion von Eigenblut, 8-803
GIFT, Follikelpunktion und Ovumaspiration, intratubärer Gametentransfer, 9-271
Gingivaplastik, 5-241
Gipsverbände, Aufwändige, 8-310
Glandula parotis, Diagnostische Sialendoskopie, 1-683
Glandula submandibularis, Diagnostische Sialendoskopie, 1-683
Glomus caroticum und anderen Paraganglien, Operationen, 5-398
Glossektomie, 5-252
Glossektomie, Partiell, 5-251
Gruppentherapie, 9-411
Gustometrie und Olfaktometrie, 1-247
Guyatt, Sechs-Minuten-Gehtest nach, 1-715
Guyatt, Sechs-Minuten-Gehtest, 1-715
HAART, Hochaktive antiretrovirale Therapie, 8-548
Haartransplantation und Haartransposition, 5-912
Hals, andere Organe, Biopsie durch Inzision, 1-583
Hals, Computertomographie mit Kontrastmittel, 3-221
Hals, Gefäße, Arteriographie, 3-601
Hals, Magnetresonanztomographie mit Kontrastmittel, 3-821
Hals, Native Computertomographie, 3-201
Hals, Native Magnetresonanztomographie, 3-801
Halswirbelsäule, Andere Extension, 8-411
Halswirbelsäule, Zugang, 5-030
hämatologische Erkrankungen, Kinder und Jugendliche, komplexe Diagnostik, 1-940
Hämatopoetische Stammzellen, peripher gewonnen, Transfusion, 8-805
Hämatopoetisches System, Szintigraphie, 3-70a
Hämodiafiltration, 8-855
Hämodialyse, 8-854
Hämofiltration, 8-853
Hämoperfusion, 8-856

Alphabetisches Register unter anatomisch-funktionellen Gesichtspunkten

Hämorrhoiden, Operative Behandlung, 5-493
Hand, Amputation und Exartikulation, 5-863
Hand, Andere Operationen, 5-849
Hand, Arthrodese an Gelenken der, 5-846
Hand, Operationen an Bändern, 5-841
Hand, Operationen an Gelenken, 5-844
Hand, Operationen an Muskeln, 5-843
Hand, Operationen an Sehnen, 5-840
Hand, Operationen bei kongenitalen Anomalien, 5-848
Hand, Resektionsarthroplastik an Gelenken, 5-847
Hand, spezielle Komplexbehandlung, 8-988
Hand, Synovialektomie, 5-845
Harnableitung durch Ureterokutaneostomie (nicht kontinentes Stoma), Kutan, 5-564
Harnableitung mit Darminterponat, kutan, 5-565
Harnableitung mit Darmreservoir, kutan, 5-566
Harnableitung über den Darm, Intern, 5-567
Harnableitung, Diagnostische Endoskopie, 1-666
Harnblase und Urethra, Endosonographie, 3-05b
Harnblase, Andere Operationen, 5-579
Harnblase, Andere plastische Rekonstruktion, 5-578
Harnblase, augmentiert, Diagnostische Urethrozystoskopie, 1-663
Harnblase, Endoskopische Entfernung von Steinen, Fremdkörpern und Tamponaden, 5-570
Harnblase, Ersatz, 5-577
Harnblase, Manipulationen, 8-132
Harnblase, Offen chirurgische und laparoskopische Exzision und Destruktion von Gewebe, 5-574
Harnblase, Transurethrale Inzision, Exzision, Destruktion und Resektion von Gewebe, 5-573
Harnblasenresektion, Partiell, 5-575
Harnblasensphinkter, artefiziell, Eingriffe, 5-597
Harninkontinenz, Suspensionsoperation, 5-598
Harninkontinenzoperationen, Andere, 5-596
Harnorgane, andere, Biopsie durch Inzision, 1-562
Harnorgane, Biopsie ohne Inzision, 1-46
Harnorgane, Diagnostische perkutane Punktion, 1-846
Harnorgane, ESWL, 8-110
Harnorgane, Perkutane (Nadel-)Biopsie, 1-463
Harnorgane, Perkutane Biopsie mit Steuerung durch bildgebende Verfahren, 1-465
Harnorgane, Perkutan-nephroskopische Biopsie, 1-461
Harnorgane, Perkutan-zystoskopische Biopsie, 1-462
Harnorgane, Therapeutische Drainage, 8-147
Harnorgane, Therapeutische perkutane Punktion, 8-155
Harnorgane, Transurethrale Biopsie, 1-460
Harnröhrenkalibrierung, 1-336
Harntrakt, Andere Manipulationen, 8-139
Harntrakt, Andere Operationen, 5-599
Harntrakt, Untersuchung, 1-33
Harnwege und männliche Geschlechtsorgane, Biopsie durch Inzision, 1-56
Harnwege, Diagnostische Endoskopie durch Inzision und intraoperativ, 1-693
Harnwege, Diagnostische Endoskopie über ein Stoma, 1-668
Harnwege, Diagnostische Endoskopie, 1-66
Haut, Andere Operationen, 5-91a
Haut, Biopsie, mit Inzision, 1-50
Haut, Biopsie, ohne Inzision von Haut an Gesicht und Kopf, 1-41
Haut, Biopsie, ohne Inzision, 1-490
Haut, Chemochirurgie, 5-914
Haut, Chirurgische Wundtoilette und Entfernung von erkranktem Gewebe, 5-896
Haut, Chirurgische Wundtoilette und Entfernung von erkranktem Gewebe, bei Verbrennungen und Verätzungen, 5-921
Haut, Destruktion von erkranktem Gewebe, 5-915
Haut, Einfache Wiederherstellung der Oberflächenkontinuität, 5-900
Haut, Empfängerstelle, Lappenplastik, 5-905
Haut, Entfernung von erkranktem Gewebe, 8-19
Haut, Entnahmestelle, Lappenplastik, 5-904
Haut, Exzision von erkranktem Gewebe, lokal, 5-894
Haut, Exzision, Andere, 5-899
Haut, Fremdkörperentfernung, ohne Inzision, 8-102
Haut, Gewebereduktion, 5-911
Haut, Hauttransplantation und Lappenplastik, bei Verbrennungen und Verätzungen, Empfängerstelle, 5-925
Haut, Hauttransplantation und Lappenplastik, bei Verbrennungen und Verätzungen, Entnahmestelle, 5-924
Haut, Inzision, Andere, 5-892
Haut, Inzision, bei Verbrennungen und Verätzungen, 5-920
Haut, Kombinierte plastische Eingriffe, bei Verbrennungen und Verätzungen, 5-927
Haut, Lappenplastik, Empfängerstelle, 5-905
Haut, Lappenplastik, Entnahmestelle, 5-904
Haut, Lappenplastik, lokal, 5-903
Haut, Lokale Lappenplastik, bei Verbrennungen und Verätzungen, 5-926
Haut, Operationen, 5-89
Haut, Operationen, Andere, 5-91
Haut, Operationen, bei Verbrennungen und Verätzungen, 5-92
Haut, Operative Wiederherstellung und Rekonstruktion, 5-90
Haut, plastische Eingriffe, kombiniert, 5-906
Haut, Primärer Wundverschluß und Revision einer Hautplastik bei Verbrennungen und Verätzungen, 5-928
Haut, Radikale und ausgedehnte Exzision von erkranktem Gewebe, 5-895
Haut, Tätowieren und Einbringen von Fremdmaterial, 5-890
Haut, Wiederherstellung und Rekonstruktion, Andere, 5-909
Hauterkrankungen, Verband, großflächige und schwerwiegende Hauterkrankungen, 8-191
Hautplastik, Revision, 5-907
Hautplastik, Revision, Verbrennungen und Verätzungen, 5-928
Hautschichten, Entfernung oberflächlicher, 5-913
Hauttransplantation, Haut und Unterhaut bei Verbrennungen und Verätzungen, Freie Empfängerstelle, 5-925
Hauttransplantation, Haut und Unterhaut bei Verbrennungen und Verätzungen, Freie Entnahmestelle, 5-924
Hauttransplantation, Plastische Rekonstruktion Mamma, 5-885
HBO, Hyperbare Oxygenation, 8-721
Helium-Verdünnungsmethode, Messung der funktionellen Residualkapazität [FRC], 1-713
Hemilaryngektomie, 5-301
Hemithyreoidektomie, 5-061
Hepatektomie (zur Transplantation), 5-503
Hepatobiliäres System, perkutane (Nadel-)Biopsie, 1-441
hepatobiliäres System, perkutane Biopsie, mit Steuerung durch bildgebende Verfahren, 1-442
hepatobiliäres System, Endosonogr. Feinnadelpunktion, 1-448
Hepatozyten, autogene Stammzelltherapie u. lokale Ther., 8-86
Hepatozytentransplantation, allogen, 8-862
Hernia diaphragmatica, Verschluß, 5-538
Hernia epigastrica, Verschluß, 5-535
Hernia femoralis, Verschluß, 5-531
Hernia inguinalis, Verschluß, 5-530
Hernia umbilicalis, Verschluß, 5-534
Hernien, Verschluß abdominaler, 5-53
Hernien, Verschluß anderer abdominaler, 5-539
Herz, Andere Operationen, 5-379
Herz, Andere Operationen, bei kongenitalen Anomalien, 5-359
Herz, Andere Revaskularisation, 5-363
Herz, Andere therapeutische Katheterisierung und Kanüleneinlage, 8-839
Herz, Biopsie, durch Inzision, 1-580
Herz, Diagnostische Katheteruntersuchung, 1-27
Herz, diagnostische Katheteruntersuchung, 1-279
Herz, Endosonographie, 3-05g
Herz, EPU, kathetergestützt, 1-265

OPS Version 2018 649

Alphabetisches Register unter anatomisch-funktionellen Gesichtspunkten

Herz, EPU, nicht kathetergestützt, 1-266
Herz, Exzision und Destruktion von erkranktem Gewebe, 5-373
Herz, Gefäßintervention, perkutan-transluminal, 8-83c/8-83d
Herz, Herstellung und Vergrößerung Septumdefekt, 5-355
Herz, Herzkatheteruntersuchung bei funktionell/morphologisch univentrikulärem Herz, 1-277
Herz, Magnetresonanztomographie, mit Kontrastmittel, 3-824
Herz, minimalinvasive Rekonstruktion Perikard und Herz, 5-37a
Herz, Monitoring, 8-93
Herz, Native Computertomographie, 3-204
Herz, Native Magnetresonanztomographie, 3-803
Herz, Operationen an Klappen und Septen, 5-35
Herz, Operationen bei kongenitalen Klappenanomalien, 5-358
Herz, PET, 3-741
Herz, PET/CT, 3-750
Herz, Radionuklidventrikulographie, 3-704
Herz, Rekonstruktion, 5-374
Herz, Rhythmuschirurgie und andere Operationen, 5-37
Herz, SPECT, 3-721
Herz, SPECT/CT, 3-731
Herz, Untersuchungen der elektrophysiologischen Aktivität, 1-26
Herzgefäße, Perkutan-transluminale Gefäßintervention, 8-837
Herzkatheteruntersuchung, funktionell/morphologisch univentrikuläre Herzen, 1-277
Herzklappe, minimalinvasive Operationen, 5-35a
Herzklappe, Operationen, Endovaskulär, 5-35a
Herzklappen, Andere Operationen, 5-354
Herzklappen, Ersatz durch Prothese, 5-351
Herzklappen, Wechsel, 5-352
Herz-Lungen-Maschine, Operativer äußerer Kreislauf, 8-851
Herzrhythmus, Elektrische Konversion, 8-64
Herzrhythmus, Elektrische Stimulation, intraoperativ, 8-643
Herzrhythmus, Externe elektrische Defibrillation, 8-640
Herzrhythmus, Temporäre externe elektrische Stimulation, 8-641
Herzrhythmus, Temporäre interne elektrische Stimulation, 8-642
Herzrhythmusstörungen, Ablative Maßnahmen, 8-835
Herzrhythmusstörungen, Chirurgische ablative Maßnahmen bei, 5-371
Herzschrittmacher, Entfernung, Wechsel und Korrektur, 5-378
Herzschrittmacher, Implantation, 5-377
Herzschrittmacher, MRT-fähig, 5-934
Herzseptum, Plastische Rekonstruktion bei angeborenen Herzfehlern, 5-356
Herz-Transplantation, 5-375
herzunterstützende Systeme, Dauer der Behandlung mit, 8-83a
herzunterstützendes System, Impl. und Entf., offen chir., 5-376
hinterer Augenabschnitt, Entfernung eines Fremdkörpers, 5-150
HIPEC, Hypertherme intraperitoneale Chemotherapie, 8-546
Hirnfunktionsausfall, irreversibel, Diagnostik zur Feststellung, 1-202
Hirnhäute, Andere Operationen, 5-029
Hirnhäute, Funktionelle Eingriffe, 5-028
Hirnhäute, Inzision (Trepanation) und Exzision, 5-01
Hirnhäute, Rekonstruktio, 5-021
Hirnhäute, Rekonstruktion, 5-021
Hirnhäute, Stereotaktische Operationen, 5-014
Hirnhäuten, Inzision, 5-013
Hirnnerven, Injektion eines Medikamentes an extrakranielle Hirnnerven, zur Schmerztherapie, 8-913
Hirnnerven, Inzision, Resektion und Destruktion an intrakraniellen Anteilen, 5-017
hirnvenösen Sauerstoffsättigung, Monitoring, 8-923
HNO-Bereich, Untersuchungen, 1-24
Hochvoltstrahlentherapie, 8-522
Hochvoltstrahlentherapie, Andere, 8-523
Hoden, Andere Operationen, 5-629
Hoden, Biopsie, durch Inzision, 1-565
Hoden, Exzision und Destruktion von erkranktem Gewebe, 5-621
Hoden, Inzision, 5-620
Hoden, Operationen, 5-62
Hoden, Rekonstruktion, 5-627
Hodenprothese, Implantation, Wechsel und Entfernung, 5-628
Hohlhand, Operationen an Faszien, 5-842
Hornhauttransplantation, 5-125
Hüftgelenk, Implantation einer Endoprothese, 5-820
Hüftgelenk, Revision, Wechsel und Entf. Endoprothese, 5-821
Hüftkopffraktur mit Osteosynthese, Offene Reposition, 5-799
Hüftkopffraktur, Offene Reposition einer Azetabulum- und, mit Osteosynthese, 5-799
Hybridtherapie, 5-98a
Hydrocele funiculi spermatici, Operative Behandlung, 5-630
Hydrocele testis, Operation, 5-611
Hyperbare Oxygenation [HBO], 8-721
hypertherme Extremitätenperfusion, Sondenmessung, 3-765
Hypertherme intraperitoneale Chemotherapie [HIPEC], 8-546
Hyperthermie, 8-60
Hyperthermie, Computergestützte Planung, 8-604
Hyperthermie, Interstitiell und intrakavitär, im Rahmen einer onkologischen Therapie, 8-603
Hyperthermie, lokoregional, onkologische Therapie, 8-600
Hypopharynx, Biopsie, durch Inzision, 1-547
Hypopharynx, Endosonographie, 3-050
Hypophyse und Corpus pineale, Biopsie, durch Inzision, 1-514
Hypophyse, Andere Operationen, 5-076
Hypophyse, Biopsie, durch Inzision und Trepanation von Schädelknochen, 1-51
Hypophyse, Exzision und Resektion erkranktes Gewebe, 5-075
Hypophyse, Stereotaktische Biopsie, 1-515
Hypospadie, Plastische Rekonstruktion bei männlicher, 5-645
Hypothermie, 8-60
Hypothermiebehandlung, 8-607
Hysterektomie, Uterusexstirpation, 5-683
Hysterosalpingographie, 3-13h
Hysterosalpingoskopie, Diagnostisch, 1-673
Hysteroskopie, Diagnostisch, 1-672
Hysterotomie, Inzision des Uterus, 5-680
(Ileo-)Koloskopie durch Push-and-pull-back-Technik, 1-657
Immobilisation, mit Gipsverband, 8-31
Immunadsorption, 8-82
Immunadsorption, 8-821
Immunmodulatoren, Instillation, 8-541
Immuntherapie, 8-54
Immuntherapie, Andere, 8-547
immunzytochemische Detektion, Tumorzellen, 1-993
Implantation, alloplastischer Knochenersatz, 5-785
Implantation, Endoprothese Gelenke obere Extremität, 5-824
Implantation, Endoprothese Gelenke untere Extremität, 5-826
Implantation, Endoprothese Hüftgelenk, 5-820
Implantation, Endoprothese Kniegelenk, 5-822
Implantation, Herzschrittmacher und Defibrillator, 5-377
Implantation, herzunterstützendes System, offen chirurgisch, 5-376
Implantation, Hodenprothese, 5-628
Implantation, Katheterverweilsystem in Leberarterie und Pfortader (zur Chemotherapie), 5-506
Implantation, Knochenteilersatz und Knochentotalersatz, 5-828
Implantation, Stent-Prothesen, Endovaskulär, 5-38a
Implantation, Zahnes, Replantation, Transplantation, 5-235
Implantatversorgung, Rekonstruktion mit Gesichtsepithesen, 5-77a
implantierte Medikamentenpumpe zur Schmerztherapie, Wiederbefüllung, 8-91a
Indikation zur Transplantation, Medizinische Evaluation und Entscheidung über, 1-920
Infektiologisches Monitoring, 1-930
Infektion, multiresistente Erreger, Komplexbehandlung, 8-987
Infektion, schwer, Chirurgische Komplexbehandlung, 8-989
Infertilität, Behandlung, 9-27

Infertilität, weibliche, Andere Behandlung, 9-278
Infusion, Volumenersatzmittel bei Neugeborenen, 8-811
Infusion, Volumenersatzmittel, (Plasma-)bestandteile, 8-81
Inhalationsanästhesie, 8-901
Injektion, Beendigung der Schwangerschaft, Intraamnial, 5-750
Injektion, Medikament, andere periphere Nerven, zur Schmerztherapie, 8-915
Injektion, Medikament, extrakranielle Hirnnerven, zur Schmerztherapie, 8-913
Injektion, Medikament, Gelenke der Wirbelsäule, zur Schmerztherapie, 8-917
Injektion, Medikament, Nervenwurzeln und wirbelsäulennahe Nerven, zur Schmerztherapie, 8-914
Injektion, Medikament, sympathisches Nervensystem, zur Schmerztherapie, 8-916
Injektion, Therapeutisch, 8-02
Injektion, Therapeutisch, 8-020
Inkorporationsmessung, 3-76
Innenohr, Andere Exzisionen, 5-205
Innenohr, Andere Operationen, 5-20
Innenohr, Andere Operationen, 5-209
Innenohr, Inzision und Destruktion, 5-208
Innere Drainage des Pankreas, 5-523
Innere und kombinierte Wendung ohne und mit Extraktion, 5-732
Insemination, Künstliche, 9-270
Instillation, zytotoxisches Material und Immunmodulatoren, 8-541
Instrumentarium, patientenindividuell hergestellt, 5-98d
instrumentelle Entbindung, 5-72
instrumentelle Entbindung, Andere, 5-729
Insufflation der Tubae uterinae, 5-667
Integrierte klinisch-psychosomatisch-psychotherapeutische Komplexbehandlung, 9-642
Integrierte pädaudiologische Komplexbehandlung, 9-312
Integrierte phoniatrisch-psychosomatische Komplexb., Störungen Sprache, Sprechen, Stimme, Schlucken, Hören, 9-311
Intensivbehandlung, Erwachsene, 9-61
Patienten mit 1 Merkmal, 9-617
Patienten mit 2 Merkmalen, 9-618
Patienten mit 3 Merkmalen, 9-619
Patienten mit 4 Merkmalen, 9-61a
Patienten mit 5 und mehr Merkmalen, 9-61b
Intensivmedizinische Komplexbehandl. (Basisprozedur), 8-980
Intensivmedizinische Komplexbehandl. (Basisprozedur), aufwendig, 8-98f
Intensivmedizinische Komplexbehandlung, Kindesalter, 8-98d
Intensivmedizinische Komplexbehandlung, Sonstige multimodale Komplexbehandlung, 8-98
intensivmedizinische Überwachung und Behandlung, multimodal, bei neuromuskulären Erkrankungen, 8-97b
intensivmedizinische Überwachung und Behandlung, multimodal, bei zerebrovaskulären Vasospasmen, 8-97a
Intensivüberwachung, Intensivmedizinische Komplexbehandlung (Basisprozedur), 8-980
Intensivüberwachung, Sonstige multimodale Komplexbeh., 8-98
Interfaszikuläre Naht, Nerv und Nervenplexus, mit Transplantation und Transposition, 5-055
Interfaszikuläre Naht, Nerv und Nervenplexus, mit Transplantation, 5-049
Interfaszikuläre Naht, Nerv und Nervenplexus, mit Transposition, primär, 5-051
Interfaszikuläre Naht, Nerv und Nervenplexus, mit Transposition, sekundär, 5-053
Interfaszikuläre Naht, Nerv und Nervenplexus, primär, 5-045
Interfaszikuläre Naht, Nerv und Nervenplexus, sekundär, 5-047
Interne Harnableitung über den Darm, 5-567
Interposition, Aorta, Resektion und Ersatz, 5-384
Interposition, Blutgefäße, Resektion und Ersatz, 5-383
Interstitielle und intrakavitäre Hyperthermie, 8-603
Intestinoskopie, Diagnostische, 1-636

Intraabdominale Manipulation am Darm, 5-468
Intraabdominale Organe, andere, Biopsie, durch Inzision, 1-585
Intraamniale Injektion, Beendigung Schwangerschaft, 5-750
Intraaortale Ballonpumpe, Dauer der Behandlung mit einem herzunterstützenden System, 8-83a
Intrakapsuläre Extraktion der Linse, 5-143
Intrakranielle Blutgefäße, Anlegen eines Bypasses und Transposition, 5-027
Intrakranielle Blutgefäße, Inzision, Exzision, Destruktion und Verschluß, 5-025
Intrakranielle Blutgefäße, Rekonstruktion, 5-026
Intrakranielle Gefäße, Arteriographie, 3-600
Intrakranielle Gefäße, Phlebographie, 3-610
Intrakranielle Nerven, Mikrovaskuläre Dekompression, 5-018
Intrakranieller Hohlraum, Diagnostische Punktion und Aspiration, 1-841
Intrakranielles Gewebe, Biopsie, durch Inzision und Trepanation von Schädelknochen, 1-510
Intrakranielles Gewebe, Exzision und Destruktion von erkranktem, 5-015
Intrakranielles Gewebe, perkutane Biopsie, mit Steuerung durch bildgebende Verfahren, 1-401
Intrakranielles Gewebe, Stereotaktische Biopsie, 1-511
intraoperativ, Blutflussmessung in Gefäßen, 5-98e
intraoperativ, Diagnostische Endoskopie, 1-69
Intraoperativ, invasive Epilepsiediagnostik, 1-212
Intraoperatives neurophysiologisches Monitoring, 8-925
Intraperitonealer Embryo, Entfernung, 5-743
Intraspinale Blutgefäße, Operationen, 5-037
Intraspinales Gewebe, Biopsie, durch Inzision, 1-512
Intraspinales Gewebe, perkutane (Nadel-)Biopsie, 1-404
Intratubärer Gametentransfer (GIFT), Follikelpunktion und Ovumaspiration, 9-271
Intrauterine Operationen am Feten, Andere, 5-755
Intrauterine Therapie des Feten, 5-754
intrauteriner Fremdkörper, Entfernung, 5-691
Intravenöse Anästhesie, 8-900
Intubation mit Doppellumentubus, 8-704
Intubation, Einfache endotracheale, 8-701
Invasive Funktionsdiagnostik, Nervensystem, 1-203
Invasive intraoperative Epilepsiediagnostik, 1-212
Invasive Video-EEG-Intensivdiagnostik bei Epilepsie, 1-211
Invasive, intraoperative, Epilepsiediagnostik, 1-212
Invasives neurologisches Monitoring, 8-924
Inversio uteri, Manuelle postpartale Korrektur, 8-516
In-vitro-Bestimmung Genexpressionsprofil mittels RNA bei Zustand nach Transplantation, 1-994
In-vitro-Fertilisation (IVF) und Embryotransfer, 9-272
Inzision, Augenlid, 5-090
Inzision, äußeres Ohr, 5-180
Inzision, Bauchwand, 5-540
Inzision, Blutgefäße, 5-38
Inzision, Blutgefäße, Embolektomie und Thrombektomie, 5-380
Inzision, Blutgefäße, intrakraniell, 5-025
Inzision, Bronchus, 5-330
Inzision, Brustwand und Pleura, 5-340
Inzision, Darm, 5-450
Inzision, Drainage im Mund-, Kiefer- und Gesichtsbereich, Äußere, 5-270
Inzision, Drainage pharyngealer oder parapharyngealer Abszesses, Transoral, 5-280
Inzision, Dünn- und Dickdarm, 5-45
Inzision, Gaumen, 5-271
Inzision, Gehirn und Hirnhäute, 5-013
Inzision, Gesichtsschädelknochen, 5-770
Inzision, Harnblase, (erkranktes) Gewebe, transurethral, 5-573
Inzision, Haut und Unterhaut bei Verbrennungen und Verätzungen, 5-920
Inzision, Haut und Unterhaut, Andere, 5-892

Alphabetisches Register unter anatomisch-funktionellen Gesichtspunkten

Inzision, Hirnnerven und Ganglien, intrakranielle Anteile, 5-017
Inzision, Hoden, 5-620
Inzision, Innenohr, 5-208
Inzision, Knochen, septisch und aseptisch, 5-780
Inzision, Kornea, 5-121
Inzision, Larynx und andere Inzisionen, Trachea, 5-313
Inzision, Larynx, 5-313
Inzision, Leber, 5-500
Inzision, Liquorsystem, 5-022
Inzision, Lunge, 5-331
Inzision, Lymphknoten und Lymphgefäße, 5-400
Inzision, Magen, 5-43
Inzision, Magen, Andere, 5-439
Inzision, Mamma, 5-881
Inzision, Mediastinum, 5-341
Inzision, Milz, 5-412
Inzision, Mundhöhle, 5-273
Inzision, Muskel, Sehne und Faszie, 5-850
Inzision, Nase, 5-211
Inzision, Nerven, 5-040
Inzision, Ösophagus, 5-420
Inzision, Ovar, 5-650
Inzision, Pankreas, 5-520
Inzision, Perianalregion, Gewebe, 5-490
Inzision, periprostatisches Gewebe, 5-607
Inzision, perivesikales Gewebe, 5-591
Inzision, Prostata, 5-600
Inzision, Rektum, 5-480
Inzision, retroperitoneales Gewebe, 5-590
Inzision, Rückenmark und Rückenmarkhäute, 5-034
Inzision, Schädel, Gehirn und Hirnhäute, 5-01
Inzision, Schädelknochen, 5-012
Inzision, Schilddrüse, 5-060
Inzision, Sinus pilonidalis, 5-891
Inzision, Skrotum und Tunica vaginalis testis, 5-610
Inzision, Speicheldrüse, 5-260
Inzision, Speicheldrüsenausführungsgang, 5-260
Inzision, Spinalkanal, 5-033
Inzision, Trachea, andere, 5-313
Inzision, Tränendrüse, 5-080
Inzision, Tränensack und sonstige Tränenwege, 5-084
Inzision, Ureterostium, 5-561
Inzision, Urethra, Gewebe, Transurethrale, 5-585
Inzision, Uterus [Hysterotomie], 5-680
Inzision, Uterus, 5-68
Inzision, Uterus, Andere, 5-689
Inzision, Vagina, 5-701
Inzision, Vulva, 5-710
Inzision, Warzenfortsatz und Mittelohr, 5-202
Inzision, Wirbelsäule, 5-830
Inzision, Zahnfleisch und Osteotomie, Alveolar-kamm, 5-240
Inzision, Zunge, erkranktes Gewebe, 5-250
Iridektomie, Andere, 5-136
Iridotomie, 5-136
Iris, Andere Operationen, 5-137
Iris, Andere Operationen, 5-139
Iris, Exzision und Destruktion von erkranktem Gewebe, 5-135
Iris, Operationen, 5-13
Irrigation, Transanal, 8-126
Isolierte Extremitätenperfusion, 8-859
Isolierte Extremitätenperfusion, Sondenmessung, 3-765
IVF, In-vitro-Fertilisation, 9-272
Jejunoskopie, diagnostisch, 1-635
Jejunostomiekatheter, Wechsel und Entfernung, 8-124
Jugendpsychiatrie, 9-983
Kalkaneus, Offene Reposition einer Fraktur, 5-797
Kalotte, Schädeleröffnung über, 5-010
Kammerwasserzirkulation, Senkung Augeninnendruck durch Verbesserung, 5-133

Kanthus, Operationen, 5-092
Kanüle, Offen chirurgische Implantation und Entfernung, für die Anwendung eines extrakorporalen (herz- und) lungenunterstützenden Systems mit Gasaustausch, 5-37b
Kanüleneinlage, Andere Formen, 8-14
Kapselbandapparat, andere Gelenke, Offen chirurgische Refixation, 5-807
Kapselbandapparat, Kniegelenk, Arthroskopische Refixation und Plastik, 5-813
Kapselbandapparat, Kniegelenk, Offen chirurgische Refixation und Naht, 5-802
Kapselbandapparat, oberes Sprunggelenk, Offen chirurgische Refixation und Plastik, 5-806
Kapselbandapparat, Schultergelenk, Arthroskopische Refixation und Plastik, 5-814
Kapselbandapparat, Schultergelenk, Offen chirurgische Refixation und Plastik, 5-805
Kapselendoskopie, Dünndarm, 1-63a
Kapselendoskopie, Kolon, 1-656
Kapsulotomie der Linse, 5-142
Kardiale Reanimation, 8-771
Kardiales Mapping, 1-268
kardiologische Telemetrie, funkgesteuert, 8-933
Kardiopulmonale Reanimation, 8-771
Kardiorespiratorische Polygraphie, 1-791
Kardiorespiratorische Polysomnographie, 1-790
Kardiotomie, Perikardiotomie, 5-370
Kardioversion, Externe elektrische Defibrillation Herzrhythmus, 8-640
Katheter, A. pulmonalis, 8-832
Katheter, suprapubischer, Wechsel und Entfernung, 8-133
Katheter, zentralvenöse Gefäße, 8-831
kathetergestützt, elektrophysiologische Untersuchung Herz, 1-265
Katheterisierung, Andere therapeutische, 8-149
Katheterisierung, Andere therapeutische, Herz u. Blutgefäße, 8-839
Katheterisierung, therapeutisch, Andere Formen, 8-14
Katheterisierung, Therapeutisch, in Gefäße, 8-83
Katheteruntersuchung, diagnostisch, Herz und Kreislauf, 1-27
Katheteruntersuchung, Rechtsherz, 1-273
Katheteruntersuchung, transarteriell, Linksherz, 1-275
Katheteruntersuchung, transseptal, Linksherz, 1-274
Katheterverweilsystem, Leberarterie und Pfortader (zur Chemotherapie), Implantation, Wechsel und Entfernung, 5-506
Kavernosographie, 3-615
Keilbeinhöhle, Operation, 5-222
Keratoplastik, Kornea, Refraktiv, 5-126
Keratoprothetik, 5-125
Kiefer, Exzision odontogene pathologische Veränderung, 5-243
Kiefer, Operationen, 5-24
Kiefergelenk, Andere Operationen, 5-779
Kiefergelenk, Arthroplastik, 5-773
Kieferhöhle, Operationen, 5-221
Kieferknochen, Knochentransplantation und -transposition, 5-77b
Kiemengangsreste, Operationen, 5-291
Kinderpsychiatrie, 9-983
Kirschner-Draht, Extension durch Knochendrahtung, 8-401
Klammernahtgerät, 5-98c
Klappen, Herz und herznahe Gefäße, Operationen, 5-35
Klappenanomalien, Herz, Operationen bei kongenitalen, 5-358
Klassische Sectio caesarea, 5-740
Kleines Becken, weiblich, Exenteration [Eviszeration], 5-687
Kleinkinder, Sonographie, komplex differenzialdiagn., 3-033
Klinische Untersuchung in Allgemeinanästhesie, 1-100
Klitoris, Operationen, 5-71
Kniegelenk, arthroskopische Entfernung, Bandersatz, 5-815
Kniegelenk, Arthroskopische Refixation und Plastik am Kapselbandapparat, 5-813
Kniegelenk, arthroskopischer Wechsel, Bandersatz, 5-815

Kniegelenk, Implantation einer Endoprothese, 5-822
Kniegelenk, Offen chirurgische Bandplastik, 5-803
Kniegelenk, Offen chirurgische Refixation und Naht am Kapselbandapparat, 5-802
Kniegelenk, Revision, Wechsel u. Entf. Endoprothese, 5-823
Knochen, Andere Operationen, 5-789
Knochen, Biopsie ohne Inzision, mit Steuerung durch bildgebende Verfahren, 1-481
Knochen, Biopsie, durch Inzision, 1-50
Knochen, Biopsie, durch Inzision, 1-503
Knochen, Biopsie, ohne Inzision, 1-48
Knochen, Offene Reposition einfache Fraktur, 5-795
Knochen, Offene Reposition Mehrfragment-Fraktur, 5-796
Knochen, Operationen an anderen, 5-78
Knochen, Perkutane (Nadel-)Biopsie, 1-480
Knochen, septisch und aseptisch, Inzision, 5-780
Knochen, Shavertechnik zur Abtragung, bei Operationen an Nase, Nasennebenhöhlen und Gesichtsschädelknochen, 5-98f
Knochendichtemessung (alle Verfahren), 3-900
Knochendrahtung, Extension durch, (Kirschner-Draht), 8-401
Knochenersatz, Endoprothetisch, 5-82
Knochenersatz, Implantation von alloplastischem, 5-785
Knochenersatz, Wirbelsäule, 5-835
Knochenersatzmaterial, Art, 5-931
Knochengewebe, Exzision und Resektion von erkranktem, 5-782
Knochengewebe, Wirbelsäule, Exzision von erkranktem, 5-832
Knochengewebe, Wirbelsäule, Inzision von erkranktem, 5-830
Knochenmark, Andere Operationen, 5-418
Knochenmark, Biopsie ohne Inzision, 1-424
Knochenmark, Entnahme hämatopoetische Stammzellen zur Transplantation, 5-410
Knochenmark, Operationen, 5-41
Knochenmarktransplantation, Transplantation von hämatopoetischen Stammzellen, 5-411
Knochennagelung, Extension durch, (Steinmann-Nagel), 8-400
Knochenteilersatz, Implantation, Revision, Wechsel und Entfernung, 5-828
Knochentotalersatz, Implantation, Revision, Wechsel und Entfernung, 5-828
Knochentransplantates, Entnahme, 5-783
Knochentransplantation, 5-784
Knochentransplantation, Gesichtsschädelknochen, 5-77b
Knochentransplantation, Kieferknochen, 5-77b
Knochentransposition, 5-784
Knochentransposition, Gesichtsschädelknochen, 5-77b
Knochentransposition, Kieferknochen, 5-77b
Kohärenztomographie, 3-300
Kohlenstoffionentherapie, 8-52b
Kolektomie und Proktokolektomie, (Totale), 5-456
Kolon, Biopsie, durch Inzision, 1-556
Kolon, Endosonographie, 3-057
Kolon, Kapselendosonographie, 1-656
Kolonkontrastuntersuchung, 3-13a
Koloskopie, diagnostisch, 1-650
Koloskopie, (Ileo-), Push-and-pull-back-Technik, 1-657
Kolporrhaphie und Beckenbodenplastik, vaginal, 5-704
Kolposkopie, diagnostisch, 1-671
Komplexbehandlung, akuter Schlaganfall, neurologisch, 8-981
Komplexbehandlung, andere neurologische, ak. Schlaganf., 8-98b
Komplexbehandlung, anthroposophisch-medizinisch, 8-975
Komplexbehandlung, Besiedelung oder Infektion mit nicht multiresistenten isolationspflichtigen Erregern, 8-98g
Komplexbehandlung, chirurgisch, bei schwerem Inf., 8-989
Komplexbehandlung, Diabetes mellitus, multimodal, 8-984
Komplexbehandlung, frührehabilitativ, 8-55
Komplexbehandlung, integriert klinisch-psychosomatisch-psychotherapeutisch, 9-642
Komplexbehandlung, Integriert pädaudiologisch, 9-312
Komplexbehandlung, intensivmed., 8-980

Komplexbehandlung, intensivmed., aufwendig, 8-98f
Komplexbehandlung, intensivmedizinisch, im Kindesalter, 8-98d
Komplexbehandlung, Liaisondienst, psychotherapeutisch, multimodal, 9-412
Komplexbehandlung, multimodal, kinder- und jugendrheumatologisch, 8-986
Komplexbehandlung, multimodal, 8-97
Komplexbehandlung, multimodal, Morbus Parkinson, 8-97d
Komplexbehandlung, multimodal, Sonstige, 8-98
Komplexbehandlung, multiresistente Erreger [MRE]; Besiedelung oder Infektion, 8-987
Komplexbehandlung, naturheilkundlich, 8-975
Komplexbehandlung, organische und funktionelle Störungen Sprache, Sprechen, Stimme, Schlucken, phoniatrisch, 9-310
Komplexbehandlung, palliativmed., 8-982
Komplexbehandlung, palliativmed., durch Palliativdienst 8-98h
Komplexbehandlung, palliativmed., spezialisiert, stationär 8-98e
Komplexbehandlung, präventiv familienzentriert multimodal bei Frühgeborenen, Neugeborenen und Säuglingen, 9-502
Komplexbehandlung, Querschnittlähmung, 8-976
Komplexbehandlung, rheumatologisch, multimodal, 8-983
Komplexbehandlung, speziell, Hand, 8-988
Komplexbehandlung, Störungen Sprache, Sprechen, Schlucken, Stimme, Hören, integriert phoniatrisch-psychosomatisch, 9-311
Komplexe Akutschmerzbehandlung, 8-919
Komplexe Diagnostik, 1-94
Komplexe Diagnostik, Spina bifida, 1-209
Komplexe Diagnostik, Verdacht auf Lungenerkrankungen bei Kindern und Jugendlichen, 1-942
Komplexe endokrinologische Funktionsuntersuchung, 1-797
Kongenitale Anomalien, Andere Operationen am Herzen, 5-359
Kongenitale Anomalien, Bewegungsapparat, Operationen bei anderen, 5-868
Kongenitale Anomalien, Fuß, Operationen, 5-867
Kongenitale Anomalien, Hand, Operationen, 5-848
Kongenitale Bauchwanddefekte, Verschluß, 5-537
Kongenitale Gefäßanomalien, Operationen, 5-357
Kongenitale Klappenanomalien, Herz, Operationen, 5-358
Kongenitale ösophagotrachealen Fistel, Versorgung, 5-428
Konisation der Cervix uteri, 5-671
Konjunktiva und Kornea, Biopsie ohne Inzision, 1-413
Konjunktiva, Andere Operationen, 5-119
Konjunktiva, Exzision und Destruktion von Gewebe, 5-112
Konjunktiva, Lösung von Adhäsionen, 5-114
Konjunktiva, Naht, 5-115
Konjunktiva, Operationen, 5-11
Konjunktiva, Operative Entfernung eines Fremdkörpers, 5-110
Konjunktivaplastik, 5-113
Konservierung von Organtransplantaten, Art, 5-939
Konstruktion, äußerer Gehörgang, 5-185
Konstruktion, Fixations- und Behandlungshilfen bei Strahlentherapie, 8-527
Konstruktion, Vagina, 5-705
Konstruktion, Vulva, 5-716
Kontrastmittel, Computertomographie (CT), 3-22
Kontrolle von Blutungen durch Tamponaden, 8-50
Konversion, Herzrhythmus, elektrisch, 8-640
Kopf-Hals-Tumore, Frührehabilitationsassessment, 1-775
Kopf-Hals-Tumore, Frührehabilitative Komplexbeh., 8-553
Kornea und Konjunktiva, Biopsie ohne Inzision, 1-413
Kornea, Andere Operationen, 5-129
Kornea, Exzision und Destruktion von Gewebe, 5-123
Kornea, Inzision, 5-121
Kornea, Naht, 5-124
Kornea, Operationen, 5-12
Kornea, Operative Entfernung eines Fremdkörpers, 5-120
Kornea, Refraktive Keratoplastik und and. Rekonstruktion, 5-126
Koronararterien, Desobliteration (Endarteriektomie), 5-360
Koronargefäße, Andere Operationen, 5-369

Alphabetisches Register unter anatomisch-funktionellen Gesichtspunkten

Koronargefäße, Anwendung mechanisches Anastomosensystem bei Operationen, 5-364
Koronargefäße, Operationen, 5-36
Koronargefäße, Perkutan-transluminale Gefäßintervention, 8-837
Koronargefäße, Perkutan-transluminale Gefäßintervention, andere, Herz und Koronargefäße, 8-837
Körper, PET/CT, ganzer Körper, 3-753
Körperstamm, PET/CT, gesamter Körperstamm, 3-752
Körperstamm, PET/CT, und Kopf, 3-754
Korporal, Sectio caesarea, 5-741
Korrektur abstehender Ohren, plastisch, 5-184
Korrektur, Forcierte, von Adhäsionen und Deformitäten, 8-21
Korrektur, Herzschrittmacher und Defibrillator, 5-378
Korrektur, Manuelle postpartale, einer Inversio uteri, 8-516
Korrekturoperation bei Blepharoptosis, 5-094
Korrekturoperation bei Entropium und Ektropium, 5-093
Korrekturosteotomie, 5-781
Kraniektomie, Schädelknochen, 5-012
Kranioplastik, 5-020
Kraniotomie, Schädelknochen, 5-012
kraniozervikaler Übergang, Zugang, 5-030
Kreiselpumpe, Dauer der Behandlung mit herzunterstützendem System, 8-83a
Kreislauf, Monitoring, 8-93
Kriseninterventionelle Behandlung, 9-641
Kryptorchismus, Exploration bei, 5-625
Kuldoskopie, Diagnostische Endoskopie Douglasraum, 1-696
Kuldotomie, 5-700
Künstliche Fruchtblasensprengung [Amniotomie], 5-730
Künstliche Insemination, 9-270
Kürettage [Abrasio uteri], therapeutisch, 5-690
Kürettage zur Beendigung der Schwangerschaft, 5-751
Kurzzeitbehandlung, schmerztherapeutisch, multimodal, 8-91b
Kutane Harnableitung durch Ureterokutaneostomie, 5-564
Kutane Harnableitung mit Darminterponat, 5-565
Kutane Harnableitung, mit Darmreservoir, 5-566
Kyphose, 5-837
Labrum acetabulare, Arthroskopische Operation, 5-816
Lagerungsbehandlung, 8-39
Laparoschisis, Verschluß kongenitaler Bauchwanddefekte, 5-537
Laparoskopie, diagnostisch, (Peritoneoskopie), 1-694
Laparoskopische Sonographie, Bauchhöhle, 3-059
Laparotomie und Eröffnung des Retroperitoneums, 5-541
Lappen an Muskeln und Faszien, Plast. Rekonstruktion, 5-857
Lappenplastik, Haut und Unterhaut, bei Verbrennungen und Verätzungen, Empfängerstelle, 5-925
Lappenplastik, Haut und Unterhaut, bei Verbrennungen und Verätzungen, Entnahmestelle, 5-924
Lappenplastik, Haut und Unterhaut, bei Verbrennungen und Verätzungen, lokal, 5-926
Lappenplastik, Haut und Unterhaut, Empfängerstelle, 5-905
Lappenplastik, Haut und Unterhaut, Entnahmestelle, 5-904
Lappenplastik, Haut und Unterhaut, lokal, 5-903
Laryngektomie, 5-303
Laryngektomie, Andere partielle, 5-302
Laryngoskopie, Diagnostische, 1-610
Larynx, Andere Operationen, 5-319
Larynx, Andere partielle Laryngektomie, 5-302
Larynx, Biopsie ohne Inzision, 1-421
Larynx, Biopsie, durch Inzision, 1-549
Larynx, Exzision und Destruktion erkranktes Gewebe, 5-300
Larynx, Exzision und Resektion, 5-30
Larynx, Inzision, 5-313
Larynx, Mund, Mundhöhle, Pharynx und blutbildenden Organen, Biopsie ohne Inzision, 1-42
Larynx, Rekonstruktion, 5-315
Larynx, Operationen, andere, 5-31
Larynxverengende Eingriffe, 5-310
laserbasierte Verfahren, optisch, 3-30

Laserscanning, 3D-Oberflächenvermessung, 3-302
Lasertechnik, 5-985
Laterale Mittelgesichtsfraktur, Reposition, 5-760
Lavage, Spülung, 8-17
Lavage, Therapeutische Spülung, Auge, 8-170
Lavage, Therapeutische Spülung, Lunge, 8-173
Lavage, Therapeutische Spülung, Nasennebenhöhlen, 8-172
Lavage, Therapeutische Spülung, Ohr, 8-171
LDL-Apherese, 8-822
Leber (atypische Leberresektion), Lokale Exzision und Destruktion von erkranktem Gewebe, 5-501
Leber, Andere Operationen, 5-509
Leber, Biopsie, durch Inzision, 1-551
Leber, Diagnostische perkutane Punktion und Aspiration, 1-845
Leber, Inzision, 5-500
Leber, Magnetresonanztomographie, 3-846
Leber, Operationen, 5-50
Leber, Rekonstruktion, 5-505
Leberarterie, Implantation, Wechsel und Entfernung eines Katheterverweilsystems, zur Chemotherapie, 5-506
Leberdialyse, Extrakorporale Leberersatztherapie, 8-858
Leberersatztherapie, Extrakorporale, [Leberdialyse], 8-858
Leberfunktionstest, mit intravenöser Applikation eines C13-markierten Substrates, 1-762
Leberresektion, Anatomische (typische), 5-502
Leberresektion, Lokale Exzision und Destruktion von erkranktem Gewebe der Leber, atypische, 5-501
Leberteilresektion und Hepatektomie (zur Transplantation), 5-503
Lebertransplantation, 5-504
Lendenwirbelsäule, Extension, 8-412
Lendenwirbelsäule, Zugang, 5-032
Lenograstim, parenteral, 8-01§
Leukämie, Komplexe Diagnostik, 1-941
Leukozyten, Transfusion, 8-802
Liaisondienst, Multimodale psychotherap. Komplexbeh., 9-412
Lichttherapie, 8-560
Lidverlängerung, Vertikale, 5-098
Ligamente des Uterus, Ovar und Tuba(e) uterina(e), Biopsie, durch Inzision, 1-570
Ligatur und Resektion des Ductus deferens, Destruktion, 5-636
Ligatur und Teilverschluß der Vena cava, 5-387
Linksherz-Katheteruntersuchung, transarteriell, 1-275
Linksherz-Katheteruntersuchung, transseptal, 1-274
Links-Rechts-Shunt, Shuntoperationen zwischen großem und kleinem Kreislauf, 5-390
Linse, alloplastisch, Einführung und Wechsel, 5-146
Linse, Andere Operationen, 5-149
Linse, Extrakapsuläre Extraktion, 5-144
Linse, Intrakapsuläre Extraktion, 5-143
Linse, Kapsulotomie, 5-142
Linse, Operationen, 5-14
Linse, Revision und Entfernung einer alloplastischen, 5-147
Linsenextraktionen, Andere, 5-145
Lippe und Mundwinkel, Plastische Operation, 5-908
Lippen-Kieferspalte, Plastische Rekonstruktion, 5-276
Lippenspalte, Plastische Rekonstruktion, 5-276
Liquorableitungen, Revision und Entfernung, 5-024
Liquorräumen, Szintigraphie, 3-700
Liquorshuntes [Shunt-Implantation], Anlegen, 5-023
Liquorsystem, Inzision, 5-022
Liquorsystem, Operationen am spinalen, 5-038
Liquorsystem, Untersuchung, 1-204
Lobektomie und Bilobektomie der Lunge, Einfache, 5-324
Lobektomie, der Lunge, erweitert, 5-325
Lokale Exzision und Destruktion, Dickdarm, 5-452
Lokale Exzision und Destruktion, Dünndarm, 5-451
Lokale Exzision und Destruktion, Leber, 5-501
Lokale Exzision und Destruktion, Magen, 5-433
Lokale Exzision und Destruktion, Ösophagus, 5-422

Lokale Exzision, Ovarialgewebe, 5-651
Lokale Exzision, Pankreas, 5-521
Lokale Exzision, Penis, 5-641
Lokale Exzision, Vagina und Douglasraum, 5-702
Lokale Exzision, Haut und Unterhaut, 5-894
Lokale Lappenplastik, Haut und Unterhaut, 5-903
Lokale Lappenplastik, Haut und Unterhaut, bei Verbrennungen und Verätzungen, 5-926
Lokalisationsdiagnostik, Ganzkörper-Szintigraphie, 3-70c
Lokoregionale Hyperthermie, Rahmen einer onkologischen Therapie, 8-600
Lunge, Adhäsiolyse, 5-333
Lunge, Andere Exzisionen, 5-329
Lunge, Andere Operationen, 5-33
Lunge, Einfache Lobektomie und Bilobektomie, 5-324
Lunge, Erweiterte Lobektomie und Bilobektomie, 5-325
Lunge, Exzision und Resektion, 5-32
Lunge, Inzision, 5-331
Lunge, Rekonstruktion, 5-334
Lunge, Segmentresektion, 5-323
Lunge, Single-Photon-Emissionscomputertomographie, 3-722
Lunge, Single-Photon-Emissionscomputertomographie, mit Computertomographie, 3-732
Lunge, Szintigraphie, 3-703
Lunge, Therapeutische Spülung (Lavage), 8-173
Lungenerkrankungen, Komplexe Diagnostik bei Verdacht auf Lungenerkrankungen bei Kindern und Jugendlichen, 1-943
Lungenresektion, Atypische, 5-322
Lungentransplantation, 5-335
Luxation, Reposition, 5-79
Lymphadenektomie, radikal (systematisch), im Rahmen anderer Operation, 5-407
Lymphadenektomie, Radikale zervikale, 5-403
Lymphadenektomie, regional, im Rahmen einer anderen Operation, 5-406
Lymphadenektomie, selbständiger Eingriff, Radikale (systematische), 5-404
Lymphadenektomie, selbständiger Eingriff, regional, 5-402
Lymphgefäße, Exzision einzelner, 5-401
Lymphgefäße, Inzision, 5-400
Lymphgefäßsystem, Andere Operationen, 5-408
Lymphgewebe, Operationen, 5-40
Lymphknoten, Biopsie, durch Inzision, 1-586
Lymphknoten, Exzision einzelner, 5-401
Lymphknoten, Inzision, 5-400
Lymphknoten, perkutane (Nadel)Biopsie, 1-425
Lymphknoten, perkutane Biopsie, mit Steuerung durch bildgebende Verfahren, 1-426
Lymphknoten, Regionale Lymphadenektomie im Rahmen einer anderen Operation, 5-406
Lymphographie, 3-62
Lymphographie, Andere, 3-62-
Lymphographie, Extremität, eine, 3-620
Lymphographie, Extremitäten, zwei, 3-621
Lymphsystems, Szintigraphie, 3-709
Magen, Andere Inzision, Exzision und Resektion, 5-439
Magen, Andere Operationen, 5-44, 5-449
Magen, Andere Rekonstruktion, 5-448
Magen, Biopsie, durch Inzision, 1-554
Magen, Endosonographie, 3-053
Magen, Inzision, Exzision und Resektion, 5-43
Magen, Lokale Exzision und Destruktion von erkranktem Gewebe, 5-433
Magen, pH-Metrie, 1-317
Magenballon, endoskopisches Einlegen und Entfernung, 8-127
Magen-Darm-Passage, Projektionsradiographie, 3-13b
Magenresektion (2/3-Resektion), partiell, 5-435
Magenresektion (4/5-Resektion), subtotal, 5-436
Magenresektion, atypische partiell, 5-434

Magenresektion, Revision nach, 5-447
Magenspülung, 8-120
Magnetenzephalographie (MEG), 1-20b
magnetische Nanopartikel, Thermotherapie, 8-651
Magnetokardiographie, 1-269
Magnetresonanz-Arthrographie, 3-844
Magnetresonanz-Cholangiopankreatikographie [MRCP], 3-843
Magnetresonanz-Elastographie, 3-845
magnetresonanz-gesteuerter fokussierter Ultraschall, 8-660
Magnetresonanz-Myelographie, 3-841
Magnetresonanz-Sialographie, 3-842
Magnetresonanz-Spezialverfahren, andere, 3-84x
Magnetresonanztomographie, Abdomen, mit Kontrastm., 3-825
Magnetresonanztomographie, Abdomen, Nativ, 3-804
Magnetresonanztomographie, Andere native, 3-80x
Magnetresonanztomographie, Andere, mit Kontrastmittel, 3-82-
Magnetresonanztomographie, Becken, mit Kontrastmittel, 3-82a
Magnetresonanztomographie, Becken, nativ, 3-805
Magnetresonanztomographie, Fetus, mit Kontrastmittel, 3-82b
Magnetresonanztomographie, Fetus, nativ, 3-80b
Magnetresonanztomographie, Hals, mit Kontrastmittel, 3-821
Magnetresonanztomographie, Hals, nativ, 3-801
Magnetresonanztomographie, Herz, mit Kontrastmittel, 3-824
Magnetresonanztomographie, Herz, nativ, 3-803
Magnetresonanztomographie, Leber, 3-846
Magnetresonanztomographie, Mamma, mit Kontrastmittel, 3-827
Magnetresonanztomographie, Mamma, nativ, 3-807
Magnetresonanztomographie, mit Kontrastmittel, 3-82
Magnetresonanztomographie, Muskel-Skelettsystem, mit Kontrastmittel, 3-826
Magnetresonanztomographie, Muskel-Skelettsystem, nativ
Magnetresonanztomographie, nativ, 3-80
Magnetresonanztomographie, periphere Gefäße, mit Kontrastmittel, 3-828
Magnetresonanztomographie, periphere Gefäße, nativ, 3-808
Magnetresonanztomographie, Rückenmark, m. Kontrastm., 3-823
Magnetresonanztomographie, Rückenmark, nativ, 3-802
Magnetresonanztomographie, Schädel, mit Kontrastmittel, 3-820
Magnetresonanztomographie, Schädel, nativ, 3-800
Magnetresonanztomographie, Thorax, mit Kontrastmittel, 3-822
Magnetresonanztomographie, Thorax, nativ, 3-809
Magnetresonanztomographie, Wirbelsäule, mit Kontrastm., 3-823
Magnetresonanztomographie, Wirbelsäule, nativ, 3-802
Magnetresonanz-Ventrikulographie, 3-840
Magnetstimulation, navigiert transkraniell (nTMS), 1-20c
Magnetstimulation, repetitiv transkraniell [rTMS], 8-632
Mamma, Andere Operationen, 5-88
Mamma, Andere Operationen, 5-889
Mamma, Andere plastische Rekonstruktion, 5-886
Mamma, Biopsie, durch Inzision, 1-50
Mamma, Exzision und Resektion, 5-87
Mamma, Inzision, 5-881
Mamma, Magnetresonanztomographie, mit Kontrastmittel, 3-827
Mamma, Magnetresonanztomographie, nativ, 3-807
Mamma, Partielle (brusterhaltende) Exzision, 5-870
Mamma, Plastische Operationen zur Vergrößerung, 5-883
Mamma, Plastische Rekonstruktion, mit Haut- und Muskeltransplantation, 5-885
Mamma-PE, Biopsie der Mamma durch Inzision, 1-501
Mammareduktionsplastik, 5-884
Mammographie, 3-100
Mandibula, Partielle und totale Resektion, 5-772
Mandibula, Plastische Rekonstruktion und Augmentation, 5-775
Manipulation, Darm, intraabdominal, 5-468
Manipulation, Fetus oder Uterus, während der Gravidität oder direkt postpartal, 8-51
Manipulation, Fetus, vor der Geburt, 8-510
Manipulation, Harntrakt, 8-13
Manipulationen, Harnblase, 8-132

Alphabetisches Register unter anatomisch-funktionellen Gesichtspunkten

Manipulationen, Harntrakt, Andere, 8-139
Manipulationen, Verdauungstrakt, 8-12
Männliche Epispadie, plastische Rekonstruktion, 5-644
Männliche Geschlechtsorgane, Biopsie durch Inzision, 1-56
Männliche Geschlechtsorgane, Biopsie ohne Inzision, 1-46
Männliche Geschlechtsorgane, Diagnostische perkutane Punktion und Aspiration, 1-847
Männliche Geschlechtsorgane, Endosonographie, 3-05c
Männliche Geschlechtsorgane, perkutane (Nadel-)Biopsie, 1-463
Männliche Geschlechtsorgane, perkutane Biopsie mit Steuerung durch bildgebende Verfahren, 1-465
Männliche Geschlechtsorgane, therapeutische perkutane Punktion, 8-156
Männliche Geschlechtsorgane, transrektale Biopsie, 1-464
Männliche Hypospadie, plastische Rekonstruktion, 5-645
Männliches Perineum, Biopsie durch Inzision, 1-566
Manometrie, anorektal, 1-315
Manometrie, Gallen- und Pankreasgänge, 1-314
Manualhilfe, Partust, 8-515
Manuelle postpartale Korrektur, Inversio uteri, 8-516
Mapping, kardiales, 1-268
Marsupialisation, Pankreaszyste, 5-522
Maschinelle Beatmung, Anlegen einer Maske, 8-706
Maschinelle Beatmung, Erwachsene, 8-713
Maschinelle Beatmung, Kinder und Jugendliche, 8-712
Maschinelle Beatmung, häusliche Einstellung, 8-716
Maschinelle Beatmung, Maske oder Tubus, 8-71
Maschinelle Beatmung, Neugeborene, 8-711
Maschinelle Beatmung, Spezialverfahren bei schwerem Atemversagen, 8-714
Maske oder Tubus, maschinelle Beatmung, 8-71
Maske, Anlegen zur maschinellen Beatmung, 8-706
Maßnahmen, ablativ, bei Herzrhythmusstörungen, 8-835
Maßnahmen, andere ergänzende, 9-99
Maßnahmen, ergänzende kommunikative, 9-51
Maßnahmen, geburtsbegleitend, 9-2
Maßnahmen, Reanimation, 8-77
Mastektomie, erweitert, und Thoraxwandteilresektion, 5-874
Mastektomie, modifiziert radikal, 5-872
Mastektomie, subkutan, 5-877
Mastektomieverfahren, hautsparend, 5-877
Mastoidektomie, 5-203
Materialien, Art des verwendeten Materials für Geweberersatz und Gewebeverstärkung, 5-932
Materialien, Zusatzinformationen, 8-83b
Maxilla, plastische Rekonstruktion und Augmentation, 5-774
Meatotomie, Urethra, plastisch, 5-581
Mediastinoskopie, diagnostisch, 1-691
Mediastinum, Biopsie durch Inzision, 1-581
Mediastinum, Exzision und Destruktion erkranktes Gewebe, 5-342
Mediastinum, Inzision, 5-341
Mediastinum, Operationen, 5-34
Medikamente, 8-01
Medikamente, Applikation über das Gefäßsystem bei Neugeborenen, 8-010
Medikamentenpumpe, Intrathekale und intraventrikuläre Applikation von Medikamenten, 8-011
Medikamentenpumpe, zur Schmerztherapie, 8-91a
Medizinische Evaluation zur Transplantation, 1-92
Medizinische Evaluation zur Transplantation, 1-920
Mehrfachfraktur, Reposition anderer kombinierter Mittelgesichtsfrakturen, 5-763
Mehrfachverletzung, Versorgung, 5-981
Mehrfragment-Fraktur, Gelenkbereich lange Röhrenknochen, offene Reposition, 5-794
Mehrfragment-Fraktur, kleine Knochen, offene Reposition, 5-796
Mehrfragment-Fraktur, Schaftbereich lange Röhrenknochen, offene Reposition, 5-792
Membran, zur Prophylaxe von Adhäsionen, 5-933
Membranoxygenation, extrakorporal (ECMO), 8-852
Menisken, arthroskopische Operation, Gelenkknorpel, 5-812
Menisken, offen chirurgische Operation, Gelenkknorpel, 5-801
Metabolische Funktionsuntersuchung, 1-76
Metatarsale und Phalangen des Fußes, Operationen, 5-788
mikrobiologisches Monitoring, 1-930
Mikrochirurgische Operationen am Mittelohr, Andere, 5-199
Mikrochirurgische Operationen, Mittelohr, 5-19
Mikrochirurgische Technik, 5-984
Mikrochirurgische Versorgung, Adhäsiolyse an Ovar und Tuba uterina, 5-658
Mikroskopie, konfokal, 3-301
Mikrovaskuläre Anastomosierung, Muskel, Sehne, Faszie, 5-858
Mikrovaskuläre Dekompression, intrakranielle Nerven, 5-018
Miktionszystourethrographie, 3-13e
Milchgänge, diagnostische Endoskopie, 1-682
Milz und Knochenmark, Operationen, 5-41
Milz, andere Operationen, 5-419
Milz, Inzision, 5-412
Milz, perkutane (Nadel-)Biopsie, 1-425
Milz, perkutane Biopsie, Steuerung d. bildgebende Verf., 1-426
Minimalassessment, geriatrisch, 1-770
Minimalinvasive Operation, Herzklappe, 5-35a
Minimalinvasive Technik, 5-986
Minimalinvasive Technik, Anlegen aortokoronarer Bypass, 5-362
Mißlungene vaginale operative Entbindung, 5-733
Mittelgesicht, Osteotomie zur Verlagerung, 5-777
Mittelgesichtsfraktur, Reposition einer lateralen, 5-760
Mittelgesichtsfraktur, Reposition einer zentralen, 5-761
Mittelgesichtsfraktur, Reposition einer zentrolateralen, 5-762
Mittelgesichtsfrakturen (Mehrfachfraktur), Reposition anderer kombinierter, 5-763
Mittelgradig komplexe und intensive Blockchemotherapie, 8-543
Mittelohr, andere Exzisionen, 5-205
Mittelohr, andere mikrochirurgische Operationen, 5-199
Mittelohr, Andere Operationen, 5-20
Mittelohr, andere Operationen, 5-209
Mittelohr, Inzision, 5-202
Mittelohr, mikrochirurgische Operationen, 5-19
Mittelohr, Rekonstruktion, 5-204
Molekulares Monitoring der Resttumorlast [MRD], 1-991
Monitoring, Atmung, Herz und Kreislauf, 8-93
Monitoring, Atmung, Herz und Kreislauf, mit Messung Pulmonalarteriendruck, 8-932
Monitoring, Atmung, Herz und Kreislauf, mit Messung zentraler Venendruck, 8-931
Monitoring, Atmung, Herz und Kreislauf, ohne Messung Pulmonalarteriendruck und zentraler Venendruck, 8-930
Monitoring, EEG- (mindestens 2 Kanäle) für mehr als 24 h, 8-920
Monitoring, hirnvenöse Sauerstoffsättigung, 8-923
Monitoring, infektiologisch, 1-930
Monitoring, mikrobiologisch, 1-930
Monitoring, mittels evozierter Potentiale, 8-921
Monitoring, molekular, Resttumorlast [MRD], 1-991
Monitoring, neurologisch, 8-92
Monitoring, neurologisch, invasiv, 8-924
Monitoring, neurophysiologisch, intraoperativ, 8-925
Morbus Parkinson, Behandlung in der Spätphase mit Arzneimittelpumpen, 8-97e
Morbus Parkinson, multimodale Komplexbehandlung, 8-97d
Motivationsbehandlung Abhängigkeitskranker, 8-985
Moulagen, radioaktive, 8-526
MRT, Magnetresonanztomographie, mit Kontrastmittel, 3-82
MRT, Magnetresonanztomographie, nativ, 3-80
MRT-fähiger Herzschrittmacher, 5-934
Multimodale intensivmedizinische Überwachung und Behandlung bei neuromuskulären Erkrankungen, 8-97b
Multimodale intensivmedizinische Überwachung und Behandlung bei zerebrovaskulären Vasospasmen, 8-97a

Alphabetisches Register unter anatomisch-funktionellen Gesichtspunkten

Multimodale Komplexbehandlung, 8-97
Multimodale Komplexbehandlung, Diabetes mellitus, 8-984
Multimodale Komplexbehandlung, kinder- und jugendrheumatologisch, 8-986
Multimodale Komplexbehandlung, Morbus Parkinson, 8-97d
Multimodale Komplexbehandlung, präventiv familienzentriert, Frühgeborene, Neugeborene, Säuglinge, 9-502
Multimodale Komplexbehandlung, psychotherapeutisch, im Liaisondienst, 9-412
Multimodale Komplexbehandlung, rheumatologisch, 8-983
Multimodale Komplexbehandlung, Sonstige, 8-98
Multimodale Kurzzeitbehandlung, schmerztherapeutisch, 8-91b
Multimodale Schmerztherapie, 8-918
Multimodale Schmerztherapie, teilstationär, 8-91c
Multimodale stationäre Behandlung Tabakentwöhnung, 9-501
Multipler Schlaflatenztest (MSLT), 1-795
multipler Wachbleibetest (MWT), 1-795
multiresistente Erreger [MRE], Komplexbehandlung, 8-987
Mund, andere Operationen, 5-27
Mund, Andere Operationen, 5-279
Mund, Biopsie an anderen Strukturen durch Inzision, 1-545
Mund, Biopsie durch Inzision, 1-54
Mund, Biopsie ohne Inzision, 1-420
Mundbereich, äußere Inzision und Drainage, 5-270
Mundbodenplastik, 5-274
Mundbodens mit plastischer Rekonstruktion, Resektion, 5-277
Mundhöhle, Biopsie an anderen Strukturen durch Inzision, 1-545
Mundhöhle, Biopsie durch Inzision, 1-54
Mundhöhle, Biopsie ohne Inzision, 1-42
Mundhöhle, Biopsie ohne Inzision, 1-420
Mundhöhle, Endosonographie, 3-050
Mundhöhle, Inzision, Exzision und Destruktion, 5-273
Mundwinkel, plastische Operation an Lippe, 5-908
Muskel Weichteilen, Biopsie durch Inzision, 1-502
Muskel, Andere Operationen, 5-859
Muskel, Biopsie durch Inzision, 1-50
Muskel, Durchtrennung, 5-851
Muskel, Exzision, 5-852
Muskel, Hand, Operationen, 5-843
Muskel, Inzision, 5-850
Muskel, mikrovaskuläre Anastomosierung, Entnahme und Transplantation, 5-858
Muskel, Operationen, 5-85
Muskel, perkutane (Nadel-)Biopsie, 1-491
Muskel, perkutane Biopsie mit Steuerung durch bildgebende Verfahren, 1-492
Muskel, plastische Rekonstruktion mit lokalen Lappen, 5-857
Muskel, Rekonstruktion, 5-853
Muskel, Verbrennungen, Verätzungen, Wunddebridement, 5-922
Muskel-Skelett-System, Computertomographie mit Kontrastmittel, 3-227
Muskel-Skelettsystem, Magnetresonanztomographie mit Kontrastmittel, 3-826
Muskel-Skelettsystem, native Computertomographie, 3-205
Muskel-Skelettsystem, native Magnetresonanztomogr., 3-806
Muskel-Skelettsystem, Szintigraphie, 3-705
Muskeltransplantation, plastische Rekonstruktion der Mamma mit Haut, 5-885
Mutter/Vater-Kind-Setting, Psychiatrisch-psychotherapeutische Behandlung, 9-643
Myelographie, 3-130
Myopexie, Chirurgie der Abrollstrecke (Faden-Operation), 5-10c
Myringoplastik [Tympanoplastik Typ I], 5-194
Myringotomie, Parazentese, 5-200
Nagelorgan, Operationen, 5-898
Nahrung und Medikamenten, 8-01
Naht, Augenlid, 5-095
Naht, Blutgefäße, 5-388
Naht, Episiotomie, 5-738

Naht, Kapselbandapparat Kniegelenk, offen chirurgische Refixation, 5-802
Naht, Konjunktiva, 5-115
Naht, Kornea, 5-124
Naht, Nerven und Nervenplexus, mit Transplantation und Transposition, epineural, 5-054
Naht, Nerven und Nervenplexus, mit Transplantation und Transposition, interfaszikulär, 5-055
Naht, Nerven und Nervenplexus, mit Transplantation, epineural, 5-048
Naht, Nerven und Nervenplexus, mit Transplantation, interfaszikulär, 5-049
Naht, Nerven und Nervenplexus, mit Transposition, primär, epineural, 5-050
Naht, Nerven und Nervenplexus, mit Transposition, primär, interfaszikulär, 5-051
Naht, Nerven und Nervenplexus, mit Transposition, sekundär, epineural, 5-052
Naht, Nerven und Nervenplexus, mit Transposition, sekundär, interfaszikulär, 5-053
Naht, Nerven und Nervenplexus, primär, epineural, 5-044
Naht, Nerven und Nervenplexus, primär, interfaszikulär, 5-045
Naht, Nerven und Nervenplexus, sekundär, epineural, 5-046
Naht, Nerven und Nervenplexus, sekundär, interfaszikulär, 5-047
Naht, Sehnen und Sehnenscheide, andere Operationen, 5-855
Narbenhernie, Verschluß, 5-536
Nase, andere Operationen, 5-219
Nase, andere Teilen, Biopsie durch Inzision, 1-539
Nase, Biopsie durch Inzision, 1-53
Nase, Biopsie ohne Inzision, 1-41
Nase, Biopsie ohne Inzision, 1-414
Nase, Exzision und Destruktion von erkranktem Gewebe, 5-212
Nase, Inzision, 5-211
Nase, Operationen, 5-21
Nase, plastische Rekonstruktion der äußeren, 5-217
Nase, plastische Rekonstruktion, innere und äußere, 5-218
Nase, Resektion, 5-213
Nase, Shavertechnik, Weichteil- und Knochenabtragung bei Operationen, 5-98f
Nasenblutung, operative Behandlung, 5-210
Nasenblutung, Tamponade, 8-500
Nasenfraktur, Reposition, 5-216
Naseninnenraum, Biopsie durch Inzision, 1-537
Nasenmuschel, Operationen an der unteren, 5-215
Nasennebenhöhlen, andere Operationen, 5-229
Nasennebenhöhlen, Biopsie durch Inzision, 1-538
Nasennebenhöhlen, Operationen an mehreren, 5-224
Nasennebenhöhlen, Operationen, 5-22
Nasennebenhöhlen, plastische Rekonstruktion, 5-225
Nasennebenhöhlen, Shavertechnik, Weichteil- und Knochen- abtragung bei Operationen, 5-98f
Nasennebenhöhlen, therapeutische Spülung (Lavage), 8-172
Nasennebenhöhlenpunktion, 5-220
Nasenseptum, submuköse Resektion und plastische Rekonstruktion, 5-214
Nasopharynx, Biopsie durch Inzision, 1-548
Nasopharynx, Operationen, 5-28
Native Computertomographie (CT), 3-20
Native Computertomographie, Abdomen, 3-207
Native Computertomographie, Becken, 3-206
Native Computertomographie, Hals, 3-201
Native Computertomographie, Herz, 3-204
Native Computertomographie, Muskel-Skelettsystem, 3-205
Native Computertomographie, periphere Gefäße, 3-208
Native Computertomographie, Schädel, 3-200
Native Computertomographie, Thorax, 3-202
Native Computertomographie, Wirbelsäule u. Rückenm., 3-203
Native Magnetresonanztomographie, Abdomen, 3-804
Native Magnetresonanztomographie, Becken, 3-805

Alphabetisches Register unter anatomisch-funktionellen Gesichtspunkten

Native Magnetresonanztomographie, Fetus, 3-80b
Native Magnetresonanztomographie, Hals, 3-801
Native Magnetresonanztomographie, Herz, 3-803
Native Magnetresonanztomographie, Mamma, 3-807
Native Magnetresonanztomographie, Muskel-Skeletts., 3-806
Native Magnetresonanztomographie, periphere Gefäße, 3-808
Native Magnetresonanztomographie, Rückenmark, 3-802
Native Magnetresonanztomographie, Schädel, 3-800
Native Magnetresonanztomographie, Thorax, 3-809
Native Magnetresonanztomographie, Wirbelsäule, 3-802
Naturheilkundliche Komplexbehandlung, 8-975
Navigationssystem, Anwendung, 5-988
Navigationssystem, Anwendung, 8-990
Nebenniere, andere Operationen, 5-073
Nebenniere, Biopsie durch Inzision, 1-584
Nebenniere, Exploration der Umgebung, 5-070
Nebenschilddrüsen, Andere Operationen, 5-069
Nebenschilddrüsen, Operationen durch Sternotomie, 5-068
Nebenschilddrüsen, Operationen, 5-06
Nebenschilddrüsen, Biopsie durch Inzision, 1-582
Nebenschilddrüsenresektion, partiell, 5-066
Neck dissection, radikale zervikale Lymphadenektomie, 5-403
Nephrektomie, 5-554
Nephrostomie, offen chirurgisch, 5-551
Nephrostomie, Steinentfernung und Pyeloplastik, perkutantransrenale Nephrotomie, 5-550
Nephrostomiekatheters, Wechsel und Entfernung, 8-138
Nephrotomie, offen chirurgisch, 5-551
Nephrotomie, perkutan-transrenal, 5-550
Nerven, Andere Operationen, 5-05
Nerven, Andere Operationen, 5-059
Nerven, andere Rekonstruktion, 5-058
Nerven, Exzision und Destruktion erkranktes Gewebe, 5-041
Nerven, Injektion Medikament zur Schmerztherapie, 8-915
Nerven, intrakraniell, mikrovaskuläre Dekompression, 5-018
Nerven, Inzision, 5-040
Nerven, Neurolyse, Dekompression, 5-056
Nerven, Operationen, 5-04
Nerven, periphere, Biopsie durch Inzision, 1-513
Nerven, primär, epineurale Naht, 5-044
Nerven, primär, interfaszikuläre Naht, 5-045
Nerven, sekundär, epineurale Naht, 5-046
Nerven, sekundär, interfaszikuläre Naht, 5-047
Nerven, Transplantation u. Transposition, epineurale Naht, 5-054
Nerven, Transplantation, epineurale Naht, 5-048
Nerven, Transplantation, Exzision, 5-042
Nerven, Transplantation, interfaszikuläre Naht, 5-049
Nerven, Transposition, Neurolyse und Dekompression, 5-057
Nerven, Transposition, primär, epineurale Naht, 5-050
Nerven, Transposition, sekundär, epineurale Naht, 5-052
Nerven, Transposition, sekundär, interfaszikuläre Naht, 5-053
Nervenganglien, Andere Operationen, 5-05
Nervenganglien, Operationen, 5-04
Nervengewebe, Hypophyse, Corpus pineale, Biopsie durch Inzision und Trepanation von Schädelknochen, 1-51
Nervenplexus, andere Rekonstruktion, 5-058
Nervenplexus, primär, epineurale Naht, 5-044
Nervenplexus, primär, interfaszikuläre Naht, 5-045
Nervenplexus, sekundär, epineurale Naht, 5-046
Nervenplexus, sekundär, interfaszikuläre Naht, 5-047
Nervenplexus, Transplantation, Interfaszikuläre Naht, 5-055
Nervenplexus, Transplantation, epineurale Naht, 5-048
Nervenplexus, Transplantation, interfaszikuläre Naht, 5-049
Nervenplexus, Transplantation, Transpos., epineurale Naht, 5-054
Nervenplexus, Transposition, primär, epineurale Naht, 5-050
Nervenplexus, Transposition, primär, interfaszikuläre Naht, 5-051
Nervenplexus, Transposition, sekundär, epineurale Naht, 5-052
Nervenplexus, Transposition, sekundär, interfasz. Naht, 5-053
Nervensystem, Biopsie ohne Inzision, 1-40
Nervensystem, Elektrostimulation, 8-63
Nervensystem, invasive Funktionsdiagnostik, 1-203
Nervensystem, sympathisch, Injektion eines Medikamentes zur Schmerztherapie, 8-916
Nervenwurzel, Injektion Medikament zur Schmerztherapie, 8-914
Netzhaut, andere Operationen zur Fixation, 5-154
Netzhaut, Fixation durch eindellende Operationen, 5-152
Neugeborene, Atemunterstützung, 8-711
Neugeborene, Basisdiagnostik unklarer Symptomkomplex, 1-944
Neugeborene, hochaufwendige Pflege, 9-203
Neugeborene, Infusion von Volumenersatzmitteln, 8-811
Neugeborene, präventive familienzentrierte multimodale Komplexbehandlung, 9-502
Neugeborene, maschinelle Beatmung, 8-711
Neugeborene, postnatale Versorgung, 9-262
Neugeborene, Sauerstoffzufuhr, 8-720
Neugeborene, Sonographie, komplex differenzialdiagn., 3-033
neurochirurgisch-neurologisch, Frührehabilitation, 8-552
Neurographie, 1-206
Neurologische Komplexbehandlung akuter Schlaganfall, 8-981
Neurologische Komplexbehandlung akuter Schlaganfall, andere, 8-98b
Neurologische Untersuchungen, 1-20
Neurologisches Monitoring, 8-92
Neurologisches Monitoring, invasiv, 8-924
Neurolyse und Dekompression, mit Transposition, 5-057
Neurolyse und Dekompression, Nerven, 5-056
Neuromuskulären Erkrankungen, multimodale intensivmedizinische Überwachung und Behandlung, 8-97b
Neuropädiatrische Diagnostik, komplex, 1-942
Neuropädiatrische Therapie, 9-403
Neurophysiologische Untersuchungen, andere, 1-20
Neurophysiologisches Monitoring, intraoperativ, 8-925
Neuropsychologische Diagnostik, 1-901
Neuropsychologische Therapie, 9-40
Neuropsychologische Therapie, 9-404
Neuropsychologische Untersuchung, 1-90
Neurostimulation, 8-631
Nicht komplexe Chemotherapie, 8-542
Niere, Andere Operationen, 5-559
Niere, Biopsie durch Inzision, 1-560
Niere, Exzision und Destruktion von Gewebe, 5-552
Niere, Operationen, 5-55
Niere, partielle Resektion, 5-553
Niere, Rekonstruktion, 5-557
Niere, Resektion, partielle, 5-553
Niere, Szintigraphie, 3-706
Nierentransplantat, Versagen, Dialyseverfahren wegen mangelnder Funktionsaufnahme, 8-85a
Nierentransplantation, 5-555
Nitinolstent, (Perkutan-)transluminale Implantation von aus Einzeldrähten verwobenen Nitinolstents, 8-84d
Normale Geburt, Überwachung und Leitung, 9-260
Nuklearmedizinische Therapie, 8-53
Nuklearmedizinische Therapie, Andere, 8-539
Obduktion, 9-99/9-990
Obere Atemwege, diagnostische Endoskopie, 1-61
Obere Atemwege, Offenhalten, 8-700
Obere Extremität, Amputation und Exartikulation, 5-862
Obere Extremität, Replantation, 5-860
Oberer Verdauungstrakt, Chromoendoskopie, 1-63b
Oberer Verdauungstrakt, diagnostische Endoskopie, 1-63
Oberer Verdauungstrakt, Endosonographische Feinnadelpunktion, 1-445
Oberer Verdauungstrakt, Gallengängen und Pankreas, endoskopische Biopsie, 1-440
Oberflächenkontinuität an Haut und Unterhaut, einfache Wiederherstellung, 5-900

Alphabetisches Register unter anatomisch-funktionellen Gesichtspunkten

Oberflächenstrahlentherapie, 8-520
Oberflächenvermessung, 3D, durch Laserscanning, 3-302
Oberflächliche Hautschichten, Entfernung, 5-913
Ohr, abstehendes, plastische Korrektur, 5-184
Ohr, Andere Operationen am äußeren, 5-189
Ohr, andere Teilen, Biopsie durch Inzision, 1-532
Ohr, äußeres, andere Rekonstruktion, 5-188
Ohr, äußeres, Exzision und Destruktion erkranktes Gewebe, 5-181
Ohr, äußeres, Inzision, 5-180
Ohr, äußeres, Wundversorgung, 5-183
Ohr, Biopsie durch Inzision, 1-53
Ohr, Biopsie ohne Inzision, 1-41
Ohr, therapeutische Spülung (Lavage), 8-171
Ohrmuschel, Biopsie ohne Inzision, 1-410
Ohrmuschel, gesamte, plastische Rekonstruktion, 5-187
Ohrmuschel, Operationen, 5-18
Ohrmuschel, Resektion, 5-182
Ohrmuschel, Teile, plastische Rekonstruktion, 5-186
Olfaktometrie, Gustometrie, 1-247
Omphalozele, Verschluß kongenitaler Bauchwanddefekte, 5-537
Onkologische Erkrankungen, Kinder und Jugendliche, komplexe Diagnostik, 1-940
Onkologische Therapie, Hyperthermie, 8-60
Operation, Gelenk, offen chirurgisch, 5-800
Operation, Hand, 5-844
Operation, Haut und Unterhaut, Andere, 5-91a
Operation, siehe entsprechendes Organ bzw. Körperregion
Operation, vorzeitiger Abbruch, 5-99
Operation, Zusatzinformationen, Bewegungsorgane, 5-86a
Operation, Zusatzinformationen Wirbelsäule, 5-83w
OP-Roboter, Anwendung, 5-987
Optische Verfahren, foto- und videogestützt, zur metrischen Form- und Oberflächendarstellung, 3-302
Optische Verfahren, laserbasiert, 3-30
Optische Verfahren, sonstige, 3-31
Orbita, andere Exzision, Destruktion und Exenteration, 5-164
Orbita, Andere Operationen, 5-169
Orbita, Entfernung Fremdkörper, 5-161
Orbita, Operation, 5-16
Orbita, Revision und Rekonstruktion, 5-166
Orbitafraktur, Reposition, 5-766
Orbitaimplantat, Revision und Entfernung, 5-165
Orbitawand, Rekonstruktion, 5-167
Orbitotomie, 5-160
Orchidektomie, 5-622
Orchidopexie, 5-624
Organe, andere, Biopsie durch Inzision, 1-58
Organe, Bauchraum, therapeutische perkutane Punktion, 8-154
Organe, sonstige, ESWL, 8-112
Organperfusion, perkutan geschlossen, mit Chemotherapeutika, 8-549
Organspende, postmortal, Aufrechterhaltung Homöostase, 8-978
Organtransplantate, Art der Konservierung, 5-939
Organtransplantation, Stationäre Behandlung bei erfolgter Aufnahme auf die Warteliste, 8-97c
Oropharynx, Biopsie durch Inzision, 1-546
Oropharynx, Operationen, 5-28
Orthovoltstrahlentherapie, 8-521
Os coccygis, Zugang, 5-032
Os sacrum, Zugang, 5-032
Ösophagektomie, mit Wiederherstellung der Kontinuität, 5-426
Ösophagektomie, ohne Wiederherstellung der Kontinuität, 5-425
Ösophagogastroduodenoskopie, diagnostisch, 1-632
Ösophagogastroskopie, diagnostisch, 1-631^
Ösophagographie, 3-137
Ösophagoskopie, diagnostisch, 1-630
Ösophagostomie, selbständiger Eingriff, 5-421
Ösophagotrachealen Fistel, kongenital, Rekonstruktion der Ösophaguspassage und Versorgung, 5-428

Ösophagus, Andere Operationen, 5-429
Ösophagus, Endosonographie, 3-051
Ösophagus, Inzision, 5-420
Ösophagus, Lokale Exzision und Destruktion von erkranktem Gewebe, 5-422
Ösophagus, Operationen, 5-42
Ösophagus, pH-Metrie, 1-316
Ösophagusblutung, Tamponade, 8-501
Ösophagusmanometrie, 1-313
Ösophaguspassage, Rekonstruktion, als selbständ. Eingriff, 5-427
Ösophaguspassage, Rekonstruktion, bei Atresie und Versorgung einer kongenitalen ösophagotrachealen Fistel, 5-428
Ösophagusresektion, mit (Totaler) Gastrektomie, 5-438
Ösophagusresektion, mit Wiederherst. Kontinuität, partiell, 5-424
Ösophagusresektion, ohne Wiederherstellung Kontinuität, partielle, 5-423
Osteoklasie, 8-213
Osteosynthese, Wirbelsäule, 5-83b
Osteosynthese, geschlossene Reposition Fraktur oder Epiphysenlösung, 5-790
Osteosynthese, geschlossene Reposition Gelenkluxation, 5-79a
Osteosynthese, offene Reposition einer Azetabulum- und Hüftkopffraktur, 5-799
Osteosynthese, Verfahren, 5-786
Osteosynthesematerial, Art, 5-931
Osteosynthesematerial, beschichtet, 5-935
Osteosynthesematerial, Entfernung, 5-787
Osteosynthesematerial, thermomechanisch, 5-937
Osteotomie Alveolarkamm, Inzision des Zahnfleisches, 5-240
Osteotomie, Korrekturosteotomie, 5-781
Osteotomie, lokale Exzision und Destruktion eines Gesichtsschädelknochens, Inzision, 5-770
Osteotomie, Verlagerung Mittelgesicht, 5-777
Osteotomie, Verlagerung Untergesicht, 5-776
Ovar, Andere Operationen, 5-659
Ovar, Biopsie durch Inzision, 1-570
Ovar, diagnostische perkutane Punktion, 1-851
Ovar, Inzision, 5-650
Ovar, mikrochirurgischer Versorgung, Adhäsiolyse, 5-658
Ovar, ohne mikrochirurgische Versorgung, Adhäsiolyse, 5-657
Ovar, Operation, 5-65
Ovar, plastische Rekonstruktion, 5-656
Ovarialgewebe, lokale Exzision und Destruktion, 5-651
Ovariektomie, 5-652
Ovumaspiration, intratubärer Gametentransfer (GIFT), Follikelpunktion, 9-271
Pädaudiologische Komplexbehandlung, phoniatrische, 9-31
pädiatrisch-psychosomatische Therapie, 9-403
Palatoplastik, 5-275
Palliativmedizin, Minimalassessment, 1-773
Palliativmedizin, Multidimensionales Screening, 1-773
Palliativmedizin, Standardisiertes Basisassessment (PBA), 1-774
Palliativmedizinische Funktionsuntersuchung, 1-77
Palliativmedizinische Komplexbehandlung, 8-982
Palliativmedizinische Komplexbehandlung, spezialisiert, durch Palliativdienst 8-98h
Palliativmedizinische Komplexbehandlung, spezialisiert, stationär, 8-98e
Pankreas(gewebe), Transplantation, 5-528
Pankreas, Andere Operationen, 5-529
Pankreas, Biopsie durch Inzision, 1-553
Pankreas, diagnostische Endoskopie, 1-64
Pankreas, diagnostische retrograde Darstellung, 1-642
Pankreas, Endosonographie, 3-056
Pankreas, endosonographische Feinnadelpunktion, 1-447
Pankreas, innere Drainage, 5-523
Pankreas, Inzision, 5-520
Pankreas, lokale Exzision und Destruktion von erkranktem Gewebe, 5-521

Alphabetisches Register unter anatomisch-funktionellen Gesichtspunkten

Pankreas, oberer Verdauungstrakt und Gallengänge, endoskopische Biopsie, 1-440
Pankreas, Operation, 5-52
Pankreas, partielle Resektion, 5-524
Pankreas, perkutane (Nadel-)Biopsie, 1-441
Pankreas, perkutane Biopsie mit Steuerung durch bildgebende Verfahren, 1-442
Pankreas, Transplantation, 5-528
Pankreasfunktionstest mit Aspiration von Duodenalsaft über eine Duodenalsonde, 1-761
Pankreasgang, Andere Operationen, 5-529
Pankreasgang, diagnostische direkte Endoskopie [duktale Endoskopie] [POPS], 1-644
Pankreasgang, endoskopische Operationen, 5-526
Pankreaswege, diagnostische retrograde Darstellung, 1-641
Pankreaszyste, Marsupialisation, 5-522
Pankreatektomie, (Totale), 5-525
Papilla duodeni major, Operationen an Sphincter Oddi, 5-518
Paraganglien, Glomus caroticum, Operationen, 5-398
Parametrien (bei Lagekorrektur des Uterus), plastische Rekonstruktion, 5-693
Parametrien, Andere Operationen, 5-699
Parametrien, Exzision und Destruktion erkranktes Gewebe, 5-692
Parametrien, Operationen, 5-69
Parapharyngealer Abszess, transorale Inzision u. Drainage, 5-280
Parathyreoidektomie, 5-067
Parathyreoidektomie, Sondenmessung, 3-761
Paraurethrale Suspensionsoperation, abdominal, 5-595
paraurethrale Suspensionsoperation, abdominal, retro-pubisch, 5-595
Parazentese [Myringotomie], 5-200
Parazervikale Uterusdenervation, 5-694
parenterale Ernährung, komplett, als medizinische Nebenbehandlung, 8-018
Parenterale Ernährung, medizinische Hauptbehandlung, 8-016
Pars-plana-Vitrektomie, 5-158
Partielle (brusterhaltende) Exzision, Mamma, 5-870
Partielle Adrenalektomie, 5-071
Partielle Glossektomie, 5-251
Partielle Harnblasenresektion, 5-575
Partielle Magenresektion (2/3-Resektion), 5-435
Partielle Magenresektion, atypische, 5-434
Partielle Nebenschilddrüsenresektion, 5-066
Partielle Ösophagusresektion, mit Wiederherstellung Kontinuität, 5-424
Partielle Ösophagusresektion, ohne Wiederherstellung Kontinuität, 5-423
Partielle Resektion, Niere, 5-553
Partielle Resektion, Pankreas, 5-524
Partielle Schilddrüsenresektion, andere, 5-062
Partielle und totale Resektion, Gesichtsschädelknochen, 5-771
Partielle und totale Resektion, Mandibula, 5-772
Partus mit Manualhilfe, 8-515
Patchplastik an Blutgefäßen, 5-395
Patella, offen chirurgische Operationen, 5-804
patientenindividuell, Verwendung von Instrumentarium, 5-98d
Paukendrainage, Entfernung, 5-201
Penis, Amputation, 5-642
Penis, andere Operationen, 5-649
Penis, Biopsie, 1-564
Penis, Lokale Exzision und Destruktion erkrankten Gewebe, 5-641
Penis, Operationen, 5-64
Penis, plastische Rekonstruktion, 5-643
Peranale lokale Exzision und Destruktion von erkranktem Gewebe des Rektums, 5-482
Perianalregion, Inzision und Exzision von Gewebe, 5-490
Perikard, andere Operationen, 5-379
Perikard, Biopsie durch Inzision, 1-580
Perikard, diagnostische Punktion [Perikardiozentese], 1-842
Perikard, Exzision und Destruktion v. erkranktem Gewebe, 5-372
Perikard, minimalinvasive Rekonstruktion P. und Herz, 5-37a
Perikard, Rekonstruktion, 5-374
Perikard, Rhythmuschirurgie und andere Operationen, 5-37
Perikardektomie, 5-372
Perikardiotomie und Kardiotomie, 5-370
Perikardiozentese, diagnostische Punktion des Perikards, 1-842
Perineum, Konstruktion und Rekonstruktion, 5-716
Perineum, weiblich, Biopsie durch Inzision, 1-574
Periphere Gefäße, Computertomogr. mit Kontrastmittel, 3-228
Periphere Gefäße, Magnetresonanztomographie mit Kontrastmittel, 3-828
Periphere Gefäße, native Computertomographie, 3-208
Periphere Gefäße, native Magnetresonanztomographie, 3-808
Periphere Nerven, Injektion eines Medikamentes zur Schmerztherapie, 8-915
Periphere Nerven, perkutane (Nadel-)Biopsie, 1-405
Periprostatisches Gewebe, Biopsie durch Inzision, 1-563
Periprostatisches Gewebe, Inzision und Exzision, 5-607
Perirektales Gewebe, Biopsie durch Inzision, 1-557
Perirenales Gewebe, Biopsie durch Inzision, 1-560
Peritonealdialyse, 8-857
peritoneales Gewebe, Exzision und Destruktion, 5-543
Peritoneoskopie, diagnostische Laparoskopie, 1-694
Peritoneum, Biopsie durch Inzision, 1-55
Peritoneum, Biopsie durch Inzision, 1-559
Peritoneum, plastische Rekonstruktion, 5-546
Peritoneum, Verschluß, 5-545
Periurethrales Gewebe, Biopsie durch Inzision, 1-561
Perivesikales Gewebe, Inzision und Exzision, 5-591
Perkutane Bestrahlung, Bestrahlungsplanung, 8-529
Perkutane Biopsie, andere Organe und Gewebe, mit Steuerung durch bildgebende Verfahren, 1-494
Perkutane Biopsie, andere Organen und Gewebe, 1-493
Perkutane Biopsie, endokrine Organe, 1-406
Perkutane Biopsie, endokrinen Organen mit Steuerung durch bildgebende Verfahren, 1-407
Perkutane Biopsie, Gelenke, 1-483
Perkutane Biopsie, Gelenke, mit Steuerung durch bildgebende Verfahren, 1-484
Perkutane Biopsie, Harnorgane, 1-463
Perkutane Biopsie, Harnorgane, mit Steuerung durch bildgebende Verfahren, 1-465
Perkutane Biopsie, hepatobiliärem System und Pankreas mit Steuerung durch bildgebende Verfahren, 1-442
Perkutane Biopsie, hepatobiliäres System und Pankreas, 1-441
Perkutane Biopsie, intrakranielles Gewebe mit Steuerung durch bildgebende Verfahren, 1-401
Perkutane Biopsie, intraspinales Gewebe, 1-404
Perkutane Biopsie, Knochen, 1-480
Perkutane Biopsie, Lymphknoten, Milz und Thymus mit Steuerung durch bildgebende Verfahren, 1-426
Perkutane Biopsie, Lymphknoten, Milz und Thymus, 1-425
Perkutane Biopsie, Muskeln und Weichteile mit Steuerung durch bildgebende Verfahren, 1-492
Perkutane Biopsie, Muskeln und Weichteilen, 1-491
Perkutane Biopsie, peripheren Nerven, 1-405
Perkutane Biopsie, respiratorische Organe, 1-431
Perkutane Biopsie, respiratorischen Organen mit Steue-rung durch bildgebende Verfahren, 1-432
Perkutane Biopsie, Schleimbeutel, 1-483
Perkutane Biopsie, Schleimbeutel, mit Steuerung durch bildgebende Verfahren, 1-484
Perkutane Biopsie, weibliche Geschlechtsorgane, 1-470
Perkutane Destruktion von Prostatagewebe, 5-602
Perkutane Sympathikolyse mit Steuerung durch bildgebende Verfahren, 5-04a
Perkutan-nephroskopische Biopsie an Harnorganen, 1-461
Perkutan-transluminale Gefäßintervention, 8-836

perkutan-transluminale Gefäßintervention, andere, 8-83c
perkutan-transluminale Gefäßintervention, andere, Herz und Koronargefäße, 8-83d
Perkutan-transluminale Gefäßintervention, Gefäße des Lungenkreislaufes, 8-838
Perkutan-transluminale Gefäßintervention, Herz und Koronargefäße, 8-837
Perkutan-transluminale Implantation von aus Einzeldrähten verwobenen Nitinolstents, 8-84d
Perkutan-transluminale Implantation von medikamentefreisetzenden gecoverten Stents, 8-848
Perkutan-transluminale Implantation von Stents zur Strömungslaminierung bei Aneurysmen, 8-84b
perkutan-transrenale Erweiterung, Ureter, 5-560
Perkutan-transrenale Nephrotomie, Nephrostomie, Steinentfernung und Pyeloplastik, 5-550
Perkutan-zystoskopische Biopsie, Harnorgane und Prostata, 1-462
Permanente Tracheostomie, 5-312
PET, andere, 3-743
PET, Gehirn, 3-740
PET, gesamter Körperstamm, 3-742
PET, Herz, 3-741
PET, Vollring-Scanner, 3-74
PET/CT, ganzer Körper, 3-753
PET/CT, Gehirn, 3-750
PET/CT, gesamter Körperstamm und Kopf, 3-754
PET/CT, gesamter Körperstamm, 3-752
PET/CT, Herz, 3-751
Pflege, hochaufwendig, 9-20
Pflege, hochaufwendig, bei Erwachsenen, 9-200
Pflege, hochaufwendig, bei Frühgeborenen, Neugeborenen und Säuglingen, 9-203
Pflege, hochaufwendig, bei Kindern und Jugendlichen, 9-201
Pflege, hochaufwendig, bei Kleinkindern, 9-202
Pflegebedürftigkeit, 9-984
Phalangen des Fußes, Operationen, 5-788
Pharyngealer Abszess, Transorale Inzision und Drainage, 5-280
Pharyngeale elektrische Stimulation [PES], 8-633
Pharyngektomie, 5-296
Pharyngographie, 3-134
Pharyngoplastik, 5-293
Pharyngoskopie, diagnostische, 1-611
Pharyngotomie, 5-290
Pharynx, andere Operationen, 5-299
Pharynx, andere Rekonstruktionen, 5-294
Pharynx, Biopsie durch Inzision, 1-54
Pharynx, Biopsie ohne Inzision, 1-42/1-422
Pharynx, Exzision und Destruktion erkrankten Gewebe, 5-292
Pharynx, partielle Resektion, 5-295
Pharynx, radikale Resektion, 5-296
Pharynx,Operationen, 5-29
Pharynxteilresektion, 5-295
Phlebographie, 3-61
Phlebographie, andere, 3-61
Phlebographie, Gefäße Abdomen und Becken, 3-612
Phlebographie, Gefäße Extremität, 3-613
Phlebographie, Gefäße Extremität, Abflußbereich, 3-614
Phlebographie, Gefäße Hals und Thorax, 3-611
Phlebographie, Gefäße, intrakraniell, 3-610
pH-Metrie, Magen, 1-317
pH-Metrie, Ösophagus, 1-316
Phoniatrie, 1-243
Phoniatrische Komplexbehandlung, 9-31/9-310
Photopherese, 8-824
Physikalisch-therapeutische Einzelmaßnahmen, 8-56
Physiologische Funktionstests, 1-79
Plasma, Transfusion, 8-812
Plasmabestandteile, Transfusion, 8-810/8-812
Plasmapherese, therapeutisch, 8-820

Plastik, Kapselbandapparat, Kniegelenk mit arthroskopischer Refixation, 5-813
Plastik, Kapselbandapparat, oberes Sprunggelenk und offen chirurgische Refixation, 5-806
Plastik, Kapselbandapparat, Schultergelenk und arthroskopische Refixation, 5-814
Plastik, Kapselbandapparat, Schultergelenk und offen chirurgische Refixation, 5-805
Plazenta, Entfernung (postpartal), 5-756
Plazenta, isolierte Geburt, 9-263
Pleura, Inzision, 5-340
Pleura, Operation, 5-34
Pleurahöhle, diagnostische perkutane Punktion, 1-844
Pleurahöhle, therapeutische Drainage, 8-144
Pleurahöhle, therapeutische Spülung, 8-173
Pleuraspalt, Verödung, 5-345
Pleurektomie, 5-344
Pleurodese [Verödung des Pleuraspaltes], 5-345
Pleuro-Pneum(on)ektomie, einfache, 5-327
Pleuro-Pneum(on)ektomie, erweiterte, 5-328
Plombe, Retina, Revision, Wechsel und Entfernung, 5-153
Pneum(on)ektomie, Einfache (Pleuro-), 5-327
Pneum(on)ektomie, Erweiterte (Pleuro-), 5-328
Pneumologische Funktionsuntersuchungen, 1-71
POCS, duktale Endoskopie, diagnostische direkte Endoskopie der Gallenwege, 1-643
Polydaktylie, Korrektur, Finge
Polydaktylie, Korrektur, Zehen, 5-918
Polydaktyliekorrektur, Finger, 5-917
Polydaktyliekorrektur, Zehen, 5-918
Polygraphie, Kardiorespiratorische, 1-791
Polysomnographie, Kardiorespiratorische, 1-790
Polytrauma, Versorgung, 5-982
POPS, duktale Endoskopie, diagnostische direkte Endoskopie Pankreasgang, 1-644
Positronenemissionstomographie, andere, 3-74x
Positronenemissionstomographie, Gehirn, 3-740
Positronenemissionstomographie, gesamter Körperstamm, 3-742
Positronenemissionstomographie, Herz, 3-741
Positronenemissionstomographie, mit CT, (PET/CT), 3-75
Positronenemissionstomographie, mit Vollring-Scanner, 3-74
Postmortale Organspende, Aufrechterhaltung Homöostase, 8-978
Postnatale Versorgung des Neugeborenen, 9-262
Prä-ECMO-Therapie, 8-852
Präputium, Operation, 5-640
Primäre plastische Rekonstruktion, Analatresie, 5-495
Primärer Wundverschluß der Haut und Revision einer Hautplastik, Verbrennungen und Verätzungen, 5-928
Processus alveolaris mandibulae, Reposition einer Fraktur, 5-764
Processus articularis mandibulae, Reposition einer Fraktur, 5-765
Projektionsradiographie, 3-10 .. 3-13
Projektionsradiographie, andere, 3-13x
Projektionsradiographie, Leber, mit Kontrastmittel, 3-13p
Projektionsradiographie, mit Kontrastmittelverfahren, 3-13
Proktokolektomie, 5-456
Proktoskopie, diagnostische, 1-653
Promotorium, Fensteroperation, 5-198
Prophylaxe, von Adhäsionen, Verwendung von Membranen oder sonstigen Materialien, 5-933
Prostata, andere Operationen, 5-609
Prostata, Biopsie durch Inzision, 1-563
Prostata, Inzision, 5-600
Prostata, Operation, 5-60
Prostata, Perkutan-zystoskopische Biopsie, 1-462
Prostata, Transurethrale Biopsie, 1-460
Prostatagewebe, andere Exzision und Destruktion, 5-605
Prostatagewebe, offen chirurgische Exzision/Destruktion, 5-603
Prostatagewebe, transrektale und perkutane Destruktion, 5-602
Prostatagewebe, transurethrale Exzision und Destruktion, 5-601

Alphabetisches Register unter anatomisch-funktionellen Gesichtspunkten

Prostatovesikulektomie, radikale, 5-604
Prothetischer Zahnersatz, 5-233
Protonentherapie, 8-52a
Provokationstestung, 1-70
Provokationstestung, spezifische allergologische, 1-700
Psychiatrie-Personalverordnung, Behandlung in Einrichtungen, die im Anwendungsbereich der Psych-PV liegen, 9-98
Erwachsene, Allgemeine Psychiatrie, 9-980
Erwachsene, Abhängigkeitskranke, 9-981
Erwachsene, Gerontopsychiatrie, 9-982
Kinder- und Jugendpsychiatrie, 9-983
Psychiatrisch-psychosomatische Behandlung im besonderen Setting (Eltern-Kind-Setting), 9-68/9-686
Psychiatrisch-psychosomatische Intensivbehandlung, Kinder und Jugendliche, 9-67/9-672
Psychiatrisch-psychosomatische Regelbehandlung, Jugendl., 9-65
Psychiatrisch-psychosomatische Regelbehandlung, Kinder, 9-656
Psychiatrisch-psychotherapeutische Behandlung im besonderen Setting (Mutter/Vater-Kind-Setting), 9-643
Psychiatrische Behandlung, stationsäquivalent, Erwachsene, 9-701
Psychiatrische Behandlung, stationsäquivalent, Kinder, 9-801
Psychische Störungen, Erhöhter Betreuungsaufwand., Kinder und Jugendliche, 9-693
Psychische Störungen, Erwachsene, Spezifische Behandl., 9-70
Psychische Störungen, Intensivbehandl., Erwachsene, 9-61
Psychische Störungen, Kinder, Spezifische Behandlung, 9-80
Psychische Störungen, Psychiatrisch-psychosom. Behandlung im besonderen Setting (Eltern-Kind-Setting), Kinder und Jugendliche, 9-68
Psychische Störungen, Psychiatrisch-psychosomatische Intensivbehandl., Jugendliche, 9-67, 9-672
Psychische Störungen, Psychiatrisch-psychosomatische Regelbehandlung, Kinder, 9-65
Psychische Störungen, Psychiatrisch-psychosomatische Regelbehandlung, Jugendliche, 9-65
Psychische Störungen, Psychosomatisch-psychotherapeutische Komplexbehandlung, Erwachsene, 9-63
Psychische Störungen, Psychotherapeutische Komplexbehandlung, Erwachsene, 9-62
Psychische Störungen, Regelbehandlung, Erwachsene, 9-60
Psychische Störungen, Spezifische Behandlung, Erwachsene, 9-70
Psychische Störungen, Spezifische Behandlung, Kinder, 9-80
Psychische Störungen, Zusatzinformationen, Erwachsene, 9-64
Erhöhter Betreuungsaufwand, 9-640
Integrierte klinisch-psychosomatisch-psychotherapeutische Komplexbehandlung, 9-642
Kriseninterventionelle Behandlung, 9-641
Psychische Störungen, Zusatzinformationen, Kinder und Jugendliche, 9-69
Psychologische Diagnostik, 1-901
Psychologische Untersuchung, 1-90
Psychosomatische Diagnostik, 1-900
Psychosomatische Störungen, Erhöhter Betreuungsaufwand, Kinder und Jugendliche, 9-693
Psychosomatische Störungen, Erwachsene, Spezifische Behandlung, 9-70
Psychosomatische Störungen, Intensivbehandl., Erwachsene 9-61
Psychosomatische Störungen, Kinder, Spezifische Behandlung, 9-80
Psychosomatische Störungen, Psychiatrisch-psychosomatische Behandlung im besonderen Setting (Eltern-Kind-Setting), Kinder und Jugendliche, 9-68
Psychosomatische Störungen, Psychiatrisch-psychosomatische Intensivbehandl., Jugendliche, 9-67, 9-672
Psychosomatische Störungen, Psychiatrisch-psychosomatische Regelbehandlung, Jugendliche, 9-65

Psychosomatische Störungen, Psychiatrisch-psychosomatische Regelbehandlung, Kinder, 9-65
Psychosomatische Störungen, Psychosomatisch-psychotherapeutische Komplexbehandlung, Erwachsene 9-63
Psychosomatische Störungen, Psychotherapeutische Komplexbehandlung, Erwachsene, 9-62
Psychosomatische Störungen, Psychotherapeutische Komplexbehandlung, Erwachsene 9-62
Psychosomatische Störungen, Regelbehandl. Erwachsene, 9-60
Psychosomatische Störungen, Spezifische Behandlung, Erwachsene, 9-70
Psychosomatische Störungen, Spezifische Behandlung, Kinder, 9-80
Psychosomatische Störungen, Zusatzinformationen, Erwachsene 9-64
Psychosomatische Störungen, Zusatzinformationen, Kinder und Jugendliche 9-69
Psychosomatische Therapie, 9-40
Psychosomatische Therapie, 9-402
Psychosomatische Untersuchung, 1-90
Psychosomatisch-pädiatrische Therapie, 9-403
Psychosomatisch-psychotherapeutische Komplexbehandlung, Erwachsene 9-63/9-634
Psychosoziale Diagnostik, 1-901
Psychosoziale Therapie, 9-40
Psychosoziale Untersuchung, 1-90
Psychotherapeutische Diagnostik, 1-900
Psychotherapeutische Komplexbehandlung, Erwachsene 9-626
Psychotherapeutische Komplexbehandlung, multimodal, 9-412
Psychotherapeutische Untersuchung, 1-90
Psychotherapie, 9-41
Pterygium, Operation, 5-122
Pulmonalarteriendruck, Monitoring, 8-932
Punktion, diagnostisch perkutan, Bauchhöhle, 1-853
Punktion, diagnostisch perkutan, Gelenk, 1-854
Punktion, diagnostisch perkutan, Harnorganen, 1-846
Punktion, diagnostisch perkutan, Leber, 1-845
Punktion, diagnostisch perkutan, männl. Geschlechtsorgane, 1-847
Punktion, diagnostisch perkutan, Ovar, 1-851
Punktion, diagnostisch perkutan, Pleurahöhle, 1-844
Punktion, diagnostisch perkutan, Schleimbeutel, 1-854
Punktion, diagnostisch, 1-84
Punktion, diagnostisch, andere, 1-85
Punktion, diagnostisch, Auge, 1-840
Punktion, diagnostisch, Augenanhangsgebilde, 1-840
Punktion, diagnostisch, intrakranieller Hohlraum, 1-841
Punktion, diagnostisch, Perikard [Perikardiozentese], 1-842
Punktion, therapeutisch perkutan, andere, 8-159
Punktion, therapeutisch perkutan, Auge, 8-151
Punktion, therapeutisch perkutan, Bauchhöhle, 8-153
Punktion, therapeutisch perkutan, Gelenk, 8-158
Punktion, therapeutisch perkutan, Harnorgane, 8-155
Punktion, therapeutisch perkutan, männl. Geschlechtsorg., 8-156
Punktion, therapeutisch perkutan, Organe Bauchraum, 8-154
Punktion, therapeutisch perkutan, Organe des Thorax, 8-152
Punktion, therapeutisch perkutan, weibl. Geschlechtsorgane, 8-157
Punktion, therapeutisch perkutan, Zentralnervensystem, 8-151
Pyeloplastik, 5-550
Pyelostomie, 5-551
Pyelotomie, 5-551
Pylorus, Operationen, 5-432
Quengelbehandlung, 8-212
Querschnittlähmung, Komplexbehandlung, 8-976
Rachenmandeln, andere Operationen, 5-289
Radikale Exzision erkranktes Gewebe, Haut und Unterhaut, 5-895
Radikale Lymphadenektomie als selbständiger Eingriff, 5-404
Radikale Lymphadenektomie im Rahmen einer anderen Operation, 5-407
Radikale Prostatovesikulektomie, 5-604

Radikale Uterusexstirpation, 5-685
Radikale zervikale Lymphadenektomie, 5-403
Radikale Zervixstumpfexstirpation, 5-686
Radioaktive Moulagen, 8-526
Radiofrequenzspektroskopie, Brustgewebe, 3-902
Radiojodtherapie, 8-531
Radionuklide, Brachytherapie mit umschlossenen, 8-524
Radionuklide, Resorptions- und Exkretionstests, 3-70b
Radionuklide, sonstige Brachytherapie, 8-525
Radionuklide, Therapie mit offenen, 8-530
Radionuklidventrikulographie, 3-704
Raffung des urethrovesikalen Überganges, 5-592
Ramus mandibulae, Reposition einer Fraktur, 5-765
Reaktivität, Messung der bronchialen, 1-714
Reanastomosierung, Blutgefäßen mit Resektion, 5-382
Reanimation, Kardiale, 8-771
Reanimation, Maßnahmen, 8-77
Reanimation, Maßnahmen, andere, 8-779
Reanimation, Operativ, 8-772
Rechtsherz-Katheteruntersuchung, 1-273
Redressierende Verfahren, 8-211
Refixation, Kapselbandapparat Schultergelenk, arthroskopisch, 5-814
Refixation, Kapselbandapparat Schultergelenk, offen chir., 5-805
Refixation, Kapselbandapparat andere Gelenke, offen chir., 5-807
Refixation, Kapselbandapparat Kniegelenk, arthroskopisch, 5-813
Refixation, Kapselbandapparat Kniegelenk, offen chirurg., 5-802
Refixation, Kapselbandapparat oberes Sprunggelenk, offen chir., 5-806
Refraktive Keratoplastik, 5-126
Regelbehandlung bei psychischen und psychosomatischen Störungen und Verhaltensstörungen, Erwachsene, 9-60/9-607
Registrierung evozierter Potentiale, 1-208
Rekonstruktion Kornea, 5-126
Rekonstruktion, Analatresie, primäre plastische, 5-495
Rekonstruktion, Anus, 5-496
Rekonstruktion, Augapfel, 5-166
Rekonstruktion, Augenlid, andere, 5-096
Rekonstruktion, äußeren Gehörgang, 5-185
Rekonstruktion, Bauchwand und Peritoneum, plastische, 5-546
Rekonstruktion, Blutgefäßen, andere plastische, 5-397
Rekonstruktion, Bronchien, 5-334
Rekonstruktion, Brustwand, plastische, 5-346
Rekonstruktion, Cervix uteri in der Gravidität, 5-674
Rekonstruktion, Cervix uteri, andere, 5-675
Rekonstruktion, Darm, andere, 5-467
Rekonstruktion, Douglasraum, plastisch, 5-707
Rekonstruktion, Ductus deferens und Epididymis, 5-637
Rekonstruktion, Faszien, 5-856
Rekonstruktion, Faszien, mit lokalen Lappen, plastisch, 5-857
Rekonstruktion, Funiculus spermaticus, 5-634
Rekonstruktion, Gallengänge, andere, 5-516
Rekonstruktion, Geschlechtsorgane nach Ruptur, 5-758
Rekonstruktion, Gesicht, Weichteile, 5-778
Rekonstruktion, Gesichtsepithesen, 5-77a
Rekonstruktion, Harnblase, andere plastische, 5-578
Rekonstruktion, Haut, andere Wiederherstellung, 5-909
Rekonstruktion, Haut, Operative Wiederherstellung, 5-90
Rekonstruktion, Herz, 5-374
Rekonstruktion, Herzseptum, plastische, 5-356
Rekonstruktion, Hirnhäute, 5-021
Rekonstruktion, Hoden, 5-627
Rekonstruktion, intrakranielle Blutgefäßen, 5-026
Rekonstruktion, kleines Becken, plastische, 5-707
Rekonstruktion, Larynx, 5-315
Rekonstruktion, Leber, 5-505
Rekonstruktion, Lippenspalte und Lippen-Kiefergspalte (angeboren), plastische, 5-276
Rekonstruktion, Lunge, 5-334
Rekonstruktion, Magen, andere, 5-448
Rekonstruktion, Mamma, andere plastische, 5-886
Rekonstruktion, Mamma, mit Haut- und Muskeltransplantation, plastisch, 5-885
Rekonstruktion, Mandibula, plastisch, 5-775
Rekonstruktion, männlicher Epispadie, plastisch, 5-644
Rekonstruktion, männlicher Hypospadie, plastisch, 5-645
Rekonstruktion, Maxilla, plastisch, 5-774
Rekonstruktion, Mittelohr, 5-204
Rekonstruktion, Muskeln, 5-853
Rekonstruktion, Muskeln, mit lokalen Lappen, plastisch, 5-857
Rekonstruktion, Nase, äußere, plastisch, 5-217
Rekonstruktion, Nase, innere und äußere, plastisch, 5-218
Rekonstruktion, Nasennebenhöhlen, plastische, 5-225
Rekonstruktion, Nasenseptum, 5-214
Rekonstruktion, Nerven und Nervenplexus, andere, 5-058
Rekonstruktion, Niere, 5-557
Rekonstruktion, Ohr, äußeres, andere, 5-188
Rekonstruktion, Ohrmuschel, plastische, 5-187
Rekonstruktion, Orbita, 5-166
Rekonstruktion, Orbitawand, 5-167
Rekonstruktion, Ösophaguspassage (selbständiger Eingriff), 5-427
Rekonstruktion, Ovar, plastische, 5-656
Rekonstruktion, Parametrien, plastisch, 5-693
Rekonstruktion, Penis, plastische, 5-643
Rekonstruktion, Perikard, 5-374
Rekonstruktion, Pharynx, andere, 5-294
Rekonstruktion, Rektum, 5-486
Rekonstruktion, Sehnen, 5-854
Rekonstruktion, Sinus pilonidalis, 5-897
Rekonstruktion, Skrotum, plastisch, 5-613
Rekonstruktion, Speicheldrüse, 5-263
Rekonstruktion, Speicheldrüsenausführungsgang, 5-263
Rekonstruktion, Sphinkterapparat, 5-496
Rekonstruktion, Teile der Ohrmuschel, plastisch, 5-186
Rekonstruktion, Trachea, 5-316
Rekonstruktion, Tränenkanal und Tränenpunkt, 5-086
Rekonstruktion, Tränenwege, andere, 5-088
Rekonstruktion, Tuba uterina, plastische, 5-666
Rekonstruktion, Tunica vaginalis testis, plastisch, 5-613
Rekonstruktion, Ureter, 5-568
Rekonstruktion, Urethra, 5-584
Rekonstruktion, Uterus, 5-695
Rekonstruktion, Vagina, 5-705
Rekonstruktion, Vagina, andere plastische, 5-706
Rekonstruktion, Vulva (und des Perineums), 5-716
Rekonstruktion, Wirbelsäule, andere komplexe, 5-838
Rekonstruktion, Wirbelsäule, komplexe, 5-837
Rekonstruktion, Zunge, 5-253
Rektum, andere Operation, 5-489
Rektum, Biopsie durch Inzision, 1-557
Rektum, Endosonographie, 3-058
Rektum, Inzision, 5-480
Rektum, Operationen, 5-48
Rektum, peranale lokale Exzision und Destruktion erkrankten Gewebe, 5-482
Rektum, Rekonstruktion, 5-486
Rektumblutung, Tamponade, 8-502
Rektumresektion ohne Sphinktererhaltung, 5-485
Rektumresektion unter Sphinktererhaltung, 5-484
Reoperation, 5-983
Reosteotomien, Gesichtsschädelfrakturen, 5-768
Replantation obere Extremität, 5-860
Replantation untere Extremität, 5-861
Replantation, Extremitäten, 5-86
Replantation, Zahn, 5-235
Reposition, Azetabulumfraktur mit Osteosynthese, offen, 5-799
Reposition, Beckenrand- und Beckenringfraktur, offen, 5-798
Reposition, einfache Fraktur an kleinen Knochen, offen, 5-795

Alphabetisches Register unter anatomisch-funktionellen Gesichtspunkten

Reposition, einfache Fraktur im Gelenkbereich eines langen Röhrenknochens, offen, 5-793
Reposition, einfache Fraktur im Schaftbereich eines langen Röhrenknochens, offen, 5-791
Reposition, Fraktur Corpus mandibulae, 5-764
Reposition, Fraktur Kalkaneus, offen, 5-797
Reposition, Fraktur Processus alveolaris mandibulae, 5-764
Reposition, Fraktur Processus articularis mandibulae, 5-765
Reposition, Fraktur Ramus mandibulae, 5-765
Reposition, Fraktur Talus, offene, 5-797
Reposition, Fraktur, 5-79
Reposition, Fraktur, mit Osteosynthese, geschlossen, 5-790
Reposition, Gelenkluxation m. Osteosynthese, geschlossen, 5-79a
Reposition, Gelenkluxation, offen, 5-79b
Reposition, geschlossen, Fraktur oder Gelenkluxation an der Wirbelsäule ohne Osteosynthese, 8-202
Reposition, geschlossen, Fraktur ohne Osteosynthese, 8-200
Reposition, geschlossen, Fraktur und Gelenkluxation ohne Osteosynthese, 8-20
Reposition, geschlossen, Gelenkluxation ohne Osteosynth., 8-201
Reposition, geschlossen, Hüftkopffraktur mit Osteosynthese, offen, 5-799
Reposition, Luxation, 5-79
Reposition, Mehrfragment-Fraktur kleine Knochen, offen, 5-796
Reposition, Mehrfragment-Fraktur Röhrenknochen, Gelenkbereich, offen, 5-794
Reposition, Mehrfragment-Fraktur Röhrenknochen, Schaftbereich, offen, 5-792
Reposition, Mittelgesichtsfraktur, andere kombinierte, 5-763
Reposition, Mittelgesichtsfraktur, lateral, 5-760
Reposition, Mittelgesichtsfraktur, zentral, 5-761
Reposition, Mittelgesichtsfraktur, zentrolateral, 5-762
Reposition, Nasenfraktur, 5-216
Reposition, Orbitafraktur, 5-766
Reposition, Stirnhöhlenwandfraktur, 5-767
Resektion, Aorta, 5-384
Resektion, Blutgefäße mit Reanastomosierung, 5-382
Resektion, Blutgefäße, und Ersatz von Teilen, 5-383
Resektion, Bronchus, 5-32
Resektion, Bronchus, andere Exzision, 5-321
Resektion, Corpus pineale,Gewebe, 5-074
Resektion, Dickdarmes, partielle, 5-455
Resektion, Ductus deferens, 5-636
Resektion, Dünn- und Dickdarm, 5-45
Resektion, Dünndarmes, 5-454
Resektion, Gallengänge, Gewebe, 5-515
Resektion, Gesichtsschädelknochen, partiell und total, 5-771
Resektion, Gewebe in der Bauchregion, 5-547
Resektion, Harnblasengewebe, transurethral, 5-573
Resektion, Hirnnerven und Ganglien, 5-017
Resektion, Hypophyse, Gewebe, 5-075
Resektion, Knochengewebe, 5-782
Resektion, Larynx, 5-30
Resektion, Lunge, 5-32
Resektion, Magen, 5-43
Resektion, Mamma, 5-87
Resektion, Mandibula, partiell und total, 5-772
Resektion, Mastektomie, erweitert, 5-874
Resektion, Mundbodens mit plastischer Rekonstruktion, 5-277
Resektion, Nase, 5-213
Resektion, Nasenseptum, 5-214
Resektion, Niere, partielle, 5-553
Resektion, Ohrmuschel, 5-182
Resektion, Pankreas, partielle, 5-524
Resektion, Speicheldrüse, 5-262
Resektion, Thymus, 5-077
Resektion, Trachea, 5-314
Resektion, Ureterostiums, 5-561
Resektion, Urethragewebe, 5-582
Resektion, Wange mit plastischer Rekonstruktion, 5-278

Resektionsarthroplastik an Gelenken der Hand, 5-847
Resektionsverfahren, fluoreszenzgestützt, 5-989
Residualkapazität, Messung der funktionellen [FRC], 1-713
Resorptionstests mit Radionukliden, 3-70b
Respiratorische Organe, Biopsie ohne Inzision, 1-43
Respiratorische Organe, endoskopische Biopsie, 1-430
Respiratorische Organe, perkutane Biopsie mit Steuerung durch bildgebende Verfahren, 1-432
Respiratorische Organe, perkutane Biopsie, 1-431
Resttumorlast, molekulares Monitoring [MRD], 1-991
Retina, andere Operationen, 5-156
Retina, Destruktion von erkranktem Gewebe, 5-155
Retina, Operationen, 5-15
Retina, Revision, Cerclage oder Plombe, 5-153
retrograde Endoskopie, 1-645
retroperitoneales Gewebe, Biopsie durch Inzision, 1-559
retroperitoneales Gewebe, Inzision und Exzision, 5-590
Retroperitonealraum, Endosonographie, 3-05a
Retroperitonealraum, therapeutische Spülung, bei liegender Drainage und temporärem Bauchdeckenverschluß, 8-177
Retroperitoneum, Biopsie durch Inzision, 1-55
Retroperitoneum, Laparotomie und Eröffnung, 5-541
Retropubische Suspensionsoperation, abdominal, 5-595
Revaskularisation des Herzens, andere, 5-363
Revision, alloplastische Linse, mit Entfernung, 5-147
Revision, Amputationsgebiet, 5-866
Revision, Blutgefäßoperation, 5-394
Revision, Cerclage oder Plombe in der Retina, 5-153
Revision, Endoprothese am Hüftgelenk, 5-821
Revision, Endoprothese am Kniegelenk, 5-823
Revision, Endoprothese an Gelenken der oberen Extremität, 5-825
Revision, Endoprothese an Gelenken der unteren Extremität, 5-827
Revision, Enterostoma, 5-464
Revision, Hautplastik, 5-907
Revision, Hautplastik, Verbrennungen und Verätzungen, 5-928
Revision, Knochenteilersatz und Knochentotalersatz, 5-828
Revision, Liquorableitungen, mit Entfernung, 5-024
Revision, Magenresektion, 5-447
Revision, Orbita und Augapfel, mit Rekonstruktion, 5-166
Revision, Orbitaimplantat, 5-165
Revision, Stapedektomie, 5-192
rheumatologische Komplexbehandlung, multimodal, 8-983
Rhinomanometrie, 1-245
Rhinoskopie, diagnostische, 1-612
Risikogeburt, Überwachung und Leitung, 9-261
Roboter, OP-Roboter, Anwendung, 5-987
Rückenmark, andere Operationen, 5-039
Rückenmark, Computertomographie, mit Kontrastmittel, 3-223
Rückenmark, Exzision und Destruktion von Gewebe, 5-035
Rückenmark, Inzision, 5-034
Rückenmark, Magnetresonanztomogr., mit Kontrastmittel, 3-823
Rückenmark, native Computertomographie, 3-203
Rückenmark, native Magnetresonanz-tomographie, 3-802
Rückenmark, Operation, 5-03
Rückenmark, plastische Operationen, 5-036
Rückenmarkgefäße, Arteriographie, 3-60a
Rückenmarkhäute, Exzision und Destruktion von Gewebe, 5-035
Rückenmarkhäute, Inzision, 5-034
Rückenmarkhäute, Operationen, 5-03
Rückenmarkhäute, plastische Operationen, 5-036
Rückenmarkstrukturen, andere Operationen, 5-039
Rückverlagerung eines doppelläufigen Enterostoma, 5-465
Ruptur, post partum, 5-758
Salpingektomie, 5-661
Salpingoovariektomie, 5-653
Salpingotomie, 5-660
SAPS, Intensivmedizinische Komplexbehandlung, 8-980
SAPS, Sonstige multimodale Komplexbehandlung, 8-98
Sauerstoffsättigung, hirnvenös, Monitoring, 8-923

Alphabetisches Register unter anatomisch-funktionellen Gesichtspunkten

Sauerstoffzufuhr, 8-72
Sauerstoffzufuhr, Neugeborenen, 8-720
Säuglinge, Atemunterstützung, 8-711
Säuglinge, Basisdiagnostik, unklarer Symptomkomplex, 1-944
Säuglinge, hochaufwendige Pflege, 9-203
Säuglinge, präventive familienzentrierte multimodale Komplexbehandlung, 9-502
Säuglinge, maschinelle Beatmung, 8-711
Schädel, andere Operationen, 5-02
Schädel, Computertomographie, mit Kontrastmittel, 3-220
Schädel, Inzision (Trepanation) und Exzision, 5-01
Schädel, Magnetresonanztomographie, mit Kontrastmittel, 3-820
Schädel, native Computertomographie, 3-200
Schädel, native Magnetresonanztomographie, 3-800
Schädel, Stereotaktische Operationen, 5-014
Schädelbasis, Zugang, 5-011
Schädeleröffnung über die Kalotte, 5-010
Schädelfunktionelle Eingriffe, 5-028
Schädelkalotte, Extension, 8-410
Schädelknochen, Exzision und Destruktion von Gewebe, 5-016
Schädelknochen, Inzision, 5-012
Schilddrüse, andere Operationen, 5-069
Schilddrüse, Biopsie durch Inzision, 1-582
Schilddrüse, Inzision im Gebiet, 5-060
Schilddrüse, Operationen nach Sternotomie, 5-064
Schilddrüse, Operationen, 5-06
Schilddrüse, Szintigraphie, 3-701
Schilddrüsenresektion, andere partielle, 5-062
Schlafbezogene Atemstörungen, Einstellung einer nasalen oder oronasalen Überdrucktherapie, 8-717
Schlaflatenztest, Multipler, 1-795
Schlaganfall, akut, Neurologische Komplexbehandlung, 8-981
Schlaganfall, Andere neurologische Komplexbehandlung, 8-98b
Schleimbeutel, andere Operationen, 5-859
Schleimbeutel, Biopsie durch Inzision, 1-504
Schleimbeutel, diagnostische perkutane Punktion, 1-854
Schleimbeutel, Operationen, 5-85
Schleimbeutel, Perkutane Biopsie mit Steuerung durch bildgebende Verfahren, 1-484
Schleimbeutel, Perkutane Biopsie, 1-483
Schlingenoperation, Suprapubisch, 5-594
Schlitzung, Speicheldrüse, Speicheldrüsenausführungsgang, 5-260
Schlucken, Evaluation mit flexiblem Endoskop, 1-613
Schlucken, Therapie von Störungen, 9-320
schmerztherapeutische Kurzzeitbehandlung, multimodal, 8-91b
Schmerztherapie, 8-91
Schmerztherapie, Epidurale Injektion und Infusion, 8-910
Schmerztherapie, Injektion eines Medikamentes an andere periphere Nerven, 8-915
Schmerztherapie, Injektion eines Medikamentes an das sympathische Nervensystem, 8-916
Schmerztherapie, Injektion eines Medikamentes an extrakranielle Hirnnerven, 8-913
Schmerztherapie, Injektion eines Medikamentes an Nervenwurzeln und wirbelsäulennahe Nerven, 8-914
Schmerztherapie, Injektion eines Medikamentes in Gelenke der Wirbelsäule, 8-917
Schmerztherapie, Multimodale, 8-918
Schmerztherapie, Subarachnoidale Injektion und Infusion, 8-911
Schmerztherapie, Wiederbefüllung einer implantierten Medikamentenpumpe, 8-91a
Schultergelenk, arthroskopische Refixation und Plastik am Kapselbandapparat, 5-814
Schultergelenk, offen chirurgische Refixation und Plastik am Kapselbandapparat, 5-805
Schwächende Eingriffe an einem geraden Augenmuskel, 5-10b
Schwächende Eingriffe an einem schrägen Augenmuskel, 5-10g
Schwangerschaft [Abruptio], Kürettage zur Beendigung, 5-751
Schwangerschaft, andere Operationen zur Beendigung, 5-752
Schwangerschaft, Behandlung während der, 9-28
Schwangerschaft, Intraamniale Injektion zur Beendigung, 5-750
Schweres Atemversagen, Spezialverfahren zur maschinellen Beatmung, 8-714
Schwerionentherapie, andere, 8-52c
Screening, geriatrisch, multidimensional, 1-770
Sechs-Minuten-Gehtest nach Guyatt, 1-715
Sectio alta, Zystostomie, 5-571
Sectio caesarea, andere, 5-749
Sectio caesarea, Entwicklung des Kindes, 5-74
Sectio caesarea, extraperitonealis, 5-742
Sectio caesarea, klassische, 5-740
Sectio caesarea, suprazervikal und korporal, 5-741
Sedierung, 8-903
Segmentresektion der Lunge, 5-323
Sehne, andere Operationen, 5-859
Sehne, Durchtrennung, 5-851
Sehne, Entnahme und Transplantation, 5-858
Sehne, Exzision, 5-852
Sehne, Hand, Operationen, 5-840
Sehne, Inzision, 5-850
Sehne, Naht und andere Operationen, 5-855
Sehne, Operationen, 5-85
Sehne, Rekonstruktion, 5-854
Sehne, Verbrennungen, Verätzungen, Wunddebridement, 5-922
Sehnenscheide, Naht und andere Operationen, 5-855
Sekundäre Einführung, alloplastische Linse, 5-146
Sekundäre Einführung, Orbitaimplantat, 5-165
Sentinel Lymphnode Extirpation, Sondenmessung, 3-760
Septorhinoplastik, plastische Rekonstruktion innere und äußere Nase, 5-218
Septumdefekt, Herz, Herstellung und Vergrößerung, 5-355
Shavertechnik, Weichteil- und Knochenabtragung bei Operationen an Nase, Nasennebenhöhlen und Gesichtsschädelknochen, 5-98f
Shunt, arteriovenös, Anlage, 5-392
Shunt, Blutgefäße, Anlage anderer, 5-393
Shunt, intraabdominal venös, Anlage, 5-391
Shunt, Liquorshunt, Anlage, 5-023
Shuntoperationen zwischen großem und kleinem Kreislauf, 5-390
Sialendoskopie, diagnostisch, Glandula submandibularis oder Glandula parotis, 1-683
Siebbein, Operation, 5-222
Sigmoideoskopie, diagnostische, 1-651
Simultane Appendektomie, 5-471
Single-Photon-Emissionscomputertomographie (SPECT), 3-72
Single-Photon-Emissionscomputertomographie, andere, 3-72-
Single-Photon-Emissionscomputertomographie, Gehirn, 3-720
Single-Photon-Emissionscomputertomographie, Herz, 3-721
Single-Photon-Emissionscomputertomographie, Lunge, 3-722
Single-Photon-Emissionscomputertomographie, mit Computertomographie (SPECT/CT) des Gehirns, 3-730
Sinugraphie, 3-13n
Sinus pilonidalis, Exzision und Rekonstruktion, 5-897
Sinus pilonidalis, Inzision, 5-891
Skelett, Extension, 8-40
Skelettsystem, Single-Photon-Emissionscomputertomographie mit Computertomographie, 3-733
Sklera, andere Operationen, 5-139
Sklera, Exzision und Destruktion von erkranktem Gewebe, 5-135
Sklera, Operationen, 5-13
Sklera, Operationen, 5-138
Skoliose, andere komplexe Rekonstruktionen Wirbelsäule, 5-838
Skrotum, andere Operationen, 5-619
Skrotum, Inzision, 5-610
Skrotum, Operationen, 5-61
Skrotum, plastische Rekonstruktion, 5-613
Skrotumgewebe, Exzision und Destruktion, 5-612
Sondenentfernung, Zusatzinformation, 5-378.a

Alphabetisches Register unter anatomisch-funktionellen Gesichtspunkten

Sondenmessung, 3-76
Sonographie, Fetus, Erkrankungs- und Fehlbildungsdiagn., komplex, 3-032
Sonographie, Kleinkinder, komplex differenzialdiagn., 3-033
Sonographie, digitale Bild- und Videodokumentation, 3-03
Sonographie, Gefäßsystem, mit Auswertung, 3-035
Sonographie, Kontrastmittel, 3-030
Sonographie, Neugeborene, komplex differenzialdiagn., 3-033
Sonographie, Tissue Doppler Imaging [TDI], 3-034
Sonographie, Verformungsanalysen von Gewebe, 3-034
Sonographie, Weichteiltumore, mit Vermessung, 3-035
Sozialpädiatrische Therapie, 9-403
Speckle Tracking, Sonogr., Verformungsanal. v. Gewebe, 3-034
SPECT, 3-72
SPECT/CT, 3-73
Speicheldrüse, andere Operationen, 5-269
Speicheldrüse, Biopsie durch Inzision, 1-542
Speicheldrüse, Exzision von erkranktem Gewebe, 5-261
Speicheldrüse, Inzision und Schlitzung, 5-260
Speicheldrüse, Operationen, 5-26
Speicheldrüse, Rekonstruktion, 5-263
Speicheldrüse, Resektion, 5-262
Speicheldrüsenausführungsgang, Biopsie durch Inzision, 1-542
Speicheldrüsenausführungsgang, andere Operationen, 5-269
Speicheldrüsenausführungsgang, Exzision erkranktes Gew., 5-261
Speicheldrüsenausführungsgang, Inzision und Schlitzung, 5-260
Speicheldrüsenausführungsgang, Operationen, 5-26
Speicheldrüsenausführungsgang, Rekonstruktion, 5-263
Spenderstuhlsuspension, Applikation, 8-129
Spezialverfahren zur maschinellen Beatmung bei schwerem Atemversagen, 8-714
Spezielle Komplexbehandlung der Hand, 8-988
Spezielle Operationstechniken und Operationen, 5-98
Spezielle Versorgungssituationen, 5-98
Spezifische Behandlung im besonderen Setting bei substanzbedingten Störungen bei Kindern und Jugendlichen, 9-694
Sphincter ani [Spinkterotomie], Durchtrennung, 5-494
Sphincter Oddi und Papilla duodeni major, Operationen, 5-518
Sphinkterapparat, Rekonstruktion, 5-496
Spina bifida, Komplexe Diagnostik, 1-209
Spinale Arteriographie, Arteriographie Rückenmarkgefäße, 3-60a
Spinales Liquorsystem, Operationen, 5-038
Spinalkanal, Inzision, 5-033
Spinalkanal, Operationen, 5-03
Spinkterotomie, Durchtrennung des Sphincter ani, 5-494
Spiroergometrie, 1-712
Splenektomie, 5-413
Spondylodese, 5-836
Sprache, Therapie von Störungen, 9-320
Sprechen, Therapie von Störungen, 9-320
Sprunggelenk, offen chirurgische Refixation und Plastik am Kapselbandapparat des oberen, 5-806
Spülung, 8-17
Spülung, therapeutisch, andere, 8-179
Spülung, therapeutisch, Auge, 8-170
Spülung, therapeutisch, Bauchraum, bei liegender Drainage und temporärem Bauchdeckenverschluß, 8-176
Spülung, therapeutisch, Gelenk, 8-178
Spülung, therapeutisch, Lunge, 8-173
Spülung, therapeutisch, Nasennebenhöhlen, 8-172
Spülung, therapeutisch, Ohr, 8-171
Spülung, therapeutisch, Retroperitonealraum, 8-177
Stabilisierung, dynamisch, Wirbelsäule, 5-83b
Stabilisierung, Zahn, 5-235
Stammzellen, Entnahme von hämatopoetischen aus Knochenmark und peripherem Blut zur Transplantation, 5-410
Stammzellen, Transfusion peripher gewonnener, hämatopoetisch, 8-805
Stammzelltherapie, allogen, 8-863
Stammzelltherapie, autogen, 8-860
Stammzelltherapie, autogen, mit Blutbestandteilen und Hepatozyten, 8-86
Stapedektomie, Revision, 5-192
Stapesplastik, 5-197
Stationäre Behandlung vor Entbindung im selben Aufenth., 9-280
Stationäre Behandlung vor Transplantation, 8-979
Stationsäquivalente psychiatrische Behandlung, Erwachsene, 9-701
Stationsäquivalente psychiatrische Behandlung, Kinder, 9-801
Stationsersetzendes Umfeld, Behandlungsmaßnahmen bei Erwachsenen, 9-644
Stationsersetzendes Umfeld, Behandlungsmaßnahmen bei Kindern und Jugendlichen, 9-691
Steinbehandlung, perkutan-transrenal und transurethral, 5-562
Steine in den Harnorganen, ESWL, 8-110
Steine in Gallenblase und Gallengängen, ESWL, 8-111
Steine in sonstigen Organen, ESWL, 8-112
Steine, Fremdkörper und Tamponaden der Harnblase, Endoskopische Entfernung, 5-570
Steinentfernung und Pyeloplastik, Perkutan-transrenale Nephrotomie, Nephrostomie, 5-550
Steinmann-Nagel, Extension durch Knochennagelung, 8-400
Stent-Graft, Perkutan-transluminale Implantation von medikamentefreisetzenden gecoverten Stents, 8-848
Stentimplantation, perkutan-transluminal, 8-84
Stent-Prothesen, Einlegen oder Wechseln, Gallengänge, 5-517
Stent-Prothesen, Endovaskuläre Implantation von, 5-38a
Stent, Bifurkationsstent, selbstexpandierend, 8-84c
Stent, bioresorbierbar, 8-843
Stent, gecoverte Cheatham-Platinum-Stents, 8-846
Stent, medikamentefreisetzend gecovert, 8-848
Stent, medikamentefreisetzend, 8-841
Stent, nicht medikamentefreisetzend gecovert, 8-842
Stent, nicht medikamentefreisetzend, 8-840
Stent, Nitinoalstent, (Perkutan-)transluminale Implantation von aus Einzeldrähten verwobenen Nitinolstents, 8-84d
Stent, perkutan-transluminale Implantation, zur Strömungslaminierung bei Aneurysmen, 8-84b
Stent, selbstexpandierend, Gallengänge, 5-517
Stent, selbstexpandierend, Mikrostents, 8-844
Stent, sonstige gecoverte großlumige, 8-84a
Stent, sonstige ungecoverte großlumige, 8-849
Stent, ungecoverte Cheatham-Platinum-Stents, 8-845
Stent, Wachstumsstent, 8-847
Stereotaktische Biopsie an Hypophyse und Corpus pineale, 1-515
Stereotaktische Biopsie an intrakraniellem Gewebe, 1-511
Stereotaktische Operationen, Schädel, Gehirn, Hirnhäute, 5-014
Sterilisationsoperation, 5-663
Sternotomie, Operationen an der Nebenschilddrüse durch, 5-068
Sternotomie, Operationen an der Schilddrüse durch, 5-064
Stimme, Therapie von Störungen, 9-320
Stimulation, Elektrische, des Herzrhythmus, intraoperativ, 8-643
Stimulation, Temporär extern elektrisch, Herzrhythmus, 8-641
Stimulation, Temporär intern elektrisch, Herzrhythmus, 8-642
Stirnhöhle, Operationen, 5-223
Stirnhöhlenwandfraktur, Reposition, 5-767
Stoffwechselstörung, Belastungstest zum Nachweis, 1-760
Störungen, Therapie von Stimm-, Sprach-, Sprech-, Schluckstörungen und Hörstörungen, 9-32
Stoßwellentherapie, andere extrakorporale, 8-119
Stoßwellentherapie, Extrakorporale, 8-11
Stoßwellentherapie, Stütz- und Bewegungsapparat, 8-115
Straffungsoperation am Gesicht, 5-910
Strahlentherapie, 8-52
Strahlentherapie, intraoperativ mit Röntgenstrahlung, 8-52d
Stress-Echokardiographie, komplex differentialdiagnostisch, thorakal, 3-031
Stripping von Varizen, Unterbindung, Exzision und, 5-385

Alphabetisches Register unter anatomisch-funktionellen Gesichtspunkten

Stroke Unit, Neurologische Komplexbehandlung des akuten Schlaganfalls, 8-981
Strömungslaminierung, Perkutan-transluminale Implantation von Stents bei Aneurysmen, 8-84b
Stuhldrainagesystem, 8-128
Stütz- und Bewegungsapparat, ESWL, 8-115
Subarachnoidale Injektion und Infusion, Schmerztherapie, 8-911
Subkutane Mastektomie, 5-877
Submuköse Resektion, Nasenseptum, 5-214
Substanzbedingte Störungen, Kinder und Jugendliche, Spezifische Behandlung im besonderen Setting, 9-694
Subtotale Magenresektion (4/5-Resektion), 5-436
Subtotale Uterusexstirpation, 5-682
Superselektive Arteriographie, 3-608
Suprapubische (urethrovesikale) Zügeloperation, 5-594
Suprapubischen Katheters, Wechsel und Entfernung, 8-133
Suspensionsoperation, abdominale retropubische und paraurethrale, 5-595
Suspensionsoperation, Harninkontinenz des Mannes, 5-598
Suspensionsoperation, Transvaginale, 5-593
Sympathektomie, 5-043
Sympathikolyse, perkutan, mit Steuerung durch bildgebende Verfahren, 5-04a
Sympathisches Nervensystem, Injektion eines Medikamentes zur Schmerztherapie, 8-916
Syndaktyliekorrektur, Finger, 5-917
Syndaktyliekorrektur, Zehen, 5-918
Synovialektomie, Hand, 5-845
Synovialis, arthroskopische Operation, 5-811
Systematische Lymphadenektomie, radikal, 5-404
Szintigraphie anderer endokriner Organe, 3-702
Szintigraphie, 3-70
Szintigraphie, andere, 3-70x
Szintigraphie, Blutgefäße, 3-708
Szintigraphie, Ganzkörper-, zur Lokalisationsdiagnostik, 3-70c
Szintigraphie, Gastrointestinaltraktes, 3-707
Szintigraphie, Gehirn und Liquorräumen, 3-700
Szintigraphie, hämatopoetischen Systems, 3-70a
Szintigraphie, Lunge, 3-703
Szintigraphie, Lymphsystems, 3-709
Szintigraphie, Muskel-Skelettsystem, 3-705
Szintigraphie, Nieren, 3-706
Szintigraphie, Schilddrüse, 3-701
Szintigraphie, Teilkörper, zur Lokalisationsdiagnostik, 3-70d
Tabakentwöhnung, Multimodale stationäre Behandlung, 9-501
Tagesklinische Behandlung, halbtägig bei Erwachsenen, 9-644
Tagesklinische Behandlung, halbtägig bei Kinder und Jugendlichen, 9-691
Talus, Kalkaneus, Offene Reposition einer Fraktur, 5-797
Tamponade einer nichtgeburtshilflichen Uterusblutung, 8-503
Tamponade einer vaginalen Blutung, 8-504
Tamponade, Nasenblutung, 8-500
Tamponade, Ösophagusblutung, 8-501
Tamponade, Rektumblutung, 8-502
Tamponade, Uterusblutung, nichtgeburtshilflich, 8-503
Tamponade, vaginale Blutung, 8-504
Tamponade, Wechsel, Entfernung bei Blutungen, 8-506
Tamponaden, Kontrolle Blutungen durch, 8-50
Tätowieren, 5-890
Technik, Mikrochirurgisch, 5-984
Technik, Minimalinvasiv, 5-986
TEE, Transösophageale Echokardiographie, 3-052
Teilkörperhyperthermie, bei onkologischer Therapie, 8-601
Teilkörper-Inkorporationsmessungen, 3-763
Teilkörper-Single-Photon-Emissionscomputertomographie ergänzend zur planaren Szintigraphie, 3-724
Teilkörper-Szintigraphie zur Lokalisationsdiagnostik, 3-70d
Teilstationäre geriatrisch-frührehabilitative Behandlung, 8-98a
Teilstationäre Multimodale Schmerztherapie, 8-91c

Teilverschluß, Vena cava, 5-387
Telemetrie, kardiologisch, funkgesteuert, 8-933
Testpsychologische Diagnostik, 1-902
Testpsychologische Untersuchung, 1-90
Therapeutische Amniozentese [Amnionpunktion], 5-753
Therapeutische Aspiration und Entleerung durch Punktion, 8-15
Therapeutische Drainage, andere Organe und Gewebe, 8-148
Therapeutische Drainage, Harnorgane, 8-147
Therapeutische Drainage, Organe des Bauchraumes, 8-146
Therapeutische Drainage, Pleurahöhle, 8-144
Therapeutische Injektion, 8-02
Therapeutische Katheterisierung, andere Formen, 8-14
Therapeutische Katheterisierung, Andere, 8-149
Therapeutische Katheterisierung, Gefäße, 8-83
Therapeutische Kürettage, 5-690
Therapeutische perkutane Punktion, Auge, 8-151
Therapeutische perkutane Punktion, Bauchhöhle, 8-153
Therapeutische perkutane Punktion, Bauchraum, 8-154
Therapeutische perkutane Punktion, Gelenk, 8-158
Therapeutische perkutane Punktion, Geschlechtsorg., männl. 8-156, weibl. 8-157
Therapeutische perkutane Punktion, Harnorganen, 8-155
Therapeutische perkutane Punktion, Thorax-Organe, 8-152
Therapeutische perkutane Punktion, Zentralnervensystem, 8-151
Therapeutische Plasmapherese, 8-820
Therapeutische Spülung, Auge, 8-170
Therapeutische Spülung, Bauchraum, 8-176
Therapeutische Spülung, Gelenk, 8-178
Therapeutische Spülung, Lunge, 8-173
Therapeutische Spülung, Nasennebenhöhlen, 8-172
Therapeutische Spülung, Ohre, 8-171
Therapeutische Spülung, Retroperitonealraum, 8-177
Therapie, andere nuklearmedizinische, 8-539
Therapie, Fetus, intrauterin, 5-754
Therapie, mit offenen Radionukliden, 8-530
Therapie, Neuropsychologische, 9-404
Therapie, Nuklearmedizinische, 8-53
Therapie, organische und funktionelle Störungen Sprache, Sprechen, Stimme, Schlucken, 9-320
Therapie, Psychosomatisch, 9-402
Therapie, Stimm-, Sprach-, Sprech-, Schluckstörungen und Hörstörungen, 9-32
Therapieeinheiten, Anzahl pro Woche bei Erwachsenen, 9-649
Therapieeinheiten, Anzahl pro Woche bei Kindern und Jugendlichen, 9-696
Thermotherapie mit magnetischen Nanopartikeln, 8-651
thorakale Gefäße, Arteriographie, 3-603
Thorakoskopie und Mediastinoskopie, diagnostisch, 1-691
Thorax, andere Operationen, 5-349
Thorax, Computertomographie, mit Kontrastmittel, 3-222
Thorax, Magnetresonanztomographie, mit Kontrastmittel, 3-822
Thorax, Native Computertomographie, 3-202
Thorax, Native Magnetresonanztomographie, 3-809
Thoraxgefäße, Phlebographie, 3-611
Thoraxwandteilresektion, mit erweiterter (radikaler) Mastektomie, 5-874
Thrombektomie von Blutgefäßen, 5-380
Thrombozytenkonzentrat, Transfusion, 8-800
Thymus, andere Operationen, 5-078
Thymus, Exzision und Resektion, 5-077
Thymus, perkutane (Nadel-) Biopsie, 1-425
Thymus, perkutane Biopsie m. Steuerung bildgeb. Verf., 1-426
Thyreoidektomie, 5-063
TISS, Intensivmedizinische Komplexbehandlung, 8-980
TISS, Sonstige multimodale Komplexbehandlung, 8-98
Tissue Doppler Imaging [TDI], Sonographie, 3-034
Tonsille des Zungengrunds, Exzision und Destruktion, 5-284
Tonsillektomie mit Adenotomie, 5-282
Tonsillektomie ohne Adenotomie, 5-281

Trachea, andere Inzisionen, 5-313
Trachea, andere Operationen, 5-319
Trachea, Exzision, Resektion und Destruktion, 5-314
Trachea, Inzision des Larynx und andere Inzisionen der, 5-313
Trachea, Rekonstruktion, 5-316
Tracheaoperationen, 5-31
Tracheobronchoskopie, diagnostisch, 1-62
Tracheobronchoskopie, diagnostisch, 1-620
Tracheoskopie und Bronchoskopie, diagnostisch, durch Inzision und intraoperativ, 1-690
Tracheostomie, permanente, 5-312
Tracheostomie, temporär, 5-311
Tränendrüse, andere Operationen an der, 5-082
Tränendrüse, Biopsie durch Inzision, 1-522
Tränendrüse, Exzision von Gewebe, 5-081
Tränendrüse, Inzision, 5-080
Tränendrüse, Operationen, 5-08
Tränenkanal, Rekonstruktion, 5-086
Tränensack, Exzision von erkranktem Gewebe, 5-085
Tränensack, Inzision, 5-084
Tränenwege, Andere Operationen, 5-089
Tränenwege, Diagnostische Endoskopie, 1-681
Tränenwege, Exzision erkranktes Gewebe an sonstigen, 5-085
Tränenwege, Inzision von sonstigen, 5-084
Tränenwege, Operationen, 5-08
Transanale Irrigation, 8-126
Transarterielle Biopsie, 1-497
Transarterielle Linksherz-Katheteruntersuchung, 1-275
Transbronchiale Endosonographie, 3-05f
Transfusion, Blutzellen, 8-80
Transfusion, Gewinnung von Eigenblut, 8-803
Transfusion, Leukozyten, 8-802
Transfusion, peripher gewonnene hämatopoetische Stammzellen, 8-805
Transfusion, Plasma, Plasmabestandteile, 8-81
Transfusion, Plasmabestandteile und gentechnisch hergestellte Plasmaproteinen, 8-810/8-812
Transfusion, Vollblut, Erythrozytenkonzentrat und Thrombozytenkonzentrat, 8-800
Transorale Inzision und Drainage eines pharyngealen oder parapharyngealen Abszesses, 5-280
Transösophageale Echokardiographie [TEE], 3-052
Transplantat, Angaben und verwendete Materialien, 5-93
Transplantat, Art, 5-930
Transplantatentnahme, von Blutgefäßen, 5-386
Transplantation, Exzision eines Nerven zur, 5-042
Transplantation, Herz- und Herz-Lungen-, 5-375
Transplantation, Leberteilresektion und Hepatektomie zur, 5-503
Transplantation, Medizinische Evaluation und Entscheidung über die Indikation zur Transplantation, 1-920
Transplantation, Medizinische Evaluation zur, 1-92
Transplantation, Muskel, Sehne und Faszie mit mikrovaskulärer Anastomosierung, 5-858
Transplantation, Pankreas(gewebe), 5-528
Transplantation, Stationäre Behandlung vor, 8-979
Transplantation, Zahn, 5-235
transplantierter Zahn, Entfernung, 5-236
Transposition eines geraden Augenmuskels, 5-10d
Transposition eines schrägen Augenmuskels, 5-10h
Transposition von Blutgefäßen, 5-396
Transposition von intrakraniellen Blutgefäßen und Anlegen eines Bypasses, 5-027
Transrektale Biopsie an männlichen Geschlechtsorganen, 1-464
Transrektale Destruktion von Prostatagewebe, 5-602
Transseptale Linksherz-Katheteruntersuchung, 1-274
Transurethrale Biopsie an Harnorganen und Prostata, 1-460
Transurethrale Erweiterung des Ureters, 5-560
Transurethrale Exzision und Destruktion Prostatagewebe, 5-601
Transurethrale Inzision von Gewebe der Urethra, 5-585

Transurethrale Inzision, Exzision, Destruktion und Resektion von Gewebe der Harnblase, 5-573
transurethrale Steinbehandlung, Ureterotomie, 5-562
Transvaginale Suspensionsoperation, 5-593
Transvenöse Biopsie, 1-497
Trepanation, Schädel, Gehirn und Hirnhäute, 5-01
Tuba uterina, Adhäsiolyse mit mikrochirurg. Versorgung, 5-658
Tuba uterina, Adhäsiolyse ohne mikrochirurg. Versorgung, 5-657
Tuba uterina, andere Operationen, 5-669
Tuba uterina, Biopsie durch Inzision, 1-570
Tuba uterina, Exzision und Destruktion erkranktes Gewebe, 5-665
Tuba uterina, Operationen, 5-66
Tuba uterina, plastische Rekonstruktion, 5-666
Tuba uterinae, Destruktion und Verschluß, 5-663
Tuba uterinae, Insufflation, 5-667
Tubus, Maschinelle Beatmung, 8-71
Tumorlokalisation, Sondenmessung, 3-762
Tunica vaginalis testis, andere Operationen, 5-619
Tunica vaginalis testis, Inzision, 5-610
Tunica vaginalis testis, Operationen, 5-61
Tunica vaginalis testis, plastische Rekonstruktion, 5-613
Tympanoplastik Typ I, Myringoplastik, 5-194
Tympanoplastik, Verschluß einer Trommelfellperforation und Rekonstruktion der Gehörknöchelchen, 5-195
Überdrucktherapie, nasal oder oronasal, bei schlafbezogenen Atemstörungen, Einstellung, 8-717
Übergang, urethrovesikal, Raffung, 5-592
Überwachung und Leitung einer Geburt, n.n.bez., 9-268
Überwachung und Leitung einer normalen Geburt, 9-260
Überwachung und Leitung einer Risikogebut, 9-261
Ultraschall, Dauer der Behandlung durch fokussierten, 8-66
Univentrikulär, Extrakorporale Pumpe, Dauer der Behandlung mit einem herzunterstützenden System, 8-83a
Univentrikuläres Herz, funktionell/morphologisch, Herzkatheteruntersuchung, 1-277
untere Extremität, Amputation und Exartikulation, 5-864
untere Extremität, Replantation, 5-861
untere Nasenmuschel [Concha nasalis], Operationen, 5-215
unterer Verdauungstrakt, Chromoendoskopie, 1-655
unterer Verdauungstrakt, diagnostische Endoskopie, 1-65
unterer Verdauungstrakt, endoskopische Biopsie, 1-444
unterer Verdauungstrakt, endosonogr. Feinnadelpunktion, 1-446
Untergesicht, Osteotomie zur Verlagerung, 5-776
Unterhaut, andere Exzision, 5-899
Unterhaut, andere Inzision, 5-892
Unterhaut, andere Operationen, 5-91
Unterhaut, Andere Operationen, 5-91a
Unterhaut, Biopsie ohne Inzision, 1-490
Unterhaut, chirurgische Wundtoilette und Entfernung von erkranktem Gewebe bei Verbrennungen und Verätzungen, 5-921
Unterhaut, Entfernung von erkranktem Gewebe, 8-19
Unterhaut, freie Hauttransplantation und Lappenplastik bei Verbrennungen und Verätzungen, Empfängerstelle, 5-925
Unterhaut, freie Hauttransplantation und Lappenplastik bei Verbrennungen und Verätzungen, Entnahmestelle, 5-924
Unterhaut, Gewebereduktion, 5-911
Unterhaut, Inzision, bei Verbrennungen und Verätzungen, 5-920
Unterhaut, kombinierte plastische Eingriffe bei Verbrennungen und Verätzungen, 5-927
Unterhaut, kombinierte plastische Eingriffe, 5-906
Unterhaut, Lappenplastik, Empfängerstelle, 5-905
Unterhaut, Lappenplastik, Entnahmestelle, 5-904
Unterhaut, lokale Lappenplastik, 5-903
Unterhaut, lokale Lappenplastik, bei Verbrennungen und Verätzungen, 5-926
Unterhaut, Operationen b. Verbrennungen und Verätzungen, 5-92
Unterhaut, Operationen, 5-89
Unterhautgewebe, Destruktion, 5-915
Unterhautgewebe, lokale Exzision, 5-894

Unterhautgewebe, radikale und ausgedehnte Exzision, 5-895
Unterstützung der Geburt, andere Operationen, 5-739
Untersuchung, Augen, 1-22
Untersuchung, elektrophysiologische Aktivität des Herzens, 1-26
Untersuchung, Harntrakt, 1-33
Untersuchung, im HNO-Bereich, 1-24
Untersuchung, Liquorsystem, 1-204
Untersuchung, Nervensystem, 1-20
Untersuchung, neurologisch, 1-20
Untersuchung, neurophysiologisch, andere, 1-20a
Untersuchung, urodynamisch, 1-334
Ureter, andere Operationen, 5-569
Ureter, Erweiterung, transurethral und perkutan-transrenal, 5-560
Ureter, Operationen, 5-56
Ureter, Rekonstruktion, 5-568
Ureterektomie und Ureterresektion, 5-563
Uretererweiterung, transurethral und perkutan-transrenal, 5-560
Ureterkatheter, Einlegen, Wechsel und Entfernung, 8-137
Ureterokutaneostomie, Harnableitung, 5-564
Ureterorenoskop, flexibel, 5-98b
Ureterorenoskopie, diagnostische, 1-665
Ureterostium, Inzision, Resektion und Erweiterung, 5-561
Ureterotomie, 5-562
Ureterresektion und Ureterektomie, 5-563
Ureterschiene, Einlegen, Wechsel und Entfernung, 8-137
Urethra und Harnblase, Endosonographie, 3-05b
Urethra, andere Operationen, 5-589
Urethra, Biopsie durch Inzision, 1-561
Urethra, Exzision, Destruktion und Resektion von Gewebe, 5-582
Urethra, Operationen, 5-58
Urethra, Operative Dilatation, 5-586
Urethra, plastische Meatotomie, 5-581
Urethra, Rekonstruktion, 5-584
Urethra, transurethrale Inzision von (erkranktem) Gewebe, 5-585
Urethradruckprofil, Messung, 1-335
Urethragewebe, (erkrankt), transurethrale Inzision, 5-585
Urethrektomie als selbständiger Eingriff, 5-583
Urethrographie, 3-13g
Urethroskopie, diagnostisch, 1-660
Urethrostomie, offen chirurgisch, 5-580
Urethrotomie, offen chirurgisch, 5-580
Urethrovesikaler Übergang, Raffung, 5-592
Urethrozystoskopie, augmentierte Harnblase, diagnostisch, 1-663
Urethrozystoskopie, diagnostisch, 1-661
Urodynamische Untersuchung, 1-334
Urographie, 3-13d
Uterus, andere Inzision und Exzision, 5-689
Uterus, andere Operationen, 5-69
Uterus, Biopsie durch Inzision, 1-571
Uterus, Biopsie ohne Inzision mit Steuerung durch bildgebende Verfahren, 1-473
Uterus, erkranktes Gewebe, Exzision und Destruktion, 5-681
Uterus, Inzision, Exzision und Exstirpation, 5-68
Uterus, Rekonstruktion, 5-695
Uterus, und Parametrien, andere Operationen, 5-699
Uterusblutung, nichtgeburtshilflich, Tamponade, 8-503
Uterusdenervation, parazervikal, 5-694
Uterusexstirpation [Hysterektomie], 5-683
Uterusexstirpation, geburtshilflich, 5-757
Uterusexstirpation, radikal, 5-685
Uterusexstirpation, subtotal, 5-682
Uterusinzision [Hysterotomie], 5-680
Uterusmanipulation, 8-51
Vagina, andere Operationen, 5-709
Vagina, andere plastische Rekonstruktion, 5-706
Vagina, Biopsie durch Inzision, 1-572
Vagina, erkranktes Gewebe, lokale Exzision, Destruktion, 5-702
Vagina, Inzision, 5-701
Vagina, Konstruktion und Rekonstruktion, 5-705
Vagina, Operationen, 5-70
Vagina, Verschluß und (sub-)totale Exstirpation, 5-703
Vaginale Blutung, Tamponade, 8-504
Vaginale Entbindung bei Beckenendlage, 5-727
Vaginale Kolporrhaphie und Beckenbodenplastik, 5-704
Vaginale, Blutung, Tamponade, 8-504
Vaginoskopie, diagnostisch, 1-670
Vagotomie, 5-444
Vakuumentbindung, 5-728
Valvuloplastik, 5-353
Valvulotomie, 5-350
Varikozele, operative Behandlung, 5-630
Varizen, Unterbindung, Exzision und Stripping, 5-385
Vasospasmen, zerebrovaskuläre, Multimodale intensivmedizinische Überwachung und Behandlung, 8-97a
Vasotomie des Ductus deferens, 5-635
Vasovesikulographie, 3-13i
Vena cava, Ligatur und Teilverschluß, 5-387
Venendruckmessung, Monitoring Atmung, Herz, Kreislauf, 8-931
Venöser Shunt, intraabdominal, Anlage, 5-391
Verätzungen, andere Operationen, 5-929
Verätzungen, chirurgische Wundtoilette und Entfernung von erkranktem Gewebe an Haut und Unterhaut, 5-921
Verätzungen, freie Hauttransplantation und Lappenplastik an Haut und Unterhaut, Empfängerstelle, 5-925
Verätzungen, freie Hauttransplantation und Lappenplastik an Haut und Unterhaut, Entnahmestelle, 5-924
Verätzungen, Inzision an Haut und Unterhaut, 5-920
Verätzungen, kombinierte plastische Eingriffe an Haut und Unterhaut, 5-927
Verätzungen, lokale Lappenplastik an Haut und Unterhaut, 5-926
Verätzungen, mit temporärer Weichteildeckung, 5-923
Verätzungen, Operationen an Haut und Unterhaut, 5-92
Verätzungen, primärer Wundverschluß der Haut und Revision einer Hautplastik, 5-928
Verätzungen, temporäre Weichteildeckung, 5-923
Verätzungen, Wunddebridement Muskel, Sehne, Faszie, 5-922
Verbände, 8-19
Verbandwechsel, 8-192
Verbrennungen, andere Operationen, 5-929
Verbrennungen, chirurgische Wundtoilette und Entfernung von erkranktem Gewebe an Haut und Unterhaut, 5-921
Verbrennungen, freie Hauttransplantation und Lappenplastik an Haut und Unterhaut, Empfängerstelle, 5-925
Verbrennungen, freie Hauttransplantation und Lappenplastik an Haut und Unterhaut, Entnahmestelle, 5-924
Verbrennungen, Inzision an Haut und Unterhaut, 5-920
Verbrennungen, kombinierte plastische Eingriffe Haut und Unterhaut, 5-927
Verbrennungen, lokale Lappenplastik Haut und Unterhaut, 5-926
Verbrennungen, mit temporärer Weichteildeckung, 5-923
Verbrennungen, Operationen an Haut und Unterhaut, 5-92
Verbrennungen, primärer Wundverschluß der Haut und Revision einer Hautplastik, 5-928
Verbrennungen, temporäre Weichteildeckung, 5-923
Verbrennungen, Wunddebridement Muskel, Sehne, Faszie, 5-922
Verdauungsorgane, andere, andere Biopsie ohne Inzision, 1-449
Verdauungsorgane, andere, Biopsie durch Inzision, 1-55
Verdauungsorgane, andere, Peritoneum und retroperitoneales Gewebe, Biopsie durch Inzision, 1-559
Verdauungsorgane, Biopsie ohne Inzision, 1-44
Verdauungstrakt, diagnostische Endoskopie, 1-695
Verdauungstrakt, Funktionsuntersuchungen, 1-31
Verdauungstrakt, Manipulationen, 8-12
Verdauungstrakt, oberer, Chromoendoskopie, 1-63b
Verdauungstrakt, oberer, diagnostische Endoskopie Stoma, 1-638
Verdauungstrakt, oberer, diagnostische Endoskopie, 1-63
Verdauungstrakt, oberer, Endosonogr. Feinnadelpunktion, 1-445

Verdauungstrakt, unterer, Chromoendoskopie, 1-655
Verdauungstrakt, unterer, diagnostische Endoskopie, 1-65
Verdauungstrakt, unterer, endoskopische Biopsie, 1-444
Verdauungstrakt, unterer, endosonographische Feinnadelpunktion, 1-446
Verhaltensstörungen, Erwachsene, Intensivbehandl., 9-61
Verhaltensstörungen, Erwachsene, Psychosomatisch-psychotherapeutische Komplexbehandlung, 9-63
Verhaltensstörungen, Erwachsene, Regelbehandlung, 9-60
Verhaltensstörungen, Erwachsene, Spezifische Behandlung, 9-70
Verhaltensstörungen, Intensivbehandl., Erwachsene, 9-61
Verhaltensstörungen, Jugendliche, Erhöhter Betreuungsaufwand bei psychischen und psychosomatischen Störungen, 9-693
Verhaltensstörungen, Jugendliche, Psychiatrisch-psychosomatische Behandlung, (Eltern-Kind-Setting), 9-68
Verhaltensstörungen, Jugendliche, Psychiatrisch-psychosomatische Regelbehandlung, 9-65
Verhaltensstörungen, Jugendliche, Psychiatrisch-psychosomatische Intensivbehandl., 9-67, 9-672
Verhaltensstörungen, Jugendliche, Zusatzinformationen, 9-69
Verhaltensstörungen, Kinder, Erhöhter Betreuungsaufwand bei psychischen und psychosomatischen Störungen, 9-693
Verhaltensstörungen, Kinder, Psychiatrisch-psychosomatische Behandlung im besonderen Setting (Eltern-Kind-Setting), 9-68
Verhaltensstörungen, Kinder, Psychiatrisch-psychosomatische Regelbehandlung, 9-65
Verhaltensstörungen, Kinder, Zusatzinformationen, 9-69
Verhaltensstörungen, Psychiatrisch-psychosomatische Behandlung im besonderen Setting, Kinder und Jugendliche, 9-68
Verhaltensstörungen, Psychiatrisch-psychosomatische Intensivbehandl., Jugendliche, 9-67, 9-672
Verhaltensstörungen, Psychiatrisch-psychosomatische Regelbehandlung, Kinder, 9-65
Verhaltensstörungen, Psychiatrisch-psychosomatische Regelbehandlung, Jugendliche, 9-65
Verhaltensstörungen, Psychosomatisch-psychotherapeutische Komplexbehandlung, Erwachsene, 9-63
Verhaltensstörungen, Psychotherapeutische Komplexbehandlung, Erwachsene, 9-62
Verhaltensstörungen, Regelbehandlung, Erwachsene, 9-60
Verhaltensstörungen, Zusatzinformationen, Erwachsene, 9-60
Verhaltensstörungen, Zusatzinformationen, Kinder und Jugendliche, 9-69
Verschluß, abdominale Hernien, 5-53
Verschluß, abdominale Hernien, andere, 5-539
Verschluß, Bauchwand und Peritoneum, 5-545
Verschluß, Blutgefäße, 5-38
Verschluß, Blutgefäße, anderer operativer, 5-389
Verschluß, epigastrische Hernie, 5-535
Verschluß, Hernia diaphragmatica, 5-538
Verschluß, Hernia epigastrica, 5-535
Verschluß, Hernia femoralis, 5-531
Verschluß, Hernia inguinalis, 5-530
Verschluß, Hernia umbilicalis, 5-534
Verschluß, intrakranielle Blutgefäße, 5-025
Verschluß, kongenitale Bauchwanddefekte, 5-537
Verschluß, Leistenhernie, 5-530
Verschluß, Nabelhernie, 5-534
Verschluß, Narbenhernie, 5-536
Verschluß, Tubae uterinae, 5-663
Verschluß, Vagina, 5-703
Verschluß, Zwerchfellhernie, 5-538
Versorgung, Mehrfachverletzung, 5-981
Versorgung, Neugeborenes, postnatal, 9-262
Versorgung, Polytrauma, 5-981
Verstärkende Eingriffe, gerader Augenmuskel, 5-10a
Verstärkende Eingriffe, schräger Augenmuskel, 5-10f
Vertikale Lidverlängerung, 5-098
Vesiculae seminales und Prostata, Operationen, 5-60

Vesiculae seminales, Operationen, 5-606
Vestibulumplastik und Alveolarkammplastik, 5-244
Video-EEG-Intensivdiagnostik bei Epilepsie, invasiv, 1-211
Video-EEG-Intensivdiagnostik, nichtinvasiv, 1-210
Vitrektomie über anderen Zugang, 5-159
Vollblut, Transfusion, 8-800
Volumenersatzmittel, Infusion, 8-81
Volumenersatzmittel, Infusion, bei Neugeborenen, 8-811
Vulva, andere Exzision und Destruktion erkranktes Gewebe, 5-712
Vulva, andere Operationen, 5-718
Vulva, Inzision der, 5-710
Vulva, Konstruktion und Rekonstruktion, 5-716
Vulva, Operationen, 5-71
Vulvektomie, 5-714
Wange, Resektion mit plastischer Rekonstruktion, 5-278
Warzenfortsatz und Mittelohr, Inzision, 5-202
Weibliche Geschlechtsorgane, Andere Operationen, 5-719
Weibliche Geschlechtsorgane, Biopsie durch Inzision, 1-57
Weibliche Geschlechtsorgane, Biopsie ohne Inzision, 1-47
Weibliche Geschlechtsorgane, diagnostische Endoskopie, 1-67
Weibliche Geschlechtsorgane, Endosonographie, 3-05d
Weibliche Geschlechtsorgane, Perkutane Biopsie mit Steuerung durch bildgebende Verfahren, 1-474
Weibliche Geschlechtsorgane, Perkutane Biopsie, 1-470
Weibliche Geschlechtsorgane, Rekonstruktion nach Ruptur, post partum, 5-758
Weibliche Geschlechtsorgane, therap. perkutane Punktion, 8-157
Weibliche Infertilität, andere Behandlung, 9-278
Weibliches kleines Becken, Exenteration [Eviszeration], 5-687
Weibliches Perineum, Biopsie am, durch Inzision, 1-574
Weichteildeckung, bei Verbrennungen und Verätzungen, temporär, 5-923
Weichteildeckung, temporär, 5-916
Weichteile, Gesicht, Rekonstruktion, 5-778
Weichteile, Shavertechnik zur Abtragung, bei Operationen an Nase, Nasennebenhöhlen und Gesichtsschädelknochen, 5-98f
Weichteile, Perkutane Biopsie, 1-491
Weichteile, Perkutane Biopsie, mit Steuerung durch bildgebende Verfahren, 1-492
Wiederbefüllung einer implantierten Medikamentenpumpe zur Schmerztherapie, 8-91a
Wiederherstellung und Entfernung von Zähnen, 5-23
Wiederherstellung, Haut und Unterhaut, andere, 5-909
Wiederherstellung, Haut und Unterhaut, Operativ, 5-90
Wiederherstellung, Kontinuität Darm bei endständigen Enterostomata, 5-466
Wiederherstellung, Oberflächenkontinuität Haut/Unterhaut, 5-900
Wirbelkörperersatz, komplexe Rekonstruktion Wirbelsäule, 5-837
Wirbelsäule, Andere Extension, 8-419
Wirbelsäule, andere komplexe Rekonstruktionen, Skoliose, 5-838
Wirbelsäule, andere Operationen, 5-839
Wirbelsäule, Computertomographie, mit Kontrastmittel, 3-223
Wirbelsäule, Extension, 8-41
Wirbelsäule, Geschlossene Reposition einer Fraktur oder Gelenkluxation, ohne Osteosynthese, 8-202
Wirbelsäule, Inzision erkranktes Knochen-/Gelenkgewebe, 5-830
Wirbelsäule, Inzision erkranktes Knochen-/Gelenkgewebe, 5-832
Wirbelsäule, Knochenersatz, 5-835
Wirbelsäule, komplexe Rekonstruktion, 5-837
Wirbelsäule, Magnetresonanztomographie, m. Kontrastm., 3-823
Wirbelsäule, native Computertomographie, 3-203
Wirbelsäule, native Magnetresonanztomographie, 3-802
Wirbelsäule, Operationen, 5-83
Wirbelsäule, Osteosynthese, 5-83b
Wirbelsäule, Wirbelkörperersatz, 5-837
Wirbelsäule, Zusatzinformationen zu Operationen, 5-83w
Wunddebridement, Gewebe, Verbrennungen, 5-921
Wunddebridement, Muskel, Sehne und Faszie bei Verbrennungen und Verätzungen, 5-922

Wunde, Entfernung von erkranktem Gewebe an Haut und Unterhaut ohne Anästhesie, 8-192
Wundtoilette, Gewebe, chirurgisch, 5-896
Wundtoilette, Gewebe, chirurgisch, bei Verbrennungen und Verätzungen, 5-921
Wundverschluß der Haut, primär, bei Verbrennungen und Verätzungen, 5-928
Wundversorgung am äußeren Ohr, 5-183
Wurzelkanalbehandlung, 5-237
Wurzelspitzenresektion, 5-237
Zahn, Entfernung eines transplantierten, 5-236
Zahn, Replantation, Transplantation, Impl., Stabilisierung, 5-235
Zahn, transplantiert, Entfernung, 5-236
Zahn, Zahnsanierung durch Füllung, 5-232
Zähne, Entfernung und Wiederherstellung, 5-23
Zahnentfernung, Operativ (durch Osteotomie), 5-231
Zahnersatz, Prothetisch, 5-233
Zahnextraktion, 5-230
Zahnfleisch, Andere Operationen und Maßnahmen, 5-249
Zahnfleisch, Andere Operationen, 5-242
Zahnfleisch, Inzision und Osteotomie Alveolarkamm, 5-240
Zahnfleisch, Operationen, 5-24
Zahnfreilegung, 5-245
Zahnsanierung durch Füllung, 5-232
Zange, Drehung des kindlichen Kopfes mit, 5-724
Zangenentbindung, 5-720
Zangenentbindung, Drehung kindlicher Kopf mit Zange, 5-724
Zehen, Syndaktylie- und Polydaktyliekorrektur, 5-918
Zellapherese, 8-823
Zellaphereseverfahren, spezielle, 8-825
Zentrale Mittelgesichtsfraktur, Reposition, 5-761
Zentraler Zugang, Legen, Wechsel und Entfernung eines Katheters in zentralvenöse Gefäße, 8-831
Zentralnervensystem, Diagnostische Endoskopie, 1-698
Zentralnervensystem, Therapeutische perkutane Punktion, 8-151
Zentralvenöse Gefäße, Legen, Wechsel und Entfernung eines Katheters, 8-831
Zentrifugalpumpe, Dauer der Behandlung mit einem herzunterstützenden System, 8-83a
Zentrolaterale Mittelgesichtsfraktur, Reposition, 5-762
Zervikale Lymphadenektomie [Neck dissection], radikale, 5-403
Zervikalkanal, Dilatation, 5-670

Zervixstumpfexstirpation, 5-684
Zervixstumpfexstirpation, radikal, 5-686
Zirkulation und Behandlung von Blut, extrakorporal, 8-85
Zugang, Brustwirbelsäule, 5-031
Zugang, Halswirbelsäule, 5-030
Zugang, kraniozervikaler Übergang, 5-030
Zugang, Lendenwirbelsäule, 5-032
Zugang, maschinelle Beatmung 8-70
Zugang, Schädelbasis, 5-011
Zügeloperation, Harninkontinenz des Mannes, 5-598
Zügeloperation, suprapubisch (urethrovesikal), 5-594
Zügeloperation, Transvaginale Suspensionsoperation, 5-593
Zunge, andere Operationen, 5-259
Zunge, Inzision, Exz. u. Destruktion erkranktes Gewebe, 5-250
Zunge, Operationen, 5-25
Zunge, Rekonstruktion, 5-253
Zungengrundtonsille, Exzision und Destruktion, 5-284
Zungenoperationen, 5-25
Zusatzinformationen, Behandlung bei psych- und psychosomatischen Störungen u. Verhaltensstör., Erwachsene 9-64
  Erhöhter Betreuungsaufwand, 9-640
  Integrierte klinisch-psychosomatisch-psychotherapeutische Komplexbehandlung, 9-642
  Kriseninterventionelle Behandlung, 9-641
Zusatzinformationen, diagnostische Maßnahmen, 1-999
Zusatzinformationen, Materialien, 8-83b
Zusatzinformationen, nichtoperative therap. Maßn., 8-99
Zusatzinformationen, Operationen, Bewegungsorgane, 5-86a
Zusatzinformationen, Operationen, Wirbelsäule, 5-83w
ZVD, Monitoring Atmung, Herz und Kreislauf mit Messung des zentralen Venendruckes, 8-931
ZVK, Katheter zentralvenöse Gefäße, 8-831
Zwerchfell, Biopsie durch Inzision, 1-55, 1-550
Zwerchfell, Operationen, 5-34, 5-347
Zwerchfellhernie, Verschluß, 5-538
Zyste, Diagnostische perkutane Aspiration, 1-850
Zystektomie, 5-576
Zystographie, 3-13f
Zystostomie, 5-572
Zystotomie [Sectio alta], 5-571
Zytostatische Chemotherapie, 8-54
Zytotoxische Materialien, Instillation von, 8-541